Legal Theory and Case Study on Customs Valuation

관세평가의 법리와 판례연구

김 용 태 저

도서출판 두남

머 리 말

수입물품의 과세가격은 주지하듯이 관세법상 관세평가법규를 해석·적용하여 결정한다. 따라서 관세평가법규의 올바른 해석·적용은 헌법상 납세의무를 이행하는 납세자에게 공평과세를 보장하고, 관세를 부과·징수하는 과세당국에게 정당한 과세권을 확보한다는 점에서 그 중요성을 아무리 강조해도 지나치지 않을 것이다.

저자는 오랫동안 관세행정에 봉직하면서 실무적으로 경험한 관세법 분야의 전문성을 기반으로 그동안 대학교나 대학원에 출강하면서, 그리고 관세사 국가자격시험(2차 '관세평가' 과목) 출제·채점위원으로 활동하면서 늘 천착하는 학문 수행으로 축적한 지식을 체계적으로 정리하여 대학교 또는 대학원 강의용 교과서로서나 관세사 시험용 수험서로서 나아가 관세행정에 종사하는 실무전문가 또는 관세소송에 관여하는 법률가의 지침서로서 손색이 없는 관세평가에 관한 법학서를 저술하려는 소망을 새기게 되었다.

이 책의 구성과 내용은 관세평가에 관한 법학서로서 다음과 같은 주요 특징을 갖는다.

첫째, 관세법상 관세평가의 법리를 논구하면서 그 입법적 근거인 WTO 관세평가협정의 해당 법문과 그 법문의 해석을 보충하거나 지침이 되는 관세기술위원회의 모든 권고의견, 예해, 해설, 사례연구 등을 분석하여 함께 소개하였다.

둘째, 최근까지 납세자와 과세당국 간 관세평가의 법리에 대한 다툼이 주요 쟁점으로 제기된 관세소송에서 대법원과 고등법원의 판결 법리를 분석하여 소개하였다.

셋째, 미국 CBP의 많은 결정사례와 EU의 주요 해석사례 등을 비교하여 소개하였다.

아무쪼록 이 책이 대학교나 대학원에서 관련 학문을 배우는 학생 또는 관세행정실무에 종사하는 업무수행자와 관세소송에 관여하는 법률가에게 조금이라도 도움이 되고, 나아가 우리나라의 관세평가법규 분야의 학문발전에 일조할 수 있기를 간절하게 기대해 본다. 어려운 상황에서 이 책의 출판을 흔쾌히 결심해주신 도서출판 두남의 전두표 대표님과 이승구 상무님께 깊은 감사를 드린다.

2024년 3월 성남 도촌동에서

저자 씀

차 례

제1장 관세평가법규서론

Legal Theory and Case Study on Customs Valuation

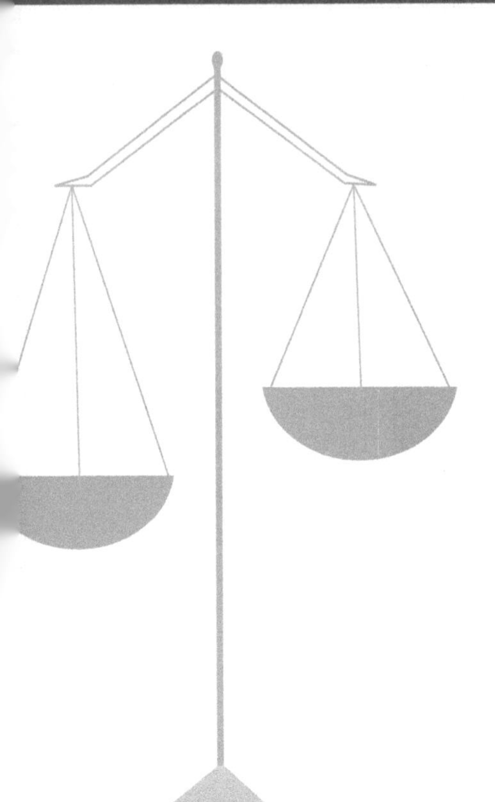

제1절 관세평가법규의 기본적 이해

Ⅰ. 관세평가의 의의
Ⅱ. 관세평가법규의 존재형식

제2절 조세법상 실질과세의 원칙

Ⅰ. 세법상 실질과세 원칙의 법리
Ⅱ. 관세의 납세의무자 확정에서 실질과세 원칙의 적용
Ⅲ. 관세평가법규상 실질과세 원칙의 적용

제 1 절 관세평가법규의 기본적 이해

Ⅰ. 관세평가의 의의

1. 개설

관세법에서 과세표준, 즉 직접적으로 세액산출의 기초가 되는 과세물건의 수량 또는 가격은 제15조에 따라 수입물품의 가격 또는 수량이다. 관세액은 과세표준에 관세율을 적용하면 산출되므로 과세물건을 금액 또는 물량으로 수량화하는 과세표준의 산정방법은 관세법에서 가장 주요한 중심적 과제가 된다. 관세의 세율은 과세표준의 평가기준에 따라 종가세율(ad valorem duties)과 종량세율로 구분되는데, 전자는 수입물품의 가격을 토대로 과세표준을 산정하고, 후자는 과세표준을 수입물품의 수효와 중량 또는 그밖의 물체적인 특성을 토대로 산정한다.

관세법에서 세율은 종가세율이 압도적이다. 그리고 수입물품에 종가관세를 부과하기 위한 물품가격을 수입물품의 과세가격(customs value)이라고 한다. 그러면 종가세율의 관세액을 산출하기 위한 과세가격을 결정하는 방법과 절차인 관세평가(customs valuation)는 도대체 무엇인가? 종가관세율은 징수하는 관세가 과세물건을 화폐가치로 결정한 평가액의 백분율이 된다는 것을 의미한다. 어떤 수입물품의 관세평가액이 예를 들어 10,000 원이 되고 관세율이 8%로 결정하였다면 부과·징수하는 관세액은 800 원이 된다. 그러면 어떤 수입물품의 가격을 얼마로 계산하여야 하는 가의 문제가 생긴다. 원칙적으로 관세의 과세가격 산출시 수입물품 그 자체에 내재하는 본래의 가격을 인용할 수 있다. 그러나 어떤 종류의 과세가격이 그러한 가격일까? 예컨대, 한 조각의 빵은 배고픈 자와 배부른 자에게 전혀 상이한 가치를 갖는다. 어떤 물품의 본래의 가격은 모든 물품이동의 가치의 평균으로 규정할 수 있다. 그렇다면 수입국가 또는 수출국가의 평균가격이 기초가 되어야 하는가? 그리고 이와 같은 물품의 평균가격 내지 정상가격은 어떻게 산출하는가?

어떤 물품의 본래적이고 정상적인 가격을 산출하는 것은 시장경제적 시스템에서 적합하지 않는다. 동일한 물품을 훨씬 비싸게 구입한 열등한 상인에게와 같이 똑같은 관세를 하나의 물품을 자신의 협상수완에 기초하여 유리하게 취득한 선량한 상인에게 부과하는 것은 타당하지 못하다. 이것은 다음과 같은 예를 확실하게 한다. 종류와 가격에서 HS번호 제9403호(관세율 1.1%)의 동일한 가구가 수입된다. 수입자 갑은 해당 가구를 미화 10,000 달러에 구입하고, 수입자 을은 그 가구를 파산할 때 유리한 미화 4,000 달러에 취득하였다. 두 사례에서 1.1%의 관세는 동일한 산출금액으로 계산되고, 따라서 양 관세신고자는 같은 금액의 관세를 납부하여야 하는 균일성 및 경쟁중립성은 요구된다. 선량한 상인은 그럼에도 오히려 열등하게 시장경제적이고 통상경제적으로 평가된다. 왜냐하면 그는 자신의 물품을 미화 6,000 달러를 저렴하게 지불하였음에도 불구하고 동일한 관세를 납부하여야 하기 때문이다.

2. 관세평가의 연혁

관세평가에 관한 최초의 국제규정은 GATT1947이다. GATT1947 제7조에 따르면 관세의 과세가격은 수입되는 물품의 실제가격(actual value)을 토대로 산출되어야 하고, 국내물품의 가격 또는 자의적이고 가정적인 가격을 토대로 산출하는 것이 금지된다. 실제가격이 무엇을 의미하는 것인지 이 규정은 개별적으로 규정하지 않았다. 이 규정은 일반원칙으로 한정되었다. 관세평가에 대한 최초로 국제법상 구속력을 갖는 개념규정은 유럽관세동맹 연구반에 의하여 작성된 1950년 관세평가협약이 되었다. 이 협약은 관념적 CIF 구매가격에 기초한 이론적 가격 개념에 근거로 했다. 브뤼셀(Brüssel) 관세평가협약은 1년이 경과하면서 유럽공동체의 모든 회원국을 포함하여 33개국이 비준하였다. 그런 까닭에 브뤼셀 관세평가개념은 1968년의 최초의 유럽공동체 관세평가명령의 기초가 되었다. 그러나 브뤼셀 관세평가규정을 전세계적으로 사용하려는 목적은 실현될 수 없었다. 왜냐하면 미국, 캐나다, 호주 등(뉴질랜드 및 수많은 남미국가들) 주요 선진공업국가는 이 협약에 가입하지 않았기 때문이다. 부분적으로 주로 브뤼셀 관세평가정의와 구별되는 이들 국가의 관세평가규율은 정지되었다. 그러나 상이한 관세평가시스템은 국제무역을 악화시켰다. 특히 그와 함께 GATT1947 제7조에 상치되는 국내가격에 기초하는 이른바 "미국판매가격시스템"(ASP: American-Selling-Price-System)은 장애를 일으키는 효과를 나타냈다. ASP는 GATT 출범 이전 시기에서 유래하였으며, 이런 연유에서 GATT규범에서 소위 "조부조항"(grand-father-clause)을 근거로 유지될 수 있었다. 1964년부터 '67년까지 GATT협상에서 유럽공동체는 이미 ASP의 제거를 달성하려고 애썼다. 그러나 미국의회는 이 협정에 대한 동의를 거부하였다. 1970년대 국제적 수준에서 상이한 관세평가규정을 상호 조정하는 몇 가지의 시도가 새롭게 시도되었다. GATT는 1970년 작업반에게 제7조의 개정의 준비를 위탁하였다. 관세제도의 영역에서 공동작업을 위한 이사회(오늘날 세계관세기구: WCO)는 관세평가시스템을 FOB 토대를 유지하려는 국가들에게 가입을 가능하게 하기 위하여 그들의 입장에서 브뤼셀 관세평가협약을 보완하였다. 마침내 1973년 관세인하가 아니라 비관세장벽의 제거에 주안점을 두었던 동경라운드에서 결의한 GATT협상은 관세평가를 포함시켰다. GATT의 동경협상은 1979년 체결되었다. 관세와 무역에 관한 일반협정 제7조(GATT 관세평가협정)의 이행에 관한 협정 및 개발도상국가에게 경과규정을 인정하는 동 협정에 대한 의정서는 다른 것들과 함께 협정에 속한다. GATT관세평가협정은 1981.7.1.

일반적으로 효력을 발생하였다. 미국과 유럽공동체는 이미 1980.7.1. 이 협정을 발효시킬 의무가 주어졌다. 그렇기 때문에 유럽공동체 회원국가는 1980.6.30. 브뤼셀 관세평가협약을 폐지하였다.

그동안 종래 우리나라를 비롯하여 약 100여개 국가에서는 관세협력이사회(CCC)의 "관세목적을 위한 물품의 평가에 관한 협약"을 채택하였다. 그러나 이 협약에 따른 평가에 있어서 각국이 자의적 평가 또는 가공적 가격을 관세의 과세가격으로 사용하였고 협약 자체가 강제성이 없어서 관세평가에 관한 분쟁이 발생할 경우 이를 해결할 수 없었다. 또한 미국, 일본 등 선진제국이 동경라운드에서 채택된 GATT평가협정을 시행함에 따라 우리나라도 브뤼셀 관세평가협약을 탈퇴하고 1981.1.6. GATT평가협정에 가입하였다. 그러나 협정상의 의무와 권리가 실제로 적용된 것은 이 협정 제21조에 의한 5년간의 적용유예에 따라 1986.1.6.부터 시작되었다. 하지만 우리나라는 원활한 도입을 위하여 1983.12. 관세법 개정을 통해 1984.7.1.부터 시행하게 되었다. 한편, GATT의 우루과이라운드 및 1994.12.22. 이사회의 의결을 통한 협정의 승인으로 세계무역기구(WTO: World Trade Organization)가 창설되었다. 그리고 WTO협정에서 GATT1947는 "관세와 무역에 관한 일반협정 1994"(이하 'GATT1994/WTO')으로 통합되었다. 그 가운데에 GATT관세평가협정도 포함되어 있다. 이러한 통합으로 실체법적 변경은 발생되지 않았지만 모든 WTO 가입국가는 향후 과거 GATT1947 체약국에게는 없었던 WTO관세평가협정의 의무를 이행하여야만 하는 강제규범으로 변경되었다.

3. 과세가격의 결정방법

관세평가협정 일반서설에 따르면, 협정에 따른 과세가격의 우선적인 기초는 제1조에 정의된 "거래가격(transaction value)"이다. 협정 제1조에 따르면, 특히 관세목적의 가격의 일부를 구성하는 것으로 간주되는 어떤 특정 요소가 구매자가 부담함에도 수입물품에 대하여 실제로 지급하였거나 지급하여야 할 가격에 포함되어 있지 않은 경우에는 실제로 지급하였거나 지급하여야 할 가격을 조정(adjustments)하도록 규정하고 있는 제8조와 함께 해석되어야 한다. 아울러 협정 제8조는 화폐 형태가 아닌 특정의 물품 또는 용역의 형태로 구매자로부터 판매자에게 이전되는 어떤 대가(considerations)를 거래가격에 포함하도록 규정하고 있다. 협정 제2조부터 제7조까지는 제1조의 규정에 따라 과세가격을 결정할 수 없는 경우에 이를 결정하는 방법을 규정하고 있다. 그리고 협정 제4조는 수입자의 요청으로 제5조와 제6조의 적용순위가 바뀌는 경우를 제외하고 수입물품의 과세가격이 제1조, 제2조 및 제3조의 규정에 따라 결정될 수 없는 경우에는 제5조의 규정에 따라 과세가격을 결정하며, 과세가격이 제5조에 따라 결정될 수 없는 때에는 제6조의 규정에 따라 결정한다고 규정하고 있다. 이에 따라 관세평가협정이 제시하고 있는 관세의 과세가격결정방법(이하 '관세평가방법')은 선순위 관세평가방법을 적용할 수 없는 사정이 있는 경우에 한하여 후순위 관세평가방법을 선택하는 엄격한 적용순위(hierarchical order)를 지켜야 한다. 여기에서 단지 해당 납세의무자가 요청하는 경우에 한하여 제4 관세평가방법과 제5 관세평가방법의 순위를 바꾸어 적용할 수 있도록 그 예외를 허용하고 있다.

1) 수입물품의 거래가격을 기초로 한 과세가격의 결정방법

관세평가협정의 기본정신에 따라 관세의 과세가격은 "거래가격"(transaction value)을 가장 우선적인 기초로 하여야 하며, 거래가격의 적용은 관세목적상 과세가격의 일부를 형성하는 것으로 간주되는 어떤 특정 요소가 구매자가 부담하지만 수입물품에 대하여 실제로 지급하였거나 지급하여야 할 가격(the price actually paid or payable)에 포함되어 있지 아니한 경우에는 실제로 지급하였거나 지급하여야 할 가격에 조정하여 결정하여야 하고, 아울러 화폐가 아닌 특정 물품 또는 용역의 형태로 구매자로부터 판매자에게 귀속되는 특정 고려사항을 거래가격에 포함하여 결정하여야 한다. 이러한 과세가격결정의 방법은 관세법상 과세가격결정의 기본적 원칙으로서 이른바 제1 관세평가방법이라고 한다. 따라서 관세법에서 수입물품에 대한 과세가격의 결정은 언제나 원칙적으로 제1 관세평가방법을 적용하지 않으면 안 된다. 다만, 제1 관세평가방법의 적용이 배제되는 경우에 한하여 대체방법인 그 밖의 관세평가방법을 순차적으로 적용할 수 있다. 제1 관세평가방법은 우선적으로 구매자와 판매자가 완전한 독립당사자인 수입물품의 거래가격을 전제조건으로 우리나라에 수출하기 위한 판매를 기초로 적용될 수 있다. 가령, 미국의 판매자는 우리나라의 구매자에게 어떤 물품을 10,000 원에 판매하였다면 관세법에서 과세가격산출은 판매가격인 10,000 원을 토대로 적용한다. 그런데 제1 관세평가방법은 비록 구매자와 판매자가 독립당사자가 아닌 수입물품의 거래가격이라고 하더라도 다른 독립당사자인 구매자와 동일한 구매가격으로 해당 수입물품의 대가를 지불한다는 것이 확실하다면 그 적용이 배제되지 않는다. 예를 들면, 미국의 판매자와 우리나라의 구매자는 사업상 상호 모회사와 자회사의 관련성이 있는 경우라고 하더라도 관세법상 과세가격의 결정에서 이러한 관련성이 거래가격에 영향을 미치지 않았다면, 따라서 다른 독립당사자인 구매자와의 거래와 동일하게 구매가격을 지불한다는 것이 틀림없다는 확실성이 있는 경우라면 그 구매가격을 토대로 과세가격을 산출한다.

2) 동종·동질물품의 거래가격을 기초로 한 과세가격의 결정방법

제1 관세평가방법으로 수입물품의 과세가격을 결정할 수 없다면, 제2 관세평가방법이 관세법상 과세가격의 결정을 위하여 인용될 수 있다. 제2 관세평가방법은 과세가격으로 인정된 사실이 있는 동종·동질물품의 거래가격에 의존하여 평가대상물품의 과세가격을 결정한다. 제2 관세평가방법의 적용을 위한 전제조건은 평가대상물품과 동일한 수량으로, 동일한 상업적 단계에서, 동시 또는 거의 동시에 수출판매된 동종·동질 물품에 대해 세관당국이 이전에 그 거래가격을 수락한 사실이 존재하는 것이다. 예컨대, 갑은 독일로부터 Miele 상표의 세탁기를 무상거래로 수입하였고, 을은 동일한 형태의 세탁기를 매매거래에 의하여 수입하였는데, 갑과 을이 수입한 세탁기는 동종·동질물품인 경우이다. 미국의 A는 한국의 B에게 무상으로 공급하였는데, 동시에 A는 B에게 역시 동일한 물품을 판매하였다면, 무상공급에 대해 제1 관세평가방법은 수입자가 매매거래에 기초하지 않았기 때문에 적용이 배제된다. 하지만 판매된 물품은 제1 관세평가방법에 관한 관세평가를 얻는다. 따라서 동일한 물품에 대해 관세평가가 인정되어 있기 때문에 이러한 관세평가는 역시 무상공급에 대해 적용할 수 있다.

3) 유사물품의 거래가격을 기초로 한 과세가격의 결정방법

수입물품의 과세가격을 제1 관세평가방법과 제2 관세평가방법으로 결정할 수 없는 경우 과세가격으로 인정된 사실이 있는 유사물품의 거래가격을 토대로 관세법상 과세가격의 결정에 충족하는 제3 관세평가방법이 있다. 제3 관세평가방법의 적용을 위한 전제조건은 평가대상물품과 실제적으로 가능하다면 동일한 수량으로, 가능하다면 동일한 상업 수준에서, 동시 또는 거의 동시에 수출되며 동일한 수입국에 수출을 위하여 판매된 물품에 대해 세관당국이 이전에 그 거래가격을 수락한 사실이 존재하는 것이다. 가령, 동종·동질물품의 거래가격을 기초로 한 과세가격 결정방법의 사례에서 판매된 물품과 유사한 물품이 문제가 된다. 여기에서는 유사한 물품에 대한 관세평가가 인정되어 있기 때문에 이러한 관세평가는 역시 무상공급에 적용된다.

4) 국내판매가격을 기초로 한 과세가격의 결정방법

제1부터 제3까지의 관세평가방법으로 수입물품에 대한 과세가격의 결정이 불가능한 경우 우리나라에 판매된 수입물품의 국내판매가격을 기초하여 과세가격을 결정하는 제4 관세평가방법이 관세법상 과세가격의 결정방법으로 허용된다. 제4 관세평가방법은 우리나라에 많은 수입물품은 지속적으로 거래되고, 따라서 해당 수입과 연관된 매매거래는 없지만, 나중시점에서 연관성이 있는 매매거래가 존재한다는 관념을 근거로 한다. 이러한 우리나라의 국내에서 나중판매는 관세법상 과세가격의 산출을 위하여 고려될 수 있다. 제4 관세평가방법의 적용을 위한 전제조건은 수입된 동종·동질 또는 유사물품이 우리나라에서 특수관계가 없는 구매자에게 팔린 가격이 존재하는 것이다.

5) 산정가격을 기초로 한 과세가격의 결정방법

수입물품의 과세가격을 제1부터 제4까지의 관세평가방법으로 결정할 수 없다면 외국의 해당 물품 생산자가 제시하는 비용산정근거를 토대로 수입물품의 과세가격을 결정할 수 있는 제5 관세평가방법이 관세법상 허용된다. 따라서 세관당국에게 예컨대 원자재 비용, 일반경비, 이윤 등과 같은 여러 가지 구성부분에서 산출가격에 의거하여 수입물품에 대한 과세가격을 형성하여 결정할 수 있는 가능성이 주어진다. 수입국의 세관당국이 그러한 가능성을 필요한 것으로 인정하는 한도에서 생산자는 자신의 영업정보에 대한 심사를 허용하지 않으면 안 된다. 물론 이 관세평가방법의 적용은 매우 드물다. 왜냐하면 외국의 생산자는 자신의 비용산출자료를 마음대로 이용하게 할 의무를 갖지 아니하고, 더구나 수입국의 세관당국에 의한 심사를 용인(감수)할 의무를 갖지 않기 때문이다. 따라서 수입자가 세관당국에게 필요한 정보를 제공할 수 없고, 산정가격방법을 사용하여 가격을 결정하기 위한 다른 증거가 마련되지 아니한 경우라면 제5 관세평가방법의 적용은 실현될 수 없을 것이다.

6) 합리적 기준에 의한 과세가격의 결정방법

제1부터 제5까지의 관세평가방법으로 수입물품의 과세가격 결정에 도달할 수 없다면 앞서 설명한 5가지 관세평가방법의 원칙과 부합되는 합리적인 기준에 따라 수입국 내에서 입수가능한 자료를 기초로 과세가격을 결정할 수 있는 최종 관세평가방법이 관세법에서 적용된다. 이러한 제6 관세평가방법의 적용을 위한 전제조건으로 다음의 세 가지 원칙이 충족되어야 한다. 첫째, 과세가격이 합리적인 방법을 사용하여 결정되어야 한다. 둘째, 이러한 방법은 관세평가협정과 GATT1947/1994 제7조의 원칙 및 일반 조항과 일치하지 않으면 안 된다. 그리고 마지막으로, 과세가격은 수입국에서 입수가능한 자료에 기초하여야 한다.

Ⅱ. 관세평가법규의 존재형식

1. 관세법령

관세평가협정을 국내법으로 수용한 관세법은 제30조부터 제37조의4까지에서 관세평가법규를 조문화하고 있다. 그리고 관세법에 근거하여 대통령령으로 제정된 관세법 시행령(이하 '관세령')은 제17조부터 제31조의5까지에서, 기획재정부령으로 제정된 관세법 시행규칙(이하 '관세규칙')은 제3조의3부터 제7조의10까지에서 관세평가에 관한 법규명령으로 각각 존재하고 있다. 아울러 관세청장은 관세법령이 관세청장에게 위임된 사항과 수입물품 과세가격 결정 제도의 운영을 위하여 필요한 세부지침을 행정규칙으로 「관세평가 운영에 관한 고시」(이하 '관세고시')를 제정·시행하고 있다.

2. WTO 관세평가협정

WTO 관세평가협정의 공식 명칭은 "Agreement on Implementation of Article Ⅶ of the General Agreement on Tarffs and Trade 1994"(1994년도 관세와 무역에 관한 일반협정 제7조 이행에 관한 협정")(이하 '관세평가협정')이다. 관세평가협정의 전체구성은 일반서설, 제1부 내지 제4부의 본문 조항, 그리고 부속서Ⅰ과 부속서Ⅱ 및 부속서Ⅲ으로 형성되어 있다. 일반서설(General Introductory Commentary)은 평가방법 그 적용 순서에 대해 기본적으로 소개하고, WTO회원국이 적용하기로 동의한 높은 수준의 여러 원칙을 제시한다. 제1부는 제1조부터 제8조까지 관세평가규칙(Rules on Customs Valuation)으로 과세가격을 결정하는 주요 기준과 제9조부터 제17조까지 관세평가규칙에 관련된 사항을 규정하고 있다. 제2부 내지 제4부는 제9조부터 제24조로 편찬되어 관리, 협의 및 분쟁해결, 특별 및 차등 대우, 최종 조항을 이룬다. 부속서Ⅰ은 주해(Interpretative Notes)로서 협정의 본문에 보충하여 기술한다. 부속서Ⅱ는 협정 제18조 제2항에 따라 설치된 관세평가기술위원회(Technical Committee on Customs Valuation)의 역할, 책임, 업무방법에 대해 설명한다. 부속서Ⅲ은 개발도상국이 회원국이 될 때, 개도국의 요청에 의해 제공 가능한 특별 면제사항에 대해 설명하고, 본문 제17조의 적용 및 "실제로 지급하였거나 지급하여야 할 가격"이라는 용어의 해석에 대한 보충 정보도 제공한다.

관세평가협정 제14조에 따르면, 협정 부속서Ⅰ의 주해는 이 협정을 구성하는 불가분의 일부(integral part)를 구성하며 이 협정의 해당 조항은 각각의 주해와 연관하여(in conjunction) 해석되고 적용되어야 한다. 부속서 Ⅱ와 Ⅲ도 이 협정의 불가분의 일부를 구성한다. 한편, 협정 제18조 제1항에 따라 각 회원국 대표로 구성되는 관세평가위원회(Commitee on Customs Valuation)는 다양한 관세평가 문제를 다루는 결정(Decisions)을 채택하는데, 이 결정은 협정 본문을 보충하는 역할을 한다. 관세평가기술위원회는 기술적 차원에서 이 협정의 해석 및 적용의 통일성을 확보하기 위한 목적으로 관세평가 제도의 일상적인 운영에 있어서 제기되는 구체적인 기술상의 문제점을 검토하고 제시된 사실에 근거한 적절한 해결방안과 지침 및 견해 등을 권고의견, 예해, 해설, 사례연구, 연구 등의 형식으로 제시하거나 제공하고 있다. 여기에서 권고의견(Advisory Opinions)은 특정 사실에 협정을 적용하는 것과 관련하여 제기된 문제에 대한 답변이다. 예해(Comentaries)는 협정의 각 부분에 설명을 제공하고 추가 지침을 통해 본문을 보충하는 역할을 한다. 해설(Explanatory Notes)은 협정의 적용으로부터 발생할 수 있는 일반적인 성격의 문제에 대한 관세평가기술위원회의 견해를 제공한다. 사례연구(Case Studies)는 특정 상업거래와 관련된 사실에 기반하며 협정의 실제적인 적용을 증명해 보이는데 사용될 수 있다.

제 2 절 조세법상 실질과세의 원칙

Ⅰ. 세법상 실질과세 원칙의 법리

1. 실질과세 원칙의 의의와 학설

1) 실질과세 원칙의 의의

실질과세의 원칙이란 **과세물건의 명목상의 귀속 여하에 관계없이 사실상으로 과세물건이 귀속된 자를 납세의무자로 하여 조세를 부과하여야 한다는 것**을 의미한다. 실정법상 실질과세 원칙은 「국세기본법」(이하 '국기법') 제14조와 「국제조세조정에 관한 법률」(이하 '국조법')에 명시되어 있으나 그러한 명문규정의 설정 이전에도 법의 일반원칙으로서 인정되어 왔다. 우리 헌법은 제11조 제1항에서 "모든 국민은 법 앞에 평등하다. 누구든지 성별·종교 또는 사회적 신분에 의하여 정치적·경제적·사회적·문화적 생활의 모든 영역에 있어서 차별을 받지 아니한다"라고 규정하고 있다. 헌법재판소 결정례[1]에 따르면, 이와 같은 평등의 원칙 또는 차별금지의 원칙의 조세법적 표현이 조세평등주의이고 이러한 조세평등주의의 이념을 실현하기 위한 법제도의 하나가 바로 국기법 제14조에 규정한 실질과세의 원칙이다. 그러므로 실질과세의 원칙은 조세평등주의의 이념을 실현하기 위한 파생원칙으로 헌법적 원리에서 도출된다.

실질과세의 원칙은 법률상의 형식과 경제적 실질이 서로 부합하지 않는 경우에 그 경제적 실질을 추구하여 그에 과세함으로써 조세를 공평하게 부과하겠다는 것이나 거기서 말하는 실질의 의미가 반드시 명확한 것도 아닐 뿐만 아니라, 경우에 따라서는 형식상의 외관이나 명목에 치중하여 과세하는 것이 오히려 공평한 과세를 통한 조세정의의 실현에 부합되는 경우도 있을 수 있다.[2] 또한, 우리 헌법은 제38조에서 "모든 국민은 법률이 정하는 바에 의하여 납세의 의무를 진다."라고 규정하였고, 제59조에 "조세의 종목과 세율은 법률로 정한다."라고 규정하였다. 이러한 헌법규정에 근거를 둔 조세법률주의는 조세평등주의와 함께 조세법의 기본원칙으로서, 법률의 근거없이 국가는 조세를 부과·징수할 수 없고, 국민은 조세의 납부를 요구받지 않는다는 원칙이다.[3] 그럼에도 본질적으로 불확정개념인 실질과세의 원칙을 내세워 납세의무자가 선택한 거래형식을 함부로 부인하고 법 문언에 표현된 과세요건의 일반적 의미를 일탈하여 그 적용범위를 넓히게 되면 조세법률주의가

1) 헌법재판소 1989.07.21. 선고 89헌마38 결정.

2) 헌법재판소 1989.07.21. 선고 89헌마38 결정.

3) 헌법재판소 1989.07.21. 선고 89헌마38 결정.

형해화되어 이를 통해 실현하고자 하는 법적 안정성과 예측가능성이 무너지게 된다.[4] 물론 조세법률주의의 이념에 따른다 하더라도 조세법의 특수성 또는 입법기술상의 제약성 때문에 일정한 한계가 있다고 하지 않을 수 없다. 따라서, 실질과세의 원칙은 조세법규를 다양하게 변화하는 경제생활관계에 적용함에 있어 예측가능성과 법적 안정성이 훼손되지 않는 범위 내에서 합목적적이고 탄력적으로 해석함으로써 조세법률주의의 형해화를 막고 실효성을 확보할 수 있다.[5]

2) 실질과세 원칙에 대한 학설

실질과세의 원칙에서 '실질'의 개념에 관하여 학설은 "법적 실질설"과 "경제적 실질설"로 대립하고 있다. 전자는 법적 실질과 경제적 실질 사이에 괴리가 발생할 경우에는 법적 실질을 기준으로 세법을 해석·적용하여야 한다는 견해이다.[6] 즉, 과세요건사실의 귀속 및 그 내용이 법률상 형식과 실질이 다른 경우 그 실질에 따라 판단하여야 한다는 것이다. 이것은 조세법이 과세요건을 규정함에 있어 사법(私法)으로부터 많은 개념을 차용하고 있어서, 과세관계도 사법상의 거래관계를 전제로 하는 이상 사법상의 진실한 법률관계에 대해 세법을 적용하는 것을 의미한다.[7] 이 학설은 일본의 조세법학계에서 조세법은 침해규정이기 때문에 조세법률주의의 원칙이 엄격하게 지켜져야 한다는 견해에서 비롯된 것으로 알려졌다.[8] 후자는 법적 실질과 경제적 실질 사이에 괴리가 발생한 경우에는 경제적 실질을 기준으로 세법을 해석·적용하여야 한다는 견해이다.[9] 즉, 경제적 실질은 거래의 외양에 불구하고, 경제인으로서 정상적이고 합리적인 거래를 하였다면 형성되는 법률효과를 중심으로 거래를 재구성하여 조세법을 적용한다는 것이다. 이것은 사법(私法)상의 법형식을 강조하면 그 남용에 의한 조세회피로 조세공평을 해친다는 조세공평주의를 강조하는 견해에서 비롯된 것으로,[10] 조세법의 이상인 공평부담 및 조세정의를 실현하기 위해서는 경제적 실질내용을 기준으로서 그 거래형식을 판단하고 과세하는 것이 요청된다는 것이다.[11]

---

4) 대법원 2012.01.19. 선고 2008두8499 전원합의체 판결.
5) 대법원 2012.01.19. 선고 2008두8499 전원합의체 판결.
6) 김완석·박종수·이중교·황남석, 주석 국세기본법, 삼일인포마인, 2021, 187쪽.
7) 황헌순, "헌법상 조세의 기본원칙과 세법상 실질과세", 유럽헌법연구 제36호, 유럽헌법학회, 2021, 411쪽.
8) 김영우, "실질과세원칙의 재검토", 인권과 정의 Vol. 457, 대한변호사협회, 2016, 112쪽.
9) 김완석·박종수·이중교·황남석, 앞의 책, 187쪽.
10) 김영우, 앞의 글, 112쪽
11) 황헌순, 앞의 글, 413쪽.

2. 실질귀속자 과세원칙

1) 실체규정의 내용

국기법 제14조 제1항은 "과세의 대상이 되는 소득, 수익, 재산, 행위 또는 거래의 귀속이 명의(名義)일 뿐이고 사실상 귀속되는 자가 따로 있을 때에는 사실상 귀속되는 자를 납세의무자로 하여 세법을 적용한다."고 규정하고, 국조법 제3조 제1항도 "국제거래에서 과세의 대상이 되는 소득, 수익, 재산, 행위 또는 거래의 귀속이 명의(名義)일 뿐이고 사실상 귀속되는 자가 따로 있는 경우에는 사실상 귀속되는 자를 납세의무자로 하여 조세조약을 적용한다."고 규정하여 '실질귀속자 과세원칙'을 천명하고 있다.

2) 적용요건

이 원칙은 과세물건에 대한 납세의무는 법률상 정당한 권원에 터잡고 있는지의 여부를 묻지 아니하고 어떠한 경제력을 현실적으로 사실상 지배·관리하는 자에게 귀속(결합)하여 납세의무자를 확정하여야 한다는 원칙이다.[12] 여기에서 과세물건인 "소득, 수익, 재산, 행위 또는 거래"는 국내거래(국조법상은 국제거래)의 경제주체 간 경제활동으로 발생한 경제적 가치가 해당된다. 경제적 관점에서의 과세물건은 납세의무자의 담세력(경제적 부담능력)을 의미한다.[13] 귀속의 명의자와 실질귀속자가 다른 경우란 앞서 설명한 경제적 귀속설에 따라 과세물건의 법률상 구속자와 경제상 귀속자가 서로 다른 경우를 말하는데, 이 경우에 그 적용요건에 조세회피의 목적은 원칙적으로 포함되지 않는다.[14] 조세회피의 목적이 존재하는지 여부를 판단하는 기준은 해당 행위나 거래를 하게 된 경위나 목적의 통상성 또는 합리성 등을 따져서 판단하게 되는데, 조세혜택의 목적과 그 밖의 사업목적이 혼재하는 경우에는 두 가지 목적을 서로 비교형량하여 조세혜택이 지배적인 목적이거나 주된 목적인 경우라면 조세회피의 목적으로 본다. 실질귀속자의 적용요건은 사업자등록상의 명의자인지 거래의 명의자인지에 상관없이 해당 과세대상에 대한 실질적 지배·관리자가 그 요건이 된다.

3) 판례의 분석

(1) 과세대상 거래에서 실질사업자의 판정

판례[15]는 재화나 용역의 공급을 과세대상으로 하는 거래에서 실질사업자를 과세대상

---

12) 김완석·박종수·이중교·황남석, 앞의 책, 191쪽.

13) 이전오, "조세의 징표로서의 담세력", 조세논총 제1권, 한국조세법학회, 2016, 100~101쪽.

14) 김완석·박종수·이중교·황남석, 앞의 책, 192쪽.

15) 대법원 1989.09.29. 선고 89도1356 판결.

거래의 실제 공급자인지 여부에 따라 결정하고 있다. 그러므로 건설업면허를 받은 건설회사가 건설공사를 직접 시공한 일이 없이 타인에게 건설업면허를 대여하고 그로 하여금 회사명의로 건설공사를 시공하도록 한 경우, 회사명의를 대여한 회사는 과세대상인 재화나 건설용역을 공급한 일이 없는 이상 납세의무를 귀속시킬 수 없다는 것이다. 또한, 판례[16]는 재화나 용역의 공급을 과세대상으로 하는 거래에서 실질사업자를 과세대상 거래의 실제 영위자(또는 수행자)인지 여부에 따라 결정하고 있다. 그리하여 과세대상인 고철 도·소매업의 거래에서 고철의 도·소매업을 실제 영위하고 있던 사업자에게 자금을 대여하면서 그 담보로 실제사업자가 임차하는 사업장에 대한 임대차계약을 자금 대여자 명의로 체결하게 하였고, 그에 따라 사업자등록도 자금 대여자 명의로 하게 되었다면, 고철 도·소매업을 실제 영위하지 아니한 자금 대여자는 실제의 사업자가 아닌 명의상의 귀속자에게 불과하다는 것이다. 마찬가지로 갑이 을 주식회사와 독립채산제 판매약정을 체결한 다음, 을 회사의 영업소에서 을 회사의 영업이사 직함을 사용하여 을 회사가 생산한 정제유를 을 회사 명의로 판매하였다면 갑의 사업으로 보아야 한다는 것이다.[17] 아울러 판례[18]는 건축분양소득을 과세대상으로 하는 사안에서 실질사업자를 소득의 실질 수혜자인지 여부에 따라 결정하고 있다. 그러므로 건축허가 명의만을 빌려주었던 것에 불과하고 사실상 아파트를 건축하고 분양하여 그 소득을 얻은 사람이 따로 있다면 건축허가 명의대여자는 명목상의 건축허가 명의인에 불과하다는 것이다. 한편, 판례[19]는 사업명의자 이름으로 납부한 세액의 환급청구권은 환급대상 세액의 실제 납부의무자인지 여부에 따라 결정하고 있다. 그리하여 원천징수의무자인 법인이 소득금액변동통지서를 받고 그에 따른 소득세를 납부한 경우 법인 명의로 납부된 세액의 환급청구권자는 소득금액변동통지로써 형성되는 과세관청과의 법률관계에 관한 직접 당사자인 원천징수의무자이므로, 원천납세의무자가 조세법령에 따라 환급청구권이 발생하는 경우에도 원천납세의무자는 자신 명의로 납부된 세액에 관하여만 환급청구권자가 될 수 있을 뿐이고 원천징수의무자 명의로 납부된 세액에 관하여는 원천징수의무자가 환급청구권자가 된다는 것이다.

(2) 법인 대표자의 판정

법인세법령에서 과세대상인 법인의 귀속불명소득에 대한 귀속주체로서 대표자의 판단과 관련하여 판례[20]는 법인의 실제 운영 대표자인지 여부에 따라 결정하고 있는데, 비록

16) 대법원 1990.04.10. 선고 89누992 판결.

17) 대법원 2014.05.16. 선고 2011두9935 판결.

18) 대법원 1983.07.12. 선고 82누199 판결.

19) 대법원 2016.07.14. 선고 2014두45246 판결.

20) 대법원 1986.01.28. 선고 85누526 판결; 1988.05.24. 선고 86누121 판결; 1984.03.27. 선고 83누333 판결.

회사의 대표이사로 법인등기부상 등재되어 있었다고 하더라도 그것이 본인의 의사에 반하는 부실의 것이었고 회사를 실질적으로 운영한 사실이 없는 대표자는 실질적으로 그 회사를 사실상 운영하는 대표자로 볼 수 없기 때문에 회사의 귀속불명한 소득을 그 대표자에게 귀속되지 않는다는 것이다.

(3) 세법상 제2차 납세의무를 지는 과점주주의 판정

판례[21]는 조세법상 법인의 주주에 대하여 제2차 납세의무를 부담시키기 위하여는 과점주주로서 그 법인의 운영을 실질적으로 지배할 수 있는 위치에 있음을 요하며 형식상 법인의 주주명부에 주주로 등재되어 있는 사유만으로 곧 과점주주라고 하여 제2차 납세의무를 부담시킬 수 없다는 태도를 보이고 있다. 따라서, 체납국세의 납세의무성립일 현재 과점주주로서 그 법인의 운영을 실질적으로 지배할 수 있는 위치에 있지 않고, 단지 형식상으로 주주로 등재되거나 신고되었다는 사유만으로 곧 과점주주라 하여 제2차 납세의무를 부담시킬 수는 없다는 것이다.[22] 그렇기 때문에 법인의 제2차 납세의무를 지는 사람은 주주 또는 유한책임사원 1인과 그외 대통령령이 정하는 친족 기타 특수 관계에 있는 자들로서 그들의 소유주식금액 또는 출자액의 합계액이 그 법인의 발행주식총액 또는 출자총액의 100분의 51 이상이 되는 이른바 과점주주로서 그 법인의 운영을 실질적으로 지배할 수 있는 위치에 있음이 전제되어야 한다는 것이다.[23] 또한, 판례[24]는 법인의 무한책임사원에게 제2차 납세의무를 부과시키기 위하여는 체납국세의 납세의무 성립일 현재 실질적으로 무한책임사원으로서 그 법인의 운영에 관여할 수 있는 위치에 있음을 요하고, 단지 형식상으로 법인의 등기부상 무한책임사원으로 등재되어 있다는 사유만으로 곧 무한책임사원으로서 납세의무를 부과시킬 수 없다는 입장을 취하고 있다. 아울러 판례[25]는 취득세의 납세의무를 부담하는 과점주주에 해당하는지는 주주 명부상의 주주 명의가 아니라 주식에 관하여 의결권 등을 통하여 주주권을 실질적으로 행사하여 법인의 운영을 지배하는지를 기준으로 판단하여야 하고, 따라서 과점주주의 주식비율이 증가되었는지 역시 주주권을 실질적으로 행사하는 주식을 기준으로 판단하여야 한다고 판시하고 있다.

(4) 명의신탁한 부동산에 대한 납세의무 귀속의 판정

부동산을 제3자에게 명의신탁한 경우 명의신탁자가 부동산을 양도하여 양도소득이 명의신탁자에게 귀속되었을 경우, 당해 양도소득세에 대한 납세의무자의 판정과 관련하여

21) 대법원 1989.12.12. 선고 88누9909 판결; 1984.01.24. 선고 83누607 판결.

22) 대법원 1987.12.22. 선고 87누938 판결.

23) 대법원 1986.12.23. 선고 86누300 판결.

24) 대법원 1990.09.28. 선고 90누4235 판결.

25) 대법원 2016.03.10. 선고 2011두26046 판결; 대법원 2018.11.9. 선고 2018두49376 판결.

판례[26]는 당해 부동산의 양도시를 기준으로 당초의 명의자 앞으로의 등기가 명의신탁등기로서 당해 양도행위 및 소득귀속의 주체가 여전히 명의신탁자임이 밝혀졌다면, 실질상의 양도인인 명의신탁자를 양도소득세의 납세의무자로 하는 것이 당연하며, 단지 명의수탁자가 그에게 부과된 증여세를 납부하였다는 이유만으로 다시 위 부동산의 양도에 따른 양도소득세도 명의수탁자에게 부과하여야 한다고 할 수 없다고 판시하고 있다. 이는 사법상 권리의무 귀속과 달리 세법적 관점에서 귀속을 재구성하고 있다고 볼 수 있다.[27] 또한, 판례[28]는 명의신탁된 재산의 법형식적 소유명의가 수탁자에게 있으나 실질적 소유권은 신탁자에게 있는 경우라 하더라도 그 수탁자가 신탁자의 위임이나 승낙 없이 임의로 명의신탁 재산을 양도하였다면 그 양도 주체는 수탁자이지 신탁자가 아니고, 양도소득이 신탁자에게 환원되지 않는 한 신탁자가 양도소득을 사실상 지배, 관리, 처분할 수 있는 지위에 있지도 아니하므로 "사실상 소득을 얻은 자"로서 양도소득세의 납세의무자가 된다고 할 수 없다고 판시하여, 양도소득세 납세의무의 귀속을 "양도소득을 사실상 지배, 관리, 처분할 수 있는 지위"를 기준으로 판단하고 있다. "양도소득을 사실상 지배·관리·처분할 수 있는 지위"와 관련하여 판례[29]는 매수인이 부동산에 관한 매매계약을 체결하고 소유권 이전등기에 앞서 매매대금을 모두 지급한 경우 사실상의 잔금지급일에 지방세법에서 규정한 사실상 취득에 따른 취득세 납세의무가 성립하고, 그 후 그 사실상의 취득자가 부동산에 관하여 매매를 원인으로 한 소유권 이전등기를 마치더라도 이는 잔금지급일에 사실상 취득을 한 부동산에 관하여 소유권 취득의 형식적 요건을 추가로 갖춘 것에 불과하므로, 잔금지급일에 성립한 취득세 납세의무와 별도로 등기일에 지방세법에서 규정한 취득을 원인으로 한 새로운 취득세 납세의무가 성립하는 것은 아니라고 판시하면서, 이러한 법리는 매매대금을 모두 지급하여 부동산을 사실상 취득한 자가 3자간 등기명의신탁 약정에 따라 명의수탁자 명의로 소유권 이전등기를 마쳤다가 그 후 해당 부동산에 관하여 자신의 명의로 소유권이전등기를 마친 경우에도 마찬가지로 적용된다는 것이다.

(5) 국제거래계약의 실질 당사자에 대한 판정

외국 및 우리나라의 금융기관들에 의하여 파나마 등 해외에 설립된 A 외국법인이 위 금융기관들에게서 차입한 돈으로 선박들을 매입하여, 해운업 등을 주된 사업으로 영위하는 B 내국법인이 파나마 등 해외에 설립한 C 외국법인과 국적취득조건부 나용선 계약을 체결하였고, 이후 B 법인은 C 외국법인과 위 선박들에 관한 정기용선계약을 체결한 뒤 위 선박들을 자신의 해운사업에 사용해 온 사안에서, 판례[30]는 C 외국법인은 자본금이 1 달러에

26) 대법원 1993.09.24. 선고 93누517 판결.

27) 황남석, "실질과세원칙의 적용과 관련된 최근 판례의 동향 및 쟁점", 조세법연구[23-1], 2017. 71쪽.

28) 대법원 1999.11.26. 선고 98두7084 판결.

29) 대법원 2018.03.22. 선고 2014두43110 전원합의체 판결.

불과하고 아무런 인적 조직과 물적 시설을 갖추지 않은 명목회사인 점, C 외국법인을 통하여 A 외국법인에 용선료를 지급하는 업무 일체를 B 법인이 관장해 온 점 등에 비추어 볼 때, C 외국법인은 나용선계약의 명의상 당사자일 뿐이고, B 법인이 위 계약의 실질적인 당사자라고 판시하면서, B 내국법인이 해외에 설립한 명목회사(Paper Company) C 외국법인과 선박을 나용선하되 약정한 용선료를 완납하면 그 소유권을 취득하는 내용의 (국적취득조건부) 나용선계약을 체결하고, B 법인은 C 외국법인과 위 선박들에 관한 정기용선계약을 체결한 뒤 위 선박들을 해운사업에 사용해 오다가 위 나용선계약의 마지막 연부금 지급일 전 C 외국법인에 선박을 반환하였다면, 위 국적취득조건부 나용선계약의 실질적인 당사자는 B 법인이고, B 법인이 자신이 설립한 명목회사인 A 외국법인에 선박을 반환한다는 것을 쉽게 상정하기 어려울 뿐 아니라 가사 B 법인이 선박들을 C 외국법인에 반환하였다고 하더라도 이를 가지고 위 선박들이 B 법인의 지배범위를 벗어나 A 외국법인에 반환되었다고 볼 수 없는 점 등에 비추어 볼 때, 위 선박들에 대한 국적취득조건부 나용선계약이 해제되었다거나, 위 선박들이 A 외국법인에 반환되었다고 추인할 수 없다고 판단하고 있다. 또한, 판례[31]는 비거주자나 외국법인이 원천지국인 우리나라의 조세를 회피하기 위하여 조세조약상 혜택을 받는 나라에 명목회사를 설립하여 그 법인형식만을 이용하는 국제거래뿐만 아니라, 거주자나 내국법인이 거주지국인 우리나라의 조세를 회피하기 위하여 소득세를 비과세하거나 낮은 세율로 과세하는 조세피난처에 사업활동을 수행할 능력이 없는 외형뿐인 이른바 '기지회사(Base Company)'를 설립하여 두고 그 법인형식만을 이용함으로써 그 실질적 지배·관리자에게 귀속되어야 할 소득을 부당하게 유보하여 두는 국제거래에도 실질과세 원칙이 적용될 수 있다는 태도를 보이고 있다.

(6) 과세대상 소득에 대한 지배·관리의 판정

판례[32]는 A 회사는 독립된 실체와 사업목적을 갖고 있는 B 그룹 내 관련 사업의 중간지주회사로서 배당소득을 지배·관리할 수 있는 실질적인 귀속자 또는 그에 관한 한·영 조세조약의 수익적 소유자에 해당한다고 볼 여지가 충분하고, A 회사가 지주회사로서 자체 영업부서 등을 갖추는 대신에 대부분의 업무를 자회사 직원들을 통하여 수행하였다는 등의 사정만으로 A 회사가 배당소득의 실질귀속자 또는 수익적 소유자가 아니라고 단정할 것은 아니라고 판시하여 조세조약에 규정되어 있는 '수익적 소유자'(beneficiary owner)의 의미를 실질과세 원칙상의 '실질적 귀속자'와 같다는 태도를 보이고 있다. 또한, 판례[33]는

30) 대법원 2011.04.14. 선고 2008두10591 판결.

31) 대법원 2018.12.13. 선고 2018두128 판결; 2015.11.26. 선고 2013두25399 판결; 2015.11.26. 선고 2014두335 판결.

32) 대법원 2016.07.14. 선고 2015두2451 판결.

33) 대법원 2018.11.29. 선고 2018두38376 판결; 2018.11.15. 선고 2017두33008 판결.

B 회사는 배당소득을 A 회사 등 타인에게 이전할 법적 또는 계약상의 의무를 부담한 바 없이 그에 대한 사용·수익권을 향유하고 있었다고 보이므로, 한·헝가리 조세조약의 거주자로서 배당소득의 수익적 소유자에 해당한다고 볼 여지가 충분하고, B 회사는 위 다국적 기업그룹의 전세계적 구조개편이라는 독립된 사업목적에 따라 헝가리에서 설립되어 오랜 기간 정상적으로 중간지주회사 및 공동 서비스센터로서 역할과 업무를 수행하는 충분한 실체를 갖춘 법인으로서, 다른 보유자산들과 마찬가지로 A 회사에 대한 지분과 그에 따른 배당소득을 실질적으로 지배·관리하였다고 봄이 타당하다는 입장을 취하고 있는데, 실질적인 지배·관리의 판단요소로 회사의 설립경위, 사업의 연혁과 사업부문 구성 및 활동, 임직원 고용과 관리를 비롯한 인적·물적 설비의 현황, 자회사들에 대한 주주로서 권한 행사, 증자 대금의 출처, 지분관리와 배당금 수령, 자금 사용과 투자 내역 등을 설시하고 있다.

3. 실질내용 과세원칙

1) 실체규정의 내용

국기법 제14조 제2항은 “세법 중 과세표준의 계산에 관한 규정은 소득, 수익, 재산, 행위 또는 거래의 명칭이나 형식과 관계없이 그 실질 내용에 따라 적용한다.”고 규정하고, 국조법 제3조 제2항은 “국제거래에서 과세표준의 계산에 관한 규정은 소득, 수익, 재산, 행위 또는 거래의 명칭이나 형식과 관계없이 그 실질 내용에 따라 조세조약을 적용한다.” 고 규정하여 실질내용 과세원칙을 밝히고 있다.

2) 적용요건

이 원칙은 과세요건사실에 관하여 실질과 괴리되는 비합리적인 형식이나 외관을 취한 경우 형식이나 외관에 불구하고 뒤에 숨어 있는 실질에 따라 과세요건이 되는 소득이나 수익, 재산, 거래 등의 발생, 귀속과 내용 등을 파악하여 과세하여야 한다는 국세부과의 원칙을 말한다. 이 원칙에서 “과세표준의 계산에 관한 규정”의 적용범위와 관련하여 단순히 세액산출의 기초가 되는 과세물건의 가액이나 수량에 한정되지 않고, 과세요건의 구성에 관련되는 과세물건의 확정과 과세표준의 산정 및 세율의 적용이 그 적용대상이 되며, 납세의무자의 요건과 과세물건의 납세의무 귀속은 제외되는 것으로 해석된다. 과세요건과 관련된 거래 등의 명칭이나 형식이 실질 내용과 다른지의 여부는 해당 거래 등을 통하여 얻은 경제적 효과를 기준으로 판단하는 것이 타당하다고 보는데, 이것은 실질과세 원칙이 해당 거래 등을 통하여 얻은 실질적인 담세력을 파악하기 위한 것이기 때문이다.[34)] 이 원칙의 적용에서 조세회피의 목적은 고려되지 않는다. 다시 말하면 과세요건과 관련되는

34) 김완석·박종수·이중교·황남석, 앞의 책, 235쪽.

해당 거래 등이 조세회피행위에 해당하여 세법상 이를 무시하거나 재구성하는 등 해당 조세회피행위를 부인하여야 할 경우를 제외하고는 그 적용요건에서 조세회피의 목적은 배제된다.[35]

3) 판례의 분석

(1) 경제적 실질에 따른 과세물건의 확정

법인세의 과세소득 또는 토지 등의 양도차익을 계산함에 있어서 판례[36]는 구체적인 세법적용의 기준이 되는 과세사실의 판단은 당해 법인의 기장내용, 계정과목, 거래명의에 불구하고 그 거래의 실질내용을 기준으로 하여야 하므로 콘도미니엄의 건축분양회사가 피분양자로부터 공유지분의 매매계약과는 별도로 시설관리운영계약에 기하여 수납한 20년간의 시설관리료가 콘도미니엄의 분양대금의 일부에 해당한다고 판시하고 있다. 또한, 종합무역상사 A 내국법인이 외국법인들의 수출입거래에 개입하여, 국내 고정사업장이 없는 해외수출자 B 외국법인에게서 연지급조건 신용장 방식(Shipper's Usance L/C)으로 구리, 금, 콩, 아연 등 재화를 수입하고 이를 제3국에 있는 해외수입자 B 외국법인에 전신환송금, 연지급조건 신용장 방식 등으로 수출하는 중계무역 형식의 거래를 한 사안에서, 판례[37]는 위 거래를 B 외국법인이 C 외국법인에 재화를 매도하고 매도대금을 지급받는 것이 이미 정하여져 있는 상태에서 A 내국법인이 개입하여 C 외국법인에게서 대금을 지급받음으로써 B 외국법인으로부터 매도대금 상당액의 자금을 차입하고, 추후 B 외국법인에 재화의 매입에 따른 매입대금 및 이자를 지급하는 형식으로 차입금 원금 및 이자를 변제한 것으로 보아 A 내국법인이 B 외국법인에 지급한 이자는 국내사업장이 없는 외국법인의 국내원천 이자소득으로 법인세 원천징수대상이라고 본 원심의 판단을 수긍하였다. 한편, 판례[38]는 어떤 소득이 과세소득이 되는지 여부는 이를 경제적인 측면에서 보아 현실적으로 이득을 지배·관리하면서 이를 향유하고 있어 담세력이 있는 것으로 판단되면 족하고 그 소득을 얻게 된 원인관계에 대한 법률적 평가가 반드시 적법하고 유효한 것이어야 하는 것은 아니라고 할 것이므로, 법인이 밀수금괴를 매입하여 판매한 행위를 영업활동으로 보아 행한 과세처분은 적법하고, 그 대표이사가 관세법위반으로 처벌되어 취득한 밀수금괴 중 일부는 몰수되고 이미 판매한 금괴 상당의 금액을 추징당하였다고 하더라도, 몰수된 금괴에 해당하는 부분은 법인에 대한 부과처분의 대상에서 제외된 것이고, 그 추징 또한 그 대표이사 개인에 대한 것이므로, 그 대표이사에 관하여 몰수된 금괴 상당의 가액

---

35) 김완석·박종수·이중교·황남석, 앞의 책, 236쪽.

36) 대법원 1993.07.27. 선고 90누10384 판결.

37) 대법원 2011.05.26. 선고 2008두9959 판결.

38) 대법원 1994.12.27. 선고 94누5823 판결.

및 추징된 금원을 그 법인의 손금에 당연히 산입하여야 한다고 할 수는 없다고 판시하고 있다.

(2) 과세물건의 확정요건에 대한 실질적 해석

판례[39]는 납세의무자인 양도인과 최종 양수인 사이에 중간 거래가 개입되었으나 그것이 가장행위에 의한 형식상의 양도거래에 불과하고 실제로는 양도인과 최종 양수인 사이에 하나의 양도거래가 있을 뿐이라면, 실질과세의 원칙상 양도거래로 인한 효과는 모두 납세의무자인 양도인에게 귀속되기 때문에, 본인이 대리인에게 자산의 양도와 대금의 수령권한을 부여하고 대리인이 상대방에게서 양도대금을 지급받았다면 대금수령의 법률적 효과는 본인에게 귀속될 뿐만 아니라 특별한 사정이 없는 한 본인도 대금에 대한 지배·관리를 하면서 담세력도 보유하게 되므로 본인의 양도소득은 실현되었다고 볼 것이지만, 만약 대리인이 위임의 취지에 반하여 자산을 저가에 양도한 것처럼 본인을 속여 양도대금의 일부를 횡령하고, 나아가 본인의 대리인에 대한 횡령금액 상당의 손해배상채권이 대리인의 자산상황, 지급능력 등에 비추어 회수불능이 되어 장래 소득이 실현될 가능성이 전혀 없게 된 것이 객관적으로 명백한 때에는 그 소득을 과세소득으로 하여 본인에게 양도소득세를 부과할 수 없다는 것이다. 그리고 재산세 분리과세대상이 되는 회원제골프장용 토지는 특별한 사정이 없는 이상 실제로 회원제골프장으로 사용되고 있는 토지이어야 하고, 체육시설법에 따라 회원제골프장업으로 체육시설업 등록을 하였더라도 실제로는 대중골프장으로만 운영한 경우 그 토지는 지방세법에서 정한 재산세 분리과세대상이 되지 않는다고 보아야 하며,[40] 골프장업자가 회원제 골프장과 일반 골프장을 동시에 경영하는 경우 비록 관련 법령에 따라 회원제 골프장 시설로 등록된 건물 및 구축물이라 하더라도 실제로는 회원제 골프장과 일반 골프장의 공동시설로 사용되고 있다면 그 시설 전부가 중과세 대상에 해당하는 것이 아니라 그 실제 용도에 따라 중과세 대상과 일반과세 대상으로 안분하여야 한다는 것이다.[41] 한편, 판례[42]은 부동산의 매매 등으로 대금이 모두 지급된 경우뿐만 아니라 사회통념상 대가적 급부가 거의 전부 이행되었다고 볼 만한 정도에 이른 경우에도 양도소득세의 과세요건을 충족하는 부동산의 양도가 있다고 봄이 타당하다고 할 것이나, 대가적 급부가 사회통념상 거의 전부 이행되었다고 볼 만한 정도에 이르는지

39) 대법원 2015.09.10. 선고 2010두1385 판결.

40) 대법원 2013.02.15. 선고 2012두11904 판결.

41) 대법원 1997.04.22. 선고 96누11129 판결. ▶이 사건은 회원제 골프장과 일반 골프장의 공동시설로 이용되고 있는 클럽하우스, 수위실, 클럽하우스 건물비품, 주차장, 오수처리장, 테니스장, 정화조, 보일러, 소화물 승강기, 태양열 시설, 저수지 등의 취득비용에 대하여 회원제 골프장과 일반 골프장의 등록면적에 의하여 안분하여 그 중 회원제 골프장 부분에 상응하는 부분 만큼에 대하여만 취득세를 중과하여야 한다고 한 사례이다.

42) 대법원 2014.06.12. 선고 2013두2037 판결.

여부는 미지급 잔금의 액수와 그것이 전체 대금에서 차지하는 비율, 미지급 잔금이 남게 된 경위 등에 비추어 구체적 사안에서 개별적으로 판단하여야 한다는 것이다. 또한, 국토계획법이 정한 토지거래허가구역내 토지를 매도하고 대금을 수수하였으면서도 토지거래허가를 배제하거나 잠탈할 목적으로 매매가 아닌 증여가 이루어진 것처럼 가장하여 매수인 앞으로 증여를 원인으로 한 이전등기까지 마친 경우 또는 토지거래 허가구역 내 토지를 매수하였으나 그에 따른 토지거래허가를 받지 않고 이전등기를 마치지도 않은 채 토지를 제3자에게 전매하여 매매대금을 수수하고서도 최초 매도인이 제3자에게 직접 매도한 것처럼 매매계약서를 작성하고 그에 따른 토지거래허가를 받아 이전등기까지 마친 경우, 이전등기가 말소되지 않은 채 남아 있고 매도인 또는 중간 매도인이 수수한 매매대금도 매수인 또는 제3자에게 반환하지 않은 채 그대로 보유하고 있는 때에는 예외적으로 매도인 등에게 자산의 양도로 인한 소득이 있다고 보아 양도소득세 과세대상이 된다고 보는 것이 타당하다는 것이다.[43]

4. 우회거래 및 다단계거래의 부인

1) 실체규정의 내용

국기법 제14조 제3항은 "제3자를 통한 간접적인 방법이나 둘 이상의 행위 또는 거래를 거치는 방법으로 이 법 또는 세법의 혜택을 부당하게 받기 위한 것으로 인정되는 경우에는 그 경제적 실질 내용에 따라 당사자가 직접 거래를 한 것으로 보거나 연속된 하나의 행위 또는 거래를 한 것으로 보아 이 법 또는 세법을 적용한다."고 규정하고 있고, 국조법 제3조 제3항 및 제4항은 "국제거래에서 이 법 및 조세조약의 혜택을 부당하게 받기 위하여 제3자를 통한 간접적인 방법으로 거래하거나 둘 이상의 행위 또는 거래를 거친 것(이하 "우회거래")으로 인정되는 경우에는 그 경제적 실질에 따라 당사자가 직접 거래한 것으로 보거나 연속된 하나의 행위 또는 거래를 한 것으로 보아 이 법 및 조세조약을 적용한다."라고, "우회거래를 통하여 우리나라에 납부할 조세부담이 대통령령으로 정하는 비율 이상으로 현저히 감소하는 경우(해당 우회거래의 금액 및 우리나라에 납부할 조세부담의 감소된 금액 등이 대통령령으로 정하는 요건에 해당하는 경우는 제외한다) 납세의무자가 해당 우회거래에 정당한 사업 목적이 있다는 사실 등 조세를 회피할 의도가 없음을 입증하지 아니하면 이 법 및 조세조약의 혜택을 부당하게 받기 위하여 거래한 것으로 추정하여 제3항을 적용한다."라고 각각 규정하여 우회거래 및 다단계거래 부인원칙을 맹백히 하고 있다.

43) 대법원 2011.07.21. 선고 2010두23644 전원합의체 판결.

2) 적용요건

이 원칙을 적용하려면 조세회피행위가 직접적인 방법이 아니어야 한다. 즉, 조세회피행위가 제3자를 통한 간접적인 방법이나 둘 이상의 행위 또는 거래를 거치는 방법이어야 한다. 그리고 그 내용 또는 효과로서 선택한 거래나 행위의 외관 또는 형식이 경제적 실질과 다른 경우이어야 한다. 제3자를 통한 간접적인 방법이란 우회거래를 가리키는데, '우회거래'란 실제의 거래당사자가 직접 계약을 체결하거나 거래를 하는 것이 아니고 형식상 중간에 제3자의 인격체를 매개시켜 간접적으로 거래하는 형태를 말한다.[44] 그리고 둘 이상의 행위 또는 거래를 거치는 방법이란 다단계거래[45]를 의미한다. '다단계거래'란 통상적으로 1개의 행위 또는 거래로 달성할 수 있는 일정한 경제적 성과를 합리적인 이유없이 2개 이상의 행위 또는 거래로 분할하여 마치 여러 개의 독립된 행위 또는 거래가 존재하는 것처럼 거래를 구성하는 형태를 말하는데,[46] 이러한 다단계거래를 하더라도 통상적인 단일의 행위 또는 거래를 한 경우와 동일한 경제적 성과를 달성할 수 있는 경우이다.[47] 판례[48]는 다단계거래를 판단하는 기준으로 ① 당사자가 그와 같은 거래 형식을 취한 목적, ② 제3자를 개입시키거나 단계별 거래과정을 거친 경위, ③ 그와 같은 거래방식을 취한 데에 조세부담의 경감 외에 사업상의 필요 등 다른 합리적 이유가 있는지 여부, ④ 각각의 거래 또는 행위 사이의 시간적 간격, 그러한 거래형식을 취한데 따른 손실 및 위험부담의 가능성 등을 설시하고 있다.

3) 판례의 분석

(1) 우회거래 등에 해당한다고 판단한 사례

A 주식회사의 주주들이며 남매 사이인 B와 C 및 C의 배우자가 각자 소유 중인 A 회사 주식을 B는 C 부부의 직계비속들에게, C 부부는 B의 직계비속들에게, 교차증여한 사안에서, 판례[49]는 B와 C 부부는 각자의 직계비속들에게 A 회사 주식을 증여하면서도 증여세 부담을 줄이려는 목적 아래 그 자체로는 합당한 이유를 찾을 수 없는 교차증여를 의도적인

44) 김완석·박종수·이중교·황남석, 앞의 책, 289쪽.

45) 미국의 세법상 판례에 의하여 확립된 단계거래원칙(Step Transaction Doctrine)에서의 단계거래와 유사하다. 미국에서의 단계거래란 형식상으로는 여러 개의 독립된 거래이나 실질적으로는 모든 단계의 거래들이 연결되어 있는 일련의 거래를 가리키는데, 구속력 있는 약정(binding commitment)의 검증, 최종목적(end result)에 대한 검증, 거래행위의 상호의존성(mutual interdependence)의 검증을 통하여 단계거래에 해당하는지의 여부를 판단한다.

46) 정승영, 국세기본법상 실질과세의 원칙에 관한 연구, 성균관대학교 박사학위논문, 2012, 28쪽.

47) 김완석·박종수·이중교·황남석, 앞의 책, 289쪽.

48) 대법원 2017.02.15. 선고 2015두46963 판결.

49) 대법원 2017.02.15. 선고 2015두46963 판결

수단으로 이용한 점 등을 고려하여, 그러한 교차증여를 상속세 및 증여세법에 따라 실질에 맞게 재구성하여 B와 C 부부가 각자의 직계비속들에게 직접 추가로 증여한 것으로 보아 증여세를 과세할 수 있다고 판시하였다. 또한, A 등이 주권상장법인인 B 주식회사에 소유하고 있던 C 주식회사 주식을 매도하였고, B 회사에서 지급받은 매매대금을 C 회사가 제3자에 대한 배정방식에 의하여 A 등에게 발행한 신주 인수대금으로 납입하였는데, 그 후 B 회사가 C 회사를 흡수합병한 사안에서, 판례[50]는 A 등과 B 회사는 소규모합병, 간이합병이 아닌 일반적인 합병절차를 취할 경우 발생될 수 있는 여러 문제점을 피하기 위해 A 등 소유의 C 회사 주식의 양도, 위 유상증자, C 회사와 B 회사 사이의 합병이라는 법적 형식을 취한 것이라는 이유로, 위 유상증자에 대하여 상속세 및 증여세법을 적용한 것이 실질과세의 원칙에 위배된다고 볼 수는 없다고 판시하였다. 한편, A 외국법인이 B 주식회사로부터 B 회사 발행의 제3자 배정 신주를 인수하면서 이른바 풋백옵션(Put Back Option)을 보장받았으나 이를 행사하지 않고 있다가 풋백옵션 행사기간 만료 후 B 회사와 그 기간을 연장하기로 하는 내용의 추가약정서를 소급하여 작성하였고, 이에 따라 B 회사가 A 법인으로부터 위 주식을 풋백옵션 행사가액에 매입(이하 '매입거래')한 후 B 회사의 최대주주인 C 주식회사에 양도한 사안에서, 판례[51]는 B 회사는 A 법인이 당초 약정한 풋백옵션 행사기간의 만료로 위 주식에 관한 풋백옵션 행사권리를 상실하였으므로 A 법인으로부터 위 주식을 다시 매입할 의무가 없었던 점, 상법상 자기주식에 해당하는 위 주식의 보유 자체로 B 회사에 수익이 발생한다거나 주식을 매입하지 아니하면 B 회사에 손실이 발생한다고 볼 만한 사정 등도 찾기 어려운 점 등에 비추어, B 회사가 법인세법상 특수관계자인 A 법인으로부터 자기주식인 위 주식을 매입한 위 매입거래는 국제거래에서 부당행위계산 부인의 대상이 되는 경제적 합리성이 결여된 '수익이 없는 자산'의 매입에 해당하고, 과세관청은 이에 관한 부당행위계산 부인을 하면서 B 회사가 위 주식의 취득일로부터 이를 처분하여 매입대금을 회수할 때까지의 기간 동안 매입대금 상당액에 대한 인정이자 상당액을 익금산입하고 그에 따른 소득금액변동통지를 하여야 한다고 판시하였다.

(2) 우회거래 등에 해당하지 않는다고 판단한 사례

A 주식회사의 최대주주이자 대표이사인 B가 A 회사가 다른 회사에 발행한 전환사채를 약정에 따른 조기상환권을 행사하여 양수한 후 전환권을 행사하여 수령한 우선주를 보통주로 전환·취득한 사안에서, 판례[52]는 전환사채의 발행부터 B의 조기상환권 및 전환권 행사에 따른 A 회사 신주취득까지 시간적 간격이 있는 일련의 행위들이 별다른 사업상

50) 대법원 2014.03.13. 선고 2013두21670 판결.

51) 대법원 2020.08.20. 선고 2017두44084 판결.

52) 대법원 2017.01.25. 선고 2015두3270 판결.

목적이 없이 증여세를 부당하게 회피하거나 감소시키기 위하여 비정상적으로 이루어진 행위로서 실질이 B에게 소유주식비율을 초과하여 신주를 저가로 인수하도록 하여 시가와 전환가액의 차액 상당을 증여한 것과 동일한 연속된 하나의 행위 또는 거래라고 단정하기는 어렵다고 판시하였는데, 판시이유로 납세의무자는 경제활동을 할 때 동일한 경제적 목적을 달성하기 위하여 여러 가지의 법률관계 중의 하나를 선택할 수 있고 과세관청으로서는 특별한 사정이 없는 한 당사자들이 선택한 법률관계를 존중하여야 하며, 또한 여러 단계의 거래를 거친 후의 결과에는 손실 등의 위험부담에 대한 보상뿐 아니라 외부적인 요인이나 행위 등이 개입되어 있을 수 있으므로, 여러 단계의 거래를 거친 후의 결과만을 가지고 실질이 증여행위라고 쉽게 단정하여 증여세의 과세대상으로 삼아서는 아니된다고 설시하여 법적 실질을 취하는 태도를 보였다. 또한, 네덜란드 소재 다국적 항공운송기업인 티엔티(TNT) 그룹(최종 모회사는 네덜란드 법인 TNT Express N.V.로서, 이하 '이 사건 최종 모회사') 내 국내 계열사인 원고가 금융기관 대출, 티엔티 그룹 계열사인 네덜란드 법인 TNT Finance B.V.(이하 '티엔티 파이낸스')에 대한 채무상환, 유상증자, 위 금융기관 대출금상환 행위를 하였고, 원고의 모회사인 네덜란드 법인 TNT Express Worldwide N.V.,(이하 '이 사건 모회사')가 그 유상증자 주식을 전부 인수한 사안에서, 판례[53]는 이 사건 모회사와 티엔티 파이낸스는 독자적인 실체를 가지고 고유한 목적사업을 수행하는 그룹 내 중간지주회사 내지는 금융회사로서, 이 사건 거래에서 단지 이 사건 최종 모회사의 도관에 불과하다고 보아 세법상으로 그 실체나 형식을 부인하기 어렵고, 원고는 항공운송사업을 영위하면서 발생한 티엔티 파이낸스 등에 대한 사업상 채무를 부담하고 있는 상태에서 이 사건 거래를 통하여 유상증자로 조달한 자금으로 재무구조를 개선한 것으로서 뚜렷한 동기 내지는 목적이 있는 행위라고 평가할 수 있으며, 이 사건 모회사는 위 사업상 채무의 채권자가 아니어서 채권의 출자전환이 불가능하며 이 사건 거래로 인하여 어떠한 손해가 발생하였다고 보기 어려운 사정 등을 종합하면, 이 사건 거래에 관한 개별 행위들이 법인세법에 따른 조세부담을 회피할 목적에서 한 독자적인 의미를 갖기 어려운 중간행위로서 그 경제적 실질이 채무의 출자전환행위에 해당한다고 보기 어렵다고 판시하였다. 아울러 판례[54]는 A와 B 등이 한국토지공사로부터 토지를 분양받아 C 주식회사를 설립하고 C 회사에 위 토지의 분양권을 양도한 후, 위 토지에 오피스텔을 신축·분양하는 사업을 추진하려던 D 주식회사와 "토지분양권 및 주식 양도·양수 계약"을 체결하여 D 회사로부터 C 회사 주식의 양도대금을 수령하고 D 회사 앞으로 소유권 이전등기를 한 사안에서, 제반 사정에 비추어 위 주식 양도대금이 C 회사의 자산양도소득에 해당하여 그 중 일부가 A와 B에게 상여로 귀속된 것으로 볼 수 없다고 판시하였다.

53) 대법원 2017.12.22. 선고 2017두57516 판결.

54) 대법원 2018.02.28. 선고 2017두58236 판결.

5. 실질과세 원칙의 적용한계와 관세법상 적용 시 곤란한 점

1) 실질과세 원칙의 적용한계

실질과세 원칙의 내용을 이루는 목적론적 해석과 당사자가 선택한 행위 또는 거래를 경제적 실질에 따라 재구성하여 과세하는 것은 필연적으로 납세의무자의 법적 안정성과 예측가능성을 침해함으로써 조세법률주의와 충돌을 가져온다. 왜냐하면 법치국가원리와 조세법률주의를 구성하는 본질적 요소인 법적 안정성은 법규범의 내용적 일의성, 명확성 및 투명성을 그 내용으로 하고 있는데 반하여, 실질과세 원칙의 실질이나 경제적 실질은 불확정개념이기 때문에 그 외관이나 형식에 상관없이 실질이나 경제적 실질을 기준으로 하여 조세법을 해석·적용한다면 납세자의 법적 안정성과 예측가능성이 침해될 수 있기 때문이다. 그러한 까닭에 납세자가 정상적인 시장의 조건과 위험에 따라 거래하는 한 거래의 주된 동기가 단지 조세를 회피할 의도에서 비롯되었다는 이유만으로 조세법상 그 행위의 효력을 부인하는 것이 과연 법리적으로 타당한가의 문제와 납세자가 어느 과세요건에 상응한 단일한 거래를 택하였음에도 불구하고 그러한 거래를 통한 조세회피 가능성을 이유로 해당 거래를 수 개의 과세요건에 해당하는 복수의 거래로 재구성하는 것이 조세법률주의에 비추어 허용될 수 있는가의 문제가 제기될 수 있고,[55] 국기법 제14조 제2항의 실질내용 과세원칙이 일반부인규정인지 여부에 대하여 학설상 논란이 제기되고 있다.[56] 또한, 판례[57]도 경제적 관찰방법 또는 실질과세의 원칙에 의하여 당사자의 거래행위를 그 법형식에도 불구하고 조세회피행위라고 하여 그 행위계산의 효력을 부인할 수 있으려면 조세법률주의의 원칙상 법률에 개별적이고 구체적인 부인규정이 마련되어 있어야 한다는 입장을 취하고 있다.

조세법상 부인의 핵심은 실제로 존재하는 사실(실질)을 조세법상 인정하지 않음과 동시에 조세법상 경제적 합리성에 따른 통상적인 사실로 의제한 사실을 과세요건사실로 하여 과세요건법규를 적용시킨다는 것이다.[58] 따라서 국기법 제14조 제1항 및 제2항의 실질과세 원칙은 과세요건사실 인정의 원칙으로 보아야 할 것이다. 조세법의 적용에 있어서 과세요건사실의 인정이 필요하고, 다른 법 분야와 마찬가지로 조세법에 있어서도 과세요건사실의 외관과 실체 또는 형식과 실질이 일치하지 않을 경우에는 실체, 실질에 따라 판단하여 인정할 수밖에 없기 때문이다. 이 견해에 따르면 실질과세 원칙은 확인적인 규정으로 보아야 한다.[59] 결론적으로 실질과세의 원칙은 헌법상의 기본이념인 평등의 원칙을

55) 임승순, 김용택, 조세법(서울: 박영사), 2023, 80~81쪽.

56) 김영우, 앞의 글, 114~116쪽.

57) 대법원 1992.09.22. 선고 91누13571 판결.

58) 김영우, 앞의 글, 116쪽.

조세법률관계에 구현하기 위한 실천적 원리로서, 조세의 부담을 회피할 목적으로 과세요건사실에 관하여 실질과 괴리되는 비합리적인 형식이나 외관을 취하는 경우에 그 형식이나 외관에 불구하고 실질에 따라 담세력이 있는 곳에 과세함으로써 부당한 조세회피행위를 규제하고 과세의 형평을 제고하여 조세정의를 실현하고자 하는 데 주된 목적이 있다는 판례[60]의 태도에 비추어, 이러한 목적의 범위 내로 제한되는 한계를 가질 것이다.

2) 관세법상 실질과세 원칙의 적용 시 곤란한 점

관세(關稅)는 법리상 국가가 부과하는 조세(租稅)에 해당하지만 국기법이 국세(國稅)의 적용범위에서 관세를 제외하고 있고(제2조제1호),[61] 세법(稅法)의 해당범위에서도 관세법을 배제하고 있으며(제2조제2호), 관세의 납세의무자와 과세요건을 규율하고 있는 관세법의 입법목적에는 "수출입물품의 통관을 적정하게" 하려는 기능도 포함되어 있기 때문에 판례가 인정하는 실질과세 원칙이 적용된다고 하더라도 세법상 실질과세 원칙이 제한없이 그대로 적용하는 것은 법리적으로 타당하다고 볼 수 없을 것이다.[62] 또한, 관세의 과세가격 결정의 방법은 세법과 달리 관세평가협정의 원칙과 내용을 그대로 관세법으로 수용한 입법의 결과이고, 관세의 과세물건인 수입물품은 그 거래 당사자가 국외에 소재하여 과세당국이 해당 거래의 실질에 관한 정보를 접근하는데 한계가 있다는 점과 국제무역거래는 내국거래와는 다른 상업적 관행(commercial practices)이 존재할 수 있다는 점에서 세법상 실질과세 원칙을 관세법에 적용하는 경우에 그 차별성을 고려하는 것이 필요하다고 본다.

6. 주요 선진국의 입법사례

1) 미국 세법상 실질과세의 일반원칙

미국 세법은 우리 국기법상 실질과세의 원칙과 명문규정은 존재하지 않고, 다만 우리의 경제적 실질설에 기초한 실질과세 원칙에 해당하는 법원칙이 세법상 판례와 학계논의를 통해 형성되어 왔다.[63] 우리의 실질과세 원칙에 해당하는 미국의 세법상 법원칙은

---

59) 김영우, 앞의 글, 110쪽.

60) 대법원 2012.01.19. 선고 2008두8499 전원합의체 판결.

61) 다만, 국기법 제18조의2 제1항에서 기획재정부에 두는 국세예규심사위원회의 심의대상에 관세법 제5조 제1항 및 제2항의 기준에 맞는 관세법의 해석 및 이와 관련되는 자유무역협정(FTA)관세법 및 관세환급특례법의 해석에 관한 사항을 포함하고 있어서 국세행정상 관세를 국세로 취급하는 것으로 볼 수도 있다.

62) 같은 취지로 정부법무공단, 「관세 포탈 시 등 납세의무자 확정 및 채권확보방안 연구」(연구용역 최종보고서), 2012, 153쪽.

63) 이동식, "미국 세법상 실질과세원칙의 의미와 역할", 공법연구 제39집 제4호, (사)한국공법학회, 2011, 320쪽.

① Substance over Form, ② Sham transaction, ③ Step transaction, ④ Business purpose, ⑤ Economic substance, 총 다섯 가지이다. 미국 세법학계에서는 이 다섯 가지의 법원칙 가운데 "Substance over Form doctrine"이 다른 네 가지 원칙보다 좀 더 일반적인 법원칙이며, 이 원칙으로부터 나머지 네 가지 원칙들이 파생되는 것으로 보고 있다. "Substance over Form doctrine"에서 파생된 네 가지 원칙은 다시 두 유형으로 나누어 설명하기도 한다. 첫 번째 유형은 "sham transaction", "business purpose" 그리고 "economic substance"이고, 두 번째 유형은 "step transaction"이다. 앞의 유형은 통상 하나의 거래행위에 있어서 납세자의 진정한 의도가 무엇인지를 발견하여 그에 기초하여 과세하겠다는 것이고, 두 번째 유형은 여러 개의 거래행위를 납세자의 진정한 의도를 기초로 재구성하고 그것에 기초하여 과세를 하는 것이다.

그런데 이러한 원칙들이 법원의 판결을 통해 형성되다 보니 여러 법원에서 이 원칙들을 적용하는 방법이 통일적이지가 못하였고, 실질과세 원칙을 입법화해야 한다는 주장들이 제기되었다. 그리하여 Barak Obama 대통령이 취임한 후 건강보험개혁을 추진하면서 "The Health Care and Education Affordability Reconciliation Act of 2010" 제1409조에서 실질과세 원칙, 특히 "economic substance doctrine"을 입법화했다. 이 규정에 따라 연방내국세입법 제7701조(o)가 추가되었다. 그리하여 "economic substance doctrine"은 미국에서 더 이상 불문법원이 아니라 성문화된 법원으로 자리잡게 되었다. 나머지 원칙들은 여전히 사법부에 의해 그 내용이 결정되는 법원칙으로 남아 있다. 미국에서 실질과세 원칙과 관련한 법원의 판결이 별도의 법적 근거 없이 이루어질 수 있었던 이유는 실질과세 원칙의 성격을 일종의 법해석 방법(principle of statutory interpretation)으로 이해하였기 때문이다. 세법상의 거래가 과세요건 등을 규정하고 있는 세법조문의 "문언상의 요건들(literal requirements)"을 충족하더라도 법원은 그 거래의 경제적 실질(substance)이 거래의 법률형식(form)과 일치하는지를 검토하여야 하며, 만약 실질과 형식이 일치하지 않는 경우에는 그 형식을 통해 납세자가 의도했던 조세감면은 인정할 수 없다는 것이 입법자의 의도이므로 법원은 그러한 입법자의 의도에 충실하게 법을 해석·적용해야 한다는 것이다.[64]

2) 독일 조세법상 조세회피의 금지원칙

독일 조세기본법(Abgabenordnung) 제42조 제1항은 "법의 형성가능성을 남용하여 조세법률을 우회(회피)할 수 없다. 조세우회(회피)의 방지를 위하여 개별 세법에서 규정하는 구성요건이 존재하면, 그 규정에 따라 법률효과가 결정된다. 그 밖에 제2문의 의미 내에서 남용이 있는 경우의 조세청구는 경제과정에 적절한 법적 구조에서 발생하는 조세청구와 똑같게 발생한다."[65]고 규정하고 있다. 그리고 제2항에서 "남용은 적절한 구조와 비교

64) 이동식, 앞의 글, 324쪽.

하여 납세의무자 또는 제3자에게 법률상 예견되지 않은 조세이익(혜택)을 가져오는 부적절한 법적 구조를 선택할 때 발생한다. 이 규정은 납세의무자가 (자신이) 선택한 구조에 대한 전반적인 상황에서 고려되는 중요한 비과세 사유를 입증하는 경우에는 적용되지 않는다."[66]고 규정되어 있다. 이와 같은 조세회피의 금지규정은 1919년 독일 제국조세통칙법(Reichsabgabenordnung) 제4조의 경제적 관찰방법(Wirtschaftliche Betrachtungsweise)에서 연혁된 원칙으로 실질과세의 원칙이라는 법원칙의 범주에 포함되지만[67] 독일 세법학계에서는 실질과세의 원칙이란 용어 대신 "경제적 관찰방법" 이라는 용어를 사용하여 연구되어 왔는데,[68] 경제적 관찰방법은 세법 적용의 기초가 사법(私法)상의 행위방식 자체가 아니라 그 방식의 배경에 놓여있는 경제적 실상이 되어야 한다는 것을 의미한다.[69]

독일은 관세의 부과·징수에 관한 실체·절차법규와 관세형벌법규가 조세기본법에 단일법전으로 편찬되어 있어서, 단지 관세평가법규와 수출입통관법규만 EU관세법을 적용하고 있다. 따라서 독일 조세기본법 제42조는 조세실체법과 조세절차법, 그리고 유럽공동체법률을 기반으로 한 국내법에 적용되며, 법률의 입법상 흠결(Lückenauffüllung)에 대한 조세법형성(Fortbildung von Steuergesetzen)까지 허용된다.[70] 독일 조세기본법 제42조에서 조세회피행위인 남용이 존재하는지 여부를 판단하기 위해서는 세 가지 요건으로 ① 법률행위의 부적절성, ② 법률행위 당사자의 부적절한 행위를 통한 법률상 예견되지 않은 조세이익(혜택)의 의도, ③ 납세의무자가 선택한 법률행위에 대한 합리적인 이유의 입증실패가 고려된다.[71] 여기에서 부적절한 법률행위는 경제적 정당성 등 다른 이유없이 조세부담의 경감만을 유일한 목적으로 이행된 법률행위를 말한다. 조세회피규정의 적용에 따른 법률

---

65) 원문은 "Durch Missbrauch von Gestaltungsmöglichkeiten des Rechts kann das Steuergesetz nicht umgangen werden. Ist der Tatbestand einer Regelung in einem Einzelsteuergesetz erfüllt, die der Verhinderung von Steuerumgehungen dient, so bestimmen sich die Rechtsfolgen nach jener Vorschrift. Anderenfalls entsteht der Steueranspruch beim Vorliegen eines Missbrauchs im Sinne des Absatzes 2 so, wie er bei einer den wirtschaftlichen Vorgängen angemessenen rechtlichen Gestaltung entsteht."이다.

66) 원문은 "Ein Missbrauch liegt vor, wenn eine unangemessene rechtliche Gestaltung gewählt wird, die beim Steuerpflichtigen oder einem Dritten im Vergleich zu einer angemessenen Gestaltung zu einem gesetzlich nicht vorgesehenen Steuervorteil führt. Dies gilt nicht, wenn der Steuerpflichtige für die gewählte Gestaltung auβersteuerliche Gründe nachweist, die nach dem Gesamtbild der Verhältnisse beachtlich sind."이다.

67) 정승영, 앞의 논문, 150쪽.

68) 김영우, 앞의 글, 109쪽.

69) 오문성·김경하, 조세법에 있어서 조세법률주의와 실질과세, 그 의미와 한계, 한국법제연구원, 2019, 52쪽.

70) 홍성훈·박수진·이형민, 주요국의 조세회피방지를 위한 일반규정 비교연구, 한국조세재정연구원, 2016, 75쪽.

71) 정승영, 앞의 논문, 150쪽.

효과로 세법에서 남용이 있는 법률행위는 그 사건의 경제적 본질을 반영한 적법한 법률행위가 본래부터 채택된 것으로 가정하여 조세를 부과한다.[72] 남용이 있는 법률행위에 대한 입증책임에서 과세근거가 되는 사실(steuerbegründende Tatsache)이나 세금이 증액되는 사실(steuererhöhende Tatsache)에 대해서는 과세당국에게 귀속되고, 세금을 감소시키는 사실(steuermindernde Tatsache)에 대해서는 납세의무자에게 귀속되는 것이 일반적이므로 과세당국은 조세회피행위에 대한 근거를 입증하여야 할 책임이 있고, 해당 법률행위의 합리성에 대한 입증은 납세의무자가 하여야 한다.[73]

3) 일본 조세법상 실질과세의 원칙

일본은 우리나라 국기법과 달리 국세통칙법에서 실질과세의 원칙 관련 규정을 두고 있지 않고, 개별 세법에서 '귀속의 실질'에 대하여만 규정하고 있다. 일본 소득세법 제12조에서는 명의 여하에 관계없이 소득의 실질적인 귀속자를 대상으로 소득세를 부과한다고 하면서 자산으로부터 발생한 수익의 귀속자 여부는 그가 수익의 근거가 되는 자산의 실제 권리자인지의 여부에 따라, 사업으로 발생하는 수익의 귀속자는 그 사업을 경영하고 있다고 인정되는 자인지 아닌지 여부에 따라, 생계를 같이하는 친족 간의 사업은 그 사업의 경영방침의 결정에 대해 지배적 영향력이 있는 자를 사업자로 추정한다고 규정하고 있다. 또한, 법인세법 제11조는 경제거래에서 형식상의 소득자와 실질적인 소득자가 다른 경우에는 실질적인 소득자에 대해서 과세한다고 규정하여 법 형식보다는 경제적 실질에 따라 세법 규정을 해석·적용하고, 이를 바탕으로 과세소득을 계산한다는 입장이다.[74] 일본학계는 실질과세의 원칙을 국세통칙법에 도입하려는 논의과정에서 조세법률주의의 원칙은 조세의 공공성과 조세부담의 공평원칙 등과의 조화가 이루어진 한도 내에서 타당성을 얻을 수 있다는 입장을 취하면서 실질과세 원칙이 특별하게 명문화되어질 필요가 없고, 세법을 해석하고 운용하는데 있어서 "세법의 조리"로서 당연히 인정된다는 견해를 가졌기 때문에 입법화하지는 않았지만 행위 또는 계산의 실질주의에 대하여 부정하거나 무시하는 것은 아니다.[75] 일본은 실질의 의미에 대하여 법적 실질설과 경제적 실질설의 대립이 있었으나,[76] 조세법률주의를 존중해야 하는 관점에서 현재는 법적 실질설에 의거하고 있다.[77] 한편, 일본에서 개별적인 세법 규정을 통해 조세회피를 규제하다보니 조세의 공평부담과 실질과세의 원칙의 실현이 어려워지는 경우가 종종 발생하고 있는데, 즉 개별적인

72) 홍성훈·박수진·이형민, 앞의 연구보고서, 79쪽.
73) 정승영, 앞의 논문, 153쪽.
74) 오문성·김경하, 앞의 연구보고서, 53쪽.
75) 정승영, 앞의 논문, 161쪽.
76) 정승영, 앞의 논문, 164~165쪽.
77) 김영우, 앞의 글, 109쪽.

조세회피의 부인규정이 없는 경우에도 그 부인을 인정할 수 있는가에 관한 문제에 대해서 우리나라의 대법원에 해당하는 최고재판소는 조세법률주의에 따른 제한에 따라 개별적인 부인규정의 존재가 필수적이다는 입장을 취하고 있다.[78)]

Ⅱ. 관세의 납세의무자 확정에서 실질과세 원칙의 적용

1. 현행 실체법규의 내용

관세법상 납세의무자는 원칙적 납세의무자(관세법 제19조제1항제1호본문), 특별납세의무자(관세법 제19조제1항제2호 내지 제12호), 연대납세의무자(관세법 제19조제1항제1호단서 · 제19조제5항), 납세보증자(관세법 제19조제3항), 제2차 납세의무자(관세법 제19조제4항), 물적납세의무자(관세법 제19조제10항) 등으로 구분된다. 관세법 제19조 제1항 본문은 수입신고를 한 물품인 경우 관세의 납세의무자로 그 물품을 수입신고하는 때의 '화주'로 규정하고 있다.[79)] 아울러 '화주'가 불분명할 때에는 다음과 같은 자를 실질적 화주로 간주하도록 명시하고 있다: ㉮ 수입을 위탁받아 수입업체가 대행수입한 물품인 경우에는 그 물품의 수입을 위탁한 자; ㉯ 수입을 위탁받아 수입업체가 대행 수입한 물품이 아닌 경우에는 대통령령으로 정하는 상업서류에 적힌 물품수신인; ㉰ 수입물품을 수입신고 전에 양도한 경우에는 그 양수인. 한편, 관세의 납세의무가 원칙적으로 귀속되는 '화주'의 인정기준과 관련하여 대법원은 국기법 제14조의 실질과세 원칙을 원용하여 판시하고 있는데, 관세법상 실질과세의 원칙이 명시적으로 규정되어 있지 않기 때문에 그 적용여부를 놓고 적용긍절설과 적용부정설이 대립되고 있어서 여전히 논란이 지속되고 있다.[80)] 적용긍정설에 따르면, 관세법에서 실질과세 원칙에 관한 명시적 규정이나 국기법 제14조의 준용규정이 없다고 하더라도, 헌법상 조세평등주의 이념의 파생원칙 내지 조세법의 일반원칙으로서 관세법에서 적용될 수 있다고 본다.

---

78) 정승영, 앞의 논문, 168쪽.

79) 관세법상 수입신고를 한 물품에 대한 납세의무자는 1972.12.30. 개정법률 이전에는 "수입물품의 신고인, 신고인으로부터 징수할 수 없을 때에는 그 물품을 수입한 화주"로 규정하였으나 개정법률에서 "수입물품의 화주"로 변경하였다.

80) 김민정 · 박훈, "실질과세원칙의 관점에서 바라본 관세법상 '물품을 수입한 화주'의 범위" — 대법원 2014. 11. 27. 선고 2014두8636 판결을 중심으로 —, 「조세와 법」, 제8권(제1호), 서울시립대학교 법학연구소, 2015. 151~154쪽.

2. 판례의 분석

❶ 원고가 A의 부탁으로 자기 명의로 무역업체인 '○○○○상사'의 사업자등록을 승낙하였는데, 원고 명의로 사업자등록을 마친 A는 미국에서 오렌지를 수입하면서 수입시 제출하는 각종 서류의 수입자, 서약인 또는 납세의무자란에 '○○○○상사'의 대표자인 원고의 이름을 기재하는 등 원고 명의로 모든 수입통관절차를 마쳤으나, 실질적으로 원고는 이 사건 오렌지의 수입과정에 관여한 바가 없었고, A가 주도적으로 수입계약의 체결에서부터 대금의 지급 및 국내에서의 판매·처분에 이르기까지 수입에 필요한 모든 업무를 처리하여 오렌지의 수입신고가격을 실제 가격보다 낮은 가격으로 신고하는 방법으로 관세를 포탈한 사실이 세관에 적발되어 관세포탈죄 등으로 유죄판결을 받았던 반면 원고는 형사입건조차 되지 않았던 사안에서, 판례[81]는 관세법상 소정의 관세납부의무자인 "그 물품을 수입한 화주"라 함은 그 물품을 수입한 실제 소유자를 의미한다고 할 것이고, 다만 그 물품을 수입한 실제 소유자인지 여부는 구체적으로 수출자와의 교섭, 신용장의 개설, 대금의 결제 등 수입절차의 관여 방법, 수입화물의 국내에서의 처분·판매의 방법의 실태, 당해 수입으로 인한 이익의 귀속관계 등의 사정을 종합하여 판단하여야 하며, 이와 같이 해석하는 것이 관세법에도 적용되는 실질과세 원칙에 부합한다고 판시하여 경제적 실질주의 입장을 보이고 있다.

❷ 원고가 2001년경부터 2009년경까지 유기농 두부 등의 원재료인 중국산 유기농 콩을 중국 농산물 수입 전문 무역업체인 A(피고)로부터 구매하였고, A는 원고에게 납품한 중국산 유기농 콩의 수입통관을 수입대행업체인 B를 통하여 수입하였으며, 원고는 유기농 인증이나 생산물 이력추적을 위하여 이 사건 수입물품의 재배지를 선정하고 생산과정을 수시로 확인하였으며, 수입 전 검수절차를 통하여 최종합격품을 선정하거나 때로는 수입물량과 가격에 관하여 부분적으로 중국 수출업체와 협상하였다. 그런데 세관장은 A가 2005.6.경부터 2009.4.경까지 유기농 콩을 수입하면서 콩의 수입가격을 세관에 낮게 신고하는 방법으로 관세를 적게 신고·납부하였다고 판단하고, A는 수입품 중개업자에 불과하고 원고가 수입물품의 실제 화주라고 보고, 원고를 상대로 탈루된 관세를 부과하는 처분을 한 사안에서, 판례[82]는 "이 사건 수입물품에 관한 중국 수출업체와의 교섭, 신용장 개설 및 대금 결제 등은 모두 A나 그 위임을 받은 수입대행 업체가 수행한 점, 이 사건 수입물품이 수입되기 전 단계의 법률상 소유자는 A인 점, 원고는 A와 이 사건 수입물품의 구매가격을 절충하였고, A가 중국 수출

81) 대법원 2003.04.11. 선고 2002두8442 판결.

82) 대법원 2014.11.27. 선고 2014두8636 판결.

업체로부터 공급받은 물량과 원고에게 납품하는 물량이 반드시 일치하였던 것으로는 보이지 않는 점, 이 사건 수입물품의 판매로 인한 이득이 A에 귀속된 점 등을 종합하여 보면, 원고를 구 관세법 제19조 제1항 제1호 본문에서 정한 관세의 납세의무자인 '이 사건 수입물품의 화주'로 볼 수는 없다"는 원심[83]의 판단에 관세의 납세의무자나 실질과세 원칙 등에 관한 법리를 오해하는 등의 위법이 없다고 판시하여 법적 실질주의 입장을 취하고 있다.

3. 실질과세 원칙의 적용법리

우리 판례가 관세법에도 적용되는 실질과세 원칙으로 세법상 원칙을 차용하여 관세의 납부의무자인 "그 물품을 수입한 화주"를 그 물품을 수입한 실제 소유자로 판시하면서 그 물품을 수입한 **실제 소유자인지 여부의 판단요소**로 (1) **수입절차의 관여 방법**, (2) **수입화물의 국내에서의 처분·판매의 방법의 실태**, (3) **당해 수입으로 인한 이익의 귀속관계** 등을 제시하고 있다. 하지만 관세의 납세의무자를 수입신고 당시 물품의 법률상 소유자로 한정하여 해석한다면, 법률상 소유자를 형식적으로 내세워 저가신고하는 관세회피행위를 규제하지 못하게 되고, 또한 수입으로 인한 이익의 귀속에 대한 경제적 관찰방법의 적용에서도 수입 직후 명목상 형식적인 매매가 끼어 있다면 실질화주가 불분명하게 되는 난점이 생긴다.

이러한 난점을 고려하여 관세의 납세의무자는 수입물품을 구매하여 당해 수입으로 인한 이익을 향유하기 위하여 수입거래과정을 실질적으로 지배·관리하는 자로 해석하는 것이 타당할 것이다. 그러므로 수입신고 시 형식적 소유권자로부터 수입물품을 매수하여 수입으로 인한 이익이 귀속되었다는 이유만으로 과세하는 것이 아니라 형식적 소유권자를 실질상 지배·관리하여 수입하였으므로 그를 실질적 화주로 보고 과세하게 되면,[84] 관세법상 실질귀속자 과세원칙이 지켜질 수 있을 것이다. 이러한 맥락에서 관세의 납세의무자를 수입물품에 대한 법률상 소유권의 귀속자에 중점을 두고 있는 현행 "그 물품을 수입신고하는 때의 화주"란 법문을 "그 물품을 수입신고하는 때의 구매자"로 개정하여 수입거래과정을 실질적으로 지배·관리하는 자에 중점을 두는 법문으로 개정하는 것이 바람직하다고 본다. 구매자(purchaser; buyer)는 금전이나 기타 귀중한 대가로 재산을 취득한 자를 의미하는데,[85] 국제무역거래에서 판매자(vender; seller)에 대응하여 수출물품을 매입(買入)하는 자를 지칭하는 용어로 다음과 같이 구분하여 사용된다. 첫째, 자국 수입상을 통하여

83) 서울고등법원 2014.5.15.선고 2012누31252 판결.

84) 김민정·박훈, 앞의 글. 158쪽.

85) BLACK'S LAW DICTIONARY[Sixth Edition](USA: West Publishing Co., 2009), 1355쪽.

외국상품을 사들이는 실수요자를 뜻하고, 이 때의 수입상은 구매측 대리점(buying agent), 즉 상품매입을 위임받은 대리점이며, 실수요자는 구매자 본인이다. 둘째, 외국의 판매자와 직접 교섭하여 외국산 상품을 사들이는 경우를 뜻한다. 이 때의 구매자는 실수요자인 경우도 있고 대리점인 경우도 있다. 판례가 판단요소로 설시하는 (1) 수입절차의 관여 방법, (2) 수입화물의 국내에서의 처분·판매의 방법의 실태, (3) 당해 수입으로 인한 이익의 귀속관계 등의 판단에서 "그 물품을 수입한 구매자"란 표현이 현행 "그 물품을 수입한 화주"란 표현보다 더 명확한 기준이 될 수 있으며, 미국 관세법에서도 구매자가 화주(owner of merchandise) 및 관세사와 더불어 수입신고인의 자격을 부여받고 있다.

한편, 관세법 제19조 제1항 제1호 단서에 따라 수입신고가 수리된 물품 또는 수입신고 수리전 반출승인을 받아 반출된 물품에 대하여 납부하였거나 납부하여야 할 관세액이 부족한 경우 해당 물품을 수입신고하는 때의 화주의 주소 및 거소가 분명하지 아니하거나 수입신고인이 화주를 명백히 하지 못하는 경우에는 그 신고인에게 해당 물품의 연대납세의무를 지울 수 있는데, 수입신고 당시 수입명의인인 화주가 존재한다면 이 규정을 적용하는 것이 법리적으로 어려울 것으로 보인다.[86] 따라서, 이 규정의 실효성을 확보하고 수입물품의 실질귀속자를 판단하는 어려움을 줄이면서 관세회피방지의 일환으로 수입신고 시 실질화주가 아닌 수입자에게 일정한 입증책임을 지우는 제도적 방안도 도입할 필요가 있다고 본다.

이와 관련하여 미국의 입법례를 소개한다. 미국 관세법상 물품신고(entry of merchandise)를 위해 소정의 '수입신고인(importer of record)' 자격을 갖춘 자 중 1인이 직접 또는 당사자가 서면으로 권한을 부여한 대리인(agent)을 통해 신고가격, 물품에 대해 적용되는 품목분류 또는 관세율, 그리고 기타 관련문서를 제출하거나 EDI시스템을 통해 관련정보를 전송하여야 한다[USC 19 § 1484(a)(1)(B)]. 미국 관세법은 수입신고인의 자격을 화주(owner of merchandise), 구매자(purchaser of merchandise) 또는 이들이 지정한 관세사(customs broker)[87]에게 부여하고 있다[USC 19 §1484(a)(2)(B)]. 만일 수하인(consignee of merchandise)이 자신이

86) 정부법무공단, 앞의 연구보고서, 146쪽.

87) 관세사는 미국 시민인 개인에 대해 허가하거나 미국의 몇몇의 주의 법에 따라 조직되고 존재하는 법인, 연합, 조합에서 적어도 기업이나 연합의 일원이나 조합의 한 일원이 유효한 관세사의 허가증을 소유하고 있다면 그 법인 등에게도 관세사를 허가할 수 있다[USC 19 §1641(b)(2)·(3)]. 미국 관세법에서 유일하게 그 사람 자신을 대표하는 경우 이외 관세거래(customs business)는 관세사만 수행할 수 있는데[USC 19 §1641(b)(1)], 그 적용범위는 상품의 신고와 관계되는 세관당국과의 거래를 포함하는 행위들을 의미하며, 상품의 분류와 평가, 관세지불, 세금, 세관당국이 수입이나 환불, 또는 그것의 하자를 이유로 세관당국이 부과하거나 징수하는 다른 비용을 포함하고, 또는 문서준비나 어떤 형태로의 양식과 전자거래 문서, 송품장, 법안, 준비자가 서명하거나, 제출하거나, 또는 그러한 준비와 관련된 활동들을 촉진하기 위해 세관당국에 제출된 것과 관련된 부분들을 포함하지만, 세관당국에 전송을 목적으로 받은 단순한 전자전송정보는 포함하지 않는다[USC 19 §1641(a)(2)].

화주 또는 구매자인 물품을 신고한다면 세관당국은 수하인에 대한 책임 없이 신고를 접수할 수 있다. 그리고 당사자가 확인한 신고부분에 대하여 사후조정(reconciliation)을 신청할 수 있는데, 신청하기 이전에 수입신고인은 담보 또는 다른 보증을 제공하여야 한다[USC 19 §1484(b)(1)]. 또한, 물품신고가 대리인에 의해 이루어지고, 그 대리인이 수입신고인 신고를 하지 않은 경우 그 대리인은 해당 신고 건에 대해 담보를 제공하여야 한다[USC 19 §1485(c)].

아울러 물품신고를 이행하는 모든 수입신고인은 선서문(declaration under oath)을 작성하여 직접 제출하거나 전자식으로 전송하여야 하는데[USC 19 §1485(a)], 그 내용은 다음과 같이 기술되어 있다: (1) 그 물품을 구매하기 위하여 또는 구매 약정에 따라 수입되었는지 여부, 또는 그 물품이 구매나 구매 약정 이외의 방법으로 수입되었는지 여부; (2) 물품이 구매되었거나 구매 약정된 경우에는 송품장에 기재된 가격이 진실하다는 것 그리고 물품이 구매나 구매 약정 이외의 방법으로 확보된 경우 가격에 대해 송품장에 기술된 내용이 신고인의 지식과 믿음의 한도 내에서 가장 정확한 가격이라는 사실; (3) 신고와 함께 제출된 송품장에 있는 모든 내용 또는 다른 문서, 또는 신고 그 자체가 진실한 것이고 정확하다는 사실; (4) 그 가격 또는 내용이 진실하거나 정확하지 않다는 사실을 확인할 수 있는 송품장, 기록, 서신, 문서 또는 정보를 인수하는 즉시 담당 세관공무원에게 제출할 것이라는 사실. 하지만 수입신고인은 다음의 경우에 한하여 추가적인 또는 증가한 관세액에 대해 책임을 지지 않는다[USC 19 §1485(d)]: (1) 신고 당시에 자신이 그 물품의 실제화주가 아니라는 사실을 고지하고, (2) 화주의 이름과 주소를 제공하고, (3) 신고일로부터 90일 이내 화주가 모든 추가적인 또는 증가한 관세액을 납부하겠다는 조건의 신고서를 제출한 경우. 한편, 물품이 사망한 자에게 발송되거나 그 물품에 대한 이익권을 그의 채권자에게 양도한 파산자(insolvent)에게 발송된 경우 파산관재인(executor), 양수인(assignee) 또는 수탁자(trustee)가 수입자가 되고, 조합으로 발송된 경우에는 조합원 중 1인의 신고만 요구되고, 법인으로 발송된 경우에는 그 법인의 어느 직원이나 신고를 할 수 있다[USC 19 §1485(f)].

Ⅲ. 관세평가법규상 실질과세 원칙의 적용

1. 우리나라에 수출하기 위한 판매거래

1) 현행 실체법규의 내용

관세법 제30조 제1항에서 수입물품의 과세가격은 "우리나라에 수출하기 위하여 판매되는 물품에 대하여 구매자가 실제로 지급하였거나 지급하여야 할 가격에 소정의 금액을 더하여 조정한 거래가격"으로 규정하고 있다. 그런데 "우리나라(수입국)으로 수출하기 위하여 판매된"이란 법문의 의미는 관세평가협정에서도 따로 정의하고 있지 않아서 그 해석을 둘러싸고 쟁점이 제기될 수 있다. 이와 관련하여 관세평가기술위원회는 판매가 특정 수출국에서 발생할 필요는 없지만 수입자가 검토 중에 있는 직접적인 영향을 미치는 판매(the immediate sale under consideration)가 수입국으로 물품을 수출할 목적으로 발생하였다는 것을 입증할 수 있다면 거래가격으로 적용될 수 있고, 이것은 물품의 실제적인 국제간 이동을 수반(involving an actual international transfer of goods)하는 거래만이 거래가격 방법으로 물품을 평가하는데 사용될 수 있다는 것을 의미한다는 견해를 제시하고 있다(권고의견 14.1).

그런데 둘 이상의 연속적인 물품판매에 대한 계약으로 구성되는 연속판매[88](a series of sales)에서 "수입국으로 수출하기 위하여 판매된"이라는 법문에 대한 의미를 둘러싸고도 쟁점이 제기된다. 관세평가기술위원회는 관세평가협정의 규정들로부터 다음과 같은 지침(guidance)이 도출된다고 밝히고 있다(예해 22.1): 협정 제1조는 연속판매를 수반하는 수입거래에 대해 언급하고 있지 않으며 결론적으로 이러한 측면에 대해 기준을 규정하고 있지 않으므로 지침은 협정의 목적과 전체적인 문맥에서 도출되어져야 하고, 추가로 특정한 실무적 고려도 관련 있다. 협정에는 제1조가 일반적으로 수입국의 구매자에 대한 판매를 기초로 하고 있음을 예견하고 있는 여러 가지 암시가 있다. 거래가격 방법은 경제적인 투입과 그로부터 발생하는 관련된 거래를 포함하여, 물품의 수입을 진행하면서 전체 상업적 수입거래의 실체를 고려할 것을 의도하고 있으므로 연속판매 상황에서 전체 상업적 수입거래의 실체를 고려하고 협정 제8조의 적절한 적용을 허용하는 방식으로 거래가격을 적용하는 것이 필수적이다.[89]

---

88) 일체의 연속판매는 상업적 사슬에서 수입국으로 물품을 수입하기 이전에서 발생하는 마지막 거래(최종 거래)와 상업적 사슬에서 첫 번째(또는 이전)거래를 포함하고 있다.

89) 이와 관련하여 관세평가기술위원회는 다음과 같이 설시하고 있다. 대부분의 경우, 거래가격이 첫 번째 판매를 기초로 결정된다면, 협정 제8조의 조정을 하는 것은 불가능할 것이다. 예를 들면, 협정 제8조 제1항 (a)와 (c)에 따라 판매수수료 또는 로열티 또는 라이센스료는 구매자가 부담하거나 지급하는 경우에만 과세가격에 포함되어야 한다. 협정 제8조 제1항(b)에 따라 구매자가 생산지원을 공급해야 하는 경우에도 마찬가지이다. 연속판매에 있어, 수입국에 소재하는 구매자는 첫 번째 판매에 있어서 거의 구매자가 아니다. 더욱이, 연속판매에서 첫 번째 판매에서 구매자는 반드시 로열티를 지급하거나 생산지원을 제공하는 당사자는 아니므로 첫 번째 판매를 적용하면 특정 판매수수료, 로열티 및 생산지원 비용이 거래가격에 달리 포함되어 있지 않는 한 가산에서 배제 될 수도 있다. 마찬가지로 협정 제8조 제1항(d)에 따른 판매자에게 직접 또는 간접으로 귀속되는 수익금만이 실제로 지급하였거나 지급하여야 할 가격에 가산될 수 있으므로 수입국의 구매자가 지급한 수익금은 첫 번째 판매에서 반드시 판매자에게 귀속하지 않는다.

2) 판례의 분석

(1) 【판례 ❶】

원고는 2005.3.29. 홍콩 소재 ASIA MINERAL LIMITED(이하 'AML 홍콩')가 설립하여 그 지분 100%를 보유하고 있는 내국법인이고, AML 홍콩은 철강 원부자재인 합금철을 전 세계로 수출하는 회사로, 세계 각국에 원고를 포함한 10개 지사를 두고 있다. 원고의 주요 수입물품은 전기로에 의한 제강과정에서 불순물을 제거하기 위하여 사용되는 발산제 또는 합금성분 첨가제인 페로 망간 또는 페로실리코 망간(이하 '이 사건 물품')인데, 2009년 이후 현재까지 AML 홍콩을 통해서만 이를 전량 수입하였으며, 국내 제강사들(이하 '국내 구매자들')은 이 사건 물품을 구매하기 위하여 원고를 비롯한 국내외 공급자들에게 경쟁입찰방식으로 초청공문을 발송하였고, 원고는 입찰에 참가하여 최저 입찰가로 낙찰을 받게 되면 AML 홍콩으로부터 이 사건 물품을 수입하여 국내 구매자들에게 공급하여 왔으며, 원고는 이러한 방식으로 AML 홍콩으로부터 이 사건 물품을 263회에 걸쳐 수입하면서 AML 홍콩과 체결한 매매계약에 정한 수입가격을 과세가격으로 하여 관세 등을 신고·납부하였다.

위와 같은 사안에서, 판례[90]는 구매자와 판매대리인에 관해 다음과 같은 기준을 적용하면서 법적 실질설의 입장에서 실질과세원칙을 인용하고 있다: 수입자가 해외 수출자의 국내 판매대리인에 불과하여 실질적으로는 국내 구매자가 해외 수출자로부터 직접 수입한 것과 동일하게 볼 수 있는 특별한 사정이 있는 때에는 실질에 따라 국내 구매자가 수입자에게 지급한 가격이 과세가격 결정의 기준이 될 수 있다. 하지만 납세의무자는 경제활동을 할 때 특정 경제적 목적을 달성하기 위하여 어떤 법적 형식을 취할 것인지 임의로 선택할 수 있고, 과세관청으로서도 그것이 가장행위라거나 조세회피 목적이 있다는 등의 특별한 사정이 없는 한 납세의무자가 선택한 법적 형식에 따른 법률관계를 존중하여야 한다. 그러므로 수입자가 수출자의 국내 자회사로서 물품 수입 및 공급거래의 과정에서 모회사의 지시에 따르거나 수입물품에 관한 경제적 위험을 모회사와 분담하는 등 일반적인 제3자 사이의 거래와 다른 특수한 점이 있다고 하더라도, 그것이 거래통념상 모회사와 자회사 사이에서 보통 이루어지는 거래방식에서 벗어난 것이 아니라면, 관련 당사자들 사이의 계약 내용을 무시하고 자회사를 수입물품의 구매자가 아닌 판매대리인에 불과하다고 쉽게 단정할 것은 아니다.

이 사건에서 판례는 수입자가 국내 구매자에 대한 독립적인 판매자의 지위에 있는지 아니면 수출자의 판매대리인으로서 단순 보조자에 불과한지 여부를 판단하는 요소로 ① 물품

90) 대법원 2017.04.07. 선고 2015두49320 판결.

수입계약 및 국내 구매자에 대한 판매계약의 각 계약당사자, ② 수입가격 및 국내 판매가격의 결정 방식, ③ 국내 구매자에 대한 물품공급 과정, ④ 수입물품에 관한 위험부담의 법적 귀속주체, ⑤ 관세회피 목적의 유무 등을 제시하면서, 이러한 요소에서 납세의무자가 선택한 법적 형식에 따른 법률관계의 인정기준으로 거래관념과 사회통념을 들고 있다.

(2) 【판례 ❷】

원고 법인은 미국 법인인 TRONOX PIGMENTS LTD(이하 'TRONOX')로부터 이산화티타늄을 수입하여 페인트를 생산·판매하는 내국법인이고, TRONOX는 미국, 호주, 네덜란드 소재 공장에서 이산화티타늄을 생산하여 이를 대한민국, 말레이시아, 중국 등에 위치한 보세창고 등 세계 각지의 창고에 보관하다가 원고 법인을 비롯한 여러 회사에 공급하였는데 한국의 경우 보세구역에 위치한 A 주식회사의 창고를 임차하여 위 보세구역에 반입한 이산화티타늄을 보관하면서 그 관리를 A 주식회사에 위탁하였다. 원고 법인과 TRONOX 사이의 거래에 관한 가격협상은 분기별로 이루어졌다. 원고 법인은 이를 위해 최근 사용실적을 기초로 예상한 '특정 기간 소요 예상물량'을 기준으로 분기별 발주물량을 산정한 뒤, TRONOX의 국내 대리인인 B주식회사 등에게 이메일을 발송하여 구매를 요청하였고 그 대리인이 이를 TRONOX에 전달하면 TRONOX는 그 내용을 기초로 해당 기간 공급할 물량 및 그에 대한 대금을 예측, 산정하여 원고 법인에게 견적을 제시하였다.

위와 같은 사안에서, 판례[91]는 이 사건 물품은 "수출자의 책임으로 국내에서 판매하기 위하여 수입하는 물품"에 해당하지 않고, 관세법 제30조 제1항 본문에서 규정한 '수입물품' 및 '수출판매 물품'에 해당한다고 봄이 타당하다는 원심판결에 대해 심리불속행으로 종결하였다. 이 사건 원심[92]은 조세법률주의의 입장을 취하는 것으로 보여지고, 원심판결의 주요 판단이유는 다음과 같다: 수입자인 원고가 독립적인 거래당사자 관계에 있는 TRONOX와 체결한 공급계약에 따라 이 사건 물품을 보세구역으로부터 반입함으로써 비로소 수입이 이루어졌고, 원고가 이 사건 물품에 관한 수입가격을 부당히 낮게 설정하여 관세부담을 임의로 줄이려는 경우를 상정하기는 어렵기 때문에 이 사건 물품을 '수출자의 책임으로 국내에서 판매하기 위하여 수입하는 물품'이라고 볼 수는 없다. 그리고 보세구역을 거쳐 수입이 이루어진다는 사정만으로 공급계약에 기초한 수입신고까지 마친 이 사건 거래를 국내거래에 불과하다고 보아 이 사건 물품이 '수입물품'이나 '수출판매 물품'에 해당하지 않는다고 단정하기 어렵다. 또한, 특수관계가 없는 독립적인 거래당사자인 TRONOX와 원고 법인 사이에 협상을 통해 결정된 이 사건 물품의 가격은 '공정한 시장가격'에 따른 것이라고 충분히 기대할 수 있는 '실제 거래가격'으로 보는 것이 타당하다.

---

91) 대법원 2021.02.04. 선고 2020두51242 판결.

92) 서울고등법원 2020.09.23. 선고 2019누53961 판결.

(3) 【판례 ❸】

A 주식회사가 B 일본국 법인과 의약품 원료 독점 수입계약을 체결하고 연간 구매수량의 일정비율에 해당하는 물품을 '무료샘플' 명목으로 공급받기로 약정하여 위 특약에 따라 무상으로 물품을 공급받은 후 저가의 거래가격으로 수입신고를 하자, 관할 세관장이 특약에 따라 공급받은 물품은 무상으로 수입되었으므로 관세법 제30조 제1항이 정한 '우리나라에 수출하기 위하여 판매되는 물품'에 해당하지 않는다는 이유로 A 회사가 신고한 과세가격을 부인하고, 관세법 제31조가 정한 방법에 따라 원료 독점 수입계약에서 정한 단위당 구매가격을 기초로 과세가격을 결정하여 A 회사에 관세 등을 경정·고지하였다.

위와 같은 사안에서, 판례[93]는 A 회사와 B 일본국 법인 사이에는 연간 구매수량의 일정비율에 해당하는 물품이 반드시 추가로 공급된다는 것이 예정되어 있었고, A 회사가 특약에 따라 추가로 물품을 공급받으면 '연간 총지급액'은 변하지 않으나 '연간 총구매수량'이 증가하므로 실질적으로 단위당 거래가격이 인하되는 효과가 발생하는 점, 특약이 포함된 원료 독점 수입계약은 연간 구매계약으로서 잠정적인 기본가격을 설정하고 연간 구매수량에 따라 추가 공급수량이 확정되면 연간 총지급액과 연간 총구매수량에 따라 1년 단위로 최종적인 거래가격이 결정되는 구조의 계약이라고 볼 수 있는 점, 특약에 따라 공급받은 물품이 '무료샘플'이라는 명목으로 공급되었고 A 회사가 이를 수입할 당시 대가를 별도로 지급하지 않았더라도 아무런 대가 없이 공급된 것이라고 볼 수는 없는 점을 종합하면, 특약에 따라 공급받은 물품은 '무상으로 수입하는 물품'에 해당한다고 보기 어려우므로, 이와 달리 본 원심[94]판단에 법리오해의 잘못이 있다고 판시하여 경제적 실질에 따른 거래의 재구성 법리를 취하는 태도를 보이고 있다.

(4) 【판례 ❹】

원고는 미국에 본사를 둔 컬럼비아 스포츠웨어 회사(이하 '미국 본사')의 한국 자회사이며, 컬럼비아 회사 상표가 붙은 의류 등의 용품을 수입하고 있다. 세관장은, 원고가 2008.4.1.부터 2009.12.31.까지 컬럼비아 상표가 붙은 의류, 신발, 가방 등의 용품(이하 '이 사건 물품')을 수입하면서 소싱서비스비용, 제품개발비용 및 글로 벌마케팅비용(이하 각 '이 사건 소싱서비스비용, 제품개발비용, 글로벌마케팅비용')을 신고하지 않았음을 이유로, 2013.3.29. 및 2013.5.9. 원고에 대하여 관세 등을 경정·처분을 하였다. 위 처분에 대한 원고의 불복에 대하여 조세심판원이 2014.4.15. 위 처분 중 국내에서 조달된 물품과 관련된 비용에 대하여 수입물품의 과세가격에서 제외하는 것으로 재조사 결정을 내림에 따라, 세관장은

93) 대법원 2022.11.17. 선고 2018두47714 판결.

94) 서울고등법원 2018.05.11. 선고 2017누82446 판결.

2014.6.2. 일부 관세 등을 취소하였다. 이와 같이 취소된 부분을 제외한 나머지 부분을 '이 사건 처분'이라 한다.

위와 같은 사안에서 판례[95]는 ① 이 사건 소싱서비스비용 및 제품개발비용 관련 쟁점에 대하여 원심[96]의 판단이 정당하여, 거기에 수입거래의 당사자 확정 등에 관한 법리를 오해하거나 논리와 경험의 법칙을 위반하여 자유심증주의의 한계를 벗어난 잘못이 없으며, ② 이 사건 글로벌마케팅비용 관련 쟁점에 대하여도 원심의 판단이 정당하여 거기에 상표권 사용의 대가 또는 그 관련성과 거래조건성에 관한 법리를 오해한 잘못이 없다고 판시하고 있다.

위 ①의 쟁점에 관하여 원심은 다음과 같이 판단이유를 설시하고 있다. ㉮ 미국 본사의 소싱 활동은 상품기획, 해외공급자의 파악, 해외공급자와의 유리한 조건 협상과 제품 원가의 결정, 재료 소싱 등으로 이루어지고, 이는 컬럼비아 그룹의 제품을 효율적으로 납품하려는 데 그 목적이 있는 점, ㉯ 미국 본사는 원고와 체결한 서비스계약에 기하여 위와 같은 소싱서비스를 제공하고 그 비용을 받고 있는데, 이러한 계약은 원고를 포함한 다른 자회사들과도 일률적으로 체결되고 컬럼비아 그룹 전체 차원에서 소싱 활동이 이루어지는 한편, 원고가 지급한 이 사건 소싱서비스 비용은 구매물량과 관계없이 미국 본사에 발생한 원가의 일정 부분에 상응하여 산정되는 것인 점, ㉰ 미국 본사는 제조사를 승인할 최종 권한을 갖고 있고 특정 시즌에 어느 공장에 주문을 할지 결정하는 반면 원고는 한국 내에서만 제조사를 선정할 수 있으므로, 이 사건 수입 물품의 해외 공급자에 대한 최종 선정권한은 미국 본사에게 있는 점, ㉱ 미국 본사는 이 사건 수입물품과 같이 현지 계열사의 영토 밖에서 생산되는 제품의 원가, 현지 제품가격 등에 대하여 결정할 수 있는 권한이 있어 이 사건 수입물품에 대한 거래나 가격을 통제하고 있는 점, ㉲ 미국 본사에는 자체 제조시설이 없고 제3자인 계약 제조업체와의 계약을 통하여 컬럼비아 제품을 생산하는데, 미국 본사가 그 생산의 전 과정을 감독하고 생산된 제품의 품질검사를 수행하는 등 컬럼비아 그룹 차원에서 품질기준을 확립하고 있고 해당 지역에 발송되고 남은 재고에 대한 권리를 해외 공급자로부터 인계받도록 되어 있는 점 등을 고려하면, 미국 본사를 원고의 구매대리인으로 볼 수 없어 결국 이 사건 소싱서비스 비용은 구매수수료에 해당하지 아니한다고 판단하였다.[97]

---

95) 대법원 2016.10.27. 선고 2016두34059 판결.

96) 서울고등법원 2016.01.22. 선고 2015누46132 판결.

97) 나아가 원심은, ㉳ 미국 본사는 모든 컬럼비아 제품들과 관련된 연구개발비용 등을 통합적으로 관리하면서 그 비용을 일정한 기준에 따라 자회사에게 배분하고 있는 점, ㉴ 미국 본사가 컬럼비아 제품을 기획하고 그 생산 및 원가를 결정하기 때문에 제품화에 성공한 부분에 관한 것인 의류디자인 비용뿐만 아니라 실패한 부분에 관한 것인 이 사건 제품개발 비용 역시 이미 제품화에 성공한 제품의 가격에 반영될 것으로 보이고, 미국 본사와 원고 사이의 원가분담계약에서도 컬럼비아의

위 ②의 쟁점에 관하여 원심은 다음과 같이 판단이유를 설시하고 있다. ㉮ 원고가 미국 본사와 체결한 원가분담계약에 따라 이 사건 글로벌마케팅 비용을 지급하고 그 대가로 미국 본사의 컬럼비아 상표권을 사용할 수 있게 된 점, ㉯ 원고는 이 사건 글로벌마케팅 비용 외에 별도로 미국 본사에게 상표권 사용료를 지급한 것이 없는 점, ㉰ 이 사건 수입물품에 컬럼비아 상표가 부착되어 있으므로 이 사건 글로벌마케팅 비용과 이 사건 수입물품 사이의 관련성이 충족되는 점, ㉱ 원고는 미국 본사가 지정한 해외 공급업체로부터 이 사건 수입물품을 수입하여야 하고, 미국 본사와 체결한 원가분담계약 및 무형재산 양도계약에 따르면 이 사건 글로벌마케팅 비용을 지급하지 않으면 미국 본사가 원고의 계약참가를 종료시킬 수 있으므로, 원고가 컬럼비아 상표 등을 사용하려면 이 사건 글로벌마케팅 비용을 지급할 수밖에 없는 점 등을 종합하여 보면, 이 사건 글로벌마케팅 비용은 이 사건 수입 물품의 과세가격에 가산조정되는 상표권 사용 대가에 해당한다고 판단하면서, 그 법리적 근거로 과세대상이 되는 소득의 귀속이나 거래의 내용을 명의가 아닌 실질에 따라 파악하여야 한다는 실질과세 원칙은 조세의 부과와 징수에 관한 기본원리이므로, 이에 관한 명문의 규정을 두고 있지 않은 관세법을 해석할 때에도 마찬가지로 적용된다. 따라서 구매자가 상표권자에게 지급한 금액이 수입물품 과세가격의 가산조정요소가 되는 상표권 사용대가에 해당하는지는 지급한 금액의 명목이 아니라 그 실질내용이 상표권을 사용하는 대가로서의 성격을 갖는 것인가에 따라 판단하여야 한다고 설시하고 있다.

2. 구매자가 실제로 지급하였거나 지급하여야 할 가격의 적용범위

1) 현행 실체법규의 내용

관세법 제30조 제1항은 수입물품의 과세가격을 거래가격(transaction value)으로 적용한다고 밝히면서 거래가격의 기본구성요소를 구매자가 "실제로 지급하였거나 지급하여야 할 가격(the price actually paid or payable)"으로 규정하고 있다. 관세평가협정은 "실제로 지급하였거나 지급하여야 할 가격"의 적용범위를 명시적으로 규율하고 있지 않지만 그 부속서 I 주해(Interpreative Notes)에서 그 적용범위에 대한 기준을 다음과 같이 제시하고 있다: **'실제로 지급하였거나 지급하여야 할 가격'이란 수입물품에 대하여 구매자가 판매자에게 또는 판매자의 이익을 위하여 지급하였거나 지급하여야 할 총금액이다**. 지급이 반드시 화폐 이전의 형태를 취할 필요는 없다. 지급은 신용장 또는 유통증권에 의해 이루어질 수 있다. 지급은 직접 또는 간접으로 이루어질 수 있다. 간접지급의 일례는 판매

지적재산과 관련하여 발생하는 모든 무형자산개발활동 비용을 그 성공 여부에 관계없이 분담하도록 약정한 점, ㉶ 미국 본사가 단순한 구매대행자의 지위에 있는 것이 아니라 이 사건 수입물품의 실질적인 판매자로서의 지위에 있는 점 등을 고려하면, 이 사건 제품개발비용은 이 사건 수입물품의 대가에 해당 한다고 볼 것이므로 과세가격에 포함되어야 한다고 판단하였다.

자가 지고 있는 채무의 전부 또는 일부를 구매자가 청산하는 경우이다. 그리고 관세평가협정 제8조에서 조정하도록 규정된 사항 외에, 구매자가 자신의 계정으로 수행한 활동은 비록 판매자에게 이익이 되는 것으로 간주된다 할지라도 판매자에 대한 간접지급으로 인정될 수 없다. 따라서 이러한 활동의 비용은 과세가격을 결정함에 있어서 실제로 지급하였거나 지급하여야 할 가격에 가산되지 아니한다.

관세평가협정에서 비록 실질과세 원칙에 관한 명시적 규정이 없지만 구매자가 실제로 지급하였거나 지급하여야 할 가격의 적용범위와 관련하여 협정 제1조의 법문 자체에 '실제로(actually)'란 용어와 그 부속서 1 "제1조에 대한 주해"의 내용에서 경제적 실질주의가 도출될 수 있을 것이다. 이러한 경제적 실질주의는 또한 협정의 일반서설에서 과세가격을 "상업적 관행(commercial practices)과 일치하고 공평한 기준을 기초"로 한다고 천명하고 있는 표현에서도 유추될 수 있을 것이다. 또한, 협정 제1조 제2항(a)에서 "구매자와 판매자가 제15조에서 의미하는 특수관계(related)가 있다는 사실 자체가 거래가격을 수용할 수 없는 근거가 되지 않아야 한다."는 법문과 구매자와 판매자 간에 특수관계(related)가 있는 경우라도 그 "특수관계가 가격에 영향을 미치지 않았다면 거래가격은 수용되어야 한다."는 법문에서도 협정 제1조에 "경제적 실질주의"가 내재한다고 보아야 할 것이다. 그리고 관세평가협정 제1조 제1항(a)는 "물품의 가치에 실질적으로 영향을 미치지 아니하는 제한"(do not substantially affect the value of the Goods)을 구매자가 물품을 처분 또는 사용함에 있어서의 제한(restrictions)에서 제외하고 있는데, 이러한 법문도 경제적 실질주의를 표현하고 있다고 볼 수 있다. 아울러 협정 제2조 제1항(b)와 제3조 제1항(b)에서 각각 동종·동질 물품이나 유사물품의 거래가격을 적용할 경우, 그 전제조건으로 "평가대상 물품과 동일한 거래단계와 실질적으로(substantially) 동일한 수량으로 판매"를 규정한 법문에서도 경제적 실질주의의 표현으로 해석할 수 있을 것이다. 이와 관련하여 EU법원의 판례[98]는 "거래가치는 수입상품의 실제 경제적 가치를 반영하고 경제적 가치가 있는 상품의 모든 요소를 고려해야 한다."(The transaction value must reflect the real economic value of imported goods and take into account all the elements of those goods that have economic value.)는 입장을 취하고 있다.

2) 판례의 분석

(1) 【판례 ❺】

A 주식회사가 자신이 수입하는 스포츠용 의류 등에 부착된 상표의 상표권자인 B 독일

98) Judgments of 12 December 2013, Christodoulou and Others, C-116/12, EU:C:2013:825, para. 40; of 16 June 2016, EURO 2004. Hungary, C-291/15, EU:C:2016:455, para. 26; of December 2017, Hamamatsu Photonics Deutschland GmbH, C-529/16, EU:C:2017:984, para 28.

법인에 권리사용료(royalties)와 별도로 국제마케팅비(IMF)를 지급하기로 하는 라이선스 계약을 체결한 후 B 법인의 상표가 부착된 스포츠용 의류 등을 수입하면서 국제마케팅비를 수입물품의 과세가격에 가산하여 신고하지 않자, 관할 세관장이 국제마케팅비를 수입물품의 과세가격에 가산하여 관세 등 부과처분을 한 사안에서, 판례[99]는 국제마케팅비는 명목에도 불구하고 실질이 수입물품의 구매자인 A 회사가 상표권 등에 대한 권리자인 B 법인에 권리사용의 대가로 지급한 금액이라고 볼 여지가 충분하므로, 국제마케팅비는 A 회사가 B 법인에 지급한 '상표권 및 이와 유사한 권리의 사용 대가'라고 보는 것이 거래의 실질에 부합함에도 국제마케팅비가 '상표권 및 이와 유사한 권리의 사용 대가'가 아니라고 보아 처분이 위법하다고 본 원심[100]판단에 법리오해의 잘못이 있다고 판시하였다.

이 사건에서 상고심은 관세법을 해석·적용할 때도 국기법 제14조 제2항, 즉 "세법 중 과세표준의 계산에 관한 규정은 소득, 수익, 재산, 행위 또는 거래의 명칭이나 형식에 관계없이 실질 내용에 따라 적용하여야 하므로, 구매자가 상표권자에게 지급한 금액이 수입물품 과세가격의 가산조정요소가 되는 '상표권 및 이와 유사한 권리의 사용 대가'에 해당하는지는 지급한 금액의 명목이 아니라 실질내용이 상표권 등 권리를 사용하는 대가로서의 성격을 갖는 것인지에 따라 판단하여야 한다는 태도를 취하고 있다.

(2) 【판례 ❻】

원고는 미합중국 법인인 F◉ Company(이하 'F◉본사')의 자회사로서 F◉본사의 또 다른 자회사인 F◉ ◇◇◇◇ Company, LLC(이하 'F◇C')로부터 F◉ 브랜드 완성차(이하 '이 사건 차량')를 국내에 수입하여 국내 딜러사를 통해 판매하여 왔고, 이 사건 차량에 대한 하자보증수리는 원고와 매매 및 서비스계약을 체결한 국내 딜러사가 담당하여 왔다. 국내 딜러사가 하자보증수리 후 F◉본사가 운영하는 비용청구시스템(ACESII)을 통해 그 비용을 청구하면, F◉본사는 월별로 국내 딜러사에 이를 정산하여 지급하고, 이후 원고는 F◉본사의 청구에 따라 분기별로 F◉본사에 그 비용 상당액을 지급하여 왔다.

위와 같은 사안에서 판례[101]는 원고가 F◇C로부터 이 사건 차량을 수입하는 과정에서 자신이 하자보증에 관한 내용을 결정하고 그 비용을 부담하기로 약정하였다고 볼 수 있고, 원고가 F◉본사를 통하여 국내 딜러사들에 실제 발생한 이 사건 하자보증 수리비용을 지급한 것은, 위 약정 및 국내 딜러사들과의 이 사건 서비스 계약에 따라 원고의 국내 딜러사들에 대한 하자보증 수리비용 지급의무를 이행한 것에 불과하므로, 이 사건 하자보증은

99) 대법원 2016.08.30. 선고 2015두52098 판결.
100) 서울고등법원 2015.08.27. 선고 2014누65495 판결.
101) 대법원 2021.05.06. 선고 2018두56619 판결.

원고의 계산으로 수행된 것이라 판시하면서, 그 적용법리로 납세의무자는 경제활동을 할 때 특정 경제적 목적을 달성하기 위하여 어떤 법적 형식을 취할 것인지 임의로 선택할 수 있고, 과세관청으로서도 그것이 가장행위라거나 조세회피 목적이 있다는 등의 특별한 사정이 없는 한 납세의무자가 선택한 법적 형식에 따른 법률관계를 존중하여야 하므로 수입자와 수출자가 동일한 모회사의 자회사들로서 물품 수입 및 공급거래의 과정 및 수입물품에 관한 경제적 위험을 분담하는 과정에서 모회사의 개입이 있는 등 일반적인 제3자 사이의 거래와 다른 특수한 점이 있다고 하더라도, 그것이 거래통념상 자회사들 사이에서 보통 이루어지는 거래방식에서 벗어난 것이 아니라면, 관련 당사자들 사이의 계약 내용을 무시하거나 그 계약의 실제 내용이 그와 다르다고 쉽게 단정할 것은 아니라고 설시하여 실질과세 원칙보다는 조세법률주의 내지 유추해석금지 원칙을 취하는 입장을 보였다.

(3) 【판례 ❼】

원고가 미합중국 소재 제네랄모터스오버시즈디스트리뷰션코포레이션사(이하 '소외 회사')로부터 자동차를 수입하여 이를 우리나라에서 독점 판매하되, 국내에서의 판매효율성을 높이기 위한 모든 용역 즉 ① 판매할 자동차의 전시 및 그 전시장 건물의 설치, 판매망의 구축, 광고 및 판촉계획의 수립 등에 관한 사항 ② 고객에 판매한 자동차에 대한 보증, 유지, 수리 등 판매 후의 유지관리 및 이를 위하여 필요한 시설의 설치 등에 관한 사항 등을 원고가 수행하고, 그에 필요한 비용 역시 원고가 이를 부담하기로 하는 이른바 디스트리뷰터(Distributor)방식에 의하는 대신에 소외 회사가 판매대리상을 두고 위 ①, ②와 같은 용역을 부담하고 판매대리상에 대하여는 판매에 따른 일정비율의 이익만을 보장하여 주는 통상의 판매방식인 딜러(Dealer)방식보다 원고에게 불리하였던 관계로 이를 감안하여 통상의 판매가격 보다 5% 할인된 금액으로 자동차를 판매하기로 약정하고 이 사건 자동차를 위 할인된 가격에 수입하였다.

위와 같은 사안에서, 판례[102]는 원고가 소외 회사가 부담하여야 할 위 의무 등을 자신의 비용으로 대신 부담하여 이 사건 자동차에 대한 가격의 일부를 간접적으로 지급한 것으로서 그 가치가 수입물품의 정상적인 거래가격의 5%인 것으로 평가한 셈이 되어 위 할인된 금액상당은 원고가 소외 회사에게 이 사건 자동차의 대가로 간접적으로 지급한 금액으로 보아 법리적으로 경제적 실질주의를 취하는 태도를 보였다.

(4) 【판례 ❽】

원고는 2003.2.17. 건강보조식품, 화장품의 판매를 목적으로 설립된 회사로서 미국

102) 대법원 1993.12.07. 선고 93누17881 판결.

법인인 USANA HEALTH SCIENCE Inc.(이하 '본사')이 지분 100%를 소유하고 있는 본사로부터 건강식품과 화장품·세정용품 등을 수입하고, 수입물품과 원고가 국내에서 개발·조달한 물품을 다단계판매원에게 판매하며, 고객을 지원하는 등의 사업을 수행하고 있는바, 원고는 본사와 물품공급계약(이하 '이 사건 물품공급계약')을 체결하였고, 이 사건 물품공급계약에 의하면 원고가 본사로부터 수입하는 수입가격을 본사의 표준원가에 프리미엄률을 곱한 값으로 하되 원고가 달성한 실제 영업이익과 정상가격에 해당하는 목표 영업이익을 비교하여 실제 영업이익이 목표 영업이익을 초과하는 경우에는 초과액을 본사에 송금하고(이하 '사후송금액'), 반대로 실제 영업이익이 목표 영업이익에 미치지 못하는 경우에는 미달액을 본사로부터 수령(이하 '사후수령액', 사후송금액과 사후수령액을 모두 가리켜 '사후보상조정금액')하게 되는데, 원고는 2012.6.2.경부터 2015.12.15.경까지 본사로부터 건강식품 등을 수입(이하 원고가 위와 같이 수입한 물품을 모두 가리켜 '이 사건 수입물품')하면서 본사의 표준원가에 프리미엄률을 곱한 값으로 이 사건 수입물품의 과세가격을 수입신고하여 이에 따라 관세 등을 납부하고, 2012.2.부터 2015.12.까지 본사에 합계 약 12,996,333,000 원 상당의 사후송금액을 지급하였다.

위와 같은 사안에서 판례[103]는 사후보상조정금액이 관세의 과세가격에 대한 가산요소인 사후귀속이익으로 포함되는지 여부는 해당 사후보상조정금액의 실질적인 발생원인과 성질에 따라 구분하여 판단되어야 하는데, 이 사건 사후보상조정금액은 목표 영업이익률을 초과한 부분으로서 수입물품별로 산정한 개별 수익금액을 합산한 것이 아니고, 사후보상조정의 기준이 되는 영업이익률 역시 판매가격과 판매량을 곱한 매출총액에서 매출원가와 판매관리비 등의 각종 비용을 공제하여 산정되는 것으로서, 판매가격 이외에도 판매량과 각 제품별 판매가격에서 수입가격 등의 매출원가를 공제한 마진의 차이, 환율의 등락, 판매관리비 등 다양한 요소에 의하여 변동될 수 있으므로 결국 사후보상조정으로 지급되는 사후송금액은 이 사건 물품의 대가로 지급되는 금액과 그 지급의 원인이나 성질이 전혀 별개의 것이어서 수입물품에 대한 대가의 간접적인 지급액에 해당한다고 보기 어렵다고 판시하고 있다.[104]

3. 거래가격에 필수적으로 가산하는 구성요소의 해당범위

1) 현행 실체법규의 내용

관세법 제30조 제1항 제1호 내지 제6호에서 거래가격에 필수적으로 가산하는 구성요소를 규정하고 있다. 그리고 여기에서 규정하는 가산요소 외에 어떠한 요소도 과세과격을

103) 서울고등법원 2022.01.14. 선고 2021누34369 판결.

104) 이 사건은 대법원(2022.06.16. 2022두35275 판결)의 심리불속행 상고기각으로 그대로 확정되었다.

결정함에 있어서 가산이 허용되지 않는다. 그런데 관세평가협정은 필수적 가산요소의 개념정의를 명시적으로 규정하고 있지 않고 있다. 다만, 객관적이고 수량화할 수 있는 자료(the basis of objective and quantifiable data)만을 기초로 하여야 한다고 규정하고 있다(관세평가협정 제8조제3항). 이에 따라 필수적 가산요소의 적용범위와 관련하여 그 해당성 여부의 판단에서 형식 기준이냐 실질 기준이냐를 놓고 쟁점이 제기될 수 있다.

2) 판례의 분석

(1) 【판례 ❾】

원고는 카타르, 말레이시아 등에 있는 수출업자들로부터 액화천연가스를 본선인도(FOB; Free On Board) 조건으로 수입하면서 에스케이해운 주식회사 등 국내 운항선사와 운송계약을 체결하였는데, 운임은 자본비, 선박경비, 운항비, 이윤으로 구성되고, 운항비 중 연료비는 보증된 1일 평균 연료소비량을 한도로 실제 사용한 연료량에 따르도록 하였으며, 이윤은 선박경비와 운항비의 합계액에 연동하도록 정하였고, 원고는 운항선사에 위 계약에서 정한 바에 따라 작성·청구된 운임명세서상의 금액을 운임으로 지급하였다. 그리고 원고는 운송계약을 체결하면서 국내 운항선사가 운송과정에서 발생하는 BOG를 수송선박의 연료로 사용하더라도 그에 해당하는 액화천연가스 대금을 운임에 포함시키지 않고 1일 BOG 허용발생량을 한도로 무상으로 사용할 수 있도록 하였다.[105] 한편, 세관당국은 위와 같이 원고가 국내 운항선사에 BOG를 연료로 사용할 수 있도록 함으로써 운임 중 일부를 현물로 지급하였는데도 관세 등 신고 당시 BOG의 가액 상당의 운임을 누락하였다고 보아 원고에 대하여 관세 등을 추가로 부과하였다.

위와 같은 사안에서 판례[106]는 수입물품의 과세가격에 가산되는 조정요소로 운임은 화주가 계약자유의 원칙에 따라 운송계약에서 운송인에게 운송의 대가로 지급하기로 약정한 보수로서, 화주가 운송인에게 실제로 지급하는 금전뿐만 아니라 금전적 가치를 가지는 현물도 포함되지만, 관세법령에서 운임을 운임명세서 등에 의하여 산출하는 것을 원칙으로 하고 있으므로, 운임명세서 등에 운임이 기재되어 있는 경우에는 이를 운임으로 보아야 하고 관세청장이 운송거리나 운송방법 등을 고려하여 운임을 정하는 것은 운송계약과 운임명세서 등으로 운임을 산출할 수 없는 예외적인 경우에 한정되므로 과세관청이 운송

---

105) 천연가스는 해상운송 시 영하 약 162°C로 냉각하여 액화상태로 수입되는데, 국내로 운송하는 과정에서 온도와 압력 차이 등으로 액화천연가스 중 일부가 BOG로 다시 변환되는 특성을 갖고 있고, BOG는 압력 상승 시 폭발할 위험이 있어 선박의 안전을 저해할 우려가 있으므로 국내 운항선사의 수송선은 이러한 BOG를 이중 연료(dual fuel) 엔진 구조를 통해 수송선박의 연료로 사용하거나 소각하는 방식을 채택하여 설계·건조되어 있었다.

106) 대법원 2016.12.15. 선고 2016두47321 판결.

계약에서 정하거나 운임명세서 등에 기재되어 있지 않은데도 운임이라고 인정하고 이를 수입물품의 과세가격에 가산하여 조정하려면 과세관청이 운임이 발생하였다는 점과 금액을 증명하여야 한다고 판시하여 법적 실질주의를 취하고 있다.

이 사건에서 LNG 수송 시에 자연적으로 발생하는 BOG를 수송선박의 연료 등으로 사용하도록 한 것이 운임의 일부를 현물로 지급한 것으로 볼 수 있는지의 쟁점에 관하여, BOG는 경제적 가치가 있는 재화로서 이를 연료로 제공함으로써 그에 상응하는 운임을 감액 받은 것이므로 실제 지급한 운송비용으로 평가할 수 있다는 운임 긍정설과 LNG의 운송과정에서 필연적으로 발생하는 BOG를 선박연료로 사용하게 한 것은 안전을 위한 불가피한 방법이었을 뿐, 운임 일부를 현물로 지급한 것으로 볼 수 없다는 부정설이 대립될 수 있는데,[107] 이사건 상고심은 부정설의 입장을 취하여 관세평가법규상 실질과세 원칙의 적용을 부인하는 것으로 보여진다.

(2) 【판례 ⑩】

피고인이 이 사건 프론티어리퍼호 선박 전부를 항해용선하여 바나나를 운송함에 있어 계약상의 최저선적수량인 12kg들이 180,000 상자를 실을 수 있는 공간을 확보하여 12kg들이 1 상자당 3.8 달러, 18.5kg들이 1 상자당 5.7 달러의 운임을 지불하기로 하고 공적운임은 12kg들이 1 상자당 3.4 달러로 하는 내용의 운송계약을 체결하였는데, 실제로는 위 공소외인분의 20,000 상자까지 포함하여 12kg들이 160,596 상자만을 선적하게 됨으로써 그 부족수량에 대하여 운송인에게 공적운임(Dead freight)을 지급하였다.

위와 같은 사안에서, 판례[108]는 선박용선에 있어서의 운임이란 당해 용선계약에 의하여 실제로 지급한 일체의 비용을 말하는 것이나, 운임용선계약에 있어서의 공적운임은 용선자가 당해 선박에 선적하여야 할 책임이 있는 적하량의 최저한을 채우지 못한 경우에 운송자에게 부담하는 금원으로서 그 실질은 운임이 아니라 손해배상이라 할 것이므로, 공적운임은 다른 특별한 사정이 없는 한 수입물품의 거래가격을 신고할 때 가산하여야 할 "운임, 보험료 기타 운송에 관련되는 비용"에는 포함되지 아니한다는 태도를 보여 관세평가법규상 실질과세원칙의 적용을 긍정하고 있다.

(3) 【조심 결정례】

청구법인이 수출자의 공장에 설치되어 운용 중에 있던 중고 반도체 장비(이하 '쟁점

107) 이의영, 관세법상 거래가격의 원칙과 운송비용 결정기준 – LNG 수송 시 자연 발생하는 BOG 사건(대법원 2016.12.15. 선고 2016두47321 판결)에 대한 분석을 중심으로, 사법 52호, 사법발전재단, 2020. 528~529쪽.

108) 대법원 1993.12.07. 선고 93도1064 판결.

물품')를 직접 해체하여 수입하면서, 쟁점물품의 해체작업을 수행한 전문용역업체에게 별도로 지급한 쟁점물품의 해체비용을 그 과세가격에 가산하지 아니한 채 수입신고를 하였고, 세관당국이 이를 수리하였다가 나중에 관세조사를 실시한 후 청구법인에게 쟁점해체비용이 관세법상 운송관련(포장)비용으로 보아 쟁점물품의 과세가격에 이를 가산하여 부과·처분한 사안에서, 조세심판원은 처분청이 쟁점해체비용을 쟁점물품의 과세가격에 가산하여 관세 등을 과세한 쟁점부과처분은 잘못이 없는 것으로 결정하였다.[109] 이 사건에서 조세심판원은 전체 반도체 제조설비에서 판매대상 중고 반도체 장비만을 분리하는 일반적인 작업은 해체작업에 포함되지 아니하고, 해당 장비를 프로세스에 맞게 분리하고 그 데이터 및 스펙 등을 확인하는 작업을 해체작업이라 설시하면서, 해체작업의 본질은 중고 반도체 장비를 사용하고자 하는 곳에서 적절하게 구동이 될 수 있도록 장비의 설정값 및 스펙 등을 확인하기 위한 것이다는 청구인의 주장을 배척하여 관세평가법규상 경제적 실질을 부정하는 것으로 보여진다.

4. 관세평가법규상 실질과세 원칙의 적용법리

1) 경제적 실질에 따른 수출판매 거래의 재구성

관세평가법규상 거래가격이 수입물품의 과세가격으로 적용되려면 그 전제조건으로 해당 물품이 "우리나라에 수출하기 위하여 판매되는 물품"이어야 한다. 이러한 수출판매된 물품의 해당성을 긍정하려면 수출판매거래가 존재하여야 하는바, 관세평가법규상 '수출판매'란 법문이 불확정개념으로 입법되어 있어서 그 거래의 해석·적용에서 법적 실질이나 경제적 실질에 따라 수입물품의 과세가격의 적용범위가 달라지게 된다.

우리 판례는 앞에서 살펴본 것처럼 수출판매거래의 당사자 확정과 관련하여【판례 ❶】에서는 법적 실질설의 입장에서 실질과세원칙을 인용하고 있고,【판례 ❷】에서는 조세법률주의 입장을 취하고 있으며,【판례 ❸】에서는 경제적 실질에 따른 거래의 재구성 법리를 취하는 태도를 보이고 있다. 또한,【판례 ❹】에서는 수입물품 판매자의 지위 등을 실질적으로 판단하여 경제적 실질주의 입장에 서면서 구매자가 상표권자에게 지급한 금액이 수입물품 과세가격의 가산조정요소가 되는 상표권 사용대가에 해당하는지는 지급한 금액의 명목이 아니라 그 실질내용이 상표권을 사용하는 대가로서의 성격을 갖는 것인가에 따라 판단하여야 한다고 판시하고 있다.

관세평가협정은 '수출판매'에 대해 명확한 개념을 정의내리지 않고 있지만 관세평가기술위원회가 권고의견으로 '판매거래'의 요소로 수입국으로 물품을 수출할 목적과 물품의

109) 조세심판원, 2021.10.14. 결정 조심2020관0179.

실제적인 국제간 이동을 제시하면서, 연속판매 상황에서 전체 상업적 수입거래의 실체를 고려하고 협정 제8조의 적절한 적용을 허용하는 방식으로 거래가격을 적용하는 것이 필수적이라는 지침을 밝히고 있다. 한편, 과거에 세법상 '실질'의 의미를 '법적 실질'을 의미하는 것으로 해석해왔던 대법원도 2012.01.19. 선고 2008두8499 전원합의체판결을 통해서 세법상 '실질'의 의미를 '경제적 실질'로 해석할 수 있다는 입장으로 선회하였다.[110)]

따라서, 관세법에서도 경제적 실질에 따른 수출판매거래의 재구성이 법리적으로 가능할 수 있도록 실질과세 원칙의 입법화가 필요하다고 본다. 아울러 미국의 관세행정에서와 같이 수출판매거래에서 "선의의 판매(Bona Fide Sale)"기준과 "정상거래(Arm's Length Transactions)" 기준을 설정하여 납세자가 입증하지 못하면 신고가격(중개인과 외국의 생산자간의 거래가격)을 부인하는 행정제도를 보완함으로써 관세평가법규의 수범자에게 세관당국이 수출판매거래의 형식·명의·외관에 상관없이 그 거래의 내용을 경제적 실질의 방법으로 관찰하여 거래가격을 인정하는 판단의 척도에 대한 예측 가능성도 높일 수 있을 것이다. 다만, 실질과세 원칙의 입법화에서, 경제적 실질설 중에서는 이를 제한 없이 적용할 수 있다는 입장(경제적 효과기준설)과 예외적으로 조세회피의 목적이 인정되는 경우에만 적용할 수 있다(절충설)는 입장이 있지만, 국제무역거래의 상관습과 내국거래의 상관습이 다른 점도 있다는 사실을 감안하여 납세자의 관세회피 의도는 그 적용요소로 보지 않는 것이 타당할 것이다.

2) 거래가격의 구성요소에 대한 경제적 실질에 따른 해석·적용

관세평가법규상 거래가격의 구성요소는 우리나라로 수출판매되는 물품에 대하여 구매자가 "실제로 지급하였거나 지급하여야 할 가격"과 소정의 필수적 "가산요소"로 규정하고 있다. 그런데 관세평가협정에서 실제 지급가격의 적용범위와 가산요소의 개념범위에 대해 명시적으로 규율하고 있지 않아서 그 해당성의 판단기준를 놓고 형식·명의·외관에 따라야 할지 아니면 경제적 실질에 따라야 할지 논란이 되고 있다. 물론 앞에서 탐구한 바와 같이 협정 제1조의 법문 자체에 '실제로(actually)'란 용어와 그 부속서 1 "제1조에 대한 주해"의 내용 등에서 경제적 실질주의가 도출될 수 있을 것이다.

그럼에도 불구하고 협정 부속서 1 "제1조에 대한 주해"에서 '실제 지급'의 적용범위와 관련하여 지급(수단)의 형태, 지급 방식과 지급 방법(상대방)을 명시적으로 제시하고 있지만 "판매자의 이익을 위한 지급"과 판매자에 대한 간접지급으로 인정될 수 없다는 "구매자가 자신의 계정으로 수행한 활동"이란 법문은 불확정개념으로 입법되어 있어서 그 거래의 해석·적용에서 법적 실질이나 경제적 실질에 따라 수입물품의 과세가격의 적용

110) 황남석, 앞의 글, 61쪽; 김민정·박훈, 앞의 글, 157쪽.

범위가 달라지게 된다. 또한, 관세법 제30조 제1항 각호의 필수적 가산요소에서도 가령 "그 밖의 운송과 관련된 비용", 그리고 관세령 제19조 제3항이 권리사용료의 적용을 위해 "당해 물품과 관련된 것"의 간주유형을 예시하고 있지만 수입물품과 권리사용료의 관련성에 대한 판단에서 불확정개념으로 규율되어 있어서 마찬가지로 법적 실질이나 경제적 실질에 따라 수입물품의 과세가격의 적용범위가 달라지게 된다.

우리 판례는 앞에서 탐구한 것처럼 거래가격의 구성요소와 관련하여【사례 ❺】에서는 '상표권 및 이와 유사한 권리의 사용 대가'에 해당하는지는 지급한 금액의 명목이 아니라 실질내용이 상표권 등 권리를 사용하는 대가[111]로서의 성격을 갖는 것인지에 따라 판단하여야 한다는 태도를 취하고 있다. 그런데 우리 법원은【판례 ❼】에서는 하자보증 유지·보수비의 지급이 수입물품의 정상적인 거래가격의 5%인 것으로 평가한 셈이 되어 할인된 금액상당은 원고가 제3자 회사에게 수입 자동차의 대가로 간접적으로 지급한 금액으로 보아 경제적 실질주의를 취하는 태도를 보였으나,【판례 ❻】에서는 하자보증 수리비의 지급이 거래통념상 자회사들 사이에서 보통 이루어지는 거래방식에서 벗어난 것이 아니라면, 관련 당사자들 사이의 계약 내용을 무시하거나 그 계약의 실제 내용이 그와 다르다고 쉽게 단정할 것은 아니라고 설시하여 실질과세 원칙 보다는 조세법률주의 내지 유추해석금지 원칙을 취하는 입장을 보였다. 하지만 원고가 이 사건 하자보증 수리비용을 지급하는 상대방인 F◉본사는 이 사건 차량의 판매자인 F◇C와 관세평가법규상 이른바 특수관계에 있어서 형식적으로는 제3자로 보이지만 그 실질은 F◉본사와 F◇C는 동일체로 보아야 하기 때문에 간접지급이 아니라 직접지급으로 취급하여야 법리적으로 타당할 것이다.[112] 왜냐하면, 원심판결이 이 사건 차량에 대한 하자보증의 책임이 실질적으로 구매자에게 귀속된다고 판단하는 근거의 하나로 이 사건 하자보증이 구매자 자신의 계산(on his own account)으로 수행된 사실을 인정하고 있는데, 관세평가법규상 "구매자 자신의 계산(계정)[113]으로 행한 활동의 비용"[114]이란 법문의 의미는 법리적으로 수입물품의 구매자가 제3자에게 금원을 지급하는 사유가 수입물품의 대가나 수입거래와 관련하여 비롯되거나 또는 관세

111) 경제적 실질을 인정하더라도 판례의 법리구성에 동의하기 어렵다. 왜냐하면, IMF 지급의 성격을 이 사건 수입 물품의 대가로 보아야 하기 때문이다. 즉, 원고는 이 사건 수입물품에 포함되어야 할 일부 금액을 원고가 수입한 아디다스 상표가 부착된 수입 스포츠용 의류제품의 순매출액 대비 4%에 해당하는 금액으로 산정하여 IMF라는 명목으로 판매자(aITBV)와 특수관계가 있는 제3자(aAG)에게 지급하는 금액으로 인정할 수 있기 때문에 관세평가법규상 거래가격의 구성요건을 충족하는 것으로 보아야 타당할 것이다.

112) 김용태, "수입물품의 하자보증 수리비용에 대한 관세평가:【대법원 2021.05.06. 선고 2018두56619 판결】에 대한 평석", 관세법판례연구 제1권 제1호, 한국관세법판례연구회, 2023, 98쪽.

113) 영어 법문상 'account'를 '계정'이라고 변역하는 것이 의미상 보다 적합할 것으로 보인다.

114) WTO관세평가협정 부속서 I "제1조에 대한 주해: 실제로 지급하였거나 지급하여야 할 가격"의 제2문단에서 "activities undertaken by buyer on the buyer's own account"로 기술되어 있다.

평가협정 제8조의 가산요소에 해당하는 것이 아니라 구매자가 수입물품의 판매자가 아닌 제3자와 독립된 계약이나 어떤 위탁의 관계에서 발생하는 – 수입물품의 판매자가 거래조건으로 요구하지 않는 – 지급(활동의 비용)을 뜻한다고 해석하여야 관세평가협정 제1조에서 규정하는 거래가격의 구성요소에 관한 법리에 부합될 것이기 때문이다.

한편, 우리 법원은【판례 ❽】에서 사후보상조정금액이 관세의 과세가격에 대한 가산요소인 사후귀속이익으로 포함되는지 여부는 해당 사후보상조정금액의 실질적인 발생 원인과 성질에 따라 구분하여 판단되어야 한다고 판시하고 있다. 그리고 운송과 관련된 비용과 관련하여【판례 ❿】에서는 공적운임의 실질이 운임이 아니라 손해배상이므로 공적운임은 다른 특별한 사정이 없는 한 수입물품의 거래가격을 신고할 때 가산하여야 할 "운임, 보험료 기타 운송에 관련되는 비용"에는 포함되지 아니한다는 태도를 보여 관세평가법규상 실질과세 원칙의 적용을 긍정하고 있다가【판례 ❾】에서는 운송계약에서 정하거나 운임명세서 등에 기재되어 있지 않은데도 운임이라고 인정하고 이를 수입물품의 과세가격에 가산하여 조정하려면 과세관청이 운임이 발생하였다는 점과 금액을 증명하여야 한다고 판시하여 종전과 달리 조세법률주의에 선 입장을 취하고 있다. 한편, 조세심판원도【결정례】에서 전체 반도체 제조설비에서 판매대상 중고 반도체 장비만을 분리하는 작업을 해체작업에 포함되지 않는 것으로 판단하고 관세법상 운송 관련(포장)비용으로 인정하여 관세평가법규상 경제적 실질을 부정하는 입장을 취하고 있다.

우리 판례가 관세법상 실질과세 원칙을 취하고 있음에도 불구하고 경우에 따라서는 관세평가법규상 거래가격의 구성요소에 대한 해석·적용에서 실질과세 원칙보다는 조세법률주의에 선 태도를 보이고 있어서 세관당국이나 수범자의 입장에서 경제적 실질에 따른 거래가격의 예측가능성과 법적 안정성을 높이기 위하여 실질과세 원칙의 입법화가 필요하다고 본다. 물론, 관세평가협정상 거래가격의 구성요소를 규율하는 법문 자체에 실질주의가 내포되어 있어서 실질과세 원칙의 입법화가 확인규정 내지 선언규정의 의미나 기능일 수밖에 없다는 입법론적 비판이 제기될 수 있지만 관세법상 실질과세 원칙을 명백히 함으로써 향후 판례의 태도에 일관성을 기대할 수 있고, 납세자의 관세회피행위를 부인할 수 있는 법적 근거로 자리매김 할 수 있을 것이다.

제2장 구매자와 판매자가 독립당사자인 수입물품의 관세평가

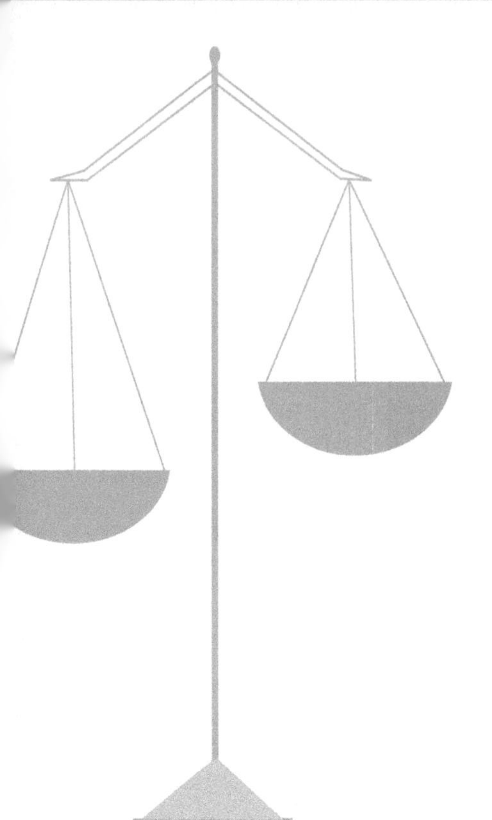

제 1 절 거래가격의 이해와 전제요건론

Ⅰ. 수입물품의 거래가격에 대한 법리적 이해

GATT1947/WTO 제7조 제2항에 따르면 수입상품에 대한 관세목적의 가격은 반드시 과세가격을 산출하려는 해당 수입상품 또는 동종상품의 실제가격에 기초하여야 하며, 자국산 상품의 가격이나 자의적 또는 가공의 가격에 기초하여 결정하는 것을 절대적으로 금지하고 있다.[1] 여기에서 "**실제가격**"(actual value)은 수입국의 법령에서 정한 시간과 장소에서 그러한 상품 또는 동종상품이 충분히 경쟁적인 조건 하의 통상적인 거래과정에서 판매되거나 판매를 위하여 제공되는 가격이어야 한다.[2]

따라서 GATT1947/WTO 제7조가 천명하고 있는 관세목적의 평가법리에서 "실제가격"은 송품장가격(invoice price)에 "실제가격"의 진정한 구성요소인 정당한 비용임에도 송품장 가격에 포함되지 아니한 부담액[3]을 더하고 또한 통상적인 경쟁적 가격으로부터의 비정상적인 할인액 또는 그 밖의 경감액을 더한 가격으로 추론되며,[4] 이러한 추론을 바탕으로 관세평가협정 제1조는 과세가격의 우선적 기초를 바로 "**거래가격**"(transaction value)으로 정의하고 있다. 그러한 까닭에 거래가격은 관세법상 관세의 과세가격 결정에 관한 기본원칙이 된다.

GATT1947/WTO 제7조가 천명하고 있는 관세목적의 평가법리에 비추어 수입물품의 거래가격은 다음과 같은 세 가지 주요한 법적 성격을 갖고 있다: 첫째, **수입물품의 거래가격은 실제적(positive) 경제원칙에 입각하므로 규범적(normative) 경제원칙에 입각한**

---

1) The value for customs purposes of imported merchandise should be based on the actual value of the imported merchandise on which duty is assessed, or of like merchandise, and should not be based on the value of merchandise of national origin or on arbitrary or fictitious values.

2) "Actual value" should be the price at which, at a time and place determined by the country of importation, such or like merchandise is sold or offered for sale in the ordinary course of trade under fully competitive condition.

3) 예컨대, 다음과 같은 경우가 해당한다: • 송품장 가격 외에 수입물품 가격의 일부를 별도로 지급한 경우; • 판매자가 제3자에게 지고 있는 채무를 구매자가 변제하기 위하여 수입물품 가격의 일부를 공제하여 송품장 가격이 설정된 경우; • 판매자가 구매자에게 지고 있는 채무를 수입물품 가격의 일부와 상계하기 위하여 송품장 가격을 설정한 경우; • 수입(매매)계약서의 가격조정조항(일정 사실이 발생하면 송품장 가격을 조정하는 취지의 조건)에 의거 송품장 가격과 다른 가격을 지급하는 경우; • 송품장 가격 이외에 판매자가 자신을 위하여 행한 수입물품의 검사에 소요되는 비용 등을 구매자가 판매자에게 지급한 경우.

4) GATT1947/WTO 제7조 부속서 I "주와 보충적 규정"(제7조에 관하여) 제2항 제1호.

당위적 가격과 구별된다.[5] 그렇기 때문에 완전하게 동종의 수입물품이라도 구매자와 판매자가 다르면 거래가격이 달라질 수 있으며, 동일한 구매자와 판매자 간이라도 거래시점이 다르면 거래가격이 달라질 수 있다. 바꾸어 말하면 거래가격에서는 수량과 거래단계의 차이 또는 거래 계약 체결시점의 차이 또는 단순히 유리한 홍정이나 수출자가 수입자를 선호해서 준 낮은 가격 등의 이유로 하여 가격이 상이하다 하더라도 각 화물은 각기의 가격에 따라 평가될 것이므로 한 거래의 당사자들이 합의한 가격의 인정은, 동일한 장소와 동일한 시점에서 이루어진 동일한 두 화물의 과세가격이 동일해야 한다는 개념을 벗어남을 의미한다.[6]

GATT1947/WTO 제7조가 천명하고 있는 거래가격은 브뤼셀 관세평가협약(Convention on the Valuation of Goods for Customs Purposes)에서 물품의 과세가격으로 규정하고 있는 규범적 가격인 정상가격(normal price)[7]과 대비된다. 이에 따라 관세평가협정과 브뤼셀 관세평가협약에서 동일한 수입물품이 아래의 사례와 같이 판매되었고 관세율을 8%로 가정한 경우 종가관세를 부과하기 위한 목적으로 하는 과세가격의 산출은 다음과 같은 차이를 나타난다: ① 판매자 "A"는 구매자 "갑"에게 10,000 원에, ② 판매자 "B"는 구매자 "을"에게 8,000 원에, ③ 판매자 "C"는 구매자 "병"에게 14,000 원에 각각 판매하였다면, 브뤼셀 관세평가협약에 따른 과세가격 산출은 세 가지 판매 모두 똑같게 평가되는, 즉 11,000 원인 통상적인 경쟁가격이 구해진다(이론적 산출). 모든 동일한 판매에서 통상적인 경쟁가격은 11,000 원을 기초로 하며, 여타의 교정이 필요하지 않는 한, 관세로 880 원이 징수된다(11,000 원 × 8%). 하지만 관세평가협정에 따른 과세가격 산출에서는 다만 다음과 같은 문제만 발생한다. 구매자가 실제로 지급하여야 하는 것이 무엇인가? 위 사례와 관련하여 이것은 동일한 물품에 대해 그때그때의 지급한 가격이 과세가격 산정에 기초가 되어야 한다는 것을 의미한다. 그것에 따라서 관세의 산출금액은 상이하게 된다. 가령, 운송비용에 대한 교정이 없는 한, 관세의 총액은 동일한 물품에 대하여 각각 800 원, 640 원 그리고 1,120 원으로 산출된다. 바꾸어 말하면, WTO관세평가협정에 따른 관세평가는 그때마다의 수입판매를 근거로 하며, 이러한 판매의 기초로 과세가격을 산출한다. 구매자 "갑"이 어떠한 물품에 대해 10,000 원을 지급하고, 구매자 "병"은 동일한 물품에 대하여 50,000 원을 지급하였다면, 과세가격산출은 "갑"에 대해서 10,000원과 "병"에 대해서는 50,000 원을 토대로 한다.

---

5) Sheri Rosenow/Brian J. O'Shea, WTO HandBook on the WTO Customs Valuation Agreement (Cambridge/New York/Melbourne/Madrid/Cape Town/Singapore/São Paulo/Delhi/Dubai/Tokyo/Mexico City: Cambridge University Press, 2010), 22쪽.

6) Saul L. Sherman/Hinrich Glashoff, Customs Valuation; Commentary on the GATT Customs Valuation Code(Antwerp/London/Frankfurt/Boston/New York: Kluwer Law and Taxation Publishers, 1988), 66쪽.

7) 이에 관한 자세한 내용은 김기인, 관세평가정해(서울: 관세무역개발원, 2009), 19~23쪽을 참조.

둘째, **수입물품의 거래가격은 자국산 상품의 가격이나 자의적 또는 가공의 가격과 구별된다.** 이러한 연유에서 송품장가격보다 높은 수출국의 국내 유사물품 가격, 수입국 세관당국이 재량으로 결정하는 임의가격, 수입국의 자국산 유사물품 매매가격이나 송품장가격보다 높은 이른바 최저과세기준가격(minimum price) 또는 공식지표가격(dfficial indicative values) 등은 수입물품의 거래가격으로 적용될 수 없다. 이와 관련하여 EU법원의 정착된 판례[8)]는 EU법상 관세평가법규는 자의적이고 가공된 관세의 과세가격 적용을 배제하는 공정하고 통일적인 중립시스템을 지향한다고 밝히면서, 관세평가는 수입물품의 경제적 실제가치(real economic value)를 반영하여야 하고, 이에 따라 경제적 가치를 지닌 해당 물품의 모든 요소를 고려하여야 한다는 것을 원칙으로 판시하고 있다. 이러한 원칙은 조세법상 실질과세의 원칙에 비견할 수 있다.

마지막으로, **수입물품의 거래가격은 거래당사자간 국제적으로 이루어지는 매매행위에 따라 합의된 가격이므로 일방 거래당사자인 구매자(buyer; purchaser)는 반드시 수입국에 실재하여야 한다.** 그리고 상대방 거래당사자인 판매자(seller; vendor)는 수출국이나 제3국 등에 소재하게 되고, 거래의 법률효과로 법적 권리의 변경과 청구의 원인이 발생함에 따라 거래의 객체는 구매자에게 귀속되어야 하므로 거래가격에 상응하는 물품은 반드시 물리적으로 판매자가 소재하는 수출국 또는 생산국에서 구매자가 실재하는 수입국으로 이동되어야 한다. 따라서 물리적으로 판매자가 소재하는 수출국이나 생산국에서 구매자가 실재하는 수입국으로 이동되지 않는 물품에 대한 가격은 수입물품의 거래가격으로 취급될 수 없다.

Ⅱ. 거래가격의 전제요건

관세법 제30조 제1항에 따라 수입물품의 과세가격은 원칙적으로 해당 물품의 거래가격(transaction value), 즉 우리나라에 수출하기 위하여 판매되는 물품에 대하여 구매자가 실제로 지급하였거나 지급하여야 할 가격(the price actually paid or payable for the goods)에 가산요소의 필수적 조정을 거친 거래가격이 적용된다. 거래가격은 과세가격 결정의 방법의 기본원칙으로서 이른바 제1 (관세평가) 방법이라 하는데, 관세평가협정 제1조와 관세법 제30조 제3항은 수입물품의 구매자와 판매자가 독립당사자가 아닌 소위 특수관계(related) 등이 해당 물품의 가격에 영향을 미친 경우라면 제1 (관세평가) 방법의 적용을 허용하지 않고 있다. 왜냐하면 수입물품의 구매자와 판매자가 독립당사자가 아닌 소위

8) Judgment of 9 March 2017, GE Health care GmbH, C-173/15, para. 30; 16 November 2006, Compaq computer International Corporation, C-306/04, para. 30; 16 June 2016, EURO 2004. Hungary Kft. Hungary, C-291/15, para. 30 and 26.

특수관계(related) 등이 해당 물품의 가격에 영향을 미친 경우에는 GATT1947/WTO 제7조 제2항(b)에서 규정하는 실제가격(actual value), 즉 "해당 물품 또는 동종 물품이 완전경쟁 조건하의 통상적인 거래과정에서 판매되거나 판매를 위하여 제의된 가격"에 불합치하는 것으로 보아야 하기 때문이다. 따라서 수입물품의 거래가격은 제1 (관세평가) 방법의 적용을 위한 전제요건을 충족하지 못한다면 해당 물품에 대한 관세의 과세가격으로 적용될 수 없는데, 제1 (관세평가) 방법의 적용을 위한 전제요건은 다음과 같다:

- 우리나라에 수출하기 위한 판매가 존재하여야 한다;
- 해당 물품의 처분 또는 사용에 제한이 없어야 한다;
- 해당 물품에 대한 거래의 성립 또는 가격의 결정이 금액으로 계산할 수 없는 조건 또는 사정에 의하여 영향을 받지 아니하여야 한다;
- 해당 물품을 수입한 후에 전매·처분 또는 사용하여 수익의 일부가 판매자에게 직접 또는 간접으로 귀속되지 아니하여야 한다;
- 구매자와 판매자 간에 해당 물품의 가격에 영향을 미치는 이른바 특수관계가 없어야 한다.

1. 우리나라에 수출하기 위한 판매

1) 판매의 법적 개념

관세법이나 관세평가협정에서 '판매'에 대한 정의를 내리고 있지는 않지만, 관세평가협정을 비준한 국가들의 상이한 법질서를 고려하여 '판매'는 가장 넓은 개념으로 해석된다.[9] 판매는 일반적으로 물품에 대한 소유권의 변동을 의미하기 때문에 반드시 특정가격에 물품의 소유권을 양도하겠다고 동의한 판매자와 특정가격에 그 물품을 구매하겠다고 동의한 구매자 간 합의가 필요하다. 그러므로 '판매'(sale)는 양 거래당사자, 즉 판매자(seller; vendor)와 구매자(buyer; purchaser)가 특정한 재산에 대한 권리와 소유를 일정한 가격의 금전과 교환하는 매매계약이 된다. 판매는 법적으로 당사자 일방인 판매자가 어떤 재산권을 상대방인 구매자에게 이전할 것을 약정하고, 구매자는 이에 대하여 그 대금을 지급할 것을 약정함으로써 성립된다(민법 제563조).[10] 그리고 판매가 성립되면 그 법적 효력으로 판매자는 매매의 목적인 특정 재산을 구매자에게 이전할 의무를 부담하고, 구매자는 그 매매대금을 판매자에게 지급할 의무를 부담하게 된다. 따라서 판매행위는 상행위로서 법률행위가 된다.

9) WTO관세평가협정 제18조에 따라 설치된 WCO 관세평가위원회의 권고의견(Advisory Opinions) 1.1은 '판매'라는 용어는 가장 넓은 의미로 해석되어야 한다는 의견을 표명하고 있다.

10) 따라서 판매의 법적 성질은 당사자 사이의 합의만으로 성립하는 낙성계약으로, 계약당사자가 서로 대가적 의의를 가지는 채무를 부담하는 쌍무계약으로, 특정한 방식을 필요로 하지 않으면서 계약당사자가 서로 대가적 의의를 가지는 출연을 하는 유상계약의 전형이 된다.

그런데, 관세평가협정상 판매가 가장 넓은 개념으로 해석된다고 하더라도, 관세평가협정 일반서설 제1항 및 제8조가 특정 상품 및 서비스의 형태로 반대급부를 하는 것을 판매의 개념에 포함시키는 것으로 보고, 거래가격이 가급적 많이 과세가격으로 채택되도록 하는 것을 평가협정의 기본정신이라는 이유를 들어 판매의 개념을 최대한 넓은 의미로 해석하여야 한다는 논지를 펴는 것[11]은 관세평가법리상 타당하다고 할 수 없다. 왜냐하면, 특정 상품 및 서비스의 형태로 반대급부를 하는 것은 판매의 개념에 포섭되는 것이 아니라 판매물품에 대한 대가의 지급방식 내지 판매물품 원가의 적용범위에 포섭되는 것으로 보아야 하기 때문이다. 그리고 법리적으로 물품의 소유자는 손실의 위험을 감수하고 이익을 향유하며 물품의 사용권이나 처분권을 가진다. 하지만 이러한 권리와 위험은 공유되거나 위임될 수 있어서, 소유(ownership)는 이전되었으나 가령, 지급을 확실히 하기 위한 보증으로 권리증서(title)는 이전되지 않은 경우가 있으며, 반대로 물품이 수입업체에게 위탁되어 수입업체의 명의로 신고되었으나 물품의 소유권은 수입업체에게 업무를 위탁한 자가 가진 경우 양수인에게 소유(ownership)의 양도 없이 권리증서(title)만 이전되는 수도 있다.[12] 그러므로 판매의 개념을 가급적 넓게 해석하는 것은 관세평가법규에서 관세평가협정의 기본취지에 반하는 차별적 결과를 방지하기 위해서 필요한 것으로 보아야 한다.

2) 우리나라에 수출하기 위한 판매의 적용범위

관세법 제30조 제1항은 평가대상 수입물품이 수출판매를 목적으로 우리나라의 관세영역에 물리적으로 도착하는 것을 그 전제조건으로 하고 있다. 관세의 과세가격 목적상 거래는 우리나라로 수출판매되어야 하기 때문에 평가대상 수입물품에 대한 소유권의 이전이 이루어지어 우리나라로 그 물품의 반입이 발생되어야 한다. 그리고 거래가격에 부합하는 과세가격을 결정하기 위해서는 평가대상 수입물품의 판매는 수입통관 이전에 발생되어야 한다. 평가대상 수입물품이 우리나라로 수출판매되지 않는다면 그 물품의 거래가격은 존재할 수 없으며, 따라서 제1 (관세평가) 방법은 사용될 수 없다.

(1) 수출판매의 성립요건

관세평가협정 제1조에서 거래가격은 "수입국으로 수출을 위하여 판매된 때"(when sold for export to the country of importation)를 전제로 하고 있다. 여기에서 '수입국'(country of importation)은 수입국가(영토) 또는 수입 관세영역(customs territory)을 의미한다(관세평가협정 제15조제1항). 이것은 EU 각 회원국가의 영토보다 큰 EU의 관세영역과 개정교토협약 특별부속서 D 제2장에서 '자유지역'(free zone)을 "반입된 물품이 수입관세 및 제세에

11) 김기인, 앞의 책, 72쪽.

12) Saul L. Sherman/Hinrich Glashoff, 앞의 책, 72쪽.

관한 한 일반적으로 관세영역(customs territory) 밖에 있는 것으로 간주되는 체약당사국 영토의 일부"로 정의하고 있기 때문에 홍콩[13] 같이 한 국가의 영토보다 작은 독립된 자유(무역)지역으로의 수출판매를 인정하기 위한 것으로 보인다. 이에 따라 물품이 세관의 보세창고, 외국무역지역(foreign trade zone), 자유무역지역, 또는 자유무역항 안으로 운송될 때, 이들 물품은 평가목적상 바로 그 시점 또는 세관을 통해 반입되는 나중의 시점에서 국가로 반입되는 것으로 간주된다.[14] 그리고 "수출을 위하여 판매한 때"(when sold for export)라는 시간적 표현은 거래가격이 정당한지 여부를 결정함에 있어 고려하여야 하는 시점의 기준을 의미하는 것이 아니라 단순히 해당 거래에 수반된 물품이 수출을 목적으로 판매된다는 의미로 해석하여야 한다. 바꾸어 말하면 거래가격의 전제조건으로 수입국으로 수출판매가 실재하지 않으면 안 된다는 것을 분명하게 명시하고 있는 것이다.[15] 관세평가기술위원회는 이러한 시간 요소와 관련하여 해설 1.1에서 다음과 같은 견해를 내놓고 있다. 협정 제1조 제1항의 "판매된 때(when sold)"라는 표현은 가격이 협정 제1조 목적상 타당한지 여부를 결정할 때 고려되어야 하는 시간에 대한 어떠한 암시를 제공하는 것으로 간주되지 않고, 단지 관련된 거래의 유형, 즉 수입국으로 수출하기 위하여 판매된 해당 물품과 관련된 거래의 유형을 나타내는 것으로, 협정 제1조에서 규정하고 있는 조건이 충족된다면, 수입물품의 거래가격은 판매계약이 체결된 시점과 계약체결일 이후의 어떠한 시장 변동(market fluctuations)과도 상관없이 수용되어야 하며, 제2항(b)에서도 시간 기준에 대한 보충적인 언급을 하고 있으나 이것은 단지 "비교"가격과 관련된 것이므로 협정 제1조에 따라 거래가격을 결정하는데 있어 관련된 시간 요소가 없다는 상황에 영향을 주지 않는다(para 3 내지 5).

"수입국으로 수출하기 위하여 판매된"이란 표현의 해석과 관련하여 관세평가기술위원회는 권고의견 14.1에서 다음과 같은 견해를 표명하고 있다: 관세협력이사회의 국제관세용어사전에서 수입이라는 용어는 "어떤 물품을 관세영역으로 가져오는 행위"(the act of bringing any goods into a Customs territory)로, 수출이라는 용어는 "어떤 물품을 관세영역 밖으로 가져가는 행위"(the act of taking any goods out of the Customs territory)로 정의하고 있으므로 평가를 위하여 물품이 제시되었다는 사실은 그 자체로 해당 물품의 수입이

13) 홍콩(香港, Hong Kong)은 중화인민공화국의 특별행정구이다. 1842년 8월 29일 난징 조약으로 인하여 영국의 식민지가 되었으나 중영공동선언을 거쳐 일국양제 시행에 합의 후 1997년 7월 1일에 중화인민공화국의 특별행정구로 편입되었다. 홍콩은 영국으로부터 반환 이후 특별행정구로서 중국 영토에 편입되었으나, 일국양제에 의거해 거의 모든 부분에서 중국과 다르게 독립적으로 굴러가는 도시국가 형태를 띄고 있다. 일국양제와 특별행정구 기본법에 따라 홍콩은 자본주의 경제, 정치체제이며 원칙상 중국 공산당은 홍콩 내정에 간섭할 수 없다. 실제로 입법부, 사법부, 행정부 등 정치를 비롯한 경제, 법률, 재정, 교육 등 대부분이 중국 본토와 분리되어 있다.

14) Saul L. Sherman/Hinrich Glashoff, 앞의 책, 102쪽.

15) Saul L. Sherman/Hinrich Glashoff, 앞의 책, 99쪽.

있었다는 것을 입증하는 것이고 이것은 다시 해당 물품의 수출이 있었다는 것이다. 하지만 수출판매가 성립하는지 여부를 판단하는 경우 우리 관세평가법규상 수출판매의 개념을 수입구매의 개념으로 대치하여 해석하는 것은 법리적으로 옳다고 할 수 없다. 주지하듯이 우리 관세법은 '수출'의 개념을 "내국물품을 외국으로 반출하는 것"[16]으로 정의하고 있는 바(관세법 제2조제2호), 수출의 성립요건은 내국물품이 실체적으로 우리나라 관세영역 밖으로 반출(이동)하는 것이다. 이에 반하여 우리 관세법은 '수입'의 개념을 "외국물품을 우리나라에 반입(보세구역을 경유하는 것은 보세구역으로부터 반입하는 것을 말한다)하거나 우리나라에서 소비 또는 사용하는 것(우리나라의 운송수단 안에서의 소비 또는 사용을 포함하며, 제239조 각 호의 어느 하나에 해당하는 소비 또는 사용은 제외한다)"으로 정의하고 있는데(관세법 제2조제1호), '수입'의 개념범위가 단일의 유형적 개념범위 아니라 다수의 유형적 개념범위로 정의된다. 즉, 외국물품을 우리나라에 반입하는 것이나 외국물품을 보세구역으로부터 우리나라에 반입하는 것 또는 외국물품을 우리나라에서 소비 또는 사용하는 것이 '수입'의 개념범위에 해당한다. 이것은 우리 관세법전에 함께 편찬되어 있는 관세징수·관세평가·관세구제법규와 통관법규 및 관세형벌법규에 포괄된 용어로 개념정의하는 것이기 때문이다. 따라서 관세평가법규상 '수출판매'의 개념을 관세법상 '수입구매'의 개념에서 유추하여 해석하는 것은 법의 해석방법론에 비추어 타당하다고 할 수 없다. 그렇다면 수출판매의 성립은 판매자와 구매자 간 거래되는 물품이 수출국이나 제3국으로부터 물리적으로 이동되어 우리나라에 반입하는 경우에만 인정될 수 있을 것이다. 그렇기 때문에 관세평가기술위원회 권고의견 14.1도 판매가 특정 수출국에서 발생할 필요는 없지만 수입자가 검토 중에 있는 직접적인 영향을 미치는 판매(the immediate sale under consideration)가 수입국으로 물품을 수출할 목적으로 발생하였다는 것을 입증할 수 있다면 관세평가협정 제1조가 적용될 수 있고, 이것은 물품의 실제적인 국제간 이동을 수반(involving an actual international transfer of goods)하는 거래만이 거래가격 방법으로 물품을 평가하는데 사용될 수 있다는 것을 의미한다고 그 해석지침을 밝히고 있다. 아울러 물품의 실제적인 국제간 이동을 수반하는 거래에 대한 여섯 가지 예시를 들면서 수입국의 구매자에게 판매한 물품이 수출국이나 제3국에서 선적된 경우에만 수입국으로 수출하기 위한 판매를 구성한다는 견해를 밝히고 있다. 특히, '예시 2'에서 구매자와 판매자가 동일한 수입국 내 소재한다고 하더라도 판매된 물품이 제3국에서 선적된 경우 수출판매의 성립을 인정하고 있으며, '예시 4'는 수출국에서 선적된 판매물품이 공해에 있는 동안 당초 구매자의 인수거절로 또 다른 구매자와 판매계약을 체결하고 물품을 인도하는 경우에는 수출판매의 성립을 긍정하고 있다. 하지만 '예시 5'는 물품의 국제간 이동을 수반하지 않는 수출국의 국내판매는 수출판매의 성립을 부인하고 있다. 수출판매의 성립요건에 필요한 구성요소인 "물품의

16) 국내에 도착한 외국물품이 수입통관절차를 거치지 아니하고 다시 외국으로 반출되는 것을 관세법은 '반송'으로 개념정의하고 있다(관세법 제2조제3호).

실제적인 국제간 이동"과 관련하여 해당 물품이 판매시점에 수출국에 실재적으로 소재할 필요는 없지만 법리적으로 우리나라의 영역 밖에 실재하여야 한다. 왜냐하면, 우리나라의 영역 내에서 물품의 이동은 "국제간 이동"에 해당될 수 없기 때문이다.

(2) 판매가 발생하지 않는 수입물품

GATT1994 제7조의 이행에 관한 협정상 매매행위의 개념에 대한 전문가보고서상 기술위원회는 매매행위의 개념이 가장 넓은 의미로 해석되어야 한다는 견해를 지지하였지만 물품의 실제적인 국제간 이동을 수반하는 거래임에도 불구하고 이 위원회가 마련한 전문가보고서에서 매매행위의 대상으로 인정될 수 없는 것으로 간주된 다음과 같은 물품은 우리 관세평가법규에 수용되어 우리나라에 수출하기 위하여 판매되는 물품의 적용범위에서 제외된다(관세령 제17조):

- 무상으로 수입하는 물품;
- 수입 후 경매 등을 통하여 판매가격이 결정되는 위탁판매수입물품;
- 수출자의 책임으로 국내에서 판매하기 위하여 수입하는 물품;
- 별개의 독립된 법적 사업체가 아닌 지점 등에서 수입하는 물품;
- 임대차계약에 따라 수입하는 물품;
- 무상으로 임차하는 물품;
- 산업쓰레기 등 수출자의 부담으로 국내에서 폐기하기 위하여 수입하는 물품.

가. 무상으로 수입하는 물품

무상으로 수입하는 물품은 예를 들어, 특정 선물, 샘플, 견본, 판촉물 등과 같은 무상탁송물품(free of charge shipment)을 말한다. 무상수입물품은 수출자가 수입자에게 물품을 양도하지만 수입자가 수출자에게 해당 물품에 대한 대가를 지급하지 않기 때문에 판매로 간주될 수 없다(관세평가기술위원회 권고의견 1.1, Ⅰ). 따라서 그 물품의 관세평가에서 거래가격은 존재하지 않는다. 무상탁송물품이 가격지급이 필요한 물품과 함께 선적된 경우에도 마찬가지가 적용된다. 하지만 이러한 경우에 해당한다고 하더라도 만일 판매에 해당하는 선적물품, 즉 구매자가 판매자로부터 구입한 물품이 무상물품과 구분될 수 있다면 그 물품의 거래가격은 성립된다. 무상탁송물품의 신고가격이 부인된 사례를 들면, 조세심판원 2008관0136(2009.12.02.) 심판청구 사건에서 청구법인은 청구법인의 지분 80%를 소유한 스위스 소재 NP AG로부터 2005.8.12.부터 2008.1.21.까지 수입한 항암제 물질인 AMN107을 임상시험용 물품으로 수입신고하면서 관세법 제30조의 규정에 따라 물품가격을 CHF0.05/200mg(200mg당 0.05 스위스프랑)으로 수입신고하였으나 세관당국은 청구법인에 대한 세액심사를 실시하여 2008.7.3. 해당 물품은 무상 수입물품으로 관세법 제30조 규정에 의한 과세가격 결정대상에 해당하지 않는다고 보아 신고가격을 부인하고 같은 법 제35조의 규정에 의한 방법으로 과세가격을 재결정하여 관세 등을 경정·고지하였다. 그러나 다음과 같은 사례에서는 수입물품의 신고가격이 부인되지 않는다. 수출자가 한국에서의 매출확대를 위하여 Tester용 화장품을 제조원가와 거의 대등한 수준인 수출국의 소매가격의 10%수준(정품 수입가격의 50% 수준)으로 수입자에게 제공하고, 수입자는 Tester용 화장품을 수입하여 국내매장에서 고객이 시험 사용할 수 있도록 무상으로 제공 또는 경품으로 고객에게 무상제공하거나 신제품 출하 시 직원 교육용 등 판매촉진을 목적으로 사용한다면 거래가격을 부인해야할 특별한 사정은 별론으로 하더라도 무상으로 수입하는 물품으로 간주할 수는 없다.

무상탁송물품의 거래형태에 관한 사례를 계속 살펴본다. 【부산고등법원 2018.8.24. 선고 2017누24196 판결】 사건[17]에서 원고는 C사가 2011. 7.경 비메모리 반도체 검사장비 제조업체인 F사를 합병함에 따라 2012.4.1. F사의 국내 자회사인 G사를 흡수합병하였다. 원고는 베리지 보드의 교체·보수 등 F사가 수행하던 반도체장비 유지·보수 서비스사업을 계속하면서 F사에 이은 D사로부터 합병 이전보다 33% 인하된 가격으로 베리지 보드를 수입하였다. 세관당국은 원고가 2009.6.1.부터 2014.3.11.까지 D사로부터 수입한 AME(Advanced Module Exchange) 보드에 대하여 위 수입이 무상수입임을 이유로 관세법 제30조 제1항, 관세령 제17조 제1호에 따라 원고의 수입신고가격을 부인하였다. 이 사건 수입물품의 거래관계는 다음과 같다:

- C사는 일본에 본점을 둔 다국적기업으로서 반도체 검사장비를 제조하는 회사이고, 원고는 C사로부터 C사가 한국 내 기업들에게 판매한 반도체 검사장비의 품질보증업무를 위탁받아 처리하는 C사의 자회사이다. 그리고 D사는 싱가포르에 소재하는 C사의 자회사 중 하나로서, C사가 직간접적으로 지배하는 다국적기업 그룹인 A 그룹의 글로벌 물류센터를 보유하고 있다;
- C사가 생산하는 반도체 검사장비는 반도체 생산공정의 최종단계에서 제품의 불량여부를 검사하는 장비로 다수의 보드(Board)로 구성되어 있고, 개개의 보드들 역시 다수의 반도체 칩 기타의 부품들로 이루어져 있다. 원고는 C사가 한국 내 반도체 제조업체에 판매한 반도체 검사장비의 보드에 고장이 발생할 경우 해당 보드를 정상 작동하는 제품으로 교환해주는 엔지니어링 서비스를 제공하는데, 이와 같은 엔지니어링 서비스에 제공되는 교환용 보드가 AME 보드이다;
- 원고는 이와 같은 엔지니어링 서비스를 제공하기 위하여 D사 산하 E사로부터 수리이력이 없는 신품 AME 보드 또는 수리이력은 있으나 정상 작동되는 재생 AME 보드를 무상으로 수입하면서 E사가 C사로부터 보드를 구입하는 가격의 1/5에 해당하는 금액을

17) 이 사건은 대법원 2019.01.17. 2018두56794 판결에서 심리불속행 상고 기각되었다.

수입가격으로 신고하였는데, 이는 AME 보드의 내용연수를 5년으로 전제하고 1년에 1번 정도 보드교환에 사용할 것으로 추정하여 원고가 임의로 정한 가격이다;

- 원고는 교환에 사용할 보드를 D사로부터 위탁받아 보관하다가 고객사(반도체 제조회사)의 요청이 있는 경우 고장 난 보드를 AME 보드로 교환해 주는데, 이때 AME 보드의 소유권은 고객사에게로, 고장 난 보드의 소유권은 D사에게로 각 이전된다. 원고는 고객사로부터 받은 고장 난 보드를 C사에 송부하고, C사는 이를 수리하여 D사에 송부하는데, D사는 이와 같이 수리한 재생보드를 다시 원고의 엔지니어링 서비스에 제공한다;
- 한편, 원고는 엔지니어링 서비스와는 별개로 고객사의 요청이 있거나 원고가 보유한 장비의 관리에 필요한 경우에 C사로부터 신제품인 보드를 유상으로 수입하기도 하는데, 이렇게 수입되는 보드는 그 용도에 있어서 엔지니어링 서비스에 제공되지 않는다는 점 외에는 AME 신품보드와 완전히 동일하다.

무상탁송물품에 해당하는지 여부에 따른 과세가격 결정이 쟁점으로 제기된 【서울고등법원 2018.8.31. 선고 2018누30923 판결】 사건[18]을 살펴본다. 이 사건의 거래관계는 다음과 같다: 원고는 ▲▲ LNG 복합화력발전소(이하 '▲▲발전소')를 운영하는 회사로 2004.경 미국 법인인 G△△△ △△△△ Company(이하 'G△')로부터 ㅇㅇ발전소의 핵심 설비인 가스터빈을 수입하였고, 2004.6.25. 미국 법인인 G△△△ △△△△ International Inc.(이하 'G△II')와 사이에 25년간의 가스터빈 정비계약(이하 '이 사건 계약')을 체결하였다. 원고는 2008.9.8.부터 2013.2.7.까지 G△II로부터 이 사건 계약상 가스터빈 유지보수에 필요한 계획정비 부품(이하 '쟁점부품') 195건을 수입하면서 G△II가 발행한 송품장상의 가격(G△ 기준가격의 61.53%)을 과세가격으로 하여 세관장에게 관세와 부가가치세를 신고·납부하였다. 세관당국은 원고에 대한 정기법인심사 결과, 쟁점 부품이 무상으로 수입하는 물품으로서 우리나라에 수출하기 위하여 판매되는 물품에 해당하지 않는다고 보아 원고의 수입신고가격을 부인하고 관세법 제35조에 따라 이 사건 계약상 최초 예비부품 등의 거래가격인 G△ 기준가격의 75%를 과세가격으로 결정하여 원고에 대하여 관세와 부가가치세 등을 경정·고지하였다.

이 사건에서 원고의 주장은 이렇다. 쟁점부품은 무상으로 수입되는 물품이 아니라 우리나라에 수출하기 위하여 판매되는 물품이고, 원고는 G△II와 사이에 쟁점부품의 대가를 G△ 기준가격의 61.53%로 합의하고 그 대가를 이 사건 계약상 분기별 수수료 중 변동비에 포함하여 G△II에게 지급하고 있다. 따라서 쟁점부품의 수입신고가격(G△ 기준가격의 61.53%)은 관세법 제30조 제1항에 따른 실제지급가격이다. 이에 대하여 세관당국은 쟁점부품의 수입신고가격은 이 사건 계약상 근거가 없고, 실제로 지급하였다는 증빙이 없으며,

18) 이 사건은 대법원 2019.01.17. 선고 2018두57933 판결에서 심리불속행 상고 기각되었다.

원고와 G△II 사이에 협상을 거쳐 합의된 가격이 아니라 G△II가 일방적으로 결정하여 통관목적으로 발행한 송품장상의 가격에 불과하므로 관세법 제30조 제1항에 따른 실제지급가격에 해당하지 않는다고 주장하고 있다. 하지만 서울고등법원은 원고가 G△II에게 분기별 수수료 중 변동비에 쟁점부품의 대가를 포함하여 지급하고 있는 사실, 2008년부터 2012년까지의 쟁점부품의 수입신고가격 합계액이 435억 원에 이르는 사실에서 쟁점부품에 대한 대가가 별도로 지급되지 않았다는 이유만으로 쟁점부품을 무상으로 수입되는 물품이라고 볼 수는 없다고 보아 세관당국의 주장을 배척하였다.

나. 수입 후 경매 등을 통하여 판매가격이 결정되는 위탁판매수입물품

수입 후 경매 등을 통하여 판매가격이 결정되는 위탁판매 수입물품은 판매의 결과로서가 아니라 공급자의 계정(for the account of the supplier)으로 가능한 가장 유리한 가격에 판매할 의도로 수입국에 송부되기 때문에 수입시점에는 판매가 발생하지 않는다(관세평가기술위원회 권고의견 1.1, Ⅱ).[19] 왜냐하면, 물품은 반입 후에 우리나라 시장에서 판매대리인을 통해 가장 유리한 가격으로 팔리기 전까지는 외국 공급자의 자산으로 남아있기 때문이다. 따라서, 수입시점에는 해당 물품에 대한 거래가격은 존재하지 않는다. 권고의견 1.1의 예시에 따르면 이익분배거래(profit sharing transaction)는 최종가격의 결정에 대한 유보조항이 있는 판매로 간주되어야 하기 때문에 위탁판매수입과 구별된다. 판매에 따라 물품이 수입되고 수입국 시장에서 물품이 판매될 때 실현되는 이익의 일부가 가산되어야 하는 특정 가격으로 잠정적인 송장이 작성되는 이익분배거래는 본질적으로 협정 제1조에 따른 평가를 배제하는 것은 아니지만 당연히 제1조 제1항(c)에서 정하는 사후귀속조건에 특별한 주의를 기울여야 한다는 것이다.

위탁판매물품에 대한 미국 CBP의 결정사례를 살펴본다. 【H246651, 2014.2.5.】 ⊃ 모회사는 스위스에 있는 특수관계자에게 물품을 판매하였다. 모회사는 그 물품이 다른 US 소재의 관계사(수입자)에 위탁판매로 선적하면서 그 물품에 대한 소유권을 보유하고 있으며, 그 수입자는 북아메리카, 중앙아메리카, 그리고 남아메리카에 소재하는 고객들을 위해 판매 주문을 이행하는 고객유통센터로 기능하는 사안에서 판매가 없으므로 거래가격은 적용할 수 없다. 【H218916, 2014.4.29.】 ⊃ ABB는 산업용 로봇 수입자이고, 스웨덴에 소재한 ABB 로봇틱(ABB 스웨덴)은 관계사로 전세계 재고관리시스템(GIM)을 시작했으며, ABB 스웨덴은 오하이오에 있는 제3의 물류회사에 의해 운영되는 창고에 있는 한 곳을 포함하여 전세계에 있는 몇몇의 장소에 부품 재고를 저장했다. 전세계 재고관리시스템(GIM)하에

19) 수출국 E의 제조자 P는 수입국 I의 대리인 X에게 경매로 판매하기 위해 카펫 50개의 위탁판매 물품을 송부한다. 카펫은 수입국에서 총 500,000 c.u.로 판매된다. X가 수입물품에 대한 지급으로 제조자 P에게 송금해야 하는 총금액은 500,000 c.u.에서 물품의 판매와 관련하여 X가 부담한 비용과 해당 거래에 대한 X의 보수를 공제한 금액이 된다.

US로 수입된 후에는 오하이오 창고에 있는 재고는 아직 ABB 스웨덴에 의해 소유되고 있었고, 그 재고는 ABB 스웨덴의 회계장부에는 원가로 계정되어 있었으며, ABB는 US 고객인 ABB에 주문을 하고 ABB는 ABB 스웨덴에 주문을 하여 이 오하이오 창고에서 그 주문이 이행되도록 한다고 진술했다. ABB는 그 제품들은 ABB 스웨덴에 의해 US로 선적시에 판매없이 위탁보관 기준으로 US 창고에 선적되었고, ABB 스웨덴은 US 창고에 재고로 그 제품을 소유하고 있으며, ABB는 그 물품들을 견적송품장을 사용하여 CBP를 통관하였다. 견적송품장은 그 물품들이 ABB 스웨덴과 ABB 사이에 선적시의 ABB 이전가격을 근거로 견적된 것이고, ABB는 수입시에 납부하여야 할 관세를 모두 납부하였다. US 최종고객들에게 모든 판매는 ABB에 의하여 이루어지고 ABB 스웨덴으로부터 미국의 최종고객들에게 직접판매는 없었고, ABB가 구매할 의무는 없으며 어떤 부품들은 다른 나라로 최종적으로 수출되었으며, US 한 고객의 주문을 받으면 ABB 스웨덴과 ABB사이의 가격은 판매시점의 이전 리스트가격에 근거하여 최종적인 판매가격이 성립되었다. 이 판매가격은 공정시장가치에 근거한 정상가격이고 모든 비용에 이익을 더한 것으로 충분하다고 주장되었고, 이 판매가격은 수입시점과 판매시점 사이에 가격의 변동이 없다면 보통 견적가격대로 수입시점에 신고된 이전 리스트가격과 동일하였다. 그 물품에 대한 소유권은 오하이오 창고에서 배송시점에 ABB 스웨덴에서 ABB로 이전되고 소유권과 위험부담은 그 물품이 고객에게 이전될 때 ABB로부터 최종고객에게 이전된다. CBP는 해당물품이 거래가격방법을 사용하여 평가될 수 없다고 결정했다. 【H264876, 2015.9.17.】 ➲ US로 진정한 수출판매는 없었다. 왜냐하면 수입자는 위탁판매조건하에 임의의 송품장 가치로 수입신고하였으나 수입후 어느 시점에 재고에서 옮겨질 때까지 그 물품을 구매할 의무는 없었기 때문이다. 추가적으로 수입자는 수탁물품에 대한 소유권을 취득하지 않았고 그 물품이 수입후에 재고에서 인취될 때까지 수탁물품에 대한 판매가격도 확정되지 않았다. 따라서 거래가격 평가는 제외되었다. 【H547591; H547573; H547628, 2000.4.21.】 ➲ 가능한 증거를 토대로, 거래가격은 미국 내에서 수출자와 수입자 간에 수출을 위한 판매가 일어나지 않았고 대신 상품이 수입자에게 위탁된 경우에는 의복류에 대한 가격산정을 위한 적합한 기준이 아니다. 그래서, 위탁판매 방식에 의해서 선적되는 물품과 연관된 거래들은 선의의 매매(bona fide sale)를 이루지 않고 거래가격에 의해서 가격이 산정될 수 없다. 수입되는 의복류의 가격 산정은 이후에 Trade Agreements Act(이하 'TAA') section 402의 후속 규정들을 통해서 진행되어야 하고, TAA의 section 402(c)에서의 동종 및 유사 상품의 거래가격을 최우선 가격 산정 기준의 대안으로 삼는다. 【H547604, 2001.4.10.】➲ 항공사가 항공기장비 설치를 위해 어느 회사를 고용한다. 항공기 장비를 설치하는 동 회사는 기록상 및 최종 수탁자의 수입자로서 역할을 한다. 항공사는 (근로)시간(time), 노동(labour), 설치에 필요한 부품 비용, 관세사 수수료, 운송비 및 (만일 있다면) 미국 관세에 대한 청구를 받는다. 설치담당 회사는 수취한 물품의 품질 및 이들 물품에 대해 지불된 가격을 검증하기 위해 요구된 정보를 제공할 수 없었다. 따라서, 동 상품은 동종 또는 유사 상품의 거래가격에 의한 가격산정, 공제가격 또는 산정가격과 같은 방법들을 이용해서 가격이 산정될 수 없다. 그러므로, 동 상품은 변경된 거래가격으로 19 'U.S.C. 1401a(f) 하에서 가격산정이 되어야 하는데, 여기에서는 구매하는 항공사와 공급자 간의 가격들을 사용한다. 따라서, 구매하는 항공사는 자신의 항공사들에 설치하기 위해 미국으로 선적할 의도로 동 물품을 취득한 것으로 보인다. 【H012659, 2007.11.14.】 ➲ 수입자와 외국 제조업자 간의 계약은 "위탁"이라는 용어를 사용하고 있지만, 수입물품이 대미 수출용의 진정한 판매자인지 여부는 밝혀져야 하는 의문이다. 수입자가 수입물품의 손실 리스크를 인수한다는 사실은 진정한 판매가 존재한다는 결론을 입증하는 하나의 요소이다. 수입자는 미국으로 수입될 때까지는 상품의 소유권을 맡지 않는 반면에, 계약은 수입자로 하여금 수입자의 자재불출서에 기재되어 있는 상품을 구매하여 특정 날짜까지 대금을 지급하게끔 의무를 지운다. 따라서 제출된 증빙에 의거하면, 이 거래들은 거래가격의 사용을 금지하는 진정한 위탁이 아니다.

다. 수출자의 책임으로 국내에서 판매하기 위하여 수입하는 물품

수출자의 책임으로 국내에서 판매하기 위하여 수입하는 물품은 물품을 구매하지 않고 수입 후 물품을 판매하는 중개인(intermediaries)이 수입하는 물품을 말한다(관세평가기술위원회 권고의견 1.1, Ⅲ). 이는 수입통관 시 아직 판매되지 않았으나 외국 공급자에 의해 대리인(중개인)에게 인도되어 재고로 남아 있다가 후에 외국 공급자의 계산 하에 위험을 감수하고 수입 후에 팔리게 될 수입물품을 가리킨다. 따라서 수입 시에 이러한 물품에 대한 거래가격은 존재하지 않는다. 만일 대리인이 배포(distribution) 목적으로 물품을 구입하는 경우는 수출자의 책임으로 국내에서 판매하기 위하여 수입하는 물품에 해당하지 않기 때문에 판매가 발생한다. 수출자의 책임으로 국내에서 판매하기 위하여 수입하는 물품에 관한 판례를 살펴본다. 【광주고등법원 2019.1.10. 선고 2017누5958 판결】 사건에서 세관당국은 이 사건 물품은 관세령 제17조 제3호의 '수출자의 책임으로 국내에서 판매하기 위하여 수입하는 물품'에 해당하여, 관세법 제30조 제1항 본문의 '우리나라에 수출하기 위하여 판매되는 물품'에 해당하지 않는다고 보아, 관세법 제31조부터 제35조의 적용을 검토한 후 관세법 제35조에 따라 원고의 수입가격이 아닌 원고의 판매가격(원고가 △△반도체로부터 지급받은 가격)을 실제 구매가격으로 하고, 여기에서 관리비용 등을 차감하여 조정한 거래가격을 기초로 부가가치세와 가산세를 경정·고지하는 처분을 하였다. 이 사건 거래관계는 다음과 같다:

- 원고는 LED Chip을 제조·수입하는 업체로 주식회사 △△반도체(이하 "△△반도체" 라고 한다)가 그 지분 58.2%를 보유하고 있다;
- 원고는 △△반도체 및 대만과 중국에 있는 LED Chip 제조업체인 H△△ Optotech Inc(이하 'H△△'), T◇◇◇ Co. Ltd.(이하 'T◇'), S△△△ Optoelectronics Co., Ltd(이하

'S▲'라 하고, H△△, T◇, S▲를 한꺼번에 언급할 때에는 'H△△ 등')와 함께 각 합작 투자 법인을 설립하였다;

- 원고는 S▣ 등으로부터 LED Chip(이하 '이 사건 물품')을 수입하는 계약을 체결하였다(이하 '이 사건 물품 수입계약'). 한편, 생산시설이 없는 S▣ 등은 H△△ 등의 인력, 생산공장, 장비, 제조시설 등을 임대하여 LED Chip을 제조하였다. 원고는 이 사건 물품을 334회에 걸쳐 수입하면서 S▣ 등과 체결한 이 사건 물품 수입계약에서 정한 수입가격을 과세가격으로 하여 부가가치세 등을 납부하였다.

광주고등법원은 이 사건 물품 수입시점에 소유권 및 위험의 이전이 발생하지 않아 여전히 수출자인 S▣ 등이 그 책임을 부담하고 있으므로, 이 사건 물품은 관세령 제17조 제3호의 '수출자의 책임으로 국내에서 판매하기 위하여 수입하는 물품'에 해당 하고, 따라서 관세법 제30조 제1항의 '우리나라에 수출하기 위하여 판매되는 물품'에 해당하지 않는다고 봄이 상당하다고 판단하였는데, 그 이유를 다음과 같이 설시하고 있다:

① [구매수량 및 가격결정] 원고 등(원고와 △△반도체를 말한다)이 S▣ 등과 체결한 물품구매계약서에 따르면, S▣ 등과 원고 등은 제조자와 분기별로 이 사건 물품의 수입단가와 물량 등에 대한 협상을 진행하며, 구매단가는 제조자가 제3자에게 유사수량·기간·조건 및 동등 스펙으로 판매하는 가격 중 가장 낮은 가격으로 결정하기로 한 점, ② [생산] S▣ 등은 자신들이 직접 공장과 기계설비 등을 보유하지 않으면서 생산기반시설이 있는 기존의 대만과 중국 소재 LED Chip 제조업체들(H△△, T◇, S▲)을 통하여 이 사건 물품을 생산하는 점, ③ [선적 및 운송] S▣ 등은 원고의 창고(Inventory Hub)까지 특송 업체를 통해 이 사건 물품을 운송하고, 원고의 창고에 반입될 때까지 운송비용, 보험료, 통관비용 등 제반비용을 모두 부담하는 점, ④ [가격신고] 분기별로 원고 등과 H△△ 등의 제조자 및 S▣ 등의 수출자 사이에 합의한 기준(견적) 가격(제조자 생산비용 + 마진을 고려한 가격)으로 수입신고를 하는 점, ⑤ [재고관리] 각 물품구매계약서에 따르면, 수입통관 이후에도 원고의 창고(Inventory Hub)에 보관 중인 제품의 소유권은 여전히 S▣ 등에게 있는 것으로 약정하였으며, 천재지변(불가항력)으로 제품에 손상이 발생한 경우에도 원고의 책임이 아닌 것으로 규정되어 있는 점, ⑥ 위 시가분석보고서에 의하면, 원고가 최종구매자인 △△반도체에게 납품하기 전까지 이 사건 물품의 소유권은 S▣ 및 S◇에게 있으며, 이 사건 물품을 △△반도체에 공급하는 시점에 소유권과 실물이 이전되고, 원고는 이 사건 물품이 원고의 창고(Inventory Hub)로부터 반출 되는 시점부터 △△반도체에 납품되는 시점 사이에 일시적인 소유권(Flash Title) 만을 가지게 되므로 재고자산과 관련한 위험을 거의 부담하지 않는 점, ⑦ S◇의 회계보고서에 의하면, 이 사건 물품은 원고의 창고(Inventory Hub)로부터 반출되기 전까지는 여전히 S◇의 재고로 위험과 보상의 책임은 원고에게 이전되지 않고, 반출시점에야 S◇는 비로소 매입매출로 회계처리하는 점, ⑧ S▣와의 물품공급

계약서에 의하면, S■와 H△△는 정기적으로 혹은 필요 시 재고기록과 창고(Inventory Hub)의 실재고 차이를 규명하기 위해 조사할 수 있고, 조사 시 발견된 모든 상이점과 수량 부족에 관해서는 공동조사를 통해 확인되도록 하며, 원고 등은 결손 금액에 대한 지불의 책임이 있다고 규정하고 있는 점, ⑨ [국내판매가격] 원고는 수입가격에 2.2~4.6%의 마진을 가산(Mark-up)한 가격으로 최종구매자인 △△반도체에 이 사건 물품을 공급하는 점, ⑩ [대금결제] 원고는 관세심판청구 이유서에서 원고의 창고(Inventory Hub) 반입 이후 30일 또는 60일 이내에 대금을 지급하며, 수입신고시점부터 창고 반출시점까지 분기(90일)가 경과되는 경우 일부 신고분에 대하여는 차기 분기의 협상단가를 적용하여 실제지급이 이루어지게 되고, 이 경우 대부분 차기 분기의 단가가 하락하므로 실제지급 금액이 적게 송금되는 경우도 발생할 수 있다고 스스로 설명하였던 점, ⑪ [하자처리] 원고 등은 제조자와 합의하에 결함품 여부를 결정하고, 결함품으로 결정된 제품은 수출자에게 반품하며, 수출자는 한국측의 통보 접수 후 3영업일 이내에 RMA(Return of Materials Authorization)를 발행하여 이를 새제품으로 교환해주고, 결함품으로 인한 직접적인 손실과 관련한 보상금액 및 방법은 원고 등과 제조자가 협의하여 결정하는 점 등에 비추어 보면, 이 사건 물품 수입시점에는 사실상 그 소유권이 원고에게 이전되었다고 보기 어렵고, 이 사건 판매 이후에도 원고가 △△반도체에 대한 하자보증책임을 전적으로 부담한다고 보기도 어렵다.

그런데, 만약 우리나라 보세창고에 보관 중인 수출자 소유의 물품을 세관통관 이전에 판매될 경우에 "수출자의 책임으로 국내에서 판매하기 위하여 수입하는 물품"으로 취급될 수 있는지 여부가 세관당국과 납세자 간 치열한 법리적 다툼이 발생된다. 왜냐하면 관세법상 보세구역에 부여된 법적 성격을 자유항 또는 자유무역지대처럼 자국의 관세영역 밖으로 간주하는지 또는 통관을 하려는 물품을 일시적으로 장치하는 수입통관절차상의 특례지역으로 간주하는지에 따라 그 결과가 달라지기 때문이다. 관세평가협정은 수입 후에 발생한 비용을 과세가격에 포함해서는 안 된다고 규정하고 있다. 그리고 보세구역으로부터의 판매가격은 수입 후의 비용과 전매자의 이윤을 보통 포함하고 있다. 따라서 그러한 가격이 거래가격의 적합한 기초가 될 수 없다는 해석론(부정설[20])과 또 따른 긍정적인 견해, 즉 물품은 보세창고로부터 반출되기 전까지는 수입된 것이 아니며, 따라서 보세창고로부터의 판매가격은 수입국으로 수출한 가격에 해당한다는 해석론(긍정설)이 있다. 부정설이 법리적으로 타당하다. 관세법 제30조 제1항 제6호에 따라 수입항(輸入港)까지의 운임·보험료와 그 밖에 운송과 관련되는 비용으로서 대통령령으로 정하는 바에 따라 결정된 금액만

20) 같은 취지로, Saul L. Sherman/Hinrich Glashoff, 앞의 책, 101~102쪽. Saul L. Sherman/Hinrich Glashoff의 논지는 창고로부터의 판매를 거래가격의 기준으로 사용할 수 없는 수입국 내의 판매로 간주한다는 것이고, 만약 그러한 판매가 고려될 수 있는 유일한 것이라면, 수입자의 국내 비용과 이윤이 불합리하게 관세에 가산되는 것을 피하기 위해 다른 절차(예: 공제가격)에 의한 평가가 필요하게 된다는 것이다.

원칙적으로 수입물품의 거래가격에 가산할 수 있는데, 여기에서 거래가격에 가산이 허용되는 금액은 수입물품이 수입항에 도착하여 본선하역준비가 완료될 때까지 수입자가 부담하는 비용을 말한다(관세령 제20조제5항). 또한, 관세평가협정 제8조 제2항도 과세가격을 결정함에 있어서 국내법이 과세가격을 포함하도록 규정하더라도 (a) 수입항 또는 수입장소까지의 수입물품 운송과 관련된 비용; (b) 수입항 또는 수입 장소까지의 수입물품 운송과 관련되는 적하비, 양하비 및 취급수수료; (c) 보험료 만을 필수적으로 가산하도록 허용하고 있다. 이것은 평가대상물품이 수입항 또는 수입장소 – 우리 관세법상 국제항(항구 또는 공항) – 에 도착한 때 "수입국으로의 수출판매"가 비로소 성립된다고 보고 있기 때문일 것이다. 그런데 보세창고로부터의 판매가격은 수입항 또는 수입 장소 이후 수입국 영토 내에서 발생한 해당 수입물품의 하역비용, 내륙(보세)운송비용, 보세창고보관료 등이 포함되어 있기 때문에 긍정설에 따라 수입물품의 거래가격으로 취급한다면 이러한 비용이 해당 수입물품의 과세가격에 위법(부당)하게 포함되어 관세평가협정의 기본취지에 반하는 결론이 된다. 따라서 긍정설은 법리적으로 옳다고 할 수 없다.

물품이 보세구역을 경유하는 동안 행해진 판매가 수출자의 책임으로 국내에서 판매하기 위하여 수입하는 물품에 해당하는지 여부가 쟁점으로 제기된 【대법원 2021.2.4. 2020두51242 판결】 사건에서 세관당국은 관세조사 결과, 이 사건 물품이 관세령 제17조 제3호의 '수출자의 책임으로 국내에서 판매하기 위하여 수입하는 물품'에 해당한다고 보아 원고 법인의 신고가격을 부인하고, 2017.3.9. 원고 법인에게 추가로 관세 등을 부과하였다(이하 '이 사건 과세처분'). 이 사건의 거래관계는 다음과 같다:

- 원고 법인은 미국 법인인 TRONOX PIGMENTS LTD(이하 'TRONOX')로부터 이산화티타늄을 수입하여 페인트를 생산·판매하는 내국법인이다;
- TRONOX는 미국, 호주, 네덜란드 소재 공장에서 이산화티타늄을 생산하여 이를 대한민국, 말레이시아, 중국 등에 위치한 보세창고 등 세계 각지의 창고에 보관하다가 원고 법인을 비롯한 여러 회사에 공급하였는데 한국의 경우 보세구역에 위치한 A 주식회사의 창고를 임차하여 위 보세구역에 반입한 이산화티타늄을 보관하면서 그 관리를 A 주식회사에 위탁하였다;
- 원고 법인과 TRONOX 사이의 거래에 관한 가격협상은 분기별로 이루어졌다. 원고 법인은 이를 위해 최근 사용실적을 기초로 예상한 '특정 기간 소요 예상물량'을 기준으로 분기별 발주물량을 산정한 뒤, TRONOX의 국내 대리인인 B 주식회사 등에게 이메일을 발송하여 구매를 요청하였고 그 대리인이 이를 TRONOX에 전달하면 TRONOX는 그 내용을 기초로 해당 기간 공급할 물량 및 그에 대한 대금을 예측, 산정하여 원고 법인에게 견적을 제시하였다;
- 원고 법인은 위와 같이 기간별로 협의·확정된 가격으로 TRONOX에 구체적으로 필요한

물량을 발주하였고, TRONOX는 주문받은 수량에 따라 보관 중이던 이산화티타늄을 원고 법인에게 공급하였다. 그 공급 과정에서 TRONOX는 해외 창고, 공장에서 또는 A 주식회사의 보세창고에 의뢰하여 원고 법인에게 이산화티타늄을 공급할 것을 지시하였고, 원고 법인에게 송장, 선하증권, 화물운송장 등의 선적서류를 발행하였다. TRONOX가 공급하는 이산화티타늄의 가격은 이산화티타늄이 어느 장소에 보관되었는지에 따라 다르지 않았고, 원고 법인은 그 보관장소 또는 선적지 선정에 관여하지도 않았다.

원고의 주장은 이렇다. TRONOX는 국내에서의 예상수요 등을 집계하여 미국, 호주 등에서 생산한 이산화티타늄을 미리 적정량만큼 국내로 반입한 후 보세구역에 위치한 A 주식회사의 창고를 임차하여 안전재고 형태로 보관하였는데, 이는 원고 법인과 같은 고객들에게 편의를 제공하기 위한 것으로, 동일시기에 주문된 이산화티타늄에 대해서는 해외에서 직접 선적하는 물량이든 보세창고에서 공급하는 물량이든 모두 동일한 가격으로 판매하였다. 원고와 TRONOX의 가격협상은 분기별로 이루어졌고, 원고가 미리 협의된 가격으로 TRONOX에 물량을 발주하면, TRONOX는 해외 공장 또는 국내 보세창고 등에 의뢰하여 원고에게 물량을 공급하였는데, 원고로서는 국내 보세창고 보관물량과 해외 직수입 물량의 가격이 동일하여 공급받은 이산화티타늄의 선적지와 무관하게 그 공급시기에 맞추어 수입신고를 하였을 뿐이다. 이 사건 거래는 이 사건 물품을 보세구역으로부터 반입함으로써 수입자인 원고가 TRONOX로부터 수입한 것으로서 관세령 제17조 제3호가 적용되는 경우가 아니다. 그러므로 관세법 제30조 제1항 본문에 따라 원고가 이 사건 물품을 수입하면서 실제 지급한 가격이 과세가격으로 결정되어야 한다. 이에 반하여 세관당국의 과세논리는 다음과 같다. TRONOX는 원고의 주문과 관계없이 이 사건 물품을 선적하여 보세구역에 반입하였는바, 이 사건 거래는 이 사건 물품이 보세구역에 도착할 때까지는 아직 원고의 주문이 없어 구매자는 물론 구매가격도 확정되지 않았다. 결국 이 사건 거래는 국내 도착 이후 발생한 거래이다. 따라서 이 사건 물품은 관세법 제30조 제1항 본문의 우리나라에 수출하기 위하여 판매(수출판매)되는 물품에 해당하지 아니하므로, 원고의 거래가격(신고가격)을 배제하고 관세법 제31조 이하의 방법을 순차적으로 적용하여 과세가격을 결정한 이 사건 과세처분은 적법하다.

상고심은 심리불속행으로 종결하였으므로 이 사건 원심[21]의 판결내용을 수긍한 것으로 보여진다. 원심은 해당 물품이 보세구역을 경유하는 경우 관세령 제17조 제3호에서 정한 '수입하는 물품'은 보세구역으로부터 반입된 단계의 물품을 의미한다고 보아야 하기 때문에 이 사건 물품은 '수출자의 책임으로 국내에서 판매하기 위하여 수입하는 물품'에 해당

21) 서울고등법원 2020.09.23. 선고 2019누53961 판결.

하지 않고, 관세법 제30조 제1항 본문에서 규정한 '수입물품' 및 '수출판매 물품'에 해당하는 것으로 판시하고 있는바, 그 논거를 요약하면 다음과 같다:

- 관세법상 수입의 개념정의에 따라 이 사건 물품이 한국 내의 보세구역 내에 반입되었다고 하더라도 통관절차를 거쳐 수입신고가 수리되기 전까지는 "수입하는 물품"이라고 볼 수 없고, 수입자인 원고의 수입신고가 수리되어 보세구역으로부터 반입됨으로써 비로소 수출자나 그 대리인이 아닌 원고에 의해 수입된 물품이 된다;
- 관세법 전체의 체계에 비추어 보면, 보세구역에 보관되는 물품은 보세구역으로부터 반입되지 않는 한, '수입된 물품'이 아닌 단지 '외국으로부터 우리나라에 도착한 물품'에 해당한다고 봄이 타당하다;
- 법률에 사용된 문언의 의미는 해당 법률에 정의규정이 있다면 그에 따라야 하므로(대법원 2018.06.15. 선고 2018도2615 판결 등 참조), 특별한 이유 없이 하나의 법률 및 시행령에서 같은 문언의 의미를 달리 해석할 수는 없다. 나아가 앞서 본 '수입' 및 '외국물품'에 관하여 정의한 관세법 규정 및 관세법령 전체의 취지에 비추어 볼 때, '수입'의 의미가 내국물품에 관한 법적 지위를 취득하는 단계와 가격의 판정기준 단계로 구분되어 서로 달리 해석된다고 보기도 어렵다;
- 자유무역지역법상 '관세영역'에 대하여 국내의 자유무역지역은 제외된다는 취지로 정의하고 있기도 한바, 이러한 입법례 등에 비추어 보면, '관세영역'이 어느 경우에나 반드시 보세구역을 포함한 국내 전(全)영역을 의미한다고 단정하기 어렵다. 또한 이와 같은 관세영역의 정의에 비추어 보면, '물품의 실제적인 국제간 이동을 수반하는 거래' 또한 관세의 부과 대상인지, 수입통관을 거쳤는지, 거래 전반을 통해 물품의 국제적인 이동이 이루어졌는지와 해당 거래에 이르게 된 경위나 해당 거래의 전체적인 과정 등과 무관하게, 오로지 국경선만을 기준으로 엄격히 판단하여야 한다고 보기도 어렵다;
- 앞서 본 '수입하는 물품'의 의미에 비추어 볼 때, TRONOX가 그 자신의 책임에 따라 이 사건 물품을 보세구역에 반입하여, TRONOX 자신이 임차한 보세창고에서 이를 보관하였다고 가정하더라도, 수입자인 원고가 독립적인 거래당사자 관계에 있는 TRONOX와 체결한 공급계약에 따라 이 사건 물품을 보세구역으로부터 반입함으로써 비로소 수입이 이루어진다(관세령 제17조 제3호는 해외 수출자의 국내 대리인 등이 수입통관을 하고, 수입이 이루어진 후에 해외 수출자의 계산과 책임 아래 국내에서 판매가 이루어지는 경우를 상정한 조항이라 할 것이다);
- 관세령 제17조 제3호가 관세법 제30조 제1항 본문에서 규정한 '수출판매 물품'에서 '수출자의 책임으로 국내에서 판매하기 위하여 수입하는 물품'을 제외한 것은, 수출자 또는 수출자의 판매대리인이 물품을 수입할 경우 수입가격을 시세보다 낮게 설정하여 관세부담을 임의로 줄일 수 있기 때문이다. 그러나 원고가 이 사건 물품에 관한 수입

가격을 부당히 낮게 설정하여 관세 부담을 임의로 줄이려는 경우를 상정하기는 어렵다;

- 보세구역을 거쳐 수입이 이루어진다는 사정만으로 공급계약에 기초한 수입신고까지 마친 이 사건 거래를 국내거래에 불과하다고 보아 이 사건 물품이 관세법 제30조 제1항 본문에서 규정한 '수입물품'이나 '수출판매 물품'에 해당하지 않는다고 단정하기 어렵다;
- 이 사건 거래가 운임과 보험료를 포함한 목적지 인도조건으로 이루어졌고, TRONOX가 상당기간 일정량의 이산화티타늄을 국내 보세창고에 보관하기 위하여 보관료와 위험부담 증가 등의 추가 비용을 부담하기는 하였으나, TRONOX와 원고 법인은 이산화티타늄의 가격을 결정할 때 분기별 협상에 따랐을 뿐, 직수입되는 물품과 국내 보세창고로부터 반입되는 물품의 가격을 별도로 구별하지 않았다. 따라서 특수관계가 없는 독립적인 거래당사자인 TRONOX와 원고 법인 사이에 협상을 통해 결정된 이 사건 물품의 가격은 '공정한 시장가격'에 따른 것이라고 충분히 기대할 수 있는 '실제거래가격'으로 보는 것이 타당하므로, 원고 법인이 통관절차를 거쳐 보세창고로부터 이 사건 물품을 반입하였을 때, 즉 수입시기 무렵 TRONOX와 협의된 가격 그대로를 가장 원칙적인 과세가격 결정 조항인 관세법 제30조에 따른 과세가격으로 봄이 타당하다.

서울고등법원이 판시하는 논거와 관련하여 두 가지의 의문점을 가질 수 있다. 첫째, 우리 관세법의 법리에 비추어 '수입하는 물품'의 적용범위에 '수입하려는 물품'이 포섭됨에도 법원의 판시 논거는 그 적용범위를 수입통관절차를 완료한 물품으로 제한하고 있다. 관세법상 '수입하려는 물품'은 그 종국적인 목적이 '수입'에 있는 물품이다. 관세법의 통관법규인 제241조 제1항은 "물품을 수출·수입 또는 반송하려면 해당 물품의 품명·규격·수량 및 가격과 그 밖에 대통령령으로 정하는 사항을 세관장에게 신고하여야 한다."라고 규정하고 있다. 관세법 제2조 제1호에서 규정하는 '수입'이란 용어의 정의는 통관법규인 제241조 제1항과 결합하여 해석하여야 한다. 관세법상 우리나라 관세영역에 반입되는 외국물품은 그 종국적인 목적이 '수입' 또는 '반송'의 대상범위에 속하고 제2조에서 정의하는 '수입'의 개념은 종국적인 목적에 따라 통관절차상 신고의무의 적용대상으로 해석하여야 한다. 그렇지 않다면, 이 사건의 물품과 같이 수출자 소유의 외국물품이 우리나라 국제항에 도착하여 보세구역에 반입하는 상황은 관세법상 수입이나 반송 또는 수출 중 어떠한 개념범위에 포섭되지 아니하는 부당한 결과가 된다. 이에 따라 국제항을 통하지 않거나 보세구역에 반입하는 경로에서 이탈하여 외국물품을 우리나라의 영토로 무단 반입하는 행위에 대해 관세법의 형벌법규인 제269조 제2항에 따른 밀수입죄로 처단할 수 없게 된다. 또한, 관세법 제2조 제2호가 정의하는 '수출'의 개념을 적용하면 내국물품을 보세구역이나 자유무역지역으로 무단 반출하는 행위는 관세법의 형벌법규인 제269조 제3항에 따른 밀수출죄의 성립도 가능하게 된다. 따라서 관세법 제2조 제1호에서 정의하는 '수입'의 개념은 물품이 우리나라 영역에 도착하는 시점부터 보세구역으로부터 반출하는 시점까지를 포섭하는 대상범위로 해석하여야 타당할 것이다. 법원이 판시하는 논거의 다른 하나의 의문점은 앞서 살펴본 '수입'의 법리에 비추어 이 사건 물품이 보세창고로부터 국내지역으로 반입하는 상황을 수출판매의 성립에 필요한 수반요건인 "판매하는 물품의 국제간 이동"에 과연 해당한다고 볼 수 있는가? 우리 관세법상 '수출'의 개념은 "내국물품을 외국으로 반출하는 것"을 의미하므로 수출국의 자국물품이 우리나라로 반출하는 상황에 포섭되어야 우리나라로 수출판매하는 요건이 성립될 수 있을 것이다. 관세평가협정 제15조 제1항(b)의 규정에 비추어 물품이 우리나라 보세창고로부터 반입하는 상황은 물품의 국제간 이동으로 볼 수 없다. 보세구역은 외국물품이 물리적으로 우리나라의 관세영역에 소재하고 있음에도 불구하고 관세법상 그 물품에 대한 관세의 납세의무가 발생하지 아니하는 관세행정작용의 특례지역이다. 법리적으로 국가가 관세법에서 정한 과세요건에 따라 해당 물품에 대하여 관세 등을 독점적·배타적으로 부과·징수할 수 있는 국가권력을 '관세주권(고권)'[Zollhoheit]이라 하고, 관세주권(고권)이 발동하는 일정한 범위의 공간을 '관세영역'(Zollgebiet)이라 한다. 관세영역은 법적으로 관세법이 적용되는 지역적 효력범위를 의미하며, 우리나라의 관세영역은 헌법상의 대한민국의 영토를 기초로 하고, 영토에는 영해도 포함된다. 이러한 법리에 따라서 보세구역은 당연히 관세영역으로 보아야 한다. 결론적으로 대법원이 수긍하고 있는 서울고등법원의 판시 논거는 법리적으로 동의하기 어렵다.

이와 같은 해석은 「EU Compendium of Customs Valuation Texts」(edition 2022)의 "Commentary No 13: Guidance on Articles 128 and 136 UCC IA"(이하 "EU 예해 13")에 따른 해석과도 배치되지 않는다. EU관세법[22](이하 "UCC")상 수출판매(sale for export)와 관련하여 제70조 제1항은 "상품의 관세가격에 대한 기본 기준은 거래가격, 즉 필요한 경우 조정된 유럽연합의 관세영역으로의 수출을 위해 판매될 때 상품에 대해 실제로 지급했거나 지급해야 하는 가격이다."[23]라고 규정하고 있다. 그리고 EU관세법 시행명령[24](이하 "UCC IA") 제128조 제1항은 "유럽연합의 관세영역으로의 수출을 위해 판매된 상품의 거래가격은 상품이 해당 관세영역으로 반입되기 직전에 발생한 판매를 기준으로 세관 신고서를

22) Regulation (EU) No 952/2013 of the European Parliament and of the Council of 9 October 2013 laying down the Union Customs Code (OJ L 269, 10 October 2013, p. 1 - 101).

23) (영어법문) The primary basis for the customs value of goods shall be the transaction value, that is the price actually paid or payable for the goods when sold for export to the customs territory of the Union, adjusted, where necessary.

24) Commission Implementing Regulation (EU) 2015/2447 of 24 November 2015 laying down detailed rules for implementing certain provisions of Regulation (EU) No 952/2013 of the European Parliament and of the Council laying down the Union Customs Code (OJ L 343, 29 December 2015, p. 558 - 893)

수리할 때 결정된다."[25]고 규정하고 있다. 아울러 UCC IA 제128조 제2항은 "상품이 유럽연합의 관세영역으로 반입되기 전이 아니라 일시보관(temporary storage) 중이거나 역내통과(internal transit), 최종사용(end-use) 또는 역외가공(outward processing) 이외의 특별절차를 거치는 동안 수출을 위해 판매되는 경우 거래가격 판매를 기준으로 결정된다."[26]고 규정하고 있다. 여기에서 특히, 보세창고에 있는 물품이 자유유통(free circulation)을 위해 반출을 신고할 때 물품의 관세가격과 관련된다. UCC IA 제128조 제2항은 상품이 창고에서 "수출을 위해 판매"되는 경우를 다루며, EU에 도착 시 해당 상품이 판매되지 않는다. 따라서 이러한 상황은 유럽연합에 반입할 때 상품이 자유유통을 위한 반출신고가 되지 않고 관세채무가 아직 발생하지 않는 일시보관 또는 특별절차(보세창고 반입, 보세가공, 통과화물 또는 일시반입)에 있는 경우이다. EU 예해 13, 2.2,[27] para. 4와 5는 "해당 상품이 EU에 도착했을 때 수출판매가 존재하는 경우 (UCC IA 제128조 제1항에 따라) 관세가격 결정의 기준이 되고", "그러한 판매가 없는 경우에는 물품이 보세창고 반입절차에 들어갈 때(when the goods are placed under the warehousing procedure) 발생하는 판매('수출을 위한 판매'로 간주한다)가 신고인이 거래가격 방법에 따라 과세가격을 신고하는 관련 근거가 된다."[28]고 설명하고 있다. 그리고 이 경우 해당 물품이 판매의 대상이 되고 특별절차를 거친 후 UCC 제70조에서 정한 조건을 충족하는 경우 해당 판매는 거래가격 방법에 따라 과세가격을 결정하는 데 사용된다는 것이다(EU 예해 13, 2.2, para. 6). 아울러 UCC IA 제128조 제2항의 적용은 같은 조 제2항에 명시된 상황에서 거래가격이 해당 판매를 기준으로 결정될 것이라고 말할 때 유럽연합 입법자가 의도한 의미에 의존되고, 제2항의 규정은 제1항의 규정과 별도로 적용될 수 없으며, 제1항의 문구를 고려하여 판매는 물품이 유럽연합 관세영역에 반입되는 순간에 가장 가까운 판매를 의미한다고 추정해야 한다는 것이다(EU 예해 13, 2.2, para. 6). 그러면 앞에서 탐구한 대법원 2021.2.4. 2020두51242 판결 사건으로 돌아가서 이러한 EU 해석지침을 적용한다면 원고 법인이 수입신고한 물품이 우리나라 보세창고 반입절차에 들어갈 때 아직 판매가 발생하지 않았기 때문에

---

25) (영어법문) The transaction value of the goods sold for export to the customs territory of the Union shall be determined at the time of acceptance of the customs declaration on the basis of the sale occurring immediately before the goods were brought into that customs territory.

26) (영어법문) Where the goods are sold for export to the customs territory of the Union not before they were brought into that customs territory but while in temporary storage or while placed under a special procedure other than internal transit, end-use or outward processing, the transaction value will be determined on the basis of that sale.

27) (2.2) Article 128 (2) UCC IA - Sales of goods held under certain special customs situations before entry to free circulation.

28) When no such sale exists, the sale (deemed to be a "sale for export") taking place when the goods are placed under the warehousing procedure will be the relevant basis for the declarant to declare a customs value under the transaction value method.

원고 법인의 신고가격을 부인한 세관당국의 이 사건 과세처분은 관세평가법리에 반하는 것으로 볼 수 없을 것이다. 참고로 보세장치 중에 전매된 경우 어느 거래를 수출판매로 인정하여 수입물품의 과세가격을 결정하는가에 대한 일본 세관당국의 적용사례를 소개한다.[29] 국내 구매자 A는 판매자 S와 매매계약을 체결, 냉동수산물을 수입(구매)한 후, 구매자 A는 보세장치 중 국내의 구매자 B와 해당 물품의 판매계약을 체결한 사안에서 일본 세관당국은 국내 보세장치장에서 구매자 A와 구매자 B와의 거래는 국내도착 후의 국내거래로 수출판매에 해당하지 않기 때문에 해당 물품을 실제로 외국으로부터 국내의 관세영역으로 반입하게 된 거래인 구매자 A와 판매자 S와의 거래가 수출판매에 해당한다는 해석을 내리고 있다.[30]

라. 별개의 독립된 법적 사업체가 아닌 지점 등에서 수입하는 물품

별개의 독립된 법적 사업체가 아닌 지점 등에서 수입하는 물품은 법적으로 동일한 사업체의 한 지점에서 다른 지점으로 이동하는 물품을 말한다. 지점(branches)이 별개의 법적 사업체로 간주되지 않는 경우에는 판매가 있을 수 없으며, 판매는 반드시 별개의 두 당사자 간의 거래를 수반한다는 것을 유념해야 한다(관세평가기술위원회 권고의견 1.1, Ⅳ). 독립된 법적 지위를 가지지 않는 지점에 의해 수입되는 물품의 과세가격은 수입 후 수출기업이 지점과는 별개의 최종 고객에게 판매가 있을 때 비로소 거래가격에 기초할 수 있게 된다.[31] 하지만 만일 국내무역업 등록업체로 국내영업을 독립적으로 수행하는 외국 갑법인의 한국지점이 해외 본점과 특수관계에 있으나 별도의 독립법인인 제3자 외국을 법인

29) 김기인, 앞의 책, 88쪽.

30) 구매자 B가 수입(납세)신고를 할 경우 수출판매와 관련한 가격은 구매자 A와 판매자 S와의 매매계약에 기초하여 과세가격을 결정하는데, 만일 구매자 A가 판매자 S로부터 구입한 가격이 판명되지 않으면 관세평가 제2 (관세평가)방법 이하를 이용하여 과세가격을 결정하게 된다.

31) 지점에서 수입하는 물품의 거래가 수출을 위한 판매로서 인정받을 수 있는지 여부는 거래에서 지점이 맡는 역할에 달려있다. 만약 지점의 주요기능이 모기업을 위해 고객을 찾는 것에 불과하다면, 모기업과 지점간의 판매가 이뤄지지 않는다. 그런 경우, 지점은 단지 물류기능만 수행하며(수납, 보관 등) 최종고객에게의 판매는 물품이 국내사용을 위해 반출되기 전에 이루어진다. ▶가령, 외국에서 XYZ 기업이 제조한 물품은 개별의 법적 사업체가 아닌 모기업의 지점인 XYZ-1을 통해 수입된다. XYZ-1은 수입국의 특수관계가 없는 구매자로부터 주문을 받아 수입물품을 통관하고, 고객에게 송품장을 보내고, 잉여분으로 인한 한정된 재고를 관리한다. 회계상의 이유로, XYZ는 제조비용을 나타내는 가격을 기초로 자신의 지점에 이 물품에 대한 송품장을 보낸다. 수입국에서 고객에게 이뤄지는 판매는 통관 이전 혹은 이후에 발생한다. XYZ-1가 고객에게 발행한 송품장가격은 상업이윤, 관세 및 여타 비용을 포함하기 때문에 XYZ가 발행한 송품장에 명시한 가격과 다르다. 따라서, 물품의 수입통관 전에 특수관계가 없는 구매자에게 판매가 이뤄진다면, 과세가격은 이들 구매자가 실제로 지급하였거나 지급하여야 할 가격을 기초로 관세평가협정 제1조에 따라, 관세, 국내운송비용 및 유사비용을 공제하고 결정되어야 한다. 하지만, XYZ-1이 수입한 물품이 비축의 목적이라면 이는 재고목적으로 XYZ-1이 수입한 물품은 판매대상이 아니기에 거래가격이 적용되지 않으며 과세가격은 대체 평가방법을 사용하여 결정된다.

으로부터 물품을 수입한다면 그 물품은 독립적인 무역거래 물품이므로 우리나라에 수출하기 위하여 판매되는 물품의 해당 범위를 벗어나지 않는다.

마. 임대차계약에 따라 수입하는 물품

임대차계약에 따라 수입하는 물품은 비록 그 임대차계약(hire or leasing contract)이 구매하는 선택권(option)을 포함한다고 하더라도 그 본질상 판매를 구성하지 않는다(관세평가기술위원회 권고의견 1.1, Ⅴ). 따라서 이러한 물품의 수입 시에는 거래가격이 존재하지 않는다. 임대차계약은 수출자로부터 실제로 구매하지 않고 우리나라에서 사용할 기계 및 장비를 임대(혹은 임차)할 목적으로 수입하는 것이기 때문에 해당 물품은 대체 방법을 사용하여 평가하고 임차비용은 일반적으로 물품가치의 척도로 사용된다. 임대차물품이 수입한 후 수입자의 구매로 이어질 수 있음에도 불구하고, 수입 시 거래가격이 존재하지 않기 때문에 임대차계약은 판매를 대체할 수 없다. 임대차계약에 따라 수입하는 물품의 사례를 들면, 조세심판원 국심2005관36(2006.04.19.) 심판청구 사건에서 과세가격 산정에 관한 쟁점이 제기된 윤활유 정제용 촉매, 대법원 1986.12.23. 선고 86누272 판결; 1985.11.12. 선고 85누650 판결 사건 등에서 가공 또는 수리할 목적으로 수출한 후 재수입한 물품이어서 관세의 면제여부가 쟁점으로 제기된 질산제조용 암모니아 산화촉매(Ammonium Oxidation Catalyst)[32]가 있다.

바. 무상으로 임차하는 물품

무상으로 임차하는 물품은 송하인 소유(property of sender)로 남아 있는 대여 물품을 말한다(관세평가기술위원회 권고의견 1.1, Ⅵ). 수출자가 우리나라 수입자에게 물품을 대여하는 경우 판매는 성립되지 않기 때문에 해당 물품의 관세평가에서 대체 방법이 고려되어야 한다.

사. 산업쓰레기 등 수출자의 부담으로 국내에서 폐기하기 위하여 수입하는 물품

산업쓰레기 등 수출자의 부담으로 국내에서 폐기하기 위하여 수입하는 물품은 송하인이 수입자에게 용역의 대가를 지불하고, 수입국에서 폐기하게 위해 수입되는 물품을 말한다(관세평가기술위원회 권고의견 1.1, Ⅶ). 웨이스트(waste)나 스크랩(scrap)과 같은 산업쓰레기 등을 폐기하려면 비용이 발생하기 때문에 수출자는 수입자에게 폐기하는 용역에 대한 대가를 지급하게 된다. 우리나라 수입자는 수입물품의 대가를 지급하는 것이 아니라

---

32) 백금과 로듐의 합성비율이 90대 10이고 그 백금의 순도는 최저 99.95퍼센트, 로듐의 순도는 최저 99.8퍼센트이며 사용 후 효율이 저하된 촉매제는 이를 제조회사에 다시 보내어 위 촉매에 부착된 불순물을 제거하고 마모된 망선의 굵기를 정상규격으로 환원하며 백금과 로듐의 구성비를 90대 10으로 보충 조정한 후 방사직조하여 다시 수입한다.

반대로 그 물품을 인수하여 폐기하는 대가를 수출자로부터 지급받기 때문에 그러한 물품의 수입에서 판매가 발생했다고 간주할 수 없다.

아. 제조, 가공 또는 수리용으로 일시 수출된 후 반송된 물품

예시 상황

① I국의 공작기계 수입자 X는 해외에서 제조된 특수기계를 수입하는바, 수입될 때 이 기계는 X가 수출자 E에게 제공한 전기모터가 장착되어 있다. ② I국의 수입자 X는 남성용 셔츠를 수입하는, 셔츠에 사용되는 직물은 X가 수출자 E에게 제공한 것이고, 수출자 E는 단지 재봉과 액세서리(단추, 실 및 라벨) 제공에 대한 책임만 있다. ③ 무역업자 X는 I국으로 플라스틱제 톱니바퀴를 수입하는데, 이들 상품은 X가 제공한 폴리아미드 주형 재료를 사용하여 수출자 E가 해외에서 제조하였다. ④ I국의 X사는 공작기계를 수리를 위해 외국에 보낸 후 수입하는바, 재수입시 X사는 수출자 E에게 수리비용만 지불한다.

위와 같은 사안에서처럼 제조, 가공 또는 수리용으로 일시 수출된 후 반송된 물품을 수출판매로 간주하여 수입물품의 거래가격이 적용될 수 있는지 여부의 쟁점이 제기될 수 있다. 이와 관련하여 관세평가기술위원회는 예해 5.1에서 기본적으로 물품이 해외에서 제조, 가공 또는 수리 후 내수용으로 재수입될 때, 국내 법률이 수입관세 및 제세의 면세 또는 감세를 제공하는 경우도 있고 그렇지 않은 경우도 있지만 어떤 경우라도, 재수입되는 물품의 가격은 당연히 적용가능한 협정의 규정에 따라 결정되어야 한다는 지침을 제시하고 있다. 그리고 위와 같은 사안에서 제기되는 문제는 수입시점에서 면제규정에 따라 수입 관세 및 제세의 평가(사정)액은 때때로 재수입물품의 전체 가격에 적용되어야 할 수입 관세 및 제세 금액에서 일시적으로 수출된 물품의 수입 시 부과될 수입 관세 및 제세 금액을 공제해서 계산될 수 있거나, 아니면 평가(사정)액은 물품에 대하여 해외에서 수행된 가공으로 부가된 가격(value)에 기초할 수 있으며, 이는 재수입된 물품의 전체 가격(value)을 일시적으로 수출된 물품과 해외에서 수행된 가공으로 배분을 수반할 수 있다는 견해를 제시하고 있다.

관세평가기술위원회는 위 예시한 사안에는 쟁점 물품의 수입을 초래한 거래와 지급된 가격 모두는 수입된 그 상태의 물품이 아니라 외국의 제조자가 사용한 재료와 제공한 용역, 어떤 경우에 있어서는 용역에만 관련이 있고, 협정 제8조 제1항(b)은 수입물품의 거래가격을 결정함에 있어 수입물품의 생산 및 수출하기 위한 판매와 관련하여 사용할 목적으로 무료 또는 인하된 가격으로 구매자에 의하여 직접 또는 간접으로 공급된 특정 물품 및 용역의 적절하게 배분된 금액은 가격에 포함되어야 한다고 명시하고 있으므로 판매가 발생했다고 말할 수 있는 위 예시한 사안 제①부터 제③까지에서 설명하고 있는 종류의

경우에는, 함께 해석되는 협정 제1조 및 제8조에 따라 거래가격을 결정할 수 있고, 협정 제1조의 조건을 충족하는 경우에는 그렇게 결정된 거래가격이 수입된 그 상태의 물품의 과세가격을 구성할 것이라는 점을 유념해야 한다고 강조하고 있다. 하지만 관세평가기술위원회은 위 예시한 사안 제④와 같은 종류의 상황에서 판매가 성립되지 않는 것으로 보이지만 관세평가에서 유념해야할 협정의 기본취지 등을 고려한다면 해외에서 수리 후 수입된 물품은 평가목적상 제조 또는 가공의 결과로 얻어진 물품과 같은 방식으로 처리되어야 한다고 결론을 내리면서, 그렇지 않다면, 협정의 적용순서(hierarchical sequence)에 따라야 하므로 수리의 특정한 경우에는 협정에서 정하는 기타 방법 중 하나가 적용되지 않을 수 있기 때문에 예를 들면 함께 해석되는 협정 제1조 및 제8조의 규정의 신축적인 적용을 통해 제7조(합리적인 방법)가 적용된다는 견해를 밝히고 있다.

(3) 판매가 연속되는 수출판매

국제 상거래에서 수입물품은 생산자로부터 발송되어 수입국의 최종 구매자에게 도착할 때까지 한 번 이상 판매된다. 경우에 따라서는 물품이 국제운송 도중에, 즉 최종 목적지에 도착하기 전에 운송수단에 적재된 상태에서 팔리기도 한다. 그런데 연속판매에 있어, 수입국으로 수출하기 위하여 판매된 때 물품에 대해 실제로 지급하였거나 지급하여야 할 가격을 확인하기 위하여 어떤 거래가 검토되어야 하는지 결정하는 것이 필요하다. 하지만 이와 관련하여 우리 관세평가법규나 관세평가협정에서 명시적인 결정기준은 발견되지 않는다. 일체의 연속판매(series of sales)는 상업적 사슬에서 수입국으로 물품을 수입하기 이전에서 발생하는 구매자와 공급권자(유통업자) 간의 마지막(최종) 판매(거래)와 상업적 사슬에서 공급권자(유통업자)와 생산자(판매자) 간의 첫 번째(또는 이전)판매(거래)를 포함하고 있다.[33] 협정에서 수입물품의 구매자와 판매자의 국가적 소재와 관련한 명시적 제한은 없지만 수입국에는 관세평가법리상 오직 한 명의 구매자만 실재하여야 한다. 이에 반하여 판매자는 수출국이나 제3국, 심지어 수입국에 소재할 수 있다.[34] 이하에서 관세평가기술위원회가 예해 22.1에서 이러한 거래당사자 소재의 상황논리에 바탕을 둔 협정의 규정들로부터 도출한 지침을 살펴본다.

관세평가기술위원회는 협정 제1조의 근저(根底)에 깔려있는 전제가 일반적으로 구매자는 수입국에 소재하고 있고 실제로 지급하였거나 지급하여야 할 가격은 이 구매자가 지급한 가격에 기초한다는 견해를 갖고 있고, 연속판매 상황에서 수입국으로 수출하기 위하여 판매된 때에 수입물품에 대하여 실제로 지급하였거나 지급하여야 할 가격은 첫 번째 판매

33) 연속판매에서 여러 판매들을 판매계약의 시간적 순서와 상관없이 통상 마지막 판매(last sale)와 첫 번째 판매(first sale) 또는 이전 판매(earlier sale)라고 일컫는다.

34) Sheri Rosenow/Brian J. O'Shea, 앞의 책, 39쪽.

(first sale) 또는 이전 판매(earlier sale) 대신에 수입국으로 물품이 수입되기 이전에 발생한 마지막(최종) 판매(last sale)에서 지급된 가격이라고 결론지으면서 이러한 결론은 협정의 목적과 전체적인 문맥에 부합한다는 것이다(예해 22.1 para. 27). 이러한 지침을 도출한 논거로 관세평가기술위원회가 제시하고 있는 협정상 주요 규정의 취지는 다음과 같다:

- 수입물품의 과세가격은 수입국의 법률 또는 행정당국에 의하여 부과되거나 요구되는 제한을 제외하고는 구매자가 물품을 처분 또는 사용함에 있어서 어떠한 제한도 없다면 거래가격이 되어야 한다는 협정 제1조 제1항(a)(i) 법문의 저변에 깔려있는 전제는 일반적으로 수입국으로 수출하기 위하여 판매된 물품의 구매자는 수입국 내 소재하고 있을 것이라는 좋은 암시이다(예해 22.1 para. 13);
- 협정 일반서설은 거래가격의 적정한 결정은 협정 제8조와 제1조를 함께 적용하여 결정한다는 것을 명확히 하고 있고, 협정 제8조는 거래가격 방법이 경제적인 투입과 그로 부터 발생하는 관련된 거래를 포함하여, 물품의 수입을 진행하면서 전체 상업적 수입거래의 실체를 고려할 것을 의도하고 있으므로 연속판매 상황에서 전체 상업적 수입거래의 실체를 고려하고 협정 제8조의 적절한 적용을 허용하는 방식으로 거래가격을 적용하는 것이 필수적이다(예해 22.1 para. 14 내지 16);
- 대부분의 경우, 거래가격이 첫 번째 판매를 기초로 결정된다면, 협정 제8조의 조정을 하는 것은 불가능할 것이고, 협정 제8조 제1항(b)에 따라 구매자가 생산지원을 공급해야 하는 경우에도 마찬가지이다(예해 22.1 para. 17);
- 더욱이, 연속판매에서 첫 번째 판매에서 구매자는 반드시 로열티를 지급하거나 생산지원을 제공하는 당사자는 아니므로 첫 번째 판매를 적용하면 특정 판매수수료, 로열티 및 생산지원 비용이 거래가격에 달리 포함되어 있지 않는 한 가산에서 배제될 수도 있고, 마찬가지로 협정 제8조 제1항(d)에 따른 판매자에게 직접 또는 간접으로 귀속되는 수익금만이 실제로 지급하였거나 지급하여야 할 가격에 가산될 수 있으며, 수입국의 구매자가 지급한 수익금은 첫 번째 판매에서 반드시 판매자에게 귀속하지 않는다(예해 22.1 para. 18).

위와 같은 관세평가협정에서 표현된 법문의 취지에 비추어 보면 연속판매에서 첫 번째 판매를 기초로 한 거래가격은 협정 일반서설과 제1조 및 제8조에서 예견하고 있는 전체 상업적 사슬의 일부를 형성하거나, 상업적 사슬로 인한 투입의 실체를 충분히 반영하지 않을 수 있고, 반대로 마지막 판매를 기초로 한 거래가격은 전체거래의 실체를 보다 더 충분히 반영한다고 관세평가기술위원회는 결론지고 있다(예해 22.1 para. 20). 또한, 마지막 판매는 일반적으로 수입국에 소재하고 있는 구매자가 관련되고, 이 판매에 대한 정보는 첫 번째 판매에 관한 정보보다는 일반적으로 수입국에서 보다 더 쉽게 입수할 수 있다는 관념이 협정 제6조에 대한 주해와 제7조의 규정 취지에서 도출된다는 것이다(예해 22.1 para. 22).

그런데, 첫 번째 판매와 마지막 판매의 구매자 모두가 수입국에 소재하는 연속판매를 구성하는 거래상황에서 수입국으로 수출하기 위하여 판매된 물품의 실제 구매자를 판단하는데 있어서 세관당국과 납세자 간 다툼이 종종 발생한다. 관세평가기술위원회는 예해 22.1 para. 17에서 "연속판매에 있어 수입국에 소재하는 구매자는 첫 번째 판매에 있어서 거의 구매자가 아니다"라는 판별지침만 제시하고 있다. 우리 판례는 실질과세의 원칙을 적용하여 실제 구매자를 판별하고 있음이 확인된다.

세관당국이 2013.6.22. 원고가 이 사건 물품의 실제 구매자가 아니라 특수관계자인 AML 홍콩의 판매대리인에 불과하고 이 사건 물품 수출입거래의 실질적인 당사자는 AML 홍콩과 국내 구매자들이라고 보아, 국내 구매자들이 이 사건 물품의 구매를 위하여 원고에게 지급한 가격을 실제 구매가격으로 하고 여기에서 국내 운송비 등을 차감하여 조정한 거래가격을 기초로 관세 등을 원고에게 경정·고지하는 처분을 하여, 수입자가 국내 구매자에 대한 독립적인 판매자인지 수출자의 판매대리인인지 여부가 쟁점으로 제기된【대법원 2017.4.7. 선고 2015두49320 판결】사건에서 판례의 태도를 살펴본다. 이 사건 사실관계와 거래관계는 다음과 같다:

- 원고는 2005.3.29. 홍콩 소재 ASIA MINERAL LIMITED(이하 'AML 홍콩')가 설립하여 그 지분 100%를 보유하고 있는 내국법인이고, AML 홍콩은 철강 원부자재인 합금철을 전 세계로 수출하는 회사로, 세계 각국에 원고를 포함한 10개 지사를 두고 있다;
- 원고의 주요 수입물품은 전기로에 의한 제강과정에서 불순물 제거를 위한 탈산제 또는 합금성분 첨가제 즉, 페로실리코 망간 및 페로망간인데, 원고는 2009년 이후 현재까지 AML 홍콩을 통하여만 위 물품을 전량 수입하여 이를 현대제철, 동국제강, YK스틸 등 국내 제강업체들에게 공급하고 있다;
- 국내 제강사들(이하 '국내 구매자들')은 이 사건 물품을 구매하기 위하여 원고를 비롯한 국내외 공급자들에게 경쟁입찰방식으로 초청공문을 발송하였고, 원고는 입찰에 참가하여 최저 입찰가로 낙찰을 받게 되면 AML 홍콩으로부터 이 사건 물품을 수입하여 국내 구매자들에게 공급하여 왔다.
- 원고는 이러한 방식으로 AML 홍콩으로부터 이 사건 물품을 263회에 걸쳐 수입하면서 AML 홍콩과 체결한 매매계약에 정한 수입가격을 과세가격으로 하여 관세 등을 신고·납부하였다.
- 원고와 AML 홍콩 사이의 이전가격 검토자료(AML Korea Limited Transfer Pricing Documentation, 이하 'T/P 검토 자료')의 2.2 원고의 기업 개요 항목에는 '원고는 한국시장에서의 망간 관련 제품의 분배(distribution)에 주로 관여하고, AML 홍콩에 판매지원서비스를 제공한다. AML 그룹의 한국 내 주요 고객은 현대철강, 동국제강, YH스틸, 대한철강 등이다. AML 홍콩은 2012.5.31.까지 국내에 3명을 고용하였고, 이들은

이 사건 물품에 대한 판매, 판촉, 경영지원 등의 업무를 책임진다.'고 기재되어 있고, 3.1.6. 운영과 재정, 법규, 인사관리 항목에는 '원고는 지역의 일반적 운영과 인력관리를 담당하고, AML 홍콩은 원고의 인재채용에 관여한다.'고 기재되어 있다;

- 또한 위 T/P 검토자료에 의하면, 원고와 AML 홍콩 사이의 총 3가지 거래유형을 예정하고 있는데, 구체적으로 '① AML 홍콩의 판매: 원고의 판매 지원 서비스, ② AML 홍콩의 판매: Buy-sell transactions, ③ AML 홍콩의 구매: 원고의 구매 지원 서비스'로 규정하고 있다. 특히 위 자료에는 '원고는 자금조달, 판매계약의 시기와 지불방법 등 다양한 사실관계에 따라 고객에게 ① 또는 ② 2가지 방법으로 제품을 판매한다'고 규정하면서, 한국 시장으로의 간접적인 판매(원고를 통한 수출)의 경우(②의 판매방식을 의미하는 것으로 보인다)는 한국 내 고객이 외국통화 결제를 적용하지 않는 경우 또는 한국 내 고객이 수입통관을 위한 노력을 절감하기 위한 서비스 차원에서 발생하는 거래형태에 불과하다고 명시하고 있는데, 실제 원고와 AML 홍콩 사이에는 위 ②의 방식으로 대부분의 거래가 이루어진다.
- 국내 구매자들과의 판매계약 상의 인도조건은 DDP 지정장소(국내 구매자들 공장의 원료 하치장) 인도조건으로 결정되고, 그 판매가격은 이 사건 물품의 국제광물 거래시장 가격인 CRU[35] 가격에 일정한 할인율을 적용한 가격과 관세 등 수입비용 및 운반비 등의 부대비용을 가산하여 결정되므로, 경쟁입찰에서 판매자로 낙찰받기 위하여는 위 CRU 가격 대비 할인율을 경쟁업체에 비하여 높게 책정하여야 한다.
- 원고는 국내 구매자들과의 경쟁입찰에 참가하는 과정에서, 구체적인 가격을 결정함에 있어 AML 홍콩의 지시를 받고 있고, 세관당국이 확보한 AML 홍콩이 원고에게 발송한 국내제강업체 입찰 가격 결정 관련 이메일에는 다음과 같은 내용이 일부 기재되어 있다.

➢ 먼저 톤당 원화 1,180,000원에서 시작하십시오.
➢ 이후에 우리측(AML 홍콩)에서 원고와 얼마에 가격을 매길지 결정할 것이다.
➢ 1% 할인에서 시작하여, 나중에 1.5%, 최하 2.0%까지 가격할인을 시도하세요.
➢ (생략) ~ 한 방식으로 한국철강과 협상에 임하십시오.

- 위와 같은 과정을 거쳐 낙찰가격(원고와 국내 구매자 사이의 매매대금)이 결정되면 위 낙찰가격에서 원고의 마진(1~2%), 관세 등 수입항 도착 후 제비용 등을 제외한 가격이 원고와 AML 홍콩의 수입가격(CIF 조건)으로 책정된다;
- 원고와 AML 홍콩 사이에 체결된 매매(수입)계약서 제11, 12항에 의하면, 도착항에서의 품질검사는 원고가 아닌 최종구매자인 실수요자가 실시하도록 하고 있고, 선적지에서의

35) 광업, 금속, 비료 등의 시장가격을 분석하여 제공하는 컨설팅 회사로서, 일반적으로 각국의 철강회사 등은 광업, 금속 등을 구매시 CRU가 조사한 시장가격을 기초로 구매가격을 결정한다.

수출시 실시한 검사결과와 실수요자의 검사결과가 다르게 나올 경우에는 실수요자가 실시한 검사결과를 수용하되, 수출자가 실수요자의 검사결과에 이의가 있는 경우에는 제3자에 의하여 검사를 실시하고 그 비용은 수출자인 AML 홍콩이 부담하도록 되어 있으며, 중량검사 항목에서 중량도 수입지의 독립된 감독관(surveyor)에 의하되, 관련 비용은 수출자인 AML 홍콩이 부담하도록 기재되어 있다;

- 또한 위 계약서 제13항에 의하면, AML 홍콩이 지정된 납기일에 납품하지 못한 경우 일주일마다 지체상금율(구매자와 최종수요자간에 계약된 계약 수량 × 구매자와 최종수요자간의 계약단가의 1/100)을 현금으로 원고에게 지급하여야 한다고 규정하고 있는데, 이는 원고와 국내 구매자 사이에 체결한 판매계약서 상의 지체배상 조항과 그 내용이 완전히 동일하다.

위와 같은 사안에서, 대법원은 구매자와 판매대리인에 관해 다음과 같은 기준을 적용하면서 법적 실질설의 입장에서 실질과세 원칙을 인용하고 있다.[36] 수입자가 해외 수출자의

---

36) 하지만 이 사건의 원심(부산고등법원 20015.07.03 선고 2015누20312 판결)은 다음과 같이 설시하고 있어서 경제적 실질주의 입장을 취하고 있다: ① 원고는 AML 홍콩의 자회사로서 대표가 동일하고, 인사 및 조직관리 역시 AML 홍콩에 의하여 이루어지는 등 AML 홍콩의 사실상 지배하에 있는 점, ② 원고와 AML 홍콩 사이의 총괄적 계약관계를 규정한 T/P 검토자료에는 원고를 '한국 시장에서의 망간 관련 제품의 분배에 관여하고, AML 홍콩에 판매지원서비스를 제공하는 자'라고 명시하고 하고 있고, 원고가 실질적인 구매자라고 주장하면서 그 근거로 드는 buy-sell 거래유형이 이루어지는 이유가 한국 내 고객이 수입통관을 위한 노력을 줄이기 위한 것이라고 하고 있는 사정에 비추어 보면, 원고의 주된 역할은 AML 홍콩의 판매를 지원하는 것이라고 할 것인 점, ③ 만일 원고가 이 사건 물품의 수입거래에 있어 판매자 겸 수출자인 AML 홍콩에 대응하는 독자적인 구매자라면, 원고는 당연히 구매자의 입장에서 새로운 판매 대상인 국내 구매자들과 사이에 독자적인 가격협상의 과정을 거치고, 그에 따라 자신의 이윤을 극대화시키는 과정을 거쳐야 할 것으로 보이나, 실제 원고는 국내 구매자들과의 입찰계약을 체결함에 있어서 독자적으로 입찰가격을 정하는 것이 아니라, AML 홍콩으로부터 가격협상에 관한 구체적인 전략 등을 지시받은 후 그 지시에 따라 입찰가격을 조정하는 등 가격결정에 있어 수동적인 위치에 있었던 점, ④ 원고는 AML 홍콩 사이에 수입가격을 결정함에 있어서도, 구매자로서 독자적인 가격협상 과정을 거친 것이 아니라, 앞선 과정에 따라 원고와 국내 구매자들 사이에 입찰 가격이 확정되면, 위 입찰가격에서 원고의 마진(1~2%)과 수입항 도착 후 발생하는 운송비, 관세 등을 제외한 금액을 원고와 AML 홍콩 사이의 수입가격으로 기계적으로 산출하고 있는 점, ⑤ 원고는 AML 홍콩의 지시 아래 AML 홍콩의 재고유무에 따라 이 사건 물품에 대한 실수요자들 인 국내 구매자들의 입찰에 응하고 있는 등 이 사건 물품에 대한 수입신고를 할 당시 이미 실수요자들이 확정되어 있는 상태이므로, 원고가 실질적으로 재고관리에 대한 위험을 직접적으로 부담하는 위치에 있다고 보기 어려운 점, ⑥ 원고는 국내 구매자 들과 사이에서 이 사건 물품의 판매계약에 따른 지연손해배상책임을 부담하기는 하나, 원고와 AML 홍콩 사이의 수입계약에서 원고의 국내 구매자들에 대한 지연손해배상책임과 완전히 동일한 범위에서 AML 홍콩이 원고에 대하여 지연손해배상책임을 부담한다고 규정하고 있어, 결과적으로 원고는 이 사건 물품의 납품지연에 따른 손해배상책임의 위험을 부담하지 않는다고 할 것인 점, ⑦ 원고와 AML 홍콩 사이의 수입물품 대금결제방식에 나타난 바와 같이 원고가 국내 구매자들로부터 물품대금을 수령한 후 3일 이내에 AML 홍콩으로 수입대금을 송금하도록 하고 있어 이 사건 물품에 대한 대금결제에 따른 위험부담이 전혀 없는 점, ⑧ 원고와 AML 홍콩 사이의 수입계약상에는 도착항에서의 품질검사를 원고가 아닌 실수요자인 국내 구매자들이 하도록 하고 있는 점

국내 판매대리인에 불과하여 실질적으로는 국내 구매자가 해외 수출자로부터 직접 수입한 것과 동일하게 볼 수 있는 특별한 사정이 있는 때에는 실질에 따라 국내 구매자가 수입자에게 지급한 가격이 과세가격 결정의 기준이 될 수 있다. 하지만 납세의무자는 경제활동을 할 때 특정 경제적 목적을 달성하기 위하여 어떤 법적 형식을 취할 것인지 임의로 선택할 수 있고, 과세관청으로서도 그것이 가장행위라거나 조세회피 목적이 있다는 등의 특별한 사정이 없는 한 납세의무자가 선택한 법적 형식에 따른 법률관계를 존중하여야 한다. 그러므로 수입자가 수출자의 국내 자회사로서 물품 수입 및 공급거래의 과정에서 모회사의 지시에 따르거나 수입물품에 관한 경제적 위험을 모회사와 분담하는 등 일반적인 제3자 사이의 거래와 다른 특수한 점이 있다고 하더라도, 그것이 거래통념상 모회사와 자회사 사이에서 보통 이루어지는 거래방식에서 벗어난 것이 아니라면, 관련 당사자들 사이의 계약 내용을 무시하고 자회사를 수입물품의 구매자가 아닌 판매대리인에 불과하다고 쉽게 단정할 것은 아니다. 이 사건에서 대법원은 수입자가 국내 구매자에 대한 독립적인 판매자의 지위에 있는지 아니면 수출자의 판매대리인으로서 단순 보조자에 불과한지 여부를 판단하는 요소로 (1) 물품 수입계약 및 국내 구매자에 대한 판매계약의 각 계약당사자, (2) 수입가격 및 국내 판매가격의 결정방식, (3) 국내 구매자에 대한 물품공급 과정, (3) 수입물품에 관한 위험부담의 법적 귀속주체, (4) 관세회피 목적의 유무 등을 제시하면서, 이러한 요소에서 납세의무자가 선택한 법적 형식에 따른 법률관계의 인정기준으로 거래관념과 사회통념을 들고 있다.

판매가 연속되는 수출판매에서 실제 구매자에 대한 판별기준과 관련하여 미국의 관세행정은 거래가격의 구성요소상 수출판매와 관련하여 세법상 '단계거래원칙(step transaction)'[37]과

등 비추어 보면, 원고는 수출입거래의 구매자가 아니라 AML 홍콩의 국내 판매지원을 위한 법인으로서 국내 구매자들의 수입통관상의 어려움을 줄여주기 위하여 이 사건 물품을 AML 홍콩으로부터 수입하여 국내 구매자들에게 전달하여 주는 '판매대리인'의 지위에 있다고 봄이 상당하다.

37) 미국 세법상 단계거래원칙(step transaction)은 실질우위원칙(substance over form)에서 파생된 하나의 변종으로 이해되고 있다. 이 원칙은 서로 내부적으로 연결된, 그러나 형식적으로는 분리되어진, 여러 단계의 거래행위에 대해 과세를 함에 있어서 그 행위의 형식에 따라 독립된 행위로 파악하여 과세하는 것이 아니라 그 실질에 따라 통합하여 하나의 행위로 인식한 뒤 그에 기초하여 과세하는 것을 목표로 하고 있다. ▶단계거래원칙(step transaction)이 미국 법원에 의해 적용되기 위해서는 두 가지의 전제조건이 충족되어야 한다. 첫째는 그 거래의 실질이 형식과 달라야 하고, 둘째는 납세자가 이처럼 실질과 다른 형식을 채택한 것이 조세경감을 목적으로 하는 남용적인 행위로 보여야 한다. 어떤 경우에 그러한 전제조건이 충족되어 단계거래원칙을 적용할 수 있을 것인지 여부와 관련하여 미국 법원은 세 가지 접근법을 사용하고 있다. 첫 번째로, 구속력 있는 약정의 존재여부 검증방법(binding commitment test)이라는 것이 있다. 이 방법은 다단계의 거래행위에 대해 단계거래원칙(step transaction doctrine)을 적용할 수 있기 위해서는 납세자가 첫 번째 거래행위를 하는 시점에 그 납세자는 이미 나머지 거래행위들을 연속적으로 하여야 하는 약정(commitment)에 의해 구속되어 있는 상황이어야 한다는 것이다. 이 검증방법은 단계거래원칙을 적용하기 위한 세 가지 접근방법 가운데 가장 적용범위가 좁고, 엄격한 방법으로 이해되고 있다. 따라서 미국에서는

유사한 "다단계 판매거래"(multi-tiered sales transaction) 원칙에 관한 판례[38]가 형성되어 있다. 이러한 원칙에서 "선의의 판매"(Bona Fide Sale) 기준과 "정상거래"(Arm's Length Transaction) 기준은 중요한 판단척도가 되고 있으며, 수범자(the public)는 CBP가 거래가격(transaction value)을 수입업자가 지급한 가격을 기반으로 한다고 추정하고 이러한 추정을 반박하고 거래가격이 다른 가격을 기반으로 해야 함을 증명하려면, 모든 관련 거래 및 문서(구매주문서, 송품장, 지불증거, 계약서 및 기타 관련 문서 포함)의 모든 세부정보가 (거래)당사자의 관계 및 법적 추가사항에 관한 충분한 정보를 포함하여 (세관당국에게) 제공되어야 한다는 것을 인지하고 있어야 한다(HQ H246654, 2014.3.6.). 이에 따라 다단계

세 가지 접근방법 가운데 마지막으로 선택할 수 있는 방법으로 설명하고 있다. 두 번째로, 최종 목적에 대한 검증방법(end result test)이 라는 것이 있다. 이 방법은 만약 다단계의 거래행위가 최종적으로 어떤 결과를 달성하기 위해 마련된 하나의 계획에 따른 복수의 행위들로 구성되어 있는 경우에 외형상의 복수의 행위를 그대로 인정하지 않고 그 행위들을 통합하여 하나의 행위처럼 과세한다는 것이다. 즉, 최종 목적에 대한 검증(end result test)원칙은 특정한 결과를 발생시키기 위하여 행해지는 '하나의' 행위의 "복수의 구성요소들"로 보여지는 여러 거래행위들을 하나의 행위로 통합하는 기능을 가진다. 세 번째로, 거래행위들의 상호의존성에 대한 검증방법(mutual interdependence test)이라는 것이 있다. 이 방법은 다단계 거래와 관련된 객관적 사실들을 합리적으로 해석해 보았을 때, 단계거래들이 상호의존적인 것으로 판명된다면 각 단계의 거래를 분리해서 과세효과를 부여하지 않고 통합하여 하나의 행위로 인정하는 것이다. 이 방법에 있어서 중요한 것은 각 단계 거래행위들의 상호의존성이다. 법원은 각 단계거래들이 독립적으로 의미를 가지는지 아니면 단순히 전체 거래의 부분으로서의 의미만 가지는지를 판단하여야 하여 후자에 해당하는 경우에만 단계거래원칙을 적용하게 된다. 법원이 하나의 사례에 단계거래원칙을 적용할 수 있기 위해서는 이 세 가지 방법 가운데 한 개의 검증방법만 만족시키면 된다.

38) 다단계 판매거래에서 거래가격을 결정하는 방법에 대한 문제를 다룬 Nissho Iwai 판례를 말한다. 이 판례에서 뉴욕시 MTA(Metro Transit Authority)는 Nissho Iwai American Corporation(Nissho America)의 지하철 차량 구매계약을 체결하였고, MTA와 Nissho America 간의 계약가격은 지하철 차량의 미국 판매 및 수출과 관련된 다양한 가격 중에서 가장 높은 가격을 나타냈으며, 일본 Kawasaki Industries(Kawasaki)와 일본 Nissho Iwai Corporation(Nissho Japan)이 MTA와 협상 및 입찰 제안에 참여했고, Nissho Japan은 일본의 주요 자동차 제조업체인 Kawasaki에서 자동차를 구입했으며, 마스터 계약에 따라 Kawasaki는 MTA와 Nissho America에 성능보증을 제공했는데, 그 계약에서 허용한 대로 Nissho America는 계약권한을 Nissho Japan에 양도했다. 이 판례에서 제기된 쟁점은 지하철 차량의 거래가액이 Kawasaki-Nissho Japan 판매가격(즉, 외국 제조업체의 가격) 또는 마스터 계약에 반영된 MTA-Nissho America 가격(즉, 중개인 가격)에 근거했는지 여부이다. ▶미국 연방순회항소법원(U.S. Court of Appeals for the Federal Circuit)은 미국 국제무역법원(Court of International Trade)의 결정을 파기하면서 다음과 같이 판시하였다: 외국 제조업자와 중개인 간의 거래가 판매가격의 적법성에 영향을 미칠 수 있는 비시장적 영향이 없는 "arm's length"로 협상된 판매이고 해당 물품이 미국으로의 수출을 목적으로 하는 것이 분명하다면 외국 제조업자의 가격은 유효(정당)한 거래가격이다. 이것은 선의의 판매(bona fide sale)가 발생했고 거래가격의 사용이 미국 평가법규에 의해 달리 금지되지 않는다는 것을 전제로 한다(예: 상품의 처분 또는 사용에 대한 제한이 없다; 가치를 결정할 수 없는 조건이나 고려 사항이 없다; 또는 실제로 지불했거나 지불해야 할 가격에 열거된 법정 추가 금액에 관한 정보가 불충분하다). 법원은 Nissho Iwai 사건에서 제시된 증거를 바탕으로 지하철 차량의 거래가격이 Kawasaki-Nissho Japan 판매가격(즉, 수입상품을 외국 제조업체에서 중개자에게 판매하는 가격 또는 최초 판매가격)을 기준으로 적절하다고 판결했다.

판매거래에서 해당 수입자가 "선의의 판매"(Bona Fide Sale) 기준과 "정상거래"(Arm's Length Transaction) 기준을 입증하지 못하면 신고가격(중개인과 외국의 생산자간의 거래가격)은 부인된다.[39] 그리하여 수입자가 매도인/대리인에게 지급된 (구매)수수료 또는 쿼터수수료 등은 수입물품의 거래가격에서 제외되지 않는다. "선의의 판매"(Bona Fide Sale)기준은 실제로 '판매(sale)'가 발생되어야 한다. 그리고 판매는 한 당사자에서 다른 당사자로 소유권의 이전(transfer of title)을 의미한다.[40] 선의의 판매가 발생했는지 여부를 결정하는 단일 요소는 없다. CBP는 주장된 구매자가 수입상품에 대한 손실위험을 감수하고 소유권을 획득했는지 여부와 같은 요소를 고려한다.[41] 이러한 고려 요소에 대한 입증에는 수표, 은행송금 또는 기타 상업적으로 허용되는 수단을 통한 지급이 포함된다. CBP는 당사자의 역할과 거래상황이 당사자가 구매자와 판매자의 역할을 하고 있는지 여부를 조사하면서 "선의의 판매 및 수출판매"(Bona Fide Sales and Sales for Exportation)라는 제목의 CBP의 법규준수 간행물에 따라 (소유권이) 이전된 품목을 원하는 가격으로 자유롭게 판매할 수 있는지 여부와 판매자와 상의하지 않고 자신의 다운스트림(downstream) 고객을 선택하거나 선택할 수 있는지 여부, 자신의 재고(inventory)로 배송할 수 있는지 여부를 고려한다.[42] 선의의 판매(Bona Fide Sale)의 판단에서 CBP는 "수출을 가장 직접적으로 초래한 판매기준"(most directly caused the exportation test)을 사용하는데, 미국 연방법원이 이를 긍정하는 사례[43]도 있고 부정하는 사례[44]도 있다. 한편, "정상거래"(Arm's

39) 이와 같이 신고가격이 부인된 사례로 US CBP 결정 H547798, 2000.8.23.; H547116, 2001.3.22.; H546957, 2001.3.26.; H547625, 2001.11.2.; H547635, 2001.11.7.; H547859, 2001.11.26.; H547588, 2002.1.15.; H547158, 2002.3.1.; H547668, 2002.7.31. 등이 있다.

40) VWP of America, Inc. v. United States, 175 F.3d 1327 (Fed. Cir. 1999); [citing J.L. Wood v. United States, 62 C.C.P.A. 25, 33, C.A.D. 1139, 505 F.2d 1400, 1406 (1974)].

41) 예를 들면, 당사자 간의 송품장 및 계약은 X 국가의 판매자와 Y 국가의 중개인 사이의 상품선적 FOB 지점과 미국의 중개자와 최종 수하인 사이의 FOB 선적지점을 제공한다. 제출된 문서는 또한 상품이 X 국가에서 미국으로 직접 배송되었음을 나타낸다. 양 당사자가 달리 합의하지 않는 한, 소유권 및 손실위험은 상품이 배송을 위해 운송인에게 인도되었을 때 판매자로부터 중개자에게 이전된 후 즉시 중개자로부터 미국의 최종 수취인에게 이전된 것으로 간주된다. 따라서 선적조건에 따라 선의의 판매는 판매자와 중개자 사이에 발생한 것이 아니라 판매자와 미국의 최종 수하인 사이에서 발생한 것으로 보이며 중개자는 잠재적으로 (대부분 판매자의) 대리인 역할을 한다.

42) 선의의 판매(bona fide sale)가 발생했는지 여부를 판단할 때 CBP는 일반적으로 당사자의 역할과 거래 상황이 당사자가 구매자와 판매자의 역할을 했음을 나타내는지 여부도 고려한다. 당사자가 거래에서 독립성을 유지하는 것이 구매자와 판매자 관계의 특징인 반면, 본인/대리인 관계에서는 전자가 후자의 행동을 통제한다. 특히 CBP는 잠재적 구매자가 다음과 같은 경우 유효한 구매자/판매자 관계의 증거로 간주한다: (a) 판매자에게 지침을 제공했거나 제공할 수 있다; (b) 원하는 가격으로 수입상품을 자유롭게 판매할 수 있다; (c) 판매자와 상의하지 않고 자신의 고객을 선택한다(또는 선택할 수 있다); 그리고 (d) 수입상품을 주문하고 자체 재고로 배송하도록 할 수 있다(판매자가 상품을 최종 미국 수취인에게 직접 배송하는 것과 반대로).

43) Brosterhous, Coleman & Co. v. United States, 14 CIT 307, 309, 737 F. Supp. 1197, 1199 (1990).

44) Synergy Sport International, Ltd. v. United States, 17 Ct. Int'l Trade 18 (1993).

Length Transaction)[45] 기준은 해당 거래가 거래가격 목적으로 적용이 가능하려면 비시장적 영향(non-market influence)이 없는 정상거래로 협상된 판매이어야 한다.[46] 그리고 구매자와 판매자가 미국 관세법 제19편 제1401a조(g)(1)에서 규정한 특수관계(related)가 없는 경우 해당 거래는 이 기준을 충족할 것이라고 추정한다.

이러한 판단기준에 준거한 미국 CBP의 결정사례를 살펴본다. 【H548239, 2003.6.5.】 ➲ 제조자와 수입자간의 거래는 진정한 판매이고 거기에서 물품은 미국행으로 명백히 예정된 것이다. 수입자는 뉴욕에 위치한 수입자의 전시장에서 백화점 고객들로부터 상품에 대한 주문을 받는다. 이후 이러한 주문들은 제조자에게로 전달이 된다. 상품은 수입자의 미국 내 창고로 운반된다. 제조자와 수입자 간의 판매조건을 토대로 수입자는 제조자가 상품을 수입자의 창고로 운반하는 시점부터 수입자가 제품을 미국의 고객에게 운송하는 시점까지의 기간 동안 상품에 대한 권리를 취득, 유지하며 손실에 대한 위험을 떠맡는다. 일단 상품이 수취되면 수입자는 송품장을 작성해서 고객에게 상품을 발송한다. 거래관련 상업서류들에 포함되어 있는 상품의 수량, 스타일, 규격 및 색상을 토대로 미국 고객이 주문한 상품은 제조자가 생산한 상품과 동일하고 이들 고객에게 최종적으로 운반되는 것이 명백하다. 【H548504, 2004.6.3.】 ➲ 수입자들은 중매인과 외국 제조업자들 간의 실제로 지급하였거나 지급하여야 할 가격을 거래가격으로 신고할 수 있다. 중매인이 물품의 소유권을 취하여 손실의 리스크를 떠맡는다는 점에서 이러한 특수관계가 아닌 당사자들 간의 판매는 선의의 판매이다. CBP는 중매인이 실제로 지급하였거나 지급하여야 할 가격은 정상적으로 타결되는 가격이며 비시장적 영향의 대상이 아니라고 추정한다. 중매인과 외국 제조업자들 간의 판매 시점에 상품은 미국행이 명백히 예정되어 있다는 점을 상기 거래는 밝힌다. 【H548609, 2005.4.19.】 ➲ 수입자와 여러 제조업자들 간에 선의의 판매는 없었다. 수입자와 여러 제조업자들은 구매자와 판매자로서 역할을 행하지 않았으며; 수입자에게는 상품의 구입이나 비용에 관한 기록이 없었으며; 수입자는 제고를 갖지 않았으며; 수입자는 판매자들에게 설명서를 제공하지 않았으며; 수입자는 제조업자들/판매자들의 자문을 받지 않고 자신의 고객들을 선정할 수 없었으며; 대금이 수령될 때까지 상품은 제조업자들/판매자들의 소유로 남아 있었으며; 제조업자들/판매자들은 거래에 대하여 일체의 손실 리스크를 떠맡았으며; 수입자는 할인을 정하거나 타결하지 않았고, 이것은 제조업자들/판매자들 그리고 최종 미국 수탁인들 간에서 정해지거나 타결되었다. 【H563482, 2006.6.29.】 ➲ 물품은 연속판매 계약에 따라 수입된다. 특수관계가 아닌 제조업자와 중매인 간의 판매는

45) "Arm's Length"는 관련이 없거나 가까운 관계가 아니며 대략 동등한 협상력을 가진 것으로 추정되는 두 당사자 간의 거래 또는 이와 관련된 것을 의미하며, 기밀 관계를 포함하지 않는다. "Arm's Length Transaction"은 당사자 간의 신탁 의무를 생성하지 않는다. 【Black's Law Dictionary[Sixth Edition](USA: West Publishing Co., 2009), 123쪽】

46) Nissho Iwai American Corp. v. United States, 982 F.2d 505 (Fed. Cir 1992).

정상적으로 이뤄지는 선의의 판매에 해당한다. 중매인은 외국 항구로부터 미국 국경 바로 전에 있는 일정 지점까지 상품에 대한 손실의 리스크와 소유권을 떠맡는다. 중매인이 상품을 구매하거나 혹은 구매계약을 하는 시점에, 상품은 명백히 미국을 목적지로 하는 수출이라고 입증하는 일련의 완벽한 문서가 제출되었다. 그러므로 제조업자와 중매인 간에 지급된 가격은 거래가격에 의한 평가기준으로 사용될 수 있다. 【W563614, 2007.3.5.】 ➲ 제조업자와 중매인 간에 선의의 판매가 있었다든지 혹은 물품이 미국행으로 명백히 예정되어 있었다는 것을 밝혀주기에는 불충분한 증빙이 제출되었다. 중매인이 상품의 소유권을 보유한다 하더라도 아주 잠시라고 송품장상의 조건은 보여준다. 게다가 중매인이 상품의 소유권을 보유한 적이 있었다고 보이지 않으며, 또한 당사자들의 역할과 거래에 관한 다른 증빙도 없었다. 그 물품이 제3국에서 선적되었다는 사실은 그 물품이 미국행이 명백히 예정되고 있다는 결정을 할 수도 있지만, 전용(轉用)의 우발성이 존재할 수 있는 가능성을 반박할만한 다른 증빙이 제출되지도 않았다. 상품은 미국 고객이 외국 중매인에게 실제로 지급하였거나 지급하여야 할 가격에 근거하여 올바르게 평가되었다. 【H016966, 2007.12.17.】 ➲ 여러 가지의 요인들은 외국 판매자와 그의 특수관계가 있는 미국 회사 간에 진정한 대미 수출 판매는 없음을 나타낸다. 특히 판매자와 그의 특수관계가 있는 미국 회사 간의 판매조건, 그리고 특수관계가 있는 미국 회사와 그의 궁극적인 미국 고객 간의 판매조건은 동일하기 때문에, 특수관계가 있는 미국 회사는 상품의 소유권을 취득한 적이 전혀 없다는 가능성을 제기시킨다. 또한, 판매자와 그와 특수관계가 있는 미국 회사 간의 공급계약은 특수관계가 있는 미국 회사가 자신의 고객으로부터 대금을 수령하지 못할 경우에 상품대금의 지급을 탕감해 준다. 또한, 그 공급계약은 특수관계가 있는 미국 회사가 가지고 있는 과도한 재고의 처분에 대한 책임을 외국 판매자에게 부담시킨다. 이러한 요인들과 그리고 여타의 요인들은 2개의 특수관계가 있는 회사들 간의 의도된 판매에 대한 유효성에 있어서 의문을 불러일으킨다. 따라서 그 상품은 외국 공급업자와 그 궁극적인 미국 고객 간의 판매에 근거한 거래가격에 의하여 평가되어야 한다. 【H009727, 2008.2.5.; H563551, 2006.10.12.을 수정】 ➲ 어느 캐나다 회사가 아동용 정장제품들을 스리랑카에 있는 제조업자에게서 구입한다. 수입되는 즉시 그는 상품을 토론토에 있는 창고에 저장하며, 그 중 일부는 보세시설로 지정된다. 궁극적으로 그는 상품을 캐나다 및 미국 고객들에게 판매한다. 캐나다 회사가 스리랑카의 제조업자에게 발주할 때, 그는 미국으로 갈 제품들에 대하여 별도의 구매주문서들을 발급한다. 이러한 구매 주문서들은 미국 고객들에 대한 과거 및 예상 판매에 바탕을 둔 것이지, 이미 발주한 실제의 주문에 근거한 것은 아니다. 이것은 통상적으로 할로윈에서부터 크리스마스 시즌까지의 기간 동안, 접수되는 주문들을 처리하기 위하여 충분한 재고를 확보하려고 그러는 것이다. 이것은 미국 고객들로부터 주문이 접수되기 전에, 제품들을 캐나다로 수입하도록 하는 결과를 낳는다. 토론토 창고에 도착 즉시 캐나다 행 제품은 캐나다 재고에 들어가며, 한편 미국 행 제품은 보세시설로 보내진다. 거기에서 결함있는 미국 보세제품들은 캐나다 세관감독당국에 의하여 수선되거나 폐기되며, 혹은 스리랑카에 있는 판매자에게 반송된다. 남거나 혹은 못 쓰는 미국 행 제품은 미국의 완구 전시회 혹은 무역 박람회에서 판매된다. 거래가격은 캐나다 회사와 미국 내의 궁극적인 고객들 간의 판매에 올바르게 근거하였다. 【H023094, 2010.7.22.】 ➲ 수입자는 판매조건을 명시하거나 혹은 수입물품에 대한 소유권과 손실 리스크의 이전을 상술하는, 특수관계가 있는 당사자들 간의 판매 합의서들 혹은 계약서들을 제시하지 않았다. 마찬가지로 구매주문서, 확인서 및 송품장을 비롯하여, 제출된 일련의 샘플서류는 판매조건이나 혹은 언제 상품의 소유권이 이전되는지를 나타내지 않았다. 따라서 우리는 미국 내의 특수관계가 있는 구매자가 수입물품의 소유권을 가진 적이 있었는지를 결정할 수 있는 방법이 없었다. 그들은 특수관계가 있는 당사자들이기 때문에, 당사자들 간의 거래상의 기록에 대한 충분한 평가가 없이는, 캐나다 판매자가 미국의 특수관계가 있는 당사자에게 청구한 상품대금이 자신의 일체 비용플러스 전체 이익에 상당하는 이익을 만회하기에 적합한지를 결정할 수 없었다. 캐나다 판매와 관련하여 중국과 대만에 있는 제3자 판매자들이 청구한 금액들이 특수관계가 있는 당사자들 간의 대미 판매에 근거한 거래가격의 입증에 사용될 수 있었다고 하는 주장을 지지할 권한은 없다. 제시된 정보는 캐나다 회사와 미국 회사 간에 구분을 하지 않고 미국의 구매자들이 그들의 구매주문서를 캐나다에 있는 회사에게 제출하였음을 나타낸다. 따라서 미국에 있는 궁극적인 수탁인들에 대한 판매는 미국으로의 판매에 해당되며, 수입물품의 평가기준으로 사용될 수 있다. 【H221835, 2012.08.13.】 ➲ SMT는 최첨단 경주용 자전거를 제조하여 판매하는 스위스 회사이다. BMC는 미국에서 SMT가 제조하거나 구매하여 공급한 자전거의 도매 유통업자이다. 각 사는 ISH AG가 소유하고 있고 특수관계이다. BMC는 타이완에서 미국으로 자전거를 수입한다. 그 사례로 내부 유권해석 요청중으로, 예정된 계획에 따르면, BMC는 SMT로부터 자전거를 구매하는데 이들 자전거는 특수관계가 아닌 제조자에 의해 타이완에서 제조된다. 이 타이완 제조 자전거에 대해, BMC는 SMT에 구매주문서를 발행한다고 설명한다. SMT는 차례로 SMT의 구매주문에 응하기 위하여 타이완에 있는 특수관계가 아닌 제조자와 함께 일하는 타이완에 있는 특수관계가 아닌 무역회사인 ATI에 구매주문서를 발행한다. 주문이 이루어지면, 타이완 공장으로부터 직접 미국에 있는 BMC에 선적된다. 쟁점은 타이완에 있는 특수관계가 아닌 무역회사인 ATI, SMT, 그리고 중매인 사이의 거래가 수입물품의 거래가격을 결정하기 위해 사용될 수 있는지 여부이다. CBP는 ATI와 SMT간에 선의의 판매를 입증하기 위한 충분하고 일치하는 증거는 없다고 결정했다. 그러므로 물품은 "첫 번째 판매(first sale)" 가격에 기초하여 평가될 수 없다. 【H229701, 2012.09.19.】 ➲ Orlebar Brown Limited("OBL")는 여러나라로부터 미국으로 의류를 수입한다. OBL은 특수관계가 아닌 해외 제조자로부터 의류를 구매하고 수입신고자이다. 의류의 일부는 직접 아틀란타에 있는 GA로 선적된다. 미국에 도착하자마자, 수입된 의류는 아틀란타에 있는 유통창고에 보관된다. 여러나라로부터 직접 선적된 동종동질물품 의류의 일부는 처음에 영국에 있는 OBL의 보관시설에 선적된다. 이 의류들은 OBL에 의해 수입되어 아틀란타 GA에 있는 창고에 이전된다. CBP는 의류가 외국의 제조자로부터 직접 미국으로 수입되어 아틀란타에 있는 창고에 보관되었을 때는, OBL과 외국의 제조자간의 구매가격에 기초한 거래가격이 평가의 적절한 방법으로 사용될 수 있다. 하지만 수입된 의류가 OBL에 의해 구매되어 영국에 있는 보관시설에 선적되고 영국으로부터 미국에 이전될 때는 거래가격을 평가방법으로 사용되는 것을 배제하는 것으로, 미국으로 수출을 위한 선의의 판매는 없다. 수입된 의류는 유권해석에서 논의된 대로 다음순서의 적용가능한 평가방법하에 평가되어야 한다. 【H249150, 2014.01.28.】 ➲ Aritzia LP("ALP")는 브리티시 컬럼비아주의 밴쿠버에 본부를 둔 캐나다의 숙녀패션 부띠끄 회사이다. 미국의 Aritzia, Inc. ("AUS")는 캐나다에서 미국으로 의복을 수입한다. ALP 및 AUS는 캐나다에 있는 ALP사가 양 회사를 위해 제공하는 공유 관리서비스를 받고 있는 19 U.S.C. 1401a(g)에 정의된 특수관계자이다. 사실, 양 회사는 CBP검토를 위해 제출한 여러 서류에 참조된 것처럼 같은 사무실을 공유하고 있다. 제출된 정보는 또한 AUS는 델라웨어에서 설립이 되었다는 것을 나타내고 있지만 미국에 실제적인 법인 실체는 없었다. ALP 및 AUS는 캐나다 직원을 공유하고 모든 일반관리 기능은 ALP에 의해 수행된다. AUS가 ALP에게 이런 일반관리 기능을 수행하는 대가로 서비스료를 지급하는지는 알려지지 않았다. ALP는 이들 당사자간의 계약서는 공급자와 유통업자의 계약서라고 설명했다. 아무런 판매/유통/딜러 계약서는 없었다. 수입물품은 인터넷 고객에 의해 지급된 소매가격을 기재한 주문 확인 송품장과 함께 미국에 있는 각 개별 온라인 고객에게 선적하기 위해 포장되고 박스에 넣어진다. AUS는 특수관계자인 ALP와 판매거래라고 주장하는 거래가격에 기초하여 수입의복에 대한 과세가격을 신고했다. 제출된 전체적인 서류를 살펴볼 때, CBP는 ALP와 AUS간의 거래는 당사자들이 구매자와 판매자 기능을 하지 않았기 때문에 수입물품을 평가하기 위하여 사용될 수 없다고 결정했다. 그 물품은 ALP가 미국고객에게 한 선의의 판매에 기초하여 평가되어야 한다. 【H243327, 2014.11.05.】 ➲ 수입자는 캐나다에 있는 특수관계 판매자로부터 획득된 의류를 수입한 복장 유통업자였다. 판매자는 여러나라로부터 의류를 구매하여 캐나다로 그것을 수입했고 그리고 캐나다에 있는 고객에게 판매하던지 그 것들을 특수관계자 수입자에게 공급하였다. 수입자는 캐나다 판매자의 완전소유로 미국에 설립되었고 캐나다에 있는 판매자와 동일한 주소, 전화번호 팩스 번호를 가지고 있었다. 판매자는 판매자와 수입자간에 선의의 수출판매가 있었다는 것을 입증하기 위하여 수입자에 대해 지나친 통제를 하였다. 판매자와 수입자는 서로가 독립적으로 구매자와 판매자로 행동했다는 충분한 증거는 없었고 오히려 그 증거는 수입자가 판매자를 위하여 판매대리인으로 행동했다는 것을 나타내고 있었다. 더욱이 수입자가 주장하는 구매주문서 또는 FOB 국경인도조건의 판매를 입증하는 다른 상업서류도 없었다. 그 물품은 캐나다의 판매자가 미국의 구매자에게 판매하는 가격에 기초하여 평가되었다. 【H208055, 2012.10.12.】 ➲ 수입자는 중매인를 위하여 제조자가 수행한 CMT 서비스(의류제조)에 관하여 중매인과 특수관계 제조자 사이에 미국으로 수출판매가 있다는 것을 입증했다. 게다가, 첨부서류는 그 물품이 제조자와 중매인이 판매시에 명백히 미국으로 향하고 있다는 것을 증명하고 있었다. 비록 중매인과 제조자는 특수관계자지만, CMT 서비스를 위해 중매인이 제조자에게 지급한 가격은 특수관계 사이에 영향을 받지 않은 것으로 결정되었다. 판매상황 검증법을 뒷받침하기 위하여, 수입자는 제조자가 그 특수관계자인 중매인에게 청구한 가격은 모든 비용에 대표적인 기간동안에 동종 또는 동류 물품의 판매에서 실현된 기업의 전반적 이윤을 나타내는 이윤을 합한 금액을 회수할 수 있을 만큼 적절하다는 것이 입증되는 것을 나타내는 증거를 제출했다. 수입자가 제출한 재무정보는 그 관계기간에 대하여 제3자 회계법인에 의해 작성된 공인 재무제표였다. 제조사 및 그 모회사의 재무감사보고서는 해당 거래에 대해 제조사에 의해 실현된 영업이익이 거래가 발생한 연도에 모회사에 의해 실현된 이익보다 높았다. 그 증거는 특수관계자간에 서로 활발한 협의에 참여하였었다는 것을 또한 나타내고 있었다. 또한 중매인은 다양한 제조자로부터 제조 서비스에 대해 견적을 받을 수 있었다는 것을 보여주고 있었으며 만약 중매인의 지시에 따르지 못할 경우에는 언제든지 고려대상에서 제조자를 제외할 수 있는 선택권을 가지고 있었다. 따라서 그 증거는 수입물품의 평가가 중매인이 특수관계 제조자에게 지급한 첫거래 가격에 기초하여야 한다는 것을 입증하였다. 수입물품에 대한 최종거래가격을 결정함에 있어, 제조자에게 무료로 공급되어 물품을 생산하는데 사용된 원단 및 다른 재료들 가치에 대해서는 중매인이 지급한 가격에 생산지원으로 가산되어야 했었다. 【H161677, 2013.07.11.】 ➲ 이의제기자인 중매인은 첫 번째 판매(first sale)을 적용신청했고 제조자와는 특수관계가 아니라고 주장했다. 그래서 이의제기자는 판매가 정상가격으로 추정해 줄 것을 주장했다. CBP는 이의제기자인 중매인의 중국에서의 주소와 전화가 제조자와 동일하므로 정상가격 추정을 거부했다. 더욱이 중매인의 특수관계자(다른 중매인)에 관련된 이의제기건에서 제조자의 단독 중역이 서류에 서명했고 중매인 자회사의 피고용인으로 확인되었다. 그 거래가 총원가플러스이윤 방법을 충족한다는 주장을 뒷받침하기 위해 제출된 재무정보는 쟁점거래의 총이윤과 불일치한 것으로 드러났고 이는 관계된 회사의 판매, 일반관리비에 관하여 그리고 이 비용들이 회사가 유사한 활동에서 적용했던 기준을 초과하는 것인지 여부에 대하여 의문을 야기했다. CBP는 제출된 재무정보는 제조자와 중매인이 정상가격으로 영업했다고 결론짓기에는 부적절하다고 판정했다. 【H024857, 2014.01.07.】 ➲ 수입자는 제조자/판매자와 관계된 미국법인이다. 제조자/판매자는 식품가공장비의 글로벌 제조자이고 수입자는 그 제조자/판매자의 생산품목을 영업하고 판매한다. 제조자/판매자의 전세계적 세 개의 유통업자외에는 모두 특수관계가 아닌 자들이다. 수입자는 회사가 관계사와 특수관계가 아닌 유통업자와 가격을 결정하는 방법에 대한 상세한 설명자료를 제공했다. 수입자는 CBP에 물품의 수입전에 협의하였던 영업계약과 수정안을 제출했다. 추가로 수입자는 CBP에 한해 동안 수입된 품목의 모든 것을 포함하는 이전가격 스터디를 제출했다. 그 이전가격 스터디에는, 수입자는 관계사간의 또는 통제된 거래가격을 평가하기 위해서 최선의 방법으로 수정된 재판매가격법("RPM")을 선택했다. 그 이전가격 스터디는 수입자를 검증대상으로 선정했고 그 영업이익을 이익수준지표(PLI)로 사용했다. 수입자에 의해 제출된 서류의 검토를 통해, CBP는 수입자와 특수관계가 있는 제조자/판매자간의 거래는 선의의 수출판매에 해당하는 것이라고 결정했다. 【H240423, 2013.07.31.; H240424, 2014.07.31.】 ➲ CBP는 비록 제조자와 중매인은 특수관계자가 아니라고 말하지만 당사자간의 관계를 의심하고 그 거래가 정상가격으로 처리되어야 한다는 주장을 거부할 충분한 정보가 존재한다고 결정하였기 때문에 첫 번째 판매(first sale)를 부인했다. 당사자간의 거래가 총비용플러스이윤 검증에 기초하여 수용되어야 한다고 주장하기 위해 재무정보가 제출되었다. CBP는 판매, 포함된 회사의 일반관리비 및 그 비용이 유사한 활동에 종사하는 회사들의 표준을 초과하는지 여부에 대해 의문을 제기하는 재무 통계 불일치를 발견했다. CBP는 제출된 재무정보가 중매인과 제조자가 정상가격으로 영업했다는 것을 적절하게 뒷받침한다고 납득하지 못 하였다. 전체적인 상황에 근거하여, CBP는 "첫 번째 판매(first sale)" 거래가격 사용을 거절하였다.

EU 예해 13, 2.3[47]에서 설명하고 있는 사례를 살펴본다. 【예시 3.b】 ➲ A와 B 사이의 판매와 B와 C 사이의 판매는 상품이 유럽연합 관세영역으로 반입되기 전에 발생하는 반면, C와 D 사이의 판매는 그 상품이 유럽연합 관세영역으로 반입된 후에 이루어진다. D는 그 상품의 자유유통(free circulation)을 신고한다. 이 사안에서, 상품이 유럽연합 관세영역으로 반입되기 직전에 발생한 판매는 B와 C 사이에 체결된 판매이다. 이 판매는 유럽연합 관세영역으로의 수출을 위한 판매이며, UCC 제70조 제1항에 정의된 거래가격 방법에 따라 관세가격을 결정하는 데 사용된다. 하지만, B와 C 사이에 체결된 매매거래를 의미하는 송품장에 대한 수입자(D)의 접근성 여부에 따라 거래가격 방법을 사용할 수 있다(UCC 제163조 제1항[48]과 함께 UCC IA 제145조[49]). 만일 수입자가 이 인보이스에 접근할

47) (2.3) Practical examples to illustrate the relevant sale for the determination of the transaction value in accordance with Article 128 (1) and (2) UCC IA (where goods are placed under certain special customs situations (e.g. the warehousing procedure))

48) 물품이 신고된 세관절차를 규율하는 규정을 적용하는 데 필요한 증빙서류는 세관신고서를 제출할 때 신고인이 소유하고 세관당국이 처분한다(The supporting documents required for the application of the provisions governing the customs procedure for which the goods are declared shall be in the declarant's possession and at the disposal of the customs authorities at the time when the customs declaration is lodged.).

49) 신고된 거래가격과 관련된 송품장이 증빙서류로 필요하다(The invoice which relates to the declared transaction value is required as a supporting document.).

수 없는 경우 거래가격 방법이 적용되지 않는다. 【예시 4.a】 ➲ A는 상품이 유럽연합 관세영역으로 반입되기 전에 B에게 그 상품을 판매한다. 그 상품은 A에서 유럽연합으로 배송되고 B는 세관 보세창고에 보관한다. 그 상품이 세관 보세창고에 보관되어 있는 동안 B는 그 상품을 C에게 판매한다. C는 다시 그 상품을 D에게 판매한다. C는 그 상품의 자유유통(free circulation)을 신고한다. 이 사안에서, 상품이 유럽연합 관세영역으로 반입되기 직전에 발생한 판매는 A와 B 간에 체결된 판매이고, 이 판매는 유럽연합 관세영역으로의 수출을 위한 판매이며, UCC 제70조 제1항에 정의된 거래가격 방법에 따라 관세가격을 결정하는데 사용된다. 하지만, 거래가격 방법의 사용여부는 수입업자(C)가 A와 B 사이에 체결된 판매거래를 의미하는 송품장에 대한 접근가능성에 달려 있다(UCC 제163조 제1항과 함께 UCC IA 145조). C가 이 송품장에 액세스할 수 없는 경우 거래가격 방법을 적용할 수 없다. 【예시 4.b】 ➲ A는 상품이 유럽연합 관세영역으로 반입되기 전에 B에게 그 상품을 판매한다. 그 상품은 A로부터 유럽연합으로 직접 배송되며 B는 세관 보세창고에 보관한다. 그 상품이 보세창고에 보관되어 있는 동안 B는 그 상품을 C에게 판매한다. C는 다시 그 상품을 D에게 판매한다. D는 그 상품의 자유유통(free circulation)을 신고한다. 이 사안에서, 상품이 유럽연합 관세영역으로 반입되기 직전에 발생한 판매는 A와 B 간에 체결된 판매이다. 이 판매는 유럽연합 관세영역으로의 수출을 위한 판매이며, UCC 제70조 제1항에 정의된 거래가격 방법에 따라 관세가격을 결정하는 데 사용된다. 하지만, 거래가격 방법의 사용여부는 수입업자(D)가 A와 B 사이에 체결된 매매거래를 의미하는 송품장에 대한 접근가능성에 달려 있다(UCC 제163조 제1항과 함께 UCC IA 제145조). D가 이 송품장에 대한 액세스 권한이 없으면 거래가격 방법이 적용되지 않는다. 【예시 5】 ➲ 이것은 일련의 주문에 이어 해당 주문의 수락에 따른 예로서, EU 소비자(구매자 D)에서 시작하여 자동차 딜러(구매자 C), 수입자(구매자 B)까지 일련의 판매로 이어진다. 판매거래는 상품이 유럽연합 관세영역으로 반입되기 전에 발생한다. B와 A 사이에 체결된 판매는 상품이 유럽연합 관세영역으로 반입되기 직전에 발생한 판매이다. B는 그 상품의 자유유통(free circulation)을 신고한다. 이 사안은 일련의 주문에 이어 그러한 주문의 상응하는 수락으로 이어지는 일련의 판매의 예시이다. 제시된 예시에서 상품이 유럽연합 관세영역으로 반입되기 직전에 발생하는 판매는 A와 B 사이에 체결된 판매이다. 판매는 상품이 유럽연합 국경을 넘어 실제로 이동하는 것과 관련이 있다. 이 판매는 유럽연합 관세영역으로의 수출을 위한 판매이며, UCC 제70조 제1항에 정의된 거래가격 방법이 관세가격을 결정하는데 사용된다. 【예시 7】 ➲ A는 물품을 유럽연합으로 송부하여 세관 보세창고에 보관한다. 상품이 보세창고에 있는 동안 A는 그 상품을 B에게 판매한다. B는 다시 그 상품을 C에게 판매한다. 두 번의 판매(A와 B 간, B와 C 간)는 상품이 유럽연합으로 반입된 후에 이루어진다. C는 그 상품의 자유유통(free circulation)을 신고한 후 D에게 판매한다. 이 사안에서, 상품이 유럽연합에 반입되기 직전에 발생하는 판매는 없다. 따라서 UCC IA 제128조

제1항은 적용되지 않는다. 그러나 수입물품은 보세창고 반입절차에 있는 동안 A와 B 사이에 체결된 판매와 B와 C 사이에 체결된 판매의 두 가지 판매 대상이었다. UCC IA 제128조 제2항은 같은 조 제1항과 별도로 적용될 수 없다는 점을 고려하여 A와 B 사이에 체결된 판매는 거래가격 방법에 따라 관세가격을 결정하는 데 사용된다. UCC 제70조 제1항에 정의된 대로. 즉, 상품이 유럽연합 관세영역에 반입된 시점에 가장 가까운 판매가 거래가격 방법에 따른 과세가격 신고를 위한 해당 판매이다. 하지만, 거래가격 방법의 사용 가능성은 수입업자(C)의 A와 B 사이에 체결된 판매거래를 의미하는 송품장에 대한 접근성에 달려 있다(UCC 제163조 제1항과 함께 UCC IA 제145조). C가 이 송품장에 액세스할 수 없는 경우 거래가격 방법을 적용할 수 없다.

2. 처분 또는 사용에 대한 제한

관세법 제30조 제3항 제1호에 따라 구매자의 물품 재판매가 허용되지 않는 경우와 같이 평가대상 수입물품의 처분(disposition) 또는 사용(use)에 제한(restriction)이 있는 거래가격의 과세가격 결정을 위하여 제1 (관세평가) 방법의 적용은 허용될 수 없다. 왜냐하면 이러한 처분 또는 사용에 제한이 해당 물품의 거래가격에 실질적으로 영향을 미치기 때문이다.

1) 해당 물품을 특정용도로 사용하도록 하는 제한

(1) 관세평가법리

수입물품의 사용 범위를 전시용·자선용·교육용 등으로 한정하는 거래조건은 관세법 제30조 제3항 제1호에서 규정하는 물품의 처분 또는 사용에 제한이 있는 경우에 해당한다(관세령 제21조제1호). 하지만 가령, 재판매 혹은 사용 이전에 허가 승인을 받을 요건, 특정 라벨링 혹은 포장에 대한 요건, 반출 이전 테스팅 혹은 검사요건 등과 같이 거래가격에 영향을 미치지 않는 것으로 간주되는 처분 또는 사용에 대한 제한이라면 예외적으로 제1 (관세평가) 방법의 적용을 배제할 이유에 해당하지 않는다. 관세평가협정 제1조 제1항(a)(i)는 "수입국의 법률 또는 행정당국에 의하여 부과되거나 요구되는 제한"은 수입물품의 거래가격 전제요건을 충족하지 못하는 제한으로 간주하지 않는다. 이에 따라 우리 관세평가법규도 "우리나라의 법령이나 법령에 의한 처분에 의하여 부과되거나 요구되는 제한"은 거래가격에 실질적으로 영향을 미치지 아니하는 제한으로 인정하고 있다(관세령 제22조제1항제1호). 그런데 이 원칙의 적용에 있어서 특허권의 분야가 다소 명확하지 않은 부문이라는 견해가 있다.[50] 이 견해가 들고 있는 예제는 다음과 같다: 한 물품이 X 또는 Y의 목적으로 사용될 수 있다. 수출자 M은 이 두 사용에 관해 수입국에서 보호되고 있는 제품 특허권을 갖고

50) Saul L. Sherman/Hinrich Glashoff, 앞의 책, 180쪽.

있다. M은 I가 물품을 X의 목적으로 사용할 것이라는 이해 하에 I에게 물품을 수출판매한다. 판매자에 의해 Y의 목적상 사용할 수 없다는 제한이 부과된 것처럼 보이나, 관련 당사자간 계약의 효과는 I에게 그 물품을 X목적상 사용을 허가한 것이 된다. Y의 목적상 사용할 수 없다는 제한은 특허법에 의해 부과된 것이다. M은 I와의 계약에 의해 단순히 법에 의해 부과된 제한의 전체가 아닌 일부분을 제거한 것이다. 이 견해에 따르면, 이러한 "사용분야"에 대한 규정을 작성할 때에 당사자는 제한적인 관점이 아닌 허용된 것이 무엇이냐 하는 긍정적인 관점에서 작성해야 한다는 것이지만, 그러나 당사자가 자신의 의도하는 바를 어떠한 식으로 표현하느냐 와는 관계없이 과세가격은 거래가격을 기준으로 산정되어야 한다는 논지이다.

수출판매가 성립하면 해당 수입물품의 소유권은 판매자로부터 구매자로 이전되어 구매자는 해당 물품을 전면적으로 지배하는 권리를 취득하게 된다. 구매자가 취득하는 소유권의 내용은 법률의 범위내에서 그 소유물을 사용·수익·처분하는 것이다(민법 제211조). 사용이란 물건의 용법에 따라 물건을 쓰는 것이며, 수익이란 목적물로부터 생기는 과실을 수취하는 것을 말하고, 처분이란 물건의 소비·변형·파괴와 같은 사실상의 처분과 양도·담보의 설정과 같은 법률상의 처분을 말한다.[51] 여기에서 법리적으로 소유권의 제한은 입법에 의한 제한과 법원의 법해석의 제한 밖에 없다.[52] 따라서 입법에 의한 사회적 내지 사회정책적 제한과 공공복리(헌법 제23조)·권리남용금지의 법리와 신의성실의 원칙(민법 제2조)에 따라 법원의 법해석에 의한 제한에 해당하지 않는 한 수입물품의 사용·수익·처분에 어떠한 제한이 있다면 그 물품에 대한 불완전한 소유권의 취득이므로 당연히 거래가격은 영향을 받지 않을 수 없다.[53]

그런데, 이 제한규정은 구매자에 의한 물품의 "처분 또는 사용"에 대한 제한에만 적용되고, 거래가격의 또 다른 전제요건인 "구매자가 추후에 물품을 전매(resale), 처분 또는 사용하여 생긴 수익(proceeds)의 일부가 직접 또는 간접으로 판매자에게 귀속되지 않아야

51) 김주수, 민법개론(서울: 삼영사, 2002), 335쪽.

52) 김주수, 앞의 책, 336쪽.

53) 관세평가협정 제1조 제1항(a)의 제한규정을 변칙적 조항으로 규정하는 다음과 같은 해석론도 있다(Saul L. Sherman/Hinrich Glashoff, 앞의 책, 179쪽): 이 규정은 미국 (관세법) 구 402조의 "자유판매"(freely sold)의 개념정의의 일부로부터 이전된 것이다. BDV보다 더 관념적(notional)이고 이상적인 이 옛 규정에 의하면, 만약 상품이 어떤 제한하에 판매되었다면, 제한없이 판매했을 경우의 가격보다 낮게 판매된 것으로 간주할 수 있으므로 그 가격(제한 하의)은 관세평가의 기준으로 채택할 수 없었다. 이 협정의 제한규정은 일종의 정상가격(normal price)을 요하는 관념적인 요소의 잔존(leftover)으로 볼 수 있다. 이 규정이 없었다면, 제한이 있음으로 인하여 판매되는 물품의 보다 낮은 가격이 거래가격 산정의 기초로 사용될 수 있었을 것이다. 제한이 없는 경우, 이 협정은 비록 그것이 일시적 실수 또는 오인에 기초한 것일지라도, 낮은 가격을 거래가격으로 수용될 수 있는 것이다.

한다"[관세평가협정 제1조제1항(c)]는 사후귀속이익 (제한)규정과 비교하여 추후 '전매'에 대한 제한이 틀림없이 빠져 있기 때문에 "재판매(resale)에 대하여 어떠한 제한을 가하더라도 이는 거래가격 적용배제요건이 되지 않는다"[54]는 해석론이 있지만[55] 동의하기 어렵다. 왜냐하면, 관세평가협정 제1조 제1항(a)에서 '재판매에 대한 제한'은 앞서 설명한 소유권의 법적 성격에 비추어 볼 때 '처분'에 대한 제한의 한 유형으로 보아야 하고, 관세평가협정 제1조 제1항(c)에서 추후 '전매'에 대한 제한은 전매 자체에 대한 제한이 아니라 전매로 인하여 생긴 수익이 사후 판매자에게 귀속되는 것에 대한 제한이기 때문이다.

관세평가기술위원회는 사례연구 3.1에서 외국의 자동차 제조업체 M이 수출국 I의 도매상 D와 계약을 체결하고 D는 수입국에서 자동차 제조업체 M의 독점공급권(독점유통업자) 역할을 한다는 가정 하에서 관세평가협정 제1조의 '제한'에 관한 scenario를 보여주고 있다. 만일 I국의 렌트카 대리점 R이 M으로부터 동일 차종의 자동차 10대를 구매하는 계약에서 R은 해당 자동차를 렌트카용으로 등록하여야 하고, R은 등록일로부터 1년 이내에는 자동차들을 전매(轉賣)하지 않아야 한다는 조건이라면, 이 조건은 구매자가 물품을 처분하고 사용하는데 모두 제한에 해당한다는 검토결과를 내놓고 있다. 하지만 가장 인기있는 모델에 대해 M이 D에게 판매하는 가격은 수량에 상관없이 대당 12,000 c.u.이며, M은 일반적으로 자기 자동차를 제3자에게 판매하지 않기 때문에 M이 I국으로의 판매와 관련하여 거래단계에 따라 자신의 판매가격을 변경한다는 증거는 없다는 상황에서, 만약 M이 R에게 12,600 c.u. 가격에 자동차 판매하는 것에 대하여 D가 M에게 허락한다면 D의 사업을 보호하기 위하여 R에게만 부과된 제한은 해당 자동차 가격에는 영향을 미치지 않는 것이므로 관세평가협정 제1조의 규정에 따라 수입자동차의 과세가격이 결정될 수 있다는 검토결과를 기술하고 있다.

관세평가법규가 거래가격의 전제요건으로 수입물품을 특정용도로 사용하도록 하는 제한에 대해 금지할 것을 요구하고 있지만, 위와 같은 사례처럼 동일한 물품의 다른 용도의

54) (원문) This view would permit the application of Transaction value, despite the restrictions proviso, in the case of sales to original equipment manufacturers (OEM sales) ▶이 해석론은 그 예제를 다음과 같이 설명하고 있다: 한 배터리 제조자가 자동차 제조자에게 수출판매를 한다. 그리고 자동차 제조자는 그 배터리를 새차의 부품에 사용되기 위한(애프터서비스 시장에서 교환을 하기 위한 것이 아닌) 용도로 전매할 것을 합의한다. 이 제한은 격식에서 벗어나고 구매자가 의도하지 않은 전매만을 하지 못하게 하는 것이다. 이 제한은 구매자의 거래상 위치(제조업자로서의 위치)에서의 수입물품의 가격에 영향을 주지 않는 것으로 물품이 전매될 지역에 관한 제한과 유사한 것이다. 더구나 수입물품의 마케팅에 대한 제한 또는 무역거래에서의 통상적인 제한은 고려되지 않아야 한다. 따라서 이 규정은 적용되지 않으며, 거래가격은 존재한다. 전형적으로 거의 모든 OEM의 가격차이는 거래의 단계 또는 수량의 차이 또는 이들 둘 모두의 차이에 따른 것으로 정당화될 수 있다.

55) 김기인, 앞의 책, 226쪽.

구매거래와 비교하지 말아야 하고, 가령 사료생산과 같이 특정 용도에 대한 특별한 (할인) 가격에 이의를 제기할 수 없으며, 이러한 관대한 해석에 비추어 볼 때, 수입물품에 대한 처분 또는 사용에 제한의 전제조건은 거의 항상 충족되어야 한다는 해석론이 있다.[56] 이 해석론은 다음과 같은 예시를 들어 설명하고 있다. 판매자는 구매자에게 판매한 식물성 기름을 마가린 생산에만 사용할 것을 (가격)조건으로 한다. 구매가격은 단위당 200 DM이다. 세관당국은 스스로에게 물어야 한다: "판매자는 이 상품들에 대해 무엇을 원하는가?" 단위당 200 DM이다. 여기에서 각 구매거래만 고려되어야 한다. 마가린 생산 이외의 산업에 대해 다른 가격을 지불해야 한다는 사실은 무관하다. 세관당국이 단위당 200 DM이 실제로 지급해야 하는 가격이라는 것을 의심하지 않는 한, 관세평가법규의 의미에서 제한은 존재하지 않는다.

(2) 판례연구

원고가 건설중장비 제조에 필요한 디젤엔진 등 조립된 상태의 부품인 양산용 부품과 그 부품을 구성하는 너트 등 낱개의 부품으로 주로 수리·보수에 사용되는 A/S(애프터 서비스)용 부품을 수입하면서 A/S용 부품에 대한 과세가격을 통상의 판매가격보다 할인된 가격으로 납세신고하였으나 세관당국은 그 처분 또는 사용에 제한이 있다거나 그 거래의 성립 또는 가격결정이 금액으로 환산할 수 없는 조건이나 사정에 의하여 영향을 받은 경우에 해당한다는 이유를 들어 원고가 수입한 A/S용 부품에 대하여 신고된 과세가격을 부인하고 당초 신고가격에 할인금 상당액을 가산하여 과세가격을 결정한 사안에서 항소심은 A/S용 부품의 수입가격은 양산용 부품의 구입과 관련성이나 조건성이 없고, A/S용 부품의 구입 여부나 수량 등의 결정권이 전적으로 원고에게 있는 점, A/S용 부품에 대한 할인금은 양산용 부품의 거래와는 상관없이 A/S용 부품의 구입수량 등에 따라 판매회사들이 정한 할인율에 따라 결정되고,[57] 그 할인의 대가로 소외 회사들이 부담하여야 할 무상보증 수리의무를 원고가 대신 부담하기로 한 것도 아닌 점, A/S용 부품은 건설중장비의 유지관리 및 수리보수 전반에 사용되는 것으로 전시용, 광고용 등으로만 사용하거나 특정인에게만 판매하도록 하는 등의 처분 또는 사용상 제한이 없고 할인가격이 통상의 거래가격인 점 등을 들어 할인금 상당액은 원고가 수입한 A/S용 부품의 과세가액에 포함될 수 없다고

---

56) Peter Witte/Hans-Michael Wolffgang(Hrsg.), Lehrbuch des Europäischen Zollrecht(Herne/Berlin: Verlag Neue Wirtschafts-Briefe, 1998) 377쪽.

57) 이 사건 항소심은 판매회사들이 A/S용 부품은 소량·다품종인데다 보관·관리 등의 부대비용이 소요되어 그 판매가격을 상향조정하여 결정하되, 양산용 부품을 구성하고 있는 개별적인 A/S용 부품의 총가격이 양산용 부품의 가격에 비하여 3~4배 가량 높은 점을 감안하여, 장부상의 거래가격을 정하여 놓고 구매물량이나 거래상대방의 중요도 등을 고려하여 내부적으로 구체적인 할인율을 정한 후 그 기준에 따라 10% 내지 50%를 차등 할인하여 주거나 모든 구매자에게 동일한 할인율을 적용하여 판매하여 왔고, 원고도 위와 같은 할인율을 적용받은 사실 등을 인정한다고 설시하고 있다.

판단하였다(부산고등법원 1997.07.02. 선고 96구6196 판결).[58)]

우리 판례의 동향을 더 살펴본다. 원고는 의약용 화합물 및 항생물질 제조업체로서 C사로부터 반제품을 수입한 후 국내에서 의약품 제조 과정을 거쳐 완제의약품을 생산하여 D사에 전량 납품하기로 하는 내용으로 C사와 라이센스 및 공급계약(이하 '이 사건 거래')을, D사와 매매계약을 각 체결하였고, 세관당국은 이 사건 거래는 관세법 제30조 제3항 제1호의 '해당 물품의 처분 또는 사용에 제한이 있는 경우'에 해당하여 거래가격 부인사유로 볼 수 있다고 판단하고, 2015. 7. 23. 원고가 수입신고한 반제품에 대하여 세액경정통지(이하 '이 사건 처분')를 한 사안에서 판례[59)]는, 관세법 제30조 제3항 제1호는 수입물품 자체에 대한 제한이 있는 경우를 규정한 것이고 완제의약품은 수입 반제품과는 완전히 다른 물품이므로 해당 완제의약품에 대한 처분의 제한을 들어 수입 반제품의 처분 또는 사용의 제한이 있다고 볼 수 없고, 수입 반제품에 대한 제한 역시 우리나라의 법령인 약사법에 의하여 부과되거나 요구되는 제한에 불과하여 거래가격에 영향을 미치지 아니하는 제한을 규정하고 있는 관세령 제22조 제1항 제1호에 해당하므로 거래가격 부인사유의 예외에 해당하며, 이 사건 거래가 비록 '해당 물품의 처분 또는 사용에 제한이 있는 경우'에 해당한다 하더라도 이러한 제한은 통상적으로 발생하는 제한이므로 관세령 제22조 제1항 제3호의 '수입가격에 실질적으로 영향을 미치지 아니하는 제한'에 해당한다는 원고의 주장을 배척하고, 이 사건 수입 반제품의 거래가격에 영향을 미치는 '해당 물품의 처분에 제한이 있는 경우'에 해당한다고 판시하고 있다. 판례[60)]는 또한 원고가 계측기 등을 수입하면서 계측기 등이 일반 판매용 계측기 등과 제품의 구성내용, 기능, 성상 등이 동일하고 동일한 보증기간이 적용됨에도 불구하고, 계측기 등을 교육기관에 판매한다는 조건과 그와 같은 제한에 따라 일반 판매용 계측기 등의 수입에 적용되는 내부자 거래용 할인가격에 추가로 20% 할인 받았다고 할 것이므로, 원고가 수입한 계측기의 경우 당해 물품의 처분 또는 사용에 제한이 있는 경우에 해당하거나 당해 물품에 대한 거래의 성립 또는 가격의 결정이 금액으로 계산할 수 없는 조건 사정에 의하여 영향을 받은 경우에 해당한다고 판시하고

58) 이 사건은 대법원 1998.12.08. 선고 97누12495 판결의 심리불속행 상고기각으로 그대로 확정되었다. ▶또 다른 판례(대법원 1998.09.22. 선고 98두5231 판결)에서도 같은 취지의 태도가 확인된다. 교육용 또는 딜러용 소프트웨어에 대하여 일반용 소프트웨어보다 저가로 판매한 경우에 교육용 또는 딜러용 소프트웨어가 일반용 소프트웨어와 그 프로그램의 내용에 있어 동일하다고 하더라도 저작권자가 지정한 사용권한의 범위가 다르고 그에 따라 그 가치가 상이하며 상업적으로 상호 교환이 가능한 것이라고 볼 수 없다면 과세가격을 결정함에 있어 교육용 또는 딜러용 소프트웨어가 수록된 매체는 일반용 소프트웨어가 수록된 매체와는 서로 다른 물건이라고 함이 상당하므로 교육용 등의 소프트웨어를 처분 또는 사용의 제한으로 보아 일반용의 거래가격으로 과세한 것은 사실오인 내지 법리오해의 위법이 있다고 판단된다.

59) 서울고등법원 2017.11.15. 선고 2017누34935 판결.

60) 서울행정법원 2004.07.14. 선고 2004구합5331 판결.

있다.[61] 또한, 판례[62]는 미국의 Pepsico Inc와 롯데칠성 사이에 콜라원액 등에 관하여 독점병입계약을 체결한 사실, 원고는 롯데칠성과 사이에 콜라원액 등을 롯데칠성에게 공급하는 내용의 원액공급계약을 체결한 사실, 원고는 11년간 특수관계회사인 Pepsi-Cola International, Cork 등으로부터 콜라원액 등을 수입하여 롯데칠성에게 독점 공급한 사실을 전제로 원고가 수입하는 콜라원액 등은 그 처분 또는 사용에 제한이 있는 경우에 해당한다는 입장을 취하고 있다.

2) 해당 물품을 특정인에게만 판매 또는 임대하도록 하는 제한

(1) 관세평가법리

수입물품을 특정인에게만 판매 또는 임대하도록 하는 거래조건은 관세법 제30조 제3항 제1호에서 규정하는 물품의 처분 또는 사용에 제한이 있는 경우에 해당한다(관세령 제21조제2호). 하지만 예컨대 판매자가 지역적 배분과 같은 영토 제한을 부과하여, 특정 지역에서만 재판매가 가능하도록 하는 것처럼 수입물품이 판매될 수 있는 지리적인 지역을 한정하는 제한이라면 예외적으로 제1 (관세평가) 방법의 적용을 배제할 이유에 해당하지 않는다. 관세평가협정 제1조 제1항(a)(ⅱ)에 따르면 "해당 물품이 전매될 수 있는 지리적인 영역을 한정하는 제한"은 수입물품의 거래가격 전제요건을 충족하지 못하는 제한으로 간주하지 않는다. 이에 따라 우리 관세평가법규도 "수입물품이 판매될 수 있는 지역의 제한"은 거래가격에 실질적으로 영향을 미치지 아니하는 제한으로 인정하고 있다(관세령 제22조제1항제2호).

관세평가기술위회는 사례연구 3.1에서 외국의 자동차 제조업체 M이 수출국 I의 도매상 D와 계약을 체결하고 D는 수입국에서 자동차 제조업체 M의 독점공급권(유통업자) 역할을 한다는 가정 하에서 관세평가협정 제1조의 '제한'에 관한 scenario를 보여주고 있다. 만일 제조자 M과 D간의 독점공급(유통)계약서에 D가 그의 영역내에서 소매가격과 딜러에 대한 할인율을 정해야 한다는 조항, M은 D의 영역 내의 어떠한 회사에게도 자동차를 판매해서는 안 된다는 조항 등이 규정되어 있다면 이러한 규정은 관세평가협정 제1조에서 규정하고 있는 제한이나 조건이 아니라는 검토결과가 기술되어 있다. 하지만 D는 영역

---

61) 제1심은 아울러 교육기관이 직접 판매회사로부터 계측기 등을 수입하는 경우에도 원고가 적용받은 교육기관 할인율과 동일한 할인율을 적용받는 점을 들어 교육기관 할인가격은 통상적인 상거래에 있어서 완전한 경쟁적인 조건하에서 판매되거나 판매를 위하여 제공된 가격이라는 원고의 주장에 대하여 원고의 주장 자체에 의하더라도 교육기관이 계측기 등을 수입하는 경우에만 원고가 적용받는 교육기관 할인율과 동일한 할인율을 적용받는다는 것이고, 세관당국은 원고가 계측기 등을 수입함에 있어 일반판매용의 경우와 달리 교육기관에 판매한다는 조건과 제한 하에 특별할인을 받은 것이 당해 물품의 처분 또는 사용에 제한이 있는 경우에 해당한다고 본 것이므로 원고의 주장은 이유 없다는 태도를 보이고 있다.

62) 부산지방법원 2009.06.11. 선고 2008구합1864 판결.

내에서 자동차에 대한 광고활동을 수행하여야 한다는 조항, D는 영역 내에서 사용되는 M사의 모든 자동차에 대하여 A/S를 제공하여야 한다는 조항 등이 계약서에 규정되어 있다면 이러한 규정은 통상적인 사업관행에 일치하는 것으로 해당 수입물품의 마케팅과 관련한 조건이나 사정(consideration)으로 취급된다는 검토결과를 내놓고 있다.

(2) 판례연구

판례[63]는 수입물품에 대한 제한이 수입가격에 영향을 미쳤는지를 결정하기 위해서는 제한의 본질, 수입물품의 특징, 산업의 특징, 상관행 등 여러 요소를 종합하여 판단할 것을 제시하면서, 특별할인된 분산제어시스템 부분품 및 계측기 등(이하 '이 사건 물품')이 SC사에게만 판매하고 S사 주식회사 등에게만 납품하도록 되어 있어 이 사건 물품의 처분 또는 사용에 제한이 있는 것으로 보이기는 하지만 특별할인가격[64](일반수입가격[65]에 1~97%의 할인율을 적용한 가격)은 원고가 이 사건 물품의 국내 가격경쟁력 확보, 시장점유율 확대, 영업이익 증가 등을 고려하여 해당 프로젝트를 낙찰받기 위하여 원고의 특별할인 요청 및 H사(원고의 지분 100%를 소유한 일본 본사)의 승인이라는 절차를 통하여 합의된 가격인 점, 이 사건 물품에 대한 특별할인 결정방식은 일반적으로 이용되는 가격결정방식이라는 점 등에 비추어 보면, 특별할인가격으로 수입한 이 사건 물품이 발주처에만 납품하도록 되어 있다 하여도 그와 같은 제한이 수입가격에 실질적으로 영향을 미쳤다고 볼 수는 없다는 태도를 보여주고 있다. 아울러 판례[66]는 원고가 특수관계자인 일본 소재 파OOO 코퍼레이션(이하 "수출자")으로부터 프로젝터를 수입하면서, 일반 소비자에게 판매하는 프로젝터는 원고와 수출자 간 협상을 통하여 작성한 분기별 'Price List'가격으로 과세가격을 신고하고, 정부기관 등에 조달용으로 공급하기 위하여 수입한 프로젝터(이하 "이 사건 물품")는 위 'Price List' 가격에서 5~35% 할인된 가격으로 신고한 사안에서, 이 사건 물품의 수입가격이 특정 입찰에 따른 공급에만 적용되는 것을 전제로 특별히 할인된 것이므로 이는 원고가 해당 물품을 처분할 수 있는 상대방을 한정한 것이어서 관세령 제21조 제2호의 "특정인에게만 판매하도록 하는 제한"으로서 '해당 물품의 처분 사용에 제한이 있는 경우'에 해당하지만, 이 사건에서 수출자가 원고에게 일반 거래에서의 수입가격과 비교하여 낮은 수입가격에 이 사건 물품을 공급한 것은 건명 거래[67]의 특수성에 따른 것으로

63) 부산고등법원 2016.08.12. 선고 2015누23915 판결.

64) 입찰을 위하여 특별할인을 적용한 가격(Strategy Special Transfer Price).

65) 거점간 실제 이전가격(Inter-company Actual Transfer Price).

66) 서울고등법원 2019.01.29. 선고 2018누66298 판결.

67) '건명 거래'에서 이 사건 물품의 수입되는 방식은 다음과 같다. 원고의 국내 딜러들은 원고가 판매하는 프로젝터에 대한 국내 입찰 관련 정보를 확보하여 원고에게 해당 입찰에 참여하기 위한 입찰가격을 제시해 달라고 요청하고, 원고는 경쟁사 제품의 시장가격을 조사한 후 해당 입찰에서 경쟁력을 갖춘 가격 수준을 예상하여 그 가격에서 원고와 딜러들의 적정 이윤을 확보할 수 있는 수입

보이고,[68] 특정인에게 판매한다는 것이 가격에 영향을 주었다는 사정, 예컨대 수출자가 원고에게 자신과 이해관계를 같이 하는 특정 거래처에만 이 사건 물품을 처분하게 함으로써 수입가격 자체는 낮게 책정하면서 수입가격을 초과하는 실질적인 이익을 얻었다는 등의 특별한 사정은 보이지 아니하므로(오히려 원고만 수입가격을 낮게 책정하여 이익을 얻은 것이 아니라, 딜러 및 서브딜러로부터 최종 소비자에 이르는 단계별 가격이 모두 일반거래의 각 단계별 가격보다 낮게 책정됨으로써 원고를 포함한 각 거래당사자가 비교적 공평하게 손실을 분담하고 있는 것으로 보인다), 이 사건 물품을 처분할 수 있는 상대방이 제한되어 있더라도 그러한 제한 자체가 실질적으로 위와 같은 수입가격의 결정에 영향을 미쳤다고 보기 어렵다고 설시하면서, 이 사건 물품의 수입가격은 특정한 조달용 거래에 한정하여 판매하라는 제한 하에 현저히 낮은 가격으로 결정된 것이어서 처분 또는 사용상 제한에 따라 영향을 받은 가격이라는 세관당국의 주장을 받아들이지 않고 있다.

3) 그 밖에 해당 물품의 가격에 실질적으로 영향을 미치는 제한

앞서 설명한 당해 물품을 특정용도로 사용하도록 하는 제한 또는 당해 물품을 특정인에게만 판매 또는 임대하도록 하는 제한에 해당하지 않는다고 하더라도 그 밖에 해당 물품의 가격에 실질적으로 영향을 미치는 거래조건은 관세법 제30조 제3항 제1호에서 규정하는 물품의 처분 또는 사용에 제한이 있는 경우에 해당한다(관세령 제21조제3호). 하지만 해당 수입물품의 특성, 해당 산업부문의 관행 등을 고려하여 통상적으로 허용되는 제한으로서 수입가격에 실질적으로 영향을 미치지 않는다고 세관장이 인정하는 제한은 제1 (관세평가) 방법의 적용을 배제하는 처분 또는 사용에 대한 제한의 범위에 포함되지 않는다(관세령 제22조제1항제3호). 마찬가지로 관세평가협정 제1조 제1항(a)(iii)에 따르면 "물품의 가치(value)에

가격을 수출자에게 요청한다. 수출자는 원고에게 해당 입찰에만 적용할 수 있는 특별할인가격을 수입가격으로 제시하고, 원고는 이를 기초로 입찰에 참가하고 낙찰을 받으면 위 특별할인가격으로 물품을 수입하여 공급한다.

68) 이 사건 재판부는 '건명 거래'에 대해 다음과 같은 입장을 취하고 있다: 그 거래의 성립방식(공개입찰방식)으로 인해 사실상 판매자가 판매가격(공급가격)의 결정권을 가진다고 보기 어렵고, 공급량이 다량이거나 계속적인 공급이 가능하여 안정적인 수익을 창출할 수 있다는 장점으로 인해 판매자가 일반 거래에서의 판매가격보다 낮은 가격을 제시할 유인을 가지게 되므로, 건명 거래에서의 판매가격은 일반 거래에서 동일 물품의 판매가격보다 낮게 형성됨이 일반적이다. 건명 거래에서 안정적인 수익이 창출될 수 있다는 점은 판매자에게 물품을 공급하는 수출자 역시 마찬가지이므로, 판매자가 경쟁력 있는 가격으로 입찰에 참가하여 거래를 성립시킬 수 있도록 수출자가 특별히 할인된 가격을 제공하는 것은 특별한 사정이 없는 한 통상의 거래에서 정상적으로 이루어지는 가격결정방식으로 볼 수 있다. 즉, 건명 거래가 일반 거래보다 판매가격이 낮은 이유는 수출자가 수입자로 하여금 수입물품의 사용이나 처분을 제한하는 대가로 낮은 가격에 수입할 수 있도록 하기 위함이 아니라, 오히려 수입자가 수출자로 하여금 건명 거래의 장점을 취하는 대가로 낮은 가격에 수출하도록 유인할 수 있기 때문이라고 볼 수 있고, 처분 상대방이 제한된 것은 수출자가 낮은 가격에 수출하게 된 동기나 원인과는 무관한 건명 거래의 속성에 불과하다.

실질적으로 영향을 미치지 아니하는 제한"은 수입물품의 거래가격 전제요건을 충족하지 못하는 제한으로 간주하지 않는다. 그리고 관세평가협정 부속서 I 제1조 제1항(a)(iii)에 대한 주해에서 실제로 지급하였거나 지급하여야 할 가격을 수용할 수 없게 만들지 않는 제한을 물품의 가치(value)에 실질적으로 영향을 미치지 않는 제한이라고 규정하면서 그러한 제한의 예로 판매자가 자동차 구매자에게 모델연도의 시작을 나타내는 특정일 이전에는 자동차를 판매하거나 전시하지 않도록 요구하는 경우를 제시하고 있다. 여기에서 "본질적으로"(substantially)라는 용어에 대한 명시적 개념정의가 존재하지 않는 불확정개념을 사용하기 때문에 이는 사안에 따라 결정되어야 한다. 그런 까닭에 어떤 한 종류의 물품에 대하여는, 가격에 적은 영향을 미쳐도 본질적으로 취급되는 반면 다른 형태의 물품에 대해서는 가격에 큰 차이가 있어도 본질적인 것으로 취급되지 않을 수 있어서 종종 세관당국과 납세자 간 그 해석을 놓고 다툼이 발생한다.

관세평가기술위원회는 예해 12.1에서 관세평가협정 제1조 제1항(a)(iii)의 "제한"의 의미에 대하여 다음과 같은 해석지침을 제공하고 있다. 제한이 가치(value)에 실질적으로 영향을 미쳤는지 여부를 결정하기 위한 기준요소로 제한의 특성, 수입물품의 특성, 산업분야 및 상업적 관행의 특성, 가격에 대한 영향의 상업적 중요성을 제시하면서, 이들 요소는 어떤 유형의 물품의 경우에는 가치(value)에 대한 작은 영향이 중대한 것으로 취급될 수 있는 반면에 다른 유형의 물품 가치(value)에 대한 보다 더 큰 변화는 중대한 것으로 취급되지 않을 수 있기 때문에 일률적인 기준을 적용하는 것은 적합하지 않다는 것이다. 예해 12.1는 물품의 처분 또는 사용에 대한 제한이 물품의 가치(value)에 실질적인 영향을 미치지 않는 사례로 부속서 I 제1조에 대한 주해에서 설명하고 있는 판매자가 자동차 구매자에게 모델연도의 시작을 나타내는 특정일 이전에는 자동차를 판매하거나 전시하지 않도록 요구하는 경우와 화장품 제조업체가 계약규정을 통해 모든 수입자에게 자신의 상품을 방문판매(house-to-house)를 수행하는 개별 판매대리인을 통해서만 소비자에게 판매할 것을 요구하는 경우를 예시하면서 이러한 해석이유는 그 업체의 전체적인 공급(유통)방식과 홍보방법이 이러한 종류의 판매활동에 기초하기 때문이라는 것이다. 반면에, 수입물품의 가치(value)에 실질적인 영향을 미치는 제한이 관련 거래에서 통상적이지 않는 사례로는 구매자가 자선목적에만 사용하는 조건으로 명목상 가격으로 판매하는 기계의 경우를 제시하고 있다.

또한, 관세평가기술위원회는 사례연구 3.1에서 외국의 자동차 제조업체 M이 수출국 I의 도매상 D와 계약을 체결하고 D는 수입국에서 자동차 제조업체 M의 독점공급권(유통업자) 역할을 한다는 가정 하에서 관세평가협정 제1조의 '제한'에 관한 scenario를 보여주고 있다. 만일 제조자 M과 D간의 독점공급(유통)계약서에 D는 M으로부터 최대 수량의 자동차를 수입하여 판매하는 노력을 아끼지 말아야 하고, 최소 판매량에 미달하였을 경우에는

M은 계약을 종료할 수 있는 권리를 가지며, 각각 다른 자동차 브랜드와 모델별 최소 판매량은 M이 정하지만 각 브랜드와 모델에 대해 정해진 수량에 미달한다 할지라도 정해진 수량은 융통성 있게 절충이 가능하고, D는 M에게 적절한 통지를 함으로써 계약을 종료할 수 있는 권리를 보유한다는 조항, D는 자신이 수입한 자동차에 대해 어떠한 수량할인도 받지 않아야 한다는 조항 등이 규정되어 있다면 이러한 규정은 관세평가협정 제1조에서 규정하고 있는 제한이나 조건이 아니라는 검토결과가 기술되어 있다. 하지만 D는 전시장을 유지하고 적합한 직원을 훈련된 판매원으로 고용하거나 작업장을 갖춘 딜러 체인을 설립해야 한다는 조항이 계약서에 규정되어 있다면 이러한 규정은 통상적인 사업관행에 일치하는 것으로 해당 수입물품의 마케팅과 관련한 조건이나 사정(consideration)으로 취급된다는 검토결과를 내놓고 있다.

"물품의 가치(value)에 실질적인 영향을 미치지 않는" 제한의 적용범위와 관련하여 무엇이 실질적인 것인가는 자유롭게 해석되어야 하고, 가격이 영향을 받을 경우에도, 관세당국은 수입자에게는 그 가치가 수입자의 사업 및 상업 거래상 실질적인 영향을 받지 않고 있다고 결론을 내릴 수 있는바, 관세평가협정에서 의도적으로 사용한 단어를 살펴볼 때 영향은 가격(price)에 대한 것이 아닌 가치(value)에 대한 것으로 보아야 한다는 해석론이 있다.[69] 이 법문의 표현이 불확정개념인 점을 고려할 때 납세자의 예측가능성과 법적 안정성을 담보하기 위하여 세법상 실질과세의 원칙, 특히 경제적 실질주의에 따라 그 적용범위를 판단하는 것이 타당할 것이다.

3. 금액으로 계산할 수 없는 조건 또는 사정에 의한 영향

1) 관세평가법리

관세법 제30조 제3항 제2호에 따라 해당 물품에 대한 거래의 성립 또는 가격의 결정이 금액으로 계산할 수 없는 조건 또는 사정에 따라 영향을 받는 거래가격의 과세가격 결정을 위하여 제1 (관세평가) 방법의 적용은 허용될 수 없다. 왜냐하면, 판매 또는 가격이 평가대상 수입물품에 대하여 가격을 결정할 수 없게 하는 어떠한 조건 또는 고려사항에 종속됨에도 불구하고 그 거래가격을 과세가격으로 채택하는 것은 관세평가협약의 기본정신에 반하는 결과를 초래하기 때문이다. 관세평가협정 제1조 제1항(b)는 수입물품의 거래가격 전제요건으로 "판매 또는 가격이 평가대상 물품과 관련하여 가치(value)를 결정할 수 없는 조건 또는 사정(consideration)에 좌우되지 않아야 한다."고 지시하고 있다. 금액으로 계산할 수 없는 조건 또는 사정에 의하여 영향을 받는 경우의 적용범위에는 구매자가 판매자로부터 특정 수량의 다른 물품을 구매하는 조건으로 해당 물품의 가격이 결정되는

69) Saul L. Sherman/Hinrich Glashoff, 앞의 책, 180쪽.

경우나 구매자가 판매자에게 판매하는 다른 물품의 가격에 따라 해당 물품의 가격이 결정되는 경우 또는 판매자가 반제품을 구매자에게 공급하고 그 대가로 그 완제품의 일정 수량을 받는 조건으로 해당 물품의 가격이 결정되는 경우 등이 해당된다(관세령 제22조제2항). 하지만 관세평가협정 부속서 I 제1조 제1항(b)에 대한 주해는 수입물품의 생산 또는 마케팅과 관련한 조건이나 사정(consideration)이 거래가격을 부인하는 결과를 초래하게 하는 것을 금지하고 있는데, 예를 들면, 구매자가 판매자에게 수입국 내에서 수행된 기술 및 설계도를 제공한다는 사실 또는 마찬가지로 만약 수입물품의 판매와 관련한 활동이 구매자가 비록 판매자와의 합의에 의한 것이라 할지라도 구매자가 자기의 계정(buyer's own account)으로 수행된 경우라면 이러한 활동의 가치(value)는 관세의 과세가격의 일부도 아니며 그러한 활동은 거래가격을 부인하는 결과를 초래하지도 않는다는 것이다(para. 2). 이것은 이러한 상황요소가 외양으로는 조건 또는 사정에 해당한다고 하더라도 본질적으로는 평가대상 물품의 가치를 결정할 수 없게 하는 조건이나 사정에 해당되지 않기 때문일 것이다. 여기에서 조건(condition)이란 용어의 뜻은 "의무 또는 책임의 존재 또는 범위가 좌우되는 미래의 불확실한 사건 또는 예를 들어, A가 자동차 수리에 대해 B에게 $500 USD를 지불하겠다고 약속한 경우 B가 자동차 수리를 하지 않으면(암시적 또는 건설적 조건) A는 지불 약속을 면제받는 것처럼, 약속한 이행을 해야 할 의무를 촉발하거나 무효화하는 불확실한 행동이나 사건"을 말한다.[70] 그러므로 수출판매거래의 본질을 구성하는 계약상의 약정(stipulation)이나 전제조건(prerequisite)을 의미한다고 해석할 수 있을 것이다. 그리고 사정(consideration)이란 용어의 뜻은 "피청약자(promisee)로부터 청약자(promisor)가 흥정하고 받은 것(예: 행위, 유예 또는 반환 약속)" 또는 사람이 무언가를, 특히 법적 행위를 하도록 동기를 부여하는 것"을 말한다.[71] 그러므로 수출판매계약에 따른 유효한 대가 또는 판매자에게 금전적으로 측정가능한 이익을 주거나 구매자에게 금전적으로 측정가능한 손해를 부과하는 대가를 의미한다고 해석할 수 있을 것이다.

판례[72]는 관세법 제30조 제3항 제2호의 입법취지를 구매자가 판매자로부터 부당하게 저렴한 거래가격으로 물품을 수입하면서 실제로는 어떠한 조건 또는 사정에 따라 판매자에게 그 저렴한 판매가격에 더하여 반대급부나 대가를 지급하거나 특정 조건이나 의무사항을 정한 경우에 관세의 과세표준은 낮아지는 반면에 판매자는 그 거래가격을 초과하는 일정한 대가를 받게 되므로, 구매자와 판매자가 내부적으로 결정한 당초의 거래가격을 부인하고 판매자가 구매자로부터 받은 반대급부나 대가 등까지도 포함한 가격을 과세표준으로 보아 관세를 부과함으로써 관세의 세수감소를 방지하기 위한 것으로 설시하고 있다.

70) Black's Law Dictionary(Ninth Edition), West Publishing CO(2009). 357쪽.
71) Black's Law Dictionary(Ninth Edition), West Publishing CO(2009). 333쪽.
72) 대구지방법원 2018.06.27. 선고 2017구합2331 판결.

따라서 관세법 제30조 제3항 제2호의 적용범위에 해당하기 위해서는 사회통념 또는 상거래관행에 비추어 볼 때 '일정한 조건 또는 사정'이 없었더라면 실제의 거래 및 가격과 다른 거래 및 가격이 결정되었을 것이라고 인정되고, 실제 가격이 비정상적으로 저가라고 인정되어야 한다.[73] 또한 판례[74]는 금액으로 계산할 수 없는 조건 또는 사정에 의하여 영향을 받는 경우라 함은, 관세령의 3가지 경우는 예시적 규정으로 볼 것이나, 한편 거래의 성립 또는 가격의 결정에 영향이 있다고 하여 예시된 경우에 해당한다고 보는 것은 원칙적으로 거래가격을 기준으로 과세가격을 결정하도록 한 관세법 제30조 제1항의 취지에 어긋난다고 할 것이므로 '조건 또는 사정'에 해당한다고 하려면 관세령 제22조 제2항의 3가지 경우에 준해서 당해 물품의 거래의 성립 또는 가격의 결정과 관련하여 구매자와 판매자 사이에 특정 조건이나 대가관계 내지 의무사항이 있는 경우이어야 한다고 설시하면서, OO사가 원고에게 원가나 정상거래가격보다 저렴하게 쇠고기를 수출한 것은 2001년부터 시행된 쇠고기 수입자유화에 따른 시장 확보와 그 즈음 발행한 시장침체, 경기불안, 광우병 및 구제역 파동 등에 대처하기 위한 것일 뿐 이 사건 쇠고기의 수출과 관련하여 원고와 사이에 특정한 다른 조건이나 대가관계 내지 의무사항 등이 있었던 것은 아닌 것으로 보이므로 이는 관세법 제30조 제3항 제2호 소정의 '당해 물품에 대한 거래의 성립 또는 가격의 결정이 금액으로 환산할 수 없는 조건 또는 사정에 의하여 영향을 받는 경우'에 해당한다고 할 수 없다고 판시하고 있다.

구매자가 판매자로부터 특정 수량의 다른 물품을 구매하는 조건으로 해당 물품의 가격이 결정되는 경우는 관세평가협정 부속서 I 제1조 제1항(b) 1.(a)가 사례로 규정하고 있는 구매자가 특정 수량의 다른 물품을 함께 구매하는 조건으로 판매자가 수입물품의 가격을 결정하는 경우가 해당한다. 가령, X가 미화 30 달러로 신발 선적물품도 함께 구매한다는 조건에 E 수출국의 F 제조업자는 I 국의 X 구매자에게 가죽제품을 미화 50 달러로 판매하는 반면에, 신발을 미화 30 달러에 구입함으로써 구매자가 가죽제품의 구입에서 미화 10 달러를 절약하는 것으로 증명된다면, 가죽제품은 거래가격에서 여전히 미화 60 달러로 매겨지는 상황이 그러한 예시가 된다. 구매자가 판매자에게 판매하는 다른 물품의 가격에 따라 해당 물품의 가격이 결정되는 경우는 관세평가협정 부속서 I 제1조 제1항(b) 1.(b)가 사례로 규정하고 있는 수입물품 가격이 수입물품 구매자가 수입물품 판매자에게 다른 물품을 판매하는 가격 또는 가격들에 따라 결정되는 경우가 해당한다. 예컨대, 수입자 X가 제조업자 F에게 장비생산에 소요되는 계전기를 150 화폐단위가격으로 공급하는 조건이 있는 경우, 수출국 E의 제조업자 F가 수입국 I의 수입자 X에게 그가 고안한 특수 장비를 10,000 화폐단위가격으로 공급하기로 동의한 상황이 그러한 예시가 된다. 판매자가 반제품을

73) 대구고등법원 2019.07.05. 선고 2018누3760 판결.

74) 수원지방법원 2004.01.28 선고 2003구합3032 판결.

구매자에게 공급하고 그 대가로 그 완제품의 일정 수량을 받는 조건으로 해당 물품의 가격이 결정되는 경우는 관세평가협정 부속서 I 제1조 제1항(b) 1.(c)가 사례로 규정하고 있는 수입물품이 판매자가 완제품의 일정 수량을 받는 것을 조건으로 공급하는 반제품인 경우와 같이, 수입물품과 관계없는 지급형태를 근거로 가격이 결정되는 경우가 해당한다. 예를 들면, 수입자가 외국 판매자로부터 목재를 구입하며, 그는 책상을 만들기 위해 목재를 사용하고, 그가 목재를 구입한 가격은 판매자에게 무상으로 특정 개수의 완제품 책상을 제공하는 구매자에게 달려 있는 상황이 그러한 예시가 된다. 그런데 상품의 생산, 제조 또는 수출을 진흥하기 위하여 정부가 자연인, 법인 또는 행정기관에 직접 또는 간접으로 공여하는 경제지원의 형태를 띠고 있는 무역정책의 수단인 수출보조금(export subsidies) 및 수출장려금(export bounties)을 판매 또는 가격에 영향을 주고 가치(value)를 결정할 수 없는 조건 또는 사정(consideration)으로 간주할 수 있는지 여부에 대한 쟁점이 제기될 수 있다. 관세평가기술위원회는 예해 2.1 para. 3에서 협정의 기본적인 개념이 구매자와 판매자간의 거래와 그들 사이에 직접 또는 간접으로 발생하는 것과 관련이 있으므로, 이러한 맥락에서 조건 또는 사정(consideration)은 구매자와 판매자간의 의무(obligation)로 해석되어야 하기 때문에 관세평가협정 제1조 제1항(b)는 단지 판매가 보조금을 받았다는 이유만으로는 적용될 수 없다는 지침을 제시하고 있다.

한편, 판매 또는 가격이 평가대상 물품과 관련하여 가치(value)를 결정할 수 있는 조건 또는 사정(consideration)에 의하여 영향을 받은 경우의 처리기준과 관련하여 관세평가기술위원회는 권고의견 16.1에서 관세평가협정 제1조 제1항(b)호에 따라 판매 또는 가격이 평가대상 물품과 관련하여 가치를 결정할 수 없는 조건 또는 사정(consideration)의 대상이라면 해당 수입물품의 과세가격은 거래가격에 기초하여 결정될 수 없다는 견해를 밝히는 동시에 다음과 같은 견해를 표명하고 있다. 즉, 제1조 제1항(b)의 규정은 평가대상 물품과 관련하여 조건 또는 사정(consideration)의 가치가 결정될 수 있다면 수입물품의 과세가격은 협정 제1조의 다른 규정이나 요건이 충족하는 경우에 협정 제1조에 따라 결정되는 거래가격을 의미하는 것으로 해석되어야 하고, 조건의 가치가 알려지고 수입물품과 관련되어 있을 때 실제로 지급하였거나 지급하여야 할 가격의 일부인 것이라는 논지를 펴고 있다. 아울러 조건 또는 사정(consideration)의 가치를 구체적으로 결정하기 위해 개별 (회원국) 당국이 무엇을 충분한 정보로서 고려할 것인지 여부는 개별 (회원국) 당국에 맡겨 두어야 한다는 것이다. 이와 관련하여 권고의견 16.1 para. 2에서 설시하고 있는 관세평가협정 제1조에 대한 주해와 부속서 Ⅲ에서는 실제로 지급하였거나 지급하여야 할 가격은 구매자가 판매자에게 지급하였거나 판매자의 이익을 위하여 지급한 총금액이며, 지급은 직접 또는 간접으로 할 수 있고, 그 가격은 구매자가 판매자에게, 또는 구매자가 제3자에게 실제로 지급하였거나 지급하여야 할 모든 금액을 포함한다는 것을 명확히 하고 있다는 표현을 근거로 "금액으로 계산할 수 있는 조건 또는 사정의 가격은 이러한 직접 또는 간접의 지급으로 보아 과세가격에 가산시켜 제1방법을 적용해야 하며 제2방법 이하의 방법을 적용할 수 없다"[75]는 해석론은 동의하기 어렵다. 왜냐하면, 제1 (관세평가) 방법의 적용가능 여부는 "금액으로 계산할 수 있는 조건 또는 사정의 가격"이 관세평가협정 제1조의 기본취지에 비추어 평가대상 물품의 가치(value)에 실질적으로 영향을 미치는지 여부에 따라 판단하여야 하고, 해당 가격의 가산은 일반적으로 인정된 회계원칙을 사용하여 객관적이고 수량화할 수 있는 자료만을 기초로 수입국 내에서 쉽게 입수할 수 있는 정보를 근거로 결정할 수 있는지 여부에 따라 그 평가방법을 결정하지 않으면 안 되기 때문이다.

금액으로 계산할 수 없는 조건 또는 사정의 존재 여부를 판단함에 있어 모든 물물거래(barter transaction)에는 거래가격이 존재할 수 없다는 의미로 오해될 수 있다는 지적이 있다.[76] 관세평가협정 제1조와 관련하여 물물교환(barter) 또는 구상무역(compensation deals)을 어떻게 처리할 것인가에 관하여 관세평가기술위원회는 권고의견 6.1에서 국제적인 물물교환은 여러 가지 형태를 취하고 있고, 가장 순수한 형태로서 거래를 나타내기 위하여 일반적인 측정 단위(화폐, money)에 의지하지 않고, 거의 동등한 가치의 물품이나 용역을 교환하는 것으로 정의하면서 다음과 같은 예시를 들어 의견을 표명하고 있다. E국의 A 상품 X톤과 I국의 B 상품 Y단위를 교환하는 경우라면[77] 판매가 순수한 물물교환의 사례에서 발생하였는지 여부에 관련한 문제는 논외로 하더라도, 거래가 화폐조건으로 표시되거나 결제되지 않고, 거래가격이나 그 가격을 결정하기 위한 객관적이고 수량화할 수 있는 자료가 없는 경우에 과세가격은 관세평가협정에서 순차적으로 규정하고 있는 기타 방법 중의 하나에 기초하여 결정되어야 한다는 것이다. 물물교환을 수반하여 거래가 발생한 모든 경우에 이미 지급한 또는 지급할 가격을 계산하는 것이 가능한지 여부가 고려되어야 하는데, 수입물품을 대신하여 교환 또는 부분교환에 의해 제공된 물품이나 서비스에 대한 가격의 성립이 가능한지 여부의 질문에서 긍정되는 거래상황이라면 제1 (관세평가) 방법의 적용이 부인될 수 없을 것이다. 이러한 예시를 권고의견 6.1은 다음과 같이 들고 있다. 수입국 I의 제조자 F는 E국에서 생산된 동등한 가치의 물품이 E국으로부터 구매되고 수출되는 것을 조건으로 E국에 전기장비를 판매할 기회를 가진다. F와 I국 내에서 합판을 거래하는 X간의 협의 후, X는 E국으로 부터 일정량의 합판을 I국으로 수입하고 F는 E국으로 전기장비를 수출하는데, 해당 장비는 100,000 c.u.로 청구된다. 합판 수입 시 제시된 송장에도

75) 김기인, 앞의 책, 232쪽.

76) Saul L. Sherman/Hinrich Glashoff, 앞의 책, 181쪽.

77) 예를 들어 기장, 통계, 세제 등 다양한 이유로 국제무역 관계에서 화폐의 개재를 전적으로 부인하는 것은 어려운 실정이므로 오늘날에는 순수한 형태의 물물교환은 거의 보이지 않고, 지금의 물물교환은 가령 현행 국제시장가격 등을 기초로 하는 등 물물교환되는 물품의 가격이 결정되고 화폐조건으로 표시되는 보다 복잡한 거래를 일반적으로 포함한다.

100,000 c.u.로 가격이 표시되어 있다. 하지만 X와 E국의 판매자간에 대금 결제는 이루어지지 않고, 물품에 대한 지급은 F의 전기장비 수출로 갈음된다.

그런데 I국의 수입자 X는 E국으로부터 50,000 c.u.에 가격이 책정된 기계 2대를 수입하면서, 이 총금액의 5분의 1은 화폐로 정산하고 나머지는 지정된 수량의 섬유상품을 인도하는 것으로 보충하기로 하고, 수입 시에 제시된 송장은 50,000 c.u.의 가격이 표시되지만, X와 E국의 판매자 간에 화폐정산은 단지 10,000 c.u.만 이루어지고, 차액은 섬유상품의 인도로 갈음되는 거래상황과 같이 비록 화폐조건으로 표시되는 많은 물물교환 거래가 금전적인 정산이 이루어지지 않고 종결된다 할지라도, 정산과정에서 대차잔액이 지급되어야 하거나, 거래의 일부는 화폐지급을 수반하는 부분적 물물교환(partial barter)의 경우와 같이 화폐가 교환되는 상황에 대해 권고의견 6.1은 일부 국가의 법률에 따라 화폐조건으로 표시되는 물물교환 거래가 판매로 간주될 수 있지만, 당연히 이러한 거래는 관세평가협정 제1조 제1항(b)의 규정에 따라야 한다는 견해를 표명하고 있다. 아울러 권고의견 6.1은 물물교환 또는 구상무역 거래는 물품공급이나 가격이 해당 거래와 관련 없는 요인에 의해 결정되는 특정 판매거래와 혼동되지 않아야 한다는 점을 환기시키고 있다. 즉, 물품가격이 구매자가 그의 공급자에게 판매하는 다른 물품의 가격에 따라 정해지는 경우[78] 또는 수입물품 가격이 동일한 공급자로부터 다른 물품을 특정수량 또는 특정가격으로 획득하고자 하는 구매자의 의사에 좌우되는 경우[79]에는 역시 관세평가협정 제1조 제1항(b)에서 정하고 있는 조건의 대상임을 유의해야 한다는 것이다.

금액으로 계산할 수 없는 조건 또는 사정의 존재 여부에 대한 판단에서 끼워팔기(tie-in sales) 또한 어려움이 발생한다. 끼워팔기(tie-in sales)는 두 가지는 큰 범주로 구별되어 하나는 조건 또는 사정(consideration)이 물품가격에 관련된 것이고 다른 하나는 물품판매에 관련된 것인바, 조건 또는 사정(consideration)이 가격뿐만 아니라 판매와 관련된 상황은 첫 번째 범주의 끼워팔기로 취급되어야 한다는 입장을 취하고 있는 관세평가기술위원회는 예해 11.1에서 첫 번째 범주의 끼워팔기에서 이루어진 거래의 가격은 판매자와 구매자 간의 다른 거래의 조건에 영향을 받고, 이러한 판매에서 가격은 유일한 대가(consideration)가 아니며, 이러한 끼워팔기는 가격이 평가대상 물품과 관련하여 가치(value)를 결정할 수 없는 조건 또는 사정(consideration)에 좌우되는 상황에 해당하므로 해당 가격은 관세평가협정 제1조 제1항(b)의 규정에 따라 거래가격을 결정할 목적상 부인되어야 하지만, 관세

78) (예시) 수출국 E의 제조자 F는 I국의 수입자 X와 F가 디자인한 특화된 장비를 10,000 c.u.의 단위가격에 공급하기 위하여, 수입자 X가 해당 장비의 생산에 사용되는 계전기를 150 c.u.의 단위가격에 공급하는 조건으로 계약 한다.

79) (예시) 수출국 E의 제조자 F가 I국의 구매자 X에게 50 c.u.의 단위가격으로 가죽 물품을 판매하는데, X가 30 c.u.의 단위가격으로 신발 또한 구매하는 조건인 경우.

평가협정 제1조 제1항(b)의 적용이 의도된 목적 이상으로 확대되지 않도록 주의해야 한다는 지침을 제시하고 있다. 예를 들면, 만약 판매자가 하나의 주문(single order)의 수량이나 금전적인 가치(value)에 따라 계산되는 수량할인을 인정하는 경우에, 수많은 다른 품목들로 이루어진 주문에 의하여 구매자에게 할인 자격이 부여되고, 이들 품목을 이루는 각각의 물품은 할인 자격이 없다는 사실이 관세평가협정 제1조 제1항(b)가 적용되는 상황에 해당하지 않는다는 것이다. 예해 11.1 para. 5 내지 7에 따르면 조건 또는 사정(consideration)이 물품의 판매에 관련되는 끼워팔기의 두 번째 범주는 통상 "대응무역"으로 불리는 형태를 포함하고, 대응무역은 경우에 따라서는 추가적으로 다른 나라로부터의 판매가 연계되었다 하더라도, 어떤 국가에 대한 판매가 그 국가로부터 판매와 밀접하게 연계된 거래를 의미하며, 대응무역은 본질적으로 물물교환을 통한 국제무역에서의 물품에 대한 대금지급체계로 어떤 경우에는 대응무역이 상품 대 용역의 교환과 그 반대를 수반할 수 있다. 또한, 대응무역은 국가가 해외로부터 필요한 물품을 취득할 수 있고 동시에 자국물품(대응물품)의 수출판매를 보장함으로써 균형잡힌 무역흐름을 유지할 수 있는 수단을 제공한다. 대응무역은 화폐지급보다는, 수입국에서 생산되어 수출되는 상품 형태로 수입에 대한 전체 지급 또는 일부 지급을 수반한다. 하지만 주로 두 거래에 대한 지급은 화폐형태가 될 것이다. 보다 일반적인 대응무역 관행으로 물물교환,[80] 대응구매,[81] 증거계정,[82] 구상무역 또는 제품환매,[83] 청산협정,[84] 스위치 또는 삼각무역,[85] 스왑거래(Swap),[86] 상계협정[87] 등이 있다.[88] 관세평가기술위원회는 끼워팔기(tie-in sales)의 처리에 대한 관세평가와

---

80) 화폐 지급이 없이 물품의 대가로 물품을 단일하게 교환 하는 경우.

81) 물품과 화폐의 대가로 물품을 교환하거나, 용역과 화폐의 대가로 물품을 교환하는 경우.

82) 대응구매는 흔히 증거계정의 형태로 표현된다. 지급의 목적으로, 외환취급은행이나 중앙은행에 증거계정이 설치되고 수출자의 대응구매가 현재 또는 미래의 대응구매 의무에 대해 보증된다. 이러한 거래는 즉각적인 요구에 대면하는 대신에 증거계정은 대응구매를 이행하는데 있어 수출자에게 "최선의 구매"를 할 시간적 여유를 허용하기 때문에 수출자에게 어느 정도 유연성을 제공한다.

83) 기계류, 장비, 기술 또는 제조 또는 가공 설비에 대한 지급액의 전부 또는 일부를 최종 제품의 일정 수량으로 교환하는 경우.

84) 특정 기간 동안 서로간의 물품의 지정된 금액을 구매하는 양국 간의 양자협정을 체결하고 자유롭게 교환가능한 제3국 청산통화, 즉 "경화"를 사용하는 경우.

85) 양자 무역협정(상기 청산협정과 같은)의 당사자 중 한 쪽이 자신의 신용잔고를 제3자에게 이전하는 경우. 예를 들면, A국과 B국이 청산협정을 체결하고 A국은 C국으로부터 상품을 구매한다. 청산협정에 따라 A국을 대신하여 B국이 그 지급액을 이전받아 C국에 대가를 지급한다.

86) 운송비용을 절감하기 위하여 다른 지역에 있는 동종·동질 또는 유사물품을 교환하는 경우. 이러한 종류의 거래는 일본의 구매자가 다량의 베네주엘라산 원유를 구매하고 미국 동부해안의 구매자가 구매한 동일한 양의 알라스카산 원유와 교환하는 경우와 같이 보다 근접한 공급처의 이점을 얻으려는 목적만으로 동종·동질 또는 유사 물품이 교환된다는 점에서 상기 물물교환과는 다르다.

87) 일반적으로 첨단기술의 특징을 갖고 있는 상품의 판매는 수출자가 자신의 최종 생산물에 수입국에서 수출자가 획득한 특정 재료, 부품 또는 구성요소를 결합하는 것을 조건으로 일어날 수 있다.

88) (예해 11.1 para. 8 내지 10) 얼마나 많은 국제무역이 대응무역을 수반하는 지에 대한 신뢰할 만한

관련하여, 첫 번째로 반드시 고려할 사항은 관세평가협정 제1조의 조건이 대응무역을 수반하는 어떠한 거래에 대하여 동 조항의 적용을 배제하는 것인지 배제하지 않는 것인지 여부 중의 하나가 될 것이지만 대응무역이 취할 수 있는 여러 가지 형태의 수에 비추어, 이러한 관점에서 어떤 일치된 결론이 이루어질 것으로 보이지 않으므로 관련된 대응무역 형태를 포함한 각 거래사실에 기초하여 결정될 필요가 있다는 결론을 짓고 있다.

2) 판례연구

특정고객에게 납품할 특별수주물품에 대하여 일반수입물품보다 추가할인받은 수입물품 가격이 '금액으로 계산할 수 없는 조건이나 사정'에 영향을 받았는지 여부를 놓고 납세자와 세관당국 간 치열한 법리논쟁이 있었던 【대구고등법원 2019.7.5. 선고 2018누3760 판결】 사건[89]을 살펴본다. 이 사건 처분의 경위는 이렇다. 원고는 모터 제어장치의 제조판매업 등을 하는 회사로서 원고의 주식 지분 41%를 보유하고 있는 일본 소재 OOOO Motor Co. (이하 '일OOO')로부터 소형 정밀모터와 감소기 등을 수입하여 국내에 판매하고 있다. 원고는 2010.5.3.부터 2015.4.27.까지 일OOO로부터 1,831건의 소형 정밀모터 등의 제품(이하 '이 사건 수입품')을 수입하고 인천공항세관장에게 관세를 신고하였다. 세관당국은 원고가 일OOO로부터 이 사건 수입품을 수입하면서 일OOO와 사이에 체결한 대리점계약이 정한 일반할인율보다 더 낮은 특별할인율을 적용하여 책정한 거래가격을 과세가격으로 하여 관세를 신고하였음을 확인하고, 2015.7.1. 원고에게 '기업심사결과통지 및 관세부과 제척기간 도래 건에 세액경정 안내'를 통지한 후, 이 사건 수입품의 신고가격은 관세법 제30조 제3항 제2호 소정의 '해당 물품에 대한 거래의 성립 또는 가격의 결정이 금액으로

단일한 측정치는 없는 것으로 보인다. 추정치는 세계무역의 1%에서부터 전세계 국제무역의 4분의 1까지 매우 다양하게 존재하고 있다. 이렇게 견해가 다양한 것은 주로 국제교역을 측정하는 통상적인 방법과는 대조적으로 국제무역과 같이 대응무역거래를 보고하고 분석하는 수단이 없다는 사실에 기인한다. 실제로 대응무역을 확인하는 것은 쉬운 일이 아니다. 특히 거래가 통화형태로 표시되어 별개로 지급되는 경우에는 더욱 어렵다. 그럼에도 불구하고 대응무역량에 관한 일치된 의견은 없지만, 대응무역이 점점 더 세계무역에 있어서 큰 요인이 되고 있다는 것에 대하여는 일반적으로 의견이 일치되고 있다. ▶대응무역이 물품 가격이나 비용에 미치는 영향에 대하여도 일치된 견해는 없는 것으로 보인다. 하지만, 대응무역을 고려하는 수출자는 자신의 물품을 판매하는 것뿐만 아니라 거래처의 물품판매도 인지하면서 자신의 물품 가격을 책정한다고 말할 수 있다. 수출자는 이러한 요인 때문에 자신의 가격을 높게 책정할 수 있다. 그러므로 대응무역을 필요로 하거나 관습에 따라 수행하는 국가로 수출되는 물품 가격은 대응무역이 없는 물품가격과 같거나 그보다는 높다고 기대할 수 있다. ▶동일한 이유로, 앞에서 말한 것을 대신하여 또는 이에 부가하여 수출자는 자신이 구매해야 하는 물품가격을 보다 낮게 책정하도록 요구할 수 있다. 따라서 대응구매 물품가격은 대응구매가 없는 가격보다 같거나 그보다 낮을 수 있다고 기대할 수 있다. 당연히 이들 물품들은 수출자의 국가로 수입되거나 어떤 다른 나라로 보내질 수도 있다.

89) 이 사건은 대법원 2019.11.14. 선고 2019두48172 판결의 심리불속행 상고기각으로 그대로 확정되었다.

계산할 수 없는 조건 또는 사정에 따라 영향을 받은 경우'에 해당한다는 이유로 관세(가산세 포함)와 부가가치세(가산세 포함)를 부과하는 이 사건 처분을 하였다.[90]

이 사건에서 세관당국이 주장하는 요지는 다음과 같다. 원고는 일OOO로부터 제품을 수입하여 국내에 판매하는 영업을 하였는데, 일OOO는 원고에게 영업이익을 보장하기 위하여 원고가 국내에서 판매하는 가격보다 낮은 가격을 수입가격으로 정하여 왔다. 원고는 이 사건 수입품을 수입하면서 일OOO와 사이에 수입가격을 정상가격에 특별할인율을 적용하여 정상가격보다 낮은 가격으로 책정하였는데, 그 이유는 원래 원고가 일OOO에 대하여 이 사건 수입품 가격의 6.5% 상당을 수수료로 지급받을 채권을 가지고 있는데 위 특별할인율을 적용받는 대신 위 수수료 채권을 포기하였기 때문이다. 이에 대한 원고의 반론 요지는 다음과 같다. 원고는 이 사건 수입품을 수입할 당시 일OOO로부터 수수료를 지급받기로 하는 약정이 없었으므로 수수료 채권도 없었고, 수수료 채권포기를 조건으로 하여 수입가격을 정한 것이 아니므로, 이 사건 수입품은 관세법 제30조 제3항 제2호의 '해당 물품에 대한 거래의 성립 또는 가격의 결정이 금액으로 계산할 수 없는 조건 또는 사정에 따라 영향을 받은 경우'에 해당하지 않는다. 이 사건 수입품의 수입에는 관세법 제30조 제1항에 의하여 과세가격에 포함시킬 수 있는 '대가'가 없으므로, 세관당국이 원고가 일OOO

90) 원심(대구지방법원 2018.06.27. 선고 2017구합2331 판결)은 다음과 같은 사정 등을 논거로 이 사건 처분이 위법하다고 판시하였다: 원고와 일OOO는 원고가 이 사건 수입품에 대한 가격경쟁력을 확보하고 영업이익을 증가하여 계속해서 다량의 물품을 공급할 수 있는 안정적인 거래처를 유지하는 등의 영업상 목적을 고려하여 이 사건 수입품의 수입가격을 결정하였고, 이는 계속적 거래관계를 유지하는 특수한 거래처의 경우 일반적인 거래처와 달리 비교적 저렴한 가격에 물품을 공급하더라도 고정적·계속적인 공급이 가능하므로 원고 및 일OOO에 지속적이고 안정적인 수익을 발생할 수 있다는 경제적 이익을 고려하였기 때문으로 보인다고 하면서, 이러한 경제적인 이익의 고려는 건전한 국제무역 상거래에서 통상적으로 고려할 수 있는 정상적인 요소들에 불과할 뿐이지, 이 사건 수입품의 가격 결정에 부당한 영향을 미치거나 그 가격의 왜곡을 초래하는 조건 또는 사정으로 보기는 어렵다; ▶원고와 일OOO는 단지 원고가 국내에서 적정한 영업이익을 얻고, 고정적·계속적인 거래를 확보하는 등의 목적을 고려하여 이 사건 수입품의 가격을 결정하였을 뿐이지, 원고가 일OOO로부터 저렴한 가격으로 이 사건 수입품을 수입하는 대신에 일OOO에 그 반대급부나 대가를 실질적인 이익을 제공하고 있지 않다; ▶원고와 일OOO가 오랫동안 거래를 계속하여 왔고, 일OOO가 원고의 주식 지분을 41% 보유하고 있다는 사정만으로, 일OOO가 원고와 거래를 계속하여야 할 계약상 의무가 있다고 단정할 수는 없고, 설령 원고에게 그러한 계약상 의무가 있다고 하더라도, 그것을 저렴한 거래가격에 대한 반대급부 또는 대가라고 볼 수도 없다. 또한, 세관당국이 제출한 증거만으로는 일OOO가 원고에게 일정한 영업이익을 보장하여 주기 위하여 원고와의 거래가격을 저렴하게 결정하였다고 보기 어렵다. 설령 그렇지 않다고 하더라도, 일OOO가 원고로부터 그 저렴한 거래가격에 대한 반대급부 또는 대가로 받은 것이 없다; ▶원고의 매출액 상위 품목 중 특별할인가격이 적용된 특별수주물품이 차지하는 판매수량과 매출액 비율은 일반할인가격이 적용된 일반수입물품에 비하여 현저히 높다. 그리고 원고가 일OOO로부터 수입한 특별수주물품의 국내 판매단가는 일반수입물품의 판매단가에 비하여 상당히 저렴하다. 따라서 원고는 일OOO로부터 특별할인가격으로 이 사건 수입품을 수입하더라도 다시 이를 저렴한 가격으로 국내 거래처에 공급하므로, 그 거래과정에서 특별히 부당한 이익을 얻지도 않는다.

와 사이에 합의한 가격을 부인하고 관세법 제30조 제1항에 의하여 신고가격에 일정 금액을 추가하여 과세가격을 결정하여 이 사건 처분을 한 것은 위법하다.

이 사건에서 인정된 사실관계는 아래와 같다. 원고는 1995.경 일OOO와 사이에, 원고가 일OOO로부터 모터 등을 수입하여 국내에 독점적으로 판매하는 대리점계약을 체결하였고, 그 후 추가로 대리점계약서를 작성하지 않았다. 위 1995년도 계약의 주요 내용은 다음과 같다. 원고는 유일의 대리점으로서 대한민국에서 계약제품을 대리점 자신의 이름으로 판매하는 권리를 수여받는다. 일OOO는 대한민국 내의 관계는 매도인과 매수인의 관계에 지나지 않으며 원고가 일OOO의 법적인 대리인이 되는 것은 아니다. 원고는 대한민국 내에 고객에게 판매한 계약제품에 관하여 애프터서비스를 제공한다. 원고가 일OOO에게 지불해야 할 제품의 가격은 C&F Korea 가격으로 하되, 그 가격은 계약서 별지 기재대로 정하고, 이 가격은 쌍방의 합의가 없는 한 변경되지 않고, C&F Korea 가격은 List Price(제품카탈로그에 표시된 가격)에 제품별로 정한 비율(0.60 내지 0.80)을 곱하는 방식으로 산정되고, 특가는 당사자가 합의하여 결정한다. 일OOO는 C&F 가격의 6.5%를 원고에게 지불하고, 그 밖의 수수료는 필요함에 의해 당사자 협의로 결정한다. 원고는 확정적인 주문서를 팩스 또는 컴퓨터 통신에 의하여 발주한다. 원고는 매월 제1영업일에 일OOO에 계약제품의 매출, 판매목표, 예측 등을 포함한 대리점의 영업활동에 관한 보고를 실시한다. 계약은 1995.9.1.부터 3년 간 유효로 하고 일방 당사자가 계약종료를 통지하지 않는 한 동일한 조건으로 3년간 연장한다. 원고는 위 계약에 따라 다음과 같은 방식으로 수입가격을 정하여 왔다.

- 일반수입물품 = 일본 국내소비자가격(List Price) × (1 - 일반할인율)
- 특별수주물품 = 일본 국내소비자가격(List Price) × (1 - 특별할인율)
- 일반할인율 : 통상 35~40%, 특별할인율: 평균 50%

원고가 일OOO로부터 특별수주물품을 수입하는 순서와 거래의 특성 등은 다음과 같다. 원고의 국내 거래처는, 국내 최종 구매자(End User)로부터 주문을 받은 후에 원고에게 물품의 공급가격에 대한 견적을 문의한다. 원고는, 일OOO에 원고의 적정한 영업이익, 경쟁사의 가격정보 등을 조사하여 작성한 가격안을 제공한 후 일OOO와 수입가격에 대한 협상을 진행한다. 원고는 일정한 특별할인율을 제안하여 수입가격을 특가로 책정할 것을 제안하고 일OOO가 동의하면 수입가격이 합의된다. 이 사건 수입품은, 일반적인 반도체 제조설비에 폭넓게 사용되는 범용성 물품이 아니라 반도체 설비 중 국내 거래처가 특별히 요구하는 사양이나 규격 등 특정 조건에 맞는 물품이므로, 원고가 국내 거래처와 사이에 물품 공급계약을 체결할 경우 해당 물품을 대량으로 장기간에 공급하는 특징이 있다. 원고의 매출액 상위품목 중 특별수주물품이 차지하는 판매수량 및 매출액의 비율은 일반수입물품에 비하여 현저하게 높고, 특별수주물품의 판매단가는 일반수입물품의 판매단가에 비하여 상당히 저렴하다. 일OOO는 위 1995년도 계약 체결 이후 2000.경까지는 소정의 수수료를 원고에게 지급하였으나 원고의 손익계산서에 의하면 일OOO는 2001.부터 2005.까지 원고에게 위 수수료를 지급하지 않았다.

이 사건 재판부는 세관당국이 주장하는 관세법 제30조 제3항 제2호 소정의 '조건 또는 사정' 즉 원고가 이 사건 수입품을 수입할 당시 일OOO에 대하여 수수료를 청구할 채권이 존재한 점, 원고가 이를 포기한 점 등을 인정하기에 부족하고, 달리 이를 인정할 증거가 없으므로, 이 사건 수입품은 관세법 제30조 제3항 제2호의 '해당 물품에 대한 거래의 성립 또는 가격의 결정이 금액으로 계산할 수 없는 조건 또는 사정에 따라 영향을 받은 경우'에 해당한다고 볼 수 없다고 판시하고 있는데, 재판부가 설시하는 주요 판단이유의 요지는 다음과 같다:

- 과세요건인 이 사건 처분의 사유, 즉 이 사건 수입품을 수입할 당시 관세법 제30조 제3항 제2호 소정의 '조건 또는 사정'이 있었다는 점, 그 '조건 또는 사정'이 없었더라면 실제의 거래 및 가격과 다른 거래 및 가격이 결정되었을 것인 점, 실제 가격이 비정상적으로 저가인 점은, 이를 주장하는 세관당국이 입증하여야 한다;
- 위 1995년도 계약은 장차 원고와 일OOO 사이에 위 1995년도 계약과는 별개인 개별제품 매매계약을 체결할 것을 예정한 기본계약이고, 이 사건 수입물품의 매매계약은 1건의 계약이 아니라 물품별로 체결된 복수의 계약으로 위 1995년도 계약과는 별도로 수입 당시에 별도로 체결되었다고 봄이 타당하다;[91]
- 원고는 일OOO와 사이에 개별 물품을 매매하는 계약을 체결함에 있어서 적어도 이 사건 수입품 매매계약을 체결하기 약 10여 년 전부터 위 1995년도 계약 중 수수료 약정 부분을 적용하지 않기로 하는 묵시적 합의 또는 사실인 관습(민법 제106조)이 있었다고 인정함이 타당하므로, 위 수수료 약정은 이 사건 수입품의 가격에 어떠한 영향도 미치지 않았다고 할 것이다;[92]

---

91) 재판부는 그 논거로, 위 1995년도 계약에 의하면 원고와 일OOO의 관계는 매도인과 매수인의 관계에 지나지 않으며, 원고가 일OOO의 법적인 대리인이 되는 것은 아닌 점, 위 1995년도 계약은 매매의 목적인 제품의 종류, 수량 등과 대금액수를 구체적으로 정하지 않은 점, 위 1995년도 계약은 3년 단위로 자동연장되는 점 등을 들고 있다.

92) 재판부는 그 논거로 다음과 같은 사정을 들고 있다: ㉮ 위 1995년도 계약에 의하면, 원고는 대한민국 내 유일의 대리점으로서 일OOO가 제조한 제품을 자신의 이름으로 대한민국 내에 판매하는 권리를 수여받았을 뿐, 원고와 일OOO의 관계는 매도인과 매수인의 관계에 지나지 않으며 원고가 일OOO의 법적인 대리인이 되는 것은 아니고, 일OOO는 여전히 대한민국 내의 고객에 대해서 직접적으로 계약제품을 판매할 권리를 보유하고, C&F Korea 가격은 원칙적으로 일본 국내 소비자가격에 일정 할인비율을 곱하는 방식으로 산정하지만, 원고와 일OOO가 합의하면 이와 달리 특가를 정할 수 있고, 일OOO는 C&F 가격의 6.5%를 원고에게 지불하지만 수수료는 필요에 의해 당사자의 합의로 결정할 수 있다; ㉯ 계약이 합의해지되기 위하여는 일반적으로 계약이 성립하는 경우와 마찬가지로 계약의 청약과 승낙이라는 서로 대립하는 의사표시가 합치될 것을 그 요건으로 하는

- 원고와 일OOO가 이 사건 수입품의 가격을 책정하면서 일반할인율이 아니라 특별할인율을 적용하여 가격을 책정하였다는 사정은, 거래의 성립 또는 가격의 결정에 영향을 주었다고 할 수 없다.[93]

보험약가 인하를 예상하여 결정된 수입가격이 조건 또는 사정에 따른 비정상 할인에 해당하는지 여부가 쟁점으로 제기된 【부산고등법원 2017.1.3. 선고 2016누23080 판결】 사건[94]을 살펴본다. 원고는 의약품을 생산·판매하는 독일 법인의 자회사로서, 독일 법인으로부터 고혈압 복합제 트윈OO, 당뇨병 치료제 트라OO 등 약품을 수입하여 국내에서 판매하여 왔다. 세관당국은 원고가 2009.2.24.부터 2014.2.23.까지 독일 법인으로부터 수입한 물품에 대한 법인심사를 실시한 결과, 원고가 2010. 독일 법인으로부터 수입한 의약품(이하 '이 사건 각 제품')에 대해 보험약가 인하예상분만큼 가격을 인하하여 신고한 수입가격이 관세법이 정한 조건 또는 사정의 영향을 받은 것으로 보아, 그 인하액을 수입신고가격에 가산하는 방법으로 과세가격을 다시 산정하여 2014.9.3. 원고에 대하여 관세 및 부가가치세등을 경정·고지하였다(이하 '이 사건 처분'). 원고의 항소이유는 이렇다. 이 사건 계약에 따르면 실제 거래가격은 차년도의 판매가격, 시장상황 등을 토대로 한 순매출액을 기초로 결정되고, 보험약가의 인하는 예상 순매출액을 결정하기 위한 주요자료이며, 보험약가의 인하를 반영하여 신고한 수입가격에 대하여 원고와 수출자인 독일 법인 사이에 아무런 다툼이 없으므로, 원고가 보험약가의 인하를 반영하여 신고한 수입가격은 이 사건 계약에서 약정한 실제 거래가격이다. 하지만 항소심 재판부는 다음과 같은 사정을 이유로 이 사건 계약에서 약정한 실제 거래가격은 보험약가 인하를 예정하지 아니한 가격을 기준으로 정함이 상당하다고 판시하여 원고의 주장을 배척하였다:

- 이 사건 계약 제7.1조는 "합의된 예측 시스템"(agreed forecasting system)에 따라 공급가격(실제 거래가격)으로 공급하도록 규정하고 있고, 공급가격을 계약 제품의 순매출액에서 판매권자 수수료 등을 공제한 가격으로 정의하고 있다. 이에 의하면, 설령 위

것이지만, 계약의 합의 해지는 명시적인 경우뿐만 아니라 묵시적으로 이루어질 수 있는 것이므로 계약 후 당사자 쌍방의 계약 실현의사의 결여 또는 포기가 쌍방 당사자의 표시행위에 나타난 의사의 내용에 의하여 객관적으로 일치하는 경우에는, 그 계약은 계약을 실현하지 아니할 당사자 쌍방의 의사가 일치됨으로써 묵시적으로 해지되었다고 해석함이 상당하다(대법원 2003.01.24. 선고 2000다5336, 5343 판결 등 참조).

93) 재판부는 그 논거로 다음과 같은 사정을 들고 있다: ㉮ '특별할인율을 적용하여 가격을 책정한 것'은 '가격의 결정'과 구별되는 별도의 사정이 아니라 '가격의 결정' 그 자체이므로, '특별할인율을 적용하여 가격을 책정한 것'이 '가격의 결정'에 영향을 주었다고 할 수 없다; ㉯ 시장에서 매매계약은 수요자가 제안하는 가격과 공급자가 제안하는 가격이 일치하는 선에서 결정되고, 위 1995년도 계약에 의하면 원고와 일OOO는 각자의 자유로운 판단에 따라 상대방에 대하여 일반할인율이 아니라 특별할인율을 적용하여 가격을 책정할 것을 제안할 수 있으므로, 이 사건 수입품의 거래가격은, 원고와 일OOO 중 어느 일방이 상대방에 대하여 강요하여 일방적으로 결정한 가격이라고 할 수 없다.

94) 이 사건은 대법원 2017.05.31. 선고 2017두35547 판결의 심리불속행 상고기각으로 확정되었다.

조항에서 규정하는 '순매출액'을 '예상 순매출액'으로 본다 하더라도, 합의된 예상에 따른 순매출액으로 해석하여야 한다;

- 그런데 이 사건 처분 당시 보험약가의 인하가 예상 순매출액을 결정함에 있어서 수출자인 독일 법인과 수입자인 원고 사이에 합의된 것인지에 관하여 이를 인정할 아무런 자료가 없다;
- 원고는 소외 법인과 수입자 사이에 원고가 보험약가 인하분만큼 가격을 인하하여 수입가격을 신고한 것에 대하여 아무런 다툼이 없으므로 보험약가 인하가 독일 A와 수입자인 원고 사이에 합의된 것이라고 주장하나, 이 사건 제소 이후 시점에서 독일 법인과 원고 사이에 원고가 수입가격을 신고하면서 고려한 보험약가 인하에 대하여 합의되어 있었다고 볼 수 없다;
- 오히려 사전에 원고가 예상한 보험약가 인하를 쌍방 합의하였거나, 원고로 하여금 보험약가 인하분을 고려하여 수입가격을 신고할 수 있도록 독일 법인이 원고에게 포괄적으로 위임하였다면, 이러한 내용이 이 사건 계약서 또는 다른 서류에 기재되었을 것으로 예상된다.

4. 수입물품의 전매·처분 또는 사용에 따른 수익금의 사후귀속

1) 관세평가법리

관세법 제30조 제3항 제3호에 따라 해당 물품을 수입한 후에 전매·처분 또는 사용하여 생긴 수익의 일부가 판매자에게 직접 또는 간접으로 귀속되는 거래가격의 과세가격 결정을 위하여 제1 (관세평가) 방법의 적용은 허용될 수 없다. 왜냐하면, 해당 수입물품을 수입한 후 전매·처분 또는 사용하여 생긴 수익금액 중 판매자에게 직접 또는 간접으로 귀속되는 금액은 관세법 제30조 제1항 제5호에 따라 거래가격의 구성요건에 포함되어야 할 필수적 가산요소이기 때문이다. 관세평가협정 제1조 제1항(c)는 수입물품의 거래가격 전제요건으로 "제8조의 규정에 따라 적절히 조정될 수 있는 경우를 제외하고는, 구매자가 추후에 물품을 전매, 처분 또는 사용하여 생긴 수익(proceeds)의 일부가 직접 또는 간접으로 판매자에게 귀속되지 않아야 한다."라고 지시하고 있다. 여기에서 "수입한 후의 전매·처분 또는 사용하여 생긴 수익금액"이란 해당 수입물품의 전매·처분대금, 임대료 등을 말하며, 주식배당금 및 금융서비스의 대가 등 수입물품과 직접 관련이 없는 금액은 제외된다(관세령 제19조의2). 그럼에도 불구하고 만일 평가대상 수입물품이 수입된 후의 전매·처분 또는 사용하여 생긴 수익금액 중 판매자에게 직접 또는 간접으로 귀속되는 금액이 객관적이고 수량화할 수 있는 자료에 근거하여 적절하게 가산하여 조정할 수 있다면 해당 거래가격의 과세가격 결정을 위하여 제1 (관세평가) 방법의 적용을 거부하는 원인이 되지 않는다. 따라서 "수입한 후의 전매·처분 또는 사용하여 생긴 수익금액"이 일반적으로 인정된 회계원칙을 사용하여 객관적이고 수량화할 수 있는 자료만을 기초로 수입국 내에서 쉽게 입수할 수 있는 정보를 근거로 결정할 수 있다면 거래가격의 전제요건은 충족될 수 있을 것이다.

그런데 수입물품의 전매·처분 또는 사용에 따른 수익금의 사후귀속이 존재하지만 해당 사후귀속이 관세평가협정 제8조 제1항(c)나 (d)에 의해서 가산될 수 없다면 해당 거래가격의 과세가격 결정을 위하여 제1 (관세평가) 방법의 적용을 거부해서는 안 된다.[95] 이러한 상황은 사후귀속에 해당하는 권리사용료가 그 적용요건을 충족하지 못하거나 해당 사후귀속이 객관적이고 수량화할 수 있는 자료에 근거하여 적절하게 가산하여 조정할 수 없는 경우가 될 것이다. 이와 같은 경우의 사례를 들자면, I는 아르헨티나에서 카메라용 섬광전구를 제조하고, 브라질의 M이 만든 동일한 전구를 1타스당 200 쿠루제이(브라질의 화폐단위)를 주고 수입하는바, M은 상표권을 소유하고 있는데 이 상표권을 이용하여 I는 아르헨티나에서 그 전구를 판매하고 있으며, 그 전구의 생산지와는 관계없이 자신의 순판매액의 5%의 상표권에 대한 로열티를 지급해야 한다는 거래상황을 가정했을 경우 다음과 같은 결론을 내릴 수 있다는 것이다:[96]

- 이 로열티는 관세평가협정 제8조 제1항(c) 규정에 의해 과세할 수 없다. 왜냐하면 그 로열티는 수입제품의 구매와는 독립적인 것이며 판매의 조건이 아니기 때문이다;
- 비록 5%의 전매수익이 판매자에게 귀속될지라도 판매의 조건이 아니기 때문에 관세평가협정 제8조 제1항(d)에 의해 가산이 필요없다;
- 관세평가협정 제1조 제1항(c)에 의해 한 타스당 200 쿠루제이라는 거래가격은 거절될 수 없고, 협정 제8조 제1항(c)와 (d)에 의해 로열티가 비과세되는 것이라는 사실이 이 문제를 제거시키며, 과세가격에 포함되지 않을 로열티를 가산시키지 못했다고 해서 거래가격이 거절된다면 이는 이상하고 일관성 없는 것이 될 것이다.

전매를 제외한 처분 또는 사용에 따른 수익에 관하여 다음과 같은 사례를 들어 사후귀속의 법리에 대한 해석론이 있어 소개한다.[97] I는 사무실용 복사기를 수입한다. 공급업체인 제조자 M과의 계약조건에 의해 I는 복사기를 임대(lease)하고 받는 총수익의 10%를 M에게 지급하기로 되어 있다. 이것은 처분에 따른 수익(proceeds of disposal)이다. 또한, I는 서비스센터를 설립하고 여기서 고객들은 I의 기계를 사용하여 매당 얼마의 돈을 내고 복사를 할 수 있다. M은 이러한 수익에 대해서도 10%를 받게 되어 있는데 이것은 사용에 따른 수익(proceeds of use)이다. 이러한 수익(proceeds)에 대한 지급은 수입기계에 체화

95) 같은 취지로, Saul L. Sherman/Hinrich Glashoff, 앞의 책, 184쪽.

96) Saul L. Sherman/Hinrich Glashoff, 앞의 책, 184쪽.

97) Saul L. Sherman/Hinrich Glashoff, 앞의 책, 184~185쪽.

(incorporated) 되었거나 또는 달리 연계된 권리와 관련된 것(예, 특허권)이 아니라, 기계 자체에 대한 구매가격의 일부로서 I에 의해 지급되는 것이다. 이들 지급은 명확히 과세할 수 있는 것이며, 관세평가협정 제8조 제1항(d)에 의해 가산이 되어야 한다[기초단가(base price)가 없는 경우도 있을 것이며, 이 때에는 수익 중 M의 몫에다 0을 더한 것이 총 과세가격이 될 것이다.]. 이 모든 경우에 있어서 측정되어야 할 대상은 판매자에게 지급되는 수익의 금액이 아니라, (수입 당시의) 수익 중 일부를 받을 권리의 가치(value)이다. 위에서 I가 과거에 임대 또는 서비스센터 사업과 관련한 기록문서는 "객관적이고 수량화할 수 있는 자료"로서 가산을 허용하기에 충분한 것일 수도 있고 그렇지 않을 수도 있다. 만약 충분하지 못할 시에는 거래가격은 있을 수 없으며, 다른 평가기준이 적용되어야 할 것이다. 이 해석론에서 거래가격에 필수적으로 가산하는 사후귀속 금액을 사실적으로 지불하는 금액이 아니라 수입 당시의 (수출판매계약에서 약정한) 받을 권리의 가치로 한정하고 있다는 논지는 관세평가에서 때때로 간과하기 쉬운 관세평가협정의 기본취지를 명료하게 상기시킨다는 측면에서 그 중요성을 평가할 수 있다.

2) 판례연구

우리 판례의 동향을 살펴본다. 원고는 각종 의약품과 의약부외품 등의 제조 및 판매업을 목적으로 하는 회사로서, 1993.5.18. 스위스 회사인 프로디스파마와 아세클로페낙(Aceclofenac)에 대한 준독점 라이센스 계약을 체결하고 2004.7.2.까지 아세클로페낙을 kg당 미화 935 달러에 수입한 다음 이를 원료로 관절염 치료제인 에어탈(Airtal)을 제조하여 국내에 판매하였다. 원고는 프로디스파마와 2004.5.11.과 2005.8.24. 및 2006.6.19. 준독점 라이센스 계약을 갱신하면서(이하 '갱신계약') 아세클로페낙의 공급대금으로 우선 수입 시에 kg당 미화 500 달러나 510 달러 또는 425 유로를 지급하고, 나중에 원고가 아세클로페낙을 원료로 사용하여 제조한 에어탈의 판매금액에 따라 그 순매출액에 대한 일정 비율(6~12% 또는 3~7%)의 금액을 추가로 지급하기로 약정하였다. 원고는 2004.8.16.부터 2006.12.4.까지 프로디스파마로부터 아세클로페낙을 27차례에 걸쳐 수입하면서 그 가격을 kg당 미화 500 달러나 510 달러 또는 425 유로로 하여 수입신고를 하고 이를 기초로 관세 및 부가가치세를 신고·납부하였다(이하 이때 원고가 수입한 아세클로페낙을 '이 사건 각 수입물품', 원고가 신고한 가격을 '이 사건 각 신고가격'). 원고는 이 사건 각 수입물품을 원료로 에어탈을 제조하여 판매한 다음 갱신계약의 추가 지급 약정에 따라 2004.12.20.과 2006.3.7. 및 2007.3.9. 프로디스파마에 합계 3,507,194,694 원(이하 '이 사건 추가 지급 금액')을 지급하였다. 세관당국은 2007.12.26. 이 사건 각 신고가격은 동종·동질물품 등의 거래가격과 현저한 차이가 있어 이를 과세가격으로 인정하기 곤란하다는 이유로, 동종·동질물품의 거래가격을 기초로 과세가격을 결정할 수 있도록 규정한 구 관세법 제31조에 따라 원고가 2004.7.2. 이전에 아세클로페낙을 수입하면서 신고한 가격인 ㎏당 미화 935 달러를 기초로 이 사건 각 수입물품의 과세가격을 결정한 다음 그에 따라 이 사건 각 수입물품에 대한 관세 및 부가가치세를 증액경정하였다가, 2009.2.20. 이 사건 추가 지급금액을 사후 귀속이익으로 보아 구 관세법 제30조 제1항에 따라 이를 이 사건 각 신고가격에 가산하여 조정한 거래가격을 이 사건 각 수입물품의 과세가격으로 결정한 다음 그 가격을 기초로 이 사건 각 수입물품에 대한 관세 및 부가가치세를 증액 또는 감액경정하였다. 이와 같은 사실관계를 기초로 대법원 2012.11.29. 선고 2010두14565 판결은 구 관세법 제30조 제1항 제5호, 관세평가협정 제1조 제1항, 제8조 제1항 (라)목 규정의 문언 내용과 아울러 당해 물품의 수입 후의 전매·처분 또는 사용에 따른 수익금액 중 판매자에게 직접 또는 간접으로 귀속되는 금액(이하 '사후귀속이익')은 확정시기나 지급방법 등의 특수성에도 불구하고 그 실질은 어디까지나 수입물품의 대가이기 때문에 이를 가산하여 수입물품의 과세가격을 산정하려는 것이 이들 규정의 취지인 점 등을 고려하면, 수입물품 그 자체의 판매에 따른 수익금액 중 판매자에게 귀속되는 금액뿐만 아니라 수입물품을 가공하거나 이를 원료로 사용하여 만든 제품의 판매에 따른 수익금액 중 판매자에게 귀속되는 금액도 그것이 수입물품에 대한 대가로서의 성질을 갖는 경우에는 사후귀속이익에 포함된다고 봄이 타당하다는 태도를 취하고 있다.

원고는 2003.2.17. 건강보조식품, 화장품의 판매를 목적으로 설립된 회사로서 미국 법인인 USANA HEALTH SCIENCE Inc.(이하 '본사')이 지분 100%를 소유하고 있다. 원고는 본사로부터 건강식품과 화장품·세정용품 등을 수입하고, 수입물품과 원고가 국내에서 개발·조달한 물품을 다단계판매원에게 판매하며, 고객을 지원하는 등의 사업을 수행하고 있다. 원고는 본사와 물품공급계약(이하 '이 사건 물품공급계약')을 체결하였는데, 이 사건 물품공급계약에 의하면 원고가 본사로부터 수입하는 수입가격을 본사의 표준원가에 프리미엄률을 곱한 값으로 하되 원고가 달성한 실제 영업이익과 정상가격에 해당하는 목표 영업이익을 비교하여 실제 영업이익이 목표 영업이익을 초과하는 경우에는 초과액을 본사에 송금하고(이하 '사후송금액'), 반대로 실제 영업이익이 목표 영업이익에 미치지 못하는 경우에는 미달액을 본사로부터 수령(이하 '사후수령액', 사후송금액과 사후수령액을 모두 가리켜 '사후보상조정금액')하게 된다. 원고는 2012.6.2.경부터 2015.12.15.경까지 본사로부터 건강식품 등을 수입(이하 원고가 위와 같이 수입한 물품을 모두 가리켜 '이 사건 수입물품')하면서 본사의 표준원가에 프리미엄률을 곱한 값으로 이 사건 수입물품의 과세가격을 수입신고하여 이에 따라 관세 등을 납부하고, 2012년 2월부터 2015년 12월까지 본사에 합계 약 12,996,333,000 원 상당의 사후송금액을 지급하였다. 세관당국은 2016.4.경 원고에 대한 기업심사를 실시한 후 원고가 본사에 지급한 사후송금액은 이 사건 수입물품을 판매한 수익을 다시 본사에 지급한 것으로 관세법 제30조 제1항 제5호에서 정한 사후귀속이익에 해당한다고 보았다. 이 사건에서 세관당국의 과세논리는, 관세법 제30조 제1항, 제2항 소정의 '실제지급가격'이라 함은 수출입거래 당사자 간에 해당 수입물품에 대한 대가 내지 판매조건으로 지급되는 총금액을 의미하고, 실제 지급가격에는 구매자가 수입 시 지급한 금원뿐만 아니라 물품공급계약, 거래계약 부속합의서, 가격조정약정 등을 통해 추후 지급하기로 합의된 금원도 포함된다. 원고는 이 사건 물품 수입 당시 과세가격에 물품가격 구성 항목 중 최초 물품대금지급액만 포함시켰을 뿐 그 후 원고와 미국 판매자 간의 공급계약서에 기초한 물품가격 재협상의 결과인 사후보상조정 명목의 지급액을 포함시키지 않았다. 그러나 금융비용(배당금, 이자), 별개의 계약을 근거로 지급되는 금액, 비경상적 서비스(재무, 회계, 자문, 각종 행정사무관리) 등이 수입물품과 관련 없는 사후지급에 해당할 뿐 이 사건 사후송금액은 수입물품의 매출로 인한 손익을 조정하기 위해 지급된 것이어서 실제지급가격에 해당하여 과세가격에 가산되어야 한다. 하지만 판례[98]는 다음과 같은 이유를 들어 사후귀속이익 해당성을 부인하고 있다:

- 이 사건 물품공급계약서에서는 사후보상조정에 대하여 "자회사가 본 건 제품의 유통을 통해 실현한 영업이익률이 비교 대상 업체 표본들이 달성한 영업이익률의 정상 범위 내에 있는 경우, 자회사의 수익은 정상가격 범위 내 수익으로 본다. 정상가격 범위는 비교대상기업 분석의 4분위 범위 내에서 정한다. 필요한 경우 자회사가 당해연도에 정상가격 범위에 도달할 수 있도록 월말 또는 분기말에 유사나와 자회사 간에 보상금액 조정을 진행할 수 있다."고 규정하고 있다. 이러한 규정 내용은 물품의 가격 자체를 조정하는 것이 아니라 해당 기간 동안 원고가 달성한 수익이 목표 영업이익률에 미치지 못할 경우 이에 대하여 보상을 해주는 것인바, 이미 수입이 완료된 제품의 가격을 소급하여 조정하는 것이라거나 원고와 본사 간에 이 사건 수입물품의 대가를 추후 지급하기로 약정 또는 합의한 것이라고 보기 어렵다;
- 관세고시 제10조 제1항은, 구 관세법 제30조 제1항 제5호에서 "해당 수입물품을 수입한 후 전매·처분 또는 사용하여 생긴 수익금액"은 해당 수입물품의 판매, 사용 등에서 얻어지는 판매대금, 임대료, 가공임 등을 말한다고 하여 '사후귀속이익'을 규정하면서, 제2항에서 수입물품과 직접 관련이 없는 손익조정 목적의 송금액 등은 위 사후귀속이익에 해당하지 않는다고 규정하고 있다;
- 사후보상조정금액이 관세의 과세가격에 대한 가산요소인 사후귀속이익으로 포함되는지 여부는 해당 사후보상조정금액의 실질적인 발생 원인과 성질에 따라 구분하여 판단되어야 한다. 그런데 앞서 본 바와 같이 사후보상조정금액은 목표 영업이익률을 초과한 부분으로서 수입물품별로 산정한 개별 수익금액을 합산한 것이 아니고, 사후보상조정의 기준이 되는 영업이익률 역시 판매가격과 판매량을 곱한 매출총액에서

98) 서울고등법원 2022.01.14. 2021누34369 판결.

매출원가와 판매관리비 등의 각종 비용을 공제하여 산정되는 것으로서, 판매가격 이외에도 판매량과 각 제품별 판매가격에서 수입가격 등의 매출원가를 공제한 마진의 차이, 환율의 등락, 판매관리비 등 다양한 요소에 의하여 변동될 수 있다. 결국 사후보상조정으로 지급되는 사후송금액은 이 사건 물품의 대가로 지급되는 금액과 그 지급의 원인이나 성질이 전혀 별개의 것이어서 수입물품에 대한 대가의 간접적인 지급액에 해당한다고 보기 어렵다.

미국의 CBP 결정사례를 살펴본다. 【H542900, 1982.12.9.; H542926, 1983.1.21.; H543529, 1985,10,7.; H543773, 1986.8.28.; H544102, 1988.8.16.; H 544300 1989.2.17. 재입증; H544436, 1991.2.4. 번복】 ➲ 로열티나 라이센스료가 TAA 402(b)(1)(D) 규정에 의거 거래가격의 일부가 되지 못할 경우, 그 수수료를 추후 전매수익(proceeds)으로서 402(b)(1)(E)에 의한 거래가격에 포함시킬 수 없다. 【544436 1991.2.4.; H542900, 1982.12.9. 수정; H542926, 1983.1.21.; H543529, 1985.10.7.; H543773, 1986.8.28.; H544102, 1988.8.16.】 ➲ 로열티 계약에 따라 판매자에 대한 로열티의 지급은 추후 전매수익(proceeds)으로서 402(b)(1)(E) 규정에 따라 수입물품에 대한 실제로 지급하였거나 지급하여야 할 가격에 가산된다. 로열티의 지급은 수입자의 물품 전매에 따라 이루어진다. 이러한 추후 전매수익은 판매자에게 이익이 된다. 【H544656, 1991.6.19.】 ➲ 판매자에 대한 지급은 수입물품의 전매(resale)에 따른 것이 아니다. 더구나 미국산 구성요소들을 포함하는 최종제품의 전매에 기초하여 대금지급이 이루어진다. 따라서 대금지급의 상당부분은 실제로 수입되지 않은 구성요소들에 대하여 이루어지게 된다. 결론적으로 지급이 이루어진 부분은 TAA 402(b)(1)(E) 규정에 따라 추후 전매수익으로서 과세대상이 아니다.

5. 특수관계를 가진 거래당사자의 적용범위

1) 관세평가법리

관세법 제30조 제3항 제4호에 따라 구매자와 판매자 간에 대통령령으로 정하는 특수관계(이하 "특수관계"라 한다)가 있어 그 특수관계가 해당 물품의 가격에 영향을 미친 거래가격의 과세가격 결정을 위하여 제1 (관세평가) 방법의 적용은 부인된다. 이것은 GATT1947/WTO 부속서 I 주해 및 보충규정 (제7조에 관하여) 제2항 제1호에 따라 "구매자와 판매자가 서로 독립적이지 아니하며 가격이 유일한 대가(consideration)가 아닌 거래"[99]는 GATT1947/WTO 제7조 제2항에서 천명하고 있는 "실제가격"(actual value)의 법리에 반하기 때문이다. 바꾸어 말하면 거래당사자의 특수관계가 영향을 미치는 수입물품의 거래가격은 "해당

99) any transaction wherein the buyer and seller are not independent of each other and price is not the sole consideration.

물품 또는 동종물품이 완전경쟁 조건하의 통상적인 거래과정에서 판매되거나 판매를 위하여 제의된 때의 가격"에 합치될 수 없기 때문이다. 이에 따라 관세평가협정 제1조 제1항 (d)는 거래가격의 전제요건으로 구매자와 판매자 간에 특수관계(related)가 없거나 특수관계가 있다고 하더라도 그 특수관계가 가격에 영향을 미치지(influence) 않았을 것을 요구하고 있다.[100] **특수관계를 가진 거래당사자의 적용범위**는 구체적으로 다음과 같은 경우가 해당된다(관세령 제23조제1항):[101]

- 구매자와 판매자가 상호 사업상의 임원 또는 관리자인 경우;
- 구매자와 판매자가 상호 법률상의 동업자인 경우;
- 구매자와 판매자가 고용관계에 있는 경우;
- 특정인이 구매자 및 판매자의 의결권 있는 주식을 직접 또는 간접으로 5퍼센트 이상 소유하거나 관리하는 경우;
- 구매자 및 판매자 중 일방이 상대방에 대하여 법적으로 또는 사실상으로 지시나 통제를 할 수 있는 위치에 있는 등 일방이 상대방을 직접 또는 간접으로 지배하는 경우;
- 구매자 및 판매자가 동일한 제3자에 의하여 직접 또는 간접으로 지배를 받는 경우;
- 구매자 및 판매자가 동일한 제3자를 직접 또는 간접으로 공동지배하는 경우;
- 구매자와 판매자가 국세기본법상 친족관계에 해당하는 경우.

특수관계를 가진 거래당사자의 적용범위와 관련하여 관세평가협정 제15조 제4항은 다음에 해당하는 사람만을 특수관계가 있는 것으로 간주하고 있다: (a) 양 당사자가 상호 사업상의 임원 또는 관리자인 경우; (b) 양 당사자가 법률상 인정되는 사업상의 동업자인 경우; (c) 양 당사자가 고용주와 피고용인인 경우; (d) 특정인이 양 당사자의 의결권이 있는 발행 주식 또는 지분을 직접 또는 간접으로 5% 이상을 소유, 통제, 보유하는 자인 경우; (e) 양 당사자중 한 쪽 당사자가 다른 쪽 당사자를 직접 또는 간접으로 지배하는 경우;

---

100) 관련성이 단순히 있느냐 없느냐 하는 문제가 아니라는 것이다. 그것은 정도의 문제이다. 관련성이 있는 경우, 당사자 간 관련성의 성격과 정도는, 양 당사자 사이의 거래에 있어서, 거래가격이 거절될 것인지 여부의 추가적인 문제에 관해 중요한 의미를 갖는다. 따라서 사촌에 대한 판매는 형제에 대한 판매보다 관련성으로 인한 영향을 덜 받게 될 것이며, 또한 5% 지분을 갖고 있는 주주에 대한 판매는 100%의 지분을 갖고 있는 주주에 대한 판매보다 적은 영향을 받게 될 것이다. 【Saul L. Sherman/Hinrich Glashoff, 앞의 책, 187쪽】

101) 이 규정이 적용되는 단순하고 전형적인 사례로는 한 제조회사가 주요 외국시장에서 자사제품을 판매하기 위해 자신이 전체지분을 갖고 있는 자회사를 갖고 있는 경우이다. 이때 판매자는 구매자를 조정할 수 있기 때문에 세관당국은 이러한 관계에 의해 가격이 영향을 받을 수 있다고 생각할 것이다. 모회사 소유자는 또한 자회사의 간접적인 소유자이므로 자회사가 낮은 가격으로 인해 이익을 보든지 모회사가 높은 가격으로 이익을 보든지 간에 마찬가지로 좋아할 것이다. 모회사가 수입업체이고 해외에 있는 자회사는 제조를 하고 있는 경우에는, 부당하게 가격을 낮게 책정할 가능성이 더 높을 수가 있을 것이다. 실제로는 대부분의 경우, 그러한 가격의 왜곡을 방지하기 위한 제반압력이 효과를 거두고 있지만, 관련성으로 인해 가격이 왜곡되는 경우가 있다는 것은 부인할 수 없다. 【Saul L. Sherman/Hinrich Glashoff, 앞의 책, 185쪽】

(f) 양당사자가 제3자에 의하여 직접 또는 간접으로 지배를 받는 경우; (g) 양당사자가 제3자를 직접 또는 간접으로 공동 지배하는[102] 경우, 또는 (h) 양당사자가 동일 친족의 구성원인 경우. 관세평가협정 제15조 제5항은 표현여부에 관계없이 한쪽이 다른 쪽의 독점 대리인, 독점공급권자(독점유통업자) 또는 독점 영업권자로 서로 사업상 제휴관계에 있는 자들은 제4항의 기준에 해당되면, 이 협정의 목적상 특수관계가 있는 것으로 간주된다고 규정하고 있다. 따라서 다른 법률이나 일반적인 상거래의 용어상에서 표현되는 특수관계자로 해당한다고 하더라도 관세평가협정에서 정의하고 있는 특수관계자의 정의개념에 포섭되지 않는다면 관세평가협정상 특수관계자로 취급될 수 없다. 즉, 관세평가협정상 특수관계자의 정의 또는 관련 주해의 범위 내에 포함되지 않으면 특수관계가 없는 것으로 간주한다. 관세평가협정에서 거래가격의 전제요건으로 특수관계가 가격에 영향을 미치지(influence) 않았을 것을 요구하고 이유는 구매자와 판매자의 관련성이 정상거래의 가격을 왜곡할 수 있기 때문일 것이다. 정상거래(arm's length transaction), 즉 구매자와 판매자가 상대방에 대해 소유권이나 지배권을 가지지 않고 각자 자신의 이익을 극대화하기 위한 자기이익의 동기에 의해 이루어진 거래에서 협상된 가격은 해당 물품의 시장가치를 나타내지만, 반면 특수관계자 간의 거래는 완전경쟁 상황하에서 행해지지 않을 수 있으며 따라서 그들 간의 가격결정이 상호간에 갖고 있는 재무적 또는 그 밖의 이해관계로부터 영향을 받을 수 있다.[103] 이러한 전형적인 사례로 한 제조회사가 주요 외국시장에서 자사제품을 판매하기 위해 자신이 전체지분을 갖고 있는 자회사를 갖고 있는 경우를 들 수 있다.[104] 이때 판매자는 구매자를 조정할 수 있기 때문에 세관당국은 이러한 관계에 의해 가격이 영향을 받을 수 있다고 생각할 것이다. 모회사 소유자는 또한 자회사의 간접적인 소유자이므로 자회사가 낮은 가격으로 인해 이익을 보든지 모회사가 높은 가격으로 이익을 보든지 간에 마찬가지로 좋아할 것이다. 모회사가 수입업체이고 해외에 있는 자회사는 제조를 하고 있는 경우에는, 부당하게 가격을 낮게 책정할 가능성이 더 높을 수가 있을 것이다. 실제로는 대부분의 경우, 그러한 가격의 왜곡을 방지하기 위한 제반 압력이 효과를 거두고 있지만, 관련성으로 인해 가격이 왜곡되는 경우가 있다는 것은 부인할 수 없다.

102) 단어의 의미 그대로 해석한다면, 이 규정은 만약 한 프랑스 금속회사와 한 스웨덴 금속회사가 달리 관련되지는 않았으나 호주에서 채광회사인 공동의 자회사를 갖고 있을 경우, 유럽에서 이 두 회사간의 금속판매는 관련된 자간의 판매로 간주됨을 의미하는 것이 될 것이다. 이러한 상황에서 가격왜곡에 대한 모든 의심은 거래 초기단계에 단 한 번의 검사를 통해 제거될 수 있다.【Saul L. Sherman/Hinrich Glashoff, 앞의 책, 188쪽】

103) Sheri Rosenow/Brian J. O'Shea, 앞의 책, 71쪽.

104) Saul L. Sherman/Hinrich Glashoff, 앞의 책, 185쪽

(1) 친족(family)의 범위

우리 관세평가법규는 국세기본법 시행령 제1조의2 제1항에서 규정하는 특수관계인의 범위를 차용하고 있다. 따라서 구매자와 판매자의 관계가 ① 4촌 이내의 혈족, ② 3촌 이내의 인척, ③ 배우자(사실상의 혼인관계에 있는 자를 포함한다), ④ 친생자로서 다른 사람에게 친양자 입양된 자 및 그 배우자·직계비속, ⑤ 본인이 민법에 따라 인지한 혼인 외 출생자의 생부나 생모(본인의 금전이나 그 밖의 재산으로 생계를 유지하는 사람 또는 생계를 함께하는 사람으로 한정한다)에 해당한다면 관세평가법규상 특수관계가 있는 것으로 취급한다. 그런데 만일 구매자의 형제가 판매회사(법인)의 이사(임원)인 경우 특수관계자로 간주될 수 있는지 쟁점이 될 수 있다. 이러한 상황에서 EU법원[105]은 구 EU관세법 시행명령 제143조 제1항[106]은 관세법 제29조를 적용할 목적으로 개인이 관련되어 있다고 간주하는 것이 적절한 경우의 유형을 제한적으로 나열되어 있고, 친족관계에 있는 사람이 수입품의 판매가격에 영향을 미칠 수 있는 가능성은 판매자가 법인인 경우 유사하게 존재한다며, 구매자의 친족이 구매자의 이익을 위해 판매가격에 영향을 미칠 수 있는 권한이 있다고 설시하면서, 법인 내에서 행동하는 자연인이 수입품의 판매가격에 영향을 미칠 수 있는 권한이 있는 경우 그와 관련된 구매자인 경우, 법인으로서 판매자의 능력은 구 EU관세법 제29조 제1항(d)[107]의 의미 내에서 해당 상품의 구매자와 판매자가 관련이 있는 것으로 간주된다는 입장을 취하고 있다.[108]

---

105) Judgement of 21 January 2016, Valsts ieņēmumu dienests v Artūrs Stretinskis, In Case C-430/14, EU:C:2016:43.

106) 구 EU관세법 시행명령 제143조 제1항은 다음과 같이 규정하고 있다: 구 EU관세법 제II편, [관세] 법 제3장 및 본 편에서 개인(persons)은 다음과 같은 경우에만 관련이 있는 것으로 간주된다: (a) ~ (g) 생략, (h) they are members of the same family. Persons shall be deemed to be members of the same family only if they stand in any of the following relationships to one another: … - brother and sister (whether by whole or half blood) ... …

107) that the buyer and seller are not related, or, where the buyer and seller are related, that the transaction value is acceptable for customs purposes under paragraph 2.

108) 이 사건의 사실관계는 다음과 같다. 라트비아 국세청은 Stretinskis가 제출한 문서를 검토하고 그의 사업장에서 조사를 수행한 후, 특히 상품 판매회사의 이사가 Stretinskis의 형제라는 이유에서 신고가격의 정확성에 대해 의구심을 표명했다. 그들이 구 EU관세법 시행명령 제143조 제1항(h) 목적상 특수관계자라는 관점을 고려하여 국세청은 2010. 7. 22. 결정에 따라 구 EU관세법 제31조를 기준으로 상품의 과세가격을 재계산했다. Stretinskis는 1심 행정법원에 해당 결정의 무효화 소송을 제기했으나 기각되었다. 항소사건 행정법원은 관련 상품의 신고된 관세가격의 정확성에 대한 라트비아 국세청의 의심이 구 EU관세법 제143조 제1항의 목적을 위해 친족관계의 존재가 충분히 입증되지 않았다고 판결했다. Augstākā tiesa(대법원)는 소송절차를 중단하고 예비판결(preliminary ruling)을 위해 아래와 같은 질문을 EU법원에 회부하기로 결정했다: (1) 구 EU관세법 시행명령 제143조 제1항(h)는 거래당사자가 전적으로 자연인인 상황뿐만 아니라 가족 또는 일방의 이사(법인)와 거래상대방(자연인) 또는 그 당사자의 이사(법인의 경우) 간의 친족관계에 해당하는지?; (2) 대답이 긍정적인 경우, 문제를 심리하는 사법기관은 해당 자연인이 법인에 미치는

(2) 동일한 또는 특수관계 있는 사업체의 구성원의 범위

전술한 (a)의 법문에서 "상호 사업상의 임원 또는 관리자"의 관련성에 대해 명시적으로 규정하고 있지 않지만, 가령 A가 B사의 관리자라고 할 때에도 B사가 A의 회사에 대표권을 갖고 있지 않는 한 상호간에 관련이 없기 때문에 그 관련성은 명확히 상호적인 것이어야 하고, 1인의 공동임원 또는 관리자도 충분하다고 할 수 있겠지만 복수인 '양 당사자'(they) 그리고 '상호'(one another)라는 표현은 이런 해석을 배제하고 있는 것처럼 보인다.[109] 전술한 (b)의 법문에서 "사업상 동업자"(partners in business)에 대한 해석과 관련하여 관세평가기술위원회는 권고의견 21.1에서 독점대리인(sole agents), 독점공급(유통)권자(sole distributors) 및 독점영업권자(sole concessionaires)가 "법률상 인정되는 사업상의 동업자(legally recognized partners in business)"인가? 란 의문이 제기될 수 있다며, 다음과 같은 견해를 표명하고 있다. "동업자(partner)"는 사전적 정의로 "동일한 사업분야에서 한 사람 또는 그 이상의 사람들과 제휴(associated)하는 자로서 이익과 위험을 분담(shares)하는 자. 즉, 동업자 관계의 일원"을 뜻하고, "동업자 관계(partnership)"는 사전적 정의로 "합작사업을 수행하기 위해 자금 또는 자산을 출자하고 일정한 비율로 이익과 손실을 분담(share)하는 둘 또는 그 이상의 당사자로 구성된 결합체(association)"를 의미한다. 상법에서는 위에서 설명한 단순한 정의들은 "동업자"라는 용어에 내포된 법률관계를 계약, 조세 및 기타 법률을 통하여 정의, 해석, 성문화하도록 의도된 일단의 복합적인 법규와 원칙에 의하여 뒷받침된다. 여기에서 결합체(association)는 동업자관계 형성에 대한 국내의 법적 요건이 충족되는 경우에만 동업자관계가 되므로, 단순히 한 당사자가 다른 당사자의 독점대리인, 독점공급(유통)권자 또는 독점영업권자이기 때문에 관세평가협정에 따른 특수관계가 있는 것은 아니다. 그렇기 때문에 독점대리인, 독점공급(유통)권자 등이 공급자와 밀접한 제휴관계를 가진다 할지라도, 이러한 사실 하나가 그들을 일체의 다른 비특수관계자와 달리 취급할 하등의 이유를 제공하는 것은 아니다. 전술한 (c)의 법문에서 "고용주와 피고용인"의 경우는 가령, 고용주가 자신의 고용인에게 수출하는 경우가 해당될 것인바, 거래는 단일회사 내에서 일어나는 것이며 판매가 전혀 발생하지 않는 것으로 추정할 수 있을 것이므로 이 규정이 의도하는 바가 무엇인지는 불명확하다.[110]

그런데, 관세평가협정 제15조 제4항은 특수관계에 있다고 간주되어야 하는 8 가지 상황만을 규정하고 있는데, 관세평가협정 제15조 제5항은 표현 여부에 관계없이 한쪽이 다른 쪽의 독점 대리인, 독점공급권자(독점유통업자) 또는 독점영업권자(이하 간략히 독점대리인)로 서로 사업상 제휴관계에 있는 자들은 제4항의 기준에 해당되면, 협정목적상 특수관

실제 영향력과 관련하여 사건의 정황을 심층적으로 조사해야하는지?

109) Saul L. Sherman/Hinrich Glashoff, 앞의 책, 187쪽.

110) Saul L. Sherman/Hinrich Glashoff, 앞의 책, 187쪽.

계가 있는 것으로 간주된다고 구체적으로 규정하고 있다. 관세평가기술위원회는 해설 4.1에서 관세평가협정 제15조 제5항의 법문은 두 가지 목적을 가지고 있어서, 첫 번째는 독점대리인은 본질적으로 그의 공급자와 특수관계에 있다는 특정 평가제도에 내재된 개념에서 명백하게 벗어나기 위한 것이고, 반면에 독점대리인으로 확인된 당사자가 사실상 협정 제15조 제4항의 기준 중 하나에 해당한다면 그에만 기초하여 특수관계가 없는 것으로 간주되어서는 안 된다는 것이 인정되므로, 협정 제15조 제5항의 두 번째 목적은 협정 제15조 제4항의 규정 내에서만 당사자의 특수관계에 대한 고려사항을 알려주는 것이다는 입법취지를 설명하고 있다(para. 3과 4). 관세평가기술위원회는 한 쪽 당사자가 다른 쪽 당사자의 독점대리인으로 사업상 제휴를 하고자 하는 자들은 무역업계에서 입수가능한 업계 및 무역 간행물의 공고와 기타 수단과 같은 다양한 수단을 통하여 서로 접촉하게 될 것이고, 협상이 진행되면 대부분의 경우 독점대리점 계약에 대한 거래조건을 명시한 서면계약을 체결하게 될 것이라는 가상 scenario에서 다음과 같은 세 가지 상황이 발생할 수 있을 것으로 예측하고 있다. 첫 번째 상황은 그의 상품이 수입국 시장에서 상당히 인기 있는 정평 있고 평판이 좋은 제조자/판매자를 수반하고, 이러한 상황에서는 분명히 제조자/판매자가 더 강한 협상위치에 있게 될 것이므로 독점대리인에게 부과되는 조건 및 요건에 있어, 계약조건은 제조자/판매자에게 훨씬 더 유리할 것이며, 덧붙여 말하면, 그러나 이는 불가피하게 더 높은 물품가격을 동반한다; 두 번째 상황은 정반대로 수입자가 수익성이 좋은 시장에 대형 유통, 판매 및 서비스 거점을 갖춘 대기업인 경우라면 수입자가 협상과정에서 공급자에게 부과되는 조건과 요건에 대하여 더 많은 영향력을 행사할 것이다. 더욱이 공급자는 수입자의 대형 유통 및 판매구조의 이점을 얻기 위해 다소 낮은 가격도 감수하려 할 것이다; 세 번째 상황은 이들 두 가지 극단적인 상황의 중간에 있는 경우로 양 당사자가 보다 대등한 입장에서 협상을 하여 결정하는 경우에는 이러한 계약은 자유롭게 체결되고, 통상 해지 또는 갱신 조항을 가지며, 당사자 중 한 쪽이 조건을 위반하는 경우에는 관련 국가의 민법에 따라 강제된다는 것을 인식함으로써 최종 계약은 중요해진다. 이러한 scenario 상황에서 고려되어야 할 쟁점으로 관세평가기술위원회는 계약조건이 협정 제15조 제4항의 규정 중 하나를 충족하는지 여부에 있다고 지적하면서 다음과 같이 분명하게 결론지을 수 있다고 설명하고 있다: 독점대리점을 설정하는 계약이 협정 제15조 제4항(a)에 따른 상호 사업상의 임원 또는 관리자로 임명되는 당사자와 관련한 조항을 포함하고 있거나, 또는 협정 제15조 제4항(d)에 따른 5% 이상의 주식 교환이 있는 경우와 같이 특수관계를 형성하는 경우가 있으며, 어떤 계약은 협정 제15조 제4항(f) 및 (g) 규정의 제3자를 형성할 수 있음을 예상할 수 있고, 반면에 다른 계약은 협정 제15조 제4항(b)에 따른 동업자 관계를 형성할 수 있으며, 다른 한편으로는 이러한 계약들은 일반적으로 협정 제15조 제4항(c)에 따른 고용주/피고용인 관계나 협정 제15조 제4항(h)에 따른 친족관계를 형성하지 않는다고 간주하는 것이 타당하므로, 계약의 특정 조항이 쟁점 협정

조항의 적용여부에 대한 명백한 지표를 제공할 것으로 기대될 수 있다.

미국 CBP의 결정사례를 본다. 【H546583, 1997.12.2.】 ➲ 수입자와 공급자는 공급자와 수입자 모두의 이사회의 일원인 사실로 인해 특수관계에 있다. 이들은 section 402(g)(1)(C)에 따라 특수관계에 있다. 그러나 수입자의 이사진에 속한 자가 공급자의 고용인(employee)인 경우 TAA section 402(g)에 따라 특수관계가 아니다.

(3) 재정적 또는 법적 지배

특수관계자에 해당하는 "사람들'(persons)이라는 용어는, 필요한 경우, 법인을 포함하는 개념이므로(관세평가협정 부속서Ⅰ 제15조제4항에 대한 주해), 관세평가협정은 두 법인이 당사자인 물품거래가 특수관계자 간 거래로 간주하는 기준을 주식지분의 소유 비중과 거래상대방에 대한 지배력의 척도에 기초하고 있다. 전술한 (d)의 법문에서 의결권이 없는 주식 또는 지분의 소유는 관련성이 없는 것으로 해석되며, 대부(loan)도 마찬가지일 것이다. 5%의 의결권있는 주식을 소유함으로써 갖게 되는 영향력은 만약 있다면 나머지 95%의 의결권주가 얼마나 분산되어 있는가에 의해 좌우될 것인바, 이는 관련성을 정도의 문제로 만드는 질적인 면에서의 완벽한 예로 설명하면서 대기업의 의결권주는 매우 광범위하게 분산되어 있어서 소액주주(5% 이상의 경우도)가 판매거래가격에 관련된 자에게 알려지지 않는 수가 있으며, 이때 수입신고(세관에)시 이 규정의 정확한 적용은 불가능할 것이라는 견해가 있다.[111] 한편, 전술한 (e)의 법문에서 '지배'(control)의 개념은 한 쪽 당사자가 다른 쪽 당사자에 대해 구속 또는 지시를 법적으로 또는 실질적으로(operationally) 행사하는 위치에 있는 경우를 말한다[관세평가협정 부속서Ⅰ 제15조제4항(e)에 대한 주해]. 여기에 적용할 수 있는 "명확한 기준"(bright-line)이나 수량화된 기준은 제시되어 있지 않지만 이 정의에서 요구하는 것은 주해에 기술된 성격의 지배가 존재하는지 여부를 결정하기 위해 특정한 관계의 상황을 각 사안별로 검토하여야 한다.[112]

관세평가기술위원회는 특수관계를 정의하고 있는 협정 제15조 제4항의 나머지 조항은 협정 제15조 제4항(e) 규정의 한쪽 당사자가 다른 쪽 당사자를 직접 또는 간접으로 지배하는 경우를 해석함에 있어서, 달리 특수관계가 없는 당사자 간에 자유롭게 체결되었을 계약의 조건을 고려할 때, 이 조항에 대한 부적절한 해석으로 의도하지 않은 결과가 발생하지 않도록 주의하여야 한다고 강조하면서, 앞에서 제시된 가상 scenario 사례는 계약조건이 한 쪽 당사자가 다른 쪽 당사자에 대해 유리한 위치에 있는 경우로 전자는 후자에 대해 법적으로 계약상의 권리를 이행을 강요할 수 있는 위치에 있지만 구두 또는 서면 계약,

---

111) Saul L. Sherman/Hinrich Glashoff, 앞의 책, 187쪽.

112) Sheri Rosenow/Brian J. O'Shea, 앞의 책, 76쪽.

심지어 가장 단순한 형태의 계약에서도 한 쪽 당사자는 언제나 다른 쪽 당사자에 대하여 법적으로 강제할 수 있는 특정한 권리, 의무 및 기타 기대사항을 명시하는 위치에 있는데, 예를 들면, 주어진 가격으로 인도하는 기본계약에서 양 당사자는 한 쪽은 인도하여야 하고, 한 쪽은 일정한 가격을 지급하여야 하는 그들의 법적 권리와 의무가 이행될 것이라는 기대를 가지지만 이는 협정 제15조 제4항(e)에 따른 특수관계를 형성하지 않고, 수입물품에 대한 로열티 지급 때문에 판매자가 수입자가 로열티의 회계처리를 위하여 사용해야 하는 회계시스템을 확인하고 감사할 권리를 보유하는 더 복잡한 계약상 합의를 한 경우에도 이러한 권리의 실행 그 자체로 협정 제15조 제4항(e)에 따른 특수관계를 형성하지 않는다고 설명하고 있다. 아울러 관세평가기술위원회는 그 본질상 국내법에 따라 집행 가능한 법적 권리 또는 의무를 확정하는 모든 계약 또는 합의에서 특수관계를 형성하는 것이 협정의 의도는 아니라고 결론지을 수 있으므로, 협정 제15조 제4항(e)의 주해의 표현은 통상적인 구매자/판매자 또는 공급(유통) 계약의 범위를 벗어나고 다른 당사자의 활동에 대한 관리와 관련한 본질적인 측면에 대한 구속 또는 지시를 행사할 수 있는 지위를 수반하는 상황에 통상적으로 적용되어야 하고 통제 및 구속 또는 지시를 행사할 지위의 존재에 대한 고려는 각 개별상황의 구체적인 사항에 기초하여야 하는 사실 및 정도의 문제들을 결정하도록 요구한다는 견해를 밝히고 있다.

특수관계자간 거래에 대한 보다 명확한 이해를 위하여 관세평가기술위원회가 사례연구 11.1에서 관세평가협정 제15조 제4항(e)의 적용과 관련된 가상 scenario 상황을 설정하여 특수관계자간 거래에 대해 상론하고 있는 내용을 소개한다. 수입국 I의 B사는 수출국 X의 C사와 판매, 서비스 그리고 공급(유통) 계약(이하 계약)을 체결한다. C사는 소비자들에게 잘 알려진 중장비 예비 부품을 제조하는 대규모 다국적 기업의 자회사이다. 그리고 계약에 따라 C사에 의해 공급된 물품의 I국으로의 수입은 다음의 4가지 종류에 해당한다: (ⅰ) C사가 B사에 판매하는 물품; (ⅱ) B사가 요청한 주문에 따라 C사가 직접 고객(최종 소비자)에게 판매하는 물품; (ⅲ) B사 또는 일체의 다른 딜러들의 관여 없이 C사가 최종 소비자에게 판매하는 물품; (ⅳ) (ⅰ)종류에서 정하는 B사에 대한 판매와 유사하게 C사가 두 명의 다른 딜러[113]에게 판매하는 물품. 이러한 거래사실에서 B사와 C사가 공급(유통)계약에 기초하여 특수관계가 있는지 여부를 결정하기 위해서는 제15조 제4항(e)에 대한 주해와 관세평가기술위원회 해설 4.1의 지침과 대비하여 공급(유통)계약 규정의 영향을 면밀히 검토할 필요가 있다. 왜냐하면, 통상적인 공급(유통)계약은 일반적으로 계약종료 조항,

113) B사는 C사와 유일한 유대관계가 있어 다른 딜러들은 (a) 자기의 계산으로만 물품 구매가 허용되고, (ⅱ) 범주(즉, 위탁판매)에서 정하는 B사가 요청하는 형태의 최종 소비자로부터의 주문을 요청하는 것이 허용되지 않으며, (c) 진단활동을 수행할 권한은 없거나 (d) C사가 I국의 다른 구매자에게 판매하는 것에 대하여는 수수료를 받지 않는다. 이들 두 명의 딜러와 C사간의 계약조건은 앞에서 약술한 조항을 포함하고 있지 않다.

책임할당 조항, 최선의 노력 조항, 그리고 책임한계에 대한 독립 규정을 포함하고 있지만[114] 한쪽 당사자가 다른 쪽 당사자에 대해 지시하거나 구속하는 내용을 포함하고 있지 않기 때문에 기타 조항들에 대한 보다 자세한 분석을 요구한다.

- 공급(유통)계약은 일반적으로 이해관계의 상충을 야기하는 한 쪽 당사자의 제휴관계 설정을 금지하는 것을 의도하는 조항을 포함한다. 가령, "C사와 B사는 계약의 주된 목적을 달성함에 있어 B사의 효율성과 능력은 상품의 실질적 이용자(최종 소비자)인 다른 조직과 B사간의 제휴로 인해 악영향을 받을 수 있다는 것에 동의한다. B사는 계약 기간 동안, C사가 달리 서면으로 동의하는 경우를 제외하고는 자본투자 및 자본공급, 공동경영, 공동소유, 또는 기타 방식에 의한 어떠한 제휴도 무효라는 것에 동의한다."는 표현 조항이 있다면, 이러한 제한의 실질적 범위는 계약의 주된 목적과 이해관계 상충을 방지한다는 맥락에서 평가되어야 한다. 이러한 조항은 "최종 소비자"로부터 자본을 획득하거나 이들과 제휴하는 B사의 권리를 제한한다. 그 이유는 B사는 C사의 사전동의 없이 자유롭게 다른 공급처로부터 자본을 획득하고 다른 당사자와 제휴할 수 있는 상황에서, B사의 우선권 및/또는 충성에 대해 잠재적으로 악영향을 미치기 때문에 C사가 B사가 제시하는 "최종 소비자"와의 제휴를 수용하거나 거절할 권리를 갖는 것이 합리적이기 때문이다.
- 공급(유통)계약은 일반적으로 한 쪽 당사자가 소유권 또는 경영의 어떤 중대한 변화를 다른 쪽 당사자에게 통지할 것을 요구하는 조항을 갖고 있고, 대부분의 경우에, 그러한 변화는 계약종결에 대한 근거를 제공한다. 예컨대, "C사는 I 국에서 판매촉진,

114) 다음과 같은 일반 조항들을 말한다: • B사와 C사 두 회사 모두의 주된 계약 체결 목적은 상품판매를 촉진하고 발전시키는 것과 상품 사용자의 만족을 보장하기 위하여 높은 수준의 부품 가용성과 기계에 대한 서비스를 제공하는 것이다. • B사는 합의된 영역에 소재하고 있는 고객 및 잠재적 고객에 대해 상품판매를 촉진하고 발전시키는 것과 상품에 합의된 범위의 서비스를 제공할 책임이 있다. • 계약은 고객에게 판매와 서비스를 제공하는 B사의 능력을 신뢰하여 C사가 체결한 사적 계약이다. C사의 서면동의 없이, B사는 이러한 판매와 서비스 책임을 수행하도록 다른 회사를 지명하지 않을 것에 동의한다. • B사는 만약 C사가 달리 서면으로 합의하지 않는 한, 계약에 따라 C사로부터 구매한 상품의 재고가 일체의 다른 채권자를 위해 어떠한 형태로든 담보권에 의해 저당 잡혀있지 않도록 한다는 것에 동의한다. • B사는 C사가 만족하도록 상품을 판매하고 서비스를 제공하기 위 해 적절한 인원의 가격 있는 직원을 고용한다. • B사는 C사가 명시한 방법으로 재고 및 판매기록을 유지하고 C사가 명시한 주기에 따라 C사에게 재고, 판매 및 서비스에 관한 보고서를 제출한다. • 그들 관계가 독립된 계약자 및 매도인과 매수인 관계가 되는지는 당사자들의 의도에 달려있다. 계약서에 포함되어 있거나 또는 계약에 따라 행해진 어떤 것도 그 어떤 목적으로도 B사를 C사의 대리인으로 간주하지 않으며, 또한 계약에 따라 B사가 수행하였거나 수행하여야 하는 모든 행위들은 명시적으로 다르게 규정되지 않다면, B사 자신의 비용과 경비로 수행되어야 한다. • 어느 당사자도 이유 여부와 관계없이 다른 당사자에게 통지함으로써 계약을 종결할 수 있다. • 계약서의 다른 일반 조항들은 딜러가격, 최종 소비자가격, 소유권이전, 지급 및 보증의 방법을 포함하여 계약에 따라 수행된 각 판매에서의 판매조건뿐 아니라 C사가 B사에 물품을 판매하는 방식을 규정한다.

판매 및 유지보수의 제공을 위해 B사가 고용한 특정 개인들의 자질과 능력을 필요로 한다. B사는 해당 개인들이 계속하여 B사를 적극적으로 관리하거나 B사에 상당한 재정적 이해관계를 계속하여 가질거라는 것에 동의한다. C사에 대한 사전통지 및 C사의 사전승인 없이는 해당 개인들에 대한 관리직위 및 소유권 또는 의결권 통제에 실질적인 변화가 이루어져서는 안 된다."는 표현 조항이 있다면, 관리직위, 소유권 및 의결권 통제의 변화가 발생하기 전에 C사의 사전승인을 요구하고 있기 때문에 단순 통지규정보다 상당히 더 나아간 조항으로 보아야 한다. 관리자의 임명과 소유권 및 의결권 통제의 양도와 관련한 결정은 B사를 경영하는데 있어 핵심적인 측면이기 때문이다.

- 적절한 영업소뿐만 아니라 적절한 수준의 재고와 예비부품을 유지하도록 하는 요구사항은 흔히 공급(유통)계약에 포함되어 있다. 대부분의 경우, 영업소의 위치는 공급자와 공급권(유통업)자간에 의논될 수 있다. 예를 들면 "B사는 C사가 만족하도록 고객들의 이익을 위해 적절한 상품의 공급 및 기계에 대한 서비스를 제공할 적당한 장소 또는 영업소를 유지한다. B사는 고객에게 적절한 서비스를 제공하기 위하여 추가적으로 영업소를 설치하거나 기존의 영업소의 위치를 변경하는 것에 동의한다. 추가적인 영업소의 위치와 기존 영업소의 위치변경은 C사의 서면동의가 있어야만 할 수 있다. 모든 영업소는 B사에 의해 깔끔하고 매력적인 방식으로 유지되어야 하고 C사가 만족하도록 적절한 양의 상품을 보유해야 한다."라는 표현 조항은, C사가 궁극적으로 새로운 영업소의 설립과 기존 영업소의 위치 재조정에 대해 결정할 권리를 가진다는 것을 명백히 하고 있다고 보아야 한다. 영업활동의 위치와 관련한 결정은 B사를 경영하는 데 있어 핵심적인 측면이기 때문이다.
- "C사의 회계연도의 말일 이후 30일 이내 및 C사의 요구가 있을 때는 언제든지, B사는 B사, 일체의 자회사 및 일체의 특수관계 회사의 소유권, 재정상태 및 운영에 관하여 C사가 합리적으로 요구하는 경우 그러한 정보를 C사에게 제출한다." 또는 "C사가 달리 동의하지 않는다면, B사의 회계연도 종료 후 90일 이내에 B사는 회계감사 보고서 및 해당 회계연도에 대한 경영결과 보고서를 C사에 제출한다."라는 표현 조항이 있다면, 이러한 조항들은 C사에게 어떤 특정한 의사결정을 할 권리를 부여하지 않지만, C사가 B사, B사의 자회사 및 특수관계에 있는 회사의 재정상태를 감시하는 것을 보여준다고 볼 수 있다. 왜냐하면, 재무자료에 대한 접근은 전형적으로 한 쪽 당사자로 하여금 다른 쪽 당사자가 지급하는 금액(예: 로열티, 수수료 및 수익금)의 정확성을 감사하고 확인할 수 있도록 하기 위해 제공되기 때문이다. B사의 재무자료에 대해 C사가 접근하는 것의 정확한 특성은 제공된 정보로는 명확하지 않으며, 이 조항의 실제적인 범위와 영향을 결정하기 위해 보다 구체적인 검토가 필요할 수 있다.

앞에서 검토한 조항이 계약의 내용에 포함되어 있다면, B사와 C사간 계약은 통상의 구매자/판매자 및 공급(유통)계약의 범위를 벗어나게 된다. 그리고 C사는 B사의 경영에 있어 핵심적인 측면(예, 관리직위, 소유권 또는 의결권 통제, 영업소의 위치)에 대하여 B사에 지시 또는 통제를 수행하는 위치에 있게 된다. 그러므로 B사와 C사는 관세평가협정의 목적상 특수관계자가 된다. 왜냐하면 C사는 협정 제15조 제4항(e)의 조건 내에서 B사를 직접 또는 간접으로 지배하는 능력을 갖고 있기 때문이다. 이러한 검토 결론에 비추어, 만약 가격의 수용여부에 의심이 있다면 세관당국은 관세평가협정 제1조 제2항 및 관련 주해에 따라 특수관계가 가격에 영향을 미쳤는지 여부에 대한 검토를 수행하여야 한다.

2) 판례연구

우리 판례[115]는 관세평가법규상 거래가격에 의하지 아니하기 위하여는 먼저 "구매자와 판매자 중 일방이 타방을 직접 또는 간접으로 관리하는 특수관계"에 있어야 함을 전제로, '일방이 타방을 직접 또는 간접으로 관리하는 관계'라 함은 일방이 타방에 대하여 법적 또는 사실상으로 통제권 또는 지휘권을 행사할 수 있는 위치에 있을 경우를 말한다고 풀이되고 그에 관한 입증책임은 과세관청에게 있다는 입장을 취하면서, 원고가 오스트리아의 피셔유한회사로부터 스키용품을 수입판매함에 있어서 원고는 수입물품의 가격이나 인도조건, 재계약 여부 등에 관하여 위 피셔사와 독립적인 지위에서 자유로운 협상을 통하여 결정하고 수입 후 국내판매가격 등에 관하여 아무런 간섭을 받지 않는 관계이므로 판시 약정서상의 지위의 양도가 불가능하고 원고가 일본의 가네마쓰사와의 접촉에 위 피셔사의 사전양해나 소개를 구하였다 하여도 그것만으로는 위 피셔사가 원고를 직접 또는 간접으로 관리하고 있다고 볼 수 없다고 판단한 원심판결[116]을 정당한 것으로 수긍하고 있다.

미국 CBP의 결정사례를 살펴본다. 【H545481, 1994.9.14.】➲ 수입자는 유통업자에 대한 지배권이 없다. 수입자와 특수관계가 아닌 유통업자간의 관계는 유통업자에 대한 실질적인 영향이나 관리의 정도를 암시하는 규정인 공급권 계약에 의해 지배된다. 그 계약에 따라, 수입자가 행사하는 "통제"(control)에 의해, 자동차에 대한 독점 수입자로서 그가 실현한 시장통제의 힘으로, 수입자는 사실 유통업자와 특수관계에 있다. 따라서 수입자와 유통업자의 거래는 공제가격의 기초로 활용될 수 없으며 대신, 수입자동차의 공제가격은 유통업자에 의해 특수관계가 아닌 자에게 물건이 판매된 단위가격을 참조하여 계산되어야 한다. 【H543425, 1984.9.28.】➲ 수출사의 사장은 수입자를 통제하는 7명의 회원으로 구성된 관리위원회(governing committee) 소속이다. 관리위원회의 7위원 모두 동일한 하나의 의결권을 가지므로, 수출회사의 사장은 TAA section 402(g)(1)에 해당하는 특수관계자임을 결정하는데 필요한 정도의 통제를 행사하지 못한다고 할 수 있다. 【H545621, 1994.9.19.】➲

115) 대법원 1993.07.13.선고 92누17112 판결.

116) 서울고등법원 1992.10.01. 선고 92구666 판결.

TAA section 402(g)에서는 직접 또는 간접적으로 어떠한 법인의 5% 이상의 발행 의결권주 또는 주권 및 그러한 법인에서 의결권을 소유하거나, 관리하거나 보유하고 있는 사람 또는 그러한 법인은 평가 목적상 특수관계에 있는 것으로 간주된다고 규정되어 있다. 법령은 자본출자가 결국 회수될 계약의 당사자 상태에 있음으로서 달리 이러한 기준을 충족시키는 자가 특수관계가 아니라는 것을 규정하고 있지는 않다. 따라서 제조자, 수입자 및 재판매자는 모두 합작회사의 소유권을 갖고 있거나 참여하고 있으므로 모두 특수관계에 있는 자들이다. 【H547662 2002.9.20.; H548305 2003.8.11. 수정됨】 ➲ 수입자는 외국기업의 공동관리(common control) 하에 있는 회사다. 외국기업의 모회사는 동 외국기업의 51%의 지분을 보유한다. 반대로 동 모회사는 다른 2개의 회사에 의해서 소유되는데, 한 곳은 51%를, 나머지 한 곳은 49%의 지분을 가지고 있다. 이들 두 회사에 대해서는 수입자가 각각 약 20%와 70%의 지분을 보유한다. 그에 따라서 동 외국기업과 수입자 모두는 간접적으로 두 회사에 의해서 통제(control)를 받고 있으며, TAA section 402(g)에서 말하는 관계회사이다. 【H169975, 2012.01.20.】 ➲ 그 수입자는 컴퓨터 서버시스템 및 구성품의 재판매자이다. 수입자의 주요 공급자중의 하나는 해외 회사이다. 수입자의 회장겸 대표와 수입자의 사업 및 재무 부문의 부회장인 그의 처는 함께 10.5%에서 30.7%사이의 공급자의 의결권 주식을 감사기간을 포함하여 오랜 동안 소유했다. 수입자는 관계사로부터 구매해 온 물품을 포함하여 모든 수입물품에 대하여 평가의 기초로 거래가격을 사용했다. 하지만 정기심사중에 수입자는 공급자와의 그의 관계가 그들의 거래 가격에 영향을 미치지 않았다는 적당한 설명을 하지 못하였다고 결정했다. 수입자는 수입자가 공급자가 특수관계자란 것에 반박했다. 실제사실은 수입자와 공급자가 수입회사의 회장겸 대표와 그의 처의 동일지배에 의해 또는 하에 통제되고 있다는 것을 나타내고 있었다. 게다가 당사자간 계약조건은 수입자가 공급자가 청구하는 가격에 영향을 주는 것을 허용하고 있어서, 공급자가 자신의 가격을 자유롭게 정하지 못하였다.

Ⅲ. 정상적인 가격결정 관행에 부합하는 방법으로 결정된 특수관계 당사자간 거래가격의 인정기준과 그 입증

1. 서설

관세법 제30조 제3항 제4호단서에 따라 구매자와 판매자가 특수관계를 가진 거래당사자에 해당된다고 하더라도 해당 물품의 가격이 해당 산업부문의 정상적인 가격결정 관행에 부합하는 방법으로 결정된 경우, 즉 그러한 특수관계가 해당 물품의 가격에 영향을 미치지 아니하였다는 것이 입증된다면 제1 (관세평가) 방법의 적용을 허용하고 있다. 관세평가협정 제1조 제1항(d)에 따르면, 구매자와 판매자가 특수관계(related)있는 경우에도 특수관계가 그 거래가격에 영향을 미치지 않았다면 그 거래가격은 협정 제1조에서 천명하고 있는 거래가격으로 취급하여 수입물품의 과세가격으로 수용되어야 한다. 아울러 관세평가협정 제1조 제2항(a)에 따르면, 협정 제15조에서 의미하는 특수관계에 있다는 사실 그 자체만으로 거래가격을 수용할 수 없는 근거가 되지 않아야 하고, 특수관계를 가진 구매자와 판매자 간의 거래가격이 과세가격으로 수용될 수 있는지 여부를 결정함에 있어서 판매의 주변상황(circumstances surrounding the sale)에 대한 검토가 요구된다. 그리하여 판매의 주변상황 검토 등의 결과가 다음과 같은 경우에 해당한다면 특수관계가 해당 수입물품의 거래가격에 영향을 미치지 아니한 것으로 간주될 수 있다(관세령 제23조제2항):

- 특수관계가 없는 구매자와 판매자 간에 통상적으로 이루어지는 가격결정 방법으로 결정된 경우;
- 해당 산업부문의 정상적인 가격결정 관행에 부합하는 방법으로 결정된 경우;
- 특수관계가 없는 우리나라의 구매자에게 수출되는 동종·동질물품 또는 유사물품의 거래가격이나 동종·동질물품 또는 유사물품의 과세가격에 근접하는 가격(특수관계의 영향을 받지 아니한 물품가격의 비교가격)으로서 기재부령이 정하는 가격.

관세평가협정 부속서Ⅰ 제1조제2항에 대한 주해 para 3에서도 가격이 특수관계에 영향을 받지 않았다는 것을 증명하는 방안으로 다음과 같은 세가지 기준을 제시하고 있다:

- 해당 가격이 해당 산업의 정상적인 가격결정 관행에 부합하는 방법으로 결정된 경우(the price had been settled in a manner consistent with the normal pricing practices of the industry in question);
- 판매자가 자기와 특수관계에 있지 않는 구매자에게 판매가격을 결정하는 방법으로 해당 가격이 결정된 경우(the price had been settled with the way the seller settles prices for sales to buyers who are not related to the seller);
- 해당 가격이 모든 비용에 대표적인 기간(예: 1년 기준)동안에 동종 또는 동류 물품의 판매에서 실현된 기업의 전반적 이윤을 나타내는 이윤을 합한 금액을 회수할 수 있을 만큼 적절하다는 것이 입증되는 경우(Where it is shown that the price is adequate to ensure recovery of all costs plus a profit which is representative of the firm's overall profit realized over a representative period of time(e.g. on an annual basis) in sales of goods of the same class or kind, this would demonstrate that the price had not been influenced.).

우리 관세평가법규나 관세평가협정은 특수관계가 해당 수입물품의 거래가격에 영향을 미치는지 여부를 검증하는 방법으로 "판매의 주변상황 검토에 의한 검증"과 "비교가격 기준에 의한 검증"을 제시하고 있다. 이 검증방법은 서로 대체할 수 있기 때문에 수입자는 이 중 어느 하나만을 입증하거나 충족하면 해당 수입물품의 거래가격에 영향을 미치지 않는 것으로 간주될 수 있다. 여기에서 "**비교가격 기준에 의한 검증**"은 그 검증방법이 특수관계가 해당 수입물품의 거래가격에 영향을 실제로 미치는지 여부를 판단기준으로 하는 것이 아니라 비특수관계자간 거래의 비교가격 대비 인정기준에 따라 판단하기 때문에 판매의 주변상황 검토에 의한 검증방법에서처럼 특수관계가 해당 수입물품의 거래가격에 영향을 미치는지 여부와 상관없이 거래가격으로 인정될 수 있다는 차이점이 있다.

관세평가기술위원회가 사례연구 10.1.에서 제공하는 관세평가협정 제1조 제2항의 적용에 관한 scenario 예시를 살펴본다. I국의 ICO는 X국의 XCO로부터 식품 첨가물 생산에 사용되는 두 가지 종류의 재료를 구매하고 수입하였고, 물품을 통관하는 시점에, ICO는 I국의 세관당국에 다음과 같이 XCO와 특수관계가 있음을 신고하였다. XCO는 ICO의 주식 22%를 보유하고 있으며, 또한 XCO의 임원과 관리자들은 ICO의 이사회를 대표한다. 수입 후, I국의 세관당국은 가격의 수용여부에 대한 의문이 있었기 때문에 관세평가협정 제1조 제2항에 따라 XCO와 ICO간의 물품 판매의 주변상황에 대한 검토를 실시하기로 결정하였다. 이를 위해 세관당국은 ICO에게 XCO의 I국 내 다른 구매자에 대한 상품의 판매와 관련한 정보와 필요하다면 XCO의 생산비용 및 이윤과 관련한 정보뿐만 아니라 일체의 가격차이에 대한 타당한 이유를 요청하는 질의서를 송부하였다. ICO의 요청으로 세관당국은 XCO에도 질의서를 송부하였다. 수취된 답변으로부터, 아래와 같은 사실들이 확인되었다.

ICO는 XCO로부터 식품첨가물의 생산에 필요한 여러 재료들을 구하였다. XCO가 ICO에 판매한 재료는 "XCO가 제조한 재료"(이하 'A재료')와 "XCO가 다른 제조자 및 공급자로부터 취득하여 보관하고 있는 재료"(이하 'B재료') - 이 종류의 재료는 XCO가 제조하거나 가공한 것이 아니다. 그렇지만 이들 재료의 일부는 XCO가 전매(轉賣)를 위해 포장한 것이다 - 두 가지 종류에 해당된다. 관세평가협정 제15조 제2항의 관점에서 A재료와 B재료는 동종·동질 또는 유사물품이 아니다. 아울러 A재료는 I국내에 특수관계가 없는 다른 구매자에 판매된다. A재료와 관련하여 XCO가 청구하는 가격은 다음과 같다. (ⅰ) ICO에 대한 판매 92 c.u FOB, (ⅱ) 특수관계가 없는 구매자에 대한 판매 100 c.u FOB.

A재료와 관련하여 세관당국은 다음의 사실을 발견하였다. 특수관계가 없는 구매자가 ICO와 동일한 거래단계 및 유사한 수량으로 재료를 구입하였고 같은 목적으로 재료를 사용하였다. 특수관계가 없는 구매자의 이들 재료에 대한 수입은 100 c.u.의 거래가격으로 평가되었다. 또한, XCO가 부담한 비용은 ICO 및 I국 내 특수관계가 없는 구매자에 대한 판매와 관련하여 동일하다. 아울러, 세관당국은 위에 명시된 8%의 가격차이를 설명할 수 있는 재료의 가격에 대한 계절적 영향은 없다는 사실을 확인하였다. 더욱이 세관당국에서 가격차이에 대한 설명을 요청받은 후에도 ICO와 XCO는 가격차이를 설명할 추가적인

정보를 제공하지 않았다. B재료는 I국에서 ICO에게만 판매되며, I국으로 동종·동질 또는 유사물품의 수입은 없다. B재료와 관련하여, 세관당국은 ICO에 청구된 가격은 대표적인 기간 동안 해당 기업의 전반적인 이윤을 나타내는 이윤의 회수뿐만 아니라, 취득비용에 더하여 재포장비, 취급 및 운송비용을 포함한 XCO의 모든 비용을 회수할 수 있을 만큼 적절하다는 사실을 확인하였다.

ICO 및 XCO는 관세평가협정 제15조 제4항의 (a) 및 (d)호에 따른 특수관계자이다. 협정 제1조 제2항과 함께 해석되는 협정 제1조 제1항(d)에 규정된 바와 같이, XCO와 ICO간의 판매에 대한 거래가격은 가격이 특수관계로 인하여 영향을 받지 않았음이 입증된 경우에만 과세가격을 결정하기 위한 기초를 구성한다. 협정 제1조 제2항에 따라 특수관계가 가격에 영향을 미치지 않았음을 입증하는 책임은 수입자에게 있다. 관세평가협정은 세관당국이 수입자에게 가격이 특수관계에 의하여 영향을 받지 않았음을 보여주는 정보를 제출할 수 있는 합리적인 기회를 부여할 것을 요구하고 있는데 반하여, 세관당국에게 가격차이가 타당함을 입증할 목적으로 철저한 조사를 수행할 것을 요구하지 않는다. 그러므로 이와 관련하여 어떠한 결정은 수입자가 제공하는 정보를 상당한 정도로 근거하여야 한다.

이 사례에서 입수가능한 정보는 ICO와 XCO간의 거래는 특수관계가 없는 구매자에게 판매한 가격보다 낮은 가격이라는 것을 보여준다. 이러한 이유에 대해 설명을 요청하였을 때, XCO와 ICO는 가격 차이를 설명하지 못했다. 세관당국이 입수한 정보는 ICO와 특수관계가 없는 구매자는 동일한 거래단계에서 동일한 목적으로 유사한 수량의 재료를 구매하고 XCO의 판매비용은 ICO와 특수관계가 없는 구매자에 대한 판매에서 동일하다는 것을 보여준다. 전술한 내용과 산업 및 물품의 특성에 기초하여, 가격차이가 중요하지 않다는 견해를 갖기에는 근거가 불충분하다. 그러므로 A재료와 관련하여 거래가격 방법은 적용할 수 없다. A재료에 대한 과세가격의 결정은 대체적인 방법을 사용하는 것이 필요하다. 이와 관련하여 특수관계가 없는 구매자가 수입한 동종·동질 또는 유사물품의 거래가격이 과세가격 결정의 기초가 될 수 있다. 하지만 해당 특정 가격차의 영향은 이 사례에서 제시된 사실에만 적용된다는 점에 유념하여야 한다. 이 가격차는 다른 사례에서 가격차이가 상업적으로 중요한지 여부를 결정하는데 있어 기준이나 척도로 받아들여져서는 안 된다. 관세평가협정은 가격차이의 중요성은 쟁점사례에서 물품과 산업의 특성을 기초로 고려되어야 한다는 것을 명확히 하고 있다. ICO에게만 판매되는 B재료와 관련하여, 판매의 주변상황을 검토한 결과, 해당 가격은 모든 비용에 대표적인 기간 동안에 동종 또는 동류물품에서 XCO의 전반적 이윤을 나타내는 이윤을 합한 금액을 회수할 수 있을 만큼 적절하다는 것을 보여준다. 관세평가협정 제1조 제2항에 대한 주해 제3항에 따라 B재료와 관련한 거래가격은 관세목적상 수용할 수 있다.

2. 판매의 주변상황 검토에 의한 검증

1) 관세평가법리

"구매자와 판매자가 특수관계에 있는 경우, 판매 주변상황이 검토되어야 하고, 특수관계가 가격에 영향을 미치지 않았다면 거래가격은 과세가격으로 수용되어야 한다"는 관세평가협정 제1조 제2항(a) 법문은 구매자와 판매자가 특수관계에 있는 모든 상황을 검토해야 한다는 것으로 해석되지 않기 때문에 세관당국의 판매를 둘러싼 검토는 해당 가격의 수용에 대하여 의심이 있는 경우에만 요구된다(관세평가협정 부속서Ⅰ 제1조제2항에 대한 주해 para 2). 즉, 판매의 주변상황 검토를 위한 검증착수의 당위적 요소는 해당 가격의 수용에 대한 의심(doubts)의 존재이다. 해당 가격의 수용에 대한 합리적 의심의 존재 여부는 미국 관세법시행령(19 CFR) 152.103(l)(1)에서 표현하고 있는 **거래의 유효성**(Validation of transaction)을 기준으로 판단하면 될 것이다. 이 시행령에 따르면, 제152조103(j)(2)에 포함되는 절차를 이용함으로써 거래가격의 유효성 요건이 필요 없는 특수관계자간 거래도 있을 수 있으므로 세관당국은 구매자와 판매자가 특수관계에 있다는 이유만으로 거래가격을 무시하지 않아야 한다는 것이다. 이 시행령의 주해(Interpretative note) 1에서 세관은 이전에 관계를 조사하였거나 이미 구매자와 판매자의 특수관계로 인해 실제로 지급하였거나 지급하여야 할 가격에 영향을 미치지 않았음을 만족시킬 수 있는 구매자와 판매자에 관한 충분한 상세정보를 구비하고 있는 경우 만일 세관이 가격 인정여부에 의심이 없다면, 수입자에게 더 이상의 정보를 요청하지 않고 가격을 인정할 것이지만, 만일 세관이 가격 인정여부에 의심을 품고 있으며 더 이상의 질의 없이 거래가격을 인정할 수 없을 경우, 수입자는 세관에 상세정보를 제공할 기회가 있어서 세관으로 하여금 판매상황을 조사하도록 할 수 있다는 지침을 제시하고 있다. 이러한 맥락에서 세관은 구매자와 판매자가 거래 관례를 형성하는 방식 및 특수관계로 인해 가격에 영향을 미치는지 여부를 결정하기 위해 해당 가격을 결정하는 방식을 포함하여 거래에 관련된 측면을 조사할 것이다. 그리고 이 시행령 주해 2는 구매자와 판매자가 특수관계에 있더라도 서로 특수관계가 아닌 것처럼 서로 구매하고 판매하였다는 것을 보여줄 수 있는 경우, 이것은 특수관계로 인해 가격에 영향을 미치지 않았으며 거래가격으로 인정될 것임을 나타내고, 해당 산업의 통상적인 가격을 정하는 관행에 따른 방식이나 판매자가 특수관계가 아닌 구매자에게 판매하기 위하여 가격을 결정하는 방식으로 가격이 결정될 경우, 이것은 특수관계로 인해 가격에 영향을 미치지 아니함을 나타낸다는 지침도 제시하고 있다. 또한, 이 시행령 주해 3에 따르면, 모든 비용뿐만 아니라 회사가 대표적인 회계기간 동안(예: 회계연도) 실현된 동종 또는 동류의 물품을 판매해서 얻은 전반적인 이윤에 상당하는 이윤의 획득을 입증할 수 있다면, 이것은 특수관계에 의해 영향을 받지 않은 가격이라는 것을 나타낸다는 것이다. 가령, 어느 해외판매자가 특수관계에 있는 미국 수입자에게 물품을 판매하고, 해외 판매자는 특수관계가 아닌 자에게 동종·동질 물품 또는 유사물품을 판매하지 아니한다면 세관은 특수관계에 의해 해외 판매자와 미국 수입자간의 거래에 영향을 미치지 않는다고 결정한다는 것이다. 어떻게 물품을 평가할 것인가? 거래가격은 실제로 지급하였거나 지급하여야 할 가격을 기초로 하고 있기 때문에 특수관계에 의해 실제로 지급하였거나 지급하여야 할 가격에 영향을 미치지 아니하였다면 특수관계에 있는 구매자와 판매자간의 거래가격은 인정받을 수 있고, 유사물품을 높은 가격에 판매하는 것은 매우 공평한 것이므로, 이것은 이윤 및 일반경비에 대하여 높은 비율을 설정하고 있음을 의미한다는 해석을 내놓고 있다.

그러므로 예컨대, 세관당국이 특수관계를 미리 검토하였거나 또는 구매자와 판매자에 관련한 상세한 정보를 이미 가지고 있어서, 그러한 검토 또는 정보에 의하여 특수관계가 가격에 영향을 미치지 않았다는 것을 이미 납득하고 있을 수 있는 상황과 같이 세관당국이 해당 가격의 수용에 대해 전혀 의심이 없는 경우에는 수입자에게 더 이상의 정보를 요구하지 않고 수용되어야 한다. 세관당국이 특수관계가 가격에 영향을 미치지 않았다는 것을 이미 납득하고 있을 수 있는 상황의 예를 들자면, 공급자와 그의 유통업자가 임원의 교환에 의해 특수관계에 있다고 - 즉, 각 회사의 사장이 다른 회사의 이사회의 일원이어서, 양 회사의 노력을 조정하기 위해 각 회사는 타 회사의 계획에 대해 상세히 통보받고 있지만, 이 양 회사는 제조자와 독점계약자라는 점을 제외하고는 달리 특수관계에 있지 않기 때문에 가격문제에 관해서는 각기 독립성을 유지하고 있으므로 이들의 가격에 의문을 가질 이유가 없을 것이다.[117] 또 다른 상황의 예를 보자. 수입자는 수출자가 완전 소유하고 있는 자회사이고, 수입자는 수출자의 제품을 독점적으로 공급(유통)하고 있으며, 양 당사자는 생산에 사용된 자본에 대한 일정수익에 직접제조원가를 더한 금액을 제조자에게 확보해 주는 가격계산공식을 채택하였는데, 이 공식은 내국세 당국과 관련된 어려움을 피하기 위해 고안되었고, 수입자는 그 공식사용을 중단할 경우와 그 시점에 대해 관세당국에 통보할 책임을 갖는 경우에는 세관당국이 관세평가협정 제1조 제2항(a)에 의한 특정거래와 관련된 상황을 재검토할 필요가 없을 것이다.[118] 그러나 관세평가협정 부속서 I 제1조제2항에 대한 주해 para 3은 세관당국이 추가적인 조사 없이 거래가격을 수용할 수 없을 경우 - 해당 가격의 수용에 대한 의심(doubts)이 해소되지 않는 경우 - 에는 수입자에게 자신이 판매의 주변상황을 검토하는 데 필요한 보다 상세한 정보를 제공할 수 있는 기회를 부여하여야 하고, 이와 관련하여 세관당국은 특수관계가 가격에 영향을 미쳤는지 여부를 결정하기 위하여 구매자와 판매자가 그들의 상업적 관계를 조직(organize)하는 방법과 해당 가격이 결정된 방법을 포함한 거래의 관련 측면을 검토할 준비에 대한 필요성을 상기시키면서, 판매를 둘러싼 상황에 대한 검토 결과로 구매자와 판매자가 관세평가협정

117) Saul L. Sherman/Hinrich Glashoff, 앞의 책, 191~192쪽.
118) Saul L. Sherman/Hinrich Glashoff, 앞의 책, 192쪽.

제15조의 규정에 따른 특수관계라 하더라도 특수관계가 없는 것처럼 상호간에 판매하고 구매하는 것이 입증되었다면 그 가격은 특수관계에 영향을 받지 않았다는 것을 증명한 것으로 규정지고 있다.[119] 이 규정은 관세평가협정이 당사자가 특수관계에 있다는 단순한 사실만으로는 거래가격의 거절사유가 되지 못하며, 가격이 왜곡되지 않았음을 보여주는 어떠한 증거도 수용되어야 하고, 그리고 상황증거(circumstantial evidence)조차도 이에 대한 반증이 없는 때에는 충분하다는 것을 확인하는 규정으로 보아야 한다.[120]

관세평가기술위원회는 관세평가협정 제1조 제2항(a)에 따른 특수관계자 간 거래 검토시 이전가격 문서의 사용에 관하여 scenario 상황을 가정한 2개의 사례를 보여주고 있다. 사례연구 14.1에서 관세평가기술위원회는 이 사례연구가 관세평가협정을 해석하고 적용하는데 있어 세관당국이 OECD 지침과 OECD 지침을 적용하여 산출한 문서를 활용해야 할 그 어떠한 의무를 명시하거나 시사하거나 규정하지 않는다고 밝히면서, 세관당국이 협정 제1조 제2항(a)에 따라 수입물품의 가격이 구매자와 판매자 간의 특수관계에 영향을 받았는지 여부를 검토할 때 거래순이익률법(TNMM)에 기초한 회사의 이전가격 연구에서 제공된 정보를 고려한 사례를 설명하고 있다. 이 사례에서 제시된 이전가격 연구는 OECD

119) 이 주해의 높은 유용성을 인정하지만 개선의 여지가 상당히 많다는 견해가 있다(Saul L. Sherman/Hinrich Glashoff, 앞의 책, 192~193쪽.) 이 견해에 따르면, 수입자는 자신의 수입국 내 전매가격은 선도적인 국내 생산자가 책정하고 있는 가격에 의해 지배를 받고 있음을 주장하고, 수입자는 항시 자신의 경비와 이윤을 포함시키기 위해서는 양륙가격의 18%에 해당하는 금액 가산이 필요했으며 또 그렇게 해왔는데, 그 비용은 비정상적인 것이 아니었으며 약 8%의 이윤도 과도하게 보이지 않고, 현재 거래에서의 가격은 현 시장에서의 보편적인 가격에 양륙가격에(18%를 가산한 금액과 일치하는) 15.25%를 차감하여 계산된 것인 경우에 비록 산업의 관행도 없고 수출자는 특수관계에 있는 수입자에게만 판매를 하고 있으며, 수출자의 비용 또는 이윤에 대한 자료가 관세당국에 제출되지 않았더라도, 거래가격은 채택될 수 있는 것이 되어야 한다는 것이다. 따라서 이 주해는 단지 시발점이고 예시적인 것으로 받아들여져야 하고, 이 협정은 판매에 관한 사실에만 국한하지 않고, 좀 더 넓은 판매와 '관련된 상황'에 대한 조사의 개념을 다루고 있으며, 이 문구는 거래 그 자체만이 아닌 거래와 관련된 전체적인 사항을 다루고 있음을 확실히 한다는 것이다. 특히 적절한 경우 상황이 세금에 미치는 영향에 관한 추가적인 고려는 항시 허용되어야 하므로 수입자가 적용될 수 있는 관세율보다 더 높은 세율에 의해 소득세를 납부하고 있다는 증거는 그 자체만으로도 이전가격이 낮게 책정되지 않았다는 추정을 하기에 충분하다는 것이다. 이에 반하는 다른 증거가 이러한 추정을 하지 못하게 할지도 모르나, 해답이 없을 경우 거래가격이 채택될 수 있는 것으로 하기 위한 충분한 기준이 제시되어야 하고, 마찬가지로 수출국 또는 수입국 조세당국이 수용한 공식에 따라 가격이 책정되었을 경우, 그러한 취지의 증거는 거래가격이 채택될 수 있게 하는데 도움이 되어야 한다는 것이다. 원칙적으로 그리고 실제에 있어서도 마찬가지로, 이전가격이 채택될 수 있도록 하기 위해 설득력을 행사하는 데는 어떠한 제한도 있어서는 안 되며, 특수한 경우, 즉 경영자 이익참여계획(executive profit sharing plan)과 같은 조건은 인위적인 가격조작을 방지시킬 것이고, 또한 다른 사례에서, 판매 자회사가 계속해서 손해를 보고 있다는 사실은 이 자회사가 모회사로부터 부당하게 낮은 가격으로 물품을 구매하고 있지 않다는 충분한 증거가 될 것이라는 논지를 펴고 있다.

120) Saul L. Sherman/Hinrich Glashoff, 앞의 책, 194쪽.

이전가격 지침을 기초로 작성되고 쌍방 APA의 근거로 사용되었다. 이 연구는 "세관당국이 수입물품에 대하여 실제로 지급하였거나 지급하여야 할 가격이 협정 제1조에 따라 당사자 간 특수관계에 영향을 받았는지 여부를 결정할 수 있게 하는 정보를 제공하는가?"에 주안점을 두었다.

이 사례에서 설정된 거래사실은 다음과 같다:

- X국의 제조자 XCO는 그의 완전히 소유한 자회사인 I국의 공급(유통)업자 ICO에게 계전기를 판매한다. ICO는 계전기를 수입하며 특수관계가 없는 판매자로부터는 어떠한 상품도 구매하지 않는다. XCO는 특수관계가 없는 구매자에게는 계전기나 동종 또는 동류의 물품을 판매하지 않는다;
- 2012년에 ICO는 I국 세관에 제출한 상업송장에 기재된 가격에 기초한 거래가격을 사용하여 해당 물품을 수입하였다. 거래가격 사용을 금지하는 협정 제1조 (a)호부터 (c)호에 규정된 특별한 상황이 존재한다는 증거는 없다;
- 수입 후에 I국의 세관은 거래가격의 수용여부에 대해 의심을 가졌기 때문에 협정 제1조 제2항(a)에 따라 ICO와 XCO간 물품의 판매 주변상황을 검토하기로 결정하였다;
- 수입자는 특수관계가 가격에 영향을 미치지 않았음을 입증하는 수단으로서, 제1조 제2항(b)와 (c)에 따른 비교가격을 제공하지 않았다;
- 세관의 추가 정보요청에 대하여, ICO는 ICO를 대신하여 독립기업이 작성한 2011년도에 대한 이전가격 연구를 제출하였다;
- 이전가격 연구는 거래순이익률법("TNMM")을 사용하였으며, 이 사례에서 거래순이익률법은 같은 기간에 독립적인 당사자 간의 비교가능한 거래를 수행하였고 역시 I국에 위치한 기능적으로 비교가능한 동종 또는 동류의 물품 공급(유통)업자들의 영업이익률과 ICO의 영업이익률을 비교하였다. 이전가격 연구는 I국의 조세규정의 요건을 준수하기 위해 작성되었으며, '다국적 기업과 OECD 조세당국을 위한 OECD 이전가격 지침("OECD 이전가격 지침")에 포함된 원칙이 적용되었다. 이전가격 연구는 ICO가 XCO 로부터 구매하는 모든 계전기를 다루었다;
- ICO사의 재무기록에서 얻어진 관련 자료:

매출액	100.0
매출원가(COGS)	82.0
매출총이익	18.0
영업비용	15.5
영업이익	2.5
영업이익률(기준이 되는)	매출액의 2.5%

- ICO의 기업기록에서 얻어진 자료를 이용한 이전가격 연구는 XCO로부터 구매한 계전기의 판매에 대한 ICO의 영업이익률이 2011년에 2.5%였음을 보여준다;
- 해당 연구는 ICO에 대한 신뢰할만한 비교가능 기업을 찾는 것이 가능하며, 이에 따라 ICO가 이전가격 연구에서 분석대상 당사자로 선정되었다고 결정한다;
- I국과 X국의 내국세 당국은 쌍방 APA 협상의 맥락에서 ICO의 이전가격 연구를 검토했다. 그 뒤에 ICO와 XCO 간의 모든 거래에 대하여 ICO, XCO와 I국 및 X국 내국세 당국 간 APA가 합의되었다. I국과 X국 내국세당국이 검토하는 동안 ICO는 해당 계전기 판매에서 얻은 이익률이 전기기기와 전자부품 산업에서 독립된 공급(유통)업자들이 실현한 이익률과 일반적으로 동일함을 보여주는 정보를 제출하였다;
- 이전가격 연구에서는, ICO와 비교하여 기능, 자산 및 위험의 실질적인 유사성을 기준으로 공급자와 특수관계가 없는 8개 공급(유통)업자들이 선정되었다;
- 2011년 회계연도에 대한 비교의 목적으로 이들 8개 공급(유통)업자들과 관련한 정보 수집이 이루어졌다. 이들 특수관계가 없는 (공급)유통업자들이 실현한 영업이익률의 범위는 0.64%에서 2.79%였으며 중위값은 1.93%였다. APA 협상의 맥락에서 이 범위는 XCO와 ICO의 거래와 비교 가능한 거래의 정상 영업이익률 범위로서 내국세당국이 수용하였다. 이 정상 영업이익률 범위는 공개 데이터베이스에서 입수가능한 재무기록을 활용하여 8개 비교가능 회사들의 영업이익률을 사용하여 설정되었다. ICO의 영업이익률은 2.5%였으므로 해당 범위 내에 들었다. 수입국에서 수입자가 실현한 2.5%의 이익률은 (a) ICO가 XCO에 실제로 지급하였거나 지급하여야 할 가격, (b) ICO 자신의 매출액, 그리고 (c) ICO 자신의 비용과 함수관계에 있었다;
- 협정 제8조에 규정된 어떠한 조정도 실제로 지급하였거나 지급하여야 할 가격에 대해 이루어질 필요가 없다고 결정되었다. 추가로 ICO는 2011년도에 내국세 목적으로 보상조정도 하지 않았다;
- ICO는 이전가격 연구에 제시한 대로 목표 정상(4분위) 범위를 충족하는 영업이익을 얻을 수 있도록 판매가격을 책정한다. XCO에 지급하였거나 지급하여야 할 가격은 해당 년도 동안 큰 변동이 없었다.

관세평가기술위원회는 다음과 같은 분석을 내놓고 있다.[121] 이 사례에서는 수입자가

121) 분석의 목표와 방법으로 다음과 같은 협정의 지침을 상기시키고 있다: 협정 제1조에 따라 구매자와 판매자가 특수관계에 있지 않거나, 특수관계에 있더라도 그 특수관계가 가격에 영향을 미치지 않았다면 거래가격은 과세가격으로 수용 가능하다. 구매자와 판매자가 특수관계에 있는 경우, 세관당국이 가격과 관련한 의심이 있을 때 협정 제1조 제2항은 거래가격의 수용 가능성을 확인하는 두 가지 방법을 제시한다: (1) 특수관계가 가격에 영향을 미쳤는지를 결정하기 위해 판매 주변상황을 검증하여야 하거나[협정 제1조제2항(a)], (2) 수입자가 해당 가격이 3개의 비교가격 중 하나에 매우 근접하다는 것을 입증하는 방법[협정 제1조제2항(b)]; 협정 제1조 제2항에 대한 주해는 판매 주변상황을 검토하는데 있어 "세관당국은 특수관계가 가격에 영향을 미쳤는지 여부를 결정

비교가격을 제공하지 않았으므로 세관당국은 판매 주변상황을 검토하였다. ICO로부터 얻은 정보에 기초하면, XCO는 특수관계가 없는 구매자에게는 해당 물품을 판매하지 않는다. 따라서 ICO는 협정 제1조 제2항(a)에 대한 주해에 규정된 해당 가격이 특수관계가 없는 자에 대한 판매에서와 같은 방법으로 결정되었다는 것을 입증할 수 없다. 판매 주변상황을 검토하는 동안, 세관당국은 협정 제1조 제2항(a)에 대한 주해에 따라 해당 산업의 정상적인 가격결정 관행에 부합하는 방법으로 가격이 결정되었는지를 결정함에 있어, 이전가격 연구에서 논의된 정보의 검토내용을 고려하였다. 이와 관련하여 "산업"이란 용어는 수입물품과 동종 또는 동류(동종·동질 또는 유사 물품을 포함하는)의 물품을 포함하는 산업 또는 산업부문을 포괄한다. 전술한 ICO사의 재무기록에서 얻어진 관련 자료에서 제시된 정보에 기초하면:

➤ 매출액 수치는 ICO가 단지 특수관계가 없는 자들에게만 판매하고 있기 때문에 수용될 수 있다. (그리고 ICO가 특수관계가 없는 자들과의 거래에서 자신의 이익을 합리적으로 극대화 할 것이라고 가정한다.)

➤ 영업비용은 ICO가 자기비용을 최소화하고자 하면서 특수관계가 없는 자들에게 지급하며 판매자의 이익을 위해 지급되지 않았다고 밝혀졌기 때문에, 영업비용의 금액은 신뢰할 만한 것으로 검토되고 수용되었다.

➤ 이전가격 연구는 ICO의 영업이익률이 정상범위[즉, 독립적인(특수 관계가 없는) 공급(유통)업자이면서 비교가능 기업에 대한 조사에 기초한] 내에 있다는 사실을 보여준다.

➤ ICO의 매출원가(COGS)는 XCO에게 지급하였거나 지급하여야 할 가격을 반영하며, ICO와 특수관계자인 XCO 간의 거래를 나타낸다. 이것이 쟁점 이전가격이다.

위에 제시된 영업이익률의 정상범위와 수용된 다른 정보를 되짚어보면, 이전가격이 정상가격(arm's length amount)이라는 것을 추론할 수 있다. 이것은 XCO와 ICO 간의 판매 주변상황을 검토할 때, ICO와 특수관계가 없는 공급(유통)업자간의 거래와 관련된 정보가 세관에 유용하고 적절할 수 있다는 것을 보여준다. 기능분석은 ICO와 8개의 특수관계가 없는 공급(유통)업자들 간에 기능, 위험, 자산 면에서 큰 차이가 없다는 사실을 보여준다. 또한, 상품의 비교가능성은 적절한 수준으로 보였다. 비교가능 회사들은 전기기기와 전자부품 산업(수입물품과 동종 또는 동류의 물품을 판매하는 회사들)에서 선정되었다. 따라서 수입물품의 전매에 대한 영업이익률은 전기기기나 전자부품 산업에서와 전반적으로 동일한 것으로 나타났다. 특히, 이전가격 연구에 따르면 비교가능 회사들의 영업이익률의 정상범위는 0.64%에서 2.79%였다. 앞에서 언급한 바와 같이, ICO의 영업이익률은 2.5%였다.

하기 위하여 구매자와 판매자가 그들의 상업적 관계를 조직하는 방법과 해당 가격이 결정된 방법을 포함한 거래의 관련 측면을 검토할 준비가 되어 있어야 한다."라고 규정하고 있다.

따라서 모든 비교가능 회사들이 동종 또는 동류의 물품을 판매하기 때문에 이전가격 연구는 ICO와 XCO간의 가격이 해당 산업의 정상적인 가격결정 관행에 부합하는 방법으로 결정되었음을 뒷받침한다.

관세평가기술위원회는 다음과 같은 결론을 제시하고 있다. ICO와 XCO간 특수관계자 거래와 관련하여 판매 주변상황을 검토한 후, 거래순이익률법(TNMM)에 근거한 이전가격 연구와 필요하다고 여겨지는 영업비용과 관련한 추가 정보에 대한 분석을 통해 세관당국은 협정 제1조 제2항(a)의 규정에 따라 당사자들간의 특수관계가 거래가격에 영향을 미치지 않았다고 결정하였다. 그리고 예해 23.1에 명시한 바와 같이 판매 주변상황을 검토하기 위한 이전가격 연구의 사용은 사안별로 고려되어야 한다.

사례연구 14.2에서 관세평가기술위원회는 이 사례연구가 관세평가협정을 해석하고 적용하는데 있어 세관당국이 OECD 가이드라인과 OECD 가이드라인을 적용하여 산출한 문서를 활용해야 할 그 어떠한 의무를 명시하거나 시사하거나 규정하지 않는다고 밝히면서, 세관당국이 협정 제1조 제2항(a)에 따라 수입물품에 대하여 실제 지급하였거나 지급하여야 할 가격이 구매자와 판매자 간의 특수관계에 의해 영향을 받았는지 여부를 결정할 때 기업의 이전가격 보고서에서 제공된 정보와 추가 정보를 고려한 사례를 설명하고 있다. 이 사례에서 제시된 이전가격 보고서가 "세관당국이 수입물품에 대하여 실제로 지급하였거나 지급하여야 할 가격이 협정 제1조에 따라 당사자 간 특수관계에 영향을 받았는지 여부를 결정할 수 있게 하는 정보를 제공하고 있는가?"에 주안점을 두었다.

이 사례에서 설정된 거래사실은 다음과 같다:

➤ X국의 XCO는 I국의 공급(유통)업자 ICO에게 명품 가방의 브랜드 소유자인 ACO의 완전자회사이다. XCO와 ACO의 다른 특수관계자들은 동종·동질 또는 유사한 명품 가방을 I국의 특수관계가 없는 구매자에게는 판매하지 않는다. ICO는 I국으로 XCO가 판매한 명품 가방의 유일한 수입자이다. 따라서 ICO가 I국으로 수입한 모든 명품 가방은 XCO로부터 구매한 것이다;

➤ 2012년도에 ICO는 XCO가 발행한 송품장 가격에 기초하여 수입 명품 가방의 가격을 신고하였다. I국 세관당국에 제출된 상업서류는 협정 제1조 (a)부터 (b)에 규정된 바와 같이 거래가격의 적용을 배제하거나 수입가격에 대해 협정 제8조에 규정된 추가 조정을 요구하는 특별한 상황이나 추가 지급이 없음을 나타냈다;

➤ 2013년도에 I국 세관당국은 ICO가 신고한 수입가격을 검증하기 위하여 사후 심사를 실시하였는데, 그 이유는 해당 가격의 수용에 대해 의심이 있었기 때문이었다. ICO의 이전가격 정책은 모든 명품 가방의 수입가격이 (다국적 기업과 OECD 조세당국을 위한 이전가격 가이드라인에 따라) 재판매가격법을 사용하여 결정되었음을 보여준다.

매해 연말에 ICO는 XCO가 권장하는 대로 재판매가격과 내년도 목표 매출총이익률에 기초하여 명품 가방의 수입가격을 산정하였다. 2012년도 목표 매출총이익률이 40%로 결정된 후, ICO는 재판매가격법을 사용하여 2012년도에 수입될 명품 가방의 수입가격을 다음 공식에 따라 산정하였다: 수입가격 = 권장 재판매가격 × (1 - 목표 매출총이익률) / (1 + 관세율).

➤ ICO는 단순 또는 보통의 유통업자이다. I국에서 가방의 판매에 대한 마케팅 전략은 사실상 XCO가 수립한다. XCO는 또한 유지해야 하는 재고수준에 대해 조언을 해주고, ICO가 사용하는 할인정책을 포함하여 ICO가 판매하는 가방의 권장 판매가격을 결정한다. XCO는 또한 해당 가방과 관련한 가치 있는 무형자산 개발에 많은 투자를 해왔다. 결과적으로 XCO는 I국에서 가방의 판매와 관련한 시장위험과 가격위험을 부담하고 있다;

➤ 해당 수입물품이 재판매되는 I국의 명품 가방 시장은 매우 경쟁적이다. 그러나 2012년도에 ICO의 실제 판매소득(income)은 예상 소득을 훨씬 상회하였는데, 이는 예상했던 것보다 더 많은 가방이 책정된 가격(full price)에 판매되고 할인된 가격에는 더 적게 팔렸기 때문이다. 결과적으로 2012년도 ICO의 매출총이익률은 ICO의 이전가격 정책에 명시된 목표 매출총이익률보다 높은 64%였다. 심사기간 동안 세관당국은 신고된 수입가격의 수용여부를 검토하기 위하여 ICO에게 추가 정보를 제출하도록 요청하였다;

➤ ICO는 특수관계가 해당 가격에 영향을 주지 않았다는 것을 증명하는 수단으로서, 협정 제1조 제2항의 (b)와 (c)의 적용에 필요한 비교가격을 제시하지 않았다. 하지만 ICO는 이전가격 보고서를 제출하였는데, 그 보고서는 ICO의 매출총이익률과 비교가능 업체들이 그들의 비특수관계자들과의 거래(즉, 비교가능한 독립된 거래)에서 실현한 매출총이익률을 비교하는 재판매가격법을 사용한 것이었다. 이전가격 보고서는 OECD 이전가격 가이드라인에 의거하여 규정된 절차에 따라 독립된 기업에 의해 작성되었다;

➤ 이전가격 보고서에 따르며 ICO는 어떤 가치 있고 특별한 무형자산을 사용하거나 어떤 중대한 위험을 부담하지 않는다. ICO가 제출한 이전가격 보고서에는 I국에 위치한 8개의 비교가능 업체가 선정되었다. 기능분석은 8개의 선택된 비교가능 업체가 ICO와 마찬가지로 X국으로부터 비교가능 물품을 수입하고 있으며, 유사한 기능을 수행하고, 유사한 위험을 부담하며, 어떠한 가치 있는 무형자산을 사용하지 않았다는 것을 보여준다;

➤ 이전가격 보고서는 선택된 비교가능 업체들이 2012년도에 실현한 매출총이익률의 정상(4분위) 범위가 35 ~ 46%이고 중위값이 43%임을 나타낸다. 따라서 ICO가 실현한 64%의 매출총이익률은 정상 4분위 범위에 해당하지 않았다. 세관당국이 평가심사를

수행할 때에, 이 특정 사례에서 ICO는 이와 관련하여 어떠한 이전가격 조정도 하지 않았다고 확인되었다.

관세평가기술위원회는 다음과 같은 분석을 내놓고 있다.[122)] 이 사례에서는 수입자가 비교가격을 제공하지 않았으므로 세관당국은 판매 주변상황을 검토하였다. 재판매가격법을 사용하는 업체에 대하여 판매 주변상황을 검토할 때에 해당 업체의 매출총이익률과 비교가능 업체들의 매출총이익률 비교는 신고가격이 해당 산업에서 정상적인 가격결정 관행에 부합하는 방법으로 결정되었는지 여부를 보여줄 수 있다. 기능분석에 의하면, ICO와 8개의 비교가능 업체들 간에는 중요한 차이가 없었다. 왜냐하면 이 비교가능 업체들은: 모두 I국에 위치하고 있으며; 유사한 유통기능을 수행하고, 유사한 위험을 부담하며, ICO와 유사하게 어떠한 가치 있는 무형자산도 사용하지 않으며; X국에서 유사하게 제조된 비교가능한 물품을 수입한다. 추가적으로 제품의 비교가능성은 적절한 수준으로 보여졌고, 이러한 비교가능 업체들은 관세평가 목적으로 적합하다고 간주되었다. 이전가격 보고서에 따르면, 비교가능 업체들이 실현한 매출총이익률의 정상 4분위 범위는 35% ~ 45%이고, 중위값은 43%이었다. 그러나 2012년에 ICO는 해당 산업의 비교가능 업체들의 정상 매출총이익률보다 훨씬 높은 64%의 매출총이익률을 실현하였다. 수입국 I의 명품 가방 시장이 경쟁적이므로 ICO와 8개의 비교가능 업체들간에 실질적인 차이가 없다는 것을 고려하면 ICO의 영업이익 및 경비는 비교가능 업체들의 영업이익 및 경비와 유사해야 한다. 따라서 2012년도 ICO의 높은 매출총이익률은 그의 기능, 자산, 위험과 비례하지 않은 것이다. 따라서 ICO가 높은 이익률을 실현하였고, ICO가 어떠한 보상조정도 하지 않았다는 점을 고려하여 세관당국은 수입가격이 해당 산업의 정상적인 가격결정 관행과 부합하는 방식으로 결정되지 않았다는 결론을 내렸다. 2012년에 수입된 물품의 과세가격은 낮은 가격으로 신고되었다.

관세평가기술위원회는 다음과 같은 결론을 제시하고 있다. 이전가격 보고서의 검토를 통한 협정 제1조 제2항(a)의 규정에 따른 ICO와 XCO 간의 판매 주변상황 조사에서 세관당국은 신고된 수입가격이 해당 산업의 정상적인 가격결정 관행과 부합하는 방법으로

---

122) 분석의 목표와 방법으로 다음과 같은 협정의 지침을 상기시키고 있다: 협정 제1조에 따라 구매자와 판매자가 특수관계에 있지 않거나, 특수관계에 있더라도 그 특수관계가 가격에 영향을 미치지 않았다면 거래가격은 과세가격으로 수용 가능하다. 구매자와 판매자가 특수관계에 있는 경우, 세관당국이 가격과 관련한 의심이 있을 때 협정 제1조 제2항은 거래가격의 수용 가능성을 확인하는 두 가지 방법을 제시한다: (1) 특수관계가 가격에 영향을 미쳤는지를 결정하기 위해 판매 주변상황을 검증하여야 하거나[협정 제1조제2항(a)], (2) 수입자가 해당 가격이 3개의 비교가격 중 하나에 매우 근접하다는 것을 입증하는 방법[협정 제1조제2항(b)]; 협정 제1조 제2항에 대한 주해는 판매 주변상황을 검토하는데 있어 "세관당국은 특수관계가 가격에 영향을 미쳤는지 여부를 결정하기 위하여 구매자와 판매자가 그들의 상업적 관계를 조직하는 방법과 해당 가격이 결정된 방법을 포함한 거래의 관련 측면을 검토할 준비가 되어 있어야 한다."라고 규정하고 있다.

결정되지 않았고, 따라서 구매자와 판매자 간의 특수관계가 영향을 받았다. 그러므로 과세가격은 대체 평가방법을 순차적으로 적용하여 다시 결정되어야 한다. 그리고 판매 주변 상황을 조사하기 위한 가능한 기초로 이전가격 보고서의 사용은 예해 23.1에 명시되어 있듯이 사안별로 고려되어야 함에 유의하여야 한다.

2) 판례연구

우리 판례의 동향을 살펴본다. 원고는 1999.9.20.부터 2002.5.27.까지 사이에 스위스에서 설립된 제약회사(이하 '본사')로부터 경구용 대장암 치료제인 젤로다(Xeloda) 150㎎ 60정 또는 500㎎ 120정 단위 제품을 54회에 걸쳐 수입하고, 그 수입거래가격에 따른 관세 및 부가가치세를 신고납부하였고, 세관당국은 원고가 수입한 젤로다 등에 대한 실지심사를 한 뒤, 완제의약품의 경우 국내 최종 소비자가격(이하 '보험수가')에 따라 수입자가 국내 1차 구매자에게 판매하는 가격(이하 '재판매가격')이 정해지고, 수입거래가격은 재판매가격에서 관세 및 통관비용, 수입자의 이윤 및 일반경비를 공제한 가격으로 정해지는데, 젤로다와 같은 전문치료제는 판매자 위주의 시장이 형성되어 재판매가격 중 매출원가(수입거래가격과 관세 및 통관비용을 합한 것이다)의 비율이 60% 내지 70% 정도로 유지되는 것이 일반적인데, 원고는 본사가 책정한 최저판매가격보다 더 낮은 가격으로 재판매가격을 정하였을 뿐만 아니라, 원고가 신고한 수입거래가격에 의하면, 젤로다의 재판매가격 중 매출원가율은 50% 내지 60% 수준에 지나지 아니하므로, 젤로다의 수입거래가격은 원고와 본사 사이의 관세령 제23조 소정의 특수관계에 영향을 받은 것으로 보아 원고가 신고한 수입거래가격을 부인하고 관세법 제33조에 따라 산정한 국내판매가격을 기초로 과세가격을 결정한 후, 2003.6.12. 및 같은 해 10.23. 원고에 대하여 관세 등을 추가로 부과(이하 '이 사건 처분')한 사안에서, 판례[123]는 국내 재판매가격을 기초로 한 과세가격의 결정에 관한 규정인 관세법 제33조는 관세법 제30조 내지 제32조에서 정한 방법으로 과세가격을 결정할 수 없는 경우에 비로소 적용할 수 있는 점 등에 비추어 보면, 과세관청이 관세법 제33조 제1항, 관세령 제27조 제4항에 의하여 납세의무자가 제출한 회계보고서를 근거로 계산된 당해 수입물품에 대한 '이윤 및 일반경비의 비율'이 그 물품이 속하는 업종에 통상적으로 발생하는 이윤 및 일반경비로서 관세청장이 정하는 바에 따라 산출한 이윤 및 일반경비의 범위에 속하지 않는다는 점을 밝혔다는 것만으로는 특수관계가 거래가격에 영향을 미쳤다는 증명을 다하였다고 볼 수 없다는 태도를 보이고 있다.

이 사건 원심[124]도 원고가 본사가 정한 최저가격보다 낮은 가격으로 젤로다를 판매하고, 원고가 본사로부터 수입하여 판매하는 제니칼, 타미플루, 셀셉트의 재판매가격 중 매출

123) 대법원 2009.05.28. 선고 2007두9303 판결.

124) 부산고등법원 2007.04.13. 선고 2006누3186 판결.

원가율이 70% 정도인데, 젤로다의 그것은 50% 내지 60% 정도인 사실만 놓고 보면, 원고와 본사의 특수관계가 젤로다의 수입거래가격에 영향을 미쳤다고 볼 여지도 없지 않지만 다음과 같은 이유를 들어 젤로다의 매출원가율이 원고가 수입한 다른 의약품에 비하여 낮고 다른 업체들의 평균치에 미치지 못한다거나 그 재판매가격이 수출자의 가격정책에 부합되지 않는다는 사정만으로는 그 수입거래가격이 통상의 완제의약품 수입거래가격의 결정방식과 달리 특수관계에 영향을 받아 부당하게 낮은 가격으로 책정된 것이라고 단정할 수 없고, 달리 이를 인정할 아무런 증거가 없다고 판단하여 이 사건 처분이 위법한다고 판시하였다:

- 젤로다의 재판매가격은 보건복지부가 미국과 스위스의 보험수가를 기준으로 정한 보험수가에 따라 책정되어 현재까지 변동된 바 없으므로, 재판매가격이 스위스 제약회사가 책정한 최저판매가격보다 낮다고 하더라도 그것은 보건복지부에서 정한 보험수가에 기인하는 것이라고 보여지는 점;
- 신약을 수입하는 경우 판매촉진을 위한 경비, 경쟁 제품의 유무, 신규성 등에 따라 이윤 및 경비율을 다른 완제의약품과 달리 책정할 수도 있으며, 젤로다와 수입물품 부호를 같이하는 의약품을 수입하는 국내업체 중 이윤 및 일반경비율이 원고의 그것보다 높거나 비슷한 업체도 있을 뿐 아니라, 원고가 본사로부터 수입한 제니칼은 비만치료제이고, 타미플루는 독감치료제이며, 셀셉트는 항악성종양제여서 그 매출원가를 젤로다의 그것과 단순 비교할 수는 없는 점;
- 애초 유방암 치료제로 도입되었다가 결장암, 위암 등으로 그 치료범위를 확장해간 젤로다와 동일한 완제의약품을 찾아볼 수 없어 가격결정상 부당함을 따져볼 수 있는 직접 비교대상을 찾아보기 어려운 점;
- 본사가 젤로다에 관하여 전 세계적인 가격정책을 발표한 2001년 이전에는 젤로다에 관한 가격정책이 있었다고 보여지지 아니하는 점;
- 젤로다의 당초 매출원가 비율이 60% 정도였다가 환율변동에 따라 50% 내지 55%로 그 비율이 낮아지기는 하였으나, 현재까지 외화를 기준으로 한 수입가격은 변동이 없는바, 외화를 기준으로 수입가격을 책정한 다음 환율이 변동될 때마다 재판매가격을 조정한다는 것은 사회통념상 기대하기 어려운 점.

서울고등법원 2017.6.30. 선고 2016누75618 판결로 원고의 항소가 기각되고, 대법원 2021.1.14 2017두54869 판결로 원고의 상고가 기각되어 확정된【서울행정법원 2016.10.27. 선고 2015구합65599 판결】사건을 살펴본다. 이 사건의 처분의 경위는 다음과 같다. 원고는 독일 소재 바△△ 주식회사(B△△ A.G.)가 54.8% 지분을, 바△△파마 주식회사(B△△ Pharma A.G.)가 45.2% 지분을 보유한 국내법인으로, 의약품 등을 수입하여 국내에 판매하거나 의약품 원재료를 수입하여 국내에서 제조·판매하는 등의 사업을 영위하고 있다.

세관당국은 원고가 2008.3.1.부터 2013.1.31.까지 원고의 관세법상 특수관계자인 바△△컨슈머케어 주식회사(B△△ Consumer Care A.G.), 바△△쉐링파마 주식회사(B△△ Schering Pharma A.G.) 등으로부터 수입한 일반의약품, 전문의약품, 동물의약품(이하 '이 사건 물품')의 거래가격이 관세법 제30조 제3항 제4호 소정의 '구매자와 판매자 간에 대통령령으로 정하는 특수관계가 있어 그 특수관계가 해당 물품의 가격에 영향을 미친 경우'에 해당한다는 이유로, 원고가 신고한 수입신고가격을 부인하고 관세법 제33조에서 정한 방법에 따라 과세가격을 결정한 후, 2013.6.25. 원고에게 관세 등을 경정·고지하였다. 원고는 2013.8.13. 국제조세조정법에 따라 △△세무서장에게 법인세의 경정을 청구하였으나, △△세무서장은 2013.9.17. 원고의 경정청구를 거부하였다. 이에 원고는 2014.8.11. 세관당국에게 이의신청을 하였다.[125] 세관당국은 2014.11.4. 원고의 주장 중 '특수관계가 물품가격에 영향을 미치지 아니하였다.'는 주장은 받아들이지 않고, '제4방법 적용시 사용한 동종·동류비율의 산정이 부당하다.'는 원고의 주장은 받아 들여, '관세평가분류원장이 선정한 비교대상업체를 기준으로 동종·동류비율을 재산정하고 그 결과에 따라 과세표준 및 세액을 결정하며, 나머지 청구는 기각한다.'는 내용의 결정을 하였다. 세관당국은 2010.11.24. 당초 처분 중 625,436,860 원을 감액하여, 최종적으로는 관세, 부가가치세, 가산세 합계 12,425,751,000 원이 남게 되었다(이하 남은 관세 등을 통틀어 '이 사건 처분'). 원고의 주장은 이렇다. 원고와 위 판매자들은 거래가격 결정시 국제적으로 널리 인정되는 방법인 바스켓 어프로치를 기본으로 하면서 개별 물품의 가격협상도 병행하였는데, 구체적으로 보면 원고와 판매자들은 일반의약품, 전문의약품, 동물의약품 3개 사업 부문별 및 각 사업부문 내 판매자별로 총 7개의 바스켓을 구성하고, 각 바스켓별로 상호협상을 통한 적정이윤을 정하여 해당 바스켓에 속하는 물품에 대하여는 동일한 이익률을 달성하도록 거래가격을 정하였으며, 필요한 때에는 원고와 판매자들 사이에 개별협상을 통하여 거래가격을 정하기도 하였다. 따라서 이 사건 물품의 거래가격은 통상적으로 이루어지는 가격결정방법 또는 의약품 산업부문의 정상적인 가격결정 관행에 부합하는 방법으로 결정되었으므로, 특수관계가 거래가격에 영향을 미친 경우라고 볼 수 없다. 이러한 원고의 주장에 대하여 제1심 재판부는 다음과 같은 사정 등을 이유로, 원고와 판매자들 사이에 특수관계가 이 사건 물품의 거래가격에 영향을 미친 사실이 인정된다며, 원고의 주장을 배척하였다:

- 관세평가는 거래당사자 사이의 전체 거래에 의하여 결정하는 것이 아니라 당해 수입물품의 거래가격을 기초로 과세가격을 결정하는 것이고, 또한 특수관계자들 간의 거래에 있어서도 가격정책상 어떤 품목은 저가나 고가로 공급하고 또 어떤 품목은 정상적인

125) 원고는 2013.9.26. 국제조세조정법에 따라 기재부장관에게 '국세의 정상가격과 관세의 과세가격 간 조정'을 신청하였으나 기재부장관은 원고가 세관당국에 이의신청을 한 이후인 2014.8.29. 원고에게 조정신청에 따른 심의를 하지 않겠다고 회신하였다.

가격으로 공급하는 경우가 있을 수 있으므로, 특수관계가 거래가격에 영향을 미쳤는지의 여부를 판단함에 있어서도 당해 수입물품의 거래가격을 기초로 판단하여야 하는데, 원고와 판매자들이 가격결정에 적용한 바스켓 어프로치 방식에 따르자면, 어떤 바스켓의 이익률이 일정한 목표이익률 범위 안에 있다면 해당 바스켓 내 개별제품의 외부 판매가격이나 영업비용 등 이익률에 영향을 미치는 요인이 변동하더라도 개별 제품의 수입가격은 변경할 이유가 없게 된다. 원고의 수석행정관은 세관당국과 문답시 '세전 영업이익률을 조정할 필요가 없다면 바스켓 어프로치하에서는 (거래가격의) 어떠한 조정도 없다.'고 진술한 점, 이 사건 물품 중 상당수의 품목은 2011년 내지 2013년 사이에 약가가 하락하였음에도 불구하고 2013년 이전에는 수입가격에 거의 변동이 없었고 2013년 이후에 일부 수입가격이 변동된 점에 비추어 보면, 실제로도 원고와 판매자들은 바스켓의 목표이익률에 별다른 영향이 없다면 개별 제품의 수입가격을 조정하지 않았던 것으로 보인다. 그 결과 전문의약품(PH) 전체적으로는 2009년 5%, 2010년 1%, 2011년 10%, 2012년 1%의 영업이익률을 달성하였으나, 해당 바스켓 내 개별 제품군의 영업이익률을 살펴보면 2009년 26% ~ 24%, 2010년 23% ~ 19%, 2011년 12% ~ 26%, 2012년 16% ~ 14%와 같이 높은 영업이익률을 보이는 제품군과 영업손실을 보인 제품군이 혼재하였다. 또한 특정 제품군(Car◈◈◈, Nex◉◉◉)은 매년 영업적자를 내는 반면 다른 제품군(Ult◍◍)은 매년 높은 영업이익률을 달성하고 있는 점 역시 바스켓의 목표이익률에 별다른 영향이 없다면 개별 제품의 수입가격이 조정되지 않았음을 뒷받침한다. 이러한 결과는 원고와 판매자들이 특수관계가 아니었다면, 또 개별제품에 대하여 가격협상이 이루어지는 일반적인 경우를 상정한다면 이례적인 결과이므로, 일응 원고와 판매자들 사이의 특수관계가 거래가격에 영향을 미쳤다는 의미로 판단된다.

- 바스켓 어프로치 방식이 의약품 산업의 정상적인 가격결정 관행이라고 보더라도, 원고와 판매자들이 3개의 사업부문별 및 각 사업부문 내 판매자별로 총 7개의 바스켓을 구성하고 목표이익률 범위 내에서 가격을 결정하였다는 것만으로는 정상적인 가격결정 관행에 들어맞는다고 보기 어렵다. 그 이유는 다음과 같다. 첫째, 앞서 본 전문의약품(PH)의 경우 개별 제품군 사이에 영업이익률의 편차가 상당히 크고, 원고가 전문의약품 내에서 다시 세부적으로 분류한 전략사업분야별로 보더라도 영업이익률의 편차가 크다. 이는 하나의 바스켓 내에서도 판매단가, 수입단가, 영업비용 등 제반 환경이 제각각임을 추정케 한다. 둘째, 원고가 제시한 바스켓 내 개별제품이 생산, 영업, 판매 등 거래 진행에 있어서 서로 어떠한 연관성이 있는지 구체적인 내용이 밝혀지지 않았다. 전문의약품, 일반의약품, 동물의약품이라는 범주는 너무 광범위하여 그 범주 내 품목의 상호 연관성을 알기 어렵다. 셋째, 원고와 판매자들 사이에 바스켓별 목표이익률의 설정이나 개별제품의 가격결정이 상호 협의되었음을 인정할 자료가 매우

부족하다. 오히려 앞서 본 바와 같이 개별제품별로 영업이익률의 편차가 큰 점, 판매가격의 변동에 비하여 수입가격 변동이 별로 없는 점 등에 비추어 보면 전사적 관점에서 영업이익률만이 문제될 뿐 개별제품의 시장상황 변화는 가격결정에 별다른 영향을 주지 못하는 것으로 보인다. 넷째, 원고가 주장하는 바와 같이 적정 영업이익률 협의는 매년 8월부터 10월까지 약 60일간, 개별제품의 가격협의는 매년 10월부터 12월 초까지 약 35일간 전화회의, 이메일 등을 통하여 이루어진다면, 상당한 양의 협의자료나 보고자료 등이 세관당국의 조사시 제출되었을 것으로 보임에도 그러한 자료가 제출되지 않았다.

- 관세부과를 목적으로 하는 관세법에 의한 '과세가격'의 목적과 산출방법은 내국세 부과를 목적으로 하는 국제조세조정법에 의한 '정상가격'의 그것과 다르므로, 이 사건 물품의 수입가격이 국제조세조정법에서 정한 정상가격 산출방법에 따랐다 할지라도, 그러한 사정만으로 세관당국이 이 사건 물품의 수입가격을 부인할 수 없다고는 할 수 없다. 이처럼 과세가격과 정상가격이 서로 달라질 수 있기 때문에, 사전적으로는 관세법 제37조의2나 국제조세조정법 제6조의3과 같이 관세의 과세가격과 국세의 정상가격 조정을 관세청장 또는 국세청장에게 신청하는 제도가 있고, 사후적으로는 관세법 제38조의4나 국제조세조정법 제10조의2와 같이 관세의 과세가격 결정으로 인한 국세 경정청구, 국세의 정상가격 결정으로 인한 관세 경정청구 제도를 두고 있는 것이다.

3. 비교가격 기준에 의한 검증

1) 관세평가법리

관세령 제23조 제2항 제3호에 따라 해당 물품의 가격이 이른바 "비교가격"에 근접하는 가격으로서 특수관계의 영향을 받지 않은 물품가격에 해당함을 구매자가 입증한 경우에는 수입물품의 거래가격으로 수용될 수 있다. 여기에서 비교가격 산출의 기준시점은 기재부령으로 정한다. 그리고 비교가격은 다음에 해당하는 가격을 말한다:

- 특수관계가 없는 우리나라의 구매자에게 수출되는 동종·동질물품 또는 유사물품의 거래가격;
- 관세법 제33조 및 같은 법 제34조의 규정에 의하여 결정되는 동종·동질물품 또는 유사물품의 과세가격.

이와 같은 비교가격 기준에 의한 검증규정은 아래와 같은 관세평가협정 제1조 제2항(b)에 입법적 근거를 둔다. 관세평가협정은 특수관계자 간 판매에 있어, 거래가격이 동시 또는 거의 동시에 발생하는(occurring) 다음의 가격 중 어느 하나에 거의 근접함을 수입자가 입증하는 경우에는 언제든지 거래가격은 수용되어야 하고 물품은 제1항의 규정에 따라

평가되어야 한다고 규정하고 있다:

- 동종·동질 또는 유사물품을 동일한 수입국으로 수출하기 위하여 특수관계가 없는 구매자에게 판매한 경우의 거래가격;
- 관세평가협정 제5조의 규정에 따라 결정된 바 있는 동종·동질 또는 유사물품의 과세가격;
- 관세평가협정 제6조의 규정에 따라 결정된 바 있는 동종·동질 또는 유사물품의 과세가격.

(1) 비교가격의 적용요건

비교가격(test value)에 적용되려면 동종·동질물품 또는 유사물품의 거래가격이나 동종·동질 또는 유사물품의 과세가격에 해당하여야 한다. "**동종·동질 물품**"(identical goods)의 개념범위는 물리적 특성, 품질 및 평판을 포함한 모든 면에서 동일한 물품을 말하고, 그 밖의 점에서 정의에 부합하는 물품이라면 외양상의 경미한 차이 때문에 동종·동질 물품에서 제외되지 않는다[관세평가협정 제15조제2항(a)]. 그리고 "**유사물품**"(similar goods)은 모든 면에서 동일하지는 아니하지만 동일한 기능을 수행할 수 있게 하고 상업적으로 상호 대체사용이 가능할 수 있을 만큼 비슷한 특성과 비슷한 구성요소를 가지고 있는 물품을 말하는데, 물품의 품질, 평판 및 상표의 존재는 물품이 유사한지 여부를 결정하는데 있어 고려되는 요소들이다[관세평가협정 제15조제2항(b)]. 그리고 이러한 동종·동질물품 또는 유사물품의 거래가격이나 동종·동질 또는 유사물품의 과세가격에 해당한다고 하더라도 그 가격이 우리나라의 구매자에게 수출한 거래가격에 해당되지 않거나 우리나라 세관당국이 결정한 국내판매가격을 기초로 한 과세가격 또는 산정가격을 기초로 한 과세가격에 해당되지 않는다면 그 가격은 비교가격으로 적용될 수 없다. 마찬가지로 특수관계가 있는 우리나라의 구매자에게 수출판매물품의 거래가격도 비교가격으로 채택될 수 없다. 이와 관련하여 관세평가협정은 명백하게 "특수관계가 없는 구매자"(unrelated buyer)라는 용어는 어떠한 특별한 경우에도 구매자가 판매자와 특수관계가 없는 구매자를 의미한다고 규정하고 있다(부속서 I 제1조에 대한 주해 제2항 para 4).

비교가격으로 적용될 수 있는 동종·동질물품 또는 유사물품의 거래가격의 발생시점에 대하여 관세평가협정은 동시(at the same time) 또는 거의 동시(about the same time) 요건으로 규정하고 있으나, 우리 관세평가법규는 다음과 같은 기준시점을 적용하여 산출하고 있다(관세규칙 제5조제3항):

- 특수관계가 없는 우리나라의 구매자에게 수출되는 동종·동질물품 또는 유사물품의 거래가격은 선적 시점;
- 국내판매가격을 기초로 한 과세가격의 결정규정에 따라 결정되는 동종·동질물품

또는 유사물품의 과세가격은 국내판매 시점;

- 산정가격을 기초로 한 과세가격의 결정규정에 따라 결정되는 동종·동질물품 또는 유사물품의 과세가격은 수입신고 시점.

관세평가기술위원회는 비교가격으로 채택할 수 있는 시간 요소(time element)와 관련하여 해설 1.1에서 관세평가협정 제1조 제2항(b)는 특수관계자간 판매에 있어, 거래가격이 동시 또는 거의 동시에 발생하는 세 가지의 선택 가능한 가격 중 어느 하나에 거의 근접함을 수입자가 입증하는 경우에는 언제든지 거래가격은 수용되어야 하고 물품은 협정 제1항의 규정에 따라 평가되어야 한다고 규정하고 있으나, 그러나 "동시 또는 거의 동시에 발생하는"(occurring at or about the same time)이라는 조건이 고려할 유일한 참고사항이라고 한다면, 어떤 경우에는 평가대상 물품에 영향을 미치는 조건과 비교가격을 제공하는 물품에 영향을 미치는 조건 사이에 실질적인 차이가 있을 수 있고 부적절한 비교를 야기할 수 있다는 해석을 내놓고 있다(para. 5와 6). 아울러 관세평가기술위원회는 협정 제1조 제2항(b)의 적용은 관세평가협정의 원칙에 일치하는 방식으로 적용되어야 하고, 협정 제2조 및 제3조의 목적상 비교의 기준이 되는 수출시점은 하나의 접근방식이 될 것이라는 견해를 밝히면서, 관세평가협정의 기본 틀 내에서 다른 방안들, 해당 비교가격의 기저를 이루고 있는 원칙에 적용된 특정한 시간 기준들이 또한 가능할 것이므로, 협정 제1조 제2항(b)(ⅰ)에 있어서는 평가대상 물품을 수입국으로 수출하는 시점, 제1조 제2항(b)(ⅱ)에 있어서는 평가대상 물품을 수입국에서 판매하는 시점, 제1조 제2항(b)(iii)에 있어서는 평가대상 물품을 수입하는 시점이 가능하다고 설명하고 있다(para. 7와 8). 우리 관세평가법규는 이러한 관세평가기술위원회의 의견을 수용하면서 '수출하는 시점'을 '선적 시점'으로 입법하였다. 참고로 미국 관세법은 평가대상 물품이 미국으로 수출된 것과 같거나 비슷한 시기(at the about time)에 미국으로 수출된 것으로 규정하고 있다[19 USC sec. 1401a(c)(1)(B)].

(2) 특수관계의 영향을 받지 않은 물품가격의 인정기준

관세규칙 제5조 제1항에 따라 특수관계의 영향을 받지 않은 물품가격은 수입가격과 비교가격과의 차이가 비교가격을 기준으로 하여 비교할 때 100분의 10 이하인 경우를 말한다. 우리 관세평가법규는 평가대상 수입물품의 가격이 특수관계의 영향을 받지 않은 물품가격으로 인정하는 비교가격과의 차이, 즉 근접성의 적용범위를 원칙적으로 비교가격과 대비하여 10% 이내의 낮은 가격으로 규정하고 있다. 그런데 관세평가협정 부속서 I 제1조에 대한 주해 제2항(para 4, 제1문)은, 제2항(b)는 해당 거래가격이 세관당국이 종전에 수용한 바 있는 "비교"(test)가격에 거의 근접하고, 따라서 협정 제1조의 규정에 따라 수용될 수 있음을 수입자가 입증할 수 있는 기회를 제공하고 있으며, 협정 제2항(b)에서 정한 비교기준이 충족되는 경우에는 협정 제2항(a)에 따른 영향 문제는 검토할 필요가 없다고 규정하고 있다. 관세평가협정이 근접성의 적용범위를 우리 관세평가법규와 같이 고정 백분율로 규정하지 않은 이유는 하나의 가격이 다른 가격에 "거의 근접"(closely approximates) 한지 여부를 결정함에 있어 많은 요소들이 검토되어야 하고, 이러한 요소들은 수입물품의 특성, 산업 자체의 특성, 물품이 수입되는 계절 및 가격의 차이가 상업적으로 중요한지 여부를 포함하여야 하므로 이러한 요소는 사안별로 변동될 수 있으므로 각각의 경우에 고정 백분율과 같은 통일적인 기준을 적용하는 것은 불가능하다고 보고 있기 때문일 것이다 [부속서 I 제1조에 대한 주해 제2항(b)]. 관세평가협정이 들고 있는 예시에 따르면, 거래가격이 협정 제1조 제2항(b)에 규정된 "비교"가격에 거의 근접한지 여부를 결정함에 있어 한 유형의 물품이 관련된 사안에는 작은 가격차이(small difference in value)가 인정될 수 없는 반면에 다른 유형의 물품과 관련된 사안에서는 큰 (가격)차이가 인정될 수도 있다. 아울러 관세평가협정 제1조 제2항(b)는 상기 검증(test)을 적용함에 있어서 거래단계, 거래수량, 협정 제8조에 열거된 요소 및 특수관계가 있는 판매자와 구매자 간 판매에 있어서는 판매자가 부담하지 않지만 특수관계가 없는 판매자와 구매자간 판매에 있어서는 판매자가 부담하는 비용의 입증된 차이에 대한 타당한 고려가 이루어져야 한다고 규정하고 있다(마지막 para.). 이에 따라 우리 관세평가규정도 근접성의 적용범위에 대한 관세평가협정의 기본취지에 취지에 맞춰 예외적으로 세관장이 해당 물품의 특성·거래내용·거래관행 등으로 보아 그 수입가격이 합리적이라고 인정되는 때에는 비교가격의 100분의 110을 초과하더라도 비교가격에 근접한 것으로 간주할 수 있으며, 수입가격이 불합리한 가격이라고 인정되는 때에는 비교가격의 100분의 110 이하인 경우라도 비교가격에 근접한 것으로 간주하지 않을 수 있다(관세규칙 제5조제1항단서). 그리고 해당 물품의 가격과 비교가격을 비교할 때에는 거래단계, 거래수량 및 관세법 제30조 제1항 각 호의 금액의 차이 등을 고려해야 한다(관세령 제23조제3항).

비교가격 기준에 의한 검증과 관련하여 미국 관세법시행령(19 CFR) 152.103(l)(2)에서 기술하고 있는 지침이 유용할 것이다. 이 규정은 다음과 같은 지침을 제시하고 있다. 수입자 또는 구매자는 Section 152.103(j)(2)(i)에 규정된 비교가격 중 어느 것인가와 "매우 근접한" 가격이라는 것을 보여 줌으로써 특수관계자간의 거래가격이 수락될 수 있다는 것을 입증하는데, 거래가격이 비교가격에 매우 근접한 가격인지를 결정하기 위해 조사해야 할 요소로 (A) 수입물품 및 산업의 성격, (B) 물품이 수입된 계절, (C) 가격차이가 상업적으로 중요한지 여부, (D) 가격차이가 수출국내 운송비용으로 인하여 발생되었는지 여부 등이 포함된다는 것이다. 이러한 요소는 변화하므로 세관은 각 건에 있어 고정비율 등과 같은 획일적인 표준을 적용할 수 없다는 것이다. 비록 거래가격이 비교가격 중 어느 것과 매우 유사한지 결정하는데 있어서 다른 유형을 포함하는 경우 큰 차이는 인정받는다고 하더라도, 수입물품 중 하나의 유형을 포함한 경우 가격에 있어서 작은 차이는 인정되지 않을 수도 있고 세관은 하나의 가격이 다른 가격과 "매우 근접"한 가격인지 결정하는데 일관성을 갖고 있다는 것이다. 세관은 거래가격이 열거된 비교가격보다 높다고 간주할 경우는 거래가격이 낮다고 간주할 경우와 마찬가지로 동일한 접근방식을 취할 것이다. 예컨대, 비교가격을 적용하는데 있어서 95는 100과 매우 근접한 경우가 아니라고 하여 고려중인 판매의 거래가격이 거부된다면, 동일 또는 비슷한 시기에 발생한 105에 동일 물품을 판매하기 위한 거래가격도 역시 거부되어야 한다. 마찬가지로 만일 103이 105와 매우 유사하다고 판단된다면, 97이라는 거래가격도 역시 100에 매우 근접한 것이라고 판단한다는 것이다. 그리고 Section 152.103(j)(2)(i)에 규정된 비교가격 중 하나가 적정한 것으로 밝혀지면, 세관장은 구매자와 판매자간의 관계로 인해 가격에 영향을 미쳤는지 여부를 결정할 필요가 없으므로, 만일 세관장이 더 이상의 질의 없이도 비교가격 중 어느 하나가 타당하다고 만족할 만한 충분한 정보를 이미 가지고 있다면, 수입자에게 비교가격이 타당한지 입증하도록 주문해서는 안 된다는 것이다.

관세평가협정 제1조 제2항(b)에 따른 거래단계 및 수량 차이에 대한 조정과 관련하여 관세평가기술위원는 예해 10.1에서 다음과 같은 지침을 제공하고 있다. 세관당국이 관세평가협정 제1조 제2항(b)에 따른 비교가격으로 사용될 수 있는 거래를 인지하게 된 경우에는, 그 거래가 평가대상 물품과 동일한 거래 단계(commercial level) 및 실질적으로 동일한 수량으로 이루어졌는지 입증하여야 하는데, 만일 거래 단계와 수량이 해당 거래에 관하여 비교할만하다면 이들 요소에 대한 별도의 조정은 필요하지 않지만 거래 단계 및 수량에 차이가 있다면 가격 또는 가치가 그러한 차이에 의하여 영향을 받았는지 여부를 결정할 필요가 있다는 것이다. 그리고 거래 단계 또는 수량에 차이의 단순한 존재는 그 자체로 조정을 하도록 요구하지 않는다는 것에 유념해야 한다는 점을 강조하면서, 가격 또는 가치의 차이가 거래 단계 또는 수량에 기인하는 경우에만 조정이 필요할 것이며 조정은 합리성과 정확성을 명확하게 확립할 수 있는 입증된 증거를 기초로 이루어져야 하고 이러한 조건이 충족될 수 없다면 조정은 이루어질 수 없다는 것이다(para. 1 내지 3). 관세평가기술위원회는 다른 거래 단계, 동일한 수량이 비교할 만한 비교가격의 예시를 아래와 같이 제시하면서, 특수관계자간의 판매에 있어, 관세평가협정 제1조 제2항(b)는 수입자에게 가격이 해당 규정의 subparagraph에서 규정된 비교가격 중에 하나와 거의 근접함을 입증할 기회를 제공하고, 결과적으로 비교가격은 적절한 경우 단계 및 수량을 포함한 모든 면에서 입증되어야 하는데, 이러한 요소의 조정을 위한 협정 제1조 제2항(b)의 원칙은 협정 제1조 제2항(b)에 따른 조정이 비교목적으로만 비교가격에 대하여 이루어지는 반면에 동종·동질 또는 유사물품의 거래가격에 대한 조정은 수입물품의 과세가격을 결정하기 위한 목적이라는 것을 제외하고는 제2조 및 제3조의 원칙과 동일하다는 점을 강조하고 있다(para. 16와 17).

판매자	수 량	단 가	수입자	거래 단계
E	1,700	5 c.u. (CIF)	I	도 매

I는 특수관계가 없는 구매자에 대한 동종·동질 물품의 거래가격인 다음과 같은 비교가격을 세관에 제출한다.

판매자	수 량	단 가	수입자	거래 단계
F	1,700	6 c.u. (CIF)	M	소 매

세관당국은 F가 도매상에게 CIF 조건의 5 c.u.에 물품을 판매하는 것과 I가 도매상인 것을 확인한다. 이 사례의 조정금액은 1 c.u.이다. 단계에서 기인한 차이를 감안한 비교가격은 5 c.u.이다. 특수관계자간 가격이 위에서 결정된 비교가격과 같으므로, 해당 가격은 제1조에 따른 거래가격으로 수용될 수 있다.

한편, 관세평가기술위원회는 입증된 증거가 결여된 경우 비교가격이 배제되는 예시를 다음과 같이 제시하면서, 특수관계에 대한 문제가 있을 때 관세평가협정 제1조에 따라 물품을 평가하기 위해서는 일반적으로 수입자와 세관당국간의 협의(consultations)가 있어야 하고, 이러한 협의와 다른 출처로부터의 정보는 세관당국으로 하여금 조정이 이루어질 필요가 있는지 여부와 입증된 증거를 기초로 조정이 이루어질 수 있는지 여부를 결정할 수 있도록 할 것이다라고 설명하고 있다(para. 18와 19).

판매자	수 량	단 가	수입자	거래 단계
E	20,050	1.50 c.u. (CIF)	I	도 매

I는 특수관계가 없는 구매자에 대한 동종·동질 물품의 거래가격인 다음과 같은 비교가격을 제출한다.

판매자	수 량	단 가	수입자	거래 단계
E	1,020	2.10 c.u. (CIF)	F	소 매

E는 가끔 독립적인 소매상에게만 판매한다고 진술한다. E는 독립적인 도매상에 대한 판매는 없었지만 판매한다면 가격은 CIF 조건의 1.50 c.u.일 것이라고 추가로 진술한다. E는 특수관계가 없는 도매상에게 판매하지 않았고 진술한 가격으로 판매할 의사만 표시하고 있어, 조정의 합리성을 결정할 입증된 증거가 부족하다. 단계의 차이에 대한 조정이

이루어질 수 없기 때문에 I가 제출한 비교가격은 비교목적으로 수용될 수 없다.

한편, 비교가격으로 채택하려는 동종·동질 또는 유사물품의 가격이 일반적인(prevailing) 시장가격보다 낮은 가격인 경우 관세평가법규상 특수관계의 영향을 받지 않은 물품가격의 적용 목적상 비교가격(test value)으로 사용할 수 있는가? 라는 의문이 제기될 수 있다. 이와 관련하여 관세평가기술위원회는 권고의견 7.1에서 다음과 같은 의견을 표명하고 있다. 즉, 특수관계가 없는 당사자 간의 가격이 관세평가협정 제1조에서 규정하고 있는 조건을 충족하면서, 협정 제8조의 규정에 따라 필요한 조정이 이루어지고, 거래가격으로 세관에 의하여 수용된 바 있다면, 해당 가격은 비교가격(test value)으로 사용될 수 있다. 하지만 관세평가협정 제13조의 경우와 같이 비교가격으로 채택하려는 가격이 아직 심사대상이거나 과세가격에 대한 최종 결정이 그와는 다르게 잠정적인 상태에 있는 경우라면 해당 가격은 비교가격(test value)으로 수용될 수 없다는 것이다. 동종·동질 또는 유사물품의 가격이 일반적인(prevailing) 시장가격보다 낮은 가격인 경우 비교가격으로 사용할 수 있는지 여부에 대해 우리 관세평가법규는 아무런 지침을 규율하고 있지 않는다. 다만, 비교가격은 비교의 목적으로만 사용되어야 하며, 비교가격을 과세가격으로 결정하여서는 아니 된다는 준칙은 제시하고 있다(관세규칙 제5조제2항). 따라서 평가대상 수입물품의 비교가격을 과세가격(대체 가격)으로 사용하는 것을 금지하는 것은 관세평가협정 제1조의 기본취지에 비추어 당연하다고 본다. 왜냐하면 관세평가협정 제1조 제2항(c)에서 제1조 제2항(b)에 규정된 검증은 수입자의 주도로 사용되어야 하고 비교의 목적으로만 사용되어야 하며, 대체가격을 제2항(b)의 규정에 따라 결정할 수는 없다고 규정하고 있기 때문이다.

2) 판례연구

【대법원 2020.12.30. 선고 2017두59048 판결】 사건을 살펴본다. 이 사건 처분경위는 다음과 같다. 원고는 전기, 전자기기, 기타의 기계기구 및 관련 부품 등의 수출입판매와 이와 관련된 각종 서비스 제공을 주된 사업목적으로 하는 국내법인이다. 일본 법인인 미△▣▣전기 주식회사는 원고의 지분 51%를 보유하고 있고, 미쓰비시 그룹이 지분을 100% 보유한 일본 법인인 주식회사 세▣요 아□텍(S□□▲uyo Astec Co., 이하 '수출자')은 원고의 지분 49%를 보유하고 있다. 원고는 국내 대리점으로부터 공장자동화 제품의 일종인 '서♡◇스템'(명령에 따라 공장내 장치의 위치와 속도를 제어하는 장치)을 주문받으면, 예상 판매가격을 기초로 수출자에게 희망가격을 제시하고 수출자로부터 가격회신을 받는 방법으로 거래가격을 정하여 수출자에게 서♡◇스템을 구성하는 부품을 발주하고, 수출자로부터 위 부품을 수입하여 국내대리점을 통해 최종 수요자에게 판매한다. 서♡◇스템을 구성하는 주요 필수부품은 위치결정유닛, 서보모터구동기, 서보모터로(이하 순서대로 '모션', '앰프', '모터'), 서♡◇스템 사양에 따라 모션, 앰프, 모터의 수는 달라질 수 있다. 세관당국은

원고가 2008.5.7.부터 2013.4.30.까지 수입신고한 물품에 대하여 정기 법인심사를 실시하고, “원고와 수출자 사이의 특수관계가 이들 사이에 거래된 일부 모션, 앰프(이하 ‘이 사건 물품’)의 거래가격에 영향을 미쳤다.”는 이유로, 원고가 신고한 수입신고가격을 부인하고 원고의 모션, 앰프 국내판매가격을 기초로 과세가격을 산정한 뒤, 원고에게 관세 및 부가가치세 등을 경정·고지하였다(이하 ‘이 사건 각 부과처분’).

원고의 주장은 이렇다. 원고와 수출자 사이의 가격협상은 상거래관행에 부합하는 정상적인 절차를 거쳐 이루어졌다. 모션, 앰프, 모터는 하나의 서♡◇스템 단위로 거래되므로, 거래가격이 특수관계의 영향을 받았는지 여부는 개별부품이 아니라 서♡◇스템 전체가격을 기준으로 판단되어야 한다. 수출자가 서♡◇스템의 부품인 모션, 앰프 가격을 원고가 제시한 희망가격보다 낮게 결정하여 회답한 사례는 판매전략상 서♡◇스템 전체로서의 가격경쟁력 확보가 필요한 경우에 제조원가 부담이 높은 모터보다는 비교적 가격인하의 여지가 남아있는 모션, 앰프의 가격에 반영하였기 때문이고, 개별부품이 아니라 서♡◇스템 단위로 본다면 원고와 수출자 사이의 실제 거래가격은 원고가 당초 수출자에게 제시한 희망가격보다 높다. 이처럼 원고와 수출자가 정상적인 가격협상을 거쳐 결정한 거래가격을 부인한 이 사건 각 부과처분은 위법하다. 그리고 세관당국은 서♡◇스템을 구성하는 부품 중 모터에 대하여는 원고의 수입신고가격을 인정하는 반면, 일부 모션, 엠프에 대하여만 수입신고가격을 부인하고 국내판매가격을 기초로 결정한 과세가격을 적용하여 이 사건 각 부과처분을 하였다. 이는 하나의 거래로 이루어지는 서♡◇스템 수입거래 중 일부에 대하여만 특수관계가 가격에 영향을 미쳤고 그 나머지 부분에 대하여는 특수관계가 가격에 영향을 미치지 아니하였다는 것으로 일관성이 없어 조세법률주의 및 명확성의 원칙에 반하고, 하나의 거래를 작위적으로 나누어 과세가격 결정방법을 달리하는 것으로 위법하다. 또한, 세관당국은 구 관세령 제27조 제5항의 문언대로 ‘동종·동류의 수입물품이 국내에서 판매되는 때의 이윤 및 일반경비’ 평균값을 동종·동류비율로 산정하였어야 하고 세관당국이 관세고시 제1-2조 제7호에 따라, 선정한 비교대 상업체의 ‘매출총이익률’을 근거로 동종·동류비율로 산정함으로써 비교대상업체들이 동종·동류의 수입물품 이 외의 물품을 거래할 때 발생한 이윤 및 일반경비까지 동종·동류비율에 반영시킨 것은 잘못이다. 세관당국은 당해업종, 연계업종을 각각 선정하고도 비교대상업체는 연계업종에 속하는 업체로만 선정하였고, 연도별 수입실적을 동종·동류의 수입물품에 대한 품목번호인 HS 8538만을 근거로 판단하였으며, 연도별 수입실적 상위 100위 이내가 아닌 상위 30위 업체를 대상으로 관세고시 제4-5조 제2항 각 호의 요건 충족 여부를 판단하였고, 2009년 비교대상업체인 한국오▽▽▽어기기 주식회사의 외부감사 의견을 잘못 판단하였으며, 동종·동류물품의 수입액 비중이 상품매출원가의 30%가 아닌 20% 미만인 업체만 비교대상업체에서 제외하는 등 세관당국의 비교대상업체 선정에는 위법이 있다. 세관당국은 2008년,

2012년에 최종선정 비교대상업체가 없다고 보아 산업평균율로 동종·동류비율을 결정하면서 당해 업종의 업체만 대상으로 산업평균율을 산정하였고, 수입실적이 거의 없는 업체를 제외하지 않는 등 세관당국의 산업평균율 산정은 위법하다.

대법원은 다음과 같은 원심[126]의 판단이 모두 정당한 것으로 판시하고 있다. 특수관계가 거래가격에 영향을 미쳤는지 여부를 판단함에 있어서도 당해 수입물품의 거래가격을 기초로 판단하여야 하고, '당해 산업부문의 정상적인 가격결정 관행'에 부합하는 가격결정방법인지를 판단함에 있어 거래당사자 사이에 특정 물품의 가격결정이 다른 물품들과 함께 전체적으로 이루어진다는 점이 고려될 수 있을 것이나, 관세령 제23조 제2항 제1호 및 제2호에 해당한다고 주장하는 자가 그 요건이 충족되었음을 증명하여야 한다고 볼 것인바, 이 사건 가격결정의 상황[127]에 비추어 원고와 수출자 사이의 특수관계가 이 사건 물품의

---

126) 서울고등법원 2017.08.23. 선고 2016누79177 판결.

127) ① 원자재(희토류)의 국제적인 시세상승에 따라 가격이 인상되었던 모터와는 달리, 이 사건 물품의 시세는 특별히 변동할 만한 사유가 없었음에도 동일한 시장상황, 동일한 시기에 수입된 이 사건 물품의 가격이 현저히 등락하였다. ② 수출자가 오히려 수입자인 원고의 희망가격보다 더 낮은 가격으로 물품을 공급한 것이 일반적인 거래당사자간의 가격결정 방법이라고 보기 어렵다. 이에 대하여 원고는 이 사건 물품은 모터와 함께 서◑□스템 단위로 최종수요자에게 판매되기 때문에 원고와 수출자가 가격협상을 함에 있어 모터의 국제적인 시세 상승으로 인해 서◑□스템의 가격경쟁력이 감소하는 것을 방지하기 위하여 서◑□스템의 가격이 일정 수준으로 유지되도록 수출자가 이 사건 물품의 가격을 낮게 제시한 것이라고 주장하나, 원고와 수출자 사이에 이 사건 물품의 국내판매를 원고가 독점하기로 하는 계약을 체결하였다는 등의 특별한 사정도 없는 이 사건에서 수출자가 수입자인 원고의 국내에서의 가격경쟁력까지 고려하여 수입가격을 조정해 준다는 것은 원고와 수출자 사이의 특수관계를 고려하지 않고는 합리적으로 설명하기 어렵다. ③ 비슷한 시기에 수입된 이 사건 물품의 수입가격이 2배 이상 차이가 나는 등 현저히 차이가 남에도 불구하고 원고가 국내 최종소비자에게 이 사건 물품을 판매한 가격은 큰 차이가 없다. 이는 최종소비자가 누구인지와 관계없이 수출자는 자신이 정한 가격을 원고에게 적용한다는 것을 의미하는 것으로서 국내 최종소비자인 제조업체가 제시한 희망가격을 고려하여 원고와 수출자가 자유롭게 가격을 협상하여 이 사건 물품의 수입가격을 결정하였다는 원고의 주장과 부합하지 않는다. ④ 원고와 수출자 사이에 주고받은 이메일의 기재내용에 의하면 원고의 희망가격에 대해 수출자가 회답가격을 제시하여 원고가 이를 그대로 수용한 것으로 보이고, 원고와 수출자 사이의 기본취급계약서 제5조 제1항에도 가격조건은 수출자가 일방적으로 정하는 것으로 기재되어 있다. 위 계약서 제5조 제2항에서 수출자가 가격조건을 원고와 협의 후에 변경할 수 있다고 기재되어 있으나 원고와 수출자 사이에 원고가 독립된 거래당사자로서 수출자에 대하여 가격협상을 요구하는 등 특수관계가 없는 구매자와 판매자간에 통상적으로 이루어지는 가격결정에 관한 협의가 이루어졌다는 자료가 거의 없다. 오히려 이러한 방식의 일방적인 가격결정은 원고와 수출자 사이의 특수관계에 기인한 것으로 보인다. ⑤ 서◑□스템을 구성하는 개별 물품별로 최종수요자에게 판매가 이루어지는 것이 아니라 이 사건 물품이 모터와 함께 서◑□스템 단위로 판매되는 것이라 하더라도, 그 중 일부(모터)의 국제적인 시세가 상승하게 되면 서◑□스템 전체의 가격도 상승하게 되는 것이 시장원리에 부합하는 것으로 보이고, 수출자가 서◑□스템 전체의 가격유지를 위해 이 사건 물품의 수입가격을 낮추어 주는 것이 당해 산업부문의 정상적인 가격결정 관행에 해당한다고 보기 어렵다. ⑥ 원고의 매출총이익률은 원고의 수입신고 기간 동안 2009년에 손실을 기록한 것을 제외하고는 2010년에서 2013년까지 일정한 수준으로 유지되었는데, 서◑□스템 중 모터의

거래가격에 영향을 미쳤다고 봄이 상당하다고 판단하였다. 또한, 관세평가는 거래당사자 사이의 전체거래에 의하여 결정하는 것이 아니라 당해 수입물품의 거래가격을 기초로 수입신고 별로 과세과격을 결정하는 것이고, 특수관계가 어떠한 품목에 대하여는 가격에 영향이 없었던 것으로 인정하고 다른 품목에 대하여는 영향이 있었다고 인정한다고 하여 이를 부당하다고 할 수 없다. 원고가 세금을 과다 납부한 부분이 있으면 세관당국의 이 사건 물품의 과세가격 결정방법을 이용하여 다른 수입물품에 대하여 관세의 경정청구를 할 수 있으므로 세관당국이 이 사건 물품만이 특수관계가 거래가격에 영향을 미쳤다고 보고 부인한 것이 위법하다고 할 수 없다. 아울러 세관당국이 2008.5.7.부터 2012.6.30.까지의 수입물품에 대하여 2012.2.2. 개정되기 전 구 관세령에 따라 원고가 제출한 이윤 및 일반경비율이나 기준비율을 적용하지 않고, 개정 후의 관세령에 따라 세관장의 동종·동류비율을 적용하여 구 관세법 제33조 제1항 제2호의 규정에 의한 이윤 및 일반경비를 계산하였더라도 결국 세관당국이 계산한 과세가격이 원고 제출 이윤 및 일반경비율을 적용하여 산출한 과세가격의 범위 내에 있다. 따라서 세관당국이 이러한 사유를 들어 이 사건 각 부과처분이 적법함을 주장하고 있는 이상 이를 두고 위법하다고 할 수 없다. 끝으로 세관당국의 비교대상업체 선정이나 세관당국이 당해업종만을 고려하여 산업평균율을 산정한 데에 어떠한 위법이 있다고 할 수 없고, 동종·동류물품을 수입한 실적이 있는 업체를 기준으로 산업평균율을 산정한 이상 그 실적이 적다고 하여 이것이 위법하다고 할 수도 없다.

【대법원 2020.6.25. 선고 2020두36939 판결】 사건을 살펴본다. 이 사건은 상고심의 심리불속행 상고기각으로 원심의 판결이 그대로 확정되었다. 이 사건 원심[128]은 원고와 수출자 LLS 사이의 특수관계가 이 사건 물품의 거래가격에 영향을 미쳤다고 볼 수 없어 이와 다른 전제에서 이루어진 이 사건 처분은 위법하다고 본 제1심[129]의 판단은 정당하다고 판시하였다. 이 사건 처분의 경위는 다음과 같다. 원고는 일반무역업, 의약품 도매업 등을 목적으로 하여 1990.12.17. 설립된 법인으로서 프랑스 소재 L◇ Servier(이하 'L◇S')로부터 바◎◎◎정(V◎◎◎Tablet), 아◎◎정(A◎◎ Tablet), 디◎◎◎◎(D◎◎◎◎), 후◎◎◎(F◎◎◎)와 같은 당뇨치료제, 혈압치료제 등 완제의약품(이하 '이 사건 각 물품')을 수입하여 국내 의약품 도매상 및 병원 등에 판매하는 것을 주된 사업으로 영위하고 있다. 프랑스

국제적인 시세상승에도 불구하고 원고가 일정 수준의 매출총이익률을 유지할 수 있었던 것은 원고와 수출자 사이의 특수관계가 이 사건 물품의 수입가격에 영향을 미쳐 원고가 더 낮은 가격으로 이 사건 물품을 수입할 수 있었기 때문으로 보인다. ⑦ 이 사건 물품의 수입신고서나 상업서류 등에는 어떠한 물품이 시스템을 이루고 있고 해당 시스템의 수량이 몇 개가 된다는 기재가 없고, 수입신고서에 모션, 앰프, 모터가 기재되어 있거나 모션만 기재되어 있거나 모터와 앰프만이 기재되어 있어 해당 물품들이 각 물품의 묶음별로 "서◑ㅁ스템"에 해당한다는 것이 명확히 특정되지 않으므로 원고의 주장대로 "시스템 단위"로 거래가 이루어졌다고 보기 어렵다.

128) 부산고등법원 2020.02.07. 선고 2019누23296 판결.

129) 부산지방법원 2019.08.23. 선고 2018구합20697 판결.

소재 △△△△ △.A.S.(이하 '△AS사')는 원고 지분의 100%와 수출자인 L◇S 지분의 100%를 보유하고 있고(이하 △AS사 산하 원고 및 관련 법인의 집단을 통틀어 '원고 그룹'), 이에 따라 원고와 수출자 L◇S는 △AS사의 100% 자회사로서 공동으로 △AS사의 지배를 직접 또는 간접으로 받는 관계에 있다. 세관당국은 원고에 대하여 수출입물품 통관적법성 기업심사를 실시한 후, 원고가 2009.6.16.부터 2014.6.15.까지 수입신고한 이 사건 각 물품의 수입가격에 관하여 특수관계가 거래가격에 영향을 미친 것으로 판단된다는 이유로 관세법 제30조 제3항의 규정에 따라 원고의 거래가격을 부인하고, 동종·동질물품 또는 유사물품이 국내에 수입된 실적이 없어서 국내 판매가격을 기초로 과세가격을 재산정하여 관세 등을 각 추징하는 이 사건 처분을 하였다.[130]

이 사건 제1심은 원고와 수출자 L◇S 사이의 특수관계가 이 사건 물품의 거래가격에 영향을 미쳤다고 볼 수 없으므로 이를 전제로 한 이 사건 처분은 위법하다고 판시하고 있는바, 판시이유로 설시한 주요 내용은 다음과 같다. 원고는 원고 그룹의 이전가격 정책을 준용하여 재판매가격법에 따라서 제품별로 최종소비자가격인 약가를 기준으로 ① 국내 의약품도매상의 평균 마진(약 7%)과 판매장려금(약 1.5%)을 고려하여 원고가 의약품 도매상에게 판매하는 국내 판매가격(91.5%)을 결정하고, ② 원고와 수출자는 관세(8%) 및 제비용(2%) 등 매출원가를 고려하여 목표 연간 매출총이익률 45% 내지 55%을 실현하는 수준으로 수입가격을 결정하되, 회계기간 동안의 영업이익률이 국내 소재 비교대상업체들의 영업이익률 사분위값(2.9% 내지 6.6%)의 범위에서 벗어나지 않도록 수입가격을 조정하는 거래순이익률법으로 보완하는 방식으로 수입가격을 결정하였던바, 이와 같은 재판매가격법과 거래순이익률법에 의한 수입가격의 결정은 통상적으로 이루어지는 가격결정방법일 뿐만 아니라 국제조세조정법 제5조에서 규정하는 정상가격 산출방법의 하나로서 원고와 수출자 L◇S 사이의 특수관계가 있다는 사정을 고려하더라도 위와 같은 가격결정 방식이

---

130) 원고는 이 사건 처분 중 2014.12.18.자 및 2014.12.19.자 각 세액경정 통지에 대하여 2015.3.16. 조세심판원에 2015관155호로, 2015.3.5.자 세액경정통지에 대하여 2015.5.27. 조세심판원에 2015관196호로 각 심판청구를 하였다. 이에 대하여 조세심판원은 2016.6.21. 원고가 제출한 주요 판매물품의 특수관계자 및 비특수관계자 판매가격 자료에서 수출자 L◇S가 원고에게 판매하는 수입물품의 가격이 비특수관계자에게 판매하는 가격보다 대부분 높은 것으로 나타난 점에 의하면 여전히 특수관계가 거래가격에 영향을 미치지 아니한 측면도 있다는 점을 지적하면서 원고가 추가 제출한 자료들을 재조사하여 특수관계가 거래가격에 영향을 미쳤는지 여부를 결정하는 것이 타당한 것으로 판단된다는 이유로 세관당국에게 수입물품의 가격이 특수관계에 의해 영향을 받았는지 여부를 재조사하도록 결정하였다. 세관당국은 조세심판원의 결정에 따라서 2016.8.12. 원고에게 ① 주요 수입물품의 특수관계자 및 비특수관계자 판매가격, ② 수출자 L◇S가 주요 해외거래처에 판매 시 수출가격 구성요소 중 MARK-UP 내역, ③ 조세심판결정통지서상 주요 판매물품의 특수관계자 및 비특수관계자 판매가격의 작성 근거서류 등에 대한 자료제출을 요구하였고, 원고로부터 2016.9.30.부터 2017.10.13.까지 제3자 가격자료 및 소명자료, 제3자 가격관련 인보이스, 의견서 및 추가의견서 등을 제출받아 검토한 세관당국은 2017.11.16. 이 사건 처분유지 결정을 하였다.

불합리하거나 이례적인 것으로 보이지 않는다. 원고는 2010년부터 2014년 사이에 이 사건 각 물품의 보험약가가 인하되는 경우에는 수출자 L◇S에게 해당 물품에 대한 보험약가 인하내역과 함께 그로 인하여 변동되는 순판매가격, 매출원가, 매출총이익 55% 수준을 유지하기 위한 수입가격의 인하 필요성 및 그에 따른 예정 수입가격 등을 제시하면서 수입가격 인하를 요청하였고, L◇S는 이를 검토하여 원고와 협의하여 수입가격을 인하하거나 그대로 유지하는 등 원고와 L◇S 사이에서 실질적인 가격협상을 하였던 것으로 보인다. 이에 대하여 세관당국은 원고 그룹이 원고로부터 얻은 기업정보를 바탕으로 원고 그룹의 수입가격정책과 법인세 등 내국세 위험만을 고려하여 전사적으로 일방적 가격결정을 한 다음 원고가 이를 수용하는 방식으로 이 사건 물품의 가격이 결정되었고, 원고법인 전체기간 손익관점에서 목표한 매출총이익률 또는 영업이익률이 일정범위(2% 내지 6%) 내에만 있으면 개별물품의 가격조정을 거치지 않아서 이 사건 각 물품의 수입가격이 왜곡되었으므로 원고와 수출자 L◇S 사이의 특수관계가 거래가격에 영향을 미쳤다고 주장한다. 그러나 앞에서 본 바와 같이 원고는 원고 그룹의 이전가격정책을 준용하여 재판매가격법에 따라서 적정한 매출총이익률을 유지하는 범위에서 자율적으로 수입가격을 결정한 것으로 보이고, 국내 보험약가의 인하 등 사정변경이 있는 경우에는 수출자 L◇S에게 국내 현황을 알리고 원고의 매출총이익률 확보를 위해서 주도적으로 L◇S에게 수입가격의 인하를 요청하여 수출자와 협상에 의하여 수입가격을 결정한 것으로 보이므로 L◇S가 일방적으로 결정한 거래가격에 의하여 수입하였다는 세관당국의 주장은 수긍하기 어렵다. 세관당국은 원고의 주장처럼 이 사건 물품의 수입가격을 재판매가격법에 따라서 매출총이익률이 매년 55% 수준을 달성하는 수준에서 결정한다면, 이 사건 각 물품의 국내 판매가격인 보험약가의 추세에 따라서 수입가격이 변동될 수밖에 없는 구조인데, 이 사건 물품 중 대표적인 아◎◎정(A◎◎ Tablet 4mg 90)은 보험수가가 2010년부터 2013년까지 4회에 걸쳐 684원에서 488원으로 196원(인하율: 28%)이 인하되었으나, 원고의 수입가격 조정은 2회에 불과할 뿐만 아니라 인하율도 13.7% 정도였고, 바◎◎◎ 서방정(V◎◎◎-18-MR 60's)은 같은 기간 보험수가가 2회에 걸쳐 129원에서 112원으로 17원(인하율: 13.2%)이 인하되었으나, 원고의 수입가격 조정은 1회에 인하폭도 4.3%에 불과하는 등 국내 보험약가의 인하로 수입가격 조정요인이 발생하였음에도 원고가 수입가격을 조정하지 않았으므로, 이 사건 각 물품의 수입가격 결정에 특수관계가 영향을 미쳤다고 주장한다. 그러나 앞에서 본 바와 같이 원고의 이 사건 각 물품 중 주요제품은 보험약가가 인하될 때 수입가격도 함께 인하되었던 것으로 보이고, 다만 세관당국의 주장처럼 일부 보험약가 인하율에 비추어 수입가격 인하율이 낮은 것은 사실이지만, 이는 수입자인 원고가 쟁점물품에 대한 국내판매 영업전략, 경영사정 등을 고려하여 보험약가가 인하되더라도 곧바로 수출자에게 그 수입가격의 인하를 요청하지 않을 수도 있거나 그 인하율 폭을 낮게 요청할 수도 있는 점, 실제로도 원고는 수출자 L◇S에게 수입가격을 인하해 줄 것을 요청하였다가 수출자와 협상을 통해 최종적으로 기존 수입가격을 그대로 유지하기로 결정하기도 하였던 점, 국내의약품의 가격은 그 성분 및 제◇◇ 의약품의 존재여부에 따라 영향을 받을 수 있는 등 수입가격 결정에 있어서 특수성이 있고, 보험약가의 인하에 따라 곧바로 매번 수입가격을 조정하는 것은 통상적인 무역거래에서 기대하기 어려운 점 등을 고려하면, 보험약가의 인하에 비례하여 수입가격이 조정되지 않았다는 사유만으로 특수관계가 거래가격에 영향을 미친 것이라는 세관당국의 주장은 받아들이기 어렵다. 또한 관세법의 문언 및 취지 등에 비추어 보면, 관세법 제30조 제3항 제4호의 특수관계가 거래가격에 영향을 미쳤을 경우란 관세 등을 회피, 절감하기 위하여 '거래가격을 부당하게 저가로 책정'한 경우를 의미한다고 할 것인데, 세관당국의 주장처럼 원고가 국내 보험약가 인하에 따라 수입가격을 조정하지 않아서 결과적으로 수입가격이 정상 이전가격보다 고가로 책정되었다고 하더라도 그로 말미암아 관세를 회피, 절감할 우려는 없으므로 특수관계가 거래가격에 영향을 미쳤다고 단정하기는 어렵다. 원고는 원고 그룹의 이전가격정책을 준용하여 재판매가격법에 의하여 원고 그룹 계열사의 목표 매출총이익률인 연도별 45% 내지 55%을 실현할 수 있도록 수입가격을 결정하는 방법을 채택하였고, 실제로 2008년경부터 2014년경까지 수출자 L◇S로부터 수입한 이 사건 각 물품 중 주요 제품인 아◎◎정(A◎◎ Tablet) 4mg, 아◎◎정(A◎◎ Tablet) 8mg, 디◎◎◎◎정(D◎◎◎◎ Tablet) 60mg, 후◎◎◎ 서방정(F◎◎◎ SR), 바◎◎◎(V◎◎◎ MR 60T) 등의 매출총이익률은 44.7% 내지 57.6% 수준을 유지하였던 것으로 보인다. 이에 대하여 세관당국은 2013.7.경 기준 이 사건 물품의 매출총이익률이 26.3% 내지 57.9%까지로 넓게 분포하고 있으므로, 매출총이익률(45% 내지 55%)을 고려하여 가격을 조정한다는 원고의 가격결정방식은 믿기 어렵기 때문에 원고와 수출자 L◇S 사이의 특수관계가 거래가격에 영향을 주었다고 주장한다. 그러나 세관당국은 2013.7.경의 원고의 이 사건 물품에 대한 매출총이익률 현황만을 제시하였을 뿐 과세연도 전체기간의 매출총이익률을 제시하지 않았고, 세관당국이 제출한 자료에 의하더라도 바◎◎◎(V◎◎◎ 90과 V◎◎◎ 1000)을 제외한 7개 제품의 매출총이익률은 원고가 목표한 매출총이익률 45% 내지 55%에 거의 근접하고 있다. 한편 매출총이익률이 현저히 낮은 바◎◎◎(V◎◎◎ 90과 V◎◎◎ 1000)은 앞에서 살펴 본 바와 같이 원고가 2012년 무렵 이들의 보험수가가 큰 폭으로 인하되었음에도 불구하고 복용량, 약제의 효능, 복제의약품 출시 등으로 인하여 국내에서 위 제품의 수요를 바◎◎◎ 엠알(V◎◎◎ MR)로 이동시키고자 수출자 L◇S에게 수입가격 인하를 요청하지 않음으로써 매출총이익률이 낮게된 것으로서 예외적인 경우로 보인다. 한편 매출원가율이 다른 의약품에 비하여 낮고 다른 업체들의 평균치에 미치지 못한다거나 그 재판매가격이 수출자의 가격정책에 부합하지 않는다는 사정만으로는 거래가격이 특수관계에 영향을 받았다고 단정할 수 없는바(대법원 2009.05.28. 선고 2007두9303 판결 참조), 설령 이 사건 물품의 매출총이익률이 원고가 목표한 매출총이익률에 다소 차이가 있다는 사정만으로 특수관계가 거래가격에 영향을 미쳤다고 단정할 수도 없다. 또한 세관당국은 원고의 매출총이익률이 동종 업체보다 다소 높은 점에 비추어 원고가 의도적으로 수입가격을 낮춘 것이라고 주장하나, 법인세율(약 25%)은 관세율 (8%)보다 훨씬 높아 수입가격을 의도적으로 낮출 경우 감소하는 관세부담보다 증가하는 법인세 부담 부분이 더 크므로, 원고가 매출총이익률을 높여 수입가격을 낮출 경제적 요인이 있다고 보기 어렵다. 원고가 수입판매한 이 사건 각 물품 중 상당수는 수출자 L◇S가 해외 비특수관계자에 대하여 판매한 가격보다 높거나 유사한 수준으로 확인되고, 이는 판매자가 수출국 또는 제3국의 특수관계가 없는 구매자에게 동등한 가격수준으로 판매하는 경우에 해당한다고 봄이 타당하므로 특수관계가 해당 물품의 거래가격에 영향을 미치지 아니한 것으로 봄이 타당하다. 이에 대하여 세관당국은 아◎◎정(Acertil Tablet)의 경우 한국에는 4mg 및8mg의 용량으로 판매되고 있으나 특수관계가 없는 제3국에는 5mg, 10mg의 용량으로 판매되고 있고, 한국은 팩당 90정, 제3국은 팩당 30정으로 포장단위도 다르므로 위와 같은 비교자료는 믿기 어렵다고 주장하나, 한국을 제외한 다른 나라에서 판매되는 아◎◎정(A◎◎ Tablet) 5mg, 10mg과 한국에서 판매되는 아◎◎정(A◎◎ Tablet) 4mg, 8mg은 그 성분, 효능 등의 동일성에 비추어 생물학적 동등성이 있고, 포장단위의 차이를 근거로 위와 같은 비교자료를 배척하기는 어렵다.

【대법원 2020.12.24. 선고 2017두54128 판결】 사건을 살펴본다. 이 사건 처분경위는 다음과 같다. 원고는 미국법인 'M○○○○, Inc.'(이하 '미국 본사')의 대한민국 내 현지법인으로 2004.2.25. 주식회사로 설립되어 2007.12.17. 현재와 같이 유한회사로 조직변경된 회사이다. 미국 본사는 스위스법인 'M○○○○ ○○○ Holdings'(이하 '매○○○ 홀딩스')를 자회사로 두고 있고, 매○○○ 홀딩스는 원고와 스위스법인 'M○○○○ ○○○ International GmbH'(이하 '스위스 매○○○')를 자회사로 두고 있다. 원고는 2008.7.4.부터 2013.5.6.까지 스위스 매○○○로부터 건강기능식품 및 화장품 등을 수입하고, 세관당국에게 총 137건(이하 위 수입신고 대상 각 물품을 '이 사건 각 물품')에 관하여 수입신고를 하였다. 세관당국은 원고에 대한 심사를 실시한 결과, 원고와 스위스 매○○○ 사이의 특수관계가 이 사건 각 물품의 수입가격에 영향을 미쳤다고 판단하여, 원고의 수입신고가격을 부인하고 관세법 제33조 소정의 국내판매가격을 기초로 한 과세가격 결정방법에 의하여 과세가격을 결정하여 관세 등을 부과하는 내용의 경정고지를 하였다.[131]

원고의 주장은 다음과 같다. 세관당국은 이 사건 각 물품별로 수입거래가격이 특수관계에

131) 원고는 2013.8.23. 관세평가분류원에 이 사건 각 물품에 적용한 이윤 및 일반경비율이 불합리하다는 이유로 이의제기를 하였고, 관세평가분류원은 2014.1.20. 원고의 주장 중 일부를 받아들여 이윤 및 일반경비율을 일부 조정하는 의견을 제시하였다. 이에 세관당국은 관세평가분류원의 의견을 반영하여 2014.2.6. 원고에 대하여 위 2013.7.8.자 처분의 관세 등을 감액하는 내용의 경정고지를 하였다.

의해 영향을 받았다는 점을 구체적으로 증명하지 못하였다. 즉, 이 사건 각 물품의 이전가격 결정방식은 미국 본사가 전 세계에 공통으로 적용하는 거래순이익률법에 따랐으므로 이를 두고 자의적이라 할 수 없고, 결제통화를 미국 달러(이하 '달러')에서 원화로 변경하면서 '원/달러 환율'(이하 '환율')이 고가로 고정되었다는 점이나 원고의 영업이익률은 동종업체에 비해 낮은 수준이라는 점은 원고의 수입거래가격이 높았음을 나타낼 뿐이다. 따라서 이 사건 각 물품의 수입거래가격이 특수관계에 의해 영향을 받았음을 전제로 한 이 사건 처분은 위법하다. 이 사건 각 물품의 수입가격과 관세령 제23조 제2항 제3호 각 목의 비교가격(원고는 해당 수입물품의 수입 이전에 수입한 물품, 해당 물품 역시 비교대상에 포함되므로 해당 물품의 과세가격 또한 비교가격에 포함된다고 주장한다)의 차이가 100분의 10 이하에 해당하는 경우에 대해서까지 수입거래가격을 모두 부인하여 위법하다. 세관당국은 관세법 제33조에 따라 국내판매가격을 기초로 과세가격을 결정하면서 그 결정 요소인 '이윤 및 일반경비'를 산정함에 있어, 관세령 제27조 제4항 제1호에 규정된 '이윤 및 일반경비'가 수입물품별 개별 이윤 및 일반경비임에도, 위 '이윤 및 일반경비'가 평균 이윤 및 일반경비라는 전제에서 과세가격을 산정하였으므로, 이 사건 처분은 위법하다. 세관당국은 이 사건 처분의 과세대상기간 원고가 수입한 물품의 수입거래가격이 모두 특수관계에 의해 영향을 받았다고 보아 수입거래가격을 부인하였고, 그 경우 다시 수입거래가격을 과세가격으로 볼 수 없다. 그럼에도 세관당국은 관세법 제33조에 따라 산정된 과세가격과 수입거래가격을 비교하여 저가 신고된 것들만을 선별하여 과세하였고 나머지에 대해서는 수입거래가격을 그대로 인정하였는바, 고가신고된 것들에 대한 차액을 환급해주지 않고 한 이 사건 처분은 관계 법령이나 형평에 반하고 과세관행에 어긋나 위법하다.

대법원은 이 사건에서 제기된 쟁점 사안별 원심[132)]의 판단과 관련하여 다음과 같이 각 판시하고 있다. 원심은 관세법 제30조 제3항 제4호를 적용하기 위하여는 구매자와 판매자 간에 특수관계가 있다는 사실 외에도 그 특수관계에 의하여 거래가격이 영향을 받았다는 점까지 과세관청이 증명하여야 하고, 이 사건 거래조건 및 가격결정 등의 상황[133)] 비추어

---

132) 부산고등법원 2017.06.30. 선고 2016누23820 판결.

133) ① 원고와 스위스 매○○○ 사이의 이 사건 각 물품의 수입가격, 국내판매가격, 수입수량 등 거래조건은 미국 본사에 의하여 결정되었다. 즉 이 사건 각 물품의 수입가격과 국내판매가격은 미국 본사가 산출하여 ERP 시스템에 등재한 가격으로 원고는 이를 그대로 따랐고, 이 사건 각 물품의 수입절차 역시 미국 본사의 글로벌 플래너(Global Planner)가 대한민국 내 매출과 재고를 분석해서 공급망 관리(Supply chain) 담당자에게 발주수량을 제시하고, 위 발주수량에 대하여 미국 본사의 내부승인이 이루어지면 글로벌 플래너가 구매승인서(Purchase Order)를 작성하고, 제조사에 발주 및 운송스케줄을 조정한 다음 선적이 이루어지고 선적서류의 단가와 미국 본사의 'ERP시스템'에 등재된 수입단가가 맞는지를 확인하여 수입신고를 하고 통관완료 후 수량검수를 거치는 방식으로 이루어졌다. 원고의 구매 담당자가 필요에 의해 발주수량을 글로벌 플래너에게 요청하는 경우도 있기는 하였으나 이는 판매량 급증으로 재고량 부족이 예상되는 경우 등에 한정되었다. 이러한 방식의 가격 및 수량 결정은 미국 본사가 원고와의 특수관계를 이용하여 원고의 경영정보를

원고와 스위스 매○○○, 미국 본사 내지 매○○○ 홀딩스 사이의 특수관계가 이 사건 각 물품의 수입가격에 영향을 미쳤다고 볼 것이므로, 세관당국이 관세법 제30조 제3항 제4호, 제33조 제1항에 따라 이 사건 각 물품의 국내판매가격을 기초로 과세가격을 결정한 것은 적법하다고 판단하였다. 이러한 원심의 판단에 대해 대법원은 정당하다고 판시하고 있다. 또한, 세관당국이 구 관세령 제23조 제2항을 적용하여 동종·동류비율을 산출하면서 원고가 수입하는 개별물품(화장품, 건강기능식품) 외에 전혀 다른 품목의 물품 (가령 정수기, 비데 등)까지 취급하는 유사업체(한국△△△ 등)의 전체평균 이윤 및 일반경비율을 그대로 적용한 것은 위법하다는 취지의 원고의 상고이유에 대해 대법원은 상고심에 이르러

모두 파악할 수 있었기 때문에 가능하였고, 이러한 수입가격, 국내판매가격과 수량 결정방식은 원고와 스위스 매○○○, 미국 본사, 매○○○ 홀딩스의 특수관계를 고려하지 않으면 합리적으로 설명하기 어렵다. ② 원고와 스위스 매○○○는 2007.12.31.경 이 사건 각 물품의 수입거래가격 결정방법에 관한 약정을 체결한 바 있고, 위 약정에 따라 회계법인인 'Price W○○○○○ Coopers'에 의한 이전가격 연구를 하였는데 위 회계법인에 의해 2010.1.15.경 작성된 원고와 스위스 매○○○ 사이의 2008 사업연도 이전가격 보고서상 원고의 2008 사업연도의 영업이익률이 적정범위(arm's length)에 있음을 이유로 당시 거래가격을 조정하지 않았던 것으로 보이기는 한다. 그러나 그 이후부터 이전가격 연구는 이루어진 바 없고 원고와 스위스 매○○○, 미국 본사 사이에 이전가격 협의가 있었다고 볼 만한 자료는 제출된 바 없다. 원고는 이 사건 각 물품의 수입가격이 원고와 미국 본사 사이의 충분한 협의를 바탕으로 결정되었다고 주장하나 원고는 미국 본사에 수입가격 결정에 필요한 각종 정보를 제공하는 역할 정도를 수행하였을 뿐이고, 원고가 독립된 거래당사자로서 미국 본사에 대하여 가격협상을 요구하는 등 수입가격결정에 관한 실질적 권한을 가졌음을 보여주는 자료는 나타나지 않는다. ③ 원고는 스위스 매○○○로부터 물품을 수입하면서 2009.7.1.경까지는 결제통화로 달러를 사용하였으나, 미국 본사의 요청에 따라 2009.7.1.경부터는 이를 원화로 변경하면서 종전 달러표시 가격에 환율 1,400 원을 적용하여 산정된 가격을 적용하다가 2012.4.1.경부터는 다시 결제통화를 달러로 변경하였다. 한편 외환시장에서의 환율은 2009.3.경 약 1,460 원까지 올라 최고치를 기록하였다가 그 이후 하락하여 결제통화가 원화로 변경된 기간인 2009.7.경부터 2012.4.경까지는 약 1,060 원에서 약 1,260 원 사이에서 변동하였고 결제통화가 달러로 다시 변경된 2012.4.경에는 약 1,140 원이었다. ④ 원고는 관세평가분류원에 이의제기 신청을 하고 조세심판원에 조세심판을 청구할 때 동종·동류비율 산정을 위한 비교대상 업체 선정이 잘못되었고 이 사건 각 물품에 적용한 이윤 및 일반경비율이 불합리하다는 주장만 하였을 뿐 원고와 미국 본사, 스위스 매○○○의 특수관계가 수입거래가격에 영향을 미치지 아니하였다는 취지의 주장을 한 바는 없다. ⑤ 관세부과를 목적으로 하는 관세법에 의한 '과세가격'의 목적 및 산출방법은 내국세 부과를 목적으로 하는 국제조세조정법에 의한 '정상가격'의 목적 및 산출방법과는 다르므로, 이 사건 각 물품의 수입가격이 원고의 주장과 같이 국제조세조정법에서 정한 정상가격 산출방법 중 하나인 거래순이익률방법에 따랐다 할지라도, 그러한 사정만으로 원고와 미국 본사 사이의 특수관계가 이 사건 각 물품의 거래가격에 영향을 미치지 않았다고 보기는 어렵다. 이처럼 과세가격과 정상가격이 서로 달라질 수 있기 때문에, 사전적으로는 관세법 제37조의2나 국제조세조정법 제6조의3과 같이 관세의 과세가격과 국세의 정상가격 조정을 관세청장 또는 국세청장에게 신청하는 제도가 있고, 사후적으로는 관세법 제38조의4나 국제조세조정법 제10조의2와 같이 관세의 과세가격 결정으로 인한 국세 경정청구, 국세의 정상가격 결정으로 인한 관세 경정청구 제도를 두고 있다. ⑥ 관세법상 과세가격 평가는 개별품목별로 이루어져야 하는 것이지만, 개별품목의 거래가격이 특수관계의 영향을 받은 것인지를 판단할 때 거래전체의 가격결정 방법도 하나의 간접사실로서 고려할 수 있다.

비로소 주장하는 것으로서 적법한 상고이유가 될 수 없을 뿐만 아니라, 관련 법리와 함께 기록을 살펴보아도 판결에 영향을 미친 그 주장과 같은 위법이 없다고 판시하고 있다. 원심은 이 사건 각 물품의 수입가격과 비교가격의 차이가 비교가격의 100분의 10 이하라고 인정하기에 부족하고 달리 이를 인정할 증거가 없으며, 또한 관세법 제30조, 제33조의 규정 내용과 관세령 제23조 제2항, 관세규칙 제5조의 비교가격은 그 법문상 관세법 제33조에 의하여 결정되는 동종·동질물품 또는 유사물품의 과세가격을 의미하는 반면, 관세법 제33조에 의하여 결정되는 과세가격이란 해당물품, 동종·동질물품 또는 유사물품이 수입된 것과 동일한 상태로 해당물품의 수입신고일 또는 그 신고일과 거의 동시에 특수관계가 없는 자에게 가장 많은 수량으로 국내에서 판매되는 단위가격을 기초로 하여 산출된 금액에서 동종·동류의 수입물품이 국내에서 판매되는 때에 통상적으로 부가되는 이윤 및 일반경비에 해당하는 금액 등을 뺀 가격을 의미하는 것이므로 관세법 제33조에 의하여 결정되는 해당물품의 과세가격은 관세법 제33조에 의하여 결정되는 과세가격이 될 수는 있지만 이를 관세령 제23조 제2항, 관세규칙 제5조의 비교가격이 될 수는 없다고 판단하는 한편, 관세법 제33조는 국내판매가격을 기초로 한 과세가격의 결정과 관련하여 '특수관계가 없는 자에게 가장 많은 수량으로 국내에서 판매되는 단위가격을 기초로 하여 산출한 금액'에서 '통상적으로 부가되는 이윤 및 일반경비' 및 '통상의 운임·보험료'와 '조세와 그 밖의 공과금'을 뺀 가격을 과세가격으로 산정하고 있고, 관세령 제27조 제4항은 관세법 제33조에 의한 국내판매가격을 기초로 한 과세가격 산정의 한 요소인 '통상적으로 부가되는 이윤 및 일반경비'를 일반적으로 인정된 회계원칙에 따라 작성된 회계보고서를 근거로 하여 산정하도록 하고 있으며 같은 조 제5항은 세관장은 관세청장이 정하는 바에 따라 해당 수입물품의 특성, 거래규모 등을 고려하여 동종·동류의 수입물품을 선정하고 이 물품이 국내에서 판매되는 때에 부가되는 이윤 및 일반경비의 평균값을 기준으로 동종·동류비율을 산출하도록 하고 있으므로, 관세령 제27조 제4항 제1호의 납세의무자가 제출한 이윤 및 일반경비는 '수입물품별 개별 이윤 및 일반경비'라는 전제에 있는 원고의 위 주장을 배척하였다. 대법원은 이러한 원심의 판단은 정당하다고 판시하고 있다. 끝으로 대법원은 관세는 일정 기간에 대하여 과세하는 것이 아니라 특정 물품의 수입신고별로 과세되므로 세관당국이 이 사건 부과처분 당시 다른 물품에 대한 환급액을 고려하여 이 사건 수입물품에 관한 정당한 세액을 산정하여야 할 의무가 있다고 단정하기 어렵고, 원고는 세관당국의 이 사건 각 물품의 과세가격 결정방법을 이용하여 다른 수입물품에 대하여 관세의 경정청구를 할 수 있으므로, 세관당국이 이 사건 각 물품만이 특수관계가 거래가격에 영향을 미쳤다고 보고 부인한 것이 위법하다고 단정할 수 없다고 판시하고 있다.

【부산고등법원 2017.11.10. 선고 2017누21661 판결】 사건을 살펴본다. 이 사건 처분경위는 다음과 같다. 원고는 가방, 악세사리 등 롱△ 브랜드 제품의 제조·판매 회사인 프랑스국

소재 J△△ C△△△△ S.A.S(이하 '프랑스 본사')의 완전 자회사[134]인 L△△△△△△ S.A.S(이하 '수출자')로부터 롱△ 브랜드 제품을 수입하여 국내에 독점적으로 판매하고 있는 회사이다. 원고는 수출자로부터 롱△ 브랜드 가방 등의 제품(이하 '이 사건 물품')을 수입하고, 2008.3.1.부터 2012.6.27.까지 구 관세법 제30조 제1항 및 국제조세조정법 제5조 제1항 제2호에 따라 재판매가격법으로 계산한 정상가격을 기준으로 관세 등을 신고·납부하였다. 세관당국은 원고에 대한 관세 등에 관한 기업심사를 실시하였고, 2012.11.20. 원고에게 '원고가 한 수입신고가 구 관세법 제30조 제3항 제4호에서 정한 구매자와 판매자 간의 특수관계가 해당 물품의 가격에 영향을 미친 경우에 해당한다고 보아 원고의 수입신고 가격을 인정하지 않고, 같은 법 제33조에 따라 국내판매가격을 기초로 과세가격을 결정하겠다'고 통보하였다. 세관당국은 이에 따라 2013.2.26., 2013.5.23. 원고에 대하여 관세 등을 부과하는 최초 처분을 하였다. 이후 세관당국은 조세심판원의 재조사결정[135]에 따라 2014.12.3. 관세 등의 감액 경정을 하였고, 재조사를 실시하는 과정에서 원고가 세관당국에게 백화점 수수료가 제외된 매출액 자료를 제출하여 이를 기초로 과세가격이 결정되어 감액 경정이 이루어졌음을 발견하게 되었고, 2015.6.15. 백화점 수수료를 포함한 매출액을 기초로 과세가격을 결정하여 이 사건 처분을 하였다.

특수관계가 이 사건 물품의 가격에 영향을 미쳤는지 여부에 대해 부산고등법원의 판단은 다음과 같다. 다음과 같은 사정에 비추어 보면, 이 법원에 제출된 증거만으로는 원고와 프랑스 본사 등 사이의 특수관계가 이 사건 물품의 가격에 영향을 미쳤다고 인정하기 부족하고, 달리 이를 인정할 증거가 없다. ① 세관당국은 원고가 재판매가격방법에 따른 매출총이익률을 산출하면서 국내 동종업체의 매출총이익률이 아닌 해외 동종업체의 매출총이익률을 참고한 것은 통상적인 거래관행이 아니고, 원고가 매출총이익률을 산출한 근거나 자료 등을 밝히지 못하고 있으므로, 프랑스 본사나 수출자에 의하여 거래가격이 일방적으로 결정되었다고 보았다. 그러나 설령 원고가 잘못된 방법으로 재판매가격방법을 적용하여 정상가격을 산출하였고 매출총이익률을 산출한 근거나 자료 등을 제대로 밝히지 못하고 있다고 하더라도 이러한 사정만으로는 원고와 프랑스 본사 등 간의 특수관계가 이 사건 물품의 가격형성에 영향을 미쳤다고 보기는 어렵다. ② 세관당국은 기업심사에서 원고가 해외 동종업체가 아닌 국내 동종업체의 매출총이익률을 기준으로 매출총이익률을 결정해야 했음을 전제로 원고의 매출총이익률이 국내 동종업체와 비교하여 어느 정도

134) 프랑스 본사는 2004.9.23. 원고가 설립될 당시에는 원고 회사의 지분을 65% 가지고 있다가 2012.3.경 나머지 35% 지분을 모두 인수함으로써 원고는 그때부터 프랑스 본사의 완전 자회사가 되었다.

135) 원고는 최초 처분에 불복하여 조세심판원에 심판청구를 하였고, 조세심판원은 2013.12.31. 과세가격을 구 관세법 제33조에 따라 국내판매가격으로 산정하되, 권장 소비자가격이 아닌 실제 국내판매가격에 따라 과세가격을 산정하도록 하는 내용의 재조사결정을 하였다.

높은지 판단하기 위하여 직접 국내 동종업체[구 ◓△△코리아 주식회사, 엠◈콜렉션(메▽▽▽▽), 주식회사 나◎◎(만◍◍◍◍◍), 쌤▲▲ ▲▲코리아 주식회사, 보ㅁㅁ◁◁◁코리아 주식회사, 이하 '제1차 비교대상업체']를 선정하여 이들과 원고의 매출총이익률을 서로 비교하였다. 그 결과 제1차 비교대상업체보다 원고의 매출총이익률이 높은 것으로 나오자 세관당국은 이를 근거로 원고에게 일정한 영업이익을 보장해주기 위해 원고의 매출총이익률을 과다하게 설정하여 수입가격을 저가로 결정하는 등 프랑스 본사나 수출자가 인위적으로 개입한 결과물로 보았다. 그러나 세관당국은 원고에 대해서는 백화점 판매물품에 대한 매출총이익률을 계산한 반면, 제1차 비교대상업체의 경우 백화점 판매물품뿐만 아니라 면세점 판매물품을 포함하여 매출총이익률을 계산하였는바, 세관당국의 조사방식은 원고와 제1차 비교대상업 체의 매출총이익률을 동등한 조건에서 비교한 것이 아니므로 객관적이라거나 공정하다고 볼 수 없다. 더군다나 일반적으로 면세점 매출총이익률이 백화점 매출총이익률 보다 낮다는 사정까지 고려할 때 세관당국의 조사방식은 면세점 매출총이익률을 제외한 원고의 매출총이익률이 제1차 비교대상업체의 매출총이익률보다 상대적으로 더욱 높게 산출되는 결과를 초래하게 되므로 이를 신뢰할 수 없다. 오히려 이 사건 물품을 수입한 기간인 2008년부터 2011년까지 원고의 백화점 및 면세점 매출총이익률은 2008년 45.32%, 2009년 44.45%, 2010년 42.93%, 2011년 43.00%로 제1차 비교대상업체의 매출총이익률(2008년 40.94%, 2009년 46.68%, 2010년 47.33%, 2011년 49.16%)과 비슷한 수치를 보이고 있음을 알 수 있다. ③ 이 사건 물품의 수입기간인 2008년부터 2011년 사이에 원고의 영업이익률은 세관당국이 동종·동류로 최종 선정한 업체들(이하 '제2차 비교대상업체')의 영업이익률 평균에 비해 오히려 낮은 수치를 보이고 있다. 이 사건 물품의 수입을 통해 원고가 최종적으로 얻는 이익이 영업이익이라는 점을 고려하면 프랑스 본사와 수출자가 원고의 영업이익을 보장하기 위하여 이 사건 물품을 의도적으로 저가에 수출하였다고 보기 어려움을 알 수 있다. ④ 국내판매가격을 기초로 과세가격을 결정하는 것은 과세가격을 산출하는 자의 주관과 산출방법에 따라 비교대상업체의 선정이나 과세가격이 신축적일 수 있다. 그런데 세관당국이 선정한 제1차 비교대상업체와 제2차 비교대상업체가 상이한데다 원고와 제2차 비교대상업체 사이에 브랜드 인지도와 제품가격 등에 상당한 차이가 있는 것으로 보이고 원고가 백화점뿐만 아니라 면세점에도 물품을 판매하고 있음에도 원고와 제2차 비교대상업체의 백화점 판매물품에 대한 매출총이익률만 계산하는 등 백화점 및 면세점 판매비율, 매출규모, 제품의 특성, 브랜드 인지도 등을 고려하여 제2차 비교대상업체를 적정하게 선정한 것인지 의문이다. ⑤ 세관당국은 원고가 정상적인 재판매가격법을 사용하여 이 사건 물품의 가격을 결정하였다면, 수입가격은 국내판매가격과 일정한 상관관계를 보여야 할 것인데, 이 사건 물품 중 나일론 가방류의 경우 2008년과 2009년 사이에 국내판매가격은 17.6% ~ 30% 가량 인상하였으나, 수입가격은 동결하거나 오히려 6.5% 인하하는 모습을 보이는 바, 정상적인 재판매가격법에 따라 수입가격이 결정된 것이 아니고 프랑스 본사나 수출자에 의하여 거래가격이 일방적으로 결정되었다고 보았다. 그러나 이 사건 물품의 국내판매가격은 원고와 프랑스 본사 등과의 특수관계가 형성된 2004년부터 2007년까지 일정하게 유지되어 오다가 2008년과 2009년에만 급격히 상승하였는데, 여기에는 2008년과 2009년 사이에 발생한 환율의 급격한 변동이 반영되었을 가능성을 배제할 수 없다. 또한 위 기간 동안에 국내판매가격이 변동된 양상과는 달리 원고의 2009년도 매출총이익률은 이전 연도의 매출총이익률과 비슷한 수준을 보이고 있다. 한편 수출자는 원고가 설립되기 전인 1997.1. 무렵부터 경△상사에게 이 사건 물품을 수출하였고, 2004.9.경 경△상사 대표 임△△로부터 경△상사의 지분 65%를 인수하여 원고를 설립함으로써 원고와 프랑스 본사, 수출자 사이에 특수관계가 생기게 되었다. 그런데 2004.9.경 원고와 프랑스 본사 등 간에 특수관계가 형성되기 전·후의 이 사건 물품에 대한 수입가격을 비교해보면 가격에 변동이 없거나 오히려 가격이 인상되기도 하였다. ⑥ 원고가 독립된 거래당사자로서 프랑스 본사 등과 수입가격결정에 관한 구체적인 협의를 하였다고 볼 만한 자료를 충분히 제시하고 있지 아니한 사정은 인정되나, 구 관세법 제30조 제1항에서 실제로 지급하였거나 지급하여야 할 가격을 원칙적인 과세가격으로 규정하고 있는 이상, 그 적용을 배제하고 관세법 제30조 제4항, 제5항을 적용하여 관세법 제31조 내지 제35조에서 정한 방법으로 과세가격을 결정하는 것은 가급적 그 요건을 엄격히 해석할 필요가 있으므로(대법원 2007.12.27. 선고 2005두17188 판결 참조). 위와 같은 사정만으로는 특수관계가 거래가격에 영향을 미쳤다고 보기는 어렵다.

【대법원 2022.02.11. 선고 2021두53559 판결】 사건을 살펴본다. 이 사건은 상고심의 심리불속행 기각으로 원고의 판결이 그대로 확정되었다. 이 사건 처분의 경위는 다음과 같다. 원고는 동물 의약품의 수입, 판매 및 유통업을 주된 사업으로 하는 회사로, 1995.1.25. 미국 소재 법인인 P○○ International LLC의 완전자회사로 '화○○ 케○ 주식회사'라는 상호로 설립되었고, 1998.2.20. '화○○동물약품 주식회사'로 상호가 변경되었다. 이후 P○○ International LLC가 2012.8.22. 원고의 지분을 전부 P○○ P○ LLC에 양도하고, P○○ P○ LLC가 상호를 Z○○ PI LLC로 변경함에 따라, 원고의 상호도 2013.2.26. 현재와 같이 변경되었다. '화○○(P○○) 그룹'은 미국 소재 법인인 P○○ Incorporated(이하 '화○○ 본사')를 최종 모회사로 하여 의약품을 생산, 공급하는 다국적 기업그룹으로, 2012.10.경 동물의약품 사업부분이 분리되어 미국 소재 법인인 Z○○ Incorporated(이하 '조○○ 본사')를 최종 모회사로 하는 다국적 기업그룹인 '조○○(Z○○) 그룹'으로 개편되었다. 원고의 모회사인 P○○ International LLC는 화○○ 그룹의 계열회사이고, Z○○ P○ LLC는 조○○ 그룹의 계열회사이다. 원고는 2012.9.경까지는 화○○ 그룹의 계열회사인 P○○ O○○ Inc로부터, 2012.10경부터는 조○○ 그룹의 계열회사인 Z○○ S○○ Ltd(이하 위 P○○ O○○ Inc 및 Z○○ S○○ Ltd를 통틀어 '이 사건 수출자')로부터 동물의약품을 수입하였다.

세관당국은 원고에 대하여 2008.8.12.부터 2013.8.11.까지를 대상기간으로 하는 외국인투자 수입업체 통관적법성 기업심사를 수행한 결과 원고가 위 기간 동안 이 사건 수출자로부터 수입한 동물의약품 중 일부(이하 '이 사건 의약품')의 거래가격이 특수관계의 영향을 받아 낮게 책정되었다고 보고, 구 관세법 제30조 제3항 제4호에 따라 이 사건 의약품의 거래가격을 부인하고, 구 관세법 제33조 제1항에 따라 이 사건 의약품의 과세가격을 결정하기로 하여, 2013.11.29. 원고에게 위와 같은 내용의 기업심사결과 통지를 하였다. 그에 따라 세관당국은 2013.11.29. 및 2013.12.7. 원고에 대하여 이 사건 의약품의 관세 등 과세표준을 증액하여 각각 부과하였다(이하 '이 사건 관세 등 부과처분').[136)]

원심[137)]은 이 사건 의약품의 수입가격이 특수관계의 영향을 받았는지 여부에 대해 다음과 같은 사정을 이유로 원고와 이 사건 수출자 사이의 특수관계가 이 사건 물품의 수입가격에 영향을 미쳤다고 봄이 타당하다고 판시하고 있다:[138)]

- 조○○ 및 화○○ 본사 지침[139)]에 의하면 이 사건 의약품 중 'Category D'에 속하는 의약품의 경우 2012.10.경 전후로 '재판매가격법'의 동일한 기준에 의하여 수입가격을 산정한다. 그런데 실제로는 위 기간 전후로 위 의약품의 수입가격이 최대 628%까지 급격하게 상승하였으므로, 위 의약품의 수입가격이 위 지침에 따라 산정된 것인지 의문이 든다;
- 조○○ 및 화○○ 본사 지침에 의하면 나머지 의약품의 경우에는 2012.10.경 이전에는

136) 원고는 이 사건 종전 관세 등 부과처분에 불복하여 과세조정절차를 거친 후 2015.5.7. 조세심판원에 이 사건 종전 관세 등 부과처분의 취소를 구하는 심판을 제기하였고, 조세심판원은 2016.6.8. 구 관세법 제33조 및 구 관세령 제27조에 따른 동종동류의 수입물품이 국내에서 판매되는 때에 통상적으로 부가되는 이윤 및 일반경비를 재조사하여 이 사건 의약품의 과세가격을 결정한 후 그 결과에 따라 과세표준 및 세액을 경정할 것을 명하는 결정을 하였다. 이에 따라 세관당국은 이 사건 조세심판원 결정에 따른 재조사를 거쳐, 2017.6.28. 이 사건 종전 관세 등 부과처분 중 일부를 감액경정하였다.

137) 서울고등법원 2021.09.3. 선고 2019누64978 판결.

138) 원고의 주장은 이렇다. 이 사건 의약품의 수입가격을 화○○ 본사 및 조에티스 본사에서 정한 '재판매가격법' 또는 '원가가산법'에 따라 결정하였다. 이는 구 국제조세조정법 제5조 제1항 제2호 및 제3호, OECD 이전가격 과세지침에서 규정하는 보편적인 가격결정방법으로, 구 관세령 제23조 제2항에서 규정한 '당해 산업부분의 정상적인 가격결정관행에 부합하는 방법'에 해당한다. 따라서 이 사건 의약품의 수입가격이 특수관계의 영향을 받았다고 볼 수 없다.

139) 화○○ 본사는 2007.12.1.경부터 화○○ 그룹의 계열회사 사이에 적용되는 이전가격 변경지침을 마련하였는데, 이에 따르면 이 사건 의약품 중 연매출액이 4,000만 달러를 초과할 것으로 예상되는 'Category D'에 속하는 의약품의 경우 재판매가격법(Resale Price Method)에 따라 총마진 목표(Target Gross Margin)를 34%로 하는 이전가격을, 나머지 의약품의 경우 원가가산법(Cost-plus Pricing)에 따라 표준비용(Standard Cost)을 19%로 하는 이전가격을 제시하고 있다. 조○○ 본사는 2012.10.경부터는 이 사건 의약품 전부에 관하여 재판매가격법에 따라 총 마진 목표를 32%로 하는 이전가격을 제시하였다.

'원가가산법'을, 이후에는 '재판매가격법'을 적용하여 수입가격을 산정하여야 한다. 그런데 위 의약품의 수입가격 역시 위 기간 전후로 최대 392%까지 급격하게 상승하였고, 이는 위와 같이 지침이 변경된 것만으로는 설명하기 어려운 수준으로 보인다;

- 이 사건 의약품의 수입가격이 급격하게 변동한 2012.10.경은 화○○ 그룹에서 조○○ 그룹이 분리된 시점이다. 원고는 이 사건 의약품의 수입가격이 급격하게 상승한 원인에 대하여 아무런 합리적인 설명을 하지 못하고 있고, 달리 이 사건 의약품의 수입가격에 큰 영향을 미칠 만한 특별한 사정을 찾아 보기 어렵다. 그렇다면 이 사건 의약품의 수입가격은 원고와 이 사건 수출자가 속한 기업 그룹의 조직 개편에 따른 정책 변화에 영향을 받았을 가능성이 큰 것으로 보이고, 이는 원고와 이 사건 수출자의 특수관계에 기인한 것이다;
- 원고는 이 사건 의약품에 대한 통관적법성 기업심사 과정에서, 부산세관장으로부터 이 사건 의약품의 수입가격 산출방법 및 산출자료의 제출을 요구받고도, 그룹의 사업 분리로 인하여 관련 자료를 찾을 수 없게 되었다는 이유로 아무런 자료를 제출하지 않았다. 원고는 이 사건에서도 이 사건 의약품의 수입가격을 본사의 지침에 따라 정하였다고만 주장하고 있을 뿐, 수입가격의 구체적인 산출방법을 뒷받침하는 자료는 전혀 제출하지 못하고 있다;[140]
- 설령 이 사건 의약품 중 일부의 수입가격이 원고의 주장과 같이 구 국제조세조정법에서 정한 정상가격 산출방법 중 하나인 '재판매가격법' 또는 '원가가산법'에 따라 산정되었다고 볼 여지가 있더라도, 관세부과를 목적으로 하는 관세법에 의한 '과세가격'의 목적 및 산출방법은 내국세 부과를 목적으로 하는 국제조세조정법에 의한 '정상가격'의 목적 및 산출방법과는 다르므로, 그러한 사정만으로 원고와 이 사건 수출자사이의 특수관계가 이 사건 물품의 거래가격에 영향을 미치지 않았다고 보기는 어렵다.

또한, 비교대상업체 선정의 적법 여부에 대하여 원심은 다음과 같은 이유를 들어 부산세관장이 제출한 증거들만으로는 이 사건 재선정 비교대상업체가 적법하게 선정되었다고

140) 부산세관장은 원고에 대한 외국인투자 수입업체 통관적법성 기업심사에서 2013.9.6. 원고에 대하여, ① 본사 이전가격 정책 및 절차(화○○ 동물약품 사업) 문서상의 Category D에 해당하는 품목(총 13개 제품)을 제외한 Category E에 해당하는 품목에 대한 화○○ 본사의 수입가격 산출방법 및 구체적인 산출자료(2008년~2012년), ② 2012년 말경 본사와의 거래가격이 원화로 변경되면서 수입 신고가격이 변동된 사유 및 관련 증빙자료 일체, ③ 2012년 말경 수입가격 변경과 관련하여 조○○ 본사가 벤치마킹한 T/P 스터디자료 및 벤치마킹에 따른 거래가격결정 세부운영지침 등 관련 자료, ④ 원고가 제출한 '2013년 FY NEW PRICE LIST(2012년 12월부터 적용)'상의 'Transfer Price' 산출내역(해당 제품: D○○, R○○ one, P○○, R○○ 0.25ml(6% 및 12%), V○○ plus 5, B○○, A○○, D ○○ inj, L○○ I.TC, B○○ vx-8000)을 제출하도록 요청하였다. 그러나 원고는 2013. 11.경 부산세관장에 대하여 화○○ 그룹에서 조○○ 그룹이 분리되는 과정에서 담당 부서 및 담당자 변경 등으로 관련 자료를 찾을 수 없어 제출이 불가능하다고 답변하였을 뿐 아무런 자료를 제출하지 않았다.

보기 부족하다고 설시하고 있다:[141)]

- 관계 법령의 규정 내용, 취지에 비추어 보면 구 관세법 제33조의 과세가격은 적어도 해당 연도, 즉 과세대상인 수입물품이 수입되는 시점과 동시 또는 유사한 시점을 기준으로 정하여야 하고, 비교대상업체 역시 그러한 시점을 기준으로 추출·선정하여야 한다. 이는 구 관세법 제33조의 과세가격이 수입신고 당시 최종 판매가격에서 이윤 및 일반경비 등 각종 비용을 공제하여 산출되도록 하고 있는데, 이때 공제되는 이윤 및 일반경비는 동종·동류의 수입물품이 국내에서 판매되는 때에 통상적으로 부가되는 이윤 및 일반경비이므로, 수입신고 당시 국내시장에서 과세대상 수입물품과 경쟁하는 동종·동류 물품의 수입업체들을 비교대상업체로 추출하여야 위와 같은 동종·동류의 수입물품이 국내에서 판매되는 때에 통상적으로 부가되는 이윤 및 일반경비를 적정하게 산출할 수 있기 때문이다(따라서 이윤 및 일반경비는 통상의 값을 의미하므로 반드시 수입물품이 수입되는 시점과 동시 또는 유사한 시점을 기준으로 할 필요가 없다는 부산세관장의 주장은 받아들일 수 없다);
- 한편 구 관세고시[142)] 제26조는 동종·동류의 수입물품에 대한 품목번호의 범위와 비교

141) 원고의 주장은 다음과 같다. 부산세관장은 구 관세법 제33조 제1항에 따른 국내판매가격을 기초로 한 과세가격 산정방법에 따라 이 사건 의약품의 과세가격을 산출하면서, 관세청 심사정보시스템과 자동으로 연결되는 키스라인(KIS-Line)이 제공하는 업종정보를 통하여 동종·동류비율의 산출에 필요한 비교대상업체를 추출하였다. 그런데 위 관세청 심사정보시스템에서는 업종과 수입실적 등의 변동에 따라 원본데이터가 수시로 변경되어, 조회시점에 따라 추출되는 비교대상업체 후보가 달라지므로, 이 사건 의약품 수입당시를 기준으로 하는 비교대상업체를 정확하게 추출할 수 없다. 따라서 부산세관장이 선정한 비교대상업체에 따라 산정된 동종·동류비율이 구 관세고시에 따라 정확하게 산정된 것이라고 볼 수 없다. ▶부산세관장이 선정한 비교대상업체들의 매출액 대비 판매관리비 비율은 19.9~32.6% 정도로 원고의 매출액 대비 판매관리비 비율인 41.6%보다 현저히 낮은바, 원고와 비교대상업체들의 영업구조 및 전략에 현저한 차이가 있으므로, 부산세관장이 비교대상업체를 적정하게 선정하였다고 볼 수 없다.

142) 관세고시의 위임범위 한계 일탈 여부와 관련하여, 대법원 2018.6.28. 선고 2018두38697 판결(심리불속행 상고기각) 사건에서 원고는 다음을 주장하고 있다. ▶구 관세령 제27조 제5항은 "세관장은 관세청장이 정하는 바에 따라 해당 수입물품의 특성, 거래 규모 등을 고려하여 동종·동류의 수입물품을 선정하고 이 물품이 국내에서 판매되는 때에 부가되는 이윤 및 일반경비의 평균값을 기준으로 동종·동류비율을 산출하여야 한다"고 규정하고 있고, 세관당국이 동종·동류비율을 산출하는데 근거로 삼은 관세고시는 위 관세령 규정의 위임을 전제로 한 것이므로, 동종·동류비율은 동종·동류의 수입물품이 국내에서 판매되는 때에 부가되는 이윤 및 일반경비의 평균값을 의미한다고 해석하여야 한다. 그러나 세관당국은 비교대상업체의 매출총이익률을 근거로 동종·동류비율을 산정하여 이와 무관한 이윤 및 일반경비까지 동종·동류비율에 포함시켰으므로 이는 위법하다. ▶이러한 주장에 대해 원심(부산고등법원 2018.02.09. 선고 2017누20910 판결)은 다음과 같이 판시하고 있다. 구 관세법 제33조 및 구 관세령 제27조에 의하면 국내판매가격을 기초로 한 과세가격의 결정과 관련하여 '특수관계가 없는 자에게 가장 많은 수량으로 국내에서 판매되는 단위가격을 기초로 하여 산출한 금액'에서 '통상적으로 부가되는 이윤 및 일반경비' 및 '통상의 운임·보험료'와 '조세와 그 밖의 공과금'을 뺀 가격을 과세가격으로 산정하고 있는 점, 구 관세법 제33조 제1항 제2호에서 동종·동류의 수입물품이라 함은 '당해 수입물품이 제조되는 특정산업

대상업체의 업종범위를 기준으로 비교대상업체를 선정하도록 하고 있는데, 이때 동종·동류의 수입물품에 대한 품목범위는 납세의무자의 수입신고실적을, 비교대상업체의 업종범위는 해당업종과 연계업종을 각각 고려하도록 하고 있다. 이처럼 위 관세고시가 품목번호의 범위와 업종범위를 기준으로 비교대상업체를 선정하도록 한 것은 해당 연도의 과세대상이 되는 수입물품을 수입하는 업체와 동종·유사한 업종을 기준으로 품목범위가 동일·유사한 수입업체를 추출한다면 수입신고 당시 국내시장에서 과세대상 수입물품과 경쟁하는 동종·동류의 수입물품을 수입하는 수입업체를 찾기에 적절하다고 보았기 때문으로 보인다;[143)]

또는 산업부문'에서 생산되고 '당해 수입물품과 일반적으로 동일한 범주에 속하는 물품(동종·동질물품 또는 유사물품을 포함한다)'을 말하는 점, 구 관세법 제33조 제1항 제2호에 따른 이윤 및 일반경비는 일체로서 취급하며 일반적으로 인정된 회계원칙에 따라 작성된 회계보고서를 근거로 하고, 세관장은 관세청장이 정하는 바에 따라 '해당 수입물품의 특성, 거래규모 등'을 고려하여 동종·동류의 수입물품을 합리적으로 선정하도록 정하고 있는 점, 납세의무자는 세관장이 산출한 동종·동류비율이 불합리하다고 판단될 때에는 관세청장에게 이의를 제기할 수 있고 이 경우 관세청장은 '관련 업계 또는 단체의 자료'를 검토하여 동종·동류의 비율을 다시 산출할 수 있도록 정하고 있는 점 등 관세청장이 고시로 정하는 동종·동류비율 산정을 위한 비교대상업체의 선정기준이 반드시 동종·동류의 물품만을 취급하는 업체에 한정하고 있는 것은 아니다. 나아가, ㉠ 오직 동종·동류의 수입물품만을 취급하는 업체들로만 비교대상업체를 구성할 경우 비교대상업체의 숫자가 너무 적어지게 되어 오히려 동종·동류의 수입물품이 국내에서 판매되는 때에 통상적으로 부가되는 이윤 및 일반경비를 객관적으로 산출하기 어려워질 수 있는 점, ㉡ 동종·동류의 수입물품과 함께 다른 물품도 취급하고 있는 업체를 비교대상업체로 선정하는 경우 해당 비교대상업체의 회계보고서만으로 동종·동류의 수입물품에만 해당하는 이익 및 일반경비를 추출하기는 쉽지 않은 점, ㉢ 비교대상업체의 회계보고서를 기초로 동종·동류비율을 산정할 경우 해당 비교대상업체가 판매하는 물품에 동종·동류물품 외의 다른 물품이 포함되어 있더라도 이를 제외하기는 쉽지 않은 점까지 종합하여 보면, 이 사건 관세고시에서 동종·동류의 수입물품 이외에 일정범위에서 다른 물품을 취급하는 업체도 비교대상업체로 선정하여 그 매출액 총 합계액에서 매출총이익 총 합계액이 차지하는 비율로 동종·동류비율을 산출하도록 한 것이 모법인 구 관세령 제27조 제5항의 규정취지와 위임범위를 벗어난 것이라고 보기 어렵다.

143) 서울고등법원 2022.2.17. 선고 2021누37238 판결은 동종·동류비율 산출의 적법여부에 관하여 다음과 같이 설시하고 있다. 다음과 같은 사정에 비추어 보면, 구 관세법 제33조 제1항 제2호, 구 관세령 제27조 제5항, 관세고시 제26조 제5항에 따라 동종·동류비율을 산출하는 과정에서의 100개의 비교대상업체의 선정은 '품목번호의 범위'뿐만 아니라 '업종범위'도 아울러 고려해야 한다고 봄이 타당하므로, 세관당국이 업종범위에 대한 고려 없이 품목번호의 범위만을 고려하여 선정한 100개의 비교대상업체를 기준으로 동종·동류비율을 산출한 것은 위법하다: ㉮ 구 관세법 제33조 제1항에서는 "제1, 2, 3방법(구 관세법 제30조, 제31조, 제32조)으로 과세가격을 결정할 수 없는 때에는, 해당물품, 동종·동질물품 또는 유사물품이 수입된 것과 동일한 상태로 해당 물품의 수입신고일 또는 수입신고일과 거의 동시에 특수관계가 없는 자에게 가장 많은 수량으로 국내에서 판매되는 단위가격을 기초로 하여 산정된 금액(제1호)에서 국내판매와 관련하여 통상적으로 지급하였거나 지급하여야 할 것으로 합의된 수수료 또는 동종·동류의 수입물품이 국내에서 판매되는 때에 통상적으로 부가되는 이윤 및 일반경비에 해당하는 금액(제2호) 등을 뺀 가격을 과세가격으로 한다"고 규정하고 있고, 구 관세령 제27조 제3항에서는 "법 제33조 제1항 제2호에서 '동종·동류의 수입물품'이라 함은 당해 수입물품이 제조되는 특정산업 또는 산업부문에서 생산되고 당해 수입물품과 일반적으로 동일한 범주에 속하는 물품(동종·동질물품 또는 유사물품을 포함한다)을

• 부산세관장은 품목분류번호(HS CODE)를 기준으로 동종·동류의 수입물품에 대한 품목

말한다"고 규정하면서, 제27조 제5항에서 '세관장은 관세청장이 정하는 바에 따라 해당 수입물품의 특성, 거래 규모 등을 고려하여 동종·동류의 수입물품을 선정하고 이 물품이 국내에서 판매되는 때에 부가되는 이윤 및 일반경비의 평균값을 기준으로 동종·동류비율을 산출하여야 한다'고 규정하고 있다. 한편, 구 관세령의 위임을 받은 관세고시는 제26조 제4항에 서 '동종·동류비율을 산출하기 위한 비교대상업체 선정과정에 관하여, 동종·동류의 수입물품에 대한 품목번호의 범위는 납세의무자의 수입신고 실적을 고려하여 결정하고(제1호), 비교대상업체의 업종범위는 해당업종(신용평가기관에서 조회되는 납세의무자의 업종)과 연계업종(통계청에서 정한 한국표준산업분류표를 참고하여 관세평가분류원장이 선정한 업종)을 고려하여 결정한다(제2호)'고 규정하고 있다. 구 관세령 제27조 제3항, 관세고시 제26조 제5항에 의하면, 상위 100개 비교대상업체의 선정기준이 되는 '동종·동류의 수입물품'이라는 개념은 '당해 수입물품이 제조되는 특정산업 또는 산업부문'이라는 표지를 전제로 하고 있음은 앞서 살핀 바와 같다. 한편, 관세고시는 제26조 제4항 제1호, 제5항에서 '동종·동류의 수입물품에 대한 품목번호'와 '수입신고실적'을 연결하고 있으므로, 물품의 산업별, 용도별 구분의 따른 숫자의 배열인 품목번호의 범위를 '당해 수입물품이 제조되는 특정 산업 또는 산업부문'이라는 표지를 구체화하는 요소로 볼 수 있기는 하다. 그런데 기업의 개별적인 활동을 고려하는 대신 동종·동류의 물품을 취급하는 경쟁업체들의 평균적인 매출총이익률을 기준으로 과세가격을 산정하는 제4방법의 취지를 고려할 때, 관세고시 제26조 제4항 제1호의 품목번호의 범위만을 기준으로 비교대상업체 선정의 기준이 되는 '동종·동류의 수입물품'인지 여부를 판단하게 되면, 특정 산업을 영위하는 회사가 특정 산업과 무관한 물품을 수입하거나 다른 사업을 함께 영위하여 매출총이익률이 왜곡되는 경우에도 비교대상으로 선정될 가능성이 있어 구 관세법 제33조 제1항 제2호의 취지에 어긋날 위험이 있다. 따라서 관세고시 제26조 제4항 제2호의 '업종범위'도 '당해 수입물품이 제조되는 특정산업 또는 산업부문'이라는 표지를 구체화하는 요소에 해당한다고 봄이 타당하다; ㉯ 관세고시 제26조는 제1항에서 '세관장은 영 제27조 제5항에 따라 동종·동류비율을 산출하는 경우 관세평가분류원장에게 비교대상업체의 선정을 요청할 수 있다.'고 규정하면서 제2항에서 '관세평가분류원장은 제1항의 요청을 받은 경우 제4항부터 제8항까지에 따라 비교대상업체를 선정'하도록 규정하고 있다. 나아가 관세고시 제26조 제4항에서는 '동종·동류비율을 산출하기 위한 비교대상업체 선정과정에서, 동종·동류의 수입물품에 대한 품목번호의 범위는 납세의무자의 수입신고실적을 고려하여 결정하고(제1호), 비교대상업체의 업종범위는 해당업종(신용평가기관에서 조회되는 납세의무자의 업종)과 연계업종(통계청에서 정한 한국표준산업분류표를 참고하여 관세평가분류원장이 선정한 업종)을 고려하여 결정한다(제2호)'고 규정하였으며, 제5항에서 '동종·동류의 수입물품에 대한 연도별 수입실적을 기준으로 상위 100개 업체 중 다음 각 호의 요건을 모두 충족하는 상위 30개 업체를 비교대상업체로 선정한다'고 규정하고 있다. 그렇다면 동종·동류비율을 산출하기 위한 비교대상업체의 선정은 ① 품목번호의 범위와 업종범위를 모두 고려하여야 하여 비교대상업체들을 선정한 다음, ② 비교대상업체 중 연도별 수입실적을 기준으로 상위 100개의 비교대상업체를 선정하고, ③ 이후 100개의 비교대상업체 중 관세고시 제26조 제5항 각 호의 요건을 충족하는 상위 30개의 업체를 선정하는 절차에 나아가야 한다고 보는 것이 관세고시 제26조 제1항, 제2항, 제4항, 제5항에 부합한다고 보인다; ㉰ 앞서 살핀 바와 같이 제4방법은 기업의 개별적인 활동을 고려하는 대신 동종·동류의 물품을 취급하는 경쟁업체들의 평균적인 매출총이익률을 기준으로 과세가격을 산정하는 방법이다. 그런데 '매출총 이익률'에는 비교대상업체의 동종·동류 물품판매로 인한 매출 외에 다른 영업으로 인한 매출이 반영될 수 있다는 문제가 있으므로, 동종·동류의 수입물품을 선정함에 있어서는 평가대상 물품을 포함하면서도 위 물품에 관한 정보를 제공받을 수 있는 가장 유사한 집단을 엄격하게 탐색하여 동종·동류 물품 판매로 인한 매출 외에 다른 영업으로 인한 매출이 반영된 왜곡이 발생하는 것을 방지할 필요성이 크다. 그런데 세관당국의 주장과 같이 품목번호의 범위만을 고려하여 상위 100개의 비교대상업체를 선정하게 되면 다른 영업으로 인한 매출이 매출총이익률에 유의미하게 영향을 미치는 업체들이 다수 포함될 수 있고, 그로 인한 왜곡으로 적정한 비교가

범위를 정하고, 여기에 키스라인(KIS-Line) 시스템에서 조회되는 업종을 기준으로 업체 범위를 한정하여 비교대상업체를 추출·선정하고 있다.[144] 그런데 앞서 본 바와 같이

이루어질 수 없는 문제가 발생할 가능성이 있다; ㉰ 세관당국은 실무적으로 관세고시 제26조 제5항의 '상위 100개 업체'를 선정함에 있어 품목번호의 범위만을 고려하여 왔다고 주장하나, 이를 뒷받침하기에 충분한 객관적인 자료나 증거가 제출되지 않았다. 세관당국 역시 이 사건 제1심에서 '동종·동류비율은, 납세의무자의 수입실적을 고려한 품목번호의 범위 및 당해업종과 연계업종을 고려한 업종의 범위를 기준으로, 상위 100개의 업체를 선정'한다고 하는 등 상위 100개 비교대상업체를 선정함에 있어 품목번호의 범위와 업종범위를 모두 고려함을 자인하기도 하였는바, 실제로 상위 100개 비교대상업체를 선정하면서 품목번호의 범위만을 고려하는 과세실무가 확립되어 있었다고 보기는 어렵다; ㉱ 한편, 2021.3.30. 개정되면서 시행된 관세고시 제33조 제6항에서는 '세관장은 제5항에 따라 결정된 품목번호의 범위에 대한 연도별 수입실적 합계액을 기준으로 상위 100개 업체를 선정한다'고 규정하고 있기는 하나, 이는 이 사건 거부처분 이후에 개정된 것이어서 이 사건에 적용된다고 할 수는 없다.

144) 부산세관장은 제4방법에 따라 이 사건 의약품의 과세가격을 결정하면서, 동종·동류비율을 아래와 같이 구하였다. ㉮ 부산세관장과 관세평가분류원은 비교대상업체 추출·선정과 그에 따른 동종·동류비율 산출을 위하여 관세청 심사정보시스템을 운용하고 있는데, 이러한 관세청 심사정보시스템은 회계연도, 판매형태(도소매업, 제조업), 신청업체명, 신청업체부호, 신청업종부호, 신청물품단위, 비교대상물품단위, 비교대상업종부호, 비교대상업체후보수 등 조건 값을 입력하면 이를 모두 만족하는 비교대상업체후보가 자동 조회되는 형태로 운용된다. 여기서 업종범위는 관세청 심사정보시스템에 연동된 키스라인(나이스평가정보에서 운영하는 기업정보시스템으로 공시된 기업정보를 확인 할 때 사용하는 인터넷 사이트이다)에서 제공하는 업종정보를 기준으로 추출되는데 키스라인 시스템에서 조회되는 업종은 조회 당시를 기준으로 그 무렵의 업종만 조회가 가능하도록 되어 있다. ㉯ 부산세관장은 키스라인 시스템에서 동종·동류의 수입물품에 대한 비교대상업종부호를 한국 표준산업분류에 따라 '46441호(의약품 도매업)'로 설정하고, 비교대상물품단위를 관세·통계통합품목분 류표(HS CODE)에 따라 '3002호[사람의 피(이하 생략)]', '3004호(의약품)'로 설정하여 수입실적 상위 100개 업체를 선정하였다. 이후 위와 같이 선정된 업체 중에서 외부감사결과가 적정이면서, 손익계산서상 매출액이 매출원가보다 많고, 국내판매 형태가 동일하거나 유사하며, 구 관세법 제30조 제3항 제4호에 해당하지 않을 것, 제품매출과 상품매출이 동시에 있으면 구분가능한 경우일 것, 매출에누리(후원수당)을 제외한 상품에 대한 순매출액으로 조정할 것, 도(소)매의 경우 '수입액/상품매출원가' 비중이 30% 이상일 것의 조건을 충족하는 업체를 선정한 후, 만일 비교업체가 나오지 않을 시 비중을 10% 단위씩 최저 10%까지 하향 조정하고, 비교대상업체 전체 매출액 대비 전체 매출총이익의 비율과 각 비교업체의 매출총이익률이 현저한 차이(편차 50% 초과)인 것은 제외하는 절차를 거쳐 최종적인 비교대상업체 를 선정하였다. 그에 따라 선정된 비교대상업체는 2008년도 15개 업체, 2009년도 15개 업체, 2010년도 16개 업체, 2011년도 17개 업체, 2011년 18개 업체, 2012년 14개 업체였다. ▶부산세관장은 이 사건 당초 비교대상업체의 이윤 및 일반경비의 평균값을 동종·동류비율로 결정하여, 이를 토대로 이 사건 종전 관세 등 부과처분을 하였다. ▶부산세관장은 이 사건 조세심판원 결정 이후 동종·동류비율을 아래와 같이 재조사하여 이 사건 처분을 하였다. ▷키스라인 시스템에서 신청물품단위를 '3002호'로 하고 동물성 의약품을 판매하는 업체들 중 2008년부터 2012년까지의 수입실적 합계 상위업체 10개를, 신청물품단위를 '3004호' 로 하고 동물성 의약품을 판매하는 업체들 중 2008년부터 2012년까지의 수입실적 상위업체 10개를 각 선정하였다. 이후 전술한 ㉯의 기재와 같은 기준을 적용하여 최종적인 비교대상업체 3개를 선정하였다. ▷부산세관장은 이 사건 재선정 비교대상업체의 이윤 및 일반경비의 평균값으로 동종·동류비율을 재산정하였다. 그런데 위 재산정 결과 2009년을 제외한 나머지 연도에서는 재산정한 동종·동류비율이 오히려 종전의 동종·동류비율보다 원고에게 불리한 수치인 것으로 확인되자, 부산세관장은 이 사건 종전 관세 등 부과처분 중

키스라인 시스템에서 조회되는 업종은 조회 당시를 기준으로 그 무렵의 업종만 조회가 가능하므로, 만약 수입되는 시점과 동시 또는 그 무렵과 유사한 시점의 동종·동류의 수입물품 수입업체라 하더라도 그 후 업종의 변동이 있게 된다면 조회 당시 업종이 다르다는 이유로 조회 자체가 되지 않으므로 비교대상업체후보에서 배제될 수 있고, 반대로 수입되는 시점과 동시 또는 그 무렵과 유사한 시점의 동종·동류의 수입물품 수입업체가 아니라 하더라도 조회시점에 업종이 변경되어 업종이 동일·유사하게 된다면 비교대상업체후보가 될 수도 있게 된다. 이처럼 조회시점에 따라 비교대상업체후보가 달라지게 된다면 비교대상업체에 실제 포함되어야 할 업체가 업종이 다르다는 이유로 제외되거나 동종·동류의 수입물품과 업종은 동일·유사하지만 실제 경쟁관계가 아니거나 동종업체로 보기 어려운 업체가 비교대상업체후보로 선정될 여지가 있게 되어 비교대상업체후보에 포함되어야 할 업체가 누락되거나 비교대상업체후보에 포함시키지 말아야 할 업체가 선정될 수 있는 문제점이 있게 된다. 이 사건의 경우에도 조회시점에 따라 업종의 변동 등을 반영하여 비교대상업체가 달라지는 사실을 확인할 수 있다;

- 결국 적정한 비교대상업체의 추출·선정은 과세대상 수입물품의 수입시점 또는 그 무렵 시장에서 경쟁하고 있는 동종·동류물품의 수입업체들을 찾아내는 데에 달려 있다고 할 것인데, 부산세관장이 운용하는 관세청 심사정보시스템에 의하면 업종의 변동 등 사정에 따라 수입시점 또는 그 무렵을 기준으로 동종·동류의 물품을 수입하고 있지 않던 업체가 비교대상업체후보로 추출될 수 있거나 수입 시점 또는 그 무렵을 기준으로 동종·동류의 물품을 수입하였던 업체임에도 비교대상업체후보에서 배제될 수 있으므로, 관련 법령과 고시에 위배되어 그 자체로 위법하다고 할 것이다;
- 부산세관장은 각 수입업체의 수입통관데이터 등 수입가격 정보와 수입물품에 대한 정보를 가지고 있으므로, 수입 당시를 기준으로 수입물품과 비슷한 물품을 수입한 업체를 추출하여 그 당시 업종 등을 기준으로 상위업체를 선별한 다음, 대한민국 내에서 판매한 형태를 고려하고 이들 기업이 공시한 회계보고서 등으로 통상적인 이윤 및 일반경비를 산출할 수 있을 것이다. 그러므로 키스라인 시스템에 의한 비교대상업체 선정방식이 앞서 본 바와 같은 한계에도 불구하고 최선의 방법으로서 적법하다는 취지의 부산세관장 주장도 받아들이기 어렵다.

【대법원 2020.3.26. 선고 2019두62987 판결】을 살펴본다. 이 사건은 상고심의 심리불속행 상고기각으로 원심의 판결이 그대로 확정되었다. 이 사건 처분경위는 다음과 같다. 원고는 미합중국 미주리주 세○○○○○에 위치한 건전지 제조회사인 E△△△△ International Inc.의 대한민국 내 자회사로 1996.1.4. 설립되었다. 원고의 모회사인 E△△△△ International

---

2009년 부분에 대하여만 재산정결과를 반영하여 감액경정하였다.

Inc.의 지주회사는 E△△△△ H△△△△, Inc.(이하 '에 △△△△ 그룹 본사')이고, 에△△△△ 그룹 본사는 건전지 사업부, 면도기 (S◎) 사업부, 여성용품(P◒◒◒) 사업부 등으로 이루어져 있다. 에△△△△ 그룹 본사의 계열회사로는 싱가폴에 위치하고 있는 E△△△△ Singapore Pte. Ltd., 중국에 위치하고 있는 E△△△△ China Co., Ltd, 미국에 위치하고 있는 E△△△△ Personal Care, LCC, 홍콩에 위치하고 있는 S◎ Asia Limited 등(이하 위 각 계열회사들을 '이 사건 수출자')이 있고, 원고는 이 사건 수출자로부터 건전지, 생리대, 면도기 등을 수입하여 국내에 판매하고 있다. 세관당국은 원고의 '2007.6.18. ~ 2012.6.17.' 기간의 수입신고분에 대한 기업심사를 실시한 다음, 2013.6.28. 원고에게 원고가 '2008.7.1. ~ 2012.12.26.'기간에 수입신고한 건전지 및 생리대의 거래가격이 이 사건 수출자와의 특수관계에 의하여 영향을 받았다는 이유로 구 관세법 제30조 제3항 제4호에 따라 구 관세법 제30조 제1항의 거래가격을 부인하고, 구 관세법 제33조 제1항, 구 관세령 제27조에 따른 국내판매가격을 기초로 한 과세가격을 결정하여 관세 등이 부과된다는 내용의 기업심사결과통지를 하고, 같은 날 위 기업심사결과통지와 같은 내용의 관세 등을 경정·고지 하였다(이하 '당초 처분'). 그 후 세관당국은 조세심판원의 결정[145]에 따라 재조사를 실시하여 2015.10.28. 원고에게 당초 처분의 과세대상인 "원고의 '2008.7.1. ~ 2012.12.26.' 기간의 건전지 및 생리대 수입신고분 중 원고가 H▲-▲▲▲로부터 수입한 M509 건전지에 대하여는 원고와 H▲-▲▲▲ 사이에 특수관계가 인정되지 않아 이를 과세대상에서 제외하고 나머지 건전지 및 생리대(이하 '이 사건 물품')에 대하여는 당초 처분이 정당하여 그대로 유지한다"는 내용의 재조사결과를 통지하면서 당초 처분 시의 세액을 일부 감액하였는데, 이 사건 물품에 대한 세액은 당초 처분 시의 세액이 그대로 유지되었다. 세관당국은 이 사건 소송 계속 중인 2018.10.8. 이 사건 물품 중 2009년에 수입신고한 건전지 부분에 대하여 관세청 기준비율을 적용하여 과세가격을 산정하여 세액을 감액하였고, 이에 따라 이 사건 물품의 수입에 따른 세액을 관세 등이 남은 부분만 '이 사건 처분'이 되었다.

원심[146]은 이 사건 물품의 수입가격이 특수관계에 영향을 받았는지 여부에 대하여 구 관세법 제30조 제3항 제4호를 적용하기 위해서는 구매자와 판매자 간에 특수관계가 있다는 사실 외에도 그 특수관계에 의하여 거래가격이 영향을 받았다는 점까지 과세관청이 증명하여야 한다는 것을 전제로 다음과 같은 사정들을 종합하면, 원고와 이 사건 수출자 사이의 특수관계가 이 사건 물품의 수입가격에 영향을 미쳤다고 봄이 타당하다고 판시하고 있다:

145) 원고는 세관장의 처분에 불복하여 2013.9.24. 조세심판원에 심판청구를 하였고, 조세심판원은 2014.9.3. '피고의 당초 처분은 구 관세법 제30조 제3항 제4호에 따른 과세가격 결정에 필요한 특수관계가 수입물품의 거래가격에 영향을 미쳤는지 여부를 재조사하여 그 결과에 따라 과세표준 및 세액을 경정한다'는 결정을 하였다.

146) 서울고등법원 2019.11.27. 선고 2019누39514 판결.

- 원고는 이 사건 수출자 또는 에△△△△ 그룹 본사에 국내 경쟁상황, 환율, 원고의 적정 마진, 마케팅 등에 관한 정보를 제공하고, 이에 따라 이 사건 수출자 또는 에△△△△ 그룹 본사가 이 사건 물품의 수입가격을 결정하면 그 수입가격을 그대로 수용하여 온 것으로 보이는데, 이와 같이 특이한 수입가격 결정방식은 원고와 이 사건 수출자, 에△△△△ 그룹 본사 사이의 특수관계를 고려하지 않고는 이해하기 어렵다;
- 이 사건 물품 중 건전지 일부 품목의 수입가격은 2009.5.경 급락하였다가 2011.11.경 종전 수준으로 회복되었는데, 그와 같이 수입가격이 급격하게 변동될 수밖에 없었던 특별한 사정을 발견하기 어렵다. 이에 대하여 원고는 2009년경 환율이 급상승함에 따라 2009년의 수입가격이 조정되었던 것이라고 주장하나, 2010년에 환율이 종전수준으로 회복되었음에도 그와 같은 건전지 일부 품목의 수입가격은 종전수준으로 회복되지 않았고, 건전지 일부 품목(X91◇◇◇ G, X92◇◇◇ U, E93**2 MAX, E93◇◇ ◇ 2 MAX 등)의 경우에는 2008년의 수입가격이 환율변동과 상관 없이 계속 유지되어 온 점에 비추어 원고의 주장을 그대로 받아들이기는 어렵다;
- 원고는 이 사건 물품 중 일정 기간의 수입신고분(건전지: 2010.10.1. ~ 2011.8.31., 생리대 2010.10.1. ~ 2011.9.30.)에 관하여 수입가격신고 및 대금결제를 완료 하였음에도 그 후 정산을 거쳐 그 대금차액을 이 사건 수출자에게 추가로 지급하였는데, 원고가 이 사건 수출자와 사이에 그 수입가격의 조정에 관한 사전약정이 없는 상태에서 대금을 사후정산하여 추가로 지급하게 된 사정을 이해할 만한 합리적인 이유를 찾기 어렵다;
- 이 사건 물품 중 생리대의 수입가격은 이 사건 수출자가 제시한 가격보다 높은 가격으로 결정되었는데, 이는 원고와 이 사건 수출자 사이의 특수관계를 고려하지 않고는 이해하기 어렵다. 또한, 이 사건 물품 중 생리대의 수입가격은 이 사건 수출자와 특수관계가 없는 보◆◍◍◍ 주식회사의 수입가격과 비교하여 현저히 낮은 가격이다;
- 관세부과를 목적으로 하는 관세법에 의한 과세가격의 산정방법은 내국세 부과를 목적으로 하는 구 국제조세조정법에 의한 정상가격의 산정방법과 다르므로, 서울지방국세청장이 건전지에 대한 이전가격 소득조정을 한 바 있다는 사정만으로 원고와 이 사건 수출자 사이의 특수관계가 이 사건 물품의 수입가격에 영향을 미치지 않았다고 보기 어렵다. 또한 이 사건 물품의 수입신고는 덤핑방지와 관련한 약속가격의 이행기간(2003.12.3. ~ 2006.12.2.) 이후에 이루어진 것이므로, 이 사건 물품의 수입가격이 그와 같은 약속가격보다 높다는 사정만으로 원고와 이 사건 수출자 사이의 특수관계가 이 사건 물품의 수입가격에 영향을 미치지 않았다고 볼 수 없다.

또한, 원심은 세관당국이 이윤 및 일반경비를 동종·동류비율로 산정한 과세가격 결정(근거 근거법령의 적용)이 적법한지 여부에 대하여 다음과 같은 내용을 설시하면서, 이 사건 물품 중 2008.7.1. ~ 2012.6.17. 기간의 수입신고분에 대한 과세가격결정은 그 근거법령을 잘못 적용한 것이어서 위법하다고[147] 판시하고 있다. 구 관세규칙 제6조 제1항은 관세령 제27조 제4항 제1호의 규정에 의하여 납세의무자가 제출한 회계보고서를 근거로 하여 계산한 이윤 및 일반경비의 비율이 관세청장이 정하는 바에 따라 산출한 기준비율의 100분의 120을 초과하는 때에는 당해 기준비율의 100분의 120에 해당하는 금액을 이윤 및 일반경비로 인정하며, 제27조 제4항 제2호의 규정에 의하여 납세의무자가 이윤 및 일반경비를 제시하지 아니하는 때에는 당해 기준비율에 해당하는 금액을 이윤 및 일반경비로 인정하는 것으로 규정하고 있고, 구 관세고시 제1-2조 제7호는 구 관세규칙 제6조 제1항의 기준비율이라 함은 수입물품이 속하는 업종에서 통상적으로 부가되는 이윤 및 일반경비 비율로써 매 연도별로 관세평가분류원장이 공시하는 비율을 말한다고 규정하고 있었다. 한편, 구 관세규칙 제6조 제2항에 의하면, 납세의무자는 기준비율의 적용이 불합리하다고 판단되는 때에는 당해 납세의무자의 수입물품에 적용하고자 하는 이윤 및 일반경비의 인정을 신청할 수 있고, 관세청장은 당해 납세의무자가 제출하는 자료와 관련업계 또는 단체의 자료를 검토하여 당해 납세의무자의 수입물품에만 적용될 이윤 및 일반경비를 산출한 후 그와 같이 산출한 이윤 및 일반경비의 비율인 인정비율 을 적용할 수 있었다(구 관세규칙 제6조는 2012.2.28. 기재부령으로 개정되면서 삭제되었다). 그런데 구 관세령 제27조가 2012.2.2. 대통령령으로 개정되면서 이윤 및 일반경비의 산정방식이 기준비율 대신 동종·동류비율을 적용하여 산정하는 것으로 변경되었고, 한편 동종·동류비율에 관한 규정인 제27조 제4항부터 제7항까지의 개정규정은 2012.7.1.부터 시행하고, 시행 후 최초로 수출입신고하는 분부터 적용하되, 2012.7.1. 현재 관세법 제38조 제1항에 따라 납세신고된 후 같은 조 제2항에 따라 심사가 진행 중인 물품으로서 개정규정의 적용으로 해당 물품의 과세가격이 감소되는 등 납세자에게 유리하게 적용되는 경우에도 적용할 수 있도록 되었다(관세령 부칙 제1조, 제2조, 제4조). 위 각 규정에 의하면, 구 관세규칙 제6조가 삭제되기 전인 2012.2.27. 이전에 수입신고가 이루어진 수입물품에 대하여 2012.2.2. 개정된 관세령에 따라 동종·동류비율을 적용하기 위해서는 동종·동류비율에 기초하여 산정한 과세가격이 관세청장이 산출한 기준비율 또는 납세의무자의 이윤 및 일반경비 인정신청에 따라 관세청장이 산출한 인정비율에 기초하여 산정한 과세가격보다 낮은 가격이어서 납세

147) 나아가 과세처분취소소송에 있어 과세처분의 적법 여부는 정당한 세액을 초과하는지 여부에 따라 판단되는 것으로서 당사자는 객관적인 과세표준과 세액을 뒷받침하는 주장과 자료를 제출할 수 있고, 이러한 자료에 의하여 적법하게 부과될 정당한 세액이 산출되는 때에는 그 정당한 세액을 초과하는 부분만을 취소하여야 하나, 그렇지 않은 경우에는 과세처분 전부를 취소할 수밖에 없으며, 그 경우 법원이 직권에 의하여 적극적으로 합리적이고 타당성 있는 과세금액의 산정방법을 찾아내어 부과할 정당한 세액을 계산할 의무까지 지는 것은 아니라고 할 것인데(대법원 1995.04.28. 선고 94누 13527 판결 등 참조), 이 사건 변론에 나타난 소송자료만으로는 이 사건 물품의 수입에 따른 관세 등의 정당한 세액을 산출할 수 없으므로, 이 사건 처분 전부를 취소하기로 한다.

의무자에게 유리한 결과에 이르게 된다는 것이 우선 인정되어야 한다. 이 사건의 경우, 세관당국은 이 사건 물품 중 2008.7.1. ~ 2012.6.17. 기간의 수입신고 분에 대한 이윤 및 일반경비를 산정하면서 적용법령에 대한 세밀한 고려 없이 곧바로 2012.2.2. 개정된 관세령 제27조를 근거로 동종·동류 비율을 적용하였다. 그런데 위 2008.7.1. ~ 2012.6.17. 기간의 수입신고분 중 2008.7.1. ~ 2012.2.27. 기간의 수입신고분의 경우에는 원고가 구 관세규칙 제6조 제2항에 따라 관세청장에게 이윤 및 일반경비 인정신청권을 행사할 기회를 부여받지 못한 것으로 보이고(세관당국은, 이윤 및 일반경비 인정신청권은 기재부령에 따른 절차에 불과하여 공법상 권리로 볼 수 없고, 2012.2.28. 기재부령으로 폐지되어 이 사건 기업심사 당시에는 존재하지 않았으며, 원고가 먼저 동종·동류비율의 적용을 요청함으로써 위 권리를 포기하였다는 취지로 주장한다. 그러나 인정신청 제도가 비록 기재부령과 관세고시에 규정된 제도라고 하더라도, 이는 기준비율이 수입물품 외에 국내생산품의 이윤율까지 포함하여 책정되고, 외감법인 이외의 업체 자료까지 포함되어 신뢰도가 낮다는 문제점 등을 고려하여 납세자가 적정한 이윤 및 일반경비 비율의 적용을 신청할 수 있도록 마련한 제도로서, 그러한 제도가 있음에도 임의로 그 적용을 배제하는 것은 납세자의 권리보호와 조세정의에 부합하지 아니하고, 2012.2.28. 기재부령으로 개정된 관세규칙 부칙 제2조에 의하면 개정 전에 수입신고된 물품에 대하여는 여전히 인정신청권을 행사할 수 있었을 뿐 아니라, 원고가 이를 포기하였다고 볼 만한 증거도 없다). 원고가 이윤 및 일반경비 인정신청권을 행사하였더라면 이에 따라 관세청장이 산출한 인정비율에 기초하여 산정된 과세가격이 동종·동류비율에 기초하여 산정된 과세가격보다 낮은 가격이어서 원고에게 더 유리한 결과에 이르게 되었을 가능성을 배제할 수 없다(세관당국은, 원고가 동종·동류비율을 적용하여 산정한 이윤 및 일반경비에 대해 이의를 제기하지 않았고 조세심판절차에서도 이에 관하여 문제삼지 않았으므로 어떠한 불이익도 입지 않았다는 취지로 주장하나, 구 관세령에 의한 인정신청제도와 2012.2.2. 개정된 관세령에 의한 이의제기제도는 별 개의 제도이고, 세관당국도 인정하는 바와 같이 이윤 및 일반경비의 산정에 있어서 기준비율을 적용하는 것이 동종·동류비율을 적용하는 것보다 원고에게 불리한바, 당시 세관당국이 적법한 근거법령인 구 관세령 제27조 제4항을 근거로 기준비율을 적용하였더라면 원고가 이에 대해 인정신청권을 행사하였을 가능성이 충분하므로, 원고가 이의제기를 하지 않았다는 점만으로 원고가 인정신청권을 행사하지 않았을 것이라고 단정할 수 없다). 또한, 위 2008.7.1. ~ 2012.6.17. 기간의 수입신고분 중 2012.2.28. ~ 2012.6.17. 기간의 수입신고분의 경우에는 구 관세규칙 제6조가 2012.2.28. 기재부령으로 개정되어 삭제됨에 따라 구 관세령 제27조 제4항 본문을 적용하여 납세의무자가 제출하는 회계보고서를 근거로 이윤 및 일반경비를 산정하여야 하고(이에 대하여 세관당국은, 납세의무자가 제출한 회계보고서를 근거로 계산한 이윤 및 일 반경비가 과도한 것으로 밝혀진 이상 구 관세규칙 제6조가 삭제되었더라도 과도하게 산정된 이윤 및 일반경비를 그대로 적용하는 것은 부당하므로 구 관세령 제27조 제4항 본문을 적용할 수 없다고 주장하나, 구 관세령 제27조 제4항 단서에서 위임한 법령이 폐지되었음에도 세관당국이 주장하는 사유만으로 구 관세규칙 제6조가 존속함을 전제로 구 관세령 제27조 제4항 단서를 적용하는 것은 조세법률주의에 반하는 것으로서 허용될 수 없다), 이와 달리 2012.2.2. 개정된 관세령에 따라 동종·동류비율을 적용하여 이윤 및 일반경비를 산정하기 위해서는 동종·동류비율에 기초하여 산정한 과세가격이 원고의 회계보고서를 근거로 한 이윤 및 일반경비에 기초하여 산정한 과세가격보다 낮은 가격이어서 원고에게 유리한 결과에 이르게 된다는 것이 우선 인정되어야 한다. 그런데 이 사건 물품 중 건전지의 경우 원고가 세관당국에게 제출한 회계보고서를 근거로 산정된 이윤 및 일반경비에 기초한 과세가격이 동종·동류비율에 기초한 과세가격보다 낮은 가격이어서 원고에게 더 유리한 결과에 이르게 되었을 가능성을 배제할 수 없고, 생리대의 경우 원고의 회계보고서를 근거로 산정된 이윤 및 일반경비가 제시되어 있지 않지만 건전지의 경우와 마찬가지로 위와 같은 가능성을 배제할 수 없다.

아울러 원심은 이 사건 처분사유의 추가가 허용되는지 여부에 대하여 다음과 같이 설시하고 있다. 처분청이 처분 당시에 적시한 구체적 사실을 변경하지 아니하는 범위 안에서 단지 그 처분의 근거법령만을 추가·변경하는 것은 새로운 처분사유의 추가라고 볼 수 없다(대법원 1988.01.19. 선고 87누603 판결; 1998.04.24. 선고 96누13286 판결 등 참조). 그러나 처분청은 당초 처분의 근거로 삼은 사유와 기본적 사실관계가 동일성이 있다고 인정되는 한도 내에서만 다른 사유를 추가하거나 변경할 수 있고, 이는 행정처분의 상대방의 방어권을 보장함으로써 실질적 법치주의를 구현하고 행정처분의 상대방에 대한 신뢰를 보호하고자 함에 그 취지가 있다(대법원 1992.07.28. 선고 91누 10695 판결; 2003.12.11. 선고 2001두8827 판결 등 참조). 세관당국은 2012.7.1. 이전에 수입신고가 이루어진 수입물품에 대하여 이윤 및 일반경비의 산정에 있어서 동종·동류비율을 적용할 수 없다면 예비적으로 구 관세령 제27조 제4항을 근거로 기준비율을 적용하는 것으로 이 사건 처분의 처분사유를 추가한다고 주장한다. 그러나 아래와 같은 사정들을 고려하면, 세관당국이 이 사건 물품 중 2008.7.1. ~ 2012.6.17. 기간의 수입신고분에 대하여 구 관세법 제27조 제4항의 기준비율을 적용하여 이윤 및 일반경비를 산정한 것으로 처분사유를 추가하는 것은 허용되지 않는다:

- 구 관세규칙 제6조 제2항, 구 관세고시 제4-5조가 규정하는 인정비율 신청제도는, 기준비율이 수입물품 외에 국내생산품의 이윤율까지 포함하여 책정되고, 외부감사법인 이외의 업체 자료까지 포함되어 신뢰도가 낮으며, 2년 전 판매자료 등을 기초로 산정되어 이윤율 급변 물품에 적용하기 곤란하다는 등의 문제점을 고려하여 납세자가 적정한 이윤 및 일반경비율의 적용을 신청할 수 있도록 마련한 제도로서, 단순히 과세처분의 적법·정당 여부를 판단하는 불복절차와는 그 성격을 달리하므로, 과세

관청이 처음부터 기준비율이 아닌 동종·동류비율을 적용함으로써 납세의무자의 이윤 및 일반경비인정신청권을 박탈하였다가 추후에 기준비율을 적용하는 것이 허용되는지 여부는 엄격하게 판단할 필요가 있다;

- 세관당국은 처음부터 기준비율을 적용하였다면 원고로서는 이윤 및 일반경비 인정신청권의 행사를 통하여 더 유리한 세액이 부과될 가능성이 있었는데도, 세관당국이 추후에 기준비율을 적용하여 위와 같은 권리를 행사할 기회를 박탈하는 것은 원고의 인정신청권을 침해하는 결과가 된다.

미국 CBP가 발행한(Informed Compliance Publication, 2007) "특수관계자 거래에 대한 거래가격의 수용가능성 결정지침"(Determing the Acceptability of Transaction Value for Related Pafrty Transactions)을 토대로 미국 CBP의 판매상황테스트(circumstances of sale test) 검증방법과 이러한 지침을 적용한 CBP의 결정사례를 살펴본다. 판매상황테스트는 본질적으로 사례별로 적용하고 미국 관세법(19 CFR) §152.103(l)에 따라 3가지 상황을 기준으로 특수관계가 가격에 영향을 미치지 않았음이 입증된다. 첫째, 가격이 해당 산업의 정상적인 가격책정관행과 일치하는 방식으로 결정되었다면 거래가격으로 인정된다. 【H548305 2003.8.11.】 ⊃ 관계 당사자 공급자들과의 거래에서의 정상가격의 속성에 관련된 공급자의 이익 수치들은 유사한 제품을 수입자에게 판매하는 다른 업체들과 비교될 수 있고 수입자의 거래에 사용된 판매관련 문건들이나 조건들은 자회사가 아닌 거래에서의 것들을 반영하는 것이다. 【H037375, 2009.12.11.】 ⊃ CBP는 외국의 판매자/제조업자와 그 관련 수입자 간의 의약품의 수입판매와 관련하여 거래가격은 평가의 타당한 방법이라고 결정하였다. 외국의 판매자/제조업자가 청구한 가격은 미국의 내국세 법전의 section 482에 따른 재판매가격법(RPM)에 근거한다. 거래들은 APA를 따르지 않았다. 이전가격 분석에 있어서 일체의 외부 비교대상 회사들은 동종 또는 동류의 상품을 유통하였으며, 이들은 수입자의 직접적인 경쟁자들이었다. 게다가 비록 수입자의 총이윤 마진은, 계열회사가 특수관계가 아닌 제3자들에게 대한 비교가능 매출에서 실현한 마진보다 높았지만, CBP는 마진이 비교가능하다고 판정하였는데, 그 이유는 가격상의 차이는 특수관계자 거래에 있어서 수입자가 실시한 추가 마케팅과 유통 활동으로 인한 것이기 때문이다. 따라서 CBP는 모든 비교가능 회사들이 동종 또는 동류의 상품을 판매하기 때문에, 수입자의 가격은 산업계의 정상적인 가격책정 관행에 부합하는 방식으로 처리되었다고 하는 결정을 이전가격 연구가 증빙하고 있다고 결정하였다. 【H236154, 2015.04.08.】 ⊃ 수입자는 대형트럭, 버스, 오프로드 장비 및 군용 장치에 이용되는 ETC, 공압제어 및 전자센서의 제조자이며 수입자이다. 또한 수입자는 일련의 조절할 수 있는 풋페달, 팔걸이뿐만 아니라 일련의 조종간을 설계하고 제조한다. 수입자는 제품들을 전세계적으로 직접 대형, 중형 트럭, 운송 버스 및 오프로드 OEM 제조자 및 소규모의 OEM 제조자 및 대체품을 트럭 및 버스 소유자에게 판매하는 독립 유통업자 및 대리인 망을 통하여 판매한다. 수입자는 중국에 있는 특수관계자로부터 수입물품을 구매한다. 제출된 정보에 따르면, 비록 이전가격은 년도 별로 결정되지만, 만약 판매자의 표준원가가 특정년도에 상당히 변경되면, 구매자/수입자는 그에 따라 후속 선적분에 대한 이전가격을 검토, 수정한다. 추가하여 매월 수입자는 공급자의 최근 구매가격을 사용하여 재료비용을 분석, 갱신하고 매분기마다 원가플러스이윤을 분석하고 정상가격을 유지하기 위해 필요하다면 1년에 1회 이상 이전가격을 조정한다. CBP는 이 건에서 이전에 수입된 물품의 가격은 조정대상이 아니다라고 결정했다. 오로지 가격조정이 이루어지는 것은 미국으로 수입될 물품에 대해서 만이고 조정된 가격은 그 물품이 수입될 때 CBP에 보고되고 있다. 따라서, 체결된 이전가격에 따라 달라질 신고가격이 객관적인 계산식에서 연원이 되었는지 여부에 대한 문제는 생기지 않는다. 게다가, CBP는 판매자의 영업이익은 대표하는 기간동안에 동종 또는 동류의 물품 판매에서 모회사의 이익보다 높기 때문에 수입자는 판매상황 검증을 충족했고 거래가격은 수용가능한 평가방법이다라고 결정했다. CBP는 조절할 수 있는 풋페달, 팔걸이 그리고 조종간은 수입된 ETC, 공압제어 및 전자센서와 유사하거나 동종동질은 아니지만 19 CFR §152.102(h).에 규정된 동종 또는 동류의 물품으로 고려했다고 결정했다. 수입자는 모회사의 산업제어부문에서 대형트럭, 운송 버스, 오프로드 장비 및 군용 장치와 같은 특정목적 차량을 위한 제품을 설계, 제조 및 판매를 한다. 따라서 수입자는 운전 제어 하부시스템 산업에서 사업을 하는 것이고 제조, 설계, 판매된 모든 물품은 비록 동종동질이나 유사물품은 아니라 하더라도 이 산업부문에 속하는 것이다.

둘째, 가격이 판매자가 특수관계자가 아닌 구매자에게 판매가격을 정하는 방식과 일치하는 방식으로 결정되었다면 거래가격으로 인정된다. 【H224598, 2014.12.30.】 ➲ 쟁점물품은 일부 살균제에서 유효성분인 클로로탈로닐(제초제의 일종)으로 분말상태로 수입된다. 수입자인 십캄은 U.S에서 클로로탈로닐을 최종 살균제로 가공한다. 클로로탈로닐의 순도에 따라 최종제품은 U.S 또는 캐나다에서 판매된다. 수입자는 클로로탈로닐을 이태리 모회사인 Oxon Italia로부터 구매하고, Oxon Italia는 그 화학물질을 중국의 제조자인 Jiangyin suli Chemical Co., Ltd("Sulichem")로부터 구매한다. Sulichem은 이 건에서(제품1 및 제품2) 두 가지 등급의 쟁점 클로로탈로닐을 공급한다. 수입자는 외국의 판매자에게 지급한 가격에 기초하여 그 제품을 신고하였다. 수입자는 추후에 그 제품은 Oxon이 중국의 제조자인 Sulichem에게 지급한 가격에 기초하여 평가되어야 한다고 주장했다. CBP는 Oxon과 Sulichem사이에는 진정한 수출판매가 있다고 판정했다. 판매상황 분석에 관련되어, Oxon이 구매한 제품1에 대해서 회사는 협의가 있었고 정상가격거래에 기초하여 가격이 결정되었다고 주장하는 당사간의 이메일을 제공했다. CBP는 제품1이 Oxon에 판매된 가격이 판매자가 특수관계가 아닌 구매자에게 하는 가격결정이나 판매되는 방법과 일치하는지 결정을 할 수 없었다. 왜냐하면 제공된 이메일은 당사자간에 가격이 결정되는 방법을 나타내고 있지 않았기 때문이다.(그 이메일은 판매자가 구매자에게 할인을 해주고 싶지 않다는 것을 단지 나타내고 있었다.) 수입자는 총비용플러스이윤 예를 충족한다고 또한 주장했지만, 판매자의 이윤은 대표(표상)하는 기간 동안에 모회사의 전반적인 이윤보다 동등하거나 높지 않기 때문에, CBP는 총비용플러스이윤 검증은 제품1에 충족되지 않는다고 결정했다. 유사하게 회사는 제품1에 관해서 비교가격법도 충족하지 못했다. CBP는 제품1은 대체평가방법을 사용하여 평가되어야 한다고 판정했다. 제품2에 관해서는, 회사는 제조자가 그의 특수관계 판매자인 Oxon에 판매한 가격이 그 제조자가 특수관계가 아닌 구매자에게 판매한 가격과 일치한다는 것을 보여주는 충분한 증거를 제공하여 판매상황 검증을 충족시켰으므로 거래가격이 적절한 평가방법이다. 【H548098, 2002.5.20.】 ➲ 판매상황 검증에서는 수입자가 특수관계의 당사자 간의 판매가 그들의 관계에 의해서 영향을 받지 않는다는 사실을 특수관계이거나 특수관계가 아닌 당사자들 모두와 함께 일관된 방식으로 가격을 결정한다는 것을 입증함으로써 이를 증명할 수 있다. 비교를 위해서 이탈리아의 판매자로부터 영국의 특수관계가 아닌 공급업(유통업)자에 대한 판매는 판매자가 미국의 특수관계가 아닌 당사자들에게 직접 판매를 하지 않는다면 적합하다. 절대가격 단계가 다르다는 사실 때문에 판매자의 가격결정 방법이 일관적이었다는 결정을 배제하는 것은 아니나, 이는 가격결정에서의 차이가 당사자들 간의 관계 외의 다른 이유로 설명되는 것을 조건으로 한다. 미국과 영국의 상거래 조건에서의 차이는 절대가격에서의 차이에 대한 설명으로 받아들여진다. 추가로 특수관계의 당사자 가격은 판매자가 모든 비용 및 필요한 이윤을 회수하기에 충분할 정도로 높은 액수였다. 마지막으로, 가격이 동일한 등급 또는 종류의 상품 판매에서 대표적인 기간 동안 실현된 회사의 총비용플러스이윤(all costs plus a profit)과 모든 비용의 회수를 보장하기에 적절하다면 거래가격으로 인정된다. 【H235527, 2015.08.04.】 ➲ 판매자는 검토 중에 있는 적용 가능한 기간 동안 판매한 진공펌프 총매출에서 얻은 수익보다 미국의 구매자에게 판매한 진공펌프에서 얻은 수익이 더 높은 백분율을 달성했다. 총비용플러스이윤 검증을 충족하는지 여부를 결정함에 있어, CBP는 비교로 사용되는 전반적인 이윤은 검토중에 있는 수입에서 미국내에서 판매자가 구매자에게 판매한 물품과 동종 또는 동류의 물품판매로부터 계산되었는지 여부를 고려하여야 한다. 비록 미국 구매자에게 판매가 판매자가 그 당시에 판매했던 모든 다양한 펌프 모델들을 포함하고 있지 않지만 그럼에도 불구하고 판매한 두 종류 즉 낙농산업을 위한 펌프 및 산업쓰레기 진공펌프를 포함하고 있었다. 판매자가 특수관계가 있는 미국 구매자와 다른 나라의 고객에게 판매한 모든 펌프는 다수의 공통점을 가지고 있었다. 그것들은 액체를 펌프하는 기능을 수행하려고 제작되었던 것이다. 그것들은 같은 공장에서 생산되었고, 동일 기본설계를 가졌으며, 진공펌프의 기초적인 기계적 원리를 사용하여 작동했다. 낙농펌프가 산업용 펌프와의 주요한 차이점은 크기가 작고 소전력을 사용한다는 것이다. CBP는 판매자가 미국의 특수관계 구매자에게 판매한 펌프는 모든 다른 고객에게 판매했던 펌프와 동종 또는 동류이고 판매자가 대표적인 기간동안 미국의 특수관계 구매자에게 판매에서의 이익이 동종 또는 동류의 물품 판매에서 실현된 전반적인 이익보다 크다는 것을 충족하였다고 결론을 내렸다. CBP는 판매자가 미국의 구매자에게 수입된 진공펌프에 대해 청구한 가격이 판매자가 그 수입물품을 제조하기 위한 모든 비용에 충분한 금액의 이윤을 가산하였기에 19 C.F.R. §152.103(l)(1)(iii)에 규정되어 있는 판매상황 검증을 만족시켰다고 결론을 내렸다.

한편, 미국 세법은 특수관계자 거래가 정상가격 원칙(arm's length principle)을 충족할 것을 요구한다. 제기되는 문제는 CBP가 판매상황 기준 적용 시 특수관계자의 거래가격이 관세목적에 적합한지 여부를 결정하기 위해 수입업자가 내국세 목적으로 준비한 정보에 어느 정도의 가중치를 부여해야 하는가이다. 점점 더 많은 수입업자들이 특수관계자의 거래가격이 내국세 목적상 정상거래 원칙을 충족하기 때문에 판매상황 기준에서 허용가능한지 결정하도록 CBP에 요청하고 있다. 경우에 따라 수입업자는 미국 국세청(IRS)이 수입업자의 이전가격 책정방법이 IRC section 482의 재무부 규정에 정의된 "최선의 방법"(best method)이라는데 동의했다는 증거를 사전가격책정 계약(APA: Advance Pricing Agreement) 또는 감사를 통해 내국세 목적으로 제공한다. 다른 경우에 수입업자는 거래가 IRS 방법 중 하나에 따라 정상거래임을 입증하는 IRC section 6662 목적을 위해 준비된 이전가격 연구를 제공한다. 그런데 미국 CBP는 APA 또는 이전가격조사 자체만으로는 특수관계자 거래가격이 관세목적에 적합한지 보여주기에 충분하지 않는다는 입장이다. CBP는 관세법과 세법의 관련 조항의 광범위한 목표는 동일하지만, 즉 특수관계자 거래가 공정하게 이루어지도록 보장하기 위해 법적 요건에 상당한 차이가 있음을 지적하고 있다.[148] 해당 법률에 따라 IRS와 CBP는 이전가격이 독립된 가격인지 판단하기 위해 서로 다른 방법을 적용해야 한다는 것이다. 관세가격법은 특수관계자 거래가격의 수용가능성을 결정하기 위해 판매상황 및 테스트 가격 방법을 사용할 것을 요구하고, IRS가 section 482에 따라 정상가격을 결정하는 데 사용하는 거래기반 방법은 세관방법과 일부 유사하지만 동일하지는 않다는

148) CBP는 그 이유를 이렇게 설명하고 있다. 모든 수입품목에 대해 관세가격을 결정해야 한다고 요구한다. 특정 수입품목에는 그 품목번호 및 가격에 따라 다른 세율이 적용된다. 따라서 미국 수입업체는 반입신고건 및 제품별로((entry-by-entry and product-by-product basis) 관세가격을 신고해야 한다. 또한 특수관계자 거래가격이 적정한지 여부를 판단하기 위해서는 각각의 수입거래를 고려해야 한다. 수입자가 특수관계회사로부터 다른 상품을 구매하는 경우 전체 상품이 아닌 상품별로 정확한 과세가격을 결정해야 한다. 따라서 거래가격의 적정성 여부도 제품별로 판단해야 한다. 이에 반해 내국세입법(IRC) section 482는 조세회피를 방지하고 소득의 명확한 반영을 위해 특수관계인 사이에 소득을 적절히 배분하고자 한다. 소득의 명확한 반영이라는 IRS의 목표는 반드시 각 제품에 대한 각 거래의 평가를 요구하지 않으며 IRC section 482는 적절한 상황에서 거래의 집계 및 상쇄 조정을 허용한다. 이는 미국 납세자가 해당 연도의 총세금 결과를 기반으로 연간 소득세 신고서를 제출해야 한다는 사실과 일치한다.

입장이다. CBP는 그 이유를 이렇게 설명하고 있다. 비교이익법(CPM)은 관세법과 거의 유사하지 않다. 예를 들어 특수관계자의 수익성은 일반적으로 유사한 기능을 수행하는 회사(예: 계약 제조업체)의 수익성과 비교된다. 대부분의 CPM 사례는 "사분위수 범위"(interquartile range) 테스트를 적용한다. 즉, 특수관계인의 이익이 비교대상기업이 허용할 수 있는 이익범위 내에 있으면 IRS 정상가격(arm's length) 요건을 충족한 것이다. 이에 반해 거래가격의 적정성을 판단하는 관세법에서는 상품의 유사성이 요구된다. 예를 들어, 판매상황의 적용과 관련된 모든 원가가산 방법은 이전가격이 동일한 종류 또는 종류의 상품판매에서 대표적인 기간 동안 실현된 회사의 전체이익에 해당하는 이익과 모든 비용의 회수를 보장하기에 충분해야 한다. 유사하게, 해당 산업의 정상적인 가격결정관행과 일치하는 방식으로 가격이 결정된 경우 판매상황 기준이 충족된다. 해당 산업은 판매자가 수행하는 기능이 아니라 수입되는 제품에 따라 다르다. 또한, 기준가격방법상 과세가격법은 동일하거나 유사한 상품에 대하여 과세가격을 고려할 것을 요구하고 있다. 이러한 고려사항을 바탕으로 CBP는 수입자의 이전가격 방법론이 IRS 방법 중 하나를 충족한다는 사실이 관세목적으로 허용되는 거래가격인지 여부를 결정하지 않는다고 판결하고 있다. 오히려 특수관계자 거래가격은 판매상황 기준을 충족하거나 관세법에서 규정한 테스트 가격 중 하나에 근접한 경우에만 허용가능한 것으로 간주된다. 그럼에도 APA 또는 이전가격 연구의 기본사실 및 결론에는 판매상황 테스트 적용에 관한 관련 정보가 포함될 수 있다는 것이다. 그러나 이 정보를 식별하는 부담은 수입업자에게 있다는 것이다. CBP는 경우에 따라 APA 또는 이전가격 연구에서 도달한 기본사실과 결론에 판매상황에 대한 일부 관련 정보가 포함될 수 있으므로 판매상황 테스트를 적용할 때 고려할 수 있음을 인식한다. 예를 들어 특수관계자가 비즈니스를 거래하는 방법에 대한 적절한 정보를 포함할 수 있으며 특수관계가 없는 구매자에 대한 유사한 제품판매에 대한 정보를 포함할 수 있다. APA 또는 이전가격 연구에서 사실과 결론에 부여된 가중치는 제시된 특정 상황과 사용된 이전가격 방법론에 따라 크게 달라진다. 예를 들면, 비교가능한 비통제가격 방법(CUP)을 기반으로 하는 APA는 관세평가 목적과 가장 관련성이 높고, 일반적으로 관세평가 목적과 관련성이 가장 낮은 비교이익법(CPM)을 기반으로 하는 APA보다 훨씬 더 가중치를 부여한다. 그리고 사용된 방법론 외에도 다른 관련 고려사항은 IRS에서 이전가격 연구를 고려했는지 여부, APA가 양자간인지 일방적인지 여부, 연구대상 제품이 문제의 수입제품과 비교할 수 있는지 여부이다. 아울러 수입자가 APA 또는 이전가격 연구에 포함된 정보 또는 결과가 판매상황 테스트의 적용과 관련이 있다고 믿는 경우 해당 정보를 식별하고 관련 이유를 설명하고 증빙문서를 CBP에 제출하는 것은 수입자의 몫이다. 수입업자가 추가 설명 및 문서 없이 단순히 APA 또는 이전가격 연구사본을 제출하는 경우 판매상황 검토요청은 거부된다.

【H176775, 2014.03.06.】 ➲ 수입자는 플래시 메모리 디바이스와 플래시 메모리를 결합한 제품을 U.S.에서 유통을 위하여 특수관계자 공급자로부터 구매한다. 수입자는 공급자와의 거래에 대한 구조 및 흐름의 상세한 설명, IRC section 482에 따라 처리된 2개의 이전가격 스터디 뿐만 아니라 각 과세기간 별로 준비된 보충적 경제분석 자료를 CBP에 제출했다. 비교가능이익법(CPM)이 이전가격 스터디에서 수입자와 공급자간의 관계사간 유형물 거래을 평가하기 위한 최선의 방법으로 확인되었다. 수입자는 검증대상으로 선정되었다. 선정된 이익수준지표는 순판매로 나누어진 영업이익으로 산출된 영업마진이었다. CBP는 제공된 아무 정보도 19 C.F.R. §152.103(l)(1)(i)-(iii)에서 정한 3가지 설명예에 엄밀히는 부합되지는 않지만, 판매가격은 수입자와 공급자가 그들의 상업적 관계를 조직한 방법과 쟁점가격이 결정된 방법을 포함하여 고려된 정보의 전체 정보 및 거래의 모든 관계된 양상을 검토한 것을 기초로 판매상황 검증 목적상 그 특수관계자에 의해 영향을 받았다고 보여지지는 않는다고 판정했다. 【H032883, 2010.3.31.】 ➲ CBP는 외국의 판매자/제조업자 및 그와 관계는 미국 유통업자 간의 특수 직물의 수입판매에 있어서, 거래금액은 관세평가의 적합한 방법이라고 결정하였다. 수입 완성상품에 대한 이전가격은 "고객 금액 마이너스" 계산식에 근거하며, "재공품"은 "생산원가 플러스" 계산식에 근거하였다. 판매자/제조업자 및 유통업자 모두를 독자적으로 테스트한 많은 이전가격 연구서가 CBP에게 제출되었다. 유통업자의 이전가격 연구에는 CPM이 사용되었으며, 외국의 판매자/제조업자 연구에는 거래순이익률방법(TNMM)이 사용되었다. 거래는 APA를 따르지 않아도 되었다. 캐나다 자회사(제조업자)의 제조활동을 평가한 이전가격 연구서들이 CBP에게 제출되었는데, 여기에는 동종 또는 동류의 상품을 수입물품으로 판매한 비교대상 회사들이 들어있었다. 비록 이전가격 연구가 IRS에 의하여 승인되지 않았고 TNMM 방법에 근거하였지만, "재공품"와 관련하여 외국 판매자/제조업자의 분할 손익계산서에서 도출된 결론을 입증하고자 하는 이러한 이전가격 연구를 CBP는 감안하였다. 수입자는 완성상품 판매의 케이스에서 이뤄진 일체 비용플러스이익 테스트를 충족시켰는데, 그 이유는 외국 판매자/제조업자가 특수관계가 아닌 제3자들에게 판매한 매출의 순이익 마진이 제조업자가 특수관계가 있는 당사자들에게 판매한 매출의 순이익 마진과 유사하였기 (또는 높았기) 때문이다. 【H018314, 2013.03.18.】 ➲ 수입자는 외국의 특수관계 제조자로부터 콘택트렌즈를 수입하고 구매하는 US에 기반을 둔 회사이다. 수입자는 특수관계자로부터 최종제품을 구매하고 이전가격 스터디를 근거로 하여 CPM에 기초한 분기별 이전가격조정을 한다. 2005년부터 2006년까지 수입자는 거의 모든 분기동안 하향가격조정을 하였고 정산절차(Reconciliation program)를 통하여 환급을 신청하였다. 2012년 5월 16일의 HRL W548314에 특정된 5 요소 검증을 적용하면서, CBP는 수입후 조정(각 상향 및 하향) - 발생하는 범위까지 - 이 19 U.S.C. 1401a(b)에 따라서 거래가격을 결정하는데 고려되어도 좋다고 판정했다. 수입자는 주장하는 조정을 뒷받침하는 많은 재무 및 회계기록 즉 개별 제품의 이익배분에 대한 상세한 설명서,

또한 서면의 이전가격 정책이 수입전에 유효했었다는 다양한 서류, 그리고 그 조정이 실제로 IRS에 실제로 보고되었다고 설명하는 기록을 제공했다. 이 결정은 5 요소 검증을 충족하기 위해서는 CBP가 원하는 서류유형의 예로써 작용을 한다. 최종적으로 수입자는 조정된 가격이 거래가격이 특수관계자간 거래에 있어서 수용될 수 있다는 것을 입증하는데 필요한 판매상황 검증을 충족했다는 것을 증명했다. CBP는 특수관계자간 가격이 다른 나라의 특수관계가 아닌 자에게 판매된 가격과 유사하고 제조자의 영업이익이 모회사의 영업이익을 초과한다고 판정했다. 【H219515, 2012.10.11.】 ⊃ 수입자는 비교가능 순이익법(CPM)을 사용하고 있는 이전가격 스터디를 제출했다. 총마진이 검토대상 회사와 비교가능회사사이에 이익수준지표(PLI)로 사용되었다. CBP는 우선 진정한 판매가 이루어 졌는지 확인했다. CBP는 또한 비록 판매상황분석을 구체화하기 위하여 수입자가 제출한 정보가 19 CFR §152.103(l)((1)(i)-(iii)에 열거된 3가지 설명 예시에 엄격하게 부합되지는 않았지만, 그 가격은, 산업분석 및 그 가격을 결정하는 방법을 포함한 전체적인 사실을 살펴볼 때, 영향을 받지 않았다는 것을 명백히 하였다. 최종적으로 CBP는 요구가 있을 경우 수입자가 그 장부 및/또는 재무제표에서 회계상세 유지 및 제공한다면, CBP에 신고한 수입물품의 잠정가격에 대한 수입후 하향 및 상향의 조정을 해도 좋다라고 결정했다. 【H548233, 2003.11.7.】 ⊃ 당사자들은 판매상황으로 보면 당사자들은 관련이 되어는 있지만 마치 관련이 없는 것처럼 다른 당사자들로부터 구매와 판매를 한다는 점을 보여준다. 이런 결론은 부분적으로는 쌍방 APA에 담긴 정보의 검토를 근간으로 한다. 특수관계의 당사자 거래에 대한 CBP 방식이 IRS의 방법과 상이하기는 하더라도 어떤 경우에는, 특히 APA가 양자 간 계약인 경우에는 APA에 포함된 내용이 판매상황 검증에 대한 적용에 있어서는 연관성을 가진다. 【H029658, 2009.12.8.】 ⊃ 수입자/구매자는 미국 법인이며, 그는 미국 시장에서 재판매를 위하여 모회사인 판매자/제조업자로부터 수입하는 자동차의 독점 유통업자 역할을 한다. 또한 수입자는 모회사의 자회사에게서 수입하는 부품, 액세서리 그리고 서비스 공구에 대한 독점 유통업자 역할도 한다. 수입자는 자신의 판매 프로세스와 가격협상에 관한 상세 설명서를 제공하였다. 수입자는 미국 국세청(IRS)과 외국 세무당국이 승인한 쌍방의 APA(사전승인)을 CBP에게 제공하였으며, 이것은 자신이 5년 간 수입한 전체 아이템을 망라하였다. 자신의 APA에서 이 수입자는 자신의 특수관계자, 혹은 컨트롤 대상 거래를 평가하는 최선의 방법으로서 이익비교법(CPM)을 택하였다. CPM에 따라 수입자(혹은 "시험 대상자")의 수익성을, 수입자로서 유사한 기능을 수행하고, 또한 유사한 리스크를 가진 일련의 특수관계가 아닌 회사들의 수익성과 비교함으로써 정상적인 가격범위가 선정되었다. 그러나 선정된 21개의 회사들 중 아무도 자동차 유통업자들 혹은 제조업자들이 아니었는데, 그 이유는 이러한 회사들이 특수관계가 아닌 유통업자들에게 판매한 것에 대한 가격책정 데이터가 존재하지 않았기 때문이다. 엄격한 가격협상 때문에 수입자는 APA에 따라 자신은 보상을 위한 조정을 하지 않았다고 말하였다. 비록 CBP는 수입자가 쌍방의 APA 이전가격 계약에만 의존하는 것을 허용하지 않았지만, CBP는 감안된 전체적인 상황에 근거한 판매상황 테스트 상의 관계에 의하여 판매가격이 영향 받지 않았음을 수입자가 보여주었다고 판정하였으며, 따라서 그 결과 거래 금액은 관련당사자 수입거래에 있어서 평가의 타당한 방법이었다고 판정하였다. 【H238027, 2015.02.19.】 ⊃ 미국의 회사는 스위스에 있는 모회사로부터 시계를 구매했다. 그 회사는 CBP에 쌍방 APA를 제출했고 CBP는 APA 갱신 공개회의에 참석했다. CBP는 그 회사가 IRS에 제출한 모든 자료 및 정보를 획득했다. 그 쌍방 APA는 영업이익을 PLI(Profit Level Indicator)로 하여 CPM이 최선의 방법으로 활용되었고 검증비교대상은 미국회사였다. APA 분석에 사용된 비교가능 회사들에 의해 판매된 제품들은 수입물품과 동종 또는 동류는 아니었다. 회사는 전체적인 제시된 정보 및 거래와 관련된 모든 면의 조사내용 재검토는 가격이 관계에 의해 영향을 받지 않았다는 것을 설명하는 것이라고 주장했다. 그 회사는 자사의 수익성 및 경쟁자의 수익성에 관한 정보와 EY 회계법인이 작성한 스위스 시계산업 연구서를 제출하였다. 이 연구서는 양적 질적 검증을 포함하고 있었다. 그 회사는 또한 그 쌍방 APA부터 스위스에 있는 모회사와 가격을 정하는 방법까지, 사업을 어떻게 하는 지에 관하여 일련의 정보를 제출했다. CBP는 비록 쌍방 APA 그자체로는 가격의 수용가능성을 보여주기에 충분하지 않지만, 기저사실, 결론 및 IRS와 CBP에 제공된 기저서류는 판매상황을 조사함에 있어서 관련정보를 포함하고 있다고 판단했다. 전체적인 증거를 고려하여 CBP는 거래가격이 적절한 평가방법이라고 결정했다. 결론적으로 CBP는 수입자의 수입후 조정에 관한 전체 정보를 검토한 후, 수입자가 주장을 하는 조정을 뒷받침하기 위한 그 장부 및/또는 재무제표에서 회계기록을 유지하고 제공하는 한, 수입자는 과세가격에 대한 수입후 조정을 신청할 수 있다고 결론지었다. 【H256363, 2015.01.29.】 ⊃ 수입자는 판매자로부터 수입되는 모터 승용차, 모터 싸이클 그리고 부품의 독점 유통업자이며, 미국내에서 특수관계가 아닌 딜러들에게 재판매를 하는 미국 법인이다. 수입자는 판매과정 및 가격협상에 대한 상세한 설명서를 제출했다. 수입자는 IRS 및 외국 내국세 당국에 의해 승인된 쌍방 APA CBP에 제출했고 그 것은 5년간 수입된 모든 품목을 포함하고 있었다. 수입자는 또한 APA 갱신을 위한 신청서를 제출했다. APA에서 비교가능이익률법(CPM)이 수입자의 관계사 또는 통제된 거래를 평가하는 최선의 방법이라고 확인되었다. CPM에 따라 정상가격 범위는 수입자(검증 대상)의 영업마진을 수입자와 유사한 기능을 수행하고 위험을 부담하는 한 조의 특수관계가 아닌 자의 영업마진을 비교하여 선정되었다. 하지만, 모터승용차를 수입하여 판매하는 비교가능 회사들이 존재하지 않았기 때문에, 선정된 12개 어떤 회사도 수입자와 동종 또는 동류의 물품에 대한 유통업자는 없었다. 비록 CBP는 수입자가 유일하게 쌍방의 APA 이전가격 계약서만 의존하는 것을 허용하지는 않았지만, CBP는 수입자는 고려된 상황의 전체성에 기초하여 판매상황 검증의 목적상 특수관계의 영향을 받지 않았다는 것을 보여 주었고 그 결과로 거래가격이 관계사간 수입거래에 대한 적절한 평가방법이라고 판정하였다. CBP는 또한 수입자는 CBP에 신고된 수입물품의 잠정가격에 대하여 하향 및 상향의 수입후 조정을 고려해도 좋다고 결정했다.

4. 특수관계의 영향이 없는 거래가격에 대한 입증책임

구매자와 판매자가 특수관계를 가진 거래당사자에 해당된다고 하더라도 그 특수관계가 수입물품의 거래에 영향을 미치지 아니하였다는 사실이 입증된다면, 관세평가협정 제1조의 법리에 따라 거래가격으로 수용될 수 있다. 따라서 수입물품의 가격이 특수관계가 없는 구매자와 판매자 간에 통상적으로 이루어지는 가격결정방법으로 결정된 경우나 해당 산업부문의 정상적인 가격결정 관행에 부합하는 방법으로 결정된 경우 또는 해당 물품의 가격이 기재부령으로 정하는 비교가격에 해당함을 구매자가 입증한 경우 등에 해당한다면 관세의 과세가격으로 적용될 수 있는 거래가격으로 간주된다(관세법 제30조제3항제4호단서; 관세령 제23조제2항).

1) 세관당국의 합리적 의심에 대한 증명책임

관세법 제30조 제4항에 따라 세관장은 납세의무자가 제1항에 따른 거래가격으로 가격신고를 한 경우 해당 신고가격이 동종·동질물품 또는 유사물품의 거래가격과 현저한 차이가 있는 등 이를 과세가격으로 인정하기 곤란한 과세가격 불인정 범위에 해당하는 경우에는 법정절차에 따라 납세의무자에게 신고가격이 사실과 같음을 증명할 수 있는 자료를 제출할 것을 요구할 수 있다. 납세의무자가 거래가격으로 신고한 가격을 과세가격으로 인정하기 곤란한 경우는 세관당국이 신고가격의 정확성이나 진실성을 의심할 만한 사유가 존재하는 경우가 될 것이다. 그리고 신고가격의 정확성이나 진실성을 의심할 만한 사유는 특수관계가 해당 수입물품의 가격에 영향을 미쳤다고 판단할 근거로서 합리적 의심(reasonable doubt)에 기초한다. 합리적 의심의 대상은 관세평가법규상 거래가격 적용의 배제요건사실에 해당할 가능성이 높으므로 이에 대한 증명책임은 조세소송에서의 입증책임의 분배에 관한 **법률요건분류설**[149]에 따라 세관당국에 귀속되어야 할 것이다. 합리적

149) 길용원, 상속세및증여세법상 의제·추정규정의 입증책임에 관한 연구, 가천법학 제6권 제4호(2013), 220~221쪽에 따르면, "조세부과처분의 과세요건사실에 관하여 원고인 납세의무자에게 입증책임을 부담시킬 것인가, 아니면 피고인 과세관청에게 과세요건사실의 존재에 관하여 입증책임을 부담시킬 것인가에 대하여 견해의 대립이 있다. 원고에게 책임이 있다는 입장인 적법성추정설과 납세자 부담설, 피고에게 책임이 있다는 입장인 적법성담보설과 헌법질서귀납설, 절충설인 법률요건분류설과 구체적사안설 등으로 학설이 나누어져 있다. 대법원은 종래 적법성추정설에 따라서 행정처분에 공정력이 있음을 이유로 원고에게 입증책임이 있다고 판시한 적도 있었다. 그러나 대법원은 그 후 입장을 변경하여 입증책임과 행정처분의 공정력은 전혀 별개의 문제임을 밝혔고, '민사소송법의 규정이 준용되는 행정소송에 있어서 입증책임은 원칙적으로 민사소송의 일반원칙에 따라 당사자 간에 분배되고 항고소송의 경우에는 그 특성에 따라 당해 처분의 적법을 주장하는

의심으로 인정되려면 세관당국이 신고가격의 정확성이나 진실성을 의심할 만한 사유가 존재하여야 한다. 그런데 관세평가협정은 세관당국에게 합리적 의심에 대한 증명책임을 지우는 한편, 그와 동시에 관세평가 목적을 위하여 제출된 진술, 문서 또는 신고의 진실성 또는 정확성에 관하여 이를 확인하는 권리를 세관당국에게 배타적으로 부여하고 있다(관세평가협정 제17조). 또한, 관세평가협정은 이와 같은 신고가격의 정확성이나 진실성을 확인하는 권리를 행사하려면 세관당국에게 관세평가 목적을 위하여 제출된 진술, 문서 또는 신고의 진실성이나 정확성과 관련한 조사권한이 필요할 것이므로 예를 들면, 관세평가의 결정과 관련하여 세관에 신고 또는 제출된 가격요소가 완전한지 및 정확한지 여부를 검증할 목적으로 (조사권한이) 허용될 수 있음을 인정하고, 회원국들(세관당국)은 자국의 법률과 절차를 조건으로 이러한 조사에 있어 수입자의 충분한 협조를 요구할 권리가 있음을 천명하고 있다(관세평가협정 부속서Ⅲ 제6항). 하지만 세관당국이 신고가격의 정확성이나 진실성을 의심할 만한 사유가 존재하지 않는다면 세관당국의 수입자에 대한 조사권한은 더 이상 허용될 수 없다. 왜냐하면, 관세평가협정은 세관당국이 더 이상의 구체적인 조사 없이 제2항(b)에서 규정된 비교기준 중의 하나가 충족되었음을 납득할만한 충분한 정보를 이미 가지고 있다면 수입자에게 비교기준이 충족될 수 있음을 입증하도록 요구할 이유가 없다는 지침을 제시하고 있기 때문이다(제1조에 대한 주해, 제2항, para.4 제3문).

우리 관세평가법규는 합리적 의심의 인정기준으로 다음과 같은 경우를 제시하고 있다(관세령 제24조제1항):

❶ 납세의무자가 신고한 가격이 동종·동질물품 또는 유사물품의 가격과 현저한 차이가 있는 경우;

❷ 납세의무자가 동일한 공급자로부터 계속하여 수입하고 있음에도 불구하고 신고한

피고에게 그 적법사유에 대한 입증책임이 있다 할 것인바 피고가 주장하는 당해 처분의 적법성이 합리적으로 수긍할 수 있는 일응의 입증이 있는 경우에는 그 처분은 정당하다 할 것이며 이와 상반되는 주장과 입증은 그 상대방인 원고에게 그 책임이 돌아간다고 할 것이다'고 하여 기본적으로 법률요건분류설의 입장에서 판시하고 있다. ▶법률요건분류설을 취하는 판례에서 다음과 같이 판시하고 있다: 행정처분의 취소를 구하는 항고소송에서는 당해 처분의 적법을 주장하는 처분청인 피고에게 그 적법 여부에 대한 입증책임이 있으므로(대법원 1984.07.24. 선고 84누124 판결 등 참조), 화물자동차운수사업법 제10조 제5항 위반을 이유로 한 과징금부과처분의 취소를 구하는 소송에서는 화물운송사업자의 다른 화물운송사업자에의 운송위탁 또는 대행 의뢰가 '수수료 기타 대가'를 받고 이루어진 것이라는 사실을 처분청이 입증하여야 한다.【대법원 2007.01.12. 선고 2006두12937 판결】; 요양기관이 임의로 비급여진료행위를 하고 비용을 가입자 등으로부터 지급받더라도 그것을 부당하다고 볼 수 없는 사정은 이를 주장하는 측인 요양기관이 증명해야 한다. 왜냐하면 항고소송에서 당해 처분의 적법성에 대한 증명책임은 원칙적으로 처분의 적법을 주장하는 처분청에 있지만, 처분청이 주장하는 당해 처분의 적법성에 관하여 합리적으로 수긍할 수 있는 정도로 증명한 경우 그 처분은 정당하고, 이와 상반되는 예외적인 사정에 대한 주장과 증명은 상대방에게 책임이 돌아간다고 보는 것이 타당하기 때문이다.【대법원 2012.06.18. 선고 2010두27639,27646 전원합의체 판결】

가격에 현저한 변동이 있는 경우;

❸ 신고한 물품이 원유·광석·곡물 등 국제거래시세가 공표되는 물품인 경우 신고한 가격이 그 국제거래시세와 현저한 차이가 있는 경우;

❹ 신고한 물품이 원유·광석·곡물 등으로서 국제거래시세가 공표되지 않는 물품인 경우 관세청장 또는 관세청장이 지정하는 자가 조사한 수입물품의 산지 조사가격이 있는 때에는 신고한 가격이 그 조사가격과 현저한 차이가 있는 경우;

❺ 납세의무자가 거래처를 변경한 경우로서 신고한 가격이 종전의 가격과 현저한 차이가 있는 경우;

❻ 앞의 제❶부터 제❹까지의 사유에 준하는 사유로서 기재부령으로 정하는 경우.

2) 납세자 입증책임의 적용범위와 입증실패의 판정기준

(1) 납세자 입증책임에 대한 적용범위

구매자와 판매자가 특수관계에 있다는 사실 그 자체가 거래가격을 수용할 수 없는 근거가 되지 않지만, 그 특수관계가 수입물품의 거래에 영향을 미치지 아니하였다는 사실의 입증책임은 궁극적으로 수입자에게 귀속된다고 보아야 할 것이다. 왜냐하면 관세평가협정 제1조 제2항(a)는 판매의 주변상황을 검토한 세관당국이 특수관계에 영향을 미쳤다고 판단할 근거를 가지게 된다면, 세관당국에게 수입자에게 그 근거를 통지해야 할 의무와 답변할 수 있는 합리적인 기회를 제공할 의무를 지우고 있는 한편, 그와 동시에 제2항(b)에서 특수관계자 간 판매에 있어 거래가격이 수용될 수 있는 소위 비교(기준)가격(test value)의 근접함에 대한 입증책임을 수입자에게 귀속시키고 있기 때문이다. 또한, 조세소송에서의 입증책임의 분배에 관한 법률요건분류설에 따르면 세관당국이 주장하는 신고가격의 정확성이나 진실성을 의심할 만한 사유가 합리적으로 수긍할 수 있는 일응의 입증이 있는 경우에는 그 합리적 의심은 정당하다 할 것이며 합리적 의심의 입증(세관당국의 본증)과 상반되는 주장과 입증(세관당국의 본증에 대한 반증)은 그 상대방인 수입자에게 그 책임이 돌아가기 때문이다. 그리하여 관세법 제30조 제4항에 따라 세관장이 납세의무자에게 신고가격이 사실과 같음을 증명할 수 있는 자료를 제출할 것을 요구한다면 해당 납세의무자는 특수관계가 해당 수입물품의 거래가격에 영향을 미치지 아니하였다는 사실의 증명에 필요한 자료를 제출하여야 한다(관세령 제23조제4항). 여기에서 세관장은 수입자에게 자료제출을 요구하는 경우 그 사유와 자료제출에 필요한 기재부령으로 정하는 기간[150]을 적은 서면으로 해야 한다(관세령 제24조제2항). 그리고 수입자는 제공되는 답변을 위한 합리적인 기회(reasonable opportunity)를 통하여 아직 제출하지 않은 정보를 이용하여, 예를 들면

150) 자료제출 요구일로부터 15일로 하되, 부득이한 사유로 납세의무자가 자료제출 기간 연장을 요청하는 경우에는 세관장이 해당 사유를 고려하여 타당하다고 인정하는 기간으로 한다(관세규칙 제5조의2).

신고가격이 해당 산업부문의 정상적인 산정원칙에 따라 결정되었고 그에 대한 입증자료를 제출하여 신고가격이 규정에 부합한다는 것을 증명함으로써 세관당국의 합리적인 의심을 해소할 수 있을 것이다.[151] 그런데 납세자의 입증책임에 대한 적용범위와 관련하여 세관이 특수관계가 가격에 영향을 미쳤다는 '근거'(즉, 단순한 관계 이상의 사실)를 갖고 있을 경우, 수입자가 이를 통고받고 답변할 권리는 특수관계자 간의 거래에 있어서 어떠한 가격도 영향을 받지 않았다는 것을 증명해야 하는 부담이 수입자에게로 옮겨진다는 의미로 해석되어서는 안 되고, 이 증명해야 하는 부담은 세관에 있다는 견해[152]는 앞에서 살펴본 관세평가협정의 법리와 조세소송에서의 입증책임의 분배에 관한 법리에 비추어 동의하기 어렵다.

WTO관세평가위원회가 채택한 결정 6.1은 세관당국이 신고가격을 뒷받침하기 위하여 무역업자가 제출한 문서나 서류의 정확성이나 진실성을 의심할 만한 사유가 있는 사례를 검토하는 과정에서 세관당국은 무역업자의 정당한 상업상의 이익을 침해하지 않아야 한다는 것을 강조하면서 관세평가협정 제17조, 협정 부속서 Ⅲ의 제6항 및 관세평가기술위원회의 관련 결정을 고려하여 다음과 같이 결정을 내리고 있다. 가격신고서가 제출되고 세관당국이 이 신고서를 뒷받침하기 위하여 제출된 문서나 서류의 진실성이나 정확성을 의심할 만한 사유가 있는 경우, 세관당국은 신고가격이 관세평가협정 제8조 규정에 따라 조정된 수입물품에 대하여 실제로 지급하였거나 지급하여야 할 총금액임을 의미하는 서류 또는 기타 증빙 자료를 포함한 추가적인 설명을 수입자에게 요청할 수 있고, 추가적인 정보를 받은 후, 또는 응답이 없는 경우, 세관당국이 여전히 신고가격의 진실성 또는 정확성에 대하여 합리적 의심이 있는 경우에는 관세평가협정 제11조의 규정에 따른 불복청구 절차상 청구적격자의 권리를 유념하면서, 수입물품의 과세가격은 관세평가협정 제1조 규정에 따라 결정될 수 없다고 간주할 수 있다는 것이다. 그리고 최종적인 판단을 하기 전에, 수입자의 요청이 있을 경우 세관당국은 제출된 문서 또는 서류의 정확성 또는 진실성을 의심하는 근거를 해당 수입자에게 서면으로 통지해야 하고 수입자에게 응답할 수 있는 합당한 기회를 제공해야 한다는 것이다. 아울러 최종적인 결정이 내려지면 세관당국은 서면으로 결정과 해당 근거를 수입자에게 통보해야 한다는 것이다.

(2) 납세의무자의 입증실패에 대한 판정기준

관세법 제30조 제5항에 따라 해당 납세의무자가 신고가격이 사실과 같음을 증명하지 못한다면 세관장은 제30조 제1항과 제2항에 규정된 거래가격 방법으로 과세가격을 결정하지 아니하고 제31조부터 제35조까지에 규정된 대체 평가방법으로 과세가격을 결정한

151) Petter Witte/Hans-Michael Wolffgang(Hrsg.), 앞의 책, 402쪽.

152) Saul L. Sherman/Hinrich Glashoff, 앞의 책, 198쪽.

다. 여기에서 납세의무자가 특수관계가 가격에 영향을 미치지 않았다는 사실에 대한 입증을 실패한 경우 세관장은 빠른 시일 내에 과세가격 결정을 하기 위하여 납세의무자와 정보교환 등 적절한 협조가 이루어지도록 노력하여야 하고, 신고가격을 과세가격으로 인정하기 곤란한 사유와 과세가격 결정 내용을 해당 납세의무자에게 통보하여야 한다. 관세평가법규는 수입자가 입증을 실패한 것으로 취급할 수 있는 적용기준으로 다음과 같은 경우를 제시하고 있다(관세법 제30조제5항; 관세령 제24조제3항):

- 세관장으로이 요구한 신고가격이 사실과 같음을 증명할 수 있는 자료를 제출하지 아니한 경우;
- 세관장의 요구에 따라 제출한 신고가격이 사실과 같음을 증명할 수 있는 자료가 일반적으로 인정된 회계원칙에 부합하지 아니하게 작성된 경우;
- 납세의무자가 제출한 자료가 수입물품의 거래관계를 구체적으로 나타내지 못하는 경우;
- 그 밖에 납세의무자가 제출한 자료에 대한 사실관계를 확인할 수 없는 등 신고가격의 정확성이나 진실성을 의심할만한 합리적인 사유가 있는 경우.

관세평가기술위원회는 scenario 상황을 가정하여 특수관계가 수입물품의 거래에 영향을 미치지 아니하였다는 사실의 입증을 실패한 결과를 내놓고 있다. 사례연구 13.1에서 동종·동질물품보다 낮은 가격으로 신고된 수입물품의 scenario 상황이다. 이 사례의 거래사실은 다음과 같이 설정된다: I국의 ICO사는 수출국 X로부터 소비재 2,000 개를 수입했다. ICO는 수입신고서에 다음과 같은 정보를 제출했다. (i) 물품의 판매자는 X국에 소재한 XCO이다. (ii) 수입물품의 제조자는 M국에 소재한 MCO사이다. (iii) 신고가격은 협정 제1조에 규정된 거래가격을 사용하여 계산되었다. (iv) 협정 제8조 제1항에 따른 가격에 대한 조정은 이루어지지 않았다. (v) 협정 제15조 제4항의 규정에 따라 ICO, XCO 또는 MCO간에는 특수관계가 없다. (vi) 상업송장에 따르면 수입물품의 단위가격은 9.30 c.u. (FOB 가격)이다. (vii) 지급은 현금으로 이루어졌다. 심사에 앞서 수입자의 프로파일(profile)을 작성하는 과정의 일부로서, 세관당국은 동종·동질물품의 모든 수입을 분석하여 다음과 같은 정보를 얻었다. (i) 평가대상 물품과 동시 또는 거의 동시에 9명의 다른 구매자가 동종·동질물품을 수입하였다. (ii) 동종·동질물품의 과세가격은 거래가격방법으로 결정되었다. (iii) 동종·동질물품의 단위가격은 69.09 c.u.에서 85.00 c.u.(FOB)까지로 다양했다. (iv) 각 거래에서 수입된 물품의 수량은 ICO와 XCO간 거래(2,000 개)에서와 같이 거의 동일(1,800개~2,300개)했다. (v) 동종·동질물품의 수입에 대한 지급은 물품 비용이 85.00 c.u. (FOB)인 경우를 제외하고는 현금으로 이루어졌다.

세관당국은 다른 수입자에 대한 조사를 실시했고 수출국 X의 몇몇 공급자의 가격표를 입수했다. 이 가격표들에서 동종·동질물품의 단위가격은 판매된 수량에 따라 80.00 c.u.

부터 140.00 c.u.(FOB)까지 다양했다. 수입국 I에 이러한 물품을 공급하는 주요 공급자들은 수출국 X에 거주하고 있음에도 불구하고 모든 수입물품의 원산지는 M국이었다. I국의 세관당국은 X 또는 M국의 세관당국과 상호지원 협정을 체결하지 않았다. 세관당국은 공급자 XCO와 제조자 MCO에게 물품가격에 대한 정보를 요청했다. 답변은 받지 못했다. 세관당국은 인터넷에서 공급자들을 검색하여 동종·동질물품의 많은 매물들을 발견했으며, 그들의 수출을 위한 소매판매가격은 123.99 c.u.에서 148.00 c.u. 사이였다. 세관당국은 ICO에게 상기에 명시된 사실들, 그러나 주로 가격이 낮다는 사실을 기초로 신고된 거래가격의 진실성을 의심할 만한 이유가 있음을 서면으로 통지하였다. 당국은 수입자에게 송장가격이 수입물품에 대하여 실제로 지급했거나 지급하여야 할 총금액임을 확인하는 추가적인 증빙자료 즉, 상업 서신 및/또는 그 밖의 다른 서류를 제시하도록 요청하 였다. ICO은 다음과 같이 회신했다. (ⅰ) 모든 거래의 세부사항은 제공된 상업송장에 상세히 기재되어 있다. (ⅱ) 거래에 적용되는 협정 제1조에서의 규정하고 있는 것과 같은 특별한 무역조건은 없다. (ⅲ) 거래는 XCO의 통상적인 판매제의에 기초했다. (ⅳ) 서면으로 작성된 판매계약서나 상업서신은 없다. (ⅴ) 판매는 전화로 합의되었다.

세관당국은 ICO사에 대한 심사를 수행하기로 결정하였다. 첫 번째 방문에서 세관당국은 다음과 같은 정보를 얻었다. (ⅰ) XCO와 상업서신은 없었다. (ⅱ) ICO는 I국의 BCO사에게 281.00 c.u.의 단위가격으로 모든 물품을 판매하였다. (ⅲ) 회계기록은 순서대로 되어 있지도 않았고 최근 자료도 아니었으며 쟁점 수입물품에 대하여 지급한 금액을 입증할 수 없었다. 세관당국은 ICO사가 회계기록을 최신자료로 갱신하고 정리할 수 있도록 합당한 기간을 주었다. 회계기록이 제공되었을 때 협정 제8조의 규정에 따라 조정된 물품에 대하여 실제 지급하였거나 지급하여야 할 가격과 관련한 추가적인 증빙자료가 발견되지 않았다. 제시된 유일한 정보는 이전에 세관에 제공되었던 것이었다. 심사는 ICO사의 직원 중 한 명이 X국 출장 동안 신용카드로 제3자에게 지급한 사실을 밝혀냈는데, 해당 지급은 회계기록에 관리비로 기록되었다. 수입자는 이 지급의 성격에 대해 납득할 만한 설명을 제공하지 못했다. 따라서 해당 물품의 전매(resale) 가격이 수입 시 신고된 가격보다 훨씬 높았다는 점을 고려할 때, 벌어들인 낮은 이익과 기록된 관리비의 금액에 대한 의심이 제기되었다. 심사보고서는 다음과 같은 결론을 내렸다. (ⅰ) 수입자는 신고가격이 협정 제8조에 따라 필요한 조정이 이루어진 수입물품에 대하여 실제로 지급하였거나 지급하여야 할 총금액에 해당한다는 점을 입증할 추가적인 증빙자료를 제공하지 못했다. (ⅱ) 심사에서 어떤 새로운 정보가 나오지 않았으며 신고된 거래가격의 진실성과 정확성에 대한 세관의 의심을 해소하지 못했다.

이 사례에서, 신고가격이 9명의 다른 구매자가 동시 또는 거의 동시에 수입한 동종·동질물품의 신고가격보다 현저히 낮았다는 사실 때문에 세관당국은 상업송장에 반영된 신고가격의 진실성과 정확성에 대하여 의심할 만한 이유를 가졌다.[153] 그러므로 결정 6.1에 따라 세관당국은 신고가격이 협정 제8조의 규정에 따라 조정된 수입물품에 대한 실제로 지급하였거나 지급하여야 할 총금액임을 확인할 수 있는 추가적인 증빙자료를 제출하도록 수입자에게 정당하게 요청하였다. 이러한 경우에는, 양 당사자는 수입자나 세관당국 그 누구의 정당한 이해도 손상하지 않는 해결방안을 찾기 위해 협정에서 장려하고 있는 협력과 대화의 정신을 강화시키도록 애써야 한다. 협정에 따른 과세가격을 결정함에 있어, 특히 거래가격의 일부를 구성할 수 있는 기타 부담액과 지급에 대한 의심이 있다면 세관당국은 관련 있는 정보에 대하여 불완전한 문서들에 의존할 필요가 없어야 한다. 특히, 결정 6.1은 추가적인 정보를 받은 후, 또는 응답이 없는 경우, 세관당국이 여전히 신고가격의 진실성 또는 정확성에 대하여 합리적 의심이 있는 경우에는 협정 제11조의 불복청구 규정을 고려하여, 수입물품의 과세가격은 협정 제1조 규정에 따라 결정될 수 없다고 간주할 수 있다고 규정하고 있다. 그러나 최종적인 판단을 하기 전에, 수입자의 요청이 있을 경우 세관당국은 제출된 문서 또는 서류의 정확성 또는 진실성을 의심하는 근거를 해당 수입자에게 서면으로 통지해야 하고 수입자에게 응답할 수 있는 합당한 기회를 제공해야 한다. 이 사례에서는, (ⅰ) 수입자는 신고가격이 협정 제8조에 따라 조정된 수입물품에 대하여 실제로 지급하였거나 지급하여야 할 가격에 해당한다는 점을 입증하기 위해서 상업송장 외의 어떠한 증빙 자료도 제출하지 않았고, (ⅱ) 심사기간 동안 검토된 회계기록에서 의심스러운 비용을 발견되었고, 그런 이유로 세관당국은 여전히 신고가격의 진실성과 정확성에 대해 합리적 의심이 있다고 결정하였으며 이러한 결론에 대한 근거를 수입자에게 통지하였다. 따라서 결정 6.1에 따라 세관당국은 수입물품의 과세가격은 협정 제1조 규정에 따라 결정될 수 없다고 정당하게 결론내릴 수 있다. 세관당국은 서면으로 그 결정과 해당 근거를 수입자에게 통보해야 한다. 이 사례에서, 과세가격은 협정 제2조의 규정에 따라 결정되었다.

관세평가기술위원회 사례연구 13.2에서는 원재료보다 낮은 가격으로 신고된 수입물품의 scenario 상황이다. 이 사례의 거래사실은 다음과 같이 설정된다: Y국 세관당국은 나사못

153) 합리적 의심을 뒷받침하는 논거는 이렇다. 과세가격의 우선적인 기초는 거래가격이다. 즉, 물품이 수입국으로 수출하기 위하여 판매된 때에 실제로 지급하였거나 지급하여야 할 가격을 협정 제8조의 규정에 따라 조정한 것이다. 실제로 지급하였거나 지급하여야할 가격은 협정 제1조의 규정을 기초로 과세가격을 결정할 수 없게 하는 조건이나 사정(consideration)에 의해 좌우되지 않아야 한다. 이 가격은 송장가격에 해당하며 관세평가협정의 규정에 따라 조정될 수 있다. 이러한 점에서 상업송장은 당연히 협정 제17조에 따라 신고가격의 진실성과 정확성에 대한 충분한 증거가 될 수 있다. WTO관세평가위원회 결정 6.1에 따라 세관당국이 신고된 가격의 진실성이나 정확성을 의심할 만한 이유가 있는 경우, 세관당국은 신고가격이 협정 제8조 규정에 따라 조정된 수입물품에 대하여 실제로 지급하였거나 지급할 총 금액임을 의미하는 서류 또는 기타 증빙 자료를 포함한 추가적인 설명을 수입자에게 요청할 수 있다.

제조에 사용되는 원재료, 즉 강선재의 국제시장가격은 MT당 600 c.u.에서 675 c.u.까지의 범위이고 국내시장에서 가격은 MT당 약 670 c.u.인 반면에, X국을 원산지로 하는 수입 나사못은 MT당 340 c.u.에서 440 c.u.까지의 지나치게 낮은 가격으로 수입되어 통관되고 있다고 주장하는 민원을 접수하였다. 민원인은 추가적으로 나사못의 실제 수입가격은 MT당 1,250 c.u.라고 진술하였다. 민원인은 또한 나사못이 MT당 350 c.u.의 신고가격 대신에 MT당 750 c.u.로 과세된 것을 보여주는 물품신고서 사본을 제출하였다. Y국의 세관당국은 이 사안에 대해 조사에 착수하고 입수가능한 자료를 검토하였다. 원재료(강선재)의 국제시장가격은 동일한 기간 동안 런던에서 발행된 전문 간행물에서 발표된 자료의 검토와 MT당 675 c.u.로 강선재를 Y국으로 실제 수입한 기록을 통해 검증되었다. 나사못과 강선재의 수출국/생산국은 동일한 반면, 나사못과 강선재의 생산자/수출자는 상이하였다. 세관당국은 세관이 수입나사못의 과세가격을 MT당 750 c.u.로 과세한 사례가 있음을 발견하였다. 이는 입수가능한 자료에 기초한 산정가격에 해당했다(MT당 350c.u.의 신고가격은 거래가격에 해당하지 않는 것으로 결정되었고, 세관당국에 의하여 부인되었다). 나사못 수입의 추가 사례 5건이 확인되었다. 협정 제13조의 목적상 결정된 잠정적인 가격은 MT당 551 c.u., 551 c.u., 539 c.u., 541.3 c.u. 및 565.7 c.u.였다. 이 사례들은 관세평가 및 통관 후 심사부서로 이첩되었다.

수입자들은 신고가격이 정말 실제로 지급하였거나 지급하여야 할 가격임을 확인할 수 있는 견적송장, 상업송장, 계약서 사본, 지급 증빙자료, 거래와 관련된 기타 모든 서류를 제출하도록 요청받았다. 하지만, 수입자들은 수출자들이 발행한 견적송장과 상업송장만을 제출하였다. 수입자들은 지급수단으로 신용장을 사용하지 않았다고 진술하였으나, 물품에 대한 어떠한 지급증빙자료도 제출하지 못했다. 수입자들은 또한 물품의 서면계약서는 없고 해당 물품은 수출자들과의 구두계약에 기초하여 수입되었다고 진술하였다. 세관당국은 협의과정에서 수입자들의 회계자료를 검토하였지만, 수입자들은 구체적인 회계기록과 회계장부를 보존하고 있지 않아 실제로 지급하였거나 지급하여야 할 가격을 뒷받침할 수 없음을 발견하였다. 세관당국은 물품에 대한 어떠한 지급증빙자료나 생산지원과 같이 가격에 반영될 수 있는 가산에 대한 어떠한 정보나 증빙자료도 찾을 수 없었다.

이 사례에서, 나사못의 신고가격이 나사못 제조에 사용되는 원재료의 국제시장 가격보다 현저히 낮았다는 사실 때문에 세관당국은 상업송장에 반영된 신고가격의 진실성이나 정확성을 의심할 만한 이유를 가졌다.[154] 그러므로 WTO관세평가위원회 결정 6.1에 따라 세관

154) 합리적 의심의 논거는 이렇다. 과세가격의 우선적인 기초는 거래가격이다. 즉, 물품이 수입국으로 수출하기 위하여 판매된 때에 실제로 지급하였거나 지급하여야 할 가격을 협정 제8조의 규정에 따라 조정한 것이다. 실제로 지급하였거나 지급하여야할 가격은 협정 제1조의 규정을 기초로 과세가격을 결정할 수 없게 하는 조건이나 사정(consideration)에 의해 좌우되지 않아야 한다.

당국은 신고가격이 협정 제8조 규정에 따라 조정된 수입물품에 대한 실제로 지급하였거나 지급하여야 할 가격임을 확인할 수 있는 추가적인 증빙 자료를 수입자에게 요청하였다. 수입자는 추가적인 정보를 제출할 몇 차례의 기회가 있었지만 계약서 또는 어떠한 지급증빙자료를 제출하지 못했다. 더욱이, 협의 중 검토된 회계자료도 실제로 지급하였거나 지급하여야 할 가격을 뒷받침하지 못했다. 세관당국은 여전히 신고가격의 진실성이나 정확성에 대한 합리적 의심을 갖고 있었다. 관세평가기술위원회는 사례연구 13.1 "관세평가위원회 결정 6.1의 적용"에서 따라야 하는 적절한 절차를 포함하여 관세평가위원회 결정 6.1이 어떻게 적용되어야 하는지를 앞서 검토한 바 있다. 결정 6.1은 추가적인 정보를 받은 후, 또는 응답이 없는 경우, 세관당국이 여전히 신고가격의 진실성 또는 정확성에 대하여 합리적 의심이 있는 경우에는 협정 제11조의 규정을 유념하면서, 수입물품의 과세가격은 협정 제1조 규정에 따라 결정될 수 없다고 간주할 수 있다고 규정한다. 최종적인 판단을 하기 전에, 수입자의 요청이 있을 경우 세관당국은 제출된 문서 또는 서류의 정확성 또는 진실성을 의심하는 근거를 해당 수입자에게 서면으로 통지해야 하고 수입자에게 응답할 수 있는 합당한 기회를 제공해야 한다. 이 사례에서는, (ⅰ) 나사못의 신고가격이 나사못의 제조에 사용되는 원재료의 국제시장가격보다 현저히 낮다는 점, (ⅱ) 수입자들은 신고가격이 협정 제8조에 따라 조정된 수입물품에 대하여 실제로 지급하였거나 지급하여야 할 가격에 해당한다는 점을 입증하기 위해서 상업송장이나 견적송장 외에 지급 증빙자료를 포함한 어떠한 증빙자료도 제출하지 않은 점, 그리고 (iii) 수입자들은 구체적인 회계기록과 회계장부를 유지하거나 제출하지 않았다는 점을 고려하여, 세관당국은 여전히 합리적 의심을 가지고 수입물품의 과세가격은 제1조의 규정에 따라 결정될 수 없다고 결론 내렸다. 최종적인 판단을 하기 전에 세관당국은 수차례의 협의과정에서 서면 및 구두로 제출된 자료의 진실성이나 정확성을 의심하는 근거를 통보하였다. 세관당국은 또한 수입자들에게 응답할 수 있는 기회도 제공하였다. 상기에 비추어, 신고가격은 협정 제17조, 결정 6.1 및 사례연구 13.1을 고려하여 부인되었다. 최종적인 결정을 내릴 때, 세관당국은 그 결정과 그것의 근거를 수입자에게 서면으로 통보하였다. 협정 제1조에 따른 거래가격 부인 후, 협정 제2조 이하를 순차적으로 적용하여 과세가격을 결정하려는 시도가 이루어졌다.

다음으로 세관당국은 협정 제2조 및 제3조 적용을 검토하였다. 세관당국이 동종·동질

이 가격은 송장가격에 해당하며 관세평가협정의 규정에 따라 조정될 수 있다. 이러한 점에서 상업송장은 협정 제17조에 따라 신고가격의 진실성과 정확성에 대한 충분한 증거가 될 수 있다. 이 조항은 협정의 어떠한 규정도 평가 목적으로 세관에 제출된 진술, 문서 또는 신고의 진실성이나 정확성에 관하여 스스로를 납득시키고자 하는 세관당국의 권리를 제한하거나 이의를 제기하는 것으로 해석되지 않아야 한다고 규정한다. WTO관세평가위원회 결정 6.1에 따라 세관당국이 신고된 가격의 진실성이나 정확성을 의심할 만한 이유가 있는 경우, 세관당국은 신고가격이 협정 제8조 규정에 따라 조정된 수입물품에 대하여 실제로 지급하였거나 지급할 총금액임을 의미하는 서류 또는 기타 증빙자료를 포함한 추가적인 설명을 수입자에게 요청할 수 있다.

혹은 유사한 나사못의 가격을 MT당 750 c.u.로 결정한 사례 하나가 있었으나, 이 가격은 동종·동질 또는 유사물품의 거래가격이 아닌 산정가격이었기 때문에 협정 제2조 및 제3조의 적용 목적으로는 사용될 수 없었다. 협정 제2조 및 제3조에 대한 주해는 신고가격이 협정 제1조에 따라 이미 결정된 경우 그러한 사례만이 동종·동질 또는 유사물품의 목적을 위해 선택되어야 한다는 것을 명확히 하고 있다. 수입 나사못의 5건의 다른 사례가 있었고, 세관당국은 협정 제13조에 따라 이에 대한 가격을 잠정적으로 평가하였다. 협정 제13조는 단지 과세가격의 최종 결정을 지연할 필요가 있는 경우 충분한 보증금을 예치하고 수입물품을 반출하는 것에 관련된 것이므로, 이들 잠정가격은 동종·동질/유사 물품 방법에 따른 평가의 근거로 사용될 수 없다. 이 사례에서 입수할 수 있는 동종·동질 또는 유사물품의 거래가격이 없기 때문에, 수입물품의 과세가격은 제2조 및 제3조 규정에 따라 결정될 수 없고, 협정에 따라 다음 평가방법이 검토되어야 했다. 협정 제1조, 제2조 및 제3조의 규정을 철저히 검토한 후, 제5조에 따른 공제가격 방법이 적용되었다. WTO관세평가위원회 결정 6.1에 따라 과세가격은 제1조에 따라 결정될 수 없었다.

3) 판례연구

(1) 국내 판례

우리 판례(대법원 2009.5.28. 선고 2007두9303 판결)는, 수입의약품의 매출원가율이 구매회사가 수입한 다른 의약품에 비하여 낮고 다른 업체들의 평균치에 미치지 못한다거나 그 재판매가격이 수출자인 판매회사의 가격정책에 부합하지 않는다는 사정으로 수입의약품의 거래가격이 구매회사와 판매회사의 특수관계에 영향을 받아 부당하게 낮은 가격으로 책정된 것인지 여부가 쟁점으로 제기된 사안에서, 관세법 제30조 제3항 제4호에서 정한 '특수관계가 당해 수입물품의 거래가격에 영향을 미쳤는지 여부'에 대한 증명책임이 과세관청에 귀속한다는 태도를 보이고 있다.[155] 이러한 판례의 태도를 볼 때, 조세소송에서의 입증책임의 분배에 관하여 **적법성담보설**,[156] 즉 행정행위의 적법성을 담보할 책임이 있는 행정청은 그 행정행위의 적법성이 다투어지고 있는 경우 이를 적극적으로 입증하여야 한다는 견해로서 과세소송에 있어서 원고는 당해 처분이 위법함을 주장하기만 하면 되고, 피고는 과세처분의 적법성에 대하여 입증책임을 부담해야 한다는 입장을 취하고 있는

155) 판례의 이러한 입장은 대법원 2020.12.24. 선고 2017두54128 판결; 2021.01.14. 선고 2017두54869 판결; 2020.12.30. 2017두59048 판결, 서울고등법원 2017.06.30. 선고 2016누75618 판결, 부산고등법원 2018.02.09. 선고 2017누20910 판결; 2017.11.10. 선고 2017누21661 판결; 2017.06.30. 선고 2016누23820 판결, 부산지방법원 2017.04.14. 선고 2015구합20801 판결; 2018.05.31. 선고 2017구합20287 판결, 인천지방법원 2019.02.14. 선고 2016구합50338 판결 등에서 일관되게 유지하고 있다.

156) 길용원, 앞의 글, 220쪽.

것으로 보인다. 다만, 서울고등법원 2017. 8. 23. 선고 2016누79177 판결은 구 관세령 제23조 제2항은 구매자와 판매자 사이의 특수관계가 당해 물품의 가격에 영향을 미치지 아니한 것으로 보는 경우로, i) 당해 물품의 가격이 특수관계가 없는 구매자와 판매자간에 통상적으로 이루어지는 가격결정방법으로 결정된 경우, ii) 당해 물품의 가격이 당해 산업부문의 정상적인 가격결정 관행에 부합하는 방법으로 결정된 경우, ii) 당해 물품의 가격이 특수관계 없는 우리나라 구매자에게 수출되는 동종·동질물품 또는 유사물품의 거래가격 또는 관세법 제33조 및 제34조에 의하여 결정되는 동종·동질물품 또는 유사물품의 과세가격에 근접한 경우를 규정하고 있는바, 위 '당해 산업부문의 정상적인 가격결정 관행'에 부합하는 가격결정방법인지를 판단함에 있어 거래당사자 사이에 특정 물품의 가격결정이 다른 물품들과 함께 전체적으로 이루어진다는 점이 고려될 수 있을 것이나, 관세령 제23조 제2항의 규정 형식과 관세령 제23조 제4항이 '제2항 규정을 적용받고자 하는 자는 관세청장이 정하는 바에 따라 가격신고를 하는 때에 그 증명에 필요한 자료를 제출하여야 한다'고 규정한 점에 비추어 보면, 관세령 제23조 제2항 제1호 및 제2호에 해당한다고 주장하는 자가 그 요건이 충족되었음을 증명하여야 한다고 설시하고 있어 법률요건분류설, 즉 민사소송에 있어서의 입증책임분배론에 따라서 실체법이 정하는 법률요건사실의 분류에 의하여 조세소송에 있어서도 분배하여야 한다는 입장을 취하고 있는 것으로 보인다. 대법원 2012.6.18. 선고 2010두27639,27646 전원합의체 판결이 "항고소송에서 당해 처분의 적법성에 대한 증명책임은 원칙적으로 처분의 적법을 주장하는 처분청에 있지만, 처분청이 주장하는 당해 처분의 적법성에 관하여 합리적으로 수긍할 수 있는 정도로 증명한 경우 그 처분은 정당하고, 이와 상반되는 예외적인 사정에 대한 주장과 증명은 상대방에게 책임이 돌아간다고 보는 것이 타당하기 때문이다."[157]라고 판시하는 법리에 비추어 법률요건분류설이 타당하다고 본다.

(2) 미국의 판례

판매자와 특수관계에 있는 구매자가 수입신고한 가격을 관세평가법규상 거래가격으로 수용될 수 있는지 여부를 결정함에 있어서, 그 특수관계가 수입물품의 거래에 영향을 미치지 아니하였다는 사실에 대한 증명책임이 수입자에 귀속되는지 아니면 과세관청에 귀속되는지 여부에 관하여 미국의 CBP 결정사례를 살펴본다. (특수)관계가 있는 당사자간 수입거래에 대한 판매상황의 테스트(검토)에서 수입자가 (특수)관계가 있는 당사자간의 매매가 그들의 (특수)관계에 의해서 영향을 받지 않는다는 것을 증명해야 하고, 수입자는, (특수)관계가 있거나 (특수)관계가 없는 당사자들 모두와 함께 일관된 방식으로 가격을

157) 이러한 입장의 취하고있는 판례로는 대법원 2020.06.25. 선고 2019두52980 판결; 2017.07.11. 선고 2015두2864 판결; 2016.06.28. 선고 2014두2638 판결; 2017.06.15. 선고 2015두2826 판결; 2017.07.11. 선고 2015두2789 판결 등이 있다.

결정한다는 것을 입증함으로써 이를 증명할 수 있다는 것이 미국 CBP의 일관된 태도이다(H548098, 2002.5.20.). 이에 따라 미국 CBP는 수입자가 (특수)관계가 있는 공급자들과의 거래에서 정상가격의 속성에 관련된 입증의 책임을 완수하여 그 입증이 수입자와 (특수)관계에 있는 공급자간의 판매상황이 관세평가의 목적에서 실제로 지급하였거나 지급하여야 할 사용되기에 적합하다는 것을 보여준다면 거래가격에 의한 관세평가방법의 적용이 허용될 수 있다는 입장이다(H548305, 2003.8.11.; H547662, 2002.9.20. 재심결정). 하지만 미국 CBP는 수입자가 선의의 거래의 존재를 증명하였다고 하더라도, 즉 그 가격이 업계에서의 일반적 가격설정 관행에 일치하는 방법으로 정해졌다는 것을 보여주는 것만으로는 수입자가 (특수)관계의 당사자의 적합한 가격을 증명하지 못한 것으로 판단하고 있다(H548095, 2002.9.19.). 따라서 미국 CBP의 입장은 구매자와 판매자가 (특수)관계에 있는 수입거래에서 해당 당사자간의 가격이 이러한 관계로부터 영향을 받지 않는다는 점을 입증할 정보가 충분하지 않거나 (특수)관계가 있는 당사자간 가격이 이전에 인정된 테스트(기준) 가격에 근사한지 여부를 보여주는 정보를 제출하지 않는다면 거래가격을 수용할 수 없다는 태도를 보여주고 있다(H548239, 2003.6.5.).[158]

거래가격에 특수관계가 영향을 미쳤는지 여부에 대한 판단과 관련하여 미국 법원의 대표적 판례인【La Perla Fashion v. United States, 22 CIT 393 (1998); 재입증 185 F.3d 885 (1999)】(이의 없이 확정된 판결) 사건을 살펴본다. 원고 La Perla Fashions, Inc.("La Perla" 또는 "LPF")는 세 가지 스타일의 여성의류 수입에 대해 미국 관세청이 내린 관세평가에 이의를 제기하기 위해 소송을 제기하였다. 이 사건 3단계 거래에서 La Perla는 모회사인 Gruppo La Perla, S.p.A. of Bologna, Italy("GLP")로부터 상품을 수입하여 미국 소매업체(retailer)에 재판매한다. 세관은 La Perla의 미국 고객이 지불한 가격을 기준으로 해당 상품의 가격를 평가했다. La Perla는 정확한 거래가격이 La Perla와 관련 공급업체인 GLP 사이의 가격이라고 주장하였지만, 법원은 세관이 19 U.S.C. § 1401a에 따라 미국 고객에 대한 La Perla의 판매가격을 기준으로 해당물품의 가격을 정확하게 평가했다고 판결하였다. 법원은 이 사건에서 (1) 판매가격에 대한 특수관계 당사자(related parties)의 영향(influence); (2) 어떤 거래가 해당 상품의 가치를 평가하기에 적절했는가; (3) 상품의 정확한 평가를 결정할 때 공제 및 산정가격 계산의 역할에 관하여 검토하였다.

이 사건에서 미국 법원은 다음과 같이 설시하고 있다. 수입업체와 외국 제조업체는 수입 시 상품에 부과되는 전체 관세를 낮추는 데 관심이 있다. 수입관세를 낮추는 한 가지

---

158) 미국의 CBP H547790(2000.9.10), H548087(2002.4.5), H547672(2002.5.21), H548098(2002.5.20), H544759(1991.12.13), H545369(1994.7.25), H544686(1994.8.31), H54569(1994.11.17), H545638(1995.2.13), H545800(1996.6.28), H545878(1996.7.31), H545813(1996.9.11), H546430(1997.1.6), H546231(1997.2.10), H54644(1998.1.6) 결정 등을 참조.

방법은 해당 상품의 송품장가격을 낮추는 것이다. 관련 없는 당사자 간에 상품이 판매될 때 시장지배력(market forces)을 반영하여 정상가격(arm's length price)이 합의되며 수입 시 세관에 이 가격이 신고된다. 그러나 특수관계 당사자로부터 상품을 수입하는 경우 가격책정에는 시장의 힘이 작용하지 않는다. 관련 당사자는 관련 수입업자에게 부과되는 가격을 낮출 수 있는 능력과 기회가 생기며 수입 상품 가치의 백분율로 부과되는 관련 수입관세를 비례적으로 낮춘다. 관련 수입업자가 미국 고객에게 재판매할 때 3단계 거래(three-tiered transaction)가 생성된다. 관련 수입업자가 공개시장에 재판매하기 때문에 해당 상품에 대해 수출업자가 창출한 순이익은 3단계 거래에서 영향을 받지 않는다. 이는 수입업자에게 할인판매로 인한 수익손실을 수출업자에게 반환하기 때문이다. 이러한 수입관세 회피 능력과 기회는 의회(Congress)가 보호법안(protective legislation)을 제정하고 세관이 관련 당사자의 이전가격을 면밀히 조사하도록 지시하는 동기를 부여했다.

법원은 이 사건에서 송품장 형태의 재판기록에서 발견된 3단계 거래에 따른 재판매 거래 및 상업 관계를 검토했다. 기록이 완전하지는 않았지만, 법원은 GLP와 La Perla의 미국 고객 사이의 거래와 비교하여 GLP, La Perla 및 최종 미국 고객 간의 3단계 거래가 3단계 거래의 현실을 보여준다고 판단했다. 또한, GLP가 동일한 상품을 La Perla가 미국 고객에게 청구한 가격의 2% 이내의 가격으로 직접 미국 고객에게 판매하고 있다고 판단했다. GLP는 동일한 상품을 GLP의 직접 고객에게 부과한 가격보다 35% 이상 저렴한 가격으로 La Perla에 판매하고 있다. 본질적으로 미국 고객은 GLP와 La Perla가 판매하는 동일한 상품에 대해 거의 동일한 가격을 지불하고 있다. 결과적으로 La Perla는 GLP에 지불한 더 낮은 가격의 혜택을 받았다고 판단했다. La Perla와 미국 고객 간의 가격은 GLP가 미국의 관련 없는 당사자에게 판매하는 가격과 거의 동일하기 때문에 법원은 GLP가 직접 미국 고객에게 판매하는 것이 미국의 관련 없는 당사자와 필요한 비교거래를 제공한다고 판단하면서, 이 가격이 해당 상품의 시장가격을 공정하게 반영한다고 판단했다. 법원은 이 사건 1심 판결에서 설시한 "관련 없는 다른 미국 회사에 동일한 기본가격으로 판매가 이루어졌을 때 가격이 시장가치를 공정하게 반영한다는 더 좋은 증거가 어디 있겠는가요?"를 상기시키면서, GLP와 라퍼라 간의 이전가격은 쌍방 간의 특수관계에 의해 영향을 받았다고 판시하고 있다.

미국 CBP는 가격에 특수관계가 영향을 미쳤는지 여부 또는 가격이 비교가격을 충족하는지에 대한 확인할 기준이 없는 경우에 거래가격을 인정하지 않는 입장을 취하고 있다(H542792, 1983.3.25.; H543144, 1983.11.17. 재입증). 그리고 판매상황 검증에서는 수입자의 가격수준이 특수관계의 또는 특수관계가 아닌 당사자들과의 일관성이 있어야 될 뿐만 아니라 가격결정에서 비교가능한 기법이 따르기도 해야 한다고 밝히면서, 수출자가 유사한 가격들을 초래하는 상이한 방법을 사용할 수 있었기 때문에 특수관계이거나 특수관계가 아닌 당사자 가격들이 유사하다고 단순히 주장하는 것은 적절하지 못하고, 추가로 이전에 받아들여진 비교가격이 없는 경우, 세관은 관계 당사자들 간의 판매가 비교가격방법 하에서 정상가격에 의해서 이루어졌는지를 결정할 수 없다는 태도를 보이고 있다(H547982, 2002.5.20.). 아울러 판매자와 특수관계가 있는 수입자가 판매자에게 일괄 총액지급을 하였다면 대금이 어떻게 상품의 특정 물량에 연관되었는지를 보여주는 송품장 혹은 기타 서류를 제출하여야 실제로 지급하였거나 지급하여야 할 가격의 결정이 가능하였기 때문에, 이러한 입증자료가 없다면 거래가격은 관세평가용으로 사용될 수 없다는 견해를 밝히고 있다.(W563485, 2007.9.10.)

미국의 CBP 결정사례에서 특수관계가 가격에 영향을 미치지 않았다는 사실에 대한 입증을 실패한 Case를 소개한다. 【H547672, 2002.5.21.】 ⊃ 중매인과 제조인 간의 거래는 미국으로 수출이 명백히 예정되어 있는 수출용 자동차에 대한 선의의 판매에 해당한다. 그렇다고는 하더라도 이러한 거래들은 거래가격 하에서의 가격산정을 위한 기준으로 사용될 수는 없다. 수입자의 증거로는 동 판매가 정상가격에 의해서 이루어졌다는 것을 증명하기엔 부족하다. 판매상황 검증 하에서 중매인과 제조자 간의 가격이 업계에서의 일반적 가격설정 관행과 일치하는 방식으로 정해졌다는 것을 수입자가 증명할 수 있다면, 당사자들의 특수관계의 지위가 거래가격 하에서의 평가를 불가능하게 하지는 않을 것이다. 업계에서의 일반적 가격설정을 증명하기 위해서는 해당 산업에서 가격이 어떻게 정해지는지에 대해서 객관적 증거가 요구된다. 수입자가 제시한 업계 비교를 위한 회사는 충분한 객관적 기준과 명백히 일치되지 않는다. 수입자의 보고서에서 중대한 결점으로는 다음과 같다: (1) 해당 산업은 제조자와 비교되는 자동차 제조자들로만 명확히 제한되지 않았다 (2) 중매인과 제조자간의 거래가격을 정하는 방법이 포함되지 않았다 (3) 중매인의 완전한 비용이익(full cost mark up)은 비교의 근거가 아니었다. 그리고 (4) 이익단계 지표비교가 판매된 제품을 근거로 하지 않았다. 【H106603 2011.07.25.】 ⊃ 이 사례는 수입자가 첫 번째 판매(first sale)을 이용해서 신고하기를 원했던 의류가 포함되었다. 공장들과 중매인은 특수관계자이다. 수입자는 그 가격이 정상가격과 동등하다는 것을 보여주며 "총원가플러스이윤" 방법을 사용하기를 원했으나 모회사의 이윤은 제공하지 않았다. CBP는 총원가플러스이윤 검증이 충족된다고 입증하기 위한 그 공장의 이윤과 특수관계자들 공장의 이윤의 비교를 수용하지 않았다. 수입자, 중매인 및 공장은 모두 특수관계자들이다. 수입자는 TP Study를 제출했지만 그 Study는 직접 경쟁업체들을 포함하고 있지는 않고 그 Study는 관계된 기간도 포함하지 않았으며 IRS에 의해 심사되지도 않았다. 관계된 기간을 포함하는 한페이지 검토리뷰는 입증서류도 없었고 새로운 방법론을 사용했으며 주로 새로운 회사에 관점을 두었다. 검토리뷰는 어떻게 새로운 회사가 선택되었으며 새로운 회사에 관한 많은 정보도 나타내지 않았다. 【H236744, 2013.12.12.】 ⊃ 수입자는 특수관계자에게 지급한 할인된 가격에 기초하여 거래가격으로 수입된 스페어파트를 평가하려고 하였다. 근거자료로 수입자는 그들의 관계와 공개된 스페어파트 가격리스트에서 할인에 기초하여 수입자에 의해 지급된 가격을 설명하는 특수관계자간의 문서를 제출했다. 수입자는 할인의 이유가 수입자와 특수관계가 아닌 다른 자회사들이 그들의 부품판매에서 합리적 이윤폭을 얻을 수 있도록 하기 위한 것을 나타내는 다른 문서를 또한 제출했다. 이것은 거래가격을 입증하는데 충분한 정보는 아니다. 왜냐하면 수입자는 동일한 할인을 받았다고 주장하는 자회사의 리스트를 CBP에 제출하였거나 또는 이들 특수관계가 아닌 자들이 동일금액을 실제적으로 할인받았다는 것을 입증하지 아니 하였기 때문이다. 【H233328, 2015.04.01.】 ➲ 수입자는 모회사의 US 시설에서 주로 생산되는 다양한 건설장비 기계의 제조와 조립에 사용되는 부품과 반조립품의 공급자이다. 수입자는 미국 모회사의 글로벌 세무정책 문서, 미국 모회사의 회사간 가격결정 관행 문서, 두 개의 이전가격 결정 스터디, 그리고 미국 수입세무 스터디의 발췌문을 포함하여 세무 목적으로 준비된 다수의 이전가격 결정 문서들을 제공했다. CBP는 수입자에 의해 제출된 이전가격 스터디는 그 서류만으로는 CBP가 수입자와 판매자의 관계가 수입물품의 가격에 영향을 주지 않았다는 결론에 필요한 정보를 제공하지 못했다고 판정했다. 이전가격 스터디에서 밝혀진 비교가능 회사들은 건설장비 산업에서 꼭 사업을 한 것도 아니고 판매자와 동종 또는 동류의 제품을 제조하지도 않았고 비교가능 회사들이 판매자나 수입자의 직접 경쟁자라는 아무런 징후가 없었다. 게다가, 제출된 이전가격 서류들은 불완전 또는 불충분했다. 따라서 검토된 전체 정보에 기초하여, CBP는 제시된 정보는 수입물품을 평가하기 위해 거래가격을 사용하는 것을 수용할 수 있는 뒷받침을 하지 못했다고 결정했다. CBP는 또한 미국 모회사의 영업이익에 관하여 아무런 정보가 제공되지 않았고, 비교가능 회사들은 동종 또는 동류의 물품을 판매하고 있지 않고, 그리고 수입자는 판매자의 수익 폭을 동종 또는 동류 물품 판매별로 구분하지 않았으므로 총비용플러스이윤 검증은 충족하지 못한다고 결정했다. 【H223036, 2015.07.24.】 ➲ 비에스 미국은 목재, 유리, 돌, 알루미늄 및 고체의 표면 같은 작업 재료를 위한 기구 및 시스템의 수입자이다. 비에스 미국은 이태리에 소재한 모회사 비에스 SpA로부터 수입된 부품 및 완성기구를 구매한다. 비에스 미국에 의하면 부품에 대해서는 도매거래단계에서 부품의 모든 판매에 적용될 수 있는 도매가격목록에 기초하여 가격을 정한다. 완성기구의 수입에 대해서는 이 기구들은 일반적으로 유일한 최종사용자의 사양에 따라 생산된다. 비에스 SpA는 그 기기를 서비스할 수 있는 기술적 역량을 포함하여 물량, 스페어파트 재고 투자, 중개인의 그 제품에 대한 약속 그리고 최종사용자에 제공된 제품 지원 수준에 근거하여 할인을 부여한다. CBP는 비에스 미국과 그 모회사간의 판매에 대한 거래가격은 적절한 평가방법이 아니다라고 결정했다. 완성기구의 평가에 대해서, 비에스 SpA는 특수관계가 아닌 유통업자나 특수관계자에게 동일한 할인을 포함하여 동일한 가격을 청구한다는 회사의 주장을 뒷받침하는 아무런 글로벌 가격 리스트와 어떠한 형태의 계약서도 없었다. 부가하여 수입기구의 구매를 위하여 비에스 SpA와 특수관계 및 특수관계가 아닌 자들간의 협의를 보여주기 위해 제출된 아무런 서류의 예시도 없었다. 유사하게 수입된 부품에 대해서 판매자가 관계사간의 가격이 특수관계가 아닌 자에게 판매에 있어 가격 결정과 일치하는 방법으로 결정되었다는 것을 보여주는 정보도 충분하지 않았다. 더욱이, 수입물품의 가격이 특수관계에 의하여 영향을 받지 않았다는 것을 뒷받침하기 위해 비에스 미국은 비에스 SpA가 미국으로 물품판매에 대한 영업이윤과 나머지 해외에 판매한 것에 대한 영업이윤을 제공했다. 비에스 SpA는 비에스 미국의 모회사이며 수입물품의 판매자이다. 그러나 비에스 SpA의 전반적인 영업이윤은 검토를 위하여 제공되지 않았다. 그러므로 CBP는 비에스 SpA가 미국에 판매한 것에 대한 영업이윤과 비에스 SpA가 미국을 포함하여 전세계에 판매한 영업이윤을 비교할 수 없었다. 수입된 물품은 19 U.S.C. 1401a(a)에 규정에 따라 순차적으로 적용되어 잔여규정에 따라 평가되어야 했다. 【H254700, 2015.11.25.】 ➲ 북 캘리포니아에 소재한 미국의 수입자/구매자는 특수관계자 공급자로부터 구매한 살충제, 제초제 및 살균제를 미국에서 유통했다. 미국의 수입자/구매자는 이스라엘에 소재한 모회사의 미국에 기반을 둔 자회사이다. 그 회사의 거래가격 결정은 내국세 목적의 KPMG에 의해 준비된 이전가격 연구에 의해 행해졌다. 미국 수입자/구매자에게 적용된 이 글로벌 이전가격 연구는 보장된 로컬마진 개념에 기해서 운영한다고 규정되어 있다. 미국의 수입자/구매자는 모회사의 글로벌 이전가격 스터디, 미국 수입자/구매자의 2012년 2011 회계연도 경제분석, 2010 이전가격 수정본, 그리고 모회사의 2012년 이전가격 정책을 제출했다. 농작물 보호산업에서 모회사의 경쟁자를 확인하는 것 말고는, 미국수입자/구매자의 직접경쟁자에 관해서 제공된 양적 또는 질적 정보는 하나도 없었다. 모회사의 글로벌 이전가격 스터디에는, “거래순이익률법(TNNM)”이 내국세 목적으로 검증되는 거래의 정상가격 특성을 검사하기 위한 가장 적절한 방법으로 채택되었다. 북미에서 미국 수입자/구매자의 영업은 “비교가능이익률법(CPM)” 최선의 방법으로 선정되었다. 수입자/구매자의 이전가격 스터디(또는 수정분)의 어느 것도 관세목적의 제품 비교가능성에 기초한 비교대상 회사들을 확인할 수 없었다. 사실상, 확인된 비교가능 회사들의 대부분은 약품 및 의료제품을 유통했고 곡물 보호 산업에 속하지 않는다. 쟁점은 미국 수입자/구매자와 그 특수관계 공급자 사이의 거래가격이 적당한 평가방법인지와 미국 수입자/구매자가 그 이전가격 정책에 따른 이윤조정으로 인한 물품의 과세가격에 대한 수입후 조정이 과세가격 결정을 위하여 고려되어야 하는지 여부이다. CBP는 미국의 수입자/구매자와 특수관계 공급자 간의 판매에 대해서는 적절한 평가방법이 아니다라고 결정했다. 【H260036, 2015.02.24.】 ➲ 수입자/구매자는 외국의 특수관계제조자로부터 구매한 천연의 그리고 생물분해성이 있는 접착제의 적절한 평가 근거의 승인을 구하는 유권해석을 요청했다. 수입자/구매자는 음식첨가제 산업에 속한다. 특수관계자간의 가격이 그 관계에 의해 영향을 받지 않았다는 것을 입증하고자, 수입자/구매자는 CBP에 다음의 정보 – (1) 특수관계자가 그들의 가격을 정하는 방법에 대한 상세한 설명서, (2) 수입자/구매자의 영업이윤과 비내구재를 판매하는 비교가능 유통회사들의 영업이윤을 비교하는 3개의 일방 APA, (3) 성숙된 시장에서 특수관계가 아닌자에 판매된 샘플 한 제품 - 를 제출했다. CBP는 특수관계자간의 판매에 기초한 거래가격의 수용가능성은 입증 되지 못했다고 결정했다. 왜냐하면 (1) 2013년에 수입된 한 제품에 대해서 가격들을 비교하는 것은 2006년 이래 수입된 다른 제품 군들에 대한 특수관계가 아닌 구매자에게 회사가 가격을 결정하는 방법에 대한 설명을 보여주기에는 충분하지 못하고 (2) 수입자/구매자는 그 가격결정방법이 전형적으로 음식첨가제 산업에 사용된다는 것을 입증하는데 실패했고 그리고 쟁점의 APA는 수입자/구매자의 산업에 속하지 않는 비교가능 회사를 활용하여서 정상적인 가격결정관행 및 총비용플러스이윤 설명 예시를 충족하는 것도 실패했고, 그리고 (3) 수입자/구매자는 다른 요인들이 CBP의 해당거래의 조사에 관련이 있다고 설명하는 독립적인 증거를 제시하지 못하였다. 【H548482, 2004.7.23.】 ➲ 구매자/수입자 및 판매자는 특수관계자들이다. 구매자/수입자는 이전가격 연구서를 CBP에게 제출하였는데, 이는 판매자 및 구매자/수입자 간의 이전가격은 내국세 법전의 section 482의 합리적인 표준에 부합됨을 밝히고자, 구매자/수입자의 수익성을 기능상으로 동등한 여타 회사들의 수익성과 비교한 것이다. 제출된 이전가격 연구서 상에서 테스트 받은 당사자는 구매자/수입자였다. 이전가격 방법론은 이익비교법(CPM)에 근거하였으며 비교대상 회사들은 "수행한 기능, 사용한 시장, 그리고 부담한 리스크"에 근거하여 선택되었다. CBP에 제출된 이전가격 연구서는 국세청에 의하여 검토 혹은 승인되지 않았다. 이전가격 연구서가 존재한다는 사실 그 자체가, 특수관계자의 가격이 인정 가능한가 여부를 결정하기 위하여 판매상황을 조사하고자 하는 CBP의 필요를 불필요하게 하지는 않는다. 게다가 이전가격 연구에서 CBP에게 제공된 정보는 판매상황 검증의 적용에 연관이 있을 수 있지만, 그러나 그러한 정보에 주어지는 힘은 연구서에 명기된 내역에 따라 변한다. 제시된 주장과 정보에 근거하여 CBP는 판정하였는데, 수입자가 제출한 판매정보의 사정은, 구매자/수입자 및 판매자 간의 관계가 이미 지급한 혹은 지급해야 할 가격에 영향을 주지 않았다고 CBP가 결론짓기에는 불충분하며, 따라서 거래가격을 사용하는 것은 인정할 수 없다는 것이다. 【H017761, 2007.9.27.】 ➲ 수입자는 해당 물품과 유사한 염색제를 미국에 있는 특수관계가 아닌 당사자들에게 판매하였고, 염색제 2건의 판매에 대한 송품장을 특수관계가 아닌 미국의 구매자들에게 제출하였는데, 이는 특수관계가 있는 구매자들에게 청구한 자신의 가격이 특수관계 아닌 미국의 구매자들에게 판매한 가격과 "비교가능하고 또한 일치하는" 것을 보여주기 위한 것이었다. 판매상황 테스트를 충족시키기 위하여 판매자는 진술하였는데, 그 가격은 판매자의 비용 플러스, 구매자가 특수관계가 아닌 미국의 고객에 대한 판매로부터 자신의 취득비용을 만회하고 또한 이윤을 얻을 수 있게 하는 합리적인 이윤을, 회수할 수 있기에 타당한 것이었다고 말했다. 이 정보는 총비용플러스이윤 분석 하에서 특수관계자 거래의 수용가능성을 입증하지 못하였는데, 그 이유는 판매자가 특수관계가 아닌 미국의 구매자들에 대한 2건의 판매에 있어서 세 가지 유형의 염색제 판매에 관한 정보만을 제공하였으며 판매자의 전반적인 이윤을 보여주지 않았기 때문이다. 특수관계가 아닌 미국의 구매자들에 대한 판매는 해당 거래가 발생하기 1년 이전이었기 때문에, 특수관계가 아닌 판매에 있어서 판매자는 해당 거래의 기간에 해당되는 기간 동안 이익을 얻은 것이 없었다. 특수관계가 아닌 구매자들에 대한 판매는 특수관계자에게 판매된 것과는 상이한 색상의 염색제에 관련이 있었으며, 판매상의 당사자의 관계 유무에 따라 가격상의 차이는 상당하였다. 그러므로 제품은 거래가격 방법에 의하여 평가될 수 없으며, 나머지 평가방법에 따라 평가되어야 한다. 【W563467 2009.6.22.】 ➲ 미국 자동차 회사의 해외 제조 자회사가 미국 수입 유통회사에게 팔았던 자동차 판매에 대한 검사가 이뤄졌다. 미국 수입자는 통관 이후 이전가격 조정과 관련하여 미국 정산프로그램을 통하여 환급을 신청하였다. CBP 세관 공무원은 거래가격을 사용하겠다는 수입자의 요구를 거부하였으며 CBP 본부는 수입자가 판매상황(COS) 검증에 대한 의무 이행을 입증하지 못하였다고 결정하였다. 만일 COS 검증 혹은 비교가격 검증에 대한 충족 없이, CBP가 회사내부 가격책정 프로그램이 계산식이라고 간주할 경우, 거래가격이 적용되어야 한다는 수입자의 주장은 정확하지 않았다. 게다가 본질적으로 "시장주도"(자동차에 대하여 지급하는 실제 가격을 소비자가 정한다는 의미)인, 자동차 업계에서의 가격책정이 업계의 정상적인 가격책정 관행에 따라 이뤄졌다는 증거를 제시하고 있음을 수입자는 보여주지 못했다. CBP는 주된 행위는 수입자의 이전가격 방침에 따랐음을 인정하였지만, "만일 수입자가 이전가격 연구서 내지 기타 증거서류상의 정보는 COS 검증의 적용에 연관이 있다고 믿었다면, 수입자는 그 정보를 확인하여 왜 그것이 관련 있는지 이유를 설명하고, 또한 관련 문서를 CBP에게 제출하여야 한다"고 CBP는 수입자가 적절한 증빙서류의 개발과 제출하지 않았다고 비난하였다. 【H065015, 2011.04.14.】 ➲ 회사는 특수관계 외국 제조자와 회사/미국수입자는 각자의 활동에 따른 정상수익을 얻고 있다는 것을 설명하는 상세하고 정밀하게 준비된 이전가격 스터디, 그리고 각 외국 제조자가 미국으로 수출된 제품에 대한 비용을 포함했고 적절한 이윤을 가산했다는 것을 설명하는 자세한 재무자료는 그 가격이 당사자들의 관계에 의해서 영향을 받지 않았다는 나타내는 것이라고 주장했다. CBP는 회사의 이전가격 스터디를 부인하고 거래가격은 적절한 평가방법이 아니다 라고 결정했다. 부가적으로 CBP는 회사가 동일한 이전가격 스터디를 산정가격 방법하에서 실제로 지급하였거나 지급하여야 할 가격에서 수입후 조정을 청구하기 위해 사용하는 것을 거부했다. CBP는 생산자의 이윤 및 일반경비가 수입물품과 동종 또는 동류의 물품 판매에 일반적으로 반영된 이윤 및 일반경비와 불일치한다는 것을 입증하지 못하였다. 그러므로 회사의 이윤이 수입물품과 동종 또는 동류의 물품판매에서 일반적으로 반영된 이윤과 불일치하기 때문에 과세가격 조정이 정당하다는 것을 입증하지 못하였다. 【H065024, 2011.07.28.】 ➲ 모회사(수입자)와 자회사간의 이전가격이 데이터제품, 화학제품 그리고 질량 분광계 세 가지 종류의 물품이 쟁점화되었다. 수입자의 이전가격이 질량분광계에 관해서는 충분한 것으로 판명이 되었지만 데이터 및 화학제품에 관해서는 수용할 수 없었다. 수입자가 제출한 정보에 기초하여 화학 및 데이터 제품의 이윤은 모회사의 그 것과 동등하지 않은 것으로 판명되었고 그래서 수입자는 이전가격을 검사하는 총원가플러스이윤 방법을 충족하지 못했다. 게다가 수입자는 그 가격이 산업관행에 일치하는 방법으로 정해졌다는 것을 보여주는 증거를 제출하지 않았고 화학 및 데이터 제품의 이윤은 직접 경쟁자의 이윤과 비교가능하지 않았다. 결과적으로 쟁점 데이터 및 화학제품의 거래가격은 수용불가능하다고 밝혀졌다. 【H138203, 2011.10.11.】 ⊃ 수입자는 외국법인 완전소유의 자회사이다. 외국의 모회사는 담배가공, 필터 및 권련 제조에 사용되는 장비를 설계하고 제조하여 기기 및 스페어 파트를 자회사, 제3자 고객(공장) 및 전세계적으로 제3자 유통업자에게 판매한다. 수입자는 권련생산장비를 조립하고 서비스를 제공하며 스페어파트를 특수관계가 아닌 자에게 유통하기 위하여 미국으로 수입한다. 수입자는 자기의 책임으로 스페어파트를 모회사의 관계사간 가격지침에 따라 결정된 가격으로 구매하고 자신들의 재고로 미국으로 스페어파트를 수입하여 자신의 미국 재고로 고객의 주문을 충족시킨다. 모회사는 수입자에게 특수관계 아닌 다국적 권련회사에 주어진 평균 할인보다 높은 스페어파트에 대한 리스트 가격에 대하여 할인을 부여한다. 할인은 수입자가 이전가격 스터디에 확인된 그 회사들과 동등하게 이윤을 달성하도록 년도별로 검토되고 조정된다. 이 배려는 모회사와 관계사가 아닌 유통업자까지 적용되지는 않는다. 거래가격은 판매상황검증이 충족되지 않기 때문에 그 특수관계자간 판매에 대하여 적절한 평가방법은 아니라고 판정되었다. 수입자가 제출한 이전가격 스터디는 CBP에게 특수관계자 구매자와 판매자간 관계가 가격에 영향을 미치지 않았다는 결론에 필요한 정보를 제공하지 못하였다. 마찬가지로 관계사간 가격지침은 그 산업에서 가격을 정하는 방법에 대해서 다루지 않았기 때문에 관계사간 가격이 특수관계가 아닌 회사간 가격결정하는 방법과 일치한다는 설득력있는 증거가 아니었다. 【H243689, 2014.01.09.】 ⊃ 구매자/수입자의 변호인이 CBP에 제출한 이전가격 스터디는 그 자체로는 구매자/수입자 그리고 판매자의 특수관계가 수입물품의 대가로 청구한 가격에 영향을 미치지 않았다고 결론을 내는 데 필요한 정보를 제공하지 못했다. 게다가 회사가 CBP에 제출한 이전가격 스터디는 IRS에 의해 검토되었다는 아무런 표시도 없었기 때문에, CBP는 그 스터디가 기초로 한 가정 및 이르게 된 결론이 IRS에게 수용가능한지 여부에 대하여 알지 못한다. 그 자체 제출된 정보는 수입물품을 평가하기 위하여 거래가격의 사용을 수용할 수 있도록 뒷받침 할 수 없다. 【H206715, 2015.01.29.】 ⊃ 수입자/구매자는 완전소유의 외국 자회사로부터 어떤 제품을 구매하고 수입했다. 그 회사의 변호인은 "(1) 비교가격 방법은 조사 중인 수입자의 거래가격은 유효하다. 왜냐하면 거래가격은 유사 또는 동종동질물품의 공제가격 또는 산정가격에 거의 근접하고 그 공제 및 산정 비교가격은 동시기였다는 것을 나타내

특수관계가 가격에 영향을 미치지 않았다는 것을 보여주었기 때문이다. 그리고 (2) 총비용플러스이윤 예를 적용함에, '회사의 전반적인 이윤'이란 용어는 판매법인의 이윤을 의미한다."라고 주장한다. CBP는 "비교가격이 해당 거래가격과 거의 근접한지 여부를 결정함에 있어서, 비교가격은 과세가격으로 이전에 수용된 가치를 반영하여야 한다"는 CBP의 의견을 재확인했다. 부가적으로 CBP는 총비용플러스이윤 분석을 적용하기 위하여, 판매자의 이윤과 동종 또는 동류의 물품 판매에서 모회사의 전반적인 이윤을 비교하는 것은 필수적이다. 그회사의 이윤을 동종 또는 동류의 물품판매별로 구분하는 것이 불가능하기 때문에 CBP는 거래가격 방법은 특수관계자간에 적절한 평가방법이 아니다라고 판정했다.

제 2 절 거래가격의 구성요건

Ⅰ. 거래가격의 기본구성요건

관세법에서 수입물품의 과세가격을 결정하기 위한 관세평가방법의 기본적인 원칙은 거래가격(transaction value)을 기초로 한다. 거래가격의 출발점은 구매자가 그 물품에 대해 실제로 지급하였거나 지급하여야 할 가격으로서 실제로 과세가격의 일부를 구성함에도 불구하고 지급했거나 지급할 기본가격에는 포함되지 아니한 구매자에 의해 발생된 특정 추가비용을 고려하여 조정된다. 따라서 구매자가 "실제로 지급하였거나 지급하여야 할 가격"(the price actually paid or payable)은 거래가격의 기본구성요건이 된다. 여기에서 세관당국은 실제가격에 분할된 가격이 있는지 여부를 확인할 필요가 있다. 가령, 판매자는 자신의 상품에 대해 미화 50,000 달러를 구매자로부터 직접 받는다. 그리고 나머지 미화 50,000 달러는 제3국의 은행계정에서 별도로 인출된다. 또는, 판매자는 판매 시 자신의 상품에 대해 미화 50,000 달러를 받고, 납품 시 미화 50,000 달러를 나중에 받는다. 두 경우 모두 판매가격이 분할되어 있다. 구매자가 판매자의 이익을 위해 이행하는 모든 지급을 더함으로써, 판매자는 실제로 지불된 가격을 받는다. 거래상품의 송품장가격은 금액의 정확성을 확인할 수 없다. 비교가능한 구매자들이 이 상품에 대해 더 많은 돈을 지불해야 하는지 여부는 전혀 중요하지 않는다. 현재 가격이 실제가격인지 여부와 이 상품에 대해 더해지는 지급이 있는지 여부만 고려해야 한다.

1. 실제로 지급하였거나 지급하여야 할 가격의 구성법리

"실제로 지급하였거나 지급하여야 할 가격"(이하 '실제지급가격')의 구성법리는 해당 수입물품의 대가로서 구매자가 지급하였거나 지급하여야 할 총금액이다(관세법 제30조제2항). 여기에는 구매자가 해당 수입물품의 대가와 판매자의 채무를 상계(相計)하는 금액, 구매자가 판매자의 채무를 변제하는 금액 및 그 밖의 간접적인 지급액이 포함된다. 실제지급가격의 구성법리는 미국 관세법(19 CFR) §152.103(a)(1)에서 제시된 사례를 이용하면 다음과 같이 이해할 수 있다. 【사례 1】 미국 회사 X와의 거래에서 한국 회사는 한국으로 선적할 준비가 된 육류제품 선적에 대해 X 회사에 $10,000를 지불한다. 판매수수료, 지원, 로열티 또는 라이선스 비용이 포함되지 않는다. 미국 회사 X는 한국 구매자와 관련이 없으며 구매자에게 조건이나 제한을 부과하지 않는다. 수입 육류제품의 과세가격은 수입상품의 거래가격인 $10,000이다. 【사례 2】 한 해외 공급자가 한국 수입업자에게 상품을 단위당 $100에 판매했다. 그 후 해외 공급자는 단위당 가격을 $110로 인상했다. 상품이 가격인상 발효일 이후에 수출되었다. $100의 송품장 가격은 원래 합의된 가격과 한국 수입업자가 상품에 대해 실제로 지불한 가격이다. 상품은 어떻게 평가되어야 할까? 실제가격을 기준으로 한 단위당 $100의 실제 거래가격으로 평가된다. 【사례 3】 해외 공급자가 한국 도매업자에게 단일가격으로 판매하는 반면, 한국 소매업자에게 더 높은 가격으로 판매한다. 평가대상 배송물은 미국 소매업체로 배송된다. 미국 도매업자에게 동일하고 유사한 상품이 계속 배송되고 있다. 상품은 어떻게 평가되어야 할까? 소매업체의 실제가격을 기반으로 한 실제 거래가격으로 평가된다. 【사례 4】 한국의 X 회사는 장난감 배송에 대해 해외 Y Toy 공급자에 $2,000를 지불한다. $2,000는 장난감 $1,850, 해상 운송 및 보험 $150로 구성된다. Y Toy 공급자는 X사에 장난감에 대해 $2,200를 청구했을 것이다. 그러나 Y는 X사에 $350를 빚졌기 때문에 Y는 장난감에 대해 $1,850만 청구했다. 거래가격은 무엇일까? 수입품의 거래가액은 미화 2,350 달러, 즉 미화 2,000 달러에 간접지급 미화 350 달러를 더한 금액이다. 거래가격은 C.I.F.를 포함하기 때문에 $150의 해상 운임 및 보험료도 포함된다. 【사례 5】 판매자가 현금 2% 할인을 제외한 $100에 상품을 제공한다. 구매자는 현금할인을 이용하여 $98 현금을 송금한다. 거래가격은 $98의 실제가격이 된다.

1) 실제지급가격의 구성을 위한 전제조건

실제지급가격은 구매자가 수출판매물품에 대한 소유권을 취득하기 위하여 판매자에게 구매하는 물품의 대가로 지급하는 금전(money)의 액수이다. 관세평가협정 부속서 I 제1조에 대한 주해, '실제로 지급하였거나 지급하여야 할 가격'의 para 4는 "실제로 지급하였거나 지급하여야 할 가격"을 "수입물품에 대한 가격"(the price for the imported goods)으로 개념정의하면서, 수입물품과 관련되지 않는(do not relate to the imported goods) 배당금 또는 기타 지급의 구매자로부터 판매자에게로의 이전은 과세가격의 일부가 아니다고 규정하고 있다. 따라서 구매하는 물품의 대가가 아닌 이유로 지급하는 금액은 실제지급가격의 적용조건을 충족하지 못한다. 구매자가 판매자에게 수출판매의 목적이 된 재산권의 대금을 지급할 의무는 수출판매계약의 법률효과에서 발생한다. 이에 따라 수출판매계약을 전제하지 않는 이유로 지급하는 금액도 실제지급가격의 적용조건을 성취하지 못한다.

그런데 구매하는 물품의 대가로 지급하는 금액에 해당 물품의 대가가 아닌 사유로 지급하는 금액이 포함될 경우 실제지급가격으로 취급할 수 있는지 쟁점이 제기된다. 이와 관련하여 【대법원 2007.6.14. 선고 2007두6267 판결】 사건을 살펴본다. 이 사건 처분의 경위는 이렇다. 원고는 2000.7.12.부터 2002.5.3.까지 원유를 수입하면서 세관당국에게 80건의 수입신고(이하 '이 사건 수입')를 하면서 원고의 싱가폴 현지법인 Hyundai Oil Refinery(Singapore) Pte., Ltd.(이하 '싱가폴 현대정유')에게 수입품인 원유가격을 지급하면서 싱가폴 현대정유가 포페이터에게 지급한 포페이팅 이자를 지급하였음에도 포페이팅 이자 상당액(이하 '이 사건 쟁점금액')이 관세법 및 관세령에 정한 연불이자에 해당한다는 사유로 관세 과세가격에서 이를 공제하여 신고하였다.[159] 세관당국은 원고에 대한 관세사후심사를 한 뒤,

159) 이 사건 제1심(서울행정법원 2006.06.16. 선고 2005구합16611 판결)에서 인정된 사실에 따르면, ① 원고는 2000.1.20. Petrolian Nasional Berhad(이하 'PETRONAS')와의 사이에 계약기간은 2000.1.1.부터 2000.12.31.까지로 하여 말레이시아산 원유 8,052,000배럴±10%(판매자 옵션)을 공급받되, 대금은 원칙적으로 각 선하증권 발행 후 30일 이내에 지급한다는 내용으로 FOB 방식의 장기구매계약을 체결하였고, 2001.2.14.에도 PETRONAS와의 사이에 위와 유사한 내용으로 그로부터 말레이시아산 원유 8,037,300배럴±10%(판매자 옵션)을 공급받기로 하는 내용의 장기구매계약을 체결한 것을 비롯하여 사우디아라비아 국영석유회사인 ARAMCO, 이란의 국영석유회사인 NIOC, 아랍에미리트연합 아부다비의 국영석유회사인 ADNOC, 쿠웨이트의 국영석유회사인 KPC 원유공급자와의 사이에 같은 방식으로 원유의 장기구매계약을 체결하였다. ② 싱가폴 현대정유는 원고가 100% 출자한 회사로 싱가폴에 사업장을 두고 1990.4.20. 설립되어 사업자등록을 한 회사로서, 당기 순이익이 2000.3. 기준으로 543,625 미국달러, 2001.3. 기준으로 888,152 미국달러, 2002.3. 기준으로 274,671 미국달러 상당이 발생하였고, 현재까지 현대정유의 안정적인 원유공급 등의 목적을 위하여 실질적인 영업활동을 수행하면서 존속하는 회사이다. ③ 원고가 위와 같은 원유 공급자들 사이에 원유의 장기구매계약을 체결하면서 원유공급자에 대하여 싱가폴 현대정유를 구매자인 원고의 지불대리인으로 명시적으로 규정하였거나 원고의 대금지급 목적만을 위하여 구매계약자의 지위를 싱가폴 현대정유로 양도하기도 하였으며, 공급자들은 명시적으로 약정하지 아니한 채 원고의 지불대리인으로서 싱가폴 현대정유에게 원유공급대금의 지급청구서를 발송하기도 하였다. ④ 원고는 이 사건 수입을 하면서 다음과 같은 절차로 수입대금을 결제하고 수입신고를 이행하였다: ㉮ 원고는 국내에 소재하는 특정은행에 의뢰하여 싱가폴 현대정유를 수익자로 하는 취소불능신용장을 개설하면서 싱가폴 현대정유에 대하여 이 사건 수입과 관련한 대금지급기일의 연장을 요청하였고, 싱가폴 현대정유는 위 신용장개설은행을 인수은행으로 하면서 수입하는 원유의 가액에 포페이팅 비용 등을 포함하여 결정한 액면가액으로 수출환어음을 발행한 후 정리회사에 대하여 그 액면가액을 총금액으로 하여 '선적자'를 싱가폴 현대정유로 기재한 잠정적인 상업송품장을 발행하였으며, 위 수출환어음을 싱가폴 소재 은행인 The Toronto-Dominion Bank 등 포페이터로부터 무소구 조건으로 할인하는 포페이팅 거래를 하여 지급받은 대금으로 원공급자와의 사이에 체결한 위 원유공급계약상 대금지급기일인 선적 후 30일 내에 원공급자에게

원고가 지급한 이 사건 쟁점금액이 연불이자에 해당하지 아니하여 이를 과세가격에서 공제할 수 없다는 이유로 2002.7.12.부터 2002.11.25.까지 7회에 걸쳐 이 사건 처분을 하였다. 대법원은 해당 물품을 수입하는 구매자의 요청에 따라서 판매자가 그 대금지급기한 등을 연장해 주는 과정에서 추가적인 금융비용이 발생한 경우 이러한 비용은 성질상 해당 수입물품의 대가나 거래의 조건에 해당한다고 보기 어렵기 때문에, 수입 관련 서류 등에 의하여 위와 같은 추가적인 금융비용을 해당 수입물품의 대가 등과 명백하게 구분할 수 있는 경우 이를 실제지급가격에 포함시킬 수는 없다고 설시하면서, 원유 판매업자가 수입자인 구매자의 요청에 따라 대금지급기한을 연장해 주기 위하여 수출환어음을 해외 금융기관으로부터 무소구 조건으로 할인받는 포페이팅(forfeiting) 거래를 하게 된 경우, 판매자가 해외 금융기관에게 지급한 추가적 금융비용인 포페이팅 비용은 관세의 과세가격에 포함되지 않는다고 판시하고 있다.

관세법 제30조 제2항 제4호는 연불조건(延拂條件)의 수입인 경우에는 해당 수입물품에 대한 연불이자에 해당하는 금액이 명백히 구분할 수 있을 때에만 그 금액을 실제지급가격에서 빼도록 지시하고 있다. 명백히 구분할 수 있을 때는 관세법 제30조 제1항 단서규정과 관세평가협정 제8조 제3항에 따라 "객관적이고 수량화할 수 있는 자료"(objective and quantifiable data)에 근거할 수 있는 경우를 의미한다. 따라서 구매하는 물품의 대가로 지급하는 금액에 포함된 해당 물품의 대가가 아닌 사유로 지급하는 금액을 객관적이고 수량화할 수 있는 자료에 근거하여 구분할 수 없다면 구분되지 아니한 전체금액을 실제지급가격으로 취급할 수밖에 없는 것이다. 한편, 우리 관세평가법규는 실제지급가격에서 공제할 수 있는 **연불이자의 해당요건**을 다음과 같이 규정하고 있다(관세령 제20조의2제3항): ① 연불이자가 수입물품의 대가로 실제로 지급하였거나 지급하여야 할 금액과 구분될 것; ② 금융계약이 서면으로 체결되었을 것; ③ 해당 물품이 수입신고된 가격으로 판매되고, 그 이자율은 금융이 제공된 국가에서 당시 금융거래에 통용되는 수준의 이자율을 초과하지 않을 것. 이러한 규정의 입법적 근거는 WTO관세평가위원회가 채택한 결정 3.1의 아래와 같은 내용이다: 수입물품의 구매와 관련하여 구매자에 의해 체결된 금융약정 하에서의

원유대금을 지급하여 왔다; ㉯ 그 후 싱가폴 현대정유는 포페이터로부터 위 수출환어음 등이 매입되었다는 통지와 함께 고정이자율로 할인·지급시 제공하는 신용공여액에 대한 이익인 포페이팅 이자 등 포페이팅 거래의 대가인 포페이팅 비용 및 이에 기한 어음할인액을 기재한 청구서를 받아, 이를 기초로 원고에게 포페이팅 이자 등을 명시하여 실제 구매자인 원고로부터 지급받을 금액을 총금액으로 하여 확정적으로 최종적인 상업송품장을 발행하였다; ㉰ 원고는 수입신고를 하면서 공급자를 싱가폴 현대정유로 하고 수입자를 원고로 하여 발행된 상업송품장에 기재된 잠정적인 가격으로 과세가격을 신고한 후, 싱가폴 현대정유로부터 추후 최종적으로 작성된 상업송품장을 재차 교부받아 확정통관사유서를 첨부하여 위 최종적인 상업송품장에 기재된 금원 중 포페이팅 비용인 포페이팅 이자를 수입물품의 과세가액에서 차감하고, 가산요소인 운임과 보험료를 가산한 금액을 총 과세가액으로 하여 확정적으로 수입신고를 하였다; ㉱ 확정통관 사유서에는 이 사건 수입원유의 공급가격에 포페이팅 이자 등 금융비용 및 이자비용을 더해서 결정된다고 되어 있다.

이자비용은, 다음과 같은 경우에는 과세가격의 일부로 간주되지 않는다: (a) 이자비용이 물품에 대하여 실제로 지급하였거나 지급하여야 할 가격으로부터 구분되고, (b) 금융약정이 서면으로 체결되었으며, (c) 필요한 경우, 동 물품이 실제로 지급하였거나 지급하여야 할 가격으로서 신고된 가격으로 실제로 판매된다는 것과 제시된 이자율이 금융이 제공된 국가 및 그 시점에 그러한 거래에서 통용되는 수준을 초과하지 않는다는 것을 구매자가 입증할 수 있는 경우. 관세평가위원회 결정 3.1에 따르면, 이 결정이 해당 금융을 판매자, 은행 또는 기타 자연인이나 법인이 제공하였는지 여부와 상관없이 적용되어야 하고, 또한 적절한 경우, 물품이 거래가격 이외의 방법으로 평가되는 경우에도 적용되어야 한다.

미국 법원의 판례[160]는 거래가격에서 공제될 수 있는 진정한 이자(bona fide interest)로 주장하는 금액은 원고가 자신의 금융약정들이 T.D. 85-111 안의 서면 금융약정(written financing agreement) 요건[161]을 충족한다는 증거를 제시하지 못하였다면 해당 금액은 진정한 이자(bona fide interest) 지급금이 아니기 때문에 관세의 부과가 가능하다는 입장을 취하고 있다. 미국 CBP의 결정사례(H548332, 2003.10.31.)에서도 다음과 같이 법원과 같은 입장이 확인된다. 수입자는, TD 85-111에 의해서 요구되는 바와 같이 문서상의 융자계약에 대신하여, 지불되었다고 주장하는 이자에 대한 “이자 청구서” 및 “신고서”를 제출하였지만, CBP는 제출된 문서들은 문제의 거래에 따라서 작성된 것이고, 문서상의 융자계약을 증명하는 문서가 되지 못해서, 문제의 융자계약은 문서로 이루어져야 한다는 TD 85-111의 요건을 충족하지 못한다고 결론을 내리고 있다. 따라서 만일 특수관계의 거래시점에서 문서상의 융자계획이 존재하지 않는다면, 이자가 된다고 주장하는 지불액은 실제 지급하였거나 지급하여야할 가격에 포함되어야 한다는 것이다. 다음과 같은 CBP의 결정사례(H259861, 2015.01.28.)에서도 마찬가지의 입장이 확인된다. 바스프는 모회사로부터 광범위한 화학물질 및 관련제품을 수입했다. 바스프는 T.D. 85-111에 열거된 범주에 대하여 회사의 분석에 근거하여 지급금액을 수입물품의 과세가격에서 비과세요소로 공제하고 있었다. 특히 바스프는 CBP에 제공되어 본부유권해석(HRL) 544155(1988.10.16.), 544321(1989.5.16.) 및 544580(1991.3.1.)로 결정된 1985.10.11.에 체결된 서면 이자계약서에 따라서 물품의 부과할 수 있는 과세가격에서 모회사에 지급하는 이자를 공제했다. 그러나

160) Skechers U.S.A., Inc. v. United States, 25 I.T.R.D. 2050 (Ct. Int'l Trade 2003); Luigi Bormioli Corp., Inc. v. United States, 24 Ct. Int'l Trade 1148 (2000), aff'd, 304 F.3d 1362 (Fed. Cir. 2002).

161) 미국재무부 결정인 TD 85-111(1985.7.17.)은 이자비용의 처리지침을 다음과 같이 규정하고 있다. 이자지급이 수입물품의 대가로 실제로 지급하였거나 지급하여야 할 가격에 포함되든 안 되든 간에, 이자지급은 다음 기준을 만족하는 한 과세가격의 일부로 간주되지 않는다: ① 이자비용이 물품에 대하여 실제로 지급하였거나 지급하여야 할 가격으로부터 구분되고; ② 금융약정이 서면으로 체결되었으며; ③ 세관의 요청 시 구매자가 다음사항을 입증할 수 있는 경우. 동 물품이 실제로 지급하였거나 지급하여야 할 가격으로서 신고된 가격으로 실제로 판매된다는 것과 제시된 이자율이 금융이 제공된 국가 및 그 시점에 그러한 거래에서 통용되는 수준을 초과하지 않는다는 것.

2004년에 바스프는 서면계약의 수정없이 지급조건을 변경하였다. 이에 대한 결정에 있어서 CBP는 실제 쟁점은 그 이자가 계약서에서 제공된 조건에 따라 산출되는 것인지 여부라고 지적하였다. CBP는 그렇지 않다고 결정하였다. 회사는 현존하는 서면계약서의 조건을 따르지 못하였기 때문에 그 이자지급은 과세대상이라고 결정하였다.

2) 실제지급가격의 지급방식

(1) 실제지급가격의 지급시기

실제지급가격은 지급하였거나 지급하여야 할 가격이다. 만약 구매가격이 결정된 시점에 이미 지불되었다면, 실제로 지급된 가격이 주어질 것이다. 만약 지불이 늦어진다면, 그것은 지급되어야 할 가격이다. "지급하여야 할"(payable)의 의미는 가격은 합의되었으나 수입시점에 실제로 지불이 이루어지지 않은 상황을 말한다.[162] 구매자가 추후에 수입물품을 전매, 처분 사용하여 생긴 수익(proceeds)의 일부를 판매자에게 귀속시키는 것도 이러한 상황에 해당할 것이다. 그러므로 실제지급가격의 지급시기는 제한이 없다. 실제지급가격의 지급시기와 관련하여 관세평가기술위원회는 권고의견 5.2에서 현금할인(cash discount)을 이용할 수 있음에도 불구하고 평가시점에 지급이 아직 이루어지지 않았기 때문에 이용되지 않았다는 사실이 관세평가협정 제1조 제1항(b)의 규정이 적용된다는 것을 의미하는 것은 아니므로 협정에 따라 거래가격을 결정할 때 판매가격을 사용하는 것을 배제할 이유가 전혀 없다는 견해를 표명하고 있다. 관세평가기술위원회 권고의견 5.3에서도 같은 견해를 표현하고 있다. 즉, 현금할인(cash discount)을 이용할 수 있으나 평가시점에 지급이 아직 실행되지 않은 경우에는 수입자가 물품에 대하여 지급할 금액이 관세평가협정 제1조에 따른 거래가격에 대한 기초로 채택되어야 한다.[163] 미국 CBP의 결정사례에 따르면, 비록 물품에 대한 지급이 수입 후 1년 동안 지연되었더라도, 물품의 대가로 실제로 지급하였거나 지급하여야 할 가격이 존재하며 물품을 평가함에 있어 거래가격을 적용가능하며(H542804, 1982.7.12.), 첫 번째 대금은 직접 해외 판매자에게 지급되고, 두 번째 대금은 그 다음에 해외판매자가 개설한 계좌의 미국은행으로 입금되었다면 실제로 지급하였거나 지급하여야 할 가격은 수입물품의 대가로 두 번에 걸쳐 지급된 대금의 합으로 구성된다(H543630, 1985.10.8.).

구매가격이 결정된 시점에 이미 지불된 지급으로 취급하는 사례는 신용채권을 들 수 있다.

---

162) 미국 관세법(19 CFR) §152.103(a)(1).

163) 다음과 같은 내용을 덧붙여 기술하고 있다, 지급할 금액을 결정하는 절차는 다양할 수 있다. 예를 들면, 송품장 기재내역이 충분한 증거로 수용되거나 수입자가 지급할 금액에 대한 수입자의 신고내용이 처리의 기초가 될 수도 있다. 다만, 관세평가협정 제13조 및 제17조의 검증과 적용이 가능하다는 것이 전제되어야 한다.

관세평가기술위원회는 권고의견 8.1에서 종전 거래와 관련하여 발생한 신용채권(credit)을 동 신용채권(credit)의 이익을 받은 물품을 평가할 때에 관세평가협정에 따른 처리와 관련하여 다음과 같은 견해를 표명하고 있다. 신용채권(credit)의 금액은 이미 판매자에게 지급한 금액에 해당하며, 이에 실제로 지급하였거나 지급하여야 할 가격이란 수입물품에 대하여 판매자에게 지급하였거나 지급하여야 할 총금액임을 명시한 관세평가협정 제1조에 대한 주해 '실제로 지급하였거나 지급하여야 할 가격'에 포함되므로 신용채권(credit)은 지급한 가격의 일부이며, 평가목적상 거래가격에 포함되어야 한다. 신용채권(credit)을 발생시킨 종전 거래에 대하여 세관이 용인하는 평가처리는 현 선적분에 대한 적절한 과세가격에 대한 어떠한 결정과도 별개로 결정되어야 한다. 종전 선적의 가격에 대하여 조정이 이루어져야 하는지 여부에 대한 결정은 국내법령에서 정하는 바에 따른다.

(2) 실제지급가격의 간접지급

구매자가 실제지급가격을 지불해야 하는 경우에, 실제지급가격은 판매자가 자신의 판매상품에 대해 요구하는 가격에서 출발해야 한다. 이러한 전제에서, 구매자가 직접(direct) 지급하든 구매자가 판매자의 부채를 상환해야 하는 것처럼 판매자의 이익을 위해 다른 방식으로 지불하든 상관없이, 실제지급가격은 구매자가 구매하는 상품에 대해 총금액으로 얼마의 대가를 합의하느냐에 달려 있다. 관세평가협정 부속서 I 제1조에 대한 주해, '실제로 지급하였거나 지급하여야 할 가격' para 1은 실제지급가격을 구매자가 판매자에게 또는 판매자의 이익을 위하여(benefit of the seller) 지급하였거나 지급하여야 할 총금액으로 개념정의하여 실제지급가격을 간접적으로(indirectly)도 지급할 수 있다는 사실을 표현하고 있다. 따라서 간접지급은 판매자의 이익을 위해 다른 방식으로 수입물품의 대가를 지불하는 것을 의미한다. 우리 관세평가법규는 구매자가 해당 수입물품의 대가와 판매자의 채무를 상계(相計)하는 금액, 구매자가 판매자의 채무를 변제하는 금액, 판매자의 요청에 의하여 수입물품의 대가 중 전부 또는 일부를 제3자에게 지급하는 경우 그 지급금액, 구매자가 해당 수입물품의 거래조건으로 판매자 또는 제3자가 수행하여야 하는 하자보증을 대신하고 그에 해당하는 금액을 할인받았거나 하자보증비 중 전부 또는 일부를 별도로 지급하는 금액, 수입물품의 거래조건으로 구매자가 지급하는 외국훈련비 또는 외국교육비 그리고 기타 일반적으로 판매자가 부담하는 금융비용 등을 구매자가 지급하는 경우 등을 실제지급가격의 **간접지급금액**으로 예시하고 있다(관세법 제30조제2항; 관세령 제20조의2제1항). 간접지급과 관련한 관세평가에서 유의할 점은 실제지급가격의 구성조건이 수입물품의 대가성 또는 관련성을 전제로 하기 때문에 간접지급금액도 평가대상 물품과의 대가성 또는 관련성이 없다면 결코 수입물품의 과세가격의 일부를 구성할 수 없다는 법리를 유념하여야 할 것이다.

그런데 실제지급가격의 간접지급과 관련하여 다음과 같은 해석론이 있다.[164] 이 해석론에 따르면, 관세평가상의 실제지급가격은 송품장가격에 간접지급금액·거래조건지급금액 등의 일정한 요소를 가감조정한 가격으로 보고 이러한 가감조정은 법상의 실제지급가격의 정확한 금액을 확정하는 작업이며, 이렇게 확정된 실제지급가격에 평가협약 제8조(관세법 제30조제1항)에 규정된 가산요소(사후귀속·권리사용료 등)를 추가로 가산조정하는 것과는 구분되는 것이기 때문에 평가협약 제8조 제4항에서 "과세가격을 결정함에 있어서 이 조에 규정된 가산요소의 경우를 제외하고는 실제지급가격에 어떠 가산요소도 설정할 수 없다"고 규정하고 있지만, 실제지급가격 자체를 확정하기 위하여 송품장가격에 일정한 요소를 가감조정하는 것은 이 규정의 적용을 받지 않는 것으로 인정된다고 설명하고 있다. 이러한 해석론에 동의하기 어렵다. 왜냐하면, 관세평가협정 제8조에서 규정하는 법정 가산요소를 제외하고 어떤 것도 가산요소로 취급할 수 없는 것이 관세평가협정의 기본법리이고, 간접지급금액 등은 가산요소로 가산(add)하는 것이 아니라 실제지급가격의 구성요소로 포함(include)되는 것이기 때문이다. 다시 말하면, 간접지급금액 등은 관세평가법규상 법정 가산요소가 아니라 실제지급가격의 구성요소로 취급되어야 하기 때문이다.

교육훈련비와 관련한 실제지급가격의 적용에 대해 관세평가기술위원회는 사례연구 7.1에서 3개의 가정 scenario 상황으로 실증해 보이고 있다.

거래 사실

수입업체는 10,000 c.u.의 가격으로 기계를 구매한다. 쟁점기계는 고도로 전문화되고 첨단기술이 체화되어 있어 정교한 작동방법의 사용이 요구된다. 따라서 판매자는 구매자에게 기계의 조작을 가르치기 위한 훈련과정을 준비했다. 훈련과정은 수입이전에 수출국 내 판매자의 공장에서 개최된다. (외국)훈련비는 500 c.u.이다. 기계의 세관통관 이전에 수입자/구매자는 기계가격에 대한 송품장을 제출한다. 훈련과정과 관련한 금액을 세관신고서에 포함해야 할 것인지 여부를 확신할 수 없는 수입자는 세관에 훈련과정의 비용에 대한 별도의 계산서를 제출한다.

첫 번째 scenario 상황을 살펴본다. 판매계약에 따르면, 훈련과정이 필요한지 여부 또는 훈련과정에 참가하지 않고도 기계를 조작할 수 있는지 여부를 결정하는 것은 구매자에게 달려있다. 훈련비는 구매자가 실제로 참가한 경우에만 지급된다. 주어진 정보에 따르면, 세관통관 시점에 구매자는 훈련과정에 참석했다. 또한, 기계가격이 10,000 c.u.임을 확인할 수 있다. 관세평가협정 제1조에 대한 주해 및 부속서Ⅲ의 제7조는 실제로 지급하였거나 지급하여야 할 가격은 수입물품에 대하여 직접 또는 간접으로 구매자가 판매자에게 또는

164) 김기인, 앞의 책, 91쪽.

판매자의 이익을 위하여 실제로 지급하였거나 지급하여야 할 총금액이라는 점을 명확하게 하고 있다. 이 가격은 수입물품의 판매조건으로 구매자가 판매자에게 실제로 행하였거나 행할 모든 지급을 포함한다. 훈련과정에 대한 지급 없이도 기계를 구매할 수 있다면 훈련과정에 대한 지급은 판매조건이 아니다. (외국)훈련비가 별도로 청구되었다는 사실은 구매자가 훈련과정에 참가하였다는 것을 암시한다. 이 사례에서, 훈련과정에 대한 지급은 기계에 대한 판매조건이 아니기 때문에 수입물품에 대하여 지급된 것이 아니다. 실제로 판매계약은 두 가지 요소, 즉 물품의 공급과 훈련과정 제공으로 이루어져 있다. 훈련과정에 대한 지급없이 기계를 구매할 수 있는 한 이들 두 가지 요소는 별개이다. 따라서 훈련과정에 대한 지급은 판매조건이 아니기 때문에 전술한 협정의 규정에 따라 과세가격의 일부가 아니다(사례연구 7.1 para 5 내지 8).

두 번째 scenario 상황을 살펴본다. 훈련과정에 대한 지급은 판매계약에 명시된 요구사항이며 구매자가 훈련과정에 참석하지 않더라도 지급되어야 한다. 훈련과정에 대한 지급액은 판매조건이다. 구매자가 실제로 훈련과정에 참가하지 않았더라도 훈련과정에 대한 지급없이는 기계를 구매할 수 없기 때문이다. 이 사례에서, 훈련과정에 대한 가격을 포함한 총지급은 판매조건으로 지급되기 때문에 전술한 협정의 규정에 따라 수입물품에 대하여 지급된다. 이것은 훈련비가 별도의 계산서에 표시된다 하더라도 동일하다(사례연구 7.1 para 10). 마지막 scenario 상황에서 판매계약은 구매자에게 훈련과정 참석과 (외국)훈련비 지급 두 가지 모두를 의무화한다. (외국)훈련비 지급은 위 두 번째 scenario 상황과 같은 이유로 물품의 과세가격의 일부를 구성한다(사례연구 7.1 para 12).

관세평가기술위원회가 실증하고 있는 위 사례연구에서 (외국)훈련비의 지급이 판매계약상 지급의무 여하에 따라 과세가격의 일부로 취급할 것인지 아닌지를 판단하고 있어 외견상 관세평가협정 제1조 제1항(b)에서 기술하고 있는 거래가격의 전제요건인 조건 또는 사정(condition or consideration)으로 보여질 수도 있을 것이다. 하지만 관세평가기술위원회가 (외국)훈련비 지급의 성격을 가치(value)를 결정할 수 있는 조건 또는 사정으로 설명하지 않고 단지 판매조건(condition of the sale)으로만 설명하고 있는 점과 (외국)훈련비의 지급이 위 기계가격의 확정을 좌우하지 않는다는 점에 비추어 위 쟁점기계의 판매가격을 훈련비를 포함한 가격으로, 아니면 훈련비를 포함하지 아니한 가격으로 각각 설명하여 간접지급의 법리를 적용하는 것으로 이해하여야 할 것이다.

우리 판례[165]는, 원고가 미합중국 소재 제네랄모터스오버시즈디스트리뷰션코포레이션사(이하 '소외회사')로부터 자동차를 수입하여 이를 우리나라에서 독점 판매하되, 국내에서의 판매효율성을 높이기 위한 모든 용역 즉, ① 판매할 자동차의 전시 및 그 전시장

165) 대법원 1993.12.07. 선고 93누17881 판결.

건물의 설치, 판매망의 구축, 광고 및 판촉계획의 수립 등에 관한 사항 ② 고객에 판매한 자동차에 대한 보증, 유지, 수리 등 판매 후의 유지관리 및 이를 위하여 필요한 시설의 설치 등에 관한 사항 등을 원고가 수행하고, 그에 필요한 비용 역시 원고가 이를 부담하기로 하는 이른바 디스트리뷰터(Distributor)방식에 의하는 대신에 소외회사가 판매대리상을 두고 위 ①, ②와 같은 용역을 부담하고 판매대리상에 대하여는 판매에 따른 일정비율의 이익만을 보장하여 주는 통상의 판매방식인 딜러(Dealer)방식보다 원고에게 불리하였던 관계로 이를 감안하여 통상의 판매가격보다 5% 할인된 금액으로 자동차를 판매하기로 약정하고 이 사건 자동차를 위 할인된 가격에 수입한 사안에서, 원심[166]의 다음과 같은 판단을 수긍하고 원고의 상고를 기각하였다: 원고는 소외회사가 부담하여야 할 위 의무 등을 자신의 비용으로 대신 부담하여 이 사건 자동차에 대한 가격의 일부를 간접적으로 지급한 것으로서 그 가치가 수입물품의 정상적인 거래가격의 5%인 것으로 평가한 셈이 되어 위 할인된 금액상당은 원고가 소외회사에게 이 사건 자동차의 대가로 간접적으로 지급한 금액이라는 이유로 위 할인된 금액이 과세가격에 포함됨을 전제로 한 이 사건 과세처분이 적법하다. 관세평가협정의 기본취지와 조세법상 경제적 실질주의에 비추어 판례의 법리 구성이 타당하다고 본다.

미국 CBP의 결정사례를 살펴본다. 【H546132, 1996.4.10.】 ➲ 미국으로 담배가 수입된다. 수입자는 case당 320달러 case당 할인 319달러라고 기술된 송품장을 세관에 제출한다. 수입자는 담배는 case당 1달러에 평가되어야 한다고 주장한다. 가격에 있어서 case당 할인액은 잘 팔리지 않는 상품과 관련된 이전 선적분에 대하여 수입자에 대한 신용채권을 나타낸다. 가격할인은 현재 선적분에 대한 실제로 지급하였거나 지급하여야 할 가격을 결정하는데 고려되지 않는다. 이렇듯 주장된 가격할인은 이전선적으로 인해 판매자가 구매자에게 진 채무의 변제를 나타내고 실제로 지급하였거나 지급하여야 할 가격의 일부인 간접지급에 해당한다. 【H546364, 1996.12.19.】 ➲ 수입자는 러시아의 관련 업자에게 직물을 구입한다. 미국으로의 선적과 관련하여 쌍방 간에 거래채무(trade debt)가 형성된다. 수입자는 실제 계약한 직물에 대한 모든 비용을 지급한 상태에서 직물가격의 약 67%정도를 수령하였다. 수입자는 판매자가 직물을 선적할 수 있는 시간보다 먼저 직물비용을 모두 지급했기 때문에 거래채무가 발생했다. 채무를 갚기 위하여 쌍방은 미터 당 1달러 50센트의 직물가격으로 계약서를 체결하기로 했다. 그러나 거래차액이 변제될 때까지 수입자는 실제로 미터당 1달러 30센트만을 판매자에게 지급할 것이다. 미터당 1달러 50센트의 송품장가격은 직물의 대가로 실제로 지급하였거나 지급하여야 할 가격을 나타낸다. 송품장가격과 실제로 지급한 가격 사이의 차이는 간접지급으로서 거래가격의 일부를 형성한다. 【H546007, 1995.9.21.】 ➲ 수입자는 일본의 특수관계자로부터 물품을 구매한다. 수입자는

166) 서울고등법원 1993.07.22. 선고 93구7824 판결.

물품의 대가를 판매자에게 지급한다. 또한 해외 판매자는 수입자를 통해 궁극적인 미국의 구매자로부터 추가대금을 받는다. 이 대금은 공구비용, 일정 수량에 못 미치는 판매일 경우 가격조정 및 환전율 조정으로 기술되어 있다. 미국의 최종 구매자가 수입자를 통해 해외 제조자에게 지급한 대금은 간접적인 지급으로 실제로 지급하였거나 지급하여야 할 가격의 일부가 된다. 【H545194, 1995.9.13.; 546513, 1989.2.11.과 547134, 1999.7.27.에 재입증】 ➲ 해당 대금이 거래 상대방에 의해 라이센스료로 표현되었다는 사실에도 불구하고, 이 대금은 수입물품에 대해 총지급금액의 일부를 구성한다. 수입자가 지급한 라이센스 요금은 허가자에게 지급되지 않았다. 대신 구매대리점이나 라이센스 받은 자에게 지급되었다. 판매자(라이센스 소유자)의 송품장은 특히 수입자가 라이센스 요금을 지급한다는 사실에 대해 언급한다. 요금의 지급은 수입물품과 관련되어 있고, 요금은 수입물품에 대한 수입자의 구매가격에 기초한다. 판매자와 특수관계가 있는 자에게 지급된 요금은 판매자에게 간접적인 지급에 해당한다. 【H548298, 2003.7.25.】 ➲ 판매자와 미국 구매자간의 계약가격은 가격에 포함되어 있고 수입물품에 대한 총금액의 일부가 되는 특정 수수료를 포함하고 있다. 구매자와 판매자는 구매자가 제3자에게 계약가격의 일부를 지급하는 것으로 합의했다. 이러한 지급은 판매자에 대한 간접적 지급이고 판매자의 이익을 위해 지급되는 것이고 따라서, 실제로 지급하였거나 지급하여야 할 가격의 일부가 된다. 구매자가 동 수수료를 판매자에게 직접 지급하지 않았다는 사실은 상관없다. 이들은 판매자의 이익을 위한 간접지급이다. 【H563522, 2006.9.11.】 ➲ 외국의 담배 제조업자는 미국 자회사에게 담배를 판매하며, 이 자회사는 미국에 있는 무관한 도매업자들 및 유통업자들에게 담배를 판매한다. 이 도매업자들 및 유통업자들과 때때로 담배기본정산협정(MSA)의 당사자들인 주(州)들에게 담배를 판매한다. 이 MSA 및 에스크로우 법령에 의하여, 외국의 제조업자는 주(州)들이 제조업자를 상대로 얻어 낼 수도 있는 추후의 판결과 해결을 이행하기 위한 목적으로 에스크로우 계좌에 공탁금을 걸어야 한다. 고려된 거래가, MSA 주(州)들에 대한 담배 도매업자들 및 유통업자들이 외국의 제조업자에게 발생하는 에스크로우 비용을 그 제조업자에게 변제하는 것이다. 대금변제는 외국의 제조업자가 빚지고 있는 채무를 미국 자회사인 구매자가 정산해 주는 것이 아니며, 또한 미국 자회사가 외국의 제조업자에게 빚지고 있는 채무를 정산해 주는 것도 아니다. 도매업자들 및 유통업자들은 외국의 제조업자에게 직접 대금을 지급하며 또한 미국 자회사는 거래에 아무런 연관이 없다. 이 케이스의 구체적인 사실에 근거하여, 대금변제는 구매자가 판매자의 이익을 위하여 그에게 직접 혹은 간접적으로 지급하는 것이 아니며, 따라서 실제로 지급하였거나 지급하여야 할 가격의 일부가 아니다.

(3) 실제지급가격의 지급수단

거래가격이 물품에 대한 금융가치(finanial consideration)를 나타내기 때문에 실제지급가격의 지급(payment)은 화폐(money)로 행해진다. 관세평가협정 부속서 I 제1조에 대한 주해, '실제로 지급하였거나 지급하여여 할 가격' para. 1에서 지급은 신용장 또는 유통증권에 의해 이루어 질 수 있다고 규정하고 있다. 이러한 유통증서도 국제무역거래에서 상품교환가치의 척도가 되며 그것의 교환을 매개하는 일반화된 지급수단의 범주에 속하므로 금전적 지급수단에 해당한다. 하지만 금전적 지급이 아니라면 실제지급가격의 확정이 어려우므로 관세목적상 거래가격으로 수락할 수 없을 것이다. 그렇다면 양 거래당사자가 동일한 가치를 지닌다고 여기는 물품 및/또는 서비스의 교환이 수반되는 물품교환(barter) 거래에서 제1 (관세평가) 방법이 적용될 수 있는지 의문이 생길 것이다. 물물교환을 수반하여 거래가 발생한 모든 경우에, 이미 지불한 또는 지불할 가격을 금전적으로 계산하는 것이 가능한지에 따라 판단할 여지가 있겠지만 관세평가기술위원회가 권고의견 6.1에서 표명한 견해에 따라 국가의 법률이 화폐조건으로 표시된 물품교환거래가 판매로 간주되지 않는다면 협정 제1조 제1항(b)에서 정하고 있는 조건의 대상임을 유의해야 한다. 이러한 적용준칙은 미국 CBP 결정사례에서도 다음과 같이 확인된다. 구상거래는 해당물품의 화폐적 가치를 구체화 해놓지 않았다면 그 재화의 가치를 확인하는데 원래 내재하는 어려움이 있으므로 거래가격을 배제한다(H543209, 1984.1.25.). 미국 수입자가 외국 공급자에게 특정물품 선적의 대가로 Copper Cathode(동 전극)를 제공하도록 되어 있는 교환계약서는 재화의 화폐가치에 대해 특정하지 않았기 때문에 거래가격에 따른 평가에서 배제된다(H543400, 1985.4.16.). 만약 계약당사자가 실제로 지급하였거나 지급하여야 할 가격에 대한 어떤 적절한 화폐기준에 대한 계약상 언급이 없었다면 거래가격은 대응무역거래에서 적용배제된다(H543644, 1985.11.20.). 거래가격의 사용은 거래가 화폐가격으로 표현되지 않았거나 고정되어 있지 않고 가격을 결정할 수 있는 거래가격이나 객관적이고 수량화할 수 있는 방법이 없는 순수한 구상무역 상황에서는 배제된다(H544666, 1993.4.5.).

3) 실제지급가격의 구성배제요소

(1) 구매자 자신의 계정(계산)에 의한 행위

관세령 제20조의2 제2항은 "관세법 제30조 제1항 각 호의 가산금액 외에 구매자가 자기의 계산으로 행한 활동의 비용은 같은 조 제2항 각 호 외의 부분 본문의 '그 밖의 간접적인 지급액'으로 보지 않는다"고 지시하고 있다. 이 규정의 입법적 근거는 관세평가협정 부속서 I 제1조에 대한 주해, '실제로 지급하였거나 지급하여야 할 가격' para 2의 다음과 같은 내용이다: "협정 제8조에서 조정하도록 규정된 사항 외에, 구매자가 자신의 계정으로 수행한 활동(activities undertaken by the buyer on the buyer's own account)은 비록 판매자에게 이익이 되는 것으로 간주된다 할지라도 판매자에 대한 간접지급으로 인정될 수 없다. 따라서 이러한 활동의 비용은 과세가격을 결정함에 있어서 실제로 지급하였거나 지급하여야 할 가격에 가산되지 아니한다."

"구매자가 자기의 계정[167](계산)으로 수행하는 활동"(activities undertaken by the buyer on the buyer's own account)"이란 법문은 불확정개념으로 규율되어 있어서 그 해석을 놓고 논란이 제기된다. 이러한 비용이 구매자 자신에게 경제적 내지 법률적 효과가 귀속된다는 이유를 들어 어떠한 경우에도 수입물품의 과세가격에 포함될 수 없는 금액으로 설명하는 해석론에 대하여 다음과 같은 반론적 해석이 있다.[168] 즉, "구매자의 자기계산행위는 어떤 조건, 상황에 대하여 효과를 발(發)하기 위한 법적으로 의미있는 전제행위에 불과하고 그 내용은 '조건'의 의미가 아니라 사실을 평서(平敍)하는 것뿐이다. 따라서 협정 제1조 주해는 가산대상 등이 없이 즉, 무엇을 가산할 대상을 상정하지 아니하고 구매자가 자기계산으로 활동하는 비용이라는 개념을 설명하기 위하여 "buyer's own account"라는 용어로 대신 하였을 뿐이다. 한마디로 구매자의 자기계산행위는 가산여부를 판단하는 단초(端初) 표지(標識)일 수는 있어도 가산대상에서 제외되는 선행요건과는 관련성이 적다."라는 것이다. 또 다른 해석론을 살펴보면, "구매자가 자신의 계산으로 수행한"이란 문구는 단순히 비용이 구매자에 의해 발생되고 또한 지급된 것을 의미하는바,[169] 이 규정의 의미는 구매자가 자신의 계산으로 행하는 활동은 자신의 이익을 위하여 지급하는 것이므로 간접지급이 되지 않으며, 또한 별도로 가산요소로 규정된 요소도 아니므로 과세가격에 포함시킬 수 없다는 의미이라는 것이다.[170]

이 용어를 일반적인 영어로 해석하면, '구매자 자신의 계정'이란 구매자 자신의 이익 또는 구매자 자신의 노력을 의미한다. 관세평가의 법리에 비추어 '구매자 자신의 계정'과 '판매조건'이 상호 배타적인 용어로 취급되어서는 안 된다. 대체적으로 우리 법원이나 세관

167) "on one's own account"의 사전적 의미는 Collins Dictionary에서 다음과 같은 예문으로 설명하고 있다. If you take part in a business activity on your own account, you do it for yourself, and not as a representative or employee of a company (만약 당신이 자신의 계정으로 사업활동에 참여한다면, 당신은 회사의 대표자나 직원이 아닌 당신 자신을 위해 그것을 합니다.). 그리고 "account"의 사전적 의미는 Black's Law Dictionarys에서 "a detailed statement of mutual demands in the nature of debit and credit between parties, arising of contracts or some fiduciary relation" (계약 또는 신탁 관계로 인해 발생하는 당사자 간의 차변 및 대변의 성격에 따른 상호 요구사항에 대한 자세한 설명)으로 설명하고 있다. 이러한 사전적 의미을 고려할 때, 영어 법문상 "on one's own account"의 의미는 "자신 스스로의 책임과 위험부담으로"라고 해석되어 'account'를 '계정'이라고 변역하는 것이 의미상 보다 적합할 것이다.

168) 라인호, 계간 관세사(통권 제200호): 하자보증비의 과세가격 가산논거 및 입법배경(서울: 한국관세사회, 2021 봄호), 46쪽.

169) Saul L. Sherman/Hinrich Glashoff, 앞의 책, 122쪽.

170) 김기인, 앞의 책, 111쪽.

당국은 판단에서 이러한 오류를 범하고 있는 것으로 보인다. 구매자가 판매계약에 따라 어떠한 비용을 부담한다면 더 이상 '구매자 자신의 계정'이 아닌 것으로 간주되어야 한다. 생각건대, 관세평가법규상 "구매자가 자기의 계정(계산)으로 수행하는 활동"이란 법문의 의미는 법리적으로 수입물품의 구매자가 제3자에게 금원을 지급하는 사유가 수입물품의 대가나 수입거래와 관련하여 비롯되지 않을뿐더러, 또한 관세평가협정 제8조의 가산요소에도 해당하지 않는 활동으로 해석하여야 할 것이다. 바꾸어 말하면, 구매자가 수입물품의 판매자가 아닌 제3자와 독립된 계약이나 어떤 위탁의 관계에서 발생하는 – 수출판매의 거래조건이 아닌 자기 스스로의 책임과 위험부담으로 수행하는 – (지급)활동을 뜻한다고 해석하여야 관세평가협정상 거래가격의 법리에 부합될 것이다. 즉, "구매자가 자기의 계정(계산)으로 수행하는 활동"은 "평가대상 수입물품의 거래와 (전혀) 관련이 없는 활동"으로 해석하는 것이 법리적으로 타당하다. 관세평가협정 제1조의 규율체계에서 볼 때, 이 용어의 표현은 협정상 실제지급가격의 적용범위에도 속하지 않고, 제8조의 가산요소의 해당범위에도 속하지 않는 비용을 의미하는 용어적 표지(terminologisches Merkmal)로 보아야 할 것이다. 따라서, 이러한 활동을 '자기의 계정(계산)으로' – 구매자 자신에게 경제적 내지 법률적 효과가 귀속되는 – 란 글자 그대로 해석하거나 단순히 자신의 이익을 위하여 지급하는 것으로 해석한다면 실제지급가격에 포함되어야 할 비용이 부당하게 제외되는 결과를 초래할 수도 있을 것이므로[171] 그 용어적 표지(징표)의 요소인 평가대상 수입물품의 거래조건 또는 관련되는 사실의 유무를 기준으로 해석하지 않으면 안 될 것이다.

관세평가기술위원회는 예해 16.1에서 물품구매 후 수입하기 전에 구매자가 자신의 계정으로 수행한 활동에 대한 비용이 협정 제1조 규정에 따라 결정되는 과세가격의 일부로 간주될 수 있는지 여부에 대한 상황을 검토하여 다음과 같은 지침을 내놓고 있다.

거래 사실

수입국 Y의 수입자 I는 수출국 X의 판매자 S로부터 30,000 c.u.로 기계를 구매한다. 기계가 판매계약의 사양을 충족하는지 확인하기 위하여 수입자 I는 기계를 구매한 후, 같은 X국의 전문가 T에게 기계의 추가적인 검사를 맡기고 이 검사에 대하여 T에게 500 c.u.를 지급한다. 이 상황에서 추가적인 검사는 해당 물품의 제조공정의 일부로 간주되지 않는 검사를 의미한다. 추가적인 검사는 I와 S간의 판매조건이 아니다.

관세평가기술위원회의 검토결과에 따르면, I가 S와 특수관계가 없는 T에게 기계검사에 대하여 지급한 금액은 판매자에게 또는 판매자의 이익을 위하여 직접 또는 간접으로 지급한

171) 구매자가 판매자에게 실제가격을 지급하는 행위도 구매자 자신에게 경제적 내지 법률적 효과가 귀속된다.

금액이 아니다. 그러므로 이는 실제로 지급하였거나 지급하여야 할 가격의 일부가 아니다. 더욱이 구매자가 수행한 이러한 활동은 협정 제8조에 규정된 조정 중의 하나가 아니다. 만약 협정 제1조의 다른 조건들이 충족된다면, 기계는 개조, 정비, 성능 개선 또는 어떠한 방식으로든 본질적으로 변경되지 않는 한 협정 제1조에 기초하여 평가된다. 관세평가기술위원회가 추가로 내놓는 설명에 따르면, 상업적 관행에서 물품구매 후 수입 전에 구매자가 수행할 수 있는 활동은 다양할 수 있고, 협정 제1조 및 제8조와 이들 주해의 맥락에서 볼 때, 상기 활동은 수입국 내에서 물품판매 및 공급(유통)을 촉진하기 위한 목표로 수행되는 활동을 포함할 수 있는데, 이러한 활동에 대한 비용이 구매자 자신의 계정으로 활동을 수행한 경우에는 판매자의 이익을 위한 것이라 할지라도 판매자에 대한 간접지급으로 간주되지 않아야 한다는 것이다. 이러한 원칙을 보여주는 사례로 관세평가기술위원회는 다음과 같이 예시하고 있다. A사는 I국의 전기제품 판매인이다. A사는 A사와 가맹점계약(franchise agreements)에 따라 운영하고 있는 판매망(소매점 및 서비스센터)을 통하여 이들 물품을 판매한다. A사는 새로운 형태의 전기기기의 공급을 위하여 외국 제조사 S와 장기계약을 체결한다. 계약조건에 따라, 기기는 S의 상표로 판매되어야 하고, A는 수입국 내의 모든 마케팅비용을 자신의 계정으로 부담한다. A사는 해당 기기의 최초 구매분(initial stock)에 대하여 주문을 하고 수입하기 전에 광고활동을 수행한다. 위 예시에서, 광고활동에 대한 비용은 과세가격의 일부가 아니며 협정 제1조에 대한 주해 제1항(b)의 마지막 문장에서 설명하고 있는 바와 같이 수입물품의 마케팅과 관련된 활동이므로 거래가격을 부인하는 결과가 되게 해서는 안 된다는 것이 관세평가기술위원회의 견해이다.

(2) 수입 후 발생하는 비용·부담금

관세법 제30조 제2항 단서규정은 명백하게 구분할 수 있음을 전제조건으로 다음과 같은 금액은 실제지급가격에서 제외하도록 지시하고 있다:

❶ 수입 후에 하는 해당 수입물품의 건설, 설치, 조립, 정비, 유지 또는 해당 수입물품에 관한 기술지원에 필요한 비용;

❷ 수입항에 도착한 후 해당 수입물품을 운송하는데 필요한 운임·보험료와 그 밖에 운송과 관련되는 비용;

❸ 우리나라에서 해당 수입물품에 부과된 관세 등의 세금과 그 밖의 공과금.

이러한 비용요소는 수입 후 발생하는 비용이나 부담금이기 때문에 수입물품의 과세가격에서 합법적으로 공제될 수 있는 비용을 의미한다. 다만, 실제지급가격에서 실제로 공제되려면 실제지급가격과 명백하게 구분이 가능하여야 한다. 그러므로 수입 후 발생하는 비용이나 부담금이 관세법 제30조 제1항 단서규정과 관세평가협정 제8조 제3항에 따라 "객관적이고 수량화할 수 있는 자료"(objective and quantifiable data)에 근거할 수 없다면 실제지급가격에서 공제하는 것이 허용될 수 없다. 여기에서 "수입항에 도착"의 시간적·장소적 적용기준은 해당 수입물품이 우리나라의 수입항에 도착하여 본선하역준비가 완료된 시점과 장소를 말한다.

수입 후 발생하는 비용·부담금을 실제지급가격에서 공제하는 규정의 입법적 근거는 관세평가협정 부속서 I 제1조에 대한 주해, '실제로 지급하였거나 지급하여야 할 가격' para. 3의 다음과 같은 내용이다. 즉, "아래의 부담금 또는 비용은, 수입물품에 대하여 실제로 지급하였거나 지급하여야 할 가격과 구별되는(distinguished)[172] 경우에는 과세가격에 포함되지 않는다: (a) 산업설비, 기계류 또는 장비와 같은 수입물품에 대하여 수입 후에 수행된 건설, 설치, 조립, 유지 및 기술지원에 대한 부담금;[173] (b) 수입 후의 운송비용; (c) 수입국의 관세 및 제세. "관세평가협정이 이러한 비용을 공제하도록 규정한 의도는 수입국에서 발생하는 비용은 협정의 기본취지에 비추어 평가대상 수입물품과 관련이 없는 요소로 간주하였기 때문일 것이다. 관세평가기술위원회는 예해 9.1에서 수입국내에서 수행한 활동의 비용에 대한 처리를 검토하여 다음과 같은 지침을 내놓고 있다. 협정 제1조에 따른 과세가격을 결정함에 있어서, 수입 이후에 발생하는 활동의 비용이 실제로 지급하였거나 지급하여야 할 가격에 포함되어 있지 않은 경우, 협정 제8조에서 특별히 규정하고 있지 않는 한 과세가격에 포함되지 않아야 한다. 그 이유는 판매자의 이익으로 간주될지 모르나 구매자가 구매자의 자신의 계정으로 수행한 활동의 비용을 포함하기 때문이다. 반대로, 이러한 비용이 수입물품에 대하여 실제로 지급하였거나 지급하여야 할 가격에 포함되어 있는 경우, 협정 제1조에 대한 주해의 관련 규정에 부합하지 않는 한, 이들 비용은 가격에서 공제되지 않아야 한다. 한편, "수입"이라는 용어의 의미는 명백하게 결정될 필요가 있고, 해당 용어에 대한 참조는 해당 국가의 국내 법률의 의미 내에서 이루어져야 한다. 그리고 전술한 공제요소 (a)와 관련하여, "수입 후에 수행된"이란 문구는 수입국에서 수행된 활동을 포함하도록 신축적으로 해석되어야 하며, 이러한 관점에서, 공제요소 (a)에서 포함하고 있는 활동에 대한 비용은 수입물품의 설치를 위한 부분으로서 수행되고 있는 한, 수입 이전에 발생하였다 할지라도 과세가격에서 마찬가지로 제외되어야 한다. 이러한 사례로 콘크리트 기초에 설치될 기계류의 수입 이전에 수행되는 콘크리트 기초공사 부담금이 있다. 아울러 전술한 공제요소 (b)는 수입 후의 운송비용에 대해 언급하고 있지만,

172) 지급하였거나 지급하여야 할 가격이 수입국의 관세 및 제세(duties and taxes)에 대한 금액을 포함하고 있을 때에 이러한 사항이 송품장에 구분되어 표기되어 있지 않고(not shown separately) 이러한 사항에 대하여 수입자가 달리 공제를 요청하지 않은 경우에 이들 관세 및 제세가 공제되어야 하는지 여부에 대하여 관세평가기술위원회는 권고의견 3.1에서 다음과 같은 견해를 표명하고 있다: 수입국의 관세 및 제세는 그 본질상 실제로 지급하였거나 지급하여야 할 가격에서 구분할 수(distinguishable) 있기 때문에 과세가격의 일부를 구성하지 않는다.

173) 이러한 경우의 대금은 수입물품 그 자체에 관한 대가라기보다는 판매자가 별도로 제공한 용역에 관한 것으로 보아야 한다(Sheri Rosenow/Brian J. O'Shea, 앞의 책, 34쪽).

이 표현은 수입 후 발생하는 부담금 및 비용이라는 표현에 수입 후 발생하는 적하비, 양하비 및 처리비용을 포함하는 것과 관련되므로 주해의 전반적 취지에 부합하고, 수입 후 발생하는 보험료에도 동일한 근거가 적용된다. 수입 후 발생하는 비용·부담금의 공제와 관련하여 특히, 수입물품의 상업서류상 합의된 가격이 DDP(Delivered Duty Pay) 거래조건인 경우 실제지급가격으로부터의 명백한 구분이 문제된다. 왜냐하면, DDP(관세지급인도규칙) 거래조건은 매도인(판매자)이 지정 목적지에서 수입통관을 이행하고 도착된 운송수단으로부터 양륙되지 않은 상태로 매수인(구매자)에게 인도하는 것으로 매도인(판매자)은 지정된 목적지에 도착할 때까지 목적지 국가에서 수입을 위한 관세 등을 포함하여 계약물품을 인도할 때까지 모든 비용과 위험을 부담하기 때문이다. 따라서 수입자와 수출자 간에 거래되는 수입물품의 가격이 상업서류상 DDP 조건으로 합의되었다면 세관당국은 과세가격의 정확한 결정을 수용하기 위해 이러한 비용에 대한 객관적이고 수량화할 수 있는 증빙자료가 필요할 것이다.

미국 CBP의 결정사례를 살펴본다. 미국에서 시험기관에 의한 승인 및 인증을 획득하는데 발생된 수수료(fee)는 물품이 미국으로 수입된 후에 제공된 기술지원에 대한 비용이므로 과세비용이 아니다(H543107, 1983.10.14.). 구매자에 의해 발생된 현장에서의 작동 및 교육 비용은, "건설 또는 설치, 조립, 미국으로 수입된 후 물품에 관하여 제공된 유지 또는 기술지원"에 대해 발생된 비용으로 간주되므로 판매송품장에서 별도로 확인될 경우 수입물품의 거래가격에 포함되지 않는다(H543331, 1984.6.14.). 미국 뉴욕에 건설 중인 빌딩의 콘크리트 패널을 공급하고 설치하기 위해 쌍방이 계약을 맺었던 사안에서, 보수비용에 관한 비용은 계약서상에서 별도로 확인되었으므로 수입물품의 거래가격에서 적절하게 공제된다(H544005, 1988.8.16.; 544247, 1989.2.28. 재입증). 특수관계 판매자로부터 장비의 구매와 연관된 기술비용은, "건설 또는 설치, 조립, 미국으로 수입된 후 물품에 관하여 제공된 유지 또는 기술지원"에 대해 발생된 비용으로 간주되므로 판매송품장에 별도로 인정된 경우에, 수입물품의 거래가격에 포함되지 않는다(H544693, 1991.9.10.) 외국의 판매자와 미국의 구매자간의 계약서에는 수입물품의 대가로 실제로 지급하였거나 지급하여야 할 가격에서 뉴욕주 판매세를 별도로 인정하고, 또한 구매자는 뉴욕주에 판매세에 해당하는 금액을 지급했다는 증거를 제출했다면, 계약서에 나타난 판매세 금액은 수입물품의 거래가격을 결정하기 위해 실제로 지급하였거나 지급하여야 할 가격에서 공제되어야 한다(H545731, 1995.2.3.). 수입자가 지급한 총계약가격에는 하자보증 및 설치, 관리비용, 판매수수료가 포함되고, 비록 거래가격에는 건설, 설치, 조립, 미국으로 수입된 후 물품의 유지와 관련된 합당한 비용은 포함되지 않더라도, 이러한 비용은 가격과 별도로 명시되어야 하며, 설치 및 관리에 관련된 비용은 가격과 별도로 인정되지 않으므로 실제로 지급하였거나 지급하여야 할 가격의 일부를 구성한다(H545843, 1995.5.11.). 수입 후에 구매자에게 인도되기 이전에 미국에서 티셔츠를 날염하고 포장하는 비용은 거래가격의 일부에 속하지 않으며, 마찬가지로, 미국 내 운송, 관세사 수수료 및 관세는 수입물품의 거래가격을 결정하는데 포함되지 않는다(H543059, 1983.5.5.). 자유무역지역(FTZ)에서 자동차의 조립 계획에 관하여 구매자와 판매자간의 서비스 계약서에는 구매자의 공장에서 사용된 생산기술 개발 및 방법에 대하여 규정되어 있고, 이러한 서비스의 대가로 구매자는 판매자에게 대금을 지급하도록 계약서에 규정되어 있는바, 계약서 I-3단계 하의 상담 및 조언에 대한 대금은 수입물품과 관련되는데 한하여 실제로 지급하였거나 지급하여야 할 가격의 일부로서 거래가격에 포함되며, 대금지급은 구매자가 제안한 방식으로 개정된 할당요인 계산에 따라 수입기계류 및 장비의 가격에 할당되며, 단계4의 활동에 관하여 계약서의 조건에 따라 구매자가 지급해야 할 대금은 수입 후 활동과 연관되어 있으므로 수입물품의 대가로 실제로 지급하였거나 지급하여야 할 가격에 대한 가산요소로서 거래가격에 포함되지 않는다(H546697, 1999.8.26.)

2. 실제지급가격의 인정범위

1) 가격할인 또는 가격인하

관세평가법규상 실제지급가격으로 인정되려면 중요한 것은 그 가격이 가장된 가격이 아니라 진정가격이어야 한다. 이 실제지급가격이 동종산업에서 일반적인지 여부는 전혀 중요하지 않는다. 실제지급가격에 영향을 미치는 모든 가격인하는 그 가격인하가 평가대상 상품과 관련된 경우 인정되어야 한다.[174] 하지만 배송지연에 대한 가격인하와 같이 그 원인이 평가대상 상품에 있지 않는다면 가격인하는 관세평가법규상 허용되지 않는다. 만약 선적된 수출판매물품이 전부 파손되었다면, 실제지급가격은 파손 물품과 관련이 없기 때문에 거래가격이 적용되지 않는다. 그러나 만약 선적분의 일부만 파손되었다면 거래가격은 손상되지 아니한 물품에 적용될 수 있고 적절한 대체평가방법이 나머지 선적분에 적용되어야 한다.[175] 이러한 실제지급가격의 구성법리에 따라 수입물품 중 일부가 불량품이라고 하더라도 대금을 정상품 가격대로 모두 지급하였다면 과세가격에서 불량품 금액만큼 감액할 수 없게 된다.[176]

(1) 현금할인과 수량할인

일반적인 할인의 종류는 구매자가 물품을 신용이 아니라 현금으로 구입하는 경우 판매자가

174) Petter Witte/Hans-Michael Wolffgang(Hrsg.) 앞의 책, 379쪽.

175) 관세평가기술위원회 예해 3.1 para 6 내지 8 참조.

176) 대법원 1992.11.24. 선고 92도2006 판결.

낮은 가격에 판매하는 현금할인(cash discounts), 구매자가 물품을 대량으로 구입하면 판매자가 할인된 가격에 판매하는 수량할인(quantity discounts), 구매자가 정기적이거나 거래규모가 큰 고객이어서 판매자가 그 거래관계를 장려하고자 하는 경우의 거래할인(trade discounts), 그리고 구매자가 지급기일보다 일찍 대금을 지급하는 경우 판매자가 가격의 1퍼센트를 할인해주는 매입할인(purchase dicounts) 등이 있다. 관세평가법규상 구매자와 판매자 간 자유로이 합의된 할인은 원칙적으로 과세가격에 영향을 주지 않는다. 물론 할인은 판매자가 구매자로부터 획득하는 여타의 물품, 용역 또는 권리에 대한 보상이 아니라, 동일한 거래의 일부로 공여된 것이어야 한다.

현금할인(cash discounts)은 조기 지급을 장려하기 위해 판매자가 제공한다. 예를 들어, 송품장 날짜로부터 20일 이내에 결제가 이루어지면 5% 할인이 제공될 수 있다. 현금할인은 실제적으로 수입 발생 후에 제공되기 때문에 문제를 야기할 수 있다. 하지만, 거래가격방법은 실제가격의 사용을 요구하고 할인가격이 사실상 실제가격에 상응하기 때문에 정당한 현금할인은 공제로 받아들여진다. 이에 따라 관세평가기술위원회는 권고의견 5.1에서 수입물품의 평가에 앞서 구매자가 판매자가 제공한 현금할인을 이용한 경우에는 그 현금할인은 물품의 거래가격을 결정함에 있어 허용되어야 하는지 여부에 대하여 관세평가협정 제1조에 따른 거래가격은 수입물품에 대하여 실제로 지급한 가격이기 때문에 현금할인은 거래가격 결정시 허용된다는 견해를 표명하고 있다. 또한, 권고의견 5.2에서 판매자가 제안한 현금할인을 이용할 수 있으나 물품에 대한 지급이 평가시점에 이루어지지 않은 경우에는 협정 제1조 제1항(b)의 요건이 거래가격의 기초로 판매가격을 사용하는 것을 배제하는지 여부에 대하여 현금할인을 이용할 수 있음에도 불구하고 평가시점에 지급이 아직 이루어지지 않았기 때문에 이용되지 않았다는 사실이 협정 제1조 제1항(b)의 규정이 적용된다는 것을 의미하는 것은 아니므로 협정에 따라 거래가격을 결정할 때 판매가격을 사용하는 것을 배제할 이유가 전혀 없다는 견해를 밝히고 있다. 아울러, 권고의견 5.3에서 구매자가 현금할인을 이용할 수 있지만 평가시점에 지급이 되지 않은 경우에는 어떤 금액이 협정 제1조에 따른 거래가격에 대한 기초로 수용되어야 하는지 여부에 대하여 현금할인을 이용할 수 있으나 평가시점에 아직 지급되지 않은 경우에는 수입자가 물품에 대하여 지급할 금액이 제1조에 따른 거래가격에 대한 기초로 채택되어야 하고, 지급할 금액을 결정하는 절차는 다양할 수 있으므로 예를 들면, 송품장 기재내역이 충분한 증거로 수용되거나 수입자가 지급할 금액에 대한 수입자의 신고내용이 처리의 기초가 될 수도 있지만, 협정 제13조 및 제17조의 검증과 적용이 가능하다는 것이 전제되어야 한다는 견해를 제시하고 있다.

수량할인(quantity discounts)은 한번의 주문으로 또는 특정 기간 동안 구매한 수량과 관련된 것이다. 판매자들은 종종 비용이 양과 비례하여 줄어들기 때문에 구매자에게 대량으로 구매하도록 권유한다. 수출자는 인센티브로서 대량구매하는 구매자에게 낮은 단위가격을 제공하다. 수량할인을 관리하는데 있어 세관당국의 어려움은 특정 수량이 특정 기간에 걸쳐 구매된 후에야 할인이 적용된다는 데서 발생한다. 그래서 할인은 이전에 구매한 물품의 단위가격에 소급효과를 가져올 수도 있다. 이 경우, 신용채권(credits)의 문제가 발생한다. 관세평가기술위원회는 권고의견 15.1에서 협정 제1조와 관련하여 수량할인(quantity discounts)에 대한 견해를 표명하고 있다. 수량할인은 정해진 기준연도(given basic period) 동안 구매된 수량에 따라 판매자가 고객에게 물품가격에서 공제하기로 허용한 금액이다. 관세평가협정은 수입물품에 대하여 실제로 지급하였거나 지급하여야 할 가격이 제1조에 따른 과세가격을 결정하기 위해 유효한 기준인지 여부를 결정할 때 기준수량을 고려할 필요가 있는지에 대하여 규정하고 있지 않다. 결과적으로 관세평가 목적상, 수입국으로 수출하기 위하여 판매되었을 때 평가되는 물품의 단위가격을 결정한 수량이 관련 있다는 것이므로 수량할인은 판매자가 판매된 물품의 수량에 기초한 고정가격표(fixed scheme)에 따라 자신의 물품가격을 책정한다는 사실이 입증되는 경우에만 발생한다. 이러한 할인은 물품 수입 이전에 할인이 결정되는 경우와 물품 수입 이후에 할인이 결정되는 경우의 두 가지 큰 범주로 나누어진다. 관세평가기술위원회는 판매자가 미리 정해진 특정 기간 내, 예를 들면 1역년 이내에 구매된 물품에 대하여 다음과 같은 수량할인을 제의한 입증된 증거가 있다는 일반사실에 입각하여 각 상황별로 고려사항을 설명하고 있다:

구매수량	수량할인율
1개 ~ 9개	할인 없음
10개 ~ 49개	5% 할인
50개 이상	8% 할인

위 할인에 추가하여 3%의 추가할인이 특정 기간 말에 동 기간 내에 구매된 총수량을 참고하여 소급적으로 계산하여 인정된다.

- 첫 번째 상황은 X국의 수입자 B는 27단위를 구매하고 단일 선적으로 수입하고, 송품장 가격은 5% 할인을 반영한다. 두 번째 상황은 X국의 수입자 C는 단일 거래에서 5% 할인이 반영된 가격으로 27단위를 구매하지만 각 9단위씩 3번에 나누어 선적하여 수입한다. 두 상황 모두에서 과세가격은 수입물품에 대하여 실제로 지급하였거나 지급하여야 할 가격, 즉 그 가격을 결정하는데 기여한 5%의 할인을 반영한 가격을 기초로 결정되어야 한다.[177]
- 27단위를 구매하여 수입한 후 수입자 B와 C는 동일 역년 이내에 42단위(즉, 각자 총 69단위)를 추가적으로 구매 및 수입한다. 두 번째 42단위의 구매에 대하여 B와 C 양 당사자에게 청구된 금액은 8% 할인된 금액을 반영한 가격이다. 첫 번째 상황은 수입자

177) 구매한 수량은 가격결정에 영향을 미치지 배송상황에 영향을 미치는 것이 아니다.

B의 첫 번째 27단위 구매와 두 번째 42단위 구매는 구매자와 판매자간의 누적할인(cumulative progressive discounts)을 약정한 최초의 일반계약(initial generation agreement)의 내용으로 체결한 두 개의 별개 계약의 대상이다. 두 번째 상황은 수입자 C의 구매가 최초의 일반계약 대상이 아니라는 점을 제외하고는 위의 첫 번째 상황과 같다. 하지만 판매자의 판매의 일반적인 조건에 대한 특징으로 판매자는 누적할인(cumulative progressive discounts)을 제의하였다. 두 가지 상황 모두에 대하여 42단위에 대한 8%의 할인은 판매자의 가격의 특징이다. 이러한 특징은 수입국으로 수출하기 위하여 판매된 때의 물품의 단위가격 결정의 원인이 되었다. 그러므로 해당물품의 과세가격 결정에 있어 할인은 허용되어야 함을 나타낸다.[178] 이러한 점에서 구매자가 이전에 구매한 수량을 고려하여 판매자가 수량할인을 허용한다는 사실이 협정 제1조 제1항(b)의 규정의 적용을 의미하는 것은 아니다.

- 이 예시는 할인이 또한 소급적(retrospectively)으로 인정되는 점을 제외하면 위 두 예시와 동일하다. 각각의 경우에 수입자는 27단위를 구매하여 수입하고 동일 역년 이내에 추가로 42단위를 구매하여 수입한다. 27단위의 첫 번째 선적분에 대하여 5% 할인이 반영된 가격이 B에게 청구되고, 42단위의 두 번째 선적분에 대하여는 27단위의 첫 번째 선적분에 대하여 3%의 추가할인으로 제시된 추가적인 공제와 함께 8%의 할인이 반영된 가격이 청구되었다. 42단위에 대한 8% 할인은 수입물품의 과세가격 결정시에 허용되어야 한다. 그러나 소급적으로 인정된 추가적인 3% 할인은 평가대상인 42단위의 단위가격 결정의 원인이 된 것이 아니라 종전 수입한 27단위와 관련된 것이므로 두 번째 수입분에 대하여는 허용되지 않아야 한다.[179]

수입한 애프터서비스(A/S)용 부품의 할인금 상당액이 과세가액에 포함되는지 여부와 관련한 우리 판례를 살펴본다. 이 사건 원고는 건설중장비의 제조에 필요한 원자재 중 일부를 독일의 클라크사, 일본의 데릭크사를 비롯한 외국의 13개 중장비부품 제조업체로부터 수입하고 있는데, 그 수입품목과 거래조건에 따라 수입되는 부품에는 디젤엔진, 유압펌프 등과 같은 조립된 상태의 부품(assembly part)인 양산용 부품과 양산용 부품을 구성하고 있는 핀, 너트 등과 같은 낱개의 부품(inner part)으로 주로 수리 보수용에 사용되는

---

178) 구매한 수량은 구매가격 결정에 영향을 미치기 때문에 실제 지급한 또는 지급할 가격을 결정한다.

179) 종전 선적분에 대해 신용채권을 적용할 것인가에 대한 결정은 평가될 선적과는 개별적으로 이뤄져야 한다. 사례를 들면, 수입자 I는 송장가격 10,000 화폐단위로 텔레비전 선적을 받았다. 하지만 송품장은 1,000 화폐단위 신용채권에 대해 언급하여 최종 송품장가격은 9,000 화폐단위로 떨어졌다. 수입자는 종전 선적분 중 10세트의 텔레비전이 망가졌기 때문에 신용채권이 제공되었다고 세관당국에 통보한다. 이에 판매자는 과거 선적분의 손해에 대한 보상으로 현 선적분에 신용채권을 제공했다. 그렇다면 이 신용채권이 현재 평가되는 선적분에 적용될 수 있나? 대답은 아니다. 신용채권은 평가되는 선적분에 실제가격의 일부이다 따라서 이 선적의 가격은 10,000 화폐단위이다.

A/S용 부품 등 2가지의 종류가 있고, 그 중 수입된 양산용 부품을 사용하여 제조, 완성된 굴삭기, 크레인 등 건설중장비를 국내에 판매하거나 외국에 수출하고 있다. 원고는 양산용 부품과 A/S용 부품을 수입함에 있어서, 위 외국회사들과의 사이에 원고가 위 외국회사들이 제조한 중장비 부품을 구매하기로 하는 계속적인 물품구매계약을 체결하고, 그 구매계약에 따라 1990.1.부터 1994.10.까지 모두 1,191회에 걸쳐 위 외국회사들로부터 중장비 부품을 수입하여 수입면허를 받으면서, 그 수입물품의 과세가격을 원고가 위 외국회사들에게 실제로 지급한 가격으로 신고하고, 그에 따른 관세 등을 자진납부하였다. 울산세관장은, 원고가 수입한 중장비 부품 중 A/S용 부품에 대하여 신고된 과세가격은 통상의 판매가격보다 일정 금액만큼 할인된 가격이므로, 그 할인금은 거래형태와 거래내용 등에 비추어 구 관세법 제9조의3 제1항 소정의 구매자가 판매자에게 실지로 지급하여야 할 당해 수입물품의 대가에 포함되는 성질의 것으로서, 과세가격에 당연히 포함되어야 한다는 이유로, 당초 신고가격인 실제지급가격에 그 할인금액 상당을 가산하여 과세가격을 경정하고, 이를 기초로 산출한 관세 등을 1995.1. 원고에게 추가로 부과·고지하는 처분을 하였다.

상고심[180)]은 원심[181)]의 다음과 같은 판단이 정당하다고 인정하여 울산세관장의 상고를 기각하였다: 원고가 위 각 부품을 수입함에 있어 별도의 부품발주서를 작성하고 수량과 구입가격을 개별적으로 결정하였기 때문에 A/S용 부품의 거래가격은 양산용 부품의 거래가격과는 독자적·개별적으로 결정되고, 양산용 부품의 계속적인 구입이 A/S용 부품의 거래조건으로 전제되는 것이 아닌 사실, 원고는 위 외국회사들과의 사이에 보증수리의무를 이행하는 대가로 A/S용 부품을 통상의 판매가격보다 할인하여 구입하기로 약정한 바가 없고, 무상보증수리기간 동안 양산용 부품의 하자로 인하여 발생한 수리비용은 소외회사들이 부담하였으며, 원고가 위 외국회사들로부터 수입하는 A/S용 부품의 가격도 무상보증수리용인지 유상수리용인지에 상관없이 동일한 사실, 위 외국회사들은 양산용 부품에 대하여는 예상수요를 감안하여 생산하기 때문에 그 판매가격을 실제 거래가격에 맞게 결정하는 반면, A/S용 부품은 소량·다품종인데다 보관·관리 등의 부대비용이 소요되어 그 판매가격을 상향조정하여 결정하되, 양산용 부품을 구성하고 있는 개별적인 A/S용 부품의 총가격이 양산용 부품의 가격에 비하여 3~4배 가량 높은 점을 감안하여, 장부상의 거래가격을 정하여 놓고 구매물량이나 거래상대방의 중요도 등을 고려하여 내부적으로 구체적인 할인율을 정한 후 그 기준에 따라 10% 내지 50%를 차등 할인하여 주거나 모든 구매자에게 동일한 할인율을 적용하여 판매하여 왔고, 원고도 위와 같은 할인율을 적용받은 사실 등을 인정한 다음, 이와 같이 A/S용 부품의 수입가격은 양산용 부품의 구입과 관련성이나 조건성이 없고 A/S용 부품의 구입여부나 수량 등의 결정권이 전적으로 원고에게 있는 점,

180) 대법원 1998.12.08. 선고 97누12495 판결.

181) 부산고등법원 1997.07.02. 선고 96구6196 판결.

A/S용 부품에 대한 할인금은 양산용 부품의 거래와는 상관없이 A/S용 부품의 구입수량 등에 따라 소외회사들이 정한 할인율에 따라 결정되고, 그 할인의 대가로 소외회사들이 부담하여야 할 무상보증수리의무를 원고가 대신 부담하기로 한 것도 아닌 점, A/S용 부품은 건설중장비의 유지관리 및 수리보수 전반에 사용되는 것으로 전시용, 광고용 등으로만 사용하거나 특정인에게만 판매하도록 하는 등의 처분 또는 사용상 제한이 없고 할인가격이 통상의 거래가격인 점 등을 종합하여 보면, 원고가 위 외국회사들로부터 수입한 A/S용 부품의 처분 또는 사용에 제한이 있다거나 그 거래의 성립 또는 가격결정이 금액으로 환산할 수 없는 조건이나 사정에 의하여 영향을 받은 경우에 해당하지 아니하므로, 위 할인금 상당액은 원고가 수입한 A/S용 부품의 과세가액에 포함될 수 없다.

한편, 미국 CBP의 결정사례에서 선불할인(early payment discount)을 상품 수출 이전에 합의하였고 대금지급이 구매주문서상 요청한 대금지급일 이전에 이루어진 경우 선불할인은 인정되는데(H544791, 1992.3.11.; 021424, 2009.2.3.), 할인이 수입물품의 거래가격을 결정할 때 포함되려면 그 증명이 요구된다(H048152, 2009.4.30.; 057716, 2009.6.30.; 090177, 2010.11.26.). 하지만, 할인에 대하여 입증자료를 제출하지 못하였다면 할인금액은 거래가격 결정시 고려되지 않는다(H546037, 1996.1.31.)

(2) 반짝 세일

반짝 세일은 잠재적인 구매자를 끌어들이기 위해 단기간 동안 매우 할인된 가격으로 제공되는 판촉판매이다. 관세평가협정 제1조에 따른 과세가격의 기초로서 '반짝 세일'(highly discounted price) 중에 구매한 수입물품에 대한 매우 할인된 가격을 고려하는지 여부가 쟁점으로 제기된다. 이와 관련하여 관세평가기술위원회는 권고의견 23.1에서 다음과 같은 견해를 제시하고 있다. 협정에 따라 수입물품의 과세가격은 "상업적 관행에 일치하는 단순하고 공평한 기준을 기초로 하여야 한다." 반짝 세일은 전통적인 시장 또는 전자상거래(e-commerce)를 통해 이루어 질 수 있다. 협정은 관세평가를 위한 유일한 국제적인 법체계이다. 그 규정들은 전통적인 시장과 전자상거래를 통해 구매된 수입물품 모두에 대하여 적용되어야 한다. 협정 제1조에 따라 거래가격의 기초는 수입물품에 대하여 실제로 지급하였거나 지급하여야 할 가격이라는 점을 감안할 때, 반짝 세일 중에 구입한 수입물품에 대한 할인된 가격은 과세가격의 기초로 수용될 수 있다.

(3) 일반적인 시장가격·생산가격보다 낮은 가격과 덤핑가격

우리 입법자는 세관장에게 과세가격으로 인정하기 곤란하다고 판단되면 납세의무자에게 신고가격이 사실과 같음을 증명할 수 있는 자료를 제출할 것을 요구할 수 있는 권한을 부여하면서(관세법 제30조제4항; 관세령 제24조제1항), 만일 납세의무자가 신고가격이 사실과 같음을 증명하지 못한다면 관세평가법규상 제1 (관세평가) 방법의 적용을 배제하고 대체 평가방법으로 과세가격을 결정하도록 지시하고 있다(관세법 제30조제5항). 따라서 납세의무자가 신고한 가격이 관세평가법규상 **과세가격 불인정 요건**을 충족하면 그 신고가격은 수입물품의 거래가격으로 인정될 수 없다. 과세가격으로 인정하기 곤란하다고 판단될 수 있는 요건은 다음과 같은 합리적 의심을 인정할 수 있는 경우이다(관세령 제24조제1항):

❶ 납세의무자가 신고한 가격이 동종·동질물품 또는 유사물품의 가격과 현저한 차이가 있는 경우;

❷ 납세의무자가 동일한 공급자로부터 계속하여 수입하고 있음에도 불구하고 신고한 가격에 현저한 변동이 있는 경우;

❸ 신고한 물품이 원유·광석·곡물 등 국제거래시세가 공표되는 물품인 경우 신고한 가격이 그 국제거래시세와 현저한 차이가 있는 경우;

❹ 신고한 물품이 원유·광석·곡물 등으로서 국제거래시세가 공표되지 않는 물품인 경우 관세청장 또는 관세청장이 지정하는 자가 조사한 수입물품의 산지 조사가격이 있는 때에는 신고한 가격이 그 조사가격과 현저한 차이가 있는 경우;

❺ 납세의무자가 거래처를 변경한 경우로서 신고한 가격이 종전의 가격과 현저한 차이가 있는 경우;

❻ 앞의 제❶부터 제❹까지의 사유에 준하는 사유로서 기재부령으로 정하는 경우.

그리고 납세의무자가 신고가격이 사실과 같음에 대한 증명, 즉 진정한 거래가격임에 대한 입증을 실패한 경우 세관장은 빠른 시일 내에 과세가격 결정을 하기 위하여 납세의무자와 정보교환 등 적절한 협조가 이루어지도록 노력하여야 하고, 신고가격을 과세가격으로 인정하기 곤란한 사유와 과세가격 결정 내용을 해당 납세의무자에게 통보하여야 한다. 관세평가법규는 수입자가 진정한 거래가격임에 대한 입증을 실패한 것으로 취급할 수 있는 적용기준으로 다음과 같은 경우를 제시하고 있다(관세법 제30조제5항; 관세령 제24조제3항):

- 세관장으로이 요구한 신고가격이 사실과 같음을 증명할 수 있는 자료를 제출하지 아니한 경우;
- 세관장의 요구에 따라 제출한 신고가격이 사실과 같음을 증명할 수 있는 자료가 일반적으로 인정된 회계원칙에 부합하지 아니하게 작성된 경우;
- 납세의무자가 제출한 자료가 수입물품의 거래관계를 구체적으로 나타내지 못하는 경우;
- 그 밖에 납세의무자가 제출한 자료에 대한 사실관계를 확인할 수 없는 등 신고가격의 정확성이나 진실성을 의심할만한 합리적인 사유가 있는 경우.

한편, 관세평가기술위원회 권고의견 2.1에 따르면, 가격이 동종·동질 물품의 일반적인 시장가격보다 낮다는 단순한 사실이 해당 가격을 협정 제1조의 목적상 부인하는 이유가 되지 않는다. 하지만 이 경우 세관당국은 관세평가 목적을 위하여 제출된 진술, 문서 또는 신고의 진실성 또는 정확성에 관하여 확인하는 권리를 제한받지 않는다. 그리고 관세평가기술위원회는 생산비용보다 낮은 가격으로 수출하기 위하여 판매된 물품에 대한 관세평가협정 제1조의 적용에 관하여 사례연구 12.1에서 다음과 같은 실증을 보여주고 있다.

거래 사실

- B국의 수입자 A는 T국의 수출자 S로부터 제조공정에서 소비되는 고품질의 부품을 구매한다. 수출자 S는 특정 산업분야에 판매하는 다국적 대기업의 자회사이다. 구매자와 판매자간에는 특수관계가 없다. 모든 협상은 현재 재고가 유지되는 동안에만 합의된 가격 수준이 유지될 수 있다는 것을 수입자 A에게 통지한 수출자 S에 의해 결정되었다. 수출자 S는 B국에 소재지가 없어 이 판매를 해당 시장 진출을 위한 기회로 본다. 성공적인 시장 진출은 회사에 상당한 장기적인 이익을 가져다 줄 것이고 이들 그룹의 보다 수익성 있는 특수관계 회사들을 소개할 수 있는 기반이 될 것이다. 이러한 기회는 가격수준에 영향을 주었다.
- 세계 경제상황으로 인해 수출자 S는 현금흐름을 창출하기 위해 생산비용보다 평균 30% 낮은 가격에 재고물품을 팔아야 했다. 수입자 A가 주문한 부품은 이 범주에 해당한다. 하지만 마케팅 기회를 이유로 수출자 S는 생산비용보다 40% 낮은 가격으로 판매하는데 동의했다.

관세평가기술위원회는 위에서 제시된 정보에 기초하여, 과세가격은 수입자 A가 수출자 S에게 지급한 협정 제8조에 따라 조정된 가격을 사용한 거래가격을 기초로 계산되어야 한다는 결론을 내놓으면서, 이 결론의 논거를 다음과 같이 설명하고 있다. 제시된 사실은 수출을 위한 판매가 수출자 S와 수입자 A간에 합의 되었다는 것을 나타낸다. 검토 중인 사례에서 당연히 협정 제17조의 규정을 조건으로 협정 제1조에 따른 거래가격을 부인할 근거를 제공하는 징표는 없다. 평가대상 물품과 관련하여 가격(value)을 결정할 수 없는 조건이나 사정(consideration)은 없다. 수출자 S와 수입자 A는 판매가격에 합의했다. 그 가격은 재고를 구매할 수 있을 때에만 조건부이다. 마찬가지로 판매자에게 귀속되는 후속판매에 따른 사후귀속이익도 없다. 제시된 사실에 기초하면 협정 제15조 제4항에서 규정하고 있는 어떠한 특수관계도 없다. 그러므로 거래가격을 부인하고 과세가격을 결정하기 위하여 다른 조항으로 넘어가기 위한 협정 제1조에 규정된 조항에 따른 근거는 없다. 또한, 권고의견 2.1은 가격이 동종·동질물품의 일반적인 시장가격보다 낮다는 단순한 사실이 협정 제1조에 따른 거래가격을 부인하는 충분한 근거가 되지 않는다고 결론 내린다. 마찬가지로 이 사례에서 가격이 판매자의 생산비용보다 낮고 판매자에게 이익이 남지 않는다는 단순한 사실이 거래가격을 부인할 충분한 근거는 되지 않는다.

한편, 한 국가의 상품이 그 상품의 정상가격(normal price)보다 낮은 가격으로 다른 국가의 시장에 진입하는 덤핑(dumping)은 수입국 역내의 기존 국내산업이 실질적인 피해를 받거나 받을 우려가 있는 경우 또는 국내산업의 발전이 실질적으로 지연된 경우에는 덤핑방지관세로 상쇄하거나 예방할 수 있다. 이러한 수입물품의 덤핑가격은 관세평가상 어떻게 취급되어야 하는가? 관세평가기술위원회는 예해 3.1.에서 덤핑물품의 평가에 적용되어야 하는 처리는 동종·동질물품의 일반적인 시장가격보다 낮은 가격으로 수입된 물품에 적용되는 것과 동일하게 취급된다는 지침을 제시하고 있다(para.3). 그 논거는 다음과 같다. 관세평가협정에 대한 일반서설에서, 회원국들은 "평가절차가 덤핑방지를 위해 사용되어서는 아니됨"을 인정하고 있다. 따라서 어떠한 종류의 덤핑이 의심되거나 입증되는 경우, 이를 저지하기 위한 적절한 절차는 적용가능하다면 수입국에서 유효한 덤핑방지규정에 따른다. 그러므로 협정 제1조 제1항에서 정하고 있는 조건 중 하나가 충족되지 않는 경우가 아니라면, 덤핑물품을 판정하기 위한 기초로서만 거래가격을 거부할 수 있으며, 덤핑물품의 거래가격에 덤핑마진을 고려한 금액을 가산하는 것을 관세평가상 문제삼을 수 없다.

우리 판례를 살펴본다. 납세의무자가 신고한 가격이 동종·동질물품 또는 유사물품의 가격과 현저한 차이가 있는 경우와 관련된【대법원 2007.12.27. 선고 2005두17188 판결】사건에서 상고심은 '유사물품의 가격'은 과세관청이 유사물품에 관한 관세범칙 사건의 조사나 사후 세액심사 등을 통하여 인정한 가격뿐만 아니라 수입신고인이 유사물품의 가격으로 신고한 것으로서 과세관청이 수리한 가격 등을 포함하는 거래사례에서의 가격을 의미하므로 수입물품의 신고가격이 유사물품에 관한 극소수 관세범칙 사건의 조사과정에서 밝혀낸 거래가격과 차이가 난다는 이유만으로 신고가격을 부인할 수는 없다고 판시하고 있다. 이 사건 처분의 경위는 다음과 같다. 원고는 1998.3.2.부터 2000.11.7.까지 세관장에게 164회건의 중국산 대두(콩나물콩으로서 원고는 흑두, 소립, 청태, 소백두, 소흑두 등의 품종을 수입하였다) 6,659,750kg, 들깨 98,950kg(이하 '이 사건 물품')의 수입신고를 함에 있어 거래가격을 미화 1,056,592 달러(이하 달러는 미화를 뜻한다)로 신고하였다. 부산세관 조사공무원은 원고에 대한 관세법위반사건을 조사하면서 2000.5.10. 원고의 사무실 부근 주차장에 있던 원고 소유의 소나타Ⅱ 승용차를 압수·수색영장 없이 원고의 동의를 얻어 수색하다가 그 안에서 20~30 조각으로 찢어져 있는 메모지(이하 '이 사건 메모지')를 발견한 후 원고에게 그 사실을 알리지 아니하고 이를 임의로 가지고 가 부산세관 조사국 사무실 내 캐비넷, 서랍 등에 보관하다가 그로부터 6개월 정도가 지난 2000.11.24. 원고를 관세법위반혐의로 조사하면서 이 사건 메모지를 원고에게 제시하며 원고의 관세법위반 사실을 추궁하였다. 부산세관 소속 조사공무원은 이 사건 메모지에 기록된 "17일 소립 58.35×(620-1 ㅁ $262 ㅁ ㅁ"라고 기재된 부분에 관하여, 원고를 조사하는 과정에서 그로부터 이는 "12월 7일 소립 58.35톤×(620-170)= $26,257.5"라는 진술을 듣고, 원고가 이 사건 물품 중 대두(콩나물콩) 58.35톤을 수입한 것은 한 번 뿐이므로, 이는 결국 1999.12.13. 부산세관에 품명 SOYA BEANS, 중량 58.35톤 톤당 단가 170 달러로 신고한 것과 동일한 것으로 보고 위 기재 중에서 1ㅁㅁ이 170 달러를 의미한다면 그 앞의 620이 위 수입물량에 대한 실제 거래가격이라고 보았는데, 부산세관 조사공무원은 위와 같은 방법으로 이 사건 메모지 중에서 8건(들깨, 흑두, 소립, 청태, 소백두, 소흑두 등에 해당한다)의 수입신고가격에 대한 저가신고사실을 추정하였고, 원고의 수입신고 전체 164건에 관하여도 원고가 저가신고한 것으로 인정하여 이 사건 메모지에 기재된 이 사건 물품의 각 종류별로 추정되는 거래가격을 기준으로 하여 관세 및 가산세 등을 산정하여 원고가 이 사건 물품을 수입하면서 실제 거래가격보다 저가신고한 차액 2,084,668 달러에 대한 관세를 포탈하였다고 판단하였다. 이에 따라 부산세관장은 2000.12.1. 원고를 위 관세를 포탈한 관세법위반 혐의로 부산지방검찰청 검사장에게 고발하고, 이 사건 물품의 각 통관지 세관인 부산세관 사상출장소장, 양산세관장, 용당세관장에게 포탈한 관세를 추징하도록 통보함에 따라, 부산세관장은 2001.1.18., 부산세관 사상출장소장은 2001.1.20., 양산세관장은 2001.1.29., 용당세관장은 2001.3.12. 각 경정처분을 하였다. 그런데 원고에 대한 위 관세법위반의 형사 사건에서 부산지방법원은 2001.4.27. 원고의 공소사실에 유일한 직접증거인 이 사건 메모지의 증명력이 부족하다고 보아 무죄판결을 선고하였고, 부산고등법원은 2001.11.22. 이 사건 메모지는 그 자체가 사본인데다가 여러 조각으로 찢어진 것이어서 전체의 형상을 알 수 없고, 일부 판독이 가능한 부분도 필적감정이 불가능하며 거기에 작성자의 서명, 날인도 없으므로 증거능력이 없다고 보아 검사의 항소를 기각하였고, 이후 검사가 상고를 포기함에 따라 2001.11.29. 위 판결은 확정되었다. 그 후 원고가 제기한 국세심판청구에서 국세심판원은 2002.3.7. 위 각 경정처분에 대하여 각 세관장의 위와 같은 관계법령에 근거하지 아니한 추계과세는 적법하지 아니하나, 다른 수입업자들이 이 사건 물품의 수입과 같은 시기에 중국으로부터 수입한 대두의 거래가격을 톤당 140 내지 690 달러로 신고한 것에 비추어 원고가 신고한 150 내지 180 달러의 수입신고가격은 동종·동질 또는 유사물품의 거래가격과 현저한 차이가 있다고 보아 그 정확성, 진실성을 의심하기에 충분한 이유가 있다고 보고 구 관세법 제9조의4 내지 8에서 규정한 과세가격 결정방법으로 그 과세표준과 세액을 재조사 결정한다는 내용의 결정을 하였다. 각 세관장은 국세심판원의 위 재조사 결정에 따라 이 사건 물품 중 콩나물콩인 대두의 경우에는 다른 수입업자들이 수입한 콩나물콩과 품종, 특성 등이 비슷하여 구 관세법 제9조의5 소정의 '유사물품'에 해당한다고 보고, 각 세관장에서 저가신고한 혐의가 있는 콩나물콩 수입업체를 관세법위반으로 조사한 결과 밝혀진 거래가격을 기준으로 원고의 수입물품과 선적(출항)시기가 정확하게 일치하는 경우에는 구 관세법 제9조의5에 의하여, 선적(출항)시기가 앞뒤로 약 90일간 일치하는 경우에는 구 관세법 제9조의8에 의하여 과세가격을 결정하였다. 그에 따라 원고가 톤당 150 달러로 신고한 80톤의 White Bean에 관하여는 선적시기가 일치하는 정무역

주식회사의 신고가격인 톤당 480~487 달러, 원고가 톤당 550 달러로 신고한 22.015톤의 들깨에 관하여는 선적시기가 일치하는 신애무역의 신고가격인 톤당 800 달러를 기준으로 과세가격을 결정하여 과세표준을 산정하고, 원고의 이 사건 물품 수입의 선적일자와 앞뒤로 약 90일간 일치하는 유사물품 중 원고가 톤당 150달러로 신고한 1,460톤의 Black Bean에 관하여는 주식회사 일이삼 등의 신고가격인 톤당 385~480 달러, 원고가 톤당 150~160 달러로 신고한 2,400톤의 White Bean에 관하여는 정무역 등의 신고가격인 톤당 394~516 달러, 원고가 톤당 150~180 달러로 신고한 573.65톤의 Yellow Bean에 관하여는 주식회사 청보 등의 신고가격인 389~485 달러, 원고가 480~550 달러로 신고한 63.015톤의 들깨에 관하여는 신애무역의 신고가격인 530~802 달러를 기준으로 하되, 다만, 동일한 물품에 대한 2이상의 거래가격이 있는 경우에는 최저가격을 적용하여 이를 과세가격으로 과세표준을 산정하며, 나머지 인정된 거래가격이 없는 64건의 수입신고건에 대하여는 위 경정결정에 의한 부과처분을 취소하였다. 그리하여, 부산세관장은 2002.6.8., 부산세관 사상출장소장은 2002.6.4., 양산세관장은 2002.6.14., 용당세관장은 2002.6.10. 각 감액 재경정하였다. 한편, 각 세관장은 유사물품의 거래가격을 적용함에 있어서 정무역, 일이삼, 청보, 신애무역 등의 24개 중국산 콩나물콩 수입업체에 대한 범칙조사가격과 그 밖의 세액 사후심사를 통하여 밝혀진 거래가격 및 농수산물유통공사의 수입가격을 기초로 하였다.

이 사건 제1심[182]의 판단을 살펴본다. 원고는 이렇게 주장하고 있다. 중국산 콩나물콩을 수입한 대부분의 업체(약 95%)는 거래가격을 톤당 150~180 달러로 신고하고 있음에도 세관당국에 의한 범칙조사, 세액 사후심사 등을 통하여 밝혀진 소수의 사례(약 5%)에서의 높은 신고가격을 기준으로 하여 원고의 신고가격이 구 관세법 제9조의3 제4항에 정한 유사물품의 거래가격과 현저한 차이가 있다고 보는 것은 타당하지 아니하고, 이는 중국산 들깨에 관하여도 마찬가지이다. 제1심은 다음과 같은 이유를 들어 원고의 이러한 주장을 받아들이지 않고 있다. 구 관세령 제3조의8 제1항이 과세가격 불인정의 범위로 삼은 사항 중 제3호는 '신고한 물품이 원유·광석·곡물 등 국제거래시세가 공표되는 물품인 경우 신고한 가격이 그 국제거래시세와 현저한 차이가 있는 경우'를 들고 있음에 비추어 비록 이 사건 물품이 국제거래시세가 공표되는 물품에는 해당하지 아니하더라도 앞서 본 밝혀진 사항[183]과 같이 중국 내 도메시장에서의 시세가 공표되어 있고 그 시세에 비하여도 현저히

182) 부산지방법원 2004.10.21. 선고 2002구합2278 판결.

183) ㉮ 농수산물유통공사가 1998~2000년까지의 중국 북경대종사도매시장의 일반 가공용 대두(국내에서 콩나물콩보다 낮은 가격에 거래되고 있다)의 유통가격이 최저 247~441 달러이다; ㉯ 농수산물유통공사가 1999, 2000년 공개경재입찰 방식으로 439~477 달러에 중국산 콩나물을 수입한다; ㉰ 각 세관에서 중국산 콩나물콩을 수입한 수입한 업체 중 관세법위반으로 입건된 21개 업체에 대한 조사결과 확인된 거래가격이 362~669 달러이고, 위 적발된 업체 대표자들이 위와 같이 밝혀진 정상가격으로 신고한 후 503.2%의 관세율을 적용하게 되면 국내산 콩나물콩과 가격경쟁력이 없어 대부분 중국산 콩나물콩 수입업체들이 160 달러 정도로 저가신고하고 있다는 진술을 하고

낮은 원고의 이 사건 물품의 수입신고가격에 대하여 구 관세법 제9조의3 제4항 구 관세령 제8조의8 제1항의 취지에 비추어 세관장은 이를 과세가격으로 인정하지 아니할 수 있다고 보인다. 나아가 각 세관장이 2002.5.13.경 원고로부터 제출받은 소명자료를 검토한 결과, ① 콩나물콩의 경우 1년이 지나면 발아율이 떨어져 상품으로서의 가치가 없는데도 원고가 수입한 콩나물콩은 3년 묵은 콩이라고 허위 진술한 점, ② 원고로부터 콩나물콩을 매입한 업체 대표자들이 정상품이라고 진술하였음에도 원고가 자신이 수입한 콩나물콩운 저급품이라고 허위 진술(저가 신고의 근거로 제시한 사정이다)한 점, ③ 원고에 대한 관련형사사건에서 제출된 중국 수출업자들의 각서에 의하며, 콩나물콩의 경우에 최초에 계약은 400~520 달러에 체결하였으나, 이후 품질에 하자가 있어 가격을 150 달러로 낮췄고, 들깨의 경우에도 최초 870 달러에 계약하였으나 품질에 하자가 있어 가격을 500 달러로 낮췄다는 내용으로 기재되어 있으나 원고의 위 각서에 해당하는 수입물량외에도 콩나물콩의 경우에는 150~170 달러, 들깨의 경우에는 500 달러로 신고하였음에도 원고와 거래한 중국 업자의 진술에 따르면, 원고가 수입한 물량은 저급품이 아니라 정상품에 해당하는 것이어서, 위 각서에 나타난 최초 계약시의 가액이 이 사건 수입물품의 실제 거래가격으로 추단된다.

원고의 또 다른 주장은 이렇다. 가사 세관당국이 구 관세법 제9조의3 제4항, 제5항에 따라 제9조의5, 제9조의8에 정한 과세가격결정방법을 채택하더라도 수입신고 이후 2년의 부과제척기간이 도과함으로써 확정된 다수의 중국산 콩나물콩 및 들깨의 수입가격 인정사례를 구 관세법 제9조의5가 정하는 '과세가격으로 인정된 바 있는 유사물품의 거래가격'으로 보지 아니하고, 세관당국에 의한 사후세액심사, 관세범칙조사 등을 통하여 각 세관장에 의하여 인정된 거래가격만으로 기준을 삼아서는 아니 된다. 제1심은 다음과 같은 이유를 들어 원고의 이러한 주장을 받아들이지 않고 있다. 구 관세법 제9조의5가 '과세가격으로 인정된 바 있는 거래가격'이라는 요건을 규정한 것은 신고납부방식인 관세의 특성상 단지 수입신고가 수리되었다거나 그 부과제척기간이 경과하였다는 소극적 요건만으로는 부족하고, 세관장의 적극적인 '인정'행위에 의하여 특정한 수입신고가격이 과세가격으로 인정되어야 한다는 것을 필요로 함을 나타낸 것이라고 할 것인바, 이는 결국 세관장에 의한 범칙조사나 사후세액심사 등을 통하여 그 거래가격을 객관적, 합리적인 것으로 인정받을 것을 요한다고 할 것이다.[184] 만일 그렇게 해석하지 아니한다면 특정 수입업자의 저가

있다; ㉣ 국내 콩나물콩 생산업체 단체인 사단법인 두OOO협회에 대한 사실조회에 의하면, 중국산 콩나물콩의 현지가격이 450~580 달러라고 한다; ㉤ 한계레신문, 경인일보 등의 보도에 의하면, 중국산 콩나물콩의 현지가격이 470 달러 정도인데 국내 수입업체들이 160 달러 정도로 저가신고하고 있다는 내용의 업계의 실정을 소개하고 있다.

184) 제1심은 다음과 같은 사실을 인정하고 있다. 각 세관장은, 원고가 수입한 중국산 콩나물콩 및 들깨는 다른 수입업자들의 중국산 콩나물콩 및 들깨와 비교하여 동일한 생산국에서 생산된 것으로서 모든 면에서 동일하지는 않더라도 동일한 기능을 수행하고 대체사용이 가능할 수 있을 만큼 비슷한 특성과 비슷한 구성요소를 가지는 유사물품으로 보고 구 관세법 제9조의5의 유사물품의

신고행위가 구 관세법 제9조의3 제4항, 제5항에 해당하는 유사물품의 거래가격과 현저한 차이가 있다고 보아 그 신고가격을 배척하고도 다시 제9조의4 내지 제9조의8에 정한 과세가격결정방법을 채택함에 있어서는 동일한 물품에 대한 가격이 둘 이상 있는 경우에는 최저가격을 적용하기로 하는 규정에 의하여 결국 과세가격으로 인정된 바 없이 단순히 수입신고수리되거나 부과제척기간이 경과한 저가신고가격을 유사물품의 거래가격으로 적용하여야 한다는 부당한 결과가 된다.

하지만 이 사건 원심[185]의 판단은 달랐다. 원심은 ① 이 사건 물품의 수입과 비슷한 시기에 콩나물콩 등을 수입한 대부분의 국내 수입업체들은 원고가 이 사건 물품에 관하여 신고한 150~180 달러와 비슷한 가격에 신고한 사실, ② 농수산물유통공사가 조사한 1998~2000년까지의 중국 북경대종사도매시장의 일반 가공용 대두의 유통가격이 247~441 달러인 사실, ③ 농수산물유통공사가 1999, 2000년 공개경쟁입찰 방식으로 439~477 달러에 중국산 콩나물콩을 수입한 사실, ④ 피고들을 비롯한 각 세관에서 중국산 콩나물콩을 수입한 업체 중 관세법위반으로 입건된 21개 업체에 대한 조사결과 확인된 거래가격이 362~669 달러인 사실, ⑤ 국내 콩나물콩 생산업체 단체인 사단법인 두채협회에 대한 사실조회 결과에 의하면 2002. 4~5월의 중국산 콩나물콩의 현지가격이 450~580 달러인 사실 등을 인정하면서, 다음과 같이 판시하고 있다. 이 사건 물품은 국제거래시세가 공표되는 물품이 아니므로 이 사건 물품에 관하여 위 ②, ⑤ 사실관계에서 파악된 시세를 적용할 여지는 없다고 할 것이고, 또한 위 ③의 수입물품이 이 사건 물품과 유사물품, 즉 '당해 수입물품의 생산국에서 생산된 것으로서 모든 면에서 동일하지는 아니하더라도 동일한 기능을 수행하고 대체사용이 가능할 수 있을 만큼 비슷한 특성과 비슷한 구성요소를 가지고 있는 물품'이라고 인정할 증거가 부족하다. 다음으로 위 ④의 사실관계 혹은 위 ② 내지 ⑤ 사실관계를 종합한 사실관계로서 위 ①의 거래신고 가격을 배척할 수 있는지에 관하여 본다. 구 관세법 제9조의3 제1항에서 실제로 지급하였거나 지급하여야 할 가격을 원칙적인 과세가격으로

거래가격을 기초로 한 과세가격결정방법을 택하기로 하여 위 선적일이 정확하게 일치하는 수입물품의 거래가격을 적용하기로 하고, 원고가 일반적으로 인정된 회계원칙에 근거하여 작성한 자료가 없어 제9조의6, 제9조의7에 정한 방법을 채택할 수 없는 관계로 마지막 방법인 제9조의8의 합리적 기준에 의한 과세가격결정방법을 택하기로 하여 제9조의4 제1항 제1호의 요건을 신축적으로 적용하기로 하되, 선적일을 전후하여 90일 내에 선적된 유사물품의 거래가격을 적용하기로 하였으며, 위 각 경우에 원고의 수입물품에 대한 과세가격 결정기초가 된 다른 수입업자의 유사물품의 거래가격이란 다른 수입업자들에 대한 세관장의 범칙조사, 사후세액심사를 통하여 밝혀진 가격, 국영무역기관으로서 신뢰성이 인정되는 농수산물유통공사의 수입신고가격을 '과세가격으로 인정된 바 있는 유사물품의 거래가격'에 해당한다고 판단하였다(관세청 산하 각 세관에서 1998~2000년도에 각 범칙조사를 거쳐 한 콩나물콩에 관한 경정처분 276건, 들깨에 관한 경정처분 23건에서 인정한 실지거래가격의 범위 또한 세관장이 이 사건 처분에서 인정한 거래가격과 비슷한 수준이다).

185) 부산고등법원 2005.11.25. 선고 2004누4772 판결.

규정하고 있는 이상 그 적용을 배제하고 제9조의4 이하 규정을 적용하여 다른 과세가격으로 결정하는 것은 가급적 그 요건을 엄격히 해석할 필요가 있는 점, 관세령 제3조의8 제1항 제2호 내지 제4호 가 물품의 특성, 거래형태에 관하여 구체적으로 특정하여 제한하고 있는 점 등을 아울러 고려해 보면, 위 법령 소정의 '거래가격' 내지 '가격'은 과세관청이 인정하는 가격이 아니라 거래사례에서의 가격을 지칭하는 것으로 보아야 하고, 과세관청이 범칙사건 조사과정에서 밝혀낸 거래가격 역시 한 거래사례에 불과하여 과세관청이 소수의 거래사례에서 파악한 거래가격의 객관성 등만을 앞세워 대다수 거래사례에서의 가격을 배척할 수는 없다고 할 것이다. 따라서 위 ② 내지 ⑤ 사실관계를 토대로 대다수의 거래신고 사례에 속한다고 볼 수 있는 ①의 신고가격을 배척하고 각 세관장이 과세가격으로 적극적으로 인정한 가격만을 법령 소정의 거래가격으로 볼 수는 없다. 물론 위 ② 내지 ⑤ 사실관계에 의하면 대다수의 국내 수입업체들이 저가로 허위신고를 하고 있을 수 있다는 의문이 들기도 하나, 과세관청이 그러한 의문을 토대로 그 사례들에 대한 조사를 통하여 허위성을 밝히지 아니한 상태에서 단지 위와 같은 의문만을 근거로 대다수의 거래신고 사례를 '거래가격'의 산정기준에서 제외할 수는 없다. 특히 이 사건은 원고가 이미 이 사건 물품의 수입에 대하여 무죄판결을 선고받아 그 판결이 확정된 사건으로, 각 세관장이 원고의 이 사건 수입신고 내용의 허위성에 대한 새로운 입증 없이 자신들이 종전에 조사한 관세법위반 사건의 사례들과의 비교를 통하여 법령 소정의 '유사물품의 거래가격과 현저한 차이'가 있다고 단정하는 것은 더욱 부당하다고 판시하고 있다.

현저한 가격 차이 등 합리적 의심에 따라 거래가격을 부인하고 산지조사 가격을 기초로 과세가격을 결정한 처분의 당부가 쟁점으로 제기된 【서울고등법원 2013.5.8. 2012누35469 판결】 사건에서 항소심은 다음과 같은 제1심[186]의 판단을 인정하여 원고의 항소를 기각하였다. 원고가 이 사건 마늘을 수입하면서 신고한 톤당 미화 900 불의 가격(운송비 등을 제외한 원료구입비는 톤당 미화 698.40 불이다)은 다른 수입업체가 2010.8.경 중국 산동지역 2010년산 마늘을 수입하면서 심고한 가격인 톤당 미화 1,800 불의 1/2정도이고, 한국 N유통공사가 조사한 2010.6.17.경 중국 산동지역 2010년산 마늘의 산지 구매가격인 톤당 미화 1,214~1,244 불보다 크게 낮은 사실을 인정할 수 있는바, 위 인정 사실에 의하면 원고의 신고가격은 구 관세법 제30조 제4항, 구 관세령 제24조 제1항에서 정한 '동종·동질물품 또는 유사물품의 거래가격과 현저한 차이가 있는 경우'에 해당한다. 또한, 원고와 해당 거래처 사이에 작성된 이 사건 마늘에 관한 2010.6.1.자 '합동서'에는 거래의 대상인 마늘이 "2009년도 재고물량"이라고 명시되어 있고, 원고가 세관장에게 제출한 가격결정경위서에도 마늘의 수확시기가 "2009년 7월"이라고 기재되어 있으나 이 사건 마늘은 2010년산(2010년 6월)인 사실을 인정할 수 있는바, 위 인정사실에 의하면 원고가 제출한 '합동서'

186) 인천지방법원 2012.10.11. 선고 2012구합359 판결.

등의 내용을 그대로 믿기 어려워 구 관세법 제30조 제5항, 관세령 제24조 제3항에서 정한 '신고가격의 정확성이나 진실성을 의심할만 한 합리적인 사유'가 있다. 이 사건 마늘의 과세가격은 공신력 있는 기관을 통하여 조사된 산지수매가격을 원고가 작성한 원가표상의 원료구입비에 대입하는 외에는 원고가 작성한 원가표에 의하여 결정된바, 일응 구 관세법 제35조에서 정한 합리적인 기준(같은 법 제34조에 규정된 원칙에 부합하는 것으로 보인다)에 따른 것으로 보이고, 국내 수입을 위해 조사된 위 산지수매가격이나 여기에 원고가 정한 내륙운송비, 해상운임비, 이윤 등이 더해진 과세가격이 수출국의 국내판매가격이라고 보기 어려우며, 이는 제3의 공신력 있는 기관이 조사한 기초가격[187]에 원고가 인정한 원가를 더한 것으로서 자의적 또는 가공적인 가격으로도 보이지 않는다. 원고가 그 수입신고서에는 이 사건 마늘의 산지를 "중국 산동"으로만 표시하였던 사실, 마늘은 수분에 따라 'Hard Stem'과 'Soft Stem'으로 구별되어 서로 품위규격이 다른바, S공사는 'Soft Stem' 마늘에 대하여 산동지역에서는 금향지역의 산지수매가격을 조사하였고, 청산지역에서는 'Hard Stem' 마늘의 산지수매가격을 조사한 사실을 인정할 수 있다. 달리 중국 산동 창산지역의 'Soft Stem' 마늘의 산지수매가격을 확인할 만한 객관적인 자료를 찾을 수 없는 이 사건에서, 세관장이 같은 중국 산동에 있는 금향 지역의 'Soft Stem' 마늘의 산지수매가격을 기초로 하여 이 사건 마늘의 과세가격을 결정한 것은 합리적인 기준에 따른 것으로서 적법하다.

수입물품의 과세가격 결정에 관한 이들 규정의 문언과 체계 및 취지, 특히 관세법 제32조 제1항이 관세법 제30조에서 사용된 '거래가격'이라는 용어를 그대로 사용하고 있는 점 등에 비추어 보면, 관세법 제32조 제1항의 '과세가격으로 인정된 사실이 있는 유사물품의 거래가격'은 ' 관세법 제30조에 따라 과세가격으로 인정된 유사물품의 거래가격'만을 의미하고, '과세관청이 신고가격을 부인하고 관세법 제31조 내지 제35조에서 정한 방법에 따라 결정한 과세가격'은 여기에 포함되지 않는다고 해석함이 타당하다.

이후 판례의 동향을 살펴본다. 원고가 1톤당 실제 수입가격이 콩나물콩의 경우 미화 240~270 달러, 건조 팥의 경우 미화 210~230 달러, 건조 녹두의 경우 미화 250 달러, 기타 대두의 경우 미화 220~273 달러에 불과함에도, 세관당국이 수입신고가격이 일정한 기준가격에 미달하는 경우 담보를 납입하도록 하는 등 과세가격으로 인정할 수 있는 사전세액심사대상 심사종료 가격 또는 정보가격 이상으로 신고가격을 상향하여 신고하도록 행정지도를

187) 제1심은, 한국 N유통공사는 농산물 등의 가격안정 및 유통개선사업을 통하여 그 수급을 안정시킬 목적 등으로 S공사법(구 N유통공사법)에 따라 설립된 법인으로, 위 목적을 위해 농산물 수출입 등의 사업을 영위하면서 그 수입가격결정이나 국내 수급계획수립의 참고자료로 활용하기 위해 현지 모니터 및 위 공사 중국 청도 사무소를 통해 중국산 농산물의 산지수매가격을 조사하고 있는 사실, 위 공사 중국 청도 사무소는 복수의 주산지(主産地) 수집상을 대상으로 탐문조사하는 방법으로 산지수매가격을 조사하는 사실을 인정하고 있다.

하므로 부득이하게 거래가격을 높게 신고하여 관세를 과다하게 납부하였다는 이유로 경정청구하였으나 세관당국이 거부처분한[188] 사안에서 판례[189]는 원고가 실제로 지급하였다고 주장하는 거래가격을 과세가격으로 인정하기 어렵고, 원고가 주장하는 거래가격의 정확성이나 진실성을 의심할만한 합리적인 사유가 있다는 원심[190]의 판단[191]을 그대로 인정하여 원고의 상고를 기각하였다. 이와 같거나 유사한 취지의 상고심 판례는 대법원 2015.7.9. 선고 2014두6364 판결 사건;[192] 2015.11.12. 선고 2015두2758 판결 사건;[193] 2015.11.12. 2015두2680 판결 사건;[194] 2017.4.13. 선고 2016두65732 판결 사건;[195] 2017.4. 3. 선고 2017두30443 판결 사건[196]에서도 확인된다.

---

188) 원심은 세관당국의 거부처분에 대하여, 동OOO이 2007년 초경부터 2008년 말경까지 중국 D 국제유한공사로부터 수입한 콩나물콩의 가격이 1톤당 미화 303 달러인 사실, 동OOO이 2007년 3월경부터 8월경까지 중국 D 국제무역회사로부터 수입한 기타 대두의 가격이 1톤당 미화 303 달러인 사실, 풀OOOO가 2007년경 중국 H 식품회사로부터 수입한 유기농 콩나물콩의 가격이 1톤당 미화 1,100 달러, 유기농 대두의 가격이 1톤당 미화 850 달러인 사실, 신영농산이 2007년 12월경부터 2008년 1월경까지 중국 T 무역유한공사로부터 수입한 녹두의 가격이 1톤당 미화 284 달러인 사실, 마OOOO 주식회사가 2007년 8월경 중국 D 무역유한공사로부터 수입한 건조 팥의 가격이 1톤당 미화 240 달러인 사실을 인정할 수 있고, 위 가격은 같은 기간 신고된 같은 품종의 물품 및 운임조건(CFR) 중 저가신고의 의심 없이 세관당국이 수리한 가격 중 가장 낮은 가격으로 보이며, 달리 위 가격이 관세행정에 따라 유도된 신고금액이라고 인정할 자료가 없는 점 등에 비추어 보면 위법이 없다고 설시하고 있다.

189) 대법원 2015.03.12. 2014두 9981 판결.

190) 서울고등법원 2014.06.11. 선고 2013누11835 판결.

191) 원심의 실제 수입가격에 관한 판단은 다음과 같다: ① 원고는 2007.1.8. 수입신고한 건조 팥 등 16건에 대하여 '추가 선별비용 경위서를 제출하여 세액 경정 및 보정신청을 하였고, 피고는 위와 같은 원고 제출자료를 근거로 과세가격을 결정한 점; ② 원고는 또 2008.11.경 중국산 콩나물 등에 대하여 수입신고를 하였으나, 피고는 서울세관장에게 원고의 신고가격의 적정성 여부에 대한 세액심사를 의뢰하였고, 서울세관장이 2008.12.18. 원고의 수입물품 선별비용 누락 사실을 확인함에 따라 이루어진 피고의 세액경정 통지에 대하여 원고는 아무런 이의 없이 추가세액을 납부하였던 점; ③ 이외에도 원고는 수입신고 시의 물품금액에다 가산금액 명목으로 일정금액을 더하여 신고하였고, 피고는 원고의 신고금액이 적정하다고 판단하여 신고수리를 해왔으며, 피고의 심사결과 추가선별비용이 확인되는 등 원고의 신고내용과 부합하는 자료가 나타난 점; ④ 원고는 신고 이후 뒤늦게 위 가산금액이 단순한 명목상의 금액이라고 주장하며 선별비용이 포함되지 않은 계약서상의 금액을 근거로 신고금액을 부인하고 있으나, 원고가 국내에서는 별도의 선별작업을 거치지 아니하는 등 현지에서 상품금액 외에 추가로 선별비용을 매도인 측에 지급하였을 가능성이 높아 보이는 점.

192) 항소심은 서울고등법원 2014.03.27. 선고 2013누11149 판결이고, 제1심은 수원지방법원 2013.03.28. 2011구합3945 판결이다.

193) 항소심은 서울고등법원 2015.06.04. 선고 2014누5998 판결이고, 제1심은 인천지방법원 2014.06.26. 2012구합4795 판결이다.

194) 항소심은 서울고등법원 2016.06.17. 선고 2014누6007 판결이고, 제1심은 인천지방법원 2014.06.26. 2012구합4801 판결이다.

195) 항소심은 서울고등법원 2016.12.09. 선고 2015누71787 판결이고, 제1심은 인천지방법원 2015.11.26. 2014구합30576 판결이다.

한편, 세관당국이 2014.10.29. 원고가 제출한 자료가 중국 소재 이 사건 수출업체로부터 2012.4. ~ 2013.8. 수입한 중국산 신선 안깐마늘(이하 '중국산 마늘', 수입물품의 마늘의 종류 및 규격으로 구별한다)의 거래관계를 구체적으로 나타내지 못하는 등 신고가격을 과세가격으로 인정하기 곤란하다는 이유로 관세법 제30조 제1항, 제5항에 따라 원고의 신고가격을 부인하고 관세법 제35조에 따라 각 입항일자에 가장 근접한 N유통공사(이하 '유통공사')의 산지조사가격 중 가장 낮은 등급의 가격(이하 '유통공사 산지조사가격')을 기초로 과세가격을 결정하여 원고에게 관세 등을 경정·고지한 사건을 살펴본다. 세관당국이 이 사건 처분을 하면서 기초로 한 이 사건 수입마늘에 대한 유통공사 산지조사가격의 구체적인 금액 및 과세가격은 아래와 같다.

수입신고번호		①	②	⑥
기준일		2012. 4. 18.	2012. 4. 18.	2013. 8. 2.
산지·크기		창산산 육쪽 (hard stem) 4.5㎝ 이상	창산산 육쪽 (hard stem) 4.5㎝ 이상	금향산 다쪽 (soft stem) 5㎝ 이상
산지조사가격	위안	4,500 ~ 4,600	4,500 ~ 4,600	2,200 ~ 2,600
	$	714.29	714.29	356.56
가산비용 ($)		115	115	115
과세가격 ($)		829.29	829.29	471.56

2012.4.18.경 및 2013.8.2.경 이 사건 수입마늘별 유통공사의 산지조사가격은 다음과 같다.

종류	규격	시기	
		2012. 4. 18.	2013. 8. 2.
창산산 육쪽 (hard stem)	4.5㎝ ↑	4,500 ~ 4,600 (약 714$ ~ 730$)	2,300 ~ 2,500 (약 372$ ~ 405$)
	5㎝ ↑	4,900 ~ 5,000 (약 778$ ~ 793$)	2,600 ~ 2,700 (약 421$ ~ 437$)
금향산 다쪽 (soft stem)	5㎝ ↑	3,300 ~ 3,500 (약 523$ ~ 555$)	2,200 ~ 2,600 (약 356$ ~ 421$)

이 사건 수입마늘 중 수입신고번호 ①의 총 매매대금은 58,080$(=440$/톤 × 132톤), 수입신고번호 ②의 총 매매대금은 21,120$(=440$/톤 × 48톤), ⑥의 총 매매대금은 39,360$(=410$/톤 × 96톤)으로 원고는 각 해당 수출업자에게 위 매매대금 상당액을 지불하였다.

196) 항소심은 서울고등법원 2016.12.09. 선고 2015누70616 판결이고, 제1심은 인천지방법원 2015.11.26. 2015구합50041 판결이다.

그리고 중국산 마늘은 국내로 수입할 경우 감모비, 포장재비, 운송비, 통관비, 이윤 등이 발생하여 원재료 가격(산지조사가격)과 함께 신고가격을 형성하는데, 위와 같이 원재료 가격 외에 추가적으로 발생하는 비용은 통상 톤당 100$ 정도이다.

이 사건 항소심[197]은 다음과 같은 사실이나 사정들을 종합하여 보면, 세관당국이 제출한 증거들만으로는 원고가 이 사건 수입마늘을 신고한 거래가격(신고가격)이 관세법 제30조 제4항, 제5항 소정의 과세가격으로 인정하기 곤란한 경우에 해당한다고 단정하기 어렵고 달리 이를 인정할 증거가 없다고 판시하고 있다:

- 세관당국이 이 사건 처분시 기준으로 삼은 유통공사 산지조사가격은 공기업인 H유통공사가 중국현지에서 조사한 농산물거래가격으로 상당한 신빙성과 정확성이 있는 현지조사가격이라고 할 것이나, 그 조사가격은 국영무역을 전제로 산출한 가격으로, 유통공사에서도 관세청장에게 '국영무역품목 월보'를 제공하면서 '동 자료는 공사 국영무역의 업무를 위해 조사하는 내부 참고자료로 민간업체가 구매하는 농산물과는 구매시기, 규격, 품질 등의 차이로 가격이 다를 수 있다'고 회신하였으며, 유통공사가 관세청장과의 양해각서에 따라 제공하는 산지조사가격이라고 하더라도 이를 관세령 제24조 제1항 제3호의2가 규정하고 있는 '관세청장 또는 관세청장이 지정하는 자가 조사한 수입물품의 산지조사가격'으로 볼 수 없고, 현저한 가격차이 유무를 판단함에 있어 주된 참고자료로 봄이 상당하다;
- 세관당국은 이 사건 수입마늘의 각 입항일자에 가장 근접한 유통공사 산지조사가격 중 가장 낮은 등급의 가격을 기초로 원고의 신고가격과의 현저한 차이 여부를 판단하였으나, 국영무역의 경우에도 중국산 마늘의 구매계약 체결 후 우리나라 입항하기까지 통상 45일을 부여하는 점, 통상 구매계약 체결 후 우리나라에 입항하기까지 중국내륙 안에서 선적항까지의 운송과정, 선적 및 통관절차 등을 거치게 되는 점 등을 감안하면, 원고가 세관당국의 소명자료 요구에 따라 최초 제출한 선적용 계약서(SALES CONTRACT) 상의 각 계역일자(선적일과 2일 내지 3일 차이로 2012.4.12. 또는 2013.8.2.)보다 비록 원고가 이후 제1심[198] 변론과정에서 뒤늦게 제출하기는 하였으나 구두계약 내용을 반영한 것으로 보이는 계약서가 실제에 가까울 개연성이 높고, 계약일자를 맞추기 위해 이를 임의로 작성하였다고 보기 어렵다;
- 2012.4.18.자 이 사건 수입마늘(hard stem)의 경우(수입신고번호 ①과 ②), 원고와 수출업체의 계약체결일을 2012.3.20.로 보면, 2012.3.20.에 가장 가까운 2012.3.21.자 산동성 창산산 육쪽(hard stem, 4.5㎝ 이상)의 유통공사 산지조사가격은 3,500~3,700 위안으로, 원고가 신고한 수입마늘의 원재료 가격 1,950 위안은 위 유통공사 산지조사

197) 부산고등법원 2017.09.22. 선고 2017누22169 판결.

198) 부산지방법원 2017.05.19. 선고 2016구합22361 판결.

가격의 55%에 해당하고(원고가 수입신고한 창산산 육쪽의 규격은 4~5㎝인 반면, 유통공사 산지조사가격은 창산산 육쪽 4.5㎝ 이상의 규격으로 산정한 가격이다), 2013.8.14. 자 수입마늘(soft stem)의 경우(수입신고번호 ⑥), 2013.8.2. 기준 중국산 수입마늘(soft stem)에 대한 유통공사 산지조사가격 2,200 위안을 기준으로 하더라도 원고가 신고한 수입마늘의 원재료 가격 1,800 위안이 위 유통공사 산지조사가격의 약 83%에 달하여, 유통공사 산지조사가격과 현저한 차이가 있는 경우에 해당한다고 보기 어렵다;

- 원고가 이 사건 수출업체와 사이에 작성한 계약서 등의 내용이 허위라거나 위·변조되었다는 점을 인정할 증거가 없으며, 원고가 이 사건 수출업체에게 위 계약서 등에 명시된 거래가격 외에 추가로 이 사건 수입마늘에 대한 대금을 지급하였다고 인정할 만한 자료도 없다;
- 이 사건 수입마늘의 산지, 수출업체가 다름에도 각 원가명세표상 운송비 및 기타 항목의 비용이 동일하고, 수출업체의 이윤이 다소 낮게 책정되어 있으며(각 12.9$), 물품대금이 후지급되었음에도 수출업체가 입게 되는 금융 손해가 반영되었는지 알 수 없고, 저장비용 및 관련세금에 대한 기재가 없는 점은 인정되나, 관세청에서 2013.6.17.부터 같은 달 21.까지 산동성 창산·금향, 청도를 출장조사한 결과 보고서에서 나타난 유통별 부대비용인 선별·인건비, 포장 제비용, 내륙운송비, 통관제비용, 이윤 등과 비교하더라도 큰 차이가 없거나 다소 높게 책정된 부분들이 있어, 수입업체가 입은 금융손해나 저장비용 등이 각 항목에 반영되었다고 볼 여지가 있고, 각 원가명세표상 운송비 및 기타 항목의 비용이 동일한 것은 수출업체들간의 관계 및 원고와의 관계 등에 기인한 것으로 보이고, 달리 이 사건 수입마늘의 신고가격에 정확성이나 진실성을 의심할만한 다른 사유가 있다고 볼 근거가 없다.

이와 같은 판례의 태도는 원고가 2015.1.12.경부터 2015.8.20.경까지 중국 소재 Qingdao X Import and Export Co., Ltd로부터 냉동다진마늘을 매수하여 수입하면서 신고한 가격에 대하여 세관당국이 유사물품의 거래가격에 비하여 현저한 차이가 있고 원고가 제출한 자료만으로는 그 정확성이나 진실성에 대한 합리적 의심을 해소할 수 없다는 이유로 원고의 수입신고가격을 부인하고 한국 농수산식품유통공사의 현지조사가격을 기초로 그 차액 상당분의 과세 등을 경정고지한 처분한 사안[199]에 대한 대법원 2018.7.13. 2018두42085 판결 사건[200]에서도 계속된다. 또한, 이러한 판례[201]의 입장은 원고가 2010.9.부터 2014.7.

199) 원고의 주장에 따르면, 냉동다진마늘은 그 원재료나 가공·보관방법에 편차가 심하기 때문에 단순히 품목이 이 사건 물품과 동일한 '냉동다진마늘'이라는 사유만으로는 유사물품으로 단정할 수 없으므로, 이 사건 물품 수입 전후에 수입된 다른 '냉동다진마늘' 수입신고가격의 가중평균단가를 '유사물품의 거래가격'으로 보고 이를 기준으로 하여 이 사건 수입신고가격을 부인하는 것은 부당하다는 것이다.

200) 항소심은 서울고등법원 2017.04.06. 선고 2017누65991 판결이고, 제1심은 인천지방법원 2017.07.14.

까지 중국 소재 2개 업체로부터 53회에 걸쳐 중국 산동성에서 가공한 건조마늘편 총 924.84 톤(이하 '이 사건 물품')을 수입하면서 톤당 미화 480 달러로 신고한 가격에 대하여 세관당국이 2015.7.14. '이 사건 물품의 수입신고가격이 유사물품의 수입신고가격인 톤당 미화 1,165 ~ 3,218 달러 및 한국 농수산식품유통공사가 조사한 중국 산지조사가격 톤당 미화 1,378 ~ 5,147 달러에 비하여 현저히 낮다.'는 이유로 원고의 수입신고가격을 부인하고 관세법 제35조에 따라 유통공사의 산지조사가격을 기초로 과세가격을 결정하여 관세 등을 증액 경정·고지한 사안[202]에서도 확인된다.[203]

그러나, 【대법원 2019.12.27. 선고 2019두47834 판결】 사건에서 상고심은 다른 입장을 취하고 있다. 이 사건의 처분경위는 이렇다. 원고 1은 'ㅇㅇㅇㅇㅇㅇ'이라는 상호로, 원고 2는 '△△△△'라는 상호로, 각 농산물 도소매 및 수출입업을 하는 사람들이다. 원고 1은 2014.3.6.부터 2015.9.13.까지 중국의 ANQIU XINLONG FOOD CO. LTD(이하 '신롱식품')과 ANQIU CHANGSHENG FOOD CO. LTD(이하 '창성식품', 신롱식품과 창성식품을 통칭하여 '수출업자들')으로부터 신선생강(소강 341톤 및 면강 691톤)을 수입하면서 톤당 미화 330 내지 610 달러(이하 '이 사건 원고 1의 신고가격')로 총 51회 수입신고하였다. 원고 2는 원고 1로부터 원고 1이 신롱식품으로부터 수입하기로 한 면강 96톤을 양도받아, 2014.5.25.부터 2014.6.24.까지 총 4회에 걸쳐 이를 수입하면서 톤당 미화 550 달러(이하 '이 사건 원고 2의 신고가격', 이 사건 원고 1의 신고가격과 이 사건 원고 2의 신고가격을 통칭하여 '이 사건 신고가격')로 수입신고하였다. 이에 대하여 전주세관장은 광주세관에 이 사건 신고가격의 적정 여부에 관하여 관세조사를 각 의뢰하였고, 광주세관장은 이 사건 신고가격이 유사물품 거래가격 및 한국 농수산물식품유통공사가 조사한 산지자격과 현저한 차이가 있으나 원고들이 신고가격이 특별히 낮은 사유를 소명하지 못하였다는 이유로 이 사건 신고가격을 부인하면서 관세법 제32조, 제35조에 따른 방법으로 과세가격을 결정하여 각 통보하자, 전주세관장은 원고들에게 위 각 통보에 따라 2015.3.13.부터 2016.1.11.까지 이 사건 신고가격을 부인하고 관세를 각 다시 산정하여 그 차액에 해당하는 관세 등을 각 경정·고지하였다(이하 '이 사건 각 처분').

이 사건 상고심은 원고들이 중국의 수출업자들로부터 이 사건 물품을 수입하면서 신고한

선고 2015구합739 판결이다.

201) 서울고등법원 2019.01.31. 선고 2017누86141 판결.

202) 세관당국은 2016. 6. 29. 조세심판원의 재조사 결정이 있었지만, 2016. 10. 20. "유통공사의 가격은 규격, 시기, 시장수요·공급상황 등 여러 요소가 반영된다. 이 사건 물품은 품질이 다양한 신선마늘과 달리 일정규격으로 생산되어 분말화하여 소비되는 특성상 품질차이가 크지 않다. 원고가 제출한 물품사진 등 자료는 이 사건 물품에 관한 것인지 확인할 수 없거나 신뢰성이 떨어진다."는 등의 이유로 이 사건 처분을 유지한다고 원고에게 통지하였다.

203) 제1심은 서울행정법원 2017.11.10. 2016구합8148 판결이다.

가격은 유사물품의 거래가격과 현저한 차이가 있고, 그 신고가격의 정확성이나 진실성을 의심할 만한 합리적인 사유가 있는 경우에 해당한다는 이유로, 전주세관장이 원고들의 수입신고가격을 부인한 것은 위법하다는 주장과 전주세관장이 이 사건 물품 중 '별지 1 순번 1~7 기재 소강'을 제외한 나머지 물품에 관하여 그 생산지로 보이는 중국 산동성에서 수확한 생강을 유사물품으로 보고 관세법 제32조에 따라 과세가격을 결정한 것은 적법하다고 판단하고,[204] E사 또는 주식회사 연우농산의 수입신고가격을 유사물품의 거래가격으로 고려하여야 한다는 원고 1의 주장을 배척한 원심[205]의 판단은 잘못이 없다고 설시하면서, 원심의 위와 같은 판단에 상고이유 주장과 같이 관세법 제32조 제1항에서 정한 '과세가격으로 인정된 사실이 있는 유사물품의 거래가격'에 관한 법리를 오해하는 등의 잘못이 없으며, 상고이유에서 들고 있는 대법원 2007.12.27. 선고 2005두17188 판결은 사안이 달라 이 사건에 원용하기에 적절하지 않다고 판시하고 있다. 이러한 판례의 태도는 대법원 2019.3.14. 2018두63655 판결 사건[206]에서도 확인된다.

이 사건 신고가격 부인의 적법 여부에 대해 원심은 다음과 같은 사정들을 종합하여 보면, 원고들의 신고가격이 유사물품의 거래가격과 현저한 차이가 있고, 그 신고가격의 정확성이나 진실성을 의심할 만한 합리적인 사유가 있는 경우에 해당하여 원고들의 신고가격을 과세가격으로 인정하기 곤란하다고 판시하고 있다:

- 이 사건 신고가격 중 원료가격은 한국 농수산식품유통공사가 조사한 산지가격의 12~38% 수준이고, 이 사건 신고가격의 조정가격[CIF(Cost, Insurance and Freight. 물품의 운임·보험료를 포함한 가격) 환산가격]은 각 수입 당시의 유사물품 가중평균가격(신고건별 순중량 × 신고건별 단가의 총합계를 신고건별 순중량의 총합계로 나누어 산출한 평균가격)의 24~55%, 유사물품 최저가격의 27~78%에 불과한바, 이 사건 신고가격은 각 수입당시의 유사물품의 거래가격과 현저한 차이가 있다(2018.2.2. 감액경정 부분에 기초가 된 유사물품의 거래가격을 포함하여 유사물품의 가중평균가격 및 유사물품의 최저가격 대비 이 사건 신고가격의 비율을 구하여도 이 사건 신고가격이 유사물품의 거래가격과 현저한 차이가 있는 것은 마찬가지이다);
- 원고들이 수입한 이 사건 물품 중 일부는 면강으로 보이나 대강과 면강은 가격에서

204) 원심은, 원고 1이 위 물품의 유사물품 거래가격으로 인정되어야 한다고 주장하는 D사의 수입물품에 대한 과세가격은 과세관청이 그 신고가격을 부인하고 관세법 제35조에 따라 결정한 것이어서 관세법 제32조 제1항 의 '과세가격으로 인정된 사실이 있는 유사물품의 거래가격'에 포함되지 않으므로, 전주세관장이 위 물품에 관하여 관세법 제35조 제1항, 제32조 제1항이 아니라 제35조 제2항에 따라 중국 산지가격을 기초로 과세가격을 결정한 것은 적법하다고 판단하였다.

205) 광주고등법원 2019.07.10. 선고 (전주)2018누1225 판결.

206) 항소심은 서울고등법원 2018.11.09. 선고 2018누44915 판결이고, 제1심은 수원지방법원 2018.04.17. 선고 2017구합64669 판결이다.

큰 차이가 없는 것으로 보이고, 관세청은 대강과 면강을 구분하지 않고 대강으로만 신고하도록 하고 있어서 전주세관장이 인정한 유사물품에는 대강과 면강이 모두 포함되어 있을 가능성이 높으므로 대강을 면강의 유사물품으로 고려할 수 있다;

- 원고들은 산동성산 생강에 비하여 저렴한 운남성산 생강을 수입한 것이라고 주장한다. 살피건대, 운남성산 생강이 산동성산 생강에 비해 저렴한 것으로 보이나, ① 생강의 수입신고를 하면서 산동성산을 운남성산으로 신고하는 등의 저가신고 수법에 대응하기 위해 관세청이 2015년 4월경 실시한 중국출장 결과보고에 의하면, 산동성산 생강은 수분 함량이 높고 크기가 큰 반면에 운남성산 생강은 수분 함량이 산동성산에 비해 낮고 크기가 작은데(운남성산과 산동성산 생강의 수분 함량이 비슷하다는 취지의 갑 제74호증의 1, 2의 각 기재만으로는 위 인정을 뒤집기에 부족하다), 관세청이 운남성에서 채취한 생강(소강)과 원고들 및 다른 수입업자가 수입한 생강의 성분을 분석한 결과 아래 [비교표] 기재와 같이 원고들이 운남성산이라고 주장하는 생강은 관세청이 운남성에서 채취한 생강과 수분 등 함량에서 차이가 있고 오히려 다른 수입업자와 원고들이 수입한 산동성산 생강과 그 수분 등의 함량이 유사한 점, ② 운남성에서도 대강이나 면강이 생산되고 거래되기는 하나 이는 소량이고 주로 소강을 재배하는 것으로 보이는데 원고들이 수입한 물량은 소강(341톤)보다 면강(787톤)의 양이 훨씬 많은 점, ③ 수출업자들이 운남성에서 산동성까지 운송하였다는 증거로 제출한 영수증은 모두 그 내용이 수기로 작성되고, 수출업자들의 도장만 날인되어 있어 진정하게 성립된 것인지 나아가 그 내용이 진실한 것인지 의심스러운 점 등을 고려하면, 원고들이 수입한 생강을 운남성산 생강으로 보기 어렵다.

[비교표]

종류		수입신고내용	수분 함량(%)	회분 함량(%)
소강	운남성 채취 (관세청 현지출장)		82.3	1.24
소강	원고들 (이 사건 생강)	운남성산	91.4	0.96
소강	원고들	산동성산	91.1	0.94
대강(면강)	원고들 (이 사건 생강)	운남성산	93.3	0.81
대강	연우농산	산동성산	93.4	0.89

- 원고들은 생강의 수확기인 11월 무렵 생강의 가격이 가장 저렴하여 2013년 11월과 2014년 11월에 수출업자들과 포괄계약을 체결하여 더 저렴하게 생강을 수입할 수 있었다고 주장한다. 그러나 ① 생강의 경우 포괄계약을 하더라도 공급량을 선점하는 의미에

불과할 뿐이고 거래 대금은 구체적인 거래 당시의 시세에 따라 결정되는 경우가 일반적인 것으로 보이는 점, ② 원고들은 2013년 11월에 면강을 톤당 미화 550 달러, 소강을 톤당 미화 610달러, 2014년 11월에 면강을 톤당 미화 360 또는 350 달러, 소강을 톤당 미화 510 또는 505 달러로 포괄계약하였다고 주장하나, 한국 농수산식품유통공사의 조사에 의하면 중국산지가격은 톤당 2013년 7월에 미화 722 달러, 2013년 11월에 미화 1,180 달러, 2014년 1월에 미화 1,010 달러, 2014년 11월에 미화 1,759 달러, 2015년 1월에 미화 493 달러이었는바, 생강의 수확기인 11월에 생강 가격이 가장 저렴한 것도 아니고 2013년 11월경 산지가격보다 2014년 11월경 산지가격이 더 높은데도 원고들은 2014년에 더 낮은 가격으로 계약한 점, ③ 원고가 2013년 11월에 신롱식품과 포괄계약을 통해 수입하였다는 운남성산 구강과 창성식품과 개별계약을 통해 수입한 산동성산 구강의 수입신고가격이 톤당 미화 370 달러와 미화 380 내지 390 달러로 큰 차이가 없는 점, ④ 원고들이 제출한 각 포괄계약서에는 운남성산 생강을 수입하는 것으로 기재되어 있는데 앞서 본 바와 같이 원고들이 수입한 생강이 운남성산 생강이라고 보기 어려운 점, ⑤ 원고들과 포괄계약을 체결한 상대방인 신롱식품과 창성식품은 모두 산동성에 소재한 수출업자인데, 산동성산과 운남성산 생강을 구입하여 판매한다고 하면서도 자신들의 거래처 내용은 밝힐 수 없다고 회신하고 있는 점, ⑥ 광주세관은 이 사건 소송이 시작된 후 원고 1에게 공동으로 운남성 내 생산지와 현지 시장을 방문하여 생강의 품종과 가격 등에 대해 조사할 것을 요청하고, 공동조사가 어려울 경우 세관에서 직접 현지를 방문하여 조사할 수 있도록 생산지의 주소와 생산자의 연락처 등을 알려달라고 요청하였으나 원고 1이 이를 거부한 점, ⑦ 그 밖에 이 사건 신고가격의 진실성을 뒷받침하기 위하여 제출한 각 포괄계약서, 수출업자들의 회신서, 원고 1의 답사사진 등 거래당사자들이 작성한 서류 등은 수입 생강에 대한 고율의 관세부담을 회피하기 위하여 실제와 달리 작성되었을 가능성을 배제할 수 없고, 송금내역서 등 매매대금 지급에 관한 자료는 저가신고를 위해 대금 중 일부만을 지급하고 나머지 대금은 다른 경로를 통하여 지급했을 수도 있는 점 등을 종합하여 보면, 원고들이 제출한 증거들만으로는 이례적으로 낮은 이 사건 신고가격의 진실성을 뒷받침하기에 부족하다.

이 사건 과세가격 결정의 적법여부에 대한 원심의 판단은 다음과 같다. 전주세관장은 별지1 목록 순번 1-7 기재 수입신고(이하 '1-7 수입신고') 중 소강 5톤 부분을 제외한 나머지 별지1 목록 기재의 각 수입신고에 대하여, 이 사건 물품 중 소강에 대해서는 소강을, 면강에 대해서는 대강을 각각 유사물품으로 선정하고, 이 사건 물품의 생산지로 보이는 중국 산동성에서 수확한 생강을 유사물품으로 보아 가격에 영향을 미치는 시장조건이나 상관행에 변동이 없는 기간이라고 보이는 이 사건 물품의 각 입항일 전후 30일간의 유사물품 가격 중 최저가격을 과세가격으로 정한 사실을 인정할 수 있으므로 나머지 별지1 목록 기재 수입신고에 대한 과세가격(별지2 목록 기재의 각 감액결정이 반영된 별지1 목록 기재 수입신고에 대한 과세가격) 결정은 적법하다. 이에 대하여 원고 1은 수입신고가격이 부인되고 유사물품의 거래가격을 기초로 과세가격을 결정한다고 하더라도, 별지1 목록 순번 1-1 내지 1-5 기재 소강에 대하여 전주세관장은 E사가 수입한 산동성산 소강을 유사물품에서 배제한 채 다른 수입업자가 수입한 산동성산 소강의 인정된 거래가격인 톤당 미화 1,318.67 달러로 과세가격을 결정하였으나, E사의 수입신고가격인 톤당 미화 883.04 달러가 세관에서 거래가격으로 인정되었으므로 이를 기준으로 과세가격이 결정되어야 하고, 이에 따라 전주세관장의 관세경정처분 중 별지4의 '환급금액 계산' 중 '관세액' 부분은 위법하다고 주장한다. 인정사실[207]에 의하면, 이 사건에서 E사가 수입한 생강에 대하여 비과세된 톤당 미화 883.04 달러가 과세가격으로 인정된 사실이 있는 거래가격이라고 하더라도 그 가격은 다른 유사물품의 거래가격과 현저한 차이가 있어 관세법 제32조 제2항에 따라 신고가격의 정확성과 진실성을 의심할 만한 합리적인 사유가 있으므로 과세가격 결정의 기초자료에서 제외되어야 할 것이다. 따라서 전주세관장이 별지1 목록 순번 1-2 내지 1-5 기재 수입신고의 과세가격을 결정함에 있어 E사의 수입신고가격을 유사물품 거래가격으로 고려하지 않은 것이 위법하다고 볼 수 없다. 또한 원고 1은 별지1 목록 순번 3-1 내지 3-11 기재 면강의 수입신고가격(톤당 미화 369 내지 380 달러)이 유사한 시기에 연우농산이 수입한 산동성산 대강에 대하여 인정된 거래가격(2014.12.6.~2015.1.15. 신고가격 톤당 미화 340 달러)보다 높으므로 당연히 그 수입신고가격이 인정되어야 하고, 별지1 목록 순번 4-1, 4-3 내지 4-5, 4-7, 4-10, 4-11 기재 소강의 수입신고가격(톤당 미화 519 내지 524 달러)은 연우농산이 유사한 시기에 수입한 산동성산 소강에 대하여 인정된 거래가격(2015.3.31.~2015.4.11. 신고가격 톤당 미화 700 달러)보다 낮으므로 연우농산이 수입한 소강이 과세가격 결정을 위한 유사물품으로 고려되어야 하며, 이에 따라 위 각 수입신고에 대한 피고의 관세경정처분 중 별지3의 '환급금액 계산' 중 '관세액'부분은 위법하다고 주장한다. 연우농산이 2014.12.6.부터 2015.1.15.까지 입항한 대강에 관하여 톤당 미화 340 달러에, 2015.3.31.부터 2015.4.11.까지 입항한 소강에 관하여 톤당 미화 700 달러에 각각 수입신고를 하였고, 인천세관장이 그 신고가격을 부인하고 관세를 경정부과하였으나, 서울

207) E사가 2014.4.15. 입항한 산동성산 소강 24톤에 대하여 수입신고가격을 톤당 미화 883.04 달러로 기재한 사실, 서울세관에서 E사의 수입생강에 대하여 2014.9.25.부터 2014.10.24.까지 세액심사를 실시하였는데, 당시 원고 1이 2014.3.16. 입항한 별지1 목록 순번 1-2의 신고가격(조정가격) 톤당 미화 629 달러와 ○○○○○○사가 2014.4.5. 입항한 신고가격(조정가격) 톤당 미화 503 달러에 대하여 세액심사가 진행 중이었는데도 이것들을 유사물품의 거래가격으로 보고 E사의 수입신고가격이 유사물품의 거래가격보다 더 높다는 이유로 2014.11.19. E사의 수입신고가격을 인정한 사실, 이후 원고 1이 수입한 별지1 목록 순번 1-2 기재 물품신고가격은 유사물품의 거래가격과 현저한 차이가 있는 등 과세가격으로 인정하기 곤란하다는 이유로 2015.3.13. 이 사건 처분을 통해 톤당 미화 1,318.67 달러로 증액경정되고, ○○○○○○사가 수입한 물품 역시 마찬가지 이유로 2015.2.24. 톤당 미화 1,318 달러로 증액경정된 사실이 인정된다.

고등법원 2017누84503호 사건에서 위 법원이 연우농산의 신고가격을 과세가격으로 인정하기 곤란한 경우에 해당한다고 보기 어렵다고 판단하여 인천세관장의 관세부과처분을 취소하였고, 위 판결은 대법원에서 상고가 기각되어 그대로 확정된 사실은 인정된다. 그러나 동종·동질물품 또는 유사물품의 거래가격을 기초로 과세가격을 결정하기 위해서는 가격에 영향을 미치는 시장조건이나 상관행에 변동이 없는 기간 중에 선적되어 우리나라에 수입된 것이어야 하고, 거래단계, 거래수량, 운송거리, 운송형태 등이 해당 물품과 같아야 하며, 두 물품 간에 차이가 있는 경우에는 그에 따른 가격차이를 조정한 가격이어야 한다(관세법 제31조 제1항 1호, 제2호, 제32조 제1항 참조). 그런데 연우농산이 수입한 위 물품은 대량 포괄계약으로 수확시기로부터 1년 전에 저렴하게 대량 확보한 경우이고, 원고 1이 수입신고한 위 해당 물품은 포괄계약으로 저가매수를 하였다고 인정하기 어려운 경우에 해당하는바, 연우농산과 원고 1의 해당 수입물품이 거래단계, 거래수량, 운송거리, 운송형태 등 여러 가지 요인에서 동일한 수준에 있다고 보기 어렵다. 따라서 전주세관장이 별지1 목록 순번 3-1 내지 3-11, 4-1, 4-3 내지 4-5, 4-7, 4-10, 4-11 기재 수입신고의 과세가격을 결정함에 있어 연우농산의 신고가격을 유사물품의 거래가격으로 고려하지 않은 것이 위법하다고 볼 수 없다.

전주세관장은 별지1 목록 순번 1-7 기재 수입신고(이하 '1-7 수입신고') 중 소강 5톤 부분에 대해서는 관세법 제35조에 따라 중국산지가격을 기초로 과세가격을 톤당 미화 2,466달러로 결정하였다. 1-7 수입신고의 입항일 전후 30일 사이에 수입된 유사물품이 없는 사실이 인정되므로 관세법 제32조의 방법을 적용할 수는 없다. 또한 관세법 제33조를 적용하기 위해서는 관세법 제33조 제1항 제1호에서 규정한 "해당 물품, 동종·동질물품 또는 유사물품이 수입된 것과 동일한 상태로 해당 물품의 수입신고일 또는 수입신고일과 거의 동시에 특수관계가 없는 자에게 가장 많은 수량으로 국내에서 판매되는 단위가격"을 우선 산출하여야 하는데, 일반적으로 인정된 회계원칙에 부합하는 방식으로 작성된 객관적인 자료가 없을 뿐만 아니라 국내판매가격을 산출할 아무런 자료가 없다. 관세법 제34조에 의하여 과세가격을 결정할 수 있는지에 관하여 보면, 1-7 수입신고 중 소강 5톤은 농산물로서 생산에 소요된 원자재 비용 및 조립이나 그 밖의 가공에 드는 비용을 별도로 산출할 수 없고 수출자의 원가를 확인할 수 없을 뿐만 아니라 원고 1이 그 산정가격의 금액을 확인하는데 필요한 자료를 제출하지도 않았으므로 관세법 제34조의 방법을 사용할 수도 없다. 결국 관세법 제35조에 의하여 1-7 수입신고 중 소강에 관한 과세가격이 결정되어야 할 것이다. 원고 1은 D사 수입물품에 대한 과세가격이 유사물품의 거래가격으로 인정되어야 한다고 주장한다. D사는 1-7 수입신고의 입항일인 2014.8.14.로부터 90일 이내인 2014.5.20. 소강을 수입하고 톤당 미화 450 달러에 신고하였으나, 인천세관에서는 위 신고가격을 부인하고 세액심사결과 2014.10.27. 관련 규정에 따라 D사 수입물품의 입항일 전후

90일 이내인 2014.3.15. 입항되어 수입된 물품의 거래가격인 환산단가(톤당 미화 1,319 달러)를 D사의 과세가격으로 결정한 사실이 인정되는바, D사의 과세가격을 관세법 제35조 제1항, 제32조, 관세령 제29조 제1항 제1호, 구 관세규칙 제7조 제1항 제2호에 따라 원고1이 수입한 1-7 기재 소강의 입항일 전후 90일 이내 유사물품의 거래가격으로 볼 수 있는지가 문제된다. 다음과 같은 사정들을 종합하여 보면, 관세법 제32조의 "과세가격으로 인정된 사실이 있는 유사물품의 거래가격"이란 유사물품의 수입업자가 관세법 제30조 제1항에 따른 거래가격으로 신고한 가격이 과세관청에 의하여 과세가격으로 인정된 경우 그 유사물품의 거래가격을 말하고, 수입업자의 신고가격이 부인되어 과세관청이 관세법 제31조 내지 제35조에 따라 산정한 과세가격은 여기에 포함되지 않는다고 봄이 타당하다. 따라서 D사의 수입신고가격이 그대로 인정되지 않고 과세관청에 의해 관세법 제35조에 따라 산정된 D사의 과세가격은 관세법 제32조의 "과세가격으로 인정된 사실이 있는 유사물품의 거래가격"에 포함되지 않는다고 할 것이고, 관세법 제35조 제1항, 제32조, 관세령 제29조, 구 관세규칙 제7조 제1항 제2호에 따른 입항일 전후 90일의 유사물품의 거래가격으로 볼 수 없다. 따라서 1-7 수입신고 중 소강 5톤에 관하여 관세법 제35조 제2항에 따라 중국산지가격을 기초로 과세가격을 결정한 피고의 처분은 적법하다고 할 것이다:

- 관세평가법규의 규정들을 종합하면, "과세가격으로 인정된 사실이 있는 유사물품의 거래가격"이란 유사물품에 관한 납세의무자가 관세법 제30조 제1항에 따른 거래가격으로 가격신고를 하여 과세가격으로 인정된 거래가격을 말한다고 할 것이다;
- 관세법 제30조 내지 제35조에 규정한 과세가격의 결정방법은 우리나라가 가입한 세계무역기구(WTO) 관세평가협정에 기초하고 있다. 관세평가협정 제1조 제1항은 "수입물품의 과세가격은 거래가격이 되어야 한다. 거래가격은 수입국으로 수출하기 위하여 판매된 물품에 대하여 다음을 조건으로 제8조의 규정에 따라 해당 물품에 대해 조정된 실제로 지급하였거나 지급하여야 할 가격이다"라고 규정하고 있는바, 이것은 관세법 제30조 제1항에 의한 방법과 동일한 방법을 규정한 것이다. 관세평가협정 부속서 I 제3조에 대한 주해 제4항은 "제3조의 목적상 유사물품의 거래가격이란 제1조에 따라 이미 채택된 가격을 제1항 나호 및 제2항에 규정된 바에 따라 조정한 관세가격을 의미한다"고 정하고 있다. 관세평가협정 권고의견 7.1은 "해당 가격이 거래가격으로 관세당국에 의하여 인정된 바 있다면 비교가격으로 사용될 수 있으나, 당연히 가격이 여전히 심사대상이거나 관세의 과세가격에 대한 최종 결정이 잠정적인 상태에 있는 경우에는 그러하지 아니하다"라고 규정하고 있다. 이러한 규정들에 따르면, 관세평가협정 역시 유사물품의 거래가격이란 관세평가협정 제1조, 즉 관세법 제30조에 따라 결정된 가격을 의미하고 있다;
- 관세령 제26조에서는 '유사물품'에 관하여는 정의규정을 두고 있으나 '거래가격'에 관하여는 명시적인 정의규정을 두고 있지 않으나, '거래가격'이란 당사자가 실제로 지급

하였거나 지급하여야 할 가격으로 해석하는 것이 자연스럽다. 관세법 제32조는 '유사물품의 과세가격' 또는 '유사물품의 가격'이라고 규정하지 않고 '과세가격으로 인정된 사실이 있는 유사물품의 거래가격'이라고 규정하고 있는바, 유사물품의 신고가격이 부인되어 과세관청이 과세가격을 결정한 경우까지 여기에 포함한다고 보이지 않는다.

2) 특수한 거래상황이 수반된 물품의 가격

(1) 일괄거래물품의 가격

관세평가법규상 일괄거래(Package deal)는 서로 관련이 있는 물품군 또는 함께 판매된 물품군 일체에 대하여, 단 하나의 대가(consideration)를 구성하는 판매된 물품의 가격을 총액(lump sum)으로 지급하기로 약정된 계약을 말한다. 관세평가기술위원회는 예해 8.1에서 세 가지 유형별로 평가처리지침을 제공하고 있다. 첫 번째로, 다른 물품이 판매되고 하나의 전체가격으로 송품장이 발행되는 경우이다. 관세평가협정 제1조의 다른 조건들이 충족된다고 가정한다면, 다른 물품들에 대하여 하나의 전체가격으로 기재되었다는 사실은 거래가격을 결정하는데 있어 장애가 되지 않기 때문에 해당 물품들이 다른 관세율로 별개의 관세율표 호에 분류할 수 있는 경우에, 협정 제1조의 요건을 충족하는 일괄거래의 일부로서 합의된 전체가격은 협정 제1조를 적용할 때 품목분류 목적만을 이유로 배제되지 않아야 한다. 또한, 추가로 다른 호에 분류할 수 있는 물품들에 대한 전체가격의 적절한 배분에 대한 실무적인 문제가 있다. 이들 방법이 일괄거래에 포함된 다양한 물품의 가격에 대한 유효한 지표를 제공할 수 있다면, 예를 들면, 과거 수입의 동종·동질 또는 유사물품의 가격이나 가치(value)의 사용을 포함한 몇 가지 방법이 사용될 수 있다. 수입자가 일반적으로 인정된 회계원칙에 기초한 적절한 가격배분(price breakdown)을 제시할 수도 있다.

두 번째로, 하나의 전체가격으로 판매되고 송품장이 발행된 다른 품질의 물품이 단지 일부만 수입국에서 내수용으로 신고되는 경우에는 문제에 대한 본질이 각각 다르다며, 다음 예시로 관세평가기술위원회는 설명하고 있다. 세 가지 다른 품질(최상급 A, 보통 B, 저급 C)로 구성된 탁송물품을 kg당 100 c.u.의 전체 단위가격으로 구매한다. 수입국에서 구매자는 A급 물품만 내수용으로 kg당 100 c.u.로 수입신고하고 나머지 등급 물품은 다소 다른 절차에 사용되도록 한다. 실제로 지급하였거나 지급하여야 할 전체가격은 다양한 품질을 가진 물품의 세트에 대하여 합의되었기 때문에 내수용으로 신고된 물품에 대한 판매가격은 없으므로 협정 제1조는 이러한 경우에는 적용되지 않는다. 하지만, 상기 예시에서 여러 가지 품질의 물품 중에서 하나의 등급만 내수용으로 신고되는 대신에, 탁송물품을 구성하는 전체의 패키지에 포함된 각각의 상품이 특정되고 동등한 비율(예를 들어, 3분의 1 또는 2분의 1)로 내수용으로 신고되는 경우에는 협정 제1조 적용이 가능하다. 구매한 전체수량에 대해 내수용으로 신고된 물품 수량을 전체가격에 대한 비율로 나타낸 가격은 협정 제1조의 조건에 따라 거래가격의 기초로서 될 수 있다는 것이다.

예시 거래

100 c.u.에 일괄거래로 구매한 상품 A와 B는 판매자에게 지급하여야 할 거래의 전체가격의 변동없이 관세에 대한 수입자의 총부담을 경감하기 위하여 각각 35, 65로(상품 A의 세율은 15%이고 상품 B의 세율은 6%이다) 송품장이 발행되었다.

마지막으로, 동일한 거래에 포함되는 다른 물품이 위 예시에서 설명한 바와 같이 오로지 세율 및 기타 사유를 위하여 개별가격으로 송품장이 발행되는 경우라면 가격은 관세에 대한 부담을 경감하기 위하여 부적절하게 책정되거나 수정되었다(일부 상향 및 일부 하향). 이러한 종류의 행위는 덤핑방지조치 또는 쿼터(quotas)[208]에 대한 법망을 피하기 위하여

---

208) 쿼타수수료(Quota Charges)는 수입허가를 획득하는데 소요되는 비용이며 물품에 대한 지급이 아니기 때문에 만약 수출자가 이러한 쿼타비용을 지급하고 이를 자신의 물품가격에 포함시켰다면 협정상 이 비용을 공제한다는 규정이 없으므로 과세가격에 포함할 수밖에 없다고 해석한다(김기인, 앞의 책, 103쪽). ▶하지만, 미국 판례[Generra Sportswear Co. v. United States, 905 F.2d 377 (Fed. Cir. 1990)]는 다음과 같이 좀 다르게 해석하고 있다. 쿼타대금은 미국 수출을 위해 판매된 물품의 대가로 판매자에게 지급되었기 때문에, 비록 그 대금이 물품 자체의 가격 외에 무엇인가를 나타낸다고 하여도, 대금을 거래가격에 포함시키는 것이 합당하다. 거래가격의 핵심은 구매자와 판매자간의 실제거래이다. 즉 구매자가 판매자에게 쿼타대금을 전달한 경우, 그 대금은 거래가격의 일부가 된다. 또한, 다른 판례[Murjani Int'l Ltd. v. United States, 17 Ct. Int'l Trade 822 (1993), amended, 17 Ct. Int'l Trade 1035 (1993)]는 수입자는 판매자가 송품장가격의 일부로 쿼타를 지급하지 않았음을(쿼타지급대금이 판매자가 아닌 자에게 지급되었다는 것을) 입증할 수 있는 충분한 증거를 제시하지 못했다고 지적하면서 법원에서는 수입자의 이러한 주장을 기각하여, 쿼타수수료는 수입물품의 거래가격의 일부라고 판단하고 있다. ▶EU의 결정사례(Conclusions of the Customs Code Committe and the Customs Expert Group)를 살펴본다. Conclusion No 11(Purchase of export quotas - textile products)에 따르면, EU 구매자에게 섬유제품 공급에 대한 수출허가를 통해 부과하는 연간 할당량(양도할 수 있는 할당량)은 그 자체로 관련된 직물의 가치와 독립적인 가치를 가지고, EU 구매자는 자신이 구매하거나 판매자에게 상환함으로써 할당량 권리를 획득하는 데 발생한 추가비용을 부담한다. 이러한 상황에서 합당하게 입증된 추가비용은 관련 상품에 대해 실제로 지불했거나 지불해야 하는 가격의 일부를 구성하는 것으로 간주할 수 없다. 유형(자체 또는 제3자 할당량) 및 관련 지불금액은 요청 시 입증해야 한다. 하지만, Conclusion No 15(Quota charges claimed in respect of certificates of authenticity)의 다음과 같은 사안에서는 거래가격의 일부를 구성하는 것으로 간주하고 있다. 특정 품질의 육류는 제3국에 설립된 도살장인 X사가 유럽공동체 Y사에게 판매된다. 육류는 육류의 고정할당량에 대한 수입부과금 면제를 제공하는 EU와 제3국 간의 양자협정에 따라 수입된다. 할당량은 정품인증서를 발급하는 수출국(및 수입허가를 발급하는 연합)을 통해 관리된다. 정품인증서는 전년도 할당량제도에 따라 판매된 육류의 양에 비례하여 도축장에 발급된다. X는 그러한 인증서를 얻기 위해 비용을 지불하지 않는다. 인증서는 다른 도축장으로 별도로 양도할 수 없다. EU로 수출할 특정 육류 위탁품에만 할당할 수 있다. X는 고기값을 청구한다. 인증서에는 별도의 금액이 부과된다. 이 두 금액은 모두 X에 직간접적으로 발생한다. 양도할 수 없는 정품인증서는 함께 제공되는 고기와 분리할 수 없으며 마찬가지로 고기의 가치와 별개로 그 자체로는 가치가 없다. 또한, 인증서에 대해 청구된 금액은 X에게 직간접적으로 발생한다. 인증서는 별도로 거래할 수 없으며 현재의

사용되기도 한다. 이러한 상황에서 설명하는 종류의 가격조작 사례는 관세집행당국에서 처리해야 할 문제지만, 그럼에도 불구하고 수입물품은 관세목적상 평가될 필요가 있다고 기술하고 있는 관세평가기술위원회 예해 8.1의 지침에 따르면, 이러한 맥락에서, 해당 사례에서의 상향-하향(off-setting, 상쇄) 조정은 평가대상 물품과 관련하여 가치(value)를 결정할 수 없는 조건 또는 사정(consideration)에 해당하는 것에 유의해야 하고, 그런 까닭에 협정 제1조 제1항(b)의 규정이 적용되므로 평가는 수입물품의 거래가격에 기초할 수 없다는 것이다.

(2) 분할선적물품의 가격

관세평가법규상 "분할선적(split shipment)"이란 구매자와 판매자 간의 단일거래의 대상임에도 불구하고 인도, 운송, 지급 또는 이와 유사 한 행위와 관련된 이유로 단일선적의 형태로 통관하지 않고, 따라서 동일한 세관이나 다른 세관들을 통하여 분할 또는 연속 선적의 형태로 수입되는 탁송물품을 의미한다. 관세평가기술위원회는 예해 6.1에서 협정 제1조의 요건이 충족될 수 있다면 분할선적에 제1조에서 예정된 평가방법이 적용될 수 있다는 견해를 밝히면서 세 가지 범주로 나누어 평가처리지침을 제공하고 있다. 첫 번째로, 완전한 산업설비 또는 플랜트를 구성하는 물품이 다른 공급원으로부터 공급되거나, 단일선적 형태의 수입이 물리적으로 불가능하거나, 플랜트 조립계획에 맞추어 시차를 두어 선적하는 것이 편리하다는 필요성 때문에 분할선적되는 경우이다. 이러한 형태의 사례는 규모 때문에 여러 번 선적되어 수입되어야 하는 특정물품군 및 전체설비의 수입과 관련되는 것이다. 관세율 및 관세기술 목적상 이러한 분할선적 물품의 처리는 당연히 수입국의 국내법률에 따른다. 각 선적분의 과세가격은 실제로 지급하였거나 지급하여야 할 가격에 기초한다. 이는 거래당사자가 체결한 거래에 반영되어 있는 금액으로서 구매자가 수입물품에 대하여 판매자에게 또는 판매자의 이익을 위하여 실제로 행하였거나 행하여야 할 총지급액을 적절하게 배분한 금액이다. 분할선적이 별개의 송품장의 대상인 경우에는 협정 제8조(전체거래에 대해 배분하는 것이 적절한 경우)에 따라 결정된 조정을 송품장 금액에 가산할 필요가 있으며 공제금액 역시 이와 유사하게 처리할 필요가 있다. 분할선적이 별개의 송품장의 대상이 되지 않는 경우에는 과세가격을 결정함에 있어서 거래에 대한 총가격은 상황에 적절한 합리적인 방법과 일반적으로 인정된 회계원칙에 따라 배분될 수 있다. 일반적으로 이러한 사례의 경우에는, 그러한 수입이 때때로 기술비용 또는 가격조정약관(예해 4.1 참조)과 같은 요소를 수반하기 때문에 각 탁송물품의 과세가격은 수입시점에 최종적으로 결정될 수 없다. 과세가격의 최종결정을 지연할 필요가 있다면, 수입자는 협정

경우 구매자는 인증서 획득비용을 X에게 상환하지 않는다. 사실, 인증서에 청구된 금액은 X의 순수이익이다. 이러한 이유로 증명서에 청구된 금액은 수입상품에 대해 지불했거나 지불해야 하는 총가격의 일부로 간주되어야 하며 UCC 제70조에 따라 해당 상품의 관세가격에 포함되어야 한다.

제13조에 의하여 세관으로부터 물품을 반출할 수 있다. 물품이 분할 선적되어 수입되는 경우 세관이 부과하는 잠정적인 관세는 과세가격이 최종적으로 결정될 때 당연히 수정할 수 있다.

두 번째로, 수량으로 인해 당사자가 단일선적으로 물품 전부를 수입하는 것이 불가능하거나 불편하여 분할선적되는 경우이다. 이러한 경우에는, 거래가 합의된 단가로 판매되는 동일한 단위 또는 세트로 구성된 다량의 물품을 수반한다고 가정한다. 인도일자는 당사자의 편의에 따라 사전에 확정되거나 나중에 확정될 수 있다. 협정 제1조의 목적상 판매계약이 체결된 시점이나 판매계약이 체결된 시점 이후의 시세변동은 고려되지 않아야 하기 때문에(해설 1.1 참조), 물품의 과세가격의 결정은 실제로 지급하였거나 지급하여야 할 가격에 기초하여야 한다. 하지만, 분할선적 형태의 수입이 쟁점거래의 일반적인 상업적 관행을 반영하는 합리적인 기간 이내에 이행되지 않은 경우에, 세관당국은 특별히 최초의 가격을 수정한 추가적인 계약이 있었는지 여부를 검증하기 위하여 실제로 지급하였거나 지급하여야 할 가격에 대하여 조사할 필요가 있는지를 고려할 것이다. 이러한 조치는 협정 제13조 및 제17조의 규정에 따라 이루어질 수 있다. 단위가격은 해당 거래에 수반된 총 단위수량에 따라 당연히 좌우될 수 있으나, 그럼에도 불구하고 협정 제1조 제1항(b)는 적용가능하지 않는다. 협정 제1조 제1항(b)에 대한 주해는 이러한 조건의 예시로서 구매자가 특정 수량의 다른 물품을 함께 구매하는 조건으로 판매자가 수입물품의 가격을 결정하는 경우를 인용할 때, 단일의 거래에 수반되는 동일한 물품이 아닌 그 밖의 다른 물품과 결부된 원칙을 정하고 있는 것이다.

끝으로, 지리적 분포(geographical distribution)의 이유로 분할 선적되는 경우이다. 이러한 상황은 일반적인 국제무역의 관행이다. 구매자는 단일의 거래에서 판매자로부터 하나의 수입국 또는 둘 이상의 항구나 세관에 별개의 선적으로 보내질 일정량의 물품을 구매하기로 합의한다. 각 세관 또는 관세영역을 통해 수입된 물품분의 과세가격은 협정 제1조에 따라 해당분에 대하여 실제로 지급하였거나 지급하여야 할 가격에 기초하여 결정되어야 한다.

(3) 수입물품의 보관과 관련된 비용

공급국으로부터 수입국으로 이동되는 수출판매물품의 보관(storage)과 관련된 비용은 제1 (관세평가) 방법의 적용 시 거래가격의 구성요소로 취급될 수 있는지 여부가 논란된다. 이러한 문제가 제기되는 상황으로는 수입국으로 수출하기 위하여 판매하는 시점에 해외에 물품이 보관되어 있는 경우, 물품을 구매한 후 수입국으로 수출하기 이전에 해외에 물품을 보관하는 경우, 내수용으로 통관하기 전에 수입국에서 물품을 보관하는 경우, 그리고 물품 운송과정에 부수적으로 물품이 일시적으로 보관되는 경우 등이 있다. 이러한 상황에서 발생되는 비용의 처리에 대한 지침을 관세평가기술위원회는 예해 7.1에서 제공하고 있다. 이 예해는 창고에 물품을 적출입하는 이동과 관련된 보관과 그 관련 비용에 대한 측면만 다루고, 창고 내에서 발생할 수 있는 세척, 선별 또는 재포장과 같은 기타 활동은 포함하고 있지 않으며, 제시된 예시는 일반원칙을 설명하기 위한 것으로 명백하게 각 사안은 관련 상황에 따라 개별적으로 고려되어야 한다.

첫 번째, 수입국으로 수출하기 위하여 판매하는 시점에 해외에 물품이 보관되어 있는 경우이다.

예시 상황

➤ 수입국 I의 구매자 A는 수출국 X의 판매자 B가 X국 내 창고에 보관 중인 물품을 구매한다. A가 B에게 지급한 창고인도가격에는 창고보관비용이 포함되어 있다.
➤ 수입국 I의 구매자 A는 수출국 X의 판매자 B로부터 거래시점에 X국 내 B의 창고에 보관된 물품을 공장도가격으로 구매한다. 물품가격에 더하여 구매자 A는 판매자 B에게 별개의 송장을 기초로 창고보관비용을 지급한다.
➤ 수입국 I의 구매자 A는 수출국 X의 판매자 B로부터 공장도가격으로 거래시점에 B가 X국내 창고에 보관하고 있는 물품을 구매한다. 물품가격에 더하여 구매자 A는 창고업자에게 판매자 B에게 발생된 보관비용을 지급하여야 한다.

창고보관비용은 구매자가 실제로 지급하였거나 지급하여야 할 가격의 일부로서 판매자가 회수할 것으로 추정할 수 있다. 그렇지 않다면, 이들 비용이 판매자에게 또는 판매자의 이익을 위하여 직접 또는 간접으로 지급한 금액을 구성한다면 해당 가격에 포함되어야 한다. 그러므로 상기 사례의 경우에는, 창고보관비용은 물품에 대하여 실제로 지급하였거나 지급하여야 할 가격의 일부이다.

두 번째, 물품을 구매한 후 수입국으로 수출하기 이전에 해외에 물품을 보관하는 경우이다.

예시 상황

수입국 I의 구매자 A는 수출국 X의 판매자 B로부터 물품을 구매한 후, 물품을 I국으로 수입하기 이전에 자신의 계정으로 X국의 창고에 보관한다.

구매 이후 구매자에게 발생하는 비용은 판매자에게 또는 판매자의 이익을 위하여 직접 또는 간접으로 지급한 금액으로 간주될 수 없다. 그러므로 실제로 지급하였거나 지급하여야 할 가격의 일부가 아니다. 다른 한편으로 이러한 비용은 구매자 자신의 계정으로 구매자가 수행한 활동에 해당한다. 이러한 활동의 비용은 협정 제8조가 이에 대한 조정을 규정하는 경우에만 수입물품에 대하여 실제로 지급하였거나 지급하여야 할 가격에 가산되어야 한다. 이 예시에서는 그러한 규정이 없으므로 해당 창고보관료는 과세가격의 일부가 되지 않는다.

세 번째, 내수용으로 통관하기 전에 수입국에서 물품을 보관하는 경우이다.

예시 상황

수입국 I의 구매자 A는 판매자 B로부터 물품을 구매한다. 수입항에 물품이 도착하면 구매자 A는 수입물품을 다른 상품으로 제조하는 생산일정의 시작을 기다리는 동안 구매자는 자신의 계정으로 물품을 보세창고에 보관한다. 3개월 후 구매자 A는 내수용 신고서를 제출하고 보관료를 지급한다.

구매 이후 구매자에게 발생하는 비용은 판매자에게 또는 판매자의 이익을 위하여 직접 또는 간접으로 지급한 금액으로 간주될 수 없다. 그러므로 실제로 지급하였거나 지급하여야 할 가격의 일부가 아니다. 다른 한편으로 이들 비용은 구매자가 구매자의 자신의 계정으로 수행한 활동에 해당한다. 이들 활동의 비용은 협정 제8조가 이에 대한 조정을 규정하는 경우에만 수입물품에 대하여 실제로 지급하였거나 지급하여야 할 가격에 가산되어야 한다. 이 예시에서는 그러한 규정이 없으므로 해당 보관비용은 과세가격의 일부가 되지 않는다.

마지막으로 물품 운송과정에 부수적으로 물품이 일시적으로 보관되는 경우이다.

예시 상황

- 수입자 I는 수출국에서 공장인도가격으로 물품을 구매한다. 수출선박의 도착을 기다리는 동안 수출항에서 보관비용이 발생한다.
- 수입시점에, 물품양하와 세관 신고시점 사이에 시간차가 있다. 이 기간 동안 물품은 세관의 통제하에 보관되므로 보관비용이 발생한다.

운송과정에서 물품의 부수적인 보관으로부터 발생하는 이러한 종류의 비용은 물품의 운송과 관련되는 비용으로 간주되어야 한다. 그러므로 협정 제8조 제2항(b)의 규정에 따라 처리되거나, 만약 수입 후 비용이 발생된 경우라면 수입물품에 대하여 실제로 지급하였거나 지급하여야 할 가격과 구별되는 경우에 수입 후의 운송비용은 과세가격에 포함되지 않는다고 규정하는 협정 제1조에 대한 주해에 따라 처리되어야 한다.

(4) 계약과 일치하지 않는 물품의 가격

계약과 일치하지 않는 물품에 대한 관세평가의 문제는 구매자와 판매자간 합의 또는 불합의의 수준에 따라 수많은 상황이 발생될 수 있다. 예를 들면, 판매자는 해당 물품에 대해 직접 또는 다른 당사자를 통해 계약에 일치시키는 조치를 취할 수도 있고 물품 자체와는 무관하게 구매자에게 어떤 형태의 보상을 제공할 수도 있다. 다른 한편으로, 판매자는 사실상 계약사양과 불일치하다는 것에 동의하지 않을 수도 있고 그렇지 않다면 구매자가 불일치(non-specification) 자체를 측정하기보다 불일치로부터 야기되는 손해에 대하여 예상되는 배상금액을 판매자에게 요구할 수도 있다. 하지만 관세평가 측면에서는 실제로 지급하였거나 지급하여야 할 가격은 여전히 실재하고 있고 협정은 이 상황에 대한 구체적인 규정이 없기 때문에 다른 모든 조건이 충족된다면 과세가격은 협정 제1조에 따른 거래가격을 기초로 결정될 것이다. 계약과 상이한 물품이 구매자에게 인도된 시점에 계약사양에 대한 불일치가 발견되었음에도 불구하고, 만약 수입자가 해당 물품을 인수한 경우에, 과세가격의 결정은 불일치의 특성에 의하여 영향을 받는다. 이 유형의 물품에는 두 가지 범주가 있다. 첫째는 선적물품이 계약과 상이한 물품(예를 들어, 주문한 스웨터 대신 모직 장갑이 선적된 경우)이고 두 번째는 실제로 그 물품을 주문하였으나 구매자가 판매자로부터 어떤 형태의 배상을 청구할 정도로 당초 주문사양과 일치하지 않는 경우가 있다. 계약과 상이한 물품에 대한 수출판매가 없다면 제1 (관세평가) 방법은 적용할 수 없다. 따라서 대체평가방법을 관세평가협정의 적용순서에 따라 검토하여야 할 것이다.

계약사양에 부합하지 않는 물품의 대체물품이 송부될 수 있는 가능성은 (a) 원래 물품에 대한 신용채권(credit)과 관련하여 별개의 계약이 체결되고 최초의 가격으로 송품장이 발행된 경우나 (b) 무상으로 송품장이 발행된 경우가 있다. 관세평가기술위원회 해설 3.1의 견해에 따르면, (a)사례에서는 다른 조건이 충족되는 경우, 해당 가격은 협정 제1조에 따른 과세가격의 결정에 대한 기초가 된다. (b)사례에서와 같이 대체품이 무상으로 송부된 경우에는 대체품은 당초의 거래를 이행하기 위한 수입물품으로 간주되어야 하고, 이러한 상황에서는 협정 제1조에 따른 과세가격을 결정하기 위하여 당초의 거래에서의 가격을 수용하는 것은 적절하므로, 최초 선적물품의 처리는 별개로 고려할 문제이다. 그런데 어떤 유형의 물품에서는 판매자가 경험상 운송과정에서 결함 또는 손상되리라 보여지는 물품에 대해 대체품으로 일정량의 물품을 "무상"으로 선적물품에 포함하는 것은 무역관행이다. 예를 들면, 가장자리는 운송과정에서 손상되기 쉬운 것으로 알려졌기 때문에 주문량을 다소 상회하는 수량을 보낼 수도 있다. 이러한 경우 판매가격은 선적된 총수량을 포함하는 것으로 간주되어야 하며, 평가목적상 추가수량을 고려하거나 "무상 대체품"을 별도로 평가해서는 안 된다(해설 3.1 para. 12).

미국의 판례를 살펴본다. 한국 삼성전자는 텔레비전, 스테레오전축, 기타 전자장치를 그 특수 관계에 있는 삼성전자 미국법인에 판매했다. 구매계약 외에 쌍방은 서비스대리점 계약을 맺어 한국 삼성전자는 모든 검사 또는 보수, 개수, 고객이 요구한 서비스에 대한 비용을 지급하고, 삼성전자 미국법인은 해당 물품에 대해 상기 서비스를 시행하기로 합의했다. 삼성전자 미국법인의 주장에 따르면 물품의 4.7%정도가 잠재적인 결함을 갖고 있는 것이 수입 얼마 후 발견되었다고 한다. 그래서 삼성전자 미국법인은 계약상의 권리에 따라 한국 삼성전자로부터 보상을 받았다. 이 사건 하급법원의 판결입장은 다음과 같다:[209] 삼성은 19 CFR 158.12에 따라 가격할인의 자격이 없다. 그 이유는 물품이 미국에 도착했을 때, 삼성은 계약된 대로 그 만큼의 대가를 받았다. 즉, 삼성은 단지 하자 없는 상품에 대해서만 계약한 것이 아니다. 수입물품의 건설 및 조립, 유지에 발생된 수입 후 비용을 할인해 주는 19 U.S.C. 1401a(b)(3)(A)(i)에 따라 구제를 허가하는 것이 부당하다. 삼성전자 미국법인은 비용발생이 없었으므로 수입 후 주장된 보수비용은 수입물품의 대가로 지급된 총비용의 일부로 인정될 수 없다. 하지만 이 사건 항소법원은 하급법원이 삼성이 하자 없는 것과 하자 있는 물품을 모두 주문했다고 잘못 결정함으로써 삼성전자 장비의 판매계약을 잘못 해석했다고 판결했다.[210] 그 이유는 오히려 쌍방 간의 계약서에는 삼성이 온전한 물품만을 주문했고, 그러한 주문내용에도 불구하고 때때로 인도된 물품 중의 몇 개에는 제조상 결함이 내재되어 있을 수밖에 없다는 불가피성에 특별히 중점을 두어 계약하였다는 것을 알 수 있다는 것이다. 항소법원은 수입된 물품의 가격을 기초로 관세가 결정되고, 미국에서의 보수를 통해 물품에 가산된 금액은 수입이후에 가산하도록 하였으므로 손상의 정도에 따라 과세가격을 공제하는 결정을 내렸던 사안을 파기 환송하였다. 이 사건의 항고법원 두 번째 심리에서, 법원은 19 CFR 158.12(a)에 따라 평가가격의 할인 자격을 갖기 위해서는 수입자는 특정 수입신고 시 결함이 있는 물품이 포함되어 있고, 결함 부분만큼 평가가격에서 매번 할인해야 한다는 것을 수입 신고시마다 입증해야 한다고 판결했다.[211] 연방순회 고등법원은 삼성에서는 수입 당시 몇몇 물품이 잠재적인 결함을 포함하고 있었음을 입증해야 한다는 국제무역법원과 의견을 같이 하고 있다. 그러나 삼성은 해당 신고건의 어느 건이 잠재적인 결함을 가진 물품이 포함되었는지 그 할인액은 얼마가 되는지를 입증하지 못했다고 판결했다. 법원은 수입자가 보수비용을 어느 특정한 때의 수입물품과 연결시키지 못한 채 1년 동안 보수비용을 제시하는 것은 법적으로 충분하지 않다고 지적했다. 따라서 삼성은 19 CFR 158.12(a)에 요구된 바와 같이 보수비용을 어느 특정 수입신고 건과 관련되어 있는지 구체적으로 입증하지 못하였다고 판결했다.

---

209) Samsung Electronics America, Inc., v. United States, 904 F.Supp. 1403 (1995).

210) Samsung Electronics America, Inc., v. United States, 106 F.3d 376 (Fed. Cir. 1997).

211) Samsung Electronics America, Inc., v. United States, 35 F.Supp.2d 942 (Ct. Int'l Trade 1999), aff'd, 195 F. 3d 1367 (Fed. Cir. 1999).

계속해서 미국의 판례를 살펴본다. Fabil은 코카콜라 로고를 부착한 자켓들을 구매하여 미국으로 수입했다. 자켓들은 기계로 세탁이 가능한 것으로 이해되었다; 그러나, 수입 이후에, Fabil은 자켓들이 세탁되었을 때 로고가 "흐려지고 자켓을 엉망으로 만들며", 그러한 하자로 인해 구매자들이 자켓을 Fabil에게 반품한다는 것을 알게 되었다. Fabil은 수입물품에 결함(하자)이 있으므로 19 CFR 158.12(a) 규정에 의거 평가된 가격에서 일정금액을 감액해 주어야 한다는 것에 대한 세관의 거절조치에 대하여 이의를 제기하였다. 법원은 수입 시 실제로 물품에 하자가 내포되었는지 판단할 수 없었고, 수입자는 하자 있다고 주장된 물품 어느 수입신고 건과 관련된 수입물품인지 연계시킬 수 없었기 때문에 Fabil에게 감액을 요구하는 금액이 하자로 인한 가격의 감소액에 상응한다는 명백하고 설득력 있는 증거를 제출하도록 판결하였다.[212] 미국연방 국제무역법원은 판결에서 19 CFR 158.12에 의거하여 하자있는 수입물품의 가치를 감소시키는 법적 근거를 인용하면서, "조항 158.12는 하자나 손상 가치가 관세가 부과된 신고와 연관되어서, 지급된 관세의 환불이 구체적인 쟁점신고건에 기반하여 결정될 수 있도록 요구한다"고 설시하였다. 수입자/항소인 Fabil Manufacturing은 자신이 주장한 수입물품에 대한 관세부과가치에 공제액의 승인을 거부함으로서 정부에게 유리한 약식판결을 내린 미국연방 국제무역법원(Court of International Trade)에 대해 항소하였고, 항소심에서 Fabil은 그 신고건에 포함된 모든 상품이 하자가 있다고 주장한다. 이러한 상황에서, 미국연방 특별행정고등법원(Court of Appeals for the Federal Circuit)은 Fabil이 하자있는 상품을 어느 신고건이나 신고건들로 결부시키도록 요구할 이유가 없는 것으로 보인다고 판결하였다.[213] 이에 따라, 하위법원의 약식판결은 파기되었으며, 본 사건은 추가적인 재판을 위해 하급법원으로 환송되었다.

또 다른 미국의 판례를 살펴본다. Volkswagen of America(VW)는 자동차를 수입하여 미국에서 재판매하는 수입자이다. 수입 이후에, VW는 일부 자동차들이 하자가 있음을 발견하였으며, 다양한 소비자 품질보증에 따라, 하자를 수리하고 차량식별번호로 수리내역을 추적하였다. VW가 보유한 컴퓨터기록은 각 품질보증 수리의 수리비용 및 품질보증 수리에 대한 판매자의 변제를 나타내었다. 수입 당시에 부분적으로 손상되었던 상품의 가치에 공제액을 허용하는 19 CFR 158.12를 인용하면서, 법원은 19 CFR 158.12가 적용되기 위해서는 세관장(port director)이 수입 당시에 하자를 발견해야 한다는 세관의 주장을 거부하였다.[214] 그 조항은 하자가 수입 당시에 세관장에 의해 발견되는지에 관계없이, 수입 당시에

212) Fabil Mfg. Co. v. United States, 56 F. Supp. 2d 1183 (Ct. Int'l Trade 1999); rev'd by 56 F. Supp. 2d 1183 (Fed. Cir. 2001).

213) Fabil Manufacturing Co. v. United States, 23 Ct. Int'l Trade 395 (1999), reversed and remanded, 237 F.3d 1335 (Fed. Cir. 2001).

214) Volkswagen of America, Inc., v. United States, 4 F. Supp. 2d 1259 (Ct. Int'l Trade 1998), cross-mot. for summ. judgment denied, 277 F. Supp. 2d 1364 (Ct. Int'l Trade 2003).

존재하는 하자에 적용한다는 것이다. 또한 법원은 Samsung III, 35 F.Supp.2d 945-46을 인용하며, 수입자가 19 CFR 158.12에 따라 공제액을 성공적으로 주장할 수 있는 세 가지 요건을 명시하고 있다. 첫째, 수입자는 자신이 "하자 없는" 상품을 계약하였음을 증명해야 한다. 둘째, 하자있는 상품은 구체적인 신고건과 관련되어야 한다. 셋째, 수입자는 각 통관에 대한 공제액 금액을 입증해야 한다. 이 사건에서, VW은 자신이 사실상 "하자 없는" 상품을 계약하였음을 증명하였다. 품질보증 그 자체가 하자 없는 상품을 제공하려는 의도에 대한 증거이다. VW는 또한 각 차량에 이루어진 수리내역 및 수리된 각 차량이 차량식별번호를 통해 구체적인 신고 건에 연관되어 있다는 증거를 제공하였다. VW는 수리비용을 나타내는 상세한 수리기록을 제공하였다. 차량식별번호를 통해, VW는 수리비용을 각 신고 건에 결부시킬 수 있었다. 법원은 VW과 세관의 각 약식판결 발의를 모두 거부하였다. 하자가 수입 당시에 존재하였는지 그리고 공제액 금액이 그러한 하자에 관련되어 있는지에 대한 사실적 이슈들이 남아 있으며, 그러한 사실적 이슈들은 VW는 재판에서 입증책임을 충족하기 위해 제공해야 할, 관련된 새로운 증거에 대한 근거를 제공하였다.

미국 판례를 더 살펴본다. Saab Cars USA, Inc.는 스웨덴 제조업자인 Saab Automobile AB로부터 미국으로 자동차를 수입한다. SAAB는 세관이 일부 자동차 신고를 거래가격(transaction value)에서 관세를 부과하여 징수하는 것에 이의를 제기하였다. Saab는 잠재해 있던 제조결함이 통관 이후에 품질보증 프로그램 아래에서 수리된 자동차들에 대해서는 19 CFR 158.12 아래에서 허용되는 하자물품에 대한 공제액을 받아야 한다고 주장하였다. 해당 이의제기가 제출된 이후에 수리된 자동차들에 대한 청구에 관해서는 관할권이 부족하다고 결론내린 법원은 하자가 수입 당시에 존재하였는지 그리고 공제액 금액이 그러한 하자에 결부되어 있는지에 대한 사실적 문제들이 남아 있다고 결론내리면서 약식판결 발의를 거부하였다.[215] 이 사건에서 법원은 수리가 이의제기의 제출 이후에 수행된 경우에는 관할권을 가지고 있지 않다는 Slip Op. 03-82, July 14, 2003에서의 자신의 예전 판결을 되풀이하였다. 품질보증 아래에서 청구된 경비에 대해, 법원은 3단계의 삼성테스트(Samsung test)를 이용하여 사건을 분석하였다. 법원은 SAAB가 하자 없는 상품을 계약하였음을 받아들였다. 그러나, SAAB는 주장된 하자물품과 구체적인 통관신고 사이의 연관성을 보여주고, 각 통관신고에 대한 공제액 금액을 증명할 구체적인 성격의 객관적이고 검증할 수 있는 증거를 제출하도록 요구되었다. 몇 개의 예외를 제외하고, SAAB가 제출한 컴퓨터기록은 차량식별번호의 사용을 통해 하자물품을 특정한 통관신고로 결부시켰지만, 충분히 구체적으로 결함을 묘사하지 않았다. 출력자료는 단지 하자라고 주장된 차량부품이나 구성품의 이름만을 명시하였다; 그리고 구성품이 어떻게 하자가 있었는지 혹은 어떠한

215) Saab Cars USA, Inc. v. United States, 276 F. Supp. 2d 1322 (Ct. Int'l Trade 2003), relief granted in part and denied in part, No. 04-3, slip op. (Ct. Int'l Trade Jan. 6, 2004).

유형의 수리가 수행되었는지가 나타나 있지 않았다. (법원은 "의자커버 (upholstery)"에 대한 청구를 한 예시로 들며, 이러한 항목이 전체 장부를 "망치는" 구체성의 완전한 부족을 나타낸다고 명시하였다. 아무도 이러한 한 단어 설명으로부터 의자커버가 수입 시에 하자가 있었는지를 알아낼 수 없다.) 사실상, SAAB는 보다 상세한 기록을 검색할 수 있었고 몇몇 청구에 대해서는 제출하였지만, 모든 통관신고에 대해 그렇게 하는 것이 엄청나게 비싸다고 주장하였다. 법원은 그렇게 하는 것이 많은 비용이 든다는 사실이, SAAB가 명백한 증거(preponderance of the evidence)에 의해 감액을 받을 자격이 있음을 증명해야 하는 자신의 법적 의무로부터 면제되지 않는다고 명시하였다. 따라서, 몇몇 청구를 제외하고, 법원은 품질보증 프로그램에 따라 이루어진 수리에 대해 19 CFR 158.12 아래에서 SAAB가 공제액을 청구한 것을 거부하였다. 항만 수리(수입 항만에서 이루어지는)로 알려진 종류의 경비에 대해, 법원은 SAAB가 공제액을 받을 권리가 있다고 판결하였다. 동일한 유형의 증거가 제공되었음에도 불구하고, 잠재적인 손상이 아니라 개입된 상황으로 인해 초래된 손상을 고치기 위해 수리가 이루어졌을 수 있다는 것에 대해, 법원은 품질보증청구에 대해 그랬던 것만큼은 개의치 않았다. 수입과 거의 동시에 항만에서 수리가 이루어졌다는 사실만으로 충분했다. 항만 수리경비는 총 청구액의 아주 작은 일부였다.

미국 CBP의 결정사례도 법원의 판례와 같은 입장을 취하고 있다. 【H548093, 2002.4.26.; 548184, 2002.11.5. 재입증】 ➲ 제조자에 의해서 수입자에게 지급된 하자 에누리는 리베이트이다. 미국으로 상품의 수입일자 이후에 판매자와 구매자 간에 이루어지거나 또는 달리 실시된, 실제로 지급하였거나 지급하여야 할 가격에서 리베이트 또는 기타 하락은 거래가격을 결정함에 있어서 무시되어야 한다. 추가로 의도되는 할인이 특정 통관물과 연관되지 않은 추정치고 수입자가 특정 상품에서의 하자로 기인한 가격 하락과 특정 통관간의 연결고리를 보여주지 못하는 경우에는 세관은 하자상품 에누리를 인정하지 않는다. 【H548635, 2005.4.7.】 ➲ 이의제기자는 수입 당시에 상품이 손상되었거나 혹은 결함이 있거나 혹은 자신이 계약한 상품의 품질과는 다르다고 밝히지 않았기 때문에, 자신이 section 158.12 하의 공제를 받을 권리가 있다는 것을 명백한 증거(preponderance of the evidence: 증거의 우선고려)에 의해 충족시키지 못하였다. 수입자와 판매자들 혹은 제조업자들 간에 가격조정이 발생하였다고 주장하는 사실 그 자체가, section 158.12의 의도에 따라, 수입물품이 실제로 손상되었거나 혹은 결함이 있었다고 규명하지는 못한다. 【H548507, 2005.1.25.】 ➲ 상품은 19 CFR §158.12에 의한 결함상품의 공제를 받을 수 없다. 표시하는 전반적인 품질과 색상에 관한 것을 포함하여, 수입된 의류와 상이한 의류에 대하여 수입자가 계약을 하였다는 기록이 전혀 없다. 상품에 존재한다고 주장하는 하자에 관한 외관상의 특수성에 대하여 수입자는 객관적이고도 검증가능한 증빙을 제공하지 않았다. 상품에 결함이 있다고 하는 공장 측의 주장을 인정하는 것에 관한 서류도 제출되지 않았다. 마지막으로 결함이 있다고 하는 상품에 대한 보상으로서 제조업자가 수입자 혹은 대리인에게 대금을 실제로 지급하였다는 문서상의 증빙이 제출되지도 않았다. 【H014663, 2008.2.13.】 ⊃ 수입물품이 주문한 품질보다 저급하였음을 입증하기에 충분한 증빙이 제출되었다. 수입자와 해외 제조업자 간의 서면 보상합의서에는, 상품에 제조결함이 있었으며 또한 그 결함으로 인하여 수입자의 시방서를 충족시키지 못한 제품을 만들게 되었다고 기술되어 있다. 이 합의서는 결함에 대하여 당사자들이 합의한 정당한 비용에 해당하는 금액을 명시하고 있으며, 또한 제조업자는 자신이 수입자에게서 받을 추후의 대금에서 이 금액을 지급하겠다고 명기하고 있다. 수입자 및 제조업자가 결함에 대한 정당한 비용에 해당된다고 합의한 금액에 근거한, 수입물품 가치상의 공제는 허용될 수 있다. 그러나 수입자는 상품의 거부와 관련하여 자신에게 발생한 운임, 취급 및 보관 수수료와 그리고 유통시장을 위한 상품의 준비에 따른 비용을 회수할 수 없다. 그리고 가치상의 공제는 유통시장에서의 상품의 재판매에 기준할 수 없는데, 그 이유는 수입자가 손상 범위 내에서의 재판매가격에 관련된 증빙을 제출하지 않았기 때문이다. 【H130303, 2014.6.22.】 ⊃ 수입자는 고객으로부터 여자코트에 대한 주문을 받고 (해외)판매자에게 주문을 하였다. 수입자는 수입 후에 코트를 검사하고 대부분이 하자가 있다는 것을 발견했다. 수입자는 CBP에 그들이 하자 없는 물품을 주문했다는 것을 증명하는 이메일 통신문을 제출했다. 이메일 통신문 외에는 수입자는 코트를 특정 품질의 원단을 사용하여야 한다는 계약을 나타내는 어떠한 서류, 예를 들면 제조사양서 또는 작업지시서 등도 제출하지 않았다. 수입자는 수출자가 수출자에 대한 Debit Note을 받아 들였다거나 주장하는 금액에 대하여 되돌려 받았다는 것을 증명하는 증거를 제시하지 아니하였으므로 수입물품의 가치의 감액에 대한 그 금액을 증명하지 못한 것이다. 수입자는 명백한 증거(preponderance of the evidence 증거의 우선고려)에 의해 19 CFR 158.12에 따라 감액을 받을 수 있는 자격이 있음을 입증하지 못한 것이다.

(5) 사후에 조정되는 물품가격

상업적 관행상, 어떠한 계약은 가격이 잠정적으로만 결정되는 가격조정약관을 포함하고 있어서, 지급하여야 할 가격의 최종적인 결정은 해당 계약 자체의 규정에서 정하는 특정한 요소들에 따르는 경우가 있다. 이런 상황은 다양한 방식으로 발생할 수 있다. 첫 번째는 물품이 최초의 발주 이후 상당한 기간이 지나 인도된 경우(예를 들면, 특별히 주문제작되는 플랜트 및 자본설비 등)이다. 계약상 최종적인 가격은 노무비, 재료비, 간접비용 및 물품의 생산에서 발생하는 기타 투입비용과 같은 요소의 증가 또는 감소를 인정하는 합의된 계산식을 기초로 결정된다고 명시하고 있다. 두 번째 상황은 주문된 물품의 수량이 일정기간에 걸쳐 제조되고 인도된다. 앞에서 설명하고 있는 계약명세와 동일한 형태임을 가정하면, 각 가격이 원계약에 명시된 동일한 계산식에 따라 산출되었음에도 불구하고,

첫 번째 단위의 최종가격은 마지막 단위 및 다른 모든 단위의 최종가격과 다르다. 또 다른 상황은 물품가격은 잠정적으로 결정되지만, 판매계약의 규정에 따라 최종적인 정산은 인도시점의 검사 또는 분석에 따르는 경우이다(예를 들면, 식물성 기름의 산성도, 광속의 금속함유량 또는 양모의 청결 정도 등). 관세평가의 법리에 비추어 가격조정약관이 있는 계약에서, 수입물품의 거래가격은 계약조항에 따라 지급하였거나 지급하여야 할 최종적인 총가격에 기초하여야 한다. 실제가격은 계약에 명시된 자료를 기초로 결정될 수 있기 때문에, 앞에서 설명하고 있는 종류의 가격조정약관은 가치(value)를 결정할 수 없는 조건 또는 사정 (consideration)에 해당하는 것으로 간주되지 않아야 한다(관세평가기술위원회 예해 4.1 para 5). 이에 대한 실무적인 측면과 관련하여, 가격조정약관이 평가시점에 완전한 효력을 발휘한 경우에는 실제가격이 결정되었기 때문에 문제가 발생하지 않는다. 가격조정약관이 물품이 수입된 후 미래의 어느 시점에서 효력이 발생하는 변수들과 연계된다면 상황이 달라진다. 그러나 협정은 평가대상 물품의 거래가격이 가능한 관세평가의 기초가 되어야 한다고 권고하고 있으며 협정 제13조가 과세가격의 최종적인 결정의 지연 가능성을 규정하고 있는 점을 고려하면, 비록 항상 수입시점에 지급하여야 할 가격을 결정할 수 없을지라도, 가격조정약관 그 자체로 협정 제1조에 따른 평가를 배제하는 것은 금지된다(관세평가기술위원회 예해 4.1 para 7).

한편, EU관세법 시행명령 제132조는 수입 시 상품이 손상되거나 결함이 있는 경우 이용가능한 처리를 규정하고 있어서 이 규정에 따라 수입상품에 대해 지불했거나 지불해야 할 가격의 조정을 수락함으로써 상품의 결함특성을 고려하도록 명시적으로 허용하는바, EU 관세평가법규해석지침(Compendium of Customs Valuation Texts/ 2022)은 다음과 같이 설명하고 있다.[216] 그 조정은 전적으로 판매조건 내에서 이루어진다. 상품의 결함을 고려하기 위한 목적으로만 계약이 체결된다. 이를 위해 판매계약에는 가격조정 가능성을 허용하는 조항이 포함되어야 한다. 결함이 있는 제품은 가격조정 가능성과 관련된 조항에서도 참조되는 구체적이고 정확한 보증조항에 의해 보장되어야 한다. 보증조항의 세부사항은 판매계약과 연결되어 있고 두 문서가 구매자와 판매자 간의 관련 상업거래의 일부를 구성하는 경우 별도의 문서에 명시될 수도 있다. 가격조정은 상품의 당초가격이 관련계약에 따라 조정되었음을 입증하는 방식으로 구매자와 판매자 간의 정기적인 재정적 결제로 이어져야 한다. 여기에는 제3자에 대한 지불 또는 허용가능한 가격조정 형태로 간주될 수 없는 교환상품과 같은 간접적 또는 연기된 보상의 형태는 제외된다. 상품의 결함상태(및 적절한 경우 결함없음 상태)는 정의된 표준 또는 기준에 따라 관련 판매 및 보증계약을 참조하여 결정된다. 수입자는 관세목적을 위한 평가를 위해 수입품이 자재시점에 결함이 있음을 세관당국에 입증할 의무가 있다. EU관세법 시행명령 제132조(b)는 상품이 수입상

216) Commentary No 2: Application of Article 132 of the UCC IA.

품의 특성에 대한 보증을 제공하는 보증에 의해 보호되어야 한다고 요구하므로 보증없이 판매된 상품은 그 적용범위에 포함되지 않는다. 시장성 보증대상으로 판매되는 상품 또는 관련 지표(예: 품질, 균일한 크기, 신선도)의 변동대상으로 판매되는 상품은 보장되지 않는다. 위와 같은 이유로 농산물은 일반적으로 그 적용범위에 속하지 않을 것으로 예상된다.

우리 판례는 【서울고등법원 2012.11.30. 선고 2012누1961 판결】 사건에서 다음과 같은 입장을 취하고 있다. 원고[217]와 A본사[218]는 이전가격정책[219]에 따라 2007.9.경 원고가 2008년에 수입하여 우리나라에서 판매할 자동차 및 관련부품의 이전가격을 유로화로 정하고, 원고가 그 이전가격에 따라 위와 같은 해 원고의 영업이익률이 -10.83%에 이르게 되자 2008.12. 말경 원고와 A본사가 위 이전가격을 소급적으로 14% 인하하기로 하였고, 이에 따라 원고가 A본사로부터 그 인하분에 해당하는 38,000,000 유로를 반환받았다. 그런데 수입판매업체의 실제 영업이익은 수입 이후에 수입과정과는 별도로 이루어지는 판매과정에서 이전가격과 시장위험 및 환위험 등이 복합적으로 작용하여 결정되는 것이므로, 수입판매업체의 실제 영업이익이 목표범위에 있게 하는 것은, 수입과정에서 발생한 결과를 조정하는 것이 아니라, 수입 이후에 수입과정과는 별도로 이루어지는 판매과정에서 당초 정해진 이전가격에 기하여 발생한 결과를 조정하는 것으로서, 이전가격을 수입판매업체의 실제 영업이익이 목표범위에 있게 하기 위한 수단으로 가능케 하는 것이라고 할 것이다. 그리고 수입판매업체의 실제 영업이익은 이전가격과 시장위험 및 환위험 등이 복합적으로 작용하여 결정되는 것이므로, 시장위험 및 환위험을 원칙적으로 수입판매업체가 부담하도록 하면서 장기간 손실이 발생하거나 지속적으로 환율이 변동되는 경우 이전가격을 인하하여 수입판매업체의 손실을 보전하는 것은, 이전가격 이외의 시장위험 및 환위험으로 인한 손실도 이전가격을 수단으로 하여 보전하는 것으로서, 당초 수출판매업체로부터 이전가격을 지급받았던 자금이 수입판매업체의 종국적인 손실을 보전하기 위한 재원으로 사용되는 것이라고 할 것이다.

관세법에 의하면, 관세의 납세의무자는 수입신고를 하는 때에 당해 물품에 대한 가격을

217) 자동차 및 관련부품의 수출입 및 판매 등을 목적으로 1995.1.28. 설립된 우리나라 법인이다.

218) 독일 법인인 'A AG'는 원고의 발행주식 100%를 보유하고 있는 네덜란드 법인 'A Holding B. V.'의 발행주식 100%를 보유하고 있다.

219) 이전가격정책은, 원고와 같은 수입판매업체가 A본사로부터 수입하여 판매하는 물품의 가격을 이전가격으로 정하면서 수입지에서의 시장위험과 환위험 등을 고려하는 것으로서, 수입판매업체의 영업이익 목표를 정한 다음 수입판매업체의 실제 영업이익이 목표범위에 미달할 경우 이전가격을 인하하여 수입판매업체의 영업이익이 목표범위에 있게 하는 것이다. ▶또한, 수입지에서의 수요감소와 활율변동 등 시장위험과 환위험을 원칙적으로 수입판매업체가 부담하도록 하면서, 시장위험으로 인하여 수입판매업체에 장기간 손실이 발생할 경우 이전가격을 인하하여 그 손실을 보전하거나(compensate), 목표 환율범위를 벗어나게 하는 지속적인 환율변동의 경우 이전가격을 인하하여 보전하는(compensate) 것이다.

신고하여야 하고, 그 가격이 확정되지 않은 경우에는 잠정가격으로 신고할 수 있으며, 이러한 잠정가격으로 신고한 때에는 소정의 기간 내에 당해 물품의 확정된 가격을 신고해야 하므로, 잠정가격으로 신고한 후에 확정된 가격이 수입물품의 과세가격이 된다. 한편으로 관세법에 의하면, 관세는 수입신고하는 때의 물품의 성질과 수량에 의하여 부과하고, 수입물품의 과세가격은 구매자가 판매자에게 실제로 지급하였거나 지급하여야 할 거래가격이다. 그렇다면 잠정가격으로 신고함에 있어서 가격이 확정되지 않았다는 것은, 수입신고 당시 '수입물품의 대가'로서 지급하였거나 지급하여야 할 거래가격이 확정되지 않았다는 것이므로, 수입신고 당시 구매자와 판매자 사이에 가격변경에 관한 합의가 있었다가 수입신고 후에 그러한 합의에 따라 가격이 변경된 모든 경우에 있어서, 수입신고 당시 거래가격이 확정되지 않아 그 후 변경된 가격이 실제로 지급하였거나 지급하여야 할 거래가격이라고 할 수 없고, '수입물품의 대가'로 볼 수 있는 것이 변경된 경우라야 수입신고 당시 거래가격이 확정되지 않았다고 할 수 있을 것이다. WTO예해에서는 가격이 잠정적으로 정해지는 가격조정약관을 설명하면서, 물품이 주문시로부터 상당한 기간 후에 인도되거나 물품의 제조와 인도가 일정기간에 걸쳐 이루어져, 최종가격의 인건비, 자재비, 간접비 기타 물품의 인도시에 광석의 금속함유량을 확인하여 물품가격의 최종 정산이 예정된 경우 등을 예시하고 있다. 이는 수입물품의 생산에 소요되는 비용이나 수입물품의 품질 등 일정한 사항을 수입물품의 가격결정 요소로 가능케 하면서 그러한 요소가 변경되거나 사후에 확인됨에 따라 '수입물품의 대가'로 볼 수 있는 것이 변경되는 경우라 할 것이다.

그런데 원고와 A본사가 당초 정한 이전가격을 인하하는 것은 위에서 본 바와 같이, 수입 이후에 수입과정과는 별도로 이루어지는 판매과정에서 당초 정해진 이전가격에 기하여 발생한 결과를 조정하는 것으로서 이전가격을 수입판매업체인 원고의 실제 영업이익이 목표범위에 있게 하기 위한 수단으로 기능케 하는 것이고, 또한 이전가격 이외의 시장위험 및 환위험으로 인한 손실도 이전가격을 수단으로 하여 보전하는 것으로서 당초 수입판매업체인 원고로부터 이전가격으로 지급받았던 자금이 수입 판매업체인 원고의 종국적인 손실을 보전하기 위한 재원으로 사용되는 것이다. 또한 제1심 증인 F의 증언에 의하면, 원고와 A본사가 2008. 12. 말경 이전가격을 14% 인하하기로 한 것은 원고의 3개년도 평균 영업이익률에 따라 계산한 결과라는 것이어서, 위와 같은 이전가격 인하는 원고가 2008년에 A본사로부터 판매한 물품과 직접적인 대응관계에 있다고 보기 어렵다. 그렇다면 위와 같은 이전가격 인하는, 일정한 사항을 수입물품의 가격결정 요소로 기능케 하면서 그러한 요소가 변경되거나 사후에 확인됨에 따라 '수입물품의 대가'라고 볼 수 있는 것이 변경된 경우라고 할 수 없어, 위와 같은 인하된 이전가격은 원고가 A본사에 실제로 지급하였거나 지급하여야 할 거래가격으로 볼 수 없다고 할 것이다.

EU 관세평가법규해석지침(Compendium of Customs Valuation Texts/2022)[220]은 다음과

같은 적용예시를 제공하고 있다.

거래 사실

➤ 제3국의 제조업체 M이 EU의 독립 유통업체 D에게 자동차를 판매한다. 회사 D는 현지 딜러 네트워크를 통해 차량을 최종고객에게 재판매한다.

➤ M과 D 사이에 판매 및 유통 계약이 있다. 이 판매계약에는 보증에 관한 조항이 포함되어 있다. 각 수입자동차에는 고유식별번호가 할당된다. M은 모든 신차에 마일리지 보증을 제공한다. 보증은 차량등록일로부터 유효하다.

➤ 본 판매 및 보증약정에 따라 M은 최대 100,000km의 주행거리 내에 재료 또는 제조상의 결함으로 인한 결함이 있는 경우[221] M은 계약을 위반했으며 D에게 처음에 지불한 가격을 조정하여 결함을 수리한 것에 대해 보상할 것이다.

➤ 보증 청구절차는 다음과 같다.

- 고객이 결함을 발견하고 수리를 위해 차량을 딜러에게 반환한다.
- 딜러는 결함을 수정하고 고객에게 차량을 반환하고 발생한 비용에 근거한 보증을 청구한다.
- 딜러는 처리를 위해 D에게 클레임을 보낸다.
- D는 클레임이 유효한지 확인하고 결함이 예를 들어 제조결함과 관련된 경우 M에게 조정이 필요하다고 조언한다.
- M은 클레임이 유효한지 확인하고 결함이 제조결함과 관련이 있다고 M이 만족하는 경우 당초 지불된 가격을 조정하여 결함을 수정하는 비용을 D에게 보상한다.

➤ (Case Study A) D는 결함차량의 수입자로서 상품의 자유유통신고 수리일로부터 12개월 이내에 이루어진 가격조정에 대한 관세환급을 세관당국에 청구한다. 세관당국은 명확한 감사 추적이 있는지 확인하고 관련 보증청구문서를 확인한다. 특히 세관당국은 수정된 결함이 제조결함에서 비롯되었음을 보여주는 증거를 조사한다. 또한 M이 지급한 금액은 관세환급을 신청한 수입차에서 발견된 하자보수 비용과 관련이 있는 것으로 확인됐다.

➤ (Case Study B: Recall) 제조업체 M은 특정 작동조건에서 특정 차량의 서스펜션 시스템 구성요소가 신뢰할 수 있는 방식으로 작동하지 않을 수 있으며 이로 인해 차량의 주행적합성과 관련된 위험이 발생할 수 있음을 발견했다. 결과적으로 M은 모든 차량의 소유자에게 예방조치로 검사 및 가능한 조정을 위해 구매지점으로 반환(리콜)할 것을 요청한다. 이러한 상황은 차량의 개념과 설계 측면에 기인한다.

---

220) Commentary No 2: Application of Article 132 of the UCC IA. TRANSACTION VALUE IN A WARRANTY SITUATION Case Study A & B.

221) 결함은 관련 보증문서에 명시된 제조업체의 사양 및 기술 규범에 따라 결정된다.

관세평가의 기준이 되는 판매 당사자는 상품이 보증된 상태에서 상품에 대해 지불된 총 가격을 기준으로 한다. 상품판매를 결정하는 계약에는 상품이 특정 품질(합의된 기술 규범에 따라)임을 명시하는 조항이 있다. 판매조건이다. (Case Study A) ➲ 상품의 판매자와 구매자는 수입차량이 자유유통을 위해 진입할 때 제조단계의 결함으로 인해 결함이 있음을 확인했다. 다음은 세관당국이 만족하는 것으로 입증되었다: (ⅰ) 필수계약요건; (ⅱ) 제조결함의 존재 및 수용; (ⅲ) 제조결함의 수정; (ⅳ) 상품의 자유유통 진입신고 접수일로부터 1년 이내의 가격조정. 제조업체는 제조결함의 존재를 인정하고 확인하고, (b) 필요한 시정조치를 취하며, (c) 계약에 따라 지불된 가격을 조정했다. 따라서 세관당국은 UCC 제70조 및 UCC IA 제132조에 따라 관세가격 결정 시 가격조정을 고려할 수 있음을 확증할 수 있다. 하지만, (Case Study B: Recall) ➲ 세관당국은 다음 사항에 주목했다: (ⅰ) 차량을 검토할 필요성(및 특정 구성요소를 조정하거나 교체할 가능성이 있음)은 차량이 적용될 수 있는 특정 작동 조건에 따라 달라진다; (ⅱ) 제조자가 예방조치로 시정조치를 수행하도록 승인한 경우; (ⅲ) 상황은 차량의 개념 및 설계 측면에 기인한다. 따라서 세관당국은 실제로 결함이 있는 차량만이 해당 조항의 혜택을 받을 수 있기 때문에 사전 예방조치로 검사 및 가능한 조정이 UCC IA 제132조의 적용에 대한 근거를 확증하지 못했다고 결정했다.

3) 소프트웨어(software)와 사이버(cyber) 물품 등

(1) 관세평가법리

관세법 제14조에 따라 관세의 과세물건은 수입물품이고, 각 수입물품에 대한 관세율은 관세법 별표인 관세율표에서 정하고 있다(관세법 제50조제1항). 그리고 관세율표상 품목분류는 HS품목분류표에 기반한다. HS품목분류표는 원칙적으로 모든 유형의 물품에 한하여 HS Code(품목번호)가 부여된다. 다만, 예외적으로 전기에너지(HS 제2716호)과 Gas(HS 제2705호) 등의 무형재화도 관세율표상 물품으로 간주된다. 이에 따라 관세율표에서 품목번호가 부여되지 않는 무형재화는 관세평가의 적용대상에서 제외된다. 그런데 소프트웨어(software)는 그 자체로는 관세율표에서 품목번호가 부여되지 않는다. 이에 따라 정보통신망을 통하여 국제간 거래되는 소프트웨어의 과세가격을 결정하기 위한 국제적인 관세표준이나 요건은 없다. 오늘날 많은 전자제품들, 컴퓨터뿐만 아니라 세탁기, 식기세척기 등의 가전제품 등에는 소프트웨어가 포함되어 있다. 소프트웨어 요소는 거래의 성격에 따라 수입물품에 대한 실제지급가격의 일부 또는 보조금액으로 과세가격에 포함될 수 있을 것이다. 일반적으로 오늘날의 거래에서는 이러한 소프트웨어의 가격은 실제적(물리적)인 물품의 실제지급가격에 포함되기 때문이다. 소프트웨어는 또한 다양한 형태의 (전달)매체에 장착되어 수입될 수 있다. 여기에는 CD-ROM, DVD-ROM, 플로피 디스켓이 포함된다.[222]

수입되는 컴퓨터소프트웨어는 컴퓨터하드웨어에 대응되는 전자적 형태의 무체물로서 그 자체가 판매(매매거래)의 객체(목적물)이기 때문에 관세법 별표인 관세율표 번호 제8523호에서도 전달매체와 구별하여 취급(품목분류)하고 있다. 보다 구체적으로 설명하면 관세율표 번호 제8523호에서 자기식 매체(Magnetic media), 광학식 매체(Optical media), 반도체 매체(Semi-conductor media), 기타 매체(Other media)로 구분하여 분류하면서, 각 매체마다 "기록이 안 된 매체"(Unrecorded media)와 "기록된 매체"(Recorded media)를 각각 다른 품목번호로 구분하고 있다. 가령, 자기식 매체의 경우에 기록이 안 된 매체는 HSK 제8523.2911~8523.2919호로, 기록된 매체는 HSK 제8523.2921~8523.2929호로 분류된다. 그리고 기록된 매체 가운데 "컴퓨터 소프트웨어를 수록한 것"(Containing computer software)을 특정하여 HSK 제8523.29-2111호(폭이 4밀리미터 이하) 또는 HSK 제8523.29-2121호(폭이 4밀리미터 초과 6.5밀리미터 이하) 혹은 HSK 제8523.29-2131호(폭이 6.5밀리미터를 초과하는 것)로 분류하고 있다. 관세율표상 이와 같이 컴퓨터 소프트웨어를 호(headings)의 용어(terms)로 특정하여 분류(배열)하고 있는 기준에서 볼 때 "컴퓨터 소프트웨어"는 그 전달매체와 관련성을 부인하여 별개의 품목으로 취급하는 것으로 해석할 수 있을 것이다. 같은 맥락에서 관세평가기술위원회 예해 13.1 para. 2는 데이터 처리장치용 소프트웨어를 수록하고 있는 전달매체의 평가에 관한 적용원칙을 보여주고 있다. 즉, 데이타 또는 명령을 수록하고 있는 수입된 전달매체의 과세가격을 결정함에 있어서, 전달매체 그 자체의 가격이나 비용만 고려되어야 한다는 것이고, 이에 따라 데이타 또는 명령의 비용이나 가격이 해당 전달매체의 비용 또는 가격과 구별된다면 데이터 또는 명령의 비용이나 가격은 과세가격에 포함되지 않는다는 원칙을 제시하고 있다. 수입되는 컴퓨터소프트웨어를 사용하는 방법은 구매자가 컴퓨터소프트웨어(명령이나 데이터)를 자신의 시스템의 메모리 또는 데이터베이스에 컴퓨터소프트웨어를 전송하거나 복제하는 방식이어야 할 것이기 때문에 컴퓨터소프트웨어를 수출입(거래)하기 위한 수단은 전자적 형태의 무체물의 속성상 "정보통신망을 통한 전송"하는 방법 또는 "컴퓨터 등 정보처리능력을 가진 장치에 저장한 상태로 반출·반입한 후 인도·인수"방법을 선택적으로 이용할 수밖에 없다. 따라서 전달매체는 일반적으로 수출입거래를 위하여 컴퓨터소프트웨어를 저장하는 일시적인 수단에 지나지 않으므로 "정보통신망을 통한 전송"에 상응하여 취급하는 것이 법리적으로 타당할 것이다. 바꾸어 말하면 관세평가법규상 전달매체에 수록되어 수입되는 컴퓨터소프트웨어는 정보통신망을 통한 전송으로 수입되는 컴퓨터소프트웨어와 동일하게 취급되어야 할 것이다.

---

222) HS품목분류표 제8523호는 소프트웨어를 포함한 사이버 물품(cyber goods)을 내재한 디스크·테이프·솔리드 스테이트(solid-state)의 비휘발성 기억장치·스마트카드와 음성이나 그 밖의 현상의 기록용 기타 매체[기록된 것인지에 상관없으며 디스크 제조용 매트릭스(matrices)와 마스터(master)를 포함하되, 제37류의 물품은 제외한다]가 분류된다.

WTO 관세평가위원회는 결정 4.1[223]에서 데이터 처리장치용 소프트웨어를 수록하고 있는 전달매체와 관련한 관세평가지침을 채택하였다. 이 결정에 따르면, 관세평가협정에 따라 거래가격이 관세평가의 가장 우선적인 기초라는 것과 전달매체에 기록된 데이터 처리장치용 데이터나 명령(소프트웨어)에 대한 거래가격의 적용은 협정에 전적으로 부합한다는 것을 재확인한다. 또한, 전달매체에 기록된 데이터 처리장치용 데이터 또는 명령(소프트웨어)에 관한 독특한 상황[224]과, 일부 체약국들이 다른 접근방법을 추구해 오고 있는 점을 고려하면, 데이터 또는 명령을 수록하고 있는 수입물품인 전달매체의 과세가격을 결정함에 있어서, 해당 전달매체 자체의 비용이나 가격만이 고려되어야 하므로 데이터 또는 명령의 비용이나 가격이 해당 전달매체의 비용이나 가격과 구분된다면 데이터 또는 명령의 비용이나 가격은 과세가격에서 제외하는 것 또한 협정에 부합될 수 있다는 것이다. 여기에서 "**전달매체**"(carrier medium)라는 표현은 집적회로, 반도체 및 그러한 회로 또는 장치를 결합한 유사한 장치들을 포함하지 않고, "데이터 또는 명령"(data or instructions)이라는 표현은 음향, 영화 또는 영상의 기록물을 포함하지 않는다.

WTO 관세평가위원회에서 채택된 결정 제2항의 적용에 대한 구체적인 맥락에서 데이타 처리장치용 소프트웨어를 수록하고 있는 전달 매체에 대한 평가쟁점을 검토한 관세평가기술위원회는 예해 13.1에서 다음과 같은 지침을 제공하고 있다. 데이터 또는 명령을

223) 이 결정은 1995년 5월 12일 WTO 관세평가위원회 제1차 회의에서 채택되었다.

224) 데이터 처리장치용 소프트웨어를 수록하고 있는 전달매체의 평가에 대한 결정을 채택하기 전 1984.9.24.자 관세평가위원회 회의에서의 의장성명은 다음과 같다: "데이터 처리장치(소프트웨어)에 사용하기 위한 데이터나 명령을 수록하고 있는 수입물품인 전달매체의 경우에 있어, 본질적으로 전달매체 자체, 예를 들면 테이프나 자기 디스크는 관세율표에 따라 관세를 납부할 의무가 있다. 하지만 수입자는 실제로 명령 또는 데이터 사용에 관심이 있는 것이며 전달매체는 부수적인 것이다. 사실, 거래 당사자들이 전문적인 설비를 이용할 수 있다면, 소프트웨어는 유선 또는 위성으로 전송될 수 있으며, 이런 경우 관세문제는 제기되지 않을 것이다. 아울러 전달매체는 일반적으로 명령이나 데이터를 저장하기 위한 일시적인 수단이므로, 명령이나 데이터를 사용하기 위해서 구매자는 자신의 시스템의 메모리 또는 데이터베이스에 데이터 또는 명령을 전송하거나 복제해야 한다. 「GATT 제7조의 이행에 관한 협정 ('협정')」으로 대체된 국제적인 관세평가관행에 따라, 전달매체를 평가할 때 소프트웨어의 가격은 일반적으로 포함되지 않았다. 이 협정을 채택한 후, 종전의 국제관행을 따랐던 체약국들은 컴퓨터 소프트웨어를 수록하고 있는 전달매체를 평가하는 규정을 바꾸거나 종전의 관행을 그대로 유지하기도 하였다. 데이터 처리장치용 소프트웨어를 수록하고 있는 전달매체의 평가에 대한 관세평가위원회의 제안된 결정은 거래가격이 협정에 따른 평가의 가장 우선적인 기초라는 것과 전달매체에 기록된 데이터 처리장치용 소프트웨어에 대한 거래가격의 적용은 협정에 전적으로 부합한다는 것을 나타낸다. 또한, 이 결정은 지금까지 설명한 소프트웨어와 관련한 '독특한 상황'과 일부 체약국들이 다른 접근방법을 추구하였다는 사실을 고려하여, 데이터 또는 명령을 수록하고 있는 수입물품인 전달매체의 과세가격을 결정함에 있어 그러길 원하는 체약국들이 전달매체 자체의 비용 또는 가격만을 고려하는 것도 협정에 부합된다는 것을 규정하는 것이다. 데이터 처리장치용 소프트웨어를 수록한 전달매체의 평가에 대한 이 결정을 채택함에 있어, 이 결정의 시행과 적용에 있어서 어려움이 발생된다면 이러한 어려움에 대하여는 협정 체약국에 의해서 논의되는 것이 유용할 것이라고 양해한다."

수록하고 있는 수입된 전달매체의 과세가격을 결정함에 있어서, 전달매체 그 자체의 가격이나 비용만 고려되어야 하므로 데이터 또는 명령의 비용이나 가격이 해당 전달매체의 비용 또는 가격과 구별된다면 데이터 또는 명령의 비용이나 가격은 과세가격에 포함되지 않는다. 그리고 이 결정을 적용함에 있어 직면하는 쟁점은 전달매체의 비용이나 가격으로부터 데이터 또는 명령의 비용이나 가격을 구별하는 규정과 관련 있고, 때때로 소프트웨어 및 전달매체의 전체 가격만 입수할 수 있고, 어떤 때는 전달매체의 가격만 송장에 기재되거나 데이터 또는 명령의 가격 또는 비용만 아는 경우도 있는데, 회원국은 이 결정의 제2항을 적용할 것인지 적용하지 않을 것인지에 대한 선택권이 있으므로 이 결정을 적용하기로 한 국가들은 이 결정의 취지에 반하지 않도록 최대한 넓은 의미로 이 항을 해석하여야 한다. 그러므로 "구별한다(distinguish)"는 표현은 전달매체의 비용이나 가격만이 알려져 있다면 데이터 또는 명령의 비용이나 가격은 구별되는 것으로서 간주하는 방식에 따라 해석되어야 한다. 어떠한 이유로 당국이 두 가지의 비용이나 가격을 별도로 신고하는 것이 필요하고, 단지 두 가지 중 하나만 입수될 수 있다고 여기고 있다면, 두 번째 비용은 협정 및 일반협정 제7조의 원칙과 일반규정에 부합하는 합리적인 수단을 사용하여 추산될 수 있다. 마찬가지로 두 가지 요소에 대한 총가격만이 입수될 수 있는 경우에도 유사한 추산이 개별가격을 결정하기 위하여 이루어질 수 있다. 추산하는 방식을 따르기로 선택한 세관당국은 합리적인 해법에 도달하기 위하여 수입자와의 협의가 필요하다는 것을 알게 될 것이다. 수입시점에 수입자가 이러한 목적을 위한 충분한 정보를 제공할 위치에 있지 않은 경우에는 협정 제13조의 규정이 적용될 수 있다. 이 예해에서 권고하는 방식(practice)은 소프트웨어를 수록하고 있는 전달매체에 대한 관세목적상 평가에 대하여 적용될 수 있는 것이며 통계 수집과 같은 다른 요건들을 고려한 것은 아니다.

그런데, 수입된 물리적 물품에 내장된 소프트웨어는 관세평가에 있어서 특별히 복잡성을 띨 수 있다. 이러한 예를 들자면, 서로 다른 레벨에서 작동할 수 있게 해주는 소프트웨어가 내장된 의료기기를 수입한다. 해당 물품이 수입되면, 의료기기가 기본 레벨에서 기능할 수 있도록 해주는 소프트웨어(예, 모델 A)를 사용할 수 있다. 계약서에서는 수입자가 모델 A상품에 대해 지불해야 하는 가격을 미화 10,000 달러로 정하고 있다고 하자. 또한, 계약서상에는 의료기기내에 또 다른 소프트웨어가 내장되어 있다고 명시한다. 이 소프트웨어를 사용하면, 의료기기는 더 높은 사양의 모델(가령, 모델 B와 C)의 기능을 갖게 된다. 또 다른 소프트웨어를 사용하기 위해, 수입자는 일반적으로 '키'(key)나 특별한 코드번호를 통한 사용권한을 갖기 위해 추가로 비용을 지불해야 한다. 수입자는 의료기기를 구매할 때 이 키를 구입할 수 있는 선택권이 주어지지만, 꼭 그렇게 할 의무는 없다. 이에 따라 구매자는 모델 A의 가격을 지불하도록 계약을 맺는다. 그리고 수입 후 어느 시점에 구매자는 추가적인 금액을 지불하기로 선택할 수 있고, 그로 인해 사실상 물품에 대한 물리적인 변화를 가할 필요 없이 물품의 기능을 업그레이드할 수 있게 된다. 수입자가 업그레이드 권한을 사용하지 않을 경우 원래의 계약가격을 거래가격의 기초로 받아들일 수 있다, 하지만 수입 후 업그레이드가 이루어질 경우 관세평가는 어떻게 처리되어야 할까? 두 가지 처리방안이 고려될 수 있다. 하나는, 일단 추가적인 소프트웨어를 사용하면, 수입물품은 사실상 다른 제품이 된다(예를 들어 의료기기 모델 B 또는 C). 이 경우 원래 세관신고한 가격은 무효가 된다. 정확한 과세가격은 원래의 가격에 추가적인 비용이 더해진 금액에 상당하는 의료기기 모델 B 또는 C에 대해 지불한 가격을 기초로 해야 한다. 다른 하나는, 수입된 상태로인 해당 물품의 실제가격을 하였기 때문에 원래 세관신고된 과세가격을 다시 조정할 수 없다. 성능을 업그레이드할 목적으로 잠금 소프트웨어를 사용하기 위해 수입 후 지불한 금액은 고려하지 않는다. 구체적인 관세평가방안의 마련은 세관당국의 몫이다.

한편, 산업플랜트(industrial plant) 디자인(design) 및 개발과 관련하여 수입된 기술문서(technical documents)에 대한 관세평가에서, 가령 P국의 수입자 I는 P국에서 산업플랜트 건설을 위하여 X국의 엔지니어링 회사 E와 용역계약(service contract)을 체결하고, 산업플랜트 건설에 필요한 용역(services)을 제공하는 수단으로써 엔지니어링 디자인(engineering designs)과 개발계획이 E에 의해 종이형태("문서, the documents")로 제작되어 I에게 송부됨에 따라 이들 용역(services)에 대한 대가(consideration)로 I는 E에게 계약금액을 지급한다면, 관세평가협정에 따른 해당 문서의 과세가격은 어떻게 결정되어야 하는지의 의문이 생길 수 있다. 이러한 상황에서 관세평가기술위원회는 권고의견 22.1에서 다음과 같은 견해를 표명하고 있다. 유형(tangible)인 해당 문서는 과세가격의 결정이 요구되는 "물품"으로 간주되어야 한다. 문서 이외에 다른 물품은 수입되지 않는다. 이 경우에서 문서는 수입국으로 수출하기 위하여 판매되지 않았다. 따라서 협정 제1조는 적용될 수 없다. 위 제시된 사실에 기초하면, 협정 제2조, 제3조, 제5조 및 제6조 역시 적용될 수 없다. 결과적으로 수입물품의 과세가격은 협정 제7조의 규정에 따라 결정되어야 한다. I가 E에게 지급하는 계약금액은 용역계약(service contract)에 따라 산업플랜트 건설을 위해 수행된 용역(services)에 대한 것이며, 수입된 문서에 대한 대가(consideration)는 아니다. 그러므로 해당 지급액은 문서의 과세가격을 결정할 때 고려되지 않아야 한다. 결과적으로 해당 문서의 과세가격은 협정 제7조의 신축적 적용을 통해 수입자와 협의하여 결정될 수 있다(권고의견 12.1 참조). 예를 들어 문서의 과세가격은 엔지니어링 디자인과 개발계획을 종이에 전사하고 이들 문서를 인쇄하는데 직접적으로 발생되는 비용을 기초로 결정될 수 있다.

(2) 판례연구

우리 판례를 살펴본다. 원고가 1992.12.29.부터 1995.1.11.까지 미국의 Autodesk Inc.

(이하 '소외회사')가 제작한 컴퓨터응용설계프로그램(CAD)을 비롯한 평가용 컴퓨터소프트웨어(이하, '소프트웨어')를 무상으로 수입하면서 컴퓨터응용설계프로그램의 경우 무상 또는 미화 390 달러, 삼차원 영상 프로그램(3D STUDIO)의 경우 무상 또는 미화 36 달러, 873 달러로 각 신고한 후 그에 기하여 산출한 관세 등을 납부하였다. 서울세관장은 원고가 일반용과 동일한 물품을 평가용으로 용도를 구분하여 거래가격을 다르게 신고한 것으로 보고, 구 관세법 제9조의3 제2항 제1호 규정에 의하여, 원고가 신고한 거래가격을 인정하지 않고 관세법 제9조의4 소정의 동종·동질물품의 거래가격을 기초로 한 평가방법에 따라 과세가격을 결정하여 1995.6.8. 관세 등의 부과처분을 하였다. 원심[225]은, 원고가 소외회사로부터 수입하는 소프트웨어에는 일반 사용자에게 아무런 제한없이 판매할 수 있는 일반용, 학교 등 교육기관에서 교육용으로 사용할 수 있도록 일반용보다 저가로 판매하는 교육용, 수입자나 딜러 등이 광고선전 및 일반 사용자 교육 등 자가 목적으로 사용하는 딜러용, 고급사용자들을 상대로 프로그램의 사용에 대한 의견을 구하여 이를 최종판에 반영할 목적으로 관련단체 등에게 무상으로 제공하는 평가용, 이미 종전 소프트웨어를 구입하여 사용하는 자가 개선된 소프트웨어를 염가로 교체사용할 수 있도록 제공하는 업그레이드용 등이 있고, 소프트웨어는 그 내용이 동일하더라도 사용자에 대하여 사용권한을 제3자에게 양도할 수 있는 권리를 준 경우(일반용)와 주지 아니한 경우(평가용, 교육용, 딜러용, 업그레이드용)로 나눌 수 있으며, 동일한 프로그램을 사용권한의 범위 또는 사용자계층에 따라 특정용도로 가격을 달리하여 판매한 경우 그와 같은 소프트웨어는 당해 용도로만 사용할 수 있을 뿐, 용도의 전용이나 타인에게 양도, 임대하는 것이 허용되지 않는 사실, 교육용과 딜러용은 일반용의 24%, 업그레이드용은 일반용의 12% 수준의 가격으로 판매하고, 평가용은 무상으로 공급하는 것이 소프트웨어업계의 거래관행인 사실, 이 사건 소프트웨어의 하나인 오토캐드(AUTOCAD)의 경우 일반용에 대하여는 재판매 제한이 없음에 반하여, 교육용과 평가용에는 마그네틱디스켓의 표지에 "NOT FOR RESALE"이라고 표시하여 제3자에게 당해 소프트웨어의 사용권한을 양도할 수 없음을 명기하는 한편, 포장상자에 교육용은 한글과 영문으로 "교육용"(educational version)으로, 평가용의 경우에는 영문으로 "EVALUATION"으로 각 표기되어 있고, 제품 레이블에는 제품고유번호의 첫 3자리를 일반용은 110(영문판), 120(한글판), 교육용은 117(영문판), 127(한글판), 평가용은 124(한글판)로 각기 구분 표기되어 있으며, 프로그램을 실행할 때 나타나는 초기화면에도 일련번호와 함께 재판매금지라는 표시가 나타나도록 되어 있는 사실, 소프트웨어는 사용권한의 제한유무와 사용자층에 기하여 별개의 값으로 수입하고 있으며 실제의 유통과정에서도 양자가 별개의 가격과 별개의 소비자군을 형성하고 있는 사실, 과세관청은 일반용과 비교할 때 프로그램 내용이 동일한 업그레이드용에 대하여 이를 일반용과 다른 별개의

225) 서울고등법원 1997.12.04. 선고 96구45483 판결.

물건으로 보아 그 실거래가격에 의하여 과세하도록 하고 있는 사실을 인정한 다음, 관세는 수출국에서 수입국으로 판매되는 물건에 대하여 부과되는 것인데, 소프트웨어 그 자체는 물건이 아니며 소프트웨어의 매매라 하는 것은 소프트웨어가 포함된 매체를 판매하는 것이 아니라 프로그램의 저작권자가 사용자에게 매체에 담긴 프로그램의 사용권한을 주고 사용자가 그에 대한 사용료를 받는 것이고, 이 경우 사용료는 매체의 종류에 의하여 결정되는 것이 아니라 매체에 수록된 소프트웨어의 내용과 그 사용권한의 범위, 사용권한의 대상자 등에 의하여 결정되는 것인 점에 비추어 보면, 일반용 소프트웨어와 평가용 소프트웨어는 별개의 물건으로 봄이 상당하다고 하여 서울세관장이 평가용 소프트웨어는 일반용과 동일한 물건이지만 "처분 또는 사용의 제한"에 의하여 영향을 받는 것으로 보고 일반용의 거래가격을 과세가격으로 하여 관세를 부과한 것은 위법하다고 판단하였다. 이 사건 상고심은 같은 취지의 원심[226]판단은 정당하다고 판시하였는바,[227] 그 판결논지는 다음과 같다. 관계 법령에 비추어 보면 소프트웨어 자체는 물품이 아니므로 관세의 과세대상은 수입물품인 '소프트웨어가 수록된 매체'라고 할 것이고, 이때 매체의 가치를 평가함에 있어 그 수록된 소프트웨어의 가치를 합산하는 것인바, 소프트웨어는 저작권 유사의 권리로서 그 가치는 프로그램의 내용뿐만 아니라 그에 대한 권리의 범위에 따라 달라지는 것이고, 프로그램의 사용을 허락받은 자는 허락된 사용방법 및 조건의 범위 안에서 당해 프로그램을 사용할 수 있으며, 프로그램 저작권자의 동의 없이는 사용할 권리를 제3자에게 양도할 수 없으므로, 원심이 확정한 바와 같이, 이 사건 평가용 소프트웨어는 비록 일반용 소프트웨어와 그 프로그램의 내용에 있어 동일하다고 하더라도 저작권자가 지정한 사용권한의 범위가 다르고 그에 따라 그 가치가 상이하며 상업적으로 상호교환이 가능한 것이라고 볼 수도 없다면, 과세가격을 결정함에 있어 평가용 소프트웨어가 수록된 매체는 일반용 소프트웨어가 수록된 매체와는 서로 다른 물건이라고 함이 상당하다는 것이다.

이 사건 판례의 태도는 관세평가위원회 결정 4.1이 전달매체에 기록된 데이터 처리장치용 데이터나 명령(소프트웨어)에 대한 거래가격의 적용원칙과 적용예외 관행을 모두 인정하는 지침의 취지에 비추어 전적으로 동의하기 어렵다. 결정 4.1(para. 3과 4)가 적용예외 관행을 채택하는 체약국은 관세평가위원회에 그 적용일자를 통보해야 하고, 적용예외 관행을 채택하는 체약국들은 일부 체약국이 거래가격 관행을 계속 사용하는데 대한 차별대우 없이, 최혜국대우의 원칙 하에서 그 관행을 시행하여야 한다고 기술한 취지는 소프트웨어에 대한 과세처리 방안 또는 비과세처리 방안 중 선택은 각 회원국가의 몫이지만 그 시행에서 일관성을 요구하는 것으로 해석하여야 할 것이다.

---

226) 서울고등법원 1997.12.04. 선고 96구45483 판결.

227) 대법원 1998.09.04. 선고 98두1512 판결.

컴퓨터 소프트웨어가 기록된 전달매체를 수입한 경우, 그 과세가격에는 전달매체의 가격 이외에 컴퓨터 소프트웨어의 가치를 가산하여야 하는지 여부가 쟁점으로 제기된【대법원 1998.8.21. 선고 97누13115 판결】사건을 살펴본다. 원고 회사는 미국의 Computer Associate International Inc.(이하 '모회사')에서 100% 출자한 컴퓨터 소프트웨어의 임대를 비롯한 컴퓨터 관련 서비스 등을 목적으로 하는 회사로서, 1989.10.5. 모회사와 사이에 기술라이센스계약을 체결하고 그 때부터 1993.3.31.까지 사이에 모회사로부터 메인프레임용 소프트웨어가 수록된 디스켓 등의 전달매체 330건을 수입하면서 과세가격을 소프트웨어의 가격이 포함되지 않은 전달매체 자체의 가격인 개당 미화 0.5 달러 내지 5 달러로 수입신고하고 수입물품에 대한 관세 등을 납부하였다. 그러나 김포세관장은 원고 회사가 수입한 전달매체의 가격과 그에 수록된 소프트웨어의 가격을 합산한 가격을 과세가격으로 보고 원고 회사의 사업연도별로 원고 회사가 기술라이센스계약에 따라 모회사에 송금한 금액을 당해 사업연도에 수입신고한 전달매체 가격의 합계액으로 나누어 가산율을 산정하여, 이 가산율을 원고 회사가 수입신고시 신고한 전달매체의 가격에 곱하는 방법으로 수입가격을 계산하고, 그와 같이 계산한 금액에서 당초 신고된 전달매체의 가격을 공제한 금액을 추징과세가격으로 하여 1990.2.8.부터 1993.3.31.까지 사이에 수입신고된 소프트웨어가 수록된 전달매체 281건(이하 '이 사건 수입물품')에 대하여 관세 등을 부과·고지하였다. 상고심은 특허권 등의 권리를 사용하는 대가가 수입물품과 관련이 있고 수입물품의 거래조건으로 지급될 경우, 수입물품의 과세가격에는 수입물품의 실제 지급가격에 가산하여 권리사용료가 포함되고, 컴퓨터 소프트웨어는 저작물로서 그에 대한 권리는 저작권 유사의 권리로 보호되는 것이므로, 컴퓨터 소프트웨어가 기록된 전달매체의 과세가격은 전달매체의 가격 이외에 컴퓨터 소프트웨어의 가치를 가산하여 조정한 거래가격으로 보아야 한다는 입장을 취하고 있다.

4) 광고(Advertising)·마케팅(marketing)·판촉(promotional)비용

(1) 관세평가법리

오늘날 국제무역에서 광고(advertising)[228]·마케팅(marketing)·판촉(promotion)(이하 'AMP')은 Global Brand 프로그램 혹은 어떤 상품에 특화된 형태일 수 있다. 사실상 Global AMP란 많은 국가에서 물품에 대해 이뤄지는 것을 가리키며 모든 수입국가에서 이들 물품의

228) 광고활동(Advertising)의 사전적 의미는 "상품이나 서비스에 대한 정보를 여러 가지 매체를 통하여 소비자에게 널리 알리는 의도적인 활동"을 말한다. 그리고 마케팅(Marketing)의 사전적 의미는 "제품을 생산자로부터 소비자에게 원활하게 이전하기 위한 시장조사, 상품화 계획, 선전, 판매 촉진 따위와 같은 기획활동"을 말한다. 이와 같은 사전적 의미로 볼 때, 광고활동은 마케팅의 개념이 생산자가 상품 또는 서비스를 소비자에게 유통시키는 데 관련된 모든 체계적 경영활동이라 점에서 마케팅의 한 부분으로 이해할 수 있다.

각 수입자는 수출자로부터 개별적인 구매실적의 규모에 따른 비율만큼 기여할 것이다. 즉, AMP 비용에 대한 수입자의 분담액은 구매한 수량(전세계 판매량에서 차지하는 비율) 또는 시장에서의 위치 및 점유율을 기초로 정해질 수 있다. Global AMP의 수행과 관련하여 수출판매거래에서 구매자가 AMP 비용을 지불한다면 그 지불의 법적 성격은 판매물품의 구매조건이거나 판매자의 이익을 위하여 지불하는 비용이든지 아니면 해당 판매물품의 상표권 등에 대한 권리의 대가로 지불하는 사용료의 일부일 가능성이 크다. 물론, AMP 비용이 판매물품의 구매조건으로 지급하는 비용이 아니라 구매자 자신의 계정(on the buyer's own account)에 의한 지급이거나 또는 판매자와 특수관계가 있는 구매자가 이전가격(transfer price)의 일환으로 AMP 비용을 지급할 가능성도 배제할 수는 없다. 일부 경우에서는 이러한 비용이 수출판매가격에 포함되어 있을 수도 있다. 하지만 수입시점에 실제가격에 포함되어 있지 않고 수입 후 실제로 수출자(대부분의 경우, 모기업)와 합의한 기간에 의한 조정으로 지불될 수도 있다. 이러한 경우 AMP 조정비용을 수입물품과 연계할 수 있는지와 그 물품의 판매조건인지 살펴 볼 필요가 있다. 왜냐하면 그러한 물품에 대한 전체 가격 계약의 일부를 구성해야 하기 때문이다. 이러한 관계가 확인되고 객관적이고 수량화가 가능한 데이터를 기초로 입증될 경우, 과세가격은 재결정되어야 하여야 할 것이다. 수입물품의 구매자가 판매자 또는 제3자에게 지급하는 AMP 비용에 대하여 관세평가상 어떻게 취급할 것인가의 문제에 관하여 관세평가협정은 직접적 지침도 제시하지 않고 있을 뿐 아니라 우리나라의 관세평가법규에서도 명시적 규정이 없다. 다만, 관세평가협정 부속서 I 제1조에 대한 주해, '실제로 지급하였거나 지급하여야 할 가격' para. 2가 규율하고 있는 "제8조에서 조정하도록 규정된 사항 외에, 구매자가 자신의 계정으로 수행한 활동은 비록 판매자에게 이익이 되는 것으로 간주된다 할지라도 판매자에 대한 간접지급으로 인정될 수 없다. 따라서 이러한 활동의 비용은 과세가격을 결정함에 있어서 실제로 지급하였거나 지급하여야 할 가격에 가산되지 아니한다."는 규정과 제1조에 대한 주해, 제1항(b) para. 2가 규율하고 있는 "마찬가지로, 만약 구매자가 수입물품의 마케팅에 관한 활동을 비록 판매자와의 약정에 따라 수행하는 경우라도, 구매자가 자기의 계정으로 수행한다면 이러한 활동의 가치(value)는 과세가격의 일부도 아니고 그러한 활동이 거래가격을 부인하는 결과가 되게 하지도 않는다."는 규정에 의존할 수 있을 따름이다. 관세평가법규상 광고활동비의 취급과 관련하여 EU관세법[229]은 광고활동비를 실제로 지급하였거나 지급하여야 할 가격의 규율요소로 취급하고 있다. 즉, EU관세법 시행명령[230] 제129조 제2항[231]에서,

229) Regulation (EU) No 952/2013 of The European Parliament and of The Council of 9 October 2013.

230) Commission Implementing Regulation (EU) 2015/2447 of 24 November 2015.

231) Activities, including marketing activities, undertaken by the buyer or an undertaking related to the buyer on his or its own account, other than those for which an adjustment is provided

마케팅 활동을 포함하여, 구매자가 수행한 활동 또는 구매자가 자신의 계정으로 수행한 활동은, EU관세법 제71조에 열거된 가산·조정요소[232]가 아닌 한, 판매자에 대한 간접지급으로 간주하지 않는다고 규정하고 있다. 이에 따라 대개 독점 판매상과 같은 구매자가 자신의 계정으로 수행한 광고는 해당 물품의 관세평가에 영향을 미치지 않지만, 구매자가 매매계약상 의무에 따라 광고대행자와 같은 제3자에게 광고비를 지급하여야 하는 경우 실제로 지급하였거나 지급하여야 할 가격에 가산하는 여타의 지급으로 해석하고 있다.[233]

(2) 판례연구

우리 판례를 살펴본다. 【대법원 2016.8.30. 선고 2015두52098 판결】 사건에서 제기된 법리적 쟁점은 구매자가 상표권자에게 지급한 국제마케팅비(International Marketing Fee)가 관세평가법규상 권리사용료에 해당하는지 여부이다. 이 사건의 사실관계는 다음과 같다: ① 원고는 독일 법인인 adidas AG(이하 'aAG')의 한국 자회사인데, 네덜란드 법인인 '아디다스 인터내셔널 트레이딩 비브이'(이하 'aITBV')로부터 아디다스 상표가 부착된 스포츠용 의류, 신발 등을 수입하면서 상표권 사용료에 관하여는 aAG와 라이선스 계약을 체결하여 aAG에게 지급하였다. 원고는 아디다스 그룹이 보유한 다른 브랜드인 리복, 락포트 상표가 부착된 물품에 관하여도 마찬가지 방식으로 수입하여 왔다; ② 원고는 2003.1.1. aAG와 '상표권 사용계약'을 체결하고 2008년까지 aAG에게 아디다스 제품 순매출액의 8.5% 내지 10% 상당액을 '종합수수료' 명목으로 지급하면서 이를 수입물품 과세가격에 가산하여 신고하였다. 이러한 종합수수료는, ㉮ 허여지역 내에서의 상표사용권, 노하우 사용권, 독점적 유통권, 프로모션 계약 체결권 외에도 ㉯ 상표권자에 의해 제공되는 국제적인 특정 선수·팀·연맹·조직 등의 로고와 상징 등에 대한 사용권, ㉰ 올림픽과 월드컵 등 세계적인 브랜드 행사에 대한 상표권자의 지원과 그에 따른 무형자산 및 상표의 발전, ㉱ 아디다스 브랜드 관련 범세계적 광고 홍보 프로그램 등에 대한 대가를 포괄하여 지급하는 것으로 약정되어 있다; ③ 원고는 2009.1.1. 위와 같은 종전의 '상표권 사용계약'에 갈음하여 aAG와 새로운 '라이선스 계약'을 체결하고, 이에 따라 aAG에 Royalties로 매년 순매출액의 10% 상당액을 지급하는 한편, 그와 별도로 '국제마케팅비(IMF)' 명목으로 순매출액의 4% 상당액(이하 'IMF')을 지급하였다. 원고는 2010.1.1. '리복 인터내셔널 엘티디' 및 '더 락포트 컴퍼니 엘엘씨'와도 유사한 형식과 내용의 '라이선스 계약'(이하 원고가 새로이 체결한 위 라이선스 계약들을 통틀어 '이 사건 라이선스 계약')을 체결하였다; ④ 이 사건 라이선스

---

in Article 71 of the Code, shall not be considered an indirect payment to the seller.

232) 관세평가협정 제8조에 열거된 가산·조정요소와 내용이 같다.

233) Eberhard Dorsch(Hrsg.), Zollrecht: Zollkodex, Zollverwaltungsgesetz, Einfuhrumsatzsteuer, EG-Aussen-wirtshaftsrecht, Antidumping Statistik Marktordnungsrecht Kommentar(Bonn: Stollfuss Medien GmbH & Co. KG, 1977), BI/29 11쪽.

계약에서 권리사용료는, 판매지역 내에서의 표장 및 노하우 사용권, 독점적 유통권, 스포츠 마케팅 계약 체결권, 비독점적 제조권 등을 포함하여 이 사건 라이선스 계약에 의하여 허여되는 권리에 대한 보상이라고 규정되어 있다(제8조); ⑤ 이 사건 라이선스 계약에 따르면, IMF는 원고가 이 사건 라이선스 계약 하에서 획득한 마케팅 혜택에 대한 보상으로 규정되어 있고(제5조 제1항), 라이선스 제공자인 aAG는, ⓐ 범지역적 또는 전세계적 중요성을 가진 운동선수·팀·연맹들과의 계약 체결, 관리 및 자료와 기회 제공, ⓑ 올림픽·월드컵 등의 후원계약 체결, 관리, 자료와 기회 제공, ⓒ 글로벌 및 지역적 광고 캠페인과 슬로건을 위한 컨셉트 창조, ⓓ 아디다스 웹사이트의 구축과 유지, ⓔ 국제 무역박람회와 마케팅회의의 조직 등의 활동을 이 사건 국제마케팅비에 의하여 충당하며(제5조 제2항), 이러한 활동의 성격, 범위, 규모, 시기 선택은 라이선스 제공자의 재량에 달려 있고 그로 인하여 발생하는 실제 또는 계획된 지출 세부내역을 제공할 필요가 없다고 되어 있다(제5조 제5항); ⑥ 이에 따라 aAG는, ㉠ 세계축구연맹 월드컵이나 유럽축구연맹 챔피언스리그 등 국제 스포츠 경기를 후원하고, ㉡ 유명 운동경기팀이나 유명 운동선수를 후원하며, ㉢ 각종 글로벌 마케팅 이벤트를 개최하고, ㉣ 인터넷에서 아디다스 웹사이트를 구축하고 유지하며, ㉤ 후원하는 팀이나 선수를 모델로 각종 텔레비전 광고, 지면 광고, 동영상광고, 배너광고 등을 제작하여 스스로 광고를 하거나 이러한 마케팅 자료를 원고와 같은 각국 현지법인에 제공하였다; ⑦ 원고는 아디다스, 리복, 락포트 등의 상표가 부착된 스포츠용 의류와 신발 등(이하 '이 사건 수입물품')을 4,297회에 걸쳐 수입하면서 이 사건 라이선스 계약에 따른 권리사용료는 이 사건 수입물품의 과세가격에 가산하여 신고하였으나, 이 사건 국제마케팅비는 가산하지 않았다. 서울세관장은 2012.1.12. IMF 역시 그 실질이 권리사용료라고 보아 이를 이 사건 수입물품의 과세가격에 가산하여 관세 등을 부과하는 이 사건 처분을 하였다.

상고심은 수입물품에 대한 관세의 과세가격은 우리나라에 수출하기 위하여 판매되는 물품에 대하여 구매자가 실제로 지급하였거나 지급하여야 할 가격에 '상표권 및 이와 유사한 권리를 사용하는 대가' 등을 가산·조정하여 산정한 거래가격에 의하여 결정하도록 하고 있으며(관세법 제30조제1항제4호), 세법 중 과세표준의 계산에 관한 규정은 소득, 수익, 재산, 행위 또는 거래의 명칭이나 형식에 관계없이 실질 내용에 따라 적용하여야 하고(국기법 제14조제2항), 이는 관세법을 해석·적용할 때도 마찬가지이므로, 구매자가 상표권자에게 지급한 금액이 수입물품 과세가격의 가산조정요소가 되는 '상표권 및 이와 유사한 권리의 사용 대가'에 해당하는지는 지급한 금액의 명목이 아니라 실질내용이 상표권 등 권리를 사용하는 대가로서의 성격을 갖는 것인지에 따라 판단하여야 한다고 설시하고 있다. 이러한 판단기준을 천명한 대법원은 IMF는 그 명목에도 불구하고 실질이 이 사건 수입물품의 구매자인 원고가 상표권 등에 대한 권리자인 독일 아디다스에 그 권리사용의 대가로 지급한 금액이라고 볼 여지가 충분하고, 비록 이 사건 라이선스 계약에서 권리사용료와 IMF를 구분하여 정하고 그에 따라 원고가 aAG에게 권리사용료 명목의 돈을 별도로 지급하였지만, 그러한 사정만으로 거래의 실질을 달리 볼 것은 아니므로 IMF가 권리사용료가 아니라고 보아 이 사건 처분이 위법하다고 판단한 원심판결[234]을 파기하고 사건을 다시 심리·판단하도록 서울고등법원에 환송하기로 판결하였다.

대법원은 이 사건 사실관계에서 거래의 실질을 반영한다는 판단의 근거로 다음과 같은 사정을 들고 있다:

- IMF는 원고가 수입하는 이 사건 수입물품을 개별적으로 광고함으로써 그 판매를 촉진하기 위한 것이 아니라 주로 aAG가 유명 운동선수나 팀 또는 국제적인 운동경기 등을 통하여 자신이 보유하는 상표의 명칭과 로고 등을 대중들에게 지속적으로 노출시키는 데 쓰인 비용의 일부이다;
- aAG가 보유하는 상표의 명칭과 로고를 널리 알리는 활동이 이 사건 수입물품의 국내 판매에 도움이 되는 면도 있겠지만, aAG가 보유하는 상표권의 가치를 상승시키는 데 직접 기여할 것임은 의문의 여지가 없다. 이러한 활동은 상표권 사용자가 할 수도 있으나 원칙적으로는 상표권을 보유하는 상표권자가 하여야 할 성질의 것이고, 이 사건 라이선스 계약에서도 라이선스 제공자인 aAG가 브랜드 이미지에 대한 책임이 있고 그에 따라 마케팅 활동을 할 의무가 있음을 명시하고 있다;
- 이와 같이 IMF에 의한 활동으로써 aAG가 보유하는 상표권의 가치가 높아지게 되면, 상표권자인 aAG로서는 상표권 사용자인 원고에게 상표권 사용의 대가를 추가로 요구할 합당한 이유가 있게 된다. 설령 그러한 활동으로써 상표권의 가치가 구체적으로 얼마만큼 상승하는지에 관한 실증적인 수치가 제시되지 않더라도 마찬가지이다;
- 반면 이러한 활동을 원고가 aAG 및 다른 해외 현지법인들과 함께 수행하면서 그 비용을 분담한 것이라고 보면, aAG로서는 원고들과 같은 현지법인들의 부담으로 자신이 보유하는 상표권의 가치를 증대시키는 결과가 되어 불합리하다. 즉, 원고로서는 그 비용만 부담할 것이 아니라 거꾸로 aAG로부터 상표권의 가치증대에 기여한 부분에 대한 대가를 받았어야 할 것이지만 그러한 사정은 보이지 아니 한다;
- 이 사건 라이선스 계약에 의하면, IMF에 의하여 충당되는 활동은 전적으로 aAG가 결정하여 실행하도록 되어 있고, aAG는 그와 같은 활동으로 인한 비용의 지출내역을 원고에게 공개할 필요가 없다. 또한 실제로 지출된 비용을 바탕으로 원고와 같은 각국 현지법인들과 사후정산을 거치지도 아니하였다. 이와 같은 IMF의 지출과 정산과정에 비추어 보더라도 IMF가 aAG와 원고 등 각국 현지법인들이 함께 전세계적인 마케팅활동의 주체가 되면서 다만 집행만 aAG가 전담하여 수행하고 원고 등이 그 비용을

234) 서울고등법원 2015.08.27. 선고 2014누65495 판결.

분담한 것이라고 보기는 어렵다.

이 사건 국제마케팅비의 법적 성격에 대하여 살펴본다. 이 사건 사실관계에 따르면, IMF의 용도는 ⓐ 범지역적 또는 전세계적 중요성을 가진 운동선수·팀·연맹들과의 계약 체결, 관리 및 자료와 기회 제공, ⓑ 올림픽·월드컵 등의 후원계약 체결, 관리, 자료와 기회 제공, ⓒ 글로벌 및 지역적 광고 캠페인과 슬로건을 위한 컨셉트 창조, ⓓ 아디다스 웹사이트의 구축과 유지, ⓔ 국제 무역박람회와 마케팅회의의 조직 등의 활동을 위하여 쓰여지는 비용이라는 점에서 주로 우리나라 밖에서 행해지는 광고활동비에 해당할 것이고, 이에 따라 이러한 광고활동의 대상은 우리나라 거주 소비자가 아니라 주로 우리나라 밖에 거주하는 소비자가 될 것이므로 이러한 광고활동비의 경제적 효과와 재무적 부담은 원고가 아닌 상표권의 보유권자인 aAG에게 귀속된다고 보아야 할 것이다. 대법원이 원고가 지급하는 IMF의 경제적 효과의 귀속주체를 상표권의 보유권자인 aAG로 보았다는 점은 그러한 맥락에서 타당하다고 본다. 그런데 원고가 지급하는 IMF의 수령자는 이 사건 수입물품의 판매자가 아니라 그 수입물품에 부착된 상표의 권리소유자이다. 따라서 원고가 지급하는 IMF는 이 사건 수입물품의 판매자의 이익이 아니라 상표권자의 이익에 기여할 것이지만 상표권자와 이 사건 수입물품의 판매자가 관세평가법규상 이른바 특수관계에 해당하므로 이 사건 수입물품의 판매자의 이익에도 기여될 것이다. 이러한 경우 이 사건 국제마케팅비는 "구매자가 지급하였거나 지급하여야 할 총금액"의 적용범위에 속하는 간접지급 금액에 해당할 가능성을 배제하기 어렵다.

IMF가 상표권 사용료와 동일한 성질의 금액인지 여부에 대하여 원고는 IMF는 해당 국가 안에서 이루어지는 국내광고와 달리 국제적 마케팅활동에 소용되는 비용으로 원고를 비롯한 각국의 판매회사들은 상표권자들과 국제적 광고활동 및 그 비용에 대하여 분담계약을 체결하고 국제적 광고에 소요된 광고비 중 일부를 분담한 것이고, 이는 분명 상표권 사용료와 구별되는 것이라고 주장하고 있으며, 원심 또한 IMF는 상표권 사용료와 특성을 달리하는 별개의 금액으로서 상표권 사용료의 일부를 구성하는 금액이라고 할 수 없다고 판단하였는데,[235] 그 판단 근거로 다음과 같은 사정을 설시하고 있다. 첫째, IMF에 의하여

235) 국제마케팅비의 지급은 그 법적 성격에 따라 외국환거래법과 세법에서도 달리 취급되는바, 국제마케팅비의 지급이 수입물품에 대하여 실제로 지급하였거나 지급하여야 할 가격의 적용범위에 해당한다면 외국환거래법상 경상거래대금으로 취급되어 그 지급의 원인행위에 대한 신고의무는 없으나 그 지급방법이 제3자 지급 또는 구매자의 판매자에 대한 다른 채권과 상계하는 금액이 있다면 미화 5천 달러를 초과하는 지급금액에 대하여는 외국환당국에 신고할 의무가 발생한다. 그리고 법인세법상 그 지급액은 손금의 적용범위에 해당하여 매출원가 및 판매상품의 매입가격과 그 부대비용으로 취급된다. 이에 반하여 국제마케팅비의 지급이 수입물품의 권리사용료에 해당된다면 외국환거래법상 자본거래대금(사용대차계약)으로 취급되어 그 지급원인행위에 대하여 외국환당국에 신고할 의무가 발생한다. 그리고 법인세법상 그 지급액은 외국법인의 국내원천소득의 적용범위에 해당되어 국내원천 사용료소득으로 취급된다.

수행되는 마케팅 활동은 엄밀하게 말하면 장래의 매출증대를 위한 것이라고 할 수 있고, 개별 수입물품에 대하여 이루어지는 활동이 아니므로 객관적이고 수량화할 수 있는 자료에 근거하여 그 비용인 IMF를 산정하기도 어렵다는 것이다. 둘째, aAG가 매년 지출하는 글로벌 마케팅 지출액은 aAG 순매출액의 5.6~6.0%에 이르고, 원고가 aAG에게 매년 지급하는 IMF는 원고 순매출액의 4%로서 aAG의 글로벌 마케팅 지출액 비율 내에 있다는 점에 비추어 보면 IMF는 aAG가 지출하는 글로벌 마케팅 지출액을 분담하는 성격을 가지고 있다는 것이다.[236] 셋째, 만약 원고가 aAG의 동의를 받아 아디다스 상표가 부착된 제품을 모두 국내에서 생산·판매하고 그에 따른 모든 광고도 원고 스스로 수행하기로 하였다고 상정하면, 원고는 이때에도 aAG에게 상표사용료를 지급하여야 하나, IMF와 같은 마케팅 비용을 지급할 필요는 없을 것이고, 또 만약 원고가 아디다스 상표가 부착된 제품 자체는 수입을 하면서 모든 광고는 원고 스스로 수행하거나 또는 aAG가 아닌 제3자에게 맡겨 수행하기로 하였다고 상정하면, 원고는 이때에도 aAG에게 상표사용료를 지급하여야 하나, IMF와 같은 마케팅 비용을 지급할 필요는 없다는 것이다. 넷째, aAG의 국제적인 마케팅 활동의 직접적이고 주된 목적과 효과는 매출증대에 있다고 할 수 있고, 그에 따른 브랜드 이미지나 상표권 가치의 유지·증가는 간접적이고 부수적인 효과라고 할 수 있는바, 국제적 마케팅 활동이 브랜드 이미지나 상표권 가치의 유지·증가에 간접적이고 부수적으로 기여한다는 점만으로 IMF가 곧바로 상표사용료의 일부에 해당한다고 해석하는 것은 지나친 비약이고, 상표사용료의 의미를 지나치게 확대하여 해석하는 것이어서 조세법률주의에서 요구되는 엄격해석의 원칙에 정면으로 반하는 것일 뿐만 아니라, 관세법 제30조 제1항

236) 이와 관련하여 서울세관장은, 상표권자인 aAG가 국제 마케팅 활동에 실제 지출한 구체적인 비용 총액을 기준으로 하여 IMF가 할당되는 것이 아니라, 전세계 판매법인의 순매출액을 기준으로 하여 IMF가 정해지고 있으므로, IMF가 aAG의 국제적 마케팅 활동비용 일부를 직접적으로 분담하는 것으로 볼 수 없다는 취지로 주장하였다. 이러한 서울세관장의 주장에 대해 원심은 다음과 같은 이유를 들어 서울세관장의 주장을 배척하였다. 원고가 aAG의 국제 마케팅 비용을 분담하는 방법으로는 aAG가 지출한 구체적인 비용을 사후에 항목별로 산정하여 합산한 다음 그 총액의 일정 비율을 원고와 같은 현지법인에게 할당하는 방법이 있을 수 있고, 원고 또한 종전에 그러한 방법으로 IMF를 산정한 적도 있으나[aAG와 아디다스 호주 현지법인 사이에 1997.1.1. 체결된 「비용배분계약서」 제3.2조는 'aAG가 실제 지출한 비용을 기준으로 아디다스 호주 현지법인의 분담비용을 산정한다'는 취지로 규정하고 있었다], 이러한 방법에 의할 경우 aAG가 유명 운동팀이나 선수와 체결한 후원계약의 비밀유지조항으로 인하여 사후에 그 비용을 공개하여 산정하는 것이 곤란하고, 세계 각국 현지법인들로부터 수취할 수 있는 IMF의 금액을 미리 확정할 수 없어 aAG의 마케팅 계획이 불확실하게 되는 등의 어려움이 있기 때문에, 원고는 이와 같은 어려움을 해결하기 위하여 aAG의 국제 마케팅 비용 지출총액이 aAG 전체의 순매출액에서 차지하는 '비율' 범위 내에서 원고와 같은 현지법인 순매출액의 일정 '비율'에 의하여 IMF로 산정하여 지급하기로 한 것으로 보이는바, 이러한 산정방법 역시 기본적으로는 aAG가 국제 마케팅 활동에 실제 지출한 구체적인 비용총액을 기준으로 하여 IMF가 산정되는 것이라고 할 수 있으므로, 그러한 산정방법에 의하여 IMF가 국제 마케팅 비용의 일부를 분담하는 것이라는 IMF의 성격이 달라진다고 보기는 어렵다.

에서 과세가격에 가산하여야 하는 금액을 한정적으로 열거하고 있는 취지에도 부합하지 않다는 것이다. 다섯째, 이 사건 라이선스 계약이 상표사용료와 IMF를 구별하여 규정하고 있는 것[237)]은 양자의 실제 특성에 부합하는 것으로서 2008년 이전의 계약 내용을 보다 구체화·명확화한 것이라고 할 수 있고, 이와 같은 경우에는 이 사건 라이선스 계약에 표현된 당사자의 의사를 존중하여 IMF를 상표권 사용료와 구별하여 취급하는 것이 타당하다고 할 수 있으므로 원고가 2008년 이전에 수입물품 과세가격에 가산하였던 IMF를 2009년 이후에 종전과 다르게 취급한다고 하여 그것이 조세회피를 위한 편법이라고 볼 수는 없고, 오히려 원고는 2008년 이전에 상표사용료의 일부라고 할 수 없는 IMF를 상표권 사용료에 포함하여 과세가격을 과다신고하다가, 2009년 이후에 이 사건 라이선스 계약을 체결하면서 이를 시정하였다는 것이다.

이와 같은 원고의 주장에 대하여, 대법원은 이러한 활동을 원고가 aAG와 다른 해외 현지법인들과 함께 수행하면서 그 비용을 분담한 것이라고 보면, aAG로서는 원고들과 같은 현지법인들의 부담으로 자신이 보유하는 상표권의 가치를 증대시키는 결과가 되어 불합리하므로 원고로서는 그 비용만 부담할 것이 아니라 거꾸로 aAG로부터 상표권의 가치 증대에 기여한 부분에 대한 대가를 받았어야 할 것이지만 그러한 사정은 보이지 아니한다고 판단하였다. 하지만 대법원의 이러한 판단에 쉽게 동의하기 어려운 점이 있다. 왜냐하면 원고가 분담하는 비용으로 aAG가 소유한 상표권의 가치가 증대한다면 원고가 분담하는 비용은 aAG와 특수관계에 있는 판매자(aITBV)의 이익을 위하여 원고가 (간접) 지급하는 금액으로 인정될 수 있으므로 해당 수입물품에 대해 실제가격이 상표권의 가치 증대에 기여한 부분만큼 인하된 가격으로 결정되었을 가능성이 있기 때문이다.[238)] 이것은 대법원이 “원고로서는 그 비용만 부담할 것이 아니라 거꾸로 aAG로부터 상표권의 가치 증대에 기여한 부분에 대한 대가를 받았어야 할 것이지만 그러한 사정은 보이지 아니한다”고 판단한 정황뿐 아니라 관세평가협정 부속서 I ‘제5조에 대한 주해’ para. 7에서 수입물품의 마케팅에 대한 직접비 및 간접비를 ‘일반경비’(general expenses)에 포함하는 비용으로 간주

237) 원고는 2008년 이전에는 상표사용료와 IMF에 해당하는 금액을 합하여 매년 순매출액의 8.5~10%를 ‘종합 수수료(composite charge)’ 명목으로 aAG에게 지급함과 아울러 위 종합 수수료를 수입물품 과세가격에 가산하여 신고하여 오다가, 2009년 이후에는 이 사건 라이선스 계약에 따라 상표사용료와 IMF를 별도로 aAG에게 지급하면서, 상표사용료의 지급에 의하여 보호되는 원고의 권리와 IMF에 의하여 비용이 충당되는 aAG의 활동을 구별하고 있으며, 2011년 이후에는 회계상으로도 상표사용료와 IMF를 구별하여 계정하고 있다고 주장하고 있다.

238) 이 사건 라이센서인 aAG와 이 사건 쟁점물품의 판매자인 aITBV는 WTO관세평가협정 제15조 제4항에서 규정하고 있는 이른바 특수관계에 해당할 뿐 아니라, 후자는 전자로부터 이 사건 쟁점물품인 아디다스 상표가 부착된 수입 스포츠용 의류제품에 대한 제조공장의 승인 및 제조사양서를 제공받고 있다(박설아, 조세학술논문집: 광고선전비의 관세평가에 관한 연구, 380쪽). 따라서 이 사건 라이센서인 aAG가 이 사건 쟁점물품의 판매자인 aITBV를 제약 또는 지휘를 법적으로나 실질적으로 행사하는 위치에 있으므로 그러한 가능성을 넉넉히 인정할 수 있을 것이다.

하고 있다는 점에 비추어 보아도 어렵지 않게 추론할 수 있을 것이다. 나아가 원고가 이 사건 IMF에 의하여 수행되는 마케팅 활동은 상표권의 개념범위에 비추어 볼 때, 상표권의 적용범위를 벗어나므로 원고가 지급하는 비용은 법리적으로 상표권의 사용대가로 지급하는 권리사용료에 해당될 수 없다. 왜냐하면 원고가 aAG와 체결한 라이센스 계약상 허여지역이 우리나라로 한정되었으므로 해외에서 수행하는 상품에 관한 광고활동은 aAG로부터 허여받은 권리의 범위를 벗어나는 활동이기 때문이다.[239] 따라서 IMF는 상표권 사용료와 특성을 달리하는 별개의 금액으로서 상표권 사용료의 일부를 구성하는 금액이 아니라는 원고의 주장과 이를 인정한 원심의 판단은 그 한도 내에서 타당하다고 본다. 이와 관련하여 이 사건 IMF를 별도 명목이 아니라 상표권료의 일부 내지 인상분으로 이해하는 것이 타당하다는 견해도 있다.[240] 또한, 관세평가법규상 간접지급금액의 법적 성질을 "명목상 수입물품의 대가는 아니나 실질적으로 수입물품의 대가로 볼 수 있는 간접지급금액을 실제지급가격에 포함시키는 것은, 결국 거래의 외관이 아닌 거래내용의 실질에 따라 실제지급가격을 판단하기 때문이다"라고 설명하면서 같은 취지로 이 사건 IMF에 대하여 권리사용료의 간접지급금액으로 보아야 한다는 견해도 있다.[241]

가사 대법원이 설시하고 있는 조세법상 실질과세의 법리를 적용하여 이 사건 국제마케팅비가 aAG 등이 수행한 국제마케팅활동의 결과로 증대된 aAG 소유 상표권의 가치에 대한 대가로 지급된 것 - 원고는 이 사건 IMF의 지급액에 대하여 2009년 및 2010년 납세신고에서 법인세법상 국내원천 사용료소득으로 간주하여 관할 세무당국에 신고한 것으로 보임[242] - 으로 보아 그 실질을 원고가 지급하여야 할 상표권 사용료의 인상금액으로 간주하여 권리사용료의 일부를 구성하는 금액으로 인정한다면, 이 사건 원고가 지급한 국제마케팅비는 aAG로부터 허여받은 상표권의 사용을 대가로 지급하는 간접지급금액으로 해석하는 것이 법리적으로 타당하다고 본다. 생각컨대 대법원이 원고가 지급한 이 사건 IMF를 관세평가법규상 거래가격의 구성요건을 충족하는 것으로 판단한 것은 옳다고 본다. 하지만, 대법원이 이 사건 국제마케팅비를 원고가 aAG 및 다른 해외 현지법인들과 함께 수행하면서 그 비용을 분담한 것으로 보아 aAG로서는 원고들과 같은 현지법인들의 부담으로 자신이 보유하는 상표권의 가치를 증대시키는 결과로 판단하면서 이 사건 IMF를 그 명목에도 불구하고 실질이 이 사건 수입물품의 구매자인 원고가 상표권 등에 대한 권리자인 aAG에게 그 권리사용의 대가로 지급한 금액으로 간주하여 이 사건 IMF를 권리사용료로

239) 김정홍, 조세학술논문집(제33집 제2호): 다국적기업의 국제마케팅비용에 관한 관세평가 문제(서울: 국제조세협회, 2017), 133쪽.

240) 김정홍, 앞의 글, 132쪽.

241) 박설아, 조세학술논문집(제33집 제3호): 광고선전비의 관세평가에 관한 연구 - 거래가격방법을 중심으로 - (서울: 국제조세협회, 2017), 362쪽 및 382쪽.

242) 김정홍, 앞의 글, 133쪽.

인정한 법리구성은 관세평가법규상 거래가격의 구성요건에 관한 법리에 비추어 볼 때, 전적으로 찬동하기 어렵다.

방금 위에서 탐구한 대법원 판결 사건 이후 우리 판례는 국제마케팅비가 권리사용료로 과세가격에 가산되어야 하는지 여부와 관련하여 한결같이 그 판단기준으로 조세법상 실질과세의 원칙을 적용하는 태도를 보이고 있다. 우리 판례의 설시에 따르면, 과세대상이 되는 소득의 귀속이나 거래의 내용을 명의가 아닌 실질에 따라 파악하여야 한다는 실질과세 원칙은 조세의 부과와 징수에 관한 기본원리이므로, 이에 관한 명문의 규정을 두고 있지 않은 관세법을 해석할 때에도 마찬가지로 적용된다는 것이다. 따라서 구매자가 상표권자에게 지급한 금액이 수입물품 과세가격의 가산조정요소가 되는 상표권 사용대가에 해당하는지는 지급한 금액의 명목이 아니라 그 실질내용이 상표권을 사용하는 대가로서의 성격을 갖는 것인지 여부에 따라 판단하여야 한다는 것이다(앞에서 탐구한 대법원 2016.8.30. 선고 2015두52098 판결 참조). 그리하여 대법원 2016.9.30. 선고 2015두58591 판결 사건에서 항소심은, 원고가 'P◎◎◎◎'상표가 부착된 스포츠용 의류 신발 등(이하 '이 사건 수입물품')을 수입하면서 독일 본사에 지급한 이 사건 국제마케팅비는, 그 명목에도 불구하고 실질이 이 사건 수입물품의 구매자인 원고(푸마코리아)가 상표권 등에 대한 권리자인 독일 본사에게 그 권리사용의 대가로 지급한 금액으로 봄이 상당하다는 원심[243]의 판단이 정당하다고 판시하고 있다. 또한, 대법원 2017.10.12. 선고 2017두44879 판결 사건에서도 상고심은, ① 원고(나이키코리아)가 'Nike'상표가 부착된 스포츠용 의류, 신발 등을 수입하면서 미국 법인인 나이키 인코퍼레이티드(이하 '미국본사') 등에 지급한 WWP (World Wide Promotion) 분담금은 주로 미국본사 등이 보유하는 상표의 명칭과 로고 등을 대중들에게 지속적으로 노출시키는데 쓰인 비용의 일부인 점, ② 이러한 활동은 원칙적으로 상표권자인 미국본사 등이 수행하여야 할 성질로 볼 수 있고, 원고와 미국본사 등 사이에 체결된 마케팅지원계약에도 기본적으로 미국본사 등이 전세계지역에 걸친 마케팅 서비스를 담당하는 것으로 규정하고 있는 점, ③ WWP 분담금에 의한 활동으로 미국본사 등이 보유하는 상표권의 가치가 높아지면, 상표권자인 미국본사 등으로서는 상표권 사용자인 원고에게 상표권 사용의 대가를 추가로 요구할 합당한 이유가 있게 되는 점 등을 종합하면, WWP 분담금은 그 명목에도 불구하고 실질이 이 사건 수입물품의 구매자인 원고가 상표권자인 미국본사 등에 그 권리사용료의 대가로 지급한 금액에 해당한다는 원심의 판단이 정당하다고 판시하고 있다. 아울러 앞에서 탐구한 대법원 2016.8.30. 선고 2015두52098 판결 사건의 원고인 아디다스 코리아(유)가 본사에 지급한 국제마케팅비에 대하여 부산지방법원 2017.7.21. 선고 2016구합20075 판결 사건, 인천지방법원 2017.11.24. 선고 2016구합50086 판결 사건, 울산지방법원 2017.12.14. 2016구합5109 판결 사건 등에서도

243) 부산고등법원 2015.11.06. 선고 2015누21261 판결.

판례는 조세법상 실질과세의 원칙을 적용하여 국제마케팅비를 권리사용료로 취급하는 입장을 취하고 있다.

외국회사로부터 영화용 필름을 수입하였는데 서울세관장이 수입필름의 과세가격을 구매자가 판매자에 송금한 로열티 금액에 광고선전비를 더한 금액으로 보아 관세 등을 부과처분한 사안에서 판례의 태도를 살펴본다. 【대법원 2015.2.26.선고 2013두14764 판결】 사건에서 상고심은 광고선전비를 지급함으로써 결과적으로 판매자에게도 이익이 된다 하더라도 이는 수입물품의 과세가격에 포함되는 간접적인 지급액에 해당하지 아니한다고 판시하고 있다. 이 사건의 처분경위는 다음과 같다. 소니픽쳐스홈엔터테인먼트코리아(이하 '원고 1')는 1990.5.19. 미합중국의 K◎◎ Film Distributors International Inc.(이하 'K사')가 대한민국 내 영화의 수입 및 배급사업을 목적으로 출자한 회사이다. 원고 1은 1993.2.1. K사로부터 영화권리를 부여받은 S◎◎ USA Inc.(이하 'S사')와 대한민국 내 영화배급활동에 관한 프랜차이즈 계약(Franchise Agreement)을 체결하고, 2004.4.1. 위 계약에 관한 수정계약을 체결하였다. 위 수정계약에 따르면 원고 1은 S사에게 아래와 같은 방식으로 산정되는 로열티를 지급할 의무가 있다.

로열티 = 영화의 총 매출액 - 배급수수료(총 매출액의 12%) - 배급비용*

* 수정계약에 규정된 배급비용은 다음과 같다:

- ➤ 광고물, 판촉물, 홍보물 및 광고용 부속물 비용, 영화의 비용으로 포함될 제3자와의 계약으로 인하여 발생한 비용, 영화 예고편, 번역, 컨테이너 및 저장소를 위한 비용 및 제작실 경비 등.
- ➤ 그 외 보험비용, 선적비용 내지 운임, 재배급자에게 지급한 수수료, 관세, 수입허가비용, 검열비용, 저작권비용, 영사 및 개봉수수료, 소송비용, 영화대여 매출액 또는 배급비용에 근거하여 부과된 지방세 등.

원고 1은 2005.6.30.부터 2006.11.25.까지 S사로부터 영화용 필름 30건을 수입하면서, 서울세관장에게 잠정가격으로 로열티를 신고하여 부가가치세를 납부한 다음 영화의 총수입액과 지불하여야 할 로열티가 확정된 후 S사에게 수정계약에 따른 로열티를 송금하고 확정가격을 신고하여 관세 등을 정산하였다. 서울세관장은 원고 1에 대한 사후심사를 실시하여 위 수입필름의 과세가격을 원고 1이 S사에게 송금한 로열티 금액에 광고선전비를 더한 금액으로 보아 각 경정·고지하였다.

한편, 한국소니픽쳐스엔터테인먼트영화주식회사(이하 '원고 2')는 2006.11.13. 미국의 S◎◎ Pictures Releasing International Corporation(이하 'SP사')과 B◎◎ V◎◎ International Inc.(이하 'BVI')가 대한민국 내 영화배급을 목적으로 공동으로 출자하여 설립한 회사이다.

원고 2는 2006.12.1. SP사 및 BVI와 각각 대한민국 내 영화배급활동에 관한 라이센스 계약(Licence Agreement)을 체결하였다. 위 계약에 따르면 원고 2는 SP사 및 BVI에게 아래와 같은 방식으로 산정되는 로열티를 지급할 의무가 있다.

SP사에 대한 로열티 = 영화의 총 매출액 - 배급수수료(총 매출액의 12%) - 배급 비용**
BVI에 대한 로열티 = 영화의 총 매출액 × 88%*** - 배급비용****

** SP사와의 계약에 따르면, 원고 1과 S사와의 계약에서 합의된 내용과 동일한 항목을 배급비용으로 인정하고 있다.
*** 산식의 표현상 차이가 있을 뿐 총 매출액의 12%가 배급수수료에 해당함은 동일하다.
**** BVI와 계약에 따르면, 배급비용은 영화의 홍보, 마케팅 및 기타 배급하는 것과 관련하여 부담한 모든 원가, 비용 및 요금을 의미한다.

원고 2는 2006.12.21.부터 2008.11.6.까지 SP사 및 BVI로부터 영화용 필름 44건을 수입하면서, 서울세관장에게 잠정가격으로 로열티를 신고하여 부가가치세를 납부한 다음 영화의 총수입액과 지불하여야 할 로열티가 확정된 후 SP사 및 BVI에게 계약에 따른 로열티를 송금하고 확정가격을 신고하여 관세 등을 정산하였다. 서울세관장은 원고 2에 대한 사후심사를 실시하여 위 수입필름의 과세가격을 원고 2가 SP사 및 BVI에게 송금한 로열티 금액에 광고선전비를 더한 금액으로 보아 각 경정·고지하였다.

이 사건에서 인정된 사실들은 다음과 같다. 원고들은 S사와 SP사 및 BVI(이하 총칭하여 '라이센서')로부터 수입하여 국내에 배급·상영할 영화 및 비디오 선정, 이들 영화 및 비디오에 대한 광고선전 활동에 관한 광고대행사 선정, 광고대행사 및 광고선전 계약체결, 구체적인 광고내용·매체·시기·비용의 결정, 예산의 변경, 광고선전비 지급 등을 직접 한다. 라이센서들은 원고에게 수출하는 영화에 대하여 광고선전비의 총액한도를 설정하고 있을 뿐, 위 광고선전 활동과 관련하여 광고대행사나 광고업체와 아무런 계약도 체결하지 않으며, 원고들의 광고선전 활동에 관여하지 않고 있다.

서울세관장의 과세논리는 다음과 같다. 이 사건 각 계약에 따르면 배급수수료를 제외한 나머지 금액이 라이센서들의 몫이 되는 점, 원고들은 광고선전비의 액수에 관계없이 배급수수료를 일정하게 수취하므로 국내배급으로 인하여 손실이 발생할 경우 라이센서들이 이를 보전하여 주게 되는 점, 원고들이 광고선전비를 지급하였다 하더라도 이는 라이센서들이 해야 할 광고활동을 원고들이 단순히 국내에서 대행함으로써 라이센서들이 부담할 광고선전비를 간접지급한 것에 불과하고 원고들의 계산으로 광고선전비를 지급하였다 할 수 없는 점, 따라서 광고선전 활동으로 인한 실질적인 수익 및 부담 주체는 라이센서들이 되는 점, 원고들이 라이센서들로부터 광고 예산을 승인받고 있는 점, 이 사건 각 계약은 원고들의 수익을 보장하기 위하여 특수관계자 사이에 작성된 것으로 보편적인 형태의 계약이라 할 수 없는 점 등을 종합하면, 그 광고선전비는 관세법령에서 정한 간접지급액에 해당한다. 이 대하여 원고들은, 이 사건 각 계약에 따른 로열티 산정방식은 전세계 영화산업의 보편화된 방식에 따른 것이고, 원고들이 부담한 광고선전비는 광고대행업체 등에 대한 원고들 자신의 계약상 채무를 이행하여 지급한 것으로서, 원고들 자신의 계산으로 광고선전비를 지급한 이상 그 광고선전비는 관세법령에서 정한 간접지급에 해당하지 않는다.

이 사건 상고심의 판결이유는 다음과 같다: 수입물품의 판매촉진을 위하여 행하는 광고선전 활동은 시장판매에 관련되는 활동인 점, 배급수수료의 증가를 위하여 광고선전 활동을 할 필요가 있는 원고가 수입물품인 영화용 필름 등에 관한 광고선전 계약의 체결과 비용지급 등 광고선전 활동을 직접하고 있으므로, 이 사건 광고선전비의 지급은 구매자인 원고의 광고대행사 및 광고회사에 대한 의무일 뿐 판매자의 의무가 아닌 점 등을 종합하면, 원고가 이 사건 광고선전비를 지급함으로써 결과적으로 판매자에게도 이익이 된다 하더라도 이는 이 사건 수입물품의 과세가격에 포함되는 간접적인 지급액에 해당하지 아니한다는 이유로, 서울세관장이 이 사건 광고선전비 상당액을 과세표준에 포함하여 이 사건 수입물품에 대한 부가가치세를 부과한 이 사건 각 처분이 위법하다는 원심[244)]의 판단[245)]은 정당하다는 것이다.

생각건대, 이 사건 판결의 논거에 의문점이 있다. 과연 원고들이 이 사건 광고활동비를 지급하지 않고 이 사건 영화필름을 수입할 수 있는지 여부이다. 왜냐하면, 이 사건 구매자가 지급하는 광고활동비는 구매자와 판매자가 특수관계인 점을 고려할 때 이 사건 수입필름의 수출판매조건일 가능성이 있기 때문이다. 구매자가 자기의 계정으로 수행한다면 이러한 활동의 가치(value)는 과세가격의 일부도 아니고 그러한 활동이 거래가격을 부인하는 결과가 되지도 않지만, 만일 구매자가 광고활동비를 지급하는 것이 이 사건 판매조건이라면 이 사건 광고활동비는 로열티의 일부로 취급될 수 있으므로 거래가격의 구성요건에 해당될 것이다. 이 사건 판례의 취지와 유사한 판례로 대법원 2015.2.26. 선고 2013두20721 판결 사건;[246)] 2015.2.26. 선고 2013두14757 판결 사건;[247)] 2015.2.26. 선고 2011두32034 판결 사건;[248)] 2015.3.12 선고 2012두874 판결 사건[249)]이 있다.

244) 서울고등법원 2013.06.28. 선고 2011누19316 판결.

245) 원심은 제1심판결을 그대로 인용하여 서울세관장의 항소를 기각하였으므로 원심의 판단은 서울행정법원 2011.05.20. 선고 2011구합3296 판결에서 판시한 판단 내용과 같다.

246) 항소심은 서울고등법원 2013.08.30. 2011누19309 판결이고, 제1심은 서울행정법원 2011.05.20. 선고 2011구합3036 판결이다.

247) 항소심은 서울고등법원 2013.06.28. 2011누11343 판결이고, 제1심은 서울행정법원 2011.03.02. 선고 2010구합19973 판결이다.

미국 CBP의 결정사례를 살펴본다. CBP는 수입자 및 제조자가 보드카 매입을 위해 체결한 계약서에서 구매자가 광고에 소비할 수 있는 최소금액을 명시하고 있지만, 비록 이것이 간접적으로 판매자에게 이로울지라도 광고비는 실제로 지급하였거나 지급하여야 할 금액의 일부가 되지 못하다고 결정하여 광고활동비의 간접지급을 부인하였다(H544482, 1990.08.30). 또한, CBP는 수입자와 해외 판매자 간 미국에서 광고(advertising), 판촉(merchandising), 선전(promotion), 시장조사(market research), 홍보(public relations), 테스트 및 유사한 브랜드 구축활동(brand-building activities)이 포함된 브랜드 마케팅(Brand marketing)을 분담하기 위한 계약서에 따라 보드카 수입자가 지급한 금액은 실제로 지급하였거나 지급하여야 할 가격의 일부가 되지 않으며, 구매자가 자기부담으로 수행한 광고 등과 같은 활동은 실제로 지급하였거나 지급하여야 할 가격에서 공제한다고 결정하여 수입국 내에서 수행되는 광고활동비에 대한 구매자의 지급은 관세의 과세가격을 구성하지 않는다는 입장을 취하고 있다(H544638, 1991.07.01). 이것은 관세평가협정 예해 9.1에서 제시하고 있는 "수입국내에서 수행한 활동의 비용에 대한 처리" 지침을 반영한 결과로 보인다. 즉, 수입물품의 거래가격을 기초로 한 과세가격의 결정방법으로 과세가격을 결정함에 있어서, 수입한 이후에 발생하는 활동의 비용이 실제로 지급하였거나 지급하여야 할 가격에 포함되어 있지 않은 경우, 관세평가협정 제8조에서 특별히 규정하고 있지 않는 한 과세가격에 포함되지 않으며, 이는 판매자의 이익으로 간주될지 모르나 구매자가 구매자 자신의 계정으로 수행한 활동의 비용에도 해당한다. 이것은 수입국 내에서 수행하는 활동의 비용은 수입국으로 수출판매하기 위한 물품에 대한 대가로 볼 수 없기 때문이다. 하지만, CBP는 다음과 같은 계약을 체결한 거래에서 당사자 간의 계약문언에 따라 수입업자는 광고 및 마케팅에 관한 선택권(option)이 없고, 수입업자는 판매자의 지시에 따라 "회사가 제공할 수 있는 모든 홍보도구를 사용해야"하므로, 광고 및 마케팅과 관련된 서비스 수수료 부분은 수입상품에 대해서만 계정에 비례 배분되어(prorated to account for only the imported merchandise) 실제로 지불했거나 지불해야 하는 가격의 일부로 간주된다고 결정하였다(H038381, 2014.11.17.): 판매자와 수입자는 동일한 상표명으로 상품을 판매한다. 이 두 당사자는 수출입과는 독립적인 관계를 규율하는 서비스계약을 체결했다. 또한, 수입조건을 명시한 유통계약도 있다. 유통계약의 제8조는 마케팅 및 광고와 관련이 있으며 제8조 제1항은 수입자가 자국영토에서 제품을 '적극적이고 지속적으로 판촉'할 것이라고 명시하고 있다. 또한, 제8조 제2항은 수입자가 '판매자가 제공하는 홍보도구를 사용할 의무가 있으며 이러한 도구는 판매자의 지시에 따라 사용해야 한다'고 명시하고 있다.

248) 항소심은 서울고등법원 2011.11.10. 2011누21982 판결이고, 제1심은 서울행정법원 2011.06.02. 선고 2011구합3043 판결이다.

249) 항소심은 서울고등법원 2011.11.30. 2011누19972 판결이고, 제1심은 서울행정법원 2011.05.25. 선고 2011구합3050 판결이다.

5) 수입물품의 하자보증수리비용

(1) 관세평가법리

상업적 거래에서 (품질)보증(Warranty)은 판매하는 제품의 특성(character), 품질(quality) 또는 해당 제품의 목적(용도) 적합성(fitness)에 대하여 제조업자(또는 판매자)가 제품의 인도 시 확약(assurance) 또는 보증(guaranty)하면서 그와 동시에 제품의 인도 시에 발견하기 곤란한 제조상의 결함이 판매 후 일정 기간 내에 발현된(revealed) 경우, 해당 제품의 제조업자(또는 판매자)가 제조상의 결함에 대한 손해 배상을 책임지는 것을 말한다. 확약이나 보증의 방식은 제품의 제조업자(또는 판매자)가 구매자(또는 소비자)와의 매매거래 계약서(또는 보증서)에서 문언으로 표현하거나 관련 법규가 암묵적으로 보장하는 방식이다.[250] 그리고 "제조상의 결함"이란 제조업자(또는 판매자)가 제조물에 대하여 제조상·가공상의 주의의무를 이행하였는지에 관계없이 제조물이 원래 의도한 설계와 다르게 제조·가공됨으로써 제조업자(또는 판매자)가 제시하는 제품의 특성, 품질 또는 해당 제품의 목적(용도) 적합성에 부합되지 않게 된 경우를 말하는데, 일반적으로 이를 '하자'(defaults or defect)라고 부른다. 앞에서 살펴본 (품질)보증에 기인하여 발생하는 경제적 비용을 부담하는 의무는 해당 제품의 제조업자(또는 판매자)에게 법적으로 귀속된다. 이것은 해당 제품의 제조과정에서 생긴 하자이기 때문에 법리상 당연한 결과이다. 따라서 제조업자(또는 판매자)가 (품질)보증에 근거하여 발생할 수 있는 경제적 비용은 생산경험에 의한 통계적 하자발생 확률에 기초하여 해당 제품의 판매가격 책정에 반영하는 것이 경제원리에 부합된다.[251] 또한, (품질)보증이 제조자(또는 수출자)에 의해 소비자에게 제공된다면 제조자

---

250) 관련 법규가 암묵적으로 보장하는 방식과 관련하여 우리나라에서 소비자의 권익을 증진하기 위하여 소비자의 권리와 책무 등을 규정하고 있는 소비자기본법은 제16조 제2항에서 "국가는 소비자와 사업자 사이에 발생하는 분쟁을 원활하게 해결하기 위하여 대통령령이 정하는 바에 따라 소비자분쟁해결기준을 제정할 수 있다."고 규정하면서 제3항에서 "제2항에 따른 소비자분쟁해결기준은 분쟁당사자 사이에 분쟁해결방법에 관한 별도의 의사표시가 없는 경우에 한하여 분쟁해결을 위한 합의 또는 권고의 기준이 된다."고 밝히고 있다. 여기에서 소비자기본법령은 소비자분쟁을 "소비자의 불만이나 피해"를 지칭하고 있다. 소비자기본법에서 소비자분쟁해결기준은 "일반적 소비자분쟁해결기준"과 "품목별 소비자분쟁해결기준"으로 구분되는데(소비자기본법 시행령 제8조제1항), 물품을 제조(가공 또는 포장을 포함한다)·수입·판매하거나 용역을 제공하는 자에게 물품 등의 하자·채무불이행 등으로 인한 소비자의 피해에 대하여 소정의 기준에 따라 수리·교환·환급 또는 배상을 하거나, 계약의 해제·해지 및 이행 등의 의무를 부과하고 있다. 그리하여 공정거래위원회는 소비자기본법 시행령 제8조 제2항에서 규정하고 있는 일반적 소비자분쟁해결기준에 따라 품목별 소비자분쟁해결기준을 제정하여 고시하는 하는바, 특히 자동차, 모터싸이클, 스마트폰, 텔레비전(TV) 등 30업종의 공산품에 대한 분쟁유형과 그 해결기준을 제시하고 있다. 제조상의 결함, 즉 하자에 대한 손해 배상의 책임을 이행하는 방법은 하자가 발현된 부품을 교체(replacement) 또는 수리(repair)하거나 수리로 손해배상의 책임을 완수할 수 없는 경우에는 대체품으로 교환하거나 구매자의 사용가치 상당 분을 제외한 경제적 가치로 환불하도록 소비자기본법령은 규정하고 있다.

251) (품질)보증에 기인하여 발생하는 경제적 부담이 제조자(또는 수출자)에 귀속된다는 것은 한-미

(또는 수출자)는 이 비용을 달리 회수할 방법이 없으므로 그 비용은 수입자에 대한 판매가격에 포함되었다고 추정할 수 있기 때문이다.

그런데 (품질)보증에 기인하여 제조업자(또는 판매자)에게 귀속되는 손해배상 책임의 인정범위는 해당 제품의 하자에 대한 적용범위로 한정된다. 그렇기 때문에 해당 제품의 제조상의 결함, 즉 하자가 아닌 제조업자(또는 판매자)가 구매자(또는 소비자)에게 해당 제품을 인도한 이후 구매자(또는 소비자)가 해당 제품의 부주의한 사용으로 발생하는 결함 - 발생하는 결함에 대한 귀책사유가 제조업자(또는 판매자)가 아닌 구매자(또는 소비자)에게 있는 결함 - 은 법리적으로 제조업자(또는 판매자)의 품질보증에 기인하여 제조업자(또는 판매자)에게 귀속되는 손해배상 책임의 인정범위를 벗어나게 된다. 그리고 (품질)보증에 기인하여 제조업자(또는 판매자)에게 귀속되는 손해보상 책임의 인정기간, 즉 (품질)보증기간은 해당 제품의 내용연수 내내 인정되는 것이 아니라 제조상의 결함이 통상적으로 발현될 수 있는 일정한 기간으로 제한하는 것이 일반적이다. (품질)보증의 유형에는 '연장된 서비스 보증'(extended service warranty), '빠른 보증'(express warranty), '전체 보증'(full warranty) 등이 있는데,[252] 연장된 서비스보증은 제조업자(또는 판매자)의 표준(품질)보증에서 보장하지 않는 수리비용을 충당하기 위해 가전제품, 자동차 및 기타 소비재 구매와 함께 판매되는 추가 보증유형으로 연장된 서비스 계약이라고도 하는 이러한 계약은 보장기간을 연장하거나 판매계약에 제공된 보증범위를 넘어서는 잠재적 결함범위를 확장할 수 있다.

관세평가기술위원회는 해설 6.1에서 관세평가협정 부속서 I 제1조에 대한 주해 '실제로 지급하였거나 지급하여야 할 가격'에 관련된 조항에 표현된 '유지'(maintenance)의 개념은 이 협정에서 특별히 정의하고 있지 않고 있으므로 이 용어는 일반적인 의미[253]로 해석되어야 한다는 견해를 밝히면서, "하자보증"(warenty)과 "유지"의 차이점을 다음과 같이 구별·기술하고 있다:

FTA 원산지규정과 관련하여 제6.22조(정의)에서 자동차 제품의 총비용에 판촉·마케팅·판매후서비스 비용, 로열티, 운송·포장비용 등을 포함하는 것으로 규정한 것에 비추어 보아도 쉽게 추론될 수 있다.

252) Black's Law Dictionary[ninth edition](USA: Thomson Reuters, 2009), 1725쪽.

253) 참고문헌들은 "유지"를 다음과 같은 일반적인 용어로 정의한다. 예를 들면: "자산의 상태를 유지 또는 보존하기 위하여 때때로 필요하고 적절 한 통상의 수리비용을 포함한 자산 상태의 유지 또는 보존" (Black's Law Dictionary, Sixth Edition, 1990, page 953), 자산과 관련하여, 유지라는 용어는 "원래 의도된 내구 연한 동안 자산의 용역 잠재력을 보존하기 위한 지출. 이러한 지출은 기간비용 또는 생산비용으로 처리된다"라고 정의하고 있다(Black's, page 954) 또는 "양호한 상태로 유지하는 행위, 그러한 목적을 위하여 필요한 것을 제공하는 행위", "장비 및 기자재에 대한 성능을 유지할 책임이 있는 회사에서 수행하는 용역"(French dictionary Petit Larousse Illustre, 1987-translation).

- "유지"는 산업설비 및 장비가 취득 목적의 기능을 수행할 수 있도록 이들 산업설비 및 장비에 대해 일정기준을 유지하도록 보증하기 위한 물품에 대한 예방적 조치의 형태이다;
- 하자보증은 자동차와 전기기기와 같은 물품에 대한 품질보증의 한 형태로서, 보증서 지참자가 일정한 조건을 충족하는 것을 조건으로 하자 교정(부품 및 인건비) 또는 대체에 소요되는 비용을 부담하는 것이다. 만약 그러한 조건이 충족되지 않는 경우, 하자보증은 무효가 될 수 있다. 하자보증은 물품에 내재된 숨겨진 하자, 즉 있어서는 안 되며 물품의 사용을 방해하거나 유용성을 감소시키는 하자를 대상으로 한다;
- 유지는 항상 수행되어야 하는 반면에, 하자보증은 단지 물품의 고장 또는 성능저하와 같은 경우에 실시되는 우발적인 조치이다.

그러므로 두 가지 개념 사이에는 근본적인 차이가 있으며 협정 제1조에 대한 주해의 "유지"라는 용어는 하자보증에는 적용될 수 없다.

관세평가기술위원회는 예해 20.1에서 수입물품에 대한 '(하자)보증'(Warranty)의 개념을 해설 6.1에서 기술한 정의를 인용하면서, 관세평가상 (하자)보증비(warranty)의 취급에 관한 지침을 제시하고 있다. 이 예해는 수입물품의 판매자가 구매자에게 하자보증을 제공하는 경우에는 수입물품의 판매자는 해당 물품의 거래가격을 책정할 때 판매 후 해당 거래계약에서 제시하는 하자보증에 기인하여 발현될 것으로 예상되는 어떤 추가비용을 거래가격에 포함시키기 때문에 관세평가협정에 따른 하자보증비를 취급하는데 있어서 어려움은 발생하지 않는 것으로 판단하고 있다. 이 예해에 따르면, 수입물품의 거래가격에 포함된 하자보증의 비용은 실제가격에 불가분의 일부를 구성하므로 어떤 공제도 허용되지 않는다. 설혹 수입물품에 대한 하자보증의 비용이 비록 해당 물품의 실제가격과 구분되어 별개로 송품장이 작성되었다고 하더라도 거래가격의 일부를 구성한다는 법리에는 변함이 없다. 수입물품의 거래가격의 구성요소로서 하자보증에 소요되는 비용을 해당 수입물품의 판매자가 부담하여야 한다고 하더라도 판매자는 그 하자보증에 소요되는 비용을 해당 수입물품의 가격과 별도로 구매자에게 청구하는 방안을 선택할 수 있다. 가령, 수입물품의 판매거래가 두 개의 별도 계약, 즉 하나는 물품에 관한 계약으로 다른 하나는 그 물품에 대한 하자보증계약으로 분리하여 체결될 경우 판매자와 구매자는 하자보증과 관련한 지급을 별도의 방안으로 합의할 것이다. 이러한 방안에서 하자보증계약은 하자보증이 해당 수입물품의 보증이라는 사실로서 수입물품의 판매계약과 연계되어 있기 때문에 하자보증비는 말할 것도 없이 여전히 해당 수입물품을 수출하기 위한 판매조건이고, 실제로 지급하였거나 지급하여야 할 가격 즉, 총지급의 일부로 간주되지 않으면 안 된다고 예해 20.1은 설명하고 있다(para 7). 위와 같이 수입물품의 하자보증비에 대한 별도의 지급방안과 관련하여 만약 수입물품의 판매자가 자신에게 귀속되는 하자보증 위험을 제3자에게 양도하는 계약을 체결한다고 하더라도, 이는 거래가 분할되는 것으로 보일 수도 있지만 판매자가 제3자와 계약을 체결한다는 것은 제3자가 수행한 어떠한 하자보증 위험도 판매자의 요청에 의한 것이며, 그래서 판매자의 이익을 위한 것이라는 것을 의미하기 때문에 거래가격의 구성요소에서 배척될 수 없음을 예해 20.1는 분명히 밝히고 있다(para. 8).[254]

그런데 구매자가 자신의 계정으로 수입물품의 하자보증 비용을 부담하기로 결정하는 경우가 있을 수 있는데, 관세평가기술위원회는 예해 20.1에서 이러한 상황에서는 수입물품의 하자보증에 대하여 구매자가 부담하는 일체의 지급액 또는 기타 비용은 하자보증이 구매자가 자기의 계정으로 수행하는 활동이기 때문에 관세평가협정 부속서 I 제1조에 대한 주해에 따라 실제로 지급하였거나 지급하여야 할 가격의 일부에 해당하지 않는다는 지침을 제공하고 있다(para. 9). 그럼에도 불구하고 예해 20.1은 거래가 하나는 물품에 대한 것이고, 다른 하나는 하자보증에 대한 것인 두 개의 별개의 계약의 대상인 상황 또한 발생할 수 있으므로 수입물품의 판매자와 구매자는 때때로 '별개의' 법적인 계약서를 작성함으로써 하자보증 지급을 분리하는 경우에도 수입물품의 '판매'와 '하자보증'의 주변 상황이 면밀하게 검토되어야 하고, 하자보증 계약은 하자보증이 수입물품에 대한 보증(guarantee)이라는 사실에 의하여 해당 수입물품 판매계약과 연계되어 있기 때문에 비록 별개의 하자보증 계약이 존재한다고 할지라도 판매자가 수입물품에 대한 판매조건으로 구매자에게 의무를 부담시킨 것이라면 거래가격의 구성요소에서 벗어나지 않는다는 점을 상기시키고 있다(para 10).

---

254) 관세평가기술위원회는 '사례연구 6.1'에서 판매자가 계약한 수입물품의 하자보증 보험료를 구매자가 부담하는 다음과 같은 거래사실에서도 하자보증비용이 "구매자가 판매자에게 실제로 지급하였거나 지급하여야 할 가격"의 일부를 구성한다는 평가처리 지침을 제시하고 있다. ▶수출국 X에 위치한 판매자 S는 같은 X국의 M이 생산한 자동차의 수출자이다. 판매자 S는 수입국 Y의 구매자 B와 판매계약을 체결하였다. 판매계약의 조건 중 하나에 따라 2년의 하자보증(예비부품과 수리작업)이 B가 구매한 자동차에 제공된다. 1차 년도의 하자보증에 대한 비용은 B가 지급하여야 할 자동차가격에 포함된다. ▶판매계약은 구매자 B가 2차 년도의 하자보증 비용을 대당 일정 금액으로 계산된 별도의 지급금액의 형태로 판매자 S에게 지급하도록 규정하고 있다. 각 선적분의 자동차에 적용되는 지급금액은 선적 후에 청구된다. 지급하여야 할 금액은 2차 년도의 하자보증기간 동안 클레임이나 보상이 있었는지 여부에 상관없이 확정된다. ▶판매자 S는 T국에 위치한 보험회사 N과 2차 년도의 하자보증에 대해 보험계약을 협상한다. 계약에 따르면 보험회사는 자동차에 제공되는 2차 년도의 하자보증과 관련한 모든 클레임에 대하여 구매자 B에게 직접 전액 보상한다. 보험회사는 판매자로부터 보험료를 받는다. ▶하자보증 1차 년도 동안의 클레임 및 보상은 제조자와 구매자 사이에 직접 정산되며, 2차 년도 동안의 보험회사와 구매자 사이에 정산된다. ▶'사례연구 6.1'에서 관세평가기술위원회가 제시하는 평가처리 지침의 법리적 근거는 실제로 지급하였거나 지급하여야 할 가격은 제1조에 대한 주해에서 수입물품에 대하여 구매자가 판매자에게 또는 판매자의 이익을 위하여 지급하였거나 지급하여야 할 총금액으로 정의된다는 점을 유의해야 하고, 이러한 정의는 부속서 III의 제7항에서 실제로 지급하였거나 지급하여야 할 가격은 수입물품의 판매조건으로, 구매자가 판매자에게, 또는 구매자가 판매자의 의무를 이행하기 위하여 제3자에게 실제로 행하였거나 행할 모든 지급을 포함한다고 더 자세히 설명하고 있다.

(2) 판례연구

우리 판례도 수입물품의 (하자)보증 수리비용에 대하여 관세평가협정 제1조에서 도출되는 관세평가의 법리를 적용하는 태도를 보이고 있다. 판례[255]는 자동차를 수입하면서 자동차회사가 부담하여야 할 보증수리의무 등을 수입회사가 대신 부담하는 조건으로 자동차의 가격을 일부 할인하여 준 사안에서, 구매자가 Distributor 방식에 따라 판매자가 수행할 용역을 자신이 하는 대신 통상의 판매가격보다 할인된 가격으로 수입한 경우 그 할인금액은 관세법상 “구매자가 실제로 지급하였거나 지급하여야 할 가격”에 포함된다고 판시하고 있다. 한편, 수입물품에 대한 기술지원 서비스의 대가로 지급한 금액이 수입물품의 과세가격에 포함되는지 여부가 쟁점[256]으로 제기된 【대법원 2006.1.27. 선고 2004두11305 판결】 사건[257]에서 상고심은 다음과 같은 입장을 취하고 있다: 이 사건 수입물품의 판매자인

---

255) 대법원 1993.12.07. 선고 93누17881 판결 (항소심: 서울고등법원 1993.07.22. 선고 93구7824 판결).

256) 서울세관장의 과세논리는 다음과 같다: ㈜OOOOOO코리아가 예외 없이(이 사건 기술지원 서비스 계약의 체결 없이 사실상 수입이 불가능하다) 최종 사용자와 사이의 이 사건 기술지원 계약체결 여부 또는 이 사건 기술지원 비용의 대소와 관계없이 시스코로부터 이 사건 기술지원 서비스를 받는 대가로 제품가격의 일정비율에 의한 금액을 지급하고 있는 점, 원고가 시스코에게 이 사건 기술지원 서비스의 대가를 지급하지 않으면 서비스 제공만이 중단되는 것이 아니라 이 사건 서비스계약 제6조에 의하여 즉시 서비스의 이행이 정지되고 원고의 모든 권한 및 라이센스가 파기되는 점, 이 사건 기술지원 서비스의 대부분이 수입물품의 하드웨어 및 소프트웨어 고장에 대한 대체물품의 무상공급으로 이루어지고 있는 점, 제품의 하자나 우발적으로 발생한 하드웨어나 소프트웨어의 고장에 대해서만 이 사건 기술지원 서비스를 받을 수 있을 뿐이고, 개조, 변경, 잘못 취급되었거나 자연적인 원인에 의하여 파손되었거나 인정되지 않는 용도로 사용하던 도중 파손된 제품의 교체나 이들에 대한 지원은 인정되지 않는 점, ㈜OOOOOO코리아는 시스코로부터 이 사건 수입물품을 수입하면서 기본적인 하자보증 90일 외에 추가로 내구연한(life time)으로 하자보증기간을 연장받고 이에 대한 대가로 구매제품 카테고리 별로 2% 내지 12.5%의 유상의 서비스 금액을 지급하는 거래조건으로 당해 수입물품을 구매한 점 등을 고려하면 결국 이 사건 기술지원 서비스의 대가는 하자보증서비스에 대한 대가라 할 것이므로, 관세법 제30조 제2항, 관세령 제20조 제6항 제2호의 ‘구매자가 당해 수입물품의 거래조건으로 하자보증비 중 전부 또는 일부를 별도로 지급하는 경우 해당금액’에 해당하고, 따라서 관세법 제30조 제1항 소정의 ‘구매자가 실제로 지급하였거나 지급하여야 할 가격’에 포함되어야 한다.

257) 사실관계는 다음과 같다: ㈜OOOOOO코리아는 1999.4.부터 2001.3.까지 시스코로부터 라우터, 스위치 등 네트워크 통신기기를 수입하여 국내 최종 사용자(end user)에게 판매하고, 그와 같이 판매한 네트워크 통신기기 등을 유지, 보수하여 주는 것 등을 영업으로 하고 있다. 이 사건 수입물품을 구매한 최종사용자는 그 네트워크 통신기기 등을 본래의 시스템 성능대로 사용하기 위해 필요에 따라 하드웨어의 수리·교체, 소프트웨어 업그레이드 등의 지원, 기타 기술지원 등의 유지정비보수 서비스를 받아야 하는데, ㈜OOOOOO코리아가 위 네트워크 통신기기 등의 국내 최종사용자에게 위와 같은 유지정비보수 서비스를 하여 주고 있다. 그런데 ㈜OOOOOO코리아는 최종사용자에게 이러한 용역을 제공함에 있어, 경우에 따라서는 시스코의 기술제공, 소프트웨어의 지원, 하드웨어의 보수·교체 등의 기술지원이 없으면 문제를 해결할 수 없기 때문에, 시스코로부터 위와 같은 기술지원(최종사용자에게 네트워크 등의 통신기기의 성능을 유지하고 정비하여 주기 위하여 시스코로부터 받는 기술지원)을 받고 그 대가를 지급하기로 하는 계약을 체결하였다. ㈜OOOOOO코리아는 이 사건 기술지원의 대가로 해당 수입물품의 기능상 분류에 따라 송품장을

미국의 시스코 시스템즈가 이 사건 수입물품에 대하여 무상으로 제공하는 하자보증 서비스의 기간은 통상 90일인 데 비해, 이 사건 기술지원 서비스는 시스코가 제공하는 유지정비보수 서비스의 일종인 시스템 통합기술지원의 일부분으로서 이 사건 수입물품의 존속기간 동안 유상으로 제공되는 것이고, ㈜OOOOOO코리아가 시스코로부터 구입하는 모든 제품에 대하여 당연히 제공되는 것이 아니라 ㈜OOOOOO코리아가 이 사건 기술지원 서비스를 제공받을 것인지 여부를 선택할 수 있으며, 이 사건 수입물품의 수리나 교체에 그치지 않고 소프트웨어의 업그레이드, 이 사건 수입물품의 정비, 유지 및 기술지원 등을 그 내용으로 하고 있는바, 그렇다면 비록 이 사건 기술지원 서비스에서 제공되는 하드웨어 지원인 이른바 '선교체 후수리 서비스(advanced replacement)'가 하자보증기간 범위 내에서는 하자보증적인 성질을 갖는다고 하더라도, 단순한 수리, 교체 외에 소프트웨어 지원, 기술지원이나 하자보증기간이 경과한 후에 행하여지는 하드웨어 지원 등을 내용으로 하는 이 사건 기술지원 서비스를 '하자보증'에 해당한다고 볼 수는 없고, 이는 관세법 제30조 제2항단서 제1호 또는 구 관세법 제9조의3 제2항 단서 제1호에 정하여진 '수입 후에 행하여지는 당해 수입물품의 정비·유지 또는 당해 수입물품에 관한 기술지원'에 해당하며, 그 대가로 이 사건 기술지원 서비스계약에 따라 제품수입가격에 대하여 일정비율로 계산하여 ㈜OOOOOO코리아가 시스코에게 지급한 돈은 '수입 후에 행하여지는 당해 수입물품의 정비·유지 또는 당해 수입물품에 관한 기술지원에 필요한 비용'에 해당하는 금액으로서 이를 제품가격에서 명백히 구분할 수 있으므로, 이 부분 금액은 수입물품의 관세 과세가격에서 제외되어야 한다.

원고가 F◉본사에 지급한 하자보증 수리비용 상당액이 이 사건 차량의 거래조건으로 지급되었는지 여부와 이에 따라 이 사건 하자보증비용은 관세법 제30조, 관세령 제20조 제6항의 간접지급금액에 해당하는지 여부가 쟁점으로 제기된【대법원 2021.5.6. 선고 2018두56619 판결】사건을 살펴본다. 이 사건의 처분경위는 다음과 같다. 원고[258]는 미합중국 법인인 F◉ Company(이하 'F◉본사')의 자회사로서 F◉본사의 또 다른 자회사인 F◉ ◇◇◇◇ Company, LLC(이하 'F◇C')[259]로부터 F◉ 브랜드 완성차(이하 '이 사건 차량')를 국내에 수입하여 국내 딜러사를 통해 판매하여 왔다. 이 사건 차량에 대한 하자보증수리는 원고와 매매 및 서비스계약을 체결한 국내 딜러사가 담당하여 왔다. 국내 딜러사가 하자

기초로 다음과 같은 금액을 유지비용이라는 이름으로 시스코에 지급하였다. ① 수입물품이 lan제품인 경우에는 반기별로 수입물품 가격의 1.5%씩 6회 총 9%, ② 수입물품이 wan제품인 경우에는 반기별로 수입물품 가격의 2.25%씩 6회 총 13.5%, ③ 수입물품이 software인 경우에는 반기별로 수입물품 가격의 0.5%씩 6회 총 3%.

258) 이 사건의 피상고인으로 F◉본사가 직접 및 계열사를 통해 지분 100%를 보유하고 있는 대한민국의 현지법인(F◉본사◇◇◇◇코리아 유한회사).

259) F◉본사가 100% 지분을 보유하고 있으며, 수출업무를 총괄하는 F◉본사의 다른 계열사.

보증수리 후 F◉본사가 운영하는 비용청구시스템(ACESII)을 통해 그 비용을 청구하면, F◉본사는 월별로 국내 딜러사에 이를 정산하여 지급하고, 이후 원고는 F◉본사의 청구에 따라 분기별로 F◉본사에 그 비용 상당액을 지급하여 왔다.

서울세관장은 2009.10.15.부터 2013.3.25.까지 수입신고된 이 사건 차량 중 원고가 F◉본사에 하자보증 수리비용 상당액을 지급한 차량에 대하여 관세법 제30조 제2항, 구 관세령 제20조 제6항 제2호에 따라 그 비용(이하 '이 사건 하자보증 수리비용') 상당액을 당초 신고된 과세가격에 추가하여 2014.10.7.부터 2015.8.24.까지 원고에게 관세 등을 각 경정·고지하였다(이하 '이 사건 처분').

이 사건 하자보증 수리비용의 지급이 이 사건 차량의 거래조건성에 해당하는지 여부와 관련하여, 제1심 판결[260]은 이 사건 하자보증 수리비용에 따른 실질적인 손익의 귀속(경제적 부담)의 주체를 다음과 같은 이유를 들어 원고가 아닌 F◇C로 보고 있다. 원고가 F◉차량에 대한 하자보증은 기본적으로 F◉본사가 수립하여 전세계 시장에 공통으로 적용하는 하자보증정책과 시스템을 기반으로 제공되고, 다만 국내의 법규와 시장상황에 따라 하자보증정책의 내용 중 일부 사항이 조정될 뿐이며, 그러한 조정을 승인할 권한도 F◉본사에 있다. 또한, 딜러에게 지급할 하자보증수리비용을 이루는 부품가격과 공임 역시 F◉본사가 결정하며, 원고는 그 조정을 위한 제안이나 당부 판단을 위한 정보를 제공하는 역할을 하고 있을 뿐이다. 나아가 수입차량의 판매와 하자보증수리를 담당하는 딜러사의 선정과 딜러사의 하자보증수리가 하자보증정책에 부합하는지, 즉 하자보증수리의 적정성 판단 및 그에 따른 비용의 지급여부, 나아가 하자보증수리를 수행하는 정비사에 대한 교육 및 관리도 모두 F◉본사가 정한다. 그리고 이 사건 판매계약이나 이 사건 지급계약, 원고와 딜러사의 딜러쉽 계약에 따르면, 딜러사에 하자보증비용을 지급할 법적 의무는 원고에게 귀속되지만, 원고가 딜러사에 지급하는 하자보증비용은 결국 수입가격을 결정하는 과정에서 F◉본사의 이전가격정책에 따라 보전된다는 것이다. 하지만 이 사건 상고심은 "원고가 이 사건 차량에 대한 하자보증의 주체이므로, 원고가 F◉본사에 지급한 이 사건 하자보증 수리비용 상당액이 이 사건 차량의 거래조건으로 지급되었다고 볼 수 없다"는 원심[261]의 판단을 그대로 인정하여 과세관청이 주장하는 이 사건 차량의 거래조건성을 부인하고 있다. 원심판결이 제1심 판결과 달리 이 사건 하자보증 수리비용에 관한 경제적인 손익 귀속의 주체가 F◉본사나 F◇C가 아닌 원고라고 보는 주요 논거로 다음과 같은 사실을 설시하고 있다:

이 사건 하자보증 수리비용의 지급구조는, 국내 딜러사들이 판매한 이 사건 차량에 하자

260) 서울행정법원 2017.08.11. 선고 2016구합81246 판결.

261) 서울고등법원 2018.08.22. 선고 2017누69375 판결.

보증 수리비용이 실제 발생한 경우, 국내 딜러사들이 ACES Ⅱ를 이용하여 하자보증 수리비용의 지급을 청구하고, F◉본사가 해당 비용을 정산하여 지급하면, 원고가 이를 그대로 F◉본사에 상환함으로써 그 손실을 보전하여 주는 형태로 이루어져 있다. 그런데 위와 같은 지급구조를 거치는 것은 원고가 국내 딜러사에 이 사건 하자보증 수리비용을 직접 지급하는 경우와 그 경제적 실질이 동일한 점, 위와 같은 구조에 의하면 F◉본사 또는 F◇C는 특별한 사정이 없는 한 법률상 위험을 부담하지 않을 뿐만 아니라 아무런 경제적인 손익이 발생하지 않는 점, 이 사건 지급계약의 표제는 단순한 보증 계약(Agreement for Warranty)이 아니라 보증 관련 지급계약(Agreement for Warranty Payment)이고, 계약의 목적물 역시 '보증청구 서비스'로서, 이 사건 지급계약에도 '원고는 F◉본사에게 가격변동 없이 이를 상환한다'라고 규정한 점에 비추어 볼 때, F◉본사의 국내 딜러사에 대한 하자보증 수리비용 지급은 단지 원고의 의무를 대행 또는 대리한 것에 불과한 것으로 보이는 점, 이 사건 판매계약 제7.4조에 의하더라도 이 사건 차량 수입대가와 이 사건 하자보증 수리비용의 상환은 별개라고 명시하고 있는 점, 국내 딜러사들은 원고에 대하여 이 사건 하자보증 수리비용에 대한 세금계산서를 발행하여 주었던 점, 이 사건 하자보증 수리비용이 원고의 부채 회계계정에 포함되어 처리된 점, 원고가 국내 딜러사에 하자보증 수리비용을 직접 지급하지 않은 이유는, 하자보증 수리비용을 구성하는 보증부품 수입가격이나 보증수리 공임의 구체적인 수치는 유동적인 것인데, 원고에게 그 세부요소에 변동이 있는 경우 이를 적시에 반영하여 국내 딜러사가 지급을 청구한 하자보증 수리비용이 적정한지 등에 관한 검토를 담당할 충분한 시설 및 인력이 불충분하였기 때문인 것으로 보이는 점, F◉본사는 하자보증 등 청구 관련 시스템을 이미 구비하고 있었으므로, 원고와 같은 F◉본사의 자회사 입장에서는 과도한 투자를 최소화하기 위하여 모회사의 시스템을 이용하는 편이 오히려 합리적인 것으로 보이고, 이는 이 사건 지급계약 제1조의 '배경 및 내용'의 내용에도 부합하는 점, 이 사건 판매계약에도 F◇C가 원고의 편의를 위하여 F◉본사가 '결제 수단 및 행정처리 역할'을 하는 것에 동의한다고 규정되어 있는 점 등이다.

생각건대, 원심판결이 이 사건 하자보증 수리비용에 관한 경제적인 손익 귀속의 주체가 F◉본사나 F◇C가 아닌 원고라고 보는 법리구성은 앞에서 살펴본 수입물품의 (하자)보증 수리비용에 대한 관세평가의 법리에 비추어 옳다고 할 수 없다. 이 사건 차량에 발생하는 하자는 F◇C가 판매한 물품에 내재된 숨겨진 하자(hidden defects), 즉 있어서는 안 되며 물품의 사용을 방해하거나 유용성을 감소시키는 하자에 해당하기 때문에 법리적으로 해당 하자보증 수리비용에 대한 경제적 책임의 주체는 당연히 판매자인 F◇C 또는 생산자인 F◉본사가 되어야 한다. 따라서 이 사건 하자보증 수리비용은 이 사건 차량의 판매자인 F◇C 또는 이 사건 차량의 생산자인 F◉본사가 부담하여야 할 비용으로 해당 수입물품의 가격과 별도로 F◉본사가 원고에게 청구하는 비용에 해당한다고 보아야 타당할 것이다.

그러므로 원고가 이 사건 하자보증 수리비용을 국내 딜러사에게 직접 지급하지 않고 F◉본사에게 상환 형식으로 지급한다는 사실에서 이 사건 하자보증 수리비용은 이 사건 차량의 수입에 관한 판매조건일 가능성이 매우 크다.

원고가 이 사건 하자보증 수리비용을 F◉본사에게 지급하는 것은 이 사건 차량에 대한 하자보증제도의 운영주체가 F◉본사이기 때문이다. 원고가 F◉본사와 체결한 하자보증지급계약(Agreement of Warrant Payment) 제1조에서, 한국시장에서 판매되는 F◉차량에 대한 보증책임은 양 당사자들(원고 및 F◉본사)에게 있고, 원고의 책임은 이미 수입가격에 반영되어 있음을 인정한다고 약정되어 있다.[262] 또한, 동 계약 제2조에서, 한국 딜러에게 지급한 보증서비스 대금의 청구권은 F◉본사에게 있으며, 원고는 청구서에 대한 지급의무를 약정하고 있다. 그러므로 F◉본사가 원고의 모회사로서 관세평가법규상 특수관계자인 점을 고려할 때, F◉본사가 이 사건 차량에 대한 하자보증의 실질적 주체이고, 원고의 책임이 '수입가격에 반영되어 있다'는 것은 이 사건 차량의 수입거래와 이 사건 하자보증 수리비용이 연관되어 있음을 나타내는 것으로 보아야 할 것이다. 그리고 사후 F◉본사의 청구서에 대한 원고의 지급의무는 이 사건 하자보증 수리비용이 개별적으로 확정되기 전에는 발생할 수 없는 것이며, 법리적으로 동 계약상 원고의 지급의무는 F◉본사의 청구서에 따른 금액을 지급하면 그 지급의무가 이행되는 것이므로 국내 딜러사에 대한 지급의무를 이행한 것으로 볼 수 없을 것이다.

F◉본사가 이 사건 차량에 대한 하자보증제도의 운영주체임은 제1심 판결이 인정한 다음과 같은 사실관계에서 판명된다. 원고가 F◇C로부터 수입한 F◉차량에 대한 하자보증의 보장범위는 F◉본사가 결정한 국내 딜러사가 원고와 체결하는 딜러쉽 계약에 명기된 F◉본사의 "보증 및 방침 매뉴얼"(Warranty and Policy Manual)을 기본으로 하되, 무상보증기간의 연장과 별도보증은 원고의 의견을 반영하여 최종적으로 F◉본사가 결정하고, 하자보증을 실제 수행하는 딜러사의 보증부품 수입가격이나 보증수리 공임의 결정권도 F◉본사에게 있다. 또한, F◉본사는 보증수리를 수행하는 정비사에 대한 교육 등을 통해 이 사건 차량에 대한 보증수리의 기술레벨을 통제·관리하고 있음을 확인할 수 있다. 앞에서 살펴본 바와 같이 이 사건 차량에 대한 하자보증제도의 운영주체는 F◉본사이므로 보증

262) 참고로 미국 구매자가 외국 모회사의 미국 내 계열사이고, 동 모회사(판매자)로부터 상품을 구매(수입)함에 있어서, 양 당사자(구매자와 판매자)는 "비용분담 연구계약"(Cost Sharing Research Agreement)이라는 계약을 체결하였는데, 이 계약에서 미국 수입자가 지급하는 연구개발비가 포함되어 있는 사안에서, 미국 관세청은 외국의 모회사가 (특수)관계가 있는 계열사에 판매하는 상품에 대한 관세평가의 가격은 미국으로 수입되는 상품의 연구개발에 대한 "비용분담 연구계약"에 의거해서 발생하는 비용을 포함한다는 입장을 보이고 있다(미국 관세청 HQ 548306, 2003.7.9. 결정).

수리를 수행한 국내 딜러사에게 지급하는 이 사건 하자보증 수리비용에 대한 경제적 책임의 주체는 원고가 아니라 응당 F◉본사로 보아야 한다. 따라서 원고가 경제적 책임의 주체가 아님에도 불구하고 이 사건 하자보증 수리비용을 F◉본사에게 상환하는 이유는 원고가 F◇C로부터 수입한 F◉차량에 대한 판매조건이기 때문일 것이다. 이러한 논거는 원고와 F◉본사는 관세평가법규상 특수관계이고, 이 사건 판매자와 F◉본사도 관세평가법규상 특수관계임에 비추어 부인될 수 없을 것이다.

위와 같은 법리에서 원심판결이 설시하고 있는 판단이유는 수긍하기 어렵다. 즉, 원고가 이 사건 하자보증비용 지급구조를 거치는 것과 원고가 국내 딜러사에 이 사건 하자보증 수리비용을 직접 지급하는 경우는 그 경제적 실질이 동일하다고 볼 수 없으며, F◉본사 또는 F◇C는 국내 딜러사들이 청구한 하자보증비용의 손실을 보전하는 원고의 상환지급이 없다면 커다란 경제적인 손실이 발생할 것이다. 그리고 설령 이 사건 지급계약의 표제가 단순한 보증계약(Agreement for Warranty)이 아니라 보증 관련 지급계약(Agreement for Warranty Payment)이라 하더라도 관세평가법규상 이 사건 하자보증 수리비용의 법적 실질은 달라지지 않는다. 또한, 국내 딜러사들이 원고에 대하여 이 사건 하자보증 수리비용에 대한 세금계산서를 발행하여 주었던 점은 F◉본사가 한국 딜러에게 지급한 보증서비스 대금은 국제거래이기 때문에 F◉본사의 입장에서 세금계산서가 필요 없으며, 다만 원고의 입장에서 이 사건 차량에 대한 하자보증 수리비용의 정확한 금액을 사후에 확인할 필요가 있을 것이다. 아울러 이 사건 하자보증 수리비용이 원고의 부채 회계계정에 포함되어 처리된 점 등도 원고와 모회사인 F◉본사가 관세평가법규상 특수관계인 관점에서 해석되어야 할 것이다. 그리고 이 사건 판매계약에서 F◇C가 원고의 편의를 위하여 F◉본사가 '결제 수단 및 행정처리 역할'을 하는 것에 동의한 것도 이 사건 차량을 수입하는 판매조건에 기인된 것으로 보아야 할 것이다.

덧붙여서 원심판결이 설시하는 원고가 국내 딜러사에 하자보증 수리비용을 직접 지급하지 않은 이유로 들고 있는 점들도 수긍하기 어렵다. 왜냐하면 원심판결이 설시하고 있는 이유에서, 하자보증 수리비용을 구성하는 보증부품 수입가격이나 보증수리 공임의 구체적인 수치는 유동적인 것인데, 원고에게 그 세부요소에 변동이 있는 경우 이를 적시에 반영하여 국내 딜러사가 지급을 청구한 하자보증 수리비용이 적정한지 등에 관한 검토를 담당할 충분한 시설 및 인력이 불충분하였다기보다는 그 적정성의 판단주체가 원고가 아니고 F◉본사이기 때문일 것이다. 또한, F◉본사는 하자보증 등 청구 관련 시스템을 이미 구비하고 있었으므로, 원고와 같은 F◉본사의 자회사 입장에서는 과도한 투자를 최소화하기 위하여 모회사의 시스템을 이용하는 편이 오히려 합리적이라면 하자보증 수리비용의 상환 지급과 별개로 그 시스템을 이용하는 대가를 원고는 F◉본사에 지급하여야 할 것이나 하자보증지급계약 등에서 그러한 내용이나 사실이 없는 것으로 보인다.

한편, 이 사건 상고심은 이 사건 하자보증 수리비용에 대한 관세평가의 법리구성에서 거래가격의 구성요소로 적용하기 위한 전제조건인 해당 수입물품의 대가성이나 관련성의 존재여부에 관하여 직접적으로 법리적 판단을 내리지 않고, 단지 관세법령상 간접지급금액의 해당요건을 충족하지 못한다는 판단과 그 거래조건이 인정되지 않는다는 판단을 기초로 하고 있다. 이와 관련하여 원심판결은 다음과 같이 판단하고 있다. 국내 딜러사들에 대하여 하자보증의무를 부담하는 원고가, F◉본사와의 이 사건 지급계약에 따라 F◉본사의 ACES Ⅱ를 통해 국내 딜러사들에 지급된 실제 발생 하자보증 수리비용을 상환해 주기 위해서 F◉본사에 해당 금원을 지급한 것을 두고 원고와 F◇C 사이의 이 사건 차량의 수입에 관한 거래조건에 따라 이 사건 차량의 수입 대가로 지급된 것이라고 보기 어렵다. 이 사건 상고심이 원심의 판단을 그대로 인정하고 있는바, 원심판결은 이 사건 하자보증 수리비용 상당액이 수입물품의 과세가격에 포함되는 관세법 제30조 제2항의 '그 밖의 간접적인 지급액'으로 볼 수 없는 근거를 이 사건 차량에 대한 하자보증의 책임이 실질적으로 구매자에게 귀속된다는 이유를 내세우면서, 나아가 "수입물품의 과세가격은 수입신고 당시를 기준으로 확정되어야 하므로 이 사건 하자보증 수리비용은 수입신고 당시 그 액수가 확정되지 않는다는 점에서도 그 밖의 간접적인 지급액에 해당한다고 볼 수 없다."는 이유를 제시하고 있다.[263] 그리고 원심판결은 이 사건 차량에 대한 하자보증의 책임이

263) 원심판결은 다음과 같이 설시하고 있다. ▶관세는 수입물품에 부과되는 '대물세'이므로, 간접지급금액으로서 관세가격에 합산되기 위해서는 원칙적으로 수입 당시를 기준으로 그 가액이 확정되어 있어야 한다. 만약 당해 수입물품이 수입된 이후 상당한 기간에 걸쳐 발생하는 하자보증 수리비용 역시 관세가격에 포함된다고 해석하게 되면, 수입하는 구매자가 수입물품을 수입할 당시 그 비용이 실제 발생할지 여부 자체를 알 수 없을 뿐만 아니라, 얼마가 발생하게 되는지조차 알 수 없는 상태에서 관세신고를 해야 해서 수입자에게 과도한 부담을 지우게 되는 결과를 초래할 것이기 때문이다. 따라서 관세령 제20조 제6항 제2호에서 규정한 "구매자가 당해 수입물품의 거래조건으로 판매자 또는 제3자가 수행하여야 하는 하자보증을 대신하고 그에 해당하는 금액을 할인받았거나 하자보증비 중 전부 또는 일부를 별도로 지급하는 경우 해당금액"에서의 "할인금액"이나 "별도지급 하자보증비 금액"은 수입물품의 거래조건에 따라 수입 당시를 기준으로 확정 가능한 금액을 의미하는 것이지 수입 이후 상당한 기간에 걸쳐 개별적·산발적으로 발생하는 실제 발생 하자보증 수리비용 액수를 의미한다고 보기는 어렵다. 그런데 피고는, 이 사건 차량의 수입 이후 상당한 기간에 걸쳐 일부 차량에서 개별적·산발적으로 발생한 하자와 관련하여, 원고가 지급한 실제 발생 하자보증 수리비용이 간접지급금이어서 해당 하자 발생 차량의 관세가격에 위 수리비용이 추가되어야 함을 전제로 이 사건 처분을 하였는바, 위 수리비용은 원고가 F◇C로부터 이 사건 차량을 수입한 다음에야 실제로 발생한 비용이어서 수입 당시를 기준으로는 그 가액이 확정되어 있는 것이라고 볼 수 없을 뿐만 아니라, 수입된 이 사건 전체 차량에 대한 원고의 하자보증 기간이 수년에 달하는 점을 고려하여 보면, 위 수리비용을 관세가격에 포함시킬 경우 수입가격을 확정할 수 없는 기간이 지나치게 길어지는 문제점이 발생하고, 수입신고된 개별 차량별로 각각의 관세가 산정되는 상황에서, 수입 이후 개별 차량에 하자보증 수리비용이 발생하는 경우 그러한 우연적 사정에 기초하여 발생한 비용 전부를 해당 차량의 관세가격에 사후적으로 합산함으로써 해당 수입차량에 하자가 많이 발생할수록 해당 차량의 수입가격이 오히려 더 높게 산정되는 결과가 발생하는 것은 매우 불합리하다(이와 같이 동종 차량 내에서 하자가 많은 차량의 가격이 하자가 없거나 적은 차량의 가격보다 오히려 높게 산정되고, 동종 차량임에도 하자 발생에 따라 수입

실질적으로 구매자에게 귀속된다고 판단하는 근거로 판매자와 구매자간 계약의 내용에 대한 인정과 이 사건 하자보증이 구매자 자신의 계정(on his own account)으로 수행된 사실을 들고 있다.[264)]

생각건대, 이 사건 하자보증 수리비용이 이 사건 차량의 대가성 또는 관련성, 즉 판매조건에 해당하지 않는다면 관세평가법규의 법리상 간접지급에 해당하지 않을 뿐 아니라 그에 따라 거래가격의 구성요건을 충족하지도 못하므로 이 사건 차량의 과세가격에 포함될 수 없는 것이 법리적으로 타당하다. 하지만 이 사건 하자보증 수리비용은 원고가 수입한 이 사건 차량에 대한 하자보증에 기인한다. 그러므로 이 사건 차량의 수입거래와 이 사건 하자보증 수리비용의 대가성 또는 관련성, 즉 판매조건은 인정된다. 또한, 원심판결은

가격이 제각각 달라지는 것은 도저히 납득하기 어려운바, 이러한 문제점이 발생하는 것은, 통계학적인 방법으로 산정한 예상 하자발생률을 일괄 적용하여 동종차량에 동일 액수로 정해지는 사전(事前)적 의미의 "하자보증비"와는 달리, 이 사건 하자보증 수리비용은 사후(事後)적인 실제 발생 비용의 성격을 가지고 있음에 기인한다). 따라서 이 사건 차량 중 일부 차량에 대하여 실제 발생한 하자보증 수리비용을, 해당 개별 차량에 대한 관세령 제20조 제6항 제2호에서 규정한 "할인금액"이나 "별도지급 하자보증비 금액"으로 보기 어렵다(이에 대하여 피고는, 설령 이 사건 하자보증 수리비용이 수입 당시를 기준으로 확정되지 않은 상태라고 하더라도, 납세의무자가 관세법 제28조에 의하여 잠정가격을 신고하고, 이후 실제가격이 확정되면 과세관청은 잠정가격을 기초로 신고·납부한 세액과 확정된 가격에 따른 세액의 차액을 징수하거나 환급할 수 있으므로, 이 사건 하자보증 수리비용이 수입 당시를 기준으로 그 가액이 확정될 것을 요하지 않는다고 주장한다. 그러나 잠정가격 신고는 관세법 제28조 제1항 단서에 의하여 관세령 제16조 제1항으로 특별히 규정하고 있는 경우에만 제한적으로 허용될 수 있는데, 원고가 F◇C로부터 수입한 이 사건 차량의 수입신고기간 동안에는 2017.3.27. 개정된 관세령 제16조 제1항 제2의3호가 신설되기 전이어서 그와 같은 신고를 할 수 있는 방법이 마련되어 있지 않았다).

264) 원심판결은 다음과 같이 설시하고 있다. ▶납세의무자는 경제활동을 할 때 특정 경제적 목적을 달성하기 위하여 어떤 법적 형식을 취할 것인지 임의로 선택할 수 있고, 과세관청으로서도 그것이 가장행위라거나 조세회피 목적이 있다는 등의 특별한 사정이 없는 한 납세의무자가 선택한 법적 형식에 따른 법률관계를 존중하여야 한다(대법원 1991.5.14. 선고 90누3027 판결; 2009.4.9. 선고 2007두26629 판결 등 참조). 그러므로 수입자와 수출자가 동일한 모회사의 자회사들로서 물품 수입 및 공급거래의 과정 및 수입물품에 관한 경제적 위험을 분담하는 과정에서 모회사의 개입이 있는 등 일반적인 제3자 사이의 거래와 다른 특수한 점이 있다고 하더라도, 그것이 거래통념상 자회사들 사이에서 보통 이루어지는 거래방식에서 벗어난 것이 아니라면, 관련 당사자들 사이의 계약 내용을 무시하거나 그 계약의 실제 내용이 그와 다르다고 쉽게 단정할 것은 아니다(대법원 2017.4.7. 선고 2015두49320판결 등 참조). ▶위 법리에 비추어 이 사건에 관하여 보건대, 앞서 인정한 사실들에다가 갑 제15 내지 18호증의 각 기재, 이 법원의 증인 이준봉의 증언 및 변론 전체의 취지를 종합하여 알 수 있는 다음과 같은 사정들(판매계약과 국내 딜러사들과 체결한 서비스계약 및 F◉본사와 체결한 보증관련 지급계약 및 이전가격 결정보고서의 내용을 해석·설명하고 있음)을 종합하면, 원고는 F◇C로부터 이 사건 차량을 수입하는 과정에서 원고가 하자보증에 관한 내용을 결정하고 그 비용을 부담하기로 약정하였다고 볼 수 있고, 원고가 F◉본사를 통하여 국내 딜러사들에 실제 발생한 이 사건 하자보증 수리비용을 지급한 것은, 위 약정 및 국내 딜러사들과의 이 사건 서비스 계약에 따라 원고의 국내 딜러사들에 대한 하자보증 수리비용 지급의무를 이행한 것에 불과하므로, 이 사건 하자보증은 원고의 계산으로 수행된 것이라 할 것이다.

이 사건 하자보증 수리비용이 그 밖의 간접적인 지급액에 해당한다고 볼 수 없다는 이유로 수입신고 당시 그 액수가 확정되지 않는다는 점을 추가로 제시하고 있는바, 관세평가법규상 수입물품의 과세가격은 수입신고 당시를 기준으로 확정되어야 한다는 의미는 관세의 납세의무의 발생시점에 수량화할 수 없지만 적정하고 특별한 기준을 기초로 결정될 수 있다면 실제로 지급하였거나 지급하여야 할 가격에 포함하는 것이 관세평가법규의 법리상 타당할 것이다.[265] 관세법상 잠정가격/확정가격 수입신고제도의 원리도 이와 같은 법리에 따른 것으로 보여진다. 이 사건 하자보증 수리비용은 수입신고 당시를 기준으로 원고와 F◉본사가 체결한 하자보증지급계약 제2조를 기초로 결정될 수 있다. 따라서 원심판결이 "수입물품의 과세가격은 수입신고 당시를 기준으로 확정되어야 하므로 이 사건 하자보증 수리비용은 수입신고 당시 그 액수가 확정되지 않는다는 점에서도 그 밖의 간접적인 지급액에 해당한다고 볼 수 없다."는 법리구성은 관세평가의 법리에 비추어 볼 때 수긍하기 어렵다. 이것은 "그 밖의 간접적인 지급액"의 적용범위를 규정하고 있는 구 관세령[266] 제20조 제6항(현행 제20조의2)의 입법배경이 된 대법원 1993.12.7. 선고 93누17881 판결과도 배치되므로 그 타당성에 의문을 가질 수밖에 없다. 아울러 원고가 이 사건 하자보증 수리비용을 지급하는 상대방인 F◉본사는 이 사건 차량의 판매자인 F◇C와 이른바 특수관계에 있어서 형식적으로는 제3자로 보이지만 그 실질은 F◉본사와 F◇C는 동일체로 보아야 하기 때문에 간접지급의 형태이지만 그 실질은 직접지급으로 간주하여야 할 것이다.

원심판결은 이 사건 차량에 대한 하자보증의 책임이 실질적으로 구매자에게 귀속된다고 판단하는 근거의 하나로 이 사건 하자보증이 구매자 자신의 계산(on his own account)으로 수행된 사실을 인정하고 있는데, 그 논거로 설령 F◉본사가 국내 딜러사를 지정하였다고 하더라도, 제품의 '판매'와 관련하여 딜러 역량이 중요한 자동차 판매업에 있어서 기업의 이미지 제고 등을 위하여는 본사가 국내 딜러사를 최종적으로 지정하는 것이 합리적인 점, 이는 이 사건 차량의 수입 이전에 선행되는 것으로서 이 사건 차량의 수입 이후 원고의 계산으로 제공되는 '하자보증'과는 별개라고 볼 수 있는 점 등을 들고 있다. 이에 반하여 이 사건 제1심은 각 계약의 문언에도 불구하고 실제로는 F◇C 및 F◉본사가 자기 계산으로 하자보증비용을 부담하고 하자보증에 관한 내용을 결정하고 있으므로, 원고가 수입하는 차량에 대한 하자보증은 판매자가 수행한 것이고, 딜러사는 판매자와 직접 계약을 체결한 것은 아니지만 사실상 판매자의 이익을 위하여 하자보증을 이행한 것으로 판단하고 있다. 앞에서 살펴본 바와 같이 관세평가법규상 "구매자 자신의 계정으로 행한 활동의 비용"이란 법문의 의미는 수입물품의 구매자가 제3자에게 금원을 지급하는 사유가 수입물품의 대가나

---

265) 같은 취지의 EU법원 판례 내용은 김용태, "제3국에서 수입된 물품의 Royalties 및 License Fees에 관한 EU법원 판결에 대한 해설", 주간 관세무역정보 통권 제1945호(한국관세무역개발원, 2021) 참조.

266) 2000.12.29. 대통령령 제17048호로 전부 개정되어 2001.1.1.부터 시행된 관세령을 말한다.

수입거래와 관련하여 비롯되거나 또는 관세평가협정 제8조의 가산요소에 해당하는 것이 아니라 구매자가 수입물품의 판매자가 아닌 제3자와 독립된 계약이나 어떤 위탁의 관계에서 발생하는 - 수입물품의 판매자가 거래조건으로 요구하지 않는 - 지급(활동의 비용)을 뜻한다. 이러한 법리에 비추어 보면 이 사건 원심과 원심판결을 그대로 인정하고 있는 상고심이 이 사건 하자보증을 원고의 계정으로 이루어진 것으로 판단하는 입장에 대하여 동의하기 어렵다. 오히려 제1심의 판단이 관세평가의 법리에 비추어 타당하다고 본다.

Ⅱ. 거래가격의 법정가산요소

제1 (관세평가) 방법을 적용할 수 있는 수입물품의 과세가격은 실제지급가격에 가산요소의 필수적 조정을 거친 거래가격이 원칙적으로 적용된다. 그 전제조건은 구매자가 상품의 소유권에 진입하기 위해 지출해야 하는 모든 지불이 거래가격에 의해 기록된다는 가정에 있다. 이것은 구매가격뿐만 아니라 운송비용 등 구매자가 제공하는 모든 추가 지급비용이다. 이에 따라 평가대상 수입물품의 과세가격으로서 거래가격의 구성요건에 실제지급가격의 일부를 구성하는 것으로 간주되는 특정의 요소가 구매자가 부담하는 것이지만 실제지급가격에는 포함되어 있지 아니하였다면 실제지급가격에 필수적으로 가산하여 조정하여야 한다. 그리하여 평가대상 수입물품의 거래가격은 관세법 제30조 제1항 제1호 내지 제6호에서 규정하고 있는 ① 구매자가 부담하는 수수료와 중계료, ② 수입물품의 용기비용과 포장비, ③ 구매자의 수입물품에 대한 생산지원비, ④ 구매자가 지급한 권리사용료, ⑤ 판매자에게 귀속되는 재판매 수익금, ⑥ 수입물품의 운송비와 그 부대비용 등과 같은 가산요소가 존재한다면 그 금액은 실제지급가격에 포함되어야만 해당 물품에 대한 관세의 과세가격으로 적용될 수 있다. 여기에서 실제지급가격에 가산하는 방법은 객관적이고 수량화할 수 있는 자료에 근거하여야 하며, 이러한 자료가 없는 때에는 해당 거래가격은 수입물품의 과세가격으로 적용할 수 없다. 또한, 관세평가협정 제8조 제4항에 따라 위에서 열거한 법정가산요소에 해당하지 아니한 어떠한 비용도 실제지급가격에 가산하는 것은 허용될 수 없다.

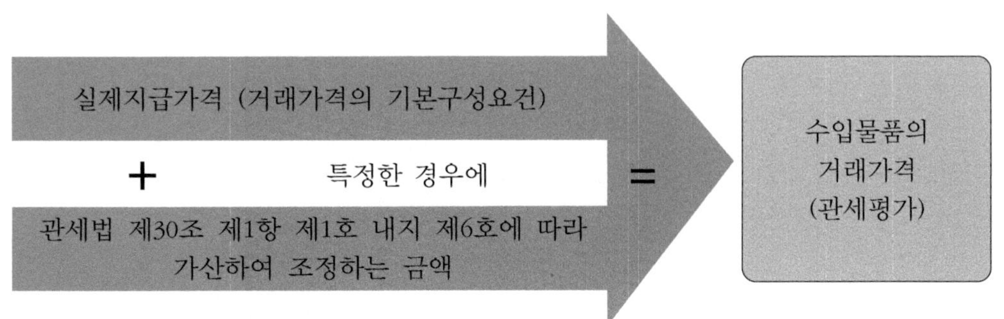

1. 구매자가 부담하는 수수료와 중계료

1) 관세평가법리

관세법 제30조 제1항 제1호에 따라 구매자가 부담하는 수수료 및 중계료는 수입물품의 거래가격에 필수적으로 가산하는 요소가 된다. 다만, 구매수수료는 가산요소에 포함되지 않는다. 이 규정의 입법적 근거는 관세평가협정 제8조 제1항(a)(i)이다. 여기에서 "구매수수료"(buying commissions)라는 용어는 평가대상 물품을 구매함에 있어서 수입자가 그의 대리인에게 해외에서 수입자를 대리하는 용역에 대하여 지급하는 보수를 말한다[제8조에 대한 주해, 제1항(a)(i)]. 그리고 관세평가기술위원회는 해설 2.1에서 수수료(commissions) 및 중개료(brokerage)는 판매계약의 체결에 참여한 중개자(intermediaries)에게 지급되는 금액이고, 중개자는 다음과 같은 공통적인 특징은 확인될 수 있음을 기술하고 있다. 대리인(종종 "중개자"로 일컫고 있음)은 가능한 한 자기의 명의로 물품을 구매하거나 판매하는 자이지만 항상 본인(principal)[267]의 계정(account)으로 구매하거나 판매하는 자이다. 대리인은 판매자 또는 구매자 중 어느 한쪽을 대신하여 판매계약 체결에 참여한다. 대리인의 보수는 수수료의 형태를 취하고, 일반적으로 해당 물품의 가격에 대한 비율로 표시된다. 판매대리인과 구매대리인의 구분은 가능한데, 판매대리인은 판매자의 계정(account)으로 행동하는 자로서, 고객을 물색하고 주문을 수집하며 어떤 경우에는 물품에 대한 보관 및 인도를 주선할 수도 있다. 계약체결에서 제공된 용역에 대하여 판매대리인이 받는 보수는 일반적으로 "판매수수료"라고 불린다. 판매대리인을 통하여 판매되는 물품은 일반적으로 판매대리인의 수수료를 지급하지 않고는 구매할 수 없다. 이들 지급은 아래와 같은 방식으로 이루어질 수 있다. 판매대리인을 통한 주문에 따라 물품을 인도한 외국의 공급자는 일반적으로 판매대리인의 용역 자체에 대하여 지급하고 이를 포함한 가격을 그들의 고객에게 제시한다. 이러한 경우에는, 이러한 용역을 고려하여 송품장 가격을 조정할 필요는 없다. 만약, 판매조건에서 해당 물품에 대하여 송품장에 기재된 가격에 가산한 수수료를 구매자로 하여금 통상 중개자에게 직접 지급하도록 요구하는 경우, 이러한 수수료는 협정 제1조에 따라 거래가격을 결정할 때 가격에 가산되어야 한다. 이에 반하여 구매대리인(buying agent)은 구매자의 계정(account)으로 행동하는 자로서, 공급자를 물색하고, 수입자의 요구사항을 판매자에게 알려주고, 샘플을 수집하고, 물품을 검사하며 어떤 경우에는 해당 물품의 보험, 운송, 보관 및 인도에 대한 주선과 관련한 용역을 구매자에게 제공한다. 일반적으로 "구매수수료"라고 일컫는 구매대리인의 보수는 물품에 대한 지급과는 별개로 수입자가 지급한다. 이러한 경우에는, 협정 제8조 제1항(a)(i)의 조건에 따라, 수입물품의 구매자가 지급하는 수수료는 실제로 지급하였거나 지급하여야 할 가격에 가산되지 않아야 한다.

267) 대리인(agent)에 대한 본인으로서, 대리인이 아닌 판매자 또는 구매자 즉, 당사자를 말한다.

"중개인"(brokers) 및 "중개료"의 용어와 "구매대리인/판매대리인" 및 "수수료"의 용어 간에는 어느 정도 이론상 차이는 있지만 실제에 있어서는 이 두 범주 사이에 명확한 구분은 없다. 더구나 일부 국가에서 "중개인"과 "중개료"라는 용어가 사용되긴 하지만, 설사 사용된다고 하더라도 아주 드물다. "중개인"이란 용어가 사용되는 경우에, 이는 일반적으로 자기의 계정(account)으로 행동하지 않는 중개자를 말한다. 중개인은 구매자와 판매자 모두를 위해 행동하며 일반적으로 양 당사자와 접촉하여 양 당사자가 거래를 체결하게 하는 것 이외의 다른 역할은 수행하지 않는다. 중개인의 보수는 일반적으로 그의 활동의 결과로 체결된 거래에 대한 비율인 중개료로 알려져 있다. 중개인이 받는 비율은 중개인의 다소 제한된 책임에 비례한다. 중개인이 물품 공급자로부터 대가를 지급받은 경우, 일반적으로 중개료 총액은 송품장 가격에 포함되어 있다. 그러한 경우에는, 평가와 관련한 쟁점은 발생하지 않는다. 송품장 가격에 포함되지 않으나 구매자가 부담하는 경우에는 지급하였거나 지급하여야 할 가격에 가산되어야 한다. 반면에 중개인이 구매자로부터 대가를 지급받거나 각각의 거래 당사자가 중개료의 일부를 지급할 수 있다. 이러한 경우에는, 해당 가격에 이미 포함되어 있지 않고 구매수수료에 해당하지 않으면서 구매자가 부담하는 한, 실제로 지급하였거나 지급하여야 할 가격에 가산되어야 한다. 요컨대, 수입물품의 거래가격을 결정하는 경우에 구매수수료를 제외하고는 구매자가 부담하는 수수료와 중개료를 해당 가격에 포함하는 것이 필요하다. 따라서 구매자가 중개자에게 지급하고 실제로 지급하였거나 지급하여야 할 가격에 포함되지 않은 지급액이 실제로 지급하였거나 지급하여야 할 가격에 가산되어야 하는지 여부에 대한 쟁점은 결국 중개자가 수행하는 역할에 좌우되는 것이지 알려진 용어("대리인" 또는 "중개인")에 따라 좌우되는 것은 아니다. 또한, 협정 제8조의 규정으로부터 판매자가 지급해야 하지만 구매자에게 청구되지 않는 수수료 및 중개료는 실제로 지급하였거나 지급하여야 할 가격에 가산될 수 없다는 것은 명백하다.

관세평가법규상 **구매수수료의 적용범위**는 해당 수입물품의 구매와 관련하여 외국에서 구매자를 대리하여 행하는 용역의 대가로서 구매자가 구매대리인에게 지급하는 비용이 해당된다(관세령 제17조의2제1항). 구매자를 대리하여 행하는 용역은 구매자의 계정과 위험부담으로 공급자 물색, 구매 관련사항 전달, 샘플수집, 물품검사, 보험·운송·보관 및 인도 등을 알선하는 용역이 해당된다. 하지만 구매자를 대리하여 행하는 용역이 구매대리인이 자기의 계산(계정)으로 용역을 수행하는 경우, 구매대리인이 해당 수입물품에 대하여 소유권 또는 그 밖의 이와 유사한 권리가 있는 경우, 구매대리인이 해당 거래나 가격을 통제하여 실질적인 결정권을 행사하는 경우에 해당된다면 구매수수료의 적용범위에서 제외한다(관세규칙 제3조의3).

관세평가기술위원회는 예해 17.1에서 구매자가 중개인에게 지급한 보수가 어떤 상황에서 구매수수료로 간주될 수 있는지를 입증하는데 필요한 증거에 대한 쟁점에 대하여 다음과 같은 지침을 제공하고 있다. 세관당국은 해당 용역의 존재와 정확한 본질을 확인하는데 필요한 모든 관련 문서는 입수할 수 있어야 하고, 그러한 문서 중에는, 대리인이 물품을 구매자의 임의처분 하에 놓을 때까지 대리인의 의무수행 중에 이행해야 하는 절차와 활동을 명시한 대리인과 구매자간의 대리점 계약서가 있을 수 있다. 대리점 계약서는 구매자와 대리인 간의 계약조건을 정확히 반영하여야 하고, 대리점계약의 진실성을 명확히 입증해 주는 구매주문서, 텔렉스, 신용장, 무역서한 등과 같은 기타 증빙서류 등은 세관당국이 요청하면 제공되어야 한다. 서면으로 작성된 대리점 계약서가 없는 경우에는, 대리인관계의 존재를 명확히 입증하는 위에서 언급한 바와 같은 대체 증빙서류가 세관당국이 요청하면 제공되어야 한다. 대리인 관계를 입증하는 충분한 증빙이 제공되지 않은 경우에는, 세관당국은 구매대리점 관계가 존재하지 않는다고 결론내릴 수 있다. 때때로, 해당 계약서나 서류들은 소위 대리인의 활동에 대한 본질을 명백히 표현하거나 반영하고 있지 않는다. 이러한 상황에서는 사안의 실제적인 사실들을 결정하고 아래에서 설명하는 다양한 요인들을 검토하는 것이 필수적이다.

조사대상이 될 수 있는 쟁점 중 하나는 소위 구매대리인이 해설 2.1 para. 9에서 예시하고 있는 구매대리인이 통상적으로 수행하는 용역 이외의 어떠한 위험을 부담하거나 부가적인 용역을 수행하는지 여부이다. 이러한 부가적인 용역의 정도는 구매수수료의 처리에 영향을 미칠 수 있다. 예를 들어, 대리인이 수입물품에 대한 지급을 위하여 자신의 자금을 사용할 수 있다. 이것은 소위 구매대리인이 구매대리인으로써 행동함으로써 합의된 보수를 받기보다는 오히려 물품의 소유로 인한 손실을 부담하거나 또는 이윤을 취할 가능성이 있음을 보여준다. 이러한 경우에는, 구매대리점 계약을 명백하게 규명할 수 있는 모든 상황이 검토될 수 있다. 이 조사의 결과는 대리인이 자신의 계정(account)으로 행동하고/하거나 물품에 재산적 이익을 갖고 있다는 것을 보여 줄 수 있다. 이러한 점에서 구매대리인과 유사한 활동을 수행하지만, 구매대리인과 달리 재산적 이익을 가지고 거래 또는 수입자가 지급한 가격을 통제하는 익스포트 하우스(export house) 또는 소위 독립적인 대리인에 주의하여야 한다. 이런 경우에 속하는 소위 중개인은 구매대리인으로 간주될 수 없다.

한편, 수출자는 국제무역에서 제공된 물품 및 용역에 대한 미지급의 금융위험에 대하여 지급보증에 대한 확약을 포함한 금융서비스의 사용을 통하여 스스로를 보호한다. 구매자에 의한 미지급 또는 지급불능의 위험에 대한 보증을 위하여 수출자는 다양한 형태의 금융서비스를 이용할 수 있다. 이러한 서비스는 국가별로 다양할 수 있는 반면에, 이들 서비스는 수수료로 수출자를 대신하여 위험을 인수하는 중개인(흔히 은행)에 대한 지급액을 일반적으로 발생시킨다. 이러한 서비스에 대하여 행해지는 지급액은 흔히 "확인수수료"(comfirming commissions)로 알려져 있다. 이러한 확인수수료와 관련하여 관세평가기술위원회는 해설 5.1에서 다음과 같은 견해를 밝히고 있다. 자주 발생하는 상황은 다음과 같다. 판매자는 구매자의 거래은행에 의한 미지급의 상업적인 위험에 대하여 판매자에게 보증하는 다른 은행(일반적으로 수출국에 소재)을 통하여 신용장 확인을 요청한다. 구매자 또는 판매자 어느 하나를 위하여 활동하는 확인회사(confirming houses)라고 불리는 전문영리기업이 수행하는 다양한 서비스 중에 지급보증이 있다. 이러한 서비스에 대하여 청구되는 수수료를 흔히 확인수수료라 부른다. 이러한 비용을 부담하는 판매자가 그의 확인수수료 비용을 구매자로부터 보상받고자 하는 것은 정상적인 관행이다. 대부분의 경우에 판매자는 자신의 물품가격에 수수료 비용을 직접적으로 포함하려 할 것이다. 이러한 경우에는 확인수수료는 물품에 대하여 실제로 지급하였거나 지급하여야 할 가격에 포함되며, 거래가격을 결정함에 있어 이것을 공제하도록 허용하는 협정 규정도 없다. 확인수수료의 부담금이 판매자에 의해 물품판매에 대한 송품장에, 또는 판매자나 확인기관(confirming institution)이 구매자에게 송부한 별도의 송품장에서 개별적으로 확인되는 상황이 발생할 수 있다. 상기 상황을 검토함에 있어, 확인수수료 지급을 발생시키는 활동의 유형은 협정 제8조 제1항(a)의 "수수료" 또는 제8조 제2항(c)의 "보험료"와 같이 협정 제8조의 규정에서 예정하지 않는 것으로 보인다. 확인수수료는 용어의 엄밀한 의미에서 수수료라기보다는 오히려 물품에 대한 미지급 위험에 대비한 보험료 성격이 강하다. 마찬가지로 협정 제8조 제2항(c)에서 규정하고 있는 보험료는 권고의견 13.1에서 언급한 바와 같이 오직 수입물품의 운송에 대하여 발생하는 것이다. 수입물품에 대한 지급수단의 확인이 구매자 거래은행의 미지급 위험으로부터 판매자를 보장하기 때문에 판매자의 이익을 위한 것으로 고려되는 경우로 수입물품의 판매조건으로 구매자가 판매자 또는 제3자에게 확인수수료를 지급하는 경우에는 실제로 지급하였거나 지급하여야 할 가격은 일체의 확인수수료를 포함한다. 하지만, 구매자가 자신의 주도로 취소불능 및 확인신용장을 판매자에게 제공하는 경우가 있을 수 있는데, 이의 주된 목적은 판매계약 체결을 보증하기 위한 것이다. 이러한 경우에 발생하는 일체의 확인수수료는 구매자가 확인기관에 직접 지급할 수 있다. 이러한 상황에서는 판매계약에서 부과되는 조건이 없고 판매자보다는 구매자의 이익을 실현하는 것이기 때문에 확인수수료에 대하여 지급한 금액은 실제로 지급하였거나 지급하여야 할 가격의 일부를 구성하지 아니한다.

2) 판례연구

우리 판례를 살펴본다. 【대법원 2014.9.26. 선고 2014두7572 판결】 사건에서 상고심은 다음과 같은 원심[268]의 판단이 정당하다는 태도를 보이고 있다. 원심은 제1심 판결[269] 이유를 인용하여, 원고[270]가 2005.3.1. T◇◇ Ltd.[271](이하 'T◇◇L')와 식품을 제외한 제품에

268) 서울고등법원 2014.04.18. 선고 2013누20969 판결.

269) 인천지방법원 2013.06.27. 선고 2012구합4160 판결.

대한 조달계약(Sourcing Agreement)을 체결하였다가, 2008.8.15. 위 계약의 내용을 일부 변경한 구매대리계약(Buying Agency Agreement, 이하 '이 사건 계약')을 체결한 사실, 위 각 계약에 따라 원고가 T◇◇L에게 필요한 물품의 사양, 구매수량, 희망가격 등을 통보하면, T◇◇L은 제조자 후보를 찾아 시제품의 제작을 요청하고 품목별 제안가격을 취합하여 이를 원고에게 알려준 다음, 원고의 주문에 따라 원고가 선정한 제조자에게 구매주문서(Purchase Order)를 보내 물품을 주문하였고, 그 물품은 본선인도조건(F.O.B.)에 의하여 제조자로부터 원고에게 직접 운송된 사실, T◇◇L이 제조자에게 물품대금을 지급하고 그 대금에 5%를 가산한 금액(이하 '이 사건 수수료')으로 송품장을 발행하면, 원고 3은 그로부터 30일 이내에 T◇◇L에게 위 금액을 지급한 사실 등을 인정한 다음, ① 비록 T◇◇L이 제조자에게 이 사건 물품을 주문하기 전에 원고로부터 제조자나 물품에 대한 의견을 받아 이를 주문에 반영하였다고 하더라도, 이러한 주문 방식은 T◇◇L이 판매자로서 수행하는 영업방식으로 볼 수도 있는 점, ② T◇◇L은 제조자들과 표준구매계약서(Terms and Conditions of Purchase)에 따라 계약을 체결하였는데, 거기에는 T◇◇L이 구매자(Buyer)이고 소유권(title)과 위험(risk)이 주문조건 등에 따라 T◇◇L에게 이전된다고 규정되어 있을 뿐 T◇◇L이 원고의 구매대리인이라는 등의 원고와의 대리관계가 나타나있지 아니하며, 원고와 제조자들 사이에 별도로 계약서가 작성되지도 아니한 점, ③ T◇◇L은 자신의 명의로 제조자에게 물품을 주문하고, 제조자로부터 수입자를 T◇◇L로 하는 상업송품장을 받은 다음, 자신의 명의로 제조자를 수익자로 하는 신용장(L/C)을 개설하여 제조자에게 물품대금을 지급하였으며, 이와 같은 과정을 거쳐 물품대금의 지급이 완료된 이후에 비로소 원고에게 이 사건 수수료를 합한 대금을 청구할 수 있어 물품대금의 선지급에 따른 위험을 부담한 점, ④ T◇◇L은 제조자에 대한 미지급 물품대금을 매입채무(Trade payable)로 계정하는 한편 클레임 충당금(Provision for Claims)을 계정하였는데, 이는 T◇◇L이 이 사건 계약에 따라 원고에게 부담하는 물품의 결함, 수량부족 등의 하자에 대한 보증책임에 대비하기 위한 것으로 보이는 점, ⑤ 원고도 이 사건 물품의 수입 당시 수입신고서에 해외거래처를 T◇◇L로 기재하고, 이 사건 수수료에 관한 거래를 용역거래가 아닌 재화거래로 하여 회계처리를 한 점 등을 종합하면, T◇◇L은 원고의 구매대리인이 아니라 이 사건 물품의 실질적인 수출자 또는 판매자의 지위에 있었다고 보아야 하므로, 이 사건 수수료는 수입물품의 과세가격에 가산하지 아니하는 '구매수수료'에 해당하지 아니한다고 판단하였다.

---

270) 원고는 대형마트의 운영을 주된 사업으로 하는 법인으로, 네덜란드에 주사무소를 둔 T◇◇ ◇◇ B.V.가 발행주식 총수의 100%를 소유하고 있다.

271) T◇◇ ◇◇ B.V.가 원고와 같이 대형마트를 운영하고 있는 전세계 각국 자회사들의 판매물품 조달을 용이하게 하기 위하여, 홍콩에 설립한 구매대행을 전문으로 하는 별도의 자회사이다.

【대법원 2017.5.31. 2017두35158 판결】 사건을 살펴본다. 이 사건 처분경위는 다음과 같다. 원고는 "a◉◇◇" 상표가 부착된 스포츠용 의류 등의 국내판매를 목적으로 독일에 주사무소를 둔 a◉◇◇ AG(이하 '◉AG', ◉AG와 직·간접적인 출자관계에 있어 ◉AG의 지배를 받는 국내외 법인들을 통틀어 'A◉◇◇ 그룹')가 51%를 출자하여 설립한 판매회사이다. 원고는 A◉◇◇ 그룹에 속한 네덜란드 법인인 ◉ International Trading B.V.(이하 '◉ITBV')와 2008.10.1. ◉ITBV를 원고의 구매대리인으로 선임하는 내용의 구매대리계약을 체결하고(이하 '이 사건 구매대리계약'), 이에 따라 ◉ITBV를 통하여 "a◉◇◇" 상표가 부착된 신발, 의류, 스포츠용품 등의 상품(이하 'A◉◇◇ 상품')을 수입하고 있으며, 2010.1.1.부터는 ◉ AG가 보유하는 "R◉", "R◉◇" 상표가 부착된 상품도 ◉ITBV를 통해 수입·판매하고 있다(위 세 종류의 상품은 거의 유사한 방식으로 ◉ITBV를 통해 수입되고 있으므로, 아래에서는 A◉◇◇ 상품을 기준으로 설명하고, 통틀어 '이 사건 물품 '). 원고는 2008.10.1.부터 2011.1.12.까지 ◉ITBV를 통해 이 사건 물품을 수입하면서 ◉ITBV에 이 사건 물품 가격의 8.25%에 해당하는 수수료(이하 '이 사건 수수료')를 지급하였는데, 수입신고를 하면서 이 사건 수수료를 과세가격에 산입하지 않고 세액을 산출하여 관세 등을 신고·납부하였다. 서울세관장은 이 사건 물품의 수입과 관련하여 '◉ITBV를 원고의 구매대리인이라고 할 수 없어 이 사건 수수료는 구 관세법 제30조 제1항 제1호단서에 정한 구매수수료에 해당하지 않는다'고 보아, 원고가 당초 신고·납부한 세액과 이 사건 수수료를 거래가격에 합산한 금액을 과세가격으로 하였을 때의 정당한 세액과의 차액을 원고로부터 추징하기로 하여, 2011.10.25.부터 2011.11.9.까지 원고에 대하여 관세 등의 부과처분을 하였다가 2011.11.29. 위 부과처분 중 일부 금액을 감액하여 경정하고, 감액되고 남은 세액에 대하여 이 사건 처분을 하였다.[272] 이 사건은 상고심의 심리불속행 상고기각으로 그대로 확정되었는바, 원심[273]은 다음과 같은 사정에 비추어 볼 때, 이 사건 물품의 거래과정에서 ◉ITBV는 원고를 위한 구매대리인의 역할을 수행하였고 이 사건 수수료는 구매대리인에게 지급한 구매수수료로 봄이 타당하다고 판단하였다:

- 이 사건 구매대리계약상 국외 제조자 선정, 가격결정, 운송 기타 관련 업무에 대한 최종 결정권은 원고가 가지기로 되어 있는바, ◉ITBV가 국외 제조자를 물색 하고 원고의 요구사항을 국외 제조자에게 알려주며, 샘플을 수집, 물품을 검수 확인하고 물품의 운송과 관련된 제반사항을 주선하는 업무를 수행한 것은 모두 이 사건 구매대리계약에 정해진 ◉ITBV의 업무로서 원고를 위한 것이다. 다만, ◉ITBV는 국외 제조자들과

272) 원고는 이 사건 처분에 불복하여 2012.1.20. 조세심판원에 심판청구를 하였고, 2014.4.28. "원고가 ◉ITBV에게 수수료 명목으로 지급한 금액 중 구매수수료에 해당하는 금액을 재조사하여 그 결과에 따라 이를 과세가격에서 차감하는 것으로 하여 이 사건 처분의 과세표준 및 세액을 경정한다."는 결정을 받았으나, 서울세관장은 아직 위 재조사결정에 따른 후속 처분을 하지 아니하였다.

273) 서울고등법원 2017.01.19. 선고 2015누68477 판결.

제조계약을 체결하면서 국외 제조자들에게 A◉◇◇ 상품을 제조하기 위한 수권서를 교부하기도 하였는데, 이는 ◉AG가 ◉ITBV 뿐만 아니라 원고를 비롯한 A◉◇◇ 그룹의 회사들에게도 국외 제조자와 A◉◇◇ 제품 생산계약을 할 수 있는 권한을 수여한다는 내용으로, 이를 ◉ITBV가 이 사건 구매대리계약서에 의하여 원고를 대리하여 계약을 체결할 권한을 부여받은 점과 종합하여 보았을 때, ◉ITBV는 이 사건 물품의 수입을 위한 제조계약을 체결함에 있어 원고를 적법하게 대리하기 위하여 ◉AG로부터 위와 같은 권한을 수여받고 국외 제조자들과 이 사건 물품의 수입을 위한 제조계약을 체결한 것으로 보인다;

- ◉ITBV는 국외 제조자에게 제품을 주문할 때에도 원고의 주문번호와 고객번호를 명시하였는데, 이는 ◉ITBV가 원고의 대리인 자격을 표시한 것으로 볼 수 있고, 국외 제조자 역시 ◉ITBV를 원고의 구매대리인으로 표시한 인보이스를 원고와 ◉ITBV에게 동시에 발행하여, ◉ITBV가 원고의 구매대리인의 지위에서 이 사건 물품을 구매하는 사실을 잘 알고 있었다;
- 원고는 국외 제조자에게 이 사건 물품에 관한 주된 채무인 물품대금(F.O.B 가격) 및 특별라벨링가격을 부담하고 이를 모두 지불하였으며, 운송 중인 이 사건 물품에 대하여도 운송보험에 가입하고 운송료를 지급하 였는바, 이 사건 물품 구매는 전적으로 원고의 계산으로 이루어졌을 뿐이고 ◉ITBV가 자신의 계산으로 구매대리 업무를 수행한 바 없다;[274]

274) 한편, 항소심은 다음과 같은 이유를 들어 ◉ITBV가 자신의 계산으로 용역을 수행하였다는 서울세관장의 주장을 배척하고 있다. ▶서울세관장은 ◉ITBV가 2009년부터 벤더 파이낸싱 프로그램을 활용하여 국외 제조자들에게 이의 유보 없는 승낙을 함으로써 국외 제조자들에게 먼저 물품대금 결제를 하였다고 주장한다. 그러나 위 프로그램은 국외 제조자들이 물품대금 지급 기일에 앞서 은행에서 매출 채권을 할인받음으로써 물품대금을 미리 결제 받을 수 있도록 하는 방안으로서, 수출대금 결제방식이 신용장(L/C) 방식에서 전신송금(T/T) 방식으로 변화하는 추세 및 국외 제조자들에 대한 물품대금의 지급기일이 선적 후 30일에서 출고일 기준 75일로 늦추어짐에 따라 마련된 것으로, ◉ITBV는 원고를 대리하여 국외 제조자들의 당좌거래은행들에게 인보이스 승인 통보를 하였을 뿐이고, 당좌거래은행들이 국외 제조자들에게 금융을 제공하는 것이며, ◉ITBV는 위 은행들에게 달리 보증이나 담보를 제공한 사실도 없는바, 서울세관장의 위 주장은 이유 없다. ▶또한 서울세관장은 ◉ITBV가 원고가 지급해야 할 물품대금과 원고가 지급받아야 할 클레임대금간 총액으로 상계하여 원고로부터 자기의 계산으로 물품대금을 지급받았다고 주장하나, 이는 원고를 비롯한 다수의 판매회사가 모두 ◉ITBV를 구매대리인으로 선임하여 다수의 국외 제조자들로부터 이 사건 상품을 구매하는 특수한 구매형태에서 비롯된 정산방식으로, 원고의 클레임 채권에 대한 클레임의 각 부담자는 국외 제조자별로 특정이 되므로, 서울세관장의 위 주장은 이유 없다. ▶마지막으로 서울세관장은 ◉ITBV가 원고로부터 물품대금을 지급받지 못하였음에도 국외 제조자들에게 계속 물품대금을 결제하였으므로 ◉ITBV가 국외 제조자와의 제조계약에 있어 실질적인 계약당사자처럼 행동한 것이라고 주장한다. 그러나 ◉ITBV는 구매대리인으로서의 지위 및 당좌거래은행들과의 대금지급서비스계약 내용상 물품대금 지급기일이 도래하면 위 당좌거래은행에 승인한 인보이스 금액을 지급하여야만 했던 것인 점, 원고는 ◉ITBV의 인보이스에서 기재한 기간을 지나 ◉ITBV에게 대금을 결제한 것일 뿐이고 결과적으로 물품대금의 지급은 모두

- ◉ITBV는 국외 제조자와 원자재 구입가격, 인건비, 제조자 마진에 관하여 협상을 하여 이 사건 물품의 가격을 정하는 주체이기는 하나, 이는 ◉ITBV가 이 사건 구매대리계약상 국외 제조자와 상품의 가격, 조건 등 세부사항을 협상함에 있어 본인을 위하여 가장 유리한 선택을 할 포괄적인 권한까지 부여받았기 때문이므로, ◉ITBV가 이 사건 물품에 관한 거래나 가격을 통제하여 실질적인 결정권을 행사하는 것으로 볼 수 없다;
- 관세평가기술위원회의 해설 및 예해와 2011.4.1. 신설된 관세규칙 제3조의2에 의하면, '구매대리인이 해당 수입물품에 대하여 소유권 또는 그 밖의 이와 유사한 권리가 있는 경우'는 구매자를 대리하여 행하는 용역에서 제외되어 그로 인한 대가는 구매수수료에 해당하지 않는다;
- 이 사건 물품의 운송은 F.O.B 운송조건으로 ◉ITBV를 거치지 않고 국외 제조자로부터 원고에게로 직접 이루어지고, 선하증권상 원고만이 수하인으로 기재되어 있으며, 이 사건 구매대리계약상 ◉ITBV는 이 사건 물품에 대해 소유권 및 멸실로 인한 위험부담을 전혀 보유하지 않는바, ◉ITBV가 이 사건 물품에 대하여 소유권 또는 그 밖의 유사한 권리가 있다고 보기도 어렵다;
- 원고가 ◉ITBV를 통하여 수입한 제품에 대한 클레임의 처리에 있어, 원고는 ◉ITBV를 거치지 않고 A◉◇◇ 그룹의 클레임 데스크에 직접 클레임을 접수하고, 클레임 데스크에서 클레임에 대한 최종적인 결정을 하며 클레임에 대한 책임은 국외 제조자가 부담하는바, ◉ITBV는 원고의 클레임 요청을 국외 제조자에게 전달하고 원고와 클레임 데스크 및 국외 제조자 사이에서 서로의 의사를 확인하고 이를 회신하는 역할만을 할 뿐이고, 이는 이 사건 구매대리계약상 원고를 위한 행위로서, ◉ITBV가 이 사건 물품의 클레임의 처리에 관하여 어떠한 독자적인 결정권을 가진다고도 볼 수 없다. 다만 ◉ITBV는 클레임을 받은 국외 제조자가 파산하는 경우 ◉AG와 함께 클레임대금 지급의무를 부담하는데, 이는 ◉ITBV가 원고를 위하여 국외 제조자를 물색하는 과정에서 국외 제조자에 대한 신용등급 확인의무를 부담하는바 이를 소홀히 한 것에 대하여 ◉ITBV에게 책임을 지우기 위한 예외적인 규정으로, 이를 들어 ◉ITBV가 클레임과 관련하여 독자적인 책임이 있다거나, 원고와의 관계에 있어서 클레임대금 지급의무를 부담하는 실질적 제품 공급자의 지위에 있다고 보기 어렵다;
- 이 사건 구매대리계약은 원고가 국외 제조자와 직접적인 거래를 하지 못하도록 제한하는 것이 아니고, 실제로 원고는 ◉ITBV를 통하지 않고 직접 국외 제조자로부터 A◉◇◇ 상품을 구매하기도 한다;

완료한 점, 원고가 일방적으로 ◉ITBV에 대한 물품대금 지급을 연체한 것은 원고의 책임이지 이를 ◉ITBV의 책임으로 돌릴 수는 없는 점 등을 고려할 때 서울세관장의 위와 같은 주장 역시 이유 없다.

- ◉ITBV는 이 사건 구매대리계약에 따라 기술지원비용의 처리절차에 있어 원고, 국외 제조자 및 디자인센터 사이에서 연락을 취하고 원고에게 기술지원비용을 청구한 것이므로 이는 원고의 구매대리업무의 범위에 포함되고, 설령 기술지원비 용 관련 업무가 일반적인 구매대리인의 업무의 범위에서 제외된다고 하더라도, 원고는 수입신고시 이 사건 수수료와 달리 기술지원비용을 과세가격에 포함하여 신고하였다;
- ◉ITBV는 이 사건 물품대금과 특별라벨링비용의 경우 원고로부터 지급받아 국외 제조자에게 지급하여야 하는 금액으로 인식한 반면, 이 사건 수수료는 수익으로 인식하고 회계처리를 하여, 국외 제조자와의 A◉◇◇ 제품 제조계약에 있어 스스로를 원고의 구매대리인으로 파악하고 있는 것으로 보인다;
- 한편, 이 사건 물품에 대한 수입신고필증에 원고에 대한 공급자가 ◉ITBV로 기재되어 있고, 원고의 재무제표에도 A◉◇◇ 상품의 매입처가 ◉ITBV로 기재되어 있는 것은 원고가 다수의 국외 제조자들로부터 제품을 구입하기 때문에 공급자를 각 국외 제조자로 표시하는 번거로움을 피하기 위한 것에 불과하다고 보이고, 원고가 ◉ITBV와의 거래에 관한 2009년의 정상가격산출방법신고서 및 국제거래명세서에 ◉ITBV와의 거래를 유형자산 매출, 매입거래라고 기재하여 서초세무서장에게 제출하였다고 하여 ◉ITBV를 원고의 구매대리인이 아니라고 보기도 어렵다.

【대법원 2016.10.27. 2016두34059 판결】 사건을 살펴본다. 원고는 미국 소재 C◉◇◇ Co.(이하 '미국 본사')의 한국 자회사이다[현재 미국 본사가 C◉◇◇ 엘티디(C◉◇◇ Cananda Ltd)의 주식 100%를 보유 하고 있고, C◉◇◇ 엘티디가 원고의 주식 99.4%를 보유하고 있다]. 서울세관장은 원고에 대한 관세조사를 실시한 후 원고가 2008.4.1.부터 2009.12.31.까지 599회에 걸쳐 C◉◇◇ 브랜드의 상표가 붙은 의류, 신발, 가방 등의 용품(이하 '이 사건 물품')을 수입하면서 아래와 같이 소싱서비스비용, 제품개발비용 및 글로벌마케팅비용(이하 각 '이 사건 소싱서비스비용, 제품개발비용, 글로벌마케팅비용')을 신고하지 않았음을 이유로 2013.3.29. 및 2013.5.9. 원고에 대하여 관세 등을 경정처분을 하였다(이하 조세심판원 결정에 따라 취소[275])된 부분을 제외한 나머지 부분을 '이 사건 처분'). 서울세관장은 2015.1.13. 이 사건 소송 진행 중 소싱서비스 비용은 "관세법 제30조 제1항 제1호의 구매자가 부담하는 수수료와 중개료에 해당한다."는 처분사유와 제품개발비용은 "관세법 제30조 제1항 제3호, 관세령 제18조 제4호의 무료 또는 인하된 가격으로 직접 또는 간접으로 공급하는 물품 및 용역에 해당한다."는 처분사유를 추가 하였다. 이 사건 상고심은 원심[276])의 제1심[277])판결 이유를 인용한 다음과 같은 판단이 정당하다는 입장을

275) 원고는 2013.6.27. 위 처분에 불복해서 조세심판원에 심판청구를 제기했고, 조세심판원으로부터 위 처분 중 국내에서 조달된 국내물품과 관련된 비용에 대해서는 수입물품의 과세과격에서 제외하는 것으로 재조사 후 그 결과에 따라 과세표준과 세액을 경정 하라는 결정을 받았다. 이에 서울세관장은 2014.6.2. 위 처분 중 관세 등 일부 금액을 취소하였다.

취하고 있다. 원심은, ① 미국 본사의 소싱 활동은 상품기획, 해외공급자의 파악, 해외 공급자와의 유리한 조건 협상과 제품원가의 결정, 재료소싱 등으로 이루어지고, 이는 C◉◇◇ 그룹의 제품을 효율적으로 납품하려는데 그 목적이 있는 점, ② 미국 본사는 원고와 체결한 서비스계약에 기하여 위와 같은 소싱서비스를 제공하고 그 비용을 받고 있는데, 이러한 계약은 원고를 포함한 다른 자회사들과도 일률적으로 체결되고 C◉◇◇ 그룹 전체차원에서 소싱활동이 이루어지는 한편, 원고가 지급한 이 사건 소싱서비스 비용은 구매물량과 관계없이 미국 본사에 발생한 원가의 일정 부분에 상응하여 산정되는 것인 점, ③ 미국 본사는 제조사를 승인할 최종 권한을 갖고 있고 특정 시즌에 어느 공장에 주문을 할지 결정하는 반면 원고는 한국 내에서만 제조사를 선정할 수 있으므로, 이 사건 수입물품의 해외 공급자에 대한 최종 선정권한은 미국 본사에게 있는 점, ④ 미국 본사는 이 사건 수입물품과 같이 현지 계열사의 영토 밖에서 생산되는 제품의 원가, 현지 제품가격 등에 대하여 결정할 수 있는 권한이 있어 이 사건 수입물품에 대한 거래나 가격을 통제하고 있는 점, ⑤ 미국 본사에는 자체 제조시설이 없고 제3자인 계약 제조업체와의 계약을 통하여 C◉◇◇ 제품을 생산하는데, 미국 본사가 그 생산의 전과정을 감독하고 생산된 제품의 품질검사를 수행하는 등 C◉◇◇ 그룹 차원에서 품질기준을 확립하고 있고 해당 지역에 발송되고 남은 재고에 대한 권리를 해외공급자로부터 인계받도록 되어 있는 점 등을 고려하면, 미국 본사를 원고의 구매대리인으로 볼 수 없어 결국 이 사건 소싱서비스 비용은 구매수수료에 해당하지 아니한다고 판단하였다.

한편, 미국 CBP는 외국 제조자로부터 물품을 구매하는 서비스를 수행하기 위해 대리인에게 지급되는 수수료가 진정한 구매수수료(bona fide buying commissions)로 간주되면 실제로 지급하였거나 지급하여야 할 가격에 가산하지 않아야 한다는 입장을 취하고 있다(H544676, 1991.7.24.) 진정한 구매수수료의 판단요소와 관련하여 CBP는 대리인이 권한을 가지고 있고, 수입물품에 대한 소유권과 손실위험을 가지고 있는 수입자에 의해 지시를 받는다는 사실은 구매대리관계를 부인하지 못하게 하고(H544669, 1991.8.15.), 이러한 판단은 수입자가 제출하는 구매주문서, 주문확인서, 제조자의 송품장, 당사자 간의 통신문, 세관정보 요청서에 대한 답변 및 진술서 등으로 이루어지는 증거자료를 근거에 의존한다(H544510, 1992.1.9.). CBP의 결정사례를 살펴 본다. 【H546325, 1999.10.4.】 ⊃ 제출되는 증거자료를 살펴볼 때, 대리인과 복대리인은 검사기간 동안 수입자의 진정한 구매대리인으로 행동하였다. 그들이 대리인 기능을 수행하였다. 즉 그들은 수입신발을 구매함에 있어 수입자를 대신하여 행동하였다. 그리고 수입자는 그들에게 위임한 사항에 대한 필요한 통제를 유지하였다. 증거자료는 수입자가 수입신발을 생산하는 공장을 선택하고, 수입

276) 서울고등법원 2016.01.22. 선고 2015누46132 판결.
277) 서울행정법원 2015.05.08. 선고 2014구합63145 판결.

신발의 가격과 품질에 대하여 최종적인 통제권을 가지고 있다는 것을 나타내고 있다. 거래서류와 지급방법은 이러한 확인내용과 일치한다. 제조자는 수입자와 대리인에게 수입물품의 송품장을 발행하였다. 그리고 복대리인은 수입자에게 수수료에 관한 송품장을 별도로 발행하였다. 수입자는 제조자에 수입물품의 대가를 지급하고, 대리인과 복대리인에게 수수료를 별도로 지급하였다. 그러므로 대리인과 종속대리인에게 지급하는 수수료는 진정한 구매수수료로서 거래가격을 결정함에 있어 실제로 지급하였거나 지급하여야 할 가격에 가산하여서는 아니된다. 【H546370, 2000.3.28.】 ➲ 이 건에서 구매대리인은 수입자로부터 수수료를 받는 것이 아니고, 사실은 그러한 서비스를 수행함에 있어서 발생시킨 비용을 상환받는 것이다. 보상을 받기 위해선 구매대리인은 수입자에게 지출보고서를 제출한다. 그럼에도 제안된 구매대리인 계약서의 조건들은 진정한(bona fide) 구매대리점(의 요건)에 일치된다. 따라서 당사자들의 행위들이 계약의 조건들과 부합된다는점을 조건으로, 수입자가 구매대리인에게 그 서비스 비용에 대한 상환을 위해서 지급하는 비용은 비관세대상인 진정한 구매수수료에 해당된다. 【H547806, 2001.1.31.】 ➲ 구매대리인 계약서의 조건 하에서 수입자와 구매자는 구매대리인 관계를 수립하기로 합의하고 수입자는 구매절차에 대한 통제력을 유지한다. 동 계약서는 수입자의 명확한 지시에 의해서만 구매가 이루어질 수 있도록 하고 있다. 구매대리인은 수입자를 위한 상품을 제조하는 공장 중에서 한곳에 대한 통제권을 확보하였다. 그러나 구매대리인은 자신의 수수료를 제조자와 나누지 않고, 동 제조자와 어떠한 비용 또는 수익도 나누지 않는다. 계약서에서 어느 부분도 수입자가 구매대리인 없이는 제조자들로부터 직접 구매하지 못하도록 하지는 않는다. 대리인에 의해서 실현된 수익이 제조자에게 간접적으로 효용을 준다는 사실이 그 자체로서 수수료가 비과세가 되지 못하도록 하지는 않는다. 따라서 구매대리인에게 지급된 수수료는, 당사자들이 동 구매대리인 계약의 조건들을 준수하는 한에 있어서, 수입물품에 대해 실제로 지급하였거나 지급하여야 할 가격의 일부가 아닌 진정한 구매수수료에 해당된다. 【H548137, 2002.9.26.】 ➲ 특수관계가 아닌 두 미국 수입자들이 외국의 기업과 구매대리인 계약을 체결했다. 동 계약 하에서 수입자들은 P/O를 내고 조립공정을 위한 부품 제품들을 공급도 한다. 외국기업의 지시에 의해서 수입자들은 특정 외국의 섬유공장으로부터 상품을 구매한다. 수입자들은 그 지시에 의한 구매의 송품장 가격의 6%에 해당하는 수수료를 동 외국기업에 지급한다. 외국기업은 이 수수료의 어떠한 부분도 공장에게 지급하지 않고, 공장의 수입자들에 대한 판매로부터 보상을 받지도 않는다. 따라서 구매대리인 계약에 의거해서 지급되는 수수료는 수입물품의 산정가격에 포함되지 않는 진정한 구매수수료이다. 【H548222, 2003.2.27.】 ➲ 특수관계의 구매대리인과 판매자 간의 거래는 지급된 수수료가 진정한 구매대리인 수수료인지를 결정함에 있어서 면밀한 검토를 필요로 한다. 문서상으로는 모든 주문은 수입자의 지시 및 감독 하에서 내려졌음을 보여주고, 수입자는 상품에 대해서 판매자에게 직접 지급한다. 전체 상황은 구매대리인의 서비스, 책임, 권한 및 보상액은 진정한 구매대리인에 대한 전통적 개념과 부합함을 보여준다. 이 건에서 진정한 구매대리점 관계가 존재한다는 것을 증명해야 할 보다 높은 수준의 의무가 충족되었다. 수입자를 대신해서 수행한 서비스에 대해 대리인에게 지급된 수수료는 실제로 지급하였거나 지급하여야 할 가격에 가산될 수 없다. 【H548460, 2004.3.25.】 ➲ 그 수수료는 진정한 구매수수료에 해당하지 않는다. 진정한 대리인 관계의 존재를 증명하는 부담은 수입자에게 있다. 수입자를 대리하는 클레임제기 구매대리인이 수행한 서비스들에 관하여 어떠한 정보도 제공되지 않았다. 수입자가 대리인을 소유한다는 사실만으로는 해당 거래에 대하여 필요한 지배권을 증명하지 않는다. 특정거래에 있어서 수입자가 클레임제기 구매대리인에게 지배권을 행사하였다는 증거가 없다. 클레임제기 구매대리인이 주로 수입자의 이익을 위하여 대리행위를 하였다거나 혹은 수입자가 수입물품을 제조업자들에게서 직접 구매할 수도 있었다는 증거가 없다. 수입자는 클레임 구매수수료에 대하여 클레임제기 구매대리인이 수입자에게 보낸 송품장들을 제출하지 않았다. 마지막으로 수입자와 클레임제기 구매대리인 간의 구매대리점 계약이 없다. 【W563326, 2006.11.3.】 ➲ 미국 모회사가 전액 출자한 자회사인 어느 미국 제조업자를 차례로 어느 외국 제조업자가 전액 소유하게 되었다. 미국 제조업자는 외국 제조업자에게서 부품을 취득한다. 또한 미국 제조업자는 미국에 소재한 다른 제조회사와 관계가 있다. 이 미국 제조업자는 특수관계가 있는 미국 제조회사로부터 기술지원을 받는다. 이 지원에는 조달지원이 포함된다. CBP는 특수관계가 있는 미국 제조업자는 미국 제조업자의 구매 대리인이며, 따라서 자회사에게 지급된 대외구매 수수료는, 실제로 지급하였거나 지급하여야 할 가격에 가산되지 않는 구매수수료에 해당한다고 결정하였다. 미국 제조업자는 외국 및 국내 R&D에게 외국 제조업자의 상표가 붙어있는 상품을 생산할 수 있는 권리에 대하여 지급한다. 수입물품의 수량과는 무관하게 로열티를 지급해야 하는 의무가 미국 제조업자에게 발생하였기 때문에, 로열티는 수입물품에 관련이 있다고 간주되지 않는다. 비용을 충당하기 위하여, 미국 모회사는 미국 제조업자에게 운전자금을 빌려준다. 미국 제조업자는 기술문서와 전문가의 형식으로 된 기술지도에 대하여 외국 제조업자와 계약을 맺었다. 외국 제조업자는 미국 제조업자에게 상품을 조립할 수 있는 라이센스를 부여하며, 이에 대한 대가로서 미국 제조업자는 자신이 판매한 모든 완성상품에 있어서 미국에서 발생된 부가가치의 일정 퍼센트에 상당하는 로열티를 지급한다. 또한 미국 제조업자는 부품 공급에 대하여 외국 제조업자와 계약을 맺었으며, 그에 대한 구입가격은 외국 제조업자와 미국 제조업자 협의하기로 되어있다. CBP는 외국 제조업자와 미국 제조업자 간에 진정한 판매가 있었다고 결정하였다. 판매조건은 FOB였고 미국 제조업자는 상품대금을 미국 모회사에게 지급하였는데, 이로써 외국 제조업자에 대한 미국 제조업자의 부채에 대한 대금은 나중에 처리되었다. 이러한 대금지급은 외국 제조업자의 이익에 대한 간접적인 대금지급으로 간주되었다. 이 회사의 전반적인 생산비용은 특정 완성상품의 전반적인 비용구조를 협상하고 수립하기 위한 회사의 기능 배분에 사용되었으며, 그리고 미국 제조업자가 지급한 금액은 수입시점에 정해졌다. 수입물품에 관련된 R&D를 위하여 미국 제조업자가 외국 제조업자에게 지급한 금액은 비용처리 방식에 따라 이전금액에 모두 집어넣었다. 【H109699, 2010.7.19.】 ➲ 구매대리점 계약서에 기술되어 있는 거래 제안내용에서, 대리인은 구매자를 대리하여 서비스들을 행하기로 하며, 이는 진정한 구매대리인이 전형적으로 수행하는 것이다. 이러한 서비스들에는 제조업자들 공급업자들, 제품 공급기반 추세, 시장추세 그리고 가격책정에 관한 시장조사와 정보기밀을 활용하여, 적절한 제조업자들이나 공급업자들을 찾아내고, 잠재적인 공급업자들에게 견적서들을 기입하게 하는 것이 포함된다. 이 대리인은 또한 구매자를 대신하여 최선의 가격과 품질을 위하여 협상을 하고, 샘플을 제출하고 또한 상품의 선적을 수배한다. 또한 구매자가 대리인에게 행사하는 지배권은 대리인계약의 규정에 나타나는데, 이에 의하면 대리인 예정자는 구매자의 서면위임이 없이는 구매자를 구속시킬 권한을 갖지 않으며 그리고 상품의 소유권을 절대로 보유하지 않는다. 거래에 있어서 대리인의 유일한 보상 원천은 구매자로부터 얻는 수수료이며, 제조업자들 혹은 판매자들에게서 지급을 받지 않는다는 사실 역시 중요하다. 따라서 구매대리인 계약의 제안조건이 제시될 경우 진정한 구매대리인은 밝혀질 것이며, 대리인에게 지급한 수수료는 진정한 구매수수료이며 실제로 지급하였거나 지급하여야 할 가격의 일부이거나 혹은 가산요소가 아니다. 【H125835, 2011.5.18.】 ➲ 수입자는 구매자가 발행한 구매주문서에 대해 구매대리계약에 따라 지급한 금액이 과세대상인지 질의하였다. 그 대리인은 수입자의 비독점적 구매 대리인으로 지명되고 주문한 물품가격에 기초하여 수수료가 지급되었다. 수수료와 구매는 각각 송품장이 발행되었다. 계약의 조건에 따라, 대리인의 서비스는 수입자의 요구사항을 숙지하여 잠재시장을 조사하는 것으로, 우호적인 조건과 가격 협상에 도움을 주고, 수입자를 대신해서 주문하고, 주문한 제품의 품질을 검사하기 위한 제조시설의 방문 및 수입자에게 진행상황 보고를 하고, 주문한 제품이 US로 수입을 확보하는데 필요한 공급자의 기록을 획득하고, 송품장은 정확하고 완전한 제품의 설명과 공급자의 이름이 포함되었음을 보장하고, 그리고 하자제품의 반송을 지원하는 것을 포함한다. 대리인은 특수관계 복대리인을 통하여 여러 가지 의무를 수행했다. 게다가, 계약조건으로 대리인은 수입자의 이익을 위해 취해진 거래에 연결된 공급자로부터 어떠한 형태의 보상을 받거나 수입자로부터 받은 어떠한 수수료를 제3자와 공유하는 것도 금지되어 있다. 대리인은 수입자에게 물품을 공급하는 독립체와 소유/재무적 이해관계나 지배관계가 없다는 것과 그러한 독립체가 대리인과 지배, 이해관계 또는 소유관계가 없다는 것을 증명하여야 한다. 수입자는 물품을 인수하거나 거절한 권리를 유지한다. 대리인은 진정한 구매 대리인이고 대리인에게 지급된 수수료는 진정한 구매수수료로 실제로 지급하였거나 지급하여야 할 가격의 일부이거나 가산요소가 아니다. 【H156115, 2014.1.27.】 ➲ 수입자는 인도로부터 의류 공급을 감독하는 대리인을 고용하였다. 그 대리인은 원재료 구매 및 생산단계의 모든 과정을 감독하기 위해 판매자의 구내에서 상당한 시간을 소비하였다. 그 대리인의 생산과정에의 광범위한 개입은 구매대리인의 통상적인 것은 아니다. 오히려 그 대리인에 의해 제공된 서비스는 그 제품의 실제생산과 관련되어 있다. 더욱이 그 대리인은 판매자를 위하여 송품장에 서명하였으며 판매자의 이메일 주소를 사용했다. 그 대리인에게 지급된 금액이 진정한 구매수수료에 해당하는 것이 아니므로 수입물품의 거래가격에 포함되어야 한다.

2. 수입물품의 용기비용과 포장비

1) 관세평가법리

관세법 제30조 제1항 제2호에 따라 해당 수입물품과 동일체로 취급되는 용기의 비용과 해당 수입물품의 포장에 드는 노무비와 자재비로서 구매자가 부담하는 비용은 수입물품의 거래가격에 필수적으로 가산하는 요소가 된다. 이 규정의 입법적 근거는 관세평가협정 제8조 제1항(a)(ⅱ)·(ⅲ)이다. 협정은 해당 물품과 동일체로 취급되는 용기(container)의 "가격"(value)이 아니라 "비용"(cost)임을 구체적으로 가리킨다. 이는 구매자가 제시하는 실제로 발생하는 비용이 될 것이다. 용기(container)는 장거리 운송에서 일반적으로 쓰이는 상업용 선적 컨테이너를 의미하는 것이 아니다. 따라서 평가대상 물품과 동일체로 여겨지지 않는 용기의 비용은 필수적 가산요소에 해당하지 않는다.[278] 동일체로 여겨지는 용기는 운송 및 "소매" 포장용으로 재사용이 불가능하며, 상품의 보호용으로 사용된 것이다. 포장과 용기와 관련된 모든 비용을 고려하는데 있어서, 이러한 종류는 다양하며, 다음의 금액을 포함한다. 내부 포장박스 및 판지박스(가방, 박스, 플라스틱 포장, 마분지박스 등과 같은 "소매" 포장을 가리킨다), 외부 포장박스 및 판지박스("수출"포장을 가리키며 판지박스, 나무상자, 철재상자 등을 포함할 수 있다), 포장 재질(가령, 마분지 삽입물, 버블랩, 건초, 잘게 썬 종이, 스티로폼 칩 등이 있다), 컨테이너를 안정하게 보관하기 위해(포장, 박스 봉인, 통에 넣기, 진공포장, 환경조절, 옷걸이나 선반에 넣기 등) 드는 비용. 하지만 컨테이너의 가격이 수입물품의 과세가격 일부를 구성하지 않는 유일한 경우는 관세법상 별도로 신고해야 하는 컨테이너일 때이다. 이러한 컨테이너의 특징적 요소는 HS해석통칙

278) 빈 용기를 수출자에게 되돌려 보낼 때 발생하는 수송비용은 용기의 비용도 아니며 수입물품이 수송비용도 아니다. 만약 용기가 훼손되거나 분실되어 구매자(수입자)가 계약상 벌칙에 의해 이런 손실에 대해 보상해야 한다면 그러한 지급은 물품을 수입하는 비용의 일부가 될 수 없다. 각 선적분에 할당된 비용은 물품가격 또는 별도의 포장비용에 이미 포함되어 있을 수가 있으며, 이러한 경우 계약상 범칙금을 가격에 가산할 필요가 없다. 범칙금은 물품에 대한 지급도 아니며 물품의 판매조건도 아니고, 이것은 단지 용기를 되돌려 주지 못하는 대한 지급이다. 만약 용기가 물품을 비운 후 재수출에 사용되기 위해 보세구역에 계속 남아 있다면 상황은 달라진다. 이런 경우 용기는 그 자체의 과세가격을 갖고 있으며 관세목적상 해당 물품과 일체로 취급되지 않으므로 관세평가협정 제8조 제1항(a)(ii)에서 규정하고 있는 용기의 범위에 속하지 않는다.

제5호에서 규정하는 바와 같이 용기 자체에 본질적인 특성이 있거나 재사용이 가능한 선적 또는 포장 컨테이너이다.

2) 판례연구

미국 CBP의 결정사례를 살펴본다. 【H548257, 2003.3.19.】 ➲ 수입자는 미국으로의 수입을 목적으로 맥주를 재사용 가능한 배럴에 담아서 재사용 가능한 팔레트에 실어서 구매를 한다. 추가로, 캔과 병은 재사용이 가능하지 않은 팔레트에 실려서 수입된다. 재사용이 불가능한 팔레트는 포장재료이고, 따라서 재사용이 불가능한 포장물의 가격은 실제로 지급하였거나 지급하여야 할 가격에 포함된다. 재사용 가능 팔레트 및 배럴에 대한 예치금은 세관에 제출된 송품장상에서의 수입된 맥주가격으로부터 별도로 확인된다. 구매자는 예치금을 포함해서 총 송품장금액을 판매자에게 송금한다. 특수관계의 당사자인 판매자는 재사용 가능 배럴과 팔레트를 수취하고, 예치금은 수입자에게 차감된다. 각 송품장마다 재사용 가능 배럴과 팔레트의 반환을 보증하기 위해서 예치금이 공급자에게 지급된다는 내용의 문구를 담고 있다. 팔레트와 배럴의 원산지가 미국이 아니지만, 이 팔레트와 배럴들은 국제교통의 도구로서 HTSUS 제9803.00.50호에서 별도로 분류가 가능하기 때문에, 팔레트와 배럴의 가격은 수입맥주의 산정된 가격에 포함될 수 없다. 각 송품장에서 나타난 예치금 관련 문구 및 수기의 확인사항은 수입맥주의 가격과는 별개로서의 재사용 가능한 품목들에 대한 예치금을 나타내기에 충분하다. 【H212283, 2014.06.19.】 ➲ 수입자는 홍콩에 소재한 특수관계자인 판매자로부터 물품을 수입해온다. 수입자는 특수관계가 아닌 제3자인 서비스 제공자가 미국으로 선적하기 전에 홍콩에 있는 물류창고에 있는 물품을 검사하기로 합의했다. 이 서비스에 대한 지급은 월단위로 수입자에게 청구된다. 서비스 제공자가 수행한 검사서비스에 대한 지급은 수입물품의 실제로 지급하였거나 지급하여야 할 가격의 부분으로 거래가격에 포함되거나 가산되지 않는다. 창고에 도착했을 때 품질검사전에 물품 카튼박스를 해체하여 폴리백에서 플랫 포장품목을 개봉하고 플랫 포장품목을 폴리백을 재포장하고 GOH 품목은 행거에 걸고, 품질검사가 완료되면 행거에서 GOH 품목은 치우고 그 물품을 카튼 박스에 다시 포장하고, 주의라벨, 원산지표시 라벨 그리고 품질표시표 교체나 추가, 그리고 세탁, 다리미, 스팀 그리고 의류의 절단 같은 수선활동에 대한 서비스 제공자에게 지급은 포장비로 과세대상이며 그 물품의 실제로 지급하였거나 지급하여야 할 가격에서 가산하여야 한다. 수입자에 의해 서비스 제공자에게 송부된 품질표시표는 19 U.S.C. 1401a(h)(3)의 의미에서 포장비용이고 이런 항목의 비용은 물품에 대해 실제로 지급하였거나 지급하여야 할 가격에 가산되어야 한다. 수입물품에 결합되는 주의라벨과 원산지표시 라벨은 19 U.S.C. 1401a(h)(1)(A)(i) 의미내에서 생산지원이며 그 가치는 물품의 실제로 지급하였거나 지급하여야 할 가격에 가산되어야 한다. 【H545154, 1994.6.3.;

544708, 1992.2.13.을 재입증】 ⊃ 판매자는 미국으로 수출하기 전에 물품에 가격표 및 품질표시표를 부착한다. 가격표 및 품질표시표에 대한 지급을 의류 판매자에게 하는 것은 아니지만, 그 비용은 실제로 지급하였거나 지급하여야 할 가격에 가산된다. 가격표 및 품질표시표는 물품을 사용할 수 있는 상태로 놓고 미국으로 선적하기 위한 포장에 사용되었으므로 "포장비"에 해당된다. 그만큼 이 물품의 비용은 실제로 지급하였거나 지급하여야 할 가격에 가산된다. 【H048276, 2009.3.27.】 ⊃ 미국으로 수출되기 전에 의류에 부착하기 위하여, 중국에서 구입한 플라스틱 보안태그가 중국 의류공장에 무료로 제공되었다. 이 태그들은 소매상점 보안장치를 통과할 경우에 경보음을 울린다. 이 태그들은 반복적인 용도에 적합하였다. GRI 5(b)와 HTSUS를 적용함으로써, 보안태그들은 수입의류로 분류되지 않았고 포장비용으로서 과세대상이 아니었다. 【H548286, 2003.3.17.】 ⊃ 수입자는 타이어를 컨테이너에 적재하는데 이용하기 위한 목적으로 압축기 부분과 컨베이어 시스템으로 이루어진 기계를 외국의 공급자에게 제공한다. 이 기계는 타이어 더미를 압착하여 2~3배의 추가 층을 더 적재할 수 있도록 해 준다. 수입자는 판매자에게 이 기계를 무상으로 제공한다. 본 기계는 타이어 제조에서 결합되지도 사용되지도 또는 소비되지도 않고 이것이 기술 또는 디자인 작업물도 아니다. 따라서 동 기계는 열거된 생산지원의 정의 중 어느 것에도 해당되지 않는다. 그러나 본 기계는 타이어의 미국으로의 수출을 위한 포장에서 사용된다. 타이어는 컨테이너 안에 적재되기 전에는 미국으로의 선적준비가 끝난 것이 아니다. 기계비용은 TAA의 section 402(h)(3)에서의 의미에 해당하는 수입물품의 포장비용의 일부로 간주되는 바, 수입 타이어의 실제로 지급하였거나 지급하여야 할 가격에 가산되어야 한다. 【H261216, 2015.02.11.】 ⊃ Econ은 중국에서 캐나다로 수입했다. 캐나다에서 Econ은 플라스틱으로 장난감들을 겉포장하였다. Econ은 이 물품을 미국으로 수입했다. 회사의 제출자료에 의하면 플라스틱 겉포장은 US 원산지이나 수입된 장난감은 중국 원산지이다. 쟁점은 (1) 미국원산의 포장재료의 가치가 수입된 장난감의 평가가격에 포함되는지 여부, 그리고 (2) 캐나다에서 장난감을 포장하기 위해 사용된 미국원산지 포장재료가 미국에 되돌아 올 때 HTSUS 제9801.00.10호에 따라 관세면제를 신청할 수 있는지 여부이다. CBP는 미국 원산지의 플라스틱은 수입물품의 평가가격에 포함되지 않으며 19 CFR §10.1에 규정된 문서 요건에 일치하면 HTSUS 제9801.00.10호에 따라 관세면제를 신청할 수 있다.

3. 구매자의 수입물품에 대한 생산지원비

1) 관세평가법리

관세법 제30조 제1항 제3호에 따라 구매자가 해당 수입물품의 생산 및 수출거래를 위하여 대통령령으로 정하는 물품 및 용역을 무료 또는 인하된 가격으로 직접 또는 간접으로 공급한 경우에는 그 물품 및 용역의 가격 또는 인하차액을 해당 수입물품의 총생산량 등 대통령령으로 정하는 요소를 고려하여 적절히 배분한 금액은 수입물품의 거래가격에 필수적으로 가산하는 생산지원비(assists)의 요소가 된다. 여기에서 해당 수입물품의 생산 의미는 재배, 제조, 채광, 채취, 가공, 조립 등 해당 물품을 만들어 내거나 부가가치를 창출하는 모든 행위를 말한다. 그리고 무료 또는 인하된 가격으로 공급하는 물품 및 용역의 범위는 구매자가 직접 또는 간접으로 공급하는 것으로서 다음의 어느 하나에 해당하는 것을 말한다(관세령 제18조):

① 수입물품에 결합되는 재료·구성요소·부분품 및 그 밖에 이와 비슷한 물품;
② 수입물품의 생산에 사용되는 공구·금형·다이스 및 그 밖에 이와 비슷한 물품으로서 기재부령으로 정하는 것;
③ 수입물품의 생산과정에 소비되는 물품;
④ 수입물품의 생산에 필요한 기술·설계·고안·공예 및 디자인.

위 제①의 요소는 법문의 의미에서 수입물품에 결합되어 물리적으로 존재하는 유형의 물품만 해당된다. 그런데 수입물품에 장착되는 소프트웨어 – 가령, 우리나라에서 개발한 가정용 세탁기의 기능조작 프로그램 – 가 생산지원으로 취급되는지 여부가 쟁점으로 제기될 수 있다. 왜냐하면 소프트웨어(기능조작 프로그램)가 유형의 물품이 아닌 것은 명백하지만 그 구성요소가 없다면 해당 수입물품(가정용 세탁기)은 세탁기로서 본래의 기능을 수행할 수 없기 때문이다. 상품에서 구성요소(components)는 성분의 의미로 프로그램에 대해서는 디버그 때의 최소 단위를 말한다. 예를 들면, 컴퓨터시스템의 요소는 중앙처리장치(CPU)와 주변장치(peripherals) 하나하나로 표시한다. 또 운영체제의 경우에는 모니터, 컴파일러 등과 같이 하나의 독립된 역할을 하는 것을 표시한다. 따라서 위의 자동화 프로그램은 가정용 세탁기를 짜임새 있게 이루고 있어서 그 세탁기에 꼭 필요한 성분이므로 생산지원으로 취급하는 것이 거래가격의 기본원리에 부합될 것으로 생각된다.[279] 이와 관련하여 EU관세법위원회 결정사례를 본다.[280] 이 사건의 정의 및 제기된 질문은 다음과 같다. 소프트웨어/기술은 EU에서 개발/생산되며 수입품 생산자가 사용할 수 있다. 소프트웨어/기술은 대부분 인터넷 또는 데이터 저장매체를 통해 제공된다. 수입품에 포함된 이러한 소프트웨어/기술은 상품의 작동성 또는 작동개선을 위해 필요하다. 소프트웨어/기술

279) 저자와 다른 해석론(Saul L. Sherman/Hinrich Glashoff, 앞의 책, 117쪽.)에 따르면, 구매자에 의해 제공되었고 수출되는 기계에 입력된 자료 및 정보(예: 컴퓨터 프로그램)는 지원규정의 적용을 받지 않는다는 것이다. 그 이유는 자료 및 정보가 이 규정에 열거된 항목(기술, 개발...등)이 아니며, 또한 물품의 '생산에 필요한 것'이 아니라는 것이다. 자료((Data) 또는 생산에 관련이 없고 오히려 마케팅 또는 판매와 관련된 여타의 무형의 지원 역시 제외된다는 것이다.

280) Conclusion No 26: Software and related technology: treatment under Article 71(1)(b) Union Customs Code (UCC).

(예: 자동차 또는 자동차 보조산업 분야)이 생산공정에 이미 장착되어 있으며, 이는 코딩 절차(예: 사전 설치된 내비게이션 장비, 주간 전조등, 실외 온도계 또는 자동차의 높은 엔진성능)를 사용하여 나중 단계에서 고객요청 시에만 출시 및 제공된다. 소프트웨어/기술은 상품이 거래가격방식에 따라 평가되어야 하는 경우 반드시 고려해야 하는 무형의 지원을 나타낸다. 기본적인 질문은 수입품 생산에 사용된 소프트웨어/기술이 EU관세법 제71조 제1항(b)(ⅰ) 또는 (ⅳ)에 따라 취급되어야 하는지 여부이다. 소프트웨어/기술이 제1항(b)(ⅰ)에 해당하는 경우 해당 소프트웨어의 가치는 EU에서 생산되는 경우 면제가 없기 때문에 관세가격의 일부이다. 반면 소프트웨어/기술이 제1항(b)(ⅳ)에 해당하는 경우 EU에서 개발된 소프트웨어의 가치는 관세가격에 포함되지 않는다. EU법원의 판례 Compaq 사건(C-306-04)에 대한 Advocate General의 의견은 이러한 맥락에서 고려하는데 유용하다. Advocate General[281)]은 다음과 같이 구분하고 있다. 수입품에 장착된 "무형부품"(Intangible components)은 반드시 그 물품의 생산에 반드시 필요한 것은 아니나 최종제품의 구성부분으로서 그 기능을 향상시키거나 새로운 기능을 추가함으로써 수입물품의 가치에 크게 기여하고[UCC 71(1)(b)(i)], 상품의 생산과정에서 필요한 "Intellectual assists"(특허, 디자인, 신안 등)이다[UCC 71(1)(b)(iv)]. 따라서 작동을 위해 수입품에 장착되는 무형부품이다(수입품의 생산에는 필요하지 않는다). 그러나 이러한 무형부품은 최종상품의 구성요소에 연결되거나 부품의 일부이기 때문에 최종상품의 필수 구성요소이다. 그것들은 제품들의 운용성을 가능하게 하거나 향상시킬 뿐만 아니라 새로운 기능적 특성을 추가하여 수입품의 가치에 크게 기여한다. 이러한 무형지원은 UCC 71(1)(b)(i)에 해당한다. 반면에 수입품 생산을 위해 구매자가 사용할 수 있는 무형의 지원(예: 소프트웨어/기술)이 있다. 즉, 상품 생산과정에서 필요한 부분이다. 예를 들면 생산 노하우(특허 또는 비특허) 또는 디자인이 포함된다. 이러한 무형지원은 UCC 71(1)(b)(iv)에 해당한다.

위 제②의 요소에서[282)] "기재부령으로 정하는 것"이란 해당 수입물품의 조립·가공·성형

281) Vertrag zur Gründung der Europäischen Gemeinschaft Art. 166 및 Art. 167의 규정 따라 구성되며, 완전한 공평성과 독립성을 가지고 EU법원에게 주어진 임무의 수행을 돕기 위하여 공개된 법정에서 쟁송사건에 관하여 이유를 붙인 의견을 제시할 권한이 부여된다. 사건을 할당받은 Advocate General은 자신의 법률비서와 함께 관련 쟁점을 연구하고 필요한 법적 연구를 수행한다. 그리고 사건당사자들이 재판부에 대하여 의견진술을 종료한 뒤 당해 사건에 관한 자신의 의견을 제시한다. Advocate General의 의견(opinion)은 재판부에 대하여 구속력은 없지만 재판부가 이들의 의견을 매우 신중하게 고려한다.

282) 적용범주와 관련한 눈여겨볼 해석례를 소개한다. I국가의 수입자 A가 게임콘솔(예, Playstation Ⓡ)에 사용될 게임 카트리지를 수입한다. 수입자 A는 콘솔에 사용하도록 수출국 X에 있는 해외 제조업자 M에게 무상으로 EPROM을 제공한다. M사는 일련의 생산단계를 거쳐 제조한 게임 카트리지에 EPROM에 포함된 소프트웨어를 이전한다. 그 후 I사는 M으로부터 게임 카트리지를 수입한다. 이 경우 EPROM이 물리적으로 수입물품에 결합되지 않은 점, EPROM과 카트리지에 포함된 소프트웨어가 모두 생산과정에서 실제로 소모되지도 않은 점, EPROM이 완전히 개발·디자인

등의 생산과정에 직접 사용되는 기계·기구 등을 말한다(관세규칙 제4조제1항). 따라서 재봉기계와 같은 생산 기계류는 수입물품의 거래가격에 가산되는 생산지원의 요소에 해당하지만 에어컨과 같은 비생산 기계류는 생산지원의 요소로 취급될 수 없을 것이다. 위 제③의 요소에서 수입물품의 생산에 소용되는(완전히 소모되는) 물품이 해당된다. 화학반응을 유도하기 위해 사용되는 화학 촉매제 또는 새로운 고성능 자동차의 성능을 시험하기 위해 수입자가 제공하는 가솔린이나 석유를 예로 들 수 있다. 예컨대, A국가의 수입자 B가 X국가의 생산자 P에게 고성능 경주용 자동차 엔진을 주문하였다. 높은 배기량의 엔진이 정확한 사양에 맞도록 하기 위해, B는 엔진상태를 테스트하기 위해 무상으로 P에게 부동액을 제공한다. 이 경우 부동액의 가격은 과세가격의 목적을 위해 실제가격의 일부가 될 것이다. 여기에서 표면적으로 다루어지지 않은 중요한 문제인 웨이스트(waste)의 취급에 대한 견해를 소개한다.[283] 예를 들면, 구매자가 판매자에게 직물을 보내고, 판매자는 그것으로 셔츠를 만들고 재단 및 봉제에 대한 용역비용을 구매자에게 부과시킨다고 하며, 직물의 10%는 판매자의 공장에 남아있고 90%만이 실제구매자가 최종적으로 수입하는 셔츠에 포함되었다고 가정하자 이때 폐기물로 남은 10%는 그 셔츠생산에 소요(consumed)된 것인가? 보다 나은 견해는 그것이 소요된 것이라고 보는 것이며, 판매자에게 제공된 직물의 총가격이 구입한 셔츠의 과세가격에 가산되어야 한다. 만약 판매자가 웨이스트를 스크랩으로 팔 수 있을 경우, 판매자는 그 웨이스트를 포함한 지원을 제공받았다는 것이 보다 명료해진다. 그 웨이스트의 판매수익이 구매자(수입자)에게 다시 돌아올 경우에만, 그 웨이스트를 반영하여 (생산)지원가격을 감할 수가 있다.

위 제④의 요소에서 우리나라에서 개발된 것은 제외하며, 수입물품의 생산에 필요한 기술은 특허기술·노하우 등 이미 개발되어 있는 기술과 새로이 수행하여 얻은 기술이 해당한다(관세규칙 제4조제2항). 그런데, 이 규정에서 관세평가협정에 있는 '개발'(development)이란 단어는 빠져 있다.[284] 또한 "우리나라에서 '개발'된 것은 제외한다"는 규정은 이 규정의 입법적

되어 자체로 기능을 하는 상품인 점을 고려해보면, EPROM이 공구로 사용되기 때문에, 최종상품의 생산과정에 사용되므로 이 범주의 생산지원과 유사하다고 여겨진다는 것이다.

283) Saul L. Sherman/Hinrich Glashoff, 앞의 책, 114쪽.

284) 오직 여기에 지정한 무형의 생산지원만이 거래가격 계산을 위해 가격에 가산되어야 한다. 예를 들면, 기술과 개발(Engineering and Development)은 열거되어 있으나 연구(Research)는 빠져있다. 이 누락은 명확하게 의도적인 것이다. 어떠한 것이 연구(과세할 수 없는)로서의 요건을 갖출 수 있을 만큼 충분히 기초적이고 일반적인 응용으로 간주될 수 있는가를 사전에 일반적인 용어로 말하는 것은 불가능하다. 이와 마찬가지로 주목해야 할 점은 특허권 및 유사권리가 – 제품 및 제품의 제조공정과 관련된 – 이 목록에 누락되어 있다는 것이다. 그 이유는 아마도 수입자가 그의 해외 공급자에게 특허권을 제공한 경우 과세가격에 미치는 영향은 그 특허권의 내용이 연구로 간주되느냐 개발로 간주되느냐에 달려 있기 때문일 것이다. 물론 개발은 특정한 용도를 위해 기술을 응용하는 것과 보다 많이 관련되어 있고, 연구는 보다 더 기초적이고 일반적인 것이다. 개발은 언어학적인 해석상 '연구'를 제외하는 것으로, 개념상 판매를 대상으로 지정된 제품의 생산을

근거인 관세평가협정상 "수입국 외의 곳에서 '수행'되고"란 법문과 비교했을 때 그 적용에서 관세평가협정의 규정과 일치되지 않을 수 있다.[285] 왜냐하면, 협정의 '수행된'[286](undertaken)이란 단어와 우리 관세령의 '개발된'(developed)이란 단어는 그 의미에서 차이가 있기 때문이다. 이와 관련하여 미국 관세법령도 아래와 같이 관세평가협정상 같은 의미로 규율되어 있다. 미국 관세법(19 U.S.C.)은 1401a(b)(1)에서 생산지원(assists)에 관하여 다음과 같이 기술하고 있다. 수입물품의 실제로 지급하였거나 지급하여야 할 가격은 subparagraph (A)~(E) [생산지원에 관한 절 C]에 규정된 요소에 해당하는 금액에 의해서만 가산되어야 한다. 각 요소의 금액은 다음 조건을 충족하여야 한다. (ⅰ) 실제로 지급하였거나 지급하여야 할 가격에 다른 방식으로 포함되어 있지 않을 것, (ⅱ) 충분한 정보를 근거로 할 것. 전 문단에서 언급한 금액과 관련하여 어떠한 이유로든지 충분한 정보를 이용할 수 없다면, 관련 수입물품의 거래가격은 본 section의 목적상 결정될 수 없는 가격으로 간주되어야 한다. Subparagraph (B)와 (C)의 내용은 아래와 같다.

(B) Subparagraph (A)(iv)에서 규정하는 어떠한 서비스 또는 용역도 다음에 해당하는 경우에는 본 section의 목적상 생산지원으로 간주되어서는 아니된다:
  (ⅰ) 미국에 거주하는 개인에 의해 행해지는 경우;
  (ⅱ) 수입물품 구매자의 피고용인 또는 대리인으로 행동하는 개인에 의해 행해지는 경우; 그리고
  (ⅲ) 미국 내에서 '행해지는'(undertaken) 다른 기술, 개발, 공예, 디자인, 설계 및 고안에 부수적인 경우.

(C) 본 section의 목적상, subparagraph (A)(iv)에 규정된 생산지원의 가격을 결정함에 있어 다음을 적용한다:
  (ⅰ) 공공의 영역에서 이용할 수 있는 생산지원의 가격은 생산지원의 사본을 취득하는 비용이다.
  (ⅱ) 미국과 하나 혹은 그 이상의 외국에서 생산지원이 생산된 경우, 생산지원의 가격은 미국 외부지역에서 추가되는 가치이다.

준비하는 것에 한정한다.【Saul L. Sherman/Hinrich Glashoff, 앞의 책, 115쪽】

285) 가령, 수입국 I의 수입자 A가 X국가의 제조업자/수출자 E에게 달력 10,000개를 주문하였다. A는 달력의 각 장에 수입국의 전형적인 풍경사진을 담기를 원한다. A는 I국가의 헬리콥터와 B국가의 전문사진사의 용역을 고용한다. 사진사는 달력에 싣기 위해 I국가의 해안과 내륙지방을 비행하며 사진을 찍는다. 수입자는 달력 제작을 위해 무상으로 사진원판을 달력 제작자에게 직접 제공한다. 이 상황에서 사진을 수입국에서 찍었고 따라서 "수입국 이외의 장소에서 행해"지지 않았으므로 수입물품이 과세가격에 포함되지 않을 것이다. 하지만 B국가의 풍경을 찍은 사진이라면 "수입국 이외의 장소에서 행해"졌으므로 생산지원의 비용/가격은 I국가로 수입된 달력의 과세가격에 포함될 것이다.

286) WTO 관세평가위원회 결정 2.1에서 'undertaken'(취해진)을 'carried out'(수행된)의 의미로 합의하였다.

EU 관세평가법규해석지침(Compendium of Customs Valuation Texts/2022)[287]에 따르면, 생산지원 요소를 공급하는 국가는 특정 상품 또는 서비스가 생산지원 가산요소의 범위에 속하는지 여부를 결정하는 것과는 관련이 없다. 예를 들어, 해당 상품이 생산자에게 공급되기 전에 수입상품이 생산되는 국가에 물리적으로 존재할 수 있다. 또는 다른 제3국 또는 수입국에서 생산자에게 운송되었을 수 있다. 다만, 생산지원 요소의 가산규정에서 언급된 작업이 수입국에서 수행된(carried out) 경우 상품의 제작을 위하여 제공되는 공학, 개발, 미술품, 설계작업, 도면 및 스케치(sketches) 등의 가격은 수입물품의 거래가격에 가산할 수 없다.

위 제①의 요소 내지 제④의 요소에서 표현된 "물품 및 용역의 가격"은 다음의 구분에 따른 금액으로 결정한다. 즉, △ 해당 물품 및 용역을 관세평가법규상 특수관계가 없는 자로부터 구입 또는 임차하여 구매자가 공급하는 경우에는 그 구입 또는 임차하는 데에 소요되는 비용과 이를 생산장소까지 운송하는 데에 소요되는 비용을 합한 금액으로, △ 해당 물품 및 용역을 구매자가 직접 생산하여 공급하는 경우에는 그 생산비용과 이를 수입물품의 생산장소까지 운송하는 데에 소요되는 비용을 합한 금액으로, △ 해당 물품 및 용역을 구매자와 관세평가법규상 특수관계에 있는 자로부터 구입 또는 임차하여 공급하는 경우에는 ㉮ 해당 물품 및 용역의 생산비용 또는 ㉯ 특수관계에 있는 자가 해당 물품 및 용역을 구입 또는 임차한 비용에 따라 산출된 비용과 이를 수입물품의 생산장소까지 운송하는 데에 소요되는 비용을 합한 금액으로, △ 수입물품의 생산에 필요한 기술·설계·고안·공예 및 의장("기술등")이 수입물품 및 국내생산물품에 함께 관련된 경우에는 당해 기술등이 제공되어 생산된 수입물품에 해당되는 기술등의 금액으로 각각 결정한다(관세규칙 제4조제3항).

한편, 무료 또는 인하된 가격으로 공급하는 물품 및 용역의 금액(실제 거래가격을 기준으로 산정한 금액을 말하며 국내에서 생산된 물품 및 용역을 공급하는 경우에는 부가가치세를 제외하고 산정한다)을 더하는 경우, ㉮ 해당 수입물품의 총생산량 대비 실제 수입된 물품의 비율요소 또는 ㉯ 공급하는 물품 및 용역이 해당 수입물품 외의 물품 생산과 함께 관련되어 있는 경우 각 생산물품별 거래가격(해당 수입물품 외의 물품이 국내에서 생산되는 경우에는 거래가격에서 부가가치세를 제외한다) 합계액 대비 해당 수입물품 거래가격의 비율요소를 고려하여 배분한다(관세령 제18조의2제1항). 그럼에도 불구하고 납세의무자는 무료 또는 인하된 가격으로 공급하는 물품 및 용역의 가격 또는 인하차액 전액을 최초로 수입되는 물품의 실제로 지급하였거나 지급하여야 할 가격에 배분할 수 있는데, 이 경우 수입되는 전체 물품에 관세율이 다른 여러 개의 물품이 혼재된 경우에는 전단에 따른 전액을

287) Commentary No 1: Application of Article 71(1)(b) of the UCC on the valuation of goods for customs purposes.

관세율이 다른 물품별로 최초로 수입되는 물품의 가격에 안분하여 배분한다(관세령 제18조의2 제2항). 여기에서 "구매자를 대리하여 행하는 용역"은 구매자의 계산(계정)과 위험부담으로 공급자 물색, 구매 관련 사항 전달, 샘플수집, 물품검사, 보험·운송·보관 및 인도 등을 알선하는 용역으로 하는데, 다음의 어느 하나에 해당하는 경우에는 그 적용범위에서 제외된다(관세규칙 제3조의3):

- 구매대리인이 자기의 계산(계정)으로 용역을 수행하는 경우;
- 구매대리인이 해당 수입물품에 대하여 소유권 또는 그 밖의 이와 유사한 권리가 있는 경우;
- 구매대리인이 해당 거래나 가격을 통제하여 실질적인 결정권을 행사하는 경우.

구매자의 수입물품에 대한 생산지원비를 거래가격에 필수적으로 가산하는 규율의 입법적 근거는 관세평가협정 제8조 제1항(b)이다. 생산지원은 구매자가 판매자에게 행하는 간접지급의 일종으로 볼 수도 있다.[288] 즉, 구매자가 판매자에게 도구, 주형, 디자인 등 수입물품을 생산하는데 필요한 것을 공급하거나 판매자에게 그런 투입물을 구입하도록 별도로 금전을 지급할 수도 있다. 어떤 경우이건 구매자는 판매자가 수입물품을 생산할 때 부담했어야 할 비용이나 채무를 덜어준다. 따라서 관세평가협정은 이러한 생산투입물의 비용이나 가격을 거래가격에 포함시키도록 규정한다. 협정 제8조 제1항(b)에 규정되어 있는 (생산)지원에 대한 가산의 요건으로는 다음의 5개 조건이 충족되어야 한다.[289] 첫째, 물품 및 용역이 무료 또는 인하된 가격으로 구매자에 의해 직접 또는 간접적으로 제공되어야 한다; 이와 관련하여 다음 사항을 주지해야 한다. 물품과 용역은 수입국에서 발생된(originate) 것이어야 할 필요는 없다. 중요한 것은 그것이 어디서 발생된 것인가에는 관계없이 구매자에 의해 제공된다는 사항이다. 그리고 구매자는 그 생산지원의 내용을 스스로 만들었거나 소유할 필요는 없다. 그는 제3자에게 지급하고 그로 하여금 판매자에게 공급하게 함으로써 생산지원을 간접적으로 할 수 있다. 제3자에 대한 지급형태는 로열티 또는 라이센스료의 사용료와 같은 형태일 수가 있다.[290] 또한, '인하된 가격'의 언급에 비추어 볼 때 지원의 규모에 대한 척도는 구매자의 비용이 됨을 의미하며 기타 다른 복잡한 평가의 형태가 아니다. 둘째, 생산지원은 수입물품의 생산 또는 수출판매와 관련된 것이어야

288) Sheri Rosenow/Brian J. O'Shea, 앞의 책, 49쪽.

289) Saul L. Sherman/Hinrich Glashoff, 앞의 책, 112~113쪽.

290) 이러한 경우 권리사용료와의 구별은 로열티 또는 라이센스료의 지급에 따른 해당 용역의 사용주체가 기준이 될 것이다. 즉, 해당 용역의 사용주체가 판매자이면 생산지원비로, 해당 용역의 사용주체가 구매자이면 권리사용료로 취급하면 될 것이다. 그러므로 구매자가 자신의 주도로 제조권리 및 제조 노하우에 대한 로열티 또는 라이센스료를 지급하고, 그 권리 및 노하우를 판매자(제조자)에게 무료로 제공하였을 경우에, 그러한 로열티 또는 라이센스료는 관세평가협정 제8조 제1항(c)에 의거한 가산은 불가능하다. 이 경우 이러한 용역은 협정 제8조 제1항(b)(iv)의 규정에 의거 과세할 수 있는 (생산)지원으로 될 때에만 과세가격의 일부가 될 수 있다.

한다. 셋째, 생산지원의 가치는 과세가격에 이미 포함되어 있지 않아야 한다. 넷째, 생산지원의 가치는 관세목적으로 평가되고 있는 특정 물품에 적절히 적용할 수 있는 정도를 결정하기 위해 '적절히 배분'되어야 한다. 다섯째, 협정 제8조 제4항은 제8조에서 규정한 것 외에 어떠한 것도 가산될 수 없다고 명시하고 있기 때문에, 생산지원은 오직 협정 제8조 제1항(b)에 명시한 물품 및 용역만 적용하여야 한다.[291]

그런데 생산지원 요소와 관련한 제3자에 대한 지급형태가 로열티 또는 라이센스료의 사용료와 같은 형태일 경우 관세평가법규의 권리사용료 가산규정의 적용과 충돌하는 문제가 생길 수 있다. 이와 관련하여 EU관세법위원회 결정사례[292]를 살펴 본다. 다국적 기업인 K는 전세계의 다양한 연구개발 회사(R&D 회사)와 함께 다양한 위치에서 제품을 개발한다. R&D 프로젝트는 유럽연합 회원국에 기반을 둔 계열사 S가 조정한다. S는 그룹의 모든 R&D 회사와 계약을 체결했으며, 이에 따라 개별회사는 S가 특정 R&D 프로젝트 수행을 담당한다. 이러한 R&D 회사는 S와 함께 비용에 추가비용(즉, 개발 비용과 적절한 추가비용)으로 개발비용을 청구한다. S는 개발된 노하우에 대한 권리를 지불하고 획득한다. S는 이러한 노하우를 제품제조를 위해 MS의 D를 포함한 생산회사에 제공한다. S는 제작사들과 라이선스 계약을 체결했으며, S는 노하우를 사용한 대가로 S에게 로열티를 지급하는 내용을 담고 있다. (지급금액은 가령, 그룹에 속하지 않은 고객에게 완제품을 판매한 순수익의 2.5%이다. D는 자체공장에서 라이센스 계약 대상제품을 부분적으로 완제품으로 만든다.)

그런데 특정 사례에서 EU의 D는 중국의 C사를 포함하여 그룹의 다른 회사로부터 제품(라이선스 계약 대상상품)을 획득 및 수입한다. C는 수입품의 판매자이고 D는 구매자이다. C는 D로부터 수입품 제조에 필요한 노하우를 전수받는다. (사실 S사는 그 노하우를 C회사에 제공하는 주체이다.) D는 이 노하우에 대해 S에게 로열티를 지급한다. 로열티는 해당 노하우의 순매출액의 2.5%를 기준으로 산정된다. 여기에서 제기되는 질문은 이 특정 사례를 고려하는 데 적용되는 법적 조항은 무엇인가, 그리고 라이선스 계약 대상 수입품의 과세가격에 포함되기 위해 D가 S에게 지급하는 로열티는 어느 정도인가 이다.

EU관세법 제71조(1)(c)가 위 특정 사례에 적용되는 경우에 수입품에 대해 지불해야

291) 판매자가 구매자로부터 공급받는 특정부류의 지원은 협정에 명시되어 있지 않으면, 이러한 생산지원은 과세가격에 포함되지 않는다. 미국 관세청에서는 구매자가 판매자에게 제공하는 재정적 지원은 그 대부가 아무 의무조항 없이 제공된 것일지라도 과세할 수있는 생산지원이 아니다(TAA 17). 구매자가 생산에 필요한 기계구입 자금을 판매자에게 빌려주고 그리고 구매자를 위한 생산이 종료되었을 때, 판매자가 그 기계에 대한 감가상각된 가격을 구매자에게 지급하기로 합의한 경우에도 똑같은 결론에 도달했다(TAA 45).

292) Conclusion No 30: Application of Articles 71(1)(b) and 71(1)(c) of the Union Customs Code.

하는 로열티의 전액이 수입물품의 과세가격에 포함된다. 그 이유는 제조 노하우는 수입물품이 해외에서 제조되었을 때 이미 완성된 것이고 이에 따라 그 수입물품에 체화되었기 때문이다. 반면에, 제조 노하우는 수입품 제조를 위해 구매자 D가 직접 또는 오히려 (대체 설명) S가 간접적으로 공급하는 외국 생산회사 C에게 무료로 제공되었다. 따라서 이 제조 노하우는 UCC 71(1)(b)(iv)의 범위에 속하는 요소(및 공급)이다. 그 가치는 EU 외부에서 개발된 경우 이 노하우를 사용하여 제조된 수입물품의 관세가격에만 포함되어야 한다. 이 접근방식을 사용하면 생산지원에 대해 지불한 로열티(1991.3.7.자 ECJ 판결, C-116/89 참조)를 배분(즉, 개발 재융자에 사용되는 한 조합외부에서 발생한 비용과 조합내부의 개발 작업을 재융자하기 위한 또 다른 부분으로 분할)해야 한다. S가 필요한 문서를 제공했다면 실제로 그러한 분할이 가능할 것이다. 특정 기간(예: 1년) 동안 S에 개발지역에서 부과한 개발비용의 비율과 비교방법(예: EU 지역에서 발생한 개발비용과 외국 지역에서 발생한 개발비용)을 보여준다. 첫 번째 법률적 쟁점은 UCC 71(1)(c)가 특별규정(lex specialis)으로서 71(1)(b)보다 우선하는지 여부이다. 그리고 두 번째 법률적 쟁점은 특별법 조항이 이러한 규정에 적용될 가능성을 식별하는 결정요인이 무엇인가이다.

기존 권고의견(EU관세법위원회, WCO관세평가기술위원회 및 판례법에서 결론을 내린 결론 및 지침)은 일반적으로 사례를 다루기 위한 결정적이거나 일관된 지침을 제공하지 않는다. UCC 제71조 내에서 우선권 규칙 접근법에 기초한 해석적 접근법을 제시하거나 이와 관련하여 특별법을 명시하는 것은 불가능하다. 그러나 이 예는 중요하다. 이는 최종 상품의 관세평가와 최종 상품생산에 대한 투입물(지원)의 평가 사이에 역학관계가 있음을 보여준다. 또한, 이 사례는 생산지원의 비용/지급액이 계산, 구성 및 분류되는 방식에 관계없이 생산지원비 자체로 생산지원비로 평가처리하는 것과 생산지원비를 로열티로 평가하는 방식 중에서 선택해야 함을 보여준다. 이러한 생산지원의 보상(지급)은 로열티의 형태를 취한다. 다만, UCC 71(1)(b)는 '지원'에 해당하는 것으로서 구매자가 물품의 생산 등에 투입물을 제공하는 경우에 해당하는 물품의 가액을 과세가격에 포함시켜야 하는 경우를 다룬 규정이다. 이는 물질적 또는 비물질적 성격의 생산요소로서의 지원이 UCC 71(1)(b)에 따라 고려되어야 한다는 점을 감안하는 출발점이다. 따라서 이런 일이 발생할 때마다 생산지원 요소 규정이 적용된다. 나아가, 규정은 생산지원비의 가치를 평가하는데 사용되는 지불의 성격(유형)을 명시하지 않지만 관련 주해는 다양한 방법(구매가격, 생산비용 등)을 언급한다. 이와 관련하여 로열티 및 라이선스 비용은 UCC 71(1)(b)에 나열된 지원을 위한 적절한 지불수단이다. 그러한 경우 지원의 소유자(및 공급자)를 보상(지불)하기 위해 하나 또는 다른 방법을 사용하는 것이 적용되는 법적 규칙의 전환으로 이어지지 않아야 한다. 마찬가지로 생산지원의 특성이 적용되는 법적 규칙의 전환으로 이어지지 않아야 한다. 여기에서 설명된 위 특정 사례에서 고려 중인 생산지원이 실제로 수입품의 생산요소를 구성하는 것으로 보이므로 관세가격은 UCC 71(1)(b)를 적용하여 결정할 수 있다.

관세평가협정 부속서 I 제8조에 대한 주해 '제1항 (b)(ii)'에 따르면, "수입물품의 생산에 사용되는 공구, 금형, 주형 및 이와 유사한 물품" 요소를 수입물품에 배분하는 방법에는 해당 요소 자체의 가격을 배분하는 방법과 수입물품에 해당 요소 가격을 배분하는 방법 두 가지가 있는데, 이들 요소의 배분은 상황에 적절한 합리적인 방법과 일반적으로 인정된 회계원칙에 따라 이루어져야 한다(para. 1). 해당 요소의 가격(value)과 관련하여, 수입자가 수입자와 특수관계가 없는 판매자로부터 주어진 비용(given cost)[293]으로 해당 요소를 취득한다면 해당 요소의 가격은 그 비용(that cost)이 되고, 해당 요소를 수입자가 생산하였거나 수입자와 특수관계에 있는 자가 생산한 경우에는 해당 요소의 가격은 해당 요소의 생산비용이 되며, 수입자가 해당 요소를 과거에 사용한 경우에는 그 수입자가 취득 또는 생산하였는지 여부와 상관없이 당초의 취득 또는 생산 비용은 해당 요소의 가격을 결정하기 위하여 해당 요소의 사용분을 반영하여 하향 조정되어야 한다(para 2). 그리고 일단 해당 요소에 대한 가격이 결정되면, 수입물품에 해당 가격을 배분하는 방법은 수입자가 한 번에 전체가격에 대하여 관세를 납부하고자 한다면 첫 번째 선적분에 해당 가격 전부를 배분하거나 첫 번째 선적 때까지 생산된 단위수량의 개수에 대한 가격만을 배분 또는 생산에 대한 계약 또는 확약이 되어 있는 전체 예정된 생산량에 대하여 가격을 배분하는 것이 가능한데 사용하는 배분방법은 수입자가 제출한 자료에 따라 결정한다(para. 3). 실례를 들면, 수입자는 생산자에게 수입물품 생산에 사용될 주형을 제공하고 생산자와 10,000개를 구매하는 계약을 체결하고, 첫 번째 선적 분 1,000개가 도착될 때까지 생산자는 이미 4,000개를 생산하였다면, 수입자는 세관당국에 주형가격을 수입물품 1,000개, 4,000개 또는 10,000개 단위로 배분하여 줄 것을 요청할 수 있다(para. 4).

제8조에 대한 주해 '제1항 (b)(iv)'에 따르면, "수입국 외의 곳에서 수행되고[294] (undertaken) 수입물품 생산에 필요한 기술, 개발, 공예, 디자인, 설계 및 고안" 요소에 대한 가산은 객관적이고 수량화할 수 있는 자료에 근거해야 하고 가산되어야 하는 가격을 결정함에 있어 수입자와 세관당국 모두 부담을 최소화하기 위해서는, 가능한 한 구매자의 상업적 기록체계 내에서 쉽게 이용가능한 자료가 사용되어야 한다(para. 1). 그리고 구매자가 구매하거나 임대하여 제공된 그러한 요소들에 대한 가산금액은 해당 구매비용 또는 임차료가 되며, 공공영역에서 이용가능한 요소에 대하여는 이들 복제물을 취득하는 비용을

293) "주어진 비용(given cost)"의 적용범위는 생산지원의 획득과 관련하여 수입자가 부담하는 모든 비용을 포함한다(관세평가기술위원회는 예해 24.1).

294) 1983.3.3. 개최된 제6차 회의에서 관세평가위원회는 협정 제8조 제1항 (b)(iv) 내용 중 "undertaken"이라는 단어는 "carried out"(수행된)의 의미로 이해한다는데 대해 합의하였다(WTO관세평가위원회 결정 2.1).

제외하고는 가산되지 않는다(para 2). 가산되어야 할 가격을 쉽게 계산이 가능한지는 특정 기업의 회계방법뿐만 아니라 기업의 구조, 경영관행에 달려 있어서 가령, 여러 나라로부터 다양한 상품을 수입하는 회사가 특정 상품에 귀속하는 비용을 정확히 표시하는 방식으로 수입국 밖의 자체 디자인센터에 기록을 유지할 수 있는 경우라면 협정 제8조의 규정에 따른 직접적인 조정이 적절히 이루어질 수 있으며, 회사는 수입국 밖의 디자인센터 비용을 특정 상품에 배분하지 않고 일반경비로 처리하는 경우라면 디자인센터 총비용을 디자인센터로부터 이익을 얻는 총생산량에 배분한 후 이 같이 배분된 비용을 수입물품에 단위기준으로 가산함으로써 협정 제8조 규정에 따른 적절한 조정이 가능하다(para 3 내지 5). 물론 상기 상황에서의 편차에 대하여는 적절한 배분방법을 결정하는데 있어 다른 요소들이 고려될 필요가 있고, 해당 요소의 생산이 다수의 국가에 걸쳐 일정 시간 이상 관련되는 경우에는 조정은 수입국 밖에서 해당 요소에 대하여 실제로 가산된 가격에 한정되어야 한다(para 6과 7).

관세평가협정 제8조 제1항(b)(ⅱ)에 따라, 수입물품의 생산에 사용되는 공구, 금형, 주형 및 이와 유사한 물품의 가격은 과세가격을 결정함에 있어 수입물품에 대하여 실제로 지급하였거나 지급하여야 할 가격에 가산되어야 하고, 협정 제8조 제1항(b)(ⅳ)에 따라, 수입국 외의 곳에서 수행되고 수입물품 생산에 필요한 기술, 개발, 공예, 디자인 등의 가격은 수입물품에 대하여 실제로 지급하였거나 지급하여야 할 가격에 가산되어야 하는바, 때때로, 기술, 개발 및 디자인 등은 공구, 금형 또는 주형의 가격에 포함되어 있어서 수입국에서 수행된 그러한 디자인을, 이들 생산지원요소가 수입물품 생산에 사용된 경우에 협정 제8조 제1항(b)(ⅱ)에서 규정하고 있는 생산지원(assists)의 가격에서 제외되어야 하는지 여부가 쟁점으로 제기되는데 협정이나 해당 주해 어느 것도 제기되는 쟁점에 대해 특별히 다루고 있지 않는다. 하지만 협정 제8조 제1항(b)(ⅱ)에 대한 주해 제2항에서는 앞서 설명한 바와 같이 제1항(b)(ⅱ)에 명시된 요소의 가격을 어떻게 결정해야 하는지에 대하여 명백한 지침을 제공하고 있다(관세평가기술위원회 예해 18.1). 다시 말해, 협정 제8조 제1항(b)(ⅱ)에서 언급하고 있는 생산지원의 가격은 이들을 취득하기 위한 총비용이거나 일반적으로 인정된 회계원칙에 부합하게 생산지원 생산자의 기록에 반영된 생산지원의 생산비용이다. 이러한 점에서 "일반적으로 인정된 회계원칙의 사용"에 대한 일반 주해에서는 수입국에서 수행된 협정 제8조 제1항(b)(ⅱ)에 규정된 생산지원요소의 가격결정은 수입국의 일반적으로 인정된 회계원칙에 부합하는 방식으로 작성된 정보를 활용하여 결정될 것이라고 명시하고 있다. 생산지원 규정의 구조는 각 범주가 독립적으로 존재한다는 사실을 암시하며, 이는 협정 제8조 제1항(b)(ⅳ)에 열거된 유형의 요소들과 연관된 비용에 대하여 제외가 없어야 한다는 결론을 뒷받침하는데 더 무게를 두고 있다. 상기의 견해로, 협정 제8조 제1항(b)(ⅱ)에서 언급하고 있는 요소의 가격은 취득 또는 생산 비용의 일부로서 체화된 디자인(비록 그 디자인이 수입국 내에서 수행되었다 할지라도)의 가격을 포함한다.

한편, 관세평가기술위원회는 사례연구 1.1에서 다음과 같이 가상 scenario를 설정하여 협정 제8조 제1항(b)의 기술, 개발, 공예 등에 대한 실제적 적용을 증명하고 있다.

거래 사실

➤ 수입국 I에 소재한 NAVAL사는 수출국 E에 소재한 BORG사와 액화 메탄가스 생산용 처리설비의 건설 및 판매 계약을 체결한다. NAVAL사가 BORG사에 지급해야 할 설비의 판매가격은 20억 화폐단위(c.u.)이다. 하지만 계약조항에는 설비의 건설에 필요한 기술 및 개발과 관련하여 NAVAL사가 BORG사에 5억 c.u.를 추가로 지급할 것을 규정한다.

➤ 더욱이, 액화가스 생산은 BORG사가 갖고 있지 않는 특별한 기술이 필요하기 때문에, 계약서에는 또한 BORG가 사용할 수 있도록 알루미늄 액화가스 탱크의 디자인, 건설 및 설치에 필요한 재료 및 기술용역을 NAVAL사가 부담하도록 규정하고 있다. 또한 NAVAL사는 해당 설비의 수송관 시스템 및 특정 보조장비에 대해 필요한 기술적 검토와 디자인 작업을 제공하기로 계약서에 동의한다. 수송관 시스템은 NAVAL사가 무료로 제공할 것이다.

➤ 이러한 목적을 위하여, BORG사(입찰명세서를 준비하고, 입수한 입찰내용을 검토한)의 권고에 따라 NAVAL사는:

(a) 외국에 소재한 AMERICA사가 그 나라로부터 다음과 같은 물품을 공급하도록 계약한다.

(i) 알루미늄 액화가스 탱크의 건설을 위해 BORG사가 요구한 특수재료: 판매가격 4억 c.u.

(ii) BORG사가 건설하는 설비에 쓰이는 것뿐만 아니라 수입국에서 VIKING사가 NAVAL사를 위해 건설하는 세 개의 다른 설비에도 쓰이는 (알루미늄 액화가스) 탱크의 건설을 위한 설계, 고안 및 도면: 총 가격 2억 c.u.

(iii) 각각의 설비에 쓰이는 탱크 건설과 관련한 기술지원: 총 가격 1억 c.u.

(iv) BORG사의 공장에서 알루미늄 탱크를 용접하는데 쓰이는 특수기계 10대: 대당 임대료 1백만 c.u.

(v) BORG사 공장에서 탱크를 용접하는 기계에 사용되는 가스 용기 500개: 단위가격 1만 c.u.

(b) 외국에 소재한 VESPUCIO사가 그 나라로부터 다음과 같은 물품을 공급하도록 계약한다.

(i) NAVAL사가 주문한 4개의 설비에 쓰이는 증기시스템: 총 가격 12억 c.u.

(ii) 증기시스템 건설을 위한 설계, 도면 및 기술문서의 제공을 통한 기술협력: 총 가격 1억 8천만 c.u.

(c) 외국의 자회사인 CARTAGO사에게 총가격 6억 c.u.로 4개의 설비에 공통으로 사용되

는 보조장비에 대한 디자인작업 수행과 설계 및 고안을 공급하도록 주문하고, 그 중 한 세트를 BORG사에 송부할 것을 지시한다.

(d) 외국에 근거를 둔 CRIMEA 디자인센터에 4개의 설비에 쓰이는 노(爐)시스템에 대한 도면을 준비하고 그 중 한 세트를 BORG사에 송부하도록 주문한다. 디자인 센터의 기록에는 이 작업에 8,000 노동시간(man-hours)이 소요되고, 회계자료에는 시간당 노무비는 2,000 c.u.라고 표시된다.

(e) 자사 기술부서에는 설비건설에 필요한 모든 재료의 목록을 준비하고 다양한 생산조건에 대한 압력 및 온도 연구를 수행할 것을 주문한다. 이들 연구결과를 반영하는 그래프와 도면은 수입국에 본사가 있는 SERVO사가 준비하고 NAVAL사로부터 1,200만 c.u.를 지급 받는다. NAVAL사는 설비건설에 사용하기 위해 이들 기술검토서, 그래프, 도면 한 세트를 BORG사에 송부한다.

➤ 수입 이후의 건설 등 모든 작업은 NAVAL사가 자신의 계정으로 수행한다.

관세평가기술위원회는 과세가격결정에서 다음과 같은 결론을 도출한다:

- 거래가격은 20억 c.u.로 BORG사와의 계약서에 정해진 설비의 판매가격에 다음 금액을 가산하여 계산된다.
  - (a) 설비건설에 필요한 기술 및 개발과 관련하여 BORG사에게 지급해야 할 5억 c.u. ▶이 가산은 협정 제8조에 따른 조정이 아니라 사실상 계약에 따라 실제로 지급하였거나 지급하여야 할 총가격의 일부이다. 때때로 물품의 판매자가 제공하는 기술은 별도로 청구된다. 몇몇 국가에서 이러한 구분은 해외 지급액에 대한 다른 종류의 허가 때문이다(물품에 대하여는 무역부, 기술지원에 대하여는 산업부). 실제로 지급하였거나 지급하여야 할 가격은 수입물품에 대하여 구매자가 판매자에게 지급하였거나 지급하여야 할 총금액이다.
  - (b) 알루미늄 탱크 건설에 필요한 특수재료를 BORG사에 공급하기 위해 AMERICA사에게 지급해야 할 4억 c.u.[상기 (a)(ⅰ) 참조] ▶이 조정은 협정 제8조 제1항(b)의 (ⅳ)항목에 따른 가산이 아니라 (ⅰ)항목에 따른 가산이다. 왜냐하면 동 항목은 평가시점에 수입되는 설비에 결합되는 재료와 구성요소를 포함하기 때문이다. 설비 구매자는 이들을 설비의 생산 및 수출하기 위한 판매와 관련하여 사용하기 위하여 판매자에게 무료로 제공하였으며, 이들의 가격(value)은 설비의 판매가격으로 정해진 20억 c.u.의 금액에는 포함되어 있지 않다.
  - (c) 4개의 설비에 쓰이는 탱크의 건설을 위한 설계, 고안 및 도면에 대하여 AMERICA사에 지급해야 할 2억 c.u.의 1/4에 해당하는 5천만 c.u.[상기 (a)(ⅱ) 참조] ▶이것은 협정 제8조 제1항(b)(ⅳ)에 따른 조정이다. 동 항목은 구매자에 의해 무료로 제공되었으며, 수입국 밖에서 수행되고 해당 설비의 생산에 필요한 디자인, 설계

및 고안을 포함하고 있다. 제8조 제1항(b)호에 따라 2억 c.u.로 정해진 이러한 생산 지원의 가격은 동일한 알루미늄 탱크를 결합하는 4개의 설비에 배분되어야 한다.

(d) 탱크건설과 관련한 기술지원에 대하여 AMERICA사에 지급해야 할 1억 c.u.의 1/4에 해당하는 2천 5백만 c.u.[상기 (a)(iii) 참조] ▶수입자에 의해 무료로 제공되었으며 AMERICA사의 직원에 의해 BORG사 공장에 제공되는 기술지원의 가격(value)은 이러한 기술용역을 포함하고 있는 협정 제8조 제1항(b)(ⅳ)에 따라 해당 설비에 대하여 지급하여야 할 가격에 가산되어야 한다. 물론 그 가격은 4개 설비 간에 배분되어야 한다.

(e) 10대의 특수 용접기계를 BORG사에 공급한 대가로 AMERICA사에 지급해야 할 1천만 c.u.[상기 (a)(ⅳ) 참조] ▶이 조정은 협정 제8조 제1항(b)의 (ⅳ)항목에 따른 가산이 아니라 (ⅱ)항목에 따른 가산이다. 왜냐하면 동 항목은 수입되는 설비의 건설에 사용되는 공구를 포함하기 때문이다. 구매자는 오로지 설비의 생산 및 수출하기 위한 판매와 관련하여 사용하기 위하여 판매자에게 무료로 그것들을 공급하였다. 해당 공구의 가격(value)은 취득비용으로 이 사례에서는 임대료로 표시되고 있다.

(f) 가스 용기 500개를 BORG사에 공급하는 대가로 AMERICA사에 지급해야 할 5백만 c.u.[(상기 (a)(ⅴ) 참조)] ▶이 조정 역시 협정 제8조 제1항(b)의 (ⅳ)항목에 따른 가산이 아니라 (iii)항목에 따른 가산이다. 왜냐하면 동 항목은 설비 구매자에 의하여 무료로 공급되고 설비의 생산과정에 소비되는 재료를 포함하며, 재료의 가격은 설비의 판매가격에 포함되어 있지 않기 때문이다.

(g) 4개의 설비에 쓰이는 증기시스템을 공급하는 대가로 VESPUCIO사에 지급해야 할 12억 c.u.의 1/4에 해당하는 3억 c.u.[상기 (b)(ⅰ) 참조] ▶이 경우의 가산은 협정 제8조 제1항(b)(ⅰ)의 규정에 따른 것이다. 왜냐하면 동 항목은 수입되는 설비에 결합되는 재료, 구성요소 및 부분품을 포함하기 때문이다. 설비 구매자는 설비의 생산 및 수출하기 위한 판매와 관련하여 사용하기 위하여 판매자에게 무료로 그것들을 공급하며, 그것들의 가격은 설비의 판매가격으로 정해진 20억 c.u.에 포함되어 있지 않다.

(h) 4개의 설비에 쓰이는 증기시스템을 위한 설계, 도면 및 기술문서의 제공에 대한 대가로 VESPUCIO사에 지급해야 할 1억 8천만 c.u.의 1/4에 해당하는 4천 5백만 c.u.[상기 (b)(ⅱ) 참조] ▶이것은 협정 제8조 제1항(b)(ⅳ)에 따른 또 하나의 조정이다. 이는 설비의 건설과 관련하여 사용하기 위한 디자인, 설계 및 도면과 해당 수입설비의 수입 이전에 수행된 기술지원에 대한 부담금과 비용에 적용된다. 이러한 용역은 구매자에 의해 무료로 판매자에게 간접적으로 공급된 것이며, 이들의 가격은 판매가격에 포함되어 있지 않다.

(i) 4개의 설비에 공통으로 사용되는 보조장비에 대한 디자인, 설계 및 고안에 대하여 CARTAGO 자회사에 지급해야 할 금액의 1/4에 해당하는 1억 5천만 c.u.[상기 (c) 참조] ▶이러한 생산지원 또한 협정 제8조 제1항(b)(ⅳ)에 포함된다. 구매자는 이들 설계와 고안을 공급하고 수입국 밖에서 수행된 디자인에 대하여 대가를 지급한다. 해당 조정은 수입자가 해외 자회사에 지급한 금액의 1/4에 해당한다.

(j) 4개 설비의 노(爐)시스템에 대한 설계를 준비하는 비용, 즉 8,000 노동시간에 시간당 노무비 2,000 c.u.를 곱하여 계산된 비용의 1/4에 해당하는 4백만 c.u.[상기 (d) 참조] ▶협정 제8조 제1항(b)(iv)에 따른 이 조정은 수입설비의 노(爐)시스템에 대한 디자인 작업의 가격을 포함한다.

- 그래프 및 도면에 대하여 NAVAL사가 SERVO사에 지급한 1,200만 c.u.는 해당 용역이 수입국 내에서 공급되었기 때문에 판매가격에 가산되지 않는다. 같은 근거로 NAVAL사 자체의 전문부서가 제공한 기술용역의 비용도 과세가격을 결정할 때 고려되지 않아야 한다. 이들 두 가지 모두 협정 제8조 제1항(b)(ⅳ)에 대한 주해 제7항의 규정에 따라 배제된다. 따라서 수입된 설비의 거래가격은 총 3,489 백만 c.u.가 된다.

관세평가기술위원회는 사례연구 5.1에서 장갑차에 대한 생산지원(기본차량)에 대한 협정 제8조 제1항(b)의 실제적 적용을 아래와 같이 가상 scenario로 증명하고 있다.

거래 사실

➤ 수입국 Y의 수입자 I는 세관통관을 위해 장갑차 10대를 제시한다. 동 차량의 장갑작업은 수출국 X의 A사가 수행하였다. 기본차량은 수입자 I가 수출국 X의 제조자 M으로부터 총가격 17,400,000 c.u.에 구매하여, 구입 후 사용되지 않은 상태로 A에게 무상으로 제공되었다.

➤ 수입시점에, I는 장갑작업에 대한 43,142,000 c.u.의 A의 송장과 기본차량에 대해 I에게 17,400,000 c.u.를 청구하는 제조자 M의 송장을 보여준다.

이 사례에서 장갑차는 함께 해석되는 협정 제1조 및 제8조의 규정에 따라 평가되어야 한다. 기본차량의 비용은 협정 제8조 제1항(b)(i)에 따른 조정으로서 장갑작업에 대하여 실제로 지급하였거나 지급하여야 가격에 가산되어야 한다. A는 장갑차를 판매한 것이 아니라 장갑용역을 제공한 것이기 때문에 I와 A간의 거래에 적용되는 바와 같이 "판매"라는 용어는 권고의견 1.1의 (b) 단락에 따라 가장 넓은 의미에서 물품의 판매로 간주될 것이다. 그러므로 이 사례의 목적상 운송비용 및 관련 비용을 고려하지 않은 장갑차의 거래가격은 60,542,000 c.u.이다.

관세평가기술위원회는 사례연구 5.2에서 경주용 자동차의 제조에 대한 생산지원(카뷰레터, 전자측정장비, 경주트랙시험을 위한 연료 및 설계와 고안)에 대한 협정 제8조 제1항 (b)의 실제적 적용을 아래와 같이 가상 scenario로 증명하고 있다.

거래 사실

➤ 수입국 Y에 위치한 I사는 수출국 X의 자동차 제조자 M에게 동종·동질의 경주용 자동차 3대를 주문한다. 이들 자동차는 I가 요구한 특정 기술사양에 맞게 제조되어야 한다. 사양서 내용은 다음과 같다.

(a) 자동차 카뷰레터는 Q국의 A사가 제조하고 I는 M에게 이를 무료로 제공한다. 비용은 개당 10,000 c.u.이다.

(b) 자동차 엔진 시험은 P국의 B사가 제조한 전자측정 장비로 M공장에서 수행한다. 동 측정장비는 I가 B에게 임차하여 M의 생산라인에 무료로 공급한다. 시험과정을 통과한 엔진은 자동차 차체에 결합되지만 불합격한 엔진은 폐기된다. M의 공장에 인도되어 설치된 장비의 임차료는 60,000 c.u.이다.

(c) 자동차의 성능이 제작사양을 충족하는지 확인하기 위한 경주트랙 시험은 Q국의 C사가 생산한 특수한 연료 5,000 ℓ 를 사용하여 M이 수행한다. C가 I에게 청구한 가격의 40%에 해당하는 리터당 10 c.u.의 특별가격으로 I가 이 연료를 M에게 공급한다.

(d) 자동차의 차체는 R국의 D사가 작성한 설계 및 고안에 따라 M이 조립한다. 설계 및 고안은 M에게 무료로 제공되며 I가 부담하는 비용은 12,000 c.u.이다.

(e) 자동차 기어박스는 수입국 Y에 위치한 I의 기술지원부서가 수행하고 M에게 무상으로 제공된 설계 및 고안에 따라 M이 제조한다. 이러한 설계 및 고안의 제작비용은 8,000 c.u.이다.

➤ 3대의 자동차 수입시점에 I는 수입국 Y의 세관당국에 거래가격에 기초한 가격 신고서와 함께 M의 자동차 생산 및 제공된 재료, 기타 물품과 용역에 대한 계약에 관련된 모든 상업서류 및 회계자료를 첨부하여 제출한다.

신고가격은 경주용 자동차 3대에 대한 M의 송품장가격 900,000 c.u.에 기초하고, 송품장가격에 다음 금액이 조정으로서 가산된다(이 사례연구의 목적상 제공된 물품 및 용역과 관련한 운송비용 및 관련비용의 문제는 고려하지 않는다):

(a) 수입 자동차에 결합되는 구성요소로서 카뷰레터와 관련하여 I가 A에게 지급한 30,000 c.u. ▶협정 제8조 제1항(b)(i)에 따른 조정;

(b) 수입물품 생산에 사용되는 공구, 금형, 주형 및 이와 유사한 물품으로서 전자측정 장비를 M에게 공급하기 위해 I가 B에게 지급한 60,000 c.u. ▶협정 제8조 제1항(b)(ii)에 따른 조정;

(c) 수입자동차의 생산과정에 소비되는 재료로서 경주트랙시험을 위해 M에게 제공된 연료에 대하여 C가 A에게 청구한 가격의 60%에 상당하는 30,000 c.u., 이 가격의

40%는 송품장가격에 이미 포함된 것으로 이해된다. ▶협정 제8조 제1항(b)(iii)에 따른 조정;

(d) R국에서 수행된 수입자동차의 생산에 필요한 자동차 차체의 설계 및 고안을 위해 I가 D에게 지급한 12,000 c.u. ▶협정 제8조 제1항(b)(iv)에 따라 가산되는 조정.

세관당국은 자동차 기어박스에 대한 설계 및 고안의 생산비용인 8,000 c.u.를 거래가격에서 제외하는 것을 수용한다. 이는 이러한 지원은 I의 기술지원(부서)에 의해 수입국내에서 제공되기 때문이다. ▶협정 제8조 제1항(b)(iv)의 규정에 따른 공제. 따라서 관세목적상 자동차 3대에 대한 M의 공장인도 가격(value)은 1,032,000 c.u.로, 수입국의 국내법률에 규정되어 있다면 이 가격에 수입국까지 운송비용 및 관련비용이 가산된다.

2) 판례연구

우리 판례를 살펴본다. 【대법원 2020.6.4. 선고 2020두33923 판결】 사건에서 상고심의 심리불속행 상고기각으로 원심의 판결이 그대로 확정하였다. 이 사건의 처분경위는 다음과 같다. 원고는 1976.6.23. 설립된 후 자동차용 각종 계기류 및 전자부품 등을 제조하여 국내 완성차 제조업체에 납품하고 있다. 일본국 법인 덴△ 코퍼레이션(이하 '일본덴△')은 2013.7.경 원고 주식 51%를 보유하고 있었고, 현재는 원고 주식 100%를 보유하고 있다. 원고는 2010.10.28.부터 2012.8.6.까지 일본덴△로부터 20회에 걸쳐 자동차용 계기판(Cluster), 헤드업 디스 플레이(HUD, Head Up Display), 스마트키 시스템(SMK, Smart Key System)의 각 시제품을 구성하는 물품(이하 '이 사건 물품')을 수입하고, 세관장에게 관세 등을 신고·납부하였다. 그런데 원고는 일본덴△에게 이 사건 물품에 대한 송품장상의 수입대금과는 별도로 이 사건 물품 수입 전 일본덴△와 체결한 기술원조계약에 따른 'Application Fee'명목의 비용 합계 1,833,353,000 엔을 지급하였다. 세관장은 원고에 대한 관세조사를 실시하여, 위 1,833,353,000 엔 중 797,378,000 엔(이하 '이 사건 비용')은 구 관세법 제30조 제1항의 '실제로 지급하였거나 지급하여야 할 가격'에 해당한다고 보고 이 사건 물품의 과세가격을 결정한 다음, 2015.9.10. 원고에게 관세 등을 경정·고지하였다(이하 '이 사건 처분').

원고의 제품 개발과정은 다음과 같이 인정된다. 원고는 국내 완성차 제조업체로부터 특정 차종의 계기판, 헤드업 디스플레이, 스마트키 시스템 등(이하 '제품 등')의 개발 및 납품을 수주 받아 각 차량의 특성(사양, 규격 등)에 따른 개발과정을 진행하여 그 시제품을 제작한 다음, 여러 차례의 테스트 및 수정과정을 거쳐 양산품을 생산한다. 이러한 원고의 제품 등 개발과정은, ① 입찰단계 ⇨ ② 개발단계 ⇨ ③ 시제품 제작 및 수정단계 ⇨ ④ 양산 단계로 나누어지는데, 그 구체적인 진행은 아래와 같다. ㉮ 원고는 제품 등의 개발 및 납품수주 이후 위 기술원조계약에 기초하여 일본덴△에게, 업무위탁서 등을 통한 제품 등의 개발요청을 하여 일본덴△와 관련 회의를 진행하는 등의 방법으로 개발과정에서의 역할을 분담하고 일정을 공유하는 것으로 제품 등의 개발을 시작한다. ㉯ 원고의 위와 같은 개발요청에 따라 일본덴△는 제품 등의 설계, 도면작성, 시험평가, 품질이상 대응 등 원고가 수행하여야 하는 제품 등의 개발과정 전반에 대한 기술지원을 하고, 그 결과물인 "아트워크 파일, 회로도, 소프트웨어 소스코드" 등을 원고와 공유한다. ㉰ 원고는 위 개발과정 중 ②, ③ 단계에서 일본덴△로부터 이 사건 물품을 수입하였는데, 일본덴△는 원고로부터 개발요청받은 제품 등의 시제품을 제작할 수 있도록 기존 개발부품을 수정, 변형하거나 새로 설계하는 방법으로 이 사건 물품을 제작하여 원고에게 수출하였고, 그 과정에서 원고와 일본덴△ 사이에 위 기술원조계약 외에 별도의 개별적인 수출입계약이 체결되지는 않았다. ㉱ 그 후 원고는 일본덴△로부터 수입한 이 사건 물품과 국내에서 조달한 부품을 조립하여 제품 등의 시제품을 제작하였는데, 원고가 수입한 이 사건 물품을 위와 같이 제작한 시제품에 대응시켜 보면 아래와 같다.

시제품 종류	이 사건 물품
계기판(CLUSTER)	CIRCUIT ASSEMBLY
헤드업 디스플레이 (HUD, Head Up Display)	CONCAVE MIRROR
	FLAT MIRROR
	INNER LENS
	OUTER LENS
	TFT
스마트키 시스템 (SMK, SMART Key System)	SMART KEY ECU
	SMART KEY FOB

㉲ 이 사건 물품이 수입된 이후부터는 일본덴△의 기술지원 하에, 특정 차종의 사양과 규격 등에 맞게 시제품을 지속적으로 개조, 수정, 변형하는 등의 단계를 거쳐 최종 양산품이 제작되고, 아울러 원고는 제품 등의 시제품 및 양산품을 자체 제작할 수 있는 설비를 갖추어 최종 양산품을 국내 완성차 제조업체에게 납품한다. 한편, 이 사건 비용(Application Fee)은 아래와 같이 인정된다. 일본덴△가 위 기술원조계약에 따라 개발인력(직원)이 업무를 수행한 시간당 비용(1시간당 9,875 엔×실제 업무시간), 외주비용, 기타비용을 계산하여 'Application Fee'를 개발되는 제품 등의 모델명, 내용품 등에 따라 구분하여 산정한 다음, 매년 10월부터 12월까지, 1월부터 3월까지, 4월부터 6월까지, 7월부터 9월까지 각 3개월 기간 동안 발생한 비용을 정산하여 원고에게 연 2회(4월, 10월)에 걸쳐 비용을 청구하였고, 원고는 2009.7.경부터 2013.7.경까지 일본덴△에게 국내 완성차 제조업체로부터 받은 개발비용과 자체 개발비용 등으로 'Application Fee' 명목의 비용 합계 1,833,353,000 엔을 지급하였다.

이 사건 원심[295]은 다음과 같은 사정들을 종합해 보면, 이 사건 비용 중 적어도 이 사건 물품이 수입되기 전까지 발생한 비용은 이 사건 물품의 대가나 거래조건으로 지급된 금액에 해당한다고 봄이 상당하므로, 그와 같은 비용은 이 사건 물품의 과세가격에 포함시켜야 한다고 판시하고 있다:

- 위 기술원조계약에 의하면, 원고의 요청이 있는 경우 일본덴△는 순수 기술지원 외에도 원고로부터 개발요청을 받은 제품 등의 부품, 원자재 등의 공급도 할 수 있는 것으로 되어 있다. 한편, 별도의 개별적인 수출입계약 체결 없이 이루어진 이 사건 물품의 수입경위 등에 비추어 볼 때, 원고의 위 기술원조계약에 기초한 일본덴△에 대한 제품 등의 개발요청에는 제품 등의 시제품을 구성하는 이 사건 물품의 개발, 제작, 공급에 대한 요청도 포함되어 있는 것으로 보이고, 따라서 원고의 제품 등 개발요청과 이 사건 물품의 수입은 위 기술원조계약에 기초하여 일체로 이루어졌다고 볼 수 있다;
- 입찰, 개발, 시제품 제작 및 수정, 양산단계로 나누어지는 원고의 제품 등의 전체 개발과정, 일본덴△의 이 사건 물품 제작방법, 이 사건 물품의 수입시기 등에 비추어 볼 때, 제품 등의 전체 개발과정 중 이 사건 물품의 수입 전까지 일본덴△가 수행한 업무의 대부분은 제품 등의 시제품 제작을 위하여 기존 개발부품을 수정, 변형하거나 새로 설계하는 방법으로 시제품을 구성하는 이 사건 물품을 개발, 제작하는 데 집중되어 있었던 것으로 보이는 반면, 이 사건 물품의 수입 이후부터 일본덴△의 업무는 이 사건 물품 자체의 개발, 제작과는 무관하게 원고가 수주받은 특정 차종의 사양과 규격 등에 맞게 시제품을 지속적으로 개조, 수정, 변형하기 위한 기술지원 등이 주된 것으로 보인다;
- 이 사건 물품 중 일부 물품(스마트키 시스템의 시제품을 구성하는 물품 중 품번 5-231300-002 물품)의 상세원가표에 업무에 투입된 인원과 시간을 기준으로 산정된 위 물품의 개발비는 그 수입대금과는 별도라는 취지의 기재가 있는 점, 위 기술원조계약에 의하면 일본덴△에게 'Application Fee' 명목의 비용 외에도 제품 등의 양산품 판매액의 일정비율 상당의 기술사용료가 별도로 지급되도록 되어 있는 점 등을 더하여 보면, 위 기술원조계약에 의하여 일본덴△에게 지급된 'Application Fee' 명목의 비용에는 기본적으로 제품 등의 개발과 관련 한 전체 기술지원 용역제공에 대한 대가 외에도 제품 등의 시제품을 구성하는 이 사건 물품의 개발, 제작 등에 대한 대가도 포함되어 있다고 할 것이다;
- ① 'Application Fee'는 개발되는 제품 등의 모델명, 제품명, 내용품 등으로 구분하여 산정되었고, 그 중 이 사건 비용은 원고에 의하여 특정 차종, 시제품을 구성하는 물품과 제품군, 지급시기 등에 의하여 이 사건 물품과 관련된 부분으로 특정 된 점, ② 이 사건 물품의 수입 이후부터의 일본덴△의 주된 업무는 이 사건 물품 자체의 개발,

295) 부산고등법원 2020.01.10. 선고 2019누20860 판결.

제작과는 무관한 양산품 제작을 위한 기술지원이었던 것으로 보이는 점, ③ 원고는 기술 및 설비 미비, 비용 문제 등으로 인하여 일본덴△로부터 이 사건 물품을 수입하여 제품 등의 시제품을 제작할 수밖에 없었으나, 이 사건 물품 수입 및 제품 등의 시제품 제작 이후부터는 일본덴△의 기술지원 하에 자체 제작설비를 갖추어 제품 등의 시제품 및 양산품을 제작하였으므로, 그 때부터는 일본덴△로부터 이 사건 물품과 같은 제품 등의 시제품을 구성하는 물품을 수입할 필요성이 없었던 것으로 보이는 점 등에 비추어 볼 때, 이 사건 비용 중 이 사건 물품의 수입 이후 발생한 부분은 이 사건 물품의 대가나 거래조건으로 지급되는 비용으로 보기는 어려운 점, ④ 이 사건 비용 중 이 사건 물품의 수입 이후 발생한 부분에 이 사건 물품의 대가나 거래조건으로 볼 수 있는 비용이 일부 포함되어 있다 하더라도, 제출된 증거들만으로 그 부분을 명확하게 구분, 특정하기 어려울 뿐만 아니라 그러한 비용이 구분, 특정된다 하더라도 이는 구 관세법 제30조 제2항단서 제1호가 규정하는 '수입 후에 하는 해당 수입물품의 건설, 설치, 조립, 유지 또는 해당 수입물품에 관한 기술지원에 필요한 비용'으로서 과세가격에서 공제하여야 할 성격의 비용으로 보이는 점 등을 종합해 보면, 이 사건 비용 중 이 사건 물품의 대가나 거래조건으로 지급되는 금액은 이 사건 물품의 수입 전까지 발생한 비용에 한한다고 할 것이다.

【서울고등법원 2020.10.30. 선고 2020누34638 판결】 사건을 살펴본다. 이 사건의 처분경위는 다음과 같다. 원고는 스포츠의류, 신발 등을 수입·생산하여 판매하는 회사로, 일본 소재 법인인 (D△△△ Ltd.(이하 '일본 본사')가 원고의 지분을 100% 소유하고 있다. 일본 본사는 중국, 베트남 등 제3국에 소재한 제조회사(이하 '해외 제조사')에 스포츠의류, 신발 등(이하 '이 사건 물품')의 제조를 위탁하면서 디자인을 제공하였고, 해외 제조사는 위 디자인을 사용하여 이 사건 물품을 제조하였으며, 원고는 해외 제조사로부터 이 사건 물품을 수입하였다. 세관장은 원고에 대한 관세조사를 실시한 뒤, 이 사건 물품에 관하여 일본 본사가 해외 제조사에 무상 제공한 디자인에 대한 비용은 관세법 제30조 제1항 제3호의 생산지원비용에 해당되어 과세가격에 가산되어야 한다는 이유로 관세 등을 경정·고지하였다.

이 사건 항소심은 다음과 같이 판시하고 있다. 원고의 지분을 100% 소유한 모 회사인 일본 본사가 해외 제조사에 이 사건 물품의 제조에 필요한 디자인을 무료로 제공한 사실, 원고는 해외 제조사에 이 사건 물품의 원가에 해외 제조사의 이익을 더한 금액(이하 '해외 제조사 비용')을 이 사건 물품의 수입금액으로 지급한 사실, 한편 일본 본사도 해외 제조사로부터 이 사건 물품을 수입함에 있어 원고와 동일한 금액만을 지급한 사실이 인정된다. 위 인정사실에 의하면, 일본 본사로서는 자신이 해외 제조사에 디자인을 무료로 제공하였기에 해외 제조사에 그 비용을 제외한 해외 제조사 비용만을 지급한 것이고, 원고의 입장에서는 이 사건 물품을 제조함에 필요한 디자인이 원고의 지분을 100% 소유한 모회사인 일본 본사에 의하여 제공되었기에 해외 제조사에 그 디자인 비용을 별도로 지급하지 아니하고도 이를 수입할 수 있었다. 그렇다면 이는 관세법 제30조 제1항 제3호에 규정된 간접적인 방법으로 제품생산에 필요한 디자인을 제공하여 용역을 무료로 공급한 경우에 해당된다. 따라서 원고가 과세관청에 이 사건 물품에 대한 과세가격을 신고함에 있어 위 디자인 비용을 포함하여 신고하지 아니하였다면 위 디자인 비용을 이 사건 물품의 과세가격에 더하여 조정하여야 한다.

한편, 항소심은 원고가 일본 본사에 이 사건 물품 순판매가격의 6%에 해당하는 금액(이하 '이 사건 쟁점금액')을 지급함으로써 이 사건 물품의 디자인 비용을 모두 지급하였다는 주장에 대하여 아래의 사정에 비추어 보면 이 사건 쟁점금액에 이 사건 물품의 디자인 비용은 포함되어 있지 않다고 판단하여, 원고의 주장을 배척하고 있다:

- 원고와 일본 본사 사이에 체결된 라이선스 계약(이하 '이 사건 라이선스 계약')에 의하면 원고는 "D△△△△ 관련 상표(이하 '데△△ 상표')"의 독점적 통상사용권 허락의 대가로 로열티를 지불하되, 원고가 데△△ 상표를 부착하여 제조하는 상품(이하 '라이선스 상품')에 대하여만 순판매가격의 6%에 해당하는 로열티를 지급하기로 하였다. 그런데 원고는 해외 제조사로부터 수입한 이 사건 물품에 대하여도 순판매가격의 6%에 해당하는 금액(이 사건 쟁점금액)을 일본 본사에 로열티라는 명목으로 지급하도록 약정하였다. 그렇다면 이 사건 쟁점금액은 이 사건 라이선스 계약에 규정된 로열티와 그 명칭과 금액이 동일하므로 일응 이 사건 쟁점금액은 이 사건 라이선스 계약에 규정된 로열티와 동일하거나 유사할 것으로 보인다;
- 이 사건 라이선스 계약 제1 내지 3조의 규정에 의하면, 로열티는 데△△ 상표의 독점적 통상사용권 허락의 대가로 지급된다고 규정되어 있을 뿐 라이선스 상품의 디자인 비용이 데△△ 상표의 독점적 통상사용권 허락의 대가에 포함되어 있다고 규정되어 있지 않다. 또한 라이선스 상품은 원고가 직접 디자인하는 상품을 말하므로 라이선스 상품에 일본 본사에 지급하는 디자인 비용이 포함될 수도 없다(원고는 이 사건 라이선스 계약 제4조에 따라 일본 본사는 데△△ 상표의 이미지 훼손을 방지하기 위하여 원고가 제조 판매하는 라이선스 상품의 디자인화, 사양서 등을 사전에 승인하여야 하는바, 이 사건 라이선스 계약에 규정된 로열티에는 위와 같은 행위에 소요되는 비용의 대가가 포함되어 있고 그 비용이 이 사건 쟁점금액 중 디자인 비용과 동일하다고 주장한다. 살피건대 이 사건 라이선스 계약 제4조에 원고가 제조하는 라이선스 상품에 표시될 데△△ 상표의 평가를 유지하기 위하여 라이선스 상품의 디자인화, 사양서 등을 사전에 일본 본사에 제시하고 일본 본사는 이에 대하여 승인을 하도록 규정되어 있으나, 일본 본사의 승인에 소요되는 비용이 상품을 직접 디자인하는데 소요되는

비용과 동일하거나 유사하다고 볼 만한 근거나 증거가 없고, 로열티는 데△△ 상표의 독점적 통상사용권에 대한 대가로 지급되는 것에 비추어 로열티에 위와 같이 라이선스 상품의 디자인을 승인하는 비용이 직접 포함되어 있다고도 보이지 아니한다);

- 일본 본사는 자신이 상품기획과 디자인 개발 등을 한 물품에 대하여 ① 해외 제조사에 물품의 생산을 위탁하여 일본으로 수입한 후 원고에게 이를 수출하는 방식의 거래와 ② 해외 제조사에서 원고에게 직접 수출하고 원고로부터 해외 제조사 비용 이외에 이 사건 쟁점금액을 지급받는 방식으로 거래를 하였고, 위 ①의 방식에 의한 거래를 할 경우에는 해외 제조사 비용에 데△△ 상표 사용비용, 디자인비용, 취급수수료(Handling charge), 이익(Margin)에 해당하는 해외 제조사 비용의 18% 내지 28%의 금액을 더하여 수출금액을 산정하였다. 그런데 일본 본사가 위 ②의 방식으로 거래를 할 경우에는 해외 제조사 비용 이외에 원고로부터 물품 순판매가격의 6%에 해당하는 금액(이 사건 쟁점금액), 즉 해외 제조사 비용의 12~13%의 금액[296])만을 더하여 지급받았다. 그렇다면 위와 같은 금액의 차이와 앞서 본 이 사건 라이선스 계약에 규정된 로열티 금액(순판매가격의 6%로 이 사건 쟁점금액과 동일하다) 등에 비추어 보면 이 사건 쟁점금액에 데△△ 상표 사용비용 이외에 디자인비용, 취급수수료, 이익 등이 포함되어 있다고 인정하기 어렵고, 따라서 '원고가 이 사건 물품을 구입하기 위하여 실제로 지급하거나 지급하여야 할 가격'에서 누락된 금액이 없다는 취지의 원고의 주장은 받아들일 수 없다;
- 이 사건 라이선스 계약 제2조 제2호에 의하면 일본 본사는 원고에게 일본 본사가 승인한 기타 국가지역에서 비독점적으로 라이선스 상품을 제조할 권리를 허락한다고 규정하고 있다. 한편 일본 본사가 해외 제조사와 이 사건 물품의 제조에 대한 잠정적인 협의를 한 후 원고 등 해외관계사에 이 사건 물품의 구매에 대한 의사를 확인한 후 해외 제조사와 이 사건 물품의 최종 제조가격을 확정하는 등 주도적인 역할을 수행하고 있으나, 최종적으로는 원고가 해외 제조사로부터 이 사건 물품을 구매하는 계약을 체결하는 것이므로 이러한 원고의 구매형식은 이 사건 라이선스 계약 제2조 제2호에 의한 계약과 그 내용 및 형식이 유사하다. 따라서 이 사건 쟁점금액의 성격은 이 사건 라이선스 계약 제3조 제1호에 규정된 로열티와 유사하다고 할 것이고 원고도 이러한 사실을 인식하고 관세법 제30조 제1항 제4호 및 관세령 제19조 제5항 제3호에 의하여 일본 본사에 지급한 쟁점금액을 이 사건 물품의 과세가격에 더하여 과세신고한 것으로 보인다(원고는 이 사건 라이선스 계약에 의하면 라이선스 상품에 대하여만

296) 원고는 일본 본사에서 기획 및 디자인하여 해외 제조사가 제조한 물품을 해외 제조사로부터 직접 수입하는 물품에 대하여 지급하는 이 사건 쟁점금액(순판매가격의 6%)은 수입금액으로 대비하면 평균 수입금액의 13% 수준으로 추정한다고 주장하면서 그 구체적인 내용을 '로열티 관세확정신고자료'를 활용하여 표로 제시하였다(표에는 연도별로 그 비율이 12~13%로 기재되어 있다).

로열티를 지급할 뿐 일본 본사가 직접 제조하여 원고에게 판매한 데△△ 상품에 대하여는 로열티가 부과되지 아니하므로, 원고가 일본 본사에 지급한 이 사건 쟁점금액의 명목을 로열티라고 명명하였다고 하더라도 이는 이 사건 라이선스 계약 제3조 제1호에 규정된 로열티와 그 성격을 달리한다고 주장한다. 그러나 앞서 본 바와 같은 이유로 이 사건 물품 제조방식은 이 사건 라이선스 계약에서 허용하는 라이선스 물품 제조방식과 유사하므로, 이 사건 쟁점금액은 이 사건 라이선스 계약 제3조 제1호에 규정된 로열티와 유사한 것으로 볼 수 있다);

- 원고는, 원고가 일본 본사에 이 사건 물품 국내 순판매가격의 6%의 금액을 지급하는 이 사건 쟁점금액은, 데△△ 상표 사용에 대한 대가로 지급된 것이 아니라 관세법 제30조 제1항 제5호에 규정된 사후귀속이익에 준하는 것이고 이를 이 사건 물품을 수입할 때 과세가격에 포함하여 신고하였으므로 이 사건 물품의 수입금액 중 누락된 금액이 없다고도 주장한다. 그러나 앞서 본 바와 같이 이 사건 쟁점금액은 그 지급방식과 명칭에서 이 사건 라이선스 계약 제3조 제1호에 규정된 로열티와 유사하므로 이를 사후귀속이익이라고 볼 수 없고, 원고의 주장과 같이 사후귀속이익에 준하는 것으로 보더라도 여기에 이 사건 물품 디자인 비용이 포함되었다고는 보기 어려우므로 원고의 주장은 이유 없다.

미국 CBP의 결정사례를 살펴본다. 【H088115, 2010.4.19.】 ➲ 수입자는 외국 제조업자에게서 여러 가지의 서비스 부품들을 수입한다. 수입자는 이러한 서비스 부품들 생산에 사용되는 공구 일습을 외국 제조업자에게 판매한다. 외국 제조업자는 공구 일습에 대하여 감가상각기간 동안의 판매예상액에 기준한 상각금액을 수입자에게 청구하며 예측물량과 실제물량 간의 차이는 조정한다(수입자는 이러한 요금을 과소상각 공구비용이라고 부른다). 추가 지급이나 크레디트가 요구되는 범위를 최소화하기 위하여, 수입자는 상각기간에 대한 물량 예측에 대하여 합리적인 노력을 한다. 수입자의 배분방식은 합당하며 또한 이전의 세관결정에 부합된다. 실제로 지급하였거나 지급하여야 할 가격에는 할당된 공구세트 대금이 포함되며, 과소상각 공구비용에 근거한 추가 조정은 필요하지 않다. 【H264394, 2015.5.22.】 ➲ 수입자는 연구 및 개발에 대한 대가지급 및 부품, 파스너 및 관련 소모품에 대한 대가지급의 형태로 외국의 공급자들 및 하청 계약자들에게 생산지원을 제공하였다. 수입자는 생산지원이 어느 특정한 부품의 선적과 직접 연계시킬 수 없기 때문에 그 생산지원을 직접적으로 배분하는 것이 곤란하다고 하였다. 그 생산지원은 각 외국의 판매자에게 직전분기 생산지원의 총가치를 직전분기 그 판매자로부터 구매하는 각 HTSUS 소호기준으로 반입되는 물품의 총가치에 비율로 나누어서 배분한다. 【H548540, 2004.7.28.】 ➲ 특수관계자인 외국 제조업자에는 미국인으로 충원된 3개의 자리가 있고, 이들의 비용은 이전가격에는 들어있지 않으며 또한 당사자들 간의 로열티 계약 대상이 아니다. 기술 디자이너 및 기술 디자이너 매니저가 수행한 서비스들은 생산지원에 해당되며, 그 이유는 그들이 상품 개발의 일부이며 또한 그 생산에 필요하기 때문이다. 이러한 생산지원의 가치에는 그 2인이 수령한 부가급부가 포함된다. 품질엔지니어링/품질관리 코디네이터가 수행한 서비스들은 생산지원이 아닌데, 그 이유는 이러한 업무는 수입물품의 생산에 필요하지 않기 때문이다. 어떤 "부차적인" 테스트는 상품의 생산에 필요하지 않으며 따라서 생산지원에 해당되지 않는다. 19 CFR 152.103(e)에 따라 행해지고 또한 일정 문서를 세관에 제공할 경우, 그 생산지원은 수입물품에 관련된 백분율 혹은 서비스의 금액 기준으로 배분될 수 있다. 【H044417, 2009.1.14.】 ➲ 수입자가 실제 공구 및 장치를 외국 제조업자에게 공급하는 대신에 외국 제조업자에게 공구 및 장치를 생산하기 위한 대금을 지급하기 때문에 수입자가 도구를 소유한다 하더라도, 그것들은 19 U.S.C. 1401a(h)(1)(A)하의 생산지원에 해당하지 않는다. 그렇지만, 수입자가 공구 및 장치에 대한 대금을 외국 판매자에게 지급하기 때문에, 이러한 대금지급은 판매자에 대한 직접적인 대금으로서 판매자에게 실제로 지급하였거나 지급하여야 할 가격의 일부로서 과세대상으로 간주된다. 【H031244, 2009.4.10.】 ➲ USPC는 자신이 전액 출자한 아프리카 자회사에서 제조하거나 혹은 자신과 특수관계가 아닌 아시아의 제3자가 제조한 의복을 구매하고 수입한다. 수입물품은 미국에 거주하는 USPC 종업원 2인의 도움을 받아, 자회사에 의하여 디자인된다. USPC는 자회사가 행한 디자인 작업에 대하여 자회사에게 보상을 하지 않는다. USPC 종업원 2인이 미국에서 수행한 디자인 작업은 19 U.S.C. 1401(a)(h)(1)하의 생산지원에 해당하지 않지만, 그러나 자회사가 행한 디자인 작업은 생산지원이다. 디자인 작업에 종사한 종업원들에게 지급된 총연봉을, 1년 동안 생산된 모든 관련 제품들에게 배분하고 또한 전체가치를 각 역년의 첫째 면세항목에 할당함으로써 생산지원을 평가하는 것은 용인되었다. 【H057714, 2009.5.13.】 ➲ 수입자는 관련 없는 외국 제조업자에게 미국 원산지인 금괴를 무료로 공급하였고, 그 제조업자는 수입자를 위하여 금 세공품 생산에 그 금을 사용하였다. 금괴는 생산지원의 정의에 부합되며 이들의 가치는 수입물품에 대하여 실제로 지급하였거나 지급하여야 할 가격에 포함되어야 한다. 【H047284, 2009.6.22.】 ➲ 국내 제조업자에 의하여 미국에서 생산되는 액세서리의 디자인 및 개발에 관련된 기술지원계약에 의거하여 수입자가 모회사에게 지급하는 대금은, 19 U.S.C. 1401a(b)에 의거한 과세 대상이 아니다. 그러나 동 계약에 의거하여 모회사가 미국 밖에서 무료로 수행한 기술지원으로서 외국 제조업자에 의한 수입물품의 개발에 필요한 기술지원은 생산지원에 해당한다.

【H057735, 2009.7.15.】 ➲ 수입자는 독자적인 현장의 신발류 상업화/생산 엔지니어를 고용하는 것을 계획한다. 엔지니어가 제공하는 서비스들에는 다음이 포함된다; ① 계약 제조환경(공장) 내에서 수입자의 눈, 귀 그리고 목소리 역할 수행; ② 승인된 최종 공급업자들에 대한 최종 개발지원 및 커뮤니케이션 연결; ③ 공구 세팅개시 및 최적화; ④ 상업화

과정을 통하여 생산 최적화에 대하여 공장을 지원; ⑤ 모든 신발들이 수입자의 제품들에 어울리게 하기 위하여, 적합성, 기능 그리고 테스트에 대한 기준을 만들도록 도와줌; ⑥ 상업화 생산 이전단계부터 선적까지 수입자 제품 작업에 대한 일관된 모니터링; ⑦ 신발류 생산을 위한 공구, 기계 및 시스템의 평가와 추천; 그리고 ⑧ 제조운영을 위한 프로세스 컨트롤을 설정/실시. 이러한 서비스들에 대한 대가로 수입자는 엔지니어에게 월급 플러스 업무통신비와 그리고 여러 공급업자/제조업자/하도급-공급업자 공장들 출장에 관련된 출장비를 지급한다. 독자적인 현장의 신발류 상업화/생산 엔지니어가 제공하는 업무는 생산지원에 해당된다. 따라서 생산지원의 가치는, 실제로 지급하였거나 지급하여야 할 가격의 가산요소로서, 거래가격에 포함된다. 【H253493, 2014.9.14.】 ⊃ 연장된 워런티는 생산지원이 아니다. 수입물품의 구매를 위한 거래가 완료되고 그 물품이 미국에 수입된 이후에 연장된 워런티를 구매하는 계약이기 때문에 수입된 기어박스에 대하여 실제로 지급하였거나 지급하여야 할 가격에 포함되지 않는다. 그렇기 때문에 연장된 워런티에 대한 지급은 수입물품의 과세대상 가치의 부분으로 포함되지 않는다. 【H547645, 2002.2.13.】 ⊃ 제품개발 서비스 활동은 다음을 포함한다: 설계 패션유행 및 색상 팔레트 개발 샘플제작 준비 섬유, 스타일, 플랫 스케치 및 사이즈 설정 등에 대한 사양서 준비 생산을 위한 최상의 제작자 선정. 이러한 서비스들의 광범위한 속성을 감안할 때, 이러한 서비스 활동들은 수입물품의 생산을 위해서 필요하다는 것이 우리의 결론이다. 그러나 이러한 서비스들이 미국에서 수행되므로 생산지원으로 간주되지는 않는다. 【H563369, 2006.1.12.】 ⊃ 의류생산에 필수적인 것이 아닌 예비적인 대강의 옷스케치는 과세대상 생산지원으로 간주되지 않는다. 수입의류 생산에 필수적인 것으로서, 구매자가 외국 제조업자에게 무료로 제공한 상세 패턴은 과세대상 생산지원으로 간주된다. 【H205579, 2012.8.2.】 ⊃ 특수관계가 아닌 외국의 제3자에 의해 수입물품을 창작하는데 사용되는 소프트 웨어를 3D(3차원) 모형으로 변환하기 위한 작업에 대한 지급은 과세대상 생산지원으로 판정되었다. 그 작업은 엔지니어링 회사에 숙련된 엔지니어에 의해 수행되었고 특성상 사무업무는 아니며 단지 동일정보를 다른 형태(format)로 변환하는 것도 아니다. 이는 수입물품의 생산에 필요한 디자인이다. 【H206976, 2012.8.17.】 ⊃ 외국의 디자이너에 의해 창작된, 치수나 코드 또는 색이나 패턴에 대한 사양서가 없는 스토리보드 디자인은 과세대상 생산지원이 아니다. 【H235895, 2014.8.22.】 ⊃ 지급조건에 관한 유효한 문서계약이 제시되지 않았기 때문에, 판매자에게 지급한 그 금액은 비과세의 이자지급의 요건을 갖추지 못하며 수입물품의 평가가치에 포함되어야 하는 것이다. 수입자가 해외의 신발공장에 무료 또는 인하된 가격으로 공구나 주형을 공급했다는 것에 대해, 아무런 증거도 확인되지 않는다. 그러므로 수입신발 제조자에게 공급된 공구나 주형의 비용에 근거한 생산지원에 대하여, 실제로 지급하였거나 지급하여야 할 가격에 가산되어서는 안 된다. 구매대리인의 유틸리티 생산개발부서, 디자인 팀부서, 생산 및 QA팀 부서 그리고 품질팀 생산 및 QC팀 및 상품화 부서인 사무실에서 피용인에 의해 수행된 작업은 수입물품의 생산에 필요한 것이다. 따라서 이들 부서에서 피용인들의 작업은 과세대상 생산지원이고 그 피용인들의 비용은 상기에 언급된 예외로 수입물품의 실제로 지급하였거나 지급하여야 할 가격에 가산되어야 한다. 이러한 생산지원은 19 CFR 152.103(e)에 규정된 대로 배분되어야 한다. 테스트를 위한 비용은 과세대상 생산지원에 해당되지 않는다. 【H253767, 2015.5.30.】 ➲ 수입자는 독일에 설립된 모회사의 U.S. 자회사이다. 수입자는 남녀용 의류를 수입하고 모회사는 전체회사를 위해 특수관계가 아닌 제조자에게 구매주문서를 발행한다. 모회사의 디자인팀은 제조사들에게 고안을 제공하고 제조사들은 상세한 제조지시서 없이 그 물품을 제조할 수 있다는 그들의 능력의 증거로써 모회사에게 샘플을 제공한다. 디자인은 특정한 의류를 생산하는 방법에 대한 것이 아니라 무엇을 생산할 것인지에 관해서 제조자에게 지시를 하는 사양서로 여겨진다. 고안과 사양서는 본질상 일반적인 것이고 의류생산에 필수적인 것은 아니다. 따라서 디자인의 가치는 생산지원으로서 과세대상이 아니다. 수입자는 또한 모회사에 관리비를 지급했다. 관리비는 마케팅, 재무 IT서비스, 생산계획, 생산관리, 품질관리, 원자재 구매 및 선적계획에 대한 것을 포함한다. 모회사는 생산(작업흐름과 적정승인을 감시하는 것을 포함하여)에 불가분하게 포함되어 있지 않기 때문에 어떠한 직접적인 서비스도 수행하지 않았다. 그 서비스는 구매대리인에 의해 제공되는 서비스와 유사하므로 실제로 지급하였거나 지급하여야 할 가격에 포함될 필요가 없다. 【H548626, 2005.4.18.】 ➲ 생산지원의 가치는 디자인 서비스에 속하는 해당 부분에 국한될 수 있으며, 광고, 마케팅 그리고 판촉에 관한 서비스는 포함되지 않는다. 수입자는 디자인서비스 대금이 여타 서비스들과 다름을 구별할 수 있도록, 세관이 만족할 수 있는 충분한 문서를 제출하여야 한다. 수입물품의 생산을 위하여 디자인의 집단적 개발이 필요하였으므로, 디자인서비스의 총대금은 과세대상이다. 【W548547 2006.3.7.; 548316 2003.7.16.을 수정】 ➲ 수입자는 외국의 특수관계자와 "관리서비스 계약"을 체결하였으며, 이를 통하여 수입자는 자신의 사업운영에 대한 감독과 지원을 받는다. 또한 수입자는 "관리서비스 계약"과 관련하여 발생하는 "합리적인 비용"을 특수관계자에게 정산해 준다. 그 대신 수입자는 전세계에서 자신의 총매출물량의 일정 퍼센티지에 상응하는 "관리 수수료"를 지급할 것에 동의한다. 수입자는 관리서비스를 제공하는 특수관계자에게서 수입물품을 구매하지 않으며, 오히려 지배관계 없는 외국 제조업자에게서 상품을 구매한다. 관리에 대한 대금은 실제로 지급하였거나 지급하여야 할 가격의 일부로서의 거래가격에 포함되지 않는다. 또한 이 대금은 생산지원이 아니며, 따라서 실제로 지급하였거나 지급하여야 할 가격에 가산되지 않는다. 【H023814, 2008.6.2.】 ➲ ICT 도구는 PCBA에 대한 테스트 실시에 사용되는 공구로 간주되고, 수입 동력변환기와 컨트롤시스템의 거래가격 평가에 있어서 과세대상 생산지원으로 간주되었다. ICT 도구는 최종 품질관리 점검으로서 PCBA를 테스트하기 위하여 때때로 생산 마지막 시점에 사용되었으며, 때로는 최종 조립 이전에 사용되었는데, 그 이유는 어느 컴포넌트의 추후 설치로 인하여 PCBA를 테스트 도구와 테스트 기계에 맞춰 넣는 것이 물리적으로 불가능하게 되기 때문이다. PCBA가 테스트 없이 생산이 가능할 경우, 해당 테스트가 PCBA의 생산 도중 혹은 이후에 수행된 것과는 무관하게, 이 테스트는 수입물품에 결합됩는 PCBA의 생산에 직접적으로 관련이 있다고 판정하였다. 【H134595, 2012.7.7.】 ➲ 수입자는 고객맞춤의 소음기 조립품 같은 최종 배기장치를 디자인, 제조하여 특수관계가 아닌 미국 자동차 제조자에게 판매한다. 배기장치는 외국의 판매자로부터 구매하여 수입되거나 그렇지 않으면 조달하여 특별하게 디자인된 공구를 사용하여 제조된 부품으로 만들어진다. 그 공구로 만들어진 수입부품을 조립하는 해외의 제조자는 그 공구를 만들어서 수입자에게 판매한다. 조립품을 구매한 자동차 제조자는 그 공구비용을 수입자에게 보전하여 준다. 왜냐하면 그 수입부품에 대해 구매자가 판매자에게 지급이 되었기 때문에 그 공구비용은 수입부품에 대해 전체 지급의 부분으로써 계정된 것이다. 【H225296, 2012.7.27.】 ➲ 수입자는 과테말라에 있는 특수관계가 아닌 제조자로부터 특정의 의류를 구매한다. 수입자는 미국산의 빈 승화압 전사지를 미국 판매자로부터 구매한다. 수입자는 캘리포니아에서 독자적인 하트모양의 디자인을 만들어서 승화압 전사지에 적용한다. 수입자는 완성된 승화압 전사지를 과테말라에 있는 제조자에게 무료로 제공한다. 하트모양의 디자인은 승화압 전사지를 사용하여 영구히 의류에 전사되고 종이는 폐기된다. CBP는 수입물품의 생산을 위한 목적으로 수입자에 의해 제공된 완성된 승화압전사지의 비용은 19 U.S.C. 1401a(h)(1)(A)에 따라 생산지원에 해당된다. 【H548568, 2004.10.19.】 ➲ 수입자는 외국 제3자(Hitachi)의 기술 노하우를 사용하여 집적회로를 디자인하고 제조하였으며, 수입자 그 특수관계자(JE) 및 Hitachi 삼자간의 라이센스 계약에 따라 Hitachi에게 설계, 제조, 프로세싱 권리 및 기술지원에 대하여 지급하였다. JE는 라이센스료를 Hitachi에게 송금하고, JE는 추후에 수입자로부터 변제를 받는다. 집적회로들은 조립을 위하여 해외 하도급업체에게 무료로 발송된다. 수입자가 해외 하도급업체에게 제공한 생산지원을 생산하기 위한 비용에는 수입자가 Hitachi에게 지급한 라이센스료 금액이 포함된다. 따라서 생산지원의 가치에는 라이센스료가 포함된다.

한편, 구매자가 무료로 판매자에게 제공한 소프트웨어 운영체제를 탑재한 수입 컴퓨터의 과세가격에 소프트웨어의 가격이 포함되는지 여부가 쟁점으로 제기된 사건에서 EU법원 판례[297]은 다음과 같이 판시하고 있다. 구 EU관세법 제32조(1)(b) 또는 (c)에 따라 구매자가 판매자에게 무료로 제공한 하나 이상의 운영체제용 소프트웨어를 판매자가 장착한 컴퓨터의 수입관세를 결정하기 위해 1992.10.12.자 유럽공동체규정(EEC) No 2913/92에

297) Judgment of the Court(First Chamber), Compaq Computer International Corporation vs. Inspecteur der Belastingdienst – Douanedistrict Arnhem, In Case C-306/04, 16. November 2006.

따라 EU관세법이 제정됨에 따라 소프트웨어의 가치가 해당 컴퓨터에 대해 실제로 지불한 가격에 포함되지 않은 경우 소프트웨어의 가치를 컴퓨터의 거래가격에 가산해야 한다. 세관당국이 유럽공동체법에 따라 유럽공동체 구매자가 판매한 가격 이외의 판매가격을 거래가격으로 수락하는 경우에도 마찬가지이다. 그러한 경우 EU관세법 제32조(1)(b) 또는 (c)의 목적상 '구매자'는 다른 판매를 체결한 구매자를 의미하는 것으로 이해되어야 한다. EU법원은 다른 판례[298]에서도 유럽연합에서 생산되어 구매자가 무료로 판매자에게 제공하고 수입된 제어장치에 설치된 소프트웨어의 개발비용(경제적 가치)은 EU관세법 제71조 제1항(b)에 따라 수입물품의 거래가격에 포함되는 것으로 해석하고 있다.

4. 구매자가 지급한 권리사용료

1) 관세평가법리

(1) 권리사용료의 적용범위

관세법 제30조 제1항 제4호에 따라 특허권,[299] 실용신안권,[300] 디자인권,[301] 상표권[302]

---

298) Judgement of the Court(Eighth Chamber), BMW Bayerische Motorenwerke AG vs. Hauptzollamt München, In Case C-509/19, 10. September 2020.

299) 특허법에 따라 자연법칙을 이용한 기술적 사상의 창작으로서 고도(高度)한 발명에 대한 실시의 권리를 말하는데, 실시란 ㉮ 물건의 발명인 경우에는 그 물건을 생산·사용·양도·대여 또는 수입하거나 그 물건의 양도 또는 대여의 청약(양도 또는 대여를 위한 전시를 포함한다)을 하는 행위, ㉯ 방법의 발명인 경우에는 그 방법을 사용하는 행위 또는 그 방법의 사용을 청약하는 행위, ㉰ 물건을 생산하는 방법의 발명인 경우에는 앞의 ㉯의 행위 외에 그 방법에 의하여 생산한 물건을 사용·양도·대여 또는 수입하거나 그 물건의 양도 또는 대여의 청약을 하는 행위를 말한다.

300) 실용신안법에 따라 자연법칙을 이용한 기술적 사상의 창작 물품을 생산·사용·양도·대여 또는 수입하거나 그 물품의 양도 또는 대여의 청약(양도 또는 대여를 위한 전시를 포함한다)을 할 수 있는 권리를 말한다.

301) 디자인보호법에 따라 물품(물품의 부분, 글자체 및 화상(畵像)을 포함한다)의 형상·모양·색채 또는 이들을 결합한 것으로서 시각을 통하여 미감(美感)을 일으키게 하는 디자인에 대한 실시의 권리를 말하는데, 실시란 ㉮ 디자인의 대상이 물품(화상은 제외한다)인 경우에는 그 물품을 생산·사용·양도·대여·수출 또는 수입하거나 그 물품을 양도 또는 대여하기 위하여 청약(양도나 대여를 위한 전시를 포함한다)하는 행위 또는 ㉯ 디자인의 대상이 화상인 경우에는 그 화상을 생산·사용 또는 전기통신회선을 통한 방법으로 제공하거나 그 화상을 전기통신회선을 통한 방법으로 제공하기 위하여 청약(전기통신회선을 통한 방법으로 제공하기 위한 전시를 포함한다)하는 행위 또는 그 화상을 저장한 매체를 양도·대여·수출·수입하거나 그 화상을 저장한 매체를 양도·대여하기 위하여 청약(양도나 대여를 위한 전시를 포함한다)하는 행위를 말한다(제2조제7호).

302) 상표권의 법적 개념은 상표권자가 지정상품에 관하여 그 등록상표를 독점적으로 사용할 권리를 말한다(상표법 제89조). 그리고 상표권자로부터 전용사용권의 설정을 받은 전용사용권자는 그 설정행위로 정한 범위에서 지정상품에 관하여 등록상표를 사용할 권리를 독점할 수 있다(상표법 제95조제3항). 여기에서 '상표'란 자기의 상품(지리적 표시가 사용되는 상품의 경우를 제외하고는 서비스 또는 서비스의 제공에 관련된 물건을 포함한다)과 타인의 상품을 식별하기 위하여 사용하는

및 이와 유사한 권리를 사용하는 대가로 지급하는 것으로서 대통령령으로 정하는 바에 따라 산출된 금액인 이른바 권리사용료는 수입물품의 거래가격에 필수적으로 가산되는 요소가 된다. 여기에서 이와 유사한 권리의 해당범위는 저작권 등의 법적 권리와 소위 영업비밀, 즉 법적 권리에는 속하지 아니하지만 경제적 가치를 가지는 것으로 상당한 노력에 의하여 비밀로 유지된 생산방법·판매방법 기타 사업활동에 유용한 기술상 또는 경영상의 정보 등을 말한다(관세령 제19조제1항). 하지만 관세령 제19조 제2항에서 특정한 고안이나 창안이 구현되어 있는 수입물품을 이용하여 우리나라에서 그 고안이나 창안을 다른 물품에 재현하는 권리를 사용하는 대가를 권리사용료의 적용범위에서 제외하고 있다.[303]

구매자가 지급한 권리사용료에 대한 규율의 입법적 근거는 관세평가협정 제8조 제1항 (c)에서 규율하는 "평가대상 물품과 관련되고(related) 평가대상 물품의 판매조건(condition of sale)으로 구매자가 직접 또는 간접으로 지급하여야 하나 실제로 지급하였거나 지급하여야 할 가격에는 포함되지 않은 로열티(royalties) 및 라이센스료(licence fees)" 규정이다. 우리 관세평가법규나 협정은 "로열티 및 라이센스료"의 개념을 정의하고 있지 않지만, EU 관세법 시행명령 제136조 제4항에 따르면 수입물품의 판매조건으로 로열티 및 라이센스료는 다음의 어느 하나에 해당하는 경우에 지급한 것으로 간주하고 있다:[304] (a) 판매자 또는 판매자와 관련된 사람이 구매자에게 이 지불을 요구한다; (b) 계약상 의무에 따라 판매자의 의무를 이행하기 위해 구매자가 지불하는 경우; (c) 라이센스 제공자에게 로열티 또는 라이센스 비용을 지불하지 않고 구매자에게 상품을 판매하거나 구매자가 구매할 수 없다. EU 관세평가법규지침(Customs Valuation Text Compendium/2022)에 따르면,[305]

표장(標章)을 말한다(상표법 제2조제1항제1호). 그리고 '상표의 사용'이란 "상품 또는 상품의 포장에 상표를 표시하는 행위, 상품 또는 상품의 포장에 상표를 표시한 것을 양도 또는 인도하거나 양도 또는 인도할 목적으로 전시·수출 또는 수입하는 행위, 상품에 관한 광고·정가표(定價表)·거래서류, 그 밖의 수단에 상표를 표시하고 전시하거나 널리 알리는 행위"를 말한다(상표법 제2조제1항 제11호).

303) 이것은 특정한 고안이나 창안이 구현되어 있는 수입물품이 우리나라에서 재현하는데만 사용되고 수입물품 자체가 판매되거나 분배되지 않는 경우 재현하는 권리 이외의 판매권 등은 의미 없는 공허한 권리에 불과하기 때문에 이러한 수입물품에 대한 권리사용료는 비과세대상이 되는 것이다.

304) EU 관세평가법규지침(Customs Valuation Text Compendium/2022)의 Commentary No 3(para 3과 4)에 따르면, 일반적으로 로열티 또는 라이센스 비용 지불은 반복 분할 형식(예: 월간, 분기별, 연간)으로 이루어진다. 때때로 지불은 단일 일시불 또는 초기 일시불(일반적으로 "공개 수수료"라고 함)과 그 후 반복되는 분할의 형태를 취할 수 있다. 할부금은 일반적으로 라이선스 제품 판매 수익금의 백분율로 계산된다. 그리고 "노하우"의 정의는 소득과 자본에 관한 OECD 모형 이중과세협약(1977) 협약 제12조에 대한 OECD 주석 제12항에 다음과 같이 재현되어 있다: "특허를 받을 수 있든 없든, 직접적으로 동일한 조건 하에서 제품이나 프로세스의 산업적 재생산에 필요한 모든 공개되지 않은 기술정보; 경험에서 파생되는 한, 노하우는 제조업체가 무엇을 나타내는지 나타낸다. 제품에 대한 단순한 조사와 기술의 진보에 대한 지식만으로는 알 수 없다."

305) Commentary No 3(Incidence of royalties and licence fees in the customs value), para 5 내지 7.

수입품 자체가 라이센스 계약의 대상인 경우(즉, 라이센스 제품인 경우) 과세가격에 대한 로열티 및 라이센스료의 영향을 조사할 필요성이 분명하다. 그러나 수입품이 허가된 제품의 구성요소이거나 수입품(예: 특수 생산기계 또는 산업공장) 자체가 허가된 제품을 생산하거나 제조하는 경우에도 필요성이 존재한다. 라이센스 계약에 따라 제공되는 "노하우"는 종종 라이센스 제품의 사용에 대한 디자인, 조리법, 공식 및 기본지침의 제공을 포함한다. 그러한 노하우가 수입품에 적용되는 경우, 로열티 또는 라이센스 비용 지불은 관세가격에 포함되는 것으로 간주되어야 한다. 그러나 일부 라이선스 계약(예: "franchising" 영역)에는 라이선스 제품 제조 또는 기계/공장 사용에 대한 라이선스 사용자 직원교육과 같은 서비스 공급이 포함된다. 관리, 운영, 마케팅, 회계 등의 분야에서 기술지원도 포함될 수 있다. 그러한 경우 해당 서비스에 대한 로열티 또는 라이센스 비용 지불은 관세가격에 포함될 수 없다. 많은 경우에 라이선스 계약 및 판매계약을 검토하면 로열티 지불의 일부만 잠재적으로 과세대상이 될 수 있음을 알 수 있다. 라이선스 계약에 따라 부여된 혜택이 잠재적으로 과세가능한 요소와 과세되지 않는 요소가 혼합되어 있지만 라이선스 사용자가 실제로는 과세되지 않는 요소를 이용하지 않는 경우에도 전체 로열티 또는 라이선스 비용을 고려하는 것이 적절할 수 있다. 과세가격에 포함될 자격이 있는 것으로 간주된다.

관세평가법규상 권리사용료에 대한 지급이 거래가격의 일부로 취급되어야 하는 법리는 수입물품과 관련된 로열티 및 라이센스료가 구매자와 판매자 간 합의된 물품의 가격에 포함되어 있다면, 이러한 지급을 제외한 '그 물품' 자체 만에 대한 합의된 가격이 존재하지 않으므로 거래가격은 실재할 수 없다는 것이다.[306] 관세평가협정 부속서 I 제8조에 대한 주해 '제1항(c)'에 따라 협정 제8조 제1항(c)에 규정된 로열티 및 라이센스료에는 특히 특허권(patents),[307] 상표권(trademarks)[308] 및 저작권(copyrights)[309]에 관한 지급이 포함될 수 있지만 수입국 내에서 수입물품을 재현(복제) 생산하는 권리(right to reproduce)의 비용은 수입물품에 대하여 실제로 지급하였거나 지급하여야 할 가격에 가산되지 않는다. 또한, 수입물품을 공급하거나 전매하는 권리(right to distribute or resell)인 이른바 배포

306) Saul L. Sherman/Hinrich Glashoff, 앞의 책, 93쪽.

307) 상표권은 마케팅 수단의 하나로서 수입물품에 부착되어 물품의 고유특성 및 평가내용을 담고 있는 특정 서명 또는 "로고"의 형태로 표시된다. 일반적으로, 상표권 보호를 위해서는 이 상표가 담당 정부기관에 등록되어야 한다. 상표권자의 권리를 보호할 때 및 상표를 복제한 사람들을 기소할 때 이런 등록 정보가 인용된다.

308) 특허권은 관련 정부가 발행한 문서 또는 증빙으로써 이러한 문서들은 "발명"(invention)에 대해 설명하고 특허권자 권리라고 등록된 특허를 복제하거나 이용하는 것을 불법화하는 법적 등록을 통해 "발명"을 법적으로 인정한다. 이 권리는 특허권자의 허가표시가 있어야만 사용될 수 있다.

309) 저작권은 재생산, 복제 또는 번역과 같은 저작권자의 저작물(통상 예술적 또는 문학적)의 비인가된 사용으로부터 저작권자를 보호하는 권리를 말한다: 문학작업(소설, 기사, 신문)·미술작업(그림, 도면, 조각)·사진, 동영상, 기술 작업 등.

(유통)권에 대한 구매자의 지급은, 그러한 지급이 수입물품을 수입국으로 수출하기 위한 판매의 조건(condition of the sale)이 아니라면, 수입물품에 대하여 실제로 지급하였거나 지급하여야 할 가격에 가산되지 않는다. 협정 제8조 제1항(c)에 대한 주해가 표현하고 있는 "수입물품을 재현생산하는 권리"의 의미와 관련하여 관세평가기술위원회는 예해 19.1에서 수입물품의 물리적 재현생산(예: 샘플 물품을 수입하여 수입자가 원래 수입물품과 일치하는 복제품을 생산하는데 사용되는 주형을 만드는 경우) 뿐만 아니라 수입물품에 체화된 발명, 창작, 생각, 아이디어를 재현생산하는 권리를 규정한 것으로 기술하여, "재현생산하는 권리"라는 문구에 의해 포함되는 것으로 의도된 활동에 대한 지침을 제공하고 있다. 협정 제8조 제1항(c)의 주해 para. 1에서 수입국의 라이센스 물품의 재현에 대한 로열티 지급은 수입물품의 과세가격의 일부를 구성하지 않는다는 사실을 명시하고 있지만, 예를 들어, 새로운 만화 캐릭터 원본/마스터 모델은 현지 제조공장에서 대량으로 재생산할 의도로 수입국으로 수입되었을 경우 일반적으로 적어도 두 가지 종류의 로열티 지급이 이뤄진다. 하나는 수입물품의 과세가격 일부를 구성하게 되는 수입을 위해 원본에 부과되는 지급이다. 또 하나는 수입물품의 재현과 관련한 특정 형태의 로열티 및/또는 수입국의 시장에서의 소매판매에 대한 로열티가 있다. 수입국의 시장에서 원본의 재현과 관련된 로열티 지급은 과세가격의 일부를 구성하지 않는다. 그러나 소매판매의 비율에 대해 로열티를 지급하는 상당수 장난감의 상업선적의 경우, 로열티가 수입물품의 판매조건이며, 평가대상 물품과 관련이 있다면, 로열티는 수입물품의 과세가격 일부를 구성할 것이다. 또한, 협정 제8조 제1항(c)의 주해 para. 2에서 배포권에 대한 구매자의 지급이 수입물품을 수입국으로 수출하기 위한 판매의 조건이 아니라면, 수입물품의 거래가격에 가산되지 않는다고 규정하고 있지만, 판매여부를 결정할 때, 신중하게 고려해야 한다. 예를 들어, 판매계약뿐만 아니라 이를 지원하는 로열티 및 라이센스료 협약이 존재하는가? 만약 그렇다면, 이런 것들이 판매의 조건을 구성하는가? 판매계약 및/또는 상업송장만이 적절한 문서인 것은 아니다. 이러한 사실은 로열티/라이센스료와 관련한 결정 이전에 고려되어야 한다.

(2) 권리사용료 가산의 전제조건

권리사용료가 해당 수입물품에 대하여 구매자가 실제로 지급하였거나 지급하여야 할 가격에 반드시 가산하여야 하기 위한 전제조건은 그 권리사용료가 해당 수입물품에 관련성이 있으면서 해당 물품의 거래조건으로서 구매자가 직접 또는 간접으로 지급하는 금액이어야 한다(관세령 제19조제2항).[310] 여기에서 만일 권리사용료의 산출에서 구매자가 지급하

310) 로열티와 라이센스 비용을 지불해야 하는 경우, 계약은 종종 "라이선스 계약"으로 정의되는 별도의 공식 서면 계약 또는 계약에 명시되어 있으며 라이센스 제품, 할당된 권리의 성격 및 제공된 노하우를 자세히 명시한다. 라이선서 및 라이선시의 책임, 로열티 또는 라이선스 비용의 계산 및 지불 방법, 미납에 따른 법적 결과 등. 라이센스 계약을 검토하면 로열티 또는 라이센스 수수료와

는 권리사용료에 수입물품과 관련이 없는 물품이나 국내 생산 및 그 밖의 사업 등에 대한 활동 대가가 포함되어 있는 경우에는 전체 권리사용료 중 수입물품과 관련된 권리사용료 만큼 가산하는데, 이 경우 관세청장은 필요한 계산식을 정할 수 있다(관세령 제19조제6항).[311]

다음과 같은 경우에 해당하는 권리사용료는 평가대상 수입물품의 거래가격에 필수적으로 가산되어야 하는 전제조건의 하나인 해당 **수입물품과의 관련성이 존재**하는 것으로 간주된다(관세령 제19조제3항):[312]

① 권리사용료가 특허권에 대하여 지급되는 수입물품이 특허발명품, 방법에 관한 특허에 의하여 생산된 물품, 국내에서 해당 특허에 의하여 생산될 물품의 부분품·원재료 또는 구성요소로서 그 자체에 해당 특허의 내용의 전부 또는 일부가 구현되어 있는 물품, 방법에 관한 특허를 실시하기에 적합하게 고안된 설비·기계 및 장치(그 주요 특성을 갖춘 부분품 등을 포함한다)에 해당하는 물품이 경우;

② 권리사용료가 디자인권에 대하여 지급되는 수입물품이 해당 디자인을 표현하는 물품이거나 국내에서 해당 디자인권에 의하여 생산되는 물품의 부분품 또는 구성요소로서 그 자체에 해당 디자인의 전부 또는 일부가 표현되어 있는 물품에 해당하는 경우;

③ 권리사용료가 상표권에 대하여 지급되는 수입물품에 상표가 부착되거나 희석·혼합·분류·단순조립·재포장 등의 경미한 가공후에 상표가 부착되는 경우;

④ 권리사용료가 저작권에 대하여 지급되는 수입물품에 가사·선율·영상·컴퓨터소프트웨어 등이 수록되어 있는 경우;

⑤ 권리사용료가 실용신안권 또는 영업비밀에 대하여 지급되는 수입물품이 해당 실용신안권 또는 영업비밀이 그 물품과 제①의 규정에 준하는 관련이 있는 경우;

⑥ 권리사용료가 기타의 권리에 대하여 지급되는 수입물품이 해당 권리가 그 물품과 앞의 제①부터 제⑤까지의 규정 중 권리의 성격상 해당 권리와 가장 유사한 권리에 대한 규정에 준하는 관련이 있는 경우.

수입물품의 관세가격에 대한 충분한 정보를 얻을 수 있다. 그러나 판매계약의 조건과 판매계약과 라이센스 계약 사이에 존재할 수 있는 링크도 고려해야 한다. 대부분의 경우 상품매매 계약서에 상품에 대한 로열티나 라이선스 비용을 지불해야 한다고 명시적으로 언급되어 있지 않는다.

311) 이에 따라 권리사용료의 산출에 필요한 계산식은 관세청장이 제정·시행하고 있는 「관세평가 운영에 관한 고시」에서 규정하고 있다.

312) 로열티가 평가대상 상품과 관련이 있는지 여부를 결정할 때 중요한 문제는 로열티를 계산하는 방법이 아니라 로열티를 지불하는 이유이다. 따라서 라이센스 제품의 수입 구성요소 또는 성분의 경우 또는 수입 생산기계 또는 공장의 경우 라이센스 제품의 판매실현에 따른 로열티 지불은 수입품에 전적으로, 부분적으로 또는 전혀 관련되지 않을 수 있다. 하지만, EU관세법 시행명령 제136조 제2항은 로열티 또는 라이센스료를 계산하는 방법이 수입된 물품의 가격으로부터 도출된 모든 경우에, 반대적인 증거가 없는 한 로열티 또는 라이센스료 지급은 평가물품과 관련된 것으로 간주할 수 있다고 규정하고 있다.

하지만 컴퓨터소프트웨어에 대하여 지급되는 권리사용료는 컴퓨터소프트웨어가 수록된 마그네틱테이프·마그네틱디스크·시디롬 및 이와 유사한 물품[관세법 별표인 관세율표 번호 제8523호에 속하는 것으로 한정한다]과 관련되지 않는 것으로 간주된다(관세령 제19조제4항). 그리고 다음과 같은 경우에 해당하는 권리사용료는 평가대상 수입물품의 거래가격에 필수적으로 가산되어야 하는 전제조건의 하나인 해당 **수입물품의 거래조건으로 지급**되는 것으로 간주된다(관세령 제19조제5항):313)

- 구매자가 수입물품을 구매하기 위하여 판매자에게 권리사용료를 지급하는 경우;
- 수입물품의 구매자와 판매자간의 약정에 따라 구매자가 수입물품을 구매하기 위하여 해당 판매자가 아닌 자에게 권리사용료를 지급하는 경우;314)
- 구매자가 수입물품을 구매하기 위하여 판매자가 아닌 자로부터 특허권 등의 사용에 대한 허락을 받아 판매자에게 그 특허권 등을 사용하게 하고 해당 판매자가 아닌 자에게 권리사용료를 지급하는 경우.

한편, 판례315)는 권리사용료 가산의 전제조건과 관련하여 기술사용료가 수입물품의 실제지급가격에 포함되어 실제로 지급하였거나 지급하여야 할 금액이 아님에도 불구하고 이를 그 수입물품의 실제지급가격에 가산하여 조정한 거래가격을 과세가격으로 삼기 위하여는, 기술사용료가 수입물품에 관련되는 것만으로는 부족하고, 나아가 당해 물품의 거래조건으로 지급된 점까지 인정되어야만 하는바, 그와 같은 점에 관한 입증책임은 과세관청에게 있다는 태도를 보이고 있다. 또한, 관세청 고시(관세평가시행세칙)는 그 규정의 성질과 내용이 수입물품에 대한 과세가격의 결정 등에 관한 기준 등 행정청 내의 사무처리의 준칙을 정한 것에 불과하므로, 관세청장이 관계 행정기관 및 직원에 대하여 그 직무권한 행사의 지침을 정하여 주기 위하여 발한 행정조직 내부에 있어서의 행정명령의 성질을 가지는 것이라고 할 것이고, 따라서 관세청 고시는 행정조직 내부에서 관계 행정기관이나 직원을 구속함에 그치고 대외적으로 국민이나 법원을 구속하는 것은 아니라는 입장을 취하고 있다.

313) '구매자가 판매의 조건으로 지급해야 한다'는 요건은 수입된 '그 물품'의 구매와 '권리'에 대한 로열티 지급이 분리될 수 있는가 분리될 수 없는가를 말하는 것으로 해석하는 것이 가장 적합할 것이다. 만약 충분히 분리할 수 있으면, 로열티는 물품의 과세가격에 가산되지 않는다. 이 분리가능성의 요인은 기술적 사실, 사업방법, 당사자간의 계약조건에 따라 좌우된다. 만약 구매자가 그 물품을 권리와 함께 또는 권리없이 구매할 진정한 선택권이 있는 경우, 로열티 지급이 당사자간의 계약조건으로 있다는 단순한 사실로 인해 그 로열티 지급이 협정 제8조 제1항(c)하의 판매의 조건이 됨을 의미하지는 않는다.【Saul L. Sherman/Hinrich Glashoff, 앞의 책, 124~125쪽】

314) 한 사람에게서 상품을 구매하고 다른 사람에게 로열티 또는 라이센스 비용을 지불하는 경우에도 지불은 상품 판매조건으로 간주될 수 있다. 예를 들어, 다국적 그룹에서 그룹의 한 구성원으로부터 상품을 구매하고 로열티를 같은 그룹의 다른 구성원에게 지불해야 하는 경우 판매자 또는 그와 관련된 사람은 구매자에게 지불을 요구하는 것으로 간주될 수 있다. 마찬가지로, 판매자가 로열티 수령인의 라이선스 사용자이고 후자가 판매 조건을 통제하는 경우에도 동일하게 적용된다.

315) 대법원 1992.07.14. 선고 91누10763 판결.

그런데 구매자가 지급한 권리사용료를 수입물품의 거래가격에 가산하려면, 관세평가협정 제8조 제3항에 따라 오직 객관적이고 수량화할 수 있는 자료(only on the basis of objective quantifiable)만을 기초로 하지 않으면 안 되므로, 예를 들어 킬로그램 단위로 수입되고 수입 후 용액으로 제조된 특정 상품이 수입국 내에서 리터 단위로 판매되는 가격을 기초로 로열티가 지급되는 경우와 같이 권리사용료의 가산과 관련하여 객관적이고 수량화할 수 있는 자료가 없는 경우라면 거래가격은 협정 제1조의 규정에 따라 결정될 수 없다(관세평가협정 부속서 I 제8조에 대한 주해 '제3항'para. 1). 이와 관련하여 만약 로열티가 일부는 수입물품에 기초하고, 일부는 (수입물품이 국내원료와 혼합되어 더 이상 구분 식별할 수 없거나, 로열티를 구매자와 판매자 간의 특별한 금융약정과 구별할 수 없는 경우와 같이) 수입물품과 관계없는 다른 요소에 기초하고 있다면 객관적이고 수량화할 수 있는 자료가 없는 경우로 취급하여야 하지만 만약 이 로열티의 금액이 수입물품에만 기초하고 있어 쉽게 수량화될 수 있다면 실제로 지급하였거나 지급하여야 할 가격에 가산하는 것은 허용될 수 있다(관세평가협정 부속서 I 제8조에 대한 주해 '제3항' para. 2).

협정 제8조 제1항(c)의 로열티와 라이센스료와 관련하여 관세평가기술위원회가 표명하고 있는 지침을 살펴본다. 외국 제조자 M은 수입국에서 보호받는 상표(trademark)를 소유하고 있다. 수입자 I는 M의 상표로 6가지 종류의 화장품을 제조하여 판매한다. I는 M의 상표로 판매된 모든 종류의 화장품의 연간 총 매출액의 5%로 계산된 로열티를 M에게 지급해야 한다. 모든 화장품은 M의 제조법에 따라 수입국 내에서 얻어진 원료로 제조되고 있지만, 예외적으로 한 종류 화장품(one)에 대한 핵심 원료들은 대개 M으로부터 구매하고 있다. 관세평가기술위원회는 다음과 같은 견해를 표명하고 있다(권고의견 4.5). 당 로열티는 I가 M의 원료를 사용하든 국내 공급자의 원료를 사용하든지 관계없이 M에게 지급되어야 한다. 즉, 해당물품의 판매조건이 아니므로 평가목적상 제8조 제1항(c)에 의하여 실제로 지급하였거나 지급하여야 할 가격에 가산될 수 없다. ▲ 수입자는 외국 제조자 M으로부터 농축물(concentrate)을 두 번에 걸쳐 별도로 구매한다. M은 수입을 위한 특정 판매의 조건에 따라 희석 후 판매할 때 물품에 부착될 수도 있고, 안 될 수도 있는 상표(trademark)를 가지고 있다. 상표 사용에 대한 사용료는 단위수량별로 지급한다. 수입농축물은 보통 물에 단순 희석되고 판매 전에 소매포장된다. 첫 번째 구매에서 농축물은 희석되어 사용료가 지불되는 요건없이 상표를 부착하지 않은 상태로 전매된다. 두 번째 경우에서 농축물은 희석되어 상표를 부착하여 전매되고 수입을 위한 판매조건으로서 사용료 지불에 대한 요건이 있다. 관세평가기술위원회는 다음과 같은 견해를 표명하고 있다(권고의견 4.6). 첫 번째 구매에서 물품은 상표를 부착하지 않은 상태로 전매되고 사용료가 지급되지 않으므로, 가산은 적절하지 않다. 두 번째 구매에서 M이 요구하는 사용료는 수입물품에 대하여 실제로 지급하였거나 지급하여야 할 가격에 가산되어야 한다.

음반회사 R과 음악가 A간에 계약이 체결된다. 둘은 수출국 X에 위치한다. 계약에 따르면, A는 전 세계적인 재현생산(reproduction), 마케팅 및 공급(유통)권(marketing and distribution rights)을 양도하는 대가(consideration)로 소매로 판매되는 각 음반에 대하여 로열티를 지급받기로 되어 있다. 이어서 R은 수입국에서 전매(轉賣)하기 위하여 음악가 A의 연주내용을 재현생산한 음반들을 I에게 공급하기 위하여 수입자 I와 공급(유통)및 판매계약을 체결한다. 이 계약의 일부로서 R은 I에게 마케팅과 공급(유통)권을 재양도하고, 이에 대한 대가로 수입국으로 구매되고 수입된 각 음반의 소매판매가격의 10%를 로열티로 I에게 요구한다. I는 R에게 10%의 로열티를 지급한다. 관세평가기술위원회는 다음과 같은 견해를 표명하고 있다(권고의견 4.7). 로열티 지급은 I와 R과의 공급(유통)및 판매계약에 대한 결과로서 I가 해당 금액을 지급해야 하는 것이기 때문에 판매조건이다. R은 자신의 상업적 이익(commercial interest)을 보호하기 위해 I가 이러한 조건에 동의하지 않았다면 I에게 음반을 판매하지 않았을 것이다. 지급은 특정 수입물품을 판매하고 공급(유통)하는 권리에 대하여 이루 어지기 때문에 평가대상 물품과 관련이 있으며, 로열티 금액은 특정 음반의 실제적인 판매가격에 따라 달라질 것이다. 결과적으로, A의 연주의 전세계적인 판매와 관련하여 R이 A에게 "로열티" 금액을 지급할 의무가 있다는 사실은 R과 I간의 계약과는 관련이 없다. I는 판매자에게 직접 금액을 지급하며, R이 실현한 총수익을 어떻게 할당하는가는 I의 관심사항이 아니다. 그러므로 10%의 로열티 지급은 실제로 지급하였거나 지급하여야 할 가격에 가산되어야 한다. ▲ 어떤 수의용 조제물질(veterinary preparations)의 제조자 겸 상표 보유자와 수입회사 사이에 계약이 체결되었다. 계약에 따라 제조자는 수입자에게 "특허 조제물질(licensed preparation)"에 관한 수입국 내에서의 제조, 사용 및 판매에 대한 독점권을 부여하고 있다. 수의용에 적합한 형태로 된 수입 코르티손(cortisone)성분을 포함하고 있는 이 특허 조제물질은 제조자 또는 제조자를 대행하는 제3자가 수입자에게 제공한 벌크상의 코르티손으로 제조된다. 코르티손은 다른 제조자로부터도 구입이 가능한 표준형의 비특허 항염제로 특허 조제물질의 주요 구성성분 중 하나이다. 또한 제조자는 수입자에게 수입국 내 특허 조제물질의 제조 및 판매와 관련하여 상표를 사용할 수 있는 독점권과 라이센스를 부여한다. 계약서의 대금지급 규정은 수입자가 제조자에게 특허 조제물질의 연간 첫 번째 순매출액 2백만 c.u.에 대하여는 8%의 로열티를 지급하고, 동일한 해에 발생한 특허 조제물질의 두 번째 순매출액 2백만 c.u,에 대하여는 9%의 로열티를 지급하도록 규정하고 있다. 아울러, 매년 100,000 c.u.의 최저 로열티를 지급하도록 규정하고 있다. 계약에서 규정하고 있는 여러 가지 상황에 따라, 양 당사자는 수입자의 독점적인 권리를 비독점적인 권리로 전환할 수도 있다. 그러한 경우, 최저 로열티가 25%까지 감액되거나, 어떤 경우에는 50%까지 감액될 수 있다. 매출에 따른 로열티 역시 특정 상황에서 감액될 수 있다. 마지막으로 특허 조제물질의 매출에 따른 로열티는 매년 매분기의 마지막 날로부터 60일 이내에 지급되어야 한다. 관세평가기술위원회는 다음과 같은 견해를 표명하였다(권고의견 4.9). 로열티 지급은 수입상품이 함유되어 있는 특허 조제물질을 제조하는 권리에 대하여 지급되는 것으로 결국 특허 제조물질에 대한 상표사용에 대하여 지급되는 것이다. 해당 수입상품은 표준형의 비특허 항염제이다. 그러므로 해당 상표를 사용하는 것은 평가대상 물품과 관련이 없다. 로열티의 지급은 수입물품을 수출하기 위한 판매조건이 아니라 수입국 내 특허 조제물질의 제조 및 판매에 대한 조건이다. 따라서 이 지급금액을 실제로 지급하였거나 지급하여야 할 가격에 가산하는 것은 적절하지 않다.

P국의 수입자 I는 X국에 위치한 제조자 M에게서 외투(outer garments)를 구매한다. 또한, M은 특정한 연작만화(comic strip) 캐릭터에 관련된 상표 보유자이다. I와 M의 라이센스 계약의 조항에 따르면, M은 I를 위해서만 의류를 생산하고 수입 전에 연작만화 캐릭터와 상표를 부착하며, I는 P국 내에서 이들 의류를 전매(轉賣)한다. 이 권리에 대한 대가(consideration)로 I는 M에게 의류에 대한 가격에 더하여 연작 만화 캐릭터 및 상표가 부착된 의류의 순판매가격의 일정 비율로 계산된 라이센스료를 지급하는 것에 동의한다. 관세평가기술위원회는 다음과 같은 견해를 표명하고 있다(권고의견 4.10). 상표가 붙은 재료를 포함한 수입의류를 전매(轉賣)하는 권리에 대한 라이센스료의 지급은 판매조건이며, 수입물품과 관련이 있다. 수입물품은 연작만화 캐릭터와 상표가 없이는 구매되고 전매(轉賣)될 수 없다. 그러므로 이러한 지급은 실제로 지급하였거나 지급하여야 할 가격에 가산되어야 한다. ▲ 스포츠 의류제조자 M과 수입자 I는 모두 스포츠 의류에 부착되는 상표권을 소유하고 있는 모기업 C와 특수관계에 있다. M과 I의 판매계약에는 로열티 지급에 대한 요건이 없다. 하지만 I는 C와의 별도 계약에 따라 I가 M으로부터 구매하는 스포츠 의류에 부착되는 상표 사용권을 취득하기 위해서는 C에게 로열티를 지급해야 한다. 관세평가기술위원회는 다음과 같은 견해를 표명하고 있다(권고의견 4.11). M과 I간의 상표 부착물품에 대한 판매계약에는 로열티 지급에 대한 구체적인(certain specific)조건은 없다. 하지만 해당 지급은 I가 물품을 구매하는 결과로서 모기업에 로열티를 지급해야 하기 때문에 판매조건이다. I는 로열티 지급없이 상표사용권을 가질 수 없다. 모기업과의 서면계약이 없다는 사실이 모기업이 요구하는 I의 지급의무를 면제(not detract)하는 것은 아니다. 상기의 이유로 상표사용권에 대한 지급은 평가대상 물품과 관련이 있으며, 지급금액은 실제로 지급하였거나 지급하여야 할 가격에 가산되어야 한다.

수입자 I와 판매자 S는 압연기(rolling mill equipment)공급을 위한 판매계약을 체결한다. 이 장비는 이미 수입국에 있는 연속구리봉(continuous cooper rod) 설비에 결합될 것이다. 압연기에는 압연기가 수행할 특허공법(patented process)과 관련 있는 기술이 결합되어 있다. 수입자는 장비의 가격에 더하여 특허공법 사용권에 대한 라이센스료로 15백만 c.u.를 지급해야 한다. 판매자 S는 수입자로부터 장비에 대한 지급과 라이센스료를 수령한 후, 라이센서에게 라이센스료의 총금액을 송금한다. 관세평가기술위원회는 다음과 같은 견해를 표명하고 있다(권고의견 4.12). 라이센스료는 특허공법을 수행할 수 있게 하는 압연기에 결합된 기술에 대한 것이다. 압연기는 특허 생산공법을 수행하기 위해 특별히 구매된 것이다. 그러므로 15백만 c.u.의 라이센스료가 지급된 특허 생산공법은 평가대상 물품과 관련이 있고 판매조건이므로, 라이센스료는 수입압연기에 대하여 실제로 지급하였거나 지급하여야 할 가격에 가산되어야 한다. ▲ 수입자 I는 다른 공급자뿐만 아니라 외국 제조자 M으로부터 스포츠 가방을 구매한다. 수입자 I, 제조자 M 및 다른 공급자는 모두 특수관계가 없다. 다른 한편으로 수입자 I는 상표권을 보유한 C기업과 특수관계에 있다. I와 C간의 계약조건에 따라, C는 로열티 지급을 조건으로 I에게 상표 사용권을 양도한다. 수입자 I는 제조자 M과 다른 공급자에게 스포츠 가방에 부착되는 상표가 붙은 라벨을 수입 전에 제공한다. 관세평가기술위원회는 다음과 같은 견해를 표명하고 있다(권고의견 4.13). 비록 수입자가 상표 사용권을 취득하기 위하여 로열티를 지급해야 한다 할지라도, 이것은 물품을 수입국으로 수출하기 위한 판매와 관련 없는 별도의 계약에 기인한 것이다. 수입물품은 서로 다른 계약에 따라 여러 공급자로부터 구매된 것이며 로열티 지급은 이들 물품의 판매조건이 아니다. 구매자는 물품을 구매하기 위하여 로열티를 지급할 필요가 없다. 그러므로 협정 제8조 제1항(c)에 따른 조정으로서 실제로 지급하였거나 지급하여 야 할 가격에 가산되지 않아야 한다. 상표권을 입증하는 라벨 공급이 협정 제8조 제1항(b)의 규정에 따른 과세대상인지 여부는 별도로 고려해야 할 사항이다.

로열티 또는 라이센스료가 수입국에 있는 라이센서에게 지급된다는 사실이 이러한 로열티 또는 라이센스료를 협정 제8조 제1항(c)의 적용에서 배제하는가? 관세평가기술위원회는 다음과 같은 견해를 표명하고 있다(권고의견 4.14). 협정 제8조 제1항(c)는 수입국 이외의 국가에서 지급된 로열티와 수입국에서 지급된 로열티를 구별하고 있지 않다. 협정 제8조 제1항(c)는 라이센서의 소재지 또는 로열티 또는 라이센스료가 지급되는 장소에 관한 어떠한 조건도 강요하고 있지 않으며, 이러한 지급의 국가간 이전을 요구하지 않는다. 라이센서의 소재지나 로열티가 지급되는 장소는 협정 제8조 제1항(c)에 따른 결정에 아무런 관련이나 영향이 없다. 그러므로 로열티 또는 라이센스료 가 수입국에 거주하는 라이센서에게 지급된다는 단순한 사실은 이러한 로열티 또는 라이센스료를 협정 제8조 제1항(c)의 적용에서 배제하지 않는다. ▲ 수입국 I의 수입자 B는 수출국 X의 공급자 S와 상표 사용에 대한 라이센스 계약을 체결한다. 계약의 일부로 당사자들은 또한, 계약상 허여된 상표의 상업적 이용에 대하여 B가 S에게 지불하여야 할 로열티는 수입국에서의 상표부착 물품의 순매출액의 5% 비율을 적용하여 계산하는 것에 동의한다. 이어서 S와 B는 1,000 c.u.의 가격으로 P 상품의 국제판매에 대한 계약을 체결한다. 이 계약에 따라, P 상품은 앞서 언급한 상표를 부착하여 유통되어야 하므로 해당 로열티는 이 물품과 관련된다고 간주된다. 또한 가격은 물품의 판매조건으로 지급되는 로열티를 포함하지 않는다. 따라서 협정 제8조 제1항(c)에 규정된 모든 요건이 충족된다. I국에서 P상품의 순매출액이 2,000 c.u.라면 B가 상표사용에 대해 S에게 부담하는 라이선스료는 100 c.u.이다. 수입국 I에서 시행 중인 국내세법에 따라 상표사용에 대한 로열티 형태로 지불되는 100 c.u.는 이러한 유형의 소득에 대한 특별세 대상이 되며, 총세액은 지급하여야 할 총 합계액에 대해 25%의 명목세율을 적용하여 산출한다. 수입자 B는 원천징수 요건에 따라 판매자 S를 대신하여 25 c.u.의 이 소득세를 지불한다. 그러나 라이센스 계약의 어떠한 조항에도 상표사용에 대한 로열티로 얻은 소득에 대해 I국의 국내법령에 규정된 조세를 B가 지불한다고 언급되어 있지 않다. 따라서 B는 총 1,100 c.u.를 지불한다; 1,000 c.u.는 P상품의 가격에 상응하는 것이고, 100 화폐단위는 상표사용에 대한 로열티 형식이다. 그러나 S는 단지 1,075 c.u.만 수령하게 되는데, B가 로열티 75 c.u.를 판매자에게 송금하고, 이와 동시에 수입국 I의 소득세 25 c.u.의 지급을 확인하는 영수증을 함께 보낸다. 관세평가기술위원회는 다음과 같은 견해를 표명하고 있다(권고의견 4.16). 현재 사례에서는, 관련계약 규정에 따라 구매자가 지불하여야 하는 로열티는 100 c.u.이며, 이는 수입국에서 물품의 순매출액의5% 비율을 적용하여 산출된 금액이다. 라이센서는 100 c.u. 대신에 더 적은 금액인 75 c.u.를 받는다. 25 c.u.의 차이는 로열티의 차감을 구성하는 것이 아니라, 이전에 기술된 바와 같이, 라이센서가 부담하는 수입국 소득세를 적용하면서 발생되는 비용을 나타낸다. 게다가, 로열티 소득은 발생될 수 있는 소득세를 차감하지 않고 수령되어야 한다고 라이센스 계약에서 합의된바 없다. 협정의 어떠한 조항도 라이센서가 수령하는 로열티 조정에 대한 언급은 없다. 실제로 협정 제8조 제1항(c)는 동 조항의 요구사항을 충족하는 범위에서, 구매자가 지불하여야 할 로열티는 과세가격의 일부가 되며, 이 로열티는 라이센서가 최종적으로 수령하는 로열티라고 규정하지 않는다. 이 사례에서는 구매자가 지불하는 로열티와 라이센서가 수령하는 로열티 간의 차이가 있다. 기 언급된 사유로 인해, 협정 제8조 제1항(c)에 부합하기 위해서는 명시된 바를 준수할 필요가 있으며, 결과적으로 이 사례에서는 라이센서가 최종적으로 수령하는 금액이 아니라 수입자가 지불하는 금액의 총액이 물품의 과세가격에 가산되어야 한다. 협정 제1조에 대한 주해("실제로 지불하였거나 지불하여야 할 가격") 제3항(c)에서는 "수입국의 관세 및 제세"를 과세가격에 포함하지 않는다. 이는 로열티 소득에 대해 적용되는 조세보다는 물품의 수입에 대해 부과되는 국내조세와 관련이 있다. 제시된 해결책은 해당 물품의 과세가격에 수입국에서 적용가능한 제1조에 대한 주해 제3항(c)에 규정된 형태의 조세 금액이 아닌, 라이센서와 라이센시 간에 합의된 로열티 금액을 포함하자는 것이다. 결론적으로 수입자 B에 의해 지급된 25 c.u.는 협정 제8조 제1항(c)에 따라 수입물품 과세가격의 일부이다.

I국의 A사[수입자, 구매자, 프랜차이지(franchisee)]는 E국의 B사[수출자, 판매자, 프랜차이저(franchisor)]와 I국에서 프랜차이저의 브랜드(brand)를 사용하여 매장을 운영하기

위한 프랜차이즈 계약을 체결하였다. 프랜차이즈 계약에 따라 A사는 A사가 그 매장에서 판매하는 제품을 I국에서 제조하기 위하여 사용하여야 하는 재료(inputs)를 B사 또는 B사에 의해 승인된 자로부터만 구매할 수 있다. 재료는 특히 받은 것이 아니며, 어떠한 지식재산권에 의해 보호되지 않는다. 추가적으로 A사는 품질요건을 충족하기 위해 B사로부터 정식 승인받은, 더 낮은 가격으로 판매하는 제3의 공급자로부터 재료를 구매할 수도 있다. 프랜차이즈 계약조건으로 A사는 B사에게 브랜드(brand)와 시스템(system)을 사용하는 대가로 A사가 수입한 재료들을 사용하여 제조한 A사의 최종제품(final products)의 총매출액에 대하여 백분율로 계산한 로열티를 지불한다. 이 사례에서 수입재료가 위에서 언급한 것처럼 특허권 또는 다른 지식재산권에 의해 보호되지 않는 경우, '브랜드'(brand)는 매장운영과 관련하여 등록된 브랜드나 서비스표(service marks) 및 다른 상업적 표식을 의미하고 '시스템'(system)은 매장운영과 관련한 사업시스템과 절차를 말한다. 관세평가기술위원회는 다음과 같은 견해를 표명하고 있다(권고의견 4.17). 협정 제1조의 규정에 따라 과세가격 결정 시에는 협정 제8조 제1항(c)에 규정된 바와 같이 구매자가 평가대상 물품의 판매조건으로 직접 또는 간접적으로 지급하여야 하는 평가대상 물품과 관련된 로열티와 라이선스료는 해당 로열티 및 라이센스료가 실제로 지급하였거나 지급하여야 할 가격에 포함되지 않는 한도 내에서 수입물품에 대하여 실제로 지급하였거나 지급하여야 할 가격에 가산하여야 한다. 이 사례에서 평가대상 수입물품(재료)이 제품을 제조하기 위해 필요하고 필수적이며, 프랜차이저로부터 구매하거나 품질요건을 충족하기 위하여 프랜차이저가 승인한 자로부터 구매하여야 하더라도, 그에 대한 대가가 지급되는 브랜드가 있는 물품, 특허물품 또는 특허공정에 따라 제조된 물품은 아니다. 로열티의 지급은 수입물품과 관련된 것이 아니라 프랜차이저의 지식재산권(브랜드)이 반영된 제품의 제조와 판매과정에서 프랜차이저의 브랜드 및 시스템의 사용과 관련된 것이다. 프랜차이지가 지급하는 로열티는 협정 제8조 제1항(c)의 규정에 따라 수입물품에 대하여 실제로 지급하였거나 지급하여야 할 가격에 가산되지 않는다.

한편, 미국 관세청의 고시[316]에 따르면, 로열티 지급에 대한 과세에 관하여 동 지급이 수입물품과 관련이 있고 판매조건인지를 결정하는 데에는 세 가지 요소가 있다. 첫째 요소는 수입물품이 특허권 하에 제조되었는지, 둘째 요소는 로열티가 수입물품의 생산 또는 판매에 포함되었는지, 셋째 요소는 수입자가 로열티 지급없이 동 물품을 구입할 수 있는지 여부이다. 여기에서 첫째 및 둘째 요소는 부정적인 응답이고, 셋째 요소가 긍정적인 응답일 경우 비과세로 취급된다.

316) General Notice, Dutiability of Royalty Payments, Vol. 27, No. 6, Cust. B. & Dec., February 10, 1993.

(3) 제3자에게 지급하는 권리사용료의 관세평가

권리사용료는 판매자 또는 제3자에게 지급될 수 있다. 제3자에게 지급되는 권리사용료는 예를 들어 판매자의 의무를 이행하기 위해 제3자에게 지급되는 경우에 발생할 수 있다. EU 관세평가법규지침(Customs Valuation Text Compendium/2022)[317]은 다음과 같이 설명하고 있다. 제3자는 관련 권리의 소유자 또는 라이선스 제공자가 될 수 있다. 그러한 경우 상업적 상황이 애초에 "판매조건" 규칙이 적용되는 상황을 벗어나기 때문에 "판매조건" 테스트의 관련성(따라서 적용)이 직접 적용되지 않을 수 있다. 세관당국이 계약조항(사용료 계약 포함)을 고려하지 않고 독립적인 기준 또는 새로운 기준에 따라 판매자가 상품을 판매할 수 있는지 또는 구매자가 상품을 구매할 수 있는지 여부를 결정하려고 해서는 안 된다. 따라서 상업적 상황과 관련 계약상의 합의에 우선순위를 두어야 한다. 필요한 경우 판매(및 상품 수입)를 둘러싼 모든 상황을 조사해야 한다. 여기에는 특히 판매 및 라이선스 계약과 기타 관련정보 간의 연결 가능성이 포함된다. 당사자의 계약 및 법적 의무, 기타 관련 정보를 포함하여 상품의 판매 및 수입과 관련된 모든 사실을 기반으로 각 개별상황을 분석해야 한다. 로열티 또는 라이센스료를 지급받는 사람은 해당 사람의 거주지와 관련이 없다. 관련 없는 제3자에게 로열티 또는 라이선스 비용을 지불하는 것이 판매조건으로 간주되는 다양한 상황이 있을 수 있다. 이 지침이 제공하고 있는 예시는 다음과 같다.

제시된 사실관계는 아래와 같다. 라이센스 계약은 라이센스 사용자가 라이센스 제품의 제조업체와 제조계약을 체결하여 라이센스 사용자에게 독점적으로 제공하도록 의무화한다. 제조업체는 라이센서와 특수관계가 없다. 라이센스 계약은 라이센스 사용자가 그러한 제조계약에 대한 템플릿을 사용하거나 라이센스 제품의 제조업체에게 라이센스 사용자를 위해서만 이러한 제품을 생산하고 라이센스 사용자에게만 공급하도록 지시하도록 요구한다. 문제의 경우 제품은 라이선스 제공자가 생성하거나 개발하지 않는다. 이러한 접근방식의 근거는 라이선스 상품이 라이선스 사용자에게만 공급되도록 하여 라이선스 사용자가 주어진 영역 내에서 독점 상표권의 혜택을 받을 수 있도록 하는 것이다. 이것은 한편으로는 상표를 보호하고, 다른 한편으로는 라이선스 제공자가 제품 재판매 후 라이선스 사용자로부터 로열티 또는 라이선스 수수료를 받는 것을 보장한다. 경우에 따라 라이선스 제공자는 제조업체의 선택을 명시적으로 나타내거나 영향을 미치지 않는다. 따라서 제조업체는 라이선스 사용자가 선택하고 제조업체가 라이선스 사용자를 위해서만 생산한다는 조항이 포함될 수 있는 제조계약에 서명한다. 라이선스 계약과 판매계약 사이에 더 이상의 연결이나 상호 의존성은 없다. 위 지침의 분석과 결론에 따르면, 판매자는 제조계약에

317) Section 3 – Royalties and licence fees, 3.7 Royalties paid to third parties.

따라 라이센스 계약에 따라 라이센스 제공자에게 로열티 또는 라이센스 수수료를 지불해야 하는 라이센스 사용자에게만 상품을 판매할 의무가 있다. 따라서 라이선스 계약이 적용되는 상품은 라이선스 제공자가 지정한 라이선스 사용자에게만 제조업체/판매자에 의해 판매될 수 있다. 또한, 제조계약의 체결의무(또는 라이선시에게 배타적 인도의무)는 라이선서가 정하므로, 라이센서는 라이선서가 공급하는 모든 상품에 대한 로열티 및 라이센스료를 받을 것을 보장받는다. 라이선시/구매자는 라이선스 제공자에게 로열티 또는 라이선스 비용을 지불하지 않고는 문제의 상품을 구매할 수 없다라고 결론짓는 것이 적절해 보인다.

제시된 사실관계는 아래와 같다. 상표/재산권 소유자인 라이선서 및 라이선시와 관련된 구매대리인은 라이선스 상품의 수입에 관여한다. 생산자/판매자는 다른 당사자(라이선서, 구매자/라이선시, 구매 대리인)와 관련이 없다. 구매대리인은 상품의 구매자/라이센시에게 적합한 생산자/판매자를 선택하는 일을 담당한다. 그는 또한 구매와 관련하여 구매 에이전트의 일반적인 작업을 수행한다. 상표/재산권의 소유자인 라이선스 제공자는 라이선스 상품의 생산자/판매자가 이러한 상품에 대한 로열티를 지불하는 구매자(라이선시)에게만 판매하도록 보장한다. 이러한 맥락에서 구매대리인은 판매량 제한, 판매가격 규정 등을 통해 생산과정 및/또는 판매에 개입할 수 있다. 위 지침의 분석과 결론에 따르면, 구매대리인의 기능에 따라 상품이 판매자에 의해 판매되도록 보장하는 것은 구매대리인(라이선스 제공자와 구매자/라이선시 모두 관련됨)이다. 판매자는 라이센시에게만 판매되므로 판매된 모든 상품에 대한 로열티 지불에 대해 라이센서를 보장한다. 따라서 라이선스 수수료/로열티에 대한 지불이 판매조건으로 이루어지고 이러한 지불은 관세가격에 포함되어야 한다고 결론을 내리는 것이 적절하다.

제시된 사실관계는 아래와 같다. 구매자는 수입품을 생산하기 위해 생산자/판매자(라이선스 제공자와 특수관계가 없음)에게 무료 서비스를 제공한다. 이는 특히 설계 및 제조 노하우와 관련이 있다. 이러한 서비스가 없으면 생산자/판매자는 수입품을 생산하고 공급할 수 없다. 위에서 언급한 무료 서비스는 이전에 라이센서가 라이센서에게 로열티를 지불한 라이센시/구매자에게 제공되었다. 따라서 로열티 지불은 라이센시/구매자에게 수입품을 생산하고 배송하기 위한 요구사항이다. 종종 구매자는 수입상품에 상표를 사용할 권리를 얻기 위해 라이센스 제공자에게 로열티를 지불할 의무가 있다. 위의 지침에 따르면, 제조를 위해 수입품의 생산자/판매자에게 무료로 제공되는 생산요소(예: 설계 또는 제조 노하우)는 이러한 생산요소의 유효성이 로열티 지불에 따라 달라지더라도 EU관세법 제71조(1)(b)[생산지원]의 기준에 따라 평가되어야 한다.

관세평가기술위원회는 예해25.1에서 로열티 또는 라이센스료가 판매자와 특수관계가 없는 제3자(third party)인 라이센서(licensor)에게 지급되는 경우 협정 제8조 제1항(c)의 해석과 적용에 대한 지침을 다음과 같이 제공하고 있다. 로열티 또는 라이센스료가 제3자에게 지급되는 경우, 로열티 또는 라이센스료는 협정 제1조에 따른 실제로 지급하였거나 지급하여야 할 가격에 포함되어 있을 것으로는 간주되지 않는다. 따라서 협정 제8조 제1항(c)에서 유래하는 두 가지 주요 질문에 초점을 맞출 필요가 있다. 즉, ① 로열티 또는 라이센스료가 평가대상 물품과 관련이 있는가? ② 로열티 또는 라이센스료가 평가대상 물품의 판매조건으로서 지급되었는가? 먼저, 로열티 또는 라이센스료가 평가대상 물품과 관련이 있다고 간주될 수 있는 가장 일반적인 상황은 수입물품이 지적재산권과 결합되어 있고/또는 라이센스에 의하여 포함된 지적재산권을 사용하여 제조되는 때이다. 예를 들면, 수입물품에 로열티 또는 라이센스료가 지급되는 상표가 결합되어 있다면, 로열티 또는 라이센스료는 수입물품과 관련이 있다는 것을 나타낸다. 그리고 구매자가 판매조건으로 로열티 또는 라이센스료를 지급해야 하는지 여부를 결정하기 위한 핵심적인 고려사항의 하나는 구매자가 로열티 또는 라이센스료를 지급하지 않고 수입물품을 구매할 수 없는지 여부이다. 로열티 또는 라이센스료가 수입물품 판매자와 특수관계가 있는 제3자에게 지급되는 경우는 판매자와 특수관계가 없는 제3자에게 지급되는 경우보다 판매조건으로서 지급되었을 가능성이 더 있다. 제3자에게 지급되는 경우에도 로열티 또는 라이센스료의 지급이 판매조건으로서 간주되는 다양한 상황들이 있을 수 있다. 그러나 각각의 상황은 판매계약과 로열티 또는 라이센스 계약과 같은 관련 문서에 포함된 계약 및 법적 의무사항을 포함한 물품의 판매와 수입을 둘러싼 모든 사실에 기초하여 분석되어야 한다.[318] 구매자가 로열티 또는 라이센스료를 지급하지 않고 수입물품을 구매할 수 없다는 가장 명확한 증거는 수입물품에 대한 판매문서가 구매자가 판매조건으로서 로열티 또는 라이센스료를 지급해야 한다는 명시적 문구를 포함하는 경우이다. 그러한 언급은 로열티 또는 라이센스료가 판매조건으로서 지급되었는지 여부를 판단하는 결정적인 것이다. 그러나 판매문서가 그러한 명시적 규정을 포함하지 않을 수 있고, 특히 로열티 또는 라이센스료가 판매자와

318) 협정 제8조 제1항(c)에 따라 결정하기 위해서는, 로열티 또는 라이센스 계약과 판매계약을 포함한 모든 관련 문서들을 검토하는 것이 중요하다. 지식재산권 소유자("라이센서")는 로열티 또는 라이센스 계약에 의하여 사용자("라이센시")에게 라이센스 제품을 사용하기 위한 수수료 또는 로열티를 청구함으로써 발명 또는 창조적인 작업에 대한 수익을 얻는다. 로열티 또는 라이센스 계약은 일반적으로 계약기간, 금지된 사용, 권리의 양도 및 재라이센스, 보증, 라이센스 계약의 종결, 지원 및 유지 서비스, 품질관리 조항 등과 같은 라이센서와 라이센시 간에 합의된 조건 즉, 라이센시에게 부여되는 권리가 무엇인지와 로열티 및 라이센스료의 지급과 관계된 세부사항을 구체화한다. 지식재산권을 라이센스함으로써, 라이센서는 상표권과 같은 지식재산권을 사용할 수 있는 제한된 권리를 양도하지만 궁극적인 소유권은 여전히 보유한다. 판매계약은 수입되는 상품을 수출하기 위한 판매와 관련된 조건을 구체화한다. 이러한 계약들에 포함된 정보와 기타 관련 문서들은 로열티 또는 라이센스료의 지급이 협정 제8조 제1항(c)에 따른 과세가격에 포함되어야 하는지를 보여줄 수 있다.

특수관계가 없는 당사자에게 지급되는 경우가 있다. 이러한 경우에, 로열티 또는 라이센스료가 판매조건으로서 지급되었는지 여부를 결정하기 위하여 다른 요소를 고려할 필요가 있을 것이다. 구매자가 로열티 또는 라이센스료를 지급하지 않고 수입물품을 구매할 수 없는지 여부는 판매 및 라이센스 계약 사이의 관계와 다른 적절한 정보를 포함하여 물품의 판매 및 수입을 둘러싼 모든 사실의 검토에 좌우된다는 것이 관세평가기술위원회의 견해이다. 다음은 로열티 또는 라이센스료 지급이 판매조건인지 여부를 결정하는 데 고려할 수 있는 요소이다:[319]

(a) 판매계약 또는 관련된 문서에 로열티 또는 라이센스료에 대한 언급이 있다;

(b) 로열티 또는 라이센스 계약에 물품의 판매에 대한 언급이 있다;

(c) 판매계약 또는 로열티 또는 라이센스 계약의 조건에 따라 구매자가 로열티 또는 라이센스료를 라이센서에게 지급하지 않기 때문에 로열티 또는 라이센스 계약의 위반의 결과로서 판매계약이 종료될 수 있다. 이것은 로열티 또는 라이센스료의 지급과 평가대상 물품의 판매 간에 관련이 있음을 나타낸다;

(d) 만일 로열티 또는 라이센스료가 지급되지 않는다면 제조자는 라이센서의 지식재산권이 결합된 물품을 제조하여 수입자에게 판매하는 것이 금지된다고 나타내는 조건이 로열티 또는 라이센스 계약에 있다;

(e) 로열티 또는 라이센스 계약이 라이센서에게 품질관리를 넘어서 제조자와 수입자 간의 생산 또는 판매(수입국으로 수출하기 위한 판매)를 관리할 수 있도록 허용하는 조건을 포함한다.

제3에게 지급하는 로열티와 라이센스료에 대해 관세평가기술위원회가 표명하고 있는 견해를 살펴본다. 특허에 의해 제작된 기계가 특허권료를 공제한 가격으로 수입국으로 수출하기 위하여 판매되고, 판매자가 수입자에게 해당 특허권료를 특허권 보유자인 제3자에게 지급하도록 한 경우, 구매자가 지급하는 로열티는 평가대상 물품과 관련 있고 이들 물품의 판매조건이기 때문에 해당 로열티는 협정 제8조 제1항(c)의 규정에 따라 실제로 지급하였거나 지급하여야 할 가격에 가산되어야 한다(권고의견 4.1). ▲ 수입자는 제조자로부터 음악연주 레코드판(phonograph records)을 구매하였는데, 수입국의 법률에 따라 수입자는 레코드판을 전매(轉賣, resell)할 때 저작권을 보유하고 있는 작곡가인 제3자에게 판매가격의 3%에 해당하는 로열티를 지급하여야 하고, 로열티는 어느 일부도 제조자에게 직접 또는 간접으로 귀속되지 않으며, 판매계약에 따른 의무로 지급되지 않는다면, 해당 로열티는 과세가격을 결정함에 있어서 실제로 지급하였거나 지급하여야 할 가격에 가산되지 않아야 한다(권고의견 4.2). 왜냐하면 로열티의 지급은 수입물품을 수출하기 위한 판매조건이 아니라 레코드판이 수입국에서 판매될 때 저작권자에게 지급하도록 하는 해당

319) 각 사례는 관련 상황을 유념하여 개별적으로 고려되어야 한다고 이 예해는 상기시키고 있다.

수입자의 법률상의 의무(legal obligation)로 발생한 것이기 때문이다. ▲ 수입자 I는 특정 상품 제조를 위하여 특허공법(patented process)을 사용할 권리를 획득하면서 해당 공법을 사용하여 생산된 물품의 수량에 기초하여 특허권자 H에게 로열티를 지급할 것에 동의하고, 별도 계약에서 I는 특허공법을 수행하기 위해 특별히 고안된 기계를 설계하고 외국 제조자 E로부터 구매하는 경우, 비록 해당 로열티 지급이 기계에 체화된 공법에 대한 것이고 해당 기계장치만 사용하도록 할지라도, 해당 지급이 해당 기계를 수입국으로 수출하기 위한 판매조건이 아니기 때문에 이 로열티는 과세가격의 일부가 아니다(권고의견 4.3).

수입자 I는 X국에 위치한 라이센스 보유자 L과 I가 L에게 수입국으로 수입되는 L의 상표가 부착된 신발 각 한 켤레당 로열티 정액을 지급하는데 동의하는 라이센스/로열티 계약을 체결한다. 라이센스 보유자 L은 상표와 관련한 공예 및 디자인(art and design works)을 제공한다. 수입자 I는 X국의 제조자 M과 M이 L의 상표를 부착하여 만든 신발을 구매하기 위하여 또 하나의 계약을 체결하며, M에게 L이 제공한 공예 및 디자인을 제공한다. 제조자 M은 L로부터 라이센스를 허가받지 않았다. 이 판매계약은 로열티 지급에 대한 어떠한 내용도 포함하고 있지 않다. 제조자, 수입자 및 라이센서는 모두 특수관계에 있지 않다. 관세평가기술위원회는 다음과 같은 견해를 표명하고 있다(권고의견 4.8). 수입자는 해당 상표를 사용할 권리를 취득하기 위하여 로열티를 지급해야 한다. 이러한 의무는 수입국으로 물품을 수출하기 위한 판매와 관련 없는 별도의 계약에 기인한다. 물품은 별도의 계약에 따라 공급자로부터 구매된 것이며 로열티 지급은 이들 물품의 판매조건이 아니다. 그러므로 이 사례의 로열티의 지급은 실제로 지급하였거나 지급하여야 할 가격에 가산되지 않는다. 상표와 관련한 공예 및 디자인의 제공이 협정 제8조 제1항(b)에 따라 과세대상이 되는지에 대한 여부는 별도로 고려해야 할 사항이다. ▲ S국의 수입자 I는 R국에 위치한 라이센서 L과 라이센스 계약을 맺고, 동 계약에 따라 I는 L에게 물품의 제조 및 수입과 관련한 상표 사용권에 대하여 로열티를 지급해야 하며, 해당 로열티는 동 상표가 부착된 상품의 S국 내 판매로부터 I가 얻는 순이익에 기초하여 계산된 고정률로 구성된다. I가 L에게 로열티를 지급하지 못하는 경우에는 L이 라이센스 계약을 종료할 수 있는 권리를 가질 것이다. L과 I는 평가협정의 조건에 따른 특수관계에 있다. 추가적으로 L은 X국의 M사와 M이 L의 상표를 부착한 물품을 제조한 후 I에게 판매하도록 하기 위하여 공급계약을 체결하였다. 이 계약에 따라 M은 L이 제공하는 품질, 디자인, 기술과 관련된 제조사양서를 따라야 한다. 이 계약에는 M이 I 또는 L이 지정한 다른 회사에 독점적으로 이 상표를 사용하는 물품을 제조하여 판매할 책임이 있다고 상세히 기술되어 있다. M사는 L 또는 I와 특수관계에 있지 않다. I는 M과 판매계약을 체결하고, 이에 따라 M은 L의 상표를 부착한 물품을 I에게 판매한다. 그 계약서에 해당 로열티를 지급하라는 의무조항은 없다. I가 M에게 수입물품에 대하여 실제로 지급한 가격에는 I가 L에게 지급하여야 하는 로열티가 포함되어 있지 않다. 관세평가기술위원회는 다음과 같은 견해를 표명하고 있다(권고의견 4.15). I가 수입하는 물품은 L의 상표를 부착하고 있기 때문에 해당 로열티는 평가대상 물품과 관련된다고 말할 수 있다. 또한 이 사례에서 공급계약에 따라 L은 라이센스 물품의 제조를 허여하고 M이 판매할 회사들을 결정하며 제조자 M에게 디자인과 기술을 직접적으로 제공함으로써 상표를 부착한 물품과 관련한 생산을 통제한다. L이 I에게 라이센스 계약의 규정에 따라 물품의 제조 및 수입과 관련하여 상표를 사용할 수 있도록 허여하기 때문에 L은 어떠한 당사자가 상표를 사용하고 수입물품을 구매할지 선택함으로써 M과 I 간의 거래에 더욱 영향을 미치고 통제한다. M과 I간의 판매계약은 로열티의 지급을 요구하는 어떠한 조항도 포함하고 있지 않다. 그러나 I가 L에게 로열티를 지급하지 못하는 경우 I는 해당 물품을 구매할 수 없기 때문에 로열티는 물품의 판매조건으로 지급된다. I가 L에게 로열티를 지급하지 않는다면 라이센스 계약의 종료뿐만 아니라 이 상표를 부착한 물품을 제조하고 I에게 판매하도록 하는 M에게 부여된 권리의 철회까지 야기할 수 있다. 따라서 해당 로열티는 협정 제8조 제1항(c)에 따라 해당 물품에 대하여 실제로 지급하였거나 지급하여야 할 가격에 가산되어야 한다.

(4) 수입 후 지급되는 권리사용료의 관세평가

수입물품과 관련된 다수의 로열티 지급은 수입국시장에서의 판매 직후에 이루어질 수 있다. 금액은 일반적으로 총소매(또는 도매) 판매액의 일정비율이다. 이 경우, 세관당국이 수입시점에 로열티 금액을 확인하기는 대개 불가능하다. 물론 이 경우에도 이런 유형의 로열티가 평가대상 물품과 관련되어 있고 그 물품의 판매의 조건이라는 것을 확인해야 한다. 이 경우, 수입 후 로열티가 그 물품의 과세가격의 일부가 될 것이다. 이러한 로열티를 효과적으로 관리하기 위해, 관세법 제28조에서 잠정가격의 신고제도가 마련되어 있다.

수입 후 로열티(post-importation royalties)의 지급 사례로 관세평가기술위원회 권고의견 4.4에서 찾아볼 수 있다. 수입자 I는 특허권자인 제조자 M으로부터 특허 농축물(patented concentrate)을 구매한다. 수입 농축물은 수입국에서 판매되기 전에 보통의 물로 단순 희석하여 소매 포장된다. 물품 가격에 더하여, 구매자는 전매(轉賣, resale)할 상품에 특허 농축물을 결합 또는 사용하는 권리에 대해 판매조건으로서 로열티를 제조자 M에게 지급해야 한다. 로열티 금액은 최종상품(finished product)의 판매가격에 따라 계산된다. 관세평가기술위원회는 다음과 같은 견해를 표명하고 있다. 로열티는 구매자가 이들 물품의 판매조건으로 지급해야 하는 수입물품과 관련된 지급이며 따라서 협정 제8조 제1항(c)에 따라 실제로 지급하였거나 지급하여야 할 가격에 가산되어야 한다. 이 의견은 수입물품에 결합되어 있는 특허에 대하여 지급된 로열티와 관련된 것이며 다른 상황에는 영향을 미치지 않는다.

수입 후 로열티를 지급하는 실제 국내사례로 다음과 같은 계약내용을 소개한다:

2조 로열티(Royalties)

2-1 ➲ 본 계약 1조에 규정된 라이선스를 고려하여, HPT는 보충 계약서 기간 동안 추가 기업에게 HPT가 판매한 AT(시범 구축 장비와 같이 all-tooling 기준으로 생산되고 조립된 것들 포함) 당 3,700엔의 런닝 로열티(running royalties)를 JATCO에게 지급해야 한다.

2-2 ➲ 2조에 명시된 런닝 로열티는 TAA 8-1조에 명시된 로열티와 별도로 지급하며, TAA 8-1, 8-2, 8-3, 8-4, 8-5, 8-6조의 규정들은 본 보충계약서의 목적상 적용되지 않는다.

2-3 ➲ 2-1조에 규정된 런닝 로열티는 3월 31일 및 9월 30일에 종료되는 반기 중에 각각 HPT가 판매한 AT 및 예비부품을 기준으로 산출한다. 로열티는 각 반기의 말일이 경과한 후 1개월 내에 지급한다. 단, 해지는 TAA 15조에 따라 상대방으로부터 해지 통지를 서면으로 받은 즉시 발효된다. 이 경우, 로열티는 해지 발효일 이후 1개월 내에 지급한다.

2-4 ➲ 2-3조에 따른 런닝 로열티를 지급하지 못할 경우, Libor + 1%의 지연이자가 청구된다. 단, 정부로 인해 내부 지급 결정이 지연될 경우 지연이자는 적용하지 않는다.

2-5 ➲ 2-1조에 규정된 런닝 로열티 지급은 일본 엔화로 JATCO가 지정한 은행계좌로 송금한다.

2-6 ➲ 2-3조에 규정된 각 반기가 종료된 후 1개월 내에, HPT는 (i) 각 반기 중에 판매된 AT의 수, (ii) 각 반기 중에 판매된 예비부품의 순판매대금을 명시한 서면 보고서를 JATCO에게 제출해야 한다. HPT의 보고서는 HPT의 대리인 및 HPT의 회계 책임자가 서명하여 확인해야 한다.

2) 판례연구

(1) 특허권 지급 사건

【대법원 2019.2.14. 선고 2016두34110, 34127 판결】 사건을 살펴본다. 이 사건의 처분경위는 다음과 같다. 원고 에◇◇◇디스플레이글라스◎◎ 주식회사(이하 '원고 AD사')는 2005.3.8. 일본법인 아사히글라스 주식회사(이하 'AGC')가 투자하여 설립한 외국인투자기업(지분율 100%)으로, 액정 디스플레이(LCD)용 소판(素板)유리를 구매, 연마·가공하여 완제품인 LCD 유리기판을 생산·판매한다. 원고 아◎◎◎◎◇◇ㅁㅁㅁ한국 주식회사(이하 '원고 AF사')는 2004.6.17. AGC와 H주식회사가 합작설립한 외국인투자기업(AGC 지분율: 67%, H사 주식회사 지분율: 33%, AGC는 H주식회사의 지분 51.47%를 보유하고 있다)으로, 소판유리를 제조, 연마·가공하여 LCD 유리기판을 생산·판매하는 회사이다. AGC로부터 제공

받는 노하우를 바탕으로 원고 AD사는 연마공정을, 원고 AF사는 소판 및 연마공정을 수행하고, S사, L사 등 디스플레이 패널 생산업체에 생산한 유리기판을 납품한다. 원고들은 AGC와 사이에 설비매매계약을 체결하고 각 설비라인에 포함되는 기계 및 부품, 예비품들을 수입하였다(수입신고를 함에 있어서는 개별 구성품별로 수입신고를 하였다. 원고들이 수입한 설비를 통틀어 '이 사건 설비'). 서울세관장은 2012.4.19. 원고 AD사에게 "2010년과 2011년에 지급한 권리 사용료 약 685억 원이 이 사건 설비와 관련되고, 거래조건으로 지급되었다."는 이유로, 관세고시 제3-4조 제3호 단서, 제4호 나목의 안분식을 적용하여, 권리사용료 전액을 수입가격에 가산하는 내용의 과세전통지를 하였고, 관세청 과세적부심절차를 걸쳐 6.22. 원고 AD사에게 과세전통지 내용과 같이 권리사용료 전액을 수입가격에 가산하기로 하여 관세 등을 부과·고지하였다. 한편, 대구세관장은 원고 AF사가 2005년부터 2013년까지 AGC에게 지급한 권리사용료를 각 설비별로 나눈 다음(다만, 2008년 이후분은 각 설비의 가동일수 및 설비별 가격에 따라 안분함), 부과제척기간이 도과한 수입설비 DP11과 DP12에 대하여 지급된 권리사용료를 제외하고, "2007년부터 2013년까지 AGC에게 지급한 권리사용료(이하 원고 AD사가 지급한 권리사용료와 함께 '이 사건 권리사용료')가 이 사건 설비와 관련되고, 거래조건으로 지급되었다."는 이유로, 관세고시 제3-4조 제3호 단서, 제4호 나목의 안분식을 적용하여, 각 해당설비별로 처분시까지 지급된 권리사용료 전액을 수입가격에 가산하여 관세 등을 부과·고지하였다(이하, 원고들에 대한 부과처분을 통틀어 '이 사건 처분').

상고심은 원심[320]의 아래와 같은 판단에 세관장들의 주장과 같이 관세고시 제3-4조 제3호 단서의 효력 및 해석에 관한 법리를 오해하거나 판단을 누락하는 등의 잘못이 없다고 판시하고 있다:

- 원심은, 원고들이 AGC에 지급한 이 사건 권리사용료에는 설비에 관한 특허·노하우와 공정관리에 관한 노하우의 대가 외에 사업운영에 관한 노하우의 대가도 포함되어 있다고 판단하였다. 라이선스 계약의 내용을 비롯하여 이 사건 기록에 비추어 보면, 원심의 판단에 세관장들의 주장과 같이 채증법칙을 위반하거나 증명책임 배분에 관한 법리를 오해하는 등의 잘못이 없다. 한편 세관장들은, '가사 이 사건 권리사용료에 사업운영에 관한 노하우의 대가가 포함되어 있다고 하더라도 세관장들이 가산한 권리사용료에는 그 부분이 포함되어 있지 않다'고 주장하기도 하나, 이러한 주장은 상고심에 이르러 비로소 내세우는 새로운 주장으로서 적법한 상고이유가 되지 못하고, 원심판결에 이와 관련한 심리를 다하지 아니하거나 판단을 누락하는 등의 잘못이 없다;
- 원심은, 원고들이 AGC로부터 수입한 이 사건 수입설비의 과세가격을 구 관세법 제30조 제1항 제4호에 근거하여 결정한 이 사건 처분은 위법하고 이를 전부 취소할 수밖에

320) 서울고등법원 2016.01.14. 선고 2015누36395, 36456 판결(병합).

없다고 판단하였는데, 그 이유는 다음과 같은 취지이다:

① 구 관세법 제30조 제1항 제4호의 위임에 따른 관세령 제19조 제2항은 수입물품의 실제지급가격에 가산하는 금액은 권리사용료 중 수입물품과 관련성 및 거래조건성이 인정되는 부분에 한정되어야 한다는 점을 분명히 하고 있고, 관세령 제19조 제6항은 위 제2항이 정한 외의 세부사항을 정하도록 위임하고 있다. 따라서 관세령 제19조 제6항의 위임에 따라 관세청장이 관세고시 제3-4조 제3호 단서에서 정한 사항은, 권리사용료 중 수입물품과 관련성 및 거래조건성이 인정되는 금액을 산출하는 데에 필요한 세부사항으로 해석하여야 한다;

② 관세고시 제3-4조 제3호단서는, 특정한 완제품을 생산하는 전체방법이나 제조공정에 대한 대가로 권리사용료가 지급되고 그중 일부 공정을 실시하기 위한 설비, 기계 및 장치(이하 '설비 등')를 수입하는 경우에 관해 규정하면서도, 실제지급가격에 가산할 금액을 산출하는 방법에 관하여 그 권리사용료를 전체설비 등의 가격에 대한 당해 수입설비 등의 가격의 비율로 안분하도록 정하고 있다;

③ 이러한 관세고시 제3-4조 제3호 단서는, 권리사용료가 당해 수입설비 등을 포함한 전체설비 등과 관련되어 지급된 경우에 전체설비 등의 가격 중 당해 수입설비 등의 가격이 차지하는 비율의 권리사용료만을 가산한다는 취지이다;

④ 이와 달리 권리사용료에 전체설비 등과 관련성이 없는 '수입 이후의 국내 활동에 대한 대가'가 포함된 경우에도 관세고시 제3-4조 제3호단서를 적용하면, 수입설비 등과 관련성이 없는 '수입 이후의 국내 활동에 대한 대가' 역시 관세고시 제3-4조 제3호단서가 정한 비율만큼 실제지급가격에 가산되어 법령의 위임범위를 벗어나는 결과가 되므로, 이러한 경우에는 관세고시 제3-4조 제3호 단서규정을 적용할 수 없다.

- 그런데 이 사건 권리사용료에는 이 사건 수입설비 중 일부와 관련되어 지급된 특허·노하우의 대가 외에도 전체설비 등과 관련성이 없는 공정관리에 관한 노하우의 대가, 사업운영에 관한 노하우의 대가가 포함되어 있으므로, 이 사건 권리사용료에 대해서는 관세고시 제3-4조 제3호단서를 적용할 수 없다. 따라서 이 사건 권리사용료 전부에 위 단서규정을 적용하여 이 사건 수입설비의 실제지급가격에 가산할 금액을 산출한 이 사건 처분은 위법하다.

미국 CBP의 결정사례를 살펴본다. 【W563404, 2006.3.3.】 ➲ 수입자는 특수관계가 있는 독일의 제조업자에게서 전자기기를 구입하여 이것들은 미국의 최종 사용자들에게 재판매한다. 독일의 제조업자는 특수관계가 아닌 미국 회사에게서 부여받은 특허와 상표 라이센스 권리를 가지고 있으며, 이는 그 기기를 제작, 사용, 그리고 최종 사용자들에게 판매 유통할 수 있도록 허용하는 것이다. 라이센스 계약은 최종 사용자들에 대한 판매에 기준하여,

1회용 라이센스 발급수수료와 단위 당 로열티를 규정하고 있다. 지급 예정금액을 계산하기 위하여, 수입자는 판매된 단위의 숫자에 관한 분기별 보고서를 독일의 제조업자에게 발행한다. 그러고 나서 독일의 제조업자는 라이센서에게 주어야 할 로열티에 대한 송품장을 수입자에게 발급한다. 수입자는 로열티를 독일의 제조업자에게 지급하고, 그러면 독일의 제조업자는 라이센서에게 그 금액을 송금한다. 로열티는 구매자가 수입물품에 대하여 판매자에게 지급한 총금액의 일부이다. 게다가 그것들은 19 U.S.C. 1401a(b)(1)(D)에 따라, 실제로 지급하였거나 지급하여야 할 가격에 가산대상이다. 【H024566, 2008.10.15.】 ➲ 구매자는 판매자에게서 부품을 수입하며, 수입된 부품들은 미국에서 결합시켜 상품을 생산하고 그에 따른 여러 가지 특허의 사용에 대하여 판매자에게 로열티를 지급한다. 구매자가 판매자에게 지급한 로열티 지급은 미국에서 수입물품을 결합하여 생산한 완성상품의 판매와 처분에 근거하며, 수입물품의 금액은 로열티를 산정하기 전에 이 대금에서 공제된다. 로열티 지급은 과세대상이 아니라고 CBP는 결정하였다. 【H064075, 2011.03.25.】 ➲ 특허를 가지고 있으며 그 수입물품을 생산하지 않으나 그 로열티가 그 수입물품의 순매출액에 기초하여 결정되는 경우 특수관계가 아닌 제3자에게 지급되는 로열티는 거래가격 하에서 평가목적으로 실제로 지급하였거나 지급하여야 할 가격에 포함되어야 한다고 결정되었었다. 로열티가 의료행위를 하기 위하여 그 수입물품의 사용에 기초하여 결정되는 경우 특허를 가지고 있는 회사에 지급하는 로열티는 거래가격 하의 평가 목적상 실제로 지급하였거나 지급하여야 할 가격에 포함되지 않는다. 【H128018, 2011.04.06.】 ➲ 로열티는 수입물품이 특허하에 제조되지 않았을 때는 실제로 지급하였거나 지급하여야 할 가격의 일부, 로열티, 또는 사후귀속이익으로 과세할 수 없다. 제공된 노하우는 수입물품을 원재료로 사용하여 국내제조를 위한 것이고 수입물품은 국내제조를 위해 노하우를 라이센스를 허여한 특수관계자로부터 수입된 것이 아니다. 로열티는 사실이 그와 같다면 몇몇의 수입된 원재료가 라이센서의 모회사로부터 구매해 온 것을 제외하고는 또한 과세대상이 아니다. 수입자와 판매자가 특수관계이고 판매자가 또한 라이센서라는 사실이 반드시 로열티가 과세대상이라는 것을 의미하는 것은 아니다. 이 건에서, 구매자가 라이센서 모회사로부터 원재료를 구매해야 하는 것은 아니다. 최소로열티를 지급해야 한다는 사실이 로열티의 관세부과가능성에 영향을 주지 않는다. 왜냐하면 모든 원재료가 국내에서 구매하더라도 최소로열티는 지급해야 하고 원재료를 어디서 구매하는지와 상관없이 회사는 라이센스로 부여된 권리의 이용을 계속하여야 하기 때문이다. 계약서는가 국내 제조자가 회사의 요구량을 생산할 수 없어서 라이센서 모회사로부터 국내에서 제조되었던 물품을 구매할 것을 요구하는 경우, 그 로열티는 실제로 지급하였거나 지급하여야 할 가격의 일부로 과세대상일 수 있다. 【H089759, 2011.12.23.】 ➲ 로열티는 어떤 물품에 대하여 미국에서의 수입물품의 재판매시 미국에서 소프트웨어의 사용을 위하여 제조자, 수입자, 또는 라이센시와 특수관계가 아닌 당사자에게 지급되었다. CBP는 "수입물품은 특허하에 제조되지 않았다. 왜냐하면 어떤 특허도 수입물품의 제조에 사용된 공정에 사용되지 않았기 때문이다"라고 결정했다. 대신에 특허는 내비게이션 응용프로그램, 지도 데이터, 음성 소프트웨어에 대한 것이다. 수입된 GPS 기기에 대한 실제 제조과정 중에는 판매자가 소유하고 있는 특허 외에는 어떤 특허도 실시하지 않았다. 게다가 GPS기기에 대한 소프트웨어의 비용은 판매자가 수입자에 청구한 가격에 이미 포함되어 있었다. 수입자는 또한 GPS 기기(수입물품)의 공급자에게는 어떠한 로열티 지급도 하지 않았다. 그 금액은 GPS 기기(수입물품)에 결합될 소프트웨어를 위하여 특수관계가 아닌 제3자 라이센서에게 지급되는 것이다. 그 로열티는 라이센스료가 개별 판매계약이나 구매주문에 연결되었다는 아무런 증거가 없기 때문에 수입물품의 생산이나 판매에 관련이 없는 것이다. 결론적으로 CBP는 수입자는 그 라이센스료를 지급하지 않고 제품을 구매할 수 있었기 때문에, 쟁점 로열티는 19 U.S.C. 1401a(b)(1)(D) or (E)에 따라 수입물품의 실제로 지급하였거나 지급하여야 할 가격에 가산하여야 할 요소에 해당하지 않는다는 것을 분명히 하였다.

EU법원의 판례[321]를 살펴본다. 불가리아에 설립된 Curtis Balkan은 미국에 설립된 Curtis Instrument Inc.(이하 'Curtis USA')가 100% 지분을 소유한 회사로, 두 회사 간 법률적 관계는, 1996.2.1. 체결한 특허사용권리에 관한 계약과 2002.11.26. 합의한 관리용역의 제공에 관한 계약에 의하여 지배된다. 이러한 특허사용계약에 따르면, Curtis USA는 기준가격(standard price)으로 Curtis Balkan에게 자신이 소유한 특허기술에 기반한 fuel supply indicator와 high-frequency speed regulator의 제조를 위하여 kits를 제공한다. Curtis Balkan은 이러한 구성요소를 사용하여, 특허사용권료를 지급하는 전기차용 engine speed regulator 및 구성요소를 생산하고 판매할 권한을 부여받는다. 특허사용료의 지급은 분기별 생산제품의 판매보고서를 근거로 분기별로 이행된다. 2010.9. 서명된 수정계약에 의하여 Curtis USA는 계약서에 포함된 물품에 대한 로열티를 Curtis Balkan이 판매한 해당 물품의 순매출가격의 10% 금액으로 받는다. 관리용역제공 계약에 따르면, Curtis USA는, Curtis Balkan과 합의된 월정 지급비용을 대가로, Curtis Balkan을 위한 조직운영 활동, 즉 마케팅, 광고활동, 예산편성, 재무보고, 홍보시스템 및 인사관리 등을 포함하는 경영관리업무의 수행을 의무적으로 이행한다.

2012.1.1.부터 2015.5.31.까지 Curtis Balkan이 제3국으로부터 수입하는 물품의 세관신고내역을 심사하는 과정에서 불가리아 세관당국은 Curtis Balkan이 Curtis USA에게 1996.2.1. 합의한 계약에 따라 로열티를 지급하고 생산하는 제품에 수입한 부품 및 구성요소 물품을 사용하였다는 사실과 로열티가 수입물품의 신고가격에 포함되지 않았다는 사실을 확인하였다. 이러한 사실관계와 관련하여 Curtis USA와 Curtis Balkan이 제출한 소명서의 내용에

321) Judgment of the Court(Seventh Chamber), "Curtis Balkan" EOOD, In Case C-76/19, 9. July 2020.

따르면, Curtis USA가 생산에 필요한 구성요소의 구매협상 및 집중구매(centralised purchase)로부터 최종제품의 판매에 이르기까지 전생산과정(entire production line)을 통제(control)한다는 것이 명백하였다. 생산제품에 결합되는 구성요소는 Curtis USA가 제시하여 요구하는, 그러한 제품에 대하여 특별히 설계하는 사양서에 따라 생산된다. 게다가, 다른 공급자의 선택은 Curtis USA의 승인을 받아야만 한다. 하지만 USD 100,000(대략 EUR 85,000)를 초과하지 않는 가격의 주문에 대해서는 Curtis USA가 통지받거나 승인을 받을 필요는 없다. 2016.4.28. 불가리아 소피아 공항세관장은 세관심사를 마친 Curtis Balkan의 모든 세관신고분에 대하여, 구 EU관세법 시행명령 제158조 제1항[322] 및 제160조[323]와 연계하여 해석하면 구 EU관세법 제32조 제1항(c)[324]와 구 EU관세법 시행명령 제157조[325]에 해당되는 것으로 판단한 신고누락 로열티를 포함시켜 당초의 세관신고가격을 수정하는 처분을 내렸다. Curtis Balkan은 이러한 처분에 대하여 행정불복을 제기하였는데, 불복의 증거로 Curtis Balkan이 공급자들에게 주문한 물품의 가격은 Curtis Balkan이 Curtis USA에게 지급한 로열티에 종속되지(depend on) 않았고, Curtis USA는 그 공급자들의 활동을 지시하거나 제한하는 위치에 있지 않는다는 사실을 보여주는 공급자의 서신을 제출하였다. 하지만 2016.6.21. 관할 세관당국은 Curtis Balkan이 제기한 행정불복을 기각하였다.

Curtis Balkan은 2016.6.21. 관할 세관당국의 결정으로 확정된 2016.4.28. 불가리아 소피아 공항세관장의 부과처분에 대하여 불가리아 소피아시 행정법원에 행정소송을 제기하였다.

322) When the imported goods are only an ingredient or component of goods manufactured in the Community, an adjustment to the price actually paid or payable for the imported goods shall only be made when the royalty or licence fee relates to those goods.

323) When the buyer pays royalties or licence fees to a third party, the conditions provided for in Article 157(2) shall not be considered as met unless the seller or a person related to him requires the buyer to make that payment.

324) In determining the customs value under Article 29, there shall be added to the price actually paid or payable for the imported goods: <u>(c) royalties and licence fees related to the goods being valued that the buyer must pay, either directly or indirectly, as a condition of sale of the goods being valued, to the extent that such royalties and fees are not included in the price actually paid or payable;</u>

325) Article 157 of that regulation provides: 1. For the purposes of Article 32(1)(c) of the Code, royalties and licence fees shall be taken to mean in particular payment for the use of rights relating: – to the manufacture of imported goods (in particular, patents, designs, models and manufacturing know-how), or – to the sale for exportation of imported goods (in particular, trade marks, registered designs), or – to the use or resale of imported goods (in particular, copyright, manufacturing processes inseparably embodied in the imported goods). 2. Without prejudice to Article 32(5) of the Code, when the customs value of imported goods is determined under the provisions of Article 29 of the Code, a royalty or licence fee shall be added to the price actually paid or payable only when this payment: – is related to the goods being valued, and and – constitutes a condition of sale of those goods.

이 소송에서 Curtis Balkan의 요청에 따라 전문가 보고서가 제출되었는데, 이 보고서의 내용은 당초의 세관신고가격은 Curtis Balkan이 물품의 주문 시 경영상 독립성을 가질 수 있는 USD 100,000의 한계를 초과하지 않았다는 점이 명백하다는 것이다. 2018.2.8. 불가리아 소피아시 행정법원은 2016.6.21. 세관당국의 결정으로 확정된 2016 4.28.의 부과처분에 대하여 무효로 판결하였다. 판결이유는 Curtis Balkan이 지급한 로열티 금액을 수입물품의 계약가격에 가산한 것이 구 EU관세법 시행명령 제157조 제2항에 규정된 전제조건에 충족하지 못했기 때문이라는 것이다. 행정법원이 전제조건을 충족하지 못한다고 판단한 근거로 다음과 같은 사정을 판시하고 있다. 구 EU관세법 시행명령 제157조 제2항에 규정된 첫 번째 전제조건으로 로열티의 지급이 평가대상 물품에 관련되어야만 하는데, 이 사건 쟁점물품이 특허사용권리에 관한 계약에 포함되지 않았으며. 특히, Curtis USA가 소유한 권리인 특수한 제조공정 또는 노하우가 해당 수입물품에 분리되지 않고 체화되었다는 증거가 없다는 것이다. 구 EU관세법 시행명령 제157조 제2항에 규정된 두 번째 전제조건인 로열티의 지급이 해당 수입물품의 판매(거래)의 조건이어야 하는데, 공급자들이 Curtis Balkan에게 해당 로열티를 Curtis USA에게 지급하도록 요구하였다는 것이 설정되어 있지 않았으며, 더 특별히, Curtis USA가 공급자들에 대하여 간접 통제를 행사한다는 추정에 대한 근거가 될 수 있는 Curtis USA와 공급자들 사이에 관련성이 있다는 것을 제시하지 못하였다는 것이다. 게다가 그러한 공급자들은 관련성을 강력하게 부인하고 있다는 것이다. 이에 따라 불가리아 소피아 공항세관장은 행정법원의 판결에 대한 항소를 불가리아 최고 행정법원에 제기하였다.

EU법원은 다음과 같이 판시하고 있다.[326] 로열티·라이센스료의 산출방식이 수입물품의 가격에 의하여 설정하는 경우에 구 EU관세법 시행명령 제161조 제1항[327]에 따라 해당 로열티·라이센스료의 지급은 반대증거가 부재하는 한 평가대상 물품과 관련됨은 추정된다. 하지만 로열티·라이센스료의 지급이 시행명령 제161조 제2항[328]에 따라 수입물품의

326) 예비적 판결(preliminary ruling)이 내려지는 절차를 보면, 먼저 EU회원국의 법원이 송부하는 제청요청서(order for reference)로 예비적 제청절차가 개시된다. 그리고 제청요청서가 EU법원에 도달하면 EU법원 행정처장은 그 사본을 해당 회원국 국내소송의 당사자들, 모든 EU회원국, 위원회 그리고 이사회의 조치가 문제된 경우에는 이사회에 송달된다. 이들은 통고가 있은 후 2개월 내에 서면의견서(written observation)를 제출할 권리가 주어진다. 서면절차 이후의 심리절차는 원칙적으로 직접소송에서와 같다. 그리하여 사건의 심리절차에서는 구두의견을 제시할 수 있다. 구두심리 후 법률고문관이 의견을 제시하면 EU법원 재판부는 통상적인 방법으로 판결을 내린다.

327) Where the method of calculation of the amount of a royalty or licence fee derives from the price of the imported goods, it may be assumed in the absence of evidence to the contrary that the payment of that royalty or licence fee is related to the goods to be valued.

328) However, where the amount of a royalty or licence fee is calculated regardless of the price of the imported goods, the payment of that royalty or licence fee may nevertheless be related to the goods to be valued.

가격에 독립적으로 산출될 때에도 수입물품의 평가대상 물품과 관련될 수도 있다. EU관세법위원회가 마련한 관세평가상 로열티·라이센스료의 효력에 관한 의견서에서 다음 사항은 분명해진다. 즉, 수입물품이 그 자체가 로열티계약의 대상인 경우 뿐 아니라 수입물품이 로얄티 제품의 부품인 경우에도 관세평가에서 로열티·라이센스료의 지급이 미치는 효력을 필수적으로 심사하여야 한다. 더 나아가, 위 의견서에 따르면, 로열티계약에 따라 설정된 노하우가 수입물품과 관련이 있는 한, 관세평가에서 그것에 대해 지급한 로열티·라이센스료의 가산이 고려되어야 한다. 이와 반대로 로열티 제품의 생산에서 로열티의 사용에 대한 권리를 허여받은 자의 직원훈련 또는 경영, 관리, 상품화, 회계 등과 같은 분야에서의 기술지원과 같은 직무수행의 제공에 대한 로열티·라이센스료의 지급은 관세평가에서 포함되지 않는다. 위 의견서에는 어떤 로열티·라이센스료가 평가대상 물품에 관련이 되는지 여부의 확정을 위하여, 해당 로열티·라이센스료가 첫 번째로 "어떻게(how) 지급되었는가?"로 결정하는 것이 아니라 "왜(why) 지급하였는가?" 즉, 라이센서가 실제로 그 지급을 대가로서 해당 로열티·라이센스료의 사용권리를 허여한 것인가가 결정적이다. 그리하여 로열티 제품의 부품을 수입하는 경우에, 제품의 판매수익에 기초한 로열티·라이센스료는 전체적으로, 일부분으로 수입물품과 관련될 수 있거나 또는 수입물품과 전혀 관련되지 않을 수 있다고 기술되어 있다. 그런 까닭에 로열티·라이센스료의 산출방법이 수입물품의 가격에 관련이 없지만 해당 수입물품이 결합되는 최종제품의 가격에 관련이 있다는 사실은 해당 로열티·라이센스료가 최종제품에 관련이 있는 것으로 간주될 수 있다는 것을 배제하지 않는다.

제청법원이 질의하는 구 EU관세법 시행명령 제158조 제3항[329]의 해석에 대한 문제는 이 규정의 법문에 따라 라이센스료가 일부분만 수입물품에 관련이 있고, 나머지 일부분은 수입한 이후 해당 수입물품이 결합되는 다른 구성요소나 부품 또는 수입한 이후 (국내)용역활동에 관련이 있다는 점, 구 EU관세법 제32조 제2항에 관한 부속서 23의 주해에 따라 단지 객관적이고 수량화할 수 있는 사실을 근거로 적정한 분배가 이루어져야 한다는 점을 상기하여야 할 문제이다. 우선 먼저, 구 EU관세법 시행명령 제158조 제3항이 수입물품에 실제로 지급하였거나 지급하여야 할 가격에 라이센스료를 가산하는 수단으로 관세평가의 조정에 대한 독자적인 법원칙으로 간주할 수 없는지를 확정하는 것이다. 구 EU관세법 제32조 제3항[330]에 따라 관세평가를 산정하는 경우에 실제 지급하였거나 지급하여야 할

329) If royalties or licence fees relate partly to the imported goods and partly to other ingredients or component parts added to the goods after their importation, or to post-importation activities or services, an appropriate apportionment shall be made only on the basis of objective and quantifiable data, in accordance with the interpretative note to Article 32(2) of the Code in Annex 23.

330) No additions shall be made to the price actually paid or payable in determining the customs

가격에 가산하는 것은 그것이 이러한 조항에 규정된 경우에만 허용된다. 따라서 구 EU관세법 제32조 제1항(c)는 구 EU관세법 시행명령 제157조부터 제162조까지 보다 세부적으로 규정되어 있는 그 적용의 전제조건이 라이센스료와 관련하여 라이센스료의 가산을 통한 관세평가의 조정을 허용하는 유일한 법원칙임을 명시하고 있다. 수입물품에 단지 일부분만 관련되는 라이센스료의 경우에 객관적이고 수량화할 수 있는 근거로 적정한 배분이 되어야 한다는 법문과 함께 구 EU관세법 시행명령 제158조 제1항은 구 EU관세법 제32조 제1항이 위임하는 요건을 세부적으로 규정하는 것으로 제한된다. 두 번째, 구 EU관세법 시행명령 제158조 제3항은 라이센스료가 일부분은 수입물품에 관련되면서 나머지 일부분은 해당 수입물품이 수입된 후 결합되는 다른 구성요소나 부품에 관련되는 경우와 일부분만 수입하는 물품에 관련되면서 나머지 일부분은 수입한 후 (국내)용역활동에 관련되는 경우에 적용될 뿐만 아니라, 라이센스료가 일부분은 수입물품에 관련되면서 나머지 일부분은 해당 물품이 수입된 후 결합되는 다른 구성요소나 부품에 관련되는 경우 및 수입된 후 (국내)용역활동에 관련되는 경우에도 적용된다. 앞에서 설시한 것처럼, 구 EU관세법 시행명령 제158조 제3항은 라이센스료가 단지 일부분만 수입하는 물품에 관련되는 경우에 객관적이고 수량화할 수 있는 사실을 근거로 적절한 배분이 이루어진다는 것을 세부적으로 규정하고 있다. 앞에서 설시하는 세 번째 scenario에 따라 적용되는 규정의 해석은, 그럼에도 불구하고 라이센스료가 일부분은 수입물품에 관련되면서 나머지 일부분은 해당 수입물품이 수입한 후 결합되는 다른 구성요소나 부품에 관련되는 경우에, 또는 수입한 후 (국내)용역활동에 관련되는 경우에, 객관적이고 수량화할 수 있는 사실이 없음에도 적절한 배분이 될 수 있다면, 앞에서 언급한 구 EU관세법 제32조 제3항의 위임명령에 대한 위반이 야기된다. 이에 따라 실제로 지급하였거나 지급하여야 할 가격에 가산하는 것은 오로지 객관적이고 수량화할 수 있는 사실을 근거로 이루어지는 것만 허용될 수 있다. 세 번째로, 구매자가 판매자가 아닌 제3자에게 로열티·라이센스료를 지급하는 때, 구 EU관세법 시행명령 제158조 제3항이 적용되는지 문제에 관하여, 이 규정은 해당 로열티·라이센스료가 지급될 수 있는 자를 특정하지 않고 단순히 로열티·라이센스료의 지급을 규정하고 있다는 점을 지시하는 것으로 넉넉하다. 앞에서 언급한 세 번째 조건, 로열티의 지급이 평가대상 물품의 판매조건을 구성하여야 한다는 조건, 판매자 또는 그 판매자와 특수관계에 있는 사람과 구매자 사이 계약적 관계가 있는 동안, 로열티의 지급은 그러한 지급이 없다면 판매자가 그러한 판매계약을 체결하지 않을 정도로 판매자에게 매우 중요한 경우에 그 조건이 충족된다는 것은 당 법원의 판례법에서 분명하다. 이 사건에서, Curtis Balkan이 수수료를 지급한 회사, 즉 Curtis USA는 쟁점물품을 구매한 회사와 원래부터 다른 회사였다. 그 점에서, 구 EU관세법 시행명령 제160조는 구매자가 로열티·라이센스료를

value except as provided in this Article.

제3자에게 지급하는 때, 판매자나 그 판매자와 특수관계에 있는 사람이 구매자에게 그 지급을 요구하지 않는 경우에 시행명령 제157조 제2항에 규정된 전제조건이 충족된 것으로 간주되지 않는다는 것을 규정하고 있다. 당 법원의 판례법에서 구 EU관세법 시행명령 제160조는 로열티·라이센스료를 지급받는 "제3자"가 판매자와 "특수관계가 있는 사람"과 동일인인 상황에서 적용될 수 있다고 밝히고 있다. 당 법원은 또한 구 EU관세법 제32조 제1항(c)의 의미에서 로열티의 지급이 평가대상 물품의 판매조건을 구성하는지 여부를 결정하기 위하여, 평가대상 물품의 판매자가 licensor가 아닌 경우에, 판매자에 특수관계가 있는 사람이 해당 물품의 수입을 문제되는 로열티·라이센스료의 지급에 종속되도록 담보할 수 있는 상황을 확인하는 것은 최종적으로 필요하다.

구 EU관세법 시행명령 제143조 제1항(e)[331]에 따라, 일방 당사자가 타방 당사자를 직접적으로 또는 간접적으로 통제하는 경우 양 당사자 사이 특수관계가 있는 것으로 간주된다. 구 시행명령 부속서 23에 규정된 관세의 과세가격의 산정에 있어서 이 규정에 관한 주해는 일방 당사자가 타방 당사자에게 법률적으로나 실제적으로 제한을 부과하거나 명령을 내리는 위치에 있는 경우 전자가 후자를 통제하는 것을 인정하는 것으로 기술하고 있다. 이러한 사항이 이 사건에서 쟁점물품의 판매자와 Curtis USA 사이 관련성이 있는지 여부에 대한 결정은 제청법원에게 주요한 사항이 된다. 이것에 대하여 앞에서 설시한, 구 시행명령 제160조에 따라 제3자에게 지급한 로열티·라이센스료에 관련된 사례에서 구 EU관세법 제32조 제1항(c)의 적용가능성에 대한 주해의 요소를 고려하는 것이 필요하다. 수입물품의 가격이 쟁점 로열티의 지급에 종속되지 않았고, 라이센서가 경영적으로 공급자의 활동을 지시하거나 제한하는 위치에 있지 않다는 상황은, 해당 로열티가 판매의 조건으로 지급되었다는 사실을 배제하는 것으로 받아들일 수 없을 것이다. 결정적인 것은 단지 모든 기준적인 관점의 고려에서 선택된 형태의 판매계약의 체결과 그 결과에 따라서 로열티의 지급없이 해당 물품의 공급이 존재했는지 여부의 문제이다. 전술한 고려사항에 비추어보면, 즉 EU관세법 제32조 제1항(c)를 시행명령 제157조 제2항, 제158조 제3항 및 제160조와 연계하여 원고(Curtis Balkan)가 최종제품의 생산을 위한 노하우의 제공에 대한 대가로 본사(Curtis USA)에게 지급한 로열티의 비율이, 그 최종제품의 조립과정에서 Curtis Balkan이 licensor가 아닌 판매자로부터 구입되는 다른 구성요소 부품에 덧붙여서 해당 수입물품이 포함되기로 예정된 상황에서, 해당 수입물품에 대해 지급하였거나 지급하여야 할 가격에 가산되지 않으면 안 된다는 의미로 해석하여야 한다.

331) persons are to be deemed to be related if one of them directly or indirectly controls the other.

(2) 상표권 지급 사건

우리 판례를 살펴본다. 【대법원 2020.11.26. 선고 2020두46455 판결】 사건에서 상고심은 심리불속행 상고기각하여 그대로 확정되었다. 이 사건의 처분경위는 다음과 같다. 제조담배 수입판매업, 제조담배 도매업, 담배제조업 등을 목적으로 하는 법인인 제△△인터내셔널코리아 주식회사(이하 'J△IK')는 2006.3.3. 해외 관계사로 스위스 법인인 J△ International SA(이하 'J△I', J△IK를 비롯한 그 계열회사를 통틀어 'J△그룹')와 'M△△△(舊 M△△ S□□□)' 등 상표의 담배(이하 '이 사건 완제품 담배')를 국내에서 제조·판매할 수 있는 독점적 권리와 사업상 기밀·노하우 등의 기술적 정보를 사용하는 대가로 순매출액(국내에서 제조한 담배의 순매출액)의 3.5%를 J△I에게 로열티(이하 '이 사건 로열티')로 지급하기로 하는 라이센스 계약(이하 '이 사건 라이센스 계약')을 체결하였다. 원고는 담배의 제조와 판매 등을 목적으로 하는 법인으로, 2003.10.경부터 J△IK와 이 사건 완제품 담배의 제조에 관한 위탁가공(OEM)계약(이하 '이 사건 위탁가공계약')을 체결하고, 위 계약에서 정한 바에 따라 이 사건 완제품 담배를 제조하여 J△IK에게 전량 공급하고, J△IK는 위와 같이 원고로부터 공급받은 담배를 국내에 판매하고 있다. 원고는 이 사건 완제품 담배의 주재료인 혼합엽과 부재료인 향료, 궐련지, 팁 페이퍼(각초와 필터를 연결하는 종이), 필터 등(이하 위 주재료 및 부재료를 합하여 '이 사건 수입물품')을 J△I로부터 수입하고 있다. 원고와 J△IK 사이에 체결된 이 사건 위탁가공계약의 내용 중 이 사건과 관련이 있는 부분은 아래와 같다:

2.1 **본건 제품 ➲** 본 계약에 정한 제반 조건에 따라 J△IK는 본건 지역, 대한민국 내 면세점, 해외시장에서 J△IK가 판매할 본건 제품의 사양을 엄격히 준수하여 생산할 것을 원고에게 위탁하고, 원고는 그러한 위탁을 수락한다. 양 당사자들은 J△IK가 원고의 사전동의를 얻어 본건 제품에 대한 다른 국제상표 혹은 브랜드 스타일을 첨부1에 언제든지 추가할 수 있음에 동의한다. 원고는 그러한 동의를 부당하게 거절할 수 없다. 단, 대한민국 내 면세점 및 해외시장 판매목적의 수출용 J△IK 담배제품의 생산에 관한 조건은 별도의 계약으로 정한다.

3.1 **자재의 조달 ➲** 원고는 본건 제품의 제조를 위하여 필요한 자재를 J△IK가 선정하고 승인한 국내외 공급자로부터 조달하여야 한다. J△IK는 원고가 불리한 재정적 영향을 받지 않으면서 해당 자재를 성분으로 하는 본건 제품을 제조하여 J△IK에게 판매하는데 충분한 인도 및 신용조건을 상기 공급자로부터 제공받을 수 있다.

3.2.1 **J△IK의 자재의 검사 ➲** J△IK는 원고에 인도된 자재의 품질을 보증하며 자재를 검사하여 그 결과를 원고에 통보하여야 한다.

3.3.2 **자재조달로 인한 책임의 면**책 ➲ J△IK는 원고에 대하여 원고 명의로 자재를 구입할 것을 요청할 수 있다. 단, J△IK는 원고가 자재를 자신의 명의로 구입함으로

인하여 부담할 수 있는 세법상, 회계상 기타 일체의 책임 또는 손해에 대하여 원고를 면책하여야 한다. 본 규정에 따른 면책은 제1차 및 제2차 OEM계약에 따라 구매한 자재에 대하여 소급하여 적용한다.

8.1.1. **사양의 준수** ➲ 원고는 사양, J△ 국제품질관리지침 및 J△IK가 원고와 사전협의를 거쳐 수시로 제안하는 바에 따라 본건 제품을 생산하여야 한다.

8.2.1 **권리의 부여** ➲ 본건 제품의 제조, 생산이나 기공에 관계되는 사양, 노하우 및 제안의 소유권은 항상 J△IK에 귀속한다. J△IK는 J△IK의 서면에 의한 사전승인이 없이는 본 계약의 기간 동안, 본 계약에 의하여서만, 그러한 사양, 노하우 및 제안을 시설에서 본건 제품의 제조, 생산이나 가공을 위하여 사용할 수 있는 권리를 원고에게 부여하며 그러한 권리는 양도 불가능하고 비배타적인 권리이다.

8.4.1. **J△ 국제 품질관리지침** ➲ J△IK는 J△ 국제품질관리지침에 따라 본건 제품을 생산하는데 필요한 기술적 지원을 원고에 제공한다. J△IK는 시설 내에 제한된 수의 기술 전문가를 상주 시킬 수 있으며, 자신의 판단에 따라, 자신의 비용으로 원고에게 필요하다고 생각하는 제품의 생산, 품질보증 또는 물류관리에 필요한 노하우를 제공하기 위하여 시설 내에 1인 이상의 기술자를 파견할 수 있다. 원고는 그러한 기술 전문가 및 기술인의 권고 및 조언을 수용하는 것을 부당하게 거절하지 말아야 한다.

11.1.1 **구매대금의 구성** ➲ J△IK는 본 계약에 따라 인도되는 본건 제품의 대가로, OEM 수수료, 자재비용, 기타 비용 및 조세 및 기금으로 구성되는 구매대금을 원고에게 지급한다.

11.1.3 **자재비용** ➲ 자재비용은 사양 및 손실비율을 준수하여 인도되는 본건 제품에 사용되는 자재에 대하여 원고가 지급한 순 한화금액(이윤을 부가하지 아니함)에 원고가 자재의 조달을 위하여 지출한 일체의 합리적 비용을 가산한 금액으로 한다. 자재의 조달을 위하여 지출한 비용이라 함은 원고가 지급하나 해당 법령에 따라 회수할 수 없는 운송료, 관세, 부가가치세 기타 관련된 조세를 포함하되 이에 한정되지 아니한다. 자재비용의 지급은 서류에 의하여 증빙되어야 한다.

18. **비밀유지** ➲ 본 계약의 기간 동안 및 본 계약의 종료 후에 각 당사자는 본 계약의 조건 및 타방 당사자가 공개한 정보로서 공지의 사실이 아닌 정보(비밀정보)를 비밀로 유지하기로 확약한다. 단, 해당 당사자가 해당 법률에 따라 권한 있는 당국에 의하여 요구받는 경우에는 예외로 한다. 단, 그 경우에 해당 당사자는 그러한 공개를 하기 전에 타방 당사자에게 공개의 요구가 있었음을 통지하여야 한다. 각 당사자는 자신의 종업원 혹은 대리인이 비밀정보에 접속하는 것을 필요한 한도 내에서 제한하고 종업원과 대리인이 마치 본 조가 규정하는 비밀유지의무의 적용을 받는 것처럼 성실하게 비밀정보의 비밀성을 유지하도록 하여야 한다. 비밀정보는 J△I

국제품질관리지침, 본건 제품/원고 ETB/J△I ETB/CRES의 제조나 판매에 관한 사양, 성분, 지시 또는 제조/판매에 관한 기타 정보, 어느 당사자가 제조하였거나 주문한 본건 제품/원고 ETB/J△I ETB/CRES의 비용정보 및 품질에 관한 정보를 포함하나 그에 한정되지 아니한다.

J△I는 2004년부터 2007년까지 이 사건 수입물품을 일괄 매입하여 원고에게 공급하였는데, 이 사건 수입물품 중 특수관계에 있는 자로부터 매입한 물품의 경우 매입 원가 그대로 원고에게 공급한 반면, 특수관계 없는 제3자로부터 매입한 물품의 경우 매입원가에 5% Mark-up을 하여 원고에게 판매하였다. 부산세관장은 2008년 원고가 2004.1.1.부터 2007.10.7.까지 J△I로부터 수입한 이 사건 수입물품과 관련하여 기업심사를 실시한 후 원고에게 'J△I가 이전가격 산정시 J△IK에 전량 납품하는 조건으로 제3자 거래에 비해 특수관계자 거래간 Mark-up을 하지 않은 5%에 대해 조건사정에 의한 특별할인금액으로 보아 과세조치를 할 예정이고, 예상누락금액은 4,314백만 원, 예상추징세액은 1,441백만 원이며, J△IK가 J△I에게 지불하는 이 사건 로열티에 대하여는 별도 심사하여 추후 결정하겠다'는 내용의 심사결과를 통지하였다. 부산세관장은 2011.3.29. 원고가 2004.1.1.부터 2007.10.7.까지 수입한 이 사건 수입물품과 관련하여 J△IK가 J△I에게 지급한 이 사건 로열티에 대한 추가심사를 실시한 후 원고에게 아래와 같은 내용의 심사결과를 통지하였다:

① 로열티의 과세가격 가산요건 검토

➤ 원고가 수입하는 혼합엽에는 FORMULA나 RECIPES 등 영업상 또는 제조상의 기밀 등 기술적인 부분이 체화되어 있고, 가향재료 역시 조제가 완료된 것(국내 배합작업 없음)으로 노하우 또는 영업기밀이 체화된 상태로 구매되어 있어 수입물품과 로열티 지급은 관련성이 있음.

➤ 권리허여자, 해외공급자 및 로열티 지급자는 상호 특수관계자에 해당, 로열티 계약서상 원재료 구매관련 조항을 살펴보면 3자 구매의 경우 원재료에 대한 조건(가격, 품질 등)이 까다로워 핵심원재료에 대해서는 사실상 구매선택권이 없는 것으로 확인되는바 거래조건에도 해당함.

② 직전 사용처분 제한에 따른 과세처분과 로열티 과세요건 비교

➤ 담배의 경우 제조원가는 순매출액의 30% 정도이고, 이중 재료비가 차지하는 비중이 75% 내외(25%는 가공비), 재료비 중 55% 정도가 TM(입담배 등)에 해당하므로 매출액에서 TM이 차지하는 비중은 12% 정도임.

➤ 로열티 지급율의 매출액, 제조원가 안분

구 분	TM	NTM	가공비	합계
매출액안분	1.51%	1.16%	0.84%	3.50%
제조원가안분	5.0%	3.9%	2.8%	11.7%

➤ 특수관계자 구매 담배원부재료 안분 5% 추가가산내역과 로열티 내역의 제조원가 안분내역과 그 비율이 유사함.

③ 처분내역

➤ 기처분내역과 로열티 안분내역이 유사하므로 추가가산 없으나 향후 사업환경변화(계 약사항변경 등)시 가산여부 추가검토 필요함.

부산세관장은 원고가 2009.6.12.부터 2014.5.31.까지 수입한 이 사건 수입물품과 관련한 기업심사를 실시하였고, 2014.9.29. 원고에게 'J△IK가 J△I에게 지급한 이 사건 로열티는 이 사건 수입물품과 직접적인 관련이 있고, 거래조건도 충족하므로, 관세법 제30조 제1항 제4호 및 관세령 제19조에 의해 위 수입물품 거래가격에 가산하되, 위 로열티는 위 수입물품 뿐만 아니라 국내 제조부분과도 관련되어 있으므로 관세고시 제9조에 의하여 제조원가에서 수입물품이 차지하는 비율 및 조정액을 산정하여 과세가격을 결정하다'는 내용의 심사결과를 통지하였다. 이후 부산세관장은 원고가 2009.6.12.부터 2014.5.31.까지 수입한 이 사건 수입물품 중 3개월 이내에 제척기간이 도래하는 부분에 대하여 관세고시 제9조 제2호에 기해 이 사건 로열티에 이 사건 완제품 담배의 국내제조원가(세금 및 권리사용료 제외) 중 위 수입물품의 가격이 차지하는 비율을 곱하여 산출된 금액을 과세가격에 안분가산하여 원고에게 각 관세 등을 경정·고지하였다.

이 사건은 원심[332]은 다음과 같이 판시하고 있다. **❶ 로열티 지급주체에 관하여 ⊃** 이 사건 로열티는 이 사건 수입물품과 관련성이 있고, 그 거래조건으로 지급되었으므로, 원칙적으로 이 사건 수입물품의 구매자인 원고가 판매자인 J△I에게 지급하여야 할 금액이고, 그 로열티는 이 사건 완제품 담배의 제조에 필요한 '자재비용'에 해당하므로, 이 사건 위탁가공계약에 따라 J△IK는 원고에게 이를 지급하여야 하는데,[333] J△IK는 이 사건 라이센스 계약에 따라 J△I에게 정해진 비율에 따라 로열티를 지급하기로 정했기 때문에, 원고를 거치지 않고 J△I에게 이 사건 로열티를 직접 지급한 것일 뿐이다. 결국 이 사건 로열티는 이 사건 위탁가공 계약 및 라이센스 계약에 따라, 이 사건 수입물품의 거래조건으로 구매자인 원고가 J△IK를 통하여 간접으로 지급하는 권리사용료에 해당한다고 볼 수 있으므로,[334] 관세법 제30조 제1항 제4호, 관세령 제19조 제2항 등에 따라 과세가격에 가산할

332) 서울고등법원 2020.07.08. 2017누77871 판결.

333) 이 사건 수입물품은 J△IK에 의하여 승인되고 원고가 오직 이 사건 완제품 담배의 생산을 위해서만 사용하여야 하는 '자재'로서, 이 사건 위탁가공 계약의 이행을 위하여 원고가 J△I로부터 수입한 것인데, 원고는 자재를 J△I로부터 수입한 후 J△IK로부터 자재의 수입을 위하여 지급한 금액 전액(이윤을 포함하지 아니함) 및 자재의 조달을 위하여 지출한 합리적 비용(여기에는 운송료, 관세, 부가가치세 기타 관련 조세 등이 포함됨)을 '자재비용' 명목으로 지급받았다.

334) 한편 대법원은, 원고(매일유업 주식회사)가 M△△△△ Corporation과 사이에 라이센스 계약을 체결한 맥△산업 주식회사를 위하여, 햄버거 제조에 전용되는 조제오이류를 위탁 수입한 사안에서,

수 있다. 따라서 이 사건 각 처분은 적법하고, 이에 배치되는 원고의 이 부분 주장은 받아들일 수 없다. (J△IK는 J△I로부터 이 사건 라이센스 계약에 따라 이 사건 완제품 담배를 직접 제조하거나, J△I로부터 직접 자재를 구입하여 원고에게 제공할 수도 있었음에도, 원고로 하여금 이 사건 수입물품을 구매하게 하였다. 이와 같은 경우에도 이 사건 로열티가 이 사건 수입물품의 구매자인 원고에 의하여 직접 지급되지 않았다는 이유만으로 이 사건 수입물품의 과세가격에 가산할 수 없다고 본다면, 거래형식을 임의로 선택하여 부당하게 조세를 회피하는 것을 막을 수 없는 결과가 되어 부당하다.)

❷ 관련성 결여 여부에 관하여 ➲ 아래와 같은 사정을 모아 보면, 이 사건 로열티의 지급대상인 J△I의 기술적 정보가 이 사건 수입물품에 체화 또는 구현되어 위 수입물품과 일체화되거나 위 수입물품의 일부를 이루고 있다고 볼 수 있으므로, 이 사건 로열티는 이 사건 수입물품과 관련성이 인정되므로 이에 배치되는 원고의 이 부분 주장은 받아들일 수 없다:

- 이 사건 로열티는 J△IK가 이 사건 라이센스 계약에 의해 허여받은 J△I의 '상표와 기술적 정보'의 사용대가로 지급하는 것인데, 위 계약에서는 J△I의 '기술적 정보'에 관하여 'J△I가 J△IK에게 공개한 현재 및 미래의 모든 사업상 기밀, 노하우, 경험, 마케팅 방법과 명세 및 발명을 의미하고, 이 경우 당해 정보는 특허를 받았거나, 특허가 가능 또는 불가능한 경우 모두를 포함한다', '본 계약에 따른 담배 제조에 사용되는 과정, 공식 및 방법, J△I가 행한 모든 개선 및 개발, 제조, 가공 및 포장과 관련한 모든 개선 및 변경과 J△I가 본건 라이센스 받은 상표를 기재한 채 판매한 포장설계나 담배 등을 포함한다'고 규정하여, '기술적 정보'에 특허권뿐만 아니라 노하우, 사업상 기밀, 경험 등도 포함된다는 점을 명시하고 있다. 또한 위 기술적 정보의 내용 및 범위를 국내에서의 담배 제조 및 판매에 관한 것으로 한정하고 있지도 않다;
- J△그룹은 같은 상표 하에 판매되는 제품이 동일한 품질을 유지하여 전세계적으로 동일한 제품특성을 가질 수 있도록 J△그룹 내에서 사용되는 전세계적인 품질관리지침을 마련하고 있고, 담배 완제품을 제조하기 위한 재료인 이 사건 수입물품도 위와 같은 품질관리지침에 따라 만들어진 것으로 보인다;
- 이 사건 수입물품은 이 사건 완제품 담배를 만들기 위한 혼합엽, 향료, 궐련지, 팁 페이퍼, 필터 등의 재료인데, 그 중 혼합엽의 경우 J△I가 여러 품종의 담배 잎(버얼리종,

"맥△산업 주식회사는 M△시스템의 사양과 질적인 기준을 충족하는 식음료 재료만을 사용해야 하고 이를 위반할 경우에는 라이센스 계약을 해지할 수 있기로 약정하였고, 조제오이류를 일정 업체로부터만 수입한 사정 등에 비추어 볼 때, 맥△산업 주식회사가 M△△△△ Corporation에 지급하는 로열티와 위와 같이 수입하는 조제오이류의 관련성 및 거래조건성이 인정된다"는 취지로 판시하였는바(대법원 1993.4.27. 선고 91누 7958 판결 참조), 위 사안의 경우에도 로열티를 실제 지급한 자와 수입물품의 구매자가 다르다.

버지니아종, 오리엔트종)을 선별하여 구매한 후, 담배 잎의 향과 수분 함유량을 높이기 위한 케이싱 및 열처리, 서로 다른 품종 및 등급의 담배잎을 일정한 배합비율에 따라 섞는 블렌딩 등 여러 공정을 거쳐 만들어지고, 위와 같은 공정을 통해 서로 다른 품질과 특성을 갖는 여러 모델의 혼합엽(FSS240, FSS251, FSS252, CSS091, ETS872 등)이 제조되며, 위 혼합엽 단계에서 이미 이 사건 완제품 담배의 품질과 특징이 상당 부분 결정되게 된다;

- 또한 향료,[335] 궐련지,[336] 팁 페이퍼,[337] 필터[338] 등의 부재료들도 담배의 맛과 향을 개선하고, 소비자인 흡연자의 경험에 직접적인 영향을 미치는 것들로서 이 사건 완제품 담배의 품질과 특징을 좌우하는 요소로 볼 수 있다. 이에 J△I나 원고와 같은 담배 제조 회사들은 이 사건 수입물품을 만드는 기술을 영업비밀로 취급하여 외부에 공개하지 않거나,[339] 특허권의 취득을 통해 해당 정보를 법적으로 보호하고 있는 것으로 보이므로, 이 사건 수입물품에는 J△I가 일반에 공개하지 않고 비밀로 유지하는 각종 정보와 노하우, 특허권 등 지적재산권과 같은 J△I의 기술적 정보가 체화 또는 구현되어 일체화되거나 그 일부를 이루고 있다고 볼 수 있다. (원고는, J△I의 특허취득 시기 및 특허의 내용에 비추어 볼 때, 이 사건 수입물품에는 J△I가 취득한 특허권이 적용된 제품이 존재하지 않는다는 취지로 주장한다. 그러나 이 사건 로열티는 특허를 받은 것뿐만 아니라, 특허취득이 가능하지만 아직 특허를 받지 않은 것과 특허를 받는 것이 불가능한 사업상 기밀, 노하우, 경험 등 '기술적 정보'의 대가로 지급된 것이므로, 이 사건 수입물품을 수입한 시기에 J△I가 관련 특허를 취득하였는지 여부는 이 사건 수입물품의 제조에 위와 같은 '기술적 정보'가 필요하다는 점을 인정함에 있어 장애가 되지 않는다.);
- 원고는, ㉮ 이 사건 라이센스 계약에서 J△IK가 허여받은 권리의 사용범위를 국내로 제한하거나, J△I가 국내에서 이 사건 완제품 담배를 제조하기 위한 기준 및 사양을 J△IK에게 통지 및 관리하도록 하고 있는 점, ㉯ 이 사건 라이센스 계약에서 이 사건 수입물품을 J△I가 아닌 제3자로부터도 구매할 수 있다고 규정하고 있는 점, ㉰ 혼합엽은 국내에 수입된 후 Primary Process[340]라는 공정을 거쳐 각초[341]로 만들어지는데,

335) 혼합엽에 향을 가미함으로써 담배의 기본적인 맛과 향기를 결정하는 재료이다.

336) 담배를 적절한 비율로 연소되도록 하여 연소되는 동안 담배 맛을 유지할 수 있게 하는 기능을 하는 재료이다.

337) 미세한 구멍이 뚫려 있는 종이로서 그 제조방법에 따라 담배에 포함된 물질이 흡연자에게 전달되는 정도를 조절할 수 있는 재료이다.

338) 흡연자의 입 안으로 들어오는 담배연기와 공기를 희석하여 담배성분을 조절하고, 담배 맛과 향기를 개선하는 기능을 하는 재료이다.

339) 이 사건 라이센스 계약 제5.01조는 J△IK로 하여금 위 계약에 따른 담배제조에 사용되는 모든 기술적 정보를 기밀사항으로 처리할 의무를 부여하고 있다.

혼합엽은 위 공정을 거치기 전에는 이 사건 완제품 담배와 기능·형태의 동일성이 전혀 없으므로 위와 같이 혼합엽을 각초로 만드는 공정이 이 사건 완제품 담배를 제조하는 핵심공정인 점, ㉣ 이 사건 로열티가 이 사건 수입물품이 아닌 이 사건 완제품 담배의 순매출액을 기준으로 산정되는 점, ㉤ J△I로부터 완제품 담배를 수입하는 경우에는 J△IK가 J△I에게 별도로 로열티를 지급하지 않으므로 이 사건 수입물품에 체화된 노하우 등에 대한 비용은 이 사건 수입물품의 거래가격에 이미 반영된 것으로 보아야 하는 점, ㉥ 원고가 이 사건 위탁가공 계약에 따라 J△IK에게 이 사건 완제품 담배를 공급하면서 청구한 대금 내역에도 이 사건 로열티가 반영되어 있지 않은 점 등을 들어, 이 사건 라이센스 계약의 당사자인 J△I와 J△IK는 국내에서 이 사건 완제품 담배를 제조·판매하는 것과 관련한 기술적 정보 등을 사용하는 대가로 이 사건 로열티를 수수할 의사가 있었을 뿐, 이 사건 수입물품을 사용하는 대가로 이 사건 로열티를 수수할 의사는 없었으므로, 이 사건 수입물품과 이 사건 로열티는 관련성이 없다는 취지로도 주장한다. 그러나 아래와 같은 사정을 모아 보면, 이 사건 로열티에는 J△I의 기술적 정보가 구현·체화된 이 사건 수입물품의 사용대가도 포함되어 있다고 봄이 타당하므로, 원고의 위 주장은 받아들일 수 없다:

㉠ 이 사건 라이센스 계약에서 이 사건 로열티 지급의 대상이 되는 기술적 정보를 이 사건 완제품 담배제조 등과 관련된 모든 정보를 의미한다고 규정하고 있을 뿐, 그 범위를 국내에서 이 사건 완제품 담배를 제조·판매하는 것과 관련된 것으로 한정하고 있지 않다;

㉡ 이 사건 라이센스 계약 제1.07조 및 제2.01조 등은 위 계약의 적용범위 내지 이 사건 완제품 담배를 제조·포장·판매할 수 있는 범위를 정한 것이거나, 이 사건 완제품 담배의 제조와 관련하여 J△I가 J△IK에게 통지하여야 하는 기술적 정보의 내용에 관한 것일 뿐, 이 사건 로열티 지급의 대상이 되는 기술적 정보의 지역적 범위를 한정하는 취지의 규정으로 볼 수 없다;

㉢ 사실상 이 사건 수입물품을 J△I가 아닌 제3자로부터도 구입할 수 있다고 보이지 않을 뿐만 아니라, 이 사건 라이센스 계약에서 이 사건 수입물품을 J△I가 아닌 제3자로부터도 구매할 수 있다는 규정을 두고 있다는 것만으로 이 사건 수입물품에 체화 또는 구현되어 있는 기술적 정보가 이 사건 로열티와 무관한 것 이라고 할 수는 없다;

㉣ 혼합엽에도 J△I의 기술적 정보가 체화 내지 구현되어 있을 뿐만 아니라, 혼합엽 단계에서 이미 이 사건 완제품 담배의 품질과 특징이 상당 부분 결정되는 이상,

---

340) [수입 후 공정]에 관한 도표 중 각초(Cutfiller)가 만들어지기까지의 공정을 말한다.

341) 刻草, cut filler, 농가에서 수확한 담배잎을 건조, 배합, 가향, 열처리, 숙성 등의 공정을 거쳐 가공한 다음 이를 일정한 크기로 절각하는 방법으로 제조되는 담배 완제품의 원재료를 말한다.

혼합엽을 각초로 만드는 공정이 이 사건 완제품 담배를 제조하는 중요한 공정이고, 위 공정을 통해 비로소 이 사건 완제품 담배의 특성·기능을 갖추게 된다고 하더라도, 기술적 정보가 체화된 혼합엽을 사용하는 대가가 이 사건 로열티에 포함되지 않는다고 볼 수는 없다;

ⓜ 설령 J△IK가 J△I에게 완제품을 수입하는 경우에는 이 사건 수입물품을 수입하여 완제품을 제조·판매하는 경우와 달리 로열티가 지급되지 않았다고 하더라도, 그러한 사정만으로 당연히 이 사건 수입물품의 거래가격에 권리사용료가 포함되어 있다고 볼 수는 없다;

ⓑ 원고가 J△IK에게 청구한 구매대금에 이 사건 로열티가 포함되어 있지 않은 것은 J△IK가 이 사건 라이센스 계약에 따라 J△I에게 순매출액에 대한 일정 비율의 금액을 이 사건 로열티로 직접 지급하기로 약정하였기 때문이지, 이 사건 수입물품의 사용대가로 이 사건 로열티가 지급되는지 여부와는 관련이 없다.

- 원고는, ㉮ 이 사건 라이센스 계약에서 기술적 정보를 J△IK에게 '공개'된 정보로 규정하고 있는 점, ㉯ 관세법령에서도 권리를 '사용'하는 대가를 과세가격에 가산하도록 규정하고 있으며, 유럽연합 관세법에서도 로열티 등을 과세가격에 가산하기 위해서는 그 대상이 된 권리가 이전될 것을 요하고 있는 점 등을 고려할 때, 원고가 이 사건 수입물품을 수입하면서 그와 관련한 기술적 정보를 이전 또는 제공받지 않은 이상, 이 사건 로열티는 이 사건 수입물품에 체화된 기술적 정보에 대한 대가로 지급된 것으로 볼 수 없으므로, 이 사건 로열티와 이 사건 수입물품 사이에 관련성을 인정할 수 없다는 취지로도 주장한다. 그러나 아래와 같은 여러 사정 등을 모아 볼 때, 원고의 위와 같은 주장 역시 받아들일 수 없다:

㉠ 이 사건 라이센스 계약의 기술적 정보에 관한 규정에서 말하는 '공개'를 물리적인 의미의 공개로 한정할 아무런 이유가 없고, 위 계약에서 공개의 의미를 물리적 공개로 명시적으로 한정하고 있지도 않을 뿐만 아니라, 앞서 본 바와 같이 위 계약의 기술적 정보에는 물리적으로 이전 내지 제공하기 어려운 정보들도 포함되어 있다;

㉡ 이 사건 라이센스 계약은 상표와 기술적 정보를 '사용하는 것'에 대한 대가로 이 사건 로열티를 지급할 것을 명시하고 있다;

㉢ 관세법령상 권리사용료가 당해 수입물품에 관련되어 있다는 것은 그 지급대상인 무형재산권이 수입물품에 체화 또는 구현되어 수입물품과 일체화되거나 수입물품의 일부를 이루고 있는 경우를 말한다고 보아야 한다;

㉣ 설령 원고가 들고 있는 유럽연합 개정관세법 제71조[Article 71(1)(c) UCC] 및 실행규정 제136조 제1항[Article 136(1) of the UCC-IA]을 이 사건에 적용할 수 있다고 하더라도, 그 규정내용을 보면, '수입물품 특히 라이센스 또는 로열티 계약에 따라 이전된 권리가 물품에 구현된 경우, 로열티 및 라이센스료와 관련이 있다'라고만

되어 있을 뿐, 수입물품과 별도로 계약상의 권리가 물리적으로 이전될 것까지 요구하고 있다고 보기는 어렵다;

㉤ J△IK가 원고에게 J△I의 기술적 정보가 체화 또는 구현된 이 사건 수입물품을 가공하여 이 사건 완제품 담배를 제조하게 하고, 원고가 계약기간 동안 위 수입물품을 이용하여 이 사건 완제품 담배를 제조한 이상, 그 기술적 정보가 원고에게 물리적으로 이전되었는지에 관계없이 원고는 위 정보를 사용한 것으로 볼 수 있다.

- 원고는, 이 사건 수입물품과 관련한 기술적 정보의 대가는 이미 그 수입가격에 포함되어 있다고 주장하나, 원고가 이 사건 수입물품 가격에 가산되었다고 주장하는 5% Mark-up이 이 사건 수입물품에 체화 내지 구현된 J△I의 기술적 정보에 대한 사용대가에 해당한다고 보기 어렵고, 달리 이 사건 수입물품의 수입가격에 위 물품에 체화 또는 구현된 J△I의 기술적 정보에 대한 대가가 포함되어 있다고 볼 만한 자료가 존재하지 않는다. 따라서 원고의 위 주장도 받아들일 수 없다;
- 한편 원고는 이 사건 로열티의 지급이 중단된 이후에도 이 사건 수입물품의 수입가격에는 변화가 없으므로, 이 사건 수입물품의 실제 지급가격에는 위 물품에 체화된 기술적 정보의 사용대가가 포함되어 있다는 취지로 주장한다. 그러나 J△I가 이 사건 로열티를 면제하여 주었다고 하더라도, 이를 두고 당연히 기존에 J△IK가 부담하던 기술적 정보의 사용대가를 원고에게 부담시키겠다는 J△I의 의사가 추단된다고 볼 수는 없을 뿐만 아니라, 이 사건 수입물품의 수입가격은 로열티 지급여부 외에도 제조원가, 환율, 이윤 등 복합적인 요소들을 고려하여 결정되므로, 단순히 이 사건 로열티의 지급이 중단된 시점 전후로 그 수입가격의 변동이 없다는 사정만으로 이 사건 수입물품의 수입가격에 해당 물품에 체화된 기술적 정보의 사용대가가 포함되어 있다고 볼 수 없다. 따라서 원고의 위 주장도 받아들일 수 없다.

❸ 거래조건성 결여 여부에 관하여 ➲ 다음과 같은 사정에 비추어 보면, 이 사건 수입물품을 구매하기 위하여 이 사건 로열티가 지급되었고, 사실상 원고에게 이 사건 수입물품에 대한 구매선택권이 있다고 볼 수 없다. 따라서 이 사건 로열티는 이 사건 수입물품의 거래조건으로 지급되었다고 봄이 상당하므로, 원고의 이 부분 주장도 받아들일 수 없다:

- J△IK와 J△I는 모두 J△그룹에 속한 법인으로 특수관계에 있고, J△I에게 이 사건 수입물품을 판매하는 자들 역시 대부분 J△I와 특수관계에 있거나 J△I와 가공위탁계약 등을 체결한 자들로, J△I는 이 사건 수입물품을 위 공급자들로부터 일괄 매입하여 원고에게 판매하였고, 원고는 J△IK와 이 사건 위탁가공 계약을 체결한 이후부터 현재까지 이 사건 수입물품을 J△I로부터 구매하여 왔다(원고는 이 사건 완제품 담배의 제조에 필요한 일부 부자재를 국내업체 등 다른 공급업체들로부터도 공급받은 사실이 있다고 주장하나, 원고가 이 사건 각 처분의 대상이 된 이 사건 수입물품에 해당하는

물품을 제3자로부터 직접 구매하였다고 단정할 만한 객관적 자료가 존재하지 않고, 설령 원고가 일부 부자재를 제3자로부터 공급받은 경우가 있다고 하더라도 이것만으로 당연히 이 사건 로열티와 수입물품 사이에 거래조건성이 존재하지 않게 되는 것도 아니다);

- 이 사건 라이센스 계약에 따르면, J△I는 J△IK에게 대한민국 내에서 원고로 하여금 이 사건 완제품 담배를 제조할 수 있는 독점적 권리를 부여하면서, 이 사건 완제품 담배의 기준 및 명세(여기에는 블렌드, 향, 수분함량, 담배둘레, 길이, 무게, 필터, 티핑 및 담배종이 등이 포함된다)에 대해 통지하고, J△IK가 J△I로부터 받은 서면지침에 따라 원고에게 이 사건 완제품 담배를 제조하도록 하며, J△I의 대표자가 구성재료의 조사 및 감사를 위해 원고의 제조시설에 출입할 것을 허락하도록 정하고 있다. 또한 이 사건 위탁가공 계약에 따르면, 원고는 J△IK가 요구하는 사양,[342] J△ 국제품질관리지침 및 J△IK와 원고가 사전협의를 거쳐 수시로 제안하는 바에 따라 이 사건 완제품 담배를 생산하여야 하고, 이를 위해 J△IK는 J△ 국제품질관리지침에 따라 이 사건 완제품 담배를 생산하는데 필요한 기술적 지원을 원고에 제공하며, 원고가 이 사건 완제품 담배를 생산하는데 필요한 자재를 J△IK가 선정하고 승인한 국내외 공급자로부터 조달하되, J△IK는 자재에 대한 납품업체 선정, 검사 및 품질관리에 관한 일체의 권리를 행사하고 책임을 부담한다. 위와 같은 계약내용에 J△I는 J△IK에게 위 기준 및 명세에 관한 매뉴얼을 제공하기도 한 점을 더하여 보면, J△I는 J△IK를 통하여 이 사건 수입물품이 담배 완제품으로 완성되는 모든 과정에서 광범위한 품질관리 권한을 가지고 이를 행사해 온 것으로 볼 수 있다;
- 이 사건 위탁가공 계약에 따르면, 원고가 J△I가 요구하는 품질관리기준에 부합하는 이 사건 완제품 담배를 제조한 후 J△IK로부터 지급받는 구매대금에는 OEM 수수료, 자재비용, 기타 비용, 조세 및 기금이 포함되고, J△I는 원고가 자기명의로 자재를 구입하는 경우에도 이로 인하여 부담할 수 있는 세법상·회계상 기타 일체의 책임 또는 손해에 대하여 원고를 면책할 의무를 부담하므로, 실제로 원고가 위 계약에 따라 이 사건 완제품 담배를 제조하는데 필요한 이 사건 수입물품을 구매하는데 필요한 일체의 비용지급과 이에 따른 책임은 J△IK의 계산으로 이루어진다;
- 원고는, 이 사건 각 계약에서 J△I로부터 이 사건 수입물품을 구매할 의무를 부과하지 않고 있고, 실제로도 일정한 요건을 충족하여 제3자로부터 이 사건 수입물품을 구매하는 것이 가능하므로, 이 사건 로열티와 수입물품 사이에 거래조건성이 인정되지 않는다는 취지로 주장한다. 그러나 아래와 같은 사정을 모두 모아 보면, 원고가 J△I가

342) 앞서 본 바와 같이, 각각의 본건 제품이 J△IK가 수시로 지시하는 바에 따라 충족하여야 하는 치수, 중량, 등급, 배합비율, 포장규격, 라벨 및/또는 기타 서면의 사양, 도량단위, 허용오차 및 물리적 특성을 의미한다.

아닌 제3자로부터 이 사건 수입물품을 구입할 수 있다는 이 사건 라이센스 계약의 규정에도 불구하고, 제3자로부터 위 물품을 공급받아 이 사건 완제품 담배를 제조하는 것은 사실상 불가능해 보이므로, 원고에게는 실질적으로 이 사건 수입물품에 대한 구매선택권이 없다고 봄이 상당하고, 이를 단순히 경제적 합리성 등의 문제에 불과하다고 할 수도 없다:

㉮ J△I는 이 사건 수입물품이 담배 완제품으로 완성되는 모든 과정에서 광범위한 품질관리 권한을 가지고 이를 행사해 왔고, 원고도 이 사건 완제품 담배를 생산하는데 필요한 자재들을 J△I로부터 구매해 왔다;

㉯ J△I가 J△IK에게 제공한 매뉴얼에는 이 사건 완제품 담배의 종류별로 각 단계별 공기의 온도와 양, 증기의 양, 첨가하는 물의 양 등 제조사양을 설명하고 있는데, 이는 특정한 모델의 혼합엽과 향료 등의 재료를 투입할 것을 전제로 하고 있고, 위 재료들은 J△I의 영업비밀 등 기술적 정보를 사용하여 제조되어지는 것들이다;

㉰ 원고는 이 사건 위탁가공 계약에 따라 J△I의 기술적 정보를 비밀로 유지할 의무를 부담하는바, 원고가 J△I의 위 매뉴얼의 제조사양을 제3자에게 알리지 않고 그에 부합하는 재료를 공급받는 것은 사실상 불가능해 보인다;

㉱ 원고는 위와 같은 기준 및 명세에 따라 이 사건 완제품 담배를 제조하여야 하고, J△IK는 위 담배를 판매함에 있어 위 기준 및 명세에 부합하는지 여부에 대한 J△I의 승인을 받아야 한다;

㉲ 원고가 J△I가 아닌 제3자로부터 이 사건 수입물품을 구매하고자 하는 경우 그 물품의 수준이 모든 면에서 J△I가 만족할 만한 수준에 이르러야 하고, 사용 전에 J△I의 서면동의를 취득하여야 한다.

【서울행정법원 2021.2.17. 선고 2019구합59462 판결】 사건을 살펴본다. 이 사건의 처분 경위는 다음과 같다. 원고는 담배 제조·수출 및 판매업, 제조담배 도·소매업 등을 영위하는 회사로서 미국 법인인 P◉◇◇◇ International Inc.(이하 'P◇I', 그 계열회사 전부를 칭할 때는 'P◇I 그룹')의 자회사인 P◉◇◇◇ Brands Sarl이 100% 투자한 법인이고, 스위스국 법인인 P◉◇◇◇ Products S.A.(이하 'P△PSA')와 C△△△ International S. A(이하 'C△P◇I'), 미국 법인인 P◉◇◇◇ Global Brands Inc.(이하 'P△GB')는 P◇I 그룹 내 계열회사 중 하나이다. 원고는 2001.5.31. 국내에서 말보로, 필◉◇◇◇ 등 P◇I 그룹 브랜드의 담배 완제품을 제조 및 판매하는데 필요한 상표를 비독점적으로 사용할 수 있는 권리 등을 허여받기 위해 P△PSA와 사이에 라이선스 계약(이하 '제1계약')을 체결하고, 위 계약 제4조에 따라 P△PSA에게 로열티를 지급하였다. 원고는 2004.1.1. 상표 및 기타 지적재산권을 사용할 수 있는 권리를 허여받기 위해 P△PSA와 사이에 다시 라이선스 계약을 체결하고 이에 따라 P△PSA에게 로열티를 지급하였다. 이후 상표권자의 변경 및 추가 등으로 인해

원고는 2011.1.1. P△PSA 및 P△GB와 사이에, 2011.8.1. C△P◇I와 사이에, 상표 및 기타 지적재산권을 사용할 수 있는 권리를 허여받기 위한 각 라이선스 계약을 체결하고, 이에 따라 P△PSA 등에게 로열티를 지급하였는데, 위 각 라이선스 계약의 주요 내용은 해당 브랜드를 구별한 것 외에는 기존 라이선스 계약 내용과 크게 다르지 않다(이하에서 원고가 제1계약 이후 체결한 각 라이선스 계약을 통칭하여 '이 사건 계약', 이 사건 계약에 따라 P△PSA 등에게 지급한 로열티를 '이 사건 로열티'). 원고는 당초 P◇I 그룹 내 계열회사로부터 담배 완제품을 수입하여 판매하다가 2002.10.14.경 양산시에 담배 제조공장을 완공함에 따라 그 무렵부터 국내에서 담배 완제품을 제조하여 판매하였는데, 당시 원고는 자체적으로 각초[343] 제조공정을 보유하고 있지 않아 각초를 전량 수입하여 담배 완제품을 제조하였다가 이후 2012.6.경 각초 제조공정을 갖추어 국내에서 자체적으로 각초를 제조한 후 이를 원재료로 하여 담배 완제품을 제조하고 있다. 원고는 2013.1.2.부터 2014.12.31.까지 P◇I 그룹에 속하는 스위스 소재 법인 P△△△△△ International Management SA(이하 'P◇IM'), 필리핀 소재 법인 P△△△△△ Philippines Manufacturing Inc. 등으로부터 담배 제조에 필요한 아래와 같은 16종의 원재료(이하 '이 사건 물품')를 수입하여 담배 완제품을 제조하였다.

물품명	특성	상표표기
갑포장지(Blank)	담배를 보관하는 포장재(담뱃갑)를 제작하기 위한 종이	O
BOPP 필름	담뱃갑 외부를 감싸는 폴리프로필렌 포장지를 제조하기 위한 롤 형태의 필름	O
균질화 물질 (Cast leaf)	담뱃잎 이외에 담배 줄기 또는 담뱃잎 가공 과정에서 생성된 부산물인 담배 가루 등과 같은 균질화 물질	X
궐련지 (Cigarette paper)	목재펄프, 삼베 또는 마를 원료로 하고 탄산칼슘 등 화학물질을 첨가한 특수종이로, 각초를 말 때 사용함	X
포장지 (Display carton)	담배 1보루를 담는 상자를 제작하기 위한 종이	O
팽화엽(ET)	부피를 늘리기 위해 과열증기로 튀긴 잎담배로서 담배의 끽미와 성분을 결정하는 원재료	X
필터(Filter)	담배연기를 공기와 희석하여 담배성분을 조적하고, 담배 맛과 향기를 개선하는 역할을 하는 담배의 원재료	X
향료 및 첨가물 (Flavor & Ingredient)	담배에 향을 가하는 멘톨, 코코아 파우더 등 재료로서, 담배의 기본적인 맛과 향을 결정함	X

343) 刻草, cut filler, 농가에서 수확한 담배잎을 건조, 배합, 가향, 열처리, 숙성 등의 공정을 거쳐 가공한 다음 이를 일정한 크기로 절각하는 방법으로 제조되는 담배 완제품의 원재료를 말한다.

물품명	특성	상표표기
포장지(Inner frame)	담뱃갑 내부의 종이 포장지 제작을 위한 롤 형태의 종이	O
개량줄기(IS)	담뱃잎의 줄거리나 담뱃잎 가공 공정에서 생성된 부산물을 압연 등 방법으로 종이처럼 얇게 만든 원재료	X
잎담배 조각 (Lamina)	제맥(除脈)작업으로 주맥이 제거된 잎담배 조각	X
담뱃잎 또는 가공엽(Leaf)	담배 생엽(green leaf)을 유통이 가능하도록 간단한 처리를 거쳐 포장된 가공 담뱃잎	X

서울세관장은 이 사건 로열티 중 일부가 이 사건 물품의 '영업비밀'에 대한 대가로서 이 사건 물품과 관련성 및 거래조건성이 있다고 보아, 이를 구 관세법 제30조 제1항 제4호, 구 관세령 제19조 제6항, 구 관세고시 제8조, 제9조 제2호단서, 제4호가목에 따라 2013년도의 가산율을 24.02%, 2014년도의 가산율을 23.18%로 정하여 안분 계산한 권리사용료를 이 사건 물품의 과세가격에 가산하여 2017.3.14. 원고에게 관세 등을 부과하였다(이하 '이 사건 처분').

한편, 부산세관장은 원고가 2008.6.1.부터 2012.12.31.까지 P△PSA 등 P◇I 그룹 계열사로부터 수입한 2,298건의 각초와 이 사건 로열티 사이에 관련성 및 거래조건성이 있다고 보아 2013.4.9. 원고에게 위 각초에 관한 관세 등을 부과하였다. 이후 원고는 위 처분에 불복하여 조세심판원에 대한 심판청구를 거쳐(가산세 부분은 인용, 나머지 심판청구는 기각), 부산지방법원에 부산세관장을 상대로 위 처분의 취소를 구하는 소를 제기하였는데, 위 법원은 2015.1.22. 위 각초와 이 사건 로열티 사이에 관련성 및 거래조건성이 인정된다는 이유로 원고의 청구를 기각하는 판결을 선고하였다(2014구합20378호). 이에 원고가 항소하였고, 항소심인 부산고등법원은 2020.9.11. 위 각초와 이 사건 로열티 사이에 관련성 및 거래조건성은 인정되나, 이 사건 사용료에 완제품에 부착되어 사용될 '상표권'에 대한 대가가 포함되어 있는 이상, 이에 대하여 구 과세가격 결정고시에 따라 권리사용료를 가산한 것은 위법하다는 이유로 원고의 청구를 인용하는 판결을 선고하였다(2015누20763호). 위 판결은 대법원의 2021.2.4. 심리불속행 상고기각(2020두51617호)으로 2021.2.8. 그대로 확정되었다.

제1심 재판부는 이 사건 관련성 및 거래조건성 구비여부에 관하여 다음과 같이 판시하고 있다. **❶ 담뱃잎 등의 관련성 인정 여부 ➲** 아래와 같은 사정들을 종합하여 보면, 이 사건 로열티의 지급대상인 '기타 지적재산권'은 이 사건 물품 중 담뱃잎 및 이에 부수하여 제조·수입된 팽화엽(ET), 개량줄기(IS), 잎담배 조각(Lamina), 균질화 물질(Reconstituted Leaf)(이하 위 물품을 통틀어 '이 사건 담뱃잎 등')과 일체화 되거나 그 일부를 이루고 있다고

봄이 타당하므로, 이 사건 로열티는 이 사건 담뱃잎 등과 관련성이 있다:

- 담배 완제품의 제조과정을 살펴보면, 농가에서 수확한 담뱃잎을 적당한 온도와 습도에서 건조한 후 배합(담배의 특징과 품질을 통일하기 위하여 각종 담뱃잎이 지닌 향기와 맛의 특성을 고려하여 적절한 비율로 섞는 작업), 가향(담배의 맛과 품질을 향상시키기 위하여 원료 배합물에 당과 향료 등의 가향제와 글리세린 등의 보습제를 가하는 작업), 열처리(토스토 처리) 등의 가공과정을 거치고, 가공된 원료를 절각하여 각초를 제조한 후 이를 궐련지로 말아 필터와 연결하면 담배 완제품이 완성된다. P◇I 그룹은 위와 같이 담배의 품질수준 확보와 해당 제품 특유의 풍미와 함량 등을 유지하기 위한 담뱃잎의 경작지 선정 및 선별, 수확시기와 보관방법의 선택, 혼합비율의 결정 등에 관하여 상당한 기술력이 있을 것으로 판단되고, 이에 대한 P◇II 그룹의 관련 노하우가 관련 업계에 모두 공개되어 있다고 보기는 어렵다;
- 담뱃잎 구매는 P◇I 그룹에서 통합하여 수립한 계획에 기반을 두어 실행되는데, P◇IM는 P◇I 그룹의 주도 하에 세계 각지에서 계획적으로 재배된 생엽(Green Leaf)을 정밀하게 분류하여 가공한 후 품질 및 특성들을 식별할 수 있는 단위로 포장하여 원고 등 P◇I 그룹 계열사에게 판매하고 있다. 원고와 P◇IM이 체결한 담뱃잎 공급계약서(Agreement for the sale of goods) 제3.5조에도 원고가 수입하는 가공엽(Processed Leaf)은 생엽 가공공정을 포함하여 P◇I 그룹에 담뱃잎을 공급하는 업체들이 필수적으로 준수하여야 하는 P◇I 그룹의 요구사항(P◇I Quality System Document)을 표준화한 'P△△△△△ International Quality System Leaf Processing Manual'에 명시된 담뱃잎 사양 및 표준 가공절차를 준수한 것이어야 한다고 정하고 있다. 결국 원고가 농산물인 담뱃잎을 수입한 것이라 하더라도, 이는 담뱃잎 재배농가가 재배한 농산물을 그대로 수입한 것에 불과하다고 평가하기는 어렵다;
- P◇I 그룹의 담배는 같은 담배 제조과정에 있어서 독보적인 담뱃잎의 사용과 향료(Flavor)의 혼합을 그 특징으로 하는데, P△PSA는 스위스국 노이샤텔에 연구개발센터를 운영하면서 제조공정과 품질수준 유지를 위한 활동을 하여 상표의 가치를 높이고, 제품이 P◇I 기준 및 전세계적인 규제수준을 충족하도록 하며, 같은 상표 하에 판매되는 제품이 동일한 품질을 유지하여 전세계적으로 동일한 제품특성을 갖도록 하는 역할을 수행하게 하고 있고, 위 연구개발센터에서 개발된 영업비밀, 제품, 기타 영업상 비법 등에 대하여 미국 이외의 지역에서는 P△PSA가 배타적 사용권을 가진다. 또한, P△PSA는 P△PSA의 형식, 양, 질, 가격 등 제품 규격에 따라 담배잎을 전세계에서 구입하여 세계적으로 동일한 브랜드 하에 판매되는 제품들이 대체로 동일한 품질수준 및 특성을 유지하기 위한 활동을 수행하고 있다;
- 담뱃잎의 부산물인 팽화엽, 개량줄기, 잎담배 조각, 균질화 물질은 농장에서 수확한 생엽을 간단한 처리를 거쳐 가공엽으로 포장하는 과정에서 발생하는 각종 담뱃잎

부산물들로서 모두 담뱃잎과 함께 각초제조에 사용할 수 있도록 만든 것이어서 담뱃잎과 마찬가지로 담배의 품질과 수준을 유지하게 하는 중요한 원재료로 판단되고, 이에 P△PSA가 위 담뱃잎 부산물 역시 앞서 본 담뱃잎과 동일한 방법과 기준으로 그 품질과 수준을 유지하고 있을 것으로 판단된다;

- 이 사건 로열티는 원고가 이 사건 계약에 따라 허여받은 P△PSA 등의 상표와 기타 지적재산권을 사용할 수 있는 권리에 대한 대가로 지급하는 것인데, 이 사건 계약 제1.5조에서는 '기타 지적재산권'이란 '계약제품과 관련된 본건 상표 이외의 산업 및 지적재산권을 의미하며, 계약지역 이외의 지역인 경우 작업 또는 기타 관련 사항에 존재하거나 향후 존재할 수 있는 모든 등록 또는 미등록 저작권과 유사한 권리, 발명에 관한 권리(특허 및 특허출원이 포함됨), 노하우(know-how), 기밀정보 및 영업비밀에 대한 권리와 디자인(등록여부를 불문함)에 관한 권리를 포함한다'라고 규정하여 기타 지적재산권에 P△PSA의 노하우, 기밀정보 및 영업비밀도 포함된 다는 점을 명시하고 있다. 나아가 이 사건 계약 제7조에서 'P△PSA는 P△PSA가 판단하기에 원고가 사양서에 따라 계약제품을 제조 및 판매할 수 있도록 하는데 필요하거나 적절한 기술지원을 제공하고, 원고는 원고나 그 직원이 만든 기타 지적재산권과 관련된 개량물에 대하여 신속하게 무상으로 P△PSA에게 통지하며, 통지 후 해당 개량물은 P△PSA의 단독 재산이 된다'고 규정하여 P△PSA는 기술지원과 동시에 원고나 원고의 직원이 만든 개량물이 '기타 지적재산권'과 관련이 있다면 이를 자신의 단독 재산이 되는 것으로 하여 이 사건 담뱃잎 등과 관련된 '기타 지적재산권'을 확보하고 확장하고 있다;
- 원고는, 담뱃잎이 P◇I 그룹 등 담배 제조업체와 관련이 없는 제3자인 생산업자 또는 도매업자들이 자유로이 판매하는 일반적인 '농산물'(agricultural commodity)로서 담뱃잎 자체에 로열티를 지급할 만한 영업비밀 등이 체화되어 있다고 볼 수 없다고 주장한다. 그러나 원고 역시 원고가 직접 담뱃잎 도매업자들로부터 이 사건 담뱃잎 등을 수입하지 않고 P◇IM이 담뱃잎 도매업자로부터 구매한 이 사건 담뱃잎 등을 수입하는 방식을 선택한 이유가, P◇IM은 담뱃잎 도매업자와의 관계에 있어서 대량구매에 따른 염가구매력을 갖고 있기 때문인 점을 인정하고 있는바, P◇IM 등 판매자들이 원고에게 제공하는 우수한 품질의 이 사건 담뱃잎 등에는 위와 같은 체계화된 구매기술과 축적된 거래내역 등을 통해 '비용의 효율성'을 가지고 있는 판매자들의 노하우 내지 영업비밀이 내재되어 있다고 봄이 타당하다. 원고의 위 주장은 받아들일 수 없다;
- 원고는 주식회사 케△△△△(이하 '케△△△△')가 국내에서 생산되는 담뱃잎을 엽△△△△△△조합과의 계약을 통해 전량 구매하고 있기 때문에 원고가 엽△△△△△△조합으로부터 국산 담뱃잎을 공급받을 수 없어 부득이하게 전량 수입 담뱃잎을 사용하고 있고, 이와 더불어 국내에서 재배된 담뱃잎으로도 P◇I 그룹 담배를 제조할 수 있다는 점에 비추어 이 사건 물품 중 담뱃잎에 담배 완제품 제조를 위한 노하우나

영업비밀이 체화되어 있다고 볼 수 없다는 취지로도 주장한다. 그러나 담배 선택을 위한 소비자의 인식에 있어 담배의 상표는 물론 해당 담배의 원재료 중 가장 중요한 담뱃잎의 원산지 역시 상당한 비중을 차지할 것인 점 등에 비추어 보면, 원고가 담뱃잎 구매와 관련하여 엽△△△△△△조합과 접촉하였다는 사정만으로 곧바로 원고가 국내 담뱃잎을 사용하여 P◇I 그룹의 상표를 사용하는 담배 완제품을 현재와 동일하게 제조·판매할 수 있다고 보기는 어렵다. 원고의 위 주장도 받아들이기 어렵다;

- 원고는 이 사건 계약 제1.8조 및 제2조에 근거하여 완제품 담배를 해외로 수출하는 경우에 P△PSA에 전혀 사용료를 지급하지 않음을 이유로 이 사건 사용료와 이 사건 담뱃잎 등의 관련성이 인정될 수 없다고 주장한다. 그러나 위 계약 조항은 계약제품의 제조와 판매를 위하여 P△PSA 소유 지적재산권을 사용할 권리의 범위를 대한민국 국내시장에 국한하는 것으로서 원고가 국내에서 계약제품인 완제품 담배를 제조하여 판매함에 따른 해당 브랜드 순매출액 중 일정 비율에 대해 사용료를 지급하기로 한 제5조의 적용을 제한하는 조항으로 해석되지는 아니하고, 원고가 실제 해외 수출분 담배 완제품에 대하여는 로열티 지급의 예외를 인정받았는지가 확인되지도 아니하였는바, 원고가 위 계약조항에 근거하여 해외로 수출하는 경우 P◇IM 등 이 사건 물품의 판매자들에게 전혀 로열티를 지급하지 않는다고 보기는 어렵다. 또한 설령 원고가 해외 수출하는 담배 완제품에 대해서는 로열티를 지급하지 않았다 하더라도, 이는 중간재 제조·거래에 관련된 로열티를 중간재 거래단계에서 받지않고 완제품 소비국(최종 매출단계)에서 로열티를 지급받는 P◇I 그룹의 이전가격정책에 따른 것으로 해석될 수 있을 뿐이고, 이 사건 담뱃잎 등에 체화된 P◇I 그룹의 영업비밀 등에 대한 대가를 원재료를 사용하여 생산한 최종 완제품의 매출이 일어나는 곳에서 받아간다고 하여 위 대가와 원재료 간의 관련성이 없다고 보기는 어렵다. 원고의 위 주장도 받아들이지 않는다.[344)]

❷ 담뱃잎 등의 거래조건성 인정 여부 ⊃ 아래와 같은 사정 들을 종합하여 보면, 원고는 수입물품인 이 사건 담뱃잎 등을 구매하기 위하여 이 사건 로열티를 지급하였고, 사실

344) 다만, 이 사건 물품 중 담뱃잎의 포장상자에는 '이력표(Lot No.)'가 붙어 있는데, 이는 담뱃잎 공급자와 P◇I 그룹이 생산관리의 편의상 착엽위치, 품질, 색깔, 수확연도, 공급처 등에 따라 특정한 코드를 부여하여, 위 특정한 코드만으로 위 정보를 파악할 수 있도록 한 것으로, 그 자체에 이 사건 담뱃잎 등이나 완제품 담배의 특성을 결정할 수 있는 어떤 지적재산권이 포함되어 있다고 보기는 어렵다. 'Lot No. 부여 자료'의 기재만으로는 서울세관장의 주장처럼 P◇IM가 Lot No.의 부여방법 등을 영업비밀로 취급하고 있다고 인정하기에 부족하고, 달리 이를 인정할 증거가 없으며, P◇IM가 우수한 품질의 담배잎 확보방안도 아닌 단지 분류방안에 불과한 넘버링 방법을 영업비밀로 취급할 이유도 딱히 없어 보인다. 오히려 P◇I code의 기재에 의하면, 원고는 Lot No.별로 담뱃잎의 종류, 생산국, 생산연도, 등급, 니코틴 및 타르 함유량을 구분·관리하고 있는 사실이 인정되는바, 이를 비공개 정보로 평가하기는 어렵다.

상 원고에게 이 사건 담뱃잎 등에 대한 구매선택권이 없었으므로, 이 사건 로열티는 이 사건 담뱃잎 등의 거래조건으로 지급되었다고 인정된다:

- P△PSA는 전세계 담배잎 등을 구입하여 스스로 각초를 제조하거나 P◇IM 등 P◇II 그룹 계열사인 판매자들을 통하여 담배잎 등을 판매하여 P△PSA의 주문에 의해서만 각초를 제조하게 한다;
- P△PSA는 이 사건 계약 제4조에서 원고에게 사양서를 엄격하게 준수하여 계약제품을 제조하고 그와 같이 제조되지 않은 계약제품을 판매하지 아니할 의무, 매 분기마다 이전 분기 동안 제조하여 판매한 모든 계약제품의 견본을 제출할 의무 등을 부과하고, P△PSA는 언제든지 원고에 의해 계약제품이 제조 또는 보관되거나 또는 제조시 사용될 재료가 보관된 장소를 검사할 수 있고, 그러한 장소의 모든 부분을 자유롭게 출입할 수 있으며, 계약제품 또는 재료를 검사하고 시험하며 원고의 관련 장부와 기록을 복사할 수 있는 권리, 계약제품이 사양서의 모든 점에 부합되게 생산되도록 하는데 합리적으로 필요한 경우 재료나 제조방법의 변경을 요구할 무제한적인 권리 등을 갖도록 약정하여 담배 완제품의 원재료인 이 사건 담뱃잎 등이 담배 완제품으로 완성되는 모든 과정에서 광범위한 '품질관리' 권한을 가지고 이를 행사해 왔다;
- 원고가 이 사건 담뱃잎 등을 구매한 판매자들은 P◇IM 등 모두 P◇I 그룹 내 계열사들로서 원고와 특수관계회사인 점, P△PSA는 같은 상표 하에 판매되는 제품이 동일한 품질을 유지할 수 있도록 담뱃잎의 수확, 구매, 가공 등 일체의 과정에 관여하여 P◇IM 등 판매자들에 의하여 위와 같은 품질을 갖춘 이 사건 담뱃잎 등이 원고에게 공급되도록 한 점, 원고는 P◇IM 등 판매자들로부터 엄격히 품질이 분류된 이 사건 담뱃잎 등을 수입하여 P△PSA가 제시한 사양서를 엄격하게 준수하여 담배 완제품을 제조할 수밖에 없는 점, 원고가 아직까지 P◇I 그룹 계열사인 판매자들 이외에 다른 제3자로부터 각초를 수입하여 담배 완제품을 제조한 사실이 없는 점, 원고가 P◇I 그룹 계열사로부터 이 사건 담뱃잎 등을 수입하지 아니하고 제3자로부터 각초를 수입하여 P△PSA가 요구하는 일정한 품질기준 및 사양을 엄격하게 준수하여 담배 완제품을 제조하는 것은 사실상 불가능해 보이는 점, 원고는 국내업체로부터 담뱃잎을 매수하려 하였다고 주장하나, 소비자의 인식차이 등에 비추어 원고가 국산 담뱃잎을 사용하여 P◇I 그룹의 상표를 사용하는 담배 완제품을 현재와 동일하게 제조·판매할 수 있다고 보기 어려운 점 등을 종합하면, 실질적으로 원고로서는 이 사건 담뱃잎 등에 대한 구매선택권이 없었다고 보아야 한다.

❸ 나머지 상표부착 물품의 관련성 인정 여부 ➲ 이 사건 물품 중 이 사건 담뱃잎 등을 제외한 나머지 물품(이하 '나머지 물품') 중 갑포장지, BOPP 필름, 포장지, 종이 케이스, 개봉 테이프, 티핑종이의 일부에 P◇I 그룹의 상표가 부착되어 있는 사실은 앞서 본

바와 같다. 그러나 위 상표부착 물품은 모두 담뱃갑 및 담배 완제품의 포장지를 위한 원재료로서 단순히 상표가 인쇄된 종이나 비닐필름에 불과하여 그 자체에 P△PSA 등의 노하우나 영업비밀이 체화되어 있다고 보기 어렵다. 더구나 위 물품의 해당 상표는 위 물품 자체가 P◇I 그룹 계열사의 물품임을 표시하는 것이 아니라, 원고가 제조·판매할 담배 완제품의 상표를 미리 인쇄한 것에 불과한 것으로 판단되고, 나아가 원고가 P◇I 그룹 계열사가 아닌 다른 회사로부터 구매한 물품에도 동일하게 위 상표가 표시되어 있을 것인 점에 비추어 보면, 위 상표의 부착을 이유로 이 사건 물품과 이 사건 로열티 사이에 관련성이 곧바로 인정된다고 보기도 어렵다. 이에 대하여 서울세관장은 위 상표부착 물품의 경우 구 관세령 제19조 제3항 제3호에 의하여 영업비밀과의 관련성이 있는 것으로 간주된다고 주장하나, 관세령 제19조 제3항 제3호는 권리사용료가 '상표권'에 대하여 지급되는 때에 한하여 수입물품과 관련성이 인정되는 경우를 정한 것인바, 이 사건 로열티가 '영업비밀'에 대한 대가로서 지급된 것임을 전제로 하는 이 사건 처분에 위 시행령 규정이 그대로 적용된다고 보기 어렵다. 서울세관장의 위 주장은 받아들일 수 없다.[345] 또한 서울세관장은 P◇I 그룹이 제품에 상응하는 포장 등을 개발하여 프린트 종류, 그림, 색깔, 시각적 요소와 같은 그래픽 디자인을 통해 브랜드화된 담배 제품의 전체 이미지나 인지도를 나타내도록 하고 있는바, 이러한 국제적 일관성을 유지하기 위한 P◇I 그룹의 영업비밀이 인정되어야 한다는 취지로도 주장한다. 그러나 제품포장에 관한 디자인 등은 P◇I 그룹이 요구하는 일정수준의 품질을 충족하는 이상, 국내의 정책변경 또는 원고의 자체적인 광고 및 홍보 방식 등에 관한 의사결정에 따라 얼마든지 변경될 수 있는 것으로 판단되는바, 서울세관장의 위 주장 역시 받아들일 수 없다.

❹ **특허공보 등록 원재료의 관련성 인정 여부** ➲ P△PSA 또는 원고의 경쟁회사들이 궐련지, 필터, 티핑종이, 가향제, 담뱃감 등에 대하여 특허를 취득한 사실은 인정된다. 그러나 위와 같은 특허등록이 존재한다고 하여 곧바로 원고가 P◇IM 등으로부터 구매한 나머지 물품에 공개되지 아니한 어떠한 특별한 기술이 체화되어 있다고 보기 어려울 뿐만 아니라, 특허등록 등을 위하여 '공개된 정보 내지 기술'이 P△I 그룹의 '영업비밀'로 보호되고 있다고 보기도 어렵다. 서울세관장은 원고가 수입한 나머지 물품 또한 담배의 특징과 품질을 좌우하는 중요한 기능을 가지고 있기 때문에, 이에 P◇I 그룹의 영업비밀이 화체되어 있다고 주장하나, 단지 중요한 기능을 한다고 하여 영업비밀로서 보호되고 있다고 보기는

345) 원고는, 서울세관장이 당초 위 상표 부착 물품에 대하여는 '상표권 사용 대가'로서 권리사용료를 과세하였음을 전제로 이후 이 사건 소에 이르러 동일성이 없는 '이와 유사한 권리(영업비밀)를 사용하는 대가'로 처분사유를 변경하였다고 주장한다. 그러나 서울세관장의 이 사건 기업심사결과 통지에도 '상표부착 원재료' 및 '특허공보 등록 원재료'의 기재가 모두 '영업비밀'이 체화되어 있다고 판단되는 원재료의 구분방법으로 표기되고 있는 것에 불과한바, 이 사건 처분의 사유가 위 기업심사결과 통지와 달리 변경되었다고 볼 수 없다.

어렵고, 이에 대하여 권리사용료로서 대가가 지급되어져야 한다고 보기는 더욱 어렵다.

❺ **특허공보 등록 원재료의 거래조건성 인정 여부** ➲ 아래와 같은 사정들을 종합하여 보면, 나머지 물품과 이 사건 로열티 사이의 거래조건성도 인정되지 아니한다:

- 나머지 물품의 특성에 더하여 위 물품에 P◇I 그룹의 영업비밀이 체화되어 있지 아니한 점 등을 감안하면, 원고가 나머지 물품을 P◇I 그룹이 아닌 다른 업체로부터 구입하는 것이 충분히 가능해 보이고, 이로 인해 이 사건 계약에 저촉되지도 아니할 것으로 판단된다;
- 서울세관장 역시 이 사건 기업심사결과 통지 당시부터 이 사건 물품에 P◇I 그룹 계열사가 아닌 회사(비관계사)로부터 수입한 물품이 존재함을 인정하였다;
- 나아가 이 사건 담뱃잎 등과 달리 나머지 물품의 경우 원고가 국산 또는 제3자의 제품을 사용하여 담배 완제품을 제조·판매하더라도, 이에 대한 소비자의 인식에 큰 차이가 있다거나 이로 인해 원고가 제조한 담배의 품질이나 수준이 크게 하향될 것으로 보이지는 아니하는바, 이에 대한 원고의 구매선택권이 사실상 제한되어 있다고 보기도 어렵다;
- 원고는 실제 이 사건 물품의 거래가액 중 가장 큰 비중을 차지하는 '필터 (Filter)'의 80% 이상을 국내업체인 동△△△△△ 주식회사(이하 '동△△△△△')로부터 구매하고 있고, 위 동△△△△△은 국내 담배 제조업체인 케△△△△에게도 동일하게 담배필터를 납품하고 있다. 또한 원고는 팔△△△△△△△△△△(P△△△△△△△△△ KS RCB 20) 담배 완제품 제조에 사용하던 필터를 당초 P△PSA로부터 수입한 필터에서 동양물산기업으로부터 구매한 필터로 변경한 바도 있다. 결국 원고가 담배 완제품 제조에 사용할 필터의 선택은 가격 및 구매 편의성 등에 따른 원고의 합리적인 결정에 따른 것으로 판단될 뿐이다;
- 세관장은, 원고가 나머지 물품을 수입한 판매업자들 중 P◇I 그룹의 계열사가 아닌 업체들 또한 P◇I 그룹의 글로벌 구매정책에 따라 주기적으로 평가 및 인증을 받는 업체라고 주장하나, 이를 인정할 증거가 아무런 증거가 없다. 서울세관장의 위 주장은 받아들일 수 없다.

제1심 재판부는 권리사용료 가산방법의 위법(이 사건 담뱃잎 등에 한하여)에 대하여 다음과 같이 판시하고 있다. ❶ **구 관세고시 제9조 제2호단서의 해석** ➲ 구 관세고시는 구 관세령 제19조 제6항과 결합하여 대외적으로 구속력이 있는 법규명령에 해당하고, 이 사건 기록 및 변론 전체의 취지를 종합하여 인정되는 아래와 같은 사정들에 비추어 보면, 구 관세고시 제9조 제2호단서는 권리사용료가 수입부분품 등을 포함한 완제품의 생산과정과 관련되어 지급된 경우에 완제품의 가격 중 수입부분품 등의 가격이 차지하는 비율의 권리사용료만을 가산한다는 취지이므로, 권리사용료에 완제품의 생산과 아무런 관련성이 없는 별개의 대가가 포함된 경우에는 구 관세고시 제9조 제2호단서를 적용할 수 없고, 다만 지급되는 권리사용료에서 관련성이 없는 별개의 대가에 해당하는 부분을 공제한 나머지 권리사용료를 산정한 후 완제품의 가격 중 수입부분품 등의 가격이 차지하는 비율을 곱하여 산출된 권리사용료 금액을 수입물품의 지급가격에 가산할 수 있다는 뜻으로 해석함이 타당하다:

- 구 관세법 제30조 제1항은 '수입물품의 과세가격은 우리나라에 수출하기 위하여 판매되는 물품에 대하여 구매자가 실제로 지급하였거나 지급하여야 할 가격(실제 지급가격)에 각 호의 금액을 가산하여 조정한 거래가격으로 한다'고 규정하여 수입물품 과세가격에 가산할 수 있는 요소를 특정하고 있고, 구 관세법 제30조 제1항 제4호의 위임에 따른 구 관세령 제19조 제2항은 수입물품의 실제 지급가격에 가산하는 금액은 권리사용료 중 수입물품과 관련성 및 거래조건성이 인정되는 부분에 한정되어야 한다는 점을 분명히 하고 있으며, 구 관세령 제19조 제6항은 위 제2항이 정한 외에 세부사항을 정하도록 위임하고 있으므로, 구 관세령 제19조 제6항의 위임에 따라 관세청장이 구 관세고시 제9조 제2호단서에서 정한 사항은 권리사용료 중 수입물품과 관련성 및 거래조건성이 인정되는 금액을 산출하는 데에 필요한 세부사항으로 해석하여야 한다[대법원 2019.2.14. 선고 2016두34110, 2016두 34127(병합) 판결 참조];
- 구 관세법 제30조 제1항 제4호의 위임을 받은 구 관세령 제19조 제3항은 권리사용료가 당해 수입물품과 관련성이 있는 것으로 간주되는 경우를 규정하면서, 권리사용료가 특허권에 대하여 지급되는 때에는 "특허발명품(제1호 가목)" 또는 "수입물품이 국내에서 당해 특허에 의하여 생산될 물품의 부분품·원재료 또는 구성요소로서 그 자체에 당해 특허의 내용의 전부 또는 일부가 구현되어 있는 물품(제1호 다목)"을, 권리사용료가 디자인권에 대하여 지급되는 때에는 "수입물품이 당해 디자인을 표현하는 물품이거나 국내에서 당해 디자인권에 의하여 생산되는 물품의 부분품 또는 구성요소로서 그 자체에 당해 디자인의 전부 또는 일부가 표현되어 있는 경우(제2호)"를, 권리사용료가 실용신안권 또는 영업비밀에 대하여 지급되는 때에는 "당해 실용신안권 또는 영업비밀이 수입물품과 제1호의 규정에 준하는 관련이 있는 경우(제4호)"를 권리사용료가 당해 수입물품과 관련성이 있다고 규정하고 있다. 따라서 권리사용료가 특허권, 디자인권, 실용신안권 또는 영업비밀에 대하여 지급되는 때에는 수입물품이 국내에서 생산될 물품의 부분품·원재료 또는 구성요소인 경우 권리사용료 중 수입물품과 관련성 및 거래조건성이 인정되는 금액의 산출방법을 규정할 필요성이 있다. 반면 권리사용료가 상표권에 대하여 지급되는 때에는 "수입물품에 상표가 부착되거나 희석·혼합·분류·단순조립·재포장 등의 경미한 가공 후에 상표가 부착되는 경우(제3호)", 권리사용료가 저작권에 대하여 지급되는 때에는 "수입물품에 가사·선율·영상·컴퓨터 소프트웨어 등이 수록되어 있는 경우(제4호)"에 각 권리사용료가 당해 수입물품과

관련성이 있다고 규정하고 있는바, 물건에 표상되거나 구현되어 수입물품과 관련성이 있는 상표권 또는 저작권에 대하여는 지급되는 권리사용료 전액을 가산하는 외에 달리 권리사용료 중 수입물품과 관련성 및 거래조건성이 인정되는 부분을 구별하여 산출할 필요가 없다;

- 구 관세고시 제9조 제2호 본문은 "수입물품이 국내에서 생산될 물품의 부분품, 원재료, 구성요소 등이라 할지라도 당해 권리가 수입물품에만 관련되는 경우에는 이와 관련하여 지급되는 권리사용료 전액을 가산한다고 규정하고 있는바, 수입물품과 관련성이 있는 것을 전제로 가산하도록 되어 있고, 같은 호 단서는 "다만, 지급되는 권리사용료 중 수입부분품 등과 관련이 없는 우리나라에서의 생산, 기타 사업 등의 활동대가가 포함되어 있는 경우에는 지급되는 권리사용료에 완제품의 가격(제조원가에서 세금 및 당해 권리사용료를 제외한 금액) 중 당해 수입부분품 등의 가격이 차지하는 비율을 곱하여 산출된 권리사용료 금액을 가산한다"고 규정하여 지급되는 권리사용료가 수입물품 이외의 것에 관련되어 있는 경우에는 그 권리사용료(우리나라에서의 생산, 기타 사업 등의 활동대가)를 배제하고, 해당 권리사용료가 지급되는 전체 대상에서 수입물품인 부분품이 차지하는 비율만큼만 가산하도록 규정하고 있다;
- 관세는 수입물품에 대해서만 과세되는 '대물세'이기 때문에 유체물이 아닌 권리나 정보 등 무체재산권에 대해서는 과세할 수 없음이 원칙이나, 무체재산권의 내용이 수입물품에 체화되어 수입물품의 가격의 일부를 구성하는 경우에 과세의 부과대상이 되는 것으로, 구 관세령 제19조 제3항은 국내에서 당해 특허 또는 디자인권 등에 의하여 생산될 물품에 해당함을 전제로, 수입물품이 국내에서 생산되는 물품의 부분품 또는 구성요소로서 그 자체에 당해 특허 또는 디자인권이 구현되어 있을 것을 요구하고 있다. 이 경우 특허 또는 디자인권 등에 의하여 생산되는 물품이란 부분품이라는 물리적 토대 위에 특허 및 노하우를 적용하여 완성품이 되는 것으로서 특허 및 노하우가 체화될 대상이 고정되어 있고, 구 관세고시 제9조 제2호단서는 "완제품의 가격"을 "제조원가에서 세금 및 당해 권리사용료를 제외한 금액"으로 규정하여 당해 권리가 완제품의 제조과정에 체화 또는 구현되어 일체화되거나 일부를 이루고 있는 경우로서 제조원가에 당해 권리사용료가 포함되어 있음을 전제로 권리사용료를 산출하고 있다;
- 원고는 구 관세고시 제9조 제2호단서는 실제로 수입물품과 관련된 권리사용료만을 구분하여 구체적으로 확인할 수 있는 객관적이고 수량화할 수 있는 자료가 없는 경우에도 지급되는 권리사용료, 완제품의 가격, 제조원가, 세금, 당해 수입물품의 가격을 기준으로 추계, 안분한 금액을 권리사용료로 가산하도록 규정함으로서 위임의 범위를 벗어나 무효라고 주장한다. 그러나 권리사용료가 특정한 완제품의 생산에 대한 대가로 지급되고 수입물품이 국내에서 생산될 물품의 부분품·원재료 또는 구성요소인 경우 권리사용료 중 수입물품과 관련성 및 거래조건성이 인정되는 금액의 산출방법을

규정할 필요성이 있는데, ① 위와 같은 경우 권리사용료가 통상적으로 완제품의 매출액에 일정한 비율을 곱한 금액으로 정해지는 점, ② 특정한 완제품을 생산하는 일련의 과정은 서로 불가분적으로 밀접하게 관련되어 있는 점, ③ 거래당사자들이 수입부분품에 체화 또는 구현되어 있는 제조과정과 수입부분품 외에 국내에서의 생산, 기타 사업활동 등의 제조과정을 명확히 구별하여 권리사용료를 산정하지 않은 이상, 수입부분품의 제조과정과 이외의 제조과정을 구분할 만한 질적 차이는 인정하기 어려운 점, ④ 무체재산권의 내용이 완제품의 제조과정에 구현된 경우라면, 제조원가에서 세금과 당해 권리사용료를 제외한 금액은 실제 완제품 제조에 소요된 가격이라 할 것이고, 통상적으로 제조공정 중 완제품과 수입부분품이 차지하는 비중은 물건의 가격에 따라 정해지게 되는바, 완제품의 가격에서 당해 수입물품의 가격이 차지하는 비율을 기준으로 가산할 권리사용료를 산출하는 것이 불합리하다거나 형평에 반한다고 보이지 않는 점, ⑤ 지급되는 권리사용료 중 당해 수입물품과 관련이 있는 금액을 산출함에 있어 요구되는 객관적 자료라 함은 실제의 시장이나 실제의 상거래에서 얻어지는 자료를 말하고, 수량화할 수 있는 자료라 함은 가산할 금액을 명확히 계산할 수 있는 자료를 의미하는 것으로, 완제품의 가격 또는 당해 수입물품의 가격은 일반적으로 이를 산출할 수 있는 객관적이고 수량화할 수 있는 자료가 존재하는 점, ⑥ 지급되는 권리사용료 중 당해 수입물품과 관련이 있는 금액만으로 따로 산출하는 것은 전문적이고 기술적인 사항으로서 그 산출방법을 정하도록 위임받은 수임 행정기관으로서는 그 기준을 정하는데 어느 정도의 재량권이 있다고 보아야 하는 점 등에 비추어 보면, 구 관세고시 제9조 제2호단서는 권리사용료가 특정한 완제품의 생산에 대한 대가로 지급된 경우에 있어 권리사용료의 산출방법에 관하여 관세청장이 수권의 범위 내에서 법령이 위임한 취지에 기초하여 합목적적으로 설정한 기준으로 보인다;

- 결국 구 관세고시 제9조 제2호단서는, 특정한 완제품의 생산에 대한 대가로 권리사용료가 지급되고, 그 중 완제품을 생산하는 과정에서 소요될 부분품, 원재료, 구성요소 등(이하 '부분품 등')을 수입하는 경우에 관해 규정한 것으로, 당해 권리에 따른 완제품의 생산이라는 일련의 제조과정 중 수입부분품 등에 체화된 제조과정과 수입 이후 국내에서의 제조과정에 대한 대가를 구분하여, 완제품의 가격 중 수입부분품 등의 가격이 차지하는 비율의 권리사용료만을 가산하는 취지로 보아야 할 것이다;
- 이와 달리 권리사용료에 특정한 완제품의 생산과 아무런 관련성이 없는 별개의 대가가 포함된 경우에도 지급되는 권리사용료를 기준으로 구 관세고시 제9조 제2호단서를 적용하면, 물품의 생산과 관련성이 없는 별개의 대가 역시 구 관세고시 제9조 제2호단서가 정한 비율만큼 실제 지급가격에 가산되어 법령의 위임범위를 벗어나는 결과가 되고, 이는 "실제 지불했거나 지불할 가격에 부가하는 금액은 객관적이고 수량화할 수 있는 자료만을 기초로 하여야 하고, 과세가격을 결정함에 있어 본 조에 규정한

경우 이외에는 실제 지불했거나 지불할 가격에 금액을 부가해서는 안 된다"고 규정하고 있는 1994년도 관세 및 무역에 관한 일반협정 제7조의 이행에 관한 협정(이하 'WTO 이행협정') 제8조 제3, 4호와 WTO 이행협정 제14조에 따라 WTO 이행협정의 구성부분이 되어 그 해석·적용의 기준이 되는 부속서1 주해 중 제8조 제3항의 "제8조의 규정에 따라 추가하는 것이 요구되는 금액에 대하여 객관적이고 수량화할 수 있는 자료가 없을 경우 거래가격은 제1조의 규정에 따라 결정될 수 없다"는 부분 등 관계 규정의 취지에도 반하게 되는바, 이러한 경우에는 구 관세고시 제9조 제2호단서 규정을 적용할 수 없다고 보아야 한다;

- 구 관세령 제19조 제3항 제1호라목은 "권리사용료가 특허권에 대하여 지급되는 때에는 방법에 관한 특허를 실시하기에 적합하게 고안된 설비·기계 및 장치(그 주요특성을 갖춘 부분품 등을 포함한다)인 경우 권리사용료와 관련되는 것으로 본다"고 규정하고 있고, 2014.1.3. 개정되기 전 구 관세고시 제3-4조 제3호단서는 "수입물품이 방법에 관한 특허를 실시하게 적합하게 고안된 설비, 기계 및 장치(그 주요특성을 갖춘 부분품 등을 포함한다)인 경우, 지급되는 권리사용료는 특정한 완제품을 생산하는 전체방법이나 제조공정에 관한 대가이고, 수입하는 물품은 그 중 일부공정을 실시하기 위한 설비 등인 경우에는 지급되는 권리사용료에 전체설비 등의 가격 중 수입설비 등이 차지하는 비율을 곱하여 산출된 권리사용료를 가산한다."고 규정하고 있었다. 위 규정 역시 권리사용료가 당해 수입설비 등을 포함한 전체설비 등과 관련되어 지급된 경우에 전체설비 등의 가격 중 수입설비 등의 가격이 차지하는 비율의 권리사용료만을 가산한다는 취지로, 전체설비 등과 관련성이 없는 수입 이후의 국내활동에 대한 대가가 포함된 경우에는 위 제3-4조 제3호단서 규정을 적용할 수 없다 할 것이고[대법원 2019.2.14. 선고 2016두34110, 2016두34127(병합) 판결 참조], 2014.1.3. 구 관세고시가 전부 개정되면서 위 규정 다음에 "지급하는 권리사용료에 수입물품거래와 관련 없는 수입 이후의 국내활동에 대한 대가 등이 포함되어 있는 때에는 구매자가 자료 제출 등을 통하여 수입 이후 활동에 해당하는 금액을 증명하는 경우 해당 금액을 총지급 로얄티에서 공제한다."는 내용이 구 관세고시 제9조 제3호후문으로 추가되었다.

❷ 이 사건 로열티의 구성 ⊃ 구 관세고시 제9조 제2호단서, 제4호는 당해 권리에 의해 생산되는 완제품의 생산과정에 대한 대가로 권리사용료가 지급되고, 그중 부분품 등을 수입하는 경우에 관하여 규정한 것이므로, 단서의 '지급되는 권리사용료'가 모두 '수입 부분품 등을 포함한 완제품의 생산과정에 대한 대가'라는 점에 관하여 과세관청에서 이를 증명하여야 할 것인데, 서울세관장이 제출한 증거들만으로는 이 사건 로열티가 모두 완제품인 담배의 생산과정에 대한 대가라고 보기 어렵고, 달리 이를 인정할 증거가 없다. 오히려 이 사건 계약 제2조에 의하면, 원고가 P△PSA로부터 허여받은 권리에 관하여 "한국내

제조와 영역내 판매를 위한 상표(Trademarks) 및 기타 지적재산권(Other Intelellctual Property Rights)을 사용할 권리"로 기재하여 상표권을 명시하고 있고, 이 사건 기록에 의하여 인정되는 다음과 같은 사정들에 비추어 보면, 이 사건 로열티는 이 사건 담뱃잎 등을 포함하여 완제품인 담배를 생산하기 위한 영업비밀 뿐 아니라 완제품인 담배에 부착될 상표에 관한 권리에 대한 대가로 제공되었다고 봄이 타당하다:

- 원고는 P△PSA와 체결한 제1계약에 따라 상표를 사용할 수 있는 비독점적인 권리를 갖게 되었다. 제1계약은 "계약제품"을 계약부록 A에서 확인되는 상표로 판매되는 담배 브랜드 제품을 의미하는 것으로 정의하고, 상표에 관하여 "계약부록 A에서 정한 브랜드에 대한 상표, 상표등록, 상표적용 및 그러한 상표, 상표등록, 상표적용의 모든 재적용, 재등록, 갱신을 의미한다"고 규정하여 해당 상표와 상표에 관한 권리를 구체적으로 특정하였고, 본건 상표를 사용하기 위하여 원고에게 허여하는 권리와 라이선스를 고려하여 계약제품 순매출액의 5%를 로열티 금액으로 산정하였으며, 이에 따라 원고는 P△PSA에게 약정된 로얄티를 지급하였다;
- 이 사건 계약 역시 P△PSA가 국내에서 본건 상표를 소유하고 있음을 전제로 원고는 본건 상표와 기타 지적재산권을 사용할 수 있다고 규정하면서 제1계약과 같이 계약제품에 관하여 본 계약에 따라 제조되고 본건 상표가 부착된 모든 담배를 의미한다고 정의하고 있다. 이에 따라 원고는 계약제품 판매를 위해 P△PSA가 소유하고 있는 상표권을 사용할 수 있는 비독점적인 권리를 보유하는 것 이외에도 한국 내에서 기타 지적재산권을 사용하여 완제품인 담배를 제조할 수 있게 되었고, 원고는 완제품인 담배의 제조와 상표권을 사용하는 대가로 계약제품 각 브랜드별로 구별하여 원고의 해당 브랜드 순매출액(Net Sales Value) 중 본계약 부록 A에 기재된 비율에 해당하는 금액을 P△PSA에게 차등지급하였다;
- 원고가 이 사건 계약의 체결을 통해 한국 내에서의 완제품인 담배를 제조할 수 있는 기타 지적재산권을 사용할 권리를 부여받았다 하더라도, 이 사건 계약 역시 제1계약과 마찬가지로 계약제품 판매를 위해 P△PSA가 소유하고 있는 상표권을 사용할 수 있는 비독점적인 권리를 보유하고 있다는 점을 명시하였고, 여기에다가 아래와 같이 계약제품 각 브랜드에 대한 로열티는 이 사건 계약 부록 A에 따라 각 브랜드 별로 달리 산정된 점, 부록 A에서는 해당 브랜드별로 다시 상표(Trademark)와 등록번호(Registration No.)를 특정하여 세분하는 등 권리사용료 산정에 있어서는 여전히 상표의 종류 및 해당 상표의 매출액이 주요요소로 작용하였다는 점을 더하여 보면, 상표권은 완제품인 담배의 제조에 관한 지적재산권과 별개로 그 자체로서 이 사건 로열티에 있어 중요한 부분을 차지한다고 봄이 상당하다;
- 원고는 이 사건 담뱃잎 등을 수입하여 국내에서 적절한 수분을 함유하고, 불순물이 제거된 각초 정량을 니코틴과 타르 양의 흡착 등을 조절하는 필터에 접착한 후 종이에

말아 담배개비를 제조한 후 이를 분류하여 담배갑 내부에 넣어 포장하는 공정을 거쳐 완제품인 담배를 제조하고 각 브랜드별 상표를 부착하였다. 권리사용료가 상표권에 대하여 지급되는 때에는 수입물품에 상표가 부착되거나 희석·혼합·분류·단순조립·재포장 등의 경미한 가공 후에 상표가 부착되는 경우 권리사용료가 수입물품과 관련되어 있는 것으로 보는데(구 관세령 제19조제3항제3호), 수입물품인 이 사건 담뱃잎 등에는 상표가 부착되어 있지 않았고, 원고는 이 사건 담뱃잎 등을 수입하여 앞서 본 추가제조, 가공공정을 통한 실질적 변형을 수행하여 원재료인 각초(HS 2403.91)와 관세품목상 품목분류가 상이한 완제품인 담배(HS 2402.20)를 생산하였으므로(대법원 2002.7.26. 선고 2001도4245 판결 참조), 이사건 담뱃잎 등에 경미한 가공 후에 상표가 부착된 경우라고 볼 수도 없다. 결국 이 사건 로열티의 지급대상 중 상표권은 완제품인 담배의 제조공정과는 별개의 권리인바, 이 사건 담뱃잎 등과 일체화되거나 일부를 이루고 있다고 볼 수 없고, 상표권 이외에 기타 무형의 지적재산권이 수입물품인 이 사건 담뱃잎 등에 체화 또는 구현되어 이 사건 담뱃잎 등과 일체화되거나 이 사건 담뱃잎 등의 일부를 이루고 있다고 보아야 할 것이다;

- 이 사건 로열티에 상표권의 허여대가가 포함되어 있다면, 해당 부분을 이 사건 로열티에서 공제하여야 하고, 구 관세고시 제94조 제2호단서에 따라 완제품의 제조원가에서 관세와 이 사건 로열티 중 완제품과 관련된 권리사용료를 공제하여 완제품의 가격을 산정한 후 이 사건 담뱃잎 등의 가격을 비교하여 이 사건 담뱃잎 등에 가산할 금액을 산출하여야 할 것인데, 서울세관장은 원고가 작성한 감사보고서 및 재무제표 등을 토대로 하여 담배 완제품의 가격을 산출하였을 뿐 이 사건 로열티에서 상표권의 대가를 공제하지 않았다. 이에 따라 원고가 지적하는 바와 같이 담뱃잎 가격에 가산되는 권리사용료 가액이 담뱃잎 가격의 상당 부분을 차지하게 되었다.

제1심 재판부는 이 사건 로열티의 안분가능성에 대하여 다음과 같이 판시하고 있다. 과세처분취소소송에 있어서 세액의 산출과정에 잘못이 있어 과세처분이 위법한 것으로 판단되는 경우라도 사실심 변론종결 당시까지 제출된 자료에 의하여 적법하게 부과될 세액이 산출되는 때에는 법원은 과세처분 전부를 위법한 것으로 취소할 것이 아니라 과세처분 중 정당한 산출세액을 초과하는 부분만을 위법한 것으로 보아 그 위법한 부분만을 취소하여야 한다(대법원 2000.9.29. 선고 97누19496 판결 참조). 이 사건 로열티는 이 사건 각초의 제조과정을 포함한 완제품인 담배제조에 관한 지적재산권과 완제품인 담배에 부착되어 사용될 상표권에 대한 대가이므로, 이 사건 로열티 중 상표권에 대한 부분을 제외한 나머지 부분에서 다시 수입상품인 이 사건 담뱃잎 등에 관한 권리사용료 부분을 분리하여 산정하여야 한다. 그러나 서울세관장은 이 사건 로열티 중 상표권에 대한 부분을 구분하지 못하였고, 제출된 증거들만으로는 이를 구분할 수 없으므로, 이 사건 과세처분 전부를 취소할 수밖에 없다. 이에 대하여 서울세관장은 이 사건 로열티에 상표권이 포함되어 있다 하더라도 모두 완제품과 관련되어 있으므로, 구 관세고시 제9조 제2호단서 등에 따라 권리사용료를 안분할 수 있다고 주장하나, 구 관세고시 제9조 제2호단서, 제4호는 당해 권리에 의해 생산되는 완제품의 생산과정에 대한 대가로 권리사용료가 지급되고, 그중 부분품 등을 수입하는 경우에 관하여 규정한 것이므로, 단서의 '지급되는 권리사용료'가 '특정한 완제품의 생산과정에 대한 대가'라는 점에 관하여 과세관청에서 이를 증명하여야 할 것인데, 이 사건 로열티에는 특정 완제품의 생산과정에 대한 대가 뿐 아니라 이 사건 담뱃잎 등을 이용한 완제품의 생산과정과 전혀 무관한 완제품에 부착되어 사용될 '상표권'에 대한 대가가 포함되어 있는 이상, 구 관세고시 제9조 제2호단서, 제4호를 그대로 적용할 수는 없다 할 것이므로, 서울세관장의 위 주장은 받아들이지 않는다.

【대법원 2016.10.27.선고 2014두13362 판결】 사건을 살펴본다. 이 사건의 처분경위는 다음과 같다. 원고는 스위스 법인인 ABB Asea Brown Boveri Ltd.(이하 'ABB')의 완전자회사로서 전기설비, 제어설비 등의 제조업 및 판매업 등을 영위하는 회사이다. 원고는 2005.12.1. 경부터 2009.7.2.경까지 ABB AB, ABB OY 등(이하 'ABB 관계사')으로부터 AC 모터(이하 '이 사건 제1 물품'), 개폐기, 계전기, 차단기 등(이하 '이 사건 제2 물품')을 수입하였다. 한편, 원고는 1997.6.30. ABB와 상표권 사용 계약(이하 '이 사건 구계약')을 체결하여 '감가상각 후 영업이익 + 인건비'의 1.46%를 상표권료로 지급하였고, 2007.10.8. ABB와 이 사건 구계약의 내용을 수정하는 상표권 사용 계약(이하 '이 사건 신계약')을 체결하여 2008년부터 '원고의 매출액 - ABB 관계사들로부터의 매입액'의 1%를 상표권료로 지급하였다(이하 위 상표권료를 '이 사건 상표권료'). 원고는 2005년, 2006년, 2008년 수입한 이 사건 제1 물품의 과세가격에 이 사건 상표권료를 가산하여 과세가격을 수정신고하였다. 서울세관장은 2007년 및 2009년 수입한 이 사건 제1 물품과 2005년부터 2009년까지 수입한 이 사건 제2 물품의 과세가격에도 이 사건 상표권료를 가산하여야 한다고 판단하여, 2010.11.17. 원고에 대하여 관세 등을 부과하는 처분(이하 '이 사건 처분')을 하였다.

상고심은 원심[346]의 아래와 같은 판단은 정당하고, 거기에 원고의 주장[347]과 같이 권리

346) 서울고등법원 2014. 9. 5. 선고 2013누29591 판결.

347) 원고의 주장은 이렇다. ① 이 사건 상표권료는 이 사건 각 물품을 수입하는 권리에 대한 대가가 아니라 원고가 제조한 제품에 상표를 부착하고, 영업활동이나 설치용역 등에 상표를 이용하는 대가로 지급한 것이다. 또한 이 사건 상표권료는 '감가상각 후 영업이익 + 인건비'의 1.46% 또는 '원고의 매출액 - ABB 관계사들로부터의 매입액'의 1%로 산정되는바, 이 사건 각 물품의 수입액이 증가할수록 이 사건 상표권료는 감소하므로 이 사건 상표권료는 이 사건 각 물품과 관련성이 있다고 볼 수 없다. ② 이 사건 상표권료는 원고가 이 사건 각 물품의 판매자인 ABB 관계사가 아니라 ABB에 지급하는 것이고, 원고와 ABB 관계사가 ABB에 이 사건 상표권료를 지급하기로 약정한 사실도 없으므로, 이 사건 상표권료는 이 사건 각 물품의 거래조건으로 지급되었다고 볼 수 없다.

사용료의 관련성 요건 및 거래조건성 요건에 대한 법리를 오해한 잘못이 없다고 판시하고 있다:

- 원심은, 이 사건 각 물품에 ABB의 상표가 부착되어 있고, 원고의 영업이익과 매출액은 이 사건 각 물품의 판매로 인한 것일 뿐 국내에서 용역을 제공한 데 따른 부분은 포함되어 있지 않은 점, 이 사건 상표권료는 이 사건 각 물품의 국내 판매로 인한 매출액에서 ABB 관계사들에게 지급한 매입액을 공제한 차액의 1% 상당액으로 계산되므로 결국 이 사건 각 물품으로 인한 것인 점, 이 사건 제2물품의 경우 원고가 국내에서 다른 부품과 함께 완제품을 생산하여 거기에도 ABB의 상표를 부착·판매하였으나, 서울세관장은 관세령 제19조 제6항의 위임을 받은 관세청 고시에 따라 완제품 가격 중 이 사건 제2물품이 차지하는 비율로 안분한 상표권료만 과세가격에 가산한 점 등을 종합하여 보면, 이 사건 상표권료는 이 사건 각 물품에 관련되는 것이라고 봄이 상당하다고 판단하였다;
- 구매자와 판매자 사이의 직접적인 약정에 따라 구매자가 판매자 아닌 자에게 권리사용료를 지급하는 경우가 아니라 하더라도, 구매자, 판매자 및 권리보유자 사이의 관계와 그들 사이의 관련 약정의 내용 등에 비추어 볼 때 구매자가 판매자 아닌 자에게 권리사용료를 지급하지 않으면 판매자로부터 수입물품을 구매할 수 없다고 볼 수 있는 경우에는 특별한 사정이 없는 한 권리사용료가 수입물품의 거래조건으로 지급되는 경우에 해당한다고 보아야 한다. 원심은 이 사건 각 물품의 구매자인 원고와 그 판매자인 ABB 관계사들뿐만 아니라 원고와 이 사건 상표권 사용계약을 체결한 ABB 모두 상호 간에 특수관계가 있는 점, 이 사건 상표권 사용계약에 의하면 원고가 제조·판매하는 모든 제품에 ABB의 상표를 부착하도록 하고 있으므로 원고로서는 ABB 관계사들로부터 이 사건 각 물품을 구매하여 국내 또는 해외에서 판매하기 위하여 ABB의 상표를 부착하여야만 하였던 점, 또한 이 사건 상표권 사용계약에 의하면 원고는 ABB가 제시하는 품질기준과 사양을 엄격히 준수하여야 하며 이를 어기는 경우 ABB의 상표가 부착된 제품의 유통·판매를 중지하도록 정하고 있는데, 원고는 이와 같은 품질기준 및 사양 등을 준수하기 위하여 ABB의 특수관계자인 ABB 관계사들로부터 이 사건 각 물품을 구매할 수밖에 없었던 점 등을 종합하여 보면, 이 사건 상표권료는 이 사건 각 물품의 거래조건으로 지급되었다고 봄이 상당하다고 판단하였다.

【서울행정법원 2019.8.2. 선고 2018구합87743 판결】 사건을 살펴본다. 이 사건의 처분경위는 이렇다. 원고는 2011.8. C사(이하 '상표권자')과 사이에, D상표(이하 '이 사건 상표')를 사용한 성인용 남녀 손목시계(이하 '이 사건 제품')를 제조하여 국내에 판매할 수 있는 비독점적 권리에 관하여 상표권 사용(이하 '이 사건 사용') 계약을 체결하였다. 원고는 E사 외 3개 업체(이하 '수출자')와 이 사건 제품의 주문자상표부착생산계약(OEM, 이하 '이 사건

제조계약')을 체결하고 2012.4.20.부터 2013.2.1.까지 수출자가 제조한 이 사건 제품을 수입하면서 수출자에게 지급한 금액을 과세가격으로 수입신고하였다. 세관장은 원고에 대한 관세조사를 실시한 결과 이 사건 사용료가 관세법 제30조 제1항 제4호, 관세령 제19조 제2항, 제5항에 따라 이 사건 제품의 과세가격에 포함되어야 한다고 판단한 다음, 원고에 대하여 2017.4.18.과 2017.11.27. 관세 등을 경정·고지(이하 '이 사건 각 처분')하였다.

재판부는 다음과 같은 사정들에 비추어 보면, 세관장이 제출한 증거들만으로는 이 사건 사용료의 지급이 관세령 제19조 제5항 제2호에 해당한다고 인정하기에 부족하고, 달리 이를 인정할 만한 충분한 증거가 없으므로, 이 사건 제품에 관하여 수출자의 거래조건에 이 사건 사용료의 지급이 포함되어 있다고 볼 수 없다고 판시하고 있다:

- 이 사건 사용계약에 의하면 원고는 상표권자로부터 디자인 및 품질기준에의 적합 여부에 대하여 사전승인을 받아야 하고, 임가공이나 하청생산을 진행할 때에도 사전승인을 받아야 하며, 상표권자는 이 사건 제품의 품질관리를 위하여 생산공장을 방문하거나 원고에 대하여 원·부자재 변경, 품질기준 미달 제품의 회수 등을 요구할 권리를 가진다. 그러나 상표권자가 위와 같은 품질관리 차원을 넘어 원고가 아닌 수출자를 상대로 그 생산이나 수출행위를 직접 관리·통제할 수 있다고 볼 근거는 없다;
- 수출자는 이 사건 사용계약 체결 전부터 원고와 거래하던 업체이고, 상표권자와는 특수관계나 상표사용계약관계, 하도급 등의 법적 관계가 전혀 없다. 이 사건 제조계약에도 이 사건 상표 또는 이 사건 사용료와 관련하여 아무런 언급이 없다. 이 사건 제품 자체의 특수성, 상표권자의 요구, 원고·상표권자·수출자와의 관계 등으로 인하여 원고가 수출자와만 거래하여야 하는 제한이 있다고 보기 어렵다;
- 이 사건 사용계약에 의하면 원고가 이 사건 사용료의 지급을 거절하거나, 3회 이상 지급을 지체하거나, 해당 분기 지급을 3개월 이상 지연하면 상표권자가 이 사건 사용계약을 해지할 수 있고, 원고는 해지통지를 받으면 제품생산을 즉시 중단할 의무가 있기는 하나, 원고가 이 사건 사용계약에 의하여 상표권자에게 부담하는 계약상 의무와는 별개로, 원고가 이 사건 사용료를 지급하지 않았다고 해서 수출자가 원고에 대하여 법률상·사실상 이 사건 제조계약의 이행을 거부할 이유는 없는 것으로 보인다.

미국 CBP의 결정사례를 살펴본다. 【H024979, 2009.5.6.】 ➲ 라이센스 취득자는 라이센서가 관리하는 여러 가지의 상호, 상표 그리고 디자인이 들어있는 의류, 골프클럽, 그리고 가방, 공, 우산 등등을 비롯한 골프 관련 액세서리를 제조, 디자인, 광고, 판촉, 유통 및 판매하기 위하여 미국 회사인 라이센서와 라이센스 계약을 체결하였다. 라이센서는 상표와 디자인의 소유자를 위한 독점적 라이센스 발급 대리인이다. 라이센스 취득자는 라이센서와 관련이 없다. 라이센스 취득자는 여러 판매자들에게서 상품을 구매하였으며, 라이센스 계약의 조건에 따라 특허와 상표사용에 대한 로열티 수수료를 라이센서에게 지급하였고 그 계약서는 CBP에게 제공하였다. 중국의 제조업자들, 판매자들, 라이센스 취득자, 그리고 라이센서와 같은, 동 계약 당사자들 중 아무도 서로 관계가 없었다. 동 판정은 라이센스 계약에 명시되어 있는 상표와 특허 일체를 망라하여 전체적으로 라이센스 계약에 적용되었다. 또한 청구인은 라이센스 취득자의 제품개발 담당 부사장이 작성한 신고서를 제출하였는데, 이 신고서에서 라이센스 취득자는 판매자들 혹은 제조업자들에게 상표사용을 재-허가 하지 않았다고 진술하였다. 또한 라이센스 취득자의 신고서는 비록 라이센스 취득자가 상품제조를 위하여 자신의 판매자들과 여타 계약들을 한 것이 있지만, 여타 계약의 제조 계약서에는 라이센서가 허가한 상표의 사용에 관한 규정이 없다고 진술하고 있었다. 제공된 정보에 의거하여 CBP는 결정하였다. 라이센스 계약에 따라 라이센스 취득자가 특수관계가 아닌 제3자 라이센서에게 상표와 특허에 대하여 지급한 라이센스료는 대미수출을 위한 수입물품 판매의 조건이 아니며, 따라서 19 U.S.C. §1401a(b)(1)(D)에 따라, 수입물품에 대하여 실제로 지급하였거나 지급하여야 할 가격의 가산요소에 해당되는 것은 아니라고 결정하였다. 【H034062, 2009.3.3.】 ➲ 수입자는 라이센스 등록된 신발류의 캐릭터를 사용할 수 있는 비-독점 권리에 관한 라이센스 계약을 체결하였다. 신발류는 수입자 혹은 라이센서와 특수관계가 아닌 중국의 공장에서 제조되었다. 라이센스 계약은 미국에서 판매한 것들 중 "라이센스 요소"가 들어있는 제품의 총수량에 대하여 수입자가 작성한 "네트 송품장 계산서"상의 라이센스료를 수입자가 라이센서에게 지급하도록 요구하였다. 라이센스료는 네트 송품장 계산서의 6%이었으며, 계약기간 동안 매 달력 분기별로 지급하여야 했다. 또한 라이센스 계약은 계약기간 동안 일정액의 보증지급을 규정하였다. 또한 FOB 매출에 대하여 라이센스료 12%를 중국에서 제삼국으로 직접 보내야 하였다. 로열티 대금은 제품이 미국에서 판매된 이후에 그리고 판매되었을 때만 지급대상이 되었다. 그것은 상품의 수출시에 지급대상이 되는 것은 아니었으며, 라이센스료는 중국에서 제품을 생산해야만 하는 조건은 아니었다. 계약에는 품질관리 조항 행동규범이 들어있었는데, 수입자는 라이센스료를 지급하지 않고 상품을 구매할 수 있었다. 비록 대금지급은 수입자가 상표와 저작권 캐릭터가 들어있는 제품을 재판매하여 버는 수입범위 내에서 이뤄져야 한다고 요구되었지만, 대금은 판매자에게 지급되지 않았으며, 따라서 수입물품에 대하여 실제로 지급하였거나 지급하여야 할 가격에 가산되지 않았다. 수익금 역시 판매자에게 귀속되지 않았다.

EU법원의 판례[348]를 살펴본다. GE Medical Systems Deutschland GmbH & Co. KG(이하 'GE Germany')와 Monogram Licensing International Inc.(이하 'M')는 General Electrics group(이하 'GE Group')에 속하는 기업으로 양 회사는 표준화 규격(standard-form) 라이선스

348) Judgment of the Court(Fifth Chamber), GE Healthcare GmbH v Hauptzollamt Düsseldorf, In Case C-173/15, 9. March 2017.

계약을 체결하였다. 이 라이선스계약 Ⅱ A조에 따르면, 양 당사자 사이 합의한 로열티 지급과 품질표준에 대한 엄격한 준수를 전제로, M은 GE Germany가 생산하고 판매하는 물품과 공급하는 용역에 대해 GE Group 상표(이하 "GE 상표")를 사용할 수 있는 비독점적 라이선스를 허여하였다. 아울러 M은 GE Germany에게 임의적 판단으로 GE Group에 속하는 다른 자회사에 대한 물품의 전매를 위하여 상표사용(목적)이 시험목적이나 견품 또는 불량품을 위한 사용인 경우에는 로열티를 지급하지 않고, GE 상표를 사용할 수 있는 비독점적 라이선스를 허여하였다. 또한, GE Germany는 자신과 M과의 라이선스계약에 규정된 유사한 조건으로 GE 상표를 사용할 권리를 허여받은 GE Group에 속하는 다른 자회사와의 상업거래에서 로열티를 지급하지 않고 상표가 부착된 제품을 사용하도록 허여받는다. GE Germany가 제조하여 판매하거나 제공하는 물품과 용역에 관한 양 당사자 간 합의한 품질표준에 대한 엄격한 일치를 보장하기 위하여, M은 광범위한 감독권한을 가졌고, 만일 품질표준을 충족하지 못한다면, 단기간 통고로 계약을 종결할 수 있다. 라이센스계약 Ⅱ A조에 따라 로열티 지급의 만기일은 매 일력으로 12월 31일로 고정된다. GE 상표의 사용에 대하여 로열티 지급은 GE Germany의 1년 매상고의 0.95%로, 그리고 GE Group 상호의 사용에 대하여는 GE Germany의 1년 매상고의 0.05%로 계산된다. 독일의 뒤셀도르프 본부세관(이하 "세관당국")은 세관심사 기간에, GE Germany가 GE Group에 속하는 다른 자회사로부터 제3국의 원산지상품을 취득했지만 그 물품에 대한 관세의 과세가격 신고에서 로열티 신고를 누락했다는 2010.9.8.자 내부보고서를 확인하였다. 이에 따라 세관당국은 2010.9.30. 14,985.09 EUR의 수입물품에 대한 관세를 수정·고지하였다. 수정·고지된 세액을 납부한 GE Germany는 2011.7.21. 라이선스 계약에서 지급의무가 있는 로열티는 구 EU관세법 제32조에 따라 관세의 과세가격에 가산되지 않는다는 이유를 들어 구 EU관세법 제236조를 적용하여 납부한 세액에 대한 환급을 청구하였다. 하지만 세관당국은 2011.3.9. 관세의 과세가격에 적용된 법적 근거가 타당하다는 이유를 들어 GE Germany의 환급청구를 기각하였다.

EU법원은 다음과 같이 판시하고 있다.[349] 이 사건에서 로열티·라이센스료의 총액은 라이선스계약 하에 수입물품의 제3자에 대한 판매를 통하여 발생하는 매출액의 백분율에 좌우된다. 해당 로열티·라이센스료의 지급은 구 EU관세법 시행명령 제161조 제2항[350]의 의미 내에서 당연히 평가대상 물품에 관련되는 것으로 추론된다. 로열티·라이센스료는 GE Germany가 해당 물품을 수입한 이후 제공된 용역과 그 회사가 GE Group의 상호 사용에

349) 예비적 판결(preliminary ruling)이 내려지는 절차에 대해서는 이 책 370쪽 각주 326을 참조.

350) However, where the amount of a royalty or licence fee is calculated regardless of the price of the imported goods, the payment of that royalty or licence fee may nevertheless be related to the goods to be valued.

관련된다는 사실에 대하여 반론이 생길 수 없다. 구 EU관세법 제158조 제3항[351]은, 만일 로열티·라이센스료가 수입물품의 일부분에 관련되고, 나머지 일부분은 그 물품이 수입된 후 생산제품에 결합되는 원재료나 구성요소 또는 그 물품이 수입된 후 국내활동(post-importation activities)과 관련이 된다면, 구 EU관세법 시행명령 부속서 23에서 설명하고 있는 구 EU관세법 제32조 제2항에 관한 주해에 따라 객관적이고 수량화할 수 있는 자료에 근거하여 적정한 배분이 이루어져야 한다고 규정하고 있다. 따라서 구 EU관세법 제158조 제3항은 지급되어야 할 로열티·라이센스료가 일부분은 해당 물품에 관련되고, 나머지 일부분은 그 물품이 수입된 후 제공되는 용역에 관련될 수 있는데, 해당 로열티·라이센스료가 단지 일부분만 수입물품에 관련된다면 구 EU관세법 제32조 제1항(c)[352]에 규정된 가산이 적용될 수 있다고 명시적으로 규정하고 있다. 이러한 경우 해당 물품과 관련성이 존재하는 로열티·라이센스료의 총액을 평가할 수 있는 객관적이고 수량화할 수 있는 자료에 근거하여 가산이 이루어져야 한다. 그런 까닭에 구 EU관세법 제32조 제1항(c)에 따라 만일 로열티·라이센스료가 평가대상 물품에 단지 일부분만 관련될지라도, 이 조항의 의미 내에서 해당 로열티·라이센스료는 그 평가대상 물품에 관련된다는 결과가 될 수 있다.

그럼에도 불구하고, 구 EU관세법 제32조 제1항(c)는 다음과 같이 해석되어야 한다. 첫째, 로열티·라이센스료가 평가대상 물품과 관련된 것으로 간주되기 위하여 라이선스계약이 체결된 시점 또는 관세의 납부의무가 발생한 시점에 해당 로열티·라이센스료의 총액이 확정될 필요는 없다. 둘째, 해당 로열티·라이센스료가 단지 해당 (쟁점)물품에 일부분만 관련된다 할지라도 해당 로열티·라이센스료가 평가대상 물품과 관련될 수 있다. 앞에서 설명한 세 번째 전제조건에 관련된 세 번째 질의에서, 제청법원은, 본질적으로, 구 EU관세법 제32조 제1항(c)와 구 EU관세법 시행명령 제160조가, 하나의 회사그룹 내에서 판매자 및 구매자가 특수관계인 회사에게 해당 로열티·라이센스료의 지급이 요구되고, 동일한 회사를 위하여 지급된 경우 해당 로열티·라이센스료가 평가대상 물품의 판매조건이라는 의미로 해석되어야 하는지 여부를 질의하고 있다. 구 EU관세법 제32조 제1항(c)의

351) If royalties or licence fees relate partly to the imported goods and partly to other ingredients or component parts added to the goods after their importation, or to post-importation activities or services, an appropriate apportionment shall be made only on the basis of objective and quantifiable data, in accordance with the interpretative note to Article 32(2) of the [Customs] Code in Annex 23.

352) In determining the customs value under Article 29, there shall be added to the price actually paid or payable for the imported goods: (c) royalties and licence fees related to the goods being valued that the buyer must pay, either directly or indirectly, as a condition of sale of the goods being valued, to the extent that such royalties and fees are not included in the price actually paid or payable;

적용을 위한 전제조건을 규정하고 있는 구 EU관세법 시행명령 제157조 제2항[353]에 따라, 로열티·라이센스료가, 첫째 평가대상 물품에 관련되고, 둘째 해당 물품의 판매조건을 구성하는 경우 해당 로열티·라이센스료는 실제로 지급하였거나 지급하여야 할 가격에 가산되어야 한다고 것에 유념하여야 한다. 그러나 구 EU관세법 제32조 제1항(c)도 구 EU관세법 시행명령 제157조 제2항도 평가대상 물품의 판매조건이 무엇을 의미하는지에 대하여 명시하고 있지는 않는다. 그 점에 관하여, EU관세법위원회는 관세의 과세가격에서 로열티·라이센스료의 효과에 관한 주석서에서, 이러한 맥락에서 설명되어야 할 문제는 판매자가 로열티·라이센스료를 지급받지 않고 해당 물품을 판매하려는 용의가 있는지 여부라는 것이다. 그 조건은 명시적이거나 묵시적으로 합의할 수 있다. 대다수의 경우에 라이선스계약에서 수입물품의 판매가 로열티·라이센스료의 지급이 조건인지 여부가 확정될 수 있다. 하지만 그것을 명기하는 것이 무조건 요구되는 것은 아니다. 앞에서 언급한 것처럼 그 주석서에서 제시되는 지침이 고려되어야 한다. 그러한 까닭에, 당 법원은, 판매자 또는 그 판매자에 특수관계가 있는 자와 구매자 간 계약관계에서, 해당 로열티·라이센스료의 지급이 판매자에게 그러한 지급이 없이 판매계약을 체결하지 않을 정도로 중요한 경우 로열티·라이센스료의 지급은 평가대상 물품의 판매조건을 의미하는 것으로 인정하여야 한다.

판매자 및 구매자와 특수관계가 있는 licensor M은 판매되는 물품에 대한 로열티·라이센스료의 수취인이다. 그러므로 이 사건에서 수취인은 해당 물품의 구매자에게 해당 로열티·라이센스료의 지급을 요구하는 동일한 회사이다. 이 동일한 회사는 판매자 및 구매자와 마찬가지로 동일한 GE Group에 속하고, 그 그룹의 모회사로부터 직접 또는 간접적으로 통제를 받는다. 그와 관련하여, 구 EU관세법 시행명령 제160조[354]는, 구매자가 로열티·라이센스료를 제3자에게 지급하는 사안에서, 구 EU관세법 시행명령 제157조 제2항의 전제조건은, 판매자 또는 그 판매자에 특수관계에 있는 자가 구매자에게 그 지급을 요구하는 경우, 충족되는 것으로 규정하고 있다. 따라서, 제청법원은 구 EU관세법 시행명령 제160조에 규정된 전제조건이, 로열티·라이센스료를 지급받는 제3자와 판매자에 특수관계가 있는 자가 동일인인 경우에, 충족하는지 여부에 대하여 확신하지 못하고 있다. 그 점에 관하여, GE Healthcare는 독일어 버전으로 구 EU관세법 시행명령 제160조가 로열티·라이센스료의 지급을 요구하는 사람과 해당 로열티·라이센스료를 지급받는 제3자가 동일인이

353) Without prejudice to Article 32(5) of the [Customs] Code, when the customs value of imported goods is determined under the provisions of Article 29 of the [Customs] Code, a royalty or licence fee shall be added to the price actually paid or payable only when this payment: - is related to the goods being valued, and - constitutes a condition of sale of those goods.

354) When the buyer pays royalties or licence fees to a third party, the conditions provided for in Article 157(2) shall not be considered as met unless the seller or a person related to him requires the buyer to make that payment.

될 수 없다고 주장하고 있다. 하지만 당 법원의 정착된 판례법에 따르면, EU법의 규정을 하나의 언어로 사용하는 문언은 그 조항의 해석을 위한 유일한 근거로 제공될 수 없거나 그 점에 관하여 다른 언어버전을 기각하기 위하여 사용될 수 없다. 이러한 접근은 EU법이 통일적으로 적용되는 요건에 부합될 수 없다. 따라서 상이한 언어가 서로서로 편차가 있다면, 해당 조문은 일반적인 분류체계와 그것이 속하는 규정이 갖는 목적에 따라 해석되어야 한다. 구 EU관세법 시행명령 제160조에 관한 다른 언어 버전이 없다면 로열티·라이센스료를 지급받는 제3자에 대한 두 번째 참조가 포함된다. 더 나아가, 또한 판매자와 특수관계에 있는 자가 구 EU관세법 시행명령 제160조의 의미에서 제3자로 간주되지 않는 상황이라면, 로열티·라이센스료의 지급이 구 EU관세법 제32조 제1항(c)의 의미에서 평가대상 물품의 판매조건이 아니라는 결론이 성립될 수 없다. 그와 반대로, 판매자와 특수관계에 있는 자가 자신의 라이선스권리와 관련된 상품의 수입이 해당 물품에 대한 로열티·라이센스료가 자신에게 지급되는 조건을 확실하게 보장할 수 있도록 판매자나 구매자에 대해 어떤 통제를 행사할 수 있는지 여부를 확인하는 것이 필요하다. 그러한 심사를 행하는 것은 제청법원의 소관사항이다. 이에 덧붙여, EU관세법위원회가 작성한 관세의 과세가격에서 로열티·라이센스료의 효과에 관한 의견서는 물품의 판매자와 로열티·라이센스료를 지급받는 자가 다른 사람인 경우, 그럼에도 불구하고 그 지급은 특정한 전제조건 하에서 해당 물품의 판매조건으로 간주될 수 있다. 가령 다국적 그룹에서 상품이 그 그룹의 어느 소속회사에서 구매하고, 로열티는 동일 그룹의 다른 소속회사에게 지급할 것이 요구되는 경우 판매자 또는 그 판매자와 특수관계에 있는 자가 구매자에게 그 지급을 요구한 것으로 간주될 수 있다. 마찬가지로, 판매자가 로열티의 수취인으로부터 라이선스를 허여받은 자이고 후자(로열티의 수취인)가 해당 판매조건을 결정하는 경우에도 동일하게 취급된다. 그럼에도 불구하고, 구 EU관세법 제32조 제1항(c) 및 같은 법 시행명령 제160조가, 단일 그룹회사 내에서 로열티·라이센스료가 판매자뿐 아니라 구매자와도 특수관계에 있는 회사에게 지급이 요구되고, 그 회사를 위하여 지급되는 경우, 해당 로열티·라이센스료는 평가대상 물품의 판매조건이라는 의미로 해석되어야 한다는 것이다.

당 법원의 판결 사례에서 볼 때, 2009과세연도(tax year) 이전 여러 과세연도에 대하여, 뒤셀도르프 본부세관은, 구 EU관세법 제32조 제1항(c) 원칙에서 같은 법 제29조에 규정된 관세평가방법에 따라 산출된 거래가격의 조정을 적용시킬 수 있기 위해서 필요한 자료를 받지 않은 것이 명백하다. 결과적으로, 구 EU관세법 제31조(유사물품의 가래가격)에서 규정된 관세의 과세가격을 결정하는 방법이, 거기에 같은 법 제29조(거래가격) 및 제30조(동종·동질물품의 거래가격)에 규정된 관세평가방법이 없기 때문에, 우선적으로 적용되었다. 구 EU관세법 제32조 제1항(c)가 오로지 같은 법 제29조에 따라 관세의 과세가격을 결정하는 경우에 조정가능성을 규정하고 있으므로, 특히 구 EU관세법 시행명령 제158조

제3항에 규정된 배분이, 수입물품에 대한 관세의 과세가격이 구 EU관세법 제31조에서 규정된 관세평가방법에 따라 결정되는 경우에, 적용될 수 있는지가 의문이 생긴다. 구 EU관세법 제29조에 따라 평가대상 물품의 거래가격으로 관세의 과세가격이 결정될 수 없는 경우에, 관세의 과세가격은 같은 조 제2항의 (a) 내지 (d)의 법문에 규정된 관세평가방법을 순차적으로 적용하여 같은 법 제30조의 규정에 따라 결정되어야 한다는 것에 유념하여야 한다. 구 EU관세법 제30조를 근거로 수입물품에 대한 관세의 과세가격을 결정하는 것이 불가능하다면, 관세의 과세가격 결정은 같은 법 제31조의 규정에 따라 결정되어야 한다. 구 EU관세법 제31조 제1항은 수입물품의 과세가격은 EU에서 입수가 가능한 자료를 기초로, 국제협정의 원칙 및 일반규정과 구 EU관세법 Chapter 3에서 기술하고 있는 규정에 일치되는 합목적적 방법을 사용하여 결정되어야 한다고 규정하고 있다. 그 점에 관하여, 구 EU관세법 제31조 제1항의 제3장에 대한 언급은 같은 법 제32조에 속하고, 또한 수입물품에 대한 관세의 과세가격이 같은 법 제31조 제1항에 따라 결정되는 경우에 적용되는 그 장의 일반규정을 의미한다. EU법상 물품에 대한 관세평가규정은 자의적이고 가공적인 관세의 과세가격을 배제하는 공정하고 통일적이고 중립적인 시스템을 지향하는 것이다. 구 EU관세법 시행명령 부속서 23에서 기술하고 있는 구 EU관세법 제31조 제1항에 관한 관세의 과세가격에 대한 주해에 따라 구 EU관세법 제31조 제1항이 적용되는 관세평가의 방법은 같은 법 제29조 및 제30조 제2항에 규정된 관세평가방법이어야 하지만, 그 방법의 적용에서 '합리적인 신축성'(reasonable flexibility)은 같은 법 제31조 제1항의 입법취지와 규정에 일치되어야 한다. 관세의 과세가격을 결정하기 위한 필요성을 고려하여, 만일 어느 회사가 해당 과세연도에 관련된 충분한 정보와 주해 요점에서 언급한 '합리적인 신축성'에 관련된 충분한 정보의 제공하지 못한다면, 해당 회사의 다른 과세연도에 관련된 자료를 고려하는 것이 구 EU관세법 제31조 제1항이 관세의 과세가격을 결정하는 근거로 사용되는 것을 허용하는 EU에서 입수가능한 자료를 구성할 수 있다고 받아들여야만 한다. 그러한 자료를 참조하는 것은 같은 법 제31조 제1항의 의미 내에서 '합리적'(reasonable)과 국제협정의 원칙 및 일반규정과 같은 법 제31조 제1항에서 기술하고 있는 규정에 일치하는 관세의 과세가격을 결정하는 수단을 구성한다. 구 EU관세법 시행명령 제158조 제3항에 관하여, 만일 로열티·라이센스료가 일부분은 수입물품에 관련되고 나머지 일부분은 그 물품의 수입 후 생산제품에 결합되는 다른 원재료나 구성요소 또는 그 물품의 수입 후 국내활동이나 용역제공에 관련된다면, 적정한 배분은 구 EU관세법 시행명령 부속서 23의 EU관세법 제32조 제2항에 관한 주해에 따라 오로지 객관적이고 수량화할 수 있는 자료에 근거하여 이루어져야 한다. 하지만 해당 회사의 다른 과세연도에 관련된 자료가 구 EU관세법 시행명령 제153조의 의미에서 객관적이고 수량화할 수 있는 것으로 간주될 수 있고, 이에 따라 그 조항에서 규정하는 배분이 적용될 수 있다고 결론을 내리고 있다. 더 나아가, EU집행위원회와 독일정부가 제기한 것처럼, 다른 방법을 고수하는 것은 충분한

정보의 제공을 거부한 수입자에 대한 부당한 이익을 초래할 수 있고, 그 때문에 수입물품에 대한 관세의 과세가격을 적정하게 결정하는 것이 방해될 수 있다.

(3) 재현생산권 지급 사건

【대법원 2020.2.27. 선고 2018두57599 판결】 사건에서 수입물품에 구현되어 있는 특정한 저작물을 우리나라에서 방영이나 재생 등의 방법으로 재현하는 권리에 대한 사용대가가 수입물품의 과세가격에 포함되는지 여부가 쟁점으로 제기되었다. 이 사건의 처분경위는 다음과 같다. 원고는 미국의 종합 미디어 그룹인 Time Warner의 계열사인 터너엔터테인먼트네트웍스코리아 유한회사가 지분 100%를 소유하고 있는 TV 채널 사업자로서, 해외 애니메이션 등 영상물을 수입하여 자신이 운영하는 애니메이션 방송 채널인 'ㅇㅇㅇㅇㅇㅇ' 등을 통해 방영하고 있다. 원고는 Turner Broadcasting System Asia Pacific, Inc. 및 워너브라더스코리아 주식회사 등 라이선서들(이하 '이 사건 라이선서')과, 원고가 이 사건 라이선서로부터 해외 제작사들이 제작한 애니메이션 등 영상물을 1년 내지 수년 단위로 국내에서 TV 등을 통해 방영할 수 있는 권리를 부여받고, 그 대가로 이 사건 라이선서에 라이선스료(이하 '이 사건 라이선스료')를 지급하기로 하는 계약을 체결하였다. 원고는 2010.8.31.부터 2015.6.16.까지 해외 제작사들로부터 애니메이션 등 영상물이 수록된 마스터 비디오테이프(이하 '이 사건 쟁점 물품')를 수입하였는데, 그 과정에서 이 사건 라이선스료를 과세가격에 가산하지 않고 수입신고 및 목록통관 신청을 하였고, 인천세관장은 이를 수리하였다. 서울세관장은 사후관세심사를 통하여 이 사건 라이선스료가 이 사건 쟁점 물품과 관련되고 거래조건으로 지급된 것으로서 관세법 제30조 제1항 제4호 및 관세령 제19조 제2항의 권리사용료에 해당하여 과세가격에 포함되어야 함에도 이를 누락하였음을 이유로, 2015.8.27.부터 2016.1.27.까지 원고에게 관세 등을 경정·고지하였다.

이 사건 상고심은 이 사건 라이선스료는 원고가 이 사건 쟁점 물품에 구현되어 있는 저작물인 애니메이션 등 영상물을 우리나라에서 TV 등 수신매체를 통해 방영하는 방법으로 재현하는 권리의 사용대가로 지급된 것이므로, 관세령 제19조 제2항 괄호부분의 규정에 따라 수입물품의 과세가격에 포함될 수 없는 재현권의 사용대가에 해당한다고 봄이 타당함에도 원심[355]이 수입물품에 담긴 특정한 고안이나 창안을 사용하여 새로운 유체물을 생산하는 권리만이 재현권에 해당한다고 잘못 전제한 다음, 이 사건 라이선스료가 재현권의 사용대가라고 볼 수 없다고 판단하였다고 설시하면서, 이러한 원심의 판단에는 관세령 제19조 제2항 괄호부분의 규정에 따른 재현권의 범위에 관한 법리를 오해하여 판결에 영향을 미친 잘못이 있다고 판시하고 있다.

355) 서울고등법원 2018.08.29. 선고 2017누70931 판결.

원심은 이 사건 관련성 요건에 대하여 다음과 같이 판단하고 있다. 관세령 제19조 제3항 제4호는 '권리사용료가 저작권에 대하여 지급되는 때에는 수입물품에 영상 등이 수록되어 있는 경우' 물품관련성이 인정된다고 규정하고 있다. 그런데 관세법 제16조 본문에 의하면, 관세는 수입신고를 하는 때의 물품의 성질과 그 수량에 따라 부과하므로, 이 사건 쟁점 물품에 영상이 수록된 상태로 수입신고된 때에 과세물건이 확정되었다고 보아야 하는바, 이 사건 쟁점 물품은 관세법 제50조 제1항 [별표] 관세율표 제85류 제8523.29호의 2. 나. 3). 가)목에 의한 '자기식 매체(기타)'의 '기록된 매체' 중 '그 밖의 마그네틱테이프(폭 6.5㎜ 초과, 비디오 녹화된 것)'에 해당한다. 한편, 이 사건 쟁점 물품 등에 대한 원고의 주관적인 용도나 반입 이후 수록된 영상이 이 사건 쟁점물품으로부터 분리될 수 있다는 사정은 과세물건 확정에 있어서 고려할 요소가 아니므로(대법원 2012.1.12. 선고 2011두13491 판결 참조), 이 사건 라이센스료는 방영권의 목적물인 영상이 체화되어 수입된 이 사건 쟁점물품과 관련되어 있다고 할 것이다. 원심은 이 사건 **거래조건성 요건에 관해 다음과 같은 판단을 내리고 있다**. 관세령 제19조 제5항 제1호는 '구매자가 수입물품을 구매하기 위하여 판매자에게 권리사용료를 지급하는 경우에는 권리사용료가 당해 물품의 거래조건으로 지급되는 것으로 본다.'라고 규정하고 있는바, 아래와 같은 사정들에 비추어 보면, 이 사건 라이센스료는 관세령 제19조 제5항 제1호에 따라 이 사건 쟁점 물품의 거래조건으로 지급된 것이라고 할 것이다:

- 원고는 타임 워너의 계열사인 터너 엔터테인먼트 네트웍스 코리아(TNK)가 지분 100%를 소유하고 있는 자회사로서, 터너 엔터테인먼트 네트웍스 코리아(TNK)는 이 사건 라이센서들 중 해외 제작사인 터너 브로드캐스팅 시스템 아시아 퍼시픽의 한국 지사이고, 이 사건 라이센서들 중 하나인 워너브라더스 코리아 주식회사 역시 타임 워너를 모회사로 하는 계열사여서, 터너 브로드캐스팅 시스템 아시아 퍼시픽 및 워너 브라더스 코리아 주식회사는 원고와 특수관계에 있다;
- 이 사건 라이센스 계약에 의하면, 제1조는 라이센스를 '에피소드를 방영할 수 있는 비독점적 권리'로 정의하면서 제2조 내지 제7조, 제11조, 제12조 등을 통하여 원고가 허락된 범위 내에서 영상물을 이용할 수 있다고 규정하고, 제9조는 "계약기간 동안 라이센서 등은 라이센시에게 각 에피소드를, 디지털 베타캠 포맷 또는 당사자들이 합의하는 기타 포맷의 방송품질용 D-2 NTSC 풀 이미지 마스터 비디오테이프('비디오테이프')로 전달한다"라고 규정하며, 제19조는 라이센시가 라이센스료를 미지급하는 경우에는 계약이 해지되거나 중지된다고 규정하고 있다. 원고가 해외 제작사로부터 위와 같은 매체형식을 이용하여 영상물을 수입하려고 한 이유는 인터넷을 통하여 영상물 파일을 전부 전송할 경우 용량이나 보안, 보관 또는 방송품질 등의 한계가 있었기 때문으로 보이는바, 국내 장비를 사용하여 해당 영상물을 재생할 수 있도록 하기 위하여 호환이 되는 포맷의 마스터 테이프의 형태로 전달할 것까지를 특정하였던 것으로 보인다;

- 이 사건 쟁점 물품은 특정 영상물을 수록한 것인데, 이 사건 라이센스 계약에 의하면 해당 영상물에 관하여 저작권으로 보호되는 모든 요소와 영업권을 포함한 권리들은 모두 이 사건 라이센서에게 있다. 따라서 원고에게 이 사건 쟁점 물품을 공개시장에서 다른 판매자로부터 자유로이 구입할 수 있는 구매선택권은 달리 없었으므로, 원고가 특정 영상물이 수록된 이 사건 쟁점물품을 수입하기 위해서는 이 사건 라이센스 계약에 따라 이 사건 라이센서에게 라이센스료를 지급할 수밖에 없었던 것으로 보인다;
- 원고는, 이 사건 라이센스 계약에 의하더라도 파일 형태로 인터넷을 통하여 전송하는 등 관세가 부과되지 않는 다른 방법을 통해 이 사건 쟁점 물품에 수록된 영상물을 제공받을 수 있으며, 그러한 경우에도 원고가 이 사건 라이센스료를 지급하여야 하므로, 이 사건 쟁점물품과 이 사건 라이센스료 사이에 거래조건성이 존재하지 않는다는 취지로 주장한다. 그러나 관세법상 관세는 '수입물품'에 대하여 부과하도록 되어 있어, 물품의 수입 없이 온라인 전송되는 경우는 과세요건 자체가 성립하지 아니하여 조세법률주의에 따라 과세하지 아니하는 것에 불과하다. 설령 원고가 이 사건 쟁점 물품에 수록된 에피소드 중 일부를 인터넷으로 재차 전송받았다고 하더라도, 이는 이미 이 사건 쟁점 물품을 수입한 이후의 사정으로서 최초거래에 있어 '마스터 테이프'의 매체형식을 이용하여 수입하기로 하였다는 점에 있어서는 변함이 없다. 따라서 수입방식에 따른 과세여부에 관하여 입법적 개선의 필요성이 있다는 것은 별론으로 하더라도, 그와 같은 사정만으로 이 사건 쟁점 물품에 대하여 과세하는 것이 타당하지 않다거나 이 사건 쟁점 물품과 이 사건 라이센스료 사이에 거래조건성이 존재하지 않는다고 보기는 어렵다.

한편, **원심은 이 사건 라이센스료가 재현생산권의 대가에 해당하는지 여부에 대하여 다음과 같이 판단하고 있다.** 관세령 제19조 제2항은 '특정한 고안이나 창안이 구현되어 있는 수입물품을 이용하여 우리나라에서 그 고안이나 창안을 다른 물품에 재현하는 권리', 즉 '재현생산권'의 대가를 관세가격의 가산요소에서 제외하고 있는데, 위 규정의 입법취지는 '그 고안이나 창안을 다른 물품에 재현하는' 대가로 지급되는 권리사용료는 본질적으로는 수입물품에 관련된 것이 아니라 수입할 당시에는 존재하지 않는 국내 복제물품에 관련된 것이며, 수입물품이 우리나라에서 재현하는 데에만 사용되고 수입물품 자체가 판매되거나 분배되지 않는 경우에는 재현하는 권리 이외의 판매권 등은 의미없는 권리에 불과하므로, 이러한 권리에 대한 대가를 관세가격의 가산요소에서 제외하고자 함에 있다. 한편, 조세법률주의의 원칙상 과세요건이나 비과세요건 또는 조세감면요건을 막론하고 조세법규의 해석은 특별한 사정이 없는 한 법문대로 해석할 것이고 합리적 이유없이 확장해석하거나 유추해석하는 것은 허용되지 아니하며, 특히 감면요건 규정 가운데에 명백히 특혜규정이라고 볼 수 있는 것은 엄격하게 해석하는 것이 조세공평의 원칙에도 부합한다(대법원

2009.8.20.선고 2008두11372 판결 참조). 위와 같은 관계 법령의 문언과 취지에다가 앞서 본 인정사실 등을 종합하여 알 수 있는 아래와 같은 사정들에 비추어 보면, 이 사건 쟁점물품에 대하여 원고가 지급한 라이센스료는 '방영권'을 부여받는 대가로 지급한 것인데, '방영권'은 일반적으로 저작권 있는 영상물을 TV 등 영상매체를 통하여 방송할 수 있는 권리만을 의미하므로, 위와 같은 권리가 수입물품에 담긴 특정한 고안이나 창안을 사용하여 새로운 '다른 물품'을 생산하는 재현생산권에 해당한다고 할 수 없고, 원고가 이 사건 쟁점물품에 수록된 영상물을 국내화 작업을 거쳐 다른 방송사업자를 통하여 방영하는 것 역시 이 사건 라이센스 계약에 따라 원고에게 부여된 방영권의 행사에 불과하므로, 이 사건 라이센스료가 재현생산권의 대가라고 보기 어렵다:

- 이 사건 라이센스 계약 제1조는 이 사건 라이센서가 저작권을 보유한 영상물을 위 계약에 따라 TV 등 영상매체를 통하여 재생할 수 있는 권리를 원고에게 부여하고, 원고는 부여받은 위 권리에 대한 대가로 이 사건 라이센스료를 지급한다고 규정하고 있다. 그런데 이 사건 라이센스료는 원고에게 방영권이 부여된 기간 및 방영이 허락된 영상물의 범위 등을 고려하여 정하여졌을 뿐이므로, 이 사건 라이센스 계약 당사자들은 원고가 이 사건 쟁점물품에 수록된 영상물을 수입 이후 새로이 유체물에 재현하여 생산하는 행위까지 고려하였던 것으로 보이지는 않는다[이에 대하여 원고는 원본을 그대로 사용하다가 실패하면 다시 편집하는 것이 불가능하므로, 이를 복제하여 사용하는 것은 당연하다고 주장하나, 이는 원고의 내부적인 사정에 불과하다. 또한 이 사건 라이센스 계약 제9조 (a)항 2문이 '라이센시가 이 사건 쟁점물품을 전달하는 과정에서 발생한 모든 마스터링, 복제 및 기타 재료비용을 부담한다'라고 규정하고 있다 하더라도, 라이센서 역시 기타 비용을 부담한다는 내용도 규정하고 있다는 점을 고려하면, 위 규정은 계약 당사자 간의 단순한 비용분담 규정에 불과하다];
- 원고가 이 사건 쟁점물품에 수록된 영상물을 방영하기 위해서는, 이 사건 쟁점물품에 수록된 영상물을 국내에서 다른 테이프에 복제한 뒤 더빙, 자막삽입, 저장장치에 저장 등의 과정을 거쳐야 한다. 그런데 위와 같은 일련의 과정들은 언어나 국내정서 등의 특수한 사정이 고려되어야 하는 방영권의 특성에서 비롯된 것인데, 이와 같은 과정을 두고 이 사건 쟁점물품에 담긴 특정한 고안이나 창안을 사용하여 수입 당시 존재하지 않던 새로운 물건을 생산하는 것이라고 평가하기는 어려우므로, 이를 재현생산권의 일종으로 평가하는 것은 재현생산권을 과세가격에 포함시키지 않는 관세령 제19조 제2항의 입법취지에 부합한다고 보기 어렵다;
- 원고는, 이 사건 라이센스 계약 중 일부에는 영상물이 실시간으로 송출되는 '방영권' 외에도 '비실시간 (SVOD 전송권, VOD, FVOD, IPTV, PPV 등을 포함한다)을 추가로 허여하는 내용이 포함되어 있는데, '비실시간 전송권'을 행사하기 위하여는 이 사건 마스터테이프를 복제하여 제3자에게 판매하는 행위가 수반되므로 이 사건 라이센스료가

재현생산권의 대가라고 주장한다. 그러나 이 사건 라이센스 계약에서 국내화 작업을 거친 영상물이 저장된 '마스터 테이프'를 판매할 권한을 원고에게 별도로 부여하거나 이 사건 라이센스료가 그에 대한 대가를 포함하고 있다는 명시적인 규정은 없다. 한편 원고가 제출한 각 라이선스 계약서에 의하더라도, '시청자가 선택하는 시간에 시리즈 또는 그 일부를 시청하는 권리에 대하여 시청자에게 요금을 부과할 수 있는 프로그램 서비스 패키지 등을 제공할 수 있는 권리' 또는 '제3의 컨텐츠 제공자에게 시리즈 또는 맞춤형 컨텐츠를 배급하거나 서브 라이센스할 수 있는 권리'가 원고에게 부여되어 있는바, 이는 수입한 영상물이 저장된 마스터 테이프 또는 영상물 자체의 판매를 허용하는 것이라기보다 국내화 작업을 거친 2차적 저작물을 원고 스스로 방영하거나 제3의 방송사업자로 하여금 방영하게 하면서 그 대가를 지급받는 것을 허용한 것에 불과하다. 따라서 설령 원고가 다른 방송업자에게 비실시간으로 온라인을 통하여 이 사건 쟁점 물품에 수록된 영상물을 방영하는 권리를 부여하는 과정에서 국내화한 영상물을 마스터 테이프에 복제하여 전달하는 방식을 사용하고 있다고 하더라도, 그 궁극적인 목적은 실시간 방영 여부와는 관계없이 모두 TV 또는 인터넷망을 이용하여 영상물을 송출하는 데 있는 것이어서 이 사건 라이센스 계약에 따라 원고에게 부여된 방영권의 일부를 구성한다고 볼 수 있을 뿐이므로, 다른 방송사업자를 통한 방영을 위한 원고의 행위 내지 그 방영 과정에 포함된 일련의 행위가 재현생산행위에 해당한다고 보기는 어렵다(나아가 위와 같이 한글화한 영상물을 방영하기 위한 일련의 작업들을 재현생산권이라고 보게 될 경우 한글화가 필수적인 국내시장에 있어 모든 수입 영상물 및 저작물은 재현생산권에 해당한다는 결론에 이르게 되어 외국에서 수입하는 영상물에 대한 과세를 굳이 법령에 규정할 필요가 없게 된다);

- 원고는, 원고의 재현생산권을 이 사건 라이센스 계약에서 별도로 명시하지 아니한 이유는 위 계약의 자막삽입 및 편집 등에 관한 규정에서 원고의 재현생산행위를 당연히 전제하고 있기 때문이라고 주장한다. 그러나, △ 위에서 본 바와 같이 이 사건 쟁점물품에 수록된 영상물의 국내방영을 위한 원고의 행위를 관세령 제19조 제2항 괄호부분에서 말하는 재현생산행위로 평가하기 어려운 점, △ WTO 관세평가협약 예해 19.1의 제5호에서도 '유보된 권리가 포함된 물품을 획득하였다는 자체로 그들 물품을 재현하는 권리가 항상 부여되는 것이 아니고, 대부분의 경우 그 권리는 특별한 계약을 통해 취득한다'라고 하고 있어 방영권이 그 자체로 당연히 재현생산권을 전제하고 있다고 보기는 어려운 점, △ 이 사건 라이센스료가 재현생산권을 부여받는 대가라면, 이 사건 쟁점 물품에 수록된 영상물에 관해 한국어방송을 위한 더빙 및 자막처리를 거친 결과물을 기준으로 그 액수가 산정되는 것이 합리적인데, 이 사건 라이센스 계약은 그와 달리 대부분 고정된 액수로 지급되는 점 등을 고려하면, 이 사건 라이센스 계약에 의하여 원고에게 부여된 방영권이 원고의 재현생산행위를 당연히 전제하고

있다고 보기는 어렵다;

- 원고는, WTO 관세평가협약 제8조 제1항(C)의 주해 제1항 후단에 따르면, 재현생산권을 단지 '수입물품을 재현생산하는 권리'라고 정의하고 있으므로, 그 문언에 비추어 볼 때 관세령 제19조 제2항의 재현생산권 역시 다른 '물리적 실체가 있는 물품'에 재현될 것을 요하지 않는다고 주장하면서, 만약 위 시행령 규정을 이와 달리 재현생산권이 '다른 물품', 즉 유체물에 재현하는 것만을 의미한다고 해석한다면, 관세령 제19조 제2항은 WTO 관세평가협약에 위반하여 위법한 시행령으로서 무효이고, 이 경우 WTO 관세평가협약이 직접 적용되므로, 방영권은 재현생산권에 포함되는 것으로 해석하여야 한다고 주장한다. 그러나 법률의 시행령의 내용이 모법의 입법취지와 관련 조항 전체를 유기적·체계적으로 살펴보아 모법의 해석상 가능한 것을 명시한 것에 지나지 아니하거나 모법 조항의 취지에 근거하여 이를 구체화하기 위한 것인 때에는 모법의 규율 범위를 벗어난 것으로 볼 수 없으므로, 모법에 이에 관하여 직접 위임하는 규정을 두지 않았다고 하더라도 이를 무효라고 볼 수는 없는데(대법원 2009.6.11. 선고 2008두13637 판결 참조), △ Marrakesh Agreement Establishing the World Trade Organization는 1994.12.16. 국회의 비준동의를 얻어 1994.12.31. 공포됨으로써 헌법 제6조 제1항에 의하여 국내법과 동일한 효력을 갖는바, WTO 협정의 일부로서 WTO 관세평가협약의 기초가 되는 관세 및 무역에 관한 일반협정(GATT) 제7조에 의하더라도 '관세목적의 평가'와 관련하여 '상품'(product; merchandise)'이라는 용어를 사용하고 있으므로, WTO 관세평가협약의 '물품(goods)' 역시 원칙적으로 '물리적 실체를 가진 물품'을 의미하는 것으로 해석할 수 있는 점, △ '통일상품명 및 부호체계에 관한 국제협약의 통일시스템에 따른 품목분류표상의 품목번호(HS 코드)'에 의하더라도 무형의 물품 중 전기에너지 또는 부동산에 해당하는 조립식 주택에 한하여 HS 코드를 부여하면서 '물품'으로 간주하고 있는 점, △ 관세법의 입법취지에다가 관세법 제2조에서 정하고 있는 '물품'과 관련된 정의 규정에 비추어 보면, 재현생산권에서의 '물품'은 유체물을 전제한 것으로 보이는 점 등을 고려하면, 결국 관세령 제19조 제2항의 '다른 물품'은 위 WTO 관세평가협약을 보충하는 범위에서 그 의미를 구체화하고 있는 것에 불과하므로, 위 규정이 모법의 규율범위를 벗어나 위임의 한계를 일탈한 것으로서 무효라고 보기 어렵다;
- 원고는 '다른 물품'의 의미와 관련하여, 민법 제98조 는 '물건이라 함은 유체물 및 전기 기타 관리할 수 있는 자연력'이라고 규정하고 있는바, 원고는 이 사건 쟁점물품에 수록된 영상물을 관리할 수 있는 자연물에 해당하는 전파신호를 통하여 시청자들에게 송출하고, 저작권법에 따르더라도 방영권은 복제권의 일종으로 해석되므로, 해당 영상물이 특정 저장매체에 일시적으로 복제되었다가 송출되는 점을 고려하면 영상물의 방영행위는 그 자체로 '다른 물품'에 재현생산된 것으로 보아야 한다고 주장한다.

그러나 앞서 본 바와 같이 '다른 물품'에의 재현은 곧 물리적 실체를 가진 물품에의 재현을 의미하는 것으로 보아야 하고, 수입물품에 관한 관세의 부과·징수를 규정하는 관세법의 입법취지를 고려하면 그 해석에 있어 민법상의 '물건'이라는 포괄적인 개념을 그대로 적용하기는 어려우므로, 위와 같은 원고의 주장은 받아들이기 어렵다;

- 원고는, 이 사건 유럽연합 공동체 관세법 해설자료 내용, 이 사건 국세예규심사위원회 의결사항 및 컴퓨터 소프트웨어 내지 기술사용료와 관련한 대법원 판례(대법원 1998.8.21. 선고 97누13115 판결, 대법원 1992.7.14. 선고 91누10763 판결)를 들어 이 사건 라이센스료가 재현생산권의 대가로서 이 사건 쟁점 물품의 과세가격에 포함될 수 없다고 주장한다. 그러나 유럽연합 공동체 관세법 해설자료는 위 공동체 관세법에 따라 유럽연합 관세평가위원회가 연구한 결과로서 그 결정 등은 공동체 규정의 통일적인 적용과 해석을 위한 자료이나 법률문서(legal instruments)로는 채택되지 않은 것으로 보이고, 이 사건 쟁점물품과 같은 매개체에 수록되어 있는 영상물 등과 관련한 권리사용료를 과세가격에 포함시킬지 여부는 국내법이 규정하는 바에 의하여야 할 것인데, 위에서 본 바와 같이 국내법에 의할 경우 이 사건 라이센스료는 이 사건 쟁점 물품의 과세가격에 가산되어야 하는 권리사용료에 해당한다. 또한, 이 사건 국세예규심사위원회의 의결사항 및 원고가 들고 있는 대법원 판례는 문제가 된 라이센스료 내지 로열티가 재현생산권 또는 기술사용에 대한 대가로 지급된 경우에 관한 것이거나 수입물품이 '컴퓨터 소프트웨어'가 수록된 매개체에 관한 것으로, 라이센스료가 방영권에 대한 대가로 지급되고 이 사건 쟁점물품에 수록된 저작물이 영상물인 이 사건과는 그 사안을 달리하므로, 위 의결사항 및 판례를 이 사건에 그대로 원용하기에 적절하지 않다.

이 사건 판례에 대한 필자의 탐구와 평석을 다음과 같이 기술한다. 관세평가법규상 권리사용료의 전제조건과 그 적용범위에 대해 살펴본다. 관세평가법규상 권리사용료는 무체재산권의 대가로 지급하는 금액이기 때문에 수입물품과 유리된 권리사용료에 대하여 관세법상 독립된 과세물건의 지위를 인정하는 것은 법리적으로 허용될 수 없을 것이다. 따라서 관세평가법규상 권리사용료가 거래가격의 구성요건에 충족되기 위해서는 무엇보다 우선적으로 수입물품과 유리되지 않았다는 점이 전제되어야 할 것이다. 그런데 관세령 제19조 제4항은 컴퓨터소프트웨어를 권리사용료로 취급하면서 컴퓨터소프트웨어와 그 전달매체인 마그네틱테이프·마그네틱디스크·시디롬 및 이와 유사한 물품(관세법 별표 관세율표 번호 제8523호에 속하는 것으로 한정한다)은 그 관련성이 부인되는 것으로 규율하고 있다. 소프트웨어진흥법 제2조에 따르면 "소프트웨어"의 법적 개념은 컴퓨터, 통신, 자동화 등의 장비와 그 주변장치에 대하여 명령·제어·입력·처리·저장·출력·상호작용이 가능하게 하는 지시·명령(음성이나 영상정보 등을 포함한다)의 집합과 이를 작성하기 위하여 사용된 기술서(記述書)나 그 밖의 관련 자료를 말한다. 소프트웨어(Software)가 대외무역법시행령 제4조 및 대외무역관리규정 제4조에서 영상물(영화, 게임, 애니메이션, 만화, 캐릭터를 포함한다), 음향·음성물, 전자서적, 데이터베이스[356] 등(이하 "영상물 등")과 함께 전자적 형태의 무체물로 취급되고 있지만 그 물질적 속성은 영상물 등과 구별된다고 보아야 할 것이다. 즉, 영상물 등은 인간의 사상 또는 감정을 표현한 창작물로서 저작물에 속하고, 컴퓨터 소프트웨어 그 자체는 컴퓨터 하드웨어(hardware)의 대응개념으로 컴퓨터를 통제하거나 컴퓨터에 명령을 내려서 작업을 수행하게 하는 프로그램이라고 할 수 있다. 물론, 소프트웨어의 형태라고 하더라도 특정한 결과를 얻기 위하여 컴퓨터 등 정보처리능력을 가진 장치 내에서 직접 또는 간접으로 사용되는 일련의 지시·명령으로 표현된 창작물인 "컴퓨터프로그램저작물"은 저작권의 객체(목적물)가 될 수 있다. 그러므로 소프트웨어 진흥법 제2조에서 개념정의하고 있는 컴퓨터소프트웨어와 컴퓨터프로그램저작물은 관세평가법규상 달리 취급하는 것이 법리적으로 옳다고 본다. 이에 따라 컴퓨터프로그램저작물은 관세평가법규상 권리사용료의 객체(목적물)로 적용될 수 있지만 컴퓨터소프트웨어는 관세평가법규상 권리사용료의 객체(목적물)로 적용될 수 없을 것이다. 위에서 살펴본 법리에 비추어 원심판결이 이 사건 라이선서료가 관세평가법규상 "당해 물품의 관련성" 요건과 "당해 물품의 거래조건성" 요건을 충족하는 것으로 판단하고 있는 것은 타당하다고 본다.

관세평가법규상 권리사용료는 무역거래에서 수입물품과 관련하여 당사자의 일방이 상대방에게 무체재산권을 이전할 것을 약정하고 상대방이 이에 대하여 지급하는 대금이 해당될 것이다. 하지만 관세령 제19조 제2항에서 특정한 고안이나 창안이 구현되어 있는 수입물품을 이용하여 우리나라에 그 고안이나 창안을 다른 물품에 재현하는 권리를 사용하는 대가를 권리사용료의 적용범위에서 제외한다고 규정하고 있다. 따라서 수입물품의 복제권(Copyright)은 그 법적 성질이 무체재산권에 속한다고 하더라도 관세평가법규상 권리사용료의 적용범위를 벗어나게 된다. 그런데 관세평가협정 제8조 제1항(c)에 대한 주해에서 규정하고 있는 "수입물품을 재현생산하는 권리"의 의미와 관련하여 관세평가기술위원회 예해 19.1은 물리적 재현생산의 비정형적인 적용사례로 ① 회로 기판 위에 새겨질 새롭게 개발된 회로를 담고 있는 계통도의 수입(발명), ② 전매(轉賣)할 목적으로 박물관에서 축소 모형으로 재현생산될 조각 작품의 수입(창작), ③ 연하 카드에 재현생산될 만화 주인공의 그림을 담고 있는 슬라이드(생각 또는 아이디어)의 수입, ④ 과학적 성과물의 원본 및 복제품(예를 들면, 백신 생산을 위하여 필요한 형태로 재현생산될 신종 세균의 균주의

356) "데이터베이스"의 법적 개념은 소재를 체계적으로 배열 또는 구성한 편집물로서 개별적으로 그 소재에 접근하거나 그 소재를 검색할 수 있도록 한 것을 말한다(저작권법 제2조제19호). 여기에서 "편집물"은 저작물이나 부호·문자·음·영상 그 밖의 형태의 자료의 집합물을 말한다.

수입), ⑤ 문학작품의 원본(예를 들면, 책자로 재현생산하기 위한 출판용 원고의 수입), ⑥ 모형(다른 동일한 모델로 재현생산할 목적의 신형의 자동차 축소모형 수입), ⑦ 시제품(신형 완구와 똑같은 복제품으로 재현생산 될 신형 완구 시제품) 및 ⑧ 동물 또는 식물의 종자(원래 종자의 번식을 억제하기 위하여 재현생산 될 유전적으로 변형된 곤충) 등을 들고 있다. 이러한 물리적 재현생산의 비정형적 적용사례에 대하여 살펴보더라도 ①의 경우에는 수입되는 "회로를 담고 있는 계통도"와 수입 후 재현생산되는 "기판 위에 새겨지는 회로"와는 서로 다른 물품이고, ②의 경우에도 수입되는 "조각작품"과 수입 후 재현생산되는 "박물관의 전매(轉賣) 목적용 축소 모형"과는 서로 다른 물품이며, ③의 경우에도 수입되는 "만화 주인공의 그림을 담고 있는 슬라이드(생각 또는 아이디어)"와 수입 후 재현생산되는 "연하 카드"는 서로 다른 물품이고, ④의 경우에도 수입되는 "과학적 성과물의 원본(신종세균의 균주)"와 수입 후 재현생산되는 "복제품(백신)"은 서로 다른 물품이며, ⑤의 경우에도 수입되는 "문학작품의 출판용 원고(원본)"와 수입 후 재현생산되는 "책자"는 서로 다른 물품이고, ⑥의 경우에도 수입되는 "신형의 자동차 축소모형"과 수입 후 재현 생산되는 "신형의 자동차"는 서로 다른 상품이며, ⑦의 경우에도 수입되는 "신형 완구 시제품"과 수입 후 재현생산되는 "신형 완구"과 서로 다른 물품이고, ⑧의 경우에도 수입되는 "원래 종자의 번식 억제용 동물 또는 식물의 종자"와 수입 후 재현생산되는 "유전적으로 변형된 곤충"은 서로 다른 물품이 된다.

한편, EU관세법은 제71조 제1항(c)에서 "로열티 및 라이센스료"를 거래가격의 구성요건을 형성하는 가산·조정요소로 규율하고 있다. 그리고 제72조(d)에서 "EU 내에서 수입물품을 재현생산하는 권리에 대한 비용"(charges for the right to reproduce the imported goods in the Union)을 관세의 과세가격에서 제외하는 요소로 명문화하고 있다. 하지만 EU관세법전 독일어본(Zollkodex) 법문은 "재현생산하는 권리"(the right to reproduce)를 "복제할 수 있는 권리"(das Recht auf Vervielfältigung)로 기술[357]하고 있어서 독일 관세당국은 로열티 및 라이센스료에 대한 목적물의 적용범위에서 단지 복제권(copyright)만을 제외하고 있는 것으로 보인다.

위에서 살펴본 바와 같이 관세평가기술위원회 예해 19.1에서 제시하는 사례와 EU관세법의 규정에 비추어 "수입물품을 재현생산하는 권리"는 해당 수입물품과는 별개의 새로운 동질·동질물품을 수입국가에서 생산(copy)할 수 있는 권리 내지 해당 수입물품과는 별개의 유사한 물품을 수입국가에서 생산(counterfeit or imitate)할 수 있는 권리로 해석하는 것이 법리적으로 타당할 것이다. 따라서 어떠한 경우든 "수입하는 물품"과 수입 후 "재현생산되는 물품"이 물리적으로 구별되어 존재하지 않는다면 관세평가법규상 권리사용료의 적용

357) (독일어 법문) Kosten für das Recht auf Vervielfältigung der eingeführten Waren in der Union.

범위에서 제외되는 "수입물품을 재현생산하는 권리"에 해당될 수 없을 것이다.

다음으로 수입 영상저작물을 방영(재생)하는 권리의 법적 성격을 살펴본다. 지식재산권의 법률적 성질을 따져보면, 민법상 물권(物權)이 유체물(有體物)을 대상으로 하는 재산권에 대응하여 지식재산권은 무체물(無體物)을 대상으로 한다는 점에서 무체재산권[358]이고, 무체재산권도 소유권으로서 배타적 이익을 향유할 수 있는 권리라는 점에서 물권에 준하며, 성질이 허용하는 범위 내에서 물권의 규정이 유추적용될 수 있을 것이다. 관세법 제235조 제1조의 보호대상인 저작권을 규율하고 있는 저작권법 제2조 및 제4조에 따르면 "연속적인 영상(음의 수반여부는 가리지 아니한다)이 수록된 창작물로서 그 영상을 기계 또는 전자장치에 의하여 재생하여 볼 수 있거나 보고 들을 수 있는 것"을 "영상저작물"로 개념정의하면서 저작재산권의 목적물로 규정하고 있다. 그리고 저작권법 제16조에서 저작재산권의 종류를 복제권, 공연권, 공중송신권, 배포권 등으로 구분하고 있다. 영상저작물의 저작자는 저작권법 제45조 제1항에 따라 해당 영상저작물의 저작재산권을 전부 또는 일부의 형태로 양도할 수 있다. 이에 따라 영상저작물의 저작자가 복제권을 양도하였다면 그 양수자에게 해당 영상저작물을 녹화 등의 방법으로 일시적 또는 영구적으로 유형물에 고정하거나 다시 제작하는 권리가 주어지는 법률효과가 발생하고, 영상저작물의 저작자가 공연권을 양도하였다면 그 양수자에게 해당 영상저작물을 상영(재생) 등의 방법으로 (불)특정 다수인에 공개할 수 있는 권리가 주어지는 법률효과가 발생하며, 영상저작물의 저작자가 공중송신권을 양도하였다면 그 양수자에게 해당 영상저작물을 (불)특정 다수인이 동시에 수신하게 할 목적으로 송신하는 (방송)권리 및 (불)특정 다수인의 구성원이 개별적으로 선택한 시간과 장소에서 접근할 수 있도록 해당 영상저작물을 이용에 제공하는 권리(그에 따라 이루어지는 송신의 권리)가 주어지는 법률효과가 발생하고, 영상저작물의 저작자가 배포권을 양도하였다면 그 양수자에게 해당 영상저작물의 원본 또는 그 복제물을 (불)특정 다수인에게 대가를 받거나 받지 아니하고 양도 또는 대여하는 권리가 주어지는 법률효과가 발생한다. 이와 같은 저작재산권의 법리에 비추어 볼 때 수입 영상저작물을 방영(재생)하는 권리는 저작권법상 공중송신권에 해당할 것이고, 이에 따라 수입 영상저작물을 방영(재생)하는 권리의 법적 성격은 해당 영상저작물을 (불)특정 다수인이 동시에

358) 무체재산권은 산업재산권(産業財産權)과 저작권(著作權)으로 구분할 수 있다. ▶산업재산권은 보통 특허권(特許權)·실용신안권(實用新案權)·의장권(意匠權)·상표권(商標權)·서비스표권의 5가지를 말하지만, 넓게는 반도체회로배치설계권·노하우권·미등록주지상표권 등 산업상 보호가치가 있는 권리 전부를 포함한다. 산업재산권은 특허청에 등록함으로써 취득되며, 등록에는 선출원주의(先出願主義)가 적용된다(특허법 제38조, 실용신안법 제8조, 의장법 제16조, 상표법 제9조). ▶저작권은 인간의 지적 창작에 의한 문화상 이용가치를 갖는 저작물 등에 대한 권리이다. 저작물은 인간의 지적·정신적 문화활동의 결과 창작된 지적 산물인 문학·학술·예술의 범위에 속하는 창작물을 말한다. 저작권은 별도의 등록을 하지 않아도 창작과 동시에 권리가 발생한다. 저작권은 저작인격권과 저작재산권으로 이루어진다.

수신하게 할 목적으로 송신하는 (방송)권리 및 (불)특정 다수인의 구성원이 개별적으로 선택한 시간과 장소에서 접근할 수 있도록 해당 영상저작물을 이용에 제공하는 권리(그에 따라 이루어지는 송신의 권리)가 될 것이다. 그러므로 수입 영상저작물을 방영(재생)하는 권리의 사용대가는 그 법적 성격에서 관세평가법규상 권리사용료의 적용범위를 벗어나지 않는다.

결론적으로 수입 영상저작물의 저작재산권에 대하여 지급하는 대가는 허여하는 권리의 법적 성격에 따라 관세평가법규상 재현생산권의 적용범위에 포함여부를 판단하여야 할 것이다. 즉, 수입 영상저작물을 우리나라에서 복제하는 권리의 사용대가는 관세평가법규상 권리사용료의 규율범위에 포함될 수 없으나, 수입 영상저작물을 우리나라에서 공연하거나 공중송신 또는 배포하는 권리의 사용대가는 권리사용료의 규율범위에 포섭된다고 해석하는 것이 법리적으로 타당할 것이다. 이와 같이 하나의 수입 영상저작물임에도 그 사용용도에 따라 관세평가법규상 취급을 달리하는 법리는 관세법 제83조에 따라 하나의 수입물품이 그 용도에 따라 관세율표상 세율을 달리 적용하는 법리와 유사할 것이다.

앞에서 살펴본 "관세평가법규상 권리사용료의 적용범위"와 "수입 영상저작물을 방영(재생)하는 권리의 법적 성격" 에 비추어 볼 때 이 사건 상고심이 이 사건 라이선스료를 원고가 이 사건 쟁점 물품에 구현되어 있는 저작물인 애니메이션 등 영상물을 우리나라에서 TV 등 수신매체를 통해 방영하는 방법으로 재현하는 권리의 사용대가로 지급된 것으로 간주하여 수입물품의 과세가격에 포함될 수 없는 재현권의 사용대가에 해당한다고 본 것은 법리적으로 수긍하기 어렵다. 왜냐하면 이 사건 사실관계에서 원고는 이 사건 라이선서와 원고가 이 사건 라이선서로부터 해외 제작사들이 제작한 애니메이션 등 영상물을 1년 내지 수년 단위로 국내에서 TV 등을 통해 방영할 수 있는 권리를 부여받고, 그 대가로 라이선스료를 지급하기로 하는 계약을 체결하였기 때문이다. 즉, 원고가 지급한 라이선스료는 이 사건 쟁점 물품의 복제권의 대가가 아니라 공중송신권(방영권)의 대가이기 때문이다.

오히려 이 사건 원심판결의 법리구성이 관세평가법규상 재현생산권에 관한 법리에 부합될 것이다. 원심판결은 이 사건 쟁점 물품에 대하여 원고가 지급한 라이센스료는 '방영권'을 부여받는 대가로 지급한 것인데, '방영권'은 일반적으로 저작권 있는 영상물을 TV 등 영상매체를 통하여 방송할 수 있는 권리만을 의미하므로, 위와 같은 권리가 수입물품에 담긴 특정한 고안이나 창안을 사용하여 새로운 '다른 물품'을 생산하는 재현생산권에 해당한다고 할 수 없고, 원고가 이 사건 쟁점물품에 수록된 영상물을 국내화작업을 거쳐 다른 방송사업자를 통하여 방영하는 것 역시 이 사건 라이센스 계약에 따라 원고에게 부여된 방영권의 행사에 불과하므로, 이 사건 라이센스료가 재현생산권의 대가라고 보기 어렵다고 판시하였기 때문이다. 즉, 원심은 이 사건 쟁점물품의 방영권을 권리사용료의 적용범위에 해당한다고 보았다는 점이다.

원고가 주장하는 영상저작물의 방영을 위한 준비과정에서 수반되는 복제 등은 영상저작물의 복제권에 대한 권리양도가 없는 경우에도 저작권법 제34조에 따라 저작물을 방송할 권한을 가지는 방송사업자는 자신의 방송을 위하여 자체의 수단으로 저작물을 일시적으로 녹음하거나 녹화할 수 있으나 그 녹음물 또는 녹화물은 녹음일 또는 녹화일로부터 1년을 초과하여 보존할 수 없다. 또한, 저작권법 제35조의2에 따라 컴퓨터에서 저작물을 이용하는 경우에도 원활하고 효율적인 정보처리를 위하여 필요하다고 인정되는 범위 안에서 그 저작물을 그 컴퓨터에 일시적으로 복제가 가능하다. 하지만 그 영상저작물의 복제권을 침해하지 않는 한도 내에서 허용될 수 있는 것이기 때문에 원심의 위와 같은 판단이 옳다고 본다.

그럼에도 불구하고 앞에서 살펴본 사실관계와 라이센스 계약에서 만일 이 사건 라이선스료 가운데 이 사건 쟁점물품을 우리나라에서 복제할 수 있는 권리의 사용을 대가로 지급하는 금액이 포함되어 있다면 관세평가법규상 권리사용료의 적용범위에서 제외하는 것이 법리적으로 타당할 것이다. 다만, 그 전제는 객관적이고 수량화할 수 있는 자료에 근거하여야 할 것이다. 따라서 이 사건 라이선스료에 이 사건 쟁점 물품에 대한 복제권의 대가가 일부 포함되어 있다는 원고의 주장은 그 사실여부에 관하여 따져볼 가치가 있으며, 만일 원고가 이러한 주장에 대한 객관적이고 수량화할 수 있는 자료에 근거를 제시하지 못한다면 원고의 주장은 인정될 수 없을 것이다. 원심판결에서 이러한 부분에 대한 심리미진을 지적하고자 한다.

EU법원의 판례[359]를 본다. 2012.1.31. 특히, 제조담배 및 흡연용 품목의 무역을 목적으로 독일에 설립된 회사인 5th Avenue와 쿠바 국영 시가수출회사인 Habanos SA는 독점유통계약('EDA': Exclusive Distribution Agreement)을 체결했다. 이에 따라 5th Avenue는 독일 및 오스트리아에서 단독 및 독점 유통업체로서 쿠바 국영회사에서 생산한 시가(cigars)를 수입, 판매 및 유통할 수 있는 독점적 권리(sole right)를 가진다. 오스트리아에서 독점유통권(exclusive distribution right)을 부여한 대가로 5th Avenue는 오스트리아에서 시가 판매로 발생한 연간 수익의 25%를 Habanos SA에 '보상'(compensation)이라고 하는 연간 4회 지불을 약속했다. 독일 세관당국은 세관검사 후, EDA에 따른 보상금 지급이 구 EU관세법 제29조 제3항(a)에 따라 해당 상품의 관세평가에서 고려되어야 하는 수입상품의 별도 구매가격 구성요소라는 이유로 통관 후 추징절차에 따라 수입관세를 부과하였다.

359) Judgment of the Court(Tenth Chamber), 5th Avenue Products Trading GmbH v. Hauptzollamt Singen, In Case C-775/19, 19. November 2020.

2017.12.6. 5th Avenue는 독점적 유통권 부여에 대한 보상금의 지불이 구 EU관세법 제32조 제5항(b) 및 그 시행명령 제157조 제2항에서 규정하는 판매조건(condition of sale)도 아니고 관련성(related to the goods)도 없다는 이유를 들어 독일 Baden-Württemberg 재정법원에 행정소송을 제기했다. 5th Avenue의 주장에 따르면 첫째, 보상금 지급은 보상금이 지급되지 않았다면 판매자가 판매를 거부할 정도로 중요하지 않다. 그 보상은 오스트리아에서 독점적으로 유통할 수 있는 권리에 대한 대가로 처음 4년에 해당하는 기간 동안만 지불된다. 둘째, 독점적 유통권은 재판매를 목적으로 상품을 처분하는 권리를 넘어 수입상품의 (거래)가격에 영향을 미치지 않는다. 독점 유통권이 부여되지 않는 경우 상품판매가 법으로 금지되지 않는다.

독일 재정법원은 독점적 유통권이 수입물품에 대한 처분권을 취득할 수 있는 권리를 넘어 부가적인 권리(additional right)이고, 독점적 유통권을 부여하기 위해 청구된 로열티 또는 라이센스 비용은 수입물품에 대한 대가로 지불되지 않지만 판매자가 계약이 적용되는 영역에서 다른 사람에게 공급하지 않는다는 점에서 (유통) 영역보호(territorial protection)로서 해당 수입물품과 관련된 것으로 간주되지 않는 경우, 추가로 관세평가를 위해 해당 보상이 해당 수입물품의 구매가격에 전체적으로 가산되어야 하는지 여부를 판단하기 위하여 소송절차를 중단하고 예비적(선결적) 판결(preliminary ruling)[360] 을 위해 다음과 질문을 EU법원에 회부하기로 결정했다: ① 상품의 구매자가 상품을 특정 지역에서(in a particular territory), 최초로(for the very first time), 독점적으로(exclusively) 그리고 영구적으로(permanently) 판매할 수 있도록 하기 위하여 4년간 연 1회, 판매수익에 따라 구매대금 외에 추가로 지급하는 금액이 구 EU관세법 시행명령 제157조 제2항[361]과 함께 구 EU관세법 제32조 제5항(b)[362]에 따라 수입물품에 대해 실제로 지불했거나 지불해야 하는 가격에 가산되는 구 EU관세법 제32조 제1항(c)[363]의 의미 내에서의 로열티 및 라이선스

360) 예비적 판결(preliminary ruling)이 내려지는 절차에 대해서는 이 책 370쪽 각주 326을 참조.

361) Without prejudice to Article 32(5) of the [Customs] Code, when the customs value of imported goods is determined under the provisions of Article 29 of the [Customs] Code, a royalty or licence fee shall be added to the price actually paid or payable only when this payment: - is related to the goods being valued, and - constitutes a condition of sale of those goods.

362) Article 32 of that code, which also appeared in that chapter, provided: 5. Notwithstanding paragraph 1(c): (a) …. (b) payments made by the buyer for the right to distribute or resell the imported goods shall not be added to the price actually paid or payable for the imported goods if such payments are not a condition of the sale for export to the Community of the goods.

363) In determining the customs value under Article 29, there shall be added to the price actually paid or payable for the imported goods: (c) royalties and licence fees related to the goods being valued that the buyer must pay, either directly or indirectly, as a condition of sale of the goods being valued, to the extent that such royalties and fees are not included in the price actually paid or payable;

수수료인가? ② 그러한 지불은 적절한 경우 수입물품에 대해 지불했거나 지불해야 하는 가격에 비례적으로만 추가되어야 하는지, 그렇다면 어떤 기준에 따라 가산되어야 하는가?

EU법원은 독일 재정법원이 제청(reference)한 위 쟁점에 대해 다음과 같이 판시하고 있다. 쟁점이 되는 해당 지급의 수취인이기도 한 (이 사건) 판매자는 그 지급 없이는 오스트리아에서 독점적 유통을 위해 해당 상품을 공급하지 않았을 것이므로 그 지급은 해당 상품의 판매조건의 일부를 구성하는 것으로 간주되어야 한다. 그리고 구 EU관세법 제29조 제1항 및 제3항(a)[364]의 해석과 관련하여, 해당 지역에서 달성된 매출을 기준으로 계산하여 해당 지역에서 해당 상품을 유통할 수 있는 독점적 권리를 판매자가 부여한 대가로 수입상품의 구매자가 해당 상품의 판매자에게 행하는 지급은 해당 상품의 관세가격에 포함되어야 한다는 의미로 해석되어야 한다.

(4) 그 밖의 권리사용료 지급 사건

【서울고등법원 2014.4.30. 선고 2013누27182 판결】 사건을 살펴본다. 이 사건의 처분경위는 다음과 같다. 네덜란드에 소재한 DBBV를 비롯한 D그룹의 스카치위스키 등은 DBBV의 국내 자회사인 DK가 수입하여 국내에 판매하고 있었다. DK가 2007.6.26. 주류판매면허를 취소당하게 되자, DBBV를 비롯한 D그룹의 회사들은 2007.8.7. 주류 수입판매업체인 원고와 사이에 '조니워커'와 '딤플' 등 스카치위스키를 수출하기로 하는 계약을 체결하였다(이하 '이 사건 제1 수입계약'). 한편, 원고는 같은 날 위와 같이 수입한 주류의 국내 판매 및 영업을 위하여 DK와 사이에 DK의 사업 노하우와 정보에 대한 접근권한을 부여받고 그 대가로 DK에게 일정액의 수수료를 지급하기로 하는 계약을 체결하였다(이하 '이 사건 노하우 등 접근계약'). DK가 2008.2.25. 주류판매면허를 다시 취득하게 되자, DBBV는 원고가 수입하는 스카치 위스키의 종류를 제한하고자 하였고, 그에 따라 원고는 2008.3.1. DBBV로부터 수입하던 주류 중 '조니워커'를 제외한 '딤플'(이하 '이 사건 주류')만을 수입하는 계약을 새로이 체결하였다(이하 '이 사건 제2 수입계약'). 원고는 2008.7.1. DK와 사이에 DK로부터 이 사건 주류의 국내 독점판매권에 대한 재실시권(Sub-License)을 부여받고

364) Article 29 of the Customs Code, which appeared in Chapter 3, under the heading 'Value of goods for customs purposes', of Title II of that code, entitled 'Factors on the basis of which import duties or export duties and the other measures prescribed in respect of trade in goods are applied', provided: 1. The customs value of imported goods shall be the transaction value, that is, the price actually paid or payable for the goods when sold for export to the customs territory of the Community, adjusted, where necessary, in accordance with Articles 32 and 33 … ; 3.(a) The price actually paid or payable is the total payment made or to be made by the buyer to or for the benefit of the seller for the imported goods and includes all payments made or to be made as a condition of sale of the imported goods by the buyer to the seller or by the buyer to a third party to satisfy an obligation of the seller. …

그 대가로 DK에게 순매출액의 3%를 사용료(Royalties, 이하 '이 사건 사용료')를 지급하기로 하는 약정을 맺는 한편(이하 '이 사건 약정'), 같은 날 DBBV와 사이에 DBBV로부터 이 사건 주류에 대한 국내 독점판매자로 임명받는 내용의 수입계약을 체결하였다(이하 '이 사건 제3 수입계약'). 위와 같이 여러 차례에 걸쳐 이루어진 계약 등의 체결 형태와 '딤플'의 수입가격을 정리해보면 아래 [그림 1]과 같다.

[그림 1] DBBV와의 주류 수입 계약

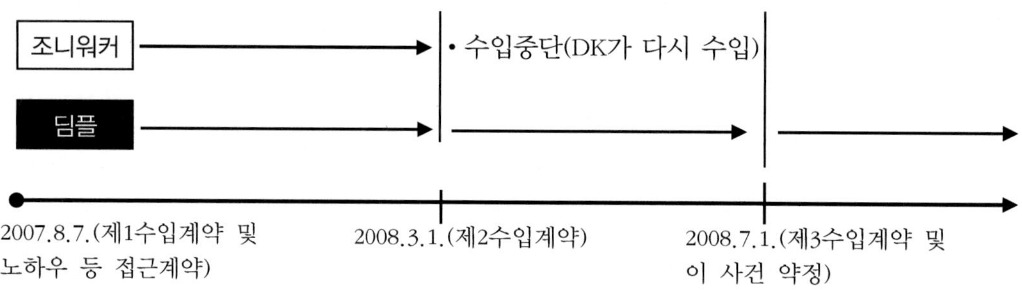

원고는 이 사건 약정 중 제4항에 따라 2009.2.27.경 DK에게 종전 수입분 중 일부에 대하여 그 순매출액의 3%에 해당하는 75,005,534 원을 추가로 지급하였다. 원고는 DBBV와의 이 사건 주류에 대한 수입계약에서 정한 가격에 따라 관세 등을 신고·납부하다가, 2008.7.1. 이후의 이 사건 제3수입계약에 따른 수입분부터는 이 사건 사용료를 이 사건 주류의 과세가격에 가산하여 관세 등을 신고·납부하였다. 원고는 2011.9.5. 성남세관장에게, 2008.7.7.부터 2009.12.28.까지의 수입신고분과 관련하여 이 사건 사용료를 관세 과세가격에서 제외하여 달라는 내용의 경정청구를 하였으나, 성남세관장은 2011.11.2. 원고에게 위 경정청구를 거부하는 내용의 이 사건 처분을 하였다.

이 사건에서 원고는 이 사건 사용료는 원고가 이 사건 주류의 종전 수입자였던 DK에 대하여 그 종래의 영업권을 보상하는 차원에서 지급된 것에 불과하고, 구 관세법 제30조 제1항 제4호, 관세령 제19조 제2항 소정의 권리사용료로서의 '물품관련성'과 '거래조건성'이 결여되어 있어 과세가격에 가산되는 대상이 아니므로, 이 사건 처분은 위법하다고 주장하고 있다. 제1심[365]판결은 다음과 같이 설시하면서, 이러한 원고의 주장을 배척하였다. **❶ 이 사건 사용료의 성격 ➲** 살피건대, 앞서 본 인정사실 및 앞서 든 증거에 변론 전체의 취지에 의하여 나타나는 이 사건 주류의 수입·판매 관련 계약의 체결 경위 및 내용 등 아래와 같은 사정을 고려하여 보면, 이 사건 사용료는 원고의 주장과 같이 단순히 이 사건 주류의 수입자였던 DK의 종래 영업권에 대한 보상금의 성격을 가지는 것이 아니라, DK로부터 이 사건 주류의 독점 수입·판매권(재실시권)을 부여받는 데에 대한 대가, 즉 이 사건 주류의

365) 수원지방법원 2013.08.22. 선고 2012구합8350 판결.

독점수입·판매권의 대가로서의 성격을 가지는 것으로 봄이 상당하다. ① 이 사건 제1, 2 수입계약 및 노하우 등 접근계약의 내용에 따르면 원고는 DK와 병행하여 이 사건 주류를 수입·판매할 수 있는 자, 즉 이 사건 주류의 비독점수입권자에 불과하였으나, 이 사건 약정 및 이 사건 제3수입계약에 의해 원고는 DK로부터 이 사건 주류에 대한 국내 독점판매권(재실시권)을 부여받았고, 상표권자인 DBBV로부터 대한민국 내 독점판매자의 지위를 부여받음으로써 이 사건 주류의 독점수입권자가 되었다. ② 이 사건 약정 제4조, 별첨 2에 원고가 DK에게 지급하는 순매출액의 3%에 해당하는 이 사건 사용료가 독점판매권한의 서브라이선스에 대한 대가임이 명시되어 있고, DK가 원고로부터 이 사건 사용료를 지급받고 원고에게 교부한 세금계산서의 품목란에는 이 사건 사용료가 'Dimple Distribution Fee', 즉 이 사건 주류인 딤플의 판매수수료라고 기재되어 있다. ③ 원고는 이 사건 주류의 수입·판매 이전부터 이미 'J&B' 위스키를 수입·판매하여 오면서 그 과정에서 이미 국내에 위스키 판매망을 확보하고 있었던 것으로 보인다. 또한 2010.6.11. 이루어진 원고의 관세심사 문답서의 기재에 의하면, 원고는 DK의 주류수입면허가 취소된 2007.8.경부터 2008.2.경까지 약 7개월 동안 이 사건 제1 수입계약에 따라 이 사건 주류 등을 수입·판매하기는 하였으나 실제로는 원고의 직원이 아닌 DK의 직원 일부를 퇴사시켜 해당 업무를 전담하는 한시적 조직(TF)을 만들어 주류를 주문하고 재고상품을 관리하였으며, DK의 국내 영업정보를 사용하여 영업을 하고 그에 따라 대부분의 수익(587억 원)을 DK에게 교부한 사실, DK의 주류수입면허가 회복된 후 이 사건 제1 수입계약이 종료되자 원고는 이 사건 주류 등에 대한 영업자료 전부를 DK에게 반환한 사실을 인정할 수 있으므로, 결국 원고가 이 사건 약정에 따라 DK로부터 제공받게 될 영업노하우 및 판매망 정보는 없는 것으로 보인다. **❷ 이 사건 사용료가 과세가격에 포함되는 권리사용료인지 여부 ⊃** 이 사건 사용료와 이 사건 주류 사이에 물품관련성이 있는지 여부에 관하여 본다. 관세령 제19조 제3항은 각 호에서 관련성이 인정되는 전형적인 경우를 예시하면서 이에 해당하면 권리사용료가 당해 물품과 관련되는 것으로 간주하고 있는바, 그 중 제3호는 권리사용료가 상표권에 대하여 지급되는 때에는 수입물품에 상표가 부착되거나 희석·혼합·분류·단순조립·재포장 등의 경미한 가공 후에 상표가 부착되는 경우를 들고 있고, 제6호는 권리사용료가 기타의 권리에 대하여 지급되는 때에는 당해 권리가 위 각 호에 규정된 권리와 성격상 가장 유사한 경우에 준하는 관련이 있는 경우를 들고 있다. 살피건대, 다음과 같은 사정, 즉 이 사건 사용료는 이 사건 주류의 독점수입·판매권의 대가로서의 성격을 가지는 것으로 봄이 타당하다 할 것인데, 그러한 독점판매권이 경제적 가치를 갖는 이유 내지 독점판매권의 부여가 실효를 거둘 수 있는 것은 DBBV가 이 사건 주류에 대한 상표권을 보유하고 있어 DBBV가 국내의 다른 업체에게 이 사건 주류를 공급하지 아니하는 이상 국내의 다른 업체가 '딤플'이라는 상표의 위스키를 판매할 수 없게 되어 그와 같은 독점판매권의 부여에 의해 원고가 국내에서 이 사건 주류에 대한 독점적인 공급자의 지위를 갖게 된다는 것에 근거한 것으로서 국내 독점판매권의 보장은 상표권과 밀접 불가분한 관계에 있고, 이러한 관계에 비추어 볼 때 원고가 이 사건 제3수입계약에 의해 수입한 이 사건 주류는 그 수입 주류에 독점판매권이 부착 내지 수반되어 있는 경우로서 수입물품에 상표가 부착되는 경우에 준하는 경우로 볼 수 있어 그 물품관련성이 인정된다 할 것이므로, 원고의 이 부분 주장은 이유 없다. 다음으로 이 사건 사용료와 이 사건 주류 사이에 거래조건성이 인정되는지 여부에 관하여 본다. 관세령 제19조 제5항은 각 호에서 거래조건성이 인정되는 전형적인 경우를 예시하면서 이에 해당하면 권리사용료가 당해 물품과 거래조건으로 지급되는 것으로 간주하고 있는바, 그 중 제2호는 수입물품의 구매자와 판매자 간의 약정에 따라 구매자가 수입물품을 구매하기 위하여 당해 판매자가 아닌 자에게 권리사용료를 지급하는 경우를 들고 있다. 살피건대, 다음과 같은 사정, 즉 원고와 DBBV 사이의 이 사건 제3 수입계약에 이 사건 사용료의 지급이 거래조건으로 명시되어 있지는 않으나 이 사건 제3 수입계약 전문에서 이 사건 주류의 대한민국 내의 적법한 유통권자인 DK가 이 사건 약정에 명시된 조건에 따라 서브라이선스를 원고에게 부여하였다는 점이 명시되어 있고, 제2조는 그와 같은 서브라이선스 부여를 전제로 하여 DBBV가 원고를 대한민국 내의 독점판매자로 임명한 것으로 볼 수 있는 점, 이 사건 주류의 수출자인 DBBV와 DK가 특수관계인의 관계에 있는 점, DBBV는 원고와의 이 사건 제3 수입계약에 앞서 DK에게 이 사건 주류에 관한 국내 독점판매권을 부여하였던 점 등을 고려해 보면, DBBV가 원고에게 이 사건 주류에 대한 국내 독점판매자의 지위를 부여한 상태로 이 사건 주류를 공급한 것은 원고가 그 순매출액의 3%에 해당하는 이 사건 사용료를 DBBV의 특수관계인인 DK에게 지급할 것을 조건으로 한 것으로서 이는 수입물품의 구매자인 원고와 판매자인 DBBV 사이의 약정에 따라 구매자인 원고가 수입물품인 이 사건 주류를 구매하기 위하여 당해 판매자가 아닌 DK에게 권리사용료를 지급하는 경우로서 이 사건 주류 수입거래의 조건으로 간접적으로 권리사용료를 지급한 경우에 해당한다고 보는 것이 타당하다.

항소심 또한 제1심판결 이유를 인용하고 다음과 같은 판단을 추가하면서 원고의 항소를 기각하고 있다. 이 판결이 인용한 제1심판결의 이유에서 채택한 증거에 변론 전체의 취지를 종합하여 인정되는 다음과 같은 사정, 즉 ① 이 사건 제1, 2 수입계약 및 노하우 등 접근계약의 내용에 따르면 원고는 DK와 병행하여 이 사건 주류를 수입·판매할 수 있는 자, 즉 이 사건 주류의 비독점수입권자에 불과하였으나, 이 사건 약정 및 이 사건 제3 수입계약에 의해 원고는 DK로부터 이 사건 주류에 대한 국내 독점판매권(재실시권)을 부여받았고, 상표권자인 DBBV로부터 대한민국 내 독점판매자의 지위를 부여받음으로써 이 사건 주류의 독점수입권자가 되었던 점, ② 이 사건 제1, 2 수입계약에서 원고에게 '비독점적이고 양도불가능하며 로열티 없는 라이센스(non-exclusive, non-transferable, royalty-free licence)'를 부여한다고 한 것과 비교해 볼 때, 이 사건 제3 수입계약에서는 '로열티 없는

(royalty-free)'이라는 부분이 삭제되었는바, 이는 이 사건 제3 수입계약이 원고의 로열티 지급을 전제로 한 것이기 때문인 것으로 보이는 점, ③ 원고가 이 사건 약정에 따라 DK로부터 제공받게 될 영업노하우 및 판매망 정보는 없는 것으로 보이는 점, ④ 이 사건 제3 수입계약의 전문(前文)에서는 DK가 '적법한 유통권자(rightful distributor)'라고 하면서, DK가 원고와 체결한 '재실시권(Sub-License) 계약'에 의하여 원고에게 유통권(distribution rights)을 부여하였다고 하였고, DK가 원고로부터 이 사건 사용료를 지급받고 원고에게 교부한 세금계산서의 품목란에는 이 사건 사용료가 'Dimple Distribution Fee', 즉 이 사건 주류인 딤플의 판매수수료라고 기재되어 있는 점, ⑤ 원고의 독점판매권이 경제적 가치를 갖는 것은 DBBV의 상표권과 밀접 불가분한 관계에 있고, 원고가 이 사건 제3 수입계약에 의해 수입한 이 사건 주류는 그 수입주류에 독점판매권이 부착 내지 수반되어 있는 경우로서 수입물품에 상표가 부착되는 경우에 준하는 경우로 볼 수 있다 할 것인 점, ⑥ 이 사건 주류의 수출자인 DBBV와 DK가 특수관계인의 지위에 있고, DBBV가 원고에게 이 사건 주류에 대한 국내 독점판매자의 지위를 부여한 상태로 이 사건 주류를 공급한 것은 원고가 그 순매출액의 3%에 해당하는 이 사건 사용료를 DBBV의 특수관계인인 DK에게 지급할 것을 조건으로 한 것으로 보이는 점 등을 종합하면, 이 사건 제3 수입계약에 있어서는 수입자인 원고가 수출자인 DBBV에게 권리사용료를 직접 지급하지는 않는다고 할지라도, 원고가 DBBV로부터 수입물품을 구매하기 위하여 당해 판매자가 아닌 DK에게 로열티를 지급함으로써 원고가 수입물품의 거래조건으로 권리사용료를 간접적으로 지급하는 것으로 볼 수 있다.

【서울행정법원 2020.1.10. 선고 2018구합81363 판결】 사건을 본다. 이 사건의 처분경위는 아래와 같다. 스페인 소재 I△△△△ △ △△△ △△△ S.A. 그룹은 1991년 의류제조업 등을 영위하는 Group M△△△ D△, S.A.(이하 'G◉◉')를 인수하였고, 1996년 네덜란드에 Z△△ M△△△, B.V.(이하 '메◍◍')를 설립하여 각국 판매법인 매장의 입지선정·설치·판매에 관한 노하우 제공과 기술지원을 전담하도록 하였다. G◉◉는 메◍◍과 사이에 2007.2.1.부터 12년 간 유효한 서비스표 및 무형자산의 라이센스 계약(이하 'G◉◉ 계약')을 체결하였다. 원고는 G◉◉가 2010년 지분 100%를 투자하여 설립한 판매법인으로, 2012.2.1. 메◍◍과 사이에 2010.12.9.부터 소급 발효되어 그때부터 5년 간 유효[로열티는 최초 매장개업일(2010.12.9.) 후 2년이 지나는 날부터 발생]한 '노하우 이전 및 기술지원을 수반한 식별 표지의 재실시권에 관한 계약'(Sub-Licence of Distinctive Signs with Transfer of Know-How and Technical Assistance Contract)(이하 '이 사건 계약')을 체결하였다. 원고가 원고와 인△△△ 그룹 해외계열사 간 거래를 분석대상으로 하여 작성한 2016년 이전가격 보고서(Transfer Pricing Documentation for FYE 2016)에 의하면 메◍◍의 무형자산[마◐◐◐◐ 포뮬러(M△△△△ Formula)로 지칭]의 요소는 다음과 같다.

요 소	범 위
상표권 라이센스	메◍◍에서 제공한 요건과 지침에 따라 마◐◐◐◐ 매장을 식별하는 마△△ △△ 식별표지, 상표권, 산업 및/또는 지식재산권의 모든 기타 권리, 이미지 및 트레이드 드레스권의 사용
마◐◐◐◐ 매장을 위해 개발된 절차 및 기술	매장의 적절한 운영을 위해 필요한 노하우 및 기술지원
매장의 디자인, 장식, 윈도우 드레싱 및 조정	크기, 디자인, 인테리어 디자인, 장식 및 윈도우 드레싱 관련 매장의 통일된 레이아웃을 보장하기 위하여 상점의 완전한 디자인스타일, 레이아웃 모델 및 장식 스타일
소프트웨어 개발	쉽고 균일하게 재무관리를 준비할 수 있는 소프트웨어의 개발 및 업데이트
제품 진열	고객이 요청하지 않는 한 상점직원의 개입을 최소화하면서 제품을 찾거나 조사하기 쉬운 방식으로, 메◍◍의 노하우와 지침에 따라 매장에서 제품진열
직원 선발과 교육	캐셔, 비주얼 머천다이저 및 매장 관리자에 대한 교육
총무, 인사, 경영지원, 기타	판매정책, 품질관리, 재고, 반품, 판촉 및 기타활동의 문제에 대한 권고 / 각 매장에서 수행된 모든 판매, 입고, 반품, 특별할인 및 판촉에 대한 기록 관리 / 해당 지역의 세법에 따른 모든 거래의 등록 / 판매, 반품, 가격 인하, 할인 및 특별 판촉의 총액을 명확하게 나타내는, 월 별 및 연간 기준으로 각 매장에서 수행된 거래에 관한 상세한 정보의 규정

원고는 2012.12.8.부터 2016.12.31.까지 G◉◉ 및 관계사인 T△△, S.A.(이하 'G◉◉ 등')로부터 마◐◐◐◐(M△△△ △△) 상표가 부착된 의류, 악세사리, 신발 등(이하 '이 사건 물품')을 수입하여 국내에 판매하였다. 세관장은 원고에 대한 관세조사를 실시한 후, 원고가 이 사건 계약에 따라 메◍◍에 지급한 매출액의 5%에 상당하는 로열티(이하 '이 사건 로열티')는 관세법 제30조 제1항 제4호에 따른 이 사건 물품의 권리사용료(이하 '권리사용료')로서 과세가격에 가산되어야 한다고 판단하고, 2017.6.5. 각 관세 등을 경정·고지(이하 '이 사건 처분')하였다.

이 사건 재판부는 다음과 같은 사정들을 들어, 이 사건 로열티는 실질적으로 이 사건 물품의 상표권에 대한 사용료로서, 이 사건 물품과의 관련성 및 거래조건성을 충족하므로, 과세가격에 가산되어야 한다고 봄이 타당하다고 판시하고 있다:366)

366) 아울러 재판부는 원고가 이 사건 물품의 상표 사용료를 별도로 지급하지 않는 것으로 보이는 점, 이 사건 계약에 따른 무형자산은 이 사건 물품의 상표와 불가분의 일체로서 마◐◐◐◐의 브랜드를

- 인△△△는 대표적인 SPA(Specialty retailer of Private label Apparel) 브랜드 그룹의 하나로, 자사 브랜드를 바탕으로 상품기획에서 생산, 판매까지 전과정을 하나로 통합하여 중간유통과정을 거치지 않고 빠르고 효율적으로 제품을 공급하는 형태의 패션 사업을 영위하고 있다. 인△△△와 G◉◉는 광고를 하지 않는 대신 통일된 동질적 포맷으로 운영되는 전세계 매장을 통하여 마◐◐◐◐ 브랜드를 알린다. 메◍◍은 G◉◉로부터 허여받은 무형자산(마◐◐◐◐ 식별표지 또는 G◉◉가 고안 및 실시한 것으로 마◐◐◐◐ 매장을 식별하거나 식별 가능성이 있는 기타 산업재산권, 지식재산권, 이미지 및 트레이드 드레스권 및 라이센서가 마◐◐◐◐ 매장체인의 특징으로서 가지고 있거나 향후 가지게 되는 정보, 프로세스, 요소 및 권리)을 사용하여 매장 입지선정·설치·운영·판매방법, 내·외관 디자인, 매장 내 디스플레이 등에 관한 노하우와 기술 등을 판매법인에 전수하고 마◐◐◐◐ 브랜드 전체의 가치를 상승시킴으로써 이 사건 물품의 유통이 원활하게 이루어지도록 한다. 메◍◍은 위 매장관리와 관련된 무형자산에 대하여 독점적인 사용권을 가지고 각국의 판매법인들을 통일적으로 유지하여야 하며, 영업비밀에 해당되는 모든 무형자산 또는 대중에 공개되지 않은 무형자산의 일부를 비롯하여, G◉◉ 계약에 따라 제공된 정보를 엄격히 기밀로 유지하여야 한다;
- G◉◉ 계약 및 이 사건 계약의 핵심은 전세계적으로 동질적인 마◐◐◐◐ 매장을 설치·운영하는 것이고, 위 매장의 목적은 이 사건 물품을 판매하는 것이다. 이 사건 물품은 메◍◍이 G◉◉ 계약과 이 사건 계약에 따라 설치·관리하는 마◐◐◐◐ 매장에서만 판매할 수 있고, 원고가 임의로 선정하거나 관리하는 다른 매장에서는 판매할 수 없다. 위 마◐◐◐◐ 매장에서 소비자에게 제공하는 용역은 이 사건 물품 판매와 관련된 것으로 한정되고, 원고가 임의로 마◐◐◐◐와 무관한 재화나 용역을 공급하는 데에는 사용할 수 없다. 메◍◍이 보유한 무형자산이 이 사건 물품 판매와 관련된 것 이외에 다른 재화나 용역의 공급에 사용되는 것으로 보이지도 아니한다. 따라서 G◉◉ 계약 및 이 사건 계약에 따른 무형자산은 이 사건 물품의 상표를 구체적으로 실현하는, 마◐◐◐◐ 브랜드의 필수적인 구성요소이자 불가분의 일체로서의 기능을 한다고 봄이 타당하다. 원고가 마◐◐◐◐의 상품상표에 관하여 사용료를 지급하고 있다고 볼 증거가 없는 반면, 이 사건 로열티는 이 사건 상품 매출액의 5%에 달하는 점을 고려하면 더욱 그러하다. 따라서 이 사건 로열티는 실질적으로 상표권에 대한 사용료에 해당하고, 이 사건 물품에 마◐◐◐◐ 상표가 부착되어 있는 이상 이 사건 물품과의 관련성이 인정된다;

구현하면서, 이 사건 물품의 판매를 위한 매장 설치·관리 이외의 목적에는 사용되지 않는 것으로 보이는 점 등의 사정을 종합하여 보면, 이 사건 로열티는 그 전부가 이 사건 물품에 대한 권리사용료로서 과세가격에 가산되어야 한다고 봄이 타당하다고 판시하고 있다.

- 인△△△와 G◉◉ 등 및 메◍◍, 원고는 특수관계에 있는 점, 이 사건 계약에 따른 무형자산은 마◐◐◐◐ 브랜드를 구현하는 불가분의 일체로서 기능하고 있는 점, SPA 브랜드의 특성과 이 사건 계약 내용에 비추어 볼 때, 이 사건 로열티를 지급하지 아니하여 이 사건 계약이 해지되면 메◍◍에 의하여 구현된 마◐◐◐◐ 매장을 사용할 수 없게 되고, 결과적으로 이 사건 물품도 판매할 수 없게 되며, 원고에게 이 사건 물품의 구매선택권이 없는 점 등의 사정에 비추어 보면, 원고가 이 사건 로열티를 지급하지 않고 이 사건 물품을 구매하는 것은 불가능하다고 할 것이다. 따라서 이 사건 로열티는 이 사건 물품의 거래조건으로 지급되었다고 할 것이다.

미국 CBP의 결정사례를 살펴본다. 【W548649, 2006.9.5.】 ➲ 수입자는 다양한 화학물질을 수입하여 여러 산업용 제품을 위하여 제조한다. 그는 수입물품의 85% 이상을 모회사를 비롯하여 특수관계가 있는 자회사들에게서 구매한다. 수입물품의 대금지급에 추가하여 수입자는 로열티 및 여러 수수료 대금을 자신의 모회사에게 지급한다. 모회사는 차례로 모회사를 대신하여 수입자에게 발생한 연구개발비를 수입자에게 지급한다. 로열티는 국내의 제조 및 마케팅 영업을 위하여 사용된 지식재산권에 대한 것이며, 따라서 이것은 수입물품에 대하여 실제로 지급하였거나 지급하여야 할 가격에 포함되거나 혹은 가산이 되지 않는다. 이와 비슷하게 수입자에게 지급된 R&D 대금 그리고 수입자가 지급한 수출 수수료는 거래가격에 포함되지 않는다. 그러나 수입자에게서 "수입" 수수료를 받은 당사자가 구매대리인에 해당된다는, 수입자의 입장을 지지해 줄 수 있는 증빙이 부족하다. 따라서 수입수수료는 상품에 대하여 실제로 지급하였거나 지급하여야 할 가격의 일부이다. 【H009113, 2008.11.17.】 ➲ 라이센스 취득자는 여러 나라에 위치하고 있는 특수관계가 아닌 공급업자에게서 DVD 플레이어를 구입하였다. "라이센서"와의 별도계약에 따라, 라이센스 취득자는 복제방지 기술이 들어있는 집적회로를 라이센서가 인가한 공급업자들에게서 구입할 수 있는 권리에 대하여, 그리고 상기 집적회로를 DVD 플레이어에 결합시키기 위하여 수입자의 공급업자들이 사용하는 기술데이터에 대하여, 라이센서에게 연례 고정수수료를 지급하였다. 그리고 라이센스 취득자는 완성된 DVD 플레이어를 미국으로 수입하였다. 제조업자들, 라이센스 취득자, 그리고 라이센서 등 이 거래에 대한 어느 당사자도 서로 특수관계가 있는 자들이 아니었다. 라이센스 취득자는 CBP에게 자신의 DVD 제조 라이센스 계약서를 제출하였는데, 여기에는 디지털 기기에 복제방지 기술을 결합시키는 내용이 들어있었다. 또한 라이센스 취득자는 라이센스 취득자와 제조업자 간의 구매주문서 및 제조계약서 사본을 견본으로 제공하였다. 이 계약들과 구매주문서들에는 라이센서에 관한 혹은 라이센서에게 지급된 라이센스료에 관한 언급이 없었다. CBP는 상기 라이센스 계약서에 따라 라이센스 취득자가가 특수관계가 아닌 제3자 라이센서에게 지급한 라이센스료는 대미 수출용 수입물품의 판매조건이 아니며, 따라서 그것은 19 U.S.C. 1401a(b)(1)(D)-(E)에 따라, 수입물품에 대하여 실제로 지급하였거나 지급하여야 할 가격의 가산요소에 해당되지 않았다고 결정하였다. 【H137435, 2012.01.05.】 ➲ 수입된 활성의약성분(API)에 대한 모회사/판매자에 의해 지급된 개발비는 그 개발비가 API 및 완제약품에 대한 개발작업을 포함하는 때에는 미국에서의 완제품 제조에 관련된 개발 및 그 제조개발과 관련된 비용이 합리적으로 배분할 수 있는 범위까지는 제외하고 실제로 지급하였거나 지급하여야 할 가격의 일부이다. 수입된 API의 모회사/판매자에게 지급된 로열티는 실제로 지급하였거나 지급하여야 할 가격에 포함되는 것이었고 라이센스 계약이 API 및 완제약품에 대한 노하우를 포함하였을 때에는 로열티로 실제로 지급하였거나 지급하여야 할 가격에 가산될 수도 있었다. 로열티 지급 및 동일 권리에 대한 대가로 동일 계약서하에서 목표과제완료분 지급(Milestone payments)은 또한 실제로 지급하였거나 지급하여야 할 가격의 일부로 간주될 수 있거나 전통적인 로열티 지급의 연장으로 19 U.S.C. 1401(a)(b)(1)(D)에서 정한 로열티 또는 라이센스료로 포함될 수 있었다. 【H239671, 2013.06.07.】 ➲ A사는 제조자로부터 소프트웨어 변경할 수 있는 기기를 구매하여 미국에 있는 최종사용 고객에 그 기기들 재판매를 계획하고 있다. 미국으로 수입될 때, 그 소프트웨어 변경할 수 있는 기기는 완전한 기능을 한다. 그 소프트웨어 변경할 수 있는 기기는 각 하드웨어 및 소프트웨어(또는 소프트웨어 변경할 수 있는 기기의 모든 기능을 제어하는 펌웨어) 구성요소로 되어 있다. 하지만, 이 기기상의 펌웨어는 기기의 능력을 확장 또는 제한할 수 있도록 재프로그램될 수 있다. 그 재프로그래밍은 제조자로부터 라이센스 키와 새로운 프로그램의 다운로드가 필요하다. 그러므로 소프트웨어 변경가능 기기의 미국에 수출판매후에 A사는 제조자로부터 라이센스 키를 구매하고 수입기기의 능력을 확장하기 위해 필요한 소프트웨어를 제조자의 웹싸이트로부터 다운로드한다. 제출된 정보에 기초하여, CBP는 "A사가 라이센스 키 및 다운로드하는 대가로 제조자에게 지급하는 라이센스료는 실제로 지급하였거나 지급하여야 할 가격의 부분으로 과세대상이거나 19 U.S.C 1401a(b)(1)(D)에서 규정한 로열티로 가산요소 또는 19 U.S.C. 1401a(b)(1)(E)에서 규정한 수입금이 아니다"라고 결정했다. 【H236746, 2013.07.01.】 ➲ 수입자/라이센시는 국내외 공급자로부터 최종제품 뿐만 아니라 원재료 및 부분품을 구매하는 미국회사이다. 수입자/라이센시는 다른 특수관계자인 라이센서와 브랜드 라이센스 계약을 체결했다. 브랜드 라이센스 계약 조건에 따라, 수입자/라이센시는 브랜드를 사용하기 위해 비독점적, 양도불가, 취소가능 라이센스를 허여받았다. 브랜드 라이센스 계약은 그러한 품목이 특수관계자로부터 수입되거나 국내에서 특수관계가 아닌 공급자로부터 구매하는지 여부와 관계없이, 미국에서 수입자/라이센시에 의해 마케팅되고, 유통되고, 그리고 판매되는 모든 물품에 적용한다. 허락한 라이센스에 대한 대가로, 수입자/라이센시는 "순 구매가격"의 특정한 백분율에 상당한 로열티를 라이센서에게 지급한다. 라이센서는 개별적으로 수입자/라이센스의 특수관계 3개의 공급자와 제조 노하우 라이센스 계약을 체결하고 특수관계 공급자에게 수입물품을 제조, 사용 그리고 판매 또는 그렇지 않으면 공급할 수 있는 권리를 주었다. 제출된 정보에 근거하여, CBP는 브랜드 라이센스 계약에 따른 로열티 지급액은 실제로 지급하였거나 지급하여야 할 가격으로 과세가능하지 않으며 또한 9 U.S.C 1401a(b)(1)(D)에 따른 로열티 또는 19 U.S.C. 1401a(b)(1)(E)에 따른 수익금으로 가산대상은 아니다라고 결정했다.【H234735, 2014.06.23.】 ⊃ Greenbrier는 "3인치 폴리우레탄 발포(PU Foam) Marvel 360 볼"을 중국에 있는 특수관계가 아닌 제조자로부터 구매 및 수입했다. 그린브라이어가 로열티를 특수관계가 아닌 제3자 라이센서에게 지급하였고 그 것은 마블(Marvel)로부터 수입되는 물품상에 상표권이 나타나도록 사용하는 권리를 획득하는 것이었다. 로열티 지급액은 수입된 물품의 양에 특정한 선적분에 대해 결정된 로열티/이윤으로 곱하는 것을 기초로 계산되었다. 비록 그린브라이어는 마블의 변호인이 그린브라이어가 승인된 공장에서 마블의 상표가 부착되어 있는 물품을 수입할 수 있는 권한을 부여하는 문서를 제출하였다고는 하지만, 그러한 물품은 마블 및 그린브라이어가 로열티를 지급한 라이센서와 특수관계가 아닌 제3자와의 라이센스 계약 및 후속 수정계약서하에서 제조되어야 하는 것이다. 그린브라이어가 마블에 지급하는 로열티를 둘러싼 조건을 특정하는 로열티 또는 라이센스 계약이 CBP의 검토를 위해 제출되지 않았다. 제시된 정보 및 이 건에서 당사자들간 거래를 규율하는 로열티 또는 라이센스 계약의 부재에 근거하여, CBP는 수입자에 의해 지급된 로열티 또는 라이센스료는 19 U.S.C. 1401a(b)(1)(D)규정에 따라 수입물품에 대한 실제로 지급하였거나 지급하여야 할 가격의 가산요소에 해당된다.

5. 판매자에게 귀속되는 재판매 수익금

1) 관세평가법리

관세법 제30조 제1항 제5호에 따라 해당 수입물품을 수입한 후 전매·처분 또는 사용하여 생긴 수익금액 중 판매자에게 직접 또는 간접으로 귀속되는 금액은 수입물품의 거래가격에 필수적으로 가산하는 요소가 된다. 여기에서 "해당 수입물품을 수입한 후 전매·처분 또는 사용하여 생긴 수익금액"의 적용범위는 해당 수입물품의 전매·처분대금, 임대료 등을 말하는데, 주식배당금 및 금융서비스의 대가 등 수입물품과 관련이 없는 금액은 제외한다(관세령 제19조의2). 이 규정의 입법적 근거는 관세평가협정 제8조 제1항(d)이다. 사후귀속이익의 적용범위와 관련하여 판례[367]는 확정시기나 지급방법 등의 특수성에도 불구하고 그 실질은 어디까지나 수입물품의 대가이기 때문에 이를 가산하여 수입물품의 과세가격을 산정하려는 것이 이들 규정의 취지인 점 등을 고려하면, 수입물품 그 자체의 판매에 따른 수익금액 중 판매자에게 귀속되는 금액뿐만 아니라 수입물품을 가공하거나 이를 원료로 사용하여 만든

367) 대법원 2012.11.29. 선고 2010두14565 판결.

제품의 판매에 따른 수익금액 중 판매자에게 귀속되는 금액도 그것이 수입물품에 대한 대가로서의 성질을 갖는 경우에는 사후귀속이익에 포함된다는 태도를 보이고 있다.

관세평가기술위원회는 사례연구 2.1에서 협정 제8조 제1항(d)의 실제적 적용을 다음과 같은 가상 scenario로 증명하고 있다.

거래 사실

➤ 수입자 M은 특수관계가 없는 수출자 X로부터 양고기의 선적분을 구매하고 수입한다. 선적분은 FOB 수출항 가격으로 청구된다. 계약조건에 따라 M은 송장가격에 더하여 수입항까지의 운송과 보험에 대한 모든 비용과 부담금 그리고 관세와 제세를 지급하고, 아울러 수입국에서 해당 고기의 전매(轉賣)에 따라 실현된 순이익의 40%를 X에게 송금한다. 계약서에는 전매(轉賣)가격이 명시되지 않았으나 순이익은 전매가격에서 간접 관리비를 제외한 모든 직접 비용을 공제해서 결정된다고 규정한다.
➤ 수입시점에 M은 도매상 R1에게 하나의 가격으로 일정량의 양고기를 판매하기로 하였다. 아울러 M은 남은 양고기를 더 작은 관절단위로 잘라서 포장한 후 냉동식품 체인점인 R2에게 좀 더 비싼 가격으로 판매하기로 하였다.
➤ 수입국은 CIF를 기초로 평가협정을 적용한다.

위에서 설명한 상황에는 수출하기 위한 판매가 있다. 그리고 협정 제1조 다른 요건들이 충족된다면 제1조는 수입물품의 과세가격 결정을 위하 적용될 수 있다. 가산은 협정 제8조 제1항(d)에 따라 송장가격에 수출자에 귀속되는 순이익의 해당 부분을 고려하여 이루어져야 한다. 거래가격 실제적인 결정은 다음 예시로 설명된다.

거래가격의 계산에 다음과 같은 부호와 숫자를 차용한다.

P = 송품장 가격:	2,000,000 c.u.
T = 수출국으로부터 항구까지 또는 수입장소까지의 운임 및 보험료:	200,000 c.u.
D = 관세 및 수입 부담금 (과세가격의 총 20%에 해당)	
Ti = 국내운송비:	100,000 c.u.
C = 마케팅 비용:	150,000 c.u.
G = R2에게 재판매하는 수량의 절단 및 포장비:	300,000 c.u.
Pr1 = R1에게 재판매하는 가격:	2,700,000 c.u.
Pr2 = R2에게 재판매하는 가격:	1,250,000 c.u.
B = 재판매에 대한 순이익	? c.u.
V = 거래가격	? c.u.

명백하게, 순이익 B는 관세 및 수입 부담금인 D를 기초로 결정되어야 하며, 물품의 과세

가격에 좌우되는 이 금액은 순이익을 고려하여 결정되어야 한다. 그러므로 B와 V 요소 간에는 상호의존성이 있다. 거래가격의 계산은 다음과 같이 결정된다.

V = P + T + 40B/100

V = 2,000,000 + 200,000 + 40B/100 ; 즉, ① V = 2,200,000 + 0.4B

전매(轉賣)에 따른 순이익의 금액은,

B = (Pr1 + Pr2) - (P + T + Ti + C + G + D) : 즉

B = (2,700,000 + 1,250,000) - (2,000,000 + 200,000 + 100,000 + 150,000 + 300,000 + 20V/100)

B = 1,200,000 − 0.2V

①에 B의 가격을 대입하면,

V = 2,200,000 + 0.4 (1,200,000 − 0.2V) = 2,200,000 + 480,000 - 0.08V ;

즉, 1.08 V = 2,680,000 이므로 V = 2,680,000/1.08

V = 2,481,481 c.u.

B = 703,704 c.u.

그러므로 CIF를 기초로 한 거래가격은 2,481,481 화폐단위이다.

관세평가기술위원회는 사례연구 2.2에서 협정 제8조 제1항(d)에 따른 수익(Proceeds)의 처리와 관련하여, 협정에는 이러한 지급금액이 판매조건이어야 한다고 명시한 언급은 없다는 점에 유념해야 하고, 따라서 단지 이러한 수익의 존재만으로 협정 제8조에 따른 조정이 요구되며, 고려되어야 할 또 하나의 중요한 요소는 지급하였거나 지급하여야 할 가격에 대한 가산은 오직 객관적이고 수량화할 수 있는 자료에 근거하여 이루어져야 하기 때문에 그렇지 않을 경우에는 거래가격은 결정될 수 없다는 점을 분명히 하고 있다. 또한, 협정 제8조 제1항(d)를 적용함에 있어 해당 수입물품을 추후에 전매, 처분 또는 사용하여 생긴 수익(proceeds)은 수입물품과 관련되지 않는 배당금 또는 기타 지급의 구매자로부터 판매자에게로의 이전과 혼동되지 않아야 하고, 사후귀속이익(proceeds)에 대한 조정이 요구되고 관련 정보가 수입시점에 입수될 수 없는 경우에는 협정 제13조에 따라 과세가격의 최종결정을 합리적인 기간 동안 지연할 필요가 있다는 점을 기술하면서 다음과 같은 가상 scenario로 증명하고 있다.

일반 사실

➤ X국의 C사는 다른 나라들에 여러 자회사를 소유하고 있다. 모든 자회사들은 C사에서 결정한 회사정책에 따라 운영된다. 이들 자회사 중 일부는 제조회사이며, 일부는 도매상이고 일부는 용역 위주의 회사이다.

➤ C사의 자회사인 수입국 Y의 수입자 I는 남성복, 여성복 및 아동복 도매상이다. I는 X국에 소재한 C사의 또 다른 자회사인 제조자 M으로부터 남성복을 구매하고, 국내 제조업체들뿐만 아니라 제3국의 특수관계가 없는 제조업체들로부터 여성복 및 아동복을 구매한다.

【상황 1】 ➲ 자회사들 간의 판매와 관련한 C사의 회사정책에 따라 물품은 자회사들 간에 협상된 가격으로 판매되고 있지만, 연말에 수입자 I 는 물품에 대한 추가지급으로써 그 해 동안 제조자 M에게 구매한 남성복의 연간 전매(轉賣) 총액의 5%를 제조자 M에게 지급한다면, 해당 지급금액은 판매자에게 직접 귀속되는 수입물품의 추후 전매에 대한 수익이며, 그 금액은 협정 제8조 제1항(d)의 규정에 따른 조정으로서 지급하였거나 지급하여야 할 가격에 가산되어야 한다. 【상황 2】 ➲ 수입자 I는 모든 공급처로부터 구매한 남성복, 여성복 및 아동복의 연간 총매출액에 대하여 실현된 총이익의 1%를 C사의 다른 자회사인 용역회사 A에게 지급한다는 사실이 확인되고, 수입자 I 는 이 지급금액은 해당 수입물품의 전매, 사용 또는 처분과 관련된 금액이 아니라 A사가 C사의 모든 자회사에 제공하는 저금리 대출과 기타 금융서비스에 대하여 A사에게 상환하는 회사정책에 따라 지급하는 것이라는 증거를 제출하였다면, 용역회사 A는 해당 수입물품의 판매자와 특수관계에 있으므로 해당 지급금액은 판매자에 대한 간접지급으로 간주될 수 있지만, 그것은 수입물품과 관련 없는 금융서비스에 대한 지급금액이므로 해당 지급금액은 협정 제8조 제1항(d)에서 의미하는 사후귀속이익(proceeds)으로 간주되지 않는다. 【상황 3】 ➲ 수입자 I는 회계연도 말에 그 해에 걸쳐 실현된 순이익의 75%를 C사에 송금한다는 사실이 확인되었다면, I가 C사에 송금한 금액은 수입물품과 관련되지 않는 배당금 또는 기타 지급의 구매자로부터 판매자에게의 이전을 나타내기 때문에 사후귀속이익(proceeds)으로서 간주될 수 없으므로 제1조(지급하였거나 지급하여야 할 가격)에 대한 주해에 따라, 송금액은 과세가격의 일부가 아니다.

2) 판례연구

우리 판례를 살펴본다. 【대법원 2019.12.12. 선고 2019두50373 판결】 사건에서 상고심의 심리불속행 상고기각으로 원심의 판결이 그대로 확정되었다. 이 사건의 처분경위는 다음과 같다. 원고는 1997.12.12. 스웨덴 법인인 C사가 100% 투자하여 설립된 대한민국의 현지법인으로, C사의 자동차 및 관련부품을 국내 딜러사에 판매하고 있다. 원고는 2008.1.1. 본사와 물품공급계약(이하 '이 사건 물품공급계약')을 체결하고 2010.9.1.부터 2014.8 20.까지 8,937회에 걸쳐 자동차 및 관련부품을 수입하였다(이하 '이 사건 수입물품'). 이 사건 물품공급계약에 따르면, 원고가 본사로부터 수입하는 물품가격은 거래순이익률법에 따른 정상가격 산출방법을 통해 결정한 이전가격으로 정해지고, 원고는 각 회계연도가 종료된 이후 원고가 달성한 실제 영업이익과 정상가격에 해당하는 목표 영업이익을 비교하여, 실제 영업이익이 목표 영업이익을 초과하는 경우에는 초과액을 본사에 송금하고(이하 '사후송금액'), 반대로 실제 영업이익이 목표 영업이익에 미치지 못하는 경우에는 미달액을 본사로부터 수(이하 '사후수령액', 사후송금액과 총칭하여 '이전가격')하게 된다. 원고는 2009 내지 2014회계연도(2012회계연도 제외)에 본사에 이전가격조정액을 송금하였다(이하, '쟁점 이전가격조정액'). 원고는 2009, 2010회계연도에 수입물품의 과세가격을 이전가격으로 수입신고하고, 2010.3.31. 및 2011.7.12. 세관장에게 사후송금액을 수입물품의 과세가격에 가산하여 관세 등을 수정신고·납부하였다. 원고는 2011.9.30. 세관장에게 사후송금액은 수입물품에 대한 실제지급금액이 아니라 과세가격에 포함되지 않는 소득의 조정에 해당한다는 이유로 사후송금액에 대하여 수정신고·납부한 세액을 환급해 달라는 취지의 경정청구를 하였고, 세관장은 2011.12.1.부터 2012.6.20.까지 4회에 걸쳐 원고가 납부한 2009, 2010회계연도 사후송금액 관련 납부세금 전액을 과오납으로 환급하였다. 원고는 2011회계연도부터 2014회계연도까지 수입물품의 과세가격을 이전가격으로 수입신고하고, 사후송금액을 수입물품 과세가격에 가산하는 내용의 관세 등 수정신고·납부를 하지 아니하였다. 한편, 원고는 2009.1.1. C사와 사이에, 본사 및 C사가 E 승용차, 부품 및 액세서리에 대한 전세계 마케팅 및 전략적 브랜드 관리활동을 수행하고, 원고가 이에 대한 대가로 위 활동으로 본사에 발생된 총비용 중 원고의 몫으로 산정된 연간 수수료를 본사에게 지급하는 내용의 국제마케팅계약(이하 '이 사건 국제마케팅계약')을 체결하였다. 원고는 이 사건 국제마케팅계약에 따라 매년 본사에 수수료를 지급하였고, 그 중 2010.9.부터 2014.까지 본사에 지급한 쟁점 국제마케팅비를 이 사건 수입물품의 과세가격에 가산하지 아니하였다. 세관장은 원고에 대한 기업심사를 실시하여, ① 쟁점 이전가격조정액은 관세법 제30조 제1항 제5호에서 정한 사후귀속에 해당하고, ② 쟁점 국제마케팅비는 관세법 제30조 제2항의 실제지급금액에 해당한다고 보아, 각 금액을 이 사건 수입물품의 과세가격에 가산하여 2015.8.31.부터 2016.1.28.까지 6회에 걸쳐 원고에게 관세 등을 각 경정·고지하였다(이하 '당초 과세처분'). 이후 원고는 조세심판원에 심판청구를 하였고, 2017.6.30. 조세심판원의 결정에 따라 2017.7.14. 이 사건 각 부과처분을 하였다.

원심[368]은 제1심[369] 판결을 그대로 인용하고 정당세액을 초과하는 부분만 취소하였다. 제1심은 쟁점 이전가격조정액은 다음과 같은 사정을 들어 관세법 제30조 제1항 제5호에서 규정한 과세가격 가산요소인 사후귀속이익에 해당한다고 보기 어렵다고 판시하고 있다:

- 내국세는 납세의무자가 의도적으로 소득을 해외로 이전시키는 것을 방지하고 이중과세 없이 공정하게 과세소득을 배분하는 목표를 갖는 반면, 관세는 국제적으로 거래되는 개개물품의 객관적인 가치를 파악하여 수입 당시에 물품의 가치에 부합하는 관세를 부과하는 것을 목표로 한다. 따라서 본질적으로 내국세와 관련하여 과세기간 동안 실현한 이익의 수준이 정상가격의 수준을 벗어나는 경우 이를 정상가격수준으로 수렴시키기 위한 목적에서 이루어지는 이전가격조정액이 관세의 과세가격에 가산요소인 사후귀속이익으로 포함되는지 여부는 해당 이전가격조정액의 실질적인 발생 원인과

368) 서울고등법원 2019.07.19. 선고 2019누34694 판결.

369) 서울행정법원 2019.01.10. 선고 2017구합80264 판결.

성질에 따라 구분하여 판단되어야 한다. 나아가 사후귀속이익은 '수익금액 중' 판매자에게 직·간접적으로 귀속되는 금액이므로 수입자가 본사에게 송금한 금액이 사후귀속이익에 해당하더라도, 반대로 본사로부터 영수한 금액은 이에 해당할 수 없어, 동일한 가격결정정책에 의해 발생한 이전가격조정이 그 실질이 동일함에도 지급 또는 영수 여부에 따라 관세법상 과세가격에 해당하는지 여부가 달리 처리됨으로써 과세형평에 반할 우려가 생길 수 있다. 그러므로 이전가격조정액이 손익조정목적이 아닌 수입물품과 직접 관련되는 대가로서 사후귀속이익이라고 판단하기 위해서는, 계약서상 표현 문구나 이전가격조정액에 대한 재무상태표의 기재 등이 아니라 사후귀속이익으로서의 앞서 본 요건을 모두 구비했는지 여부를 구체적으로 살필 필요가 있다;

- 세관장은 쟁점 이전가격조정액은 판매수량의 예측 차이에 따라 발생하거나 당초 이 사건 수입물품을 낮은 가격으로 수입하여 발생한 금액이므로, 이 사건 수입물품의 판매에 따른 수익금액으로서 판매자에게 직접 또는 간접적으로 귀속되는 사후귀속이익에 해당한다고 주장한다. 살피건대, 세관장이 쟁점 이전가격조정액을 사후귀속이익으로 보아 과세가격에 배분·가산한 것은 2010, 2013, 2014회계연도이다. 그런데 원고의 회계연도별 목표 및 실제 판매대수, 영업이익, 부가가치 영업비용에 관한 자료에 따르면, 2012회계연도에 실재판매대수가 예상판매대수를 상회하였음에도 실제 영업이익은 목표 영업이익에 미치지 못한 사실, 한편 2010회계연도에 실제 판매대수가 예상 판매대수의 104%를 기록하였는데 실제 영업이익은 목표 영업이익의 528%로 산정되었고, 2011회계연도에는 실제 판매대수가 예상 판매대수의 83%밖에 미치지 못하였으나 실제 영업이익은 목표 영업이익의 205%로 산정되었으며, 2014회계연도에는 실제 판매대수가 예상 판매대수의 143%를 기록하였을 뿐인데 실제 영업이익은 목표 영업이익의 1,316% 이르렀음을 알 수 있다. 이처럼 예상 대비 실제 판매대수 증감량과 목표 대비 실제 영업이익 증감량 사이에 비례적인 상관관계를 확인할 수 없다. 세관장은 본사와 원고 사이에 이전가격이 저가로 결정되었기 때문에 예상 대비 실제 판매수량과 목표 대비 실제 영업이익 사이에 상관관계가 확인되지 않는 것이라고도 주장하나, 목표 대비 실제 영업이익의 증감은 판매수량과 부가가치 영업비용 외에 다른 요소도 작용하였기 때문에 상관관계가 확인되지 않는 것으로 보인다. 따라서 쟁점 이전가격조정액의 발생이 모두 판매대수 예측 차이에서 비롯된 것이라거나 애당초 저가로 이전가격을 결정하였기 때문이라는 세관장의 주장은 받아들일 수 없다;
- 세관장은 다음과 같은 이유로 원고가 사용한 Berry Ratio 지표에 따를 경우 영업비용의 증감과 무관하게 판매수량의 증가만으로 이전가격조정액이 발생할 수밖에 없는 구조라고 주장한다. 즉, Berry Ratio 지표는 영업비용 증가에 대응하여 매출총이익이 증가하는 경우에 적용되는 방법인데[국제조세집행기준(2017) 5-4-3 참조], 원고는 Berry Ratio 지표를 산출함에 있어 기준금액에 해당하는 '영업비용'을 '고정 영업비용'

(인건비, 교육·훈련비, 부품창고비 등)으로 한정하고, '변동 영업비용'(보증비, 광고판촉비, 출고비용 등)을 제외함으로써, '영업비용'이 증가에 대응하여 '매출총이익'이 증가하는 비례관계가 존재할 수 없도록 하였는바, 결국 원고가 사용한 Berry Ratio 지표에 의한 적정 영업이익률 내지 실제 영업이익률은 영업비용의 변동을 반영하지 못하고 매출량 증감에 의한 매출총이익의 증감에 따라 바로 이전가격조정액이 발생할 수 밖에 없어, 쟁점 이전가격조정액은 원고의 판매량 증가에 따라 발생한 물품대가로서 사후귀속이익에 해당한다는 것이다. 살피건대, 원고가 이전가격 및 이전가격조정액을 산정함에 있어 Berry Ratio 지표를 사용하면서 기준금액에 해당하는 '영업비용'을 '부가가치 영업비용'에 한정하고 광고, 판매장려금, 프로모션, 제품보증비 등과 같은 '변동 영업비용'(Variable Cost)을 포함시키지 않았음은 앞서 본 바와 같다. 그러나 원고는 매출총이익을 산정하면서 제품보증비, 고정 마케팅비용, 경영자문료, 기타 수입/비용(관세환급금 포함) 등 변동 영업비용을 매출원가와 함께 소위 "pass-through 비용"으로 공제하였음을 알 수 있고, 이에 따라 Berry Ratio 지표 산정 시 원고의 영업비용 중 '부가가치 영업비용'은 분모에 반영되고, 나머지 영업비용은 모두 분자에 반영되게 된다. 이에 따라 원고가 영업비용을 절감하면, 그 중 '부가가치 영업비용'에 해당하는 부분은 분모에, 그 밖에 영업비용에 해당하는 부분은 분자인 매출총이익에 반영되므로, 비록 판매량 증가로 인해 비례적으로 증가한 변동 영업비용이 기준금액에 반영되지는 못할지라도, 원고가 판매량 대비 변동 영업비용을 절감하면 매출총이익이 커져 정상가격 Berry Ratio 수치에 비해 실제 Berry Ratio 수치가 증가하여 해당 차액만큼 이전가격조정액이 발생하게 되고 반대의 경우에도 마찬가지이다. 그런데 2012회계연도에 원고는 기존에 판매하던 C30 모델의 단계적 판매중단으로 목표치보다 높은 할인율을 실시한 사실, 2014회계연도에는 구조조정을 통해 일부 절감한 사실을 인정할 수 있는바, 판매수량의 증가 외에도 이러한 영업비용 증감의 변수가 2012회계연도에 예상보다 판매대수가 증가하고도 영업이익이 악화되거나 2014회계연도에 판매대수 증가량 대비 영업이익 상승률이 대폭 오르는데 영향을 미치게 되고, 아울러 그러한 변수가 위와 같은 방식에 따라 Berry Ratio 수치에도 반영된 것으로 보인다. 앞의 자료에 따르더라도 부가가치 영업비용과 판매수량 외에 다른 요소가 목표 대비 실제 영업이익 비율에 영향을 미쳤음을 알 수 있는바, 설령 세관장의 주장과 같이 원고가 Berry Ratio 지표를 잘못 적용하였다고 하더라도 그러한 사정만으로 원고의 쟁점 이전가격조정액이 순전히 판매대수의 증가로 인해서만 발생한 것이라고 볼수는 없다. 결국 쟁점 이전가격조정액은 판매수량의 증감 외에 인건비 등 영업비용 증감, 가격할인 정책 등 다양한 요인들이 복합적으로 작용하여 발생한 결과라고 봄이 타당하다;

- 세관장은 이 사건 물품공급계약서에 사후송금액을 "additional purchase price"라고 명시하고 있고, 쟁점 이전가격조정액 송금 시 지급사유를 구분하는 외환코드 중 '수입품

대금 사전송금'을 사용한 점에 비추어 보더라도, 쟁점 이전가격조정액은 추가로 지급되는 수입물품의 대가로서의 성질을 가진다고 주장한다. 그러나 세법 중 과세표준의 계산에 관한 규정은 국세기본법 제14조 제2항에 따라 소득, 수익, 재산, 행위 또는 거래의 명칭이나 형식에 관계없이 실질 내용에 따라 적용하여야 한다(대법원 2016.8.30. 선고 2015두5209 판결 참조). 이 사건 물품공급계약서에 위와 같은 표현이 사용된 것은 사실이나, 한편 목표 영업이익에 미달하는 손실이 발생한 경우 "rebate of the transfer price"라는 표현을 사용하고 있고, 계약당사자가 양자의 성질을 구분하기 위하여 의도적으로 달리 표현하였다고 볼 만한 사정이 없다면 서로 대응하는 이전가격조정액의 성질은 그 문구 표현에 얽매여 달리 해석할 것이 아니라 통일적으로 해석하는 것이 당사자들의 이사에 더욱 부합한다고 보이고, 앞서 살펴 본 쟁점 이전가격조정액의 발생 원인과 성질에 비추어 보면, 위 표현은 단순히 원고가 본사로부터 이 사건 수입물품을 구입한 이후 판매과정에서 목표 영업이익을 초과하는 이익이 발생하면 본사에 구입한 수입물품에 대하여 추가로 이전가격조정액을 지급한다는 의미라고 봄이 타당하다. 마찬가지로 쟁점 이전가격조정액을 송금할 당시 기재한 외환코드의 사유 또한 앞서 살핀 쟁점 이전가격조정액의 발생 원인과 성질에 따른 사후귀속이익에 해당하는지 여부의 판단에 영향을 미칠 수 없다;

- 나아가 개별 수입물품과 직접 관련이 있는 금액만을 객관적이고 수량화할 수 있는 자료에 근거하여 사후귀속이익으로 보아 과세가격에 가산할 수 있다. 쟁점 이전가격조정액은 판매수량의 증감 외에 다양한 요인들이 복합적으로 작용한 결과이고, 단순히 목표 대비 판매수량에 따른 매출액 차이가 아니라 목표 영업이익과 실제 영업이익의 차이이다. 그럼에도 세관장은 쟁점 이전가격조정액이 전부 판매수량 증가로만 인해 발생한 것임을 전제로 이 사건 수입물품 전체 7~9종의 차량과 부품 중 목표 대비 실제 판매량이 많으면서 목표 대비 실제 순매출액도 많은 5~6종의 차량에 판매수량의 차이에 따라 쟁점 이전가격조정액을 일괄 배분하여 과세가격에 가산하였는바, 이는 이 사건 수입물품의 판매 등에서 얻어지는 판매대금 중 수입물품과 직접 관련되는 금액만을 과세가격에 가산한 것이라고 볼 수 없다.

한편, 쟁점 국제마케팅비에 대하여 제1심은 다음과 같은 사정을 들어 실제지급금액에 포함되는 간접지급금액으로서 이 사건 수입물품의 과세가격에 포함된다고 판시하고 있다:[370]

---

370) 아울러 제1심은, 설령 이 사건 국제마케팅계약이 원고와 C사 사이에 체결된 것으로서, 본사가 쟁점 국제마케팅비를 수령한 것은 단순히 위 약정에 따른 비용지급 방식에 불과하여, 쟁점 국제마케팅비용이 이 사건 수입물품을 이전받는데 대한 대가로 지급된 실제지급금액으로 볼 수 없을지라도, 다음과 같은 이유로 쟁점 국제마케팅비는 권리사용료로서 이 사건 수입물품의 과세가격에 가산조정되는 상표권 사용대가에 해당한다고 설시(가정적 판단)하고 있다: ① 원고가 '(E)' 상표가 부착된 자동차와 관련부품을 수입하면서 본사에 지급한 쟁점 국제마케팅비는 본사가 보유하는

- 쟁점 국제마케팅비가 원고와 C사 사이에 체결된 계약에 따라 지급된 금액이기는 하나, 그 계약 내용을 살펴보면 이는 본사가 보유하는 상표의 명칭, 차량 디자인, 브랜드 가치 등을 전세계 대중들에게 지속적으로 노출시키는데 쓰인 비용으로, 이러한 활동은 원칙적으로 상표권자이자 판매자인 본사가 수행하여야 할 성질의 것이고, 쟁점 국제마케팅비에 의한 활동으로 본사가 보유하는 상표권 등 브랜드 가치가 높아지면, 상표권자인 본사로서는 상표 사용자인 원고에 그 사용 대가를 추가로 요구할 합당한 이유가 있게 되므로, 쟁점 국제마케팅비는 판매자인 본사가 부담해야 하는 비용이다;
- 이 사건 국제마케팅계약에 따른 국제마케팅활동은 본사와 C사가 모두 수행할 책임과 의무가 있고, C사는 본사의 지침에 따라 국제마케팅활동을 수행하여야 한다;
- 이 사건 국제마케팅계약에 따라 원고가 지급해야 할 수수료는 '본사'가 전세계 시장을 위해 국제마케팅활동을 하면서 실제로 발생한 비용 중에서 C사의 마케팅 지역 판매관리비로 배부된 비용에 원고가 판매한 차량 대수를 C사의 마케팅 지역에서 판매된 차량 대수로 나눈 수치를 곱하는 방식으로 산정되고, 위와 같이 계산된 수수료는 이 사건 수입물품의 판매자인 본사의 청구에 따라 매 분기별로 본사에 지급된다;
- 원고는 본사의 지배를 받는 자회사로서 원고가 쟁점 국제마케팅비를 지급하지 아니할 경우 E 상표가 부착된 물품을 수입하여 판매할 수 없을 것으로 보이므로, 이 사건 수입물품의 거래조건으로 원고가 본사에 지급하는 금액이라고 인정된다;
- 이 사건 국제마케팅계약은 그 형식은 원고와 C사 사이에 체결된 국제마케팅 활동비용 지급 약정이지만, 그 실질은 판매자인 본사가 부담해야 할 본사의 상표권 등 브랜드 가치 상승을 위한 국제마케팅 활동비용을 이 사건 수입물품을 수입하는 대가로 구매자인 원고가 부담한 금액이다.

상표의 명칭, 차량 디자인, 브랜드 가치 등을 대중들에게 지속적으로 노출시키는데 쓰인 비용인 점; ② 이러한 활동은 원칙적으로 상표권자인 본사가 수행하여야 할 성질이고, 이 사건 국제마케팅계약에도 본사와 C사가 전 세계지역에 걸친 마케팅 서비스를 담당하는 것으로 규정하고 있는 점; ③ 쟁점 국제마케팅비에 의한 활동으로 본사가 보유하는 상표권, 디자인권의 가치가 높아지면, 상표권자인 본사로서는 상표권, 디자인권 사용자인 원고에게 그 사용 대가를 요구할 합당한 이유가 있게 되는 점; ④ 이 사건 국제마케팅계약을 상표권자가 아닌 C사와 체결하였지만 C사는 본사의 지침에 따라 본사와 함께 국제마케팅활동을 수행해야 하고, 그 대가는 상표권자인 본사에 직접 지급된 점을 등을 종합하면, 쟁점 국제마케팅비는 그 명목에도 불구하고 실질이 이 사건 수입물품의 구매자인 원고가 상표권자인 본사에 그 권리사용료의 대가로 지급한 금액에 해당한다. ▶아울러 ① 이 사건 수입물품인 자동차와 관련부품에 E 상표가 부착되어 있으므로 쟁점 국제마케팅비와 이 사건 수입물품 사이의 관련성이 충족되고, ② 원고는 본사의 지배를 받는 자회사로서 원고가 쟁점 국제마케팅비를 지급하지 아니할 경우 E 상표가 부착된 물품울 수입하여 판매할 수 없을 것으로 보이므로, 쟁점 국제마케팅비는 이 사건 수입물품의 거래조건으로 지급하는 금액에 해당한다. ▶나아가 쟁점 국제마케팅비는 '본사'가 전세계 시장을 위해 국제마케팅활동을 하면서 실제로 발생한 비용 중에서 C사의 마케팅 지역 판매관리비로 배부된 비용에 원고가 판매한 차량 대수를 C사의 마케팅 지역에서 판매된 차량 대수로 나눈 수치를 곱하는 방식으로 산출된 것이므로, 이는 객관적이고 수량화된 자료에 의하여 산출되었다고 볼 수 있다.

6. 수입물품의 운송비와 그 부대비용

1) 관세평가법리

관세법 제30조 제1항 제5호에 따라 수입항(輸入港)까지의 운임·보험료와 그 밖에 운송과 관련되는 비용으로서 대통령령으로 정하는 바에 따라 결정된 금액은 수입물품의 거래가격에 필수적으로 가산되는 요소가 된다. 다만, 기재부령으로 정하는 수입물품의 경우에는 이의 전부 또는 일부를 제외할 수 있다. 여기에서 수입물품의 운송비와 그 부대비용은 해당 수입물품이 수입항에 도착하여 본선하역준비가 완료될 때까지 수입자가 부담하는 비용이 해당되기 때문에(관세령 제20조제5항) "수입항까지"의 시간적·장소적 적용기준은 해당 수입물품이 우리나라의 수입항에 도착하여 본선하역준비가 완료된 시점과 장소가 된다. 그리고 그 밖에 운송에 관련되는 비용의 적용범위는 해당 수입물품을 수입항까지 운송하기 위하여 구매자가 부담하는 비용 중 운임과 보험료를 제외한 추가로 구매자가 부담하는 운송관련비용(운송수단 변경 시의 양하·적하비용, 동물에 대한 사료공급비용 등)을 말한다. 따라서 구매자가 용선한 선박에 의하여 수입물품을 운송하는 경우 선적항에서 발생한 체선료를 판매자가 부담한다면 그 체선료는 이미 물품가격에 포함된 것으로 보아야 하므로 과세가격에 가산할 수 없으나, 이를 구매자가 부담한다면 그 밖에 운송에 관련되는 비용으로 보아 과세가격에 가산하여야 한다.[371] 또한, 보험료는 해당 수입물품에 대하여 실제로 부보한 경우에만 과세가격에 포함되며, 선박의 노후를 이유로 지불한 선박할증보험료는 그 부담자가 누구인지와 관계없이 해당 수입물품의 실제지급가격에 가산하여야 하는 보험료에 해당되는데, 선박할증보험료를 선박회사가 대납한 경우에는 해당 수입물품의 실제지급가격에 가산하여야 할 운임의 산정은 실제로 대납된 선박할증보험료 상당액이 차감된 금액이 된다. 하지만 운임용선계약에 있어서의 공적운임(Dead freight)은 용선자가 해당 선박에 선적하여야 할 책임이 있는 적하량의 최저한을 채우지 못한 경우 운송자에게 부담하는 금원으로서 그 실질은 운임이 아니라 손해배상이라 할 것이므로, 선박용선에 있어서의 운임이 해당 용선계약에 의하여 실제로 지급한 일체의 비용을 말하는 것이지만, 공적운임은 다른 특별한 사정이 없는 한 수입물품의 거래가격을 신고할 때 가산하여야 할 "운임, 보험료 기타 운송에 관련되는 비용"에는 포함되지 않는다.[372] 기타 운송관련 비용의 예로는, 국외발생 내륙운송료,[373] 선적항부두사용료(Port Service Charge), 선적항장비사용료

371) 대법원 1994.11.25. 선고 93도3274 판결. 여기에서 체선료는 양륙기간을 약정한 용선계약에 있어서 용선자가 약정한 기간내에 양륙작업을 완료하지 못하고 기간을 초과하여 양륙한 경우에 있어 선박회사가 그 초과한 기간에 대하여 용선자에게 청구할 수 있는 법정의 특별보수를 말한다.

372) 대법원 1993.12.07. 선고 93도1064 판결.

373) Arbitrary Charge, On-Charge, Feeder Service Charge, Ocean Freight Inland Haulage Charge, FOB Charge(EXW 조건 수출국비용), Inland FRT(EXW 조건 수출국비용) 등으로 표기된다.

(Lift Charge), (국외발생)터미널화물조작료(Terminal Handling Charge), 선적전(수입원유) 계량비, 통화할증료(Currency Adjustment Factor),[374] 유류할증료(Fuel/Banker Adjustment Factor),[375] 전쟁위험지역운항 적하보험(예: 호르무즈 WAR AP), 해적출몰지역운항 사설무장경비료 등이 있다. 한편, 도착계약(arrival contracts)으로 알려진 경우 상품의 목적지에서 구매자가 비용을 부담해야 하는 계량비용(weighing costs)은 거래가격에서 제외된다.[376]

관세평가법규상 운임 및 보험료의 산출은 원칙적으로 당해 사업자가 발급한 운임명세서·보험료명세서 또는 이에 갈음할 수 있는 서류에 의한다(관세령 제20조제1항). 하지만, 이러한 산출원칙에도 불구하고 다음에 해당하는 물품이 항공기로 운송되는 경우에는 해당 물품이 항공기 외의 일반적인 운송방법에 의하여 운송된 것으로 보아 기재부령으로 정하는 결정방법에 따라 **운임 및 보험료를 산출하는 특례**가 적용된다(관세령 제20조제3항; 관세규칙 제4조의3제2항):[377]

① 무상으로 반입하는 상품의 견본, 광고용품 및 그 제조용 원료로서 운임 및 보험료를 제외한 총 과세가격이 20만 원 이하인 물품;

② 수출물품의 제조·가공에 사용할 외화획득용 원재료로서 세관장이 수출계약의 이행에 필요하다고 인정하여 무상으로 반입하는 물품;

③ 계약조건과 다르거나 하자보증기간 안에 고장이 생긴 수입물품을 대체·수리 또는 보수하기 위해 무상으로 반입하는 물품;

④ 계약조건과 다르거나 하자보증 기간 안에 고장이 생긴 수입물품을 외국으로 반출한 후 이를 수리하여 무상으로 반입하는 물품으로서 운임 및 보험료를 제외한 총 과세가격이 20만 원 이하인 물품;

⑤ 계약조건과 다르거나 하자보증 기간 안에 고장이 생긴 수출물품을 수리 또는 대체하기 위해 무상으로 반입하는 물품;

⑥ 신문사, 방송국 또는 통신사에서 반입하는 뉴스를 취재한 사진필름, 녹음테이프 및 이와 유사한 취재물품;

⑦ 우리나라의 거주자가 받는 물품으로서 자가사용할 것으로 인정되는 것 중 운임 및 보험료를 제외한 총 과세가격이 20만 원 이하인 물품;

---

374) 운송 중 환율변동에 따른 손실에 대한 보전비용.

375) 운송 중 유가변동에 따른 손실에 대한 보전비용.

376) Judgment of the Court(Fifth Chamber), Hauptzollamt Hamburg - Ericus v. Van Houten International GmbH, In Case 65/85, 4. February 1986.

377) 운임 및 보험료를 적용받으려는 납세의무자는 해당 물품에 대하여 관세법 제27조에 따른 가격신고를 할 때 해당 물품이 기재부령으로 정하는 물품에 해당됨을 증명하는 자료를 세관장에게 제출해야 하지만, 과세가격 금액이 소액인 경우 등으로서 세관장이 자료제출이 필요하지 않다고 인정하는 경우는 제외한다(관세령 제30조제6항).

⑧ 관세규칙 제48조의2(관세가 면제되는 이사물품) 제1항에 따른 우리나라 국민, 외국인 또는 재외영주권자가 입국할 때 반입하는 이사화물로서 운임 및 보험료를 제외한 총 과세가격이 50만 원 이하인 물품;
⑨ 여행자가 휴대하여 반입하는 물품;
⑩ 항공사가 자기소유인 운송수단으로 운송하여 반입하는 기용품과 외국의 본사 또는 지사로부터 무상으로 송부받은 해당 운송사업에 사용할 소모품 및 사무용품;
⑪ 항공기 외의 일반적인 운송방법으로 운송하기로 계약된 물품으로서 해당 물품의 제작지연, 그 밖에 수입자의 귀책사유가 아닌 사유로 수출자가 그 운송방법의 변경에 따른 비용을 부담하고 항공기로 운송한 물품;
⑫ 항공기 외의 일반적인 운송방법으로 운송하기로 계약된 물품으로서 천재지변이나 관세령 제2조 제1항 각 호에 해당하는 사유로 운송수단을 변경하거나 해외 거래처를 변경하여 항공기로 긴급하게 운송하는 물품.

위 제① 내지 제⑨에 해당하는 물품의 운임산출에 적용되는 기재부령의 결정방법은 우리나라에서 적용하고 있는 선편소포우편물요금표에 따른 요금으로 산출하는데, 이 경우 물품의 중량이 선편소포우편물요금표에 표시된 최대중량을 초과하는 경우에는 최대중량의 요금에 최대중량을 초과하는 중량에 해당하는 요금을 가산하여 계산하고, 위 제⑩ 내지 제⑫에 해당하는 물품의 운임산출에 적용되는 기재부령의 결정방법은 보세화물을 취급하는 선박회사 또는 항공사(그 업무를 대행하는 자를 포함한다)가 해당 물품에 대해 통상적으로 적용하는 운임이다(관세규칙 제4조의3제3항). 이 경우 만일 적용운임이 실제 발생한 항공운임을 초과하는 경우에는 해당 항공운임을 적용한다. 그리고 위 제① 내지 제⑫에 해당하는 물품에 대한 보험료는 보험사업자가 통상적으로 적용하는 항공기 외의 일반적인 운송방법에 대한 보험료로 계산할 수 있다(관세규칙 제4조의3제4항).

관세평가법규상 운임 및 보험료의 산출에서 다음에 해당하는 물품의 운임이 통상의 운임과 현저하게 다른 때에도 특례가 적용되어 보세화물을 취급하는 선박회사 또는 항공사[378](그 업무를 대행하는 자를 포함한다)가 통상적으로 적용하는 운임을 해당 물품의 운임으로 결정할 수 있다(관세령 제20조제4항):

- 수입자 또는 수입자와 특수관계에 있는 위 선박회사등의 운송수단으로 운송되는 물품;
- 운임과 적재수량을 특약한 항해용선계약에 따라 운송되는 물품(실제 적재수량이 특약수량에 미치지 아니하는 경우를 포함한다);
- 기타 특수조건에 의하여 운송되는 물품.

한편, 당해 사업자가 발급한 운임명세서·보험료명세서 또는 이에 갈음할 수 있는 서류에

378) 관세법 제225조 제1항에 따른 선박회사 또는 항공사(그 업무를 대행하는 자를 포함한다)를 말한다.

의하여 운임 및 보험료를 산출할 수 없는 경우에 운임 및 보험료의 산출은 다음의 금액으로 결정한다(관세령 제20조제2항; 관세규칙 제4조의3제1항):

- 관세법 제241조 제2항 제3호의2가목에 따른 운송수단[379]이 외국에서 우리나라로 운항하여 수입되는 경우 ➲ 해당 운송수단이 수출항으로부터 수입항에 도착할 때까지의 연료비, 승무원의 급식비, 급료, 수당, 선원 등의 송출비용 및 그 밖의 비용 등 운송에 실제로 소요되는 금액;
- 하나의 용선계약으로 여러 가지 화물을 여러 차례에 걸쳐 왕복운송하거나 여러 가지 화물을 하나의 운송계약에 따라 일괄운임으로 지급하는 경우 ➲ 수입되는 물품의 중량을 기준으로 계산하여 배분한 운임. 다만, 수입되는 물품의 중량을 알 수 없거나 중량을 기준으로 계산하는 것이 현저히 불합리한 경우에는 가격을 기준으로 계산하여 배분한 운임으로 한다;
- 운송계약상 선적항 및 수입항의 구분 없이 총 허용정박 시간만 정하여 체선료(滯船料) 또는 조출료(早出料)의 발생장소를 명확히 구분할 수 없는 경우 ➲ 총 허용정박 시간을 선적항과 수입항에서의 허용 정박시간으로 반분(半分)하여 계산된 선적항에서의 체선료를 포함한 운임. 이 경우 실제 공제받은 조출료는 운임에 포함하지 않는다;
- 관세법 제254조의2 제6항[380]에 따라 통관하는 탁송품으로서 그 운임을 알 수 없는 경우 ➲ 관세청장이 정하는 탁송품 과세운임표에 따른 운임.

수입물품의 운송비와 그 부대비용에 대한 규율의 입법적 근거는 관세평가협정 제8조 제2항이다. 관세평가기술위원회는 권고의견 13.1에서 협정 제8조 제2항(c)에서 규정된 "보험(insurance)"이라는 단어는 협정 제8조 제2항(a) 및 (b)에 명시된 활동 중에 물품을 위해 발생된 보험료만 언급하는 것으로 해석되어야 한다는 견해를 표명하고 있다.

2) 판례연구

우리 판례를 살펴본다. 수입물품인 액화천연가스(LNG, 영하 162℃로 냉각하여 액화시킨 천연가스를 말한다)를 선박으로 운송하는 과정에서 발생하는 기화천연가스(Boil Off Gas, 이하 'BOG')를 운송선박의 연료로 사용한 경우에 BOG의 가액을 운임으로 보아야 하는지 여부가 쟁점으로 제기된【대법원 2016.12.15.선고 2016두47321 판결】사건에서 상고심은 다음과 같은 태도를 보이고 있다. 이러한 수입물품의 운송과정에서 수입물품 고유의 특성으로 운송수단인 선박의 안전에 위험이 발생하기 때문에 그 위험을 제거하기 위하여

379) "우리나라에 수입할 목적으로 최초로 반입되는 운송수단"을 말한다.

380) 세관장은 관세청장이 정하는 절차에 따라 별도로 정한 지정장치장에서 탁송품을 통관하여야 한다. 다만, 세관장은 탁송품에 대한 감시·단속에 지장이 없다고 인정하는 경우 탁송품을 해당 탁송품 운송업자가 운영하는 보세창고 또는 시설(자유무역지역법 제11조에 따라 입주계약을 체결하여 입주한 업체가 해당 자유무역지역에서 운영하는 시설에 한정한다)에서 통관할 수 있다.

선박의 엔진구조를 설계함으로써 화주에게는 해당 물품이 일부 소실되는 경제적 손실이 발생하는 경우가 있다. 이때 운송인이 화주의 동의를 받아 소실될 물품을 다른 용도로 사용하여 경제적 이익을 얻더라도, 이러한 이익은 운송계약에 특별한 정함이 없는 한 운송인이 해당 물품의 운송이라는 본래의 목적을 수행하는데 부수적으로 이익을 누린 것에 불과하고 운송의 대가로 금전 대신 현물을 지급받았다고 볼 수 없다. 이처럼 수입물품을 운반하면서 소실될 물품을 운송인에게 무상으로 제공한 경우에는 특별한 사정이 없는 한 그 물품에 해당하는 가액을 운임의 일부라고 볼 수 없으므로 위 규정에서 정한 운임명세서 등에 의하여 운임을 산출할 수 없는 때에 해당하지 않는다(관세고시 제3-5조는 관세령 제20조 제2항에서 정한 '운임명세서 등에 의하여 운임을 산출할 수 없는 때'에 한하여 적용된다).

이 사건의 처분경위는 다음과 같다. 원고는 카타르, 말레이시아 등에 있는 수출업자들로부터 액화천연가스를 본선인도(FOB) 조건으로 수입하면서 에스케이해운 주식회사 등 국내 운항선사와 이 사건 운송계약을 체결하였다. 운임은 자본비, 선박경비, 운항비, 이윤으로 구성되고, 운항비 중 연료비는 보증된 1일 평균 연료소비량을 한도로 실제 사용한 연료량에 따르도록 하였으며, 이윤은 선박경비와 운항비의 합계액에 연동하도록 정하였다. 원고는 운항선사에 위 계약에서 정한 바에 따라 작성·청구된 운임명세서상의 금액을 운임으로 지급하였다. 천연가스는 해상운송 시 영하 약 162°C로 냉각하여 액화상태로 수입되는데, 국내로 운송하는 과정에서 온도와 압력 차이 등으로 액화천연가스 중 일부가 BOG로 다시 변환되는 특성을 갖고 있고, BOG는 압력 상승시 폭발할 위험이 있어 선박의 안전을 저해할 우려가 있으므로 국내 운항선사의 수송선은 이러한 BOG를 이중 연료(dual fuel) 엔진구조를 통해 수송선박의 연료로 사용하거나 소각하는 방식을 채택하여 설계·건조되어 있었다. 원고는 이 사건 운송계약을 체결하면서 국내 운항선사가 운송과정에서 발생하는 BOG를 수송선박의 연료로 사용하더라도 그에 해당하는 액화천연가스 대금을 운임에 포함시키지 않고 1일 BOG 허용발생량을 한도로 무상으로 사용할 수 있도록 하였다. 한편, 평택세관장은 위와 같이 원고가 국내 운항선사에 BOG를 연료로 사용할 수 있도록 함으로써 운임 중 일부를 현물로 지급하였는데도 관세 등 신고 당시 BOG의 가액 상당의 운임을 누락하였다고 보아 원고에 대하여 관세 등을 추가로 부과하는 이 사건 각 처분을 하였다.[381)]

381) 원고는 수출자들이 이 사건 각 도입계약에 따라 선적 후 계측량에서 선적 전 계측량을 빼서 선적물량을 산출하고 거기에 유가와 물가에 연동하여 정한 계약단가를 곱하는 방식으로 물품대금을 산출하여 인보이스를 교부하면 그 물품대금을 지급하고 운송을 진행한 후 지급한 물품대금에 운임과 보험료를 더하여 수입신고를 하였다. ▶관세평가분류원은 2008.6.12. 원고가 외국 수출자로부터 LNG 100M/T를 FOB 조건에 의한 가격 1,000 CU에 수입하였는데 운송과정에서 1M/T의 BOG가 발생하였고 수입항에 도착 후 선박내의 저장탱크의 냉각상태를 유지하기 위해 잔존가스(HEEL) 1M/T를 남겨두고 98M/T를 하역한 사안에서 원고가 수출자와 총액계약으로 물품을 수입하였으므로 통관시점의 수량인 98M/T에 1,000 CU를 과세하여야 한다고 판단하면서도 BOG 및 HEEL 가스 금액은 이미 과세가격에 포함되었으므로 운송관련비용으로 가산하지 않는다는 취지로

이 사건 상고심은 원고의 수입물품인 액화천연가스를 선박으로 운송하는 과정에서 BOG를 수송선의 연료로 사용하여 결과적으로 운송원가가 낮아지는 효과가 발생하였지만, 이러한 점만으로는 원고가 운임의 일부를 금전을 대신하여 현물로 지급한 것으로 볼 수 없으므로, BOG 가액은 이 사건 운송계약에 따른 운임에 해당하지 않는다고 판시하면서 그 이유를 다음과 같이 설시하고 있다:

- 이 사건 운송계약에서 당사자들은 자본비, 선박경비, 운항비, 이윤 등을 감안하여 운임을 지급하기로 약정하였고, BOG는 운임의 요소로 삼지 않았다. 그런데도 이를 운임으로 보아야 할 특별한 사정에 대한 증명 없이 과세가격에 가산하는 것은 관세법상 운임산정의 기준에 반한다;
- 원고는 이 사건 운송계약에서 정한 방식에 따라 대금을 모두 지급하였고, 운임명세서 역시 그에 따라 작성·교부되었다. 그리고 약정운임은 실제 연료소비량에 연동하므로 국내 운항선사가 BOG를 사용했다고 해서 금전적 이익을 얻은 것도 아니다;
- 이 사건 운송계약에 따라 액화천연가스를 운송하는 과정에서 반드시 발생하는 BOG를 안전하게 처리할 필요가 있고, 국내 운항선사의 수송선 구조에 의하면 액화천연가스의 물량 감소와 BOG의 연료 사용이 운송의 당연한 전제로서 불가피하게 예정되어 있었으므로, 원고로서도 다른 선택의 여지없이 고가의 액화천연가스가 소실되는 손실을 감내해야 했다.

이 사건 원심[382]은 제1심 판결[383]을 그대로 인용하였는바, 제1심은 BOG 가격을 운임으로 별도 과세하는 것이 이중과세금지 원칙에 반하는 것인지 여부에 대하여 다음과 같은 입장을 취하고 있다:

- 과세물건 수량의 확정 시점 ➲ 과세물건의 수량은 선적 당시가 아니라 도착 당시에 확정되는 것이고, 입항전 수입신고는 통관절차의 편의를 위해 허용된 것일 뿐이므로 입항전 수입신고가 허용된다고 하여 선적 당시에 과세물건의 수량이 확정되는 것으로 볼 수 없다. 따라서 원고가 입항전 수입신고를 하면서 선적 당시의 물량을 세관장에게 신고하였다고 하더라도 수입신고서에 기재된 수량이 아닌 도착 당시(입항전 수입신고의 경우 도착으로 간주될 당시)의 실제 수량이 과세물건이 된다;
- 카타르 도입 건의 경우 ➲ ① 카타르 수출자와 사이의 도입계약은 매매계약서 제9.2조 (a)항에서 FOB 조건에 따른 단가를 정하면서도 특약서 제2조에서 운송과정에서 통상적으로 선박당 0.3%의 BOG가 발생함을 전제로 단가를 조정하였는데, 이는 실질

결정하였다. ▶평택세관장은 세계관세기구(WCO)에 연료로 사용된 BOG를 운임으로 평가하여 과세할 수 있는지에 대해 질의하였는데, 위 기관은 WTO 관세평가협정 제8조에 의하면 운임을 과세가격에 포함시킬 것인지는 회원국의 국내법에 의하여 결정된다는 취지로 회신하였다.

382) 서울고등법원 2016.06.29.선고 2015누50421 판결.

383) 수원지방법원 2015.06.04.선고 2014구합53200 판결.

적으로는 운송과정에서 발생하는 BOG 수량을 감안하여 이를 수입물량에서 제외함으로써 도착 당시의 수량에 대한 가격을 결정하기 위한 것임에도 선적할 때마다 BOG 수량을 계산하여야 하는 번거로움을 피하기 위해 단가를 조정하는 방식을 취한 것으로 보인다. ② 이에 대하여 원고는 위와 같은 단가 조정이 위 도입계약의 협상과정에서 DES 조건[Delivered Ex Ship, 착선인도(도착항), 운임과 보험료를 매도인이 부담]에 따른 가격과 일치시키기 위해 이루어진 것이라 주장하나, 도착 당시의 수량을 기준으로 하는 DES 조건의 가격(운임과 보험료를 제외한 물품 부분의 가격)과 일치시킨다는 것의 의미는 운송과정에서 발생이 예정된 BOG를 제외한 수량에 대한 가격을 결정한다는 것과 다를 바 없으므로 결국 카타르 수출자와의 도입계약에 의한 물품가격은 BOG를 제외한 도착 당시의 물량에 대한 것으로 볼 수 있다. ③ 이처럼 카타르 수출자로부터 도입된 LNG에 대한 과세가격 중 물품가격은 도착 당시의 수량에 대한 가격으로서 원고가 카타르 수출자와의 도입계약에서 애초부터 BOG를 제외한 도착 당시의 수량에 대한 물품가격을 정한 것으로 보는 이상 BOG는 도착 당시의 과세물건의 수량에 포함되지 않음은 물론이고 물품가격에서도 제외되어 있으므로 BOG의 가격을 운임으로 가산한다 하여 이중과세의 문제가 생길 여지는 없다;

- 카타르 외 도입 건의 경우 ➲ 카타르 외 도입 건의 경우에도 과세물건인 LNG의 도착 당시의 수량에는 BOG가 포함되어 있지 아니하므로, 과세물건의 수량의 측면에서는 카타르 도입 건과 다를 바가 없다. 다만, 카타르 외 수출자들과의 각 도입계약에는 카타르 수출자와의 도입계약과 달리 BOG를 감안한 가격조정조항이 포함되어 있지 아니하고, 따라서 원고가 위 수출자들에게 지급한 물품대금에는 BOG 가격이 포함되어 있다고 볼 여지가 있으므로, 이에 관하여 살펴본다. ① 관세고시 제5-13조는 산물 통관시 수량이 과부족한 경우 수입물품의 가격이 전체수량에 대한 총액으로 거래된 것인 때에는 실제 지급되는 총액을 과세가격으로 한다고 규정하고 있는데, 이는 이 사건 LNG와 같이 물품의 특성상 운송도중에 기화 등으로 자연적으로 발생하는 수량 감소가 있는 경우에도 당사자들이 이를 감안하지 않고 애초에 총액으로 정한 금액을 지급하기로 약정한 계약 즉 총액계약의 경우 과세관청이 과세가격을 평가함에 있어서도 그 수량 감소에 따른 물품가격의 조정을 하지 않는다는 취지이다. 카타르 외 수출자들과 사이의 각 도입계약은 LNG의 운송과정에서 선적물량 중 일부가 BOG로 기화되어 도착 당시 그 수량이 감소할 것이 충분히 예상됨에도 원고가 위 각 수출자들에게 선적물량에 각 도입계약에서 정한 단가를 곱한 총액을 지급하기로 약정하였을 뿐 BOG를 고려하여 가격을 조정하고 있지 아니하므로 위 각 도입계약은 총액계약으로 봄이 상당하다. ② 카타르 외 수출자들과 사이의 각 도입계약은 위와 같은 총액계약으로서 관세고시 규정에 따라 통관시 수량에 감소가 있더라도 실제 수출자에게 지급한 총액을 과세가격으로 보게 되므로 위와 같이 지급한 총액인 물품가격에는 BOG

가격이 포함되어 있는 것으로 볼 여지가 있다. 그러나 이는 선적 당시의 선적 물량을 기준으로 원고가 위 수출자들에게 지급한 대금의 측면에서 본 결과일 뿐이다. 과세물건의 수량은 도착 당시를 기준으로 확정되고, 과세가격의 한 요소로서의 물품가격도 도착 당시의 과세물건의 수량에 대한 것으로 보아야 하는 이상 카타르 외 도입 건의 경우에도 카타르 도입 건과 마찬가지로 BOG는 과세물건의 수량에서는 물론 물품가격에서도 제외된 것으로 보아야 한다. 이 사안에서 물품가격에 BOG 가격이 포함된 것처럼 보이는 이유는 근본적으로 관세법 제30조 제1항이 "실제로 지급하였거나 지급하여야 할 가격"을 물품가격으로 규정하여 원칙적으로 종가세를 채택하고 있고, 원고가 카타르 외 수출자들과 각 도입계약을 체결하면서 도착시 수량부족이 있더라도 물품대금을 감액하지 않기로 약정하였기 때문이다(총액계약에 종가세가 적용되는 결과 물품가격에 BOG 가격이 포함된 것으로 보이나 이는 BOG 수량이 제외된 도착 당시 수량에 대한 가격일 뿐이다). 만약 원고가 위 수출자들과 총액계약이 아니라 단가계약으로 물품가격을 정하였다면 선적 물량에서 BOG 수량이 차지하는 비율만큼의 BOG 가격은 당연히 물품가격에서 제외되었을 것이다. ③ 나아가 설령 원고의 주장과 같이 BOG 가격이 물품가격에 포함되어 있는 것으로 본다 하더라도 물품가격과 운임은 과세가격을 구성하는 별개의 요소이고, 그 물품대금이 총액계약에 따라 정해진 이상 선적 물량 중 일부인 BOG를 운송과정에서 운임에 갈음하여 현물로 지급한 경우 이를 운임으로 별도 과세하더라도 양자는 과세대상 포착의 측면을 달리하는 것이어서 이중과세에 해당한다고 보기는 어렵다. 만약 원고가 총액계약을 체결하고도 BOG를 선박 연료로 제공하지 아니하여 운송 중에 기화되어 소멸하였다면 원고는 BOG 가액 상당의 운임을 추가로 지급하였을 것이고, 이 경우 원고가 지급한 물품가격에 BOG 가격이 포함된 것으로 본다 하더라도 여기에 원고가 BOG 대신 추가로 지급한 부분을 포함한 전체 운임을 가산하여 과세가격이 결정될 것이다.

제 3 장 구매자와 판매자가 독립당사자가 아닌 수입물품의 관세평가

Legal Theory and Case Study on Customs Valuation

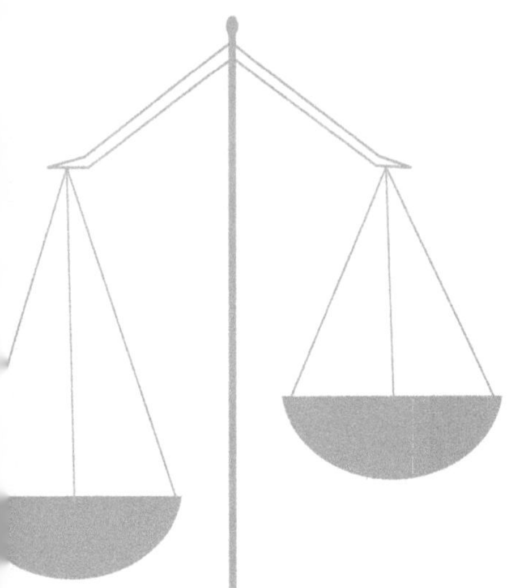

제 1 절 동종·동질물품의 거래가격을 기초로 한 과세가격의 결정[1]

제1 (관세평가) 방법으로 평가대상 수입물품의 과세가격을 결정할 수 없는 경우에는 과세가격으로 인정된 사실이 있는 동종·동질물품의 거래가격을 기초로 하여 그 수입물품의 과세가격을 결정한다(관세법 제31조제1항).

Ⅰ. 관세평가법리

1. 적용요건

1) 과세가격으로 인정된 사실이 있는 동종·동질물품

"동종·동질물품"이란 해당 수입물품의 생산국에서 생산된 것으로서 물리적 특성, 품질 및 소비자 등의 평판을 포함한 모든 면에서 동일한 물품(외양에 경미한 차이가 있을 뿐 그 밖의 모든 면에서 동일한 물품을 포함한다)을 말한다(관세령 제25조제1항). 이러한 개념정의에 대한 입법적 근거는 관세평가협정 제15조 제2항(a)이다. 따라서 물리적 특성(physical characteristics), 품질(quality) 및 평판(reputation)을 포함한 모든 면에서 동일(same)하지 아니한 물품은 "동종·동질 물품"(identical goods)으로 적용될 수 없다. 하지만 그 밖의 점에서 정의에 부합하는 물품이라면 외양상(appearance)의 경미한 차이(minor differences)를 이유로 동종·동질 물품의 적용범위에서 제외되지 않는다. 또한, 가격의 실질적인 차이가 동종동질 또는 유사물품의 여부를 결정하는 요소인 품질 또는 평판의 차이를 반영할 수 있다고 하더라도 가격 자체는 그러한 요소가 될 수 없다.[2] 한편, 수입국내에서

---

1) 제2, 3 (관세평가) 방법론에 대한 비판적 지적이 있어 소개한다. 이 비판론의 논지는 다음과 같다(Saul L. Sherman/Hinrich Glashoff, 앞의 책, 200~201쪽). 제3의 거래는 협정에서 고려하지 못한 몇 가지 사유 때문에 진정한 의미에서는 비교가능하지 않을 수도 있다 가장 중요한 것은 제3의 거래가 동일시점에 발생하지 않을 수도 있다는 점이다. 예를 들어 물가(prices)는 지속적으로 상승하고 있는 상황에서 한 수입자는 5년간의 고정가격 공급계약으로 구매하고 반면에 다른 수입자는 현물거래로 구매를 하여 그 시점의 보다 높은 현물가격으로 지급하는 경우를 가정해 보자. 어떤 이유에 의해 이들 수입자 중 어느 한 사람의 거래가격이 배제되거나 존재하지 않는 경우 그는 다른 수입자의 매우 상이한 가격에 근거한 평가를 받을 수도 있다. 낮은 가격의 수입자가 더 높은 관세평가를 받을 수도 있고, 또한 반대의 경우도 있을 수 있다. 또 가격이 결정된 날짜 이외의 요소들도 비슷한 왜곡을 일으킬 수 있다. 완전히 초면의 구매자가 맨 처음으로 구매를 하고 그로 인해 높은 가격을 지급한 경우 이 구매자는 공급자의 가장 오래되고 혜택을 받는 고객에게 주어진 특별가격으로 관세평가상 이익을 볼 수도 있으며 그 반대의 경우도 있을 수 있다. 예를 들어 가격에서 광고비, 보증금비용, 건설 및 조립이용 등을 세심하게 제외한 어떤 수입자의 물품이 그렇지 않은 수입자들의 가격을 기초로 평가될 수도 있다.

수행되었기 때문에 협정 제8조 제1항(b)(ⅳ)에 따라 조정되지 아니한 기술, 개발, 공예, 디자인, 설계, 고안을 결합하거나 반영한 물품은 경우에 따라 "동종·동질 물품"의 적용범위에서 배제될 수도 있다[관세평가협정 제15조제2항(c)].

"과세가격으로 인정된 사실"은 세관장의 처분이나 재결기관의 결정 또는 법원의 판결에 따라 관세의 과세가격으로 확정된 사실을 의미하는 것으로 해석하여야 할 것이다. 따라서, 납세의무자가 신고납부 방식으로 수입신고한 과세가격에 대해 세관장이 수리하였다는 사실은 과세가격으로 인정된 사실로 볼 수 없다. 왜냐하면, 신고납부 방식에서 납세의무자가 신고한 세액의 심사는 원칙적으로 수입신고를 수리한 후에 이루어지기 때문이다. 하지만 수입신고수리전 세액심사 대상물품에 해당하여 세관장이 세액심사 후 수입신고수리하였다면 그 과세가격은 관세평가법규상 과세가격으로 인정된 사실이 있는 수입물품의 과세가격으로 간주될 것이다.

관세평가기술위원회는 예해 1.1에서 협정목적상 동종·동질물품 또는 유사물품에 대한 실례를 다음과 같이 제시하고 있다. 【예시 1】 ➲ 다른 용도로 수입된 화학적 구성, 끝마무리 및 크기가 동일한 철판의 경우, 수입자가 차체용으로 철판의 일부를 사용하고 나머지는 용광로의 내장재로 사용한다고 할지라도 이 물품들은 동종·동질 물품이다. 【예시 2】 ➲ 실내 장식가와 도매 유통(공급)업자가 수입한 벽지의 경우, 한편으로는 실내 장식가가, 다른 한편으로는 도매 공급(유통)업자가 다른 가격으로 수입한다 할지라도 모든 면에서 동일한 벽지는 협정 제2조 목적상 동종·동질 물품에 해당된다. 비록 가격차이가 동종·동질 또는 유사물품인지의 여부를 검토함에 있어서 고려하여야 할 요소인 품질이나 평판 상의 차이를 나타낼 수 있다 할지라도, 가격 그 자체는 그러한 요소가 아니다. 거래 단계 및/또는 수량에 대한 조정은 제2조를 적용함에 있어 당연히 필요할 수 있다. 【예시 3】 ➲ 미조립 상태의 정원용 살충제 분무기와 조립된 동일 디자인 분무기의 경우, 분무기는 분리할 수 있는 두 가지 부품으로 구성되어 있다. ① 뚜껑에 부착된 펌프와 노즐 ② 살충제 용기. 분무기를 사용하기 위해서는 해체하여, 용기에 살충제를 채우고 뚜껑을 잠그면 사용할 준비가 된다. 비교대상 분무기는 한쪽은 조립된 상태이고 다른 쪽은 미조립된 상태인 것을 제외하고 물리적 특성, 품질 및 평판을 포함한 모든 면에서 동일하다. 조립행위는 일반적으로 조립된 물품과 미조립 물품을 동종·동질 또는 유사물품으로 처리하는 것을 배제할 것이다. 그러나 이 사례와 같이 물품이 통상의 사용과정에서 조립 및 해체되도록 디자인된 경우에는 그 조립행위의 특성은 조립된 물품과 미조립된 물품을 동종·동질물품으로 간주하는 것을 배제하지 않는다. 【예시 4】 ➲ 거의 동일한 형태, 크기 및 색깔의 꽃을 피우는 품종이 다른 동일한 크기의 튤립 뿌리의 경우, 뿌리가 동일한 품종이 아니므로,

---

2) Saul L. Sherman/Hinrich Glashoff, 앞의 책, 202쪽.

동종·동질 물품이 아니다. 하지만 거의 동일한 형태, 크기 및 색깔의 꽃을 피우고 상업적으로 대체사용이 가능하므로 유사물품이다. 【예시 5】 ➲ 두 명의 다른 제조자로부터 수입하는 내부 튜브(inner tube)의 경우, 동일한 규격의 범위에 해당하는 고무재질의 내부 튜브가 동일한 국가에 위치한 두 명의 다른 생산자로부터 수입된다. 각 생산자는 다른 상표를 사용하고 있지만, 두 생산자가 제조한 내부 튜브는 동일한 규격, 동일한 품질, 대등한 평판을 가지고, 수입국내 자동차 제조자들에 의해 사용된다. 내부 튜브는 다른 상표를 보유하므로 모든 면에서 동일하지 않으며 협정 제15조 제2항(a)에 의한 동종·동질 물품으로 간주되어서는 안 된다. 비록 모든 면에서 동일하지는 아니하지만 내부 튜브는 동일한 기능을 수행할 수 있게 하는 비슷한 특성과 구성요소를 가지고 있다. 물품들이 동일한 규격, 동일한 품질로 만들어졌고, 대등한 평판을 받고 있으며 상표를 갖고 있기 때문에, 상표가 다르더라도 두 물품은 유사물품으로 간주되어야 한다. 【예시 6】 ➲ 분석용의 특별등급의 과산화나트륨과 비교되는 표백용의 일반등급의 과산화나트륨의 경우, 특별등급의 과산화나트륨은 순도가 매우 높은 원료를 사용하는 공정에서 분말형태로 제조되기 때문에 일반등급보다 가격이 훨씬 비싸다. 일반등급의 과산화나트륨은 분석용의 사양을 충족할 정도의 충분한 순도를 갖고 있지 않고 확실히 용해도 되지 않고 분말상태의 물품도 아니기 때문에 특별등급을 대체하여 사용될 수 없다. 그 물품들은 모든 면에서 동일한 물품이 아니기 때문에 동종·동질 물품이 아니다. 유사성과 관련하여, 특별등급의 과산화나트륨은 표백용으로 사용되거나 화학제품의 대량 생산용으로 사용되지 않는다. 그런 용도로는 가격이 워낙 비싸기 때문이다. 두 종류의 과산화나트륨은 분명히 비슷한 특성과 비슷한 구성요소를 가지지만, 일반등급의 과산화나트륨은 분석용으로 사용될 수 없기 때문에 상업적으로 상호 대체사용이 가능하지 않다. 【예시 7】 ➲ 종이용 잉크와 종이 및 직물 겸용 잉크의 경우, 협정 제3조와 제15조 제2항(b)의 목적상 유사물품이 되기 위해서는 무엇보다도 물품이 서로 상업적으로 상호 대체사용이 가능할 수 있어야 한다. 종이 인쇄용에만 적합한 품질의 잉크는 비록 종이 및 직물 인쇄 겸용 품질의 잉크가 종이 인쇄업에서 상업적으로 수용된다 할지라도 종이 및 직물 인쇄 겸용 품질의 잉크와 유사한 물품이 아니다.

2) 기초가격의 조건

제2 (관세평가) 방법에서 동종·동종물품의 거래가격이 평가대상 수입물품의 과세가격으로 적용되려면, 그 전제조건의 하나는 해당 물품의 생산국에서 생산된 것으로서 해당 물품의 선적일(船積日)에 선적되거나 해당 물품의 선적일을 전후하여 가격에 영향을 미치는 시장조건이나 상관행(商慣行)에 변동이 없는 기간 중에 선적되어 우리나라에 수입된 것이어야 한다(관세법 제31조제1항제1호). 여기에서 "선적일"은 수입물품을 수출국에서 우리나라로 운송하기 위하여 선적하는 날로 하며, 선하증권, 송품장 등으로 확인하는데, 만일 선적일의 확인이 곤란한 경우로서 해당 물품의 선적국 및 운송수단이 동종·동질물품의 선적국 및 운송수단과 동일한 경우에는 "선적일"을 "입항일"로, "선적"을 "입항"으로 간주한다(관세령 제25조제2항). 그리고 "해당 물품의 선적일을 전후하여 가격에 영향을 미치는 시장조건이나 상관행에 변동이 없는 기간"은 해당 물품의 선적일 전 60일과 선적일 후 60일을 합한 기간으로 하되, 농림축산물 등 계절에 따라 가격의 차이가 심한 물품의 경우에는 선적일 전 30일과 선적일 후 30일을 합한 기간으로 한다(관세령 제25조제3항). 기초가격에 대한 이러한 전제조건의 입법적 근거는 관세평가협정 제2조 제1항(a)에서 규정하는 "동일한 수입국으로 수출하기 위하여 판매되고 평가대상 물품과 동시 또는 거의 동시(at or about the same time)에 수출된 동종·동질 물품의 거래가격"이다. 따라서, 평가대상 물품과 동일한 국가에서 생산되지 않는 물품들은 "동종·동질 물품"으로 간주되지 않는다[협정 제15조제2항(d)]. 하지만 평가대상 물품과 동일한 사람이 생산한 동종·동질 물품이 없는 경우에는 다른 사람이 생산한 물품이 고려될 수 있다[관세평가협정 제15조제2항(e)]. 그렇다 하더라도 해당 물품의 생산자가 생산한 동종·동질물품은 다른 생산자가 생산한 동종·동질물품보다 우선하여 적용한다(관세령 제25조제5항). 여기에서 "생산된"(produced)은 '재배된'(grouwn), '제조된'(manufacture) 및 '채광된'(minded)을 포함한다[관세평가협정 제15조제1항(c)].

제3국으로 수출판매된 물품의 거래가격이나 우리나라로 수출판매되었지만 평가대상 물품과 동시 또는 거의 동시에 수출되지 아니한 물품의 거래가격도 제2 (관세평가) 방법의 기초가격으로 적용할 수 없는바, "동시 또는 거의 동시"의 시간적 요소와 관련하여 관세평가기술위원회는 해설 1.1에서 다음과 같은 견해를 제공하고 있다. 협정 제2조 및 제3조에 따라 적용 가능한 외부적 시간 기준은 평가대상 물품이 수출된 때의 시간이지 판매된 때의 시간이 아니라는 점에 유념해야 하고, 이러한 외부적 시간 기준(external time standard)은 해당 조항의 실무적인 적용을 감안하여야 하므로 "또는 거의" 라는 단어는 단순히 "동시에" 라는 용어를 다소 융통성 있게 만들려는 의도로 간주되어야 하며, 일반서설에 따라 협정은 과세가격을 상업적 관행에 일치하는 단순하고 공평한 기준에 기초하는 것을 추구한다는 것에 유념하여야 한다(para. 11과 12). 이러한 원리로부터 출발하여 "동시 또는 거의 동시에"는 가능한 수출일에 근접하면서 가격에 영향을 미치는 상업적 관행 및 시장조건이 동일하게 유지되는 범위 내에 있는 기간을 포함하는 것으로 보아야 하는데, 쟁점은 제2조 및 제3조의 적용에 대한 전체적인 맥락 안에서 사안별로 결정되어야 한다. 물론 시간에 대한 요건은 협정 제3조가 적용되기 전에 협정 제2조가 철저히 검토될 것을 요구하는 협정의 엄격한 적용순서를 변경할 수 없으므로 유사물품(동종·동질 물품이 아니라)의 수출시점이 평가대상 물품의 시점과 더 근접하다고 하여 협정 제2조와 제3조의 적용순서를 결코 바꿀 수는 없다(para. 13).

3) 거래조건 차이에 따른 가격조정

제2 (관세평가) 방법에서 동종·동종물품의 거래가격이 평가대상 수입물품의 과세가격으로 적용되려면, 그 전제조건의 다른 하나는 거래 단계, 거래 수량, 운송 거리, 운송 형태 등이 해당 물품과 같아야 하며, 평가대상 수입물품과 비교대상물품 간에 차이가 있는 경우에는 그에 따른 가격차이를 조정한 가격이어야 한다(관세법 제31조제1항제2호). 여기에서 가격차이의 조정은 다음과 같은 구분에 따른 방법으로 한다(관세령 제25조제4항): ① 거래단계가 서로 다른 경우에는 수출국에서 통상적으로 인정하는 각 단계별 가격차이를 반영하여 조정; ② 거래수량이 서로 다른 경에는 수량할인 등의 근거자료를 고려하여 가격차이를 조정; ③ 운송거리가 서로 다른 경우에는 운송거리에 비례하여 가격차이를 조정; ④ 운송형태가 서로 다른 경우에는 운송형태별 통상적으로 적용되는 가격차이를 반영하여 조정. 기초가격에 대한 이러한 전제조건의 입법적 근거는 관세평가협정 제2조 제1항(b)이다. 이 조항에 따르면, 평가대상 물품과 동일한 거래단계와 실질적으로 동일한 수량으로 판매되는 동종·동질 물품의 거래가격이 과세가격 결정에 사용되어야 한다. 이러한 판매가 발견되지 아니하는 경우에, 다른 거래단계 및/또는 다른 수량으로 판매되는 동종·동질물품의 거래가격이 거래단계 및/또는 수량에 기인하는 차이를 감안할 수 있도록 조정하여 사용하여야 한다. 다만, 이 경우의 조정은 가격이 증가 또는 감소되는지 여부와 상관없이 조정의 합리성과 정확성을 명확하게 확립할 수 있는 입증된 증거를 기초로 이루어져야 한다. 아울러 만일 협정 제8조 제2항에서 규정하고 있는 비용 및 부담금이 거래가격에 포함되는 경우에도 운송거리 및 운송형태의 차이로 인하여 발생하는 수입물품과 해당 동종·동질 물품 간의 그러한 비용 및 부담금의 중요한 차이를 감안할 수 있도록 조정이 이루어져야 한다(관세평가협정 제2조제2항).

관세평가협정 부속서Ⅰ '제2조에 대한 주해'는 거래조건 차이에 따른 가격조정과 관련하여 다음과 같은 준칙을 제시하고 있다. 협정 제2조를 적용함에 있어서 세관당국은 가능한 경우에는 언제나, 평가대상 물품과 동일한 거래단계와 실질적으로 동일한 수량의 동종·동질물품의 판매를 사용해야 한다. 그러한 판매가 발견되지 아니할 경우에는 다음 세 가지 조건 중 어느 하나에 부합하는 동종·동질 물품의 판매가 사용될 수 있다: (a) 거래단계는 같으나 수량이 다른 판매; (b) 거래단계는 다르나 수량은 실질적으로 같은 판매; 또는 (c) 거래단계가 다르고 수량도 다른 판매. 이들 세 가지 조건 중 어느 하나에 부합되는 판매를 발견하면, 각 사안별로 다음에 대하여 조정한다: (a) 수량 요소들만; (b) 거래단계 요소들만; 또는 (c) 거래단계 및 수량 요소들 모두. 여기에서 "및/또는"이라는 표현은 판매를 사용함에 있어서 그리고 위에 기술된 세 가지 조건 중 어느 하나에 대하여 필요한 조정을 행함에 있어서 융통성을 허용한다. 그리고 협정 제2조의 목적상, 동종·동질 수입물품의 거래가격이란, 협정 제1조에 따라 이미 수용된바 있는 과세가격으로서 협정 제1항(b) 및

제2항에서 규정한 바와 같이 조정된 것을 말한다. 다른 거래단계 또는 다른 수량으로 인한 조정의 조건은 해당 가격이 증가 또는 감소되는지 여부와 상관없이 조정에 대한 합리성과 정확성을 명확하게 확립할 수 있는 입증된 증거, 예를 들면, 다른 단계 또는 다른 수량에 대한 가격을 포함하고 있는 유효한 가격표 등을 기초로 이루어져야 한다. 이러한 예로서, 만약 평가대상 수입물품의 수량이 10 단위인데 비해 거래가격이 존재하는 유일한 동종·동질 수입물품은 500 단위로 판매되었고 판매자가 수량할인을 제공하고 있음이 인정되는 경우, 판매자의 가격표에서 10단위의 판매에 적용되는 가격을 이용하여 필요한 조정을 할 수 있다. 이것은 해당 가격표가 다른 수량의 판매에서 진실된 것임이 입증되는 한, 10단위 수량의 판매가 반드시 있어야 함을 요구하는 것은 아니다. 그러나 그러한 객관적인 척도가 없는 경우에는 협정 제2조의 규정에 따라 과세가격을 결정하는 것은 적절하지 않다.

위와 같은 준칙에 따라 관세평가기술위원회는 예해 10.1에서 다음과 같은 예시를 통해 추가 지침을 제공하고 있다.

【동일한 거래단계 및 수량 ➲ 조정 없음】

〈예시 1〉

판매자	수 량	단 가	수입자	거래 단계
E	1,700	5 c.u.(CIF)	I	도 매

아래는 동종·동질 물품의 판매와 관련된 거래가격이다.

판매자	수 량	단 가	수입자	거래 단계
R	1,700	6 c.u.(CIF)	P	도 매

위 사례에서는 조정이 필요하지 않으며 CIF 조건의 6 c.u.의 거래가격은 협정 제2조에 따른 과세가격이다.

【동일한 거래단계, 다른 수량 ➲ 조정 없음】

단계 또는 수량에 차이가 있으나 판매자가 물품을 판매할 때 단계 또는 수량을 고려하지 않으므로 그러한 차이가 상업적 관련성을 가지지 않는 상황이 발생할 수 있다. 이러한 경우에는 조정이 요구되지 않는다.

〈예시 2〉

판매자	수 량	단 가	수입자	거래 단계
E	2,000	5 c.u.(CIF)	I	도 매

동종·동질 물품의 거래가격은 아래와 같다.

판매자	수 량	단 가	수입자	거래 단계
R	1,700	6 c.u.(CIF)	P	도 매

세관은 R이 최소한 물품 1,000 단위를 구매하는 모든 구매자에게 6 c.u.의 가격으로 물품을 판매하지만 그 외에는 구매수량에 따라 가격을 변경하지 않는다고 확정하였다. 이러한 경우에는, 수량에 차이가 있더라도 동종·동질 물품의 판매자가 두 거래 모두가 이루어진 수량 범위 이내에서는 가격을 변경하지 않기 때문에 그 차이는 가격에 영향을 미치지 않았다. 그러므로 수량에 대한 조정은 필요하지 않다. CIF 조건의 6 c.u.의 거래가격은 협정 제2조에 따른 과세가격이 된다.

【다른 거래단계, 다른 수량 ➲ 조정 없음】

〈예시 3〉

판매자	수 량	단 가	수입자	거래 단계
E	1,500	5 c.u.(CIF)	I	도 매

동종·동질 물품 판매에 대한 거래가격은 아래와 같다.

판매자	수 량	단 가	수입자	거래 단계
R	1,200	6 c.u.(CIF)	P	소 매

R은 구매단계에 따라 가격을 변경하지 않고 최소한 1,000 단위를 구매하는 누구에게나 단위당 6 c.u.에 판매한다. 이 예시에서는 비록 거래단계에 차이는 있지만, 동종·동질 물품의 판매자는 거래 단계와 상관없이 모든 구매자에게 판매하기 때문에 단계에서 기인하는 가격차이는 없다. 또한, 두 거래가 모두 1,000 단위를 초과하는 점에서 수량에 대해 비교할만하므로 수량에 대한 조정은 필요하지 않다. 이 경우에는 CIF 조건의 6 c.u.의 거래가격이 협정 제2조에 따른 과세가격이 된다.

【다른 거래단계, 다른 수량 ➲ 조정】

가격차이가 거래단계 또는 수량에 기인하는 경우에는, 평가대상 물품과 동일한 거래단계 및 실질적으로 동일한 수량의 가격을 결정하기 위해 조정이 이루어져야 한다. 이러한 조정이 이루어지는 경우, 동종·동질 또는 유사물품 판매자의 판매관행이 결정요소가 된다. 수량의 차이 때문에 조정이 필요한 경우에는 해당 조정금액이 쉽게 결정될 수 있어야 한다. 그러나 거래단계와 관련하여 사용되는 기준이 그렇게 명확하지 않을 수 있다. 세관은 동종·동질 또는 유사물품 판매자의 판매관행을 검토해야 할 것이다. 판매자의 관행이 명확하다면, 평가대상 물품 수입자의 활동에 대한 검토는 동종·동질 또는 유사물품의 판매자가 어떤 거래단계를 수입자에게 부여하는지를 결정하는 기초를 제공할 것이다. 이러한 정보의 진전은 일반서설에서 언급한 바와 같이, 관련 당사자 간의 협의를 요구할 것이다.

〈예시 4〉

판매자	수 량	단 가	수입자	거래 단계
E	1,700	4 c.u.(CIF)	I	도 매

동종·동질 물품의 거래가격은 아래와 같다.

판매자	수 량	단 가	수입자	거래 단계
F	2,300	4.75 c.u.(CIF)	R	소 매

세관은 F가 판매하는 가격표는 진실된 것이며 판매자는 모든 구매자에게 구매수량에 따라 달라지는 가격으로 물품을 판매한다는 것을 밝혀냈다. 즉, 2,000개 미만의 수량으로 구매하는 구매자에 대한 가격은 CIF 조건의 5 c.u.인 반면에, 2,000개 이상의 수량으로 구매하는 구매자에 대한 가격은 CIF 조건의 4.75 c.u.이다. 구매수량의 차이는 물품이 판매되는 가격에 영향을 미치는 상업적인 관련 요소이며 수량에 기인한 차이에 대한 조정이 이루어져야 한다. 이 사례에서 수량에 대한 조정금액은 0.25 c.u.이다. 즉, CIF 조건의 5 c.u.는 협정 제2조에 따른 과세가격이 된다.

협정 제2조 및 제3조는 조정의 합리성과 정확성을 명확하게 확립할 수 있는 입증된 증거를 기초로 조정이 이루어져야 한다는 것을 요구한다. 협정 제2조 및 제3조에 대한 주해에서는 다른 단계 또는 다른 수량에 따른 가격을 포함하고 있는 가격표를 이러한 증거의 예시로 규정하고 있다. 가격표가 진실된 것인지에 대한 결정은 사안별로 이루어져야 할 것이다. 이러한 객관적인 수단이 없는 경우에는, 협정 제2조 및 제3조의 규정에 따른 과세가격 결정은 경우에 따라 적절하지 않을 수 있다.

〈예시 5〉

판매자	수 량	단 가	수입자	거래 단계
D	2,800	1.50 c.u.(CIF)	K	도 매

동종·동질 물품의 거래가격은 아래와 같다.

판매자	수 량	단 가	수입자	거래 단계
E	2,800	2.50 c.u.(CIF) / 할인율 15%	R	소 매

세관은 E가 도매상에게는 20%, 소매상에게는 15%의 할인율을 적용하고 있는 공표된 가격표를 고수하고 있는 것을 확인하였다. 상기 거래에서 R에 대한 판매는 이 가격표에 따른다. 따라서 이 증거는 가격표의 CIF 조건의 2.50 c.u.의 단위가격과 도매단계에 대한 20%의 할인율을 사용하여 동종·동질 물품의 거래가격을 조정하는 것을 허용한다. 그러므로 2.50 c.u.에 20%의 할인율을 적용한 가격이 협정 제2조에 따른 과세가격이 된다.

4) 가장 낮은 가격의 사용

동종·동질물품의 거래가격이 둘 이상 있는 경우에는 생산자, 거래시기, 거래단계, 거래수량 등이 평가대상 수입물품과 가장 유사한 것에 해당하는 물품의 가격을 기초로 하고, 직전에 표현한 거래내용 등이 같은 물품이 둘 이상이 있고 그 가격이 둘 이상이 있는 경우에는 가장 낮은 가격을 기초로 하여 과세가격을 결정한다(관세법 제31조제3항). 이 규정의 입법적 근거는 관세평가협정 제2조 제3항이다. 따라서 발견되는 동종·동질물품의 거래가격이 둘 이상 있는 경우, 가장 낮은 가격이 아닌 가격을 수입물품의 과세가격 결정에서 사용할 수 없다.

2. 적용배제

과세가격으로 인정된 사실이 있는 동종·동질물품의 거래가격이라 하더라도 그 가격의 정확성과 진실성을 의심할만한 합리적인 사유가 있는 경우 그 가격은 과세가격 결정의 기초자료에서 배제된다(관세법 제31조제2항). 아울러 앞서 설명한 제2 (관세평가) 방법의 적용을 위한 요건을 충족하는 동종·동종물품의 거래가격이 존재하지 않는다면 제2 (관세평가) 방법의 적용은 허용될 수 없다.

Ⅱ. 판례연구

우리 판례를 살펴본다. 【대법원 2016.5.27. 2014두4115 판결】 사건에서 원고는 2005.8.12.부터 2007.10.26.까지 임상용 의약품인 이 사건 물품을 무상으로 수입하면서 200mg 1정당 0.05 스위스 프랑으로 수입신고하였으나, 서울세관장은 원고가 이 사건 물품의 원가자료 등 제출 요구에 응하지 아니하자 원고가 2007.10.26. 이 사건 물품과 동일한 의약품인 '타시그마'의 국내 판매허가를 받은 이후에 유상수입을 하면서 수입신고한 1정당 미화 20.94

달러의 가격을 이 사건 물품에 대한 과세가격으로 결정하여 이 사건 관세 등을 부과처분하였다. 이 사건 상고심은 이 사건 물품은 임상시험의 목적으로 환자들에게 무상으로 제공된 것이므로, 시판허가를 받은 이후 이윤 및 판매관리비 등까지 반영하여 책정되었을 타시그나의 가격과 과세가격이 동일하다고 볼 수는 없다. 또한, 이 사건 각 처분의 과세가격은 형식적으로는 관세법 제35조(기타 합리적 방법)를 처분사유로 하면서도 사실상 관세법 제31조(동종·동질물품의 거래가격) 또는 제32조(유사물품의 거래가격)에 기하여 결정한 것으로 보이는데, 타시그나는 사용목적 및 외관뿐 아니라 그 상업적 가치, 안정성 및 약효의 검증 여부, 소비자의 평판 등 여러 면에서 이 사건 물품과 동종·동질물품 또는 유사물품으로 볼 수 없으므로, 이 사건 각 처분은 관세법에 정한 과세가격 결정방법에 위배된다고 판시하고 있다.

미국 법원의 판례[3]를 본다. 아스파라거스는 위탁 기반으로 수입되었기 때문에, 아스파라거스에 관세를 부과하기 위해 이용할 수 있는 거래가격이 없었다. 조항 402(c)(1)(B)에 따라, 세관은 수입자의 상품이 수출된 "그 당시에 또는 그 당시 경에 미국으로 수출된 …… 동종·동질 물품 또는 유사한 물품"의 거래가격에 기초하여 아스파라거스에 관세를 부과했다. 법원 앞에 놓여진 이슈는 "[수출이 이루어진] 그 동시 또는 거의 동시에"에 대한 세관의 해석이었다. 세관은 수출이 이루어진 "동시에"를 수출날짜로 해석하였다. 세관은 부패하기 쉬운 생산물의 경우 수출이 이루어진 "거의 동시에"가 수출날짜로부터 1주일 이전에 시작하고 1주일 이후에 끝나는 기간을 포괄해야 한다고 결정하였다. 또한, 세관은 수출날짜 당일의 거래가격이 우선 고려되지만, 그러한 거래가격을 구할 수 없는 경우, 수출날짜에 가장 가까운 비교 거래가격이 보다 이르거나 늦은 거래가격보다 선호되어야 한다고 결론 내렸다. 세관은 적절한 기간의 결정이 상품의 종류와 쟁점 산업의 상황에 따라 달라질 수 있음을 강조했다. 또한, 수출날짜 당일이나 가까운 날짜에 여러 개의 거래가격이 관세부과 대상인 상품에 대해 제공되는 경우, 그러한 날짜에 대한 최저가격이 활용되어야 한다고 강조했다. 법원은 "[수출이 이루어지는] 동시 또는 거의 동시에"라는 문구에 대한 세관의 해석을 지지하였다. 이 건에서, CIT는 "수출상품에 관세를 부과함에 있어 세관의 전문화된 경험, '동시 또는 거의 동시에'라는 문구를 해석함에 있어 세관의 완전한 논리적 추론, 결정서를 발행한 세관관료의 계급 및 '동시 또는 거의 동시에'라는 문구 의미에 대한 원고측 입장을 세관이 심각하게 고려하였음을 감안할 때, 법원은 원고의 상품에 관세를 부과할 시에 적용된 세관의 해석이 설득력이 있으므로 존중되어야 한다고 판결한다."고 언급하면서 세관의 추론이 설득력이 있다고 결론지었다.

미국 CBP의 결정사례를 본다. 【H105275, 2011.12.21.】 ➲ 국내고객으로부터 주문을 받은

3) Four Seasons Produce v. United States, 24 I.T.R.D. 1022 (Ct. Int'l Trade 2001).

후에 미국의 구매자는 홍콩에 소재한 그의 특수관계 구매대리인에게 특수관계 아닌 홍콩 판매자에게 DDP 컬럼버스 조건으로 주문할 것을 지시했다. 홍콩 판매자는 차례로 중국 회사(중국판매자)에게 FOB 홍콩조건으로 주문을 하였다. 중국의 판매자는 중국의 제조자에게 하청계약을 하였다. 그 물품은 중국의 제조자에 의해 중국에서 홍콩에 있는 홍콩 판매자에게 운송되었다. 중국의 판매자는 홍콩 판매자를 대신하여 미국으로 그 물품을 선적하였다. 미국 구매자, 홍콩 판매자 및 중국 판매자는 특수관계가 아니다. 신고는 캘리포니아에 있는 이의제기자가 하였고 그 이의제기자는 홍콩 판매자의 다른 자신(alter ego, 분신)으로 여겨지고 있다. 수입자는 그 물품을 중국 판매자와 수입자 사이에 FOB 홍콩조건의 거래에 기초하여 평가하여 신고하였다. 세관은 이전에 동일 수하인 즉 미국 구매자를 위하여 신고된 유사물품에 대한 송품장을 사용하여 재평가했다. 기록에는 수입자와 중국 판매자간의 판매를 증빙하거나 수입자가 홍콩 판매자의 대리인이라는 것을 나타내는 어떠한 것도 없었다. 게다가 홍콩 판매자가 다른 자신(alter ego, 분신)으로 행동하도록 지명된 수입자는 승인된 관세사도 아니었고 단지 CBP에 신고하기 위한 송품장상 지명된 수하인이었다. 진정한 수하인은 미국 구매자였다. 수입자가 수입물품의 재무적 이해관계를 가지고 있어서 수입자가 물품의 "소유자" 또는 "구매자"라고 간주될 아무런 증거도 없었다. 결과적으로 수입자는 신고할 권한이 없었다. 게다가 신고절차의 부분으로 CBP에 제출된 송품장은 거짓 거래임을 상세히 설명하고 있었다. 수입자는 구매자인 것처럼 송품장이 되어 있으나 그렇지 않았다. 또한 송품장 금액은 검증될 수도 없었다. 따라서, 세관이 중국의 판매자와 수입자 간에 거짓 거래의 가치를 사용하여 수입물품의 평가를 하지 않은 것은 정당한 것이었다. 더욱이 제시된 모순되는 서류에 기초하여, 중국의 판매자와 홍콩의 판매자 간의 진정한 판매는 증명할 수가 없었다. 따라서 미국 구매자와 홍콩 판매자간 즉 DDP 인도조건 가격의 거래가치에 기초하여 평가될 수 없었다. 세관은 동종동질 또는 유사물품의 가치를 이용하여 그 물품을 정확하게 평가했다. 【H242509, 2013.08.15.】 ➲ 회사는 임가공(tolling) 목적으로 의약제품을 미국으로 수입했다. 회사는 서비스 제공자이다. 수입제품의 소유자는 특수관계자이다. 몇 가지 사례가 제시되었고 각 사례에서 회사는 비록 특수관계자 거래가 쟁점은 아니지만 APA에서 승인된 이전가격으로 특수관계자로부터 알약 및/또는 API를 구매하여 수입했다. 사례 1에서 특수관계 판매자는 임가공계약 하에서 수입된 물품을 제조한 동일한 당사자이고 동종동질 물품은 쟁점물품과 동일한 생산국에서 동일한 생산자에 의해 생산되었다. 사례 4에서 특수관계 판매자는 임가공계약 하에 수입된 물품의 제조자는 아니었으며 그 판매는 국내판매였다. 사례 1과 4는 실질적으로 유사하지만 미국으로 수출판매는 없었다. 사례 1에서 수입물품은 동종동질물품의 거래가격에 기초하여 평가될 수 있다. 사례 4에서는 수입물품은 산정가격 또는 합리적으로 조정된 공제가격을 사용하여 평가될 수 있다. 사례 2에서, 첫 특수관계자는 벌크상의 알약 및/또는 API를 제3의 특수관계자로부터 구매하여 미국으로 수출했다. 알약 및/또는 API는 미국에 선적되어 수입자에 의해 포장되고 해외의 다른 특수관계자에게 배송되었다. 동종동질 또는 유사한 물품의 수입은 없었다. 사례 3에서는, 첫 특수관계자는 벌크상의 알약 및/또는 API를 다른 특수관계가 아닌 자로부터 구매하여 미국에 수출했다. 그 알약 및/또는 API는 미국으로 선적되어 회사에 의해 포장되고 첫 특수관계자에 의해 판매되고 해외의 다른 특수관계자에게 배송되었다. 두 사례에서, 수입물품은 19 U.S.C. 1401a(f) 규정에 따라 합리적으로 조정된 거래가격을 사용하여 평가될 수 있다.

제 2 절 유사물품의 거래가격을 기초로 한 과세가격의 결정

제1 (관세평가) 방법과 제2의 (관세평가) 방법으로 평가대상 수입물품의 과세가격으로 결정할 수 없을 때에는 과세가격으로 인정된 사실이 있는 유사물품의 거래가격으로서 관세법 제31조 제1항에서 규정한 적용요건을 갖춘 가격을 기초로 하여 과세가격을 결정한다(관세법 제32조제1항).

Ⅰ. 관세평가법리

1. 적용요건

1) 과세가격으로 인정된 사실이 있는 유사물품

"유사물품"이란 당해 수입물품의 생산국에서 생산된 것으로서 모든 면에서 동일하지는 아니하지만 동일한 기능을 수행하고 대체사용이 가능할 수 있을 만큼 비슷한 특성과 비슷한 구성요소를 가지고 있는 물품을 말한다(관세령 제26조제1항). 이러한 개념정의에 대한 입법적 근거는 관세평가협정 제15조 제2항(b)이다. 따라서, 모든 면에서 동일하지는 아니하지만 동일한 기능(same fuction)을 수행할 수 있게 하고 상업적으로(commercially) 상호 대체사용(interchangeable)이 가능할 수 있을 만큼 비슷한 특성(charateristics)과 비슷한 구성요소를 가지고 있는 물품이 아니라면 유사물품(similar goods)으로 적용될 수 없다. 여기에서 "생산된"(produced)의 의미는 '재배된'(grouwn), '제조된'(manufacture) 및 '채광된'(minded)을 포함한다[관세평가협정 제15조제1항(c)]. 그리고 물품의 품질(quality), 평판(reputation) 및 상표(trademark)의 존재는 물품이 유사한지 여부를 결정하는데 있어 고려되는 요소들이다.

따라서 유사물품은 글자 그대로 용어의 의미는 동일하지는 않더라도 물품의 가치가 대등(equivalent)함을 나타내므로, 가령 구매자에게 알려진 상표가 부착된 상품은 상표가 부착되지 않은 물품과 통상적으로 유사하다고 할 수 없을 것이다.[4)]

"과세가격으로 인정된 사실"의 의미에 대하여는 "동종·동질물품의 거래가격을 기초로 한 과세가격의 결정"에서 설명한 내용과 같다.

2) 기초가격의 조건

"동종·동질물품의 거래가격을 기초로 한 과세가격의 결정"에서 설명한 내용과 같다. 다만, 그 내용에서 "동종·동질물품"을 "유사물품"으로 적용하여 해석하면 된다(관세령 제26조제2항).

3) 거래조건 차이에 따른 가격조정

"동종·동질물품의 거래가격을 기초로 한 과세가격의 결정"에서 설명한 내용과 같다. 이 경우 "동종·동질물품"을 "유사물품"으로 적용하여 해석하면 된다(관세령 제26조제2항).

4) 가장 낮은 가격의 사용

"동종·동질물품의 거래가격을 기초로 한 과세가격의 결정"에서 설명한 내용과 같다. 다만, 그 내용에서 "동종·동질물품"을 "유사물품"으로 적용하여 해석하면 된다(관세령 제26조제2항).

2. 적용배제

"동종·동질물품의 거래가격을 기초로 한 과세가격의 결정"에서 설명한 내용과 같다. 다만, 그 내용에서 "동종·동질물품"을 "유사물품"으로 적용하여 해석하면 된다(관세령 제26조제2항).

---

4) Saul L. Sherman/Hinrich Glashoff, 앞의 책, 201쪽. 이러한 해석원리에 따르면, 어떤 무형재화(intangibles)의 가격에 포함 또는 제외 여부가 고려되어질 수 있다. 만약 A의 수출가격이 수입국 내에서의 유지비를 포함하지 않고 있으나 B의 거래가격은 그러한 비용을 포함하고 있다면 A는 B의 거래가격을 적용할 수 없다. 왜냐하면, B는 그 비용을 적절하게 분리하거나 구별하지 않았기 때문이다. A가 유지비(maintenance charge)를 적절하게 분리한 경우 A가 그 제품을 유지하는데 동의했다 하더라도 마찬가지이다. 다른 물품의 거래가격을 평가의 근거로 하기 위해서 이 과정은 또한 반대로도 적용될 수 있다. 예를 들어 수입물품의 일괄가격에 유형 또는 무형의 다른 비용 항목이 포함되었기 때문에 C의 가격이 거래가격으로 적용될 수 없는 경우 D의 가격이 C의 가격에 포함된 다른 비용 항목을 제외하고 있다면 C는 유사물품으로 D의 가격을 적용받을 수 있다.

Ⅱ. 판례연구

"동종·동질물품의 거래가격을 기초로 한 과세가격의 결정"의 '판례연구'를 참조하기 바란다.

제 3 절 그밖의 방법에 의한 과세가격의 결정

Ⅰ. 국내판매가격을 기초로 한 과세가격의 결정

제1부터 제3까지의 관세평가 방법으로 평가대상 수입물품의 과세가격을 결정할 수 없을 때에는 해당 물품, 동종·동질물품 또는 유사물품이 수입된 것과 동일한 상태로 해당 물품의 수입신고일 또는 수입신고일과 거의 동시에 특수관계가 없는 자에게 가장 많은 수량으로 국내에서 판매되는 단위가격을 기초로 하여 산출한 금액에서 공제요소에 해당하는 금액을 뺀 공제가격을 과세가격으로 결정한다(관세법 제33조제1항). 다만, 납세의무자가 요청하면 관세법 제34조(산정가격을 기초로 한 과세가격의 결정)에 따라 과세가격을 결정하되 제34조에 따라 결정할 수 없는 경우에는 제33조, 제35조(합리적 기준에 따른 과세가격의 결정)의 순서에 따라 과세가격을 결정한다. 관세평가방법의 이러한 적용순위(oder of application)는 관세평가협정 제4조에 기반한다.

1. 관세평가법리

1) 국내에서 판매되는 단위가격의 적용요건

제4 (관세평가) 방법에서 공제가격의 기초가 되는 물품의 가격은 해당 물품, 동종·동질물품 또는 유사물품이 수입된 것과 동일한 상태로 해당 물품의 수입신고일 또는 수입신고일과 거의 동시에 특수관계가 없는 자에게 가장 많은 수량으로 국내에서 판매되는 단위가격이다(관세법 제33조제1항제1호). 여기에서 "국내에서 판매되는 단위가격"은 수입 후 최초의 거래에서 판매되는 단위가격을 말한다(관세령 제27조제1항). 하지만, 다음과 같은 경우에 해당하는 가격은 국내에서 판매되는 단위가격으로 간주되지 않는다: ① 최초거래의 구매자가 판매자 또는 수출자와 관세평가법규상 특수관계에 있는 경우; ② 최초거래의 구매자가 판매자 또는 수출자에게 관세령 제18조 각 호의 물품 및 용역을 수입물품의 생산 또는 거래에 관련하여 사용하도록 무료 또는 인하된 가격으로 공급하는 경우.[5] 이 규정의 입법적 근거는 관세평가협정 제5조 제1항(a)이다. 제4 (관세평가) 방법에서 공제가격의 기초를 구성하려면 평가대상 물품(동종·동질 또는 유사물품)의 판매가 발생해야 하므로 수입물품이 수입자에 의해 사용되었으나 재판매되지 않았을 경우 또는 수출을 위해 재판매되었을 경우 또는 너무 먼 미래에 판매되었을 경우에는 국내에서 판매되는 단위가격으로 적용될 수 없다. 그리고 평가대상 물품과 동일한 사람이 생산한 동종·동질물품 또는 유사물품이 없는 경우에만 다른 사람이 생산한 물품이 고려될 수 있다[관세평가협정 제15조제2항(e)]. 이에 따라 "국내에서 판매되는 단위가격"으로 적용되려면 다음과 같은 전제조건이 요구된다.

(1) 국내판매의 조건과 시간적 기준

해당 수입물품 또는 동종·동질 또는 유사 수입물품이 우리나라 국내에서 평가대상 수입물품과 동일한 상태로 판매되지 않은 가격이나, 평가대상 물품의 수입시기와 동시 또는 거의 동시에(at or about the time) 판매되지 않은 가격이라면 국내에서 판매되는 단위가격(unit price)으로 적용될 수 없다. 따라서, 공제가격의 기초가 되는 물품의 가격은 수입된 상태로 판매된 가격이어야 한다. 관세평가협정 제5조 제1항(a)의 "수입된 상태로"(condition as imported)라는 용어는 그 의미를 분명히 표현하고 있다. 해외수출포장을 제거하거나 국내시장 판매를 위해 단순히 재포장하는 것은 그 물품의 수입된 상태를 변화시키지는 않는다. 증발, 수축, 정상적 풍화 등과 같은 자연적 변화도 그 물품의 조건을 변화시키지 않는다. 평가대상 물품의 수입시기와 관련하여 "동시에 또는 거의 동시에"라는 표현은 너무 좁게 해석될 필요는 없다. 당해 물품의 종류와 특성에 따라 수입신고일의 가격과 가격변동이 거의 없다고 인정된다면 수입신고일부터 최장 90일까지 판매되는 가격을 국내에서 판매되는 단위가격으로 적용될 수 있다(관세령 제27조제3항). 여기서 유의할 점은, 물품의 인도 날짜가 아닌 판매계약을 체결하는 날짜가 결정적인 것이어야 한다. 관세평가협정 제5조 제1항(b)도 수입된 상태로 물품의 수입과 동시 또는 거의 동시에 어떤 판매도 이뤄지지 않은 경우에 한하여 그 날짜 이후로 최대한 90일까지 시간적 기준을 허용하고 있다. 즉, 해당 수입물품, 동종·동질 또는 유사한 수입물품의 어느 것도 평가대상 물품의 수입과 동시 또는 거의 동시에 판매된 것이 없다면, 평가대상 물품의 수입 후 가장 빠른 날에, 그러나 수입 후 90일 이내에 규율된 전제조건으로 판매되는 해당 수입물품, 동종·동질 또는 유사물품의 단위가격을 기초로 결정할 수 있다고 규정하고 있다. 다만, 협정 제5조 제1항(b)는 (a)에 의해 적절하고 수락가능한 단위가격을 찾기 불가능한 경우에만 사용되어야

5) 협정 제5조에 대한 주해 제5항에서도 수입물품의 생산 및 수출하기 위한 판매와 관련하여 사용하도록 협정 제8조 제1항(b)에 명시된 어느 요소를 무료 또는 인하된 가격으로 직접 또는 간접으로 공급하는 자에 대한 수입국내 판매는 제5조 목적의 단위가격을 결정함에 있어 고려되지 않아야 한다고 규정하고 있다.

한다는 점을 분명히 밝히고 있다. 그리고 협정 제5조에 대한 주해 제10항은 "가장 빠른 날"(earliest)을 해당 수입물품이나 동종·동질 또는 유사물품에 대한 단위가격을 결정하는데 충분한 수량으로 판매가 이루어진 날짜가 되어야 한다고 기술하고 있다. "충분한 수량"(sufficient quantity)은 사안별로 결정되어야 한다. 이것은 특별히 모든 선적물품이 한번에 판매되지 않은 경우가 될 것이다. 예를 들어, 물품이 계절에 따라 판매되는데 상당물량이 제철에 팔리고 제철이 아닐 때 덜 판매되었을 경우를 의미한다. 실질적인 고려사항으로서, 수입물품이 수입일과 동시 또는 거의 동시에 팔리지 않았다면, 이 시간적 기준에 의해 세관당국은 수입물품이 판매될 때까지 기다리도록 허용할 수 있다. 그러나 이것은 수입물품뿐만 아니라 동종·동질 또는 유사물품이 수입일과 동시 또는 거의 동시에 판매되지 않는 경우에도 적용된다. 따라서, 이 조건은 협정 제5조에 의해 가격을 결정하기 위해 더 많은 유연성을 세관당국에게 제공한다고 보아야 할 것이다. 관세평가기술위원회도 예해 15.1에서 협정 제5조의 실무적인 적용은 각 사안별 상황을 고려하여 신축적인 접근을 요구한다는 지침을 제공하고 있다(para. 2).

(2) 특수관계가 없는 자에게 가장 많은 수량으로 판매된 가격

협정 제5조에 대한 주해는 "가장 많은 수량으로 판매되는 …… 물품의 단위가격"을 수입 후 최초 거래단계의 판매에서 그러한 물품의 수입자와 특수관계가 없는 자에게 가장 많은 단위가 판매된 가격으로 정의하면서(제1항), 가장 많은 단위가 판매된 가격의 실례를 다음과 같이 제시하고 있다(제2항 내지 제4항).

첫 번째 사례로서, 물품은 대량구매에 대하여 유리한 단위가격을 허용하는 가격표에 따라 판매된다.

판매수량	단위가격	판매회수	가격별 총 판매수량
1 ~ 10 개	100	5개 10회, 3개 5회	65
11 ~ 25 개	95	11개 5회	55
25 개 이상	90	30개 1회, 50개 1회	80

특정한 가격으로 판매된 가장 많은 단위수량은 80이다. 그러므로 가장 많은 수량의 단위가격은 90이다.

다른 예로, 두 번의 판매가 있다. 첫 번째 판매에서는 500개가 단위당 95 화폐단위의 가격으로 판매된다. 두 번째 판매에서는 400개가 단위당 90 화폐단위의 가격으로 판매된다. 이 예의 경우, 특정한 가격으로 판매된 가장 많은 단위수량은 500이다. 그러므로 가장 많은 수량의 단위가 격은 95이다

세 번째 사례는 다양한 수량이 다양한 가격으로 판매되는 다음과 같은 상황이 있을 것이다.

(a) 판매내역

판매수량	40 개	30 개	15 개	50 개	25 개	35 개	5 개
단위가격	100	90	100	95	105	90	100

(b) 합계

총 판매수량	65	50	60	25
단위가격	90	95	100	105

이 예의 경우, 특정한 가격으로 판매된 가장 많은 단위수량은 65이다. 그러므로 가장 많은 수량의 단위가격은 90이다.

한편, 가장 많은 수량의 판매를 결정함에 있어 해당 수입물품 또는 해당 수입물품의 수입자가 수입한 동종·동질 또는 유사 수입물품의 판매로 제한되는 것인지 또는 다른 수입자가 수입한 동종·동질 또는 유사물품의 판매도 고려하도록 허용하는 것인지 여부와 관련하여, 관세평가기술위원회는 예해 15.1에서 수입자가 해당 수입물품 또는 동종·동질 또는 유사물품의 판매를 행한다면, 다른 수입자가 행하는 동종·동질 및/또는 유사물품의 판매를 고려할 필요는 없을 것이지만, 평가대상 수입물품의 수입자의 해당 수입물품, 동종·동질 또는 유사 수입물품의 판매가 있는 경우에 다른 수입자가 행한 판매를 고려할 필요가 있는지 여부는 각 개별 사안의 상황을 고려하여 결정해야 한다는 지침을 제공하고 있다(para. 4와 5).

"수입 후 최초 거래단계"와 관련하여, 단위당 가격이 여타의 동종·동질 또는 유사물품의 판매로부터 얻은 것일 때에는 불확실성이 발생하고, 만약 이러한 여타의 물품판매가 수입자가 수입물품을 판매하는 단계와는 상이한 상거래단계에서 이루어진 경우, 이러한 동종·동질 또는 유사물품의 판매를 적용될 단위당 가격을 설정하는데 사용할 수 있는 것인가 하는 의문이 발생할 수 있으므로, 수입자의 고객이 다양한 경우(예: 소매자, 도매자), 도매업자와의 거래만이 고려되어야 하는데, 그렇게 하지 않는다면 비교할 수 없는 공제항목을 혼합시키게 되는 위험이 있다는 견해가 있어 소개한다.[6] 상이한 상거래단계의 그러한 판매는 단위가격(unit price)을 설정하는데 사용할 수 없다는 것이다. 그렇지 않을 경우 관세당국 또는 수입자에게 손해가 되는 왜곡의 위험이 있다는 것이다. 다른 한편으로는

6) Saul L. Sherman/Hinrich Glashoff, 앞의 책, 211쪽.

왜곡에 의한 위험은 명확히 판매가격을 획득한 전매 단계와 동일한 단계로부터 공제를 시작할 경우, 피할 수 있는 것처럼 보인다는 것이다. 달리 말하면 가격이 소매자에 대한 판매가격이라면 소매자에 대한 판매시 통상적인 이윤폭(markup)이 공제되어야 하며 가격이 도매자에 대한 판매가격이라면 도매자에 대한 판매시 통상적인 이윤폭이 공제되어야 한다는 것이다. 여기서 고찰하고 있는 것은 수입자가 수입국 내에서의 유통과정에 있어 첫 단계를 나타내는 수입국 내의 자에게 하는 전매이다. 이후의 상거래 단계에서의 전매는 고려하지 않는다. 예를 들어 수입자는 도매상에게 도매자는 소매자에게 소매자는 소비자에게 판매를 하고 있다고 가정하자면 이 경우, 수입자가 (특수관계가 없는) 도매자에게 하는 판매만이 고려된다. '수입 후 첫 상거래단계(the first commercial level after importation)'라는 문구에서 '후'(after)라는 단어는 단계(level)와 관계가 있으며 본질적으로 시점에 관한 규정이 아닌 장소에 관한 규정이다. 전매거래가 물품의 수입 이전에 이루어졌을지라도 수입자가 그 물품을 수입인도하거나 또는 수입국 구매자에게 인도되도록 하는 한(위의 예제에서는 도매자) 그 가격은 공제가격의 기준으로 사용할 수 있다.

(3) 국내에서 판매되는 물품의 적용순위

제4 (관세평가) 방법에서 공제가격의 기초가 되는 물품은 해당 물품, 동종·동질물품, 유사물품의 순서로 적용하되, 해당 수입자가 동종·동질물품 또는 유사물품을 판매하고 있는 경우에는 해당 수입자의 판매가격을 다른 수입자의 판매가격에 우선하여 적용한다(관세령 제27조제2항). 관세평가기술위원회는 예해 15.1에서 해당 수입물품의 판매를 사용할 수 있다면, 해당 수입물품, 동종·동질 또는 유사 수입물품의 판매를 사용하는 적용순서(hierarchy)는 가장 많은 수량으로 판매되는 단위가격을 결정할 목적으로 동종·동질 또는 유사 수입물품의 판매를 고려할 필요가 없으므로 해당 수입물품의 판매를 사용할 수 없는 경우에는 동종·동질 또는 유사물품의 판매가 순차적인 순서에 따라 사용될 수 있다는 지침을 제공하고 있다(para. 7).

2) 공제요소에 해당하는 금액

(1) 통상적으로 부가되는 이윤 및 일반경비에 해당하는 금액

관세법 제33조 제1항 제2호는 제1 (관세평가) 방법을 적용하려면 국내에서 판매되는 단위가격에서 국내판매와 관련하여 통상적으로 지급하였거나 지급하여야 할 것으로 합의된 수수료 또는 동종·동류의 수입물품이 국내에서 판매되는 때에 통상적으로 부가되는 이윤 및 일반경비에 해당하는 금액을 빼도록 지시하고 있다. 이 규율의 입법적 근거는 관세평가협정 제5조 제1항(a)(i)이다. 여기에서 "동종·동류의 수입물품"(goods of the same class or kind)은 당해 수입물품이 제조되는 특정산업 또는 산업부문에서 생산되고 당해 수입물품과 일반적으로 동일한 범주에 속하는 물품(동종·동질물품 또는 유사물품을 포함한다)을 말한다(관세령 제27조제4항). 이러한 개념정의는 관세평가협정 제15조 제3항에 근거한다. 명백하게 이 규정의 의도는 수입국에서 통상적으로 부가된 이윤폭(markup)을 공제하여, 판매가격을 나중 단계의 전매가격이 아닌 수입단계에서 적절히 적용되었을 가격으로 낮추는 데에 있다.7) 여기에서 유의할 점은 "통상적으로 부가되는 이윤 및 일반경비에 해당하는 금액"을 적용할 경우, 실제로 부가(additions)된 '이윤과 일반경비'의 개별 항목별 해당하는 금액 수치가 아니라 평가대상 물품이나 동종·동류의 수입물품을 생산하는 산업 또는 산업부분에서 통상적으로(uaually) 취급되는 '이윤과 일반경비' 전체에 해당하는 금액 수치를 기준으로 해석하여야 할 것이다. 이러한 해석은 관세평가협정 부속서 I '제5조에 대한 주해' para. 6 제1문, 즉 협정 제5조 제1항에서 규정하고 있는 "이윤 및 일반경비"(profit and general expense)는 전체로서 취급되어야 함을 유의해야 한다는 규정에서 추론된다.

관세령 제27조 제6항에 따라 세관장은 관세청장이 정하는 바에 따라 해당 수입물품의 특성, 거래 규모 등을 고려하여 동종·동류의 수입물품을 선정하고 이 물품이 국내에서 판매되는 때에 부가되는 이윤 및 일반경비의 평균값을 기준으로 동종·동류비율을 산출하여야 한다. 그리고 해당 세관장은 동종·동류비율 및 그 산출근거를 납세의무자에게 서면으로 통보하여야 한다(관세령 제27조제7항). 통보를 받은 납세의무자는 세관장이 산출한 동종·동류비율이 불합리하다고 판단될 때에는 통보를 받은 날부터 30일 이내에 관세청장이 정하는 바에 따라 해당 납세의무자의 수입물품을 통관했거나 통관할 세관장을 거쳐 관세청장에게 이의를 제기할 수 있다(관세령 제27조제7항). 이 경우 관세청장은 해당 납세의무자가 제출하는 자료와 관련 업계 또는 단체의 자료를 검토하여 동종·동류비율을 다시 산출할 수 있다. 공제요소에 해당하는 금액을 산출함에 있어서 이윤 및 일반경비는 일체로서 취급하며, 일반적으로 인정된 회계원칙에 따라 작성된 회계보고서를 근거로 하여 다음과 같은 구분에 따라 계산한다(관세령 제27조제5항):

① 납세의무자가 제출한 회계보고서를 근거로 계산한 이윤 및 일반경비의 비율이 세관장(또는 관세청장)이 산출한 이윤 및 일반경비의 비율("동종·동류비율")의 100분의 120 이하인 경우에는 납세의무자가 제출한 이윤 및 일반경비;
② 앞의 ① 외의 경우에는 동종·동류비율을 적용하여 산출한 이윤 및 일반경비.

관세평가협정 부속서 I 제5조에 대한 주해 para. 6에 따르면, 이 공제를 위한 수치(figure)는 수입자가 제출한 수치가 동종 또는 동류의 수입물품을 수입국내에서 판매할 때 얻어진 수치와 불일치하지 않는 한 수입자가 제공하거나 수입자를 대신하여 제공된 정보를 기초로 결정되어야 하며, 수입자가 제출한 수치가 이러한 수치와 불일치하는 경우, 이윤 및 일반

7) Saul L. Sherman/Hinrich Glashoff, 앞의 책, 214쪽.

경비는 수입자 또는 수입자를 대신하여 제출된 정보 이외의 관련 정보가 근거가 될 수 있다.[8] 여기에서 "일반경비"는 해당 물품의 마케팅에 대한 직접비 및 간접비를 포함한다(para. 7). 한편, 수수료(commissions) 또는 통상의 이윤 및 일반경비(usual profit and general expense) 중 어느 하나를 결정함에 있어서, 특정 물품이 다른 물품과 "동종 또는 동류" 인지 여부는 관련된 상황에 따라 사안별로 결정되어야 하는데, 평가대상 물품을 포함하고 필요한 정보를 제공받을 수 있는 동종 또는 동류의 수입물품에 대한 가장 한정된 그룹 또는 범위의 수입국 내에서의 판매가 검토되어야 하고, 협정 제5조의 목적상 "동종 또는 동류의 물품"은 평가대상 물품과 같은 국가에서 수입된 물품뿐만 아니라 다른 나라에서 수입된 물품도 포함한다(para. 9).

---

8) 이 조문의 의미에 대한 참고할 만한 해석론(Saul L. Sherman/Hinrich Glashoff, 앞의 책, 220~221쪽)을 소개한다: △ 이는 '통상적'(usual)인 것이 무엇인가를 결정하는 지침이다; △ 비록 이윤 및 일반경비의 공제에 대해서 언급하고 있지만 이는 동종 또는 동류물품에 대한 통상적인 수수료를 결정하는데도 동일하게 적용할 수 있다; △ 수입과 동시 또는 거의 동시에 판매에 관한 것이든 90일 범위 내의 판매든 간에 통상적인 수수료 이윤 및 일반경비의 공제에 관한 규정은 통상적이라는 것이 동종 또는 동류 수입물품과 관련이 됨을 명시하고 있다. 관련 주해 9는 각 사례별 고려와 동종 또는 동류의 평가대상 물품을 포함하여 최소한 범위 내의 수입물품으로 할 것을 요구함으로 인해 이를 확대하고 있다. 우리는 각 사례별 고려를 강력히 지지한다. 왜냐하면 사례가 너무 다양하기 때문에 일반적인 규칙은 수용될 수 없을 것 같기 때문이다. 그러나 여기서 강조되어야 할 점은 최소한의 범위에 대한 해석의 중요성이다. 특정 거래인이 수입판매하는 물품의 범위 내에서 개별적인 품목은 시장상황에 의해 지배되는 각기의 수익률을 갖고 있을 것이다. 따라서 세관은 수입물품의 아주 좁은 집단을 조사해야 할 것이다; △ 수입자 자신의 실적에 대한 수치는 세관이 통상적이라 주장할 수 있는 타인의 실적들 - 이들의 판매량이 더 크거나 물품의 집단이 더 적정하다거나 기타의 이유 - 로 인해 반영한 수치를 계산해 내지 못하는 한 수용되어야 한다. 통상적이라 할 수 있는 범위 또는 다양한 형태가 있을 수 있기 때문에 수입자의 수치는 일관성이 없을 때에만 거절될 수 있으며, 단순히 수치가 다르다는 것은 거절사유가 되지 않는다. 이는 양쪽으로 적용되는 것이며 이에 따라서 과거에 공제금액이 정상보다 낮았던 수입자는 앞으로 통상적인 수치로 대체가 허용될 경우 발생하게 될 이익을 누릴 수 없게 될 것이라는 점이 수용되어야 할 것이다. ▶이러한 해석론에 따르면, 어떠한 국가에서도 특정산업 또는 거래별로 이윤 및 일반경비의 단일수치를 설정하는 것은 정당화될 수 없다. 상거래 현실에 비추어 볼 때 어떤 동종 또는 동류의 물품에 대해서 설정할 수 있고 또 설정해야 하는 최상의 것은 일정한 범위의 백분율(%) 수치이며 개별거래자의 수치가 이 범위 내의 것일 때에는 일관성이 없는 것으로 간주해서는 안되며, 이에 따른 설명을 요구해서도 안 될 것이다. △ 평가대상 물품의 수입자는 동종·동류물품의 상거래단계에서 유일한 수입자일 경우가 있다. 이때 자신의 이윤 및 일반경비에 대한 실제 마진은 '통상적'인 것이다(이 마진이 전매의 적정수준이라고 가정했을 때). 만약 세관이 이 수입자의 실제수치가 통상적인 것이 아니라는 것을 증명하지 못한다면 수입자에게 자신의 수치가 통상적인 것임을 증명하라고 요구해서는 안 된다. △ 어떤 경우에는 수입자가 소매상 고객 사용자에게 직접 전매한다. 이러한 상황에서 수입자의 판매가격과 일반경비(예: 광고비, 여비, 관리비, 재포장비, 운임)는 수입물품을 도매상에세 전매하는 다른 수입상에 비해 높을 것이며 또한 이윤도 높을 것이다. 이때 통상적인 이윤폭(markup)을 결정하기 위해서는 동일 상거래단계(수입자로부터 소매상 고객 사용자에게 직접 판매)에서 발생하는 동종 또는 동류의 물품(동일수량으로 그리고 적정 시점에서)의 전매만이 고려될 수 있다. 그러한 거래가 없을 경우 수입자의 실제 이윤폭(markup)이 적용되어야 할 것이다.

제4 (관세평가) 방법으로 과세가격을 결정하기 위하여 국내에서 판매되는 단위가격에서 공제요소에 해당하는 금액을 빼는 실무와 관련하여 관세평가기술위원회는 예해 15.1에서 고려되어야 할 몇 가지 요소에 대하여 다음과 같은 지침을 제공하고 있다(para. 9 내지 15). 하나는 “통상적으로 지급하였거나 지급하여야 할 것으로 합의한” 것으로 간주될 수 있는 수수료 또는 이윤 및 일반경비의 금액을 결정하는데 필요한 기준과 관련 있다. 협정 제5조와 이에 대한 주해의 표현은 공제는 동종 또는 동류의 수입물품이 수입국내에서 판매될 때 통상적으로 얻는 수수료 또는 이윤 및 일반경비의 금액에 대하여 행해진다는 것을 명백하게 한다. 이러한 공제는 그 수치가 통상적인 것과 불일치하지 않는 한 수입자가 제공하거나 또는 수입자를 대신하여 제공한 수치에 근거하여야 한다. 그리고 수수료 또는 이윤 및 일반경비의 통상적인 금액은 평가대상 물품의 종류(class or kind)에 따라 달라질 수 있는 금액의 범위의 금액이 될 수 있다. 범위가 수용되기 위해서는, 모집단이 너무 광범위하거나 너무 부족해서는 안 된다. 그 범위가 “통상적인”(usual) 금액이 되기 위해서는 명백하고 쉽게 인식되어야 한다. 다른 접근방법, 예를 들면 압도적인 금액(그러한 금액이 존재하는 경우)이나 산술 또는 가중 평균된 금액 역시 사용할 수 있다.

또 다른 고려사항은 협정 제5조는 수수료 또는 이윤 및 일반경비 중 하나가 공제된다고 단순히 규정하고 있지만 이들 중 어느 것이 공제될지 결정하기 위한 기준을 규정하지 않는다는 것이다. 이러한 쟁점을 취급함에 있어 과세가격은 상업적 관행(commercial practices)과 일치하는 단순하고 공평한 기준을 기초로 해야 한다는 것을 인정하는 협정의 일반서설을 고려할 때, 수수료에 대한 공제는 평가대상 물품의 수입국 내에서 판매가 대리/위탁을 기초로 행해졌거나 행해질 경우에 일반적으로 발생한다. 이윤 및 일반경비에 대한 공제는 일반적으로 수수료를 포함하지 않는 거래에서 발생하고 있다. 또 다른 쟁점은 수수료와 이윤 및 일반경비의 통상적인 금액에 대한 최신 자료의 수집 및 유지와 관계가 있다. 실무적인 사항으로서, 수수료 또는 이윤 및 일반경비의 통상적인 금액을 확인하기 위해 필요한 자료를 지속적으로 수집하고 유지하는 것은 유용해 보이지 않는다. 필요한 경우, 그러한 자료는 특정 요건을 충족하기 위해서만 생성될 수 있다. 대부분의 경우, 실무적인 적용은 세관당국이 다품목 취급회사, 수입자 수가 한정되어 있는 소규모산업, 특수관계 거래가 많은 산업 등을 수반하는 상황을 사안별로 고려할 것을 요구한다. 이와 관련하여, 세관당국은 자신의 기록을 사용할 수 있다. 또한, 자료는 무역기구, 다른 수입자, 회계법인, 무역 및 재정업무를 관장하는 정부기관 또는 일체의 다른 신뢰할 만한 출처로부터 얻어질 수도 있다. 자료를 얻기 위한 방법은 국가별 사정에 따라 다양할 수 있으나, 그 중에서 요청에 따라 호의에 기초하여 그 자료를 제공할 수 있는 동종 또는 동류 물품의 알려진 수입자들에 대한 조사와 알려진 수입자들과 관련된 평가 재검토가 포함될 수 있다. 법인이 특정 상품별로 이윤 및 일반경비 정보를 보유하지 않을 수도 있다는 점을 고려하면, 행정당국은 충분한 정보가 취득될 수 있는 최소 물품군 또는 물품 범위로부터 이윤 및 일반경비를 검토하는 원칙을 따라야 할 수 있다.

실제 사례를 본다. 외국의 서로 다른 제조업자가 생산한 아동복을 A사가 국내로 수입한다. 이 아동복은 구매대리인을 통해서 또는 직접 구입된다. 판매자와 구매자가 특수관계에 있고 이 관계가 가격에 영향을 미쳤으므로 거래가격은 인정할 수 없다. 동종·동질물품 또는 유사물품의 거래가격을 결정하는 것도 불가능하다. 따라서 공제가격 방법을 이용하여, 해당 물품이 가장 많은 수량으로 판매된 단위가격을 인정하고, 이윤 및 일반경비를 공제한다. 문제는 특정 거래 동안 수입자 A가 지급한 구매수수료가 공제될 이윤 및 일반경비의 일부가 될 수 있는가 하는 것이다. A사의 계좌에 대한 조사를 통해 모든 구매수수료가 일반경비가 아니라(예를 들어 특별 계절비용) 물품의 구입비용의 일부로 포함되었다는 것이 밝혀졌다. 이것을 토대로 수입자 A가 대리인에게 지급한 수수료는 이윤 및 일반경비의 일부로 포함되지 않았고, 따라서 공제방법을 이용해 재판매가격으로부터 공제할 수 없다.

(2) 국내에서 발생한 통상의 운임·보험료와 그 밖의 관련 비용

관세법 제33조 제1항 제3호는 제4 (관세평가) 방법을 적용하려면 국내에서 판매되는 단위가격에서 수입항에 도착한 후 국내에서 발생한 통상의 운임·보험료와 그 밖의 관련 비용을 빼도록 지시하고 있다. 여기에서 "그 밖의 관련 비용"은 해당 물품, 동종·동질물품 또는 유사물품의 하역, 검수, 검역, 검사, 통관 비용 등 수입과 관련하여 발생하는 비용을 말한다(관세령 제27조제9항). 이러한 비용은 수입시점 이후에 가산된 가격을 나타낸다. 따라서, 수입물품의 과세가격의 일부를 구성하지 않는다. 즉, 이러한 비용은 실제적으로 수입이 발생한 후에 수입국에서 발생하며, 수입지에서 인도지까지의 운임, 처리비용, 인도비용을 포함한다.

(3) 조세와 그 밖의 공과금

관세법 제33조 제1항 제4호는 제4 (관세평가) 방법을 적용하려면 국내에서 판매되는 단위가격에서 해당 물품의 수입 및 국내판매와 관련하여 납부하였거나 납부하여야 하는 조세와 그 밖의 공과금을 빼도록 지시하고 있다. 관세평가협정 부속서 I 제5조에 대한 주해 para. 8은 물품의 판매를 이유로 납부하여야 하는 지방세가 협정 제5조 제1항(a)(ⅳ)의 규정에 따라 공제되지 아니한 경우에는 협정 제5조 제1항(a)(ⅰ)의 규정에 따라 공제되어야 한다고 규정하고 있다. 수입국의 시장에서 물품의 판매로 인해 지불해야 하는 다른 내국세는 제5조 제1항(a)(iv)의 관세 및 국세 규정 또는 제5조 제1항(a)(i)의 이윤 및 일반경비 조항에 의해 공제될 것이다. 이는 수입자가 이 비용을 어떻게 기록하느냐에 달려있다. 물론 이러한 기타 조세는 두 조항 모두에 의해 공제될 수는 없다. 관세평가기술위원회는 권고의견 9.1에서 덤핑방지(anti-dumping) 또는 상계(countervailing) 관세도 협정 제5조 제1항 (a)(ⅳ)의 규정에 따라 공제되어야 한다는 견해를 표명하고 있다. 물품의 수입 또는 판매로 인해 수입국에서 지불해야 하는 관세 및 기타 국세는 물품의 과세가격의 일부를 구성하지 않기 때문에, 협정 제5조에 의해 공제되어야 한다. 공제될 관세는 실제적으로 지불해야 하는 금액이며 판매자(수입자)에 의해 가산되는 금액일 필요는 없다는 점을 주지해야 할 것이다.

4) 공제가격의 특례

해당 물품, 동종·동질물품 또는 유사물품이 수입된 것과 동일한 상태로 국내에서 판매되는 사례가 없는 경우라 하더라도 납세의무자가 요청할 때에는 해당 물품이 국내에서 가공된 후 특수관계가 없는 자에게 가장 많은 수량으로 판매되는 단위가격을 기초로 하여 산출된 금액에서 소정의 금액을 뺀 가격을 공제가격으로 적용할 수 있다(관세법 제33조제3항). 종종 '초공제가격'(super deductive value)으로 불려진다. 여기에서 '소정의 금액'은 앞에서 설명한 공제요소에 해당하는 금액과 국내가공에 따른 부가가치가 해당한다. 이 규율의 입법적 근거는 관세평가협정 제5조 2항이다. 이 규정에 따르면, 해당 수입물품 또는 동종·동질 또는 유사 수입물품 중 어느 것도 수입된 것과 동일한 상태로 수입국에서 판매된 경우가 없고, 수입자의 요청이 있는 때에는, 과세가격은 해당 수입물품이 추가가공된 후 수입국내에서 그러한 물품의 수입자와 특수관계가 없는 자에게 가장 많은 수량으로 판매된 단위가격을 기초로 하되, 그러한 가공으로 부가된 가치 및 협정 제1항(a)에 규정된 공제 대상을 적절히 감안하여야 한다. 협정 제5조에 대한 주해는 추가가공에 따라 부가된 가치에 대한 공제는 그러한 작업비용에 관련되는 객관적이고 수량화할 수 있는 자료를 근거로 이루어져야 하고, 인정된 산업방식, 비법, 공사방법 및 기타 산업관행은 계산의 근거를 구성한다고 규정하고 있다(para. 11). 그리고 공제가격 평가방법은 추가가공의 결과로 수입물품이 그 동질성을 상실한 때에는 일반적으로 적용되지 않는 것으로 인정되고 있지만, 그럼에도 불구하고, 수입물품의 동질성이 상실된다 할지라도 추가가공에 따라 부가된 가치를 무리한 어려움이 없이 정확하게 결정할 수 있는 경우가 있을 수 있고, 다른 한편으로 수입물품이 동질성을 유지하고는 있지만 수입국 내에서 판매된 물품에 부차적인 요소를 구성함에 지나지 않기 때문에 이러한 평가방법에 대한 사용이 정당화되지 않는 경우도 있을 수 있으므로 이러한 유형에 대한 각 상황은 사안별로 검토되어야 한다고 규정하고 있다(para. 12).

5) 제4 (관세평가) 방법의 적용배제

앞에서 설명한 국내에서 판매되는 단위가격의 적용요건에 부합되는 국내에서 판매되는 단위가격이라 하더라도 그 가격의 정확성과 진실성을 의심할만한 합리적인 사유가 있는 경우에는 제4 (관세평가) 방법의 적용이 배제될 수 있다(관세법 제33조제2항). 여기에서 "그 가격의 정확성과 진실성을 의심할만한 합리적인 사유가 있는 경우"란 해당 물품의 국내판매가격이 동종·동질물품 또는 유사물품의 국내판매가격보다 현저하게 낮은 경우 등을 말한다(관세령 제27조제10항).

2. 판례연구

1) 우리나라 판례

(1) 【대법원 2020.4.9. 선고 2019두62079 판결】 사건

이 사건은 상고심의 심리불속행 상고기각으로 원심[9]의 판결이 그대로 확정되었다. 이 사건의 처분경위는 다음과 같다. 원고는 고급 의류, 캐시미어 원단 등의 수입 및 판매업 등을 영위하는 회사이고, 이탈리아국 회사인 L△△ P△△ S△△(이하 '이 사건 본사')는 1994.9.23. 원고를 설립하여 원고 발행주식 전부를 소유하고 있는 원고의 특수관계인이다. 원고는 2009.11.30.부터 2012.12.18.까지 이 사건 본사로부터 수입한 고급 의류, 캐시미어 원단 등(이하 '이 사건 물품')을 수입신고한 후 국내 백화점들과 특약매입거래계약을 체결하는 방법 등으로 국내에 판매하였다. 부산세관장은 원고와 이 사건 본사와의 특수관계가 이 사건 물품의 수입신고가격에 영향을 미쳤다고 보고 위 신고가격을 부인한 후 관세법 제33조에 따른 국내판매가격을 기초로 2014.12.1.부터 2015.12.14. 사이에 원고에게 관세 등을 부과하는 이 사건 처분을 하였다. 이 사건 원심은 과세처분취소 소송에 있어 처분의 적법여부는 정당한 세액을 초과하느냐의 여부에 따라 판단되는 것으로서, 당사자는 사실심 변론종결시까지 객관적인 과세표준과 세액을 뒷받침하는 주장과 자료를 제출할 수 있고, 이러한 자료에 의하여 적법하게 부과될 정당한 세액이 산출되는 때에는 그 정당한 세액을 초과하는 부분만 취소하여야 하나, 그렇지 아니한 경우에는 과세처분 전부를 취소할 수밖에 없으며, 그 경우 법원이 직권에 의하여 적극적으로 관세법 제35조 제1항에 따른 과세가격을 산정하여 정당한 세액을 계산할 의무까지 지는 것은 아니고, 이 사건 변론에 제출된 자료만으로는 이 사건 물품에 대한 적법한 과세가격이 얼마인지, 그에 따른 정당한 과세표준과 세액이 얼마인지 전혀 알 수 없으므로 이 사건 처분을 전부 취소할 수밖에 없다고 판시하면서, 다음과 같은 판결 이유를 설시하고 있다:

---

9) 부산고등법원 2019.11.8. 선고 2018누21903 판결.

❶ **국내판매가격 산정에 관한 판단** ➲ 국내에서 일반적으로 인정되는 회계원칙으로 볼 수 있는 일반기업회계기준 실16.2호에서는 거래 이후에도 판매자가 관련 재화의 소유에 따른 유의적인 위험을 부담하는 경우 그 거래를 아직 판매로 보지 아니하며 따라서 수익을 인식하지 않는다고 규정하면서, 그 예로 "(2) 판매대금의 회수가 구매자의 재판매에 의해 결정되는 경우"를 들고 있다. 한편 특약매입거래란 대규모유통업자가 매입한 상품 중 판매되지 아니한 상품을 반품할 수 있는 조건으로 상품을 외상 매입하고 상품판매 후 일정률이나 일정액의 판매수익을 공제한 상품대금을 납품업자에게 지급하는 형태의 거래를 의미한다(대규모유통업에서의 거래 공정화에 관한 법률 제2조 제5호). 원고는 2014.8.30. 주식회사 △△백화점과 특약매입거래 계약을 체결하였는데, 원고가 백화점에 상품을 납품한 후 백화점은 상품을 수령하여 판매하고 상품판매대금을 판매마감일 40일 이내에 현금, 기업구매 전용카드와 같은 현금성 결제수단으로 지급하여야 하며, 백화점은 납품일로부터 3개월 이내에 판매시즌 경과, 신상품 출시 및 상품의 훼손·하자나 원고의 자발적인 요청 등 원고의 귀책사유에 의한 반품사유가 있을 때 원고의 비용으로 상품을 반품할 수 있다. 이러한 특약매입거래 계약 내용에 비추어 볼 때 백화점이 원고로부터 상품을 외상매입하여 소유권을 취득하고, 상품이 백화점 명의로 판매되어 판매대금이 백화점에 일단 귀속되는 등의 사실이 인정되기는 한다. 그러나 원고는 납품한 상품을 백화점이 재판매하였을 때에만 판매대금을 회수할 수 있고 백화점은 판매되지 않은 상품을 원고에게 별다른 제약없이 반품할 수 있도록 함으로써 원고가 판매한 상품의 소유에 따른 위험과 효익을 여전히 부담하고 있음이 인정된다. 따라서 원고가 백화점에 특약매입거래에 따라 이 사건 물품을 판매하였다고 하여 그 거래를 일반기업회계기준에 따른 판매라고 볼 수 없다. 또 일반기업회계기준 2.46항에서는 매출액은 기업의 주된 영업활동에서 발생한 제품, 용역 등의 총매출액에서 매출할인, 매출환입, 매출에누리 등을 차감한 금액을 말한다고 규정하고 있고, 이 사건 고시 제25조 제3항에서도 관세법 제33조 제1항 제1호의 금액을 산정하는 때에는 일반적으로 인정된 회계원칙에 따라 매출액에서 차감되는 금액(매출에누리, 매출할인, 매출환입 등)을 공제하고, 다만 차감되는 금액 중 판매비와 관리비 성격의 금액이 포함되어 있는 경우에는 그 금액을 제외하고 공제한다고 규정하고 있다. 관세법 제33조 제1항 제2호의 일반경비란 일반기업회계기준상의 '판매비와 관리비'에 해당하는 것이고, 일반기업회계기준 2.49항에서는 판매비와 관리비는 제품, 상품, 용역 등의 판매활동과 기업의 관리활동에서 발생하는 비용으로서 매출원가에 속하지 아니하는 모든 영업비용을 포함한다고 규정하고 있는데, 백화점 수수료 또한 판매비와 관리비 항목에 포함된다는데 당사자 사이에 다툼이 없다. 결국 백화점 수수료는 일반기업회계기준에 의할 때 판매비와 관리비로서 동종·동류비율에 따른 이윤 및 일반경비로 과세가격 산정시 반영되므로, 이를 국내판매가격에서 제외하여 계산할 것은 아니다. 따라서 국내판매가격 산정시에도 일반적으로 인정된 회계원칙에 따라야 할 것이므로, 원고가 백화점과 특약매입거래 계약에 따라 상품을

납품할 때 수입 후 최초의 거래가 있다고 볼 수 없고, 소비자에게 판매할 때 수입 후 최초의 거래가 있다고 보아 백화점에 대한 수수료를 포함한 금액을 이 사건 물품의 국내판매가격으로 인정하여야 한다. 원고의 이 부분 주장은 이유 없다.

❷ 이 사건 물품의 수입신고일 또는 수입신고일과 거의 동시에 판매되는 단위가격인지 여부 ➲ 관세법 제33조 제1항에서의 국내판매가격은, 수입신고일 또는 수입신고일과 거의 동시에 판매된 가격, 즉 수입신고일의 가격과 가격변동이 거의 없다고 인정되고, 수입신고일부터 90일이 경과되기 전의 기간 중에 특수관계 없는 자에게 가장 많은 수량으로 판매된 해당 물품, 동종·동질물품 또는 유사물품의 단위가격을 기초로 산출한 금액으로 정하되, 수입신고일 또는 수입신고일과 거의 동시에 판매된 가격이 없는 경우에는 해당 물품의 수입신고 후 90일이 경과되기 전의 기간 중 가장 빠른 날에 판매된 해당 물품, 동종·동질물품 또는 유사물품의 단위가격을 기초로 산출한 금액으로 정하여야 한다고 봄이 타당하다. 그런데 부산세관장은 이 사건 물품 27,805건 중 4,640건에 대하여는 해당 물품 수입신고일로부터 90일 이후의 판매가격을 적용한 사실을 인정할 수 있고, 부산세관장 스스로 이 사건 처분과 관련하여 이 사건 수입물품의 판매가격이 수입신고일로부터 90일 이내의 판매가격인지에 대한 조사는 하지 않았다고 인정하는바, 이는 수입신고일부터 90일이 경과되기 전의 기간 중에 판매된 단위가격을 기초로 국내판매가격을 산정하도록 한 위 각 규정에 위반된다 할 것이다. 한편, 부산세관장은 당심에 이르러 제1심판결의 취지에 따라 이 사건 처분에 적용되어야 할 국내판매가격을 다시 산정함으로써 세액계산에 관한 처분사유를 적법하게 보완하였다고 주장하나, 부산세관장이 주장하는 바에 따르더라도 부산세관장이 이 사건 물품 중 1,975개 품목에 대하여는 수입신고일 당시 판매가격이 없고, 가격변동이 없는 기간 동안의 판매가격도 없으며, 수입신고일로부터 90일 이내의 판매가격이 없음을 이유로 해당 물품의 수입일 이후 확인되는 최초 국내판매가격을 적용하였는바, 이러한 방법 역시 수입신고일부터 90일이 경과되기 전의 기간 중에 판매된 단위가격을 기초로 국내판매가격을 산정하도록 한 위 관세법, 구 관세 및 관세평가협정 각 규정에 어긋난다 할 것이다. 따라서 원고의 이 부분 주장은 이유 있다.

❸ 이윤 및 일반경비 산정에 관한 판단 ➲ "동종·동류물품이 아닌 물품에 대한 이윤 및 일반경비까지 포함하여 동종·동류비율을 산정하는 것이 위법한지 여부"에 대하여, ① 관세법 제33조 및 구 관세령 제27조에 의하면 국내판매가격을 기초로 한 과세가격의 결정과 관련하여 '특수관계가 없는 자에게 가장 많은 수량으로 국내에서 판매되는 단위가격을 기초로 하여 산출한 금액'에서 '통상적으로 부가되는 이윤 및 일반경비' 및 '통상의 운임·보험료'와 '조세와 그 밖의 공과금'을 뺀 가격을 과세가격으로 산정하고 있는 점, ② 관세법 제33조 제1항 제2호에서 동종·동류의 수입물품이라 함은 '당해 수입물품이 제조되는 특정산업 또는 산업부문'에서 생산되고 '당해 수입물품과 일반적으로 동일한 범주에 속하는

물품(동종·동질물품 또는 유사물품을 포함한다)'을 말하는 점, ③ 관세법 제33조 제1항 제2호에 따른 이윤 및 일반경비는 일체로서 취급하며 일반적으로 인정된 회계원칙에 따라 작성된 회계보고서를 근거로 하고, 세관장은 관세청장이 정하는 바에 따라 '해당 수입물품의 특성, 거래규모 등'을 고려하여 동종·동류의 수입물품을 합리적으로 선정하도록 정하고 있는 점, ④ 납세의무자는 세관장이 산출한 동종·동류비율이 불합리하다고 판단될 때에는 관세청장에게 이의를 제기할 수 있고 이 경우 관세청장은 '관련 업계 또는 단체의 자료'를 검토하여 동종·동류의 비율을 다시 산출할 수 있도록 정하고 있는 점 등에 비추어 보면, 관세청장이 고시로 정하는 동종·동류비율 산정을 위한 비교대상업체의 선정기준이 반드시 동종·동류의 물품만을 취득하는 업체에 한정하고 있는 것은 아닌 것으로 보인다.[10] 나아가, ㉠ 오직 동종·동류의 수입물품만을 취급하는 업체들로만 비교대상업체를 구성할 경우 비교대상업체의 숫자가 너무 적어지게 되어 오히려 동종·동류의 수입물품이 국내에서 판매되는 때에 통상적으로 부가되는 이윤 및 일반경비를 객관적으로 산출하기 어려워질 수 있는 점, ㉡ 동종·동류의 수입물품과 함께 다른 물품도 취급하고 있는 업체를 비교대상업체로 선정하는 경우 해당 비교대상업체의 회계보고서만으로 동종·동류의 수입물품에만 해당하는 이익 및 일반경비를 추출하기는 쉽지 않은 점, ㉢ 비교대상업체의 회계보고서를 기초로 동종·동류비율을 산정할 경우 해당 비교대상업체가 판매하는

10) 이 사건 고시가 위임의 범위를 벗어났는지 여부에 대하여는 다음과 같이 판시하고 있다. 구 관세령 제27조 제4항은 납세의무자가 제출한 회계보고서를 근거로 계산한 이윤 및 일반경비의 비율이 제5항 또는 제7항에 따라 산출한 이윤 및 일반경비의 비율(이하 '동종·동류비율')의 100분의 110 이하인 경우에는 납세의무자가 제출한 이윤 및 일반경비를, 그 외의 경우에는 동종·동류비율을 적용하여 산출한 이윤 및 일반경비를 각 법 제33조 제1항 제2호에 따른 이윤 및 일반경비로 계산하도록 규정하고 있다. 같은 조 제5항에서는 세관장은 관세청장이 정하는 바에 따라 해당 수입물품의 특성, 거래규모 등을 고려하여 동종·동류의 수입물품을 선정하고 이 물품이 국내에서 판매되는 때에 부가되는 이윤 및 일반경비의 평균값을 기준으로 동종·동류비율을 산출하도록 규정하고 있다. 이에 따라 제정된 이 사건 고시 제26조에서는 동종·동류의 수입물품을 선정하고, 다음으로 선정된 동종·동류의 수입물품을 국내판매하는 비교대상업체를 선정한 다음, 이러한 비교대상업체의 매출액 총합계액에서 매출총이익 총합계액이 차지하는 비율을 조사하여 그 평균값을 기준으로 동종·동류비율을 산출하도록 하면서(제3항), 동종·동류의 수입물품에 대한 품목번호의 범위는 납세의무자의 수입신고 실적으로 고려하여 결정하고, 비교대상업체의 업종범위는 해당업종(신용평가기관에서 조회되는 납세의무자의 업종)과 연계업종(통계청에서 정한「한국표준산업분류표」를 참고하여 관세평가분류원장이 선정한 업종)을 고려하여 결정하여 동종·동류비율을 산출하기 위한 비교대상업체를 선정하며(제4항), 동종·동류의 수입물품에 대한 연도별 수입실적을 기준으로 상위 100개 업체 중 국내판매형태(제조, 도·소매)가 동일하거나 유사할 것 등 일정요건을 모두 충족하는 상위 30개 업체를 비교대상업체로 선정하도록 하고(제5항), 동종·동류물품의 수입액 비중이 도·소매업의 경우 상품매출원가의 30% 미만인 경우와 제조업의 경우 제품매출원가의 10% 미만의 경우 등에 해당하는 업체는 비교대상업체에서 제외하도록(제6항) 규정하고 있다. 따라서 원고의 주장과 같이 비교대상업체를 오로지 연도별 수입실적만을 근거로 선정하도록 규정하고 있다고 볼 수 없으므로, 이 사건 고시가 위임의 범위를 벗어나 동종·동류비율 산정을 위한 비교대상업체 선정 기준을 자의적으로 규정한 것이라고 인정하기 어렵다. 원고의 이 부분 주장은 이유 없다.

물품에 동종·동류물품 외의 다른 물품이 포함되어 있더라도 이를 제외하기는 쉽지 않은 점, ㉣ 관세평가협정 제15조 제3항은 '본 협정에서 동종 또는 동류의 물품은 어느 특정산업 또는 산업부문에서 생산된 품목군 또는 범주에 해당하는 물품을 의미하며 동종·동질 또는 유사물품을 포함한다'고 규정하고 있고, 같은 협정 제5조에 대한 주해 9.는 '제5조 제1항의 규정에 따른 수수료 또는 통상의 이윤 및 일반경비 중 어느 하나를 결정함에 있어서 특정 물품이 다른 물품으로서 동종 또는 동류에 해당하는지 여부는 관련 상황에 따라 사안별로 결정되어야 한다. 평가대상 수입물품을 포함하고 필요한 정보를 제공받을 수 있는 동종 또는 동류의 수입물품에 대한 가장 한정된 그룹 또는 범위의 수입국내에서의 판매가 검토되어야 한다'고 규정하고 있는 점까지 종합하여 보면, 과세가격결정고시에서 동종·동류의 수입물품 이외에 일정 범위에서 다른 물품을 취급하는 업체도 비교대상업체로 선정하여 동종·동류비율을 산출하도록 한 것이 모법의 규정취지와 위임범위를 벗어난 것이라고 보기 어렵고, 위 고시에 따라 동종·동류의 수입물품 이외에 다른 물품을 취급하는 업체를 비교대상업체로 산정한 것 자체가 위법하다고 단정할 수 없다. 원고의 위 주장은 받아들이지 아니한다.

"비교대상업체 선정시 수입물품의 품질 및 소비자 평판 등을 고려하였어야 하는지 여부"에 대하여, 관세법 제33조 제1항 제2호에서 말하는 "동종·동류의 수입물품"이란 당해 수입물품이 제조되는 특정산업 또는 산업부문에서 생산되고 당해 수입물품과 일반적으로 동일한 범주에 속하는 물품으로서 동종·동질물품 또는 유사물품을 포함하지만 그보다는 훨씬 넓은 개념이다. 이윤 및 일반경비는 특정 물품의 특정거래에서 구체적으로 발생하기보다는 좀 더 넓은 범위에서 발생하게 됨에 따라 관련 법률에서 해당물품 및 동종·동질물품, 유사물품 보다 넓은 동종·동류물품에 관련된 통상적인 이윤 및 일반경비를 공제하도록 규정하고 있는 것이다. 또한 관세법은 동종·동질물품, 유사물품, 동종·동류물품을 명확히 구분하고 있다. 특정 상품이 동종·동류의 물품에 해당하는지 여부는 수입 사안별로 결정되어야 하고 그 범위를 너무 넓게 인정하여서는 안 될 것이다. 그러나 원고의 주장과 같이 수입물품과 그 품질 및 소비자 등의 평판 등이 동일 내지 유사한 물품을 수입하여 판매하는 업체만을 비교대상업체로 선정하는 것은 동종·동질물품 내지 유사물품을 수입하여 판매하는 업체만 비교대상업체로 선정하여야 한다는 주장으로서 그보다 넓은 동종·동류물품에 관하여 통상적으로 발생하는 이윤 및 일반경비를 공제하도록 규정한 위 관련 법률의 내용에 반한다. 따라서 피고가 위 관련 법률에 따라 동종·동류 물품 수입업체를 비교대상업체로 선정하였으므로, 동종·동류비율 산정을 위해 선정한 비교대상업체가 원고에 비해 브랜드 가치가 낮다거나 위 비교대상업체와 원고가 각 수입한 물품을 국내에서 판매할 때 소비자가격 등에 차이가 있다는 사정만으로는 부산세관장이 동종·동류의 수입물품의 범위를 너무 넓게 인정함으로써 비교대상업체 선정이 위법하게 되었다고 인정하기 어렵다. 원고의 이 부분 주장도 이유 없다.

"비교대상업체 선정 및 동종·동류비율 산정의 위법 여부"에 대하여, 관세법 제33조 제1항 제1호, 제2호는 국내판매가격을 기초로 한 과세가격 결정시 해당 물품, 동종·동질물품 또는 유사물품의 국내판매가격에서 '국내판매와 관련하여 통상적으로 지급하였거나 지급하여야 할 것으로 합의된 수수료 또는 동종·동류의 수입물품이 국내에서 판매되는 때에 통상적으로 부가되는 이윤 및 일반경비에 해당하는 금액'을 공제하도록 규정하고 있고, 구 관세령 제27조 제3항은 관세법 제33조 제1항 제2호의 '동종·동류의 수입물품'이란 '당해 수입물품이 제조되는 특정산업 또는 산업부문에서 생산되고 당해 수입물품과 일반적으로 동일한 범주에 속하는 물품(동종·동질물품 또는 유사물품을 포함)을 말한다'고 규정하면서, 제5항은 '세관장은 관세청장이 정하는 바에 따라 해당 수입물품의 특성, 거래 규모 등을 고려하여 동종·동류의 수입물품을 선정하고, 이 물품이 국내에서 판매되는 때에 부가되는 이윤 및 일반경비의 평균값을 기준으로 동종·동류비율을 산출하여야 한다'고 규정하고 있다. 이에 따라 이 사건 고시 제26조는 이윤 및 일반경비 계산을 위한 동종·동류비율의 구체적인 산출방법을 규정하고 있는데, 제4항은 동종·동류의 수입물품에 대한 품목번호의 범위는 납세의무자의 수입신고 실적을 고려하여 결정하고, 비교대상업체의 업종범위는 해당업종과 연계업종을 고려하여 결정하도록 정하고 있으며, 제5항은 동종·동류의 수입물품에 대한 연도별 수입실적을 기준으로 상위 100개 업체 중 일정 요건을 충족하는 상위 30개 업체를 비교대상업체로 선정하도록 정하고 있는데, 그 요건 중 하나로 제3호에서 '국내판매형태(제조, 도·소매)가 동일하거나 유사한 업체. 다만, 손익계산서에 판매형태별로 매출액 및 매출원가가 구분되어 있는 경우에는 여러 판매형태를 병행하고 있는 업체도 비교대상업체로 선정할 수 있다'를 규정하고 있다. 한편 같은 조 제6항 제3호는 위와 같이 선정된 업체들 중에서 '구매자와 판매자가 관세령 제23조 제1항의 특수관계에 해당하고 세관장이 동 특수관계가 거래가격의 결정에 영향을 주었다고 결정한 경우'는 제외하도록 정하고 있다. 위 관련 법령에 기초하여 다음과 같은 사정들을 종합해 보면, 부산세관장이 제출한 증거들만으로는 최종 비교대상업체의 선정 및 동종·동류비율의 산정이 적법하게 이루어졌다고 보기에 부족하고, 달리 이를 인정할 증거가 없다:

- 부산세관장과 관세평가분류원은 비교대상업체 추출·선정과 그에 따른 동종·동류비율 산출을 위하여 관세청 심사정보 시스템을 운용하고 있는데, 이러한 관세청 심사정보 시스템은 회계연도, 판매형태(도소매업, 제조업), 신청업체명, 신청업체부호, 신청업종부호, 신청물품단위, 비교대상물품단위, 비교대상업종부호, 비교대상업체후보수 등 조건 값을 입력하면 이를 모두 만족하는 비교대상업체후보가 자동 조회되는 형태로 운용된다. 여기서 업종범위는 관세청 심사정보 시스템에 연동된 키스라인(이하 '키스라인 시스템')에서 제공하는 업종정보를 기준으로 추출되는데, 키스라인 시스템에서

조회되는 업종은 조회 당시를 기준으로 그 무렵의 업종만 조회가 가능하도록 되어 있다;

- 관련 법령의 규정 내용과 취지에 비추어 보면, 관세법 제33조의 과세가격은 적어도 해당 연도, 즉 과세대상인 수입물품이 수입되는 시점과 동시 또는 유사한 시점을 기준으로 정하여야 하고, 비교대상업체 역시 그러한 시점을 기준으로 추출·선정하여야 한다. 이는 관세법 제33조의 과세가격이 수입신고 당시 최종 판매가격에서 이윤 및 일반경비 등 각종 비용을 공제하여 산출되도록 하고 있는데, 이때 공제되는 이윤 및 일반경비는 동종·동류의 수입물품이 국내에서 판매되는 때에 통상적으로 부가되는 이윤 및 일반경비이므로, 수입신고 당시 국내 시장에서 과세대상 수입물품과 경쟁하는 동종·동류의 수입물품을 수입하는 동종·동류 물품의 수입업체들을 비교대상업체로 추출하여야 위와 같은 동종·동류의 수입물품이 국내에서 판매되는 때에 통상적으로 부가되는 이윤 및 일반경비를 적정하게 산출할 수 있기 때문이다(따라서 이윤 및 일반경비를 산정하는 데에 필요한 동종·동류비율의 산출과 관련한 비교대상업체의 추출·선정에 있어서는 수입물품이 수입되는 시점과 동시 또는 유사한 시점을 기준으로 할 필요가 없다는 부산세관장의 주장은 받아들일 수 없다);
- 한편, 이 사건 고시 제26조는 동종·동류의 수입물품에 대한 품목번호의 범위와 비교대상업체의 업종범위를 기준으로 비교대상업체를 선정하도록 하고 있는데, 이때 동종·동류의 수입물품에 대한 품목범위는 납세의무자의 수입신고 실적을, 비교대상업체의 업종범위는 해당업종과 연계업종을 각각 고려하도록 하고 있다. 이처럼 이사건 고시가 품목번호의 범위와 업종범위를 기준으로 비교대상업체를 선정하도록 한 것은 해당 연도의 과세대상이 되는 수입물품을 수입하는 업체와 동종·유사한 업종을 기준으로 품목범위가 동일·유사한 수입업체를 추출한다면 수입신고 당시 국내 시장에서 과세대상 수입물품과 경쟁하는 동종·동류의 수입물품을 수입하는 수입업체를 찾기에 적절하다고 보았기 때문으로 보인다;
- 부산세관장은 품목분류번호를 기준으로 동종·동류의 수입물품에 대한 품목범위를 정하고, 여기에 앞서 본 바와 같이 키스라인 시스템에서 조회되는 업종을 기준으로 업체범위를 한정하여 비교대상업체를 추출·선정하고 있다. 그런데 키스라인 시스템에서 조회되는 업종은 조회 당시를 기준으로 그 무렵의 업종만 조회가 가능하므로, 만약 수입되는 시점과 동시 또는 그 무렵과 유사한 시점의 동종·동류의 수입물품 수입업체라 하더라도 그 후 업종의 변동이 있게 된다면 조회 당시 업종이 다르다는 이유로 조회 자체가 되지 않으므로 비교대상업체후보에서 배제될 수 있고, 반대로 수입되는 시점과 동시 또는 그 무렵과 유사한 시점의 동종·동류의 수입물품 수입업체가 아니라 하더라도 조회시점에 업종이 변경되어 업종이 동일·유사하게 된다면 비교대상업체후보가 될 수도 있게 된다. 이처럼 조회시점에 따라 비교대상업체후보가 달라지게 된다면 비교대상업체에 실제 포함되어야 할 업체가 업종이 다르다는 이유로 제외

되거나 동종·동류의 수입물품과 업종은 동일·유사하지만 실제 경쟁관계가 아니거나 동종업체로 보기 어려운 업체가 비교대상업체후보로 선정될 여지가 있게 되어 비교대상업체후보에 포함되어야 할 업체가 누락되거나 비교대상업체후보에 포함시키지 말아야 할 업체가 선정될 수 있는 문제점이 있게 된다(원고는 위와 같은 문제점을 확인하기 위하여, 부산세관장이 이 사건 물품에 관한 관세심사를 실시한 2014년경 및 최근 시점의 관세청 심사정보 시스템 상 각 동종·동류 수입물품 수입업체 현황을 조회한 내역을 제출할 것을 요청하였으나, 부산세관장은 과거 처분시 비교대상업체 조회 자료를 현재 보유하고 있지 않다거나 원고에게 최초 100개의 비교대상업체의 정보를 공개할 합리적 이유가 존재하지 않는다는 등의 이유로 불응하였는바, 부산세관장도 위와 같이 조회시점에 따라 비교대상업체후보가 달라지게 될 수 있다는 점은 자인하는 것으로 보인다);

- 결국 적정한 비교대상업체의 추출·선정은 과세대상 수입물품의 수입시점 또는 그 무렵 시장에서 경쟁하고 있는 동종·동류 물품의 수입업체들을 찾아내는 데에 달려 있다고 할 것인데, 부산세관장이 운용하는 관세청 심사정보 시스템에 의하면 업종의 변동 등 사정에 따라 수입 시점 또는 그 무렵을 기준으로 동종·동류의 물품을 수입하고 있지 않던 업체가 비교대상업체후보로 추출될 수 있거나 수입 시점 또는 그 무렵을 기준으로 동종·동류의 물품을 수입하였던 업체임에도 비교대상업체후보에서 배제될 수 있으므로, 관련 법령과 고시에 위배하여 그 자체로 위법하다 할 것이고, 설령 부산세관장이 최초 산정하여 통보한 동종·동류비율에 대한 원고의 이의제기 내용을 반영하여 원고에게 유리하도록 동종·동류비율을 상향하였다 하더라도 마찬가지라 할 것이다;
- 부산세관장은, 이 사건 고시에서 규정하는 동종·동류비율의 요건을 해당물품 거래와 반드시 일치하지는 않더라도 제4방법의 특성을 고려해 볼 때, 기업별 회계보고서를 기준으로 당해 물품이 속한 산업군 내의 기업에 관한 정보로서 당해 거래와 일반적으로 동일하다고 인정될 수준의 것이라면 충분하다는 취지이므로, 부산세관장의 비교대상업체 선정은 결과적으로 적정하다는 취지로 주장한다. 그러나 부산세관장이 제출한 자료에 의하더라도 이 사건 수입물품의 수입신고 당시에는 비교대상업체 선정기준을 충족하였다가 부산세관장의 조회시점에 업종이 변동되어 비교대상업체로 추출되지 않은 업체가 있는지 여부는 확인할 수 없는 점, 부산세관장이 당심에서 제출한 비교대상업체 조회 화면 캡쳐 자료 역시 수입액 비중, 매출총이익률 편차 등과 관련하여 매출원가가 기재되지 않았거나 위 자료에 기재된 수입액 비중과 자료상 수치를 기초로 계산한 수입액 비중이 서로 불일치하고, 위 자료에서 선정된 비교대상업체들의 매출총이익률이 허용 편차범위 내에 있는지 의문이 있음에도, 부산세관장은 구체적인 선정자료들을 전부 제출하지 않은 채 비교대상업체들의 선정이 적정하게 되었다고만 주장하고 있는 점, 부산세관장의 관세행정 통합정보시스템에 의하면 조회

시점에 따라 업종뿐만 아니라 매출액·수입액·매출총이익률 등 비교대상업체 선정의 기준이 되는 수치들도 달라지는 것으로 보이는 점 등을 종합하여 볼 때, 부산세관장이 제출한 증거만으로는 비교대상업체가 결과적으로는 적정하게 선정되었다고 보기도 부족하다;

- 부산세관장은 각 수입업체의 수입통관데이터 등 수입가격 정보와 수입물품에 대한 정보를 가지고 있으므로, 수입 당시를 기준으로 수입물품과 비슷한 물품을 수입한 업체를 추출하여 그 당시 업종 등을 기준으로 상위업체를 선별한 다음, 대한민국 내에서 판매한 형태를 고려하고 이들 기업이 공시한 회계보고서 등으로 통상적인 이윤 및 일반경비를 산출할 수 있을 것이다. 그러므로 키스라인 시스템에 의한 비교대상업체 선정방식이 앞서 본 바와 같은 한계에도 불구하고 최선의 방법으로서 적법하다는 취지의 부산세관장 주장도 받아들이기 어렵다.

(2) 【대법원 2022.9.29. 선고 2022두45470 판결】 사건

이 사건은 상고심의 심리불속행 상고기각으로 원심[11]의 판결이 그대로 확정되었다. 이 사건의 처분경위는 다음과 같다. 원고는 건강기능식품, 화장품 등을 다단계판매조직을 통해 판매하는 것을 목적으로 1994.2.16. 설립되어 방문판매법 제13조에 따라 공정거래위원회에 등록된 다단계판매업자이다. 미국 허○◎◎◎ 인터내셔널(이하 '허○본사')이 원고 발행주식의 100%를 보유하고 있는데, 원고가 속한 허○◎◎◎ 그룹은 세계 약 94개국에 진출하여 약 230만 명의 다단계판매원을 확보하고 있는 다국적 다단계판매 기업집단이다. 원고는 허○◎◎◎ 제품의 상표 및 제조공법(레시피) 등 기술정보를 보유한 허○본사와, 1996.11.18. 허○본사가 국내에서 허○◎◎◎ 제품의 제조활동에 필요한 특정 기술정보 등 무형자산의 사용을 원고에게 허락하고 그 대가로 원고가 국내에서 제조된 허○◎◎◎ 제품의 매출에 근거한 로열티를 지급하는 내용의 라이센스 및 기술지원 계약을, 1999.1.1. 허○본사가 원고로 하여금 허○◎◎◎의 시스템을 이용하여 프랜차이즈 영업을 할 수 있도록 원고에게 허○본사의 영업계획, 판매원 네트워크, 미국 거래기밀, 노하우, 허○◎◎◎ 저작권 등에 접근할 수 있는 권한을 제공하는 내용의 프랜차이즈 및 라이센스 계약을 각 체결하고, 허○본사가 100% 지분을 보유한 허○○○○○와 1996.11.18. Administrative Services Agreement(이하 '이 사건지원계약')을 체결하였다. 이 사건 지원계약은 원고가 허○○○○○로부터 다단계 판매업을 영위하는데 있어 필요한 직·간접적인 경영활동을 지원받고, 허○○○○○에 그 대가를 지급하는 내용이다. 원고는 특수관계가 없는 미국법인 엔○○○○ 매뉴팩쳐링, 뉴○○ 매뉴팩쳐링, 발○○○ 엔터프라이즈 등의 업체(이하 '이 사건 각 공급업체')들과 개발 및 공급계약을 체결하였고, 그에 따라 2011.1.12.부터

11) 서울고등법원 2022.05.10. 선고 2021누38613 판결.

2013.5.24.까지 이 사건 각 공급업체를 공급자로 하여 991회에 걸쳐 건강기능식품 및 화장품(이하 '이 사건 수입물품')을 수입하면서, 구 관세법 제30조, 제28조 제1항에 따라 실제 거래가격을 과세가격으로 하여 잠정가격 신고를 하였으며, 그 후 각 수입신고일이 속한 사업연도의 익년도 6월까지 같은 법 제28조 제2항에 따른 확정가격을 신고하였다. 세관장은 원고에 대한 실지심사를 실시한 결과, '① 이 사건 수입물품의 실질적인 판매자는 이 사건 각 공급업체가 아닌 허○○○○○○인데, 이 사건 수입물품의 거래가격은 원고와 허○○○○○ 간 특수관계의 영향을 받았다, ② 거래관계 등에 대한 합리적인 의심 사유가 존재한다'는 이유로 신고가격을 부인하고, 구 관세법 제33조 제1항에 따라 원고가 이 사건 수입물품을 국내에서 판매한 가격에서 동종·동류 수입물품의 통상적인 이윤 및 일반경비를 공제하는 방식(이하 '제4방법')으로 과세가격을 결정하기로 하여, 2015.5.경부터 8.경까지 원고에게 추가 자료제출을 요구한 후 5차에 걸쳐 관세 등을 경정·고지하였다.[12]

이 사건에서 제기된 쟁점 중 동종·동류비율 산출 과정상 하자 주장에 관하여 원심은 다음과 같이 판시하고 있다.[13] 다음과 같은 사정들을 종합하여 보면, 세관장이 제출한 증거들만으로는 세관장이 제4방법을 적용하여 이 사건 수입물품의 과세가격을 산정할 때 최종 비교대상업체를 적법하게 선정하였다고 보기 어려우므로, 이에 기초한 이 사건 각 부과처분은 위법하다고 할 것이다:

- 위 각 관련 규정의 내용과 취지에 비추어 보면 구 관세법 제33조의 과세가격은 과세대상인 수입물품이 수입되는 시점과 동시 또는 유사한 시점인 해당연도를 기준으로 정하여야 하고, 비교대상업체 역시 그 시점을 기준으로 추출·선정하여야 한다. 즉, 구 관세법 제33조의 과세가격은 수입신고 당시 최종 판매가격에서 이윤 및 일반경비

12) 원고는 이 사건 수입물품 중 2012.5.4.부터 2013.4.17.까지의 18건의 수입분에 대하여 세관장에게 「대한민국과 유럽연합 및 그 회원국 간의 자유무역협정」에 따른 협정관세율 각 4% 및 6%를 적용하여 수입신고하였다가, 이 사건 각 부과처분 후인 2017.3.31. 기본관세율 8%를 적용하되, 제4방법에 따른 과세가격에 따라 산정된 관세를 수정신고·납부하였다. 원고는 다시 2017.5.4. 세관장에게 위 수정신고·납부세액이 제4방법에 따라 과다 산정되었음을 이유로 그 세액 중 일부를 환급해 달라는 취지의 경정청구를 하였으나, 세관장은 2017.5.12. 위 경정청구를 거부하였다.

13) 아울러 원심은 이 사건 각 부과처분 등 중 취소하여야 할 세액의 범위에 관하여 다음과 같이 판시하고 있다. 과세처분취소소송에 있어 처분의 적법 여부는 정당한 세액을 초과하느냐의 여부에 따라 판단되는 것으로서 당사자는 객관적인 과세표준과 세액을 뒷받침하는 주장과 자료를 제출할 수 있고, 이러한 자료에 의하여 적법하게 부과될 정당한 세액이 산출되는 때에는 그 정당한 세액을 초과하는 부분만 취소하여야 하나, 그렇지 아니한 경우에는 과세처분 전부를 취소할 수밖에 없으며, 그 경우 법원이 직권에 의하여 적극적으로 합리적이고 타당성 있는 과세금액의 산정방법을 찾아내어 부과할 정당한 세액을 계산할 의무까지 지는 것은 아니다. 세관장이 현재 운용 중인 변경 후 시스템('개선 이전 결과 여부' N)을 통해서도 이 사건 수입물품과 관련한 적정 비교대상업체의 추출·선정이 가능한지 여전히 의문이 있는바, 변론에 나타난 소송자료만으로는 제4방법 또는 다른 방법으로 이 사건 수입물품에 관한 정당한 세액을 산출할 수 없으므로, 이 사건 각 부과처분 등 전부를 취소하기로 한다.

등 각종 비용을 공제하여 산출하도록 되어 있는데, 이때 공제되는 이윤 및 일반경비는 동종·동류의 수입물품이 국내에서 판매되는 때에 통상적으로 부가되는 이윤 및 일반경비이므로, 이를 적정하게 산출하기 위해서는 수입신고 당시 국내시장에서 과세대상 수입물품과 경쟁하는 동종·동류 물품의 수입업체들을 비교대상업체로 추출하여야 한다[따라서 제1 내지 3방법과 달리 제4방법의 본질적 속성상 추산의 요소가 내재되어 있는 점과 이 사건 고시 제26조 제4항 제2호의 '해당업종(신용평가기관에서 조회되는 납세의무자의 업종)'이라는 문언 등을 근거로, 이윤 및 일반경비는 반드시 수입물품이 수입되는 시점과 동시 또는 유사한 시점을 기준으로 할 필요가 없다고 하는 세관장의 주장은 받아들일 수 없다;

- 이 사건 고시 제26조 제4항 각 호는 동종·동류의 수입물품에 대한 품목번호의 범위와 비교대상업체의 업종범위를 기준으로 비교대상업체를 선정하도록 하고 있는데, 이때 동종·동류의 수입물품에 대한 품목범위는 납세의무자의 수입신고 실적을, 비교대상업체의 업종범위는 해당업종과 연계업종을 각각 고려하도록 하고 있다. 위와 같은 기준은 수입신고 당시 국내시장에서 과세대상 수입물품과 경쟁하는 동종·동류의 수입물품을 수입하는 수입업체를 찾기에 적절한 기준을 설정한 것으로 보인다;
- 세관장은 품목분류번호(HS CODE)를 기준으로 동종·동류의 수입물품에 대한 품목범위를 정한 다음, 여기에 키스라인 시스템에서 조회되는 업종을 기준으로 업체범위를 한정하여 비교대상업체를 추출·선정하여 왔다. 그런데 키스라인 시스템에서는 조회 당시를 기준으로 그 무렵의 업종만 조회가 가능하므로, 만약 수입되는 시점과 동시 또는 그 무렵과 유사한 시점의 동종·동류의 수입물품 수입업체라 하더라도 그 후 업종의 변동이 있게 된다면 조회 당시 업종이 다르다는 이유로 조회 자체가 되지 않으므로 비교대상업체 후보에서 배제될 수 있고, 반대로 수입되는 시점과 동시 또는 그 무렵과 유사한 시점의 동종·동류의 수입물품 수입업체가 아니라 하더라도 조회시점에 업종이 변경되어 업종이 동일·유사하게 된다면 비교대상업체 후보가 될 수도 있게 된다. 이처럼 조회시점에 따라 비교대상업체 후보가 달라지게 된다면, 전자의 경우 실제로는 수입실적 상위 100개 업체에 들지 못하였을 업체가 100개 업체에 잘못 포함되게 되고, 후자의 경우 실제로는 수입실적 상위 100개 업체에 들어야 했을 업체가 다른 업체에 밀려 100개 업체에 포함되지 않게 된다;
- 세관장의 주장의 요지는 아래와 같다. ① 이 사건의 경우 유사 선행판결과 달리, 이 사건 각 부과처분에 앞서 2015.12.경이 사건 시스템을 이용해 추출·선정된 2011~2013년 수입신고분 최종 비교대상업체가, 2019년경 변경후 시스템에서 '개선 이전 결과 여부' 항목의 Y로 조회(이 사건 시스템과 같이 키스라인 시스템의 업종정보를 기준으로 한 것)하여 추출·선정된 최종 비교대상업체와 차이가 없으므로, 원고가 주장하는 이 사건 시스템의 문제점이라는 것은 단지 추상적이고 관념적인 입론에 불과하고,

실제로는 이 사건 각 부과처분에 아무런 영향도 미치지 않았다. ② 설령 이 사건 시스템에 다소 오류가 있었다고 하더라도, 위 2015.12.경 이 사건 시스템을 이용한 추출·선정 결과와 변경 후 시스템의 '개선 이전 결과 여부' 항목 N에 체크를 하여 조회한 결과 즉, 관세청 징수 및 심사 DB에 누적된 업종변경이력을 반영시킨 이 사건 수입물품의 수입시점 업종의 추출·선정 결과를 대조해 보면, 2013년 화장품을 제외한 나머지 수입물품의 비교대상업체로 서로 동일한 업체가 추출·선정되었으므로, 그 범위에서는 비교대상업체 추출·선정 결과가 적법하다고 보아야 한다.

위 주장의 당부에 관하여 판단하기에 앞서, 이 사건 시스템 또는 변경 후 시스템('개선 이전 결과 여부' N)에 의해 관세법령 및 이 사건 고시가 정한 적정한 동종·동류비율이 산정될 수 있는지에 관한 증명의 책임과 정도에 관하여 본다. 과세처분의 적법성에 대한 증명책임은 과세관청에 있으므로 세관장이 이 사건 각 부과처분의 기초가 된 비교대상업체의 추출·선정이 적정하였음을 증명하여야함은 물론이다. 여기에 제4방법에 따른 거래가격 결정은 동종·동류의 수입물품에 대한 수입실적 등 과세관청이 지배·관리하는 내부 시스템에 저장된 정보를 통해 비교대상업체를 추출·선정하여 이루어지고 과세처분시는 물론 그 이후 쟁송단계에서도 납세의무자가 해당 정보나 시스템을 공유하면서 상호 검증하는 데 분명한 한계가 있는 점(원고도 그러한 이유에서 세관장이 제시하는 자료에만 의존해 그 흠결을 지적하는 방식으로 변론할 수밖에 없었다), 제4방법은 기업이 이윤극대화를 위해 해온 모든 개별적인 활동을 인정하지 않은 채 동종·동류의 물품을 취급하는 경쟁업체들의 평균적인 매출총이익률만큼을 인정하는 선에서 과세가격을 산정하는 것으로서, 해당 물품을 수입하는 기업의 재산권을 상당히 제한하는 과세방법인 반면, 동종·동류비율이 납세의무자의 회계보고서상 이윤 및 일반경비와 비교하는 것이기는 하여도 그 산정시 비교대상업체의 동종·동류 물품 판매 외 다른 영업으로 인한 매출까지도 반영된 매출총이익률이 과세기준이 될 수밖에 없는 점, 세관장 또는 관세청 소속 다른 세관장이 이 사건 시스템과 동일한 시스템을 이용하여 한 종전 관세 등 부과처분이 비교대상업체 추출·선정에 위법이 있다는 원고 주장과 같은 이유로 유사 선행판결을 비롯한 다수의 판결을 통해 취소된 점 등을 보태어 보면, 세관장이 한 비교대상업체 추출·선정의 적정성은 상당한 정도로 충분히 증명되어야 할 필요가 있다.

살피건대, 다음과 같은 사정들을 종합하여 보면, 세관장이 들고 있는 사정만으로는 이 사건 각 부과처분의 기초가 된 비교대상업체의 추출·선정이 앞서 본 이 사건 시스템의 한계 내지 문제점에도 불구하고 그 영향을 받지 않고 관련 법령과 이 사건 고시에 따라 적법하게 이루어졌다는 점이 충분하게 증명되었다고 보기는 어렵다:

➲ 세관장은 2015.12.경 추출·선정된 비교대상업체와 2019년경 추출·선정된 비교대상업체 간 차이가 없다는 사정을 들고 있다. 그러나 위 각 추출·선정 결과를 그대로

믿더라도 위 각 결과는 여전히 이 사건 수입물품의 수입시점의 업종 정보를 반영하지 못한 것으로서, 여전히 유사 선행판결이 지적한 이 사건 시스템의 문제점 즉, 이 사건 수입물품의 수입 당시에는 동종·동류의 물품을 수입하여 비교대상업체에 속하였어야 할 업체임에도 그 후 업종 변경으로 인해 위 각 추출·선정시에는 선정되지 못한 업체가 있는지, 반대로 수입 당시에는 업종이 달라 동종·동류의 물품을 수입한다고 볼 수 없었던 업체임에도 그 후 해당업종 또는 연계업종으로 업종을 변경하여 위 각 추출·선정시 선정된 업체가 있는지 확인되지 않는다는 한계가 있으므로, 그러한 비교 결과에 큰 의미를 부여할 수 없다;

➲ 더욱이 위 각 추출·선정 결과를 비교해 보면, 100개 업체명과 그 순위는 물론 해당 업체들의 업종코드, 수입액, 수입순위, 매출액, 매출이익, 매출이익률 등 많은 항목에서 서로 크고 작은 차이가 있음을 알 수 있다. 이에 대하여 세관장은, 제출된 조회화면이나 엑셀파일은 이 사건 시스템과 변경 후 시스템을 통해 각 품목번호 및 업종만 반영해 100개 업체를 추출한 결과일 뿐, 그 후 세관 소속 담당자가 해당 업체들의 감사보고서를 기준으로 수작업으로 수입액이나 매출액 등 항목을 개별적으로 보충·정정하였다고 주장하면서, 조회시마다 수입액, 매출액 등이 달라진다고 하더라도 그러한 사정이 비교대상업체 추출·선정의 적정성과는 아무런 관련이 없다고 주장한다. 그러나 세관장이 위 각 조회결과 중 수입액, 매출액 등 정보를 해당 업체들의 감사보고서를 기준으로 하나하나 실제 정확히 확인·수정하였음을 인정할 만한 객관적이고 신뢰할 수 있는 자료가 충분히 제출되지 아니한 점, 세관장과 같은 관세청 소속 인천·부산세관장이 같은 쟁점의 종전 소송들 중 일부에서 해당 소송의 원고가 신청한 비교대상업체 조회내역에 관한 문서제출 요청에 대하여 그 문서를 공개할 합리적 이유가 없다는 이유로 응하지 아니하였던 점 등의 사정을 종합하여 보면, 세관장의 위 주장도 선뜻 믿기가 쉽지 않다;

➲ 또한 세관장은 이 사건 각 부과처분에서 추출·선정한 비교대상업체의 목록이 변경 후 시스템('개선 이전 결과 여부' N)을 통해 추출·선정한 것과 일부 동일하므로, 그 부분의 적정성이 증명되었다고 예비적 주장을 한다. 이러한 세관장의 주장은 2019.3.경 비교대상업체 추출·선정 시스템이 개선되어 수입 당시의 업종변경이력까지 고려한 비교대상업체의 선정이 가능해졌음을 전제로 한다. 관세청이 유사 선행판결 등을 통해 이 사건 시스템에 대한 문제의식을 가진 후 2018.8.경부터 2019.3.경에 걸친 작업 끝에 비교대상업체 추출·선정시 관세청이 누적 관리하여 온 징수 및 심사 DB 상의 과거 업종변경이력이 반영되도록 변경 후 시스템을 만든 사실은 앞서 본 바와 같다. 그러나 다음과 같은 이 사건 재판의 진행 경과 등에 비추어, 과연 위 변경 후 시스템이 수입시점의 업종을 고려하여 비교대상업체를 추출·선정하는 데 적합하게 개선된 것인지 의문이 있다:

➤ 세관장의 주장대로라면 2019.3.경 이 사건 수입물품의 수입시점을 기준으로 한 업종정보에 기반한 새로운 시스템을 갖추었으므로, 위 세관장이 그 무렵부터는 이 사건 고시에 따른 적정 비교대상업체의 '정답'을 알고 있었거나 쉽게 알 수 있었다고 보아야 한다. 그럼에도 세관장은 이 사건 변론과정에서 그 '정답'을 제시하는 쉬운 방법을 놔둔 채 이 사건 각 부과처분시의 추출·선정 결과와 2019년경의 추출·선정 결과('개선 이전 결과 여부' Y)를 비교하는 방법으로 이 사건 각 부과처분의 적법성을 주장하여 오다가, 2020.11.6.자 준비서면을 통해 비로소 변경후 시스템('개선 이전 결과 여부' N)에 따른 추출·선정 결과도 이 사건 각 부과처분시의 추출·선정 결과와 동일하다는 주장을 하면서 그 증거로서 변경후 시스템상의 조회화면 등을 제출하였는바, 세관장의 이러한 변론방식은 적정 비교대상업체의 '정답'을 알고 있는 자가 취할 만한 것이 아니어서 위 세관장 주장의 신빙성을 상당히 의심하게 한다;

➤ 세관장은 '상위 100개 업체 추출시 조회시스템에 품목번호만을 입력한다.'고 주장을 번복한 이후, 그 주장을 전제로 '변경후 시스템을 통해(품목번호만을 기준으로 추출한) 100개 업체들의 수입 당시 업종변경이력까지 확인할 수 있다.'는 취지로 주장하였는바, 그 주장 자체로도 이 사건 수입물품의 수입시점을 기준으로 당시의 업종정보까지 반영한 100개 업체 선정이 가능해졌다는 취지는 아닌 것으로 보인다. 즉, 변경후 시스템('개선 이전 결과 여부' N)은 100개 업체 선정시 수입시점으로 보정된 업종 정보가 반영되는 것이 아니라, 품목번호만으로 추출된 100개 업체의 과거업종변경이력을 가지고 수입시점에 업종범위에 포함되지 않는 업체를 제외하는 방식으로 운용되는 것으로 보이는바, 이 사건 시스템의 문제점 중 수입시점 무렵 동종·동류의 수입물품 수입업체였다가 조회 당시 업종이 변동되어 비교대상업체 후보에서 배제되는 경우는 여전히 해결되지 않은 것이다[세관장은 이 정도의 문제는 제4방법을 포기하지 않는 한 용인되어야 한다는 취지의 주장을 하나, 위에서 본 제4방법의 내재적 한계를 고려할 때 위와 같은 문제점을 가벼이 다루기는 어려워 보인다].

(3) 【대법원 2020.6.30. 선고 2022두38281 판결】 사건

이 사건은 상고심이 심리불속행 상고기각으로 원심[14]이 그대로 확정되었다. 이 사건의 처분경위는 다음과 같다. 원고는 미국에 본사를 둔 B○○(이하 'B○○')의 자회사인 B△△와 A사가 각 50%를 출자하여 국내에 설립한 회사로서, 바이러스성 간질환 치료제, 항암제 등 완제의약품을 B○○와 그 계열사인 S○ 등(이하 '이 사건 판매자')으로부터 수입하여

14) 서울고등법원 2022.02.17. 선고 2021누37238 판결.

국내 의약품 도매상 등에 판매하는 사업을 영위하고 있다. 원고는 2012.11.14.부터 2015.8.18.까지 이 사건 판매자로부터 B형 간염치료제 '바○○○○'1)를 92회에 걸쳐 수입하면서(이하 '이 사건 수입물품') 구 관세법 제30조 제1항에 따라 이 사건 판매자에게 지급한 거래가격을 과세가격으로 신고하고 관세 등을 납부하였다. 서울세관장은 원고에 대한 기업심사를 실시한 후, 2017.8.1. 아래와 같은 이유에서 원고가 신고한 위 거래가격이 이 사건 판매자와 원고 사이의 특수관계에 의하여 영향을 받아서 부당하게 저가로 책정되었다는 이유로 이를 부인하고, 구 관세법 제33조 제1항에 따라 원고가 이 사건 수입물품을 국내에서 판매한 가격에서 동종·동류 수입물품의 통상적인 이윤 및 일반경비를 공제하는 방식(이하 '제4방법')으로 결정한 과세가격에 의하여 관세 등을을 경정·고지하였다.

원심은 아래와 같이 판시하고 있다. **❶ 동종·동류비율 산출의 적법 여부에 대하여** ➲ 다음과 같은 사정에 비추어 보면, 구 관세법 제33조 제1항 제2호, 구 관세령 제27조 제5항, 이 사건 고시 제26조 제5항에 따라 동종·동류비율을 산출하는 과정에서의 100개의 비교대상업체의 선정은 '품목번호의 범위'뿐만 아니라 '업종범위'도 아울러 고려해야 한다고 봄이 타당하므로, 서울세관장이 업종범위에 대한 고려 없이 품목번호의 범위만을 고려하여 선정한 100개의 비교대상업체를 기준으로 동종·동류비율을 산출한 것은 위법하다:

- 구 관세령 제27조 제3항, 이 사건 고시 제26조 제5항에 의하면, 상위 100개 비교대상업체의 선정 기준이 되는 '동종·동류의 수입물품'이라는 개념은 '당해 수입물품이 제조되는 특정산업 또는 산업부문'이라는 표지를 전제로 하고 있음은 앞서 살핀 바와 같다. 한편, 이 사건 고시는 제26조 제4항 제1호, 제5항에서 '동종·동류의 수입물품에 대한 품목번호'와 '수입신고 실적'을 연결하고 있으므로, 물품의 산업별, 용도별 구분의 따른 숫자의 배열인 품목번호의 범위를 '당해 수입물품이 제조되는 특정산업 또는 산업부문'이라는 표지를 구체화하는 요소로 볼 수 있기는 하다. 그런데 기업의 개별적인 활동을 고려하는 대신 동종·동류의 물품을 취급하는 경쟁업체들의 평균적인 매출총이익률을 기준으로 과세가격을 산정하는 제4방법의 취지를 고려할 때, 이 사건 고시 제26조 제4항 제1호의 품목번호의 범위만을 기준으로 비교대상업체 선정의 기준이 되는 '동종·동류의 수입물품'인지 여부를 판단하게 되면, 특정 산업을 영위하는 회사가 특정 산업과 무관한 물품을 수입하거나 다른 사업을 함께 영위하여 매출총이익률이 왜곡되는 경우에도 비교대상으로 선정될 가능성이 있어 구 관세법 제33조 제1항 제2호의 취지에 어긋날 위험이 있다. 따라서 이 사건 고시 제26조 제4항 제2호의 '업종범위'도 '당해 수입물품이 제조되는 특정산업 또는 산업부문'이라는 표지를 구체화하는 요소에 해당한다고 봄이 타당하다;
- 동종·동류비율을 산출하기 위한 비교대상업체의 선정은 ① 품목번호의 범위와 업종범위를 모두 고려하여야 하여 비교대상업체들을 선정한 다음, ② 비교대상업체 중

연도별 수입실적을 기준으로 상위 100개의 비교대상업체를 선정하고, ③ 이후 100개의 비교대상업체 중 이 사건 고시 제26조 제5항 각 호의 요건을 충족하는 상위 30개의 업체를 선정하는 절차에 나아가야 한다고 보는 것이 이 사건 고시 제26조 제1항, 제2항, 제4항, 제5항에 부합한다고 보인다.

- 제4방법은 기업의 개별적인 활동을 고려하는 대신 동종·동류의 물품을 취급하는 경쟁업체들의 평균적인 매출총이익률을 기준으로 과세가격을 산정하는 방법이다. 그런데 '매출총이익률'에는 비교대상업체의 동종·동류물품 판매로 인한 매출 외에 다른 영업으로 인한 매출이 반영될 수 있다는 문제가 있으므로, 동종·동류의 수입물품을 선정함에 있어서는 평가대상 물품을 포함하면서도 위 물품에 관한 정보를 제공받을 수 있는 가장 유사한 집단을 엄격하게 탐색하여 동종·동류물품 판매로 인한 매출 외에 다른 영업으로 인한 매출이 반영된 왜곡이 발생하는 것을 방지할 필요성이 크다. 그런데 서울세관장의 주장과 같이 품목번호의 범위만을 고려하여 상위 100개의 비교대상업체를 선정하게 되면 다른 영업으로 인한 매출이 매출총이익률에 유의미하게 영향을 미치는 업체들이 다수 포함될 수 있고, 그로 인한 왜곡으로 적정한 비교가 이루어질 수 없는 문제가 발생할 가능성이 있다;
- 서울세관장은 실무적으로 이 사건 고시 제26조 제5항의 '상위 100개 업체'를 선정함에 있어 품목번호의 범위만을 고려하여 왔다고 주장하나, 이를 뒷받침하기에 충분한 객관적인 자료나 증거가 제출되지 않았다. 서울세관장 역시 이 사건 제1심에서 '동종·동류비율은, 납세의무자의 수입실적을 고려한 품목번호의 범위 및 당해업종과 연계업종을 고려한 업종의 범위를 기준으로, 상위 100개의 업체를 선정'한다고 하는 등 상위 100개 비교대상업체를 선정함에 있어 품목번호의 범위와 업종범위를 모두 고려함을 자인하기도 하였는바, 실제로 상위 100개 비교대상업체를 선정하면서 품목번호의 범위만을 고려하는 과세실무가 확립되어 있었다고 보기는 어렵다;
- 한편, 이 사건 고시가 2021.3.30. 개정되면서 시행된 '관세평가 운영에 관한 고시' 제33조 제6항에서는 '세관장은 제5항에 따라 결정된 품목번호의 범위에 대한 연도별 수입실적 합계액을 기준으로 상위 100개 업체를 선정한다'고 규정하고 있기는 하나, 이는 이 사건 거부처분 이후에 개정된 것이어서 이 사건에 적용된다고 할 수는 없다.

❷ 이 사건 부과처분이 변경 후 시스템에 따른 정당세액 범위 내로 적법한지 여부

➲ 관세청이 유사 사건에 관한 선행판결 등을 통하여 관세청 심사정보 시스템에서 조회시점에 따라 비교대상업체의 업종정보가 달라진다는 점을 파악하고, 이러한 문제의식에서 2018년 8월경부터 2019년 3월경까지 관세청 심사정보 시스템을 개선하여 비교대상업체 추출·선정 시 관세청이 누적 관리하여 온 징수·심사 데이터베이스상의 과거 업종변경이력이 반영되도록 하였으며, 위와 같이 개선된 변경 후 시스템에 의하면 조회대상 연도

(과세대상 물품이 수입된 당해 연도)의 업종정보를 확인할 수 있는 것으로 보이기는 한다. 그러나 다음과 같은 사정에 비추어 보면, 변경 후 시스템이 '과세대상 물품의 수입시점 또는 그 무렵의 업종'을 고려하여 비교대상업체를 추출·선정할 수 있도록 개선되었다고 보기 어렵고, 변경 후 시스템에 따른 비교대상업체의 추출·선정이 구 관세법령과 이 사건 고시에 따라 적법하게 이루어졌다고 볼 수도 없다:

- 변경 후 시스템은 서울세관장이 상위 100개의 비교대상업체를 선정할 때 수입시점으로 보정된 업종정보를 반영해주는 것이 아니라, 품목번호의 범위만을 기준으로 선정한 100개의 비교대상업체의 과거 업종변경이력을 바탕으로 수입시점에 업종범위에 포함되지 않는 업체를 제외하는 동시에 '외부감사 여부', '감사의견 적정' 등 다른 조건을 함께 고려하여 상위 30개 업체를 선별하는 방식으로 운영되고 있는 것으로 보인다. 그런데 변경 후 시스템에서는 과세대상 물품이 수입된 당해 연도에 비교대상업체의 업종이 변경된 경우에는 변경된 이후의 업종정보만을 제공할 뿐, 전체 업종변경 현황이 자동적으로 반영되거나 구체적인 수입시점을 기준으로 한 업종정보가 제공된다고 보이지는 않는다. 그렇다면 변경 후 시스템에 의하더라도 기존의 이 사건 시스템의 문제 중 하나인 수입시점 무렵 동종·동류의 수입물품 수입업체였다가 조회 당시 업종이 변동된 경우 비교대상업체 후보에서 배제되는 문제는 그대로 남아있다고 할 것이다;
- 구 관세법령과 이 사건 고시의 취지상 상위 100개 업체 선정시부터 품목번호와 업종조건이 함께 고려되어야 함은 앞서 본 바와 같다. 그런데 서울세관장의 주장 자체에 의하더라도, 변경 후 시스템은 이 사건 고시 제26조 제5항에 따른 상위 100개의 비교대상업체를 선정함에 있어 품목번호만을 입력하고, 업종은 전혀 고려하지 않는다는 것인바, 이는 여전히 구 관세법령과 이 사건 고시에 반한다고 봄이 타당하다;
- 한편, 서울세관장은 당심의 변론종결 이후인 2022.2.15.자 변론재개신청서를 통하여, 설령 이 사건 고시 제25조 제5항에 따라 동종·동류비율을 산출함에 있어 100개 비교대상업체 선정시 '품목번호의 범위'뿐만 아니라 '업종범위'까지 고려되어야 한다고 하더라도, 이 사건 부과처분 가운데 적어도 원고의 이 사건 수입신고분에 관하여 서울세관장이 적용한 동종·동류비율에 따라 산출된 정당세액의 범위에 있어서는 적법하다는 취지로 주장하면서 변론재개를 신청하였다. 그러나 서울세관장이 이 사건 부과처분을 하면서 동종·동류비율을 산출한 방법이 적법하다고 할 수 없고, 서울세관장이 이 사건 부과처분에 관하여 처분사유 변경 등을 한 적도 없는 점, 변경 후 시스템에 따른 비교대상업체의 추출·선정 역시 적법하게 이루어졌다고 보기 어려운 이상 변경 후 시스템을 기준으로 하여 정당한 처분세액의 범위를 판단하기도 어려운 점 등을 종합하면 서울세관장의 위 주장은 받아들일 수 없는바, 위 변론재개신청은 받아들이지 않기로 한다.

2) 미국 CBP의 결정사례

【H258738, 2015.2.20.】 ➲ 수입자에 의해 신청된 통상의 이윤 및 일반경비(P&GE)가 US에서 일반적으로 인정된 회계원칙(GAAP)에 따른 방식과 일치하는 한도까지는 그러한 P&GE는 공제가격의 목적상 공제되어도 좋다. 그러므로 공제가격방법에서 이전에 공제가능한 이윤 및 일반경비로 분류되는 경비라도 GAAP하에서의 이윤 및 일반경비로써의 자격요건을 충족하여야 한다. 반면에 만약 GAAP가 어떤 경비를 이윤 및 일반경비로 간주하지 않을 경우에는 그 경비는 공제가격방법 목적상 이윤 및 일반경비로 공제될 수 없다. 간접비와 이윤배분, 관리업무 운영비용 및 포장비용은, 만약 미국내에서 세관통관후에 고객에게 제품을 판매하는 과정에서 부담된 것이라면 공제가능한 이윤 및 일반경비로써 수용가능할 것이다. 【H269186, 2015.11.06.】 ➲ 특수관계자간의 판매에서, 수입자가 그 전체 생산과정중에 그 원재료로 생산된 제품과 그 원재료의 소유권을 보유하는 경우에는 미국으로의 수출판매가 없었기 때문에 거래가격은 배제된다. 동종동질이나 유사물품의 거래가격도 또한 적용할 수 없고 수입자는 공제가격대신 산정가격하의 평가를 선택하였다. 수입자는 쟁점거래에는 이익이나 생산지원이 부가되지 아니하였다고 언급하면서 원가정보, 이윤 및 일반경비, 생산지원, 그리고 포장비용을 계산하는 방법을 제시하였다. CBP는 수입자가 제시한 방법이 산정가격 평가방법과 일치하는지에 대하여 확정하여 판단할 수 없었다. 특히, 비록 수입자는 판매가 없었기 때문에 이익이 없다고는 하나, 일반경비는 고려되어야 할 필요가 있고 동종 또는 동류의 수입물품의 판매를 위한 통상의 이윤 및 일반경비와도 비교되어야 할 필요가 있다. 게다가, 당사자의 관계 및 US 수입자가 제조자에게 일부 생산지원을 제공한 방식 때문에, CBP는 수입자로부터 생산자에 더 이상 생산지원이 제공되지 않았다는 것을 나타내는 정보가 필요하였다. 이에 따라 CBP는 제공된 정보로부터 이윤 및 일반경비와 생산지원을 계산할 수 없었기 때문에 산정가격 방법은 만약 필요한 정보가 입수가능하고 증명가능하다면 적당할 수 있다고 지적한 것이다. 그렇지 않다면 산정가격은 적용할 수 없고 수입자는 공제가격으로 제품을 평가하여야 할 것이다. 【H157795, 2015.6.29.】 ➲ 수입자는 특수관계 母회사로부터 항공기 부품을 수입한다. 특수관계자들은 조정을 해야 하는 이전가격을 적용한다. 그 수입부품은 특수관계가 아닌 자들에게 판매되고, 고객을 위한 "Pool" 프로그램의 부품이 되며, 또는 정비개선회보를 위하거나 워런티 거래를 위해 수입된다. 정비개선회보를 위하거나 워런티 거래를 위해 수입된 부품은 판매대상은 아니다. 수입자는 이전가격에 근거하여 거래가격의 사용을 모색하였다. 세관과 정규심사팀은 거래가격을 뒷받침할 자료가 불충분하고 수입부품의 대부분이 특수관계가 아닌 자에게 판매되고 있으므로 공제가격이 적정하다고 믿고 있다. 공제가격이 수입 후에 판매된 물품에 대한 평가에 대한 적정한 방법이라고 결정되었다. 판매되지 않은 물품에 대해서는 그 평가방법은 거래가격 이후로 순차적으로 적용되었어야 하는

것이고 어떠한 방법도 적용이 되지 않는다면 대체평가방법에 따라 해야 할 것이다. 【H233019, 2013.11.14.】 ➲ U.S. 골동품 딜러는 U.S. 및 해외로부터 골동품을 구매하거나 U.S.의 골동품 전시회나 골동품이 판매되는 해외에서 개인들이나 딜러로부터 위탁판매로 물품을 수취한다. 만약 그 골동품들이 판매되지 않으면 그 것들은 다시 U.S.로 재수입된다. 그 물품들은 극히 독특하고 대체할 수 없을 정도로 귀중한 것으로 설명되어 있고 전형적으로 90일내에 판매되지 않고 수개월이나 수년이 걸려야 판매된다. 수입자는 무역전시회에서 판매되지 않고 U.S.로 재수입된 신탁이나 수탁물품에 대하여 대체평가방법을 사용할 것을 요청했다. 수입자는 현재 "net(순)" 위탁가치 플러스 10%로 표현된 위탁물품에 대한 보험증권 상에 그 가격을 책임질만한 과세가격 정보를 가지고 있다. 수입자는 세 가지 범주 - ① 해외에서 구매되어 U.S.로 수입되는 물품, ② U.S.에서 판매하기 위하여 신탁이나 위탁으로 수입되는 물품, 또는 ③ 전에 수입된 물품으로 U.S.밖에서 판매를 위하여 수출되었으나 해외에서 판매되지 않아서 다시 U.S로 재수입되는 물품 - 의 거래형태를 제공하고 적용할 평가방법을 CBP에 요청했다. 범주 ①에 대해 CBP는 만약 U.S로 진정한 수출판매가 있었다면 평가를 위하여 거래가격이 적용된다. 범주 ②에 대해, U.S.에서 판매하기 위하여 신탁이나 위탁으로 수입되는 물품의 경우, 가장 많은 수량의 판매에 근거하여 공제가격 방법이 적절하다. 만약 90일 이상일 경우, CBP는 수정된 공제가격. 【H020270, 2008.7.3.】 ➲ 2개의 관계회사에서 손상된 변속 코어가 수입되는데, 이들은 이전에 자동차 딜러들에게서 그것들을 수령하였다. 판매 거래가 이뤄진 것은 아니다. 제삼의 미국 당사자는 코어를 다시 조립한다. 재조립된 변속장치는 미국에 있는 딜러들에게 "딜러 네트 금액"으로 판매되고, 이것들은 1년에 두 번 확인되고 다시 맞추어진다. 재조립된 변속장치가 판매된 딜러 네트 금액을 사용하고 또한 공장 재제작 비용, 추가 부품 비용 그리고 관리비에 바탕을 둔 미국 내에서의 부가가치를 공제함으로써, 코어의 가치는 19 U.S.C. 1401a(d)에 있는 "초공제"가치(superdeductive value) 규정에 근거하였다. 모든 부품을 위하여 이렇게 하는 것은 불가능하였다. 그 대신, 하나의 가치가 특정 재조립 변속정치에 대한 미국의 표시가격에 근거하여 초공제 가치에서 얻어졌는데, 이는 변속 코어의 재조립에 대한 가중평균 취득원가를 고려한 현행 표시가격의 백분율에 상응하는 지수로 조정된 것이다. 【H258738, 2015.02.20.】 ➲ 수입자가 미국에 있는 고객에게 그 제품을 판매하기 위하여 부분품을 수입하여 그 부품들을 최종제품으로 만들었다. 수입자가 주장하고 있는 경비가 P&GE(이윤 및 일반경비) 또는 추가가공 비용으로 공제가능한지 여부를 결정하기 위하여, CBP는 미국에서의 GAAP(일반적으로 인정된 회계원칙)를 살펴보고 회사가 판매한 물품을 생산하기 위한 회사의 비용이 미국의 GAAP하에서 P&GE로 포함된 비용과는 일반적으로 차이가 있고 그러한 생산비용은 추가가공으로 부가된 공제가능 가치로 이전에 받아들여져 왔던 추가 부분품과 노무의 비용에 유사한 것이라고 언급하였다. 그 수입자는 그가 주장하는 비용이 미국의 GAAP하에서 P&GE분류될 수 있는지 그리고 만약 그렇지 않다면,

수입 후에 미국에서 수입자가 부담한 추가부분품 및 노무비에 관련이 있는지 여부를 결정해야 한다는 지시를 받았다. 어느 경우라도 초공제가격 목적상 각각 P&GE 또는 추가가공에 추가된 가치로 공제 가능하다. 하지만 수입자는 그러한 비용이 기장된 것이 검증되고 객관적이고 계량화할 수 있는 데이터에 기초하여야 한다고 지시를 받았다.

Ⅱ. 산정가격을 기초로 한 과세가격의 결정

제1부터 제4까지의 관세평가 방법으로 평가대상 수입물품의 과세가격을 결정할 수 없을 때에는 다음과 같은 금액을 합한 산정가격을 기초로 하여 과세가격을 결정한다(관세법 제34조제1항). 이 규율의 입법적 근거는 관세평가협정 제6조이다. 여기에서 만일 납세의무자가 산정가격의 구성요소에 해당하는 금액을 확인하는데 필요한 자료를 제출하지 않은 경우에는 제5 (관세평가) 방법은 적용하지 않을 수 있다(관세법 제34조제1항).

1. 관세평가법리

1) 생산에 사용된 원자재 및 가공의 비용 또는 가격

제5 (관세평가) 방법에서 해당 물품의 생산에 사용된 원자재 비용 및 조립이나 그 밖에 가공에 드는 비용 또는 그 가격은 산정가격(computed value)의 구성요소가 된다(관세법 제34조제1항제1호). 여기에서 해당 물품의 생산에 사용된 원자재 비용 또는 가격은 해당 물품의 생산자가 생산국에서 일반적으로 인정된 회계원칙에 따라 작성하여 제공하는 회계장부 등 생산에 관한 자료를 근거로 하여 산정한다(관세령 제28조제1항). 그리고 우리나라에서 개발된 기술·설계·고안·디자인 또는 공예에 드는 비용을 생산자가 부담하는 경우에는 해당 비용이 포함되는 것으로 한다(관세령 제28조제2항). 관세평가협정 부속서Ⅰ 제6조에 대한 주해는 "비용 또는 가격"(cost or value)은 생산자에 의하여 또는 생산자를 대신하여 제출되는 평가대상 물품의 생산에 관한 정보를 기초로 결정되고, 생산자의 회계장부가 해당 물품이 생산된 국가에서 적용되는 일반적으로 인정된 회계원칙에 부합되는 경우라면 비용 또는 가격은 그 회계장부를 근거로 한다고 규정하고 있다(para. 2). 그리고 해당 "비용 또는 가격"에는 협정 제8조 제1항(a)(ⅱ)와 (ⅲ)에서 명시하고 있는 요소들의 비용을 포함하여야 하는데, 여기에서 수입물품의 생산과 관련하여 사용하기 위해 구매자가 직접 또는 간접으로 제공한 협정 제8조 제1항(b)에 명시된 요소에 대하여 협정 제8조에 대한 주해의 관련 규정에 따라 적절히 배분된 가격을 포함하며, 수입국 내에서 수행되는 협정 제8조 제1항(b)(ⅳ)에 명시된 해당 요소 가격은 그러한 요소를 생산자가 부담하는 경우에만 포함되고, 구성요소로 규정된 비용 또는 가격은 산정가격 결정에 있어 결코 중복 계산되지 않아야 한다는 점을 분명히 밝히고 있다(para. 3).

2) 통상적으로 반영하는 이윤 및 일반경비

제5 (관세평가) 방법에서 수출국 내에서 해당 물품과 동종·동류의 물품의 생산자가 우리나라에 수출하기 위하여 판매할 때 통상적으로 반영하는 이윤 및 일반경비에 해당하는 금액은 산정가격(computed value)의 구성요소가 된다(관세법 제34조제1항제2호). 일반적으로, 과세가격은 수입국 내에서 쉽게 입수할 수 있는 정보를 근거로 결정됨에도 불구하고 산정가격을 결정하기 위해서는 평가대상 물품의 생산비용과 수입국 외부에서 얻어져야 하는 다른 정보를 검토하는 것이 필요할 수 있다. 더구나 대부분의 경우 물품의 생산자는 수입국 당국의 관할권을 벗어나 있다. 산정가격 방법의 사용은 일반적으로 구매자와 판매자가 특수관계에 있고, 생산자가 필요한 원가계산서를 수입국 당국에 제출할 준비가 되어 있으며, 필요한 경우 일체의 사후검증에 대하여 편의를 제공할 준비가 되어 있을 경우에 한정된다. 이러한 맥락에서 협정 제6조에 대한 주해는 “이윤 및 일반경비의 금액”은, 생산자의 수치가 수출국 내의 생산자가 수입국에 수출하기 위하여 평가대상 물품과 동종 또는 동류인 물품을 판매할 때 통상적으로 반영되는 수치와 불일치하지 않는 한, 생산자에 의하여 또는 생산자를 대신하여 제출된 정보를 기초로 결정하여야 한다는 원칙을 제시하고 있다(para. 4). 그리고 이 주해는 “이윤 및 일반경비에 대한 금액”은 전체로서 취급되어야 한다는 점에 유의해야 한다는 점을 상기시키면서, 그 산정에서 다음과 같은 지침을 제시하고 있다(para 5). 어떤 특별한 경우에, 생산자의 이윤 수치는 낮고 생산자의 일반경비는 높은 경우임에도 불구하고 함께 취급된 생산자의 이윤 및 일반경비는 동종 또는 동류의 물품의 판매에서 통상적으로 반영된 것과 일치할 수 있다는 것이다. 예를 들면, 어떤 상품이 수입국 내에서 출시되고 생산자는 출시와 관련된 높은 일반경비를 상쇄하기 위하여 무 이윤 또는 낮은 이윤을 감수하는 상황이 발생할 수 있다. 생산자가 특별한 상업적인 상황 때문에 수입물품의 판매에서 낮은 이윤을 입증할 수 있는 경우, 생산자가 낮은 이윤을 정당화할 수 있는 타당한 상업적인 이유를 갖고 있고 생산자의 가격정책이 관련 산업분야의 일반적인 가격정책을 반영한다면 생산자의 실제 이윤수치는 고려되어야 한다. 예를 들면, 이러한 상황은 생산자가 예견할 수 없는 수요하락 때문에 일시적으로 어쩔 수 없이 가격을 인하해야 하는 경우 또는 생산자가 수입국에서 생산되는 범주의 물품을 보충하기 위하여 물품을 판매하고 경쟁력을 유지하기 위하여 낮은 이윤을 감수하는 경우에 발생할 수 있다. 이윤 및 일반경비에 대한 생산자 자신의 수치가 수입국으로 수출하기 위하여 수출국 내의 생산자가 평가대상 물품과 동종 또는 동류인 물품을 판매하는 때에 통상적으로 반영되는 수치와 일치하지 않는 경우, 이윤 및 일반경비에 대한 금액은 해당 물품의 생산자에 의해서 또는 생산자를 대신하여 제출된 정보 이외의 관련 정보를 기초로 할 수 있다.

한편, 협정 제6조에 대한 주해에 따르면, 생산자가 제출하였거나 생산자를 대신하여 제출된 정보 이외의 정보가 산정가격의 결정을 위하여 사용된 경우, 수입국 당국은 수입자가 요청하는 경우, 그러한 정보의 원천, 사용된 자료와 그러한 자료에 근거한 계산내역을 협정 제10조의 규정을 조건으로 수입자에게 통보해야 하다(para 6). 그리고 협정 제6조 제1항(b)에서 규정하고 있는 "일반경비"는 협정 제6조 제1항(a)에 포함되지 않는 물품을 생산하고 수출하기 위하여 판매하는데 소요되는 직접 및 간접비를 포함한다(para 7). 아울러 특정 물품이 다른 물품과 "동종 또는 동류"인지 여부는 관련된 상황에 따라 사안별로 결정되어야 하고, 협정 제6조 규정에 따라 통상적인 이윤 및 일반경비를 결정함에 있어, 평가대상 물품을 포함하여 필요한 정보를 제공받을 수 있는 가장 한정된 그룹 또는 범위에 속하는 물품의 수입국에 수출하기 위한 판매가 검토되어야 하며, 협정 제6조의 목적상 "동종 또는 동류의 물품"은 평가대상 물품과 같은 국가로부터 수입된 것이어야 한다(para 8).

미국 관세법시행령(19 CFR) 152.106(c)는 주해1에서 다음과 같이 설명하고 있다. 한 상품이 미국에 수입되었는데, 그 생산자는 그 상품을 시장에 소개하는데 필요한 높은 일반경비를 상쇄하기 위하여 이윤을 전혀 붙이지 않거나 낮은 이윤을 붙인다. 만약 생산자가 특이한 영업환경 때문에 수입물품의 판매에 적은 수준의 이윤을 붙였다는 것을 입증할 수 있다면 그러한 실제 이윤액은 그것을 정당화할 수 있는 실효성 있는 영업상 근거를 제시한다면 수용될 수 있다. 그의 가격정책은 산업계에서 통상적인 가격정책을 반영한 것이다. 이 규정 주해2는 또한 아래와 같이 설명하고 있다. 생산자는 예기치 못한 수요감소 때문에 일시적으로 가격을 낮추거나, 미국 내에서 생산되고 있는 물품을 보완하는 물품을 판매하기도 하고, 경쟁력을 유지하기 위하여 낮은 수준의 이윤도 수용한다. 생산자 자신이 제시한 이윤 및 일반경비 수치가 미국으로의 수출을 위하여 수출선적국에서 만들어진 가치로 책정된 물품과 동종 또는 동류의 물품의 판매에 통상 반영되는 것과 일치하지 않는다면, 이윤 및 일반경비의 가치는 미국의 생산자에 의해서 또는 생산자를 대신해서 제공되는 것보다는 신뢰할 수 있고 계량화할 수 있는 정보를 바탕으로 결정된다.

미국 관세법시행령(19 CFR) 152.106(c)는 극히 제한적이긴 하나 수입물품의 미국으로의 수출을 위한 판매는 통상의 이윤 및 일반경비의 결정을 위하여 검사할 수 있고, 산정가격의 목적상, 동종 또는 동류 물품은 반드시 평가되고 있는 물품과 같은 국가로부터 수입된 것이어야 한다고 규정하면서 다음과 같은 예시를 제공하고 있다. 외국선적자는 특수관계에 있는 미국 수입자에게 물품을 판매한다. 외국선적자는 특수관계가 아닌 자에 대해서는 판매를 하지 않는다. 외국선적자와 미국 수입자 사이의 거래는 특수관계에 의해서 영향받고 있는 것으로 확인되었다. 동일한 생산국으로부터 들어오는 동종·동질 물품 또는 유사물품은 존재하지 않는다. 미국 수입자는 그 생산물을 좀 더 가공하여 수입일로부터 180일 이내에 미국 내 특수관계가 아닌 구매자에게 최종제품을 판매한다. 미국 내 특수관계 아닌 구매자로부터의 생산지원은 없었으며 관련 가공형태에 있어서는 정확히 비용을 산출할 수 있다. 미국의 수입자는 선적부분이 산정가격과 관련하여 평가되어야 한다고 주장하였다. 미국으로의 수출을 위한 수출선적국의 동종 또는 동류 물품에 대한 이윤 및 일반경비는 이미 알고 있다. 그 물품은 어떻게 평가되어야 할 것인가? 그 물품은 그 업체의 이윤 및 일반경비가 동종 또는 동류물품의 판매에 통상 반영되는 이윤 및 일반경비와 불일치하지 않는다면, 그것을 사용하여 산정가격방식으로 평가되어야 한다.

3) 수입항까지의 운임·보험료와 그 밖에 운송과 관련된 비용

제5 (관세평가) 방법에서 해당 물품의 수입항까지의 운임·보험료와 그 밖에 운송과 관련된 비용으로서 관세법 제30조 제1항 제6호의 규정에 의하여 결정된 금액은 산정가격(computed value)의 구성요소가 된다(관세법 제34조제1항제3호). 따라서, 수입항(輸入港)까지의 운임·보험료와 그 밖에 운송과 관련되는 비용으로서 대통령령으로 정하는 바에 따라 결정된 금액은 산정가격에 포함하지 않으면 안 된다. 다만, 기재부령으로 정하는 수입물품의 경우에는 이의 전부 또는 일부를 제외할 수 있다.

2. 판례연구

미국 CBP의 결정사례를 본다. 【H256778, 2015.9.16.】 ➲ A사는 실리콘 웨이퍼 제조 및 고객이 좀더 사용을 위해 웨이퍼의 재생을 제공하는 사업을 하고 있다. 재생과정은 일본에 있는 자매회사(B사)에 의해 수행된다. B사는 재생웨이퍼를 고객들에게 직접 선적하고 그 고객이 최종적인 수취인으로 기재되어 있지만 A사는 수입신고자(IOR, Importer Of Record) 역할을 한다. 그 가격은 고객별로 협의하며 모회사로부터 독립적이다. 고객들은 재생서비스에 대한 대가를 A사에 지급하며 소유권의 이전이나 지급된 금액은 웨이퍼의 가격이 포함되어 있지 않아 A사와 B사간에는 판매가 없는 것이기 때문에 A사는 수입신고인 역할을 해준 대가로 그 가격의 4%를 보유한다. 동종동질물품이나 유사물품의 거래가격은 HTSUS가 오직 일반적인 웨이퍼에 대한 관세율표 규정을 가지고 있고 재생웨이퍼는 없기 때문에 적용할 수 없고 CBP는 재생웨이퍼 수입에 대한 정보를 획득할 수 없다. A사는 공제가격과 산정가격에 대한 평가방법을 바꾸는 선택권을 행사하고 산정가격이 평가의 최고의 방법이라고 제안했다. A사가 B사의 재생비용을 계산하기 위하여 실제생산이나 회계기록을 접근할 수 없고 그러한 자료가 없이는 가격을 산정할 수 없기 때문에 산정가격 또한 적용 불가하다. A사는 적절하게 공제할 수 있는 재생웨이퍼에 대한 소매가가 없기 때문에 공제가격 사용은 가능하지 못하다고 주장하고 있다. 하지만, CBP는 세계적으로 웨이퍼 재생시장이 있음을 확인하고 A사는 평가의 적절한 기초로써 공제가격을 충분히 적용 불가능한 것은 아니다 라고 결정했다. CBP는 A사가 B사로부터 필요한 정보를 획득하여

19 U.S.C. 1401a(d)에 규정된 산정가격방법에 따라 재생웨이퍼를 평가할 수 있는 기술적 요구조건을 확보할 수 있다면, 산정가격이 평가의 적절한 기초라고 결정을 하였다. 【H548276, 2003.4.29.】 ➲ 독일에 위치하는 공장은 미국에 있는 수입자와 디자이너의 모회사이다. 공장은 디자이너와 계약을 맺어서, 디자이너로 하여금 이후에 수입자를 포함해서 범세계적으로 생산 및 제조할 품목들을 디자인 및 엔지니어링 하고자 한다. 수입된 상품은 미국에서 실제 생산된 시제품이고 독일로 수출되었다가 미국으로 재수입되고 수입자에게 위탁된다. 가격산정의 가능한 방법으로 처리함에 있어서, 동 상품에 대해서 산정가격은 가격산정의 적당한 방법이 아니다. 생산자의 이윤 및 일반경비의 타당성은 미국으로의 수출국에서의 동종 또는 동류 물품의 생산자들에 의한 물품의 판매에 의해 측정되어야 한다. 이 건에서, 수출국이 독일이지만, 수입물품은 실제로 미국에서 제작되었다. 따라서 산정가격에 의한 가격산정을 목적으로 생산자의 정확한 이윤 및 일반 경비를 파악하기 위해서 비교기준을 적용하는 것은 불가능하다. 【H547652, 2002.4.9.】 ➲ 수입자는 외국의 조립자의 장부상에 기재된 일반 비용으로서 발생된 특정 금액들이 동종 또는 동류 물품의 판매에 일반적으로 반영되는 것들과 상이하다는 점을 보여주는 증거를 제출하지 않았다. 교육훈련비 및 신규 제조시설에서의 과잉 생산력과 관련된 간접비용을 포함하는, 사업개시비용은 미국으로 수입되는 상품의 산정가격에 포함되어야 한다. 【H548165, 2003.3.21.】 ➲ 유통업자는 수입자가 제조하는 상품을 포함한 자동차용 상품의 엔지니어링, 마케팅 및 판매를 관리하는 미국 회사이다. 미국의 고객들은 유통업자와 계약을 체결하고 이를 통해서 유통업자는 상품을 제조할 제3자들과 접촉을 하게 된다. 유통업자는 수입자/제조자와의 생산계약을 체결하고, 수입자/제조자는 다음과 같은 책임을 맡는다. 운송과 보험을 수배하고 대금을 지급한 상품이 미국 창고로부터 고객들에게 운송되기 전까지 소유권과 손실위험 인수 거래를 위한 책임을 지고 그 거래에 대하여 수입신고자로서 행동한다. 신고 이후에 수입자/제조자는 미국 창고에서의 상품의 보관을 수배한다. 수입자/제조자와 유통업자와의 거래들은 진정한 판매이다. 거래가격은 가격산정의 방법으로 적용이 불가능하다. 공제가격과 관련해서는, 상품의 운송 및 그에 따른 고객에 대한 판매는 상품의 수입 이후 5개월이나 지난 후에 일어날 수도 있다. 공제가격방법은 상품이 수입 후 90일 이내에 판매되는 경우에만 사용되므로, 공제가격은 가격산정으로서 적합하지 않다. 해당 물품은 산정가격을 기준으로 적절히 가격산정이 된다. 수입자가 상품의 제조자이기도 하므로, 재료비 및 가공비와 같은 정보는 쉽게 입수할 수 있는 것이어야 한다. 【H234540, 2013.1.23.】 ➲ A사는 멕시코에 있는 특수관계가 아닌 마킬라도라로부터 수입될 졸업 의상의 적절한 과세가격에 관하여 유권해석을 요청하였다. A사는 수입될 의상을 제조하기 위한 재료를 제공하고 제조된 물품을 소유한다. 마킬라도라는 A사가 제공한 원재료로 의상을 만들어 완성된 의상을 잠정적으로 멕시코에서 보관한다. A사가 물품에 대한 소유권을 가지고 있기 때문에 멕시코의 마킬라도라와 A사간에는 수출판매가 존재하지 않는다.

이 건에서 CBP는 제출된 사실에 근거하여 A사가 CBP에 산정가격하에서 평가를 할 수 있는 자료를 제출한다면 해당물품은 19 U.S.C 1401a(e)에 따라 산정가격평가방법에 따라 평가되어야 한다고 결정했다.

Ⅲ. 합리적 기준에 의한 과세가격의 결정

제1부터 제5까지의 관세평가 방법으로 평가대상 수입물품의 과세가격을 결정할 수 없을 때에는 제1부터 제5까지 관세평가 방법의 적용원칙과 부합되는 합리적인 기준에 따라 과세가격을 결정한다(관세법 제35조제1항). 그리고 이러한 방법으로 과세가격을 결정할 수 없을 때에는 국제거래시세·산지조사가격을 조정한 가격을 적용하는 방법 등 거래의 실질 및 관행에 비추어 합리적으로 인정되는 방법에 따라 과세가격을 결정한다(관세법 제35조제2항). 제6 (관세평가) 방법에서 다음에 해당하는 가격을 기준으로 과세가격을 결정하는 것은 절대로 금지된다(관세령 제29조제2항):

- 우리나라에서 생산된 물품의 국내판매가격;
- 선택가능한 가격 중 반드시 높은 가격을 과세가격으로 하여야 한다는 기준에 따라 결정하는 가격;
- 수출국의 국내판매가격;
- 동종·동질물품 또는 유사물품에 대하여 관세법 제34조의 규정에 의한 방법외의 방법으로 생산비용을 기초로 하여 결정된 가격;
- 우리나라외의 국가에 수출하는 물품의 가격;
- 특정수입물품에 대하여 미리 설정하여 둔 최저과세기준가격;
- 자의적 또는 가공적인 가격.

이 규율의 입법적 근거는 관세평가협정 제7조이다. 관세평가협정 부속서 I 제7조에 대한 주해는 다음과 같은 지침을 기술하고 있다(para. 1 내지 3). 제6 (관세평가) 방법에 따라 결정되는 과세가격은 최대한 과거에 결정된 과세가격을 기초로 하여야 한다. 그리고 제6 (관세평가) 방법에서 사용되는 평가방법은 협정 제1조부터 제6조까지에서 정하고 있는 방법이어야 한다. 그러나 그러한 방법을 적용함에 있어서 합리적인 신축성은 협정 제7조의 목적 및 규정에 부합한다. 합리적인 신축성에 해당하는 몇 가지 사례들은 다음과 같다:

(a) 동종·동질 물품 ➲ 동종·동질 물품이 평가대상 물품과 동시에 또는 거의 동시에 수출되어야 한다는 요건은 신축적으로 해석될 수 있다; 평가대상 물품의 수출국 이외의 국가에서 생산된 동종·동질 수입물품이 관세평가의 기초가 될 수 있다; 협정 제5조 및 제6조의 규정에 따라 이미 결정된 동종·동질 수입물품의 과세가격이 사용될 수도 있다.

(b) 유사물품 ➲ 유사 물품이 평가대상 물품과 동시에 또는 거의 동시에 수출되어야 한다는 요건은 신축적으로 해석될 수 있다; 평가대상 물품의 수출국 이외의 국가에서 생산된 유사수입물품이 관세평가의 기초가 될 수 있다; 협정 제5조 및 제6조의 규정에 따라 이미 결정된 유사수입물품의 과세가격이 사용될 수도 있다.

(c) 공제가격 방법 ➲ 해당 물품이 협정 제5조 제1항(a)의 "수입된 것과 같은 상태"로 판매되어야 한다는 요건은 신축적으로 해석될 수 있다; "90일" 요건은 신축적으로 운용할 수 있다.

2. 관세평가법리

1) 적용원칙

제6 (관세평가) 방법에서 합리적 기준에 의한 과세가격의 결정은 다음과 같은 해석·적용 방법을 사용한다(관세령 제29조제1항):

❶ 제2 (관세평가) 방법(관세법 제31조) 또는 제3 (관세평가) 방법(관세법 제32조)의 규정을 적용함에 있어서 관세법 제31조 제1항 제1호[15]의 요건을 신축적으로 해석·적용하는 방법. 이에 따라 제2 (관세평가) 방법으로 과세가격을 결정하면서 당해 물품의 생산국에서 생산된 것이라는 장소적 요건을 다른 생산국에서 생산된 것으로 확대하여 해석·적용하거나 당해 물품의 선적일 또는 선적일 전후라는 시간적 요건을 선적일 전후 90일로 확대하여 해석·적용하되, 가격에 영향을 미치는 시장조건이나 상관행(商慣行)이 유사한 경우에는 90일을 초과하는 기간으로 확대하여 해석·적용할 수 있다(관세규칙 제7조제1항);

❷ 제4 (관세평가) 방법(관세법 제33조)의 규정을 적용함에 있어서 수입된 것과 동일한 상태로 판매되어야 한다는 요건을 신축적으로 해석·적용하는 방법. 이에 따라 제4 (관세평가) 방법으로 과세가격을 결정하면서 납세의무자의 요청이 없는 경우에도 관세법 제33조 제3항[16]에 따라 과세가격을 결정할 수 있다(관세규칙 제7조제2항).

❸ 제4 (관세평가) 방법(관세법 제33조) 또는 제5 (관세평가) 방법(법 제34조)의 규정에 의하여 과세가격으로 인정된 바 있는 동종·동질물품 또는 유사물품의 과세가격을 기초로

15) (해당 법문) 과세가격을 결정하려는 해당 물품의 생산국에서 생산된 것으로서 해당 물품의 선적일(船積日)에 선적되거나 해당 물품의 선적일을 전후하여 가격에 영향을 미치는 시장조건이나 상관행(商慣行)에 변동이 없는 기간 중에 선적되어 우리나라에 수입된 것일 것.

16) (해당 법문) 해당 물품, 동종·동질물품 또는 유사물품이 수입된 것과 동일한 상태로 국내에서 판매되는 사례가 없는 경우 납세의무자가 요청할 때에는 해당 물품이 국내에서 가공된 후 특수관계가 없는 자에게 가장 많은 수량으로 판매되는 단위가격을 기초로 하여 산출된 금액에서 다음의 금액을 뺀 가격을 과세가격으로 한다: ① 관세법 제33조 제1항 제2호부터 제4호까지의 금액; ② 국내가공에 따른 부가가치.

과세가격을 결정하는 방법;

❹ 관세령 제27조 제2항단서[17]의 규정을 적용하지 아니하는 방법. 이에 따라 제4 (관세평가) 방법으로 과세가격을 결정하면서, 수입신고일부터 180일까지 판매되는 가격을 적용하는 할 수 있다(관세규칙 제7조제3항).

❺ 그 밖에 거래의 실질 및 관행에 비추어 합리적이라고 인정되는 방법.

관세평가협정 제7조에 근거하는 제6 (관세평가) 방법을 적용함에 있어 협정 제7조 제2항(a)부터 (f)까지에서 금지하지 않고 협정 및 1994년 GATT 제7조의 원칙과 일반규정에 부합하는 경우에 협정 제1조부터 제6조까지에서 규정하는 방법 이외의 방법을 사용할 수 있는지 의문이 제기될 수 있다. 이와 관련하여 관세평가기술위원회는 권고의견 12.1에서 다음과 같은 견해를 표명하고 있다. 협정 제7조에 대한 주해 제2항에서는 제7조에 따라 사용되는 방법은 제1조부터 제6조까지에 정해진 것이어야 하고, 합리적인 신축성(reasonable flexibility)을 가지고 적용해야 한다고 규정하고 있지만 과세가격이 이들 방법의 신축적인 방법으로도 결정될 수 없을 경우에는 과세가격에 대한 마지막 방편으로써 협정 제7조 제2항에서 배제되지 않는 방법을 조건으로 기타 합리적인 방법을 사용하여 결정할 수 있다. 협정 제7조에 따른 과세가격을 결정함에 있어서 사용되는 방법은 협정 및 1994년 GATT 제7조의 원칙과 일반규정에 부합되어야 한다.

관세평가협정 제7조를 적용하는 경우 협정 제1조부터 제6조까지의 평가방법에 대한 적용 순서(hierarchical order)를 따를 필요가 있는지 여부에 대하여 관세평가기술위원회는 권고의견 12.2에서 다음과 같은 견해를 표명하고 있다. 협정 제7조를 적용할 때 협정 제1조부터 제6조까지의 적용순서를 따라야 한다고 구체적으로 규정하는 협정상의 규정은 없지만 협정 제7조는 협정의 원칙과 일반규정에 부합하는 합리적인 방법을 사용하도록 요구하고 있고, 이것은 합리적으로 가능하다면 적용순서(hierarchical order)를 따라야 한다는 것을 나타낸다. 그러므로 협정 제7조에 따라 과세가격 결정에 사용될 수 있는 여러 가지 방법이 수용될 수 있는 경우에 적용순서(hierarchy)는 유지되어야 한다.

관세평가협정 제7조를 적용하는 경우에 세관은 수입자가 제공했지만 해외 출처(foreign sources)에서 취득한 정보를 사용할 수 있는지 여부에 대해서 관세평가기술위원회는 권고의견 12.3에서 다음과 같은 견해를 표명하고 있다. 수입국 밖에서 발생한 거래를 취급함에 있어서 어느 정도의 자료는 해외출처(foreign sources)에서 나온다는 점은 예상된 것이지만 협정 제7조에서는 제7조의 적용에 사용되는 정보의 원출처(original source)에 대해 언급하지 않고, 단지 그러한 자료를 수입국에서 입수할 수 있을 것을 요구하고 있다. 그러므로 정보의 출처는 그 자체로 정보가 수입국에서 입수될 수 있고 세관이 자료의 진실성

17) (해당 법문) 다만, 수입신고일부터 90일이 경과된 후에 판매되는 가격을 제외한다.

이나 정확성에 대하여 납득하는 것을 조건으로 협정 제7조 목적상 사용에 장벽이 되지 않는다.

2) 특수한 물품의 과세가격 결정방법

앞에서 설명한 제❶부터 제❹까지의 규정에 따른 방법을 적용하기 곤란하거나 적용할 수 없는 경우로서 다음에 해당하는 물품에 대한 과세가격 결정에 필요한 기초자료, 금액의 계산방법 등 세부사항은 기재부령으로 정할 수 있다(관세령 제29조제3항).

(1) 수입신고전에 변질·손상된 물품

다음의 가격을 기초로 하여 결정할 수 있다(관세규칙 제7조의2): ① 변질 또는 손상으로 인해 구매자와 판매자간에 다시 결정된 가격; ② 변질 또는 손상되지 않은 물품의 가격에서 ㉮ 관련 법령에 따른 감정기관의 손해평가액, ㉯ 수리 또는 개체(改替)비용, ㉰ 보험회사의 손해보상액 가운데 어느 하나의 금액을 공제한 가격.

(2) 여행자 또는 승무원의 휴대품·우편물·탁송품 및 별송품

다음의 가격을 기초로 하여 결정할 수 있다(관세규칙 제7조의3제1항): ① 신고인의 제출 서류에 명시된 신고인의 결제금액(명칭 및 형식에 관계없이 모든 성격의 지급수단으로 결제한 금액을 말한다); ② 외국에서 통상적으로 거래되는 가격으로서 객관적으로 조사된 가격; ③ 해당 물품과 동종·동질물품 또는 유사물품의 국내도매가격에 관세청장이 정하는 시가역산율을 적용하여 산출한 가격; ④ 관련 법령에 따른 감정기관의 감정가격; ⑤ 중고 승용차(화물자동차를 포함한다) 및 이륜자동차에 대해 제① 또는 제②를 적용하는 경우 최초 등록일 또는 사용일부터 수입신고일까지의 사용으로 인한 가치감소에 대해 관세청장이 정하는 기준을 적용하여 산출한 가격; ⑥ 그 밖에 신고인이 제시하는 가격으로서 세관장이 타당하다고 인정하는 가격.

여기에서 제③의 국내도매가격을 산출하려는 경우에는 다음의 방법에 따른다(관세규칙 제7조의3제2항). 첫 번째 방법은 해당 물품과 동종·동질물품 또는 유사물품을 취급하는 2곳 이상의 수입물품 거래처(인터넷을 통한 전자상거래처를 포함한다)의 국내도매가격을 조사해야 하는데, 다음의 경우에는 1곳의 수입물품 거래처만 조사하는 등 국내도매가격 조사방법을 신축적으로 적용할 수 있다: ㉮ 국내도매가격이 200만 원 이하인 물품으로 신속한 통관이 필요한 경우; ㉯ 물품 특성상 2곳 이상의 거래처를 조사할 수 없는 경우; ㉰ 과세가격 결정에 지장이 없다고 세관장이 인정하는 경우. 만일 첫 번째 방법에 따라 조사된 가격이 둘 이상인 경우에는 다음에 따라 국내도매가격을 결정한다: ㉮ 조사된 가격 중 가장 낮은 가격을 기준으로 최고가격과 최저가격의 차이가 10%를 초과하는 경우에는 조사된 가격의 평균가격; ㉯ 조사된 가격 중 가장 낮은 가격을 기준으로 최고가격과 최저가격의 차이가 10% 이하인 경우에는 조사된 가격 중 최저가격. 한편, 제③의 시가역산율은 국내도매가격에서 관세법 제33조(국내판매가격을 기초로 한 과세가격의 결정) 제1항 제2호부터 제4호까지의 금액을 공제하여 과세가격을 산정하기 위한 비율을 말하며, 산출방법은 관세청장이 정하는 바에 따른다(관세규칙 제7조의3제3항).

(3) 임차수입물품

임차수입물품의 과세가격은 다음과 같은 가격을 순차적으로 적용한 가격을 기초로 하여 결정할 수 있다(관세규칙 제7조의4제1항): ① 임차료의 산출 기초가 되는 해당 임차수입물품의 가격; ② 해당 임차수입물품, 동종·동질물품 또는 유사물품을 우리나라에 수출할 때 공개된 가격자료에 기재된 가격(중고물품의 경우에는 관세규칙 제7조의5에 따라 결정된 가격을 말한다); ③ 해당 임차수입물품의 경제적 내구연한 동안 지급될 총 예상임차료를 기초로 하여 계산한 가격(다만, 세관장이 일률적인 내구연한의 적용이 불합리하다고 판단하는 경우는 제외한다); ④ 임차하여 수입하는 물품에 대해 수입자가 구매선택권을 가지는 경우에는 임차계약상 구매선택권을 행사할 수 있을 때까지 지급할 총 예상임차료와 구매선택권을 행사하는 때에 지급해야 할 금액의 현재가격(후술하는 ㉯ 및 ㉰를 적용하여 산정한 가격을 말한다)의 합계액을 기초로 하여 결정한 가격; ⑤ 그 밖에 세관장이 타당하다고 인정하는 합리적인 가격.

여기에서 제③에 따라 과세가격을 결정할 때에는 다음에 따른다(관세규칙 제7조의4제2항): ㉮ 해당 수입물품의 경제적 내구연한 동안에 지급될 총 예상임차료(해당 물품을 수입한 후 이를 정상으로 유지 사용하기 위해 소요되는 비용이 임차료에 포함되어 있을 때에는 그에 상당하는 실비를 공제한 총 예상임차료)를 현재가격으로 환산한 가격을 기초로 한다; ㉯ 수입자가 임차료 외의 명목으로 정기적 또는 비정기적으로 지급하는 특허권 등의 사용료 또는 해당 물품의 거래조건으로 별도로 지급하는 비용이 있는 경우에는 이를 임차료에 포함한다; ㉰ 현재가격을 계산하는 때에 적용할 이자율은 임차계약서에 따르되, 해당 계약서에 이자율이 정해져 있지 않거나 규정된 이자율이 관세규칙 제9조의3에서 정한 이자율 이상인 때에는 관세규칙 제9조의3에서 정한 이자율을 적용한다.

관세평가기술위원회는 사례연구 4.1에서 임대차물품(rented or leased goods)의 처리에 대한 실제적 적용을 다음과 같이 증명해 보이고 있다.

거래 사실

➤ 기내식 공급업에 종사하는 X국의 I사는 국영 항공사와 승객들에게 제공하기 위한 특별한 낱개 포장의 조리된 식품을 제공하는 중기(mid-term) 기내식 공급 계약을 체결한다.
➤ 이러한 목적을 위한 이전(以前)의 포장기계들은 다른 회사에 의하여 수입되어 왔으나, 계약기간을 고려하고 사전 비용 효과 분석에 근거하여 I사는 필요한 포장기계를 임차하기로 결정한다. 그래서 Y국의 임대회사 A사와 계약을 체결한다. I사가 제공한 사양서에 기초하여 임대회사 A는 자신의 계산으로 Y국의 국내 제조업체 B로부터 기계장치를 구매하고 I사는 공장인도 조건으로 인수한다. A가 제조업체 B에게 지급한 가격은 Y국의 국내시장에서의 물품가격이다.

임차계약 조건은 다음과 같다:

(a) 기계장치의 인도, 현장에서의 조립 뿐 아니라 그것의 분해 그리고 임대인이 지정한 주소로의 반환에 대한 모든 비용은 임차인이 부담하여야 한다.
(b) 기계장치를 조립하고 가동하기 위한 기술인력은 B사가 제공하여야 한다. 이러한 활동에 대한 비용은 임차인이 부담하여야 한다.
(c) 임차인은 총 임차기간(공장인도부터 임대인에게 반환될 때까지) 동안 해당 기계장치에 보험을 들어야 한다.
(d) 임차 및 수입과 관련하여 지급하여야 할 일체의 수수료, 관세 및 제세는 임차인이 지급하여야 한다.
(e) 임차기간은 36개월이며, 갱신할 수 있다.
(f) 매월 임차료는 5,300 c.u.이다. 연장하는 경우 임차료는 월 15% 인하한다.

임차계약서 외에 임차인은 세관에 다음과 같은 정보와 문서를 제공한다.

➤ 임대인은 은행의 자회사이다.
➤ 임대인은 이러한 유형의 계약에 대한 임차료에 9%의 이자(Y국에서 중기 대출에 적용하는 이자율)를 포함한다는 것을 나타내는 증거서류
➤ 매월 임차료에는 또한 기본 계약기간 동안 지급하여야 할 총 금액에 대해 1.5%로 계산된 임대인의 수수료가 포함되어 있음을 보여주는 서류
➤ 임대인이 제조자 B에게 지급한 기계장치의 가격을 표시하는 송품장 사본

수입국 X에 이러한 기계장치가 수입된 것은 처음이므로 협정 제2조 및 제3조의 적용은 배제되고, 거래의 특성 때문에 협정 제5조는 적용될 수 없다. 산정가격 결정에 필요한 자료는 입수할 수 없다. 세관은 협정 제7조에 따라 가격을 결정해야 한다. 협정 제7조에 따른 과세가격 결정을 위하여 협정 및 「1994년 GATT 제7조」의 원칙과 일반규정에 부합하는

합리적인 방법을 사용하는 다양한 접근방법이 있지만, 이 경우에 해당 기계장치의 총 경제적 내구연한 동안 지급하여야 할 임차료에 기초하여 과세가격을 결정하기로 정했다. 세관과 임차인 간의 협의를 통하여 경제적 내구 연한은 60개월로 추정되었다. 36개월 동안은 매월 임차료는 5,300 c.u.이고 나머지 24개월 동안은 (15% 인하하여) 4,505 c.u.이다. 이들 금액에 포함된 9%의 이자요소는 이자에 대한 제네바 결정(Geneva Decision)에서 규정하고 있는 조건을 충족하는 한 공제되어야 한다. 기본 계약기간에 대해 지급하여야 할 총금액에 대한 1.5%의 수수료는 협정 제8조 제1항(a)(i)의 조건에 따른 구매수수료로 간주될 수 없다는 사실이 확인되었다. 이 수수료는 실제로 임대인의 이윤이므로 공제되지 않아야 한다. 각 당사자의 국내 법률에 따라, 협정 제8조 제2항에 열거된 요소들은 과세가격에 포함되거나 제외된다. 임차 및 수입과 관련하여 지급하여야 할 기계장치 조립을 위한 기술인력에 대한 비용, 수수료, 관세 및 제세는 과세가격의 일부가 아니다. 과세가격을 결정하기 위하여 이자를 제외한 임차료는 특정한 부호를 채택한 다음의 공식에 기초하여 결정될 수 있다.

R_1 = 기본 계약기간동안 지급할 월 임차료(36개월)

R_2 = 기계에 대한 잔존 경제적 내구 연한 동안 지급할 월 임차료(24개월)

Q = 1 + i, i는 매월 이자율을 나타낸다(0.0075)

N = 지급회수

〈기본계약 기간 동안 이자를 제외한 임차료 계산〉

(a) 임차료가 후불로 지급되는 경우

$$\frac{R_1(Q^n-1)}{Q^n(Q-1)}$$

다음 계산식은 상기 공식을 대입한 실례이다.

$$\frac{5,300\,(1.0075^{36}-1)}{1.0075^{36}\,(1.0075-1)} = \frac{5,300\,(1.3086-1)}{1.3086\,(1.0075-1)} = \frac{5,300\times 0.3086}{1.3086\times 0.0075} =$$

$$\frac{1,635.58}{0.0098} = 166,896$$

(b) 임차료가 선불로 지급되는 경우

$$\frac{R_1(Q^n-1)}{Q^{n-1}(Q-1)}$$

다음 계산식은 상기 공식을 대입한 실례이다.

$$\frac{5,300\,(1.0075^{36}-1)}{1.0075^{36-1}\,(1.0075-1)} = \frac{5,300\,(1.3086-1)}{1.2989\times 0.0075} = \frac{5,300\times 0.3086}{1.2989\times 0.0075} =$$

$$\frac{1,635.58}{0.00974} = 167,924$$

〈기계장치의 나머지 경제적 내구연한 동안 이자를 제외한 임차료의 계산〉

(a) 임차료가 후불로 지급되는 경우

$$\frac{R_2\,(Q^n-1)}{Q^n\,(Q-1)}$$

다음 계산식은 상기 공식을 대입한 실례이다.

$$\frac{4,505\,(1.0075^{24}-1)}{1.0075^{24}\,(1.0075-1)} = \frac{4,505\,(1.1964-1)}{1.1964\,(1.0075-1)} = \frac{4,505\times 0.1964}{1.1964\times 0.0075} = \frac{884.782}{0.00897}$$

$$= 98,638$$

(b) 임차료가 선불로 지급되는 경우

$$\frac{R_2\,(Q^n-1)}{Q^{n-1}\,(Q-1)}$$

다음 계산식은 상기 공식을 대입한 실례이다.

$$\frac{4,505\,(1.0075^{24}-1)}{1.0075^{24-1}\,(1.0075-1)} = \frac{4,505\,(1.1964-1)}{1.1875\times 0.0075} = \frac{4,505\times 0.1964}{1.1875\times 0.0075} =$$

$$\frac{884.782}{0.0089} = 99,414$$

이 경우, 협정 제8조 제2항에 열거된 요소와 관련한 국내 법률 규정을 조건으로, 위에서 표시된 대로 계산된 기계장치의 총 경제적 내구연한 동안 지급하여야 할 총 임차료는 과세가격을 구성한다.

(4) 중고물품

중고물품의 과세가격은 다음의 가격을 기초로 하여 결정할 수 있다(제7조의5제1항): ① 관련 법령에 따른 감정기관의 감정가격; ② 국내도매가격에 관세규칙 제7조의3 제1항 제3호의 시가역산율을 적용하여 산출한 가격; ③ 해외로부터 수입되어 국내에서 거래되는 신품 또는 중고물품의 수입당시의 과세가격을 기초로 하여 가치감소분을 공제한 가격(다만,

내용연수가 경과된 물품의 경우는 제외한다); ④ 그 밖에 세관장이 타당하다고 인정하는 합리적인 가격. 여기에서 ③ 가치감소 산정기준은 관세청장이 정할 수 있다(제7조의5제2항).

(5) 보세공장에서 내국물품과 외국물품을 혼용하여 제조한 물품

내국물품과 외국물품의 혼용에 관한 승인을 받아 제조된 물품의 과세가격은 다음의 산식에 따른다(관세규칙 제7조의6제1항):

제품가격 × [외국물품가격 / (외국물품가격 + 내국물품가격)]

이 산식을 적용할 때 제품가격, 외국물품가격 및 내국물품 가격은 다음의 방법으로 결정한다(관세규칙 제7조의6제2항): ① 제품가격은 보세공장에서 외국물품과 내국물품을 혼용하여 제조된 물품의 가격으로 하며, 관세법 제30조부터 제35조까지에서 정하는 방법에 따른다; ② 제조에 사용된 외국물품의 가격은 관세법 제30조부터 제35조까지에서 정하는 방법에 따른다; ③ 제조에 사용된 내국물품의 가격은 해당 보세공장에서 구매한 가격으로 한다; ④ 앞의 제③에도 불구하고 다음의 어느 하나에 해당하는 경우에는 해당 물품과 동일하거나 유사한 물품의 국내판매가격을 구매가격으로 한다. 이 경우 거래 단계 등이 같아야 하며, 두 물품 간 거래 단계 등에 차이가 있는 경우에는 그에 따른 가격 차이를 조정해야 한다: ㉮ 구매자와 판매자가 관세령 제23조 제1항 각 호에서 정하는 특수관계가 있는 경우; ㉯ 관세령 제18조 각 호에서 정하는 물품 및 용역을 무료 또는 인하된 가격으로 직접 또는 간접으로 공급한 사실이 있는 경우; ⑤ 앞의 제②부터 제④까지의 가격은 관세법 제186조 제1항에 따라 사용신고를 하는 때에 이를 확인해야 하며, 각각 사용신고 하는 때의 원화가격으로 결정한다.

(6) 범칙물품

범칙물품의 과세가격은 관세규칙 제7조의2부터 제7조의6까지 및 제7조의8에 따라 결정한다(제7조의7).

(7) 보세구역에서 거래되는 석유

국제거래시세를 조정한 가격으로 보세구역에서 거래되는 석유의 과세가격은 보세구역에서 거래되어 판매된 가격을 알 수 있는 송품장, 계약서 등의 자료를 기초로 하여 결정할 수 있다(관세규칙 제7조의8제1항). 여기에서 국내에서 발생한 하역비, 보관료 등의 비용이 보세구역에서 거래되어 판매된 가격에 포함되어 있고, 이를 입증자료를 통해 구분할 수 있는 경우 그 비용을 해당 가격에서 공제할 수 있다(관세규칙 제7조의8제2항).

2. 판례연구

1) 우리나라 판례

(1) 【대법원 2020.6.25. 선고 2020두36014 판결】 사건

이 사건은 상고심의 심리불속행 상고기각으로 원심[18]의 판결이 그대로 확정되었다. 이 사건의 처분경위는 다음과 같다. 원고는 비메모리반도체의 파운드리(Foundry)와 비메모리반도체의 조립 및 판매를 목적으로 하는 반도체사업을 주요사업으로 영위하는 법인이다. 원고는 2012.4.2.부터 2014.9.18.까지 원고의 브랜드 사업부 보세공장에서 제조한 웨이퍼(2,911건, 이하 '이 사건 웨이퍼')에 대하여 제조원가를 과세가격으로 신고한 후 이를 수입통관하였다. 세관장은 원고에 대하여 관세조사를 실시한 결과 원고가 이 사건 웨이퍼에 대하여 저가로 과세가격을 신고한 것으로 보고, 수입통관 이후의 공정을 거쳐 완성된 반도체의 국내판매가격에서 수입통관 이후 발생하는 각종 비용과 이윤 등을 공제하는 방법(관세법 제35조, 제6-6방법)으로 이 사건 웨이퍼의 과세가격을 결정한 후, 2016.7.5. 원고에게 부가가치세 등에 대한 과세전통지를 하였다. 원고는 이에 불복하여 2016.8.3. 과세전적부심사청구를 하였고, 관세청장은 2016.10.21. '이 사건 과세전통지와 관련하여 추가자료 확인 등 재조사를 통하여 관세법 제30조부터 35조까지의 규정에 따라 과세가격을 결정한다'라는 내용의 결정을 내렸다. 세관장은 이 사건 과세전적부심 결정에 따라 재조사를 실시하여, 이 사건 웨이퍼의 제조원가에 원고의 브랜드사업부의 매출총이익율을 가산하는 방법(관세법 제35조, 제6-5방법)으로 과세가격을 다시 산정하여 2017.3.8. 원고에게 부가가치세 등을 결정·고지하였고, 그 후 2017.5.8. 각 신고불성실 가산세를 추가 결정·고지하였다.

원심은 아래와 같은 사정들을 종합하면, 이 사건 웨이퍼에 대한 세관장의 위와 같은 과세가격 결정은 적절하며 위법하지 않다고 판단된다:

- 원고는 이 사건 웨이퍼에 대하여 제조원가를 기준으로 과세가격을 결정하는 것이 타당하다는 취지로 주장하나, 이 사건 웨이퍼는 결국 조립공정을 거쳐 판매할 목적으로 수입된 것으로서 설계공정 및 생산공정을 거쳤음에도 그에 대한 이윤이 제외된 제조원가만을 과세가격으로 결정할 합리적인 이유가 없다. 원고는 브랜드사업부 아닌 파운드리 사업부에서 수탁·가공한 웨이퍼에 대하여는 이윤 및 일반경비를 가산하여 수입신고를 하였는데, 이 사건 웨이퍼와 원고의 파운드리 사업부에서 수탁·가공한 웨이퍼가 부가가치 발생의 면에서 본질적으로 서로 달리 취급해야 할 것으로 보이지 않는다.
- 이 사건 웨이퍼에 대한 과세가격을 결정함에 있어 제1 내지 5방법이 적용될 수 없고(원고도 이의 없음), 설계공정 및 생산공정만을 거친 이 사건 웨이퍼 자체에 대한 이윤

18) 서울고등법원 2020.01.29. 선고 2019누45403 판결.

및 일반경비를 확인할 수 있는 자료가 없는 상태에서, 세관장이 제6방법을 적용함에 있어서 ㉠ 이 사건 웨이퍼는 원고의 파운드리사업부가 아닌 브랜드사업부에서 생산된 물품이므로 파운드리사업부의 매출총이익률을 적용하는 것은 그 경제적 실질에 맞지 않는 점, ㉡ 파운드리사업부의 매출총이익률을 적용하면 설계공정 및 생산공정 중 설계공정에 반영되는 이윤 등이 누락되는 결과를 초래하는 점, ㉢ 설계 ⇨ 생산 ⇨ 조립공정이 진행될수록 영업이익률이 감소하는 것이 반도체 업계의 특성인 점 등을 종합적으로 고려하여, 원고의 파운드리사업부가 아닌 브랜드사업부의 매출총이익률을 적용한 것은 합리적인 기준으로 판단된다. 이는 제6방법을 적용하는 과정에서 이 사건 수입신고 당시 이 사건 웨이퍼에 대한 매출총이익률이 적어도 원고의 브랜드사업부 매출총이익률을 상회할 것으로 보아 브랜드사업부의 매출총이익률을 선택한 것으로서, 원고 주장과 같이 이 사건 웨이퍼에 대한 수입신고가 이루어진 이후에 발생한 비용이나 이윤을 양적으로 반영하기 위한 것이 아니다.

(2) 【대법원 2016.5.27. 선고 2014두4115 판결】 사건

이 사건의 처분경위는 다음과 같다. 원고는 2005.8.12.부터 2008.1.21.까지 원고의 지분 80%를 소유한 스위스 소재 N◉◇◇ ◇◇ 아게(이하 'N◉◇◇ 본사')로부터 백혈병 치료물질인 'A◇◇107'을 16회에 걸쳐 무상공급을 전제로 한 임상

시험용으로 수입하면서 물품가격을 200mg 1정당 0.05 스위스 프랑(CHF 0.05/200mg, 원화 기준 약 43 원/200mg)으로 수입신고하고, 그 수입거래가격에 대한 관세 등을 신고·납부하였다. 세관장은 원고에 대한 방문심사를 진행한 후, 2008. 7. 3. 'A◇◇107'이 무상수입물품으로서 구 관세법 제30조 규정에 의한 과세가격 결정대상에 해당하지 않는다고 보아 신고가격을 부인하고, 관세법 제35조의 규정에 의한 방법으로 과세가격을 재산정하여 관세 등을 경정 고지하는 처분을 하였다.[19]

19) 원고는 2008.10.1. 조세심판원에 위 경정 고지처분에 대하여 취소를 구하는 심판청구를 하였고, 이에 조세심판원은 2009.12.2. 처분청이 안전성 검증을 마치고 품목허가를 득한 이후에 수입된 'A◇◇107'에 대하여 '타◇◇◇'의 가격을 동종·동질물품의 실질가격 또는 확인 가능한 실질가격에 가장 가까운 상당가격으로 보아 'A◇◇107' 의 과세가격으로 결정한 것은 잘못이 없으나, 안전성 및 약효 등의 검증 및 품목허가를 득하기 이전인 2005.8.12.부터 2007.10.25.까지 수입된 'A◇◇107'에 대하여 '타◇◇◇'의 가격을 과세가격으로 결정한 것(이하 '이 사건 각 처분')은 합리적인 과세가격에 따른 것이라고 할 수 없으므로, 관세법 제35조 규정에 의한 방법으로 확인 가능한 실질가격에 가장 가까운 상당가격을 재조사하고, 그 결과에 따라 과세가격을 경정하는 것이 타당하다고 결정하였다. 그러자 세관장은 원고에게 수차례에 걸쳐 과세가격 결정과 관련된 자료제출을 요구하였으나 원고가 이에 제대로 응하지 아니하자, 2011.10.5. 원고에게 원고가 가격 조사에 필요한 원가자료 등을 제출하지 아니하였음을 이유로 원처분을 유지하는 취지에서 재조사 종결 통보를 하였다.

이 사건 상고심은 다음과 같이 판시하고 있다. 원심[20]은 위와 같은 사실관계를 기초로, 임상시험물질은 시판허가를 받을 때까지 법률에 의하여 임상시험 외의 용도로 사용되거나 다른 환자들에게 판매되는 것이 금지되어 있으므로 그 거래가격이 존재하지 아니하는 점, 원고가 수입한 임상시험물질인 이사건 물품(A△△107)은 나중에 시판허가를 받아 만성 백혈병 치료제인 타○○○라는 이름으로 판매되었는데, 타○○○는 종전의 백혈병 치료제인 글◎◎과는 약리성분이나 부작용 등이 달라 단순히 글◎◎의 효용만 향상시킨 개량신약으로 볼 수 없으므로 글◎◎의 연구개발비용이 이 사건 물품의 과세가격에 반영되어야 한다고 볼 수도 없는 점 등을 종합하면, 세관장이 타○○○의 수입가격을 이 사건 물품의 과세가격으로 결정한 것은 구 관세법 제35조에서 정한 합리적인 기준에 의한 과세가격 결정이라고 볼 수 없다는 이유로, 위와 같은 과세가격 결정에 근거하여 관세 등을 부과한 이 사건 각 처분은 위법하다고 판단하였다. 관련 규정 및 법리와 기록에 비추어 살펴보면 위와 같은 원심의 판단은 정당한 것으로 인정된다. 원심이 판시한 위 판단근거가 모두 수긍이 될 뿐 아니라, 이 사건 물품은 임상시험의 목적으로 환자들에게 무상으로 제공된 것이므로, 시판허가를 받은 이후 이윤 및 판매관리비 등까지 반영하여 책정되었을 타○○○의 가격과 과세가격이 동일하다고 볼 수는 없다. 또한 이 사건 각 처분의 과세가격은 형식적으로는 관세법 제35조(기타 합리적 방법)을 처분사유로 하면서도 사실상 관세법 제31조(동종·동질물품의 거래가격) 또는 제32조(유사물품의 거래가격)에 기하여 결정한 것으로 보이는데, 타○○○는 사용목적 및 외관뿐 아니라 그 상업적 가치, 안전성 및 약효의 검증 여부, 소비자의 평판 등 여러 면에서 이 사건 물품과 동종·동질물품 또는 유사물품으로 볼 수 없으므로, 이 사건 각 처분은 관세법에 정한 과세가격 결정방법에 위배된다고 할 것이다. 세관장으로서는 원고의 수입신고가격이 합당하지 않다고 하여 시판 목적으로 수입된 타○○○의 수입신고가격을 그대로 적용하여 이 사건 물품의 과세가격으로 결정할 것이 아니라, 이 사건 물품은 임상시험용이라는 점 등을 감안하여 타○○○의 수입신고 가격 및 획득할 수 있는 노◈◈◈ 본사의 원가분석 자료 등을 기초로 수출자의 이윤 및 판매관리비 등을 제외하고 적절한 조정을 하는 등 관세법 제35조가 규정한 합리적인 기준에 해당하는 것으로 납득할 수 있는 과세가격 산정방법을 마련하여 적용하였어야 할 것이다. 그러므로 이 사건 각 처분의 근거가 된 과세가격 결정이 위법하다는 원심 판단 부분에 구 관세법 제35조에서 정한 합리적인 기준에 의한 과세가격 결정에 관한 법리오해나 심리미진 등의 잘못이 있다는 상고이유 제1점의 주장은 이유 없다.

원심은 위와 같이 이 사건 각 처분의 근거가 된 과세가격 결정이 위법하다는 판단에서 나아가 원고가 당초 신고한 수입가격이 오히려 구 관세법 제35조에서 정한 합리적인 기준에 의하여 결정된 과세가격에 해당한다고 판단하였다. 그리고 그 근거로, ① 오랜 기간 동안

20) 서울고등법원 2014.01.24. 선고 2012누36967 판결.

여러 개발 단계를 거쳐야 하고 연구 대상 물질 중 시판허가를 받는 시험물질이 극히 적은 의약품 개발의 특성을 고려하면, 다수의 의약물질의 제조에 필요한 비용을 합산, 평균하여 임상시험물질의 제조비용을 산출한다는 원고의 산정방식이 적정한 것으로 판단된다는 점, ② 국내에서 판매되고 있는 캡슐제의 판매가격 및 제조비용, 다른 제약회사들이 합성화학제제인 임상시험물질에 대하여 신고한 수입가격 등에 비추어 보면, 원고가 이 사건 물품에 관하여 신고한 수입가격이 지나치게 낮은 것이라고 볼 수 없다는 점, ③ 노◆◆◆ 본사는 타○○○의 임상시험물질인 A△△107에 관하여 우리나라뿐 아니라 미국과 유럽의 각국에서 임상시험을 실시하였고, 임상시험기간 동안 해외 각국의 세관당국에 이 사건 물품과 동일한 가격으로 수입가격을 신고하였는데, 이 사건 물품이 수입된 다른 국가들의 세관당국이 노○○○ 본사가 신고한 수입가격이 적정하지 않다고 판단하여 관세를 추가로 부과한 사례는 발견되지 않는다는 점 등을 제시하였다. 그러나 위와 같은 원심의 판단은 수긍하기 어렵다. 우선 기록에 의하면, 이 사건 물품에 대한 원고의 수입신고가격은 이 사건 물품뿐만 아니라 다른 임상시험용 물질까지 포함한 전체 임상시험물질의 평균적 생산비용에 기초한 것으로서, 이를 이 사건 물품의 가격으로 산정하는 것은 구 관세령 제29조 제2항 제7호에서 금지하고 있는 자의적 또는 가공적 가격에 해당한다고 볼 여지가 상당하다. 또한 의약품 개발의 경우 그 개발단계가 진행됨에 따라 성공 확률도 높아지고, 이 사건 물품과 같은 임상 2상 단계인 경우에는 일반적으로 성공 확률이 67%에 이른다는 것이므로, 이를 마치 선두 화합물 선택 이전의 초기단계에서의 연구대상물질과 같이 '시판허가확률이 극히 적은' 물질이라고 단정하기는 어렵다. 원심이 들고 있는 판단 근거를 살펴보더라도, 의약품의 성분·효능·용도 등 이 사건 물품과의 동종·동질 또는 유사성 정도를 따지지 않고 '국내 시판 캡슐제' 일체를 망라하여 비교대상으로 삼은 것은 부적절하다 할 것이다. 또한 다른 제약회사의 임상시험물질에 대하여 이 사건 물품과 비슷하게 명목적 가격으로 수입신고하여 확정된 사례가 있다고 하여 그것이 곧 원고의 이 사건 수입신고가격이 합리적인 산정방법으로 정해진 것이라고 볼 근거가 될 수도 없다. 따라서 원심이 이 사건 물품에 관한 원고의 수입신고가격이 관세법 제35조에 정한 합리적 기준에 따른 것이라고 판시한 부분은 적절하다고 하기 어렵지만, 그렇다고 하여 이 사건 처분이 적법하게 되는 것은 아니라 할 것이므로, 이 부분 원심 판단은 판결 결과에 영향이 없어, 이를 다투는 상고이유 제2점의 주장은 받아들일 수 없다.

한편 원심이 인용한 제1심 판결이유에 의하면 세관장이 이 사건 각 처분을 하기 전에 원고에게 자료제출을 수차례 요구하였으나 원고가 이에 응하지 아니하여 타○○○의 수입가격을 이 사건 물품에 대한 과세가격으로 결정한 사실을 알 수 있다. 그러나 설령 원고의 수입신고가격이 자의적 또는 가공적 가격에 해당한다거나 원고가 위와 같이 자료 제공 요청에 불응하였다는 등의 사정이 있다고 하더라도, 그러한 이유만으로 과세관청이 수입물품의 과세가격을 임의로 결정할 수는 없다 할 것이다. 또한 과세가격에 관하여 합리성이 수긍될 수 있는 일응의 증명을 하면 과세처분의 적법성에 대한 증명책임이 납세의무자에게 전환된다는 상고이유 주장은 독단적 주장에 불과하므로, 상고이유 제3점의 주장도 이유 없다.

(3) 【대법원 2020.5.28. 선고 2020두34605 판결】 사건

이 사건은 상고심의 심리불속행 상고기각으로 원심[21]의 판결이 그대로 확정되었다. 이 사건의 처분경위는 다음과 같다. 원고는 반도체 제품 및 부품의 제조업 등을 목적으로 하는 회사이다. 원고는 주식회사 케◇◇◇(이하 '케◇◇◇')의 보세공장에서 생산된 반제품 상태의 비메모리 반도체칩 제조용 웨이퍼 칩(이하 '이 사건 물품')을 수입하고, 이에 대한 패키징 임가공 공정을 거쳐 완제품인 반도체칩을 다시 케◇◇◇에 납품하여 왔다. 세관장은 원고에 대한 기업심사를 실시하여, 원고가 구미세관을 통해 수입한 1,197건의 이 사건 물품의 수입신고가격을 부인하고 관세법 제35조에 의한 과세가격 결정방법에 따라 케◇◇◇의 이 사건 물품에 관한 연도별 제조원가를 과세가격으로 결정하였다. 세관장은 2015.5.22.부터 2016.2.29.까지 사이에 위와 같은 과세가격 결정에 따라 각 부가가치세 등을 경정·고지하였다.

이 사건 원심은 다음과 같이 판시하고 있다. 다음과 같은 사정들을 고려하면, 원고와 케◇◇◇사이의 이 사건 물품 거래는 관세법 제30조 제3항 제1호에서 정한 '해당 물품의 처분 또는 사용에 제한이 있는 경우'에 해당한다:

- 원고는 케◇◇◇의 승인 없이는 매입한 이 사건 물품을 타사에 판매할 수 없을 뿐만 아니라, 완제품을 생산하는 외의 다른 용도로 사용할 수도 없다. 나아가 원고가 이 사건 물품을 가공하여 만든 완제품을 다른 곳에 유출하는 것도 제한되기 때문에, 원고가 '위 완제품 전량을 케◇◇◇에게 매도할 것'도 사실상 강제된다. 위와 같은 점을 고려하면, '원고의 이 사건 물품에 대한 처분 및 사용이 제한되었다'는 점을 넉넉히 인정할 수 있다;
- 또한 원고와 케◇◇◇는 이 사건 물품을 그 제조원가에도 미치지 못하는 금액으로 매매하기도 하였다.[22] 이는 원고가 위와 같은 제한으로 인하여 이 사건 물품으로 제작한 완제품을 전량 케◇◇◇에게 다시 판매할 수밖에 없고, 원고가 거래를 통해 실질적으로 취득할 수 있는 이익은 '완제품의 판매대금'에서 '이 사건 물품의 매입금액'을 공제한 금액이어서 이 사건 물품의 당초 판매가격은 원고와 케◇◇◇에게 별다른 의미를

21) 광주고등법원 2020.01.09. 2018누6149 판결 사건.

22) 원고가 수입신고한 이 사건 물품의 가격은 케◇◇◇가 제출한 연평균 제조원가의 2.384% 내지 228.18%로 편차가 크고, 그 평균이 89.22%로 위 제조원가보다 낮다.

가지지 못했기 때문으로 보인다. 결국, 이 사건 물품에 대한 처분 및 사용상의 제한은 이 사건 물품의 가격에 실질적으로 영향을 미쳤다고 봄이 타당하고, 이러한 측면에서도 이 사건 물품 거래는 '해당 물품의 처분 또는 사용에 제한이 있는 경우'에 해당한다;

아래와 같은 사정들을 고려하면, 이 사건 물품 거래는 관세법 제30조 제3항 제2호에서 정한 '해당 물품에 대한 가격의 결정이 금액으로 계산할 수 없는 조건 또는 사정에 의하여 영향을 받은 경우'에 해당한다고 봄이 타당하다:

- 원고와 케◇◇◇는, 케◇◇◇가 원고에게 먼저 이 사건 물품을 판매하면, 원고는 이 사건 물품에 정해진 공정을 완료하여 생산한 완제품인 반도체칩을 케◇◇◇에게 다시 판매하는 방식의 거래를 하였다;
- 위와 같은 거래방식으로 인하여, 원고가 거래를 통해 실질적으로 취득할 수 있는 이익은 '완제품의 판매대금'에서 '이 사건 물품의 매입금액'을 공제한 금액이 된다. 그에 따라 원고와 케◇◇◇는 이 사건 물품의 가격을 시장가격이 아닌 완제품 가격과의 차액을 고려하여 결정하였는데, 이는 이 사건 물품의 구매자인 원고가 그 판매자인 케◇◇◇에게 판매하는 다른 물품인 완제품의 가격에 따라 이 사건 물품의 가격이 결정되는 경우에 해당한다고 봄이 타당했다.

아래와 같은 사정들을 고려하면, 세관장이 이 사건 물품을 제조하는데 소요된 원·부자재비, 개발비 등이 포함된 연도별 제조원가를 토대로 이 사건 물품의 과세가격을 결정한 것은 부당하지 않다고 보인다:

- 세관장이 이 사건 물품의 적정한 거래가격을 확인할 수 없는 상황에서, 이 사건 물품의 제조원가를 기준으로 과세가격을 결정한 것은 합리적이라고 보이고, 제조원가를 기준으로 하였기에 원고에게 특별히 불리하게 된 것도 아니다;
- 월별 Wafer Chip 생산량과 그 평균원가의 기재에 따르면, 이 사건 물품의 경우 월별로 제조원가가 달라지는 것으로 보이므로, 원고가 지적하는바와 같이 연평균 제조원가보다 월별 제조원가가 과세가격을 산정하는 데 더 적합한 것으로 보이는 측면이 있기는 하다. 그런데 원고 및 케◇◇◇는 세관장에게 월별 제조원가와 관련된 자료를 제출하지 않고, 연평균 제조원가와 관련된 자료만을 제출하였고, 그에 따라 세관장은 제출된 연평균 제조원가를 기초로 이 사건 부과처분을 한 것으로 보인다. 이러한 경위를 고려하면, 연평균 제조원가를 기초로 이 사건 부과처분이 이루어진 것이 특별히 부당하다고 보이지 않는다;
- 제조원가를 구성하는 고정비와 변동비는 일정한 기간을 단위로 변동될 수밖에 없고, 매년 설비투자와 감가상각이 이루어지고 노동투입량 등 가변요소도 수시로 변동하므로, 일정한 기간을 단위로 제조원가를 산정할 수밖에 없다. 그런데 설비투자 등은 장기적 안목으로 진행되고, 실제 물품거래에 있어서도 장기적 투자비용 등을 비교적

장기간의 기간으로 환산하여 산정한 제조원가에 이윤 등을 더한 가격을 거래가격으로 결정하는 것이 통상적인 거래관행일 것으로 보인다. 이러한 사정을 감안하면 세관장이 월별 제조원가가 아닌 연평균 제조원가를 기초로 이 사건 물품의 과세가격을 결정한 것이 특별히 불합리하다고 보기도 어렵다.

2) 미국 CBP의 결정사례

【W548618, 2005.11.23.】 ➲ 휴대전화와 액세서리는 수리를 위하여 멕시코로 보내지고, 그리고 나서 대체 전화기를 필요로 하는 고객에게 유통시키기 위하여 미국으로 되돌아온다. 수리공장은 자신의 수리 서비스에 대하여 수입자에게 정액요금을 청구하며 일괄 총액대금이 매 2주마다 지급된다. 대금지급을 특정 전화기의 수리에 결부시키는 것은 가능하지 않다. 재생전화기는 장부가 혹은 재생전화기에 있어서 믿을만한 미국 재판매자들의 견적금액 중 하나를 사용한 합리적 기준에 의한 평가 방법에 의하여 평가될 수 있다. 【H010504, 2007.8.22.】 ➲ 수입자는 수리 혹은 재조립을 위하여 반출되었던 중고 항공기부품을 수입한다. 항공기부품은 수리를 위하여 발송할 때 신고하였던 수출가치에 근거한 금액을 사용하여, 합리적 기준에 의한 평가방법에 의하여 올바르게 평가된다. 수출가치는 부품의 당초 비용에서 혹은 그 대신에 동종·동질 혹은 유사한 신규부품의 비용에서 나왔다. 수입신고된 통관가치는 수출가치 플러스 실제 수리비용이다. 또한 통관가치는 신규부품의 금액상의 변동에 대한 상향 혹은 하향된 조정내역을 반영할 수도 있다. 【H130310, 2010.11.18.】 ➲ 재활용을 위하여 미국에 들어오는 Krypton은 취득을 위하여 지급한 수수료를 사용한 대체평가방법에 의하여 평가되어야 한다. 세관은 처리를 위하여 반입되는 폐기물에 대하여, 폐기물 처리에 책임이 있는 미국 회사에게 수수료가 지급되었는데, 처리를 위하여 지급된 수수료는 폐기물에 대한 적합한 가치라고 과거에 판정하였다. 이 결과는 수입 이후의 재활용을 통하여 Krypton이 상업적 가치를 얻을 가능성에 의하여 영향받지 않는데, 그 이유는 그가 통관시의 금액을 주장하지 않기 때문이다. 【H548164, 2002.9.20.】 ➲ 제약회사의 내부 연구개발 과정은 복잡하여 외국 및 국내에서 일어나는 다양한 국면에 접하게 된다. 동 회사는 세계적으로 5곳의 연구시설을 가지고 이곳에서 즉효성 약성분(API)을 제조한다. 연구용 API는 추가 연구를 위해서만 사용되고 미국으로 통관시점에서 이들의 가격은 모른다. 수입되는 연구용 API에 대해서는, 회사의 외국의 연구시설로부터 미국의 시설로의 판매가 이뤄지지 않고, 이들 API가 미국에서 재판매 되지도 않는다. 제품이 미국으로 수입될 때, 그 연구개발 가격은 세관에 신고되어야 한다. 거래가격 및 공제가격은 연구용 API가 판매대상이 아니므로 적합하지 않다. 동종·동질 물품 또는 유사물품의 거래가격도 적합하지 않은데, 이러한 물품들이 없기 때문이다. 아울러, 산정가격도 이용불가능한데 이는 재료, 공정비용, 수익 및 일반관리비가 통관시점에서 알 수 없기

때문이다. 제시된 정보를 토대로 section 402(f) of the TAA 하에서의 API의 가격산정에 대해서는 수입자의 제시안을 받아들이는 것이 적합하다는 결정을 내린다. 수입자는 실제 산정가격 대신에 API의 가중평균 가격을 기준으로 한 수정된 산정가격을 이용할 수 있다.

【H563461, 2006.5.18.】 ➲ National Marrow Donor Program은 외국의 의료시설에서 인간 혈액제제를 수입한다. 미국 법률 하에서 혈액제제를 포함하여 인간 장기 및 세포조직을 사고파는 것은 불법이기 때문에, 이 혈액제제는 판매계약에 의하여 수입하는 것은 아니다. 따라서 거래가격은 사용될 수 없다. 이와 동일한 이유로 인하여, 평가는 19 U.S.C. 1401a(c), (d) 및 (e)에 명기된 방법들에 근거하여 이뤄질 수 없다. 그러나 이 외국의 의료시설은 수집하며, 또한 수입자는 추출과 국제수송의 비용을 지급한다. 혈액제제는 입수가능한 최선의 증빙을 이용함으로써 19 U.S.C. §1401a(f)에 의하여 평가될 수 있는데, 그 증빙은 추출 절차의 비용에 대하여 외국의 의료시설에게 지급된 수수료이다. 외국의 의료시설에 지급된 금액에 포함되는 범위 내에서, 혈액제제의 국제운송에 관계되는 경비는 통관된 상품 가치에서 공제될 수 있다. 【H085036, 2009.12.18.】 ➲ 경매인은 경매를 위하여 수입된 품목들을 보험가치로 평가하고자 한다. 통관 내용을 변경하기 위한 조정이 이뤄졌다. 경매를 위하여 수입된 품목들은 수입된지 90일 이내에 팔릴 경우, 공제가치 방법에 의하여 평가될 수 있다. 수입된지 90일 이후에 팔리는 품목들은 수정된 공제가치를 이용한 대체평가방법에 의하여 평가될 수 있다. 경매를 위하여 수입된 이러한 품목들로서 결국 팔리지 않는 것들은, Sotheby가 제안한 평균값을 이용한 대체평가방법에 의하여 평가될 수 있다. 【H083960, 2010.9.10.】 ➲ 수입물품은 생명과학 제품들로 구성되어 있으며, 특수관계가 아닌 판매자와의 라이센스 계약들에 따라 수입된다. 계약조건에 의하여 수입자는 미국으로 수입되는 제품의 판매 매 건에 대하여 로열티를 지급하여야 한다. 어느 경우에 수입자는 수입 후 특정 시기 내에 판매자들에게 고정 금액을 또한 지급한다. 제품들이 위탁조건으로 수입되었기 때문에 거래가격은 평가방법에서 배제된다. 동종·동질 물품 혹은 유사한 물품의 거래가격이 종전에 받아들여진 것은 없다. 수입물품들 중의 어느 것은 판매된 적도 없거나 혹은 수입된지 몇 년 만에 판매됨으로 인하여 로열티는 지급되지 않거나 혹은 지연되기 때문에, 공제가치는 평가방법에서 제외된다. 수입자와 판매자들은 관계가 없기 때문에, 수입 생명과학 제품의 산출가치와 관련하여, 사용할 수 있는 정보는 없다. 따라서 이들은 로열티와 고정금액 대금을 역년 기간 중의 통관물품에 할당하는 방법을 이용한 대체평가방법에 의하여 평가된다. 【H102516, 2010.9.16.】 ➲ 수입자는 전동기를 제조하여 북미에서 판매한다. Y사는 중국과 멕시코에 사업장을 가지고 있다. 전동기는 이 두 나라에서 생산되어 미국으로 수입된다. 수입 후에, 중국 원산지인 전동기는 검사 혹은 수리를 요구받게 될 수도 있다. 따라서 검사 혹은 수리를 위하여 전동기를 중국으로 반환하여 선적하는 대신에, 수입자는 전동기를 멕시코에 있는 제조시설로 수송한다. 중국

원산지인 전동기의 수리 내지 검사는 회사가 전액 출자한 멕시코의 자회사들 중 하나에서 실시된다. 전동기 집단은 부품 번호와 원산지에 따라 구분되어 보관되며, 그렇지 않을 경우엔 서로 섞인다. CBP는 평가의 다른 방법들을 적용할 수 없기 때문에, 검사 혹은 수리 후에 멕시코에서 미국으로 반환된 중국 원산지의 전동기는, 중국 제조업자의 표준원가를 기준으로 하고 19 U.S.C. §1401a(f) 하의 합리적 기준에 의한 평가방법을 이용하여 평가되어야 한다고 결정하였다.

【H255619, 2015.01.16.; H257520, 2015.01.16.】 ➲ 세관이 거래가격 및 순차적 평가방법을 적용할 수 없을 때 대체평가방법이 적절한 방법이다. 이 건에서 물품은 유사물품의 거래가격에 합리적 조정을 한 것을 기초로 대체평가방법에 따라 평가되었다. 왜냐하면 세관은 쟁점제품에 대하여 이전에 받아들여진 가치를 가지고 있었기 때문이다. 그것은 이전에 받아들여진 가치였다. 왜냐하면 그것은 이미 이용가능하고 세관에 의해 검증된 정보였고 그리고 동일 수출국으로부터 유사한 수량에 대한 것이고 동일 시즌동안에 수출된 것이었다. 그러나 그 것은 쟁점제품과 동시 또는 거의 동시(부패하기 쉬운 제품의 수출일 전 또는 후 14일간)에 수출된 것은 아니었다. 그럼에도 불구하고 쟁점 제품은 좀더 긴 유통기한을 가지고 있었고 “수출시점 부근에”를 30일까지 조정하는 것은 합리적인 것이다. 【H127536, 2010.12.28.】 ➲ 특수관계자 거래에서, 특수관계자들은 거래가격의 인정 가능성을 결정하기에 충분한 정보를 제공할 수 없거나 혹은 의사가 없기에, 거래가격은 사용될 수 없다. 다른 상품이 동종·동질 또는 유사한지를 결정할 수 있는 능력에 영향을 주는 품목의 형태나 품질에 대하여 당사자가 증명할 수 없거나 혹은 의사가 역시 없을 경우, CBP는 19 U.S.C. §1401a(f)의 대체평가방법에 따라서 동종·동질 물품 또는 유사한 물품의 수정된 거래가격을 사용할 수 있다. CBP는 쟁점 통관시기 무렵에 동일한 국가로부터 수출된 그리고 동일한 HTSUS의 부제 하에 통관된, 동일한 수출자의 다른 통관내용을 이용하여, 쟁점상품을 평가할 수 있다. 【H144042, 2013.10.30.】 ➲ 특수관계자간의 거래가 정상가격방법으로 결정되었고 수입물품에 대해 지급한 가격은 당사자의 관계에 의해 영향을 받지 않았다는 것을 보여주기 위한 충분한 증빙이 제출되지 않았기 때문에, 거래가격은 받아들일 수 없는 평가기준이다. 수입물품의 평가가 19 U.S.C. 1401a(b) 에서 1401a(e)의 규정에 따라 결정될 수 없을 때는 19 U.S.C. 1401a(f)에서 규정하고 있는 대체평가방법에 따라 수정된 공제가격을 사용하여 수입물품을 평가할 것을 제안한 방법은 비록 수입물품의 상당량이 수입된 90일 이내에 미국에서 판매되지 않았다고 하더라도 수용가능하다. 제안한 원가와 수입물품의 판매 및 유통을 위한 비용의 배분은 19 CFR 152.105(d)(1)에 규정한 수입물품의 재판매가격에서 수용가능한 공제에 해당한다. 【H563470, 2006.6.12.】 ➲ 거래가격은 미국에서 수리예정인 수입 중고상품에 대한 평가기준으로 이용가능하지 않다. 수입 중고항공기부품은 19 U.S.C.1401a(f)에 따라 합리적 기준에 의한 평가방법에 의하여 평가되었다.

수입 중고 항공기부품은 미국의 제조업자가 제안한 계산식에 근거하여 평가될 수 있었는데, 그 계산식은 신규품목의 원가를 반영하는 현행 표시가격을 사용하고 또한 물품 생산원가(재료비, 인건비 및 경상비 플러스 이익)를 나타내며, 그러고 나서 연간 기준으로 산출된 2건의 공제를 사용하는데, 하나는 수리비 공제 그리고 나머지는 감가상각 공제이다.

【H167495, 2011.06.28.】 ➲ 시설은 해체, 수리 또는 테스트를 위한 항공기 부품을 수입한다. 수입부품은 판매로 수입된 것이 아니기 때문에 거래가격은 사용될 수 없다. 수입자는 19 U.S.C. 1401a(f)에 규정된 대체평가방법을 기초로 평가를 하고자 했다. CBP는 다른 평가방법은 사용될 수 없다는 것에 동의했고 세계리스트가격 즉 새로운 조건하에서 부품의 현행가격을 사용하여 전년도 비용에 기초하여 평균 수리비용을 공제하는 것에 대한 수입자의 제안에 동의하였다. CBP는 고객들이 부품을 수리하기 위해 지급하고자 하는 것에 대한 수입자의 경험에 기초하여 세계리스트 가격에서 또한 40%를 공제하자는 제안에는 동의하지 않았다. 대신에 CBP는 제조일자 및 감가상각의 방법에 관하여 부품 소유자가 제공한 정보에 기초하여 감가상각에 대한 공제는 동의하였다. 【H019073, 2007.11.2.】 ➲ 아이다호에 있는 폐기장에서의 처리를 위하여 오염된 토양이 반입되었다. 그 흙은 판매되지 않았으며 상업적 가치가 없다. 그 흙은 폐기장 운영자에게 지급된 처리수수료에 근거한 합리적 기준에 의한 평가방법에 따라 적절하게 평가된다. 【H251593, 2014.09.22.】 ➲ 수입된 스크랩 원재료는 가공이 미국에서 수행된 후에 획득된 귀금속의 가치 - 수입신고일에 메탈시장, NYME 같은, 에서 그 가격에 의해 결정된 대로 수입자와 그의 고객간에 최종 합의에서 보여준 대로 획득된 귀금속 중량으로 곱하여 - 에 기초하여 대체평가방법을 사용하여 평가하여야 한다. 또한 스크랩 메탈의 최종과세가격을 결정함에 있어 수입자가 수입된 스크랩 메탈에서 귀금속을 추출하기 위하여 그 고객에게 청구한 가공비는 공제되어야 한다. 드문 경우로, 스크랩 원재료를 가공하는 비용이 수입물품이 수입시에 실제적인 상업적 가치가 없기 때문에 획득된 귀금속의 가치를 초과할 경우에는 수입 스크랩 메탈은 수입자가 귀금속을 회수하기 위한 가공을 하기 위해 청구한 비용에 근거하여 평가되어야 한다. 【H235016, 2015.06.09.】 ➲ 수입자는 항공서비스 회사로 캐나다에 있는 자회사에 특정 부품을 선적했다. 만약 그러한 부품이 수리불가로 결정되면 수입자는 그것들을 스크랩 메탈로 판매하기 위해 몬트리올로 보내거나 미국에 있는 본사로 되돌아온다. 수입자는 미국으로 되돌아온 부품을 스크랩회사가 몬트리올에서 지급하는 파운드당 중량에 의해 결정되는 스크랩 메탈의 가치에 가공부분의 가치에 대한 평균율을 개발하여 대체평가방법에 따라 평가할 것을 제안했다. 이 방법은 받아들일 수 없다. 왜냐하면 “수출국의 국내시장에서의 물품가격”은 19 U.S.C. 1401a(f)(2)(C)에 규정한 “대체평가방법”평가의 기초가 될 수 없고 그 방법은 실제로 미국에 되돌아온 특정 부품에 초점을 맞추지 않고 있기 때문이다.

제 4 장 관세평가행정

Legal Theory and Case Study on Customs Valuation

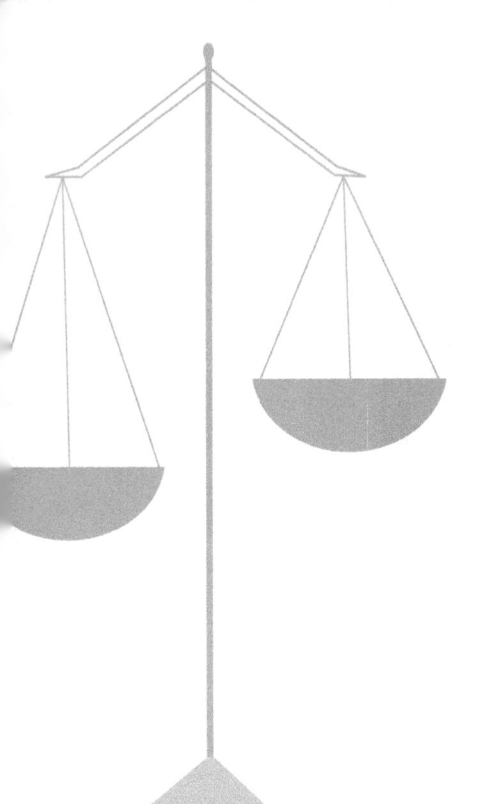

제 1 절 :: 세관당국의 검증

Ⅰ. 과세환율

수입물품의 거래가격은 주로 외국통화로 표시되기 때문에 관세의 과세가격을 결정하려면 통화환산이 요구된다. 이에 따라 관세법 제18조는 과세가격을 결정하는 경우 외국통화로 표시된 가격을 내국통화로 환산할 때에는 관세법 제17조에 따른 날(보세건설장에 반입된 물품의 경우에는 수입신고를 한 날을 말한다)이 속하는 주의 전주(前週)의 기준환율 또는 재정환율을 평균하여 관세청장이 그 율을 정하도록 규정하고 있다. 관세법 제17조에 따라 관세는 원칙적으로 수입신고 당시의 법령에 따라 부과하므로 과세환율은 수입신고한 날이 속하는 주의 전주의 과세환율이 적용된다. 다만, 예외적으로 다음에 해당하는 물품에 대하여는 그 사실이 발생한 날이 속하는 주의 전주의 과세환율이 적용된다:

① 관세법 제143조 제6항(제151조 제2항에 따라 준용되는 경우를 포함한다)에 따라 관세를 징수하는 물품은 하역을 허가받은 날;

② 관세법 제158조 제7항에 따라 관세를 징수하는 물품은 보세구역 밖에서 하는 보수작업을 승인받은 날;

③ 관세법 제160조 제2항에 따라 관세를 징수하는 물품은 해당 물품이 멸실되거나 폐기된 날;

④ 관세법 제187조 제7항(제195조 제2항과 제202조 제3항에 따라 준용되는 경우를 포함한다)에 따라 관세를 징수하는 물품은 보세공장 외 작업, 보세건설장 외 작업 또는 종합보세구역 외 작업을 허가받거나 신고한 날;

⑤ 관세법 제217조에 따라 관세를 징수하는 물품은 보세운송을 신고하거나 승인받은 날;

⑥ 수입신고가 수리되기 전에 소비하거나 사용하는 물품(제239조에 따라 소비 또는 사용을 수입으로 보지 아니하는 물품은 제외한다)은 해당 물품을 소비하거나 사용한 날;

⑦ 관세법 제253조 제1항에 따른 수입신고전 즉시반출신고를 하고 반출한 물품은 수입신고전 즉시반출신고를 한 날;

⑧ 우편으로 수입되는 물품(제258조 제2항에 해당하는 우편물은 제외한다)은 관세법 제256조에 따른 통관우체국에 도착한 날;

⑨ 도난물품 또는 분실물품은 해당 물품이 도난되거나 분실된 날;

⑩ 관세법에 따라 매각되는 물품은 해당 물품이 매각된 날;

⑪ 수입신고를 하지 아니하고 수입된 물품(제①부터 제⑩까지에 규정된 것은 제외한다)은 수입된 날.

통화환산과 관련하여, GATT1947/WTO 제7조 제4항은 다음과 같은 준칙을 천명하고 있다. 체약국이 타국의 통화로 표시된 가격을 자국의 통화로 환산할 필요가 있는 경우에 사용될 외환환산율은, 국제통화기금협정의 규정에 따라 설정된 평가(平價, the par value) 또는 동 기금에서 인정한 환율에 기초하거나 이 협정 제15조에 의하여 체결된 특별환협정에 따라 설정된 평가(平價)에 기초하여야 한다. 만일 이러한 설정된 평가와 인정된 환율이 존재하지 않는다면 환산율은 상거래에서 해당 통화의 현재 가치를 실질적으로 반영하여야 하고, 국제통화기금협정의 규정에 합치되는 복수환율이 유지하고 있는 경우에는 환산을 규율하는 규칙을 국제통화기금과 합의하여 정한다.[1] 여기에서 설령 통화환산방법의 변경이 납부할 관세액을 일반적으로 인상하는 효과를 유발하더라도 그 통화환산방법을 다시 변경할 필요는 없다. 이러한 준칙에 따라 협정 제9조는 과세가격을 결정하기 위하여 통화환산(conversion of currency)이 필요한 경우, 사용될 환율은 관련 수입국의 권한 있는 당국에 의하여 정당한 절차에 따라 공표되어야 하며, 각 공표문서가 대상으로 하고 있는 기간과 관련하여, 상거래에 사용된 통화의 현재 가치를 가능한 한 효과적으로 수입국의 통화로 반영하여야 하고, 사용될 환율은 각 회원국에서 규정하는 바에 따라, 수출 또는 수입시점에 유효한 환율이 되어야 한다고 규정하고 있다. 여기에서 "수입시점"에는 관세목적상의 수입신고 시점이 포함될 수 있다(협정 제9조에 대한 주해).

그런데, 수입물품의 판매계약이 고정환율(fixed rate)로 약정하고 있는 경우에 통화환산(conversion of currency)이 필요한지 여부에 대한 문제가 제기됨에 따라 관세평가기술위원회는 가격의 결제(settlement of price)가 수입국 통화로 행해지는 경우에는 통화환산은 필요하지 않다고 권고하고 있다. 그러므로 이 문제에서 중요한 점은 가격이 결제되는 통화와 지급금액이다. 권고의견 20.1은 Q&A형식의 다음과 같은 예시를 제시하여 견해를 밝히고 있다.

예시 1

상업송품장에는 수출국 통화(MX)로 금액이 기재되어 있다. 그러나 결제는 수입국 통화(MY)로 행해진다고 명시되어 있다. 지급하여야 할 금액은 고정환율로 송품장에 기재된 금액을 환산하여 얻는다. 환율은 1 MX(수출국통화) = 2 MY(수입국 통화)이다.

➤ (질문) 송품장에 기재된 금액은 수입국 통화로 환산시 계약된 환율에 기초하여야 하는가, 물품의 수출 또는 수입 시점에 (수입국의) 유효한 환율에 기초하여야 하는가(협정 제9조제2항

1) 체약국은 이러한 외국통화에 대하여 평가(平價)의 사용에 대한 대안으로서 이러한 규칙을 적용할 수 있고, 이러한 규칙이 체약국단에 의하여 채택될 때까지는, 체약국은 상거래에 있어서 해당 외국통화의 가치를 실질적으로 반영하도록 고안된 환산규칙을 이러한 외국통화에 대하여 사용할 수 있다[GATT1947/WTO 제7조제4항(c)제2,3문].

참조)? ➲ (답변) 제9조에서 규정하고 있는 바와 같은 통화환산은 필요하지 않다. 판매계약은 수입국 통화로 정해진 금액을 지급하도록 약정하고 있다. 수입국통화로 지급하여야 할 금액은 송품장에 기재된 금액에 구매자와 판매자가 합의한 비율, 즉 2를 곱하여 결정된다.

예시 2

상업 송품장에는 수입국 통화(MY)로 금액이 기재되어 있지만 결제는 수출국 통화(MX)로 행해진다고 명시되어 있다. 지급하여야 할 금액은 1MX = 2MY의 고정환율로 송품장에 기재된 금액을 환산하여 결정된다.

➤ (질문) 수입국의 통화로 송품장에 기재된 금액은 추가적인 환산 없이 인정될 것인가? ➲ (답변) 송품장에 기재된 금액은 과세가격으로 수용될 수 없다. 판매계약은 수출국의 통화로 정해진 금액을 지급하도록 약정하고 있다. 이 금액이 환산되어야 하는 금액이다. 먼저 MX로 지급할 계약된 금액은 송품장에 기재된 금액을 2로 나누어 얻는다. 그 결과로 계산된 금액은 수입국의 권한 있는 당국이 공표한 적절한 환율을 사용하여 협정 제9조에 따라 MY로 환산되어야 한다.

예시 3

상업 송품장에는 수출국 통화(MX)로 금액이 기재되어 있지만 결제는 제3국 통화(MZ)로 행해진다고 명시되어 있다. 지급하여야 할 금액은 1 MX = 6MZ의 고정환율로 송장에 기재된 금액을 환산하여 얻는다.

➤ (질문) 어떤 외화 표시금액(즉, MX 또는 MZ)이 수입국 통화로 환산될 것인가? ➲ (답변) 제3국 통화가 환산될 것이다. 환산될 금액은 계약된 고정환율로 송품장에 기재된 금액을 계산하여 결정된다(즉, 송장에 기재된 금액 × 6 = 제3국 통화로 실제로 지급하여야 할 금액). 그 결과로 계산된 금액은 수입국의 권한 있는 당국이 공표한 적절한 환율을 사용하여 협정 제9조에 따라 수입국의 통화로 환산되어야 한다.

예시 4

상업 송품장에는 수입국 통화(MY)로 금액이 기재되어 있지만, 결제는 제3국 통화(MZ)로 행해진다고 명시되어 있다. 지급하여야 할 금액은 1MY = 3MZ의 고정환율로 송품장에 기재된 금액을 환산하여 얻는다.

➤ (질문) 송품장에 기재된 금액(수입국 통화)은 추가적인 환산 없이 인정될 것인가? ➲ (답변)

송품장에 기재된 금액은 환산 없이 수용될 수 없다. 송품장에 기재된 금액은 고정환율로 제3국의 통화로 결정되어야 한다(즉, 송장에 기재된 금액 × 3 = 제3국 통화로 지급하여야 할 금액). 그 결과로 계산된 금액은 수입국의 권한 있는 당국이 공표한 적절한 환율을 사용하여 협정 제9조에 따라 수입국의 통화로 환산되어야 한다.

Ⅱ. 과세가격 검증자료의 기본적 조건

관세평가협정 제17조에 따라 세관당국은 관세평가 목적을 위하여 제출된 진술, 문서 또는 신고의 진실성 또는 정확성에 관하여 이를 확인하는 권리를 갖는다. 이러한 권리를 행사하는 세관당국은 과세가격의 검증자료에서 다음과 같은 준칙에 사용하여야 한다.

1. 일반적으로 인정된 회계원칙의 사용

과세가격의 검증자료는 일반적으로 인정된 회계원칙에 기초하여야 한다. 관세평가협정 부속서 I '일반주해'에 따르면, "일반적으로 인정된 회계원칙"(generally accepted accounting principles)은 어떠한 경제적 자원과 의무가 자산과 부채로 기록되어야 하는지, 자산 및 부채에 있어 어떤 변화가 기록되어야 하는지, 자산과 부채 및 자산과 부채의 변화는 어떻게 측정되어야 하는지, 어떤 정보가 공개되어야 하고 어떻게 공개해야 하는지, 어떤 재무제표를 작성할 것인지에 대하여 특정 시기에 특정 국가 내에서 인정된 합의 또는 실질적이고 권위 있는 지지(authoritative support)를 말한다. 이러한 기준은 구체적인 관행과 절차뿐만 아니라 일반적 적용에 대한 광범위한 지침이 될 수 있다(para. 1). 그리고 각 회원국의 세관당국은 해당 조항에 적절한 자국에서 일반적으로 인정된 회계원칙에 부합되는 방식으로 작성된 정보를 활용해야 한다. 예를 들면, 협정 제5조의 규정에 따른 통상적인 이윤 및 일반경비는 수입국의 일반적으로 인정된 회계원칙에 부합하는 방식으로 작성된 정보를 활용하여 결정된다. 다른 한편으로, 협정 제6조의 규정에 따른 통상적인 이윤 및 일반경비는 생산국의 일반적으로 인정된 회계원칙에 부합하는 방식으로 작성된 정보를 활용하여 결정된다. 또 하나의 사례로서, 수입국에서 수행된 협정 제8조 제1항(b)(ⅱ)에 규정된 생산지원 요소의 결정은 수입국의 일반적으로 인정된 회계원칙에 부합하는 방식으로 작성된 정보를 활용하여 결정된다.

2. 객관적이고 수량화할 수 있는 자료의 사용

관세법 제30조 제1항의 법문에서, 필수 가산요소는 '객관적이고 수량화할 수 있는 자료'에 근거하도록 규정하고 있다. 이 규율의 입법적 근거는 관세평가협정 제8조 제3항이다.

따라서, 객관적이고 수량화할 수 있는 자료(on the basis of objective and quantifiable data)에 기초로 하지 아니한 실제가격에 대한 가산은 어떠한 경우에도 절대로 허용될 수 없다. 이러한 관세평가원리에 비추어 공제요소를 결정함에 있어서도 객관적이고 수량화할 수 있는 자료에 기초하지 않으면 안 된다.

3. 진실성과 정확성을 검증할 권리

관세평가협정 제17조에 따라, 이 협정의 어떠한 규정도 관세평가 목적을 위하여 제출된 진술, 문서 또는 신고의 진실성 또는 정확성에 관하여 이를 확인하고자 하는 세관당국의 권리를 제한하거나 이의를 제기하는 것으로 해석되지 않아야 한다. 그리고 협정 부속서 Ⅲ 제6항은 협정 제17조는 협정을 적용함에 있어서 세관당국이 관세평가 목적을 위하여 제출된 진술, 문서 또는 신고의 진실성이나 정확성과 관련한 조사를 할 필요가 있을 수 있다는 것을 인정한다. 그러므로 이 조는 예를 들면, 관세평가의 결정과 관련하여 세관에 신고 또는 제출된 가격 요소가 완전한지 및 정확한지 여부를 검증할 목적으로 이루어질 수 있음을 인정한다. 회원국들은 자국의 법률과 절차를 조건으로 이러한 조사에 있어 수입자의 충분한 협조를 요구할 권리를 갖는다.

이와 관련하여, 협정은 세관당국이 허위서류(fraudulent documentation)를 신뢰하도록 요구하고 있는가? 라는 의문에 대해 관세평기술위원회는 권고의견 10.1에서 다음과 같은 견해를 표명하고 있다. 수입물품은 실제 사실을 기초로 협정에 따라 평가되어야 한다. 그러므로 사실에 대하여 허위 정보(false information)를 포함하는 일체의 서류는 협정의 의도에 위배된다. 이러한 점에서 협정 제17조 및 부속서 Ⅲ 제6항은 관세평가 목적상 세관에 제출된 진술, 문서 또는 신고사항의 진실성(truth)과 정확성(accuracy)에 대하여 세관당국이 스스로 납득할 수 있는 권리를 규정하고 있다는 점에 주목해야 한다. 이러한 이유로 어떠한 행정당국도 허위 서류를 신뢰하도록 요구받을 수 없다. 아울러 과세가격을 결정한 후에 문서가 허위라고 입증되는 경우에 해당 과세가격을 무효(invalidation)로 할 것인지 여부는 국내법령으로 다루어야 할 문제이다. 또한, 관세평가기술위원회는 불완전(incomplete)하거나 부주의한 오류(inadvertent errors)를 포함한 것으로 발견된 문서는 협정에 따라 어떻게 처리되어야 하는가? 라는 의문에 대해서도 권고의견 11.1에서 다음과 같은 견해를 표명하고 있다. 협정에 따라 가격을 결정함에 있어서 세관당국은 관련 정보에 대하여 불완전하거나 관련 정보를 왜곡하는데 영향을 주는 부주의한 오류를 포함하는 문서를 신뢰하도록 요구받을 수 없다. 하지만, 불완전한 문서에 포함된 정보를 활용하고 그러한 문서에서 누락된 정보나 사실을 취득하기 위해 추가로 조사하는 것이 필요한 상황이 생기게 된다. 마찬가지로 문서의 일부에만 부주의한 오류가 있고 문서의 다른 부분에는 일체의 그러한 오류도 없어 신뢰가 가는 경우도 있다. 그러한 경우 수입자 또는 그의 대리인이 완전한 정보를 제공하거나 문서의 오류를 수정한다는 것을 조건으로 협정 제13조에서 규정하고 있는 잠정통관(provisional clearance)에 대한 청구가 받아들여질 수 있다.

Ⅲ. 관세조사

1. 관세조사절차상 납세자의 사전적·절차적 권익보호

1) 납세자권리헌장 수록 문서의 교부

관세법 제110조에 따라 세관공무원은 수입물품에 대한 관세심사권의 사후 행사와 관련하여 납세자를 상대로 관세범칙사건조사와 관세행정조사를 수행하는 경우 납세자에게 관세청장이 제정·고시한 납세자권리헌장의 내용이 수록된 문서를 교부하여야 하고, 조사사유, 조사기간, 납세자보호위원회에 대한 심의 요청사항·절차 및 권리구제 절차 등을 설명하여야 한다. 관세범칙사건조사와 관세행정조사를 수행하는 경우의 적용범위는 다음과 같은 경우가 해당한다:

① 관세범(관세법 제283조; 관세환급특례법 제23조 제1항에 따른 관세범을 포함한다)에 관한 조사하는 경우;

② 관세의 과세표준과 세액의 결정 또는 경정을 위하여 납세자를 방문 또는 서면으로 조사(관세법 제110조의2에 따른 통합조사를 포함한다)하는 경우;

③ 징수권의 확보를 위하여 압류를 하거나 보세판매장에 대한 조사를 하는 경우(관세령 제135조) 등이 해당된다. 하지만 납세자를 긴급히 체포·압수·수색하는 경우 또는 현행범인 납세자가 도주할 우려가 있는 등 조사목적을 달성할 수 없다고 인정되는 경우에는 납세자권리헌장의 내용이 수록된 문서를 내줄 필요가 없다(관세법 제110조제3항).

납세자권리헌장의 내용은 주로 관세행정조사절차에서 지켜져야 할 납세자의 권리보호에 관한 사항과 관세채권의 실효성 확보를 위한 간접적 행정강제수단의 하나인 고액·상습체납자의 명단공개에 관한 사항이 담겨져 있다. 따라서, 세관공무원이 관세행정조사절차에서 납세자권리헌장의 내용을 거스르는 업무수행을 하였다면 관세법상 절차적 위법성의 문제가 제기될 수 있다.

2) 관세조사의 사전통지와 조사기간의 연기

관세법 제114조 제1항에 따라 세관공무원은 관세범칙사건조사 또는 관세행정조사를 위하여 해당 장부·서류·전산처리장치 기타 물품 등을 조사하는 경우에는 조사받을 납세자(그 위임을 받은 자를 포함한다)에게 조사 시작 15일 전에 조사대상과 조사사유 등을 통지[2]하지 않으면 안 된다. 여기에서 범칙사건에 대하여 조사하는 경우 또는 사전에 통지하면 증거인멸 등으로 조사 목적을 달성할 수 없는 경우에는 예외적으로 사전통지는 생략된다. 그런데 만일 세관당국으로부터 관세조사의 사전통지를 받은 납세자가 천재지변의 사유나 법정 관세조사의 연기신청요건에 해당하여 조사를 받기 곤란한 때에는 해당 세관장에게 조사를 연기하여 줄 것을 신청할 수 있다(관세법 제114조제2항).[3] **관세조사의 연기신청이 허용될 수 있는 요건**은 ① 화재나 그 밖의 재해로 사업상 심한 어려움이 있는 경우, ② 납세자 또는 그 위임을 받은 자의 질병, 장기출장 등으로 관세조사가 곤란하다고 판단되는 경우, ③ 권한있는 기관에 의하여 장부 및 증빙서류가 압수 또는 영치된 경우, ④ 그 밖에 앞의 제①부터 제④까지의 규정에 준하는 사유가 있는 경우가 해당한다(관세령 제140조 제1항).

세관당국은 수입물품에 대한 관세심사권의 사후 행사와 관련하여 관세조사기간을 조사대상자의 수출입 규모, 조사 인원·방법·범위 및 난이도 등을 종합적으로 고려하여 최소한이 되도록 하되, 방문하여 조사하는 경우에 그 조사기간은 원칙적으로 20일 이내로 제한된다(관세령 제139조의2제1항). 그럼에도 불구하고 세관당국은 법정 조사기간 연장사유가 존재하는 경우 20일 이내의 범위에서 조사기간을 연장할 수 있다(관세령 제139조의2제2항). 세관당국이 조사기간을 2회 이상 연장하는 경우에는 관세청장의 승인을 받아 각각 20일 이내에서 연장할 수도 있으며, **조사기간 연장사유**는 다음과 같은 경우에 해당하여야 허용된다: ㉮ 조사대상자가 장부·서류 등을 은닉하거나 그 제출을 지연 또는 거부하는 등 조사를 기피하는 행위가 명백한 경우; ㉯ 조사범위를 다른 품목이나 거래상대방 등으로 확대할 필요가 있는 경우; ㉰ 천재지변이나 노동쟁의로 조사가 중단되는 경우; ㉱ 앞의 ㉮부터 ㉯까지에 준하는 사유로 사실관계의 확인이나 증거확보 등을 위하여 조사기간을 연장할 필요가 있는 경우. 그런데 관세조사가 이미 시작되어 관세조사기간이 종료되지 아니하였으나 납세자가 자료의 제출을 지연하는 등과 같은 조사진행 장애사유의 존재로 조사를 진행하기 어려운 경우에는 세관공무원은 해당 조사를 중지할 수 있다(관세령 제139조의2제3항). 그 중지기간은 당초에 정한 조사기간 및 조사연장기간에 산입하지 아니한다. 그리고 **조사진행 장애사유의 적용범위**는 ⓐ 납세자가 천재지변이나 관세조사 연기신청 사유에 해당하는 사유가 있어 조사중지를 신청한 경우, ⓑ 납세자가 장부·서류 등을 은닉하거나 그 제출을 지연 또는 거부하는 등으로 인하여 조사를 정상적으로 진행하기 어려운 경우, ⓒ 노동쟁의 등의 발생으로 관세조사를 정상적으로 진행하기 어려운 경우, ⓓ 그 밖에 관세조사를 중지하여야 할 특별한 사유가 있는 경우로서 관세청장이 정하는 경우가 해당한다. 그런데 앞서 설명한 조사진행 장애사유로 인하여 관세조사를 중지한 경우라고 하더라도

2) 관세조사 사전통지의 법정기재사항에 관하여는 관세령 제139조를 참조.
3) 관세조사 연기신청의 방법에 관하여는 관세령 제140조 제2항을 참조.

그 중지사유가 소멸하였다면 세관공무원은 즉시 조사를 재개하지 않으면 안 된다(관세령 제139조제4항). 여기에서 관세채권의 확보 등 긴급히 조사를 재개하여야 할 필요가 있는 경우에는 그 중지사유가 소멸하기 전이라도 세관공무원은 관세조사를 재개할 수 있다. 지금까지 설명한 관세조사기간을 연장, 중지 또는 재개하는 경우에는 세관공무원은 그 사유, 기간 등을 문서로 통지하여야 한다(관세령 제139조제5항).

3) 관세전문가의 조력을 받을 권리와 관세조사의 결과 통지

관세법 제112조에 따라 납세자는 관세범칙사건조사 또는 관세행정조사에 해당하여 세관공무원으로부터 조사를 받는 경우에 변호사·관세사로 하여금 조사에 입회하게 하거나 의견을 진술하게 할 수 있는 권리를 갖는다. 그리고 세관공무원은 관세법 제115조에 따라 관세범칙사건조사 또는 관세행정조사를 종료한 때에는 종료 후 20일 이내에 그 조사결과를 서면으로 납세자에게 통지하여야 하는 의무를 가진다. 이러한 통지의무는 ① 납세자에게 통고처분을 하는 경우, ② 범칙사건을 고발하는 경우, ③ 납세자가 폐업한 경우, ④ 납세자의 주소 및 거소가 불명하거나 그 밖의 사유로 통지를 하기 곤란하다고 인정되는 경우에는 면제된다.

4) 개인과세정보의 보호

관세법 제116조 제1항에 따라 납세자의 개인과세정보를 보호하기 위하여 세관공무원에게 비밀유지의무를 부여하고 있다. 이에 따라 세관공무원은 납세자가 관세법이 정한 납세의무를 이행하기 위하여 제출한 자료나 관세의 부과·징수 또는 통관을 목적으로 업무상 취득한 자료 등과 같은 과세정보를 타인에게 제공 또는 누설하거나 사용목적 외의 용도로 사용하는 것이 금지된다. 하지만 ① 국가기관이 관세에 관한 쟁송 또는 관세범의 소추목적을 위하여 과세정보를 요구하는 경우, ② 법원의 제출명령 또는 법관이 발부한 영장에 의하여 과세정보를 요구하는 경우, ③ 세관공무원 상호간에 관세의 부과·징수·통관 또는 질문·검사상의 필요에 의하여 과세정보를 요구하는 경우, ④ 통계청장이 국가통계작성목적으로 과세정보를 요구하는 경우와 ⑤ 국가행정기관, 지방자치단체, 공공기관운영법에 따른 공공기관 등 급부·지원 등의 업무를 수행하는 자로써 대통령령으로 정하는 자가 해당 자격의 확인·심사 등에 필요한 과세정보를 당사자의 동의를 받아 요구하는 경우, ⑥ 다른 법률의 규정에 의하여 과세정보를 요구하는 경우 등에는 그 사용목적에 맞는 범위 안에서 납세자의 과세정보를 제공할 수 있다.[4] 여기에서 앞의 제①과 제④ 및 제⑤에 따라 과세정보를 요구하는 자는 문서(전자문서를 포함한다)로 관세청장 또는 해당 세관장에게

4) 과세정보를 제공받은 자는 과세정보의 유출을 방지하기 위한 시스템의 구축 등 대통령령으로 정하는 바에 따라 과세정보의 안전성 확보를 위한 조치를 하여야 한다(관세법 제116조제7항).

요구하여야 한다(관세법 제116조제2항).[5] 그리고 비밀유지의무의 예외요건에 해당하지 아니한 과세정보의 제공을 문서가 아닌 방법으로 요구받은 세관공무원은 이를 거부하지 않으면 안 된다(관세법 제116조제3항). 아울러 세관공무원이 아닌 자도 과세정보를 알게 되었다면 세관공무원에게 적용되는 비밀유지의무가 발생된다(관세법 제116조제5항). 또한, 공무원이 아닌 자가 과세정보를 제공받아 알게 되었다면 형법이나 그 밖의 법률에 따른 벌칙을 적용할 때 공무원으로 간주된다(관세법 제116조제6항).

5) 관세행정정보청구권

관세법 제117조에 따라 납세자는 관세행정정보청구권을 갖는다. 이에 따라 세관공무원은 납세자가 납세자의 권리 행사에 필요한 정보를 요구하는 경우 이를 신속하게 제공하지 않으면 안 된다. 아울러 세관공무원은 납세자가 요구한 정보와 관련되어 납세자가 반드시 알아야 된다고 판단되는 기타 정보도 함께 제공하여야 한다. 그러므로 관세행정정보청구권은 주권자인 국민이 납세자로서 관세행정처분에 대한 정보를 제공받을 수 있는 권리를 의미한다. 이러한 권리는 관세행정의 민주화를 달성하고 관세행정의 당사자인 납세자의 권리를 보장하기 위해서 납세자에게 관세행정처분에 대한 정보 또는 자료에 대한 접근이 보장되지 않으면 안 된다. 이와 같은 납세자의 관세행정정보청구권과 그에 따른 관세행정관청의 관세행정정보 제공의무의 법리는 헌법상의 국민의 기본권인 "알 권리"에 의해 새겨지는 경향에 있다. 그러므로, 납세자의 관세행정정보청구권은 관세법률관계에서 납세자에게 부여된 개인적 공권으로 새겨지기 때문에 이에 대응되어 정보제공의무를 지는 관세행정권의 위법한 또는 부당한 처분이나 부작위에 의해서 침해된 납세자의 권익은 관세불복절차나 행정소송을 통하여 구제받을 수 있다.

납세자의 권리행사에 필요한 정보란 해당 관세행정처분에 기초가 되는 정보를 의미한다. 일반적으로 '**행정정보**'란 공공기관이 직무상 작성 또는 취득하여 관리하고 있는 문서·도면·사진·필름·테이프·슬라이드 및 컴퓨터에 의하여 처리되는 매체 등에 기록된 사항을 말한다. 또한, 관세행정처분은 조세법정 원칙과 조세평등 원칙에 의하여 행하여질 것이 요구된다. 따라서 납세자의 권리행사에 필요한 정보란 과세가격의 결정에 사용된 방법·과세가격 및 그 산출근거 등을 의미한다고 할 수 있다. 그리고 정보를 제공한다는 것은 관세행정처분에 관한 정보를 열람하게 하거나 그 사본 또는 복제물을 교부하는 것으로 특히 정보청구권자가 서면으로 요구한 경우 해당 납세자에게 반드시 서면으로 통보하여야 한다. 따라서 납세자는 서면으로 요청하여 세관장으로부터 과세가격을 결정하는 데에 사용한 방법과 과세가격과 그 산출근거를 서면으로 통보받을 권리가 관세법상 보장된다(관세법 제36조).

5) 세관공무원은 본문 제⑤와 제⑥에 따른 과세정보를 요구받은 경우 관세통계 대행기관에게 사용 목적에 맞는 범위에서 요구받은 과세정보를 대신 제공하도록 요청할 수 있다(관세법 제116조제4항).

6) 과세전적부심사청구권

관세법 제118조 제2항에 따라 납세의무자는 과세전적부심사청구권을 갖는다. 과세전적부심사는 세관장이 부족 징수한 세액을 추징하려는 경우 과세처분에 앞서 추징사유와 세액 등을 납세의무자에게 알리고 이에 대한 불복이 있는 경우 그 적법·타당성 여부를 심사함으로써 위법·부당한 과세처분으로부터 납세자의 권익침해를 사전에 예방하기 위한 제도이다.[6] 이 제도는 납세자의 권익을 침해하는 과세처분이 이미 이루어진 뒤에 그 침해된 권익을 구제받을 수 있는 기회를 부여하는 심사청구 등 관세행정상 사후적 권리구제제도[7]의 취약점을 보완하는 기능을 갖는다. 이에 따라 세관장은 납부세액이나 납부하여야 하는 세액에 미치지 못한 금액을 징수하려는 경우에는 원칙적으로 미리 납세의무자에게 그 내용을 서면으로 통지하여야 한다(관세법 제118조제1항). 하지만 세관장이 부족 징수한 세액을 추징하려는 경우가 ① 통지하려는 날부터 3개월 이내에 관세부과의 제척기간이 만료되는 경우, ② 납세의무자가 확정가격을 신고한 경우, ③ 수입신고수리전에 세액을 심사하는 경우로서 그 결과에 따라 부족세액을 징수하는 경우, ④ 감면된 관세를 징수하는 경우, ⑤ 관세포탈죄로 고발되어 포탈세액을 징수하는 경우, ⑥ 그 밖에 관세의 징수가 곤란하게 되는 등 사전통지가 부적당한 경우로서 과세전통지의 생략요건[8]에 해당한다면 세관장의 과세전통지의무는 면제된다. 그러므로 이러한 경우에는 상응하여 당연히 납세의무자에게 과세전적부심사청권이 부여되지 못한다.

한편, 납세의무자는 세관장으로부터 과세전통지를 받은 때에는 그 통지를 받은 날부터 30일 이내에 세관장에게 통지 내용이 적법한지에 대한 심사인 과세전적부심사를 청구할 수 있다. 여기에서 과세전적부심사의 청구대상이 법령에 대한 관세청장의 유권해석을 변경하여야 하거나 새로운 해석이 필요한 경우 등에 해당한다면 관세청장에게 이를 청구할 수 있다. 따라서 ⓐ 관세청장의 훈령·예규·고시 등과 관련하여 새로운 해석이 필요한 경우, ⓑ 관세청장의 업무감사결과 또는 업무지시에 따라 세액을 경정하거나 부족한 세액을

6) 과세전적부심사에 관하여는 관세법 제121조 제3항, 제122조 제2항, 제123조, 제126조, 제127조 제3항, 제128조 제4항부터 제6항까지, 제129조의2 및 제130조를 준용하며, 아울러 행정심판법 제15조, 제16조, 제20조부터 제22조까지, 제29조, 제39조 및 제40조를 준용하는데, 이 경우 "위원회"는 "관세심사위원회"로 간주된다(관세법 제118조제6항·제7항). 과세전적부심사의 세부사항에 관하여 관세청장이 행정규칙으로 「관세불복청구및처리에관한고시」와 「납세업무처리에관한고시」를 제정·시행하고 있다.

7) 자세한 내용은 김용태, 관세행정법 with 관세형사법(서울, 도서출판 두남, 2023), 281쪽 이하를 참조.

8) 과세전통지의 생략요건은 ㉮ 납부세액의 계산착오 등 명백한 오류에 의하여 부족하게 된 세액을 징수하는 경우, ㉯ 감사원법 제33조에 따른 감사원의 시정요구에 따라 징수하는 경우, ㉰ 납세의무자가 부도·휴업·폐업 또는 파산한 경우, ㉱ 관세품목분류위원회의 의결에 따라 결정한 품목분류에 의하여 수출입물품에 적용할 세율이나 품목분류의 세번이 변경되어 부족한 세액을 징수하는 경우 등이 해당한다(관세령 제142조).

징수하는 경우, ⓒ 관세평가분류원장의 품목분류 및 유권해석에 따라 수출입물품에 적용할 세율이나 물품분류의 관세율표 번호가 변경되어 세액을 경정하거나 부족한 세액을 징수하는 경우, ⓓ 동일 납세의무자가 동일한 사안에 대하여 둘 이상의 세관장에게 과세전적부심사를 청구하여야 하는 경우, ⓔ 앞의 ⓐ부터 ⓓ까지의 규정에 해당하지 아니하는 경우로서 과세전적부심사 청구금액이 5억 원 이상인 것에 해당하는 과세전적부심사청구에 대한 결정권한은 관세청장에게 있다(관세령 제143조). 그리고 과세전적부심사를 청구받은 세관장이나 관세청장은 그 청구를 받은 날부터 30일 이내에 관세심사위원회의 심사를 거쳐 결정을 하고, 그 결과를 청구인에게 통지하여야 한다(관세법 제118조제3항).[9] 아울러 과세전적부심사 청구에 대한 결정은 다음과 같은 세 가지 유형 중 하나로 채택된다(관세법 제118조제4항): ㉠ 청구가 이유 없다고 인정되는 경우에는 채택하지 아니한다는 결정; ㉡ 청구가 이유 있다고 인정되는 경우에는 청구의 전부 또는 일부를 채택하는 결정;[10] ㉢ 청구기간이 지났거나 보정기간 내에 보정하지 아니하는 경우 또는 적법하지 아니한 청구를 하는 경우에는 심사하지 아니한다는 결정. 그런데 납세의무자의 과세전적부심사청구권이 관세법상 보장됨에도 불구하고 세관장으로부터 과세전통지를 받은 납세의무자는 과세전적부심사를 청구하지 아니하고 통지를 한 세관장에게 통지받은 내용의 전부 또는 일부에 대하여 조기에 경정해 줄 것을 신청할 수도 있다(관세법 제118조제5항).[11]

2. 관세조사의 수행방법

관세법 제38조 제1항 및 제2항에 따라 납세자로부터 수입신고와 함께 해당 수입물품에 대한 신고납부 방식의 납세신고를 받은 세관장은 신고한 세액에 대한 심사권을 원칙적으로 수입신고를 수리한 후에 행사하게 된다. 이러한 수입물품에 대한 관세심사권의 사후행사는 실무적으로 세관공무원이 납세자를 방문하여 조사하거나 서면으로 조사하는 방법으로 이루어진다. 이에 따라 관세법은 관세심사권을 사후행사하는 세관장에게 납세자를 상대로 서류의 제출 또는 보고 등의 명령을 할 수 있는 권한을 부여하고 있다. 즉, 관세법 제263조에 따라 관세청장이나 세관장은 관세법과 관세환급특례법 또는 이러한 법에 따른 명령을 집행하기 위하여 필요하다고 인정될 때에는 물품·운송수단 또는 그 밖에 필요한

9) 과세전적부심사 청구기간이 지난 후 과세전적부심사청구가 제기된 경우 등 관세심사위원회의 심사를 생략할 수 있는 사유(관세령 144조)에 해당하는 경우에는 관세심사위원회의 심사를 거치지 아니하고 결정할 수 있다.

10) 이 경우 구체적인 채택의 범위를 정하기 위하여 사실관계 확인 등 추가적으로 조사가 필요한 경우에는 과세전적부심사를 통지를 한 세관장으로 하여금 이를 재조사하여 그 결과에 따라 당초 통지 내용을 수정하여 통지하도록 하는 재조사 결정을 할 수 있다.

11) 이와 같이 납세의무자가 자신의 과세전적부심사청구권을 행사하지 아니한 경우 해당 세관장은 즉시 신청 받은 대로 세액을 경정하여야 한다.

사항을 명하거나 세관공무원으로 하여금 수출입자·판매자 또는 그 밖의 관계자에 대하여 관계자료를 조사하게 할 수 있는 권한을 갖는다. 아울러 세관공무원에게 관세법에 따른 직무를 집행하기 위하여 필요하다고 인정될 때에는 수출입업자·판매업자 또는 그 밖의 관계자에 대하여 질문하거나 문서화·전산화된 장부, 서류 등 관계 자료 또는 물품을 조사하거나, 그 제시 또는 제출을 요구할 수 있는 권한이 부여된다(관세법 제266조제1항).

그런데 관세심사권의 사후행사와 관련하여 관세조사 대상자의 선정방법은 정기적으로 신고의 적정성을 검증하기 위하여 대상을 선정하는 정기선정과 정기선정에 의한 조사 외의 선정방법인 비정기선정으로 구분된다. **정기선정의 요건**은 ① 관세청장이 수출입업자의 신고내용에 대하여 정기적으로 성실도를 분석한 결과 불성실 혐의가 있다고 인정하는 경우나 ② 최근 4년 이상 조사를 받지 아니한 납세자에 대하여 업종, 규모 등을 고려하여 "장기 미조사자에 대한 관세조사기준"[12]에 따라 신고내용이 적정한지를 검증할 필요가 있는 경우, 또는 ③ 무작위추출 방식으로 표본조사를 하려는 경우가 해당되는데, 세관장은 그러한 경우에 객관적 기준에 따라 공정하게 그 대상을 선정하지 않으면 안 된다(관세법 제110조의3제1항). 그리고 **비정기선정의 요건**은 ⓐ 납세자가 관세법에서 정하는 신고·신청, 과세가격결정자료의 제출 등의 납세협력의무를 이행하지 아니한 경우나 ⓑ 수출입업자에 대한 구체적인 탈세제보 등이 있는 경우 또는 ⓒ 신고내용에 탈세나 오류의 혐의를 인정할 만한 자료가 있는 경우나 ⓓ 납세자가 세관공무원에게 직무와 관련하여 금품을 제공하거나 금품제공을 알선한 경우가 해당된다(관세법 제110조의3제2항). 하지만 정기선정요건이나 비정기선정요건에 해당하지 않는다고 하더라도 세관장은 부과고지를 하는 경우 과세표준과 세액을 결정하기 위한 조사를 할 수 있으며, 최근 2년 간 수출입신고 실적이 일정금액 이하인 경우에 해당하는 "소규모 성실사업자 요건"[13]을 충족하는 자에 대해서는 정기선정에 따른 관세조사를 면제할 수 있다(관세법 제110조의3제3항·제4항). 하지만 이러한 "소규모 성실사업자 요건"에 해당한다고 하더라도 그 사업자가 객관적인 증거자료에 의하여 과소 신고한 것이 명백한 경우에는 관세조사가 면제되지 아니한다.

한편, 세관공무원은 관세조사의 목적으로 납세자의 장부·서류 또는 그 밖의 물건을 세관관서에 임의로 보관할 수 없으나, 관세조사 대상자의 비정기선정의 사유에 해당하는 경우에는 납세자, 소지자 또는 보관자 등 정당한 권한이 있는 자가 임의로 제출한 장부 등을 목적에 필요한 최소한의 범위에서 납세자의 동의를 얻어 세관관서에 일시 보관할 수 있다

12) 관세조사기준에 관하여는 관세령 제135조의3를 참조.

13) "소규모 성실사업자 요건"은 최근 2년간 수출입신고 실적이 30억 원 이하인 사업자로서 최근 4년 이내에 ㉮ 수출입 관련 법령을 위반하여 통고처분을 받거나 벌금형 이상의 형의 선고를 받은 사실이나 ㉯ 관세 및 내국세를 체납한 사실 또는 ㉰ 신고납부한 세액이 부족하여 세관장으로부터 경정을 받은 사실이 없어야 한다(관세령 제135조의4).

(관세법 제114조의2제1항·제2항). 이러한 경우에 해당하여 납세자의 장부 등을 세관관서에서 일시 보관하려면 세관공무원은 납세자로부터 일시보관 동의서를 받아야 하며, 일시보관증을 교부하여야 하고, 일시 보관한 장부 등에 대하여 납세자가 반환을 요청한 경우에는 세관공무원은 요청받은 날로부터 14일 이내에 이를 반드시 반환하여야 한다(관세법 제114조의2제3항·제4항). 여기에서 조사에 지장이 있는 경우로서 납세자가 동의하는 경우에는 1회에 한하여 보관기간을 14일 연장할 수 있다. 그리고 납세자에게 장부 등을 반환하는 경우 세관공무원은 장부 등의 사본을 보관할 수 있고, 그 사본이 원본과 다름 없다는 사실을 확인하는 납세자의 서명 또는 날인을 요구할 수 있다(관세법 제114조의2제5항).

Ⅳ. 중복조사금지의 원칙

1. 관세행정상 조사권의 유형과 그 법적 성격

주지하듯이 관세법전은 관세행정에 관한 세 가지 주요한 공공정책에 관한 법규를 내포하고 있는바, 수출입물품의 통관법규, 관세의 납세의무에 관한 법규, 그리고 납세의무위반을 비롯한 관세행정상 의무위반행위의 제재법규가 바로 그것이다. 그런데 전술한 세 가지 주요한 법규의 집행에서 입법자는 관세행정권에게 관세법의 입법목적을 실현하는데 필요한 조사권한을 부여하고 있다. 다시 말하면 관세행정권은 직무수행을 위하여 수입(출)물품의 관세국경 반입(출)절차에서의 조사권, 납세의무의 확정절차에서의 조사권, 그리고 관세범의 형사소송절차에서의 수사권 등을 갖는다. 그리고 관세행정권은 「자유무역협정의 이행을 위한 관세법의 특례에 관한 법률」(이하 "FTA관세법")에 따라 원산지조사권을 갖는다. 또한, 관세청장(재위임 받은 세관장)은 외환법에 따라 기재부장관의 외환검사권을 수임하여 그 권한을 행사할 수 있으며, 「사법경찰관리의 직무를 수행할 자와 그 직무범위에 관한 법률」(이하 "사법경찰직무법")에 따라 사법경찰관리로 지명된 세관공무원은 외환범죄에 대한 수사권을 갖는다. 이하에서 각 조사권의 적용범위와 그 법적 성격을 나누어 살펴본다.

1) 수입물품의 관세국경 반입절차에서 물품검사권

세관당국은 수입통관전단계에서 물품검사권으로 다음과 같은 권한을 행사할 수 있다.

(1) 운송수단과 수화물에 대한 검사

관세영역에 반입되는 외국물품은 관세법 제140조부터 제143조까지와 제151조에 따라 세관감시 하에 하역되어야 하며, 이에 따라 세관당국은 구체적인 검사조치를 행할 수 있게 된다. 이 경우에 검사는 물품의 구체적인 수량과 성질(상태)에 관련되지 않고 이러한 확인은 추후에 신청하는 이행절차의 틀(수입통관)에서 세관당국의 물품검사에 유보 하에 놓이게 된다(관세법 第246조제1항). 이에 따라 세관공무원은 관세법 또는 관세법에 의한 명령에 위반한 행위를 방지하기 위하여 필요하다고 인정되는 때에는 물품·운송수단·장치장소와 관계장부서류를 검사하거나 봉쇄 기타 필요한 조치를 할 권한을 갖는다(관세법 第265조).

(2) 입국자 신변에 대한 검사

검사에 대한 권리는 운송수단, 수화물 그리고 분리되어 반입되는 그 밖의 물품에 제한된다. 그러므로 운송수단과 수화물에 대한 검사권은 밀수품이 세관감시에 놓여 있는 신체에 은닉되는 경우에는 그 효과가 감소된다. 그러한 이유에서 형사소송절차상 조건의 실현 없이 자주 발생하는 밀수 형태에 대처할 수 있도록 광범위한 권능이 이를테면 최종적 수단으로서 신변조사의 권리와 함께 성립된다. 신변의 조사란 압수할 물품을 발견할 목적으로 사람의 신체에 대하여 행하는 강제처분이다. 그렇기 때문에 원칙적으로는 법원 또는 수사기관이 피고인 또는 피의자의 신체를 수색할 수 있다(형사소송법 第109조제1항·第219조). 그리고 피고인 또는 피의자 아닌 자의 신체에 관하여는 압수할 물품이 있음을 인정할 수 있는 경우에 한하여 조사할 수 있다(형사소송법 第109조제2항·第219조). 사법경찰관이 범죄수사에 필요한 때에는 검사에게 신청하여 검사의 청구로 지방법원판사가 발부한 영장에 의하여 수색할 수 있다(형사소송법 第215조). 또한, 관세법 제296조에서도 수색·압수할 때에는 관할 지방법원판사의 영장을 받도록 하고 있으며 긴급을 요하는 경우에도 반드시 사후에 영장을 발부받도록 규정하고 있다.

(3) 보세구역 반입물품과 보세운송물품에 대한 검사

보세구역에 반입하거나 반출하려는 물품에 대한 신고를 받는 세관장은 신고된 물품에 대한 관세법의 실효성을 담보하기 위하여 해당 물품을 검사하는 권한을 가지는 세관공무원을 참여시킬 수 있으며, 세관공무원이 검사를 실행함에 있어서 해당 물품의 반입자나 반출자에게 반입신고서·송품장 등 검사에 필요한 서류를 제출하게 할 수 있다(관세법 第157조제2항; 관세령 第176조제4항).

세관당국은 수입통관단계의 물품검사권을 행사할 수 있다. 세관장에게 신고된 수입물품에 대한 통관요건의 적합성을 판정하기 위하여 제출된 수입신고서의 작성내용에 대한 정확성과 필요한 입증서류가 규정된 조건을 충족하였는지 여부에 대하여 확인하는 행위로서 세관장의 통관심사는 수입신고수리 여부를 결정하기 위하여 요구되는 관세행정절차가 된다. 그러므로 입법자는 통관심사의 실효성 보장을 위하여 세관공무원에게 수입물품에 대한 물리적 검사권, 즉 수입물품의 성질, 원산지, 상태, 수량 및 가격이 수입신고서에 기재된 사항과 일치하는가를 확인하기 위하여 **물품검사권**을 부여하고 있다(관세법 제246조제1항).[14] 아울러 검사대상 물품에 대한 품명, 규격, 성분, 용도, 원산지 등을 확인하거나 품목번호를 결정할 필요가 있는 때에는 해당 물품에 대하여 물리적·화학적 분석을 할 수 있는 권한도 부여받고 있다(관세법 제246조의4).

수입통관전단계의 물품검사권은 관세법률관계에서 관세의 부과·징수와 수출입물품의 적정성 확보에 대한 관세행정상 위험을 방지 내지 예방하기 위하여 관세법령의 수범자를 상대로 세관당국이 재량으로 행할 수 있는 사실조사(fact-finding[15])의 권한이다. 그 법적 개념은 행정법학에서 "행정청의 일방적 의사결정에 기하여, 특정의 행정목적을 위해 국민의 신체·재산 등에 실력을 가하여 행정상 필요한 상태를 실현하고자 하는 권력적 행위"로 개념정의[16]하고 있는 사실행위에 포섭된다. 따라서 세관당국의 사실조사는 법률효과를 의도하는 것이 아니라 사실상의 작용이라는 데 그 특징이 있기 때문에 법률행위가 아닌 사실행위에 불과하다.[17]

2) 납세의무의 확정절차에서 조사권

수입물품의 납세신고에 대한 관세조사와 FTA 원산지상품에 대한 원산지조사로 나누어 진다. 먼저, 수입물품의 납세신고에 대한 관세조사에 대해 살펴본다. 관세법상 신고납부방식은 납세의무자가 스스로 세액을 결정하여 과세권자에게 신고한 후 해당 관세 등을 납부하는 방식을 말한다. 이에 따라 관세의 납세의무자는 세관장에게 수입물품에 대한 신고의무를 이행하면서 동시에 관세법 제38조 제1항에 따라 관세의 납부에 관한 납세신고의무와 관세법 제27조 제1항에 따라 그 물품의 가격에 대한 신고의무를 진다. 신고납부의 법적 성격은 수입물품에 대하여 납세의무자가 관세 등을 스스로 신고하여 납부하면 세관장이

---

14) 우편물 통관검사절차에서 이루어지는 우편물의 개봉, 시료채취, 성분분석 등의 검사는 수출입물품에 대한 적정한 통관 등을 목적으로 한 행정조사의 성격을 가지는 것으로서 수사기관의 강제처분이라고 할 수 없으므로, 압수·수색영장 없이 우편물의 개봉, 시료채취, 성분분석 등 검사가 진행되었다 하더라도 특별한 사정이 없는 한 위법하다고 볼 수 없다(대법원 2013.9.26. 선고 2013도7718 판결).

15) 본래의 기본적 개념은 "논란이 되고 있는 사실에 대한 진실을 결정하기 위해 증거를 수집하는 과정"으로 설명된다(Black's Law Dictionary, 671쪽).

16) 유지태, 행정법신론[제7판], 233쪽.

17) 수입통관전단계에서 물품검사권의 행사는 그 행위가 사실행위라는 성격 때문에 통상의 권리구제 절차인 행정심판이나 행정소송에 적합하지 않는다. 따라서 손실보상이나 결과의 제거가 권리구제의 중심에 놓인다. 이에 따라 관세청장 또는 세관장은 세관공무원의 적법한 물품검사(관세법 제246조)로 인하여 물품에 손실이 발생한 경우 그 손실을 입은 자에게 손실보상을 하여야 한다(관세법 제246조의2). 하지만 수입통관전단계에서 물품검사권은 수범자에대한 수인하명을 내포한 권력적 사실행위이기 때문에 관세법의 수범자에게는 그에 대응되는 편의제공의무가 발생하게 되는데, 관세법 제325조에 따라 "관세법에 따라 물품의 운송·장치 또는 그 밖의 취급을 하는 자는 세관공무원의 직무집행에 대하여 편의를 제공하여야 한다."라는 규정이 바로 그것이다.

이를 수령하는 사실행위에 불과하기 때문에 그 처분성이 부인되어 관세법 제119조에서 허용하고 있는 불복의 대상이 될 수 없다. 관세행정상 납세신고의 방법은 수입신고서에 다음과 같은 사항을 추가로 기재하여 세관장에게 제출하는 것이다(관세령 제32조제1항):[18] ㉮ 해당 물품의 관세율표상의 품목분류·세율과 품목분류마다 납부하여야 할 세액 및 그 합계액; ㉯ 관세법과 그 밖에 관세에 관한 법률 또는 조약에 의하여 관세의 감면을 받는 경우에는 그 감면액과 법적 근거; ㉰ 특수관계에 해당하는지 여부와 그 내용; ㉱ 그 밖에 과세가격결정에 참고가 되는 사항. 한편, 관세행정상 가격신고의 방법은 수입 관련 거래에 관한 사항과 과세가격산출내용에 관한 사항을 적은 서류를 세관장에게 제출하는 것이다(관세령 제15조제1항). 여기에서 가격신고를 하는 납세의무자는 과세가격의 결정에 관계되는 자료[19]도 함께 제출하여야 한다(관세법 제27조제2항).[20]

관세법 제38조 제1항 및 제2항에 따라 납세자로부터 수입신고와 함께 해당 수입물품에 대한 신고납부 방식의 납세신고를 받은 세관장은 신고한 세액에 대한 심사권을 원칙적으로 수입신고를 수리한 후에 행사하게 된다. 이러한 수입물품에 대한 관세심사권의 사후행사는 실무적으로 세관공무원이 납세자를 방문하여 조사하거나 서면으로 조사하는 방법으로 이루어진다. 그런데 관세기업조사는 주로 세관공무원이 조사대상 납세자의 사업장을 방문하여 조사하기 때문에 해당 납세자나 세관당국 모두에게 관세조사기간 동안 불가피한 업무가중의 부담을 초래하므로 관세법은 세관공무원이 예외적인 경우를 제외하고는 신고납부세액과 관세법 및 다른 법령에서 정하는 수출입 관련 의무이행과 관련하여 그 권한에 속하는 사항을 **통합하여 조사하는 것을 원칙**으로 정하고 있다(관세법 제110조의2). 여기에서 예외적인 경우는 특정한 분야만을 조사할 필요가 있는 경우로서 ㉮ 세금탈루 혐의, 수출입 관련 의무위반 혐의, 수출입업자 등의 업종·규모 등을 고려하여 특정 사안만을 조사할 필요가 있는 경우나, ㉯ 조세채권의 확보 등을 위하여 긴급히 조사할 필요가 있는 경우, 또는 ㉰ 그 밖에 조사의 효율성, 납세자의 편의 등을 고려하여 특정 분야만을 조사할 필요가 있는 경우로서 기재부령으로 정하는 경우가 해당된다(관세령 제135조의2).

---

18) 납세의무자로부터 납세신고를 받은 세관장은 수입신고서에 기재된 사항과 관세법에 따른 확인사항 등을 심사하지만, 신고한 세액에 대하여는 원칙적으로 수입신고를 수리한 후에 심사한다(관세법 제38조제2항). 하지만 신고한 세액에 대하여 관세채권을 확보하기가 곤란하거나, 수입신고를 수리한 후 세액심사를 하는 것이 적당하지 아니하다고 인정하는 수입신고수리전 세액심사 대상물품의 경우에는 예외적으로 수입신고를 수리하기 전에 이를 심사한다. ▶납세신고 또는 제출한 자료 중 수입거래 관련 계약서 또는 이에 갈음하는 서류와 수입물품 가격결정에 관한 자료는 해당 신고에 대한 수리일부터 5년 동안 보관할 의무가 생긴다(관세법 제12조).

19) 송품장, 계약서, 각종 비용의 금액 및 산출근거를 나타내는 증빙자료, 그 밖에 가격신고의 내용을 입증하는 데에 필요한 자료를 말한다(관세령 제15조제5항).

20) 가격신고 또는 제출한 자료 중 수입거래 관련 계약서 또는 이에 갈음하는 서류와 수입물품 가격결정에 관한 자료는 해당 신고에 대한 수리일부터 5년 동안 보관할 의무가 생긴다(관세법 제12조).

수입물품의 납세신고에 대한 관세조사는 그 법적 성격이 **행정조사**에 해당한다. 즉, 관세의 부과·징수를 적정하고 효과적으로 수행하고 수입물품의 통관적법성을 확인하기 위하여 세관당국이 각종 납세자료나 정보를 위한 조사를 행하는 사실행위에 해당한다. 행정조사의 주체는 행정기관이기 때문에 입법기관이나 사법기관에 의한 조사작용은 행정조사가 아니다.[21] 행정조사에 관한 일반절차를 규정하는 행정조사기본법 제2조에서 '행정조사'를 "행정기관이 정책을 결정하거나 직무를 수행하는 데 필요한 정보나 자료를 수집하기 위하여 현장조사·문서열람·시료채취 등을 하거나 조사대상자에게 보고요구·자료제출요구 및 출석·진술요구를 행하는 활동"으로 정의한 개념에 비추어 대강 증표제시의무, 사전통지와 이유제시 등이 필요하게 된다.[22] 따라서 관세조사를 수행하는 세관공무원은 그 권한을 표시하는 증표를 지녀야 하고, 관계인에게 이를 제시하여야 한다. 또한, 관세조사권의 행사는 그 행위로 인하여 납세자의 일상생활과 영업활동에 영향을 미치게 되므로 사전에 당해 조사의 일시, 장소, 대상 등에 대하여 통지를 행할 필요가 있고, 상대방의 수인이나 협조에 의한 조사를 행하기 위하여 조사사유를 제시할 필요가 있게 된다.

한편, 수입물품의 납세신고에 대한 관세조사는 통상적으로 관세의 부과·징수행위의 전제조건이 아니라 별개의 제도로 작용하는 것이기 때문에 관세조사과정에서 위법적인 사유는 관세의 부과·징수행위 자체를 당연히 위법한 것으로 만들지 않는다. 하지만 수입물품의 납세신고에 대한 관세조사가 관세부과처분의 예비적인 작용임에도 불구하고 관세조사가 관세법령에서 요구하는 납세자의 사전적·절차적 요건을 위반한 경우에는 그 위법성이 당해 관세조사를 기초로 한 관세부과처분에 승계될 수 있다.

다음으로 FTA 원산지상품에 대한 원산지조사에 대해 살펴본다. FTA 관세법 제17조 제1항에 따라 관세청장 또는 세관장은 수입물품의 원산지 또는 협정관세 적용의 적정 여부 등에 대한 확인이 필요하다고 인정하는 경우에는 협정에서 정하는 범위에서 수입자 등을 대상으로 필요한 서면조사 또는 업체를 직접 방문하는 현지조사를 할 수 있다. 관세청장이나 세관장이 서면조사를 실시하려면 미리 해당 조사대상 수입자에게 소정의 서식으로 서면조사를 통지하여야 한다(FTA관세규칙 제22조제1항). 관세청장(세관장)이 서면조사의 통지를 할 때에는 조사대상 수입자에게 원산지결정과 관련되는 질문서 또는 원산지소명서의 작성·제출을 요구할 수 있고(FTA관세규칙 제22조제2항), 아울러 FTA 관세법령상 수입자가 보관하여야 할 서류의 제출을 요구하게 된다. 그리고 서면조사통지서를 받은 조사대상 수입자는 자료의 제출을 요구받은 날부터 30일 이내에 해당 서류를 세관에 제출하여야 한다.[23]

21) 홍정선, 행정법원론(상)[제11판], 516쪽.

22) 유지태, 앞의 책, 301쪽 및 302쪽.

23) 조사대상 수입자가 제출기한 내에 해당 서류를 제출하였다고 하더라도 제출한 서류가 미비한 것으로 판단된다면 5일 이상의 기간을 정하여 조사대상 수입자에게 해당 서류에 대하여 보정을 요구할

FTA 원산지상품에 대한 원산지조사는 앞서 살펴본 수입물품의 납세신고에 대한 관세조사와 유사한 세관당국의 수입물품에 대한 조사활동으로 조사의 목적이 관세의 부과·징수를 적정하고 효과적으로 수행하는데 있으며, 그 법적 성격은 마찬가지로 행정조사에 해당한다. 수입물품에 대한 원산지조사는 서면조사를 원칙으로 하고(FTA관세령 제11조제1항), 조사를 하는 때에는 필요한 최소한의 범위에서 조사를 하여야 하며, 다른 목적을 위하여 조사권을 남용해서는 아니 된다(FTA관세법 제17조제9항). 그리고 현지조사는 서면조사의 결과 해당 수입물품에 관한 원산지증빙서류의 진위 여부와 그 정확성 등을 확인하기 곤란하거나 추가로 확인할 필요가 있는 때에 한하여 허용될 수 있다. 따라서 서면조사를 거치지 않고 곧바로 현지조사를 실행하였다면 해당 원산지조사에 대한 절차상 타당성의 문제가 제기될 수 있다. 또한, 과잉금지의 원칙이나 비례의 원칙에 위반되는 원산지조사는 수입물품의 납세신고에 대한 관세조사에서와 마찬가지로 그 위법성이 당해 원산지조사를 기초로 한 관세부과처분에 승계될 수 있다.

3) 형사소송법에 따른 관세범에 대한 조사권

관세범에 대한 조사는 그 법적 성격이 형사소송절차에 따른 (관세)수사에 해당한다. 다시 말하면 관세범죄의 유무를 명백히 밝혀내어 통고처분 또는 고발에 따른 공소의 제기와 유지를 결정할 목적으로 범인을 발견·확보하고 증거를 수집·보전하는 관세수사기관의 수사활동을 말한다. 관세수사는 관세법령상 "관세범칙조사"(관세법 제284조의2)로 표현된다. 관세법 제283조 제2항에 따라 관세범에 관한 조사·처분은 세관공무원이 이를 수행하는데, 같은 법 제295조에 따라 사법경찰직무법이 정하는 바에 따라 사법경찰관리의 지명된 세관공무원만이 관세범에 대한 조사권을 행사할 수 있다(관세법 제295조).

관세범의 적용범위와 관련하여, 관세법 제283조 제1항은 관세범을 "관세법 또는 관세법에 의한 명령에 위배하는 행위로서 관세법에 의하여 처벌되는 것"으로 정의하고 있다. 그런데 관세환급특례법 제24조는 관세환급특례법 위반행위자에 대하여 관세법의 "조사와 처분"규정(관세법 제283조 내지 제319조)을 적용하도록 하고 있으며, 마찬가지로 SOFA특례법 제8조 제4항 및 제5항 역시 관세법의 벌칙 및 조사와 처분규정을 적용하도록 하고 있다. 그리고 자유무역지역법 제69조 또한 관세법의 조사와 처분규정을 적용하도록 하고 있으며, 관세사법 제32조 역시 관세사법 위반행위자에 대하여 관세법의 조사와 처분규정을 적용하도록 하고 있다. 그러므로 관세범의 적용범위는 관세행정법 또는 관세행정법에 의한 명령에 위배하는 행위로서 관세행정법에 의하여 처벌되는 것이라고 할 수 있다. 이와 같이 관세범의 적용범위는 광의와 협의로 구분되는 바, 광의로는 관세행정법상 처벌되는 의무위반행위를 총칭하며 협의로는 관세법상 처벌되는 의무위반행위를 말한다.

수 있다(FTA관세규칙 제22조제3항).

세관공무원이 관세범이 있다고 인정할 때에는 범인·범죄사실 및 증거를 조사하여야 한다(관세법 제290조). 이와 같이 관세수사는 관세수사기관의 주관적 혐의에 의하여 개시되며, 관세수사개시의 원인을 수사의 단서라고 한다. 사법경찰관리로 지명된 세관공무원이 수사의 단서를 확보하기 위하여 벌이는 활동을 '내사'라고 하는데, 내사는 수사기관이 범죄정보의 수집 등으로 수사의 단서를 입수하고 수사의 개시 여부(입건절차 실행여부)를 결정하기 위하여 수행하는 일련의 조사활동을 말한다. 그리고 수사가 개시되면 관세수사기관은 형사소송절차에 따라 피의자 등을 상대로 임의조사와 강제조사를 행할 수 있는데, 강제수사에는 반드시 검사의 청구에 따라 지방법원 판사가 발부한 영장을 필요로 한다.

4) 세관당국의 외환검사권과 형사소송법에 따른 외환사범에 대한 조사권

세관당국의 외환검사권을 살펴본다. 관세청장은 외환법 제20조 제6항과 외환령 제35조 제2항에 의거 외국환업무취급기관 등이나 그 밖에 외환법을 적용받는 거래 당사자 또는 관계인에 대한 기재부장관의 외환검사권을 수임하여 그 권한을 행사할 수 있다. 관세청장이 기재부장관으로부터 위임받아 소속 공무원으로 하여금 행사하게[24] 할 수 있는 외환검사권의 대상범위는 환전영업자와 그 거래 당사자 및 관계인, 수출입거래·용역거래·자본거래의 당사자 및 관계인이며, 용역거래·자본거래의 경우에는 수출입거래와 관련된 거래 또는 대체송금을 목적으로 외환법 제16조 제3호 및 제4호의 방법으로 지급 또는 수령하는 경우에만 한정된다(외환령 제35조제4항제3호). 외환검사의 수행방법은 서면검사 또는 실지검사로 구분된다. 서면검사는 검사대상자로부터 필요한 서류나 장부를 제출받아 외환검사기관에서 필요한 사항을 검사하는 것이다. 실지검사는 검사대상자의 사업장이나 거주지를 직접 방문하여 회계장부나 서류를 검사하거나 필요한 사항에 대하여 질문하는 것이다. 한편, 기재부장관은 효율적인 외환검사를 위하여 필요하다고 인정되는 경우에는 외국환업무취급기관 등이나 그 밖에 외환법을 적용받는 거래 당사자 또는 관계인의 업무와 재산에 관한 자료의 제출을 요구할 수 있다(외환법 제20조제4항).

세관당국의 외환검사는 앞서 살펴본 수입물품의 납세신고에 대한 관세조사 또는 FTA 원산지상품에 대한 원산지조사와 유사한 세관당국의 조사활동으로 그 법적 성격은 마찬가지로 행정조사에 해당한다. 다만, 행정조사의 목적이 수입물품에 대한 관세부과·징수에 관한 것이 아니라 외국환거래의 당사자가 외환법상의 의무나 절차에 관한 법규를 준수하는지 여부를 확인하는데 있다. 한편, 외환검사가 외국환거래법령과 「외국환거래의 검사

24) 이에 따라 세관장은 관세청장의 소속기관으로서 외환법 제37조 제1항 제2문에 따라 관세청장이 수임한 기재부장관의 권한을 재위임받아 외환법을 실제로 집행하는 행정기관이 된다. 그리고 세관공무원은 관세청장과 그 소속기관인 세관장의 명령에 의거 외국환업무취급기관 등이나 그 밖에 외환법을 적용받는 거래 당사자 또는 관계인의 업무에 관하여 외환검사를 수행한다.

업무 운영에 관한 훈령」(관세청훈령)에서 요구하는 수범자의 사전적·절차적 요건을 위반한 경우에는 그 위법성이 당해 외환검사를 기초로 한 과태료처분에 승계될 수 있다.

형사소송법에 따른 세관당국의 외환사범에 대한 조사권에 대해 살펴본다. 사법경찰직무법 제6조 제14호에 의거 사법경찰관리로 지명된 세관공무원은 소속세관 관할구역 안에서 발생하는 외환법에 규정된 지급수단·증권의 수출입에 관한 범죄, 외환법에 규정된 수출입거래에 관한 범죄, 수출입거래와 관련되거나 대체송금을 목적으로 외환법 제16조 제3호·제4호의 방법으로 지급 또는 수령하는 경우의 용역거래·자본거래에 관하여 외환법에 규정된 범죄, 외환법 제8조 제3항을 위반한 범죄, 외환법 제8조 제3항 제1호의 외국환업무를 한 자와 그 거래 당사자·관계인에 관하여 외환법에 규정된 범죄에 대하여 검사의 지휘를 받아 수사를 행하는 형사소송법상 수사기관이 된다. 사법경찰직무법에 따라 관세법에 따라 관세범의 조사업무에 종사하는 세관공무원은 사법경찰관리의 직무를 수행할 수 있고, 그 직무범위가 앞서 설명한 외환범죄에 대한 수사권한이 있다. 따라서 형사소송법 제197조 제1항에 따라 사법경찰관으로 지명된 세관공무원은 외환범죄의 혐의가 있다고 사료하는 때에는 범인·범죄사실 및 증거를 조사하여야 한다. 그러므로 세관당국은 관세범에 대한 조사활동과 마찬가지로 외환수사의 단서를 확보하기 위하여 내사활동을 벌인다. 또한, 수사가 개시되면 관세수사기관은 형사소송절차에 따라 피의자 등을 상대로 임의조사와 강제조사를 행할 수 있는데, 강제수사에는 반드시 검사의 청구에 따라 지방법원 판사가 발부한 영장을 필요로 한다.

2. 중복조사금지에 관한 법리

관세법은 수입물품에 대한 관세심사권의 사후 행사와 관련하여 선량한 납세자를 보호하기 위하여 세관당국에게 관세조사권의 남용금지의무와 납세자의 성실성 추정의무를 부여하고 있다. 이에 따라 세관공무원은 적정하고 공평한 과세를 실현하고 통관의 적법성을 보장하기 위하여 필요한 최소한의 범위에서 관세조사를 하여야 하며 다른 목적 등을 위하여 조사권을 남용하여서는 아니 된다(관세법 제111조제1항). 또한, 세관공무원이 특별한 경우를 제외하고는 해당 사안에 대하여 이미 조사받은 자를 다시 조사하는 중복조사는 원칙적으로 금지된다(관세법 제111조제2항). 관세법 제111조에서 천명하고 있는 "관세조사권 남용 금지"는 그 세부원칙으로 "세관공무원의 재량한계"와 "중복조사금지"가 도출된다.

관세공무원이 수입물품에 대한 관세조사권을 행사함에 있어 납세자료 등의 요구는 필요한 최소한의 범위에서 허용될 수 있으므로 그 요구는 재량권의 한계를 지켜야 한다. 따라서 한계를 벗어난 재량권의 행사는 재량권의 일탈 또는 남용으로 위법하여 관세소송(사법심사)의 대상이 된다. 재량권의 일탈이란 재량권의 외적 한계, 즉 법적·객관적 한계를 벗어난 것을 말하고, 재량권의 남용이란 재량권의 내적 한계, 재량권이 부여된 내재적 목적을 벗어난 것을 의미한다.[25] 같은 맥락에서 관세법 제7조는 "세관공무원은 그 재량에 의하여 직무를 수행함에 있어서는 과세의 형평과 이 법의 목적에 비추어 일반적으로 타당하다고 인정되는 한계를 엄수하여야 한다"라고 규정하고 있으며, 국기법 제19조 역시 관세법 제7조의 법문과 동일한 법문의 내용으로 세무공무원의 재량한계를 규정하고 있다.[26]

관세행정상 '중복조사'는 동일한 조사주체가 동일한 조사목적으로 동일한 조사대상을 동일한 조사방식으로 거듭하여 조사하는 것을 말한다. 따라서 앞에서 탐구한 "관세행정상 조사권의 유형과 그 법적 성격"에 비추어 볼 때, 관세법상 "중복조사금지"는 세관당국이 관세의 부과·징수 적정성을 확인하기 위하여 수입신고된 물품을 대상으로 그 납세신고액에 대한 행정조사를 거듭하여 행하는 것이 허용되지 않는 원칙으로 해석하여야 할 것이다. 여기에서 조사대상인 "수입신고된 물품의 납세신고액"의 동일성 여부를 판단하는 기준은 납세자가 세관장에게 신고한 "수입신고건"(통상적으로 수입물품의 B/L단위[27])을 기준으로 적용하여야 타당할 것이다. 왜냐하면, 관세법상 과세물건은 관세법 제14조와 제15조에 따라 수입물품을 기준으로 정해지고, 관세의 부과·징수에 관한 관세행정행위의 성립(구체적 납세의무의 확정)은 같은 법 제38조와 제241조(또는 제244조) 및 제248조 제1항에 따라 '수입신고'건별로 이루어지기 때문이다.

---

25) 김완석·박종수·이중교·황남석, 주석 국세기본법[제3판], 500쪽.

26) 재량권의 한계를 넘은 재량권의 행사에 해당하는지의 여부에 대한 심사는 헌법에서 도출되는 과잉금지원칙을 기준으로 판단한다. 과잉금지원칙은 법치국가원리에서 도출되는 일반법원칙으로 광의의 비례의 원칙이라고도 한다. 따라서 관세행정작용에서 관세행정목적의 실현을 위한 수단과 당해 목적 사이에 합리적인 비례관계가 유지되어야 한다는 원칙을 말한다. 비례원칙은 그 세부원칙으로 ① 적합성의 원칙, ② 필요성의 원칙(최소침해의 원칙), ③ 상당성의 원칙(협의의 비례원칙) 등이 있다. 비례원칙은 헌법적 원칙이므로 이에 위반된 관세행정작용은 위법·위헌의 문제가 된다. ▶ "적합성의 원칙"이란 관세행정기관이 취한 조치 또는 수단이 그가 의도하는바 목적을 달성하는 데에 적합해야 함을 의미한다. 어떠한 조치 하나만으로 목적을 달성할 수 있는 것이 아니고, 다른 조치·수단과 합쳐져서 목적을 달성할 수 있는 경우에도 동 원칙은 충족되는 것으로 볼 수 있다. ▶"필요성의 원칙"이란 관세행정조치는 설정된 목적을 실현하기 위하여 필요한 한도 내에서 행해져야 한다는 것을 말한다. 이러한 의미에서 필요성의 원칙은 "최소침해의 원칙"이라고도 일컬어진다. 관세법 제267조 제1항에 따라 관세청장 또는 세관장은 직무를 집행하기 위하여 필요하다고 인정되는 때에는 그 소속 공무원으로 하여금 무기를 휴대하게 할 수 있는데, 세관공무원은 무기의 사용에 있어서 특히 자기 또는 다른 사람의 생명 또는 신체의 방어 및 보호와 공무집행에 대한 항거의 제지를 위하여 필요하다고 인정되는 상당한 이유가 있을 때에는 그 사태를 합리적으로 판단하여 필요한 한도에서 무기를 사용할 수 있게 하고 있다(관세법 제267조제3항). ▶"상당성의 원칙"은 협의의 비례의 원칙이라고도 하며, 어떤 조치가 설정된 목적실현을 위하여 필요한 경우라 할지라도 그 관세행정조치를 취함에 따른 불이익이 그것에 의해 초래되는 이익보다 큰 경우에는 당해 관세행정조치를 취해서는 안 된다는 것을 말한다.

27) 「수입통관 사무처리에 관한 고시」 제16조 제1항에 따라 원칙적으로 B/L 1건에 대하여 수입신고서 1건으로 한다.

이러한 중복조사금지의 원칙에 따르면, 수입물품의 관세국경 반입절차에서 물품검사는 그 법적 성격이 행정조사가 아니고, 관세범에 대한 조사와 외환사범에 대한 조사는 동일한 조사주체인 세관당국이 수행하지만 그 법적 성격이 행정조사가 아니라 범죄수사이기 때문에 중복조사의 적용범위에서 제외된다. 또한, 세관당국의 외환검사도 동일한 조사방식(행정조사)으로 수행하지만 그 조사목적이 다르고 그 조사대상도 "수입신고된 물품의 납세신고액"이 아닌 "수입신고물품 등의 외국환거래"이기 때문에 중복조사의 적용범위에서 배제된다. 하지만 FTA 원산지상품의 원산지조사는 동일한 조사목적을 갖고 동일한 조사대상을 동일한 조사방식(행정조사)으로 수행되기 때문에 중복조사의 적용범위에서 벗어나지 않는다.

한편, 입법자는 **중복조사금지원칙의 예외**로 관세법 제111조 제2항과 관세령 제136조에서 다음과 같은 경우에 "해당 사안"의 중복조사를 허용하고 있다: ① 관세포탈 등의 혐의를 인정할 만한 명백한 자료가 있는 경우; ② 이미 조사받은 자의 거래상대방을 조사할 필요가 있는 경우; ③ 관세법에 따른 과세전적부심사청구·이의신청·심사청구 또는 심판청구가 이유 있다고 인정되어 내려진 재조사 결정에 따라 조사(결정서 주문에 기재된 범위의 조사에 한정한다)하는 경우; ④ 납세자가 세관공무원에게 직무와 관련하여 금품을 제공하거나 금품제공을 알선한 경우; ⑤ 그 밖에 밀수출입, 부정·불공정무역 등 경제질서 교란 등을 통한 탈세혐의가 있는 자에 대하여 일제조사를 하는 경우.

따라서 세관당국이 동일한 조사목적을 갖고 동일한 조사대상을 동일한 조사방식(행정조사)으로 거듭하여 조사하더라도 그 행정조사가 위의 제①부터 제⑤까지 경우에 해당한다면 관세법상 중복조사의 원칙에 어긋나지 않는다. 그런데 관세법은 중복조사의 금지와 관련하여 "해당 사안"의 의미를 명시적으로 규율하고 있지 않아서 그 적용·해석에 어려움이 생긴다. 생각건대, 관세법상 관세조사의 의의(제110조 제2항), 통합조사의 원칙(제110조의2), 관세조사 대상자의 선정목적(제110조의3) 등의 규정에서 추론해볼 때, "해당 사안"은 "조사사유와 조사기간이 동일한 신고납부세액"으로 해석하여야 할 것이다. 여기에서 '조사'는 관세법상 납세자권리헌장의 교부대상인 조사로 한정하여야 타당할 것이다.

그런데, 관세행정상 '중복조사'의 해당범위에서 제외되는 관세범의 조사 또는 외환사범에 대한 조사나 세관당국의 외환검사를 수행하는 과정에서 "동일한 신고납부세액"에 대하여 부차적으로 조사하여 과세권을 침해하는 위반사항(가령, 신고납부세액의 축소 등)을 인지된 경우[28] 중복조사금지의 원칙에 위반되는지 여부가 쟁점으로 제기될 수 있다. 앞서

28) 관세포탈죄를 조사하는 과정에서 종종 범죄의 성립에 이르지 아니한 신고납부세액의 축소가 발견될 수 있고, 외환사범을 수사하는 과정 또는 외환검사를 수행하는 과정에서 외국환거래의 불법상계나 불법제3자지급 등을 조사하면 신고납부세액의 축소가 발견될 수 있다.

설명한 중복조사 허용요건인 제①의 경우와 제④의 경우 및 제⑤의 경우의 입법취지에 비추어 볼 때 "부정한 방법"에 의한 위반사항은 중복조사금지의 원칙에 위반되지 않는 것으로 보아야 타당할 것이다. 왜냐하면, 부정한 방법에 의한 위반사항은 관세조사권의 수행으로는 발견할 수 없는 행정조사의 조사방법상 한계영역으로 보아야 하고, 이에 따라 헌법상 납세의무의 법원리에 입각해서 정당한 과세권의 확보도 필요하기 때문이다.

3. 판례연구

【대법원 2020.2.13. 선고 2015두745 판결】 사건을 살펴본다. 이 사건의 처분경위는 다음과 같다:

- 부산세관장은 2007년경 원고가 2003.1.1.부터 2007.12.31.까지 수입한, 잎담배를 잘게 자른 각초(각초)의 과세가격 적정 여부에 관하여 조사(이하 '제1차 조사')한 후, 2008.3.13. 그 결과를 기업심사결과통지서에 기재하여 원고에게 통지하였다. 위 기업심사결과통지서에는 크게 세 가지 사항에 대한 내용과 그에 대한 조치사항이 기재되어 있었는데, 그중 하나는 제1차 조사대상 기간에 수입된 각초의 과세가격 결정과 관련하여 일부 각초 수입건의 가산금액을 신고에서 누락하였다는 것이었고, 그에 대하여는 서울세관장이 2003년 조사결과 통지 당시 적용하였던 구 관세법 제35조의 '합리적 기준에 의한 과세가격의 결정' 방법과 그 가산비율을 그대로 유지한다는 취지가 기재되어 있었다. 한편, 위 기업심사결과통지서가 첨부된 부산세관장의 공문에는 '원고가 지급하는 상표권 사용료 및 동 사용료와 이전가격의 관계에 대하여는 추가자료 요청 등이 있을 수 있다'고 기재되어 있었다;
- 이후 원고는 위 각초의 과세가격 가산금액 누락 부분에 관해서 수정신고를 하였고, 부산세관장은 원고가 수정신고하지 않은 다른 사항과 관련하여 2008.4.17. 과세처분하였다;
- 제1차 조사결과 통지 시점으로부터 약 1년 4개월이 지난 2009.8.10. 부산세관장은 원고에게 "과세가격 심사 질문서 및 자료제출 요구"라는 문서로, '원고의 수출입통관 적정성 여부에 대하여 기획심사를 진행하고 있다'고 밝히면서, 원고가 스위스국 법인 Philip Morris Products S.A.(이하 'PMPSA')에 지급하는 로열티가 수입물품의 거래가격에 영향을 미쳤는지와 관련하여 '2007.8.1. 이후 로열티 계산내역 및 외환지급 관련 전표, 2005년 이후 각 담배종류별 판매수량 및 판매금액에 관한 자료, 2005년 이후부터 현재까지 연도별 제조원가명세서'를 제출하라고 요구하였고, '2004년 라이선스 계약을 변경하여 로열티율을 인상하게 된 사유, 2001년 계약시 매출액 대비 로열티 비율이 브랜드별로 동등했다가 2004년 상이하게 변경된 사유 등'에 관하여 질문하였으며, '위 질문에 대한 답변의 근거자료, PMPSA가 다른 특수관계자와 맺은 로열티 계약서,

원고의 모회사인 Philip Morris International Inc. 및 그 계열회사들의 로열티 산정과 관련한 기본원칙에 관한 자료 등'을 제출하도록 요구하였다. 원고는 2009.8.27.경 일부 자료를 제출한 후 2009.9.11.경 부산세관장의 질문에 대하여 개별적·구체적으로 답변하면서 부산세관장이 요구한 자료를 제출하였다;

- 부산세관장은 2009.12.9. 원고에게 "로열티 산정내역 등 추가자료제출 요청"이라는 문서로, '수입물품의 과세가격을 검토하고자 한다'고 밝히면서, '원고가 특수관계자에게 지급하였거나 지급하고 있는 로열티, 전문용역비 등 지급내역이 직간접적으로 수출자에게 귀속되는 것이 아니라는 증명자료가 있을 경우 이를 제출하고, 2008년 이후 관계사에 지급한 전문용역비 등 지급내역에 대한 자료를 제출하며, 2007년 조사 당시 부산세관장이 인지하고 있던 용역계약이 종결되었다면 그 사유에 관해 설명하고 근거자료를 제출하라'고 요구하였다;
- 부산세관장은 2010.8.31. 원고에게 "기업심사 관련 업무협조 요청"이라는 문서를 보냈는데, 위 문서에는 '기존 심사결과 통지에서 언급한 바와 같이, 원고가 관계사에 지급하고 있는 로열티와 수입물품의 관련성 및 거래조건에 대해 심사 중이다. 그 내역과 관련하여 부산세관장의 입장과 검토내역에 대한 원고의 의견을 청취하기 위해 부산세관의 기획심사 팀장 등 소속 직원이 2010.9.3. 원고를 방문하고자 한다'는 내용이 기재되어 있었다. 부산세관 소속 세관공무원은 2010.9.3. 원고의 사업장을 방문하였다;
- 부산세관 소속 세관공무원이 원고를 방문한 후 원고는 2010.9.28. 답변서를 제출하였고, 이에 대해 부산세관장은 2010.10.14. "추가답변서 제출에 따른 질문서 송부"라는 문서로, 추가 질문에 대한 답변과 소명자료 제출을 요구하였다. 당시 답변 내지 소명자료 제출을 요구한 사항은 '담배완제품 및 반제품의 물품 가격에 로열티가 포함되는지 여부에 대한 이전가격원칙을 제출하고, 원고가 지불하는 로열티에 대하여 수입거래조건과 국내마케팅 조건이라는 상반된 입장을 설명하며, 원고가 2009.9.11. 제출한 자료에 사용된 관련 자료 및 계약서 등을 제출하고, 원고가 2009.9.11.에 한 주장과 2010.9.28.에 한 주장이 상반된 이유를 제시하며, 연구개발비용을 PMPSA가 부담할 뿐 계열회사 등으로부터 회수하지 않는다는 점에 대한 객관적인 논증을 제출하고, 원고가 2007.11.19. 제시한 각국의 법원 판결사례를 제출하며, 원고가 각초 수입과 관련하여 체결한 공급계약은 어느 가격정책에 해당하고 가격결정 방법은 무엇인지 관련 자료를 제출하라'는 것이었다. 원고는 2010.11.12.경 '추가 질문서에 대한 답변 송부' 라는 문서로 위 질문 사항에 대하여 답변하였다;
- 부산세관장은, 수출자가 로열티 지급조건 없이 제3자에게 각초를 공급한 실적에 대한 사실관계 및 거래조건을 확인하기 위하여 원고에게 '제3자 공급가격 및 공급물량 등의 자료'를 구두로 요청하였다가, 2011.3.7. "자료제출요구"라는 문서로, '원고가 PMPSA에

지급하는 로열티가 관세법 제30조의 과세가격 결정 기준에 따라 과세가격에 해당하는지 검토 중에 있다'고 밝히고, '수출자가 로열티 지급조건 없이 제3자에게 판매한 브랜드별 거래 기간 및 판매물량, 수출자가 로열티 지급조건 없이 제3자에게 판매한 각초의 브랜드별 레시피·품질·가격 등이 원고가 수입한 각초와 동일한지, 만일 동일하지 않다면 그 차이와 사유가 무엇인지, 수출자가 로열티 지급조건 없이 제3자에게 판매하면서 상표사용을 허용하지 아니한 경우 이외에 사용·처분에 제한조건이 있었는지, 있었다면 그 내용은 무엇인지' 등에 관한 근거자료를 2011.3.11.까지 제출하도록 요구하면서, '기한 내에 제출하지 않는 자료는 심사자료로 사용이 제한될 수 있다'고 하였다;

- 부산세관장은 2011.3.15. 원고에게 "심사 관련 업체 방문 협조요청"이라는 문서를 보냈는데, 위 문서에는 '원고가 수입하는 물품에 대하여 기업심사 중이고, 심사와 관련하여 2011.3. 16. 원고의 OO공장을 방문할 예정이다'라는 내용이 기재되어 있고, 방문자는 '심사처분 심의위원단', 방문 목적은 '수입물품 및 2차 물품의 제조공정 확인 등'이라고 기재되어 있었다. 부산세관 소속 세관공무원이 포함된 심사처분 심의위원단은 위 문서 송부일 다음 날인 2011.3.16. OO시에 있는 원고의 담배 제조공장을 방문하였다;
- 부산세관장은 2011.3.29. 원고에게 기업심사결과통지서를 송부하였는데, 위 통지서에는 조사대상 기간이 '2006.1.1.부터 2007.12.31.까지'로 기재되어 있었고, 위 통지서의 적출내역에는 '원고가 지급한 로열티와 관련하여 추가심사를 하였는데, 관세법 제30조를 적용하여 원고가 2006년 및 2007년 수입한 각초의 과세가격에 원고가 PMPSA에 지급한 로열티를 가산한다'는 취지가 기재되어 있었다;
- 부산세관장은, 원고가 2006.4.6.부터 2007.12.28.까지 PMPSA 등으로부터 수입한 각초의 거래가격에 원고가 PMPSA에 지급한 권리사용료 중 일부를 가산하여, 2011.3.29.부터 2011.11.1.까지 네 차례에 걸쳐 원고에게 관세 등을 부과하는 이 사건 처분을 하였다.

이 사건의 주요 쟁점은 ① 구 관세법 제111조에 의하여 금지되는 재조사에 기한 과세처분이 위법한지 여부(원칙적 적극) 및 이는 과세관청이 그러한 재조사로 얻은 과세자료를 과세처분의 근거로 삼지 않았다거나 이를 배제하고서도 동일한 과세처분이 가능한 경우에도 마찬가지인지 여부(이하 "이 사건 쟁점 1"), ② 세관공무원의 조사행위가 구 관세법 제111조가 적용되는 '조사'에 해당하는지 판단하는 방법 및 세관공무원이 납세자 등을 접촉하여 상당한 시일에 걸쳐 질문검사권을 행사하여 과세요건사실을 조사·확인하고 일정한 기간 과세에 필요한 직간접의 자료를 검사·조사하고 수집하는 일련의 행위를 한 경우, 재조사가 금지되는 '조사'로 보아야 하는지 여부(이하 "이 사건 쟁점 2"), ③ 세관공무원이 어느 수입물품의 과세가격에 대하여 조사한 경우, 다시 동일한 수입물품의 과세가격에 대하여 조사를 하는 것이 구 관세법 제111조에서 금지하는 재조사에 해당하는지 여부 및 이때 당초 조사한 과세가격 결정방법이 아닌 다른 과세가격 결정방법을 조사하였다고 하여 이를 달리 볼 수 있는지 여부(이하 "이 사건 쟁점 3") 등이다.

이 사건 상고심은 다음과 같은 점들을 종합하면, 부산세관장이 2009.8.경부터 2011.3.경까지 한 일련의 조사행위는 구 관세법 제111조가 적용되는 '조사'(이하 '제2차 조사')에 해당한다고 판시하고 있다:

- 부산세관장이 2007년경 제1차 조사를 하고 2008.3.경 그 결과를 통지하였을 뿐 아니라, 원고는 그 결과에 따라 누락되었다는 각초의 가산금액에 관하여 수정신고까지 하였는데, 부산세관장은 위 조사결과 통지가 이루어진 때로부터 약 1년 4개월 이상이 지난 2009.8.경 다시 자료제출요청을 시작한 이래, 2011.3.경까지 1년 6개월이 넘는 기간 동안 수차례 자료제출을 요청하면서 각초의 과세가격과 관련한 여러 사항들에 대해 질문하고 답변을 요구하였다;
- 부산세관장은 각초의 과세가격과 관련한 여러 사항에 대해 구체적·개별적으로 질문하면서 그에 관한 상세한 자료를 제출하도록 요구하였는데, 그러한 질문에 대한 답변과 부산세관장이 요구한 자료에는 원고나 원고의 모회사 등 관계 회사들의 영업비밀과 밀접하게 관련된 것들이 포함되어 있었고, 원고가 답변하고 자료를 준비하여 제출하는 과정에 상당한 노력이 필요했던 것으로 보인다. 또한 부산세관장은 원고의 답변을 종전의 답변과 대조하면서 그 답변이 상반된다고 지적하고 그 이유를 추궁하기도 하였고, 기한을 정하여 자료제출을 요구하면서 정해진 기한까지 자료를 제출하지 않으면 조사자료로 사용되지 않을 수 있다고 독촉하기도 하였다;
- 부산세관장은 서면으로 자료를 제출하도록 요구하거나 질문을 하면서, 원고가 지급한 권리사용료와 관련하여 각초의 과세가격에 관하여 조사중이라는 취지를 스스로 밝혔다;
- 부산세관 소속 세관공무원은 두 차례에 걸쳐 원고의 사업장과 공장을 방문하였는데, 부산세관 소속 세관공무원은 2010.9.3. 원고의 사업장을 방문한 시점을 전후하여 원고에게 수차례 서면으로 질문하고 자료제출을 요구하여 원고로부터 그에 대한 답변과 자료를 제출받은 점, 2010.9.28.에는 원고가 위 방문 당시 부산세관 소속 세관공무원이 밝힌 입장에 대한 답변서를 제출한 점, 부산세관 소속 세관공무원의 조사행위는 2011.3.7.경까지 이어지다가 2011.3.16. 부산세관 소속 세관공무원이 포함된 심사처분 심의위원단이 원고의 담배 제조공장을 방문하여 제조공정을 확인한 점, 이러한 일련의 행위에 기하여 2011.3.29.경부터 2011.11.1.경까지 이 사건 처분이 이루어진 점 등을 고려하면, 부산세관 소속 세관공무원의 각 방문행위도 전체적으로

위와 같은 일련의 행위와 함께 재조사금지규정에서 말하는 '조사'를 구성하는 것으로 볼 수 있다.

이 사건 상고심은 또한 다음과 같이 설시하고 있다. 부산세관장이 2007년경 실시한 제1차 조사의 대상은 2003.1.1.부터 2007.12.31.까지 수입된 각초의 과세가격이었고, 부산세관장이 2009년부터 2011년까지 실시한 제2차 조사의 대상은 2006.1.1.부터 2007.12.31.까지 수입된 각초의 과세가격이었다. 이처럼 제2차 조사의 대상은 제1차 조사에서 이미 조사의 대상으로 삼았던 것이었고, 2006.4.6.부터 2007.12.28.까지 수입된 각초에 대하여 이루어진 이 사건 처분은 이러한 제2차 조사에 기하여 이루어졌다. 구 관세법은 수입물품의 과세가격 결정에 관하여 제30조 내지 제35조에서 여섯 가지 결정방법을 규정하면서, 원칙적으로 제30조에 따라 구매자가 실제로 지급하였거나 지급하여야 할 가격을 기초로 과세가격을 결정하고 제30조의 규정에 의한 방법으로 결정할 수 없는 때에 한하여 제31조 내지 제35조를 순차적으로 적용하여 결정하도록 하고 있는데, 부산세관장이 과세가격을 결정하면서 제1차 조사결과 구 관세법 제30조가 아닌 제35조를 적용하였다가 제2차 조사결과 구 관세법 제30조를 적용하였더라도, 위 각 조사는 모두 동일한 각초의 과세가격 결정에 관한 것으로서, 그 대상이 동일하다고 보아야 한다. 아울러 이 사건 상고심은 제1차 조사결과를 기재한 2008. 3. 13.자 기업심사결과통지서가 첨부된 공문에 '상표권 사용료 및 상표권 사용료와 이전가격의 관계에 대하여 추가자료 요청 등이 있을 수 있다'고 기재되어 있더라도, 이러한 기재를 하였다는 이유만으로 원칙적으로 금지되는 재조사가 아무런 제한 없이 허용된다고 할 수 없다고 설시하고 있다.

이 사건 상고심은 결론적으로 부산세관 소속 세관공무원의 제2차 조사는 구 관세법 제111조에 의하여 금지되는 재조사에 해당하고, 이러한 제2차 조사에 기하여 이루어진 이 사건 처분은 특별한 사정이 없는 한 그 자체로 위법하다고 판단하면서 그럼에도 원심[29]은, 제1차 조사의 대상에는 각초의 실제지급가격에 권리사용료를 가산할 것인지 여부가 포함되어 있지 않았는데 제2차 조사의 대상은 위 사항에 국한되었으므로 두 조사는 그 대상이 실질적으로 다르고, 부산세관장이 제1차 조사결과를 통지하면서 권리사용료에 관한 조사를 추가로 진행할 예정이라고 밝혔다는 등의 이유를 들어, 이 사건 처분이 재조사의 결과를 토대로 이루어진 것이라고 볼 수 없다고 판단하고, 이 사건 처분이 재조사금지의 원칙에 반하여 위법하다는 원고의 주장을 배척하였다. 이러한 원심의 판단에는 구 관세법 제111조에서 정한 재조사금지원칙에 대한 법리를 오해하여 판결에 영향을 미친 위법이 있다고 판시하고 있다.

생각건대, '이 사건 쟁점 1'에서 대법원은 제1차 관세조사에서 발견하지 못한 단순히 당

29) 부산고등법원 2015.01.09. 선고 2014누328 판결.

초 과세처분의 오류를 경정하는 경우에 불과하다는 등의 특별한 사정이 없는 한 그 자체로 위법하고, 세관당국이 중복조사로 얻은 과세자료를 과세처분의 근거로 삼지 않았다거나 이를 배제하고서도 동일한 과세처분이 가능한 경우에도 중복조사금지의 원칙에 위반하는 것으로 보고 있다. 이러한 대법원의 입장은 타당하다고 본다. 왜냐하면, 관세조사는 관세행정상 신고납부제도의 틀에서 납세의무자가 이행한 수입물품에 대한 납세신고액의 축소신고 여부를 사후에 심사하는 절차이므로 권력적 행정조사를 세관당국에게 중복하여 허용하는 것은 관세행정상 과잉금지의 원칙(광의의 비례의 원칙)에 비추어 보더라도 위법하기 때문이다.[30] 그리고 '이 사건 쟁점 2'에서 대법원은 세관당국의 조사행위가 관세법상 중복조사금지에 적용되는 '조사'에 해당하는지 여부는 조사의 목적과 실시 경위, 질문조사의 대상과 방법 및 내용, 조사를 통하여 획득한 자료, 조사행위의 규모와 기간 등을 종합적으로 고려하여 구체적 사안에서 개별적으로 판단하며, 납세자 등을 접촉하여 상당한 시일에 걸쳐 질문검사권을 행사하여 과세요건사실을 조사·확인하고 일정한 기간 과세에 필요한 직간접의 자료를 검사·조사하고 수집하는 일련의 행위는 중복조사 허용요건에 해당하지 않는 한 중복조사금지에 해당한다고 보고 있다. 이러한 대법원의 태도는 옳다고 본다. 왜냐하면, 앞에서 탐구한 중복조사금지의 법리에 비추어 볼 때, 대법원이 위와 같이 설시한 판단기준은 행정조사의 조사방식과 그 법적 성격에 포섭되기 때문이다. 마지막으로 '이 사건에서 쟁점 3'에서 대법원은 세관당국이 특정 수입물품의 과세가격에 대하여 조사한 경우에 다시 동일한 수입물품의 과세가격에 대하여 조사를 하는 것은 중복조사 허용요건에 해당하지 않는 한 관세법상 중복조사를 금지하는 재조사에 해당하고, 세관당국이 동일한 사안에 대하여 당초 조사한 과세가격 결정방법이 아닌 다른 과세가격 결정방법을 조사하였다고 하여 달리 볼 것은 아니라는 태도를 보이고 있다. 대법원의 태도가 타당하다고 본다. 왜냐하면, 앞에서 탐구한 중복조사금지의 법리에 비추어 볼 때 금지되는 규범대상은 과세가격의 결정방법이 아니라 행정조사 그 자체이기 때문이다.

30) 길용원, 관세법상 수입 부분품과 관련된 권리사용료의 산출 및 중복조사금지에 관한 연구(2020년 관세평가판례평석집, 274쪽)에서 관세법상 중복조사 금지의 법적 기초를 헌법상 과잉금지원칙으로 설명하고 있다.

제 2 절 과세가격의 사전심사결정과 소급과세금지의 원칙

Ⅰ. 과세가격의 사전심사결정

1. 과세가격 결정방법의 사전심사

관세법 제37조 제1항에 따라 납세의무자는 관세청장에게 과세가격 결정방법의 사전심사를 신청할 수 있는 권리가 주어진다. 그리고 사전심사(또는 재심사)의 신청을 받은 관세청장은 이를 심사한 후 소정의 기간 이내에 그 결과를 신청인에게 통보할 의무를 진다(관세법 제37조 제2항). 여기에서 관세청장 또는 세관장은 과세가격 결정방법의 사전심사(또는 재심사)를 신청한 자가 제출한 서류 및 자료 등을 과세가격 결정방법의 사전심사 외의 용도로는 사용할 수 없다(관세령 제31조제11항).

1) 사전심사신청의 적격

(1) 신청의 주체와 시기

과세가격 결정방법의 사전심사는 물품을 수입하려는 자가 해당 수입물품에 대한 가격신고[31]를 하기 전에 신청하여야 한다.

(2) 신청의 대상

과세가격 결정방법의 사전심사는 다음의 사항에 관하여 의문이 있을 때 신청할 수 있다:
① 관세법 제30조(과세가격 결정의 원칙) 제1항부터 제3항까지에 규정된 사항;
② 관세법 제30조(과세가격 결정의 원칙)에 따른 방법으로 과세가격을 결정할 수 없는 경우에 적용되는 과세가격 결정방법;
③ 특수관계가 있는 자들 간에 거래되는 물품의 과세가격 결정방법.

(3) 신청의 방법

과세가격 결정에 관한 사전심사를 신청하려는 자는 거래당사자·통관예정세관·신청내용 등을 적은 신청서에 다음의 서류를 첨부하여 관세청장에게 제출해야 한다(관세령 제31조제1항):

① 거래관계에 관한 기본계약서(투자계약서·대리점계약서·기술용역계약서·기술도입

31) 이에 대한 자세한 내용은 김용태, 관세행정법 with 관세형사법 245~247쪽을 참조.

계약서 등);
② 수입물품과 관련된 사업계획서;
③ 수입물품공급계약서;
④ 수입물품가격결정의 근거자료;
⑤ 관세법 제37조 제1항 제3호(특수관계가 있는 자들 간에 거래되는 물품의 과세가격 결정방법)의 사항에 해당하는 경우에는 기재부령으로 정하는 서류;
⑥ 그 밖에 과세가격결정에 필요한 참고자료.

여기에서 특수관계자간 거래물품의 과세가격 결정방법 사전심사의 경우에는 다음의 서류를 말하는데, 사전심사를 신청하는 자가 중소기업기본법 제2조에 따른 중소기업인 경우에는 아래의 ㉣와 ㉧의 자료만 해당한다(관세규칙 제7조의10제1항·제2항):

㉮ 거래당사자의 사업연혁, 사업내용, 조직 및 출자관계 등에 관한 설명자료;
㉯ 관할 세무서에 신고한 거래당사자의 최근 3년 동안의 재무제표, 무형자산 및 용역거래를 포함한 국제조세조정법 제16조 제2항 제3호에 따른 정상가격 산출방법 신고서(다만, 특수관계 사전심사 신청 물품의 과세가격 결정방법과 관련이 없다고 관세청장이 인정하는 경우에는 제출하지 않을 수 있다);
㉰ 원가분담 계약서, 비용분담 계약서 등 수입물품 거래에 관한 서류;
㉱ 수입물품 가격의 산출방법을 구체적으로 설명하는 다음의 자료:
  ㉠ 가격산출 관련 재무자료;
  ㉡ 가격산출의 전제가 되는 조건 또는 가정에 대한 설명자료;
  ㉢ 특수관계자간 가격결정에 관한 내부지침 및 정책.
㉲ 국제조세조정법 제14조에 따른 정상가격 산출방법의 사전승인을 받은 경우 이를 증명하는 서류;
㉳ 회계법인이 작성한 이전가격보고서가 있는 경우 산출근거자료 및 자산·용역의 가격에 영향을 미치는 요소에 관한 분석자료가 포함된 보고서;
㉴ 판매 형태에 따라 구분한 최근 3년간 수입품목별 매출액·매출원가(다만, 특수관계 사전심사 신청 물품의 과세가격 결정방법과 관련이 없다고 관세청장이 인정하는 경우에는 제출하지 않을 수 있다);
㉵ 특수관계가 거래가격에 영향을 미치지 않았음을 확인할 수 있는 자료.

위에서 열거한 서류 및 자료는 한글로 작성하여 제출해야 하는데, 관세청장이 허용하는 경우에는 영문 등으로 작성된 서류 및 자료를 제출할 수 있다(관세령 제31조제5항).

2) 관세청장의 보정요구기간과 결과통보기간 및 신청의 반려

(1) 보정요구기간

관세청장은 제출된 신청서 및 서류가 과세가격의 심사에 충분하지 않다고 인정되는 때에는 다음의 구분에 따른 기간을 정하여 보정을 요구할 수 있다(관세령 제31조제2항):

① 신청한 사항이 관세법 제30조(과세가격 결정의 원칙) 제1항부터 제3항까지에 규정된 사항과 관세법 제30조(과세가격 결정의 원칙)에 따른 방법으로 과세가격을 결정할 수 없는 경우에 적용되는 과세가격 결정방법에 해당하는 경우에는 20일 이내;

② 특수관계가 있는 자들 간에 거래되는 물품의 과세가격 결정방법에 해당하는 경우에는 30일 이내.

(2) 결과통보기간

납세의무자로부터 사전심사(또는 재심사)의 신청을 받은 관세청장은 이를 심사한 후 그 결과를 다음의 구분에 따른 기간 이내에 신청인에게 통보할 의무를 지는데, 관세청장이 제출된 신청서 및 서류의 보완을 요구한 경우에는 그 기간은 산입하지 아니한다(관세령 제31조제3항):

① 신청한 사항이 관세법 제30조(과세가격 결정의 원칙) 제1항부터 제3항까지에 규정된 사항과 관세법 제30조(과세가격 결정의 원칙)에 따른 방법으로 과세가격을 결정할 수 없는 경우에 적용되는 과세가격 결정방법에 해당하는 경우에는 1개월 이내;

② 특수관계가 있는 자들 간에 거래되는 물품의 과세가격 결정방법에 해당하는 경우에는 1년 이내.

(3) 신청의 반려와 변경·철회

관세청장은 사전심사 신청이 다음의 어느 하나에 해당하는 경우에는 해당 신청을 반려할 수 있다(관세령 제31조제6항):

① 해당 신청인에 대해 관세법 제110조 제2항 제2호의 관세조사(과세가격에 대한 관세조사에 한정한다)가 진행 중인 경우;

② 해당 신청인에 대한 관세법 제110조 제2항 제2호의 관세조사를 통해 과세가격결정방법이 확인된 후에 계약관계나 거래실질에 변동이 없는 경우;

③ 해당 신청인이 관세법 제119조에 따른 이의신청·심사청구 및 심판청구나 행정소송을 진행 중인 경우;

④ 관세청장의 보정요구에 따른 법정 기간 내에 보정자료를 제출하지 않은 경우.

또한, 신청인은 관세청장이 과세가격의 결정방법을 통보하기 전까지는 신청내용을 변경하여 다시 신청하거나 신청을 철회할 수 있으며, 관세청장은 신청인이 신청을 철회한 때에는 제출된 모든 자료를 신청인에게 반환해야 한다(관세령 제31조제9항).

3) 과세가격 결정방법의 재심사

세관장으로부터 과세가격 결정방법의 사전심사 신청에 대한 결과를 통보받은 자가 그 결과에 이의가 있는 경우에는 그 결과를 통보받은 날부터 30일 이내에 관세청장에게 재심사를 신청할 수 있는데, 이 경우 재심사의 기간 및 결과의 통보에 관하여는 앞에서 설명한 사전심사의 규정을 준용한다.(관세법 제37조제3항).

여기에서 사전심사의 결과에 대하여 재심사를 신청하려는 자는 재심사 신청의 요지와 내용이 기재된 신청서에 다음의 서류 및 자료를 첨부하여 관세청장에게 제출하여야 한다(관세령 제31조제4항):

① 관세법 제37조 제2항에 따른 과세가격 결정방법 사전심사서 사본;
② 재심사 신청의 요지와 내용을 입증할 수 있는 자료.

위의 서류 및 자료는 한글로 작성하여 제출해야 하는데, 관세청장이 허용하는 경우에는 영문 등으로 작성된 서류 및 자료를 제출할 수 있다(관세령 제31조제5항).

하지만 관세청장은 재심사 신청이 다음의 어느 하나에 해당하는 경우에는 해당 신청을 반려할 수 있다(관세령 제31조제6항):

① 해당 신청인에 대해 관세법 제110조 제2항 제2호의 관세조사(과세가격에 대한 관세조사에 한정한다)가 진행 중인 경우;
② 해당 신청인에 대한 관세법 제110조 제2항 제2호의 관세조사를 통해 과세가격결정방법이 확인된 후에 계약관계나 거래실질에 변동이 없는 경우;
③ 해당 신청인이 관세법 제119조에 따른 이의신청·심사청구 및 심판청구나 행정소송을 진행 중인 경우;
④ 관세청장의 보정요구에 따른 법정 기간 내에 보정자료를 제출하지 않은 경우.

또한, 신청인은 관세청장이 과세가격의 결정방법을 통보하기 전까지는 신청내용을 변경하여 다시 신청하거나 신청을 철회할 수 있으며, 관세청장은 신청인이 신청을 철회한 때에는 제출된 모든 자료를 신청인에게 반환해야 한다(관세령 제31조제9항).

4) 사전심사(또는 재심사)에 대한 결과통보의 효력

(1) 세관장에 대한 기속력

세관장은 관세의 납세의무자가 통보된 과세가격의 결정방법에 따라 납세신고를 한 경우 다음과 같은 요건을 갖추었을 때에는 그 결정방법에 따라 과세가격을 결정하여야 한다(관세법 제37조제4항; 관세령 제31조제7항):

① 관세법 제37조 제1항에 따른 신청인과 납세의무자가 동일할 것;
② 관세청장에게 사전심사(또는 재심사)신청 시 제출된 내용에 거짓이 없고 그 내용이 가격신고된 내용과 같을 것;
③ 사전심사의 기초가 되는 법령이나 거래관계 등이 달라지지 아니하였을 것;
④ 관세법 제37조 제2항에 따른 결과의 통보일로부터 3년(관세령 제23조 제1항에 따른 특수관계에 있는 자가 관세법 제37조 제2항에 따른 결과의 통보일을 기준으로 2년 이후부터 3년이 도래하기 30일 전까지 신고기간을 2년 연장하여 줄 것을 신청한 경우로서 관세청장이 이를 허용하는 경우에는 5년) 이내에 신고될 것.

위 제④에서 특수관계 사전심사 결과의 적용기간을 연장하려는 자는 관세청장이 정하는 특수관계 사전심사 적용기간 연장 신청서에 다음호의 서류를 첨부하여 관세청장에게 제출해야 하는데, 연장 신청일 이전에 관세법 제37조 제5항에 따른 보고서에 다음의 서류를 포함하여 제출하였고, 연장 신청일 현재 거래사실 등이 변동되지 않은 경우에는 첨부하지 않을 수 있다(관세규칙 제7조의10제3항):

㉮ 수입물품 거래 관련 계약서(수입물품과 관련된 기술용역 계약서 등을 포함한다);
㉯ 사전심사 결정물품의 거래 상대방 및 거래단계 등을 확인할 수 있는 서류;
㉰ 사전심사 결과 결정된 과세가격 결정방법의 전제가 되는 조건 또는 가정의 변동 여부를 확인할 수 있는 자료.

(2) 연례보고서의 제출의무

사전심사를 신청하여 그 결과를 통보받은 자는 심사결과 결정된 과세가격 결정방법을 적용하여 산출한 과세가격 및 그 산출과정 등이 포함된 보고서를 매년 사업연도 말일 이후 6개월 이내에 관세청장에게 제출하여야 한다(관세법 제37조제5항; 관세령 제31조제8항). 여기에서 보고서에 포함하여야 할 사항은 다음과 같다:

① 사전심사 결과 결정된 과세가격 결정방법의 전제가 되는 조건 또는 가정의 실현 여부;
② 사전심사 결과 결정된 과세가격 결정방법으로 산출된 과세가격 및 그 산출과정;
③ 앞의 제②에 따라 산출된 과세가격과 실제의 거래가격이 다른 경우에는 그 차이에 대한 처리내역;
④ 그 밖에 관세청장이 해당 사전심사(또는 재심사)의 신청에 대한 결과를 통보할 때 보고서에 포함하도록 통보한 사항.

5) 사전심사(또는 재심사)에 대한 결과통보의 효력변경

관세청장은 사전심사를 신청하여 그 결과를 통보받은 자가 앞에서 설명한 보고서를 제출하지 아니하는 등 법정 효력변경 사유에 해당하는 경우에는 이미 통보한 사전심사 결과를 변경, 철회 또는 취소할 수 있는데, 이 경우 관세청장은 사전심사를 신청한 자에게 그 사실을 즉시 통보하여야 한다(관세법 제37조제6항; 관세령 제31조제10항).

(1) 사전심사 결과를 변경할 수 있는 사유

다음의 어느 하나에 해당하는 경우에는 사전심사 결과를 변경할 수 있다:

㉮ 사전심사 결과 결정된 과세가격 결정방법의 전제가 되는 조건 또는 가정의 중요한 부분이 변경되거나 실현되지 않은 경우;

㉯ 관련 법령 또는 국제협약이 변경되어 사전심사 결과 결정된 과세가격 결정방법이 적정하지 않게 된 경우;

㉰ 사전심사 결과 결정된 과세가격 결정방법을 통보받은 자가 국내외 시장상황 변동 등으로 인하여 과세가격 결정방법의 변경을 요청하는 경우;

㉱ 그 밖에 사전심사 결과 결정된 과세가격 결정방법의 변경이 필요하다고 관세청장이 정하여 고시하는 사유에 해당하는 경우.

(2) 사전심사 결과를 철회할 수 있는 사유

다음의 어느 하나에 해당하는 경우에는 사전심사 결과를 철회할 수 있다.

㉮ 신청인이 앞에서 관세청장에게 제출하여야 하는 보고서의 전부 또는 중요한 부분을 제출하지 않아 보완을 요구했으나 보완을 하지 않은 경우;

㉯ 신청인이 앞에서 관세청장에게 제출하여야 하는 보고서의 중요한 부분을 고의로 누락했거나 허위로 작성한 경우.

(3) 사전심사 결과를 취소할 수 있는 사유

다음의 어느 하나에 해당하는 경우에는 사전심사 결과를 취소할 수 있다:

㉮ 신청인이 과세가격 결정에 관한 사전심사(또는 재심사) 신청 시 제출한 자료의 중요한 부분을 고의로 누락했거나 허위로 작성한 경우;

㉯ 신청인이 사전심사 결과 결정된 과세가격 결정방법의 내용 또는 조건을 준수하지 않고 과세가격을 신고한 경우.

2. 관세의 과세가격 결정방법과 국세의 정상가격 산출방법의 사전조정

관세법 제37조의2 제1항에 따라 특수관계가 있는 자들 간에 거래되는 물품의 과세가격 결정방법에 관하여 의문이 있어 관세청장에게 사전심사를 신청하는 자는 관세의 과세가격과 국세의 정상가격을 사전에 조정받기 위하여 국제조세조정법 제14조 제1항에 따른 정상가격 산출방법의 사전승인(상호합의절차를 거치지 아니하고 정상가격 산출방법을 사전승인할 수 있는 일방적 사전승인의 대상인 경우에 한정한다)을 관세청장에게 동시에 신청할 수 있다. 그리고 관세청장은 신청의 처리결과를 사전조정을 신청한 자와 기획재정부장관에게 통보하여야 한다(관세법 제37조의2제1항).

1) 사전조정의 절차

관세청장은 국제조세조정법상 정상가격 사전승인 신청을 받은 경우에는 국세청장에게 정상가격 산출방법의 사전승인 신청서류를 첨부하여 신청을 받은 사실을 통보하고, 국세청장과 과세가격 결정방법, 정상가격 산출방법 및 사전조정 가격의 범위에 대하여 협의하여야 한다(관세법 제37조의2제2항). 그리고 관세청장은 협의가 이루어진 경우에는 사전조정을 하여야 한다(관세법 제37조의2제3항).

이에 따라 관세청장은 신청을 받은 날부터 90일 이내에 사전조정 절차를 시작하고, 그 사실을 신청자에게 통지하여야 한다(관세령 제31조의3제1항). 다만, 관세청장은 과세가격 결정방법의 사전심사에 관한 규정(관세령 제31조 제1항 및 제2항)에 따른 자료가 제출되지 아니하거나 거짓으로 작성되는 등의 사유로 사전조정 절차를 시작할 수 없으면 그 사유를 신청자에게 통지하여야 한다.

신청자는 사전조정 절차를 시작할 수 없다는 통지를 받은 경우에는 그 통지를 받은 날부터 30일 이내에 자료를 보완하여 제출하거나 관세법 제37조 제1항 제3호의 사항에 관한 사전심사와 국제조세조정법 제14조 제2항 단서에 따른 사전승인 절차를 따로 진행할 것인지를 관세청장에게 통지할 수 있는데, 이 경우 관세청장은 그 통지받은 사항을 지체 없이 국세청장에게 알려야 한다(관세령 제31조의3제2항).

관세법 제37조의2 제5항에 따라 사전조정 신청 방법 및 절차 등에 관하여는 관세령 제31조(과세가격 결정방법의 사전심사) 및 국제조세조정법 시행령 제26조(정상가격 산출방법의 사전승인 신청), 제27조(사전승인 신청의 심사), 제29조(일방적 사전승인 절차), 제30조(사전승인의 취소 등), 제32조(사전승인에 따른 연례보고서 제출) 및 제40조(사전조정의 절차 등)제3항을 준용한다(관세령 제31조의3제3항).

2) 관세의 부과 등을 위한 정보제공

관세법 제37조의3에 따라 관세청장 또는 세관장은 과세가격의 결정·조정 및 관세의 부과·징수를 위하여 필요한 경우에는 국세청장, 지방국세청장 또는 관할 세무서장에게 관세부과 등을 위한 정보 또는 자료를 요청할 수 있는데, 이 경우 요청을 받은 기관은 정당한 사유가 없으면 요청에 따라야 한다. 여기에서 관세부과 등을 위한 정보제공 범위는 다음에 해당하는 것을 말한다(관세령 제31조의4):

① 국제조세조정법 제7조에 따른 과세표준 및 세액의 결정·경정과 관련된 정보 또는 자료;

② 그 밖에 과세가격의 결정·조정에 필요한 자료.

3. 과세가격의 심사결정에 필요한 특수관계 수입자의 협력의무

관세법 제37조의4 제1항에 따라 세관장은 납세의무자가 납세신고한 세액의 심사시 특수관계에 있는 자가 수입하는 물품의 과세가격의 적정성을 심사하기 위하여 해당 특수관계자에게 과세가격결정자료(전산화된 자료를 포함한다)를 제출할 것을 요구할 수 있다.

1) 특수관계자 수입물품 과세자료 제출범위

세관장은 요구사유 및 자료제출에 필요한 기간을 적은 문서로 다음과 같은 자료를 특수관계자에게 요구해야 한다(관세령 제31조의5제1항):

- 특수관계자 간 상호출자현황;
- 수입물품 가격산출 내역 등 내부가격 결정자료와 국제거래가격 정책자료;
- 수입물품 구매계약서 및 원가분담계약서;
- 권리사용료, 기술도입료 및 수수료 등에 관한 계약서;
- 광고 및 판매촉진 등 영업·경영지원에 관한 계약서;
- 해당 거래와 관련된 회계처리기준 및 방법;
- 해외 특수관계자의 감사보고서 및 연간보고서;
- 해외 대금 지급·영수 내역 및 증빙자료;
- 국제조세조정법 시행령 제33조에 따른 통합기업보고서 및 개별기업보고서;
- 그 밖에 수입물품에 대한 과세가격 심사를 위하여 필요한 자료.

여기에서 위에 해당하는 자료는 한글로 작성하여 제출하여야 하는데, 세관장이 허용하는 경우에는 영문으로 작성된 자료를 제출할 수 있다(관세령 제31조의5제2항).

한편, 세관장은 제출받은 위와 같은 과세가격결정자료에서 수입물품의 과세가격에 필수적으로 가산하는 금액(관세법 제30조 제1항 각 호에 해당하는 금액)이 이에 해당하지 아니하는 금액과 합산되어 있는지 불분명한 경우에는 이를 구분하여 계산할 수 있는 객관적인 증명자료(전산화된 자료를 포함한다)의 제출을 요구할 수 있다(관세법 제37조의4제2항).

2) 특수관계자 수입물품 과세자료의 제출기한과 기한연장

과세가격결정자료 또는 이에 대한 증명자료의 제출을 요구받은 자는 자료제출을 요구받은 날부터 60일 이내에 해당 자료를 제출하여야 하는데, 부득이한 사유로 제출기한의 연장을 신청하는 경우에는 세관장은 한 차례만 60일까지 연장할 수 있다(관세법 제37조의4제3항). 여기에서 제출기한을 연장할 수 있는 부득이한 사유는 다음과 같은 경우가 해당한다(관세령 제31조의5제3항):

① 자료제출을 요구받은 자가 화재·도난 등의 사유로 자료를 제출할 수 없는 경우;
② 자료제출을 요구받은 자가 사업이 중대한 위기에 처하여 자료를 제출하기 매우 곤란한 경우;
③ 관련 장부·서류가 권한 있는 기관에 압수되거나 영치된 경우;
④ 자료의 수집·작성에 상당한 기간이 걸려 기한까지 자료를 제출할 수 없는 경우;
⑤ 앞의 제①부터 제④에 준하는 사유가 있어 기한까지 자료를 제출할 수 없다고 판단되는 경우.

한편, 제출기한의 연장을 신청하려는 자는 제출기한이 끝나기 15일 전까지 관세청장이 정하는 자료제출기한연장신청서를 세관장에게 제출하여야 한다(관세령 제31조의5제4항). 세관장은 자료제출기한 연장신청이 접수된 날부터 7일 이내에 연장 여부를 신청인에게 통지하여야 하는데, 이 경우 7일 이내에 연장 여부를 신청인에게 통지를 하지 아니한 경우에는 연장신청한 기한까지 자료제출기한이 연장된 것으로 본다(관세령 제31조의5제5항).

3) 특수관계자 수입물품 과세자료의 미제출에 대한 조치 및 제재

관세법 제37조의4 제4항에 따라 세관장은 특수관계에 있는 자가 다음의 어느 하나에 해당하는 경우에는 제1 (관세평가) 방법의 적용을 배제하고 대체 평가방법으로 과세가격을 결정할 수 있는데, 이 경우 세관장은 과세가격을 결정하기 전에 특수관계에 있는 자와 협의를 하여야 하며 의견을 제시할 기회를 주어야 한다:

① 과세가격결정자료등을 법정 제출기한까지 제출하지 아니하는 경우;
② 과세가격결정자료등을 거짓으로 제출하는 경우.

여기에서 세관장이 특수관계에 있는 자와 협의해야 할 내용은 다음과 같은 사항에 대하여 10일 이상의 기간 동안 의견을 제시할 기회를 주어야 한다(관세령 제31조의5 제6항):

- 특수관계에 있는 자가 관세법 제37조의4 제5항에 따라 관세법 제30조(과세가격 결정의 원칙) 제3항 제4호 단서에 해당하는 경우(해당 산업부문의 정상적인 가격결정 관행에 부합하는 방법으로 결정된 경우 등 대통령령으로 정하는 경우)임을 증명하여 같은 조 제1항 및 제2항에 따라 과세가격을 결정해야 하는지 여부;
- 관세법 제31조부터 제35조까지의 규정에 따른 방법 중 과세가격을 결정하는 방법.

그럼에도 불구하고 세관장은 특수관계에 있는 자가 관세법 제30조(과세가격 결정의 원칙) 제3항 제4호 단서에 해당하는 경우(해당 산업부문의 정상적인 가격결정 관행에 부합하는 방법으로 결정된 경우 등 대통령령으로 정하는 경우)임을 증명하는 경우에는 같은 조 제1항 및 제2항에 따라 과세가격을 결정하여야 한다(관세법 제37조의4 제5항).

한편, 과세가격결정자료등의 제출을 요구받은 특수관계에 있는 자로서 관세법 제10조(천재지변 등으로 인한 기한의 연장)에서 정하는 정당한 사유 없이 ① 과세가격결정자료등을 법정 제출기한까지 제출하지 아니하는 경우 또는 ② 과세가격결정자료등을 거짓으로 제출하는 경우에 해당하는 행위를 한 자에게는 1억원 이하의 과태료를 부과한다(관세법 제277조제1항). 이 경우 관세법 제276조(허위신고죄 등)는 적용되지 아니한다. 그리고 세관장은 과세가격결정자료등의 제출을 요구받은 자가 과태료를 부과받고도 자료를 제출하지 아니하거나 거짓의 자료를 시정하여 제출하지 아니하는 경우에는 미제출된 자료를 제출하도록 요구하거나 거짓의 자료를 시정하여 제출하도록 요구할 수 있으며(관세법 제37조의4제6항), 이에 따라 자료제출을 요구받은 자는 그 요구를 받은 날부터 30일 이내에 그 요구에 따른 자료를 제출하여야 하는데(관세법 제37조의4제7항), 이러한 자료제출의무를 위반한 자에게는 2억 원 이하의 과태료를 부과한다(관세법 제277조제2항). 이 경우에도 제276조(허위신고죄 등)는 적용되지 아니한다.

Ⅱ. 소급과세금지의 원칙

1. 소급과세금지의 법리

법치국가원리에서 특별한 신뢰구성요건이 추론되어 국민개인은 현행의 법률의 상태에 신뢰할 수 있어야만 한다. 이러한 신뢰는 법규의 변경에 의하여 불리한 효력이 발생되는 경우에는 무너질 수 있다. 그러나 법개정의 모든 불리한 효력이 강제적으로 신뢰원칙의 위반에 이르는 것은 아니다. 진정소급효를 갖는 규율과 부진정소급효를 갖는 규율은 그 한도 내에서 상이하게 된다. **진정소급효**는 법률의 구성요건과 법률효과가 법률의 효력발생일 이전에 이미 완성된 법률사실에 대하여 적용되는 것을 말한다. 이러한 진정소급효는 신뢰원칙에 위반되기 때문에 원칙적으로 허용되지 않는다. 이에 반하여 **부진정소급효**는 법률의 효력발생일 이전에 이미 시작하여 아직 종결되지 않은 법률사실에 대하여 법률을 적용하는 것을 말한다. 부진정소급효는 지금까지의 규율의 지속에 대한 개개인의 신뢰가 새로운 규율이 목적하는 국민의 복리에 양보하여야만 할 경우에 헌법적으로 고려할 필요가 없다.

우리 헌법 제13조 제2항은 "모든 국민은 소급입법에 의하여 참정권의 제한을 받거나 재산권을 박탈당하지 아니한다"라는 규정을 통해서 소급금지의 원칙을 명문해 놓고 있다. 관세법 제5조 제2항에서 "관세법의 해석이나 관세행정이 일반적으로 납세자에게 받아들여진 후에는 그 해석이나 관행에 따른 행위 또는 계산은 정당한 것으로 보며, 새로운 해석이나 관행에 따라 소급하여 과세되지 아니한다"라고 규정하여 조세법규의 효력발생 전에 완성된 사실에 대해서는 과세할 수 없는 과세불소급의 원칙을 천명하고 있다. 소급과세금지의 원칙은 합법성의 원칙을 희생하여서라도 납세자의 신뢰를 보호함이 정의에 부합하는 것으로 인정되는 특별한 사정이 있을 경우에 한하여 적용된다고 할 것이고, 이 법문에서의 일반적으로 납세자에게 받아들여진 세법의 해석 또는 관세행정의 관행이란 비록 잘못된 해석 또는 관행이라도 특정납세자가 아닌 불특정한 일반납세자에게 정당한 것으로 이의 없이 받아들여져 납세자가 그와 같은 해석 또는 관행을 신뢰하는 것이 무리가 아니라고 인정될 정도에 이른 것을 말하고, 단순히 세법의 해석기준에 관한 공적 견해의 표명이 있었다는 사실만으로 그러한 해석 또는 관행이 있다고 볼 수는 없는 것이며, 그러한 해석 또는 관행의 존재에 대한 입증책임은 그 주장자인 납세자에게 있다고 할 것이다.[32]

이 원칙은 납세자의 신뢰보호원칙으로도 설명될 수 있다. 즉, 국민개인이 명시적 언동·묵시적 언동을 포함하여 행정기관의 어떤 결정의 정당성 또는 존속성에 대하여 신뢰한 경우 그 신뢰가 보호받을 가치가 있는 한 그 신뢰를 보호해 주어야 한다는 것이다. 판례[33]는 **신뢰보호의 원칙의 적용요건**으로 ① 과세관청이 납세자에게 신뢰의 대상이 되는 공적인 견해표명을 할 것, ② 과세관청의 견해표명이 정당하다고 신뢰한데 대하여 납세자에게 귀책사유가 없을 것, ③ 납세자가 그 견해표명을 신뢰하고 이에 따라 무엇인가 행위를 할 것, ④ 과세관청이 위 견해표명에 반하는 처분을 함으로써 납세자의 이익이 침해되는 결과가 초래할 것 등을 제시하고 있다.

32) 대법원 2006.06.29. 선고 2005두2858 판결.

33) 대법원 1996.02.23. 선고 95누3737 판결; 2014.02.27. 선고 2011두17493 판결.

2. 판례연구

1) 【대법원 1983.12.13. 선고 83누149 판결】

(1) 판결요지(과거 6년간 동일 품목번호로 분류하여 수입통관 ⇒ 비과세관행 성립)

국가의 과세권은 법치국가의 원리에 따라 조세법률주의와 재산권 보장에 관한 헌법 규정에 구속받는 것이며 모든 세법은 이러한 헌법정신에 따라 국가의 자의적인 과세권 발동을 방지하고 국민의 경제활동에 관한 법적 안정성과 예측가능성을 보호하는 의미로 해석되어야 하는바 국기법 제18조 제2항이나 관세법 제2조의2 제2항이 소급과세를 금지하는 것이 이 때문이다. 행정상의 관행을 존중하려는 것은 일정 기간 계속된 사실관계를 믿은 납세자의 신뢰를 보호하는데 주안점이 있는 것이므로 관세관행이 불특정 다수인에게 수입신고시마다 계속적으로 적용되어서 그 해석 또는 관행이 대다수 납세자에게 일반적으로 아무런 이의 없이 정당한 것으로 받아들여져야만 관세행정상의 관행이 될 수 있다는 논지는 이유 없다.

(2) 판결이유

국가의 과세권은 법치국가의 원리에 따라 조세법률주의와 재산권보장에 관한 헌법규정에 구속받는 것이며 모든 세법은 이러한 헌법정신에 따라 국가의 자의적인 과세권 발동을 방지하고 국민의 경제활동에 관한 법적 안정성과 예측가능성을 보호하는 의미로 해석되어야 한다고 할 것인바 국기법 제18조 제2항이나 관세법 제2조의2 제2항이 납세자에게 일반적으로 받아들여진 세법의 해석이나 국세행정의 관행을 정당한 것으로 존중하여 새로운 해석과 관행에 의하여 소급과세하는 것을 금지하고 있는 것도 이러한 이유 때문인 것이다.

원심판결은 원고가 수입 통관한 이 사건 제록스 복사기 및 그 부품에 관하여 1974. 부터 1980. 상반기까지는 이를 관세법 제7조에 의한 관세율표상 세번 8454, 8455에 해당하는 물품으로 분류 취급하는 해석 또는 관세행정의 관행이 일반적으로 납세자에게 받아들여진 사실을 인정하고 그 뒤의 새로운 해석에 의하여 위 물품을 세번 9010에 해당하는 것으로 분류하여 그 세율에 상당한 차액의 관세 및 부가가치세를 2년간 추징 부과한 피고의 이 사건 처분이 위 관세법 제2조의2 제2항 소급과세의 금지규정에 위반한다고 하여 이를 취소하고 있는바, 원심의 조처를 기록과 대조하여 살펴보면 정당하고 거기에 소론과 같은 새로운 해석 또는 관행의 소급적용금지나 국세행정상의 신의성실의 원칙 및 금반언의 원칙에 관한 법리오해는 없으며 행정상의 관행을 존중하려는 것은 일정한 기간 계속된 사실관계를 믿은 납세자의 신뢰를 보호하는데 주안점이 있는 것이라 할 것이므로 관세관행이 불특정다수인에게 수입신고시마다 계속적으로 적용되어서 그 해석 또는 관행이 대다수

납세자에게 일반적으로 아무런 이의없이 정당한 것으로 받아들여져야만 관세행정상의 관행이 될 수 있다는 논지도 받아들일 바 못된다.

2) 【대법원 1989.9.12. 선고 88누20 판결】

(1) 판결요지(과거 1년간 동일 품목번호로 8회 수입통관 ⇒ 비과세관행 불인정)

특정형 승용자동차의 깔판으로 사용하도록 만들어진 것으로서 관세율표 세번 5802호로 분류함이 타당한 것인데, 불과 1년 남짓 되는 기간동안 8회에 걸쳐 부산지역의 세관에서만 관세율표 세번 4014호로 잘못 분류하였다가 관세중앙분석소의 분석결과에 따라 이를 시정한 것에 불과하다면, 아직 일반적으로 납세자에게 받아들여진 관세법의 해석 또는 관세관행이 있다고는 보여지지 아니한다.

(2) 판결이유

원심은 거시증거를 종합하여 소외 김현석이 1984.9.27. 이 사건 깔판과 동일한 물품 1,000매를 수입한 이래 1985.12.10.까지 원고 등 4명이 도합 8회에 걸쳐 이 사건 깔판을 수입하였고, 그때마다 부산지역 3개 세관에서는 이 사건 깔판을 자체시험분석 결과 같은 관세율표 세번 4014호로 분류하여 관세율 30퍼센트를 적용하여 오다가 관세청 산하 관세중앙분석소가 이 사건 깔판을 다시 시험분석한 결과 세번 5802호로 분류함이 타당하다는 결론을 내리게 되자 관세청은 1985.12.27. 각 일선 세관장에게 이 사건 깔판을 세번 5802호로 분류 과세하라는 통첩을 내리게 되었고, 이에 피고는 이 사건 깔판에 대하여 세번 5802호 소정의 관세율 40퍼센트를 적용하여 추가로 이 사건 부과처분을 하기에 이른 사실을 인정하고, 나아가 불과 1년 남짓 되는 기간동안 8회에 걸쳐 부산지역의 세관에서만 이 사건 깔판을 4014호로 잘못 분류하였다가 관세중앙분석소의 분석결과에 따라 이를 시정한 것에 불과한 이 사건에 있어서는 아직 일반적으로 납세자에게 받아들여진 관세법의 해석 또는 관세관행이 있다고는 보여지지 아니한다는 이유로 원고의 과세관행 성립의 주장을 배척하고 있는 바, 원심의 이러한 판단은 옳고 거기에 과세관행에 관한 법리오해의 위법이 있다 할 수 없으며 원심의 위 판단은 소론 판례들에 저촉되지 아니한다.

3) 【대법원 2006.11.9. 선고 2005두4137 판결】

(1) 판결요지(용도세율적용승인이 과세관청의 공적인 견해표명인지 여부)

구 관세법 제83조, 관세령 제97조에 정한 용도세율 적용승인 제도는 관세의 신고납부제도 원칙 아래에서 용도에 따라 적용세율이 달라지는 물품의 실제 용도가 그 신고한 내용대로인지를 확인하는 것일 뿐, 세관장이 그 승인에 앞서 그 품목분류 및 세액의 적정성을 심사하여야 하는 것은 아니므로 세관장이 수입물품에 대하여 관세율표상 특정 품목번호를 적용한 신고자의 용도세율 적용신청을 승인하면서 수입신고를 수리하였다 하더라도 그 승인으로써 위 물품에 대하여 신고자가 신고한 대로의 품목분류가 적정한 것이라는 내용의 공적인 견해를 표명하였다거나 그에 대한 신고자의 신뢰가 형성되었다고는 할 수 없어 관세부과처분이 신의성실의 원칙에 위배되지 아니한다.

(2) 판결이유

원심은 그 채용 증거들을 종합하여 판시와 같은 사실을 인정한 다음, 이 사건 물품은 보통의 반도체 검사에 사용하는 정도의 전류, 전압보다 높은 전류, 전압을 웨이퍼에 흘려 주어 불량품을 조기 선별하는 기능 및 출력 당시의 전류의 상태와 소비된 전류의 상태를 파일로 웨이퍼 테스터에 전송하여 줌으로써 반도체의 불량 여부를 판별하는 기능을 가진 장치로서, 직접 측정용 기기인 웨이퍼 테스터에 피측정량 산출의 근거가 되는 전류의 상태를 제공하는 장치라 할 것이고, 이는 관세율표 제18부 제90류 품목번호 9030.82-0000호의 '전기적 양의 측정 또는 검사용의 기타의 기기로서 반도체 또는 소자의 측정 또는 검사용의 것'에 해당한다고 판단하였는바, 관계 법령과 기록에 비추어 살펴보면 위와 같은 원심 판단은 정당하고, 거기에 채증법칙 위반으로 인한 사실오인이나 수출입 물품의 품목분류에 관한 법리오해 등의 위법은 없다.

원심은 구 관세법 제83조, 관세령 제97조 소정의 용도세율 적용승인 제도는 관세의 신고납부제도 원칙 아래에서 용도에 따라 적용세율이 달라지는 물품의 실제 용도가 그 신고한 내용대로인지를 확인할 뿐, 세관장이 그 승인에 앞서 그 품목분류 및 세액의 적정성을 심사하여야 하는 것은 아닐 뿐만 아니라, 실제로 이 사건에 있어서도 구체적인 세액심사를 거치지 아니한 채 처리되었으므로, 세관장이 이 사건 물품에 대하여 관세율표상 품목번호 9031.80-9091호를 적용한 원고의 용도세율 적용신청을 승인하면서 수입신고를 수리하였다고 하더라도 그 승인으로써 이 사건 물품에 대하여 원고가 신고한 대로의 품목분류가 적정한 것이라는 내용의 공적인 견해를 표명하였다거나 그에 대한 원고의 신뢰가 형성되었다고는 할 수 없고, 따라서 세관장의 이 사건 부과처분은 신의성실의 원칙에 위배되지 아니한다고 판단하였는바, 위와 같은 원심 판단은 관계 법령과 기록에 비추어 정당하고, 거기에 관세법상 신의성실의 원칙에 관한 법리오해 등의 위법이 없다.

4) 【대법원 2011.5.13. 선고 2008두18250 판결】

(1) 판결요지

구 관세법 제5조 제2항 에 의한 비과세관행이 성립하려면 과세물건에 대하여 상당한 기간에 걸쳐 과세하지 아니한 객관적 사실이 존재할 뿐만 아니라 과세관청이 과세할 수 있음을 알면서도 특별한 사정 때문에 과세하지 아니한다는 의사표시가 있어야 하나, 그러한 의사표시는 과세물건에 대한 비과세의 사실상태가 장기간에 걸쳐 지속된 경우 묵시적인 의향의 표시라고 볼 수 있는 정도이면 족하다 할 것이다. 그리고 일단 성립한 비과세관행이 더 이상 유효하지 아니하다고 하기 위해서는 종전의 비과세관행을 시정하여 앞으로 당해 과세물건에 대하여 과세하겠다는 과세관청의 확정적인 의사가 표시되어야 하며, 그러한 의사표시는 반드시 전체 과세관청에 의하여 이루어지거나 처분 또는 결정과 같이 구체적인 행정작용을 통하여 이루어질 필요는 없지만, 적어도 공적 견해의 표명으로서 그로 인하여 납세자가 더 이상 종전의 비과세관행을 신뢰하는 것이 무리라고 여겨질 정도에 이르러야 한다.

수입업체들이 전자제품의 전원공급·제어 기능을 수행하는 트랜지스터 모듈(이하 '쟁점물품')을 수입하면서 양허관세율 0%가 적용되는 관세율표상 품목번호 8541호 또는 8542호로 수입신고를 하였고 과세관청들은 이러한 수입신고를 아무런 이의 없이 수령하여 왔는데, 2004.3.26. 구미세관장이 수입업체들에게 서면으로 쟁점물품에 대한 자료제출을 요구하면서 쟁점물품이 기본관세율 8%가 적용되는 관세율표상 품목번호 8504호로 분류되어야 한다는 점을 검토사항으로 제시하였고, 이후 관세청 관세품목분류위원회가 2005.7.28. 쟁점물품을 관세율표상 품목번호 8504호로 분류하는 결정을 하였으며, 이후 과세관청들이 2003.12.1.부터 수입신고된 물품에 대하여 기본관세율 8%를 적용한 관세 등을 부과하였다가 쟁점물품에 관하여 성립된 비과세관행이 구미세관장의 자료제출 요구일인 2004.3.26. 소멸하였다고 보아 그 전에 수입신고된 물품에 대한 관세 등은 취소한 사안에서, 쟁점물품에 대하여 성립된 비과세관행의 소멸시점은 자료제출 요구일인 2004.3.26.이 아니라 관세청 관세품목분류위원회가 위 물품을 품목번호 8504호로 분류하기로 결정함으로써 향후 그에 대하여 과세하겠다는 확정적인 의사표시가 있었던 2005.7.28.로 보아야 한다고 본 원심판단을 수긍한다.

(2) 판결이유

구 관세법 제5조 제2항 에 의한 비과세관행이 성립하려면 과세물건에 대하여 상당한 기간에 걸쳐 과세하지 아니한 객관적 사실이 존재할 뿐만 아니라 과세관청이 과세할 수 있음을 알면서도 특별한 사정 때문에 과세하지 아니한다는 의사표시가 있어야 하나, 그러한 의사표시는 과세물건에 대한 비과세의 사실상태가 장기간에 걸쳐 지속된 경우 묵시적인 의향의 표시라고 볼 수 있는 정도이면 족하다고 할 것이다. 그리고 일단 성립한 비과세관행이 더 이상 유효하지 아니하다고 하기 위하여는 종전의 비과세관행을 시정하여 앞으로 당해 과세물건에 대하여 과세하겠다는 과세관청의 확정적인 의사가 표시되어야 하며,

그러한 의사표시는 반드시 전체 과세관청에 의하여 이루어지거나 처분 또는 결정과 같이 구체적인 행정작용을 통하여 이루어질 필요는 없지만, 적어도 공적 견해의 표명으로서 그로 인하여 납세자가 더 이상 종전의 비과세관행을 신뢰하는 것이 무리라고 여겨질 정도에 이르러야 한다.

원심[34]은 그 채용증거를 종합하여 다음과 같은 사실을 인정하였다:

- 원고들은 1998년경부터 전자제품의 전원공급·제어 기능을 수행하는 트랜지스터 모듈(이하 '이 사건 쟁점물품')을 수입하면서 이를 양허관세율 0%가 적용되는 관세율표상 품목번호 8541호(다이오드·트랜지스터 및 이와 유사한 반도체 디바이스 등. 이하 '8541호') 또는 8542호(전자집적회로와 초소형 조립회로. 이하 '8542호')로 분류하여 수입신고를 하였다. 세관장들을 비롯한 과세관청은 이러한 수입신고를 아무런 이의 없이 수리하여 왔으며, 1996.6.30. 이전의 수입면허제도 하에서 이 사건 쟁점물품을 8542호로 분류하여 수입면허를 하기도 하였다;
- 인천세관장은 2004년 2월경 인천세관 부평출장소에 대한 감사시 이 사건 쟁점물품의 품목분류에 관하여 의문을 제기한 후, 2004.4.12. 관세청장에게 그 품목분류의 적정성에 관한 질의를 하였다. 그리고 구미세관장은 2004.3.26. 서면으로 일부 원고들을 포함한 이 사건 쟁점물품의 수입업체들에게 이 사건 쟁점물품에 관한 자료제출을 요구하면서, 그 요구사유 항목 중에서 "이 사건 쟁점물품은 8542호로 분류할 수 없고 기본관세율 8%가 적용되는 관세율표상 품목번호 8504호[변압기·정지형 변환기와 유도자. 이하 8504호라 한다]로 분류되어야 한다"는 점을 '검토사항'으로 제시하였고, 또한 이러한 '검토사항'에 대하여는 수입업체가 스스로 검토한 후 수정신고할 수 있다고 통지하였다. 그런데 구미세관장은 2004.4.7.에는 "인천세관이 이 사건 쟁점물품에 관한 품목분류 결정절차를 진행하고 있으므로 요구한 자료를 제출할 필요가 없다"고 통지하였다;
- 그 후 세계관세기구(wco) 사무국이 2005.6.10. "이 사건 쟁점물품은 8541호나 8542호가 아닌 8504호로 분류되는 것이 고려되어야 한다"는 의견을 제시하였고, 관세청 관세품목분류위원회는 이를 받아들여 2005.7.28. 이 사건 쟁점물품을 8504호로 분류하는 결정을 하였다;
- 그러자 세관장들은 원고들이 2003.12.1.부터 2005.7.28.까지 수입신고한 이 사건 쟁점물품에 대하여 기본관세율 8%를 적용한 관세 등을 부과하였는데, 관세청장은 이 사건 쟁점물품에 관하여 성립하였던 비과세관행이 구미세관장의 위 자료제출 요구일인 2004.3.26.에 소멸하였다고 보아 그 전에 수입신고된 이 사건 쟁점물품에 대한 관세 등의 부과부분은 그 비과세관행에 저촉된다는 이유로 이를 취소하는 심사결정을 하였다(당초 부과처분 중 이와 같이 취소되고 남은 부분을 이 사건 '부과처분').

---

34) 서울고등법원 2008.09.26. 선고 2008누7726 판결.

원심은 이러한 사실관계를 토대로 하여, 그동안 세관장들을 비롯한 과세관청은 이 사건 쟁점물품에 대하여 과세하지 않겠다는 의사표시를 묵시적으로라도 하였으며 원고들로서도 이 사건 쟁점물품에 대한 비과세를 신뢰하는 것이 무리가 아니라고 인정될 정도에 이르렀으므로 이 사건 쟁점물품에 대한 비과세관행이 성립하였다고 전제한 다음, 구미세관장의 2004.3.26.자 자료제출 요구는 이 사건 쟁점물품에 대한 수입신고의 품목분류가 적정한지를 심사하기 위한 것에 불과하고 향후 이 사건 쟁점물품에 대하여 과세하겠다는 의사표시를 한 것으로 보기 어려울 뿐만 아니라 그 자료제출 요구마저 철회되었으며, 그 무렵 관세청에서 이 사건 쟁점물품의 품목분류에 관한 심사가 진행되고 있었던 점에 비추어, 위와 같이 성립한 비과세관행의 소멸시점은 구미세관장의 자료제출 요구일인 2004.3.26.이 아니라 관세청 관세품목분류위원회가 이 사건 쟁점물품을 8504호로 분류하기로 결정함으로써 향후 그에 대하여 과세하겠다는 확정적인 의사표시가 있었던 2005.7.28.로 보아야 하므로, 그 이전에 수입신고된 이 사건 쟁점물품에 대한 이 사건 부과처분은 구 관세법 제5조 제2항에서 규정하는 비과세관행에 반하는 것으로서 위법하다고 판단하였다.

앞서 본 규정과 법리 및 기록에 비추어 보면, 원심의 이러한 판단은 정당한 것으로 수긍할 수 있고, 거기에 상고이유에서 주장하는 바와 같이 비과세관행의 성립과 소멸에 관한 법리를 오해하는 등의 위법이 있다고 할 수 없다.

참고문헌

김용태, 관세행정법 with 관세형사법(서울: 도서출판 두남), 2023.

______, “구매자가 상표권자에게 지급한 국제마케팅비가 관세평가법규상 권리사용료에 해당하는지 여부: 【대법원 2016.08.30. 선고 2015두52098 판결】에 대한 평석”, 관세법판례연구 제1권 제1호, 한국관세법판례연구회, 2023.

______, “수입물품의 하자보증 수리비용에 대한 관세평가: 【대법원 2021.05.06. 선고 2018두56619 판결】에 대한 평석”, 관세법판례연구 제1권 제1호, 한국관세법판례연구회, 2023.

김민정·박 훈, “실질과세원칙의 관점에서 바라본 관세법상 ‘물품을 수입한 화주’의 범위” — 대법원2014. 11. 27. 선고 2014두8636 판결을 중심으로 —, 「조세와 법」, 제8권(제1호), 서울시립대학교 법학연구소, 2015.

김영우, “실질과세원칙의 재검토”, 인권과정의 Vol. 457, 대한변호사협회, 2016.

길용원, 상속세 및 증여세법상 의제·추정규정의 입증책임에 관한 연구, 가천법학(제6권제4호), 2013.

김기인, 관세평가정해(서울: 관세무역개발원), 2009.

김완석·박종수·이중교·황남석, 주석 국세기본법(서울: 삼일인포마인), 2021.

김정홍, 조세학술논문집(제33집 제2호): 다국적기업의 국제마케팅비용에 관한 관세평가 문제(서울: 국제조세협회), 2017.

박설아, 조세학술논문집(제33집 제3호): 광고선전비의 관세평가에 관한 연구 - 거래가격방법을 중심으로 - (서울: 국제조세협회), 2017.

이동식, “미국 세법상 실질과세원칙의 의미와 역할”, 공법연구 제39집 제4호, (사)한국공법학회, 2011.

이의영, 관세법상 거래가격의 원칙과 운송비용 결정기준 – LNG 수송시 자연 발생하는 BOG 사건(대법원 2016.12.15. 선고 2016두47321 판결)에 대한 분석을 중심으로, 사법 52호, 사법발전재단, 2020.

이전오, “조세의 징표로서의 담세력”, 조세논총 제1권, 한국조세법학회, 2016.

임승순·김용택, 조세법(서울: 박영사), 2023.

오문성·김경하, 조세법에 있어서 조세법률주의와 실질과세, 그 의미와 한계, 한국법제연구원, 2019.

정승영, 국세기본법상 실질과세의 원칙에 대한 연구, 성균관대학교 박사학위논문, 2012.

홍성훈·박수진·이형민, 주요국의 조세회피방지를 위한 일반규정 비교연구, 한국조세재정연구원, 2016.

황남석, "실질과세원칙의 적용과 관련된 최근 판례의 동향 및 쟁점", 조세법연구[23-1], 2017.

황헌순, "헌법상 조세의 기본원칙과 세법상 실질과세", 유럽헌법연구 제36호, 유럽헌법학회, 2021.

관세평가분류원, 관세평가 쟁송사례집(증보판), 2022.

______________, WTO 관세평가협정집, 2017.

______________, WCO 관세평가 교육훈련 모듈(초급용/중·고급용), 2017

관세청, 소송사례분석집, 2022.

______, 「미국관세법(The Tariff Act of 1930」, 2010.

정부법무공단,「관세 포탈 시 등 납세의무자 확정 및 채권확보방안 연구」(연구용역 최종보고서), 2012.

Saul L. Sherman/Hinrich Glashoff, Customs Valuation: Commentary on the GATT Customs Valuation Code(Antwerp/London/Frankfurt/Boston/New York: Kluwer Law and Taxation Publishers), 1988.

Sheri Rosenow/Brian J. O'Shea, A Handbook on the WTO Customs Valuation Agreement (Cambridge/New York/Melbourne/Madrid/CapeTown/Singapore/SãoPaulo/Delhi/Dubai/Tokyo/Mexico City: Cambridge University Press), 2010

Petter Witte/Hans-Michael Wolffgang(Hrsg.) Lehrbuch des Europäischen Zollrecht, 3. Auflage (Herne/Berlin: Verlag Neue Wirtschafts-Briefe), 1998.

European Commission, Compendium of Customs Valuation Texts, 2022.

U.S. Customs and Boder Protection, Valuation Encyclopedia(1980 – 2021), 2021.

______________________________, Determing the Acceptability of Transaction Value for Related Party Transactions, 2007.

______________________________, Bona Fide Sales & Sales for Expotation to the United States, 2006.

Black's Law Dictionary [sixth edition](USA: West Publishing Co.) 1990.; [ninth edition](USA: Thomson Reuters), 2009.

약어표

관세령	관세법 시행령
관세규칙	관세법 시행규칙
관세고시	관세평가 운영에 관한 고시 (구, 수입물품 과세가격 결정에 관한 고시)
관세평가방법	관세의 과세가격 결정방법
관세평가협정	Agreement on Implementation of Article Ⅶ of the General Agreement on Tarffs and Trade 1994 (1994년도 관세와 무역에 관한 일반협정 제7조 이행에 관한 협정)
국기법	국세기본법
국조법	국제조세조정에 관한 법률
실제지급가격	실제로 지급하였거나 지급하여야 할 가격 (the price actually paid or payable)
외환법	외국환거래법
외환령	외국환거래법 시행령
자유무역지역법	자유무역지역의 지정 및 운영에 관한 법률
CBP	Customs And Border Protection (미국 관세청)
c.u.	currency unit (화폐단위)
GATT	General Agreement on Tariffs and Trade (관세와 무역에 관한 일반협정)
USC	United States Code (미국 관세법)
CFR	Code of Federal Regulations (미국 연방법률 시행령)
para	paragraph
TAA	Trade Agreements Act (미국 무역협정법)
TD	Treasury Decision (미국 재무부 결정)
UCC	Union Customs Code (EU 관세법전)
UCC IA	Commission Implementing Regulation (EU) 2015/2247 of 24 November 2015
WCO	World Customs Organization (세계관세기구)
WTO	World Trade Organization (세계무역기구)

찾아보기

ㅊ

ㅌ

ㅍ

ㅎ

기타

저자 약력

▪ 김 용 태

- 성균관대학교 문과대학 독어독문학과 졸업
- 서울시립대학교 일반대학원 법학과(석사과정 및 박사과정) 졸업, 법학박사
- 독일 Köln대학교 국제경제법연구소 객원연구원(1998.11.~1999.2.)
- 독일 Giessen대학교 경제형법연구소 객원연구원(2001.4.~2001.9.)
- 관세청 FTA집행기획관실·조사감시국 관세행정관
- 서울본부세관 조사국 외환조사팀장
- 법무법인 화우 조세그룹(관세팀) 관세·외환·FTA원산지조사 전문 파트너관세사
- 한국관세포럼 총무부회장(2000.~2012.) 및 한국관세학회 부회장(2016.)
- 원산지관리사 『FTA 협정·법령』 출제 및 선정위원(제15·16·20회)
- 관세청 『FTA 정책자문단』 자문위원(2015.10.~2016.6.)
- 관세청 『통관물류 정책자문단』 자문위원(2016.5.~2017.6.)
- 관세사 국가자격시험 『관세평가』 출제(제34·38회) 및 채점(제34·35·37·38회)위원
- 단국대학교(죽전캠퍼스) 상경대학 무역학과 외래강사
- 한남대학교 무역학과 『관세법 및 HS·관세품목분류』 담당 외래교수
- 서울사이버대학교 글로벌무역물류학과 『FTA 원산지』 담당 외래교수
- 세무TV 『세무컨설팅최고전문가과정』 전임교수
- 국세공무원교육원 『외환조사기법 및 사례연구』 담당 외부교수

현) 『(사)한국 FTA Rules of Origin 연구회』 사무총장, 『한국 관세법판례연구회』 사무총장
건국대학교(글로컬캠퍼스) 경제통상학과 겸임교수, 덕성여자대학교 국제통상학과 겸임교수

〈주요 연구논문 및 저서〉
- Global 경제시대에서의 한국 관세행정법에 관한 연구(박사학위논문, 2005.)
- FTA 원산지 이야기(도서출판 두남, 2022.)
- 관세행정법 with 관세형사법(도서출판 두남, 2023)
- 외국환거래법 with 외환형사법(주식회사 부크크, 2024.)

● 관세평가의 법리와 판례연구

초 판 1쇄 인쇄 —— 2024년 3월 15일
초 판 1쇄 발행 —— 2024년 3월 20일
지은이 —— 김 용 태
펴낸이 —— 전 두 표
펴낸곳 —— 도서출판 **두남**
서울시 강동구 성내로 6길 34-16 두남빌딩
신 고 : 제25100-1988-9호
TEL : 02) 478-2066, 2067
FAX : 02) 478-2068
E-mail : dnbooks@dunam.co.kr
http://www.dunam.co.kr

● 정가 43,000원

ISBN 978-89-6414-992-8 93320